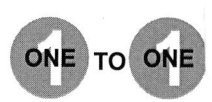

AF132847

ONE TO ONE

Bilingual Dictionary

English-Armenian
Armenian-English
Dictionary

Compiled by
Alisa Martirosyan

STAR Foreign Language BOOKS

© Publishers
ISBN : 978 1 912826 43 8

All rights reserved with the Publishers. No part of this publication may be reproduced or transmitted in any form or by any means, electronic, mechanical, photocopying, recording or otherwise, without the prior written permission of the Publishers.

This Edition : 2025

Published by
STAR Foreign Language BOOKS
a unit of
Star Books
56, Langland Crescent
Stanmore HA7 1NG, U.K.
info@starbooksuk.com
www.bilingualbooks.co.uk

Printed in India at
Star Print-O-Bind, New Delhi-110 020

About this Dictionary

Developments in science and technology today have narrowed down distances between countries, and have made the world a small place. A person living thousands of miles away can learn and understand the culture and lifestyle of another country with ease and without travelling to that country. Languages play an important role as facilitators of communication in this respect.

To promote such an understanding, **STAR Foreign Language BOOKS** has planned to bring out a series of bilingual dictionaries in which important English words have been translated into other languages, with Roman transliteration in case of languages that have different scripts. This is a humble attempt to bring people of the word closer through the medium of language, thus making communication easy and convenient.

Under this series of *one-to-one dictionaries*, we have published almost 62 languages, the list of which has been given in the opening pages. These have all been compiled and edited by teachers and scholars of the relative languages.

Publishers

Bilingual Dictionaries in this Series

English-Afrikaans / Afrikaans-English	Abraham Venter
English-Albanian / Albanian-English	Theodhora Blushi
English-Amharic / Amharic-English	Girun Asanke
English-Arabic / Arabic-English	Rania-al-Qass
English-Bengali / Bengali-English	Amit Majumdar
English-Bosnian / Bosnian-English	Boris Kazanegra
English-Bulgarian / Bulgarian-English	Vladka Kocheshkova
English-Burmese (Myanmar) / Burmese (Myanmar)-English	Kyaw Swar Aung
English-Cambodian / Cambodian-English	Engly Sok
English-Cantonese / Cantonese-English	Nisa Yang
English-Chinese (Mandarin) / Chinese (Mandarin)-Eng	Y. Shang & R. Yao
English-Croatian / Croatain-English	Vesna Kazanegra
English-Czech / Czech-English	Jindriska Poulova
English-Danish / Danish-English	Rikke Wend Hartung
English-Dari / Dari-English	Amir Khan
English-Dutch / Dutch-English	Lisanne Vogel
English-Estonian / Estonian-English	Lana Haleta
English-Farsi / Farsi-English	Maryam Zaman Khani
English-French / French-English	Aurélie Colin
English-Georgian / Georgina-English	Eka Goderdzishvili
English-Gujarati / Gujarati-English	Sujata Basaria
English-German / German-English	Bicskei Hedwig
English-Greek / Greek-English	Lina Stergiou
English-Hindi / Hindi-English	Sudhakar Chaturvedi
English-Hungarian / Hungarian-English	Lucy Mallows
English-Italian / Italian-English	Eni Lamllari
English-Japanese / Japanese-English	Miruka Arai & Hiroko Nishimura
English-Kinyawanda / Kinyarwanda-English	Irakoze Shammah La Grace
English-Korean / Korean-English	Mihee Song
English-Kurdish / Kurdish-English	Shivan Alhussein
English-Latvian / Latvian-English	Julija Baranovska
English-Levantine Arabic / Levantine Arabic-English	Ayman Khalaf
English-Lithuanian / Lithuanian-English	Regina Kazakeviciute
English-Malay / Malay-English	Azimah Husna
English-Malayalam - Malayalam-English	Anjumol Babu
English-Nepali / Nepali-English	Anil Mandal
English-Norwegian / Norwegian-English	Samuele Narcisi
English-Pashto / Pashto-English	Amir Khan
English-Polish / Polish-English	Magdalena Herok
English-Portuguese / Portuguese-English	Dina Teresa
English-Punjabi / Punjabi-English	Teja Singh Chatwal
English-Romanian / Romanian-English	Georgeta Laura Dutulescu
English-Russian / Russian-English	Katerina Volobuyeva
English-Serbian / Serbian-English	Vesna Kazanegra
English-Shona / Shona-English	Victorious Tshuma
English-Sinhalese / Sinhalese-English	Naseer Salahudeen
English-Slovak / Slovak-English	Zuzana Horvathova
English-Slovenian / Slovenian-English	Tanja Turk
English-Somali / Somali-English	Ali Mohamud Omer
English-Spanish / Spanish-English	Cristina Rodriguez
English-Swahili / Swahili-English	Abdul Rauf Hassan Kinga
English-Swedish / Swedish-English	Madelene Axelsson
English-Tagalog / Tagalog-English	Jefferson Bantayan
English-Tamil / Tamil-English	Sandhya Mahadevan
English-Thai / Thai-English	Suwan Kaewkongpan
English-Tigrigna / Tigrigna-English	Tsegazeab Hailegebriel
English-Turkish / Turkish-English	Nagme Yazgin
English-Twi / Twi-English	Nathaniel Alonsi Apadu
English-Ukrainian / Ukrainian-English	Katerina Volobuyeva
English-Urdu / Urdu-English	S. A. Rahman
English-Vietnamese / Vietnamese-English	Hoa Hoang
English-Yoruba / Yoruba-English	O. A. Temitope

STAR Foreign Language BOOKS

English-Armenian

A

a *(art.)* մեկ *mek*
aback *(adv.)* ետ *yet*
abactor *(n.)* եռանդուն մարդ *yerrandun mard*
abacus *(n.)* աբակ *abak*
abandon *(v.)* լքել *lqel*
abandoned *(adj.)* լքված *lqvats*
abase *(v.)* ստորացնել *storacnel*
abashed *(adj.)* շփոթված *shpotvats*
abate *(v.)* նվազեցնել *nvazecnel*
abatement *(n.)* պակասեցում *pakassecum*
abbey *(n.)* վանք *vanq*
abbot *(n.)* աբբա *abba*
abbreviate *(v.)* համառոտել *hamarrotel*
abbreviation *(n.)* հապավում *hapavum*
abdicate *(v.)* հրաժարվել *hradjarvel*
abdication *(n.)* հրաժարում *hradjarum*
abdomen *(n.)* որովայն *vorovayn*
abdominal *(adj.)* որովայնային *vorovaynayin*
abduct *(v.)* առևանգել *arrevangel*
abductee *(n.)* առևանգված *arrevangvats*
abduction *(n.)* առևանգում *arrevangum*
abductor *(n.)* առևանգող *arrevangogh*
aberrant *(adj.)* շեղվող *sheghvogh*
aberration *(n.)* շեղում *sheghum*
abet *(v.)* դրդել *drdel*
abettor *(n.)* դրդող *drdogh*
abeyance *(n.)* կասեցում *kassecum*
abhor *(v.)* ատել *atel*
abhorrent *(adj.)* զզվելի *zzveli*
abide *(v.)* ապրել *aprel*
abiding *(adj.)* մշտական *mshtakan*
ability *(n.)* կարողություն *karoghutyun*
abiotic *(adj.)* աբիոտիկ *abiotik*
abject *(adj.)* ստոր *stor*
abjure *(v.)* ուրանալ *uranal*
abjurer *(n.)* ուրացող *uracogh*
ablactate *(v.)* կաթից կտրել *katic ktrel*
ablactation *(n.)* կաթնահատություն *katnahatutyun*
ablate *(v.)* ջնջել *jnjel*
ablation *(n.)* հեռացում *heracum*
ablative *(adj.)* հեռացվող *heracvogh*
ablaze *(adv.)* բոցերի մեջ *boceri mej*
able *(adj.)* կարող *karogh*
abled *(adj.)* ունակ *unak*
ablution *(n.)* լվացում *lvacum*
ably *(adv.)* վարպետորեն *varpetoren*
abnegate *(v.)* հրաժարվել *hradjarvel*
abnegation *(n.)* հրաժարում *hradjarum*
abnormal *(adj.)* աննորմալ *annormal*
abnormality *(n.)* աննորմալություն *annormalutyun*
abnormally *(adv.)* աննորմալորեն *annormaloren*
aboard *(adv.)* նավի վրա *navi vra*
abode *(n.)* բնակավայր *bnakavayr*
abolish *(v.)* վերացնել *veracnel*
abolition *(n.)* վերացում *veracum*
abominable *(adj.)* զզվելի *zzveli*
abominate *(v.)* զզվել *zzvel*
abomination *(n.)* զզվանք *zzvanq*
aboriginal *(adj.)* բնիկ *bnik*
aborigine *(n.)* տեղաբնիկ *teghabnik*
abort *(v.)* վիժել *vidjel*
abortion *(n.)* աբորտ *abort*
abortionist *(n.)* աբորտի մասնագետ *aborti masnaget*
abortive *(adv.)* վաղաժամ *vaghadjam*
abound *(v.& prep.)* առատ լինել, առատ *arrat linel, arrat*
about-turn *(n.)* շրջադարձ *shrjadardz*
above *(prep. & adv.)* վերևում *verevum*
abrasion *(n.)* քերծվածք *qertsvatsq*
abrasive *(adj.)* հղկող *hghkogh*
abreast *(adv.)* հավասար *havasar*
abridge *(v.)* սահմանափակել *sahmanapakel*
abridgement *(n.)* սահմանափակում *sahmanapakum*
abroad *(adv.)* արտասահման(ում) *artasahman(um)*
abrogate *(v.)* վերացնել *veracnel*
abrogation *(n.)* վերացում *veracum*
abrupt *(adj.)* կտրուկ *ktruk*
abruptly *(adv.)* կտրուկ կերպով *ktruk*

kerpov
abscess *(n.)* պալար *palar*
abscond *(v.)* խուսափել *khusapel*
abseil *(v.)* իջնել *ijnel*
absence *(n.)* բացակայություն *bacakayutyun*
absent *(adj.)* բացակա *bacaka*
absentee *(n.)* բացակայող *bacakayogh*
absolute *(adj.)* անսահման *ansahman*
absolutely *(adv.)* անպայման *anpayman*
absolution *(n.)* մեղքերի թողություն *meghkeri toghutyun*
absolutism *(n.)* միահեծանություն *miahetsanutyun*
absolve *(v.)* ազատել *azatel*
absorb *(v.)* կլանել *klanel*
absorbable *(adj.)* կլանելի *klaneli*
absorbent *(adj.)* կլանող *klanogh*
absorption *(n.)* կլանում *klanum*
abstain *(v.)* ժուժկալել *djudjkalel*
abstinence *(n.)* ժուժկալություն *djudjkalutyun*
abstract *(adj.)* ամփոփում *ampopum*
abstraction *(n.)* վերացություն *veracutyun*
abstruse *(adj.)* խրթին *khrtin*
absurd *(adj.)* անհեթեթ *anhetet*
absurdity *(n.)* անհեթեթություն *anhetetutyun*
absurdly *(adv.)* անհեթեթորեն *anhetetoren*
abundance *(n.)* առատություն *arratutyun*
abundant *(adj.)* առատ *arrat*
abundantly *(adv.)* առատորեն *arratoren*
abuse *(v.)* չարաշահում *charashahum*
abusive *(adj.)* նախատական *nakhatakan*
abusively *(adv.)* նախատական կերպով *nakhatakanoren*
abut *(v.)* հարել *harel*
abyss *(n.)* վիհ *vih*
acacia *(n.)* ակացիա *akacia*
academia *(n.)* ակադեմիա *akademia*
academic *(adj.)* ակադեմիական *akademiakan*
academically *(adv.)* տեսականորեն *tessakanoren*
academician *(n.)* ակադեմիկոս *akademikos*
academy *(n.)* ակադեմիա *akademia*
acausal *(adj.)* ակաուզալ *akauzal*
accede *(v.)* մտնել *mtnel*
accelerate *(v.)* արագանալ *araganal*
acceleration *(n.)* արագացում *aragacum*
accelerator *(n.)* արագացուցիչ *aragacucich*
accend *(v.)* ավելացնել *avelacnel*
accent *(n.)* շեշտ *shesht*
accent *(v.)* շեշտել *sheshtel*
accentor *(n.)* շեշտող *sheshtogh*
accentuate *(v.)* շեշտել *sheshtel*
accept *(v.)* ընդունել *andunel*
acceptability *(n.)* ընդունելիություն *anduneliutyun*
acceptable *(adj.)* ընդունելի *anduneli*
acceptant *(adj.)* ընդունելի *anduneli*
accepted *(adj.)* ընդունված *andunvats*
access *(n.)* մուտք *mutq*
accessibility *(n.)* մատչելիություն *matcheliutyun*
accessible *(adj.)* մատչելի *matcheli*
accession *(n.)* մուտք *mutq*
accessory *(n.)* գործակից *gortsakic*
accidence *(n.)* վթարայնություն *vtaraynutyun*
accident *(n.)* վթար *vtar*
accidental *(adj.)* պատահական *patahakan*
accidentally *(adv.)* պատահաբար *patahabar*
acclaim *(v.)* ծափահարել *tsapaharel*
acclamation *(n.)* հաստատում *hastatum*
acclimatise *(v.)* ընտելացնել *antelacnel*
accolade *(n.)* մրցանակ *mrcanak*
accommodate *(v.)* հարմարեցնել *harmarecnel*
accommodating *(adj.)* հարմարվող *harmarvogh*
accommodation *(n.)* հարմարեցում *harmarecum*
accompaniment *(n.)* նվագակցություն

nvagakcutyun
accompanist *(n.)* նվագակցող nvagakcogh
accompany *(v.)* նվագակցել nvagakcel
accomplice *(n.)* մեղսակից meghsakic
accomplish *(v.)* ավարտել avartel
accomplished *(adj.)* ավարտված avartvats
accomplishment *(n.)* ավարտելը avartela
accord *(v.)* համապատասխանել hamapataskhanel
accord *(n.)* համապատասխանություն hamapataskhanutyun
accordance *(n.)* համապատասխանություն hamapataskhanutyun
according *(adv.)* համապատասխանաբար hamapataskhanabar
accordingly *(adv.)* համապատասխանաբար hamapataskhanabar
accost *(v.)* ողջունել voghjunel
accouchement *(n.)* ծննդաբերություն cnndaberutyun
accoucheur *(n.)* մանկաբարձ mankabardz
account *(n.)* հաշիվ hashiv
accountability *(n.)* հաշվետվություն hashvetvutyun
accountable *(adj.)* պատասխանատու pataskhanatu
accountancy *(n.)* հաշվապահական հաշվառում hashvapahakan hashvarrum
accountant *(n.)* հաշվապահ hashvapah
accounting *(n.)* հաշվառում hashvarrum
accoutre *(v.)* սարքավորել sarqavorel
accoutrements *(n.pl.)* սարքավորումներ sarqavorumner
accredited *(adj.)* լիազորագրված liazoragrvats
accrete *(v.)* աճել achel
accretion *(n.)* աճում achum
accrue *(v.)* ավելանալ avelanal
accumulate *(v.)* կուտակել kutakel

accumulation *(n.)* կուտակում kutakum
accumulator *(n.)* կուտակող kutakogh
accuracy *(n.)* ճշտություն chshtutyun
accurate *(adj.)* ճիշտ chisht
accurately *(adv.)* ճշտորեն chshtoren
accusal *(n.)* մեղադրական meghadrakan
accusation *(n.)* մեղադրանք meghadranq
accusative *(n.)* մեղադրական գործ meghadrakan gorts
accuse *(v.)* մեղադրել meghadrel
accused *(n.)* մեղադրյալ meghadryal
accuser *(n.)* մեղադրող meghadrogh
accusing *(adj.)* մեղադրող meghadrogh
accustom *(v.)* վարժեցնել vardjecnel
ace *(n.)* միավոր miavor
acellular *(adj.)* բջջային bjjayin
acene *(n.)* վանդակ vandak
acentric *(adj.)* անկենտրոն ankentron
acer *(n.)* պսակ psak
acerbic *(adj.)* կծու ktsu
acetate *(n.)* ացետատ acetat
acetic *(adj.)* քացախի qacakhi
acetic acid *(n.)* քացախաթթու qacakhattu
acetone *(n.)* ացետոն aceton
acetylene *(n.)* ացետիլեն acetilen
ache *(n.)* ցավ cav
ache *(v.)* ցավել cavel
achieve *(v.)* նվաճել nvachel
achievement *(n.)* նվաճում nvachum
achiever *(n.)* նվաճող nvachogh
achromat *(n.)* ծակոտկեն tsakotken
achromatic *(adj.)* անգույն anguyn
acid *(n.)* թթու ttu
acid rain *(n.)* թթվային անձրև ttvayin andzrev
acid test *(n.)* թթվային փորձարկում ttvayin pordzarkum
acidic *(adj.)* թթու ttu
acknowledge *(v.)* ճանաչել chanachel
acknowledgement *(n.)* ճանաչում chanachum
acme *(n.)* գագաթնակետ gagatnaket
acne *(n.)* պզուկ pzuk
acolyte *(n.)* հետևորդ hetevord

acorn *(n.)* կաղին *kaghin*
acoustic *(adj.)* ակուստիկ *akustik*
acoustics *(n.)* ակուստիկա *akustika*
acquaint *(v.)* ծանոթացնել *tsanotacnel*
acquaintance *(n.)* ծանոթություն *tsanotutyun*
acquest *(n.)* ձեռքբերում *dzerrqberum*
acquiesce *(v.)* զիջել *zijel*
acquire *(v.)* ստանալ *stanal*
acquisition *(n.)* ձեռքբերում *dzerrqberum*
acquisitive *(adj.)* շահասեր *shahasser*
acquit *(v.)* արդարացնել *ardaracnel*
acquittal *(n.)* արդարացում *ardaracum*
acratic *(adj.)* ակրատիկ *akratik*
acre *(n.)* ակր *akr*
acreage *(n.)* ակրերի քանակը *akreri qanaka*
acrid *(adj.)* բարկ *bark*
acrimonious *(adj.)* բարկ *bark*
acrimony *(n.)* դառնություն *darrnutyun*
acritical *(adj.)* անորոշ *anorosh*
acrobat *(n.)* ակրոբատ *akrobat*
acrobatic *(adj.)* ակրոբատական *akrobatakan*
acrobatics *(n.)* ակրոբատիկա *akrobatika*
acronym *(n.)* հապավում *hapavum*
acrophobia *(n.)* ակրոֆոբիա *akrofobia*
acropolis *(n.)* միջնաբերդ *mijnaberd*
across *(prep.)* լայնակի *laynaki*
acrostic *(n.)* ակրոստիքոս *akrostiqos*
acrylate *(n.)* ակրիլատ *akrilat*
acrylic *(adj.)* ակրիլային *akrilayin*
act *(v.)* վարվել *varvel*
acting *(n.)* խաղ *xagh*
action *(n.)* վարմունք *varmunq*
actionable *(adj.)* արդյունավետ *ardyunavet*
activate *(v.)* ակտիվացնել *aktivacnel*
activation *(n.)* ակտիվացում *aktivacum*
active *(adj.)* ակտիվ *aktiv*
actively *(adv.)* ակտիվորեն *aktivoren*
activist *(n.)* ակտիվիստ *aktivist*
activity *(n.)* ակտիվություն *aktivutyun*
actor *(n.)* դերասան *derassan*
actress *(n.)* դերասանուհի *derassanuhi*
actual *(adj.)* իրական *irakan*
actually *(adv.)* իրականում *irakanum*
acumen *(n.)* խորաթափանցություն *khoratapancutyun*
acupressure *(n.)* կետային մերսում *ketayin mersum*
acupuncture *(n.)* ասեղնաբուժություն *aseghnabudjutyun*
acupuncturist *(n.)* ասեղնաբույժ *aseghnabuydj*
acute *(adj.)* սուր *sur*
ad hoc *(adj.)* այս դեպքում *ays depqum*
ad hoc *(adj.)* ժամանակավոր *djamanakavor*
adage *(n.)* ասույթ *asuyt*
adamant *(adj.)* ամուր *amur*
adapt *(v.)* հարմարեցնել *harmarecnel*
adaptable *(adj.)* հարմարվող *harmarvogh*
adaptation *(n.)* հարմարեցում *harmarecum*
adaptor *(n.)* ադապտեր *adapter*
add *(v.)* գումարել *gumarel*
addendum *(n.)* լրացում *lracum*
adder *(n.)* իժ *idj*
addict *(n.)* թմրամոլ *tmramol*
addict *(v.)* անձնատուր լինել *andznatur linel*
addicted *(adj.)* կախյալ *kakhyal*
addiction *(n.)* կախվածություն *kakhvacutyun*
addictive *(adj.)* կախյալ *kakhyal*
add-in *(n.)* ավելացում *avelacum*
addition *(n.)* լրացում *lracum*
additional *(adj.)* լրացուցիչ *lracucich*
additive *(n.)* հավելում *havelum*
addled *(adj.)* հոտած *hotats*
address *(n.)* հասցե *hasce*
addressee *(n.)* հասցեատեր *hasceater*
addresser *(n.)* հասցեատեր *hasceater*
adduce *(v.)* բերել օրինակ *berel orinak*
adept *(n.)* գիտակ *gitak*
adept *(adj.)* հմուտ *hmut*
adequacy *(n.)* ճշգրտություն *chshgrtutyun*
adequate *(adj.)* ճշգրիտ *chshgrit*
adequately *(adv.)* ճշգրտորեն *chshgrtoren*

adhere *(v.)* կառչել *karrchel*
adherence *(n.)* հավատարմություն *havatarmutyun*
adherent *(n.)* հետևորդ *hetevord*
adhesion *(n.)* հավատարմություն *havatarmutyun*
adhesive *(n.)* կպչուն նյութ *kpchun nyut*
adieu *(exclam.)* մնա՛ք բարով *mnaq barov!*
adipose *(adj.)* յուղ *yugh*
adjacent *(adj.)* մոտ *mot*
adjective *(n.)* ածական *atsakan*
adjoin *(v.)* միանալ *mianal*
adjourn *(v.)* հետաձգել *hetadzgel*
adjournment *(n.)* հետաձգում *hetadzgum*
adjudge *(v.)* դատապարտել *datapartel*
adjudicate *(v.)* դատել *datel*
adjunct *(n.)* օգնական *ognakan*
adjuration *(n.)* աղաչանք *aghachanq*
adjure *(v.)* աղաչել *aghachel*
adjust *(v.)* սարքավորել *sarqavorel*
adjustment *(n.)* սարքավորում *sarqavorum*
administer *(v.)* կառավարել *karravarel*
administrate *(v.)* կառավարել *karravarel*
administration *(n.)* կառավարություն *karravarutyun*
administrative *(adj.)* վարչական *varchakan*
administrator *(n.)* կառավարիչ *karravarich*
admirable *(adj.)* հիանալի *hianali*
admiral *(n.)* ծովակալ *tsovakal*
admiralty *(n.)* ծովակալություն *tsovakalutyun*
admiration *(n.)* հիացմունք *hiacmunq*
admire *(v.)* հիանալ *hianal*
admissible *(adj.)* թույլատրելի *tuylatreli*
admission *(n.)* մուտք *mutq*
admit *(v.)* ընդունել *andunel*
admittance *(n.)* մուտք *mutq*
admittedly *(adv.)* ըստ ճանաչման *ast chanachman*
admonish *(v.)* համոզել *hamozel*
admonition *(n.)* հորդոր *hordor*

ado *(n.)* աղմուկ *aghmuk*
adobe *(n.)* չթրծված աղյուս *chtrtsvats aghyus*
adolescence *(n.)* պատանեկություն *patanekutyun*
adolescent *(adj.)* պատանեկան *patanekan*
adopt *(v.)* որդեգրել *vordegrel*
adoption *(n.)* որդեգրում *vordegrum*
adoptive *(adj.)* որդեգրյալ *vordegryal*
adorable *(adj.)* պաշտելի *pashteli*
adoration *(n.)* պաշտում *pashtum*
adore *(v.)* պաշտել *pashtel*
adorn *(v.)* զարդարել *zardarel*
adrenal *(adj.)* վերերիկամային *vererikamayin*
adrift *(adv.)* ալիքների կամքով *aliqneri kamqov*
adroit *(adj.)* ճարտար *chartar*
adscititious *(adj.)* գովազդային *govazdayin*
adscript *(adj.)* գովազդային սցենար *govazdayin scenar*
adsorb *(n.)* կլանում *klanum*
adulate *(v.)* քծնել *qtsnel*
adulation *(n.)* քծնանք *qtsnanq*
adult *(n.)* չափահաս մարդ *chapahas mard*
adulterate *(v.)* կեղծել *keghtsel*
adulteration *(n.)* կեղծում *keghtsum*
adulterer *(n.)* դավաճանող *davachanogh*
adultery *(n.)* դավաճանություն *davachanutyun*
advance *(v.)* առաջադիմել *arrajadimel*
advanced *(adj.)* առաջադեմ *arrajadem*
advantage *(n.)* առավելություն *arravelutyun*
advantageous *(adj.)* շահավետ *shahavet*
advent *(n.)* գալուստ *galust*
adventure *(n.)* արկած *arkats*
adventurous *(adj.)* համարձակ *hamardzak*
adverb *(n.)* մակբայ *makbay*
adverbial *(adj.)* մակբայական *makbayakan*
adversary *(n.)* հակառակորդ

hakarrakord
adverse *(adj.)* վնասակար *vnassakar*
adversity *(n.)* ձախորդություն *dzaxordutyun*
advertise *(v.)* ռեկլամել *rreklamel*
advertisement *(n.)* ռեկլամ *rreklam*
advice *(n.)* խորհուրդ *khorhurd*
advisability *(n.)* նպատակահարմարություն *npatakaharmarutyun*
advisable *(adj.)* հանձնարարելի *handznarareli*
advise *(v.)* խորհուրդ տալ *khorhurd tal*
advisory *(adj.)* խորհրդակցական *khorhrdakcakan*
advocacy *(n.)* պաշտպանություն *pashtpanutyun*
aegis *(n.)* հովանի *hovani*
aeon *(n.)* դարաշրջան *darashrjan*
aerate *(v.)* քամահարել *qamaharel*
aerial *(n.)* անտեննա *antenna*
aerobatics *(n.)* ձևավոր թռիչքներ *dzevavor trrichqner*
aerobics *(n.)* աերոբիկա *aerobika*
aerodrome *(n.)* աերոդրոմ *aerodrom*
aerodynamics *(n.)* աերոդինամիկա *aerodinamika*
aerofoil *(n)* օդանավի թև *odanavi tev*
aeronautics *(n.)* ավիացիա *aviacia*
aeroplane *(n.)* օդանավ *odanav*
aerosol *(n.)* աերոզոլ *aerozol*
aerospace *(n.)* ավիատիեզերք *aviatiezerq*
aerostatics *(n.)* աերոստատիկա *aerostatika*
aesthete *(n.)* էսթետ *estet*
aesthetic *(adj.)* էսթետիկական *estetikakan*
afar *(adv.)* հեռու *herru*
affable *(adj.)* սիրալիր *siralir*
affair *(n.)* գործ *gorts*
affect *(v.)* ազդել *azdel*
affectation *(n.)* սեթևեթանք *setyevetanq*
affected *(adj.)* ազդված *azdvac*
affection *(n.)* սեր *ser*
affection *(n.)* հիվանդություն *hivandutyun*
affectionate *(adj.)* սիրող *sirox*
affidavit *(n.)* գրավոր ցուցմունք *gravor cucmunq*
affiliate *(v.)* միացնել *miacnel*
affiliation *(n.)* միացնելը *miacnela*
affinity *(n.)* ազգակցություն *azgakcutyun*
affirm *(v.)* հաստատել *hastatel*
affirmation *(n.)* հաստատում *hastatum*
affirmative *(adj.)* հաստատական *hastatakan*
affix *(v.)* կցել *kcel*
afflict *(v.)* վշտացնել *vshtacnel*
affliction *(n.)* վիշտ *visht*
affluence *(n.)* հորդում *hordum*
affluent *(adj.)* հոսող *hosogh*
affluential *(n.)* վտակ *vtak*
afford *(v.)* տալ *tal*
affordability *(n.)* հասանելիություն *hassanelityun*
afforest *(v.)* անտառապատել *antarrapatel*
affray *(n.)* վեճ *vech*
affront *(n.)* վիրավորանք *viravoranq*
afield *(adv.)* դաշտում *dashtum*
aflame *(adv.)* բոցավառված *bocavarrvats*
afloat *(adv.)* ծովում *tsovum*
afoot *(adv.)* ոտքով *votqov*
afore *(prep.)* առջևում *arrjevum*
aforementioned *(adj.)* վերոնշյալ *veronshyal*
afraid *(adj.)* վախեցած *vakhecats*
afresh *(adv.)* էլի *eli*
aft *(n.)* հետակողմում *hetakoghmum*
after *(prep.)* հետո *heto*
afterbirth *(n.)* ընկերք *ankerq*
aftercare *(n.)* հետխնամք *hajordogh khnamq*
after-effect *(n.)* հետարդյունք *hetardyunq*
aftermath *(n.)* աշնանախոտ *ashnanakhot*
afternoon *(n.)* կեսօրից հետո *kesoric heto*
after-party *(n.)* հետհավաքույթ *hethavaquyt*

aftersales *(adj.)* հետառևտրային *hetarrevtrayin*
aftershave *(n.)* լոսյոն սափրվելուց հետո *losyon saprveluc heto*
afterthought *(n.)* հետին միտք *hetin mitq*
afterwards *(adv.)* հետո *heto*
again *(adv.)* կրկին *krkin*
against *(prep.)* դեմ *dem*
agar *(n.)* ժելե *djele*
agate *(n.)* ագատ *agat*
agaze *(adj.)* սևեռուն *severrun*
age *(n.)* հասակ *hasak*
aged *(adj.)* ծեր *tser*
ageing *(n.)* ծերացում *tseracum*
ageism *(n.)* դարաշրջան *darashrjan*
ageless *(adj.)* չծերացող *chtseracogh*
agency *(n.)* միջոց *mijoc*
agenda *(n.)* օրակարգ *orakarg*
agent *(n.)* ագենտ *agent*
agglomerate *(n.)* կուտակում *kutakum*
agglomerate *(v.)* կուտակվել *kutakvel*
aggradation *(n.)* որակավորման բարձրացում *vorakavorman bardzracum*
aggrandize *(v.)* մեծացնել *mecacnel*
aggravate *(v.)* ծանրացնել *tsanracnel*
aggravation *(n.)* ծանրացում *tsanracum*
aggregate *(v.)* հավաքել *havaqel*
aggression *(n.)* ագրեսիա *agressia*
aggressive *(adj.)* ագրեսիվ *agressiv*
aggressor *(n.)* ագրեսոր *agressor*
aggrieve *(v.)* վիրավորել *viravorel*
aghast *(adj.)* զարհուրած *zarhurats*
agile *(adj.)* ճարպիկ *charpik*
agility *(n.)* ճարպկություն *charpkutyun*
agitate *(v.)* հուզել *huzel*
agitation *(n.)* հուզում *huzum*
aglare *(adj.)* շլացուցիչ *shlacucich*
aglow *(adv.)* բոցավառված *bocavarrvats*
agnostic *(n.)* ագնոստիկ *agnostik*
agnosticism *(n.)* ագնոստիցիզմ *agnosticizm*
ago *(adv.)* առաջ *arraj*
agog *(adj.)* անհամբեր *anhamber*
agonize *(v.)* տանջել *tanjel*

agony *(n.)* տանջանք *tanjanq*
agoraphobia *(n.)* ագորաֆոբիա *agorafobia*
agrarian *(adj.)* ագրարային *agrarayin*
agree *(v.)* համաձայնվել *hamadzaynvel*
agreeable *(adj.)* համաձայն *hamadzayn*
agreement *(n.)* համաձայնություն *hamadzaynutyun*
agricultural *(adj.)* գյուղատնտեսական *gyughatntesakan*
agriculture *(n.)* գյուղատնտեսություն *gyughatntesutyun*
agriculturist *(n.)* գյուղատնտես *gyughatntes*
agriproduct *(n.)* գյուղարտադրանք *gyughartadranq*
agro *(adj.)* ագրո *agro*
agrochemical *(adj.)* ագրոքիմիական *agroqimiakan*
agro-industry *(n.)* ագրոարդյունաբերություն *agro-ardyunaberutyun*
agrology *(n.)* ագրոլոգիա *agrologia*
agronomy *(n.)* գյուղատնտեսություն *gyughatntesutyun*
ague *(n.)* մալարիա *malaria*
ahead *(adv.)* առջևում *arrjevum*
ahoy *(interj.)* հե՜յ *hey!*
aid *(n.& v.)* օգնություն, օգնել *ognutyun, ognel*
aide *(n.)* օգնական *ognakan*
AIDS *(n.)* ՁԻԱՀ *DZIAH*
ail *(v.)* ցավել *cavel*
ailing *(adj.)* հիվանդ *hivand*
ailment *(n.)* տկարություն *tkarutyun*
aim *(v.)* նպատակադնել *npatakadnel*
aimless *(adj.)* աննպատակ *annpatak*
air *(n.)* օդ *od*
air conditioning *(n.)* օդափոխիչ *odapokhich*
air freight *(n.)* օդային բեռնափոխադրումներ *odayin berrnapokhadrumner*
air freshner *(n.)* օդի թարմեցնող միջոց *odi tarmecnogh mijoc*
air hostess *(n.)* բորտուղեկցորդուհի

bortughekcorduhi
airbag *(n.)* օդային պայուսակ *odayin payusak*
airband *(n.)* անվտանգության բարձ *anvtangutyan bardz*
airbase *(n.)* ավիաբազա *aviabaza*
airbed *(n.)* օդային մահճակալ *odayin mahchakal*
airborne *(n.)* օդային տեղափոխություն *odayin teghapokhutyun*
airbrake *(n.)* օդաճնշական արգելակ *odachnshakan argelak*
airbus *(n.)* աերոբուս *aerobus*
aircraft *(n.)* ինքնաթիռ *inqnatirr*
aircrew *(n.)* օդային անձնակազմ *odayin andznakazm*
airdrop *(n.)* օդային դեսանտ *odayin desant*
airfare *(n.)* ավիատոմսի արժեք *aviatomsi ardjeq*
airfield *(n.)* օդանավակայան *odanavakayan*
airgun *(n.)* օդաձիգ հրացան *odadzig hracan*
airlift *(n.)* օդային բարձրացում *odayin bardzracum*
airy *(adj.)* օդային *odayin*
aisle *(n.)* միջանցք *mijancq*
ajar *(adv.)* ընդհարված *andharvats*
akin *(adj.)* ազգական *azgakan*
akinesia *(n.)* ակինեզիա *akinezia*
alabaster *(n.)* գիպս *gips*
alacrious *(adj.)* աշխույժ *ashkhuydj*
alacrity *(n.)* աշխուժություն *ashkhudjutyun*
alarm *(n.)* տագնապ *tagnap*
alarming *(adj.)* տագնապալի *tagnapali*
alarmist *(n.)* խուճապ *khuchap*
alas *(interj.)* ավա՜ղ *avagh!*
albatross *(n.)* ձկնկուլ *dzknkul*
albeit *(conj.)* չնայած *chnayats*
albino *(n.)* ալբինոս *albinos*
album *(n.)* ալբոմ *albom*
albumen *(n.)* սպիտակուց *spitakuc*
alchemist *(n.)* ալքիմիկոս *alqimikos*
alchemy *(n.)* ալքիմիա *alqimia*
alcohol *(n.)* ալկոհոլ *alkohol*

alcoholic *(n.)* ալկոհոլիկ *alkoholik*
alcoholism *(n.)* ալկոհոլիզմ *alkoholizm*
alcove *(n.)* տաղավար *taghavar*
alder *(n.)* լաստենի *lasteni*
ale *(n.)* գարեջուր *garejur*
alegar *(n.)* գարեջրագործ *garejragorts*
alert *(adj.)* արթուն *artun*
alertness *(n.)* զգոնություն *zgonutyun*
alfa *(n.)* ալֆա *alfa*
algae *(n.)* ջրիմուռներ *jrimurrner*
algebra *(n.)* հանրահաշիվ *hanrahashiv*
algorithm *(n.)* ալգորիթմ *algoritm*
alias *(adv.)* այլ կերպ *ayl kerp*
alibi *(n.)* ալիբի *alibi*
alien *(adj.)* օտար *otar*
alienate *(v.)* օտարել *otarel*
aliferous *(adj.)* բերրի *beri*
alight *(v.)* իջնել *ijnel*
align *(v.)* շարվել *sharvel*
alignment *(n.)* շարասյուն *sharasyun*
alike *(adj.)* նման *nman*
aliment *(n.)* ալիմենտ *aliment*
alimony *(n.)* ապրուստ *aprust*
alive *(adj.)* ողջ *voghj*
alkali *(n.)* ալկալի *alkali*
alkaline *(adj.)* ալկալային *alkalayin*
all *(adj.)* ամբողջ *amboghj*
allay *(v.)* ամոքել *amoqel*
allegation *(n.)* հայտարարություն *haytararutyun*
allege *(v.)* հայտարարել *haytararel*
allegiance *(n.)* հավատարմություն *havatarmutyun*
allegory *(n.)* այլաբանություն *aylabanutyun*
allergic *(adj.)* ալերգիկ *alergik*
allergy *(n.)* ալերգիա *alergia*
alleviate *(v.)* թեթևացնել *tetevacnel*
alleviation *(n.)* թեթևացում *tetevacum*
alley *(n.)* ծառուղի *tsarrughi*
alliance *(n.)* միություն *miutyun*
allied *(adj.)* դաշնակից *dashnakic*
alligator *(n.)* ալիգատոր *aligator*
alliterate *(v.)* լիազորել *liazorel*
alliteration *(n.)* ալիտերացիա *aliteracia*
allocate *(v.)* դասավորել *dassavorel*
allocation *(n.)* դասավորում*

dassavorum
allot *(v.)* բաժանել *badjanel*
allotment *(n.)* բաժանում *badjanum*
allow *(v.)* թույլատրել *tuylatrel*
allowance *(n.)* թույլատրում *tuylatrum*
alloy *(n.)* ձուլվածք *dzulvatsq*
allude *(v.)* ակնարկել *aknarkel*
allure *(v.)* գրավել *gravel*
alluring *(adj.)* գրավիչ *gravich*
allusion *(n.)* ակնարկ *aknark*
allusive *(adj.)* ակնարկող *aknarkogh*
ally *(n.)* դաշնակից *dashnakic*
almanac *(n.)* տարեգիրք *taregirq*
almighty *(adj.)* ամենակարող *amenakarogh*
almirah *(n.)* պահարան *paharan*
almond *(n.)* նուշ *nush*
almost *(adv.)* գրեթե *grete*
alms *(n.)* ողորմություն *voghormutyun*
aloe *(n.)* հալվե *halve*
aloft *(adv.)* վերևում *verevum*
alone *(adj.)* մենակ *menak*
along *(prep. &adv.)* երկարությամբ *yerkarutyamb*
alongside *(prep.)* երկայնքով *yerkaynqov*
aloof *(adv.)* հեռվում *herrvum*
aloud *(adv.)* բարձր *bardzr*
alp *(n.)* լեռան գագաթ *lerran gagat*
alpha *(n.)* ալֆա *alfa*
alphabet *(n.)* այբուբեն *aybuben*
alphabetical *(adj.)* այբբենական *aybbenakan*
alpine *(adj.)* ալպիական *alpiakan*
already *(adv.)* արդեն *arden*
also *(adv.)* նաև *nayev*
altar *(n.)* զոհասեղան *zohasseghan*
alteration *(n.)* փոփոխում *popokhum*
altercation *(n.)* վեճ *vech*
alternate *(v.)* հաջորդել *hajordel*
alternative *(adj.)* երկընտրական *yerkantrakan*
alternatively *(adv.)* երկընտրականորեն *yerkantrakanoren*
although *(conj.)* թեև *teyev*
altimeter *(n.)* բարձրաչափ *bardzrachap*

altitude *(n.)* բարձրություն *bardzrutyun*
alto *(n.)* ալտ *alt*
altogether *(adv.)* ընդհանրապես *andhanrapes*
altruism *(n.)* ալտրուիզմ *altruizm*
altruist *(n.)* ալտրուիստ *altruist*
altruistic *(adj.)* ալտրուիստական *altruistakan*
aluminate *(v.)* ալյումինացնել *alyuminacnel*
aluminium *(n.)* ալյումին *alyumin*
always *(adv.)* միշտ *misht*
Alzheimer's disease *(n.)* Ալցհեյմերի հիվանդություն *Alcheymeri hivandutyun*
am *(abbr.)* կեսօրից առաջ *kesoric arraj*
amalgam *(n.)* ամալգամ *amalgam*
amalgamate *(v.)* սնդկազոդել *sndkazodel*
amalgamation *(n.)* սնդկազոդում *sndkazodum*
amass *(v.)* հավաքել *havaqel*
amateur *(n.)* դիլետանտ *diletant*
amatory *(adj.)* սիրային *sirayin*
amaze *(v.)* զարմացնել *zarmacnel*
amazement *(n.)* զարմանք *zarmanq*
ambassador *(n.)* դեսպան *despan*
amber *(n.)* սաթ *sat*
amberite *(n.)* ամբերիտ *amberit*
ambidexter *(n.)* երկու ձեռքը կիրառող մարդ *erku dzerrqa kirarrogh mard*
ambience *(n.)* շրջապատ *shrjapat*
ambient *(adj.)* շրջապատող *shrjapatogh*
ambiguity *(n.)* երկիմաստություն *yerkimastutyun*
ambiguous *(adj.)* երկիմաստ *yerkimast*
ambit *(n.)* սահման *sahman*
ambition *(n.)* տենչ *tench*
ambitious *(adj.)* փառասեր *parrasser*
ambivalence *(n.)* հակասականություն *hakassakanutyun*
ambivalent *(adj.)* հակասական *hakassakan*
amble *(v.)* շորորալով գնալ *shororalov gnal*
ambulance *(n.)* շտապ օգնություն

shtap ognutyun
ambulant *(adj.)* սանիտարական
sanitarakan
ambush *(n.)* դարան *daran*
ameliorate *(v.)* բարվոքել *barvoqel*
amelioration *(n.)* բարվոքում
barvoqum
amen *(interj.)* ամեն *amen*
amenable *(adj.)* պատասխանատու
pataskhanatu
amend *(v.)* լավացնել *lavacnel*
amendment *(n.)* բարելավում
barelavum
amenity *(n.)* սիրալիրություն
siralirutyun
amiability *(n.)* սիրալիրություն
siralirutyun
amiable *(adj.)* սիրալիր *siralir*
amicable *(adj.)* բարեկամական
barekamakan
amid *(prep.)* մեջ *mej*
amiss *(adj.)* վատ *vat*
amity *(n.)* բարեկամություն
barekamutyun
ammonia *(n.)* ամոնիակ *amoniak*
ammunition *(n.)* ռազմամթերք
rrazmamterq
amnesia *(n.)* ամնեզիա *amnezia*
amnesty *(n.)* ներում *nerum*
among *(prep.)* միջև *mijev*
amongst *(prep.)* մեջ *mej*
amoral *(adj.)* անբարոյական
anbaroyakan
amorous *(adj.)* սիրահարված
siraharvats
amorphous *(adj.)* անձև *andzev*
amount *(n.)* գումար *gumar*
amour *(n.)* սեր *ser*
ampere *(n.)* ամպեր *amper*
amphibian *(n.)* ամֆիբիա *amfibia*
amphibious *(adj.)* երկկենցաղ
yerkkencagh
amphitheatre *(n.)* ամֆիթատրոն
amfitatron
ample *(adj.)* լայն *layn*
amplification *(n.)* մեծացում *metsacum*
amplifier *(n.)* ուժեղացուցիչ
udjeghacucich

amplify *(v.)* մեծացնել *metsacnel*
amplitude *(n.)* ամպլիտուդա, լայնք
amplituda, laynq
amputate *(v.)* անդամահատել
andamahatel
amputation *(n.)* անդամահատում
andamahatum
amputee *(n.)* անդամահատված
վերջույթով հաշմանդամ
*andamahatvats verjuytov
hashmandam*
amuck *(adv.)* վայրագորեն *vayragoren*
amulet *(n.)* թալիսման *talisman*
amuse *(v.)* զվարճացնել *zvarchacnel*
amusement *(n.)* զվարճանք *zvarchanq*
an *(art.)* մի *mi*
anabolic *(n.)* անաբոլիկ *anabolik*
anachronism *(n.)* անախրոնիզմ
anakhronizm
anaemia *(n.)* անեմիա,
սակավարյունություն *anemia,
sakavaryunutyun*
anaesthesia *(n.)* անզգայացում
anzgayacum
anaesthetic *(n.)* անզգայացնող միջոց
anzgayacnogh mijoc
anal *(adj.)* անալ *anal*
analgestic *(n.)* անալգետիկ,
ցավազրկող *analgetik, cavazrkogh*
analogous *(adj.)* համանման
hamanman
analogy *(n.)* անալոգիա, նմանություն
analogia, nmanutyun
analyse *(v.)* վերլուծել *verlutsel*
analysis *(n.)* վերլուծում *verlutsum*
analyst *(n.)* վերլուծող *verlutsogh*
analytical *(adj.)* վերլուծական
verlutsakan
anamnesis *(n.)* անամնեզ, վերհուշ
anamnez, verhush
anamorphosis *(adj.)* անամորֆոզ
anamorfoz
anarchism *(n.)* անարխիզմ *anarkhizm*
anarchist *(n.)* անարխիստ *anarkhist*
anarchy *(n.)* անարխիա *anarkhia*
anatomy *(n.)* անատոմիա *anatomia*
ancestor *(n.)* նախահայր *nakhahayr*
ancestral *(adj.)* տոհմական *tohmakan*

ancestry *(n.)* ծագում *tsagum*
anchor *(n.)* խարիսխ *khariskh*
anchorage *(n.)* խարսխակայան *kharskhakayan*
ancient *(adj.)* անտիկ *antik*
ancillary *(adj.)* օժանդակ *odjandak*
and *(conj.)* և *yev*
android *(n.)* անդրոիդ *android*
anecdote *(n.)* անեկդոտ *anekdot*
anemometer *(n.)* անեմոմետր *anemometr*
anew *(adv.)* նորից *noric*
angel *(n.)* հրեշտակ *hreshtak*
anger *(n.)* բարկություն *barkutyun*
angina *(n.)* անգինա *angina*
angiogram *(n.)* անոթագրություն, անգիոգրամա *anotagrutyun, angiograma*
angle *(n.)* անկյուն *ankyun*
angry *(adj.)* բարկացած *barkacats*
angst *(n.)* անհանգստություն *anhangstutyun*
anguish *(n.)* տառապանք *tarrapanq*
angular *(adj.)* անկյունային *ankyunayin*
animal *(n.)* կենդանի *kendani*
animal husbandry *(n.)* անասնաբուծություն *anasnabutsutyun*
animate *(v.)* ոգևորել *vogevorel*
animation *(n.)* ոգևորություն *vogevorutyun*
animosity *(n.)* թշնամություն *tshnamutyun*
animus *(n.)* թշնամություն *tshnamutyun*
aniseed *(n.)* անիսոնի սերմ *anissoni serm*
ankle *(n.)* կոճ *koch*
anklet *(n.)* օղակ *oghak*
annalist *(n.)* տարեգիր *taregir*
annals *(n.pl.)* տարեգրություններ *taregrutyunner*
annex *(v.)* կցել *kcel*
annexation *(n.)* կցում *kcum*
annihilate *(v.)* բնաջնջել *bnajnjel*
annihilation *(n.)* բնաջնջում *bnajnjum*
anniversary *(n.)* տարեդարձ *taredardz*
annotate *(v.)* ծանոթագրել *tsanotagrel*
announce *(v.)* հայտարարել *haytararel*
announcement *(n.)* հայտարարություն *haytararutyun*
announcer *(n.)* հաղորդավար *haghordavar*
annoy *(v.)* ձանձրացնել *dzandzracnel*
annoyance *(n.)* ձանձրույթ *dzandzruyt*
annoying *(adj.)* ձանձրացնող *dzandzracnogh*
annual *(adj.)* տարեկան *tarekan*
annuity *(n.)* տարեկան ռենտա *tarekan rrenta*
annul *(v.)* ոչնչացնել *vochnchacnel*
annulment *(n.)* ոչնչացում *vochnchacum*
anoint *(v.)* օծել *otsel*
anomalous *(adj.)* աննորմալ *annormal*
anomaly *(n.)* անոմալիա *anomalia*
anon *(adv.)* շուտով *shutov*
anonymity *(n.)* անանունություն *ananunutyun*
anonymosity *(n.)* անանունություն *ananunutyun*
anonymous *(adj.)* անանուն *ananun*
anorak *(n.)* անձրևանոց *andzrevanoc*
anorexia *(n.)* անորեքսիա *anoreqsia*
anorexic *(adj.)* անորեքսիկ *anoreqsik*
another *(adj.)* ուրիշ *urish*
answer *(n.)* պատասխան *pataskhan*
answerable *(adj.)* պատասխանատու *pataskhanatu*
answering machine *(n.)* ինքնապատասխանիչ *inqnapataskhanich*
ant *(n.)* մրջյուն *mrjiun*
antacid *(adj.)* հակաթթվային *hakattvayin*
antagonism *(n.)* հակամարտություն *hakamartutyun*
antagonist *(n.)* հակառակորդ *hakarrakord*
antagonize *(v.)* հակազդել *hakazdel*
antarctic *(adj.)* անտարկտիկական *antarktikakan*
antecardium *(n.)* խաղադրույք *khaghadruyq*
antecede *(v.)* նախորդել *nakhordel*
antecedent *(n.)* նախորդ *nakhord*

antedate *(n.)* հետին թվով տարեթիվ hetin tvov taretiv
antelope *(n.)* այծքաղ aytsqagh
antenatal *(adj.)* նախածննդյան nakhatsnndyan
antenna *(n.)* անտեննա antenna
anterior *(adj.)* առաջի arraji
anthem *(n.)* հիմն himn
anthology *(n.)* ժողովածու djoghovatsu
anthrax *(n.)* թարախուռուցք tarakhurrucq
anthropoid *(adj.)* մարդանման mardanman
anthropology *(n.)* մարդաբանություն mardabanutyun
anti- *(pref.)* հակա- haka-
anti-ageing *(adj.)* հակատարիքային hakatariqayin
anti-aircraft *(adj.)* հակաօդային hakaodayin
antibacterial *(adj.)* հակաբակտերիալ hakabakterial
antibiotic *(n.)* հակաբիոտիկ hakabiotik
antibody *(n.)* հակամարմիններ hakamarminner
antic *(n.)* խեղկատակ kheghkatak
anticipate *(v.)* նախատեսել nakhatessel
anticipation *(n.)* սպասում spasum
anticlimax *(n.)* հակակլիմաքս hakaklimaqs
anticlockwise *(adv.)* ժամսլաքի հակառակ ուղղությամբ djamslaqi hakarrak ughghutyamb
antidote *(n.)* հակաթույն hakatuyn
antifreeze *(n.)* հակասառիչներ hakassarrichner
antigen *(n.)* հակածին hakatsin
antinomy *(n.)* անտինոմիա antinomia
antioxidant *(n.)* հակաօքսիդանտ hakaoqsidant
antipathy *(n.)* հակակրանք hakakranq
antiphony *(n.)* հակադրություն hakadrutyun
antipodes *(n.pl.)* հակոտնյաներ hakotnyaner
antiquarian *(adj.)* անտիկվար antikvar
antiquary *(n.)* հնահավաք hnahavaq
antiquated *(adj.)* հնատարազ hnataraz
antique *(adj.)* հնադարյան hnadaryan
antiquity *(n.)* հնություն hnutyun
antiseptic *(n.)* հականեխիչ միջոց hakanekhich mijoc
antiseptic *(adj.)* հականեխիչ hakanekhich
antisocial *(adj.)* հակահասարակական hakahasarakakan
antithesis *(n.)* հակաթեզիս hakatezis
antler *(n.)* եղջյուր yeghjyur
antonym *(n.)* հականիշ hakanish
anus *(n.)* սրբան srban
anvil *(n.)* զնդան zndan
anxiety *(n.)* հուզմունք huzmunq
anxious *(adj.)* անհանգիստ anhangist
anxiously *(adv.)* տագնապալիորեն tagnapalioren
any *(pron.)* որևէ voreve
anybody *(pron.)* որևէ մեկը voreve meka
anyhow *(adv.)* համենայն դեպս hamenayn deps
anyone *(pron.)* որևէ մեկը voreve meka
anyplace *(pron.)* որևէ տեղ voreve tegh
anything *(pron.)* որևէ բան voreve ban
anytime *(adv.)* ցանկացած ժամանակ cankacats djamanak
anyway *(adv.)* ամեն դեպքում amen depqum
anywhere *(adv.)* որևէ տեղ voreve tegh
aorta *(n.)* աորտա aorta
apace *(adv.)* արագ arag
apart *(adv.)* առանձին arrandzin
apartheid *(n.)* մեկուսացում mekusacum
apartment *(n.)* բնակարան bnakaran
apathy *(n.)* անտարբերություն antarberutyun
ape *(n.)* կապիկ kapik
aperture *(n.)* անցք ancq
apex *(n.)* գագաթ gagat
aphasia *(n.)* աֆազիա afazia
aphorism *(n.)* աֆորիզմ aforizm
apiary *(n.)* մեղվանոց meghvanoc

apiculture *(n.)* մեղվաբուծություն *meghvabutsutyun*
apiece *(adv.)* ամեն մեկին *amen mekin*
aplenty *(adv.)* լիության մեջ *liutyan mej*
aplogetic *(adj.)* ջատագովական *jatagovakan*
apnoea *(n.)* շնչարգելում *shnchargelum*
apologize *(v.)* ներողություն խնդրել *neroghutyun khndrel*
apology *(n.)* ներողություն *neroghutyun*
apostle *(n.)* առաքյալ *arraqyal*
apostrophe *(n.)* ապաթարց *apatarc*
apotheosis *(n.)* աստվածաբանում *astvatsabanum*
app *(n.)* ծրագիր *tsragir*
appal *(v.)* վախեցնել *vakhecnel*
apparatus *(n.)* սարք *sarq*
apparel *(n.)* զարդարանք *zardaranq*
apparent *(adj.)* ակնհայտ *aknhayt*
appeal *(v.)* դիմել *dimel*
appear *(v.)* երևալ *yereval*
appearance *(n.)* արտաքին տեսք *artaqin tesq*
appease *(v.)* մեղմացնել *meghmacnel*
appellant *(n.)* գանգատավոր *gangatavor*
append *(v.)* կախել *kakhel*
appendage *(n.)* հավելում *havelum*
appendicitis *(n.)* կույր աղիքի բորբոքում *kuyr aghiqi borboqum*
appendix *(n.)* կույր աղիքի որդանման հավելված *kuyr aghiqi vordanman havelvats*
appetite *(n.)* ախորժակ *akhordjak*
appetizer *(n.)* նախուտեստ *nakhutest*
applaud *(v.)* ծափահարել *tsapaharel*
applause *(n.)* ծափահարություն *tsapaharutyun*
apple *(n.)* խնձոր *khndzor*
appliance *(n.)* հարմարանք *harmaranq*
applicable *(adj.)* պիտանի *pitani*
applicant *(n.)* հավակնորդ *havaknord*
application *(n.)* դիմում *dimum*
applied *(adj.)* կիրառական *kirarrakan*
apply *(v.)* դիմել *dimel*
appoint *(v.)* նշանակել *nshanakel*
appointment *(n.)* նշանակում *nshanakum*
apportion *(v.)* բաշխել *bashkhel*
apposite *(adj.)* հարմար *harmar*
appraise *(v.)* գնահատել *gnahatel*
appreciable *(adj.)* նկատելի *nkateli*
appreciate *(v.)* գնահատել *gnahatel*
appreciation *(n.)* գնահատական *gnahatakan*
apprehend *(v.)* հասկանալ *haskanal*
apprehension *(n.)* հասկացում *haskacum*
apprehensive *(adj.)* հասկացող *haskacogh*
apprentice *(n.)* աշակերտ *ashakert*
apprise *(v.)* գնահատել *gnahatel*
approach *(v.)* մոտենալ *motenal*
approachable *(adj.)* մատչելի *matcheli*
approbation *(n.)* հավանություն *havanutyun*
appropriate *(adj.)* հարմար *harmar*
appropriation *(n.)* յուրացում *yuracum*
approval *(n.)* հաստատում *hastatum*
approve *(v.)* վավերացնել *vaveracnel*
approximate *(adj.)* մոտավոր *motavor*
approximately *(adv.)* մոտավորապես *motavorapes*
apricot *(n.)* ծիրան *tsiran*
April *(n.)* ապրիլ *april*
apron *(n.)* գոգնոց *gognoc*
apt *(adj.)* ընդունակ *andunak*
aptitude *(n.)* ընդունակություն *andunakutyun*
aptitude test *(n.)* ընդունակության թեստ *andunakutyan test*
aquarium *(n.)* ակվարիում *akvarium*
aquarius *(n.)* ջրհոս *jrhos*
aquatic *(adj.)* ջրային *jrayin*
aquatint *(n.)* ջրաներկ *jranerk*
aqueduct *(n.)* անցք *ancq*
Arab *(n.)* արաբ *arab*
arable *(adj.)* վարելի *vareli*
arbiter *(n.)* միջնորդ դատավոր *mijnord datavor*
arbitrary *(adj.)* կամակոր *kamakor*
arbitrate *(v.)* վճռել *vchrrel*
arbitration *(n.)* միջնորդ դատարանի որոշում *mijnord datarani voroshum*
arbitrator *(n.)* միջնորդ դատավոր *mijnord datavor*

arbour *(n.)* ծառ *tsarr*
arc *(n.)* աղեղ *aghegh*
arcade *(n.)* կամարաշարք *kamarasharq*
arcane *(adj.)* խորհրդավոր *khorhrdavor*
arch *(n.)* կամար *kamar*
archaeologist *(n.)* հնագետ *hnaget*
archaeology *(n.)* հնագիտություն *hnagitutyun*
archaic *(adj.)* հին *hin*
archbishop *(n.)* արքեպիսկոպոս *arqepiskopos*
archer *(n.)* աղեղնավոր *agheghnavor*
archery *(n.)* աղեղնաձգություն *agheghnadzgutyun*
architect *(n.)* ճարտարապետ *chartarapet*
architecture *(n.)* ճարտարապետություն *chartarapetutyun*
archives *(n.pl.)* արխիվ *arkhiv*
Arctic *(adj.)* բևեռային *beverrayin*
ardent *(adj.)* կրակոտ *krakot*
ardour *(n.)* եռանդ *yerrand*
arduous *(adj.)* եռանդոտ *yerrandot*
area *(n.)* տարածություն *taratsutyun*
arena *(n.)* ասպարեզ *asparez*
argil *(n.)* բրուտագործական կավ *brutagortsakan kav*
arguable *(adj.)* վիճելի *vicheli*
argue *(v.)* վիճել *vichel*
argument *(n.)* փաստարկ *pastark*
arid *(adj.)* չոր *chor*
aries *(n.)* խոյ *khoy*
aright *(adv.)* ճիշտ *chisht*
arise *(v.)* ծագել *tsagel*
aristocracy *(n.)* արիստոկրատիա *aristokratia*
aristocrat *(n.)* արիստոկրատ *aristokrat*
arithmetic *(n.)* թվաբանություն *tvabanutyun*
ark *(n.)* տապան *tapan*
arm *(n.)* բազուկ *bazuk*
armada *(n.)* նավատորմ *navatorm*
armament *(n.)* սպառազինություն *sparrazinutyun*

armature *(n.)* սպառազինություն *sparrazinutyun*
armchair *(n.)* բազկաթոռ *bazkatorr*
armed *(adj.)* զինված *zinvats*
armed forces *(n.)* զինված ուժեր *zinvats udjer*
armhole *(n.)* թևատեղ *tevategh*
armistice *(n.)* զինադադար *zinadadar*
armlet *(n.)* թևնոց *tevnoc*
armour *(n.)* զենք ու զրահ *zenq u zrah*
armoury *(n.)* զինանոց *zinanoc*
armpit *(n.)* անութ *anut*
armrest *(n.)* բազկատեղ *bazkategh*
army *(n.)* բանակ *banak*
aroma *(n.)* բուրմունք *burmunq*
aromatherapy *(n.)* արոմաթերապիա *aromaterapia*
around *(adv.&prep.)* շուրջը *shurja*
arouse *(v.)* արթնացնել *artnacnel*
arrabbiata *(adj.)* արաբբիատա *arabiata*
arraign *(v.)* դատի տալ *dati tal*
arrange *(v.)* կարգավորել *kargavorel*
arrangement *(n.)* կարգավորում *kargavorum*
arrant *(adj.)* անհուսալի *anhusali*
array *(n.)* մարտակարգ *martakarg*
arrears *(n. pl.)* պարտք *partq*
arrest *(v.)* ձերբակալել *dzerbakalel*
arrival *(n.)* ժամանում *djamanum*
arrive *(v.)* ժամանել *djamanel*
arrogance *(n.)* գոռոզություն *gorrozutyun*
arrogant *(adj.)* գոռոզ *gorroz*
arrow *(n.)* նետ *net*
arrowroot *(n.)* դեղաբույս *deghabuys*
arsenal *(n.)* զինանոց *zinanoc*
arsenic *(n.)* մկնդեղ *mkndegh*
arson *(n.)* հրդեհում *hrdehum*
art *(n.)* արվեստ *arvest*
art direction *(n.)* արվեստի ուղղություն *arvesti ughghutyun*
art form *(n.)* արվեստի ձև *arvesti dzev*
artefact *(n.)* ձեռակերտ իր *dzerrakert ir*
artery *(n.)* զարկերակ *zarkerak*
artesian *(adj.)* արտեզյան *artezyan*
artful *(adj.)* խորամանկ *khoramank*

arthritis *(n.)* արթրիտ *artrit*
artichoke *(n.)* կանկար *kankar*
article *(n.)* հոդված *hodvats*
articulate *(adj.)* պարզ *parz*
artifice *(n.)* ճարպկություն *charpkutyun*
artificial *(adj.)* արհեստական *arhestakan*
artificial intelligence *(n.)* արհեստական բանականություն *arhestakan banakanutyun*
artillery *(n.)* հրետանի *hretani*
artisan *(n.)* արհեստավոր *arhestavor*
artist *(n.)* նկարիչ *nkarich*
artistic *(adj.)* արտիստական *artistakan*
artless *(adj.)* անարվեստ *anarvest*
as *(adv.)* ինչպես *inchpes*
asafoetida *(n.)* խեժ *khedj*
asbestos *(n.)* կտավաքար *ktavaqar*
ascend *(v.)* բարձրանալ *bardzranal*
ascendancy *(n.)* իշխանություն *ishkhanutyun*
ascent *(n.)* վերելք *verelq*
ascertain *(v.)* հաստատել *hastatel*
ascetic *(n.)* ասկետ *asket*
ascetic *(adj.)* ասկետական *asketakan*
ascribe *(v.)* վերագրել *veragrel*
aseptic *(adj.)* ստերիլ *steril*
asexual *(adj.)* անսեռական *anserrakan*
ash *(n.)* հացենի *haceni*
ashamed *(adj.)* ամոթահար *amotahar*
ashen *(adj.)* հացենու *hacenu*
ashore *(adv.)* ափին *apin*
aside *(adv.)* մի կողմում *mi koghmum*
asinine *(adj.)* ապուշ *apush*
ask *(v.)* հարցնել *harcnel*
asleep *(adv.)* քնած *qnats*
asparagus *(n.)* ծնեբեկ *tsnebek*
aspect *(n.)* տեսակետ *tesaket*
aspersion *(n.)* ցողում *coghum*
asphyxia *(n.)* շնչահեղձություն *shnchaheghdzutyun*
asphyxiate *(v.)* շնչահեղձություն առաջացնել *shnchaheghdzutyun arrajacnel*
aspirant *(n.)* հավակնորդ *havaknord*
aspiration *(n.)* ցանկություն *cankutyun*
aspire *(v.)* տենչալ *tenchal*
ass *(n.)* էշ *esh*
assail *(v.)* հարձակվել *hardzakvel*
assassin *(n.)* մարդասպան *mardaspan*
assassinate *(v.)* սպանել *spanel*
assassination *(n.)* սպանություն *spanutyun*
assault *(n.)* գրոհում *grohum*
assemble *(v.)* հավաքվել *havaqvel*
assembly *(n.)* ժողով *djoghov*
assent *(n.)* համաձայնություն *hamadzaynutyun*
assert *(v.)* հաստատել *hastatel*
assertive *(adj.)* հաստատական *hastatakan*
assess *(v.)* տուգանել *tuganel*
assessment *(n.)* հարկում *harkum*
asset *(n.)* արժանիք *ardjaniq*
assibilate *(v.)* ձուլել *dzulel*
assign *(v.)* նշանակել *nshanakel*
assignee *(n.)* լիազորված անձ *liazorvac andz*
assignment *(n.)* նշանակում *nshanakum*
assimilate *(v.)* նմանեցնել *nmanecnel*
assimilation *(n.)* նմանեցում *nmanecum*
assist *(v.)* օգնել *ognel*
assistance *(n.)* օգնություն *ognutyun*
assistant *(n.)* օգնական *ognakan*
associate *(v.)* միացնել *miacnel*
association *(n.)* միացում *miacum*
assort *(v.)* տեսակավորել *tessakavorel*
assorted *(adj.)* տեսակավորված *tessakavorvats*
assortment *(n.)* տեսակավորում *tessakavorum*
assuage *(v.)* մեղմացնել *meghmacnel*
assume *(v.)* ստանձնել *standznel*
assumption *(n.)* ստանձնում *standznum*
assurance *(n.)* երաշխավորություն *yerashkhavorutyun*
assure *(v.)* երաշխավորել *yerashkhavorel*
astatic *(adj.)* անկայուն *ankayun*
asterisk *(n.)* աստղանշան *astghanshan*
asterism *(n.)* համաստեղություն

hamasteghutyun
asteroid *(n.)* փոքրիկ մոլորակ *poqrik molorak*
asthma *(n.)* ասթմա *astma*
astigmatism *(n.)* աստիգմատիզմ *astigmatizm*
astonish *(v.)* զարմացնել *zarmacnel*
astonishment *(n.)* զարմանք *zarmanq*
astound *(v.)* ապշեցնել *apshecnel*
astral *(adj.)* աստղազարդ *astghazard*
astray *(adv.)* ճանապարհից շեղվել *chanaparhic sheghvel*
astride *(prep.& adv.)* հեծած *hetsats*
astringent *(adj.)* տտիպ *ttip*
astrolabe *(n.)* աստղագուշակ *astghagushak*
astrologer *(n.)* աստղագուշակ *astghagushak*
astrology *(n.)* աստղագուշակություն *astghagushakutyun*
astronaut *(n.)* աստղագնաց *astghagnac*
astronomer *(n.)* աստղագետ *astghaget*
astronomy *(n.)* աստղագիտություն *astghagitutyun*
astute *(adj.)* սրամիտ *sramit*
asylum *(n.)* ապաստարան *apastaran*
asymmetrical *(adj.)* անհամաչափ *anhamachap*
asymmetry *(n.)* անհամաչափություն *anhamachaputyun*
at *(prep.)* մոտ *mot*
atheism *(n.)* աթեիզմ *ateizm*
atheist *(n.)* աթեիստ *ateist*
athirst *(adj.)* ծարավ *tsarav*
athlete *(n.)* ատլետ *atlet*
athletic *(adj.)* ատլետիկ *atletik*
athwart *(prep.)* վրայով *vrayov*
atlas *(n.)* ատլաս *atlas*
atmosphere *(n.)* օդ *od*
atmospheric *(adj.)* օդային *odayin*
atoll *(n.)* կորալյան կղզի *koralyan kghzi*
atom *(n.)* ատոմ *atom*
atomic *(adj.)* ատոմային *atomayin*
atone *(v.)* քավել մեղքը *qavel meghqa*
atonement *(n.)* քավություն *qavutyun*
atopic *(adj.)* գագաթի *gagati*
atrium *(n.)* բակ *bak*
atrocious *(adj.)* սոսկալի *soskali*
atrocity *(n.)* դաժանություն *dadjanutyun*
atrophy *(v.)* քայքայում *qayqayum*
attach *(v.)* կապել *kapel*
attache *(n.)* կցորդ *kcord*
attachment *(n.)* ամրացում *amracum*
attack *(v.)* գրոհել *grohel*
attain *(v.)* ձեռք բերել *dzerrq berel*
attainment *(n.)* հասնելը *hasnela*
attaint *(v.)* ախտահարել *akhtaharel*
attempt *(v.)* փորձել *pordzel*
attend *(v.)* հաճախել *hachakhel*
attendance *(n.)* հաճախում *hachakhum*
attendant *(n.)* սպասավոր *spassavor*
attention *(n.)* ուշադրություն *ushadrutyun*
attentive *(adj.)* ուշադիր *ushadir*
attenuance *(n.)* ուժասպառություն *udjasparrutyun*
attest *(v.)* հաստատել *hastatel*
attic *(n.)* վերնահարկ *vernahark*
attire *(n.)* զգեստ *zgest*
attitude *(n.)* վերաբերմունք *verabermunq*
attorney *(n.)* իրավաբան *iravaban*
attract *(v.)* գրավել *gravel*
attraction *(n.)* գրավչություն *gravchutyun*
attractive *(adj.)* գրավիչ *gravich*
attribute *(v.)* վերագրել *veragrel*
atypic *(adj.)* անսովոր *ansovor*
aubergine *(n.)* սմբուկ *smbuk*
auburn *(adj.)* շիկակարմիր *shikakarmir*
auction *(n.)* աճուրդ *achurd*
audacious *(adj.)* համարձակ *hamardzak*
audacity *(n.)* համարձակություն *hamardzakutyun*
audible *(adj.)* պարզորոշ *parzorosh*
audience *(n.)* հանդիսականներ *handisakanner*
audio *(n.)* աուդիո *audio*
audiovisual *(adj.)* տեսալսողական

tessalsoghakan
audit *(n.)* հաշվեստուգում *hashvestugum*
audition *(n.)* լսողություն *lsoghutyun*
auditive *(adj.)* լսողական *lsoghakan*
auditor *(n.)* վերստուգիչ *verstugich*
auditorium *(n.)* լսարան *lsaran*
auger *(n.)* գայլիկոն *gaylikon*
aught *(n.)* մի բան *mi ban*
augment *(v.)* աճել *achel*
augmentation *(n.)* աճում *achum*
August *(n.)* օգոստոս *ogostos*
august *(adj.)* վսեմ *vsem*
aunt *(n.)* հորաքույր, մորաքույր *horaquyr, moraquyr*
aura *(n.)* աուրա *aura*
auriform *(adj.)* ականջաձև *akanjadzev*
aurilave *(n.)* ականջամաքրիչ *akanjamaqrich*
aurora *(n.)* արշալույս *arshaluys*
auspicate *(v.)* նախագուշակել *nakhagushakel*
auspice *(n.)* նախագուշակում *nakhagushakum*
auspicious *(adj.)* հաջողակ *hajoghak*
austere *(adj.)* դաժան *dadjan*
authentic *(adj.)* իսկական *iskakan*
authenticate *(v.)* վավերացնել *vaveracnel*
authentication *(n.)* վավերացում *vaveracum*
author *(n.)* հեղինակ *heghinak*
authoritative *(adj.)* հեղինակավոր *heghinakavor*
authority *(n.)* լիազորություն *liazorutyun*
authorize *(v.)* լիազորել *liazorel*
autism *(n.)* աուտիզմ *autizm*
autistic *(adj.)* աուտիստիկ *autistik*
autobiography *(n.)* ինքնակենսագրություն *inqnakensagrutyun*
autocorrect *(n.)* ինքնաստուգող *inqnastugogh*
autocracy *(n.)* ինքնակալություն *inqnakalutyun*
autocrat *(n.)* ինքնակալ *inqnakal*
autocratic *(adj.)* ինքնակալական *inqnakalakan*
autofocus *(n.)* ավտոֆոկուսավորում *avtofokusavorum*
autograph *(n.)* ինքնագիր *inqnagir*
automate *(v.)* ավտոմատացնել *avtomatacnel*
automatic *(adj.)* ինքնաբերական *inqnaberakan*
automatically *(adv.)* ավտոմատ *avtomat*
automation *(n.)* ավտոմատացում *avtomatacum*
automobile *(n.)* ավտոմոբիլ *avtomobil*
autonomous *(adj.)* ինքնավար *inqnavar*
autopilot *(n.)* ավտոպիլոտ *avtopilot*
autopsy *(n.)* դիահերձում *diaherdzum*
autumn *(n.)* աշուն *ashun*
auxiliary *(adj.)* լրացուցիչ *lracucich*
avail *(v.)* պիտանի լինել *pitani linel*
available *(adj.)* առկա *arrka*
avalanche *(n.)* ձնակույտ *dznakuyt*
avarice *(n.)* ագահություն *agahutyun*
avenge *(v.)* վրեժխնդիր լինել *vredjkhndir linel*
avenue *(n.)* ծառուղի *tsarrughi*
average *(n.)* միջին թիվ *mijin tiv*
averse *(adj.)* անտրամադիր *antramadir*
aversion *(n.)* հակակրանք *hakakranq*
avert *(v.)* շեղել *sheghel*
aviary *(n.)* թռչնանոց *trrchnanoc*
aviation *(n.)* ավիացիա *aviacia*
avid *(adj.)* ագահ *agah*
avidly *(adv.)* ագահորեն *agahoren*
avocado *(n.)* ավոկադո *avokado*
avoid *(v.)* խուսափել *khusapel*
avoidance *(n.)* խուսափում *khusapum*
avow *(v.)* ճանաչել *chanachel*
avulsion *(n.)* բռնի անջատում *brrni anjatum*
await *(v.)* սպասել *spasel*
awake *(v.)* արթնացնել *artnacnel*
awakening *(n.)* արթնացում *artnacum*
award *(v.)* շնորհել *shnorhel*
award *(n.)* շնորհում *shnorhum*
aware *(adj.)* իրազեկ *irazek*
awareness *(n.)* իրազեկվածություն

irazekvacutyun
away *(adv.)* հեռու *herru*
awesome *(adj.)* ցնցող *cncogh*
awful *(adj.)* սոսկալի *soskali*
awhile *(adv.)* կարճ ժամանակով *karch djamanakov*
awkward *(adj.)* անճարակ *ancharak*
axe *(n.)* կացին *kacin*
axial *(adj.)* առանցքի *arrancqi*
axillary *(adj.)* անութային *anutayin*
axis *(n.)* լիսեռ *lisserr*
axle *(n.)* առանցք *arrancq*
Ayurveda *(n.)* դեղ *degh*
azote *(n.)* ազոտ *azot*
azure *(n.)* լազուր *lazur*

B

babble *(n.)* թոթովանք *totovanq*
babble *(v.)* թոթովել *totovel*
babe *(n.)* մանկիկ *mankik*
babel *(n.)* Բաբելոն *Babelon*
baboon *(n.)* կապիկ *kapik*
babtist *(n.)* մկրտող *mkrtogh*
baby *(n.)* մանկիկ *mankik*
baby bump *(n.)* մանկական բշտիկ *mankakan bshtik*
baby carriage *(n.)* մանկասայլակ *mankassaylak*
baby corn *(n.)* մանկական կոշտուկ *mankakan koshtuk*
baby food *(n.)* մանկական սնունդ *mankakan snund*
babyface *(n.)* մանկական դեմք *mankakan demq*
babyproof *(adj.)* երեխաների պաշտպանություն *yerekhaneri pashtpanutyun*
babysit *(v.)* դայակություն անել *dayakutyun anel*
babysitting *(n.)* դայակություն *dayakutyun*
baccalaureate *(n.)* բակալավրի աստիճան *bakalavri astichan*
bacchanal *(n.)* քվեարկման մակարդակ *qvearkman makardak*
bacchanal *(adj.)* բաքոսական *baqosakan*
bachelor *(n.)* բակալավր *bakalavr*
bachelor party *(n.)* բակալավրի հավաքույթ *bakalavri havaquyt*
bachelorette *(n.)* բակալավր *bakalavr*
back *(n.)* մեջք *mejq*
backbencher *(n.)* պառլամենտի անպաշտոն դեպուտատ *parrlamenti anpashton deputat*
backbiting *(n.)* բամբասանք *bambassanq*
backbone *(n.)* ողնաշար *voghnashar*
backdate *(v.)* հետևի համար *hetevi hamar*
backdrop *(v.)* ետնաֆոն լինել *yetnafon linel*
backfire *(n.)* հակընդդեմ հրդեհ *hakenddem hrdeh*
background *(n.)* ետին պլան *yetin plan*
backhand *(n.)* շեղ ձեռագիր *shegh dzerragir*
backing *(n.)* սատարում *satarum*
backlash *(n.)* հակադարձ ռեակցիա *hakadardz rreakcia*
backlash *(n.)* հետշարժում *hetshardjum*
backlight *(n.)* ետևի լույս *yetevi luys*
backlog *(n.)* ուշացում *ushacum*
backpack *(n.)* մեջքի պայուսակ *mejqi payusak*
backpacker *(n.)* զբոսաշրջիկ *zbosashrjik*
backslide *(v.)* ուրանալ *uranal*
backstage *(adv.)* կուլիսներում *kulisnerum*
backstairs *(n.)* ետնասանդուղք *yetnasandughq*
backtrack *(n.)* հետադարձ ճանապարհ *hetadardz chanaparh*
backup *(n.)* պահեստ *pahest*
backward *(adj.)* ետադարձ *yetadardz*
backward *(adv.)* ետ *yet*
backwash *(n.)* հետադարձ լվացք *hetadardz lvacq*
bacon *(n.)* բեկոն *bekon*
bacteria *(n.)* բակտերիա *bakteria*
bad *(adj.)* վատ *vat*

badge *(n.)* նշան *nshan*
badger *(n.)* գորշուկ *gorshuk*
badly *(adv.)* վատ կերպով *vat kerpov*
badminton *(n.)* բադմինտոն *badminton*
baffle *(v.)* մոլորեցնել *molorecnel*
bag *(n.)* պայուսակ *payusak*
bag *(v.)* պայուսակի մեջ դնել *payusaki mej dnel*
bagel *(n.)* կաշառք *kasharrq*
baggage *(n.)* ուղեբեռ *ugheberr*
bagpiper *(n.)* պարկապզուկ նվագող *parkapzuk nvagogh*
baguette *(n.)* ֆրանսիական հաց *fransiakan hac*
bail *(n.)* երաշխիք *yerashkhiq*
bailable *(adj.)* գրավի դիմաց ազատման ենթակա *gravi dimac azatman yentaka*
bailey *(n.)* ամրոցապատ *amrocapat*
bailiff *(n.)* հարկահավաք *harkahavaq*
bailout *(n.)* ներդրում *nerdrum*
bait *(n.)* խայծ *khayts*
bake *(v.)* թխել *tkhel*
baker *(n.)* հացթուխ *hactukh*
bakery *(n.)* հացի խանութ *haci khanut*
balaclava *(n.)* տաք գլխարկ *taq glkhark*
balafon *(n.)* բալաֆոն *balafon*
balance *(n.)* կշեռք *ksherrq*
balance *(v.)* հավասարակշռել *havasarakshrrel*
balance sheet *(n.)* հաշվեկշիռ *hashvekshirr*
balanced *(adj.)* հավասարակշռված *havasarakshrrvats*
balcony *(n.)* պատշգամբ *patshgamb*
bald *(adj.)* քաչալ *qachal*
bale *(n.)* հակ *hak*
baleen *(n.)* կետոսկր *ketoskr*
ball *(n.)* գնդակ *gndak*
ball bearing *(n.)* գնդիկավոր կրիչ *gndikavor krich*
ballad *(n.)* բալլադ *ballad*
ballerina *(n.)* բալետի պարուհի *baleti paruhi*
ballet *(n.)* բալետ *balet*
ballistics *(n.)* ձգաբանություն *dzgabanutyun*
balloon *(n.)* օդապարիկ *odaparik*
ballot *(n.)* քվեարկում *qvearkum*
ballot paper *(n.)* քվեաթերթ *qveatert*
ballroom *(n.)* պարասրահ *parasrah*
balm *(n.)* բալասան *balasan*
balsam *(n.)* բալասան, հինածաղիկ *balasan, hinacaghik*
bamboo *(n.)* հնդկեղեգ, բամբուկ *hndkegheg, bambuk*
ban *(v.)* արգելել *argelel*
banal *(adj.)* անհամ *anham*
banana *(n.)* բանան *banan*
band *(n.)* խումբ *khumb*
bandage *(n.)* վիրակապ, բինտ *virakap, bint*
Band-Aid *(n.)* ժամանակավոր լուծում *djamanakavor lutsum*
bandana *(n.)* բանդանա *bandana*
bandit *(n.)* ավազակ *avazak*
bandwagon *(n.)* առաջնություն *arajnutyun*
bandwidth *(n.)* թողունակություն *toghunakutyun*
bane *(n.)* կործանում *kortsanum*
bang *(n.)* հարված *harvats*
bangle *(n.)* ապարանջան *aparanjan*
banish *(v.)* վտարել *vtarel*
banishment *(n.)* վտարում *vtarum*
banjo *(n.)* բանջո *banjo*
bank *(v.)* բանկ դնել *bank dnel*
bank holiday *(n.)* բանկային արձակուրդներ *bankayin ardzakurdner*
banker *(n.)* բանկիր *bankir*
banknote *(n.)* թղթադրամ *tghtadram*
bankrupt *(adj.)* սնանկ *snank*
bankruptcy *(n.)* սնանկացում *snankacum*
banner *(n.)* դրոշ *drosh*
bannister *(n.)* բազրիքներ *bazriqner*
banquet *(n.)* խնջույք *khnjuyq*
bantam *(n.)* բանտամ (հավերի տեսակ) *bantam (haveri tesak)*
banter *(n.)* ձեռ առնում *dzerr arrnum*
bantling *(n.)* երեխա *yerekha*
banyan *(n.)* հնդկածառ *hndkatsarr*
baptism *(n.)* մկրտություն *mkrtutyun*

baptize *(v.)* մկրտել *mkrtel*
bar *(n.)* ձող *dzogh*
barb *(n.)* փուշ *push*
barbarian *(n.)* բարբարոս *barbaros*
barbaric *(adj.)* բարբարոսական *barbarosakan*
barbarism *(n.)* բարբարոսություն *barbarosutyun*
barbarity *(n.)* բարբարոսություն *barbarosutyun*
barbarous *(adj.)* բարբարոս *barbaros*
barbecue *(n.)* խորոված *khorovats*
barbed *(adj.)* փշոտ *pshot*
barbed wire *(n.)* փշալար *pshalar*
barber *(n.)* սափրիչ *saprich*
barcode *(n.)* շտրիխ կոդ *shtrikh kod*
bard *(n.)* երգիչ *yergich*
bare *(adj.)* մերկ *merk*
barefoot *(adj.)* բոբիկ *bobik*
barely *(adv.)* պարզապես *parzapes*
bargain *(n.)* գործարք *gortsarq*
barge *(n.)* բեռնատար նավ *berrnatar nav*
baritone *(n.)* բարիտոն *bariton*
barium *(n.)* բարիում *barium*
bark *(n.)* հաչոց *hachoc*
bark *(v.)* հաչել *hachel*
barley *(n.)* գարի *gari*
barman *(n.)* բուֆետապան *bufetapan*
barn *(n.)* ամբար *ambar*
barnacle *(n.)* ռակետկա *rraketka*
barometer *(n.)* բարոմետր *barometr*
baron *(n.)* բարոն *baron*
baroness *(n.)* բարոնուհի *baronuhi*
baroque *(adj.)* օտարոտի *otaroti*
barouche *(n.)* թափառաշրջիկ *taparrashrjik*
barrack *(n.)* բարաք *baraq*
barrage *(n.)* արգելք *argelq*
barrel *(n.)* տակառ *takarr*
barren *(adj.)* չբեր *chber*
barricade *(n.)* արգելք *argelq*
barrier *(n.)* արգելապատ *argelapat*
barring *(prep.)* բացառությամբ *bacarrutyamb*
barrister *(n.)* փաստաբան *pastaban*
bartender *(n.)* բուֆետապան *bufetapan*
barter *(v.)* փոխանակել *pokhanakel*
basal *(adj.)* հիմնական *himnakan*
base *(n.)* հիմք *himq*
base camp *(n.)* հիմնական ճամբար *himnakan chambar*
baseless *(adj.)* անհիմն *anhimn*
basement *(n.)* հիմք *himq*
bash *(n.)* ծեծ *tsets*
bash *(v.)* ծեծել *tsetsel*
bashful *(adj.)* ամաչկոտ *amachkot*
basic *(adj.)* հիմնական *himnakan*
basically *(adv.)* հիմնականում *himnakanum*
basil *(n.)* ռեհան *rrehan*
basin *(n.)* աման *aman*
basis *(n.)* հիմք *himq*
bask *(v.)* տաքանալ *taqanal*
basket *(n.)* զամբյուղ *zambyugh*
basketball *(n.)* բասկետբոլ *basketbol*
bass *(n.)* բաս *bas*
bastard *(n.)* ապօրինածին երեխա *aporinatsin yerekha*
bastion *(n.)* ամրոց *amroc*
bat *(n.)* չղջիկ *chghjik*
batch *(n.)* խումբ *khumb*
bath *(n.)* լոգարան *logaran*
bathe *(v.)* լողանալ *loghanal*
bathrobe *(n.)* լողանալու խալաթ *loghanalu khalat*
baton *(n.)* գավազան *gavazan*
batsman *(n.)* բեյսբոլ խաղացող *beysbol khaghacogh*
battalion *(n.)* գումարտակ *gumartak*
batten *(n.)* տախտակ *takhtak*
batter *(n.)* ելուստ *yelust*
battery *(n.)* մարտկոց *martkoc*
battle *(n.)* ճակատամարտ *chakatamart*
battlefield *(n.)* մարտադաշտ *martadasht*
battlefront *(n.)* ճակատամարտ *chakatamart*
baulk *(n.)* գերան *geran*
bawl *(v.)* գոռալ *gorral*
bay *(n.)* ծովածոց *tsovatsoc*
bayonet *(n.)* սվին *svin*
bayside *(adj.)* որմնախորշային *vormnakhorshayin*

bazaar *(n.)* բազար *bazar*
bazooka *(n.)* շուկա *shuka*
be *(v.)* լինել *linel*
beach *(n.)* լողափ *loghap*
beach ball *(n.)* լողափի գնդակ *loghapi gndak*
beachfront *(adj.)* լողափ *loghap*
beachside *(adj.)* ափամերձ *apamerdz*
beacon *(n.)* փարոս *paros*
bead *(n.)* ուլունքահատիկ *ulunqahatik*
beadle *(n.)* վերակացու *verakacu*
beady *(adj.)* մանր և փայլուն *manr yev pailun*
beak *(n.)* կտուց *ktuc*
beaker *(n.)* գավաթ *gavat*
beam *(n.)* ճառագայթ *charragayt*
bean *(n.)* լոբի *lobi*
bear *(n.)* արջ *arj*
bear *(v.)* դիմանալ *dimanal*
beard *(n.)* մորուք *moruq*
bearing *(n.)* պտղաբերություն *ptghaberutyun*
beast *(n.)* գազան *gazan*
beastly *(adj.)* կոպիտ *kopit*
beat *(v.)* զարկել *zarkel*
beatific *(adj.)* երանելի *yeraneli*
beatification *(n.)* երանություն *yeranutyun*
beatitude *(n.)* երանություն *yeranutyun*
beautiful *(adj.)* գեղեցիկ *geghecik*
beautify *(v.)* գեղեցկացնել *gegheckacnel*
beauty *(n.)* գեղեցկություն *gegheckutyun*
beaver *(n.)* կուղբ *kughb*
beaverskin *(n.)* կղբամաշկ *kghbamashk*
becalm *(v.)* հանդարտեցնել *handartecnel*
because *(conj.)* որովհետև *vorovhetev*
beck *(n.)* գլխով, ձեռքով նշան անելը *glkhov, dzerrqov nshan anela*
beckon *(v.)* գլխով, ձեռքով նշան անել *glkhov, dzerrqov nshan anel*
become *(v.)* դառնալ *darrnal*
bed *(n.)* մահճակալ *mahchakal*
bed sheet *(n.)* սավան *savan*
bedcover *(n.)* ծածկոց *tsatskoc*
bedding *(n.)* անկողին *ankoghin*
bedevil *(v.)* անհանգստացնել *anhangstacnel*
bedridden *(adj.)* անկողնին գամված *ankoghnin gamvats*
bedrobe *(n.)* անկողնազգեստ *ankoghnazgest*
bedroom *(n.)* ննջարան *nnjaran*
bedsore *(n.)* պարկելահարուք *parkelaharuq*
bee *(n.)* մեղու *meghu*
beech *(n.)* հաճարենի *hachareni*
beef *(n.)* տավարի միս *tavari mis*
beefy *(adj.)* մսոտ *msot*
beehive *(n.)* փեթակ *petak*
beekeeper *(n.)* մեղվապահ *meghvapah*
beep *(n.)* սուլոց *suloc*
beer *(n.)* գարեջուր *garejur*
beet *(n.)* բազուկ *bazuk*
beetle *(n.)* բզեզ *bzez*
beetroot *(n.)* ճակնդեղ *chakndegh*
befall *(v.)* պատահել *patahel*
befit *(v.)* սազել *sazel*
before *(prep. &adv.)* առաջ *arraj*
beforehand *(adv.)* նախօրոք *nakhoroq*
befriend *(v.)* օգնել *ognel*
beg *(v.)* խնդրել *khndrel*
beget *(v.)* ծնել *tsnel*
beggar *(n.)* մուրացկան *murackan*
begin *(v.)* սկսել *sksel*
beginner *(n.)* սկսնակ *sksnak*
beginning *(n.)* սկիզբ *skizb*
begrudge *(v.)* խնայել *khnayel*
beguile *(v.)* խաբել *khabel*
behalf *(n.)* համար *hamar*
behave *(v.)* վարվել *varvel*
behaviour *(n.)* վարք *varq*
behead *(v.)* գլխատել *glkhatel*
behest *(n.)* պատվիրան *patviran*
behind *(prep.& adv.)* ետևում *yetevum*
behold *(v.)* տեսնել *tesnel*
being *(n.)* կյանք *kyanq*
belabour *(v.)* շեշտել *sheshtel*
belated *(adj.)* ուշացած *ushacats*
belch *(v.)* զկռտալ *zkrrtal*
beleaguered *(adj.)* պաշարված *pasharvats*
belie *(v.)* զրպարտել *zrpartel*

belief *(n.)* հավատ *havat*
believe *(v.)* հավատալ *havatal*
belittle *(v.)* նվազեցնել *nvazecnel*
bell *(n.)* զանգ *zang*
bellboy *(n.)* սպասավոր *spassavor*
belle *(n.)* գեղեցկուհի *gegheckuhi*
bellhop *(n.)* միջանցքային *mijancqayin*
bellicose *(adj.)* ռազմատենչ *rrazmatench*
belligerent *(adj.)* պատերազմող *paterazmogh*
bellow *(v.)* բառաչել *barrachel*
bellowing *(n.)* բառաչ *barrach*
bellows *(n. pl.)* փուքս *puqs*
belly *(n.)* փոր *por*
belong *(v.)* պատկանել *patkanel*
belongings *(n.)* պատկանելիք *patkaneliq*
beloved *(adj.)* սիրելի *sireli*
belt *(n.)* գոտի *goti*
belvedere *(n.)* տաղավար *taghavar*
bemoan *(v.)* ողբալ *voghbal*
bemused *(adj.)* ապշած *apshats*
bench *(n.)* նստարան *nstaran*
bend *(v.)* թեքվել *teqvel*
beneath *(adv.)* ներքևում *nerqevum*
benediction *(n.)* օրհնություն *orhnutyun*
benefaction *(n.)* բարերարություն *barerarutyun*
benefactor *(n.)* բարերար *barerar*
benefic *(adj.)* բարեգործական *baregortsakan*
benefice *(n.)* բենեֆիցիա *beneficia*
beneficial *(adj.)* բարերար *barerar*
beneficiary *(n.)* կենսաթոշակ *kensatoshak*
benefit *(v.)* օգուտ քաղել *ogut qaghel*
benevolence *(n.)* բարություն *barutyun*
benevolent *(adj.)* բարեսիրտ *baressirt*
benight *(v.)* մթի ենթարկվել *mti yentarkvel*
benign *(adj.)* մեղմ *meghm*
bent *(n.)* հակում *hakum*
benzene *(n.)* բենզոլ *benzol*
bequeath *(v.)* կտակել *ktakel*
bequest *(n.)* ժառանգություն *djarrangutyun*
berate *(v.)* հանդիմանել *handimanel*
bereaved *(adj.)* որբացած *vorbacats*
bereavement *(n.)* ծանր կորուստ *tsanr korust*
bereft *(adj.)* զրկված *zrkvats*
beseech *(v.)* աղաչել *aghachel*
beseeching *(n.)* աղաչանք *aghachanq*
beserk *(adj.)* խելագար *khelagar*
beserker *(n.)* անխոցելի ռազմիկ *ankhoceli rrazmik*
beshame *(v.)* ամաչել *amachel*
beside *(prep.)* մոտ *mot*
besiege *(v.)* պաշարել *pasharel*
beslaver *(v.)* թքոտել *tqotel*
besmirch *(v.)* կեղտոտել *keghtotel*
besotted *(adj.)* անմարդկային *anmardkayin*
bespeak *(v.)* պատվիրել *patvirel*
bespectacled *(adj.)* ակնոցավոր *aknocavor*
bespoke *(adj.)* պատվիրված *patvirvats*
best *(adj.)* ամենալավ *amenalav*
bestial *(adj.)* անասնական *anasnakan*
bestow *(v.)* դնել *dnel*
bestride *(v.)* ձգվել *dzgvel*
bestseller *(n.)* գնայուն գիրք *gnayun girq*
bet *(v.)* գրազ գալ *graz gal*
beta *(adj.)* բետա *beta*
betide *(v.)* Ծննդոց *Tsnndoc*
betray *(v.)* մատնել *matnel*
betrayal *(n.)* մատնություն *matnutyun*
betroth *(v.)* նշանվել *nshanvel*
betrothal *(n.)* նշանդրեք *nshandreq*
betrothed *(adj.)* նշանված *nshanvats*
better *(adj.)* ավելին *avelin*
betterment *(n.)* բարելավում *barelavum*
betting *(n.)* գրազ *graz*
bettor *(n.)* գրավադիր *gravadir*
between *(prep.)* միջև *mijev*
betwixt *(prep.)* միջև *mijev*
beverage *(n.)* խմիչք *khmichq*
bevy *(n.)* հավաքույթ *havaquyt*
bewail *(v.)* սգալ *sgal*
beware *(v.)* զգուշանալ *zgushanal*
bewilder *(v.)* շվարեցնել *shvarecnel*
bewilderment *(n.)* շփոթմունք

shpotmunq
bewind *(v.)* շփոթեցնել *shpotecnel*
bewitch *(v.)* հմայել *hmayel*
beyond *(prep.& adj.)* վեր, ուշ *ver, ush*
bi *(adj.)* երկու *yerku*
biangular *(adj.)* երկանկյունային *yerkankyunayin*
biannual *(adj.)* երկամյա *yerkamya*
biannually *(adv.)* տարին երկու անգամ *tarin yerku angam*
biantennary *(adj.)* երկանտեննանի *yerkantennani*
bias *(n.)* շեղություն *sheghutyun*
biased *(adj.)* շեղված *sheghvats*
biaxial *(adj.)* երկառնանի *yerksrrnani*
bib *(n.)* մանկական կրծկալ *mankakan krtskal*
bibber *(n.)* հարբեցող *harbecogh*
bible *(n.)* աստվածաշունչ *astvatsashunch*
bibliographer *(n.)* մատենագիր *matenagir*
bibliography *(n.)* մատենագիտություն *matenagitutyun*
bibliophile *(n.)* մատենասեր *matenaser*
bicentenary *(adj.)* երկհարյուրամյա *yerkharyuramya*
biceps *(n.)* երկգլուխ մկան *yerkglukh mkan*
bicker *(v.)* կռվել *krrvel*
bicycle *(n.)* հեծանիվ *hetsaniv*
bid *(n.)* հայտ *hayt*
bid *(v.)* հրամայել *hramayel*
bidder *(n.)* գնորդ *gnord*
bide *(v.)* սպասել *spassel*
bidet *(n.)* լվացարան *lvacaran*
bidimensional *(adj.)* երկտարածական *yerktaratsakan*
biennial *(adj)* երկամյա *yerkamya*
bier *(n.)* դագաղ *dagagh*
bifacial *(adj.)* երկերեսանի *yerkeresani*
biff *(n.)* ուժեղ հարված *udjegh harvats*
biff *(v.)* հարվածել *harvatsel*
bifocal *(adj.)* երկկիզակետային *yerkkizaketayin*
biformity *(n.)* երկձև *yerkdzev*
bifurcate *(v.)* երկատվել *yerkatvel*
bifurcation *(n.)* երկատում *yerkatum*
big *(adj.)* մեծ *mets*
bigamist *(n.)* կրկնակի *krknaki*
bigamous *(adj.)* կրկնակի *krknaki*
bigamy *(n.)* երկամուսնություն *yerkamusnutyun*
bighead *(n.)* մեծամտություն *metsamtutyun*
bighearted *(adj.)* մեծսիրտ *metssirt*
bight *(n.)* ոլորան *voloran*
bigot *(n.)* մոլեռանդ *molerrand*
bigotry *(n.)* մոլեռանդություն *molerrandutyun*
bike *(n.)* հեծանիվ *hetsaniv*
biker *(n.)* հեծանվորդ *hetsanvord*
bikini *(n.)* բիկինի *bikini*
bilateral *(adj.)* երկկողմանի *yerkkoghmani*
bile *(n.)* լեղի *leghi*
bilingual *(adj.)* երկլեզու *yerklezu*
bill *(n.)* հաշիվ *hashiv*
billable *(adj.)* վճարովի *vcharovi*
billboard *(n.)* հայտարարությունների տախտակ *haytararutyunneri takhtak*
billiard table *(n.)* բիլիարդի սեղան *biliardi seghan*
billiards *(n.)* բիլիարդ *biliard*
billion *(n.)* բիլիոն *bilion*
billionaire *(n.)* միլիարդատեր *miliardater*
billow *(v.)* ալեկոծվել *alekotsvel*
bimonthly *(adj.)* երկու ամիս մեկ լույս տեսնող *yerku amis mek luys tesnogh*
bin *(n.)* սնդուկ *snduk*
binary *(adj.)* կրկնակի *krknaki*
bind *(v.)* կապել *kapel*
binding *(n.)* վիրակապ *virakap*
binge *(n.)* ոգելից խմիչքների առևտուր *vogelic khmichqneri arrevtur*
bingo *(n.)* բինգո *bingo*
binocular *(adj.)* բինոկուլյար *binokulyar*
binoculars *(n.)* երկդիտակ *yerkditak*
bioactivity *(n.)* կենսաակտիվություն *kensaaktivutyun*
bioagent *(n.)* բիոագենտ *bioagent*

biochemical *(adj.)* բիոքիմիական *bioqimiakan*
biochemistry *(n.)* բիոքիմիա *bioqimia*
bioclimate *(n.)* կենսակլիմա *kensaklima*
biodegradation *(n.)* կենսաբանական տարրալուծում *kensabanakan taralutsum*
bioengineering *(n.)* կենսաինժեներություն *kensaindjenerutyun*
biofuel *(n.)* կենսավառելիք *kensavarreliq*
biogas *(n.)* բիոգազ *biogaz*
biographer *(n.)* կենսագիր *kensagir*
biography *(n.)* կենսագրություն *kensagrutyun*
biohazardous *(adj.)* կենսավտանգավոր *kensavtangavor*
biological *(adj.)* կենսաբանական *kensabanakan*
biologically *(adv.)* կենսաբանորեն *kensabanoren*
biologist *(n.)* կենսաբան *kensaban*
biology *(n.)* կենսաբանություն *kensabanutyun*
biomass *(n.)* կենսազանգված *kensazangvats*
biometric *(adj.)* կենսաչափական *kensachapakan*
bionic *(adj.)* էլեկտրակենսական *elektrakensakan*
biopic *(n.)* կենսագրական ֆիլմ *kensagrakan film*
biopsy *(n.)* բիոպսիա *biopsia*
biorhythm *(n.)* բիոռիթմ *biorritm*
bioscope *(n.)* բիոսկոպ *bioskop*
bioscopy *(n.)* բիոսկոպիա *bioskopia*
bipartisan *(adj.)* երկկուսակցական *yerkkusakcakan*
bipolar *(adj.)* երկբևեռային *yerkbeverrayin*
biracial *(adj.)* երկցեղային *yerkceghayin*
birch *(n.)* կեչի *kechi*
bird *(n.)* թռչուն *trrchun*
birdlime *(n.)* թռչնակիր *trrchnakir*
birth *(n.)* ծնունդ *tsnund*

birthdate *(n.)* ծննդյան ամսաթիվ *tsnndyan amsativ*
birthday *(n.)* ծննդյան օր *tsnndian or*
birthmark *(n.)* խալ *khal*
biscuit *(n.)* բիսկվիտ *biskvit*
bisect *(v.)* կիս(վ)ել *kis(v)el*
bisexual *(adj.)* երկսեռ *yerkserr*
bishop *(n.)* եպիսկոպոս *yepiskopos*
bison *(n.)* բիզոն *bizon*
bisque *(n.)* ապուր *apur*
bistro *(n.)* բիստրո *bistro*
bit *(n.)* կտոր *ktor*
bitch *(n.)* էգ կենդանի *eg kendani*
bitcoin *(n.)* մանրադրամ *manradram*
bite *(v.)* կծել *ktsel*
biting *(adj.)* կծու *ktsu*
bitter *(adj.)* դառը *darra*
bitterness *(n.)* դառնություն *darrnutyun*
bi-weekly *(adj.)* երկշաբաթյա *yerkshabatya*
bizarre *(adj.)* տարօրինակ *tarorinak*
blab *(v.)* շատախոսել *shatakhossel*
blabber *(n.)* շատախոս *shatakhos*
black *(adj.)* սև *sev*
blackbird *(n.)* սև կեռնեխ *sev kerrnekh*
blackboard *(n.)* գրատախտակ *gratakhtak*
blacken *(v.)* սևացնել *sevacnel*
blacklist *(n.)* սև ցուցակ *sev cucak*
blackmail *(n.)* շանտաժ *shantadj*
blackmailer *(n.)* շանտաժիստ *shantadjist*
blackout *(n.)* հոսանքազրկում *hosanqazrkum*
blacksmith *(n.)* դարբին *darbin*
bladder *(n.)* միզապարկ *mizapark*
blade *(n.)* սայր *sayr*
blame *(v.)* մեղադրել *meghadrel*
blanch *(v.)* սպիտակեցնել *spitakecnel*
bland *(adj.)* մեղմ *meghm*
blank *(adj.)* դատարկ *datark*
blanket *(n.)* վերմակ *vermak*
blare *(v.)* շեփոր փչել *shepor pchel*
blaspheme *(n.)* հայհոյել *hayhoyel*
blasphemy *(n.)* հայհոյանք *hayhoyanq*
blast *(n.)* օդի հոսանք *odi hossanq*
blatant *(adj.)* աղմկարար *aghmkarar*

blaze *(n.)* բոց *boc*
blazer *(n.)* վառ սպորտհագուստ *varr sporthagust*
blazing *(adj.)* բոցավառվող *bocavarrvogh*
blazon *(v.)* փառաբանել *parrabanel*
bleach *(v.)* սպիտակեցնել *spitakecnel*
bleak *(adj.)* մռայլ *mrrayl*
bleary *(adj.)* աղոտ *aghot*
bleat *(v.)* բառաչել *barrachel*
bleb *(n.)* բշտիկ *bshtik*
bleed *(v.)* արյունահոսել *aryunahosel*
blemish *(n.)* արատ *arat*
blench *(v.)* սպիտակեցնել *spitakecnel*
blend *(v.)* խառնել *kharrnel*
blender *(n.)* բլենդեր *blender*
bless *(v.)* օրհնել *orhnel*
blessed *(adj.)* օրհնված *orhnvats*
blessing *(n.)* օրհնություն *orhnutyun*
blight *(n.)* բույսերի հիվանդություն *buyseri hivandutyun*
blind *(adj.)* կույր *kuyr*
blindage *(n.)* բլինդաժ *blindadj*
blindfold *(n.)* աչքակապուկ *achqakapuk*
blindness *(n.)* կուրություն *kurutyun*
bling *(n.)* փայլ *payl*
blink *(v.)* թարթել *tartel*
blip *(n.)* դիպչելը *dipchela*
bliss *(n.)* երանություն *yeranutyun*
blister *(n.)* բշտիկ *bshtik*
blithe *(adj.)* զվարթ *zvart*
blitz *(n.)* ռմբակոծություն *rrmbakotsutyun*
blizzard *(n.)* ձնաբուք *dznabuq*
bloat *(v.)* փքվել *pqvel*
blob *(n.)* կաթիլ *katil*
bloc *(n.)* դաշինք *dashinq*
block *(n.)* կուտակում *kutakum*
blockage *(n.)* արգելափակում *argelapakum*
blockbuster *(n.)* բլոկբաստեր *blokbaster*
blockhead *(n.)* հիմարի գլուխ *himari glukh*
blog *(n.)* բլոգ *blog*
blogger *(n.)* բլոգեր *bloger*
blogging *(v.)* բլոգավարել *blogavarel*
blood *(n.)* արյուն *aryun*
bloodshed *(n.)* արյունահեղություն *aryunaheghutyun*
bloody *(adj.)* արյունոտ *aryunot*
bloom *(v.)* ծաղկել *caghkel*
bloomer *(n.)* կոպիտ սխալ *kopit skhal*
blot *(n.)* բլոտ *blot*
blotted *(adj.)* կեղտոտված *keghtotvats*
blouse *(n.)* կանացի բլուզ *kanaci bluz*
blow *(v.)* փչել *pchel*
blowout *(n.)* պայթում *paytum*
blowsy *(adj.)* փչող *pchogh*
blue *(n.)* կապույտ *kapuyt*
bluetooth *(n.)* բլյութութ *blyutut*
bluff *(v.)* խաբել *khabel*
blunder *(n.)* կոպիտ սխալ *kopit skhal*
blundering *(adj.)* փչացնող *pchacnogh*
blunt *(adj.)* բութ *but*
bluntly *(adv.)* կոպտորեն *koptoren*
blur *(v.)* կեղտոտել *keghtotel*
blurb *(n.)* լուսաբանություն *lusabanutyun*
blurt *(v.)* հանկարծակի ասել *hankartsaki assel*
blush *(v.)* կարմրել *karmrel*
blusher *(n.)* կարմրող *karmrogh*
bluster *(v.)* կատաղել *kataghel*
boa *(n.)* վիշապօձ *vishapodz*
boar *(n.)* վարազ *varaz*
board *(n.)* տախտակ *takhtak*
board game *(n.)* սեղանի խաղ *seghani khagh*
boarding *(n.)* գիշերօթիկ *gisherotik*
boarding school *(n.)* գիշերօթիկ դպրոց *gisherotik dproc*
boast *(v.)* պարծենալ *partsenal*
boat *(n.)* նավակ *navak*
boathouse *(n.)* նավամբար *navambar*
boatman *(n.)* նավավար *navavar*
bob *(v.)* ճոճվել *chochvel*
bobbin *(n.)* իլիկ *ilik*
bobble *(n.)* բամբասանք *bambasanq*
bodice *(n.)* կրծկալ *krtskal*
bodily *(adv.)* մարմնական *marmnakan*
body *(n.)* մարմին *marmin*
bodyguard *(n.)* թիկնապահ *tiknapah*
bog *(n.)* ճահիճ *chahich*
bogland *(n.)* ճահիճ *chahich*

boglet *(n.)* ճահճացում *chahchacum*
bogus *(adj.)* կեղծ *keghc*
bohemian *(adj.)* բոհեմական *bohemakan*
boil *(v.)* եռալ *yerral*
boiler *(n.)* կաթսա *katsa*
boist *(n.)* պոռթկում *porrtkum*
boisterous *(adj.)* մոլեգին *molegin*
bold *(adj.)* համարձակ *hamardzak*
boldly *(adv.)* համարձակորեն *hamardzakoren*
boldness *(n.)* համարձակություն *hamardzakutyun*
bolero *(n.)* բոլերո *bolero*
bollard *(n.)* սյունակ *syunak*
bollocks *(n.)* փականներ *pakanner*
bolt *(n.)* կայծակ *kaytsak*
bomb *(n.)* ռումբ *rrumb*
bombard *(v.)* ռմբակոծել *rrmbakotsel*
bombardier *(n.)* ռմբակոծիչ *rrmbakotsich*
bombardment *(n.)* ռմբակոծություն *rrmbakotsutyun*
bomber *(n.)* ռմբակոծիչ *rrmbakotsich*
bonafide *(adj.)* բարեխիղճ *barekhighch*
bonanza *(n.)* հաջողություն *hajoghutyun*
bond *(n.)* կապ *kap*
bondage *(n.)* գերություն *gerutyun*
bonds *(n.pl.)* պարտատոմսեր *partatomser*
bone *(n.)* ոսկոր *voskor*
boneless *(adj.)* անոսկր *anoskr*
bonfire *(n.)* խարույկ *kharuyk*
bonnet *(n.)* կանացի գլխարկ *kanaci glkhark*
bonus *(n.)* շահութաբաժին, բոնուս *shahutabadjin, bonus*
book *(n.)* գիրք *girq*
book *(v.)* գրանցել *grancel*
bookie *(n.)* գրապահոց *grapahoc*
bookish *(adj.)* գրքամոլ *grqamol*
bookish *(n.)* գրքամոլ *grqamol*
book-keeper *(n.)* հաշվապահ *hashvapah*
booklet *(n.)* գրքույկ *grquyk*
bookmaker *(n.)* բանաքաղ *banaqagh*
bookmark *(n.)* էջանիշ *ejanish*
bookseller *(n.)* գրավաճառ *gravacharr*
bookshop *(n.)* գրախանութ *grakhanut*
bookstall *(n.)* գրավաճառանոց *gravacharranoc*
bookworm *(n.)* գրքամոլ *grqamol*
boom *(n.)* բում, թնդյուն *bum, tndyun*
boon *(n.)* բարերարություն *barerarutyun*
boor *(n.)* անտաշություն *antashutyun*
boost *(n.)* բարձրացում *bardzracum*
boost *(v.)* բարձրացնել *bardzracnel*
booster *(n.)* աջակից *ajakic*
boot *(n.)* կոշիկ *koshik*
booth *(n.)* կրպակ *krpak*
booty *(n.)* ավար *avar*
booze *(v.)* կոնծել *kontsel*
border *(n.)* սահման *sahman*
bore *(v.)* ձանձրացրել *dzandzracnel*
born *(adj.)* ծնված *tsnvats*
borne *(v.)* կրել *krel*
borough *(n.)* թաղամաս *taghamas*
borrow *(v.)* պարտք վերցնել *partq vercnel*
bosom *(n.)* ծոց *tsoc*
boss *(n.)* տեր *ter*
bossy *(adj.)* ուռուցիկ *urrucik*
botanical *(adj.)* բուսաբանական *busabanakan*
botany *(n.)* բուսաբանություն *busabanutyun*
botch *(v.)* կարկատել *karkatel*
both *(adj & pron.)* երկուսն էլ *yerkusn el*
bother *(v.)* անհանգստացնել *anhangstacnel*
botheration *(n.)* անհանգստություն *anhangstutyun*
bottle *(n.)* շիշ *shish*
bottom *(n.)* հատակ *hatak*
bough *(n.)* ճյուղ *chyugh*
boulder *(n.)* գետաքար *getaqar*
boulevard *(n.)* բուլվար, զբոսայգի *bulvar, zbosaigi*
bounce *(v.)* ցատկել *catkel*
bouncer *(n.)* պարծենկոտ *partsenkot*
bound *(v.)* սահմանափակել *sahmanapakel*
boundary *(n.)* սահման *sahman*
bountiful *(adj.)* առատաձեռն

arratadzerrn
bounty *(n.)* առատաձեռնություն *arratadzerrnutyun*
bouquet *(n.)* ծաղկեփունջ *caghkepunj*
bourgeois *(adj.)* բուրժուական *burdjuakan*
bourgeoise *(n.)* բուրժուազիա *burdjuazia*
bout *(n.)* գոտեմարտ *gotemart*
boutique *(n.)* բուտիկ *butik*
bow *(n.)* աղեղ *aghegh*
bowel *(n. pl.)* աղիքներ *aghiqner*
bower *(n.)* տաղավար *taghavar*
bowl *(n.)* գավաթ *gavat*
bowler *(n.)* գավաթակիր *gavatakir*
box *(n.)* տուփ *tup*
boxer *(n)* բռնցքամարտիկ *brrncqamartik*
boxing *(n.)* բռնցքամարտ *brrncqamart*
boy *(n.)* տղա *tgha*
boycott *(v.)* բոյկոտել *boykotel*
boyhood *(n.)* պատանեկություն *patanekutyun*
boyish *(adj.)* պատանեկան *patanekan*
bra *(n.)* կրծկալ *krtskal*
brace *(n.)* հենարան *henaran*
bracelet *(n.)* ապարանջան *aparanjan*
braces *(n. pl.)* բրեկետներ *breketner*
bracing *(adj.)* կազդուրիչ *kazdurich*
bracken *(n.)* վայրի բույս *vayri buys*
bracket *(n.)* փակագիծ *pakagits*
brackish *(adj.)* աղի *aghi*
brag *(v.)* պարծենալ *partsenal*
braggart *(n.)* պարծենկոտ մարդ *partsenkot mard*
braid *(n.)* հյուս *hyus*
braille *(n.)* բրայլյան գրություն *braylyan grutyun*
brain *(n.)* ուղեղ *ughegh*
brainchild *(n.)* մտահղացում *mtahghacum*
brainstorm *(n.)* հոգեկան ցնցում *hogekan cncum*
brainy *(adj.)* խելացի *khelaci*
braise *(v.)* շոգեխաշել *shogekhashel*
brake *(n.)* արգելակ *argelak*
brake *(v.)* արգելակել *argelakel*
bran *(n.)* թեփ *tep*
branch *(n.)* մասնաճյուղ *masnachyugh*
brand *(n.)* ապրանքանիշ *apranqanish*
branding *(n.)* խայտառակություն *khaytarrakutyun*
brandish *(v.)* ճոճել *chochel*
brandy *(n.)* կոնյակ *konyak*
brangle *(v.)* կռվել *krrvel*
brash *(adj.)* փխրուն *pkhrun*
brass *(n.)* արույր *aruyr*
brasserie *(n.)* գինետուն *ginetun*
brat *(n.)* լակոտ *lakot*
bravado *(n.)* խիզախություն *khizakhutyun*
brave *(adj.)* խիզախ *khizakh*
bravery *(n.)* քաջություն *qajutyun*
brawl *(n.)* կռիվ *krriv*
brawn *(n.)* մկաններ *mkanner*
bray *(n.)* էշի զռոց *eshi zrroc*
braze *(v.)* զոդել *zodel*
breach *(v.)* ճեղքել *cheghqel*
bread *(n.)* հաց *hac*
breadcrumb *(n.)* հացի փշուր *haci pshur*
breaded *(adj.)* թխած *tkhats*
breadth *(n.)* լայնություն *laynutyun*
breadwinner *(n.)* կերակրող *kerakrogh*
break *(v.)* կոտր(վ)ել *kotr(v)el*
break point *(n.)* ընդմիջման կետ *endmijman ket*
breakage *(n.)* կոտրվածք *kotrvatsq*
breakdown *(n.)* կործանում *kortsanum*
breakfast *(n.)* նախաճաշ *nakhachash*
breakfront *(n.)* առաջնային պատռվածք *arrajnayin patrrvatsq*
breaking *(n.)* կոտրում *kotrum*
break-off *(n.)* ընդմիջում *andmijum*
breakout *(n.)* բռնկում *brrnkum*
breaktime *(n.)* ընդմիջման ժամ *andmijman djam*
breakup *(n.)* կազմալուծում *kazmalutsum*
breakup *(n.)* դասերի ընդհատում *dasseri andhatum*
breast *(v.)* կրծքով պաշտպանել *krtsqov pashtpanel*
breast *(n.)* կուրծք *kurtsq*
breastfeed *(v.)* կրծքով կերակրել *krtsqov kerakrel*

breath *(n.)* շունչ *shunch*
breathe *(v.)* շնչել *shnchel*
breathtaking *(adj.)* ցնցող *cncogh*
breech *(n. pl.)* վարտիք *vartiq*
breed *(v.)* բուծել *butsel*
breeze *(n.)* զեփյուռ *zepyurr*
breviary *(n.)* համառոտագիր *hamarrotagir*
brevity *(n.)* հակիրճություն *hakirchutyun*
brew *(v.)* եփել *yepel*
brewery *(n.)* գարեջրագործարան *garejragortsaran*
bribe *(v.)* կաշառել *kasharrel*
brick *(n.)* աղյուս *aghyus*
bridal *(adj.)* հարսանեկան *harsanekan*
bride *(n.)* հարսնացու *harsnacu*
bridegroom *(n.)* փեսա *pessa*
bridesmaid *(n.)* հարսնաքույր *harsnaquyr*
bridge *(n.)* կամուրջ *kamurj*
bridle *(n.)* սանձ *sandz*
brief *(adj.)* կարճ *karch*
briefcase *(n.)* թղթապանակ *tghtapanak*
briefing *(n.)* ճեպազրույց *chepazruyc*
brigade *(n.)* բրիգադ *brigad*
brigadier *(n.)* բրիգադիր *brigadir*
brigand *(n.)* ավազակ *avazak*
bright *(adj.)* պայծառ *paytsarr*
brighten *(v.)* լուսավորել *lusavorel*
brightness *(n.)* պարզություն *parzutyun*
brilliance *(n.)* փայլ *payl*
brilliant *(adj.)* փայլուն *paylun*
brim *(n.)* եզր *yezr*
brine *(n.)* աղաջուր, արցունք *aghajur, arcunq*
bring *(v.)* բերել *berel*
brinjal *(n.)* բադրիջան *badrijan*
brink *(n.)* եզր *yezr*
briquet *(n.)* բրիկետ *briket*
brisk *(adj.)* արագաշարժ *aragashardj*
bristle *(n.)* կոշտ մազ *kosht maz*
british *(adj.)* բրիտանական *britanakan*
brittle *(adj.)* փխրուն *pkhrun*
broad *(adj.)* լայն *layn*
broadband *(n.)* լայնաշերտ *laynashert*
broadcast *(v.)* հեռարձակել *herrardzakel*
broadway *(n.)* Բրոդվեյ *Brodvei*
brocade *(n.)* դիպակ *dipak*
broccoli *(n.)* բրոկկոլի *brokoli*
brochure *(n.)* գրքույկ *grquyk*
broke *(adj.)* անփող *anpogh*
broken *(v.)* կոտրված *kotrvats*
broker *(n.)* միջնորդ *mijnord*
brokerage *(n.)* միջնորդավճար *mijnordavchar*
bromide *(n.)* անհամություն *anhamutyun*
bronchial *(adj.)* բրոնխային *bronkhayin*
bronchitis *(n.)* բրոնխիտ *bronkhit*
bronze *(n.)* բրոնզ *bronz*
brooch *(n.)* բրոշկա *broshka*
brood *(n.)* ձագ *dzag*
brook *(n.)* վտակ *vtak*
broom *(n.)* ավել *avel*
broth *(n.)* արգանակ *arganak*
brothel *(n.)* հասարակաց տուն *hassarakac tun*
brother *(n.)* եղբայր *yeghbayr*
brotherhood *(n.)* եղբայրություն *yeghbayrutyun*
brouge *(n.)* բխում *bkhum*
brow *(n.)* հոնք *honq*
brown *(adj.)* շագանակագույն *shaganakaguyn*
browse *(v.)* թերթել *tertel*
browser *(n.)* բրաուզեր *brauzer*
bruise *(n.)* կապտուկ *kaptuk*
brunch *(n.)* նախաճաշ *nakhachash*
brunette *(n.)* թխահեր *tkhaher*
brunt *(n.)* գլխավոր հարված *glkhavor harvats*
brush *(n.)* խոզանակ *khozanak*
brusque *(adj.)* կոպիտ *kopit*
brustle *(v.)* խոցել *khocel*
brutal *(adj.)* դաժան *dadjan*
brutalize *(v.)* դաժանացնել *dadjanacnel*
brute *(n.)* անասուն *anasun*
brutify *(v.)* կոպտացնել *koptacnel*
brutish *(adj.)* գազանային *gazanayin*

bubble *(n.)* պղպջակ *pghpjak*
bubble wrap *(n.)* փուչիկ փաթաթան *puchik patatan*
bubblegum *(n.)* ծամոն *tsamon*
buck *(n.)* դոլար *dolar*
bucket *(n.)* դույլ *duyl*
bucket list *(n.)* պարտադիր ցուցակ *partadir cucak*
buckle *(n.)* ճարմանդ *charmand*
bud *(n.)* բողբոջ *boghboj*
budding *(adj.)* բողբոջող *boghbojogh*
buddy *(n.)* ընկեր *anker*
budge *(v.)* շարժ(վ)ել *shardj(v)el*
budget *(n.)* բյուջե *byuje*
buff *(n.)* գոմշակաշի *gomshakashi*
buffalo *(n.)* գոմեշ *gomesh*
buffer *(n.)* բուֆեր *bufer*
buffer zone *(n.)* բուֆերային գոտի *buferayin goti*
buffet *(n.)* խորտկարան, բուֆետ *khortkaran, bufet*
buffoon *(n.)* ծաղրածու *tsaghratsu*
bug *(n.)* փայտոջիլ *paytojil*
buggy *(n.)* վագոնիկ *vagonik*
bugle *(n.)* շեփոր *shepor*
build *(v.)* կառուցել *karrucel*
builder *(n.)* շինարար *shinarar*
building *(n.)* շինություն *shinutyun*
bulb *(n.)* էլեկտրական լամպ *elektrakan lamp*
bulbous *(adj.)* սոխաձև *sokhadzev*
bulge *(n.)* ուռուցիկություն *urrucikutyun*
bulimia *(n.)* բուլիմիա *bulimia*
bulk *(n.)* ծավալ *tsaval*
bulky *(adj.)* մեծածավալ *metsatsaval*
bull *(n.)* ցուլ *cul*
bull's eye *(n.)* թիրախակետ *tirakhaket*
bulldog *(n.)* բուլդոգ, ցլաշուն *buldog, clashun*
bulldozer *(n.)* բուլդոզեր *buldozer*
bullet *(n.)* փամփուշտ *pampusht*
bullet train *(n.)* փամփուշտի գնացք *pampushti gnacq*
bulletin *(n.)* տեղեկագիր *teghekagir*
bulletproof *(adj.)* հրազենակայուն *hrazenakayun*
bullion *(n.)* ձուլակտոր *dzulaktor*
bullish *(adj.)* աճող *achogh*
bullock *(n.)* եզ *yez*
bully *(n.)* կռվարար *krrvarar*
bulwark *(n.)* պատվար *patvar*
bumble *(v.)* անշնորհքաբար շարժվել *anshnorhqabar shardjvel*
bump *(n.)* հարված *harvats*
bumper *(n.)* լեցուն բաժակ *lecun badjak*
bumpkin *(n.)* անշնորհք մարդ *anshnorhq mard*
bun *(n.)* բուլկի *bulki*
bunch *(n.)* փունջ *punj*
bundle *(n.)* փաթեթ *patet*
bungalow *(n.)* բունգալո, ամառանոց *bungalo, amarranoc*
bungee jumping *(n.)* բարձրացատկ *bardzracatk*
bungle *(v.)* խառնաշփոթել *kharrnashpotel*
bungle *(n.)* խառնաշփոթություն *kharrnashpotutyun*
bunk *(n.)* մահիճ *mahich*
bunk bed *(n.)* երկհարկանի մահճակալ *yerkharkani mahchakal*
bunker *(n.)* բունկեր, ածխարան *bunker, atskharan*
buoy *(n.)* խութանշան *khutanshan*
buoyant *(adj.)* լողունակ *loghunak*
burble *(v.)* բարբաջել *barbajel*
burden *(n.)* բեռ *berr*
burdensome *(adj.)* ծանրաբեռնող *tsanraberrnogh*
bureacuracy *(n.)* բյուրոկրատիա *byurokratia*
bureau *(n.)* բյուրո *byuro*
bureaucrat *(n.)* բյուրոկրատ, ձևապաշտ *byurokrat, dzevapasht*
burgeon *(v.)* զարգանալ *zarganal*
burger *(n.)* համբուրգեր *hamburger*
burglar *(n.)* կողոպտիչ *koghoptich*
burglar alarm *(n.)* հակաառևանգման համակարգ *hakaarrevangman hamakarg*
burglary *(n.)* գողություն *goghutyun*
burial *(n.)* թաղում *taghum*
burke *(v.)* սպանել *spanel*
burlesque *(n.)* ծաղրերգություն

tsaghrergutyun
burn *(v.)* այր(վ)ել *ayr(v)el*
burner *(n.)* այրիչ *ayrich*
burning *(adj.)* այր(վ)ող *ayr(v)ogh*
burp *(v.)* բղկալ *bghkal*
burrow *(n.)* որջ *vorj*
bursary *(n.)* կրթաթոշակ *krtatoshak*
burst *(v.)* պայթել *paytel*
bursur *(n.)* գանձապահ *gandzapah*
bury *(v.)* թաղել *taghel*
bus *(n.)* ավտոբուս *avtobus*
bus shelter *(n.)* ավտոբուսի ապաստարան *avtobusi apastaran*
bus stop *(n.)* կանգառ *kangarr*
bush *(n.)* թուփ *tup*
bushy *(adj.)* թփերով ծածկված *tperov tsatskvats*
business *(n.)* բիզնես *biznes*
business card *(n.)* բիզնես քարտ *biznes qart*
business class *(n.)* բիզնես կարգ *biznes karg*
business plan *(n.)* բիզնես պլան *biznes plan*
businessman *(n.)* գործարար *gortsarar*
bustle *(v.)* շտապել *shtapel*
busy *(adj.)* զբաղված *zbaghvats*
but *(conj.)* բայց *bayc*
butcher *(n.)* մսագործ *msagorts*
butler *(n.)* սպասավոր *spassavor*
butt *(v.)* գլխով խփ(վ)ել *glkhov khp(v)el*
butter *(n.)* կարագ *karag*
butterfly *(n.)* թիթեռ *titerr*
butterhead *(n.)* թիթեռնիկ *titerrnik*
buttermilk *(n.)* թան *tan*
buttock *(n.pl.)* հետույք *hetuyq*
button *(n.)* կոճակ *kochak*
buy *(v.)* գնել *gnel*
buyer *(n.)* գնորդ *gnord*
buzz *(n.)* բզզոց *bzzoc*
buzzer *(n.)* շչակ *shchak*
by *(prep.)* կողմից, միջոցով *koghmic, mijocov*
bye *(interj.)* ցտեսություն *ctesutyun*
by-election *(n.)* լրացուցիչ ընտրություններ *lracucich antrutyunner*
bygone *(adj.)* անցած *ancats*
bylaw, bye-law *(n.)* ենթաօրենսդրական ակտ, կանոնագիր *yentaorensdrakan akt, kanonagir*
bypass *(n.)* շրջանցում *shrjancum*
by-product *(n.)* կողմնակի արտադրանք *koghmnaki artadranq*
byre *(n.)* գոմ *gom*
byte *(n.)* բայթ՝ հիշողության միավոր *bayt: hishoghutyan miavor*
byway *(n.)* գյուղճանապարհ *gyughchanaparh*
byword *(n.)* առակ *arrak*

C

cab *(n.)* տաքսի *taqsi*
cabana *(n.)* հագուստի տնակ *hagusti tnak*
cabaret *(n.)* կաբարե *kabare*
cabbage *(n.)* կաղամբ *kaghamb*
cabby *(n.)* կառապան *karrapan*
cabin *(n.)* տնակ *tnak*
cabinet *(n.)* կաբինետ *kabinet*
cable *(n.)* պարան *paran*
cable car *(n.)* ճոպանուղի *chopanughi*
cable television *(n.)* կաբելային հեռուստատեսություն *kabelayin herrustatesutyun*
cabuncle *(n.)* խցիկ *khcik*
cache *(n.)* պահեստ *pahest*
cachet *(n.)* պահոց *pahoc*
cackle *(v.)* քրքջալ *qrqjal*
cactus *(n.)* կակտուս *kaktus*
cad *(n.)* անտաշ մարդ *antash mard*
cadaver *(n.)* դիակ *diak*
cadaverous *(adj.)* դիակային *diakayin*
cadence *(n.)* տակտ *takt*
cadet *(n.)* կուրսանտ *kursant*
cadge *(v.)* մուրալ *mural*
cadmium *(n.)* կադմիում *kadmium*
cafe *(n.)* սրճարան *srcharan*
cafeteria *(n.)* ճաշարան *chasharan*
caffeine *(n.)* կոֆեին *kofein*
cage *(n.)* վանդակ *vandak*

cajole *(v.)* խաբել *khabel*
cake *(n.)* տորթ *tort*
cakewalk *(v.)* հեշտ զբոսնել *hesht zbosnel*
calamity *(n.)* աղետ *aghet*
calcium *(n.)* կալցիում *kalcium*
calculate *(v.)* հաշվարկել *hashvarkel*
calculation *(n.)* հաշվարկում *hashvarkum*
calculator *(n.)* հաշվիչ *hashvich*
calendar *(n.)* օրացույց *oracuyc*
calf *(n.)* հորթ *hort*
calibrate *(v.)* տրամաչափել *tramachapel*
calibration *(n.)* տրամաչափում *tramachapum*
calibre *(n.)* տրամաչափ *tramachap*
call *(v.)* զանգահարել *zangaharel*
call *(n.)* կանչ *kanch*
call centre *(n.)* հեռախոսակապի կենտրոն *herrakhosakapi kentron*
caller *(n.)* հյուր *hyur*
calligraphy *(n.)* գեղագրություն *geghagrutyun*
calling *(n.)* կոչում *kochum*
callous *(adj.)* կոշտ *kosht*
callow *(adj.)* անփետուր *anpetur*
callow *(n.)* անփորձ մարդ *anpordz mard*
calm *(adj.)* հանգիստ *hangist*
calmative *(adj.)* հանգստացնող *hangstacnogh*
calmness *(n.)* հանգստություն *hangstutyun*
calorie *(n.)* կալորիա *kaloria*
calorific *(adj.)* ջերմային *jermayin*
calumniate *(v.)* զրպարտել *zrpartel*
calumny *(n.)* զրպարտություն *zrpartutyun*
camel *(n.)* ուղտ *ught*
cameo *(n.)* կամեյոն (փորագրած գունաքար) *kameyon (poragrats gunaqar)*
camera *(n.)* տեսախցիկ *tesakhcik*
camlet *(n.)* կանգառ *kangarr*
camouflage *(n.)* քողարկում *qogharkum*
camp *(n.)* ճամբար *chambar*
campaign *(n.)* արշավ *arshav*
camper *(n.)* ճամբարական *chambarakan*
campfire *(n.)* խարույկ *kharuyk*
camphor *(n.)* կամֆորա *kamfora*
campsite *(n.)* ճամբար *chambar*
campus *(n.)* համալսարանի, դպրոցի տերիտորիա *hamalsarani, dproci teritoria*
can *(v.)* կարողանալ *karoghanal*
can *(n.)* պահածո *pahatso*
canal *(n.)* ջրանցք *jrancq*
canard *(n.)* սուտ լուր *sut lur*
canary *(n.)* դեղձանիկ *deghdzanik*
canary *(v.)* մատնել *matnel*
cancel *(v.)* չեղարկել *chegharkel*
cancellation *(n.)* չեղարկում *chegharkum*
cancer *(n.)* քաղցկեղ *qaghckegh*
candid *(adj.)* անկեղծ *ankeghts*
candidacy *(n.)* թեկնածություն *teknatsutyun*
candidate *(n.)* թեկնածու *teknatsu*
candle *(n.)* մոմ *mom*
candlelight *(n.)* մոմի լույս *momi luys*
candour *(n.)* պարզասրտություն *parzasrtutyun*
candy *(n.)* կոնֆետ *konfet*
cane *(n.)* եղեգ *yegheg*
canine *(adj.)* շնային *shnayin*
canister *(n.)* տուփ *tup*
cannabis *(n.)* կանեփ *kanep*
cannibal *(n.)* մարդակեր *mardaker*
cannibalise *(v.)* վերանորոգել *veranorogel*
cannon *(n.)* թնդանոթ *tndanot*
cannonade *(v.)* հրետակոծել *hretakotsel*
canny *(adj.)* ճարպիկ *charpik*
canon *(n.)* կանոն *kanon*
canonize *(v.)* սրբացնել *srbacnel*
canopy *(n.)* վարագույր *varaguyr*
canteen *(n.)* ճաշարան *chasharan*
canter *(n.)* ժարգոնով խոսող *djargonov khosogh*
canton *(n.)* գավառ *gavarr*
cantonment *(n.)* բարակ *barak*
canvas *(n.)* կտավ *ktav*

canvass *(v.)* ձայներ հավաքել *dzainer havaqel*
canyon *(n.)* ձոր *dzor*
cap *(v.)* գերազանցել *gerazancel*
cap *(n.)* գլխարկ *glkhark*
capability *(n.)* կարողություն *karoghutyun*
capable *(adj.)* ընդունակ *andunak*
capacious *(adj.)* տարողունակ *taroghunak*
capacity *(n.)* շնորհալիություն *shnorhalityun*
cape *(n.)* հրվանդան *hrvandan*
capillary *(n.)* մազանոթ *mazanot*
capital *(n.)* կապիտալ *kapital*
capital *(n.)* մայրաքաղաք *mayraqaghaq*
capitalism *(n.)* կապիտալիզմ *kapitalizm*
capitalist *(n.)* կապիտալիստ *kapitalist*
capitalize *(v.)* կապիտալի վերածել *kapitali veratsel*
capitation *(n.)* գլխահարկ *glkhahark*
capitulate *(v.)* անձնատրվել *andznatrvel*
cappuccino *(n.)* կապուչինո *kapuchino*
caprice *(n.)* քմահաճույք *qmahachuyq*
capricious *(adj.)* քմահաճ *qmahach*
capricorn *(n.)* այծեղջյուր *aytsyeghjyur*
capsicum *(n.)* կծու պղպեղ *ktsu pghpegh*
capsize *(v.)* շրջ(վ)ել *shrj(v)el*
capsular *(adj.)* պարկուճային *parkuchayin*
capsule *(n.)* պատիճ *patich*
captain *(n.)* կապիտան *kapitan*
captaincy *(n.)* հրամանատարություն *hramanatarutyun*
captcha *(n.)* ավտոմատացված Թյուրինգ թեստ *avtomatacvats Tyuring test*
caption *(n.)* կալանք *kalanq*
captivate *(v.)* գերել *gerel*
captive *(adj.)* գերված *gervats*
captive *(n.)* գերի *geri*
captivity *(n.)* գերություն *gerutyun*
capture *(n.)* գրավում *gravum*
capture *(v.)* գրավել *gravel*

car *(n.)* ավտոմեքենա *avtomeqena*
carabine *(v.)* կարաբին *karabin*
caracass *(n.)* դիակ *diak*
caramel *(n.)* կարամել *karamel*
carat *(n.)* կարատ *karat*
caravan *(n.)* քարավան *qaravan*
carbide *(n.)* կարբիդ *karbid*
carbon *(n.)* ածխածին *atskhatsin*
carbon copy *(n.)* ածխածնային պատճեն *atskhatsnayin patchen*
carbonate *(n.)* կարբոնատ *karbonat*
carbonization *(n.)* այրում *ayrum*
carbonize *(v.)* ածխացնել *atskhacnel*
card *(n.)* քարտ *qart*
card reader *(n.)* քարտի ընթերցող *qarti entercogh*
cardamom *(n.)* հիլ *hil*
cardboard *(n.)* ստվարաթուղթ *stvaratught*
cardholder *(n.)* քարտապան *qartapan*
cardiac *(adj.)* սրտային *srtayin*
cardiac arrest *(n.)* սրտի կանգ *srti kang*
cardigan *(n.)* կարդիգան *kardigan*
cardinal *(n.)* կարդինալ *kardinal*
cardiograph *(n.)* կարդիոգրաֆ *kardiograf*
cardiology *(n.)* սրտաբանություն *srtabanutyun*
care *(v.)* խնամել *khnamel*
care *(n.)* խնամք *khnamq*
career *(n.)* կարիերա *kariera*
carefree *(adj.)* անհոգ *anhog*
careful *(adj.)* հոգատար *hogatar*
careless *(adj.)* անհոգ *anhog*
carer *(n.)* խնամող *khnamogh*
caress *(v.)* շոյել *shoyel*
caretaker *(n.)* խնամատար *khnamatar*
cargo *(n.)* բեռ *berr*
caricature *(n.)* ծաղրանկար *tsaghrankar*
carious *(adj.)* փտած *ptats*
carlock *(n.)* գինու մաքրման բաժակ *ginu maqrman badjak*
carnage *(n.)* կոտորած *kotorats*
carnal *(adj.)* մարմնական *marmnakan*
carnival *(n.)* կառնավալ *karrnaval*
carnivore *(n.)* մսակեր կենդանի

msaker kendani
carol *(n.)* օրհներգ *orhnerg*
carouse *(v.)* քեֆ անել *qef anel*
carousel *(n.)* կարուսել *karusel*
carp *(n.)* ծածան *tsatsan*
carpel *(n.)* վարսանդ *varsand*
carpenter *(n.)* ատաղձագործ *ataghdzagorts*
carpentry *(n.)* ատաղձագործություն *ataghdzagortsutyun*
carpet *(n.)* գորգ *gorg*
carpool *(n.)* աշխատամեքենա *ashkhatameqena*
carrack *(n.)* քառակուսի նավ *qarrakusi nav*
carriage *(n.)* վագոն *vagon*
carrier *(n.)* բեռնակիր *berrnakir*
carrot *(n.)* գազար *gazar*
carry *(v.)* կրել *krel*
carsick *(adj.)* մեքենայաախտ *meqenayaakht*
cart *(n.)* սայլ *sayl*
cartage *(n.)* բեռնափոխադրում *vagon*
cartel *(n.)* գերիների փոխհանձնում *gerineri pokhhandznum*
cartilage *(n.)* աճառ *acharr*
cartographer *(n.)* քարտեզագիր *qartezagir*
carton *(n.)* ստվարաթղթե տուփ *stvaratghte tup*
cartoon *(n.)* մուլտֆիլմ *multfilm*
cartoonist *(n.)* ծաղրանկարիչ *tsaghrankarich*
cartridge *(n.)* փամփուշտ *pampusht*
carve *(v.)* քանդակել *qandakel*
carving *(n.)* քանդակ *qandak*
cascade *(n.)* փոքրիկ ջրվեժ *pokrik jrvedj*
case *(n.)* գործ *gorts*
casern *(n.)* զորանոց *zoranoc*
cash *(n.)* կանխիկ դրամ *kankhik dram*
cashback *(n.)* քեշբեք, զեղչ *qeshbeq, zeghch*
cashew *(n.)* պիստակ *pistak*
cashier *(n.)* գանձապահ *gandzapah*
cashmere *(n.)* կաշմիր *kashmir*
casing *(n.)* պատյան *patyan*
casino *(n.)* խաղատուն *khaghatun*
cask *(n.)* տակառ *takarr*
casket *(n.)* դագաղ *dagagh*
casserole *(n.)* կաթսա *katsa*
cassette *(n.)* կասետ *kasset*
cast *(v.)* նետել *netel*
cast *(n.)* նետում *netum*
caste *(n.)* կաստա, արտոնյալ դասակարգ *kasta, artonyal dasakarg*
castellan *(n.)* քաստելյան *qastelyan*
caster *(n.)* համեմունքակալ *hamemunqakal*
castigate *(v.)* պատժել *patdjel*
casting *(n.)* քաստինգ *qasting*
castle *(n.)* ամրոց *amroc*
castor *(n.)* կղբաշիթ *kghbashit*
castor oil *(n.)* հնդյուղ *hndyugh*
casual *(adj.)* պատահական *patahakan*
casualty *(n.)* դժբախտ պատահար *ddjbakht patahar*
cat *(n.)* կատու *katu*
cataclysm *(n.)* հեղաշրջում *heghashrjum*
catacomb *(n.)* ստորերկրյա շենք *storyerkrya shenq*
catagorize *(v.)* դասակարգել *dasakargel*
catalogue *(n.)* կատալոգ *katalog*
catalyse *(v.)* կատալիզացնել *katalizacnel*
catalyst *(n.)* կատալիզատոր *katalizator*
catalyzer *(n.)* կատալիզատոր *katalizator*
catapult *(n.)* պարսատիկ *parsatik*
cataract *(n.)* կատարակտ *katarakt*
catastrophe *(n.)* աղետ *aghet*
catastrophic *(adj.)* աղետալի *aghetali*
catch *(v.)* բռնել *brrnel*
catching *(adj.)* վարակիչ *varakich*
categorical *(adj.)* կտրուկ *ktruk*
category *(n.)* կարգ *karg*
cater *(v.)* սպասարկել *spassarkel*
caterer *(n.)* սննդի մատակարար *snndi matakarar*
caterpillar *(n.)* թրթուր *trtur*
catfight *(n.)* կատվակռիվ *katvakrriv*
catfish *(n.)* լոքո *loqo*
catharsis *(n.)* կատարսիս *katarsis*

cathedral *(n.)* մայր տաճար *mayr tachar*
catholic *(adj.)* կաթոլիկական *katolikakan*
catholicism *(n.)* կաթոլիկություն *katolikutyun*
cattle *(n.)* խոշոր եղջերավոր անասուններ *khoshor yeghjeravor anasunner*
catwalk *(n.)* պոդիում *podium*
caudal *(adj.)* պոչային *pochayin*
cauldron *(n.)* կաթսա *katsa*
cauliflower *(n.)* ծաղկակաղամբ *tsaghkakaghamb*
causal *(adj.)* պատճառային *patcharrayin*
causality *(n.)* պատճառականություն *patcharrakanutyun*
causation *(n.)* պատճառականություն *patcharrakanutyun*
cause *(v.)* պատճառել *patcharrel*
cause *(n.)* պատճառ *patcharr*
causeway *(n.)* սալահատակ *salahatak*
caustic *(adj.)* կծու-հեգնական *ktsu-hegnakan*
caution *(n.)* զգուշություն *zgushutyun*
cautionary *(adj.)* նախազգուշական *nakhazgushakan*
cautious *(adj.)* զգուշավոր *zgushavor*
cavalry *(n.)* հեծելազոր *hetselazor*
cave *(n.)* քարանձավ *qarandzav*
caveat *(n.)* նախազգուշացում *nakhazgushacum*
cavern *(n.)* խոռոչ *khorroch*
caviar *(n.)* խավիար *khaviar*
cavil *(v.)* բծախնդրություն անել *btsakhndrutyun anel*
cavity *(n.)* խոռոչ *khorroch*
cavort *(v.)* թռչկոտել *trrchkotel*
cavorting *(n.)* ցատկ *catk*
caw *(v.)* կռռալ *krrrral*
cease *(v.)* դադարեցնել *dadarecnel*
ceasefire *(n.)* զինադադար *zinadadar*
ceaseless *(adj.)* անդադար *andadar*
cedar *(n.)* մայրի *mayri*
cede *(v.)* զիջել *zijel*
ceiling *(n.)* առաստաղ *arrastagh*
celebrate *(v.)* տոնել *tonel*
celebration *(n.)* տոնակատարում *tonakatarum*
celebrity *(n.)* հռչակ *hrrchak*
celerity *(n.)* արագություն *aragutyun*
celery *(n.)* նեխուր *nekhur*
celestial *(adj.)* երկնային *yerknayin*
celibacy *(n.)* ամուրիություն *amuriutyun*
celibate *(adj.)* ամուրի *amuri*
cell *(n.)* բանտախուց *bantakhuc*
cell phone *(n.)* բջջային հեռախոս *bjjayin herrakhos*
cellar *(n.)* նկուղ *nkugh*
cello *(n.)* թավջութակ *tavjutak*
cellophane *(n.)* ցելոֆան *celofan*
cellular *(adj.)* բջջային *bjjayin*
cellulite *(n.)* ցելյուլիտ *celyulit*
celluloid *(n.)* ցելյուլոիդ *celyuloid*
Celsius *(adj.)* Ցելսիուս *Celsius*
cement *(n.)* ցեմենտ *cement*
cemetery *(n.)* գերեզմանատուն *gerezmanatun*
cense *(v.)* խնկարկել *khnkarkel*
censer *(n.)* բուրվառ *burvarr*
censor *(n.)* գրաքննիչ *graqnnich*
censorious *(adj.)* քննադատական *qnnadatakan*
censorship *(n.)* գրաքննություն *graqnnutyun*
censure *(v.)* կշտամբել *kshtambel*
census *(n.)* մարդահամար *mardahamar*
cent *(n.)* ցենտ *cent*
centaur *(n.)* կենտավրոս *kentavros*
centenarian *(n.)* հարյուրամյա մարդ *haryuramya mard*
centenary *(n.)* հարյուրամյակ *haryuramyak*
centennial *(n.)* հարյուրամյակ *haryuramyak*
center *(n.)* կենտրոն *kentron*
centigrade *(adj.)* հարյուրաստիճան *haryurastichan*
centimetre *(n.)* սանտիմետր *santimetr*
centipede *(n.)* հազարոտնանի *hazarotnani*
central *(adj.)* կենտրոնական *kentronakan*

central locking *(n.)* կենտրոնական փական *kentronakan pakan*
centralze *(v.)* համակենտրոնացնել *hamakentronacnel*
centre *(n.)* կենտրոն *kentron*
centrical *(adj.)* կենտրոնական *kentronakan*
centrifugal *(adj.)* կենտրոնախույս *kentronakhuys*
centuple *(adj.)* հարյուրերորդ *haryurerord*
century *(n.)* դար *dar*
cephaloid *(adj.)* ցեֆալոիդ *cefaloid*
ceramics *(n.pl.)* կերամիկա *keramika*
cerated *(adj.)* վավերացված *vaveracvats*
cereal *(n.)* շիլա *shila*
cerebellum *(n.)* ուղեղիկ *ugheghik*
cerebral *(adj.)* ուղեղային *ugheghayin*
ceremonial *(adj.)* ծիսական *tsissakan*
ceremonious *(adj.)* հանդիսավոր *handisavor*
ceremony *(n.)* արարողություն *araroghutyun*
certain *(adj.)* որոշակի *voroshaki*
certainly *(adv.)* անշուշտ *anshusht*
certainty *(n.)* որոշակիություն *voroshakiutyun*
certificate *(n.)* ատեստատ *atestat*
certify *(v.)* վավերացնել *vaveracnel*
certitude *(n.)* վստահություն *vstahutyun*
cerumen *(n.)* ծծումբ *tstsumb*
cervical *(adj.)* վզի *vzi*
cesarean *(n.)* կեսարյան հատում *kesaryan hatum*
cesarean *(adj.)* կեսարյան *kesaryan*
cessation *(n.)* դադարեցում *dadarecum*
cesspool *(n.)* աղբահոր *aghbahor*
cetin *(n.)* ցետին *cetin*
cetylic *(adj.)* ցետիլ *cetil*
chain *(n.)* շղթա *shghta*
chair *(n.)* աթոռ *atorr*
chairman *(n.)* նախագահ *nakhagah*
chaise *(n.)* կառք *karrq*
chalet *(n.)* զուգարան *zugaran*
chalice *(n.)* բաժակ *badjak*
chalk *(n.)* կավիճ *kavich*
chalk *(v.)* կավճով գրել *kavchov grel*
chalkdust *(n.)* կավճափոշի *kavchaposhi*
challenge *(n.)* մարտահրավեր *martahraver*
chamber *(n.)* պալատ *palat*
chamberlain *(n.)* սենեկապետ *senekapet*
champagne *(n.)* շամպայն *shampayn*
champion *(n.)* չեմպիոն *chempion*
chance *(n.)* հնարավորություն *hnaravorutyun*
chancellor *(n.)* կանցլեր *kancler*
chancery *(n.)* արխիվ *arkhiv*
chandelier *(n.)* ջահ *jah*
change *(n.)* փոփոխություն *popokhutyun*
change *(v.)* փոփոխ(վ)ել *popokh(v)el*
channel *(n.)* ջրանցք *jrancq*
chant *(n.)* օրհներգություն *orhnergutyun*
chaos *(n.)* քաոս *qaos*
chaotic *(adj.)* քաոսային *qaosayin*
chapel *(n.)* մատուռ *maturr*
chaperone *(n.)* ուղեկցորդուհի *ughekcorduhi*
chaplain *(n.)* քահանա *qahana*
chapter *(n.)* գլուխ *glukh*
character *(n.)* բնավորություն *bnavorutyun*
charade *(n.)* վանկախաղ *vankakhagh*
charcoal *(n.)* փայտածուխ *paytatsukh*
charge *(n.)* լիցք *licq*
charge *(v.)* լցնել *lcnel*
charger *(n.)* լիցքավորիչ *licqavorich*
chariot *(n.)* կառք *karrq*
charisma *(n.)* խարիզմա *kharizma*
charismatic *(adj.)* խարիզմատիկ *kharizmatik*
charitable *(adj.)* բարեգործական *baregortsakan*
charity *(n.)* բարեգործություն *baregortsutyun*
charm *(n.)* հմայք *hmayq*
charm *(v.)* հմայել *hmayel*
charming *(adj.)* հմայիչ *hmayich*
chart *(v.)* քարտեզագրել *qartezagrel*
chartbuster *(n.)* ճարտարապետ

chartarapet
charter *(n.)* կանոնադրություն *kanonadrutyun*
chartered *(adj.)* վարձակալված *vardzakalvats*
chase *(v.)* հետապնդել *hetapndel*
chaser *(n.)* հետապնդող *hetapndogh*
chasis *(n.)* պատվանդան *patvandan*
chaste *(adj.)* մաքրաբարո *maqrabaro*
chasten *(v.)* մաքրել *maqrel*
chastise *(v.)* պատժել *patdjel*
chastity *(n.)* մաքրաբարոյություն *maqrabaroyutyun*
chat *(v.)* զրուցել *zrucel*
chat room *(n.)* զրուցարան *zrucaran*
chat show *(n.)* հեռուստահաղորդում *herrustahaghordum*
chateau *(n.)* դղյակ *dghyak*
chatter *(v.)* շաղակրատել *shaghakratel*
chauffeur *(n.)* ավտովարորդ *avtovarord*
chauvinism *(n.)* շովինիզմ *shovinizm*
chauvinist *(adj.& n.)* շովինիստ *shovinist*
cheap *(adj.)* էժան *edjan*
cheapen *(v.)* էժանացնել *edjanacnel*
cheat *(n.)* խաբեբայություն *khabebayutyun*
cheat *(v.)* խաբել *khabel*
cheater *(n.)* խաբեբա *khabeba*
check *(n.)* ստուգում *stugum*
check *(v.)* ստուգել *stugel*
checker *(n.)* շաշկի *shashki*
check-in *(n.)* գրանցում *grancum*
checklist *(n.)* առարկայացուցակ *arrarkayacucak*
checkmate *(n.)* լիակատար պարտություն *liakatar partutyun*
checkout *(n.)* ստուգում *stugum*
checkpoint *(n.)* անցակետ *ancaket*
cheddar *(n.)* դեղին պանիր *deghin panir*
cheek *(n.)* այտ *ayt*
cheep *(v.)* ճվճվալ *chvchval*
cheer *(v.)* ուրախացնել *urakhacnel*
cheerful *(adj.)* ուրախ *urakh*
cheerleader *(n.)* երկրպագուհի *yerkrpaguhi*

cheerless *(adj.)* մռայլ *mrrayl*
cheese *(n.)* պանիր *panir*
cheesecake *(n.)* շոռակարկանդակ *shorrakarkandak*
cheesy *(adj.)* պանրի *panri*
cheetah *(n.)* կատվազգի կենդանի, ընձառյուծ *katvazgi kendani, andzarryuts*
chef *(n.)* ավագ խոհարար *avag khoharar*
chemical *(n.pl.)* քիմիական նյութեր *qimiakan nyuter*
chemical *(adj.)* քիմիական *qimiakan*
chemise *(n.)* կանացի շապիկ *kanaci shapik*
chemist *(n.)* քիմիկոս *qimikos*
chemistry *(n.)* քիմիա *qimia*
chemotherapy *(n.)* քիմիաթերապիա *qimiaterapia*
cheque *(n.)* չեկ *chek*
cherish *(v.)* փայփայել *paypayel*
cheroot *(n.)* սիգար *sigar*
cherry *(n.)* բալ *bal*
chess *(n.)* շախմատ *shakhmat*
chessboard *(n.)* շախմատի տախտակ *shakhmati takhtak*
chest *(n.)* կրծքավանդակ *krtsqavandak*
chestnut *(n.)* շագանակ *shaganak*
chew *(v.)* ծամել *tsamel*
chic *(adj.)* ձևավոր *dzevavor*
chick *(n.)* ճուտ *chut*
chicken *(n.)* հավ *hav*
chickpea *(n.)* սիսեռ *siserr*
chide *(v.)* նախատել *nakhatel*
chief *(adj.)* գլխավոր *glkhavor*
chiefly *(adv.)* գլխավորապես *glkhavorapes*
chieftain *(n.)* ցեղապետ *ceghapet*
child *(n.)* երեխա *yerekha*
childbirth *(n.)* ծննդաբերություն *tsnndaberutyun*
childcare *(n.)* երեխայի խնամք *yerekhayi khnamq*
childhood *(n.)* մանկություն *mankutyun*
childish *(adj.)* մանկական *mankakan*
chill *(n.)* ցուրտ *curt*
chilli *(n.)* չիլի պղպեղ *chili pghpegh*

chilly *(adj.)* սառը *sarra*
chime *(n.)* զանգերի ղողանջ *zangeri ghoghanj*
chimera *(n.)* ցնորք *cnorq*
chimney *(n.)* ծխնելույզ *tskhneluyz*
chimpanzee *(n.)* շիմպանզե *shimpanze*
chin *(n.)* կզակ *kzak*
china *(n.)* ճենապակի *chenapaki*
chink *(n.)* ճեղք *cheghq*
chip *(n.)* բեկոր *bekor*
chipping *(n.)* տաշեղ *tashegh*
chirp *(v.)* ծլվլալ *tslvlal*
chirpy *(adj.)* կենսուրախ *kensurakh*
chisel *(n.)* հատիչ *hatich*
chit *(n.)* զեկույց *zekuyc*
chivalrous *(adj.)* ասպետական *aspetakan*
chivalry *(n.)* ասպետություն *aspetutyun*
chlorine *(n.)* քլոր *qlor*
chloroform *(n.)* քլորոֆորմ *qloroform*
chocolate *(n.)* շոկոլադ *shokolad*
choice *(n.)* ընտրություն *antrutyun*
choir *(n.)* երգչախումբ *yergchakhumb*
choke *(v.)* խեղդել *kheghdel*
cholera *(n.)* խոլերա *kholera*
choleric *(adj.)* խոլերիկ *kholerik*
cholesterol *(n.)* խոլեստերին *kholesterin*
choose *(v.)* ընտրել *antrel*
choosy *(adj.)* դժվարահաճ *ddjvarahach*
chop *(v.)* կտրտել *ktrtel*
chopper *(n.)* կացին *kacin*
chopstick *(n.)* ուտելու փայտիկ *utelu paytik*
chord *(n.)* ակորդ *akord*
choreograph *(v.)* պար ուսուցանել *par usucanel*
choreography *(n.)* խորեոգրաֆիա *khoreografia*
chorus *(n.)* երգչախումբ *yergchakhumb*
Christ *(n.)* Քրիստոս *Qristos*
Christendom *(n.)* քրիստոնեական աշխարհ *qristoneakan ashkharh*
Christian *(adj.)* քրիստոնեական *qristoneakan*
Christianity *(n.)* քրիստոնեություն *qristoneutyun*
Christmas *(n.)* Սուրբ Ծնունդ *Surb Tsnund*
chrome *(n.)* քրոմ *qrom*
chromosome *(n.)* քրոմոսոմ *qromossom*
chronic *(adj.)* քրոնիկ *qronik*
chronicle *(n.)* ժամանակագրություն *djamanakagrutyun*
chronological *(adj.)* ժամանակագրական *djamanakagrakan*
chronology *(n.)* ժամանակագրություն *djamanakagrutyun*
chrysalis *(n.)* քրիզալիս *qrizalis*
chubby *(adj.)* թմբլիկ *tmblik*
chuckle *(v.)* քրքջալ *qrqjal*
chum *(n.)* ընկեր *anker*
chunk *(n.)* կտոր *ktor*
church *(n.)* եկեղեցի *yekegheci*
churchyard *(n.)* եկեղեցու բակ *yekeghecu bak*
churlish *(adj.)* կոպիտ *kopit*
churn *(v.)* խառնել *kharrnel*
cicada *(n.)* ցիկադա (կնճիթավոր միջատ) *cikada (knchitavor mijat)*
cider *(n.)* խնձորօղի *khndzoroghi*
cigar *(n.)* սիգար *sigar*
cigarette *(n.)* սիգարետ *sigaret*
cinema *(n.)* կինոթատրոն *kinotatron*
cinematic *(adj.)* կինոյի *kinoyi*
cinematography *(n.)* կինեմատոգրաֆիա *kinematografia*
cineplex *(n.)* սինեպլեքս *sinepleqs*
cinnamon *(n.)* դարչին *darchin*
cipher(or cypher) *(n.)* ծածկագիր (կամ գաղտնագիր) *tsatskagir (kam gaghtnagir)*
circle *(n.)* շրջան *shrjan*
circuit *(n.)* շրջապտույտ *shrjaptuyt*
circular *(adj.)* շրջանաձև *shrjanadzev*
circulate *(v.)* շրջանառել *shrjanarrel*
circulation *(n.)* շրջանառություն *shrjanarrutyun*
circumcise *(v.)* թլփատել *tlpatel*
circumference *(n.)* շրջապատ *shrjapat*
circumstance *(n.)* հանգամանք *hangamanq*
circumstantial *(adj.)*

համագամանքային *hangamanqayin*
circumvent *(v.)* խորամանկել *khoramankel*
circus *(n.)* կրկես *krkes*
cirrhosis *(n.)* ցիռոզ *cirroz*
cirrus *(n.)* փետրաձև ամպ *petradzev amp*
cisco *(n.)* թիկնոց *tiknoc*
cist *(n.)* կողով *koghov*
cistern *(n.)* ջրամբար *jrambar*
citadel *(n.)* միջնաբերդ *mijnaberd*
citation *(n.)* մեջբերում *mejberum*
cite *(v.)* մեջբերել *mejberel*
citizen *(n.)* քաղաքացի *qaghaqaci*
citizenship *(n.)* քաղաքացիություն *qaghaqaciutyun*
citric *(adj.)* թթու *ttu*
citrine *(n.)* ցիտրին *citrin*
citrus *(n.)* ցիտրուս *citrus*
city *(n.)* քաղաք *qaghaq*
civic *(adj.)* քաղաքացիական *qaghaqaciakan*
civics *(n.)* քաղաքացիականություն *qaghaqaciakanutyun*
civil *(adj.)* քաղաքացիական *qaghaqaciakan*
civilian *(n.)* քաղաքացի *qaghaqaci*
civilization *(n.)* քաղաքակրթություն *qaghaqakrtutyun*
civilize *(v.)* քաղաքակրթել *qaghaqakrtel*
clack *(v.)* շխկացնել *shkhkacnel*
clad *(adj.)* հագած *hagats*
cladding *(n.)* երեսպատում *yerespatum*
claim *(v.)* պահանջել *pahanjel*
claimant *(n.)* հավակնորդ *havaknord*
clam *(n.)* կակղամորթ *kakghamort*
clamber *(v.)* մագլցել *maglcel*
clammy *(adj.)* կպչուն *kpchun*
clamour *(n.)* աղմուկ *aghmuk*
clamp *(n.)* սեղմիչ *seghmich*
clan *(n.)* կլան *klan*
clandestine *(adj.)* գաղտնի *gaghtni*
clap *(v.)* ծափահարել *tsapaharel*
clapper *(n.)* լեզվակ *lezvak*
claque *(n.)* շխկոց *shkhkoc*
clarification *(n.)* պարզաբանում *parzabanum*
clarify *(v.)* հստակեցնել *hstakecnel*
clarinet *(n.)* կլառնետ *klarrnet*
clarity *(n.)* պարզություն *parzutyun*
clash *(v.)* բախվել *bakhvel*
clasp *(v.)* կոճկել *kochkel*
class *(n.)* դաս *das*
classic *(adj.)* կլասիկ *klassik*
classical *(adj.)* դասական *dassakan*
classification *(n.)* դասակարգում *dassakargum*
classified *(adj.)* դասակարգված *dassakargvats*
classify *(v.)* դասակարգել *dassakargel*
classmate *(n.)* դասընկեր *dassanker*
classroom *(n.)* դասարան *dassaran*
clatter *(n.)* թխկթխկոց *tkhktkhkoc*
clatter *(v.)* թխկթխկացնել *tkhktkhkacnel*
clause *(n.)* կետ *ket*
claustrophobia *(n.)* կլաուստրոֆոբիա *klaustrofobia*
clave *(n.)* հավատարիմ մնալը *havatarim mnala*
claw *(n.)* ճանկ *chank*
clay *(n.)* կավ *kav*
clean *(v.)* մաքրել *maqrel*
clean *(adj.)* մաքուր *maqur*
cleaner *(n.)* հավաքարար *havaqarar*
cleanliness *(n.)* մաքրություն *maqrutyun*
cleanse *(v.)* մաքրել *maqrel*
clear *(adj.)* պարզ *parz*
clearance *(n.)* մաքրում *maqrum*
clearly *(adv.)* պարզորեն *parzoren*
cleat *(n.)* կեռիկ *kerrik*
cleavage *(n.)* դեկոլտե *dekolte*
cleave *(v.)* ճեղքել *cheghqel*
cleft *(n.)* ճեղքվածք *cheghqvatsq*
clemency *(n.)* գթասրտություն *gtasrtutyun*
clement *(adj.)* գթասիրտ *gtassirt*
clementine *(n.)* կլեմենտինա *klementina*
clench *(v.)* սեղմել *seghmel*
clergy *(n.)* հոգևորականություն *hogevorakanutyun*
clerical *(adj.)* հոգևորական *hogevorakan*

clerk *(n.)* գործավար *gortsavar*
clever *(adj.)* խելացի *khelaci*
clew *(n.)* կծիկ *ktsik*
cliché *(n.)* կլիշե *klishe*
click *(n.)* չխկոց *chkhkoc*
client *(n.)* հաճախորդ *hachakhord*
cliff *(n.)* քարափ *qarap*
climate *(n.)* կլիմա *klima*
climate change *(n.)* կլիմայափոփոխություն *klimayapopokhutyun*
climate control *(n.)* կլիմայի վերահսկում *klimayi verahskum*
climax *(n.)* գագաթնակետ *gagatnaket*
climb *(v.)* բարձրանալ *bardzranal*
climber *(n.)* ալպինիստ *alpinist*
clinch *(v.)* սեղմել *seghmel*
cling *(v.)* կառչել *karrchel*
clingy *(adj.)* կպչուն *kpchun*
clinic *(n.)* կլինիկա *klinika*
clinical *(adj.)* կլինիկական *klinikakan*
clink *(n.)* զնգոց *zngoc*
clip *(n.)* տեսահոլովակ *tesaholovak*
clipper *(n.)* կլիպեր *kliper*
clipping *(n.)* կտրանք *ktranq*
clive *(n.)* կլանում *klanum*
clive *(v.)* կուլ տալ *kul tal*
cloak *(n.)* թիկնոց *tiknoc*
cloakroom *(n.)* հանդերձարան *handerdzaran*
clobber *(n.)* հանդերձանք *handerdzanq*
clock *(n.)* ժամացույց *djamacuyc*
clockwise *(adv.)* ժամսլաքի ուղղությամբ *djamslaqi ughghutyamb*
clod *(n.)* հողագունդ *hoghagund*
cloister *(n.)* վանք *vanq*
clone *(n.)* կլոն *klon*
close *(adj.)* մոտիկ *motik*
close *(n.)* ավարտ *avart*
closet *(n.)* պահարան *paharan*
closure *(n.)* փակում *pakum*
clot *(n.)* թրոմբ *tromb*
cloth *(n.)* կտավ *ktav*
clothe *(v.)* հագցնել *hagcnel*
clothes *(n.)* հագուստ *hagust*
clothing *(n.)* հագուստ *hagust*
cloud *(n.)* ամպ *amp*
cloudburst *(n.)* տարափ *tarap*
cloudy *(adj.)* ամպամած *ampamats*
clove *(n.)* մեխակ *mekhak*
clown *(n.)* ծաղրածու *tsaghratsu*
club *(n.)* ակումբ *akumb*
clue *(n.)* բանալի *banali*
clueless *(adj.)* անտեղյակ *anteghyak*
clumsy *(adj.)* անշնորհք *anshnorhq*
cluster *(n.)* խումբ *khumb*
clutch *(n.)* ճանկում *chankum*
clutch *(v.)* ճանկել *chankel*
clutter *(v.)* իրարանցում ստեղծել *iraeancum steghtsel*
coach *(n.)* մարզիչ *marzich*
coal *(n.)* ածուխ *atsukh*
coalition *(n.)* կոալիցիա *koalicia*
coarse *(adj.)* կոպիտ *kopit*
coastguard *(n.)* ծովափնյա պահակախումբ *tsovapnya pahakakhumb*
coast *(n.)* ափ *ap*
coastal *(adj.)* ափամերձ *apamerdz*
coaster *(n.)* սկուտեղ *skutegh*
coastline *(n.)* ջրափնյա գիծ *jrapnya gits*
coat *(n.)* վերարկու *verarku*
coating *(n.)* շերտ *shert*
coax *(v.)* համոզել *hamozel*
coaxial *(n.)* հանդուգն *handugn*
cobalt *(n.)* կոբալտ *kobalt*
cobble *(n.)* սալաքար *salaqar*
cobbler *(n.)* հնակարկատ *hnakarkat*
cobblestone *(n.)* սալաքար *salaqar*
cobra *(n.)* կոբրա *kobra*
cobweb *(n.)* սարդոստայն *sardostayn*
cocaine *(n.)* կոկաին *kokain*
cock *(n.)* աքաղաղ *aqaghagh*
cockade *(n.)* կոկարդ *kokard*
cocker *(v.)* փայփայել *paypayel*
cockle *(v.)* ոլորվել *volorvel*
cockpit *(n.)* օդաչուի խցիկ *odachui khcik*
cockroach *(n.)* ուտիճ *utich*
cocktail *(n.)* կոկտեյլ *kokteyl*
cocoa *(n.)* կակաո *kakao*
coconut *(n.)* հնդընկույզ *hndankuyz*
cocoon *(n.)* բոժոժ *bodjodj*
cod *(n.)* ձողաձուկ *dzoghadzuk*

code *(n.)* ծածկագիր *tsatskagir*
coding *(n.)* կոդավորում *kodavorum*
co-education *(n.)* համատեղ ուսուցում *hamategh usucum*
coefficient *(n.)* գործակից *gortsakic*
coerce *(v.)* հարկադրել *harkadrel*
coexist *(v.)* գոյակցել *goyakcel*
coexistence *(n.)* գոյակցություն *goyakcutyun*
coffee *(n.)* սուրճ *surch*
coffee bean *(n.)* սրճահատիկ *srchahatik*
coffee break *(n.)* սուրճի ընդմիջում *surchi andmijum*
coffee maker *(n.)* սրճեփ *srchep*
coffer *(n.)* սնդուկ *snduk*
coffin *(n.)* դագաղ *dagagh*
cog *(n.)* ելուստ *yelust*
cogent *(adj.)* համոզիչ *hamozich*
cognate *(adj.)* ազգակից *azgakic*
cognition *(n.)* ճանաչելիություն *chanacheliutyun*
cognitive *(adj.)* իմացական *imacakan*
cognizance *(n.)* իրազեկություն *irazekutyun*
cohabit *(v.)* կենակցել *kenakcel*
cohere *(v.)* համաձայնվել *hamadzaynvel*
coherent *(adj.)* համաձայնեցված *hamadzaynecvats*
cohesion *(n.)* համախմբվածություն *hamakhmbvatsutyun*
cohort *(n.)* գործընկեր *gortsanker*
coiffure *(n.)* սանրվածք *sanrvatsq*
coil *(n.)* օղակ *oghak*
coin *(n.)* մետաղադրամ *metaghadram*
coinage *(n.)* դրամահատում *dramahatum*
coincide *(v.)* համընկնել *hamanknel*
coincidence *(n.)* զուգադիպություն *zugadiputyun*
coir *(n.)* խսիր *khsir*
coke *(v.)* կոքսացնել *koqsacnel*
cold *(adj.)* ցուրտ *curt*
coleslaw *(n.)* կաղամբի աղցան *kaghambi aghcan*
colic *(n.)* ծակոց *tsakoc*
collaborate *(v.)* համագործակցել *hamagortsakcel*
collaboration *(n.)* համագործակցություն *hamagortsakcutyun*
collagen *(n.)* կոլագեն *kolagen*
collapse *(v.)* փլուզվել *pluzvel*
collar *(n.)* օձիք *odziq*
collate *(v.)* համեմատել *hamematel*
collateral *(n.)* երկրորդակարգ *yerkrordakarg*
colleague *(n.)* կոլեգա *kolega*
collect *(v.)* հավաքել *havaqel*
collection *(n.)* հավաքածու *havaqatsu*
collective *(adj.)* հավաքական *havaqakan*
collector *(n.)* կոլեկցիոներ *kolekcioner*
college *(n.)* քոլեջ *qolej*
collide *(v.)* բախվել *bakhvel*
collision *(n.)* բախում *bakhum*
colloquial *(adj.)* խոսակցական *khosakcakan*
colloquialism *(n.)* հասարակաբանություն *hasarakabanutyun*
collude *(v.)* դավաճանել *davachanel*
collusion *(n.)* դավադրություն *davadrutyun*
cologne *(n.)* օդեկոլոն *odekolon*
colon *(n.)* կրկնակետ *krknaket*
colonel *(n.)* գնդապետ *gndapet*
colonial *(adj.)* գաղութային *gaghutayin*
colony *(n.)* գաղութ *gaghut*
colossal *(adj.)* հսկայական *hskayakan*
colour *(n.)* գույն *guyn*
colour-blind *(adj.)* դալտոնիկ *daltonik*
colourful *(adj.)* գունեղ *gunegh*
column *(n.)* սյունակ *syunak*
columnist *(n.)* թղթակից *tghtakic*
coma *(n.)* կոմա *koma*
comatose *(adj.)* կոմատոզ *komatoz*
comb *(n.)* սանր *sanr*
combat *(n.)* մարտ *mart*
combatant *(n.)* մարտիկ *martik*
combative *(adj.)* մարտական *martakan*
combination *(n.)* համակցություն *hamakcutyun*
combine *(v.)* միավորել *miavorel*

combust *(v.)* այրել *ayrel*
combustible *(adj.)* դյուրավառ *dyuravarr*
combustion *(n.)* այրում *ayrum*
come *(v.)* գալ *gal*
comedian *(n.)* կատակերգու *katakergu*
comedy *(n.)* կատակերգություն *katakergutyun*
comely *(adj.)* դուրեկան *durekan*
comet *(n.)* գիսաստղ *gissastgh*
comfit *(n.)* հարմարավետություն *harmaravetutyun*
comfort *(n.)* սփոփանք *spopanq*
comfortable *(adj.)* հարմար *harmar*
comfy *(adj.)* հարմար *harmar*
comic *(n.)* կոմիկ *komik*
comic *(adj.)* զավեշտական *zaveshtakan*
comical *(adj.)* զավեշտական *zaveshtakan*
comma *(n.)* ստորակետ *storaket*
command *(v.)* հրամայել *hramayel*
commandant *(n.)* պարետ *paret*
commander *(n.)* հրամանատար *hramanatar*
commandment *(n.)* պատվիրան *patviran*
commando *(n.)* կոմանդոս *komandos*
commemorate *(v.)* տարեդարձ նշել *taredardz nshel*
commemoration *(n.)* հիշատակում *hishatakum*
commence *(v.)* սկս(վ)ել *sks(v)el*
commencement *(n.)* սկիզբ *skizb*
commend *(v.)* գովել *govel*
commendable *(adj.)* գովելի *goveli*
commendation *(n.)* գովասանք *govassanq*
comment *(n.)* մեկնաբանություն *meknabanutyun*
commentary *(n.)* մեկնաբանություն *meknabanutyun*
commentator *(n.)* մեկնաբան *meknaban*
commerce *(n.)* առևտուր *arrevtur*
commercial *(adj.)* առևտրական *arrevtrakan*
commiserate *(v.)* ցավակցել *cavakcel*
commission *(n.)* հանձնաժողով *handznadjoghov*
commissioner *(n.)* լիազոր *liazor*
commissure *(n.)* տողագործություն *toghagortsutyun*
commit *(v.)* կալանավորել *kalanavorel*
commitment *(n.)* ձերբակալում *dzerbakalum*
committee *(n.)* հանձնաժողով *handznadjoghov*
commode *(n.)* կոմոդ *komod*
commodity *(n.)* ապրանք *apranq*
common *(adj.)* սովորական *sovorakan*
commoner *(n.)* հասարակ մարդ *hasarak mard*
commonplace *(adj.)* շաբլոն *shablon*
commonwealth *(n.)* հանրապետություն *hanrapetutyun*
commotion *(n.)* իրարանցում *irarancum*
communal *(adj.)* համայնական *hamaynakan*
commune *(n.)* կոմունա *komuna*
communicate *(v.)* շփվել *shpvel*
communication *(n.)* հաղորդակցություն *haghordakcutyun*
communion *(n.)* հաղորդություն *haghordutyun*
communique *(n.)* պաշտոնական հաղորդագրություն *pashtonakan haghordagrutyun*
communism *(n.)* կոմունիզմ *komunizm*
communist *(n.)* կոմունիստ *komunist*
community *(n.)* համայնք *hamaynq*
commute *(v.)* փոխանակել *pokhanakel*
compact *(adj.)* խիտ *khit*
companion *(n.)* ուղեկից *ughekic*
company *(n.)* ընկերություն *ankerutyun*
comparative *(adj.)* համեմատական *hamematakan*
compare *(v.)* համեմատել *hamematel*
comparison *(n.)* համեմատություն *hamematutyun*
compartment *(n.)* կուպե *kupe*
compass *(n.)* կողմնացույց *koghmnacuyc*

compassion *(n.)* կարեկցանք *karekcanq*
compatible *(adj.)* համատեղելի *hamategheli*
compel *(v.)* ստիպել *stipel*
compendious *(adj.)* կրճատ *krchat*
compensate *(v.)* փոխհատուցել *pokhhatucel*
compensation *(n.)* փոխհատուցում *pokhhatucum*
compete *(v.)* մրցակցել *mrcakcel*
competence *(n.)* ունակություն *unakutyun*
competent *(adj.)* իրավասու *iravasu*
competition *(n.)* մրցում *mrcum*
competitive *(adj.)* մրցակցային *mrcakcayin*
competitor *(n.)* մրցակից *mrcakic*
compilation *(n.)* կազմում *kazmum*
compile *(v.)* կազմել *kazmel*
complacent *(adj.)* ինքնագոհ *inqnagoh*
complain *(v.)* գանգատվել *gangatvel*
complaint *(n.)* գանգատ *gangat*
complaisance *(n.)* պատրաստակամություն *patrastakamutyun*
complaisant *(adj.)* պատրաստակամ *patrastakam*
complement *(n.)* լրացում *lracum*
complementary *(adj.)* լրացուցիչ *lracucich*
complete *(adj.)* լրիվ *lriv*
completion *(n.)* ավարտում *avartum*
complex *(adj.)* բարդ *bard*
complexion *(n.)* նրբերանգ *nrberang*
compliance *(n.)* հաճոյակատարություն *hachoyakatarutyun*
compliant *(adj.)* զիջող *zijogh*
complicate *(v.)* բարդացնել *bardacnel*
complication *(n.)* բարդություն *bardutyun*
complicity *(n.)* մեղսակցություն *meghsakcutyun*
compliment *(n.)* հաճոյախոսություն *hachoyakhosutyun*
complimentary *(adj.)* գովելի *goveli*
comply *(v.)* ենթարկվել *yentarkvel*
component *(adj.)* բաղադրիչ *baghadrich*
compose *(v.)* կազմել *kazmel*
composite *(adj.)* բարդ *bard*
composition *(n.)* երկ *yerk*
compositor *(n.)* գրաշար *grashar*
compost *(n.)* պարարտախառնուրդ *parartakharrnurd*
composure *(n.)* հանդարտություն *handartutyun*
comprehend *(v.)* հասկանալ *haskanal*
comprehension *(n.)* ըմբռնում *ambrrnum*
comprehensive *(adj.)* համապարփակ *hamaparpak*
compress *(v.)* սեղմել *seghmel*
compressor *(n.)* ճզմիչ *chzmich*
comprise *(v.)* պարունակել *parunakel*
compromise *(n.)* փոխզիջում *pokhzijum*
compulsion *(n.)* հարկադրանք *harkadranq*
compulsory *(adj.)* հարկադիր *harkadir*
compunction *(n.)* զղջում *zghjum*
computation *(n.)* հաշվարկում *hashvarkum*
compute *(v.)* հաշվարկել *hashvarkel*
computer *(n.)* համակարգիչ *hamakargich*
computerize *(v.)* համակարգչայնացնել *hamakargchaynacnel*
comrade *(n.)* ընկեր *anker*
concave *(adj.)* գոգավոր *gogavor*
conceal *(v.)* թաքցնել *taqcnel*
concealer *(n.)* թաքցնող *taqcnogh*
concede *(v.)* զիջել *zijel*
conceit *(n.)* մեծամտություն *metsamtutyun*
conceive *(v.)* հղ(ի)անալ *hgh(i)anal*
concentrate *(v.)* կենտրոնանալ *kentronanal*
concentration *(n.)* կենտրոնացում *kentronacum*
concentric *(adj.)* համակենտրոն *hamakentron*
concept *(n.)* հասկացություն *haskacutyun*

conception *(n.)* գաղափար *gaghapar*
concern *(v.)* վերաբերել *veraberel*
concerned *(adj.)* մտահոգված *mtahogvats*
concerning *(prep.)* վերաբերյալ *veraberyal*
concert *(n.)* համերգ *hamerg*
concerted *(adj.)* համաձայնեցված *hamadzaynecvats*
concession *(n.)* զիջում *zijum*
conch *(n.)* խեցի *kheci*
conciliate *(v.)* հաշտեցնել *hashtecnel*
concise *(adj.)* հակիրճ *hakirch*
conclude *(v.)* եզրակացնել *yezrakacnel*
conclusion *(n.)* եզրակացություն *yezrakacutyun*
conclusive *(adj.)* եզրափակիչ *yezrapakich*
concoct *(v.)* եփել *yepel*
concoction *(n.)* կերակուր *kerakur*
concord *(n.)* համաձայնություն *hamadzaynutyun*
concordance *(n.)* համաձայնություն *hamadzaynutyun*
concourse *(n.)* կուտակում *kutakum*
concrete *(n.)* բետոն *beton*
concubine *(n.)* հարճ *harch*
concur *(v.)* համընկնել *hamanknel*
concurrent *(adj.)* համընկնող *hamanknogh*
concussion *(n.)* ցնցում *cncum*
condemn *(v.)* դատապարտել *datapartel*
condemnation *(n.)* դատապարտում *datapartum*
condensate *(n.)* խտացում *khtacum*
condense *(v.)* խտացնել *khtacnel*
condition *(n.)* պայման *payman*
conditional *(adj.)* պայմանական *paymanakan*
condole *(v.)* ցավակցել *cavakcel*
condolence *(n.)* ցավակցություն *cavakcutyun*
condonation *(n.)* ներողամտություն *neroghamtutyun*
condone *(v.)* ներել *nerel*
condor *(n.)* գիշանգղ *gishanggh*
conduce *(v.)* նպաստել *npastel*

conduct *(n.)* վարք *varq*
conduction *(n.)* հաղորդականություն *haghordakanutyun*
conductor *(n.)* դիրիժոր *diridjor*
cone *(n.)* կոն *kon*
confection *(n.)* հրուշակեղեն *hrushakeghen*
confectionery *(n.)* հրուշակարան *hrushakaran*
confederation *(n.)* միություն *miutyun*
confer *(v.)* շնորհել *shnorhel*
conference *(n.)* համագումար *hamagumar*
confess *(v.)* խոստովանել *khostovanel*
confession *(n.)* խոստովանություն *khostovanutyun*
confidant *(n.)* մտերիմ մարդ *mterim mard*
confide *(v.)* վստահել *vstahel*
confidence *(n.)* վստահություն *vstahutyun*
confident *(adj.)* վստահ *vstah*
confidential *(adj.)* գաղտնի *gaghtni*
configuration *(n.)* ուրվագիծ *urvagits*
configure *(v.)* կարգավորել *kargavorel*
confine *(v.)* սահմանափակ(վ)ել *sahmanapak(v)el*
confinement *(n.)* սահմանափակում *sahmanapakum*
confirm *(v.)* հաստատել *hastatel*
confirmation *(n.)* հաստատում *hastatum*
confiscate *(v.)* բռնագրավել *brrnagravel*
confiscation *(n.)* բռնագրավում *brrnagravum*
conflict *(n.)* կոնֆլիկտ *konflikt*
confluence *(n.)* միախառնում *miakharrnum*
confluent *(adj.)* միախառնվող *miakharrnvogh*
conform *(v.)* համապատասխանել *hamapataskhanel*
conformist *(n.)* կոնֆորմիստ *konformist*
conformity *(n.)* համապատասխանություն *hamapataskhanutyun*

confound *(v.)* շփոթեցնել *shpotecnel*
confront *(v.)* դիմադրել *dimadrel*
confuse *(v.)* շփոթել *shpotel*
confusion *(n.)* շփոթություն *shpotutyun*
confute *(v.)* հերքել *herqel*
congeal *(v.)* սառել *sarrel*
congenial *(adj.)* հարազատ *harazat*
congested *(adj.)* ծանրաբեռնված *tsanraberrnvats*
congestion *(n.)* գերբեռնվածություն *gerberrnvatsutyun*
conglomerate *(n.)* կոնգլոմերատ *konglomerat*
congratulate *(v.)* շնորհավորել *shnorhavorel*
congratulation *(n.)* շնորհավորանք *shnorhavoranq*
congregate *(v.)* հավաք(վ)ել *havaq(v)el*
congregation *(n.)* հավաքույթ *havaquyt*
congress *(n.)* համագումար *hamagumar*
congruent *(adj.)* ներդաշնակ *nerdashnak*
conical *(adj.)* կոնաձև *konadzev*
conjecture *(n. & v.)* ենթադրություն, ենթադրել *yentadrutyun, yentadrel*
conjoin *(v.)* միանալ *mianal*
conjugal *(adj.)* ամուսնական *amusnakan*
conjugate *(v.)* զուգավորվել *zugavorel*
conjunct *(adj.)* միավորված *miavorvats*
conjunction *(n.)* միացում *miacum*
conjunctivitis *(n.)* կոնյուկտիվիտ *konyuktivit*
conjure *(v.)* աղաչել *aghachel*
connect *(v.)* միացնել *miacnel*
connection *(n.)* կապ *kap*
connivance *(n.)* ներողամտություն *neroghamtutyun*
connive *(v.)* չարգելել *chargelel*
conniving *(adj.)* խորամանկող *khoramankogh*
connoisseur *(n.)* գիտակ *gitak*
connote *(v.)* լրացուցիչ իմաստ ունենալ *lracucich imast unenal*
conquer *(v.)* նվաճել *nvachel*
conquerer *(n.)* նվաճող *nvachogh*

conquest *(n.)* նվաճում *nvachum*
conscience *(n.)* խիղճ *khighch*
conscious *(adj.)* գիտակից *gitakic*
consecrate *(v.)* նվիրաբերել *nviraberel*
consecutive *(adj.)* հաջորդական *hajordakan*
consensual *(adj.)* կոնսենսուսային *konsensusayin*
consensus *(n.)* համաձայնություն *hamadzaynutyun*
consent *(n.)* համաձայնություն *hamadzaynutyun*
consequence *(n.)* հետևանք *hetevanq*
consequent *(adj.)* հաջորդական *hajordakan*
conservation *(n.)* պահպանում *pahpanum*
conservative *(adj.)* պահպանողական *pahpanoghakan*
conservator *(n.)* պահապան *pahapan*
conservatory *(n.)* կոնսերվատորիա *konservatoria*
conserve *(v.)* պահպանել *pahpanel*
consider *(v.)* համարել *hamarel*
considerable *(adj.)* զգալի *zgali*
considerate *(adj.)* նրբազգաց *nrbazgac*
consideration *(n.)* քննարկում *qnnarkum*
considering *(prep.)* նկատի ունենալով *nkati unenalov*
consign *(v.)* հանձնել *handznel*
consignment *(n.)* ապրանք *apranq*
consist *(v.)* բաղկանալ *baghkanal*
consistency *(n.)* հետևողականություն *hetevoghakanutyun*
consistent *(adj.)* հետևողական *hetevoghakan*
consolation *(n.)* մխիթարություն *mkhitarutyun*
console *(v.)* մխիթարել *mkhitarel*
consolidate *(v.)* համախմբել *hamakhmbel*
consolidation *(n.)* համախմբում *hamakhmbum*
consonance *(n.)* համահնչունություն *hamahnchunutyun*
consonant *(n.)* բաղաձայն հնչյուն *baghadzayn hnchyun*

consort *(n.)* ամուսին *amusin*
conspectus *(n.)* կոնսպեկտ *konspekt*
conspicuous *(adj.)* նկատելի *nkateli*
conspiracy *(n.)* դավադրություն *davadrutyun*
conspirator *(n.)* դավադիր *davadir*
conspire *(v.)* դավադրություն կազմել *davadrutyun kazmel*
constable *(n.)* ոստիկանապետ *vostikanapet*
constant *(adj.)* հաստատուն *hastatun*
constellation *(n.)* համաստեղություն *hamasteghutyun*
consternation *(n.)* սարսափ *sarsap*
constipation *(n.)* փորկապություն *porkaputyun*
constituency *(n.)* ընտրատարածք *antrataratsq*
constituent *(adj.)* ընտրական *antrakan*
constitute *(v.)* կազմել *kazmel*
constitution *(n.)* սահմանադրություն *sahmanadrutyun*
constrain *(v.)* հարկադրել *harkadrel*
constraint *(n.)* հարկադրանք *harkadranq*
constrict *(v.)* սեղմել *seghmel*
construct *(v.)* կառուցել *karrucel*
construction *(n.)* շինարարություն *shinararutyun*
constructive *(adj.)* կառուցողական *karrucoghakan*
construe *(v.)* մեկնաբանել *meknabanel*
consul *(n.)* հյուպատոս *hyupatos*
consular *(adj.)* հյուպատոսական *hyupatossakan*
consulate *(n.)* հյուպատոսություն *hyupatosutyun*
consult *(v.)* խորհրդակցել *khorhrdakcel*
consultant *(n.)* խորհրդատու *khorhrdatu*
consultation *(n.)* խորհրդակցություն *khorhrdakcutyun*
consume *(v.)* սպառել *sparrel*
consumer *(n.)* սպառող *sparrogh*
consumption *(n.)* սպառում *sparrum*
contact *(n.)* շփում *shpum*

contact *(v.)* շփվել *shpvel*
contact lens *(n.)* կոնտակտային ոսպնյակներ *kontaktayin vospnyakner*
contagion *(n.)* վարակ *varak*
contagious *(adj.)* վարակիչ *varakich*
contain *(v.)* պարունակել *parunakel*
container *(n.)* պահեստաման *pahestaman*
containment *(n.)* զսպում *zspum*
contaminate *(v.)* վարակել *varakel*
contemplate *(v.)* մտածել *mtatsel*
contemplation *(n.)* մտորում *mtorum*
contemporary *(adj.)* ժամանակակից *djamanakakic*
contempt *(n.)* արհամարհանք *arhamarhanq*
contemptuous *(adj.)* արհամարհական *arhamarhakan*
contend *(v.)* պայքարել *payqarel*
contender *(n.)* հավակնորդ *havaknord*
content *(adj.)* գոհ *goh*
contention *(n.)* վիճաբանություն *vichabanutyun*
contentment *(n.)* գոհունակություն *gohunakutyun*
contest *(n.)* մրցում *mrcum*
contestant *(n.)* մրցման մասնակից *mrcman masnakic*
context *(n.)* համատեքստ *hamateqst*
contiguous *(adj.)* սահմանակից *sahmanakic*
continent *(n.)* մայրցամաք *mayrcamaq*
continental *(adj.)*ցամաքային *camaqayin*
contingency *(n.)* պատահականություն *patahakanutyun*
contingent *(n.)* քանակակազմ *qanakakazm*
continual *(adj.)* մշտական *mshtakan*
continuation *(n.)* շարունակություն *sharunakutyun*
continue *(v.)* շարունակել *sharunakel*
continuous *(adj.)* շարունակական *sharunakakan*
continuum *(n.)* շարունակականություն

sharunakakanutyun
contour *(n.)* եզրագիծ *yezragits*
contra *(pref.)* հակա- *haka-*
contraband *(n.)* մաքսանենգություն *maqsanengutyun*
contraception *(n.)* հակաբեղմնավորում *hakabeghmnavorum*
contraceptive *(n.)* հակաբեղմնավորիչ *hakabeghmnavorich*
contract *(n.)* պայմանագիր *paymanagir*
contraction *(n.)* կծկում *ktskum*
contractor *(n.)* կապալառու *kapalarru*
contradict *(v.)* հակասել *hakassel*
contradiction *(n.)* հակասություն *hakasutyun*
contrary *(adj.)* հակադիր *hakadir*
contrast *(n.)* հակադրություն *hakadrutyun*
contribute *(v.)* աջակցել *ajakcel*
contribution *(n.)* ներդրում *nerdrum*
contributor *(n.)* նվիրատու *nviratu*
contrive *(v.)* հնարել *hnarel*
control *(n.)* վերահսկում *verahskum*
controller *(n.)* վերահսկիչ *verahskich*
controversial *(adj.)* վիճելի *vicheli*
controversy *(n.)* վիճաբանություն *vichabanutyun*
contuse *(v.)* կոնտուզիա պատճառել *kontuzia patcharrel*
contusion *(n.)* կոնտուզիա *kontuzia*
conundrum *(n.)* հանելուկ *haneluk*
convalesce *(v.)* ապաքինվել *apaqinvel*
convalescence *(n.)* ապաքինում *apaqinum*
convalescent *(adj.)* ապաքինվող *apaqinvogh*
convection *(n.)* կոնվեկցիա *konvekcia*
convene *(v.)* հրավիրել *hravirel*
convener *(n.)* հրավիրող *hravirogh*
convenience *(n.)* հարմարություն *harmarutyun*
convenient *(adj.)* հարմար *harmar*
convent *(n.)* կուսանոց *kusanoc*
convention *(n.)* համաձայնագիր *hamadzaynagir*
conventional *(adj.)* պայմանական

paymanakan
converge *(v.)* մերձենալ *merdzenal*
convergence *(n.)* միացում *miacum*
convergent *(adj.)* համամետ *hamamet*
conversant *(adj.)* իրազեկ *irazek*
conversation *(n.)* զրույց *zruyc*
converse *(v.)* զրուցել *zrucel*
conversion *(n.)* փոխարկում *pokharkum*
convert *(v.)* փոխակերպել *pokhakerpel*
convertible *(adj.)* փոխակերպելի *pokhakerpeli*
convey *(v.)* փոխանցել *pokhancel*
conveyance *(n.)* փոխադրում *pokhadrum*
conveyor *(n.)* փոխակրիչ *pokharkich*
convict *(v.)* դատապարտել *datapartel*
conviction *(n.)* համոզմունք *hamozmunq*
convince *(v.)* համոզել *hamozel*
convivial *(adj.)* ուրախ *urakh*
convocation *(n.)* գումարում *gumarum*
convoke *(v.)* հրավիրել *hravirel*
convolve *(v.)* գլորվել *glorvel*
convoy *(n.)* պահակախումբ *pahakakhumb*
convulse *(v.)* ջղաձգվել *jghadzgvel*
convulsion *(n.)* ջղաձգություն *jghadzgutyun*
cook *(v.)* եփել *yepel*
cook *(n.)* խոհարար *khoharar*
cooker *(n.)* կաթսա *katsa*
cookie *(n.)* բուլկի *bulki*
cool *(adj.)* զով *zov*
coolant *(n.)* զովացուցիչ *zovacucich*
cooler *(n.)* սառնարան *sarrnaran*
cooperate *(v.)* համագործակցել *hamagortsakcel*
cooperation *(n.)* համագործակցություն *hamagortsakcutyun*
cooperative *(adj.)* համատեղ *hamategh*
coordinate *(v.)* համակարգել *hamakargel*
coordination *(n.)* համակարգում *hamakargum*
coot *(n.)* միամիտ մարդ *miamit mard*

cope (v.) հաղթահարել haghtaharel
copier (n.) պատճենահանող սարք patchenahanogh sarq
coping (n.) քիվ qiv
copious (adj.) առատ arrat
copper (n.) պղինձ pghindz
coppice (n.) պուրակ purak
copulate (v.) զուգավորվել zugavorvel
copy (n.) պատճեն patchen
copy (v.) պատճենել patchenel
copyright (n.) հեղինակային իրավունք heghinakayin iravunq
coquette (n.) կոկետուհի koketuhi
coral (n.) մարջան marjan
corbel (n.) գոտի goti
cord (n.) լար lar
cordial (adj.) սրտային srtayin
cordless (adj.) անլար anlar
cordon (n.) շրջափակ shrjapak
corduroy (n.) թավիշ tavish
core (n.) միջուկ mijuk
coriander (n.) մեխակ mekhak
cork (n.) խցան khcan
cormorant (n.) ծովային թռչուն tsovayin trrchun
corn (n.) եգիպտացորեն yegiptacoren
cornea (n.) եղջերաթաղանթ yeghjerataghant
corner (n.) անկյուն ankyun
cornet (n.) դրոշակիր droshakir
cornicle (n.) քիվ qiv
corollary (n.) հետևանք hetevanq
coronation (n.) թագադրում tagadrum
coronet (n.) պսակ psak
corporal (adj.) կապրալ kapral
corporate (adj.) ընդհանուր andhanur
corporation (n.) կորպորացիա korporacia
corps (n.) կորպուս korpus
corpse (n.) դիակ diak
correct (adj.) ճիշտ chisht
correct (v.) ճշտել chshtel
correction (n.) ուղղում ughghum
correlate (v.) փոխկապակցել pokhkapakcel
correlation (n.) հարաբերակցություն haraberakcutyun
correspond (v.) համապատասխանել hamapataskhanel
correspondence (n.) նամակագրություն namakagrutyun
correspondent (n.) թղթակից tghtakic
corridor (n.) միջանցք mijancq
corroborate (v.) հաստատել hastatel
corroborative (adj.) հաստատված hastatvats
corrosive (adj.) քայքայիչ qayqayich
corrugated (adj.) ակոսավոր akossavor
corrupt (adj.) այլասերված aylasservats
corruption (n.) այլասերվածություն aylasservatsutyun
cortege (n.) շքախումբ shqakhumb
cortisone (n.) կորտիզոն հորմոն kortizon hormon
cosmetic (adj.) կոսմետիկական kosmetikakan
cosmetic (n.) կոսմետիկա kosmetika
cosmic (adj.) տիեզերական tiezerakan
cosmopolitan (adj.) կոսմոպոլիտական kosmopolitakan
cosmos (n.) տիեզերք tiezerq
cost (v.) արժենալ ardjenal
costal (adj.) կողային koghayin
costly (adj.) թանկ tank
costume (n.) կոստյում kostyum
cosy (adj.) հարմար harmar
cot (n.) օրորոց ororoc
cotemporal (adj.) համաժամանակյա hamadjamanakya
cottage (n.) տնակ tnak
cotton (n.) բամբակ bambak
couch (n.) թախտ takht
cough (v.) հազալ hazal
could (v.) կարողանալ karoghanal
council (n.) խորհուրդ khorhurd
councillor (n.) խորհրդական khorhrdakan
counsel (n.) խորհրդակցում khorhrdakcum
counsellor (n.) խորհրդատու khorhrdatu
count (v.) հաշվել hashvel
countable (adj.) հաշվելի hashveli
countdown (n.) հետհաշվարկ hethashvark

countenance *(n.)* դեմք *demq*
counter *(n.)* վաճառասեղան *vacharraseghan*
counter *(v.)* հակաճառել *hakacharrel*
counteract *(v.)* հակազդել *hakazdel*
counter-attack *(n.)* հակագրոհ *hakagroh*
counterfeit *(adj.)* կեղծ *keghts*
counterfeiter *(n.)* կեղծարար *keghtsarar*
counterfoil *(n.)* կոճղ *kochgh*
countermand *(v.)* հակահրաման տալ *hakahraman tal*
counterpart *(n.)* գործընկեր *gortsanker*
countersign *(v.)* վավերացնել *vaveracnel*
countess *(n.)* կոմսուհի *komsuhi*
countless *(adj.)* անթիվ *antiv*
country *(n.)* երկիր *yerkir*
county *(n.)* կոմսություն *komsutyun*
coup *(n.)* հաջողություն *hajoghutyun*
couple *(n.)* զույգ *zuyg*
couple *(v.)* զուգավորել *zugavorel*
couplet *(n.)* երկտող *yerktogh*
coupon *(n.)* կտրոն *ktron*
courage *(n.)* քաջություն *qajutyun*
courageous *(adj.)* քաջ *qaj*
courier *(n.)* սուրհանդակ *surhandak*
course *(n.pl.)* դասընթաց *dassantac*
court *(n.)* դատարան *dataran*
court *(v.)* հրապուրել *hrapurel*
courteous *(adj.)* քաղաքավարի *qaghaqavari*
courtesan *(n.)* կուրտիզանուհի *kurtizanuhi*
courtesy *(n.)* քաղաքավարություն *qaghaqavarutyun*
courtier *(n.)* պալատական *palatakan*
courtship *(n.)* սիրատածում *siratatsum*
courtyard *(n.)* բակ *bak*
cousin *(n.)* զարմիկ *zarmik*
couture *(n.)* կուտյուրե *kutyure*
cove *(n.)* ծովածոցիկ *tsovatsocik*
covenant *(n.)* պայմանագիր *paymanagir*
cover *(v.)* ծածկել *tsatskel*
cover *(n.)* ծածկոց *tsatskoc*

coverage *(n.)* ծածկույթ *tsatskuyt*
coverlet *(n.)* ծածկոց *tsatskoc*
covert *(adj.)* քողարկված *qogharkvats*
covet *(v.)* բաղձալ *baghdzal*
cow *(n.)* կով *kov*
coward *(n.)* վախկոտ մարդ *vakhkot mard*
cowardice *(n.)* վախկոտություն *vakhkotutyun*
cower *(v.)* կծկվել *ktskvel*
co-worker *(n.)* գործընկեր *gortsanker*
coy *(adj.)* ամաչկոտ *amachkot*
cozy *(adj.)* հարմարավետ *harmaravet*
crab *(n.)* ծովախեցգետին *tsovakhecgetin*
crack *(n.)* ճաք *chaq*
crack *(v.)* ճաքել *chaqel*
crackdown *(n.)* ճնշում *chnshum*
cracker *(n.pl.)* կոտրիչ *kotrich*
crackle *(v.)* ճարճատել *charchatel*
cradle *(n.)* օրորոց *ororoc*
craft *(n.)* արհեստ *arhest*
craftsman *(n.)* արհեստավոր *arhestavor*
crafty *(adj.)* հմուտ *hmut*
cram *(v.)* ճխտել *chkhtel*
cramp *(n.)* կարկամություն *karkamutyun*
crane *(n.)* կռունկ *krrunk*
crankle *(v.)* կծկվել *ktskvel*
crash *(v.)* վթարի ենթարկվել *vtari yentarkvel*
crasis *(n.)* հապավում *hapavum*
crass *(adj.)* կոպիտ *kopit*
crate *(n.)* արկղ *arkgh*
crater *(n.)* խառնարան *kharrnaran*
crave *(v.)* տենչալ *tenchal*
craven *(adj.)* վախկոտ *vakhkot*
craving *(n.)* տենչ *tench*
craw *(n.)* քուջ *quj*
crawl *(v.)* սողալ *soghal*
crayfish *(n.)* խեցգետին *khecgetin*
crayon *(n.)* գունավոր մատիտ *gunavor matit*
craze *(n.)* մտամոլություն *mtamolutyun*
crazy *(adj.)* խելագար *khelagar*
creak *(v.)* ճռռալ *chrral*
cream *(n.)* կրեմ *krem*

crease *(n.)* ծալք *tsalq*
create *(v.)* ստեղծել *steghtsel*
creation *(n.)* ստեղծում *steghtsum*
creative *(adj.)* ստեղծագործական *steghtsagortsakan*
creator *(n.)* ստեղծող *steghtsogh*
creature *(n.)* արարած *ararats*
credentials *(n.pl.)* հավատարմագիր *havatarmagir*
credible *(adj.)* վստահելի *vstaheli*
credit *(n.)* վարկ *vark*
credit card *(n.)* կրեդիտ քարտ *kredit qart*
creditable *(adj.)* վստահելի *vstaheli*
creditor *(n.)* պարտատեր *partater*
credulity *(n.)* դյուրահավատություն *dyurahavatutyun*
credulous *(adj.)* դյուրահավատ *dyurahavat*
creed *(n.)* դավանանք *davananq*
creek *(n.)* գետակ *getak*
creep *(v.)* սողալ *soghal*
creeper *(n.)* սողուն *soghun*
creepy *(adj.)* սողացող *soghacogh*
cremate *(v.)* դիակիզել *diakizel*
cremation *(n.)* դիակիզում *diakizum*
crematorium *(n.)* դիակիզարան *diakizaran*
creole *(n.)* կրեոլ(ուհի) *kreol(uhi)*
crepe *(n.)* կրեպ *krep*
crepitate *(v.)* խզզալ *khzzal*
crepitation *(n.)* խզզոց *khzzoc*
crescent *(n.)* կիսալուսին *kisalusin*
crest *(n.)* կատար *katar*
cretin *(n.)* ապուշ *apush*
crevet *(n.)* ճեղք *cheghq*
crew *(n.)* նավակազմ *navakazm*
crib *(n.)* օրորոց *ororoc*
cricket *(n.)* ծղրիդ *tsghrid*
crime *(n.)* հանցանք *hancanq*
criminal *(n.)* հանցագործ *hancagorts*
crimp *(n.)* գործակալ *gortsakal*
crimple *(v.)* ծալքավորել *tsalqavorel*
crimson *(n.)* բոսորագույն *bosoraguyn*
cringe *(v.)* քծնել *qtsnel*
crinkle *(v.)* ոլորվել *volorvel*
cripple *(n.)* հաշմանդամ *hashmandam*
crisis *(n.)* ճգնաժամ *chgnadjam*
crisp *(adj.)* փխրուն *pkhrun*
crispen *(v.)* փխրուն դառնալ *pkhrun darrnal*
criterion *(n.)* չափանիշ *chapanish*
critic *(n.)* քննադատ *qnnadat*
critical *(adj.)* քննադատական *qnnadatakan*
criticism *(n.)* քննադատություն *qnnadatutyun*
criticize *(v.)* քննադատել *qnnadatel*
critique *(n.)* քննադատություն *qnnadatutyun*
croak *(n.)* կռկռոց *krrkrroc*
crochet *(n.)* քարգահակար *qargahakar*
crockery *(n.)* ամանեղեն *amaneghen*
crocodile *(n.)* կոկորդիլոս *kokordilos*
croft *(n.)* վարելահող *varelahogh*
croissant *(n.)* կրուասան *kruassan*
crome *(n.)* քրոմ *qrom*
crone *(n.)* ջադու *jadu*
crook *(n.)* սրիկա *srika*
crooked *(adj.)* կորացրած *koracrats*
croon *(v.)* մրմնջալ *mrmnjal*
crop *(n.)* բերք *berq*
cross *(v.)* խաչել *khachel*
cross *(n.)* խաչ *khach*
cross *(adj.)* լայնակի *laynaki*
crossbar *(n.)* հեծան *hetsan*
crossfire *(n.)* խաչաձև կրակ *khachadzev krak*
crossing *(n.)* հատում *hatum*
crossroad *(n.)* խաչմերուկ *khachmeruk*
crotch *(n.)* հենակ *henak*
crotchet *(n.)* քմահաճույք *qmahachuyq*
crouch *(v.)* կռանալ *krranal*
crow *(n.)* ագռավ *agrrav*
crowbar *(n.)* լինգ *ling*
crowd *(n.)* ամբոխ *ambokh*
crowded *(adj.)* մարդաշատ *mardashat*
crowfunding *(n.)* ամբոխ *ambokh*
crown *(n.)* թագ *tag*
crowned *(adj.)* թագադրված *tagadrvats*
crucial *(adj.)* վճռական *vchrrakan*
crucified *(adj.)* խաչված *khachvats*
crucifix *(n.)* խաչելություն *khachelutyun*
crucify *(v.)* խաչել *khachel*

crude *(adj.)* հում *hum*
cruel *(adj.)* դաժան *dadjan*
cruelty *(n.)* դաժանություն *dadjanutyun*
cruise *(v.)* նավարկել *navarkel*
cruiser *(n.)* հածանավ *hatsanav*
crumb *(n.)* փշուր *pshur*
crumble *(v.)* քանդվել *qandvel*
crump *(v.)* գնդակոծել *gndakotsel*
crumple *(v.)* ճմրթվել *chmrtvel*
crunch *(v.)* ճռճռալ *chrrchrral*
crusade *(n.)* խաչակրաց արշավանք *khachakrac arshavanq*
crusader *(n.)* խաչակիր *khachakir*
crush *(v.)* ջախջախել *jakhjakhel*
crust *(n.)* կեղև *keghev*
crutch *(n.)* հենակ *henak*
cry *(v.)* լացել *lacel*
cryogenics *(n.)* կրիոգենիկա *kriogenika*
cryptic *(adj.)* գաղտնի *gaghtni*
cryptography *(n.)* ծածկագրություն *tsatskagrutyun*
crystal *(n.)* բյուրեղապակի *byureghapaki*
crystalize *(v.)* բյուրեղացնել *byureghacnel*
cub *(n.)* ձագ *dzag*
cube *(n.)* խորանարդ *khoranard*
cubical *(adj.)* խորանարդային *khoranardayin*
cubicle *(n.)* ննջախուց *nnjakhuc*
cubit *(n.)* կանգուն *kangun*
cuckold *(n.)* եղջերակիր *yeghjerakir*
cuckoo *(n.)* կկու *kku*
cucumber *(n.)* վարունգ *varung*
cuddle *(v.)* գրկել *grkel*
cudgel *(n.)* մահակ *mahak*
cue *(n.)* վերջնախոսք *verjnakhosq*
cuff *(n.)* բռնցքահարված *brrncqaharvats*
cuisine *(n.)* խոհանոց *khohanoc*
culinary *(adj.)* խոհարարական *khohararakan*
cullet *(n.)* հեղեղատ *hegheghat*
culminate *(v.)* գագաթնակետին հասնել *gagatnaketin hasnel*
culpable *(adj.)* մեղավոր *meghavor*

culprit *(n.)* հանցագործ *hancagorts*
cult *(n.)* պաշտամունք *pashtamunq*
cultivate *(v.)* մշակել *mshakel*
cultivation *(n.)* մշակում *mshakum*
cultural *(adj.)* մշակութային *mshakutayin*
culture *(n.)* մշակույթ *mshakuyt*
culvert *(n.)* հեղեղատար *hegheghatar*
cumulative *(adj.)* միասնական *miasnakan*
cunning *(adj.)* նենգ *neng*
cup *(n.)* բաժակ *badjak*
cupboard *(n.)* պահարան *paharan*
cupid *(n.)* Կուպիդոն *Kupidon*
cupidity *(n.)* ագահություն *agahutyun*
cupon *(n.)* գավաթ *gavat*
curable *(adj.)* բուժելի *budjeli*
curator *(n.)* վարիչ *varich*
curb *(v.)* սանձել *sandzel*
curcumin *(n.)* քրքում *qrqum*
curd *(n.)* կաթնաշոռ *katnashorr*
curdle *(v.)* մակարդվել *makardvel*
cure *(v.)* բուժել *budjel*
curfew *(n.)* պարետային ժամ *paretayin djam*
curiosity *(n.)* հետաքրքրասիրություն *hetaqrqrassirutyun*
curious *(adj.)* հետաքրքրասեր *hetaqrqrasser*
curl *(v.)* գանգրացնել *gangracnel*
curly *(adj.)* գանգուր *gangur*
currant *(n.)* հաղարջ *hagharj*
currency *(n.)* արժույթ *ardjuyt*
current *(n.)* ընթացք *antacq*
current *(adj.)* ընթացիկ *antacik*
current account *(n.)* ընթացիկ հաշիվ *antacik hashiv*
curriculum *(n.)* ուսումնական պլան *usumnakan plan*
curse *(n.)* անեծք *anetsq*
cursive *(adj.)* արագագիր *aragagir*
cursor *(n.)* կուրսոր *kursor*
cursory *(adj.)* հպանցիկ *hpancik*
curt *(adj.)* հակիրճ *hakirch*
curtail *(v.)* կրճատել *krchatel*
curtain *(n.)* վարագույր *varaguyr*
curvature *(n.)* կորություն *korutyun*
curve *(n.)* կորագիծ *koragits*

curve *(v.)* ծռ(վ)ել *tsrr(v)el*
cushion *(n.)* բարձ *bardz*
cusp *(n.)* գագաթ *gagat*
custard *(n.)* կրեմ *krem*
custodian *(n.)* պահապան *pahapan*
custody *(n.)* պահպանություն *pahpanutyun*
custom *(n.)* սովորություն *sovorutyun*
customary *(adj.)* սովորական *sovorakan*
customer *(n.)* գնորդ *gnord*
cut *(n.)* կտրվածք *ktrvatsq*
cute *(adj.)* սրամիտ *sramit*
cutlery *(n.)* դանակ - պատառաքաղ *danak-patarraqagh*
cutlet *(n.)* կոտլետ *kotlet*
cut-off *(n.)* անջատում *anjatum*
cutter *(n.)* կտրիչ *ktrich*
cutting *(n.)* կտրվածք *ktrvatsq*
cuvette *(n.)* կոնքաման *konqaman*
cyan *(n.)* ցիան *cian*
cyanide *(n.)* ցիանիդ *cianid*
cyber *(adj.)* կիբեռ *kiberr*
cyberbullying *(n.)* կիբեռհարձակում *kiberrhardzakum*
cybercafé *(n.)* կիբեռսրճարան *kiberrsrcharan*
cyberchat *(n.)* կիբեռչաթ *kiberrchat*
cybercrime *(n.)* կիբեռհանցագործություն *kiberrhancagortsutyun*
cycle *(n.)* շրջան *shrjan*
cyclic *(adj.)* ցիկլային *ciklayin*
cyclist *(n.)* հեծանվորդ *hetsanvord*
cyclone *(n.)* ցիկլոն *ciklon*
cyclops *(n.)* կիկլոպ *kiklop*
cyclostyle *(n.)* ցիկլոոճ *ciklovoch*
cylinder *(n.)* գլան *glan*
cylindrical *(adj.)* գլանավոր *glanavor*
cynic *(n.)* ցինիկ *cinik*
cynical *(adj.)* անամոթ *anamot*
cypher *(n.)* գաղտնագիր *gaghtnagir*
cypress *(n.)* նոճի *nochi*
cyst *(n.)* կիստա *kista*

D

dabble *(v.)* թրջել *trjel*
dacoit *(n.)* դավաճան *davachan*
dacoity *(n.)* դավաճանություն *davachanutyun*
dad (or daddy) *(n.)* հայր(իկ) *hayr(ik)*
daffodil *(n.)* նարգիզ *nargiz*
daft *(adj.)* խենթ *khent*
dagger *(n.)* դաշույն *dashuyn*
daily *(adj. & adv.)* օրական, ամեն օր *orakan, amen or*
dainty *(adj.)* նրբաճաշակ *nrbachashak*
dairy *(n.)* պանրագործարան *panragortsaran*
dairy product *(n.)* կաթնամթերք *katnamterq*
dais *(n.)* տախտակամած *takhtakamats*
daisy *(n.)* մարգարտածաղիկ *margartatsaghik*
dale *(n.)* հովիտ *hovit*
dally *(v.)* զվարճանալ *zvarchanal*
dam *(n.)* պատնեշ *patnesh*
damage *(n.)* վնաս *vnas*
damage control *(n.)* վնասի վերահսկում *vnassi verahskum*
damaging *(adj.)* վնասաբեր *vnassaber*
damask *(n.)* դամասկյան պողպատ *damaskyan poghpat*
dame *(n.)* տիկին *tikin*
damn *(v.)* անիծել *anitsel*
damnable *(adj.)* դատապարտելի *dataparteli*
damnation *(n.)* անեծք *anetsq*
damned *(adj.)* անիծված *anitsvats*
damp *(adj.)* խոնավ *khonav*
dampen *(v.)* խոնավանալ *khonavanal*
damsel *(n.)* աղջիկ *aghjik*
dance *(n.)* պար *par*
dancer *(n.)* պարուհի *paruhi*
dancing *(adj.)* պարային *parayin*
dandelion *(n.)* խտուտիկ *khtutik*
dandle *(v.)* օրորել *ororel*
dandruff *(n.)* թեփ *tep*

dandy *(n.)* պճնամոլ *pchnamol*
danger *(n.)* վտանգ *vtang*
dangerous *(adj.)* վտանգավոր *vtangavor*
dangle *(v.)* կախել *kakhel*
dangling *(adj.)* կախված *kakhvats*
dank *(adj.)* թաց *tac*
dap *(v.)* ձուկ որսալ *dzuk vorsal*
dapper *(adj.)* արագաշարժ *aragashardj*
dapple *(v.)* բծավորվել *btsavorvel*
dare *(v.)* համարձակվել *hamardzakvel*
daredevil *(n.)* կտրիճ *ktrich*
daring *(n.)* համարձակություն *hamardzakutyun*
daring *(adj.)* համարձակ *hamardzak*
dark *(adj.)* մութ *mut*
dark *(n.)* մթություն *mtutyun*
darken *(v.)* մթնեցնել *mtnecnel*
darkle *(v.)* մթնել *mtnel*
darkness *(n.)* մթություն *mtutyun*
darling *(n.)* սիրելիս *sirelis*
darling *(adj.)* սիրելի *sireli*
dart *(n.)* նետ *net*
dartboard *(n.)* տեգատախտակ *tegatakhtak*
darting *(n.)* նետաձիգ *netadzig*
dash *(v.)* նետել *netel*
dashboard *(n.)* վահանակ *vahanak*
dashing *(adj.)* սրընթաց *srantac*
data *(n.pl.)* տվյալներ *tvyalner*
databank *(n.)* տվյալների բանկ *tvyalneri bank*
database *(n.)* տվյալների բազա *tvyalneri baza*
date *(n.)* ամսաթիվ *amsativ*
date *(v.)* թվագրել *tvagrel*
dated *(adj.)* թվագրված *tvagrvats*
daub *(n.)* ծեփ *tsep*
daughter *(n.)* դուստր *dustr*
daunt *(v.)* վախեցնել *vakhecnel*
daunting *(adj.)* վախեցնող *vakhecnogh*
dauntless *(adj.)* անվախ *anvakh*
dawdle *(v.)* թրև գալ *trev gal*
dawdler *(n.)* անբան մարդ *anban mard*
dawn *(n.)* լուսաբաց *lusabac*
dawn *(v.)* լուսանալ *lusanal*
dawnlight *(n.)* լուսաբաց *lusabac*
day *(n.)* օր *or*
daybreak *(n.)* արշալույս *arshaluys*
daylight *(n.)* ցերեկ *cerek*
daze *(v.)* զարմացնել *zarmacnel*
dazed *(adj.)* զարմացած *zarmacats*
daziness *(n.)* գլխապտույտ *glkhaptuyt*
dazzle *(v.)* շլացնել *shlacnel*
dazzling *(adj.)* շլացուցիչ *shlacucich*
dazzlingly *(adv.)* շլացուցիչ կերպով *shlacucich kerpov*
deacon *(n.)* սարկավագ *sarkavag*
deactivate *(v.)* սառեցնել *sarrecnel*
deactivation *(n.)* սառեցում *sarrecum*
deactivator *(n.)* ապաակտիվատոր *apaaktivator*
dead *(adj.)* մահացած *mahacats*
dead *(n.)* մեռյալ *merryal*
deadbolt *(n.)* փակուղի *pakughi*
deadline *(n.)* վերջնաժամկետ *verjnadjamket*
deadlock *(n.)* փակուղի *pakughi*
deadly *(adj.)* մահացու *mahacu*
deaf *(adj.)* խուլ *khul*
deafen *(v.)* խլացնել *khlacnel*
deafening *(adj.)* խլացնող *khlacnogh*
deal *(n.)* գործարք *gortsarq*
deal *(v.)* զբաղվել *zbaghvel*
dealer *(n.)* առևտրական *arrevtrakan*
dealership *(n.)* գործարք *gortsarq*
dealings *(n. pl.)* գործարքներ *gortsarqner*
dealmaker *(n.)* գործարքարու *gortsarqarru*
dean *(n.)* դեկան *dekan*
dear *(adj.)* սիրելի *sireli*
dearest *(adj.)* ամենասիրելի *amenassireli*
dearth *(n.)* պակասություն *pakasutyun*
death *(n.)* մահ *mah*
deathly *(adj.)* մահացու *mahacu*
debacle *(n.)* անկում *ankum*
debar *(v.)* արգելել *argelel*
debase *(v.)* ստորացնել *storacnel*
debate *(n.)* բանավեճ *banavech*
debauch *(v.)* անառակացնել *anarrakacnel*
debauch *(n.)* անառակություն *anarrakutyun*

debauchee *(n.)* անառակ մարդ *anarrak mard*
debauchery *(n.)* անառակություն *anarrakutyun*
debenture *(n.)* պարտատոմս *partatoms*
debile *(adj.)* թույլ *tuyl*
debilitant *(n.)* թուլացնող միջոց *tulacnogh mijoc*
debilitate *(v.)* թուլացնել *tulacnel*
debilitating *(adj.)* թուլացնող *tulacnogh*
debilitation *(n.)* թուլացում *tulacum*
debility *(n.)* թուլություն *tulutyun*
debit *(n.)* պարտք *partq*
debit card *(n.)* դեբետային քարտ *debetayin qart*
debonaire *(adj.)* դեբոնատ *debonat*
debrief *(v.)* ամփոփել *ampopel*
debris *(n.)* բեկորներ *bekorner*
debt *(n.)* պարտք *partq*
debt-free *(adj.)* անպարտ *anpart*
debtor *(n.)* պարտապան *partapan*
debuff *(n.)* անցկացնելը *anckacnela*
debug *(v.)* վրիպազերծել *vripazertsel*
debunk *(v.)* մերկացնել *merkacnel*
debut *(n.)* դեբյուտ *debyut*
debutante *(n.)* դեբյուտանտ *debyutant*
decade *(n.)* տասնամյակ *tasnamyak*
decadent *(adj.)* անկումային *ankumayin*
decalcification *(n.)* անկրացում *ankracum*
decalcifiy *(v.)* անկրացնել *ankracnel*
decalibrate *(v.)* նվազեցնել *nvazecnel*
decamp *(v.)* ճամբարից մեկնել *chambaric meknel*
decapitate *(v.)* գլխատել *glkhatel*
decay *(v.)* փտել *ptel*
decay *(n.)* փտում *ptum*
decease *(n.)* մահ *mah*
deceased *(adj.)* հանգուցյալ *hangucyal*
deceit *(n.)* սուտ *sut*
deceitful *(adj.)* ստախոս *stakhos*
deceive *(v.)* խաբել *khabel*
decelerate *(v.)* դանդաղեցնել *dandaghecnel*
deceleration *(n.)* դանդաղեցում *dandaghecum*
december *(n.)* դեկտեմբեր *dektember*
decency *(n.)* պարկեշտություն *parkeshtutyun*
decennary *(n.)* տասնամյակ *tasnamyak*
decent *(adj.)* պարկեշտ *parkesht*
decentralize *(v.)* ապակենտրոնացնել *apakentronacnel*
decentre *(v.)* կենտրոնանալ *kentronanal*
deception *(n.)* սուտ *sut*
deceptive *(adj.)* խաբուսիկ *khabusik*
decibel *(n.)* դեցիբել *decibel*
decide *(v.)* որոշել *voroshel*
decided *(adj.)* որոշակի *voroshaki*
decidedly *(adv.)* վճռականորեն *vchrrakanoren*
decimal *(adj.)* տասնորդական *tasnordakan*
decimal point *(n.)* տասնորդական կետ *tasnordakan ket*
decimate *(v.)* ոչնչացնել *vochnchacnel*
decimation *(v.)* ոչնչացում *vochnchacum*
decipher *(v.)* վերծանել *vertsanel*
decision *(n.)* որոշում *voroshum*
decisive *(adj.)* վճռական *vchrrakan*
deck *(n.)* տախտակամած *takhtakamats*
declaration *(n.)* հայտարարություն *haytararutyun*
declare *(v.)* հայտարարել *haytararel*
declassify *(v.)* գաղտնազերծել *gaghtnazertsel*
decline *(v.)* վատանալ *vatanal*
declivity *(n.)* թեքություն *tequtyun*
declutter *(v.)* կեղտոտել *keghtotel*
decoction *(n.)* թուրմ *turm*
decode *(v.)* վերծանել *vertsanel*
decoder *(n.)* ապակոդավորիչ *apakodavorich*
decolonization *(n.)* ապագաղութացում *apagaghutacum*
decolonize *(v.)* ապագաղութացնել *apagaghutacnel*
decommission *(v.)* շահագործումից հանել *shahagortsumic hanel*

decompose *(v.)* տարրալուծել
taralutsel
decomposition *(n.)* տարրալուծում
taralutsum
decompress *(v.)* սեղմել seghmel
decompression *(n.)* սեղմում seghmum
decongest *(v.)* լիցքաթափել licqatapel
deconstruct *(v.)* ապակառուցել
apakarrucel
deconstruction *(n.)* ապակառուցում
apakarrucum
deconstructively *(adv.)*
ապակառուցողականորեն
apakarrucoghakanoren
decontrol *(v.)* ապավերահսկել
apaverahskel
decor *(n.)* դեկոր dekor
decorate *(v.)* զարդարել zardarel
decoration *(n.)* զարդարանք
zardaranq
decorative *(adj.)* դեկորատիվ
dekorativ
decorum *(n.)* վարվելակարգ
varvelakarg
decoy *(n.)* թակարդ takard
decoy *(v.)* հրապուրել hrapurel
decrease *(v.)* նվազեցնել nvazecnel
decreasingly *(adv.)* նվազելով nvazelov
decree *(n.)* հրամանագիր hramanagir
decree *(v.)* հրամանագրել
hramanagrel
decrement *(n.)* նվազեցում nvazecum
decrepitate *(v.)* ճարճատել charchatel
decrepitation *(n.)* այրում ayrum
decriminalization *(n.)*
ապաքրեականացում
apaqreakanacum
decriminalize *(v.)*
ապաքրեականացնել
apaqreakanacnel
decry *(v.)* պարսավել parsavel
decrypt *(v.)* վերծանել vartsanel
decrypt *(n.)* վերծանում vertsanum
decryption *(n.)* վերծանում vertsanum
dedicate *(v.)* նվիրել nvirel
dedication *(n.)* ձոն dzon
deduce *(v.)* եզրակացնել yezrakacnel
deduct *(v.)* հանել hanel

deduction *(n.)* հանում hanum
deed *(n.)* գործ gorts
deem *(v.)* համարել hamarel
deep *(adj.)* խոր khor
deepen *(v.)* խորացնել khoracnel
deeply *(adv.)* խորապես khorapes
deer *(n.)* եղնիկ yeghnik
deface *(v.)* վարկաբեկել varkabekel
defamation *(n.)* զրպարտություն
zrpartutyun
defamatory *(adj.)* զրպարտական
zrpartakan
defame *(v.)* զրպարտել zrpartel
defame *(v.)* արատավորել aratavorel
default *(n.)* պակասություն pakasutyun
defeat *(v.)* հաղթել haghtel
defecate *(v.)* զտել ztel
defect *(n.)* արատ arat
defective *(adj.)* թերի teri
defence *(n.)* պաշտպանություն
pashtpanutyun
defenceless *(adj.)* անպաշտպան
anpashtpan
defend *(v.)* պաշտպանել pashtpanel
defendant *(n.)* մեղադրյալ meghadryal
defensive *(adj.)* պաշտպանողական
pashtpanoghakan
defer *(v.)* հետաձգել hetadzgel
deference *(n.)* հարգանք harganq
defiance *(n.)* մարտահրավեր
martahraver
defiant *(adj.)* հանդուգն handugn
deficiency *(n.)* պակասություն
pakasutyun
deficient *(adj.)* թերի teri
deficit *(n.)* դեֆիցիտ, պակասորդ
deficit, pakassord
defile *(n.)* կիրճ kirch
define *(v.)* սահմանել sahmanel
definite *(adj.)* որոշակի voroshaki
definition *(n.)* սահմանում sahmanum
definitive *(adj.)* վերջնական verjnakan
deflate *(v.)* փչել pchel
deflation *(n.)* գնանկում gnankum
deflect *(v.)* շեղ(վ)ել shegh(v)el
deflection *(n.)* շեղում sheghum
deflesh *(v.)* պղծել pghtsel
deflower *(v.)* կուսազրկել kusazrkel

defoliant *(n.)* տերևաթափող *terevatapogh*
defoliate *(v.)* տերևաթափել *terevatapel*
deforest *(v.)* անտառահատել *antarrahatel*
deforestation *(n.)* անտառահատում *antarrahatum*
deform *(v.)* այլանդակել *aylandakel*
deformity *(n.)* այլանդակություն *aylandakutyun*
defragment *(v.)* դեֆրագրել *defragrel*
defragmentation *(n.)* դեֆրագմենտացիա *defragmentacia*
defrost *(v.)* հալեցնել *halecnel*
deft *(adj.)* ճարպիկ *charpik*
defunct *(adj.)* մեռած *merrats*
defuse *(v.)* լիցքաթափել *licqatapel*
defy *(v.)* չհնազանդվել *chhnazandvel*
degenerate *(v.)* այլասերվել *aylasservel*
deglutination *(n.)* դեգլուտինացիա *deglutinacia*
degrade *(v.)* ստորացնել *storacnel*
degrading *(adj.)* ստորացուցիչ *storacucich*
degree *(n.)* աստիճան *astichan*
degustation *(n.)* համտեսում *hamtesum*
dehort *(v.)* հեռացնել *herracnel*
dehumidify *(v.)* խոնավացնել *khonavacnel*
dehydrate *(v.)* ջրազրկել *jrazrkel*
dehydration *(n.)* ջրազրկում *jrazrkum*
deify *(v.)* աստվածացնել *astvatsacnel*
deign *(v.)* արժանացնել *ardjanacnel*
deism *(n.)* դեիզմ *deizm*
deist *(n.)* դեիստ *deist*
deity *(n.)* աստվածություն *astvatsutyun*
deject *(v.)* վհատեցնել *vhatecnel*
dejection *(n.)* վհատություն *vhatutyun*
delay *(v.)* ուշացնել *ushacnel*
delay *(n.)* ուշացում *ushacum*
delectability *(n.)* նրբաճաշակություն *nrbachashakutyun*
delectable *(adj.)* հաճելի *hacheli*
delegacy *(n.)* պատվիրակություն *patvirakutyun*
delegalize *(v.)* պատվիրակել *patvirakel*
delegate *(n.)* պատվիրակ *patvirak*
delegate *(v.)* լիազորել *liazorel*
delegation *(n.)* պատվիրակություն *patvirakutyun*
delegator *(n.)* պատվիրակ *patvirak*
deletable *(adj.)* ջնջելի *jnjeli*
delete *(v.)* ջնջել *jnjel*
deliberate *(adj.)* դիտավորյալ *ditavoryal*
deliberation *(n.)* խորհրդակցում *khorhrdakcum*
delicacy *(n.)* նրբություն *nrbutyun*
delicate *(adj.)* նուրբ *nurb*
delicatessen *(n.)* դելիկատես *delikates*
delicious *(adj.)* համեղ *hamegh*
delight *(v.)* հիանալ *hianal*
delightedly *(adv.)* հիանալիորեն *hianalioren*
delightful *(adj.)* հիանալի *hianali*
delimit *(v.)* սահմանազատել *sahmanazatel*
delimitate *(v.)* սահմանազատել *sahmanazatel*
delimitation *(n.)* սահմանազատում *sahmanazatum*
delineate *(v.)* ուրվանկարել *urvankarel*
delinquency *(n.)* իրավազանցություն *iravazancutyun*
delinquent *(adj.)* իրավազանց *iravazanc*
delinquent *(n.)* հանցագործ *hancagorts*
delipidate *(adj.)* քայքայված *qayqayvats*
delipidate *(v.)* քայքայվել *qayqayvel*
delipidation *(n.)* քայքայում *qayqayum*
deliriant *(n.)* զառանցող *zarrancogh*
delirium *(n.)* զառանցանք *zarrancanq*
deliver *(v.)* առաքել *arraqel*
deliverance *(n.)* ազատում *azatum*
delivery *(n.)* առաքում *arraqum*
delta *(n.)* դելտա *delta*
deltoid *(n.)* դելտոիդ *deltoid*
delude *(v.)* խաբել *khabel*
deluge *(n.)* ջրհեղեղ *jrheghegh*
delusion *(n.)* մոլորություն *molorutyun*

delusional *(adj.)* զառանցական zarrancakan
deluxe *(adj.)* շքեղ shqegh
delve *(v.)* որոնել voronel
demagnetize *(v.)* ապամագնիսացնել apamagnisacnel
demagogue *(n.)* դեմագոգ demagog
demagogy *(n.)* դեմագոգիա demagogia
demand *(n.)* պահանջարկ pahanjark
demanding *(adj.)* պահանջկոտ pahanjkot
demarcate *(v.)* սահմանազատել sahmanazatel
demarcation *(n.)* սահմանազատում sahmanazatum
demasculinization *(n.)* դեմասկուլինիզացիա demaskulinizacia
dematerialisation *(n.)* ապանյութականացում apanyutakanacum
dematerialize *(v.)* ապանյութականացնել apanyutakanacnel
demean *(v.)* ստորացնել storacnel
demeaning *(adj.)* նսեմացնող nsemacnogh
dement *(v.)* խելագարվել khelagarvel
demented *(adj.)* խելագար khelagar
dementia *(n.)* թուլամտություն tulamtutyun
demerit *(n.)* թերություն terutyun
demicircle *(n.)* կիսաշրջան kisashrjan
demilitarized *(adj.)* ապառազմականացված aparrazmakanacvats
demise *(n.)* մահ mah
demobilization *(n.)* զորացրում zoracrum
demobilize *(v.)* զորացրել zoracrel
democracy *(n.)* ժողովրդավարություն djoghovrdavarutyun
democrat *(n.)* դեմոկրատ demokrat
democratic *(adj.)* դեմոկրատական demokratakan
demographic *(adj.)* ժողովրդագրական djoghovrdagrakan

demolish *(v.)* քանդել qandel
demolition *(n.)* քանդում qandum
demon *(n.)* սատանա satana
demonetize *(v.)* ապամոնտաժել apamontadjel
demonize *(v.)* դիվացնել divacnel
demonstrate *(v.)* ցուցադրել cucadrel
demonstration *(n.)* ցուցադրություն cucadrutyun
demoralize *(v.)* բարոյալքել baroyalqel
demote *(v.)* իջեցնել ijecnel
demur *(n.)* տատանում tatanum
demure *(adj.)* համեստ hamest
demurrage *(n.)* խեղաթյուրում kheghatyurum
demystify *(v.)* ապակեղծել apakeghtsel
den *(n.)* որջ vorj
denationalize *(v.)* ապազգայնացնել apazgaynacnel
dengue *(n.)* արևադարձային տենդ arevadardzayin tend
denial *(n.)* ժխտում djkhtum
denominate *(v.)* անվանել anvanel
denomination *(n.)* անվանում anvanum
denote *(v.)* նշանակել nshanakel
denounce *(v.)* դատապարտել datapartel
dense *(adj.)* թանձր tandzr
density *(n.)* թանձրություն tandzrutyun
dentist *(n.)* ատամնաբույժ atamnabuydj
denude *(v.)* մերկացնել merkacnel
denunciation *(n.)* չեղարկում chegharkum
deny *(v.)* հերքել herqel
deodorant *(n.)* դեզոդորանտ dezodorant
deodrize *(v.)* ջրազրկել jrazrkel
deontology *(n.)* դեոնտոլոգիա deontologia
deoxidation *(n.)* դեօքսիդացում deoqsidacum
depart *(v.)* մեկնել meknel
department *(n.)* բաժին badjin
departmentalization *(n.)* գերատեսչականացում gerateschakanacum

departure *(n.)* մեկնում *meknum*
depauperate *(v.)* խեղճացնել *kheghchacnel*
depend *(v.)* կախում ունենալ *kakhum unenal*
dependant *(n.)* խնամառու *khnamarru*
dependence *(n.)* կախում *kakhum*
dependent *(adj.)* կախյալ *kakhyal*
depict *(v.)* պատկերել *patkerel*
depiction *(n.)* պատկերում *patkerum*
depilatory *(adj.)* մազահեռացնող *mazaherracnogh*
deplete *(v.)* սպառել *sparrel*
depleted *(adj.)* սպառված *sparrvats*
depletion *(n.)* սպառում *sparrum*
deplorable *(adj.)* ողբալի *voghbali*
deplore *(v.)* ողբալ *voghbal*
deploy *(v.)* տեղակայել *teghakayel*
depolarize *(v.)* ապաբևեռացնել *apabeverracnel*
deponent *(n.)* դեպոնենտ *deponent*
deport *(v.)* արտաքսել *artaqsel*
depose *(v.)* հեռացնել *herracnel*
deposit *(n.)* ավանդ *avand*
deposition *(n.)* հեռացնելը *herracnela*
depository *(n.)* գանձարան *gandzaran*
depot *(n.)* պահեստ *pahest*
depravation *(n.)* անբարոյականություն *anbaroyakanutyun*
deprave *(v.)* այլասերել *aylasserel*
deprecate *(v.)* դատապարտել *datapartel*
depreciate *(v.)* արժեզրկել *ardjezrkel*
depreciating *(adj.)* արժեզրկված *ardjezrkvats*
depreciatory *(adj.)* արժեզրկող *ardjezrkogh*
depredate *(v.)* կողոպտել *koghoptel*
depress *(v.)* ճնշել *chnshel*
depression *(n.)* դեպրեսիա *depressia*
deprive *(v.)* զրկել *zrkel*
depth *(n.)* խորություն *khorutyun*
deputation *(n.)* պատգամավորություն *patgamavorutyun*
depute *(v.)* պատգամավոր ուղարկել *patgamavor ugharkel*
deputy *(n.)* պատգամավոր *patgamavor*
derail *(v.)* ռելսերից ելնել *rrelseric yelnel*
derailment *(n.)* ռելսերից ելնելը *rrelseric yelnela*
deranged *(adj.)* խելագարված *khelagarvats*
deregulate *(v.)* ապակարգավորել *apakargavorel*
deride *(v.)* ծաղրել *tsaghrel*
derivative *(adj.)* ածանցյալ *atsancyal*
derive *(v.)* ծագել *tsagel*
dermabrasion *(n.)* դերմաբրազիա *dermabrazia*
dermatology *(n.)* մաշկաբանություն *mashkabanutyun*
derogatory *(adj.)* նսեմացնող *nsemacnogh*
derrick *(n.)* ամբարձիչ *ambardzich*
desalt *(v.)* աղազրկել *aghazrkel*
descale *(v.)* ապամասշտաբել *apamasshtabel*
descend *(v.)* իջնել *ijnel*
descendant *(n.)* հետնորդ *hetnord*
descent *(n.)* սերունդ *serund*
descrete *(adj.)* նկարագրված *nkaragrvats*
describe *(v.)* նկարագրել *nkaragrel*
description *(n.)* նկարագրություն *nkaragrutyun*
descriptive *(adj.)* նկարագրական *nkaragrakan*
desert *(v.)* լքել *lqel*
desert *(n.)* անապատ *anapat*
deserve *(v.)* արժանանալ *ardjananal*
design *(n.)* դիզայն *dizayn*
designate *(v.)* նշանակել *nshanakel*
designated *(adj.)* նշանակված *nshanakvats*
designer *(n.)* դիզայներ *dizayner*
designing *(adj.)* նախագծող *nakhagtsogh*
desirable *(adj.)* ցանկալի *cankali*
desire *(n.)* ցանկություն *cankutyun*
desire *(v.)* ցանկանալ *cankanal*
desirous *(adj.)* ցանկացող *cankacogh*
desist *(v.)* դադարեցնել *dadarecnel*
desk *(n.)* գրասեղան *grasseghan*

desktop *(n.)* աշխատասեղան *ashkhatasseghan*
desocialization *(n.)* ապասոցիալականացում *apassocialakanacum*
desolate *(adj.)* ամայի *amayi*
desolvate *(v.)* ամայացնել *amayacnel*
despair *(n.)* հուսահատություն *husahatutyun*
desperate *(adj.)* հուսահատ *husahat*
despicable *(adj.)* արհամարհելի *arhamarheli*
despise *(v.)* արհամարհել *arhamarhel*
despiteful *(adj.)* չարասիրտ *charassirt*
despondent *(adj.)* հուսահատ *husahat*
despot *(n.)* բռնակալ *brrnakal*
dessert *(n.)* աղանդեր *aghander*
destabilization *(n.)* ապակայունացում *apakayunacum*
destabilize *(v.)* ապակայունացնել *apakayunacnel*
destination *(n.)* նպատակ *npatak*
destiny *(n.)* ճակատագիր *chakatagir*
destitute *(adj.)* չքավոր *chqavor*
destress *(v.)* անհանգստացնել *anhangstacnel*
destroy *(v.)* կործանել *kortsanel*
destroyer *(n.)* կործանիչ *kortsanich*
destruction *(n.)* կործանում *kortsanum*
detach *(v.)* անջատել *anjatel*
detachment *(n.)* ջոկատ *jokat*
detail *(n.)* մանրամաս *manramas*
detain *(v.)* կասեցնել *kasecnel*
detect *(v.)* հայտնաբերել *haytnaberel*
detective *(n.)* խուզարկու *khuzarku*
detention *(n.)* կալանավորում *kalanavorum*
detergent *(n.)* ախտահանիչ *akhtahanich*
deteriorate *(v.)* վատթարանալ *vattaranal*
deteriorate *(v.)* վատանալ *vatanal*
determination *(n.)* որոշում *voroshum*
determine *(v.)* որոշել *voroshel*
detest *(v.)* ատել *atel*
dethrone *(v.)* գահազրկել *gahazrkel*
detonate *(v.)* պայթեցնել *paytecnel*
detoxication *(n.)* դետոքսիկացիա *detoqsikacia*
detract *(v.)* նվազեցնել *nvazecnel*
detractor *(n.)* չարախոս *charakhos*
detriment *(n.)* վնաս *vnas*
deturpation *(n.)* շեղում *sheghum*
devalue *(v.)* արժեզրկել *ardjezrkel*
devastate *(v.)* ավերել *averel*
develop *(v.)* զարգանալ *zarganal*
developer *(n.)* երևակիչ *yerevakich*
development *(n.)* զարգացում *zargacum*
deviate *(v.)* շեղվել *sheghvel*
deviation *(n.)* շեղում *sheghum*
device *(n.)* սարք *sarq*
devil *(n.)* սատանա *satana*
devilry *(n.)* սատանայություն *satanayutyun*
devise *(v.)* հորինել *horinel*
devoid *(adj.)* զուրկ *zurk*
devote *(v.)* նվիրել *nvirel*
devotee *(n.)* նվիրյալ *nviryal*
devotion *(n.)* նվիրվածություն *nvirvatsutyun*
devour *(v.)* կլանել *klanel*
devout *(adj.)* բարեպաշտ *barepasht*
dew *(n.)* ցող *cogh*
diabetes *(n.)* շաքարախտ *shaqarakht*
diagnose *(v.)* ախտորոշել *akhtoroshel*
diagnosis *(n.)* ախտորոշում *akhtoroshum*
diagonal *(adj.)* անկյունագծային *ankyunagtsayin*
diagram *(n.)* դիագրամ *diagram*
dial *(n.)* թվատախտակ *tvatakhtak*
dialect *(n.)* բարբառ *barbarr*
dialogue *(n.)* երկխոսություն *yerkkhosutyun*
dialysis *(n.)* դիալիզ *dializ*
diameter *(n.)* տրամագիծ *tramagits*
diamond *(n.)* ադամանդ *adamand*
diaper *(n.)* բարուր *barur*
diarrhoea *(n.)* փորլուծություն *porlutsutyun*
diary *(n.)* օրագիր *oragir*
diaspora *(n.)* սփյուռք *spyurrq*
dibble *(n.)* թաթախում *tatakhum*
dibble *(v.)* թաթախել *tatakhel*
dice *(n.)* զառախաղ *zarrakhagh*

dicey *(adj.)* թախծոտ *takhtsot*
dictate *(v.)* թելադրել *teladrel*
dictation *(n.)* թելադրանք *teladranq*
dictator *(n.)* բռնապետ *brrnapet*
diction *(n.)* առոգանություն *arroganutyun*
dictionary *(n.)* բառարան *barraran*
dictum *(n.)* ասույթ *asuyt*
didactic *(adj.)* դիդակտիկական *didaktikakan*
die *(v.)* մեռնել *merrnel*
diehard *(n.)* պնդաճակատ *pndachakat*
diesel *(n.)* դիզել *dizel*
diet *(n.)* դիետա *dieta*
diet *(v.)* դիետա պահել *dieta pahel*
dietician *(n.)* դիետոլոգ *dietolog*
differ *(v.)* տարբերվել *tarbervel*
difference *(n.)* տարբերություն *tarberutyun*
different *(adj.)* տարբեր *tarber*
difficult *(adj.)* դժվար *djvar*
difficulty *(n.)* դժվարություն *djvarutyun*
diffident *(adj.)* անվստահ *anvstah*
diffuse *(v.)* տարածել *taratsel*
dig *(v.)* փորել *porel*
digest *(v.)* մարսել *marsel*
digestion *(n.)* մարսողություն *marsoghutyun*
digit *(n.)* թվանշան *tvanshan*
digital *(adj.)* թվային *tvayin*
digitalize *(v.)* թվայնացնել *tvaynacnel*
dignify *(v.)* մեծարել *metsarel*
dignitary *(n.)* բարձրաստիճանավոր *bardzrastichanavor*
dignity *(n.)* արժանապատվություն *ardjanapatvutyun*
digress *(v.)* շեղվել *seghvel*
digression *(n.)* շեղում *sheghum*
dilaceration *(n.)* տեղաշարժ *teghashardj*
dilapidation *(n.)* քայքայում *qayqayum*
dilate *(v.)* լայնացնել *laynacnel*
dilemma *(n.)* երկընտրանք *yerkantranq*
diligence *(n.)* աշխատասիրություն *ashkhatasirutyun*
diligent *(adj.)* աշխատասեր *ashkhataser*
dilute *(v.)* նոսրացնել *nosracnel*
dilution *(n.)* նոսրացում *nosracum*
dim *(adj.)* աղոտ *aghot*
dimension *(n.)* չափ *chap*
diminish *(v.)* պակասեցնել *pakasecnel*
diminution *(n.)* պակասեցում *pakasecum*
diminutive *(adj.)* փոքրիկ *poqrik*
dimly *(adv.)* աղոտ կերպով *aghot kerpov*
dimness *(n.)* աղոտություն *aghotutyun*
din *(n.)* աղմուկ *aghmuk*
dine *(v.)* ճաշել *chashel*
diner *(n.)* ճաշող *chashogh*
dingy *(adj.)* կեղտոտ *keghtot*
dinner *(n.)* ճաշ *chash*
diocese *(n.)* թեմ *tem*
dioxide *(n.)* երկօքսիդ *yerkoqsid*
dip *(v.)* սուզվել *suzvel*
diploma *(n.)* դիպլոմ *diplom*
diplomacy *(n.)* դիվանագիտություն *divanagitutyun*
diplomat *(n.)* դիվանագետ *divanaget*
diplomatic *(adj.)* դիվանագիտական *divanagitakan*
dire *(adj.)* սարսափելի *sarsapeli*
direct *(adj.)* ուղիղ *ughigh*
direction *(n.)* ուղղություն *ughghutyun*
directive *(n.)* հրահանգ *hrahang*
director *(n.)* ղեկավար *ghekavar*
directory *(n.)* տեղեկագիրք *teghekagirq*
dirt *(n.)* կեղտ *keght*
dirty *(adj.)* կեղտոտ *keghtot*
disability *(n.)* անկարողություն *ankaroghutyun*
disable *(v.)* հաշմանդամացնել *hashmandamacnel*
disabled *(adj.)* անաշխատունակ *anashkhatunak*
disadvantage *(n.)* թերություն *terutyun*
disagree *(v.)* չհամաձայնվել *chamadzaynvel*
disagreeable *(adj.)* անդուրեկան *andurekan*
disallow *(v.)* արգելել *argelel*
disappear *(v.)* անհետանալ *anhetanal*

disappearance *(n.)* անհայտացում *anhaytacum*
disappoint *(v.)* հիասթափեցնել *hiastapecnel*
disapprove *(v.)* չհավանել *chhavanel*
disarm *(v.)* զինաթափել *zinatapel*
disarmament *(n.)* զինաթափում *zinatapum*
disarrange *(v.)* քայքայել *qayqayel*
disarray *(n.)* անկարգություն *ankargutyun*
disaster *(n.)* աղետ *aghet*
disastrous *(adj.)* աղետալի *aghetali*
disband *(v.)* ցրել *crel*
disbelief *(n.)* անհավատություն *anhavatutyun*
disbelieve *(v.)* չհավատալ *chhavatal*
disburse *(v.)* վճարել *vcharel*
disc *(n.)* սկավառակ *skavarrak*
discard *(v.)* հրաժարվել *hradjarvel*
discharge *(v.)* բեռնաթափել *berrnatapel*
disciple *(n.)* աշակերտ *ashakert*
discipline *(n.)* կարգապահություն *kargapahutyun*
disclaim *(v.)* հրաժարվել *hradjarvel*
disclose *(v.)* բացահայտել *bacahaytel*
discolour *(v.)* գունազրկել *gunazrkel*
discomfit *(v.)* շփոթեցնել *shpotecnel*
discomfort *(n.)* անհարմարություն *anharmarutyun*
disconnect *(v.)* անջատել *anjatel*
discontent *(n.)* դժգոհություն *djgohutyun*
discontinue *(v.)* դադարեցնել *dadarecnel*
discord *(n.)* տարաձայնություն *taradzaynutyun*
discotheque *(n.)* դիսկոտեկ *diskotek*
discount *(n.)* զեղչ *zeghch*
discourage *(v.)* հուսահատեցնել *husahatecnel*
discourse *(n.)* զրույց *zruyc*
discourteous *(adj.)* անկիրթ *ankirt*
discover *(v.)* հայտնաբերել *haytnaberel*
discovery *(n.)* հայտնագործություն *haytnagortsutyun*

discredit *(v.)* վարկաբեկել *varkabekel*
discreet *(adj.)* զուսպ *zusp*
discrepancy *(n.)* անհամաձայնություն *anhamadzaynutyun*
discretion *(n.)* զգուշություն *zgushutyun*
discriminate *(v.)* խտրականացնել *khtrakanacnel*
discrimination *(n.)* խտրականություն *khtrakanutyun*
discuss *(v.)* քննարկել *qnnarkel*
disdain *(v.)* արհամարհել *arhamarhel*
disease *(n.)* հիվանդություն *hivandutyun*
disembody *(v.)* ցրել *crel*
disenchant *(v.)* հիասթափեցնել *hiastapecnel*
disengage *(v.)* ազատ(վ)ել *azat(v)el*
disfigure *(v.)* այլանդակել *aylandakel*
disgrace *(n.)* անպատվություն *anpatvutyun*
disgruntled *(adj.)* դժգոհ *djgoh*
disguise *(v.)* քողարկ(վ)ել *qoghark(v)el*
disgust *(n.)* զզվանք *zzvanq*
dish *(n.)* աման *aman*
dishearten *(v.)* հուսահատեցնել *husahatecnel*
dishonest *(adj.)* անազնիվ *anazniv*
dishonesty *(n.)* անազնվություն *anaznvutyun*
dishonour *(n.)* անպատվություն *anpatvutyun*
disillusion *(v.)* հիասթափեցնել *hiastapecnel*
disinclined *(adj.)* անտրամադիր *antramadir*
disinfect *(v.)* ախտահանել *akhtahanel*
disjunction *(n.)* անջատում *anjatum*
dislike *(n.)* ատելություն *atelutyun*
dislocate *(v.)* հոդախախտել *hodakhakhtel*
dislodge *(v.)* տեղահանել *teghahanel*
disloyal *(adj.)* անհավատարիմ *anhavatarim*
dismal *(adj.)* չարագուշակ *charagushak*
dismantle *(v.)* ապազինել *apazinel*
dismay *(n.)* սարսափ *sarsap*
dismiss *(v.)* հեռացնել *herracnel*

dismissal *(n.)* աշխատանքից ազատում *ashkhatanqic azatum*
disobey *(v.)* չհնազանդվել *chhnazandvel*
disorder *(n.)* խանգարում *khangarum*
disorganize *(v.)* կազմալուծել *kazmalutsel*
disorient *(v.)* ապակողմնորոշել *apakoghmnoroshel*
disown *(v.)* ուրանալ *uranal*
disparate *(adj.)* անհավասար *anhavassar*
disparity *(n.)* անհավասարություն *anhavassarutyun*
dispatch *(v.)* առաքել *arraqel*
dispensary *(n.)* բուժարան *budjaran*
dispense *(v.)* բաշխել *bashkhel*
disperse *(v.)* ցրել *crel*
displace *(v.)* տեղափոխել *teghapokhel*
display *(n.)* ցուցադրում *cucadrum*
displease *(v.)* բարկացնել *barkacnel*
displeasure *(n.)* դժգոհություն *ddjgohutyun*
disposal *(n.)* տնօրինություն *tnorinutyun*
dispose *(v.)* տնօրինել *tnorinel*
disproportion *(n.)* անհամաչափություն *anhamachaputyun*
disprove *(v.)* հերքել *herqel*
disputation *(n.)* բանավեճ *banavech*
dispute *(v.)* վիճել *vichel*
disqualification *(n.)* որակազրկում *vorakazrkum*
disqualify *(v.)* որակազրկել *vorakazrkel*
disquiet *(n.)* անհանգստություն *anhangstutyun*
disregard *(v.)* անտեսել *antesel*
disrepute *(n.)* վատ համբավ *vat hambav*
disrespect *(n.)* անհարգալից վերաբերմունք *anhargalic verabermunq*
disrupt *(v.)* քանդել *qandel*
dissatisfaction *(n.)* դժգոհություն *ddjgohutyun*
dissatisfy *(v.)* դժգոհացնել *ddjgohacnel*

dissect *(v.)* հերձել *herdzel*
dissection *(n.)* հերձում *herdzum*
dissimilar *(adj.)* տարբեր *tarber*
dissipate *(v.)* վատնել *vatnel*
dissolve *(v.)* լուծարել *lutsarel*
dissuade *(v.)* տարհամոզել *tarhamozel*
distance *(n.)* հեռավորություն *herravorutyun*
distant *(adj.)* հեռավոր *herravor*
distil *(v.)* զտել *ztel*
distillery *(n.)* սպիրտագործարան *spirtagortsaran*
distinct *(adj.)* պարզ *parz*
distinction *(n.)* տարբերակում *tarberakum*
distinctive *(adj.)* տարբերիչ *tarberich*
distinguish *(v.)* տարբեր(վ)ել *tarber(v)el*
distort *(v.)* աղավաղել *aghavaghel*
distraction *(n.)* ցրվածություն *crvatsutyun*
distraught *(adj.)* խելագարված *khelagarvats*
distress *(n.)* աղետ *aghet*
distress *(v.)* մտահոգել *mtahogel*
distribute *(v.)* բաժանել *badjanel*
distribution *(n.)* բաշխում *bashkhum*
district *(n.)* շրջան *shrjan*
distrust *(n.)* կասկած *kaskats*
distrust *(v.)* կասկածել *kaskatsel*
disturb *(v.)* անհանգստացնել *anhangstacnel*
ditch *(n.)* փոս *pos*
ditto *(n.)* վերոհիշյալը *verohishyala*
dive *(v.)* սուզվել *suzvel*
dive *(n.)* սուզում *suzum*
diverse *(adj.)* բազմազան *bazmazan*
diversify *(v.)* զանազանակերպել *zanazanakerpel*
divert *(v.)* շեղել *sheghel*
divide *(v.)* բաժան(վ)ել *badjan(v)el*
dividend *(n.)* բաժանելի *badjaneli*
divine *(adj.)* աստվածային *astvatsayin*
divinity *(n.)* աստվածություն *astvatsutyun*
division *(n.)* բաժանմունք *badjanmunq*
divorce *(n.)* ամուսնալուծություն *amusnalutsutyun*

divorce *(v.)* ամուսնալուծվել *amusnalutsvel*
divulge *(v.)* հրապարակել *hraparakel*
do *(v.)* անել *anel*
doable *(adj.)* իրագործելի *iragortseli*
doating *(v.)* մանկանալ *mankanal*
dob *(v.)* մատնել *matnel*
dob *(n.)* մատնություն *matnutyun*
doc *(n.)* բժիշկ *bdjishk*
docent *(n.)* դոցենտ *docent*
docent *(adj.)* դոցենտական *docentakan*
docile *(adj.)* հնազանդ *hnazand*
dock *(n.)* նավանորոգարան *navanorogaran*
dock *(v.)* նավահանգիստ մտնել *navahangist mtnel*
docket *(n.)* անդորրագիր *andoragir*
dockmaster *(n.)* նավանորոգարանի պետ *navanorogarani pet*
dockworker *(n.)* նավահանգստի աշխատող *navahangsti ashkhatogh*
dockyard *(n.)* նավաշինարան *navashinaran*
doctor *(n.)* բժիշկ *bdjishk*
doctor *(v.)* բուժել *budjel*
doctorate *(n.)* դոկտորություն *doktorutyun*
doctored *(adj.)* դոկտորացված *doktoracvats*
doctrine *(n.)* ուսմունք *usmunq*
document *(n.)* փաստաթուղթ *pastatught*
documentary *(adj.)* վավերագրական *vaveragrakan*
documentary *(n.)* փաստագրական ֆիլմ *pastagrakan film*
dodge *(v.)* խուսափել *khusapel*
dodge *(n.)* հնարք *hnarq*
dodo *(n.)* դոդո, մեծ անհետացած թռչուն *dodo, mets anhetacats trrchun*
doe *(n.)* եղնիկ *yeghnik*
doer *(n.)* կատարող *katarogh*
doeskin *(n.)* զամշ *zamsh*
dog *(n.)* շուն *shun*
dog *(v.)* հետապնդել *hetapndel*
dogbreath *(n.)* շունչ *shunch*
dogfight *(n.)* շնակռիվ *shnakrriv*
dogfight *(v.)* շնակռվել *shnakrrvel*
doghole *(n.)* շնաբույն *shnabuyn*
doghouse *(n.)* շնատուն *shnatun*
dogma *(n.)* դոգմա, դավանանք *dogma, davananq*
dogmatic *(adj.)* դավանաբանական *davanabanakan*
dole *(n.)* նպաստ *npast*
dole *(v.)* նպաստ տալ *npast tal*
doll *(n.)* տիկնիկ *tiknik*
dollar *(n.)* դոլար *dolar*
dolman *(n.)* թիկնոց *tiknoc*
dolmen *(n.)* կոթող *kotogh*
dolorous *(adj.)* տխուր *tkhur*
dolphin *(n.)* դելֆին *delfin*
domain *(n.)* տիրապետություն *tirapetutyun*
dome *(n.)* գմբեթ *gmbet*
domestic *(adj.)* տնային *tnayin*
domestic *(n.)* սպասավոր *spassavor*
domestical *(adj.)* տնասեր *tnasser*
domesticate *(v.)* ընտելացնել *antelacnel*
domesticator *(n.)* կենցաղավար *kencaghavar*
domicile *(n.)* բնակարան *bnakaran*
domiciled *(adj.)* բնակելի *bnakeli*
domiciliary *(adj.)* բնակելի *bnakeli*
dominant *(adj.)* գերիշխող *gerishkhogh*
dominate *(v.)* տիրապետել *tirapetel*
domination *(n.)* տիրապետություն *tirapetutyun*
dominion *(n.)* գերիշխանություն *gerishkhanutyun*
domino *(n.pl.)* դոմինո *domino*
donate *(v.)* նվիրաբերել *nviraberel*
donation *(n.)* նվիրատվություն *nviratvutyun*
donkey *(n.)* ավանակ *avanak*
donor *(n.)* դոնոր, արյունատու *donor, aryunatu*
doodle *(v.)* խզբզել *khzbzel*
doom *(n.)* ճակատագիր *chakatagir*
doom *(v.)* դատապարտել *datapartel*
doomed *(adj.)* դատապարտված *datapartvats*
doomsday *(adj.)* դատաստանյան *datastanyan*

doomsday *(n.)* դատաստանի օր *datastani or*
door *(n.)* դուռ *durr*
doorbell *(n.)* դռան զանգ *drran zang*
doorknob *(n.)* դռան բռնակ *drran brrnak*
doormat *(n.)* ուղեգորգ *ughegorg*
dope *(n.)* թմրադեղ *tmradegh*
dope *(v.)* թմրեցնել *tmrecnel*
dope *(adj.)* թմրաբեր *tmraber*
doped *(adj.)* թմրած *tmrats*
dopey *(adj.)* թմրեցնող *tmrecnogh*
dorky *(adj.)* հիմար *himar*
dormant *(adj.)* քնած *qnats*
dormitory *(n.)* ննջասրահ *nnjasrah*
dorsal *(adj.)* մեջքային *mejqayin*
dosage *(n.)* դեղաքանակ *deghaqanak*
dose *(n.)* դեղաչափ *deghachap*
dot *(n.)* կետ *ket*
dot *(v.)* կետանշել *ketanshel*
double *(adj.)* կրկնակի *krknaki*
double *(n.)* նմանակ *nmanak*
double *(v.)* կրկնապատկել *krknapatkel*
doubt *(n.)* կասկած *kaskats*
doubt *(v.)* կասկածել *kaskatsel*
doubtful *(adj.)* կասկածելի *kaskatseli*
doubtless *(adj.)* անկասկած *ankaskats*
dough *(n.)* խմոր *khmor*
doughnut *(n.)* փոքրիկ կարկանդակ *poqrik karkandak*
dour *(adj.)* մռայլ *mrrayl*
douse *(v.)* ջրցանել *jrcanel*
dove *(n.)* աղավնի *aghavni*
dowery *(n.)* օժիտ *odjit*
down *(v.)* իջնել *ijnel*
down *(adv.)* ներքևում *nerqevum*
down *(prep.)* երկարությամբ *yerkarutyamb*
down and out *(adj.)* ներս ու դրսի *ners u drsi*
downfall *(n.)* անկում *ankum*
download *(v.)* ներբեռնել *nerberrnel*
downpour *(n.)* տեղատարափ *teghatarap*
downright *(adv.)* միանգամայն *miangamayn*
downright *(adj.)* ուղղակի *ughghaki*
downstairs *(adj.)* ներքևի հարկի *nerqevi harki*
downward *(adj.)* իջնող *ijnogh*
downward *(adv.)* ներքևում *nerqevum*
downwards *(adv.)* ներքև *nerqev*
doze *(n.)* նիրհ *nirh*
doze *(v.)* նիրհել *nirhel*
dozen *(n.)* դյուժին *dyudjin*
drab *(n.)* գորշություն *gorshutyun*
drab *(adj.)* գորշագույն *gorshaguyn*
drab *(v.)* գորշացնել *gorshacnel*
draconic *(adj.)* դրակոնիկ *drakonik*
draft *(v.)* նախագծել *nakhagtsel*
draft *(n.)* նախագիծ *nakhagits*
draftsman *(adj.)* գծագրող *gtsagrogh*
drafty *(adj.)* ուրվագծված *urvagtsvats*
drag *(n.)* արգելակ *argelak*
drag *(v.)* քաշել *qashel*
dragon *(n.)* վիշապ *vishap*
dragonfly *(n.)* ճպուռ *chpurr*
drain *(n.)* դրենաժի խողովակ *drenadji khoghovak*
drain *(v.)* ցամաքեցնել *camaqecnel*
drainage *(n.)* ցամաքեցում *camaqecum*
drainpipe *(n.)* ջրահեռացման խողովակ *jraherracman khoghovak*
dram *(n.)* դրամ *dram*
drama *(n.)* դրամա *drama*
dramatic *(adj.)* դրամատիկ *dramatik*
dramatist *(n.)* դրամատուրգ *dramaturg*
drape *(n.)* ծալազարդարանք *tsalazardaranq*
drape *(v.)* ծալազարդել *tsalazardel*
draper *(n.)* կտորեղեն վաճառող *ktoreghen vacharrogh*
drapery *(adj.)* ծալազարդարանք *tsalazardaranq*
drastic *(adj.)* կտրուկ *ktruk*
draught *(n.)* հեղուկ դեղաչափ *heghuk deghachap*
draw *(n.)* քաշում *qashum*
draw *(v.)* քաշել *qashel*
drawback *(n.)* թերություն *terutyun*
drawbridge *(n.)* շարժակամուրջ *shardjakamurj*
drawer *(n.)* դարակ *darak*
drawing *(n.)* նկարչություն *nkarchutyun*

drawing-room *(n.)* հյուրասենյակ *hyurasenyak*
dread *(n.)* սարսափ *sarsap*
dread *(v.)* սարսափել *sarsapel*
dread *(adj.)* ահավոր *ahavor*
dreadful *(adj.)* սարսափելի *sarsapeli*
dreadful *(n.)* սարսափելի մարդ *sarsapeli mard*
dreadfully *(adv.)* սոսկալիորեն *soskalioren*
dreadlock *(n.)* դղրդյուն *dghrdyun*
dreadlock *(v.)* դղրդալ *dghrdal*
dream *(n.)* երազ *yeraz*
dream *(v.)* երազել *yerazel*
dreamcatcher *(n.)* երազ որսացող *yeraz vorsacogh*
dreamer *(n.)* երազող *yerazogh*
dreamily *(adv.)* երազկոտ *yerazkot*
dreamworld *(n.)* երազային աշխարհ *yerazayin ashkharh*
dreamy *(adj.)* երազկոտ *yerazkot*
drench *(v.)* ողողել *voghoghel*
dress *(n.)* զգեստ *zgest*
dress *(v.)* հագնվել *hagnvel*
dressing *(n.)* զարդարում *zardarum*
dressing table *(n.)* զարդասեղան *zardaseghan*
dressmaker *(n.)* դերձակուհի *derdzakuhi*
drib *(n.)* կաթիլ *katil*
dribble *(n.)* կաթկթում *katktum*
dribble *(v.)* կաթկթել *katktel*
dried *(adj.)* չորացրած *choracrats*
drift *(n.)* նավաշեղում *navasheghum*
drift *(v.)* շեղվել *sheghvel*
drill *(n.)* մարզանք *marzanq*
drill *(v.)* մարզել *marzel*
drink *(n.)* խմիչք *khmichq*
drink *(v.)* խմել *khmel*
drinking chocolate *(n.)* շոկոլադ խմելը *shokolad khmela*
drinking water *(n.)* ջուր խմելը *jur khmela*
drip *(n.)* կաթկթում *katktum*
drip *(v.)* կաթել *katel*
drive *(n.)* ուղևորություն *ughevorutyun*
drive *(v.)* քշել *qshel*
driver *(n.)* վարորդ *varord*
drizzle *(n.)* մանրամաղ անձրև *manramagh andzrev*
drizzle *(v.)* մաղել *maghel*
droid *(n.)* դղյակ *dghyak*
drone *(n.)* բզզոց *bzzoc*
drool *(v.)* թքել *tqel*
drool *(n)* թուք *tuq*
droop *(v.)* թեքվել *teqvel*
droop *(n.)* հակում *hakum*
droopy *(adj.)* կախված *kakhvats*
drop *(v.)* կաթել *katel*
drop *(n.)* կաթիլ *katil*
drop box *(n.)* դրսի տուփ *drsi tup*
drop-in *(adj.)* ներս մտած *ners mtats*
drop-off *(n.)* դուրս թողնելը *durs toghnela*
dropout *(n.)* անջատում *anjatum*
dropzone *(n.)* կաթիլ *katil*
drought *(n.)* երաշտ *yerasht*
drown *(v.)* խեղդվել *kheghdvel*
drug *(n.)* թմրադեղ *tmradegh*
drug addict *(n.)* թմրամոլ *tmramol*
druggist *(n.)* դեղագործ *drghagorts*
druid *(n.)* կախարդ *kakhard*
drum *(n.)* թմբուկ *tmbuk*
drum *(v.)* թմբկահարել *tmbkaharel*
drum kit *(n.)* թմբուկի հավաքածու *tmbuki havaqatsu*
drumbeat *(n.)* թմբկահարություն *tmbkaharutyun*
drumfish *(n.)* թմբկահար *tmbkahar*
drunk *(adj.)* հարբած *harbats*
drunkard *(n.)* հարբեցող *harbecogh*
dry *(adj.)* չոր *chor*
dry *(v.)* չորացնել *choracnel*
dry-clean *(v.)* չոր մաքրել *chor maqrel*
dryer *(n.)* չորանոց *choranoc*
dual *(adj.)* երկակի *yerkaki*
duality *(n.)* երկակիություն *yerkakiutyun*
dual-purpose *(adj.)* երկակի նշանակության *yerkaki nshanakutyun*
dub *(n.)* կրկնօրինակում *krknorinakum*
dub *(v.)* կրկնօրինակել *krknorinakel*
dubious *(adj.)* կասկածելի *kaskatseli*
ducat *(n.)* դուկատ *dukat*
duchess *(n.)* դքսուհի *dqsuhi*

duck *(n.)* բադիկ *badik*
duck *(v.)* սուզվել *suzvel*
duct *(n.)* ծորան *tsoran*
duct *(v.)* ծորել *tsorel*
duct tape *(n.)* սկոտչ *skotch*
dude *(n.)* պիժոն *pidjon*
due *(adj.)* պայմանավորված *paymanavorvats*
due *(n.)* պարտք *partq*
due *(adv.)* ուղղակի *ughghaki*
duel *(n.)* մենամարտ *menamart*
duel *(v.)* մենամարտել *manamartel*
duet *(n.)* դուետ *duet*
duet *(v.)* երկուսով երգել *yerkusov yergel*
duffel bag *(n.)* ճանապարհորդության պայուսակ *chanaparhordutyan payusak*
duke *(n.)* դուքս *duqs*
dull *(adj.)* ձանձրալի *dzandzrali*
dull *(v.)* բթանալ *btanal*
duly *(adv.)* պատշաճորեն *patshachoren*
dumb *(adj.)* համր *hamr*
dum-bell *(n.)* համրազանգ *hamrazang*
dumbfound *(v.)* ապշեցնել *apshecnel*
dumbfounded *(adj.)* ապշած *apshats*
dumbo *(n.)* դամբո *dambo*
dummy *(n.)* մանեկեն *maneken*
dummy *(adj.)* կեղծ *keghts*
dump *(n.)* կուտակ *kutak*
dump *(v.)* թափել *tapel*
dumpster *(n.)* աղբարկղ *aghbarkgh*
dunce *(n.)* բթամիտ *btamit*
dune *(n.)* ավազաթումբ *avazatumb*
dung *(n.)* թրիք *triq*
dungeon *(n.)* զնդան *zndan*
dunk *(n.)* ներծծում *nertstsum*
dunk *(v.)* ներծծել *nertstsel*
duo *(n.)* երկու *yerku*
dup *(v.)* խաբել *khabel*
dupe *(v.)* խաբել *khabel*
dupe *(n.)* խաբված մարդ *khabvats mard*
duplex *(n.)* դուպլեքս *dupleqs*
duplicate *(adj.)* կրկնակի *krknaki*
duplicate *(n.)* կրկնօրինակ *krknorinak*
duplicate *(v.)* պատճենահանել *patchenahanel*
duplicity *(n.)* երկդիմություն *yerkdimutyun*
durability *(n.)* ամրություն *amrutyun*
durable *(adj.)* ամուր *amur*
duration *(n.)* տևողություն *tevoghutyun*
during *(prep.)* ընթացքում *antacqum*
dusk *(n.)* մթնշաղ *mtnshagh*
dust *(n.)* փոշի *poshi*
dust *(v.)* փոշին մաքրել *poshin maqrel*
duster *(n.)* փոշեկուլ *poshekul*
dutiful *(adj.)* պարտաճանաչ *partachanach*
duty *(n.)* պարտականություն *partakanutyun*
duty-free *(adj.)* անմաքս *anmaqs*
duty-free *(adv.)* անմաքս *anmaqs*
duvet *(n.)* ծածկոց *tsatskoc*
dwarf *(n.)* թզուկ *tzuk*
dwarf *(v.)* թզուկանալ *tzukanal*
dwarf *(adj.)* թզուկային *tzukayin*
dwell *(v.)* բնակվել *bnakvel*
dwelling *(n.)* բնակարան *bnakaran*
dwindle *(v.)* փոքրանալ *poqranal*
dye *(v.)* ներկել *nerkel*
dye *(n.)* ներկ *nerk*
dynamic *(adj.)* դինամիկ *dinamik*
dynamics *(n.)* դինամիկա *dinamika*
dynamite *(n.)* դինամիտ *dinamit*
dynamo *(n.)* դինամոմեքենա *dinamomeqena*
dynasty *(n.)* դինաստիա *dinastia*
dysentery *(n.)* դիզենտերիա, արնալուծ *dizenteria, arnaluts*
dystopia *(n.)* դիստոպիա *distopia*

E

each *(pron.)* յուրաքանչյուր *yuraqanchyur*
each *(adj.)* յուրաքանչյուր *yuraqanchyur*
each *(adv.)* յուրաքանչյուր *yuraqanchyur*
eager *(adj.)* եռանդուն *yerrandun*

eagle *(n.)* արծիվ *artsiv*
ear *(n.)* ականջ *akanj*
earbud *(n.)* ականջակալ *akanjakal*
early *(adv.)* վաղ *vagh*
early *(adj.)* վաղ *vagh*
earn *(v.)* վաստակել *vastakel*
earnest *(adj.)* լուրջ *lurj*
earth *(n.)* երկիր *yerkir*
earthen *(adj.)* երկրային *yerkrayin*
earthenware *(n.)* խեցեղեն *kheceghen*
earthly *(adj.)* երկրային *yerkrayin*
earthquake *(n.)* երկրաշարժ *yerkrashardj*
ease *(n.)* հանգիստ *hangist*
ease *(v.)* թեթևացնել *tetevacnel*
east *(adv.)* դեպի արևելք *depi arevelq*
east *(n.)* արևելք *arevelq*
east *(adj.)* արևելյան *arevelyan*
easter *(n.)* զատիկ *zatik*
eastern *(adj.)* արևելյան *arevelyan*
easy *(adj.)* հեշտ *hesht*
easy-to-use *(adj.)* հեշտ օգտագործվող *hesht ogtagortsvogh*
eat *(v.)* ուտել *utel*
eatables *(n.pl.)* ուտելիք *uteliq*
eatable *(adj.)* ուտելի *uteli*
eave *(n.)* քիվ *qiv*
eavesdrop *(v.)* գաղտնալսել *gaghtnalsel*
eavesdrop *(n.)* գաղտնալսում *gaghtnalsum*
ebb *(n.)* անկում *ankum*
ebb *(v.)* քաշվել *qashvel*
ebony *(n.)* էբենոսափայտ *ebenosapayt*
e-book *(n.)* էլեկտրոնային գիրք *elektronayin girq*
ebulliate *(v.)* բարկացնել *barkacnel*
ebullience *(n.)* բորբոքվածություն *borboqvatsutyun*
ebullient *(adj.)* բորբոքուն *borboqun*
eccentric *(adj.)* տարօրինակ *tarorinak*
ecclesiast *(n.)* եկեղեցական *yekeghecakan*
ecclesiastical *(adj.)* եկեղեցական *yekeghecakan*
echinid *(n.)* եքիդնա *yeqidna*
echo *(n.)* արձագանք *ardzaganq*
echo *(v.)* արձագանքել *ardzaganqel*
echocardiogram *(n.)* էխոսրտագրություն *ekhosrtagrutyun*
eclampsia *(n.)* էկլամպսիա *eklampsia*
eclectic *(adj.)* էկլեկտիկական *eklektikakan*
eclectic *(n.)* էկլեկտիկ *eklektik*
eclipse *(n.)* խավարում *khavarum*
eclipse *(v.)* խավարեցնել *khavarecnel*
eclipsis *(n.)* խավարում *khavarum*
ecological *(adj.)* բնապահպանություն *bnapahpanutyun*
ecologist *(n.)* բնապահպան *bnapahpan*
ecology *(n.)* էկոլոգիա *ekologia*
e-commerce *(n.)* էլեկտրոնային առևտուր *elektronayin arrevtur*
economic *(adj.)* տնտեսական *tntesakan*
economical *(adj.)* տնտեսող *tntesogh*
economics *(n.)* տնտեսագիտություն *tntesagitutyun*
economy *(n.)* տնտեսություն *tntesutyun*
ecosystem *(n.)* էկոհամակարգ *ekohamakarg*
ecoterrorism *(n.)* էկոահաբեկչություն *ekoahabekchutyun*
ecstasy *(n.)* զմայլանք *zmaylanq*
ecstatic *(adj.)* զմայլական *zmaylakan*
ectopia *(n.)* էկտոպիա *ektopia*
ectoplasm *(n.)* էկտոպլազմ *ektoplazm*
ecumenic *(adj.)* էկումենիկ *ekumenik*
ecumenical *(adj.)* էկումենիկական *ekumenikakan*
eczema *(n.)* էկզեմա *ekzema*
edema *(n.)* այտուց *aytuc*
edge *(n.)* եզր *yezr*
edible *(adj.)* ուտելի *uteli*
edict *(n.)* հրամանագիր *hramanagir*
edificant *(adj.)* դաստիարակող *dastiarakogh*
edification *(n.)* խրատ *khrat*
edifice *(n.)* շենք *shenq*
edify *(v.)* խրատել *khratel*
edit *(v.)* խմբագրել *khmbagrel*
edition *(n.)* հրատարակություն *hratarakutyun*

editor *(n.)* խմբագիր *khmbagir*
editorial *(adj.)* խմբագրական *khmbagrakan*
editorial *(n.)* առաջնորդող *arrajnordogh*
educate *(v.)* կրթել *krtel*
education *(n.)* կրթություն *krtutyun*
eel *(n.)* օձաձուկ *odzadzuk*
eerie *(adj.)* ահարկու *aharku*
effable *(adj.)* արտասանելի *artasaneli*
effably *(adv.)* արտասանելի *artasaneli*
efface *(v.)* ջնջել *jnjel*
effect *(n.)* ազդեցություն *azdecutyun*
effect *(v.)* ներգործել *nergortsel*
effective *(adj.)* ներգործող *nergortsogh*
effeminate *(adj.)* կանացի *kanaci*
efficacy *(n.)* ազդեցություն *azdecutyun*
efficiency *(n.)* արդյունավետություն *ardyunavetutyun*
efficient *(adj.)* արդյունավետ *ardyunavet*
effigy *(n.)* պատկեր *patker*
effort *(n.)* ջանք *janq*
effortless *(adj.)* հեշտ *hesht*
effusive *(adj.)* անզուսպ *anzusp*
egg *(n.)* ձու *dzu*
ego *(n.)* էգո *ego*
egocentric *(adj.)* եսակենտրոն *yesakentron*
egotism *(n.)* էգոիզմ *egoizm*
eight *(num.)* ութ *ut*
eighteen *(num.)* տասնութ *tasnut*
eighty *(num.)* ութսուն *utsun*
either *(pron.)* երկուսն էլ *yerkusn el*
either *(adv.)* կամ *kam*
ejaculate *(v.)* ժայթքել *djaytqel*
ejaculate *(n.)* ժայթքում *djaytqum*
ejaculation *(n.)* բացականչություն *bacakanchutyun*
ejaculatory *(adj.)* բերանային *beranayin*
eject *(v.)* վտարել *vtarel*
elaborate *(v.)* մշակել *mshakel*
elaborate *(adj.)* մշակված *mshakvats*
elapse *(v.)* անցնել *ancnel*
elastic *(adj.)* առաձգական *arradzgakan*
elasticity *(n.)* առաձգականություն *arradzgakanutyun*
elate *(v.)* ուրախացնել *urakhacnel*
elate *(adj.)* ուրախ *urakh*
elated *(adj.)* ոգևորված *vogevorvats*
elation *(n.)* ցնծություն *cntsutyun*
elbow *(n.)* արմունկ *armunk*
elder *(adj.)* ավագ *avag*
elder *(n.)* ծերունի *tseruni*
elderly *(adj.)* տարեց *tarec*
elect *(v.)* ընտրել *antrel*
election *(n.)* ընտրություն *antrutyun*
electorate *(n.)* ընտրազանգված *antrazangvats*
electric *(adj.)* էլեկտրական *elektrakan*
electricity *(n.)* էլեկտրաէներգիա *elektraenergia*
electrify *(v.)* էլեկտրականացնել *elektrakanacnel*
electrocute *(v.)* էլեկտրահարել *elektraharel*
electrocution *(n.)* էլեկտրահարում *elektraharum*
electrolyte *(n.)* էլեկտրոլիտ *elektrolit*
electron *(n.)* էլեկտրոն *elektron*
electronic *(adj.)* էլեկտրոնային *elektronayin*
elegance *(n.)* նրբագեղություն *nrbageghutyun*
elegant *(adj.)* էլեգանտ, նրբագեղ *elegant, nrbagegh*
elegy *(n.)* էլեգիա, եղերերգ *elegia, yeghererg*
element *(n.)* տարր *tar*
elemental *(adj.)* տարերային *tarerayin*
elementary *(adj.)* սկզբնական *skzbnakan*
elephant *(n.)* փիղ *pigh*
elephantine *(adj.)* փղային *pghayin*
elevate *(v.)* բարձրացնել *bardzracnel*
elevation *(n.)* բարձրություն *bardzrutyun*
elevator *(n.)* վերելակ *verelak*
eleven *(num.)* տասնմեկ *tasnmek*
elf *(n.)* էլֆ *elf*
elicitate *(v.)* առաջացնել *arrajacnel*
eligibility *(n.)* ընտրվելու իրավունք *antrvelu iravunq*
eligible *(adj.)* իրավասու *iravasu*

eliminate *(v.)* վերացնել *veracnel*
elimination *(n.)* արտաքսում *artaqsum*
eliminator *(n.)* վերացնող *veracnogh*
eliminatory *(adj.)* վերացնող *veracnogh*
elision *(n.)* հապավում *hapavum*
elite *(adj.)* էլիտար *elitar*
elite *(n.)* էլիտա *elita*
elitism *(n.)* էլիտարություն *elitarutyun*
elitist *(n.)* էլիտար *elitar*
elixir *(n.)* էլիքսիր *eliqsir*
elk *(n.)* հյուսիսային եղջերու *hyusisayin yeghjeru*
ellipse *(n.)* էլիպս *elips*
ellipse *(v.)* զեղչել *zeghchel*
elliptic *(adj.)* էլիպսաձեւ *elipsadzev*
elocution *(n.)* ճարտասանություն *chartasanutyun*
elope *(v.)* փախչել *pakhchel*
eloquence *(n.)* պերճախոսություն *perchakhosutyun*
eloquent *(adj.)* պերճախոս *perchakhos*
else *(adj.)* ուրիշ *urish*
else *(adv.)* էլի *eli*
elucidate *(v.)* լուսաբանել *lusabanel*
elude *(v.)* փախչել *pakhchel*
elusion *(n.)* փախուստ *pakhust*
elusive *(adj.)* անորսալի *anorsali*
emaciate *(v.)* հյուծել *hyutsel*
emaciated *(adj.)* հյուծված *hyutsvats*
email *(n.)* էլփոստ *elpost*
emanate *(v.)* բխել *bkhel*
emanation *(n.)* բխում *bkhum*
emancipate *(v.)* ազատագրել *azatagrel*
emancipation *(n.)* ազատագրում *azatagrum*
emasculate *(v.)* ամորձատել *amordzatel*
emasculation *(n.)* ամորձատում *amordzatum*
embalm *(v.)* զմռսել *zmrrsel*
embalming *(n.)* զմռսում *zmrrsum*
embank *(v.)* ամբարտակել *ambartakel*
embankment *(n.)* ամբարտակ *ambartak*
embargo *(n.)* բեռնագրավում *berrnagravum*
embark *(v.)* բեռն(վ)ել *berrn(v)el*
embarrass *(v.)* դժվարացնել *ddjvaracnel*
embarrassing *(adj.)* շվարեցնող *shvarecnogh*
embarrassment *(n.)* դժվարություն *ddjvarutyun*
embassy *(n.)* դեսպանատուն *despanatun*
embellish *(v.)* զարդարել *zardarel*
embitter *(v.)* դառնացնել *darrnacnel*
emblem *(n.)* խորհրդանշան *khorhrdanshan*
embodiment *(n.)* մարմնավորում *marmnavorum*
embody *(v.)* մարմնավորել *marmnavorel*
embolden *(v.)* քաջալերել *qajalerel*
embrace *(v.)* գրկել *grkel*
embrace *(n.)* գրկախառնություն *grkakharrnutyun*
embroidery *(n.)* ասեղնագործություն *aseghnagortsutyun*
embryo *(n.)* սաղմ *saghm*
embryonic *(adj.)* սաղմնային *saghmnayin*
embush *(v.)* դարանակալել *daranakalel*
emend *(v.)* ուղղել *ughghel*
emendate *(v.)* բարեփոխել *barepokhel*
emerald *(n.)* զմրուխտ *zmrukht*
emerge *(v.)* հայտնվել *haytnvel*
emergency *(n.)* վթար *vtar*
emigrate *(v.)* արտագաղթել *artagaghtel*
emigration *(n.)* արտագաղթ *artagaght*
eminence *(n.)* բարձունք *bardzunq*
eminent *(adj.)* ականավոր *akanavor*
emissary *(n.)* գաղտնի գործակալ *gaghtni gortsakal*
emission *(n.)* արձակում *ardzakum*
emit *(v.)* արձակել *ardzakel*
emittance *(n.)* արտաքսում *artaqsum*
emmet *(n.)* զբոսաշրջիկ *zbosashrjik*
emoji *(n.)* զգայապատկեր *zgayapatker*
emolument *(n.)* վարձ *vardz*
emote *(v.)* առաջարկել *arrajarkel*
emoticon *(n.)* հուզմունք *huzmunq*

emotion *(n.)* հույզ *huyz*
emotional *(adj.)* հուզական *huzakan*
emotive *(adj.)* հուզական *huzakan*
empath *(n.)* կարեկցանք *karekcanq*
empathic *(adj.)* կարեկցող *karekcogh*
empathy *(n.)* կարեկցանք *karekcanq*
emperor *(n.)* կայսր *kaysr*
emphasis *(n.)* շեշտադրում *sheshtadrum*
emphasize *(v.)* շեշտել *sheshtel*
emphatic *(adj.)* շեշտված *sheshtvats*
empire *(n.)* կայսրություն *kaysrutyun*
empirical *(adj.)* փորձային *pordzayin*
empiricism *(n.)* էմպիրիզմ *empirizm*
empiricist *(n.)* փորձապաշտ *pordzapasht*
employ *(v.)* վարձել *vardzel*
employee *(n.)* աշխատող *ashkhatogh*
employer *(n.)* գործատու *gortsatu*
employment *(n.)* աշխատանք *ashkhatanq*
empower *(v.)* արտոնել *artonel*
empress *(n.)* կայսրուհի *kaysruhi*
empty *(v.)* դատարկել *datarkel*
empty *(adj.)* դատարկ *datark*
empty-handed *(adj.)* դատարկաձեռն *datarkadzerrn*
emulate *(v.)* մրցել *mrcel*
emulation *(n.)* մրցակցություն *mrcakcutyun*
emulsifier *(n.)* էմուլգատոր *emulgator*
emulsify *(v.)* զուգակցել *zugakcel*
en route *(adv.)* ճանապարհին *chanaparhin*
enable *(v.)* հնարավորություն տալ *hnaravorutyun tal*
enact *(v.)* հաստատել *hastatel*
enamel *(n.)* էմալ *emal*
enamour *(v.)* սիրահարվել *siraharvel*
enamoured *(adj.)* սիրահարված *siraharvats*
enamourment *(n.)* սիրահարվածություն *siraharvatsutyun*
encage *(v.)* վանդակել *vandakel*
encapsulate *(v.)* պարփակել *parpakel*
encase *(v.)* շրջապատել *shrjapatel*
enchant *(v.)* հմայել *hmayel*
encircle *(v.)* շրջափակել *shrjapakel*
enclose *(v.)* ներփակել *nerpakel*
enclosure *(n.)* պարիսպ *parisp*
encompass *(v.)* պարփակել *parpakel*
encounter *(n.)* բախում *bakhum*
encounter *(v.)* բախվել *bakhvel*
encourage *(v.)* քաջալերել *qajalerel*
encouragement *(n.)* քաջալերանք *qajaleranq*
encroach *(v.)* ներխուժել *nerkhudjel*
encrust *(v.)* կեղևապատել *peghevapatel*
encrusted *(adj.)* կեղևապատված *keghevapatvats*
encrypt *(v.)* ծածկագրել *tsatskagrel*
encrypted *(adj.)* գաղտնագրված *gaghtnagrvats*
encryption *(n.)* կոդավորում *kodavorum*
encumber *(v.)* ծանրաբեռնել *tsanraberrnel*
encyclopedia *(n.)* հանրագիտարան *hanragitaran*
end *(v.)* վերջանալ *verjanal*
end *(n.)* վերջ *verj*
endanger *(v.)* վտանգել *vtangel*
endangered *(adj.)* վտանգված *vtangvats*
endear *(v.)* սիրել տալ *sirel tal*
endearment *(n.)* սեր *ser*
endeavour *(n.)* ջանք *janq*
endeavour *(v.)* ջանալ *janal*
endemic *(adj.)* տեղային *teghayin*
endemic *(n.)* էնդեմիկ *endemik*
endemiology *(n.)* էնդեմոլոգիա *endemologia*
endless *(adj.)* անվերջ *anverj*
endorse *(v.)* ստորագրել *storagrel*
endorsement *(n.)* փոխանցագիր *pokhancagir*
endorser *(n.)* հաստատող *hastatogh*
endoscopic *(adj.)* էնդոսկոպիկ *endoskopik*
endoscopy *(n.)* էնդոսկոպիա *endoskopia*
endow *(v.)* օժտել *odjtel*
endowed *(adj.)* օժտված *odjtvats*
endowment *(n.)* օժտում *odjtum*

endurable *(adj.)* դիմացկուն *dimackun*
endurance *(n.)* տոկունություն *tokunutyun*
endure *(v.)* տոկալ *tokal*
enemy *(n.)* թշնամի *tshnami*
energetic *(adj.)* եռանդուն *yerrandun*
energize *(v.)* ակտիվացնել *aktivacnel*
energy *(n.)* էներգիա *energia*
enervate *(v.)* թուլացնել *tulacnel*
enervated *(adj.)* ուժասպառ *udjasparr*
enfeeble *(v.)* տկարացնել *tkaracnel*
enforce *(v.)* հարկադրել *harkadrel*
enfranchise *(v.)* ազատագրել *azatagrel*
engage *(v.)* նշանել *nshanel*
engagement *(n.)* նշանադրություն *nshanadrutyun*
engaging *(adj.)* գրավիչ *gravich*
engine *(n.)* շարժիչ *shardjich*
engineer *(n.)* ինժեներ *indjener*
engineering *(n.)* տեխնիկա *tekhnika*
enginous *(adj.)* հնարամիտ *hnaramit*
English *(n.)* անգլերեն *angleren*
englobe *(v.)* գլոբացնել *globacnel*
engorge *(v.)* լափել *lapel*
engrave *(v.)* փորագրել *poragrel*
engross *(v.)* զբաղեցնել *zbakhecnel*
engulf *(v.)* կլանել *klanel*
enhance *(v.)* մեծացնել *metsacnel*
enhancement *(n.)* գրավչություն *gravchutyun*
enigma *(n.)* հանելուկ *haneluk*
enigmatic *(adj.)* հանելուկային *hanelukayin*
enigmatical *(adj.)* հանելուկային *hanelukayin*
enigmatically *(adv.)* հանելուկային կերպով *hanelukayin kerpov*
enjoy *(v.)* վայելել *vayelel*
enjoyability *(n.)* հաճույք *hachuyq*
enjoyable *(adj.)* հաճելի *hacheli*
enjoyment *(n.)* վայելք *vayelq*
enlarge *(v.)* մեծացնել *metsacnel*
enlighten *(v.)* լուսավորել *lusavorel*
enlist *(v.)* հավաքագրել *havaqagrel*
enliven *(v.)* կենդանացնել *kendanacnel*
enmity *(n.)* թշնամանք *tshnamanq*
ennoble *(v.)* ազնվացնել *aznvacnel*
enormous *(adj.)* հսկայական *hskayakan*
enough *(adv.)* բավականաչափ *bavakanachap*
enough *(adj.)* բավական *bavakan*
enquiry *(n.)* հարցաքննում *harcaqnnum*
enrage *(v.)* կատաղեցնել *kataghecnel*
enrapture *(v.)* հիացնել *hiacnel*
enrich *(v.)* հարստացնել *harstacnel*
enrichment *(n.)* հարստացում *harstacum*
enrol *(v.)* անդամագրել *andamagrel*
ensemble *(n.)* համույթ *hamuyt*
enshrine *(v.)* պահպանել *pahpanel*
enslave *(v.)* ստրկացնել *strkacnel*
ensue *(v.)* հետևել *hetevel*
ensure *(v.)* ապահովել *apahovel*
entangle *(v.)* շփոթել *shpotel*
enter *(v.)* մտնել *mtnel*
enterprise *(n.)* ձեռնարկություն *dzerrnarkutyun*
entertain *(v.)* հյուրասիրել *hyurassirel*
entertainment *(n.)* զվարճություն *zvarchutyun*
enthral *(v.)* գերել *gerel*
enthrone *(v.)* գահակալել *gahakalel*
enthusiasm *(n.)* խանդավառություն *khandavarrutyun*
enthusiastic *(adj.)* խանդավառ *khandavarr*
entice *(v.)* հրապուրել *hrapurel*
enticement *(n.)* հրապուրանք *hrapuranq*
enticer *(n.)* գայթակղիչ *gaytakghich*
enticing *(adj.)* գայթակղիչ *gaytakghich*
entire *(adj.)* ամբողջական *amboghjakan*
entirely *(adv.)* ամբողջովին *amboghjovin*
entitle *(v.)* վերնագրել *vernagrel*
entity *(n.)* էություն *eutyun*
entomb *(v.)* թաղել *taghel*
entomology *(n.)* միջատաբանություն *mijatabanutyun*
entrails *(n. pl.)* աղիքներ *aghiqner*
entrance *(n.)* մուտք *mutq*
entrap *(v.)* թակարդել *takardel*

entrapment *(n.)* որսում *vorsum*
entreat *(v.)* աղերսել *aghersel*
entreaty *(n.)* աղերսանք *aghersanq*
entrench *(v.)* խրամապատել *khramapatel*
entrenchment *(n.)* խրամատ *khramat*
entrepreneur *(n.)* ձեռնարկատեր *dzerrnarkater*
entropic *(adj.)* էնտրոպիկ *entropik*
entropy *(n.)* էնտրոպիա *entropia*
entrust *(v.)* վստահել *vstahel*
entry *(n.)* մուտք *mutq*
entry form *(n.)* մուտքի ձև *mutqi dzev*
entry-level *(adj.)* մուտքային մակարդակ *mutqayin makardak*
enumerable *(adj.)* թվարկելի *tvarkeli*
enumerate *(v.)* թվարկել *tvarkel*
enumerative *(adj.)* թվային *tvayin*
enunciate *(v.)* արտասանել *artassanel*
enunciation *(n.)* արտասանություն *artassanutyun*
enunciatory *(adj.)* ազդարարող *azdararogh*
envelop *(v.)* ծրարել *tsrarel*
envelope *(n.)* ծրար *tsrar*
envelopment *(n.)* ծածկույթ *tsatskuyt*
enviable *(adj.)* նախանձելի *nakhandzeli*
envious *(adj.)* նախանձոտ *nakhandzot*
environment *(n.)* միջավայր *mijavayr*
environmental *(adj.)* բնապահպանական *bnapahpanakan*
environmentalism *(n.)* բնապահպանություն *bnapahpanutyun*
environmentalist *(n.)* բնապահպան *bnapahpan*
envisage *(v.)* քննել *qnnel*
envision *(v.)* պատկերացնել *patkeracnel*
envoy *(n.)* պատվիրակ *patvirak*
envy *(v.)* նախանձել *nakhandzel*
enzyme *(n.)* ֆերմենտ *ferment*
enzymic *(adj.)* ֆերմենտային *fermentayin*
eon *(n.)* դարաշրջան *darashrjan*
ephemera *(n.)* անհարատևություն *anharatevutyun*
ephemeral *(adj.)* վաղանցիկ *vaghancik*
ephemeric *(adj.)* վաղանցիկ *vaghancik*
epic *(n.)* էպոս *epos*
epical *(adj.)* էպիկական *epikakan*
epicene *(adj.)* էպիկեն *epiken*
epicentre *(n.)* էպիկենտրոն *epikentron*
epicure *(n.)* էպիկյուր *epikyur*
epicurean *(adj.)* էպիկուրյան *epikuryan*
epicurean *(n.)* էպիկուրյան *epikuryan*
epidemic *(n.)* համաճարակ *hamacharak*
epidural *(n.)* էպիդուրալ *epidural*
epiglottis *(n.)* մակալեզու *makalezu*
epigram *(n.)* էպիգրամա *epigrama*
epilate *(v.)* մազահեռացնել *mazaherracnel*
epilepsy *(n.)* էպիլեպսիա *epilepsia*
epileptic *(adj.)* էպիլեպտիկական *epileptikakan*
epileptic *(n.)* էպիլեպտիկ *epileptik*
epilogue *(n.)* վերջաբան *verjaban*
epiphany *(n.)* Աստվածահայտնություն *Astvatsahaytnutyun*
episode *(n.)* դրվագ *drvag*
epitaph *(n.)* տապանագիր *tapanagir*
epitome *(n.)* էություն *eutyun*
epoch *(n.)* դարաշրջան *darashrjan*
epoxy *(n.)* սոսնձանյութ *sosndzanyut*
equal *(n.)* հավասարակից *havassarakic*
equal *(adj.)* հավասար *havassar*
equal *(v.)* հավասարեցնել *havassarecnel*
equality *(n.)* հավասարություն *havassarutyun*
equalize *(v.)* հավասարեցնել *havassarecnel*
equate *(v.)* հավասարեցնել *havassarecnel*
equation *(n.)* հավասարում *havassarum*
equator *(n.)* հասարակած *hassarakats*
equilateral *(adj.)* հավասարակողմ *havassarakoghm*
equinox *(n.)* գիշերահավասար *gisherahavassar*

equip *(v.)* սպառազինել *sparrazinel*
equipment *(n.)* սարքավորում *sarqavorum*
equitable *(adj.)* արդարադատ *ardaradat*
equivalent *(adj.)* համազոր *hamazor*
equivocal *(adj.)* երկիմաստ *yerkimast*
era *(n.)* դարաշրջան *darashrjan*
eradicate *(v.)* ոչնչացնել *vochnchacnel*
eradication *(n.)* վերացում *veracum*
eradicator *(n.)* ոչնչացնող *vochnchacnogh*
erase *(v.)* ջնջել *jnjel*
eraser *(n.)* ռետին *rretin*
erect *(v.)* հիմնել *himnel*
erect *(adj.)* կանգուն *kangun*
erectile *(adj.)* կանգնած *kangnats*
erection *(n.)* էրեկցիա *erekcia*
erode *(v.)* մաշել *mashel*
erosion *(n.)* էրոզիա *erozia*
erosive *(adj.)* քայքայիչ *qayqayich*
erotic *(adj.)* էրոտիկ, սիրային *erotik, sirayin*
erotica *(n.)* էրոտիկա *erotika*
eroticism *(n.)* էրոտիկա *erotika*
eroticize *(v.)* սեքսուալացնել *seqsualacnel*
err *(v.)* սխալվել *skhalvel*
errand *(n.)* հանձնարարություն *handznararutyun*
erroneous *(adj.)* սխալական *skhalakan*
error *(n.)* սխալ *skhal*
erupt *(v.)* ժայթքել *djaytqel*
eruption *(n.)* ժայթքում *djaytqum*
escalate *(v.)* բարձրանալ *bardzranal*
escalator *(n.)* շարժասանդուղք *shardjassandughq*
escapability *(n.)* փախուստի հնարավորություն *pakhusti hnaravorutyun*
escapable *(adj.)* փախչելի *pakhcheli*
escape *(n.)* փախուստ *pakhust*
escape *(v.)* փախչել *pakhchel*
escapee *(n.)* փախչող *pakhchogh*
escapism *(n.)* փախուստ իրականությունից *pakhust irakanutyunic*
escapist *(n.)* փախչող *pakhchogh*
escapology *(n.)* էսկապոլոգիա *eskapologia*
escargot *(n.)* խխունջ *khkhunj*
eschew *(v.)* խուսափել *khusapel*
eschewment *(n.)* խուսափում *khusapum*
escort *(n.)* ուղեկցորդ *ughekcord*
escort *(v.)* ուղեկցել *ughekcel*
escorted *(adj.)* ուղեկցվող *ughekcvogh*
escrow *(n.)* պահուստ *pahust*
escrow *(v.)* պահել *pahel*
esophageal *(adj.)* կերակրափողային *kerakrapoghayin*
esoteric *(adj.)* էզոտերիկ *ezoterik*
esoterism *(n.)* էզոտերիզմ *ezoterizm*
espace *(n.)* տարածություն *taratsutyun*
especial *(adj.)* հատուկ *hatuk*
especially *(adv.)* հատկապես *hatkapes*
espouse *(v.)* պաշտպանել *pashtpanel*
essay *(n.)* ակնարկ *aknark*
essay *(v.)* փորձել *pordzel*
essayist *(n.)* ակնարկագիր *aknarkagir*
essence *(n.)* բնահյութ *bnahyut*
essential *(adj.)* էական *eakan*
establish *(v.)* հիմնադրել *himnadrel*
establishment *(n.)* հիմնում *himnum*
estate *(n.)* կալվածք *kalvatsq*
estate agent *(n.)* անշարժ գույքի գործակալ *anshardj guyqi gortsakal*
esteem *(n.)* հարգանք *harganq*
esteem *(v.)* հարգել *hargel*
estimate *(n.)* նախահաշիվ *nakhahashiv*
estimate *(v.)* գնահատել *gnahatel*
estimation *(n.)* գնահատում *gnahatum*
estimative *(adj.)* գնահատված *gnahatvats*
estragon *(n.)* էստրագոն, թարխուն *estragon, tarkhun*
estrange *(v.)* օտարացնել *otaracnel*
estranged *(adj.)* օտարացած *otaracats*
estrogen *(n.)* էստրոգեն *estrogen*
estuary *(n.)* գետաբերան *getaberan*
etcetera *(adv.)* և այլն *yev ayln*
etch *(v.)* փորագրել *poragrel*
etched *(adj.)* փորագրված *poragrvats*
etching *(adj.)* փորագրանկար *poragrankar*

eternal *(adj.)* հավերժական *haverdjakan*
eternalize *(v.)* հավերժացնել *haverdjacnel*
eternally *(adv.)* մշտապես *mshtapes*
eternity *(n.)* հավիտենականություն *havitenakanutyun*
ether *(n.)* եթեր *yeter*
ethical *(adj.)* բարոյական *baroyakan*
ethics *(n.)* էթիկա, բարոյագիտություն *etika, baroyagitutyun*
ethnic *(adj.)* էթնիկական *etnikakan*
ethnicity *(n.)* էթնիկ պատկանելություն *etnik patkanelutyun*
ethos *(n.)* բարոյականություն *baroyakanutyun*
etiquette *(n.)* էտիկետ, վարվելակարգ *etiket, varvelakarg*
etymology *(n.)* ստուգաբանություն *stugabanutyun*
eucalypt *(n.)* էվկալիպտ *evkalipt*
eunuch *(n.)* ներքինի *nerqini*
euphemistic *(adj.)* էվֆեմիստական *evfemistakan*
euphoria *(n.)* էյֆորիա *eyforia*
eureka *(int.)* էվրիկա *evrika*
euthanize *(v.)* էֆթանիզացնել *eftanizacnel*
evacuate *(v.)* էվակուացնել, դատարկել *evakuacnel, datarkel*
evacuation *(n.)* տարհանում *tarhanum*
evade *(v.)* չենթարկվել *chyentarkvel*
evaluate *(v.)* գնահատել *gnahatel*
evangel *(n.)* ավետարան *avetaran*
evangelic *(adj.)* ավետարանական *avetaranakan*
evaporate *(v.)* գոլորշիանալ *golorshianal*
evasion *(n.)* խուսափում *khusapum*
evasive *(adj.)* խուսափողական *khusapoghakan*
even *(adj.)* հարթ *hart*
even *(v.)* հավասարեցնել *havassarecnel*
even *(adv.)* նույնիսկ *nuynisk*
evening *(n.)* երեկո *yereko*
evenly *(adv.)* հավասարաչափ *havassarachap*
event *(n.)* դեպք *depq*
eventually *(adv.)* վերջիվերջո *verjiverjo*
ever *(adv.)* երբևէ *yerbyeve*
everglade *(n.)* ճահճավայր *chahchavayr*
evergreen *(adj.)* մշտադալար *mshtadalar*
evergreen *(n.)* մշտադալար բույս *mshtadalar buys*
everlasting *(adj.)* հավիտենական *havitenakan*
ever-ready *(adj.)* միշտ պատրաստ *misht patrast*
evert *(v.)* շուռ տալ *shurr tal*
every *(adj.)* ամեն *amen*
everybody *(pron.)* բոլորը *bolora*
everyday *(adj.)* ամենօրյա *amenorya*
everyone *(pron.)* ամեն մեկը *amen meka*
everything *(pron.)* ամեն ինչ *amen inch*
everywhere *(pron.)* ամենուր *amenur*
eve-teasing *(n.)* ծաղրանք *tsaghranq*
evict *(v.)* վտարել *vtarel*
eviction *(n.)* վտարում *vtarum*
evictor *(n.)* վտարող *vtarogh*
evidence *(n.)* ապացույց *apacuyc*
evident *(adj.)* ակնհայտ *aknhayt*
evil *(adj.)* չար *char*
evil *(n.)* չարություն *charutyun*
evince *(v.)* դրսևորել *drsevorel*
eviscerate *(v.)* փորոտիքը հանել *porotiqa hanel*
evisceration *(n.)* արտազատում *artazatum*
evitability *(n.)* խուսափողականություն *khusapoghakanutyun*
evocate *(v.)* առաջացնել *arrajacnel*
evocation *(n.)* էվոկացիա *evokacia*
evocative *(adj.)* ոգեշնչող *vogeshnchogh*
evoke *(v.)* առաջացնել *arrajacnel*
evolution *(n.)* զարգացում *zargacum*
evolutionary *(adv.)* էվոլյուցիոն *evolyucion*
evolve *(v.)* զարգանալ *zarganal*

ewe *(n.)* մաքի *maqi*
exact *(adj.)* ստույգ *stuyg*
exactly *(adv.)* ճշտորեն *chshtoren*
exaggerate *(v.)* չափազանցել *chapazancel*
exaggeration *(n.)* չափազանցություն *chapazancutyun*
exalt *(v.)* գովաբանել *govabanel*
examination *(n.)* քննություն *qnnutyun*
examine *(v.)* քննել *qnnel*
examinee *(n.)* քննվող *qnnvogh*
examiner *(n.)* քննիչ *qnnich*
example *(n.)* օրինակ *orinak*
excavate *(v.)* պեղել *peghel*
excavation *(n.)* պեղումներ *peghumner*
exceed *(v.)* գերազանցել *gerazancel*
excel *(v.)* գերազանցել *gerazancel*
excellence *(n.)* գերազանցություն *gerazancutyun*
excellency *(n.)* գերազանցություն *gerazancutyun*
excellent *(adj.)* գերազանց *gerazanc*
except *(v.)* բացառել *bacarrel*
except *(prep.)* բացի *baci*
exception *(n.)* բացառություն *bacarrutyun*
exceptional *(adj.)* բացառիկ *bacarrik*
excerpt *(n.)* հատված *hatvats*
excess *(n.)* ավելցուկ *avelcuk*
excess *(adj.)* հավելյալ *havelyal*
excess baggage *(n.)* ավելորդ ուղեբեռ *avelord ugheberr*
excessive *(adj.)* ավելորդ *avelord*
exchange *(n.)* փոխանակում *pokhanakum*
exchange *(v.)* փոխանակել *pokhanakel*
exchange rate *(n.)* փոխարժեք *pokhardjeq*
excise *(n.)* ակցիզ *akciz*
excite *(v.)* հուզել *huzel*
exclaim *(v.)* բացականչել *bacakanchel*
exclamation *(n.)* բացականչություն *bacakanchutyun*
exclude *(v.)* բացառել *bacarrel*
exclusive *(adj.)* բացառիկ *bacarrik*
excommunicate *(v.)* արտաքսել *artaqsel*
excursion *(n.)* էքսկուրսիա, ուղևորություն *eqskursia, ughevorutyun*
excuse *(v.)* ներել *nerel*
excuse *(n.)* ներում *nerum*
execute *(v.)* կատարել *katarel*
execution *(n.)* կատարում *katarum*
executioner *(n.)* դահիճ *dahich*
executive *(adj.)* գործադիր *gortsadir*
executive *(n.)* նահանգապետ *nahangapet*
exemplar *(n.)* օրինակ *orinak*
exempt *(v.)* ազատել *azatel*
exempt *(adj.)* ազատ *azat*
exercise *(n.)* մարզանք *marzanq*
exercise *(v.)* մարզվել *marzvel*
exfoliate *(v.)* շերտազատվել *shertazatvel*
exhaust *(v.)* սպառել *sparrel*
exhibit *(n.)* ցուցադրում *cucadrum*
exhibit *(v.)* ցուցադրել *cucadrel*
exhibition *(n.)* ցուցահանդես *cucahandes*
exile *(n.)* աքսոր *aqsor*
exile *(v.)* աքսորել *aqsorel*
exist *(v.)* ապրել *aprel*
existence *(n.)* գոյություն *goyutyun*
existential *(adj.)* էկզիստենցիալ *ekzistencial*
existentialism *(n.)* էկզիստենցիալիզմ *ekzistencializm*
exit *(n.)* ելք *yelq*
exit *(v.)* ելնել *yelnel*
exotic *(adj.)* էկզոտիկ, օտար *ekzotik, otar*
expand *(v.)* ընդլայնել *andlaynel*
expansion *(n.)* ընդլայնում *andlaynum*
ex-parte *(adj.)* միակողմանի *miakoghmani*
ex-parte *(adv.)* նախկին կողմ *nakhkin koghmy*
expect *(v.)* ակնկալել *aknkalel*
expectation *(n.)* ակնկալիք *aknkaliq*
expedient *(adj.)* նպատակահարմար *npatakaharmar*
expedite *(v.)* արագացնել *aragacnel*
expedition *(n.)* արշավախումբ *arshavakhumb*
expel *(v.)* վտարել *vtarel*

expend *(v.)* վատնել *vatnel*
expenditure *(n.)* վատնում *vatnum*
expense *(n.)* ծախս *tsakhs*
expensive *(adj.)* թանկ *tank*
experience *(n.)* փորձ *pordz*
experience *(v.)* ճաշակել *chashakel*
experiment *(n.)* գիտափորձ *gitapordz*
expert *(adj.)* փորձված *pordzvats*
expert *(n.)* փորձագետ *pordzaget*
expire *(v.)* ժամկետը լրանալ *djamketa lranal*
expiry *(n.)* ժամկետի ավարտ *djamketi avart*
explain *(v.)* բացատրել *bacatrel*
explanation *(n.)* բացատրություն *bacatrutyun*
explicit *(adj.)* պարզ *parz*
explode *(v.)* պայթել *paytel*
exploit *(n.)* սխրագործություն *skhragortsutyun*
exploit *(v.)* շահագործել *shahagortsel*
exploration *(n.)* հետախուզում *hetakhuzum*
explore *(v.)* ուսումնասիրել *usumnasirel*
explosion *(n.)* պայթյուն *paytyun*
explosive *(n.)* պայթուցիկ *paytucik*
explosive *(adj.)* պայթական *paytakan*
exponent *(n.)* մեկնաբան *meknaban*
export *(v.)* արտահանել *artahanel*
export *(n.)* արտահանում *artahanum*
expose *(v.)* բացահայտել *bacahaytel*
express *(v.)* արտահայտել *artahaytel*
express *(adj.)* շտապ *shtap*
express *(n.)* ճեպընթաց *chepantac*
expression *(n.)* արտահայտություն *artahaytutyun*
expressive *(adj.)* արտահայտիչ *artahaytich*
expulsion *(n.)* վտարում *vtarum*
exquisite *(adj.)* նուրբ *nurb*
exquisitive *(adj.)* նրբագեղ *nrbagegh*
extend *(v.)* երկարացնել *yerkaracnel*
extent *(n.)* չափ *chap*
external *(adj.)* արտաքին *artaqin*
extinct *(adj.)* հանգած *hangats*
extinguish *(v.)* մարել *marel*
extol *(v.)* գովաբանել *govabanel*
extortion *(n.)* շորթում *shortum*
extra *(adj.)* լրացուցիչ *lracucich*
extra *(adv.)* հատկապես *hatkapes*
extract *(n.)* մզվածք *mzvatsq*
extract *(v.)* քամել *qamel*
extrajudicial *(adj.)* արտադատական *artadatakan*
extramarital *(adj.)* արտաամուսնական *artamusnakan*
extranet *(n.)* էքստրանետ *eqstranet*
extraordinary *(adj.)* արտասովոր *artasovor*
extrapolate *(v.)* էքստրապոլացիա անել *eqstrapolacia anel*
extrapolation *(n.)* էքստրապոլացիա *eqstrapolacia*
extraspecial *(adj.)* արտահատուկ *artahatuk*
extraterrestrial *(n.)* այլմոլորակային *aylmolorakayin*
extraterrestrial *(adj.)* այլմոլորակային *aylmolorakayin*
extravagance *(n.)* շռայլություն *shrraylutyun*
extravagant *(adj.)* շռայլ *shrrayl*
extreme *(adj.)* ծայրահեղ *tsayrahegh*
extreme *(n.)* ծայրահեղություն *tsayraheghutyun*
extremist *(n.)* ծայրահեղական *tsayraheghakan*
extremity *(n.)* վերջավորություն *verjavorutyun*
extricate *(v.)* ազատել *azatel*
extrinsic *(adj.)* արտաքին *artaqin*
extrinsically *(adv.)* արտաքուստ *artaqust*
extrovert *(n.)* էքստրովերտ *eqstrovert*
exude *(v.)* արտադրվել *artadrvel*
exult *(v.)* ցնծալ *cntsal*
exultant *(adj.)* ցնծալից *cntsalic*
eye *(n.)* աչք *achq*
eyeball *(n.)* ակնագունդ *aknagund*
eyebrow *(n.)* հոնք *honq*
eyecatcher *(n.)* աչք գրավող *achq gravogh*
eye-catching *(adj.)* ակնահաճո *aknahacho*
eyeglass *(n.pl.)* ակնոց *aknoc*

eyelash *(n.)* թարթիչ *tartich*
eyelet *(n.)* դիտանցք *ditancq*
eyelid *(n.)* կոպ *kop*
eyeliner *(n.)* աչքի մատիտ *achqi matit*
eye-opener *(n.)* աչք բացող *achq bacogh*
eyespot *(n.)* բիծ *bits*
eyewash *(n.)* աչքի լվացում *achqi lvacum*

F

fable *(n.)* առակ *arrak*
fabric *(n.)* գործվածք *gortsvatsq*
fabricate *(v.)* կեղծել *keghtsel*
fabrication *(n.)* արտադրում *artadrum*
fabulous *(adj.)* առասպելական *arraspelakan*
facade *(n.)* ճակատ *chakat*
face *(n.)* դեմք *demq*
face *(v.)* դեմքով դառնալ *demqov darrnal*
Face cream *(n.)* դեմքի կրեմ *demqi krem*
face mask *(n.)* պաշտպանիչ դիմակ *pashtpanich dimak*
facelift *(n.)* դիմահարդարում *dimahardarum*
facelift *(v.)* դիմահարդարվել *dimahardarvel*
facet *(n.)* երեսակ *yeresak*
facet *(v.)* կտրել *ktrel*
facial *(adj.)* դեմքի *demqi*
facile *(adj.)* թեթև *tetev*
facilitate *(v.)* թեթևացնել *tetevacnel*
facilitation *(n.)* թեթևացում *tetevacum*
facility *(n.pl.)* հարմարանք *harmaranq*
facsimile *(n.)* ֆաքսիմիլե *faqsimile*
fact *(n.)* փաստ *past*
faction *(n.)* խմբակցություն *khmbakcutyun*
factious *(adj.)* փաստացի *pastaci*
factor *(n.)* գործոն *gortson*
factory *(n.)* գործարան *gortsaran*
faculty *(n.)* ֆակուլտետ *fakultet*
fad *(n.)* քմահաճույք *qmahachuyq*
fade *(v.)* մոռացվել *morracvel*
faggot *(n.)* ֆագոտ *fagot*
Fahrenheit *(adj.)* Ֆարենհեյթ *Farenheyt*
fail *(n.)* ձախողում *dzakhoghum*
fail *(v.)* ձախողվել *dzakhoghvel*
failure *(n.)* ձախողում *dzakhoghum*
faint *(adj.)* տկար *tkar*
faint *(v.)* ուշաթափվել *ushatapvel*
fair *(n.)* տոնավաճառ *tonavacharr*
fair *(adj.)* արդար *ardar*
fair game *(n.)* արդար խաղ *ardar khagh*
fair trade *(n.)* արդար առևտուր *ardar arrevtur*
fairground *(n.)* տոնավաճառ *tonavacharr*
fairly *(adv.)* արդարացիորեն *ardaracioren*
fairy *(n.)* փերի *peri*
faith *(n.)* հավատ *havat*
faithful *(adj.)* հավատարիմ *havatarim*
fake *(adj.)* կեղծ *keghts*
fake *(n.)* կեղծիք *keghtsiq*
fake *(v.)* կեղծել *keghtsel*
falcon *(n.)* բազե *baze*
fall *(v.)* թափվել *tapvel*
fall *(n.)* աշուն *ashun*
fallacy *(n.)* մոլորություն *molorutyun*
fallen *(n.)* տարափ *tarap*
fallen *(adj.)* ընկած *ankats*
fallout *(n.)* անկում *ankum*
fallow *(v.)* հերկել *herkel*
fallow *(n.)* խոպան *khopan*
falls *(n.pl.)* ջրվեժ *jrvedj*
false *(adj.)* սուտ *sut*
falsehood *(n.)* ստախոսություն *stakhosutyun*
falsetto *(n.)* ֆալսետտո, տղամարդու բարձր ձայն *falseto, tghamardu bardzr dzayn*
falsification *(n.)* կեղծում *keghtsum*
falsify *(v.)* կեղծել *keghtsel*
falter *(v.)* գայթել *gaytel*
fame *(n.)* համբավ *hambav*
familiar *(adj.)* մտերիմ *mterim*
family *(n.)* ընտանիք *antaniq*
famine *(n.)* սով *sov*

famous *(adj.)* հայտնի *haytni*
fan *(n.)* երկրպագու *yerkrpagu*
fan *(n.)* հովհար *hovhar*
fanatic *(adj.)* մոլեռանդ *molerrand*
fanatic *(n.)* ֆանատիկոս *fanatikos*
fanciful *(adj.)* երևակայական *yerevakayakan*
fancy *(n.)* երևակայություն *yerevakayutyun*
fancy *(v.)* երևակայել *yerevakayel*
fancy *(adj.)* դիմակահանդեսային *dimakahandesayin*
fantastic *(adj.)* արտասովոր *artassovor*
fantasy *(n.)* ֆանտազիա *fantazia*
far *(adv.)* հեռու *herru*
far *(adj.)* հեռավոր *herravor*
faraway *(adj.)* հեռավոր *herravor*
farce *(n.)* զավեշտախաղ *zaveshtakhagh*
fare *(n.)* ուղեվարձ *ughevardz*
farewell *(n.)* հրաժեշտ *hradjesht*
farewell *(interj.)* մնաս բարով *mnas barov*
farm *(n.)* ագարակ *agarak*
farmaceutical *(adj.)* ֆերմերային *fermerayin*
farmer *(n.)* ֆերմեր *fermer*
farmhouse *(n.)* ագարակատուն *agarakatun*
fascinate *(v.)* հրապուրել *hrapurel*
fascination *(n.)* հրապուրանք *hrapuranq*
fashion *(n.)* նորաձևություն *noradzevutyun*
fashionable *(adj.)* նորաձև *noradzev*
fast *(adj.)* արագ *arag*
fast *(adv.)* արագորեն *aragoren*
fast *(n.)* պաս *pas*
fast *(v.)* պաս պահել *pas pahel*
fast food *(n.)* արագ սնունդ *arag snund*
fasten *(v.)* ամրացնել *amracnel*
fat *(adj.)* ճարպոտ *charpot*
fat *(n.)* ճարպ *charp*
fatal *(adj.)* ճակատագրական *chakatagrakan*
fatalism *(n.)* ֆատալիզմ *fatalizm*
fatality *(n.)* մահ *mah*
fate *(v.)* կանխորոշել *kankhoroshel*

fate *(n.)* բախտ *bakht*
father *(n.)* հայրիկ *hayrik*
father *(v.)* սերել *serel*
fathom *(n.)* ծովային սաժեն *tsovayin sadjen*
fathom *(v.)* հասկանալ *haskanal*
fatigue *(n.)* հոգնածություն *hognatsutyun*
fatigue *(v.)* հոգնեցնել *hognecnel*
faucet *(n.)* ծորակ *tsorak*
fault *(n.)* մեղք *meghq*
faulty *(adj.)* սխալական *skhalakan*
fauna *(n.)* կենդանական աշխարհ *kendanakan ashkharh*
favour *(n.)* բարեհաճություն *barehachutyun*
favour *(v.)* սիրալիր լինել *siralir linel*
favourable *(adj.)* բարենպաստ *barenpast*
favourite *(adj.)* սիրելի *sireli*
favourite *(n.)* սիրեցյալ *sirecyal*
fax *(n.)* ֆաքս *faqs*
fax *(v.)* ֆաքսով ուղարկել *faqsov ugharkel*
fealty *(n.)* հավատարմություն *havatarmutyun*
fear *(n.)* վախ *vakh*
fear *(v.)* վախենալ *vakhenal*
fearful *(adj.)* վախկոտ *vakhkot*
feasible *(adj.)* իրագործելի *iragortseli*
feast *(n.)* խնջույք *khnjuyq*
feast *(v.)* զվարճանալ *zvarchanal*
feat *(n.)* սխրագործություն *skhragortsutyun*
feather *(n.)* փետուր *petur*
feature *(n.)* հատկանիշ *hatkanish*
feature *(v.)* հատկորոշել *hatkoroshel*
febrile *(adj.)* տենդային *tendayin*
February *(n.)* փետրվար *petrvar*
fecal *(adj.)* կեղտոտ *keghtot*
feces *(n.)* կղանք *kghanq*
fecund *(adj.)* պտղաբեր *ptghaber*
fecundation *(n.)* պտղաբերություն *ptghaberutyun*
federal *(adj.)* ֆեդերալ *federal*
federation *(n.)* ֆեդերացիա *fegeracia*
fee *(n.)* վճար *vchar*
feeble *(adj.)* թույլ *tuyl*

feed *(v.)* կերակրել *kerakrel*
feed *(n.)* սնունդ *snund*
feel *(v.)* զգալ *zgal*
feeling *(n.)* զգացմունք *zgacmunq*
feign *(v.)* մոգոնել *mogonel*
felicitate *(v.)* շնորհավորել *shnorhavorel*
felicitations *(int.)* շնորհավորանքներ *shnorhavoranqner*
felicity *(n.)* երջանկություն *yerjankutyun*
feline *(adj.)* կատվային *katvayin*
felinity *(n.)* մեղմություն *meghmutyun*
fell *(v.)* հարվածել *harvatsel*
fellatio *(n.)* ֆետիշ *fetish*
fellow *(n.)* երիտասարդ *yeritassard*
fellowship *(n.)* ընկերակցություն *ankerakcutyun*
felony *(n.)* հանցագործություն *hancagortsutyun*
female *(adj.)* իգական *igakan*
female *(n.)* կին *kin*
feminine *(adj.)* կանացի *kanaci*
feminism *(n.)* ֆեմինիզմ *feminizm*
feminist *(adj.)* ֆեմինիստական *feministakan*
feminist *(n.)* ֆեմինիստ *feminist*
femur *(n.)* ազդր *azdr*
fence *(v.)* ցանկապատել *cankapatel*
fence *(n.)* ցանկապատ *cankapat*
fencer *(n.)* սուսերամարտիկ *suseramartik*
fencing *(n.)* սուսերամարտ *suseramart*
fend *(v.)* կասեցնել *kassecnel*
fengshui *(n.)* ֆենշուի *fenshui*
fennel *(n.)* սամիթ *samit*
ferment *(n.)* մակարդ *makard*
ferment *(v.)* թթվել *ttvel*
fermentation *(n.)* խմորում *khmorum*
fern *(n.)* պտեր *pter*
ferocious *(adj.)* վայրագ *vayrag*
ferret *(n.)* կզաքիս *kzaqis*
ferret *(v.)* որսալ *vorsal*
ferry *(n.)* լաստանավ *lastanav*
ferry *(v.)* փոխադրել *pokhadrel*
ferryboat *(n.)* լաստանավ *lastanav*
fertile *(adj.)* բեղմնավոր *beghmnavor*
fertility *(n.)* պտղաբերություն *ptghaberutyun*
fertilize *(v.)* պարարտացնել *parartacnel*
fertilizer *(n.)* պարարտանյութ *parartanyut*
fervent *(adj.)* ջերմեռանդ *jermerrand*
fervour *(n.)* եռանդ *yerrand*
fester *(v.)* թարախակալել *tarakhakalel*
festival *(n.)* փառատոն *parraton*
festive *(adj.)* տոնական *tonakan*
festivity *(n.)* տոնակատարում *tonakatarum*
festoon *(n.)* ծաղկաշղթա, ֆեստոն *tsaghkashghta, feston*
fetal *(adj.)* պտղի *ptghi*
fetch *(v.)* բերել *berel*
fetish *(n.)* ֆետիշ, կուռք *fetish, kurrq*
fetishism *(n.)* ֆետիշիզմ *fetishizm*
fetter *(n.pl.)* կապանք *kapanq*
fetter *(v.)* կապել *kapel*
feud *(v.)* թշնամանալ *tshnamanal*
feud *(n.)* թշնամանք *tshnamanq*
feudal *(adj.)* ֆեոդալական *feodalakan*
feudalism *(n.)* ֆեոդալիզմ *feodalizm*
fever *(n.)* տենդ *tend*
feverish *(adj.)* տենդային *tendayin*
few *(adj.)* քիչ *qich*
fiancé *(n.)* փեսացու *pessacu*
fiancée *(n.)* հարսնացու *harsnacu*
fiasco *(n.)* ֆիասկո, անհաջողություն *fiasko, anhajoghutyun*
fibre *(n.)* մանրաթել *manratel*
fibreglass *(n.)* ապակեպլաստե *apakeplaste*
fibre-optic *(adj.)* օպտիկամանրաթելային *optikamanratelayin*
fibrillate *(v.)* ֆիբրիլացնել, ցնցվել *fibrilacnel, cncvel*
fibroid *(adj.)* միոմա *mioma*
fibromuscular *(adj.)* ֆիբրոմկանային *fibromkanayin*
fibrosis *(n.)* ֆիբրոզ *fibroz*
fibrosity *(n.)* ֆիբրոզություն *fibrozutyun*
fibrous *(adj.)* մանրաթելային *manratelayin*
fickle *(adj.)* անկայուն *ankayun*

fiction *(n.)* արձակագրություն ardzakagrutyun
fictional *(adj.)* գեղարվեստական gegharvestakan
fictitious *(adj.)* կեղծ keghts
fiddle *(v.)* ջութակ նվագել jutak nvagel
fiddle *(n.)* ջութակ jutak
fidelity *(n.)* հավատարմություն havatarmutyun
fidget *(n.)* անհանգիստ մարդ anhangist mard
fidget *(v.)* դեսուդեն ընկնել desuden anknel
fie *(interj.)* թու՛հ tuh!
field *(n.)* դաշտ dasht
fiend *(n.)* սատանա satana
fierce *(adj.)* կատաղի kataghi
fiery *(adj.)* կրակոտ krakot
fifteen *(num.)* տասնհինգ tasnhing
fifty *(num.)* հիսուն hisun
fig *(n.)* թուզ tuz
fight *(n.)* կռիվ krriv
fight *(v.)* կռվել krrvel
figment *(n.)* հնարովի բան hnarovi ban
figurative *(adj.)* պատկերավոր patkeravor
figure *(v.)* պատկերել patkerel
figure *(n.)* մարմին marmin
filament *(n.)* թելիկ telik
filamentation *(n.)* թելիկապատում telikapatum
filamented *(adj.)* թելիկապատված telikapatvats
file *(n.)* թղթապանակ, ֆայլ tghtapanak, fayl
file *(v.)* կարել և պահել karel yev pahel
fillet *(v.)* ասեղնագործել aseghnagortsel
fillet *(n.)* սուկի, ֆիլե suki, file
film *(n.)* կինոնկար, ֆիլմ kinonkar, film
film *(v.)* էկրանացնել ekranacnel
filmmaker *(n.)* կինոռեժիսոր kinorredjisor
filter *(n.)* զտիչ ztich
filter *(v.)* զտել ztel
filth *(n.)* կեղտ keght
filthy *(adj.)* կեղտոտ keghtot
fin *(n.)* լողաթև loghatev

final *(adj.)* վերջնական verjnakan
finale *(n.)* եզրափակիչ yezrapakich
finance *(n.pl.)* ֆինանսներ finansner
finance *(v.)* ֆինանսավորել finansavorel
financial *(adj.)* ֆինանսական finansakan
financier *(n.)* ֆինանսիստ finansist
find *(v.)* գտնել gtnel
fine *(n.)* տուգանք tuganq
fine *(v.)* տուգանել tuganel
fine *(adj.)* նուրբ nurb
finger *(n.)* մատ mat
finger *(v.)* շոշափել shoshapel
fingernail *(n.)* մատի եղունգ mati yeghung
fingerpaint *(n.)* մատնաներկ matnanerk
fingerprint *(n.)* մատնահետք matnahetq
fingerstick *(n.)* խայթոց khaytoc
finish *(n.)* ավարտ avart
finish *(v.)* ավարտել avartel
finite *(adj.)* սահմանափակ sahmanapak
fir *(n.)* եղևնի yeghevni
fire *(n.)* կրակ krak
fire *(v.)* վառել varrel
fire engine *(n.)* հրշեջ մեքենա hrshej meqena
fire exit *(n.)* հրդեհային ելք hrdehayin yelq
fire extinguisher *(n.)* կրակմարիչ krakmarich
fire station *(n.)* հրշեջ ծառայություն hrshej tsarrayutyun
fireball *(n.)* հրե գնդակ, ասուպ hre gndak, asup
firefight *(n.)* կրակահերթ krakahert
firefighter *(n.)* հրշեջ hrshej
firehose *(n.)* հրդեհաշեջ փողրակ hrdehashej poghrak
firehouse *(n.)* հրշեջ կայան hrshej kayan
firepit *(n.)* կրակահերթ krakahert
fireproof *(adj.)* հրակայուն hrakayun
fireproof *(v.)* հրակայունանալ hrakayunanal

fire-resistant *(adj.)* հրակայուն *hrakayun*
firesuit *(n.)* հրշեջի հագուստ *hrsheji hagust*
firetruck *(n.)* հրշեջ մեքենա *hrshej meqena*
fireworks *(n.)* հրավառություն *hravarrutyun*
firm *(n.)* ֆիրմա *firma*
firm *(adj.)* ամուր *amur*
firmament *(n.)* երկնակամար *yerknakamar*
firmness *(n.)* ամրություն *amrutyun*
first *(num.)* առաջին *arrajin*
first *(adj.)* նշանավոր *nshanavor*
the first *(n.)* առաջինը *arrajina*
first *(adv.)* սկզբից *skzbic*
first aid *(n.)* առաջին օգնություն *arrajin ognutyun*
fiscal *(adj.)* գանձարանային *gandzaranayin*
fish *(n.)* ձուկ *dzuk*
fish *(v.)* ձուկ որսալ *dzuk vorsal*
fisherman *(n.)* ձկնորս *dzknors*
fissure *(n.)* ճեղքվածք *cheghqvatsq*
fist *(n.)* բռունցք *brruncq*
fist *(v.)* բռունցքով խփել *brruncqov khpel*
fistula *(n.)* ֆիստուլ, խուղակ *fistul, khughak*
fit *(adj.)* պիտանի *pitani*
fit *(n.)* նոպա *nopa*
fit *(v.)* տեղավորել *teghavorel*
fitful *(adj.)* ջղաձգական *jghadzgakan*
fitness test *(n.)* պիտանիության թեստ *pitaniutyan test*
fitness tracker *(n.)* համապատասխանության որոնիչ *hamapataskhanutyan voronich*
fitness training *(n.)* ֆիթնես մարզում *fitnes marzum*
fitter *(n.)* մեխանիկ *mekhanik*
fitting room *(n.)* չափափորձման սենյակ *chapapordzman senyak*
five *(num.)* հինգ *hing*
fix *(v.)* ամրացնել *amracnel*
fix *(n.)* երկընտրանք *yerkantranq*
fixer-upper *(n.)* սարք *sarq*
fixture *(n.)* հարմարանք *harmaranq*
fizz *(n.)* ֆշշոց *fshshoc*
fizz *(v.)* ֆշշալ *fshshal*
fizzy *(adj.)* գազավորված *gazavorvats*
flabbergast *(n.)* տաղանդավոր *taghandavor*
flabbergast *(v.)* ապշեցնել *apshecnel*
flabbergasted *(adj.)* ապշած *apshats*
flabby *(adj.)* թուլամորթ *tulamort*
flag *(n.)* դրոշ *drosh*
flagrant *(adj.)* աղաղակող *aghaghakogh*
flake *(n.)* փաթիլ *patil*
flake *(v.)* փաթիլներով թափվել *patilnerov tapvel*
flaking *(adj.)* շերտավորվող *shertavorvogh*
flambé *(adj.)* բոցավառ *bocavarr*
flambé *(n.)* բոցավառություն *bocavarrutyun*
flambé *(v.)* բոցավառվել *bocavarrvel*
flamboyance *(n.)* շքեղություն *shqeghutyun*
flamboyant *(n.)* պճնամոլ *pchnamol*
flamboyant *(adj.)* շքեղ *shqegh*
flame *(n.)* հուր *hur*
flame *(v.)* հուրհրատել *hurhratel*
flamenco *(n.)* ֆլամենկո *flamenko*
flank *(adj.)* կողային *koghayin*
flank *(n.)* կող *kogh*
flank *(v.)* կողաշարել *koghasharel*
flannel *(n.)* ֆլանել (փափուկ գործվածք) *flanel (papuk gortsvatsq)*
flap *(v.)* թափահարել *tapaharel*
flap *(n.)* թափահարում *tapaharum*
flapper *(n.)* վայրի բադիկ *vayri badik*
flapping *(adj.)* տատանվող *tatanvogh*
flapping *(n.)* թափահարում *tapaharum*
flapping *(v.)* թափահարել *tapaharel*
flare *(n.)* բռնկում *brrnkum*
flare *(v.)* բռնկվել *brrnkvel*
flash *(n.)* փայլ *payl*
flash *(v.)* փայլատակել *paylatakel*
flashback *(n.)* հետադարձ հայացք *hetadardz hayacq*
flashbulb *(n.)* առկայծող լամպ *arrkaytsogh lamp*
flashcard *(n.)* ֆլեշ քարտ *flesh qart*

flasher *(n.)* թարթիչ *tartich*
flashing *(n.)* թարթող *tartogh*
flashlight *(n.)* լապտեր *lapter*
flask *(n.)* տափաշիշ *tapashish*
flat *(adj.)* հարթ *hart*
flat *(n.)* բնակարան *bnakaran*
flat screen *(n.)* հարթ էկրան *hart ekran*
flatbed *(n.)* հարթ մահճակալ *hart mahchakal*
flatbed *(adj.)* տափակ *tapak*
flatbread *(n.)* անթթխմոր հաց *anttkhmor hac*
flatfoot *(n.)* հարթաթաթություն *hartatatutyun*
flatland *(n.)* հարթավայր *hartavayr*
flatter *(v.)* շողոքորթել *shoghoqortel*
flattery *(n.)* շողոքորթություն *shoghoqortutyun*
flatulence *(n.)* փքվածություն *pqvatsutyun*
flatulent *(adj.)* մետեորիզացնող, փքանք առաջացնող *meteorizacnogh, pqanq arrajacnogh*
flaunt *(v.)* ցուցամոլություն անել *cucamolutyun anel*
flaunter *(n.)* ցուցամոլ *cucamol*
flavour *(n.)* բուրմունք *burmunq*
flaw *(n.)* թերություն *terutyun*
flawless *(adj.)* անթերի *anteri*
flea *(n.)* լու *lu*
flea market *(n.)* առևտրի կենտրոն *arrevtri kentron*
flee *(v.)* փախչել *pakhchel*
fleece *(n.)* բուրդ *burd*
fleece *(v.)* խուզել *khuzel*
fleet *(n.)* նավատորմ *navatorm*
flesh *(n.)* միս *mis*
flexible *(adj.)* ճկուն *chkun*
flicker *(n.)* առկայծում *arrkaytsum*
flicker *(v.)* առկայծել *arrkaytsel*
flight *(n.)* թռիչք *trrichq*
flimsy *(adj.)* անհիմն *anhimn*
fling *(v.)* նետվել *netvel*
flip *(n.)* մատնազարկ *matnazark*
flip *(v.)* մատով խփել *matov khpel*
flip *(adj.)* թեթևամիտ *tetevamit*
flippancy *(n.)* թեթևամտություն *tetevamtutyun*
flirt *(n.)* սիրախաղ *sirakhagh*
flirt *(v.)* սիրախաղ անել *sirakhagh anel*
float *(v.)* լողալ *loghal*
flock *(n.)* հոտ *hot*
flock *(v.)* ամբոխվել *ambokhvel*
flog *(v.)* մտրակել *mtrakel*
flood *(n.)* ջրհեղեղ *jrheghegh*
flood *(v.)* ողողել *voghoghel*
flood gate *(n.)* սահմանադուռ *sahmanadurr*
floodlight *(n.)* լուսարձակ *lusardzak*
floodlight *(v.)* լուսարձակել *lusardzakel*
floor *(v.)* հատակ շինել *hatak shinel*
floor *(n.)* հատակ *hatak*
flop *(v.)* զարկ(վ)ել *zark(v)el*
flora *(n.)* բուսական աշխարհ *busakan ashkharh*
florist *(n.)* ծաղկավաճառ *tsaghkavacharr*
floss *(v.)* թելել *telel*
flour *(n.)* ալյուր *alyur*
flourish *(v.)* ծաղկել *tsaghkel*
flow *(n.)* հորդում *hordum*
flow *(v.)* հոսել *hosel*
flow chart *(n.)* հոսքագծապատկեր *hosqagtsapatker*
flower *(n.)* ծաղիկ *tsaghik*
flowery *(adj.)* ծաղկավետ *tsaghkavet*
fluctuate *(v.)* տատանվել *tatanvel*
fluent *(adj.)* սահուն *sahun*
fluid *(n.)* հեղուկ *heghuk*
fluid *(adj.)* հեղուկ *heghuk*
fluorescent *(adj.)* լուսածորուն *lusatsorun*
flush *(v.)* շիկնել *shiknel*
flush *(n.)* շիկնում *shiknum*
flute *(n.)* ֆլեյտա *fleyta*
flute *(v.)* ֆլեյտա նվագել *fleyta nvagel*
flutter *(n.)* թրթիռ *trtirr*
flutter *(v.)* թրթռալ *trtrral*
fly *(n.)* թռիչք *trrichq*
fly *(v.)* թռչել *trrchel*
flyer *(n.)* թռչուն *trrchun*
foal *(n.)* քուռակ *qurrak*
foal *(v.)* ծնել *tsnel*
foam *(n.)* փրփուր *prpur*
foam *(v.)* փրփրել *prprel*

foamy *(adj.)* փրփրացող *prpracogh*
focal *(adj.)* կիզակետային *kizaketayin*
focalization *(n.)* ֆոկալիզացիա *fokalizacia*
focalize *(v.)* կենտրոնացնել *kentronacnel*
focus *(n.)* կիզակետ *kizaket*
focus *(v.)* կենտրոնանալ *kentronanal*
focused *(adj.)* կենտրոնացած *kentronacats*
focusing *(adj.)* կենտրոնանալով *kentronanalov*
fodder *(n.)* անասնակեր *anasnaker*
foe *(n.)* թշնամի *tshnami*
foetus *(n.)* պտուղ *ptugh*
fog *(n.)* մշուշ *mshush*
fogbank *(n.)* մշուշոտ ափ *mshushot ap*
foggy *(adj.)* մշուշոտ *mshushot*
foil *(v.)* հիմարացնել *himaracnel*
fold *(n.)* ծալում *tsalum*
fold *(v.)* ծալել *tsalel*
folder *(n.)* թղթապանակ *tghtapanak*
folding *(adj.)* ծալովի *tsalovi*
folding *(n.)* ծալովի լինելը *tsalovi linela*
foldup *(adj.)* ծալովի *tsalovi*
foliage *(n.)* սաղարթ *saghart*
foliate *(adj.)* սաղարթավոր *saghartavor*
foliate *(v.)* թերթատել *tertatel*
foliation *(n.)* թերթատում *tertatum*
folic *(adj.)* ֆոլիկ *folik*
folio *(n.)* ֆոլիո, հատոր *folio, hator*
folk *(adj.)* ժողովրդական *djoghovrdakan*
folk *(n.)* ժողովուրդ *djoghovurd*
folklore *(n.)* բանահյուսություն *banahyusutyun*
folkloric *(adj.)* բանահյուսական *banahyusakan*
follies *(n.)* հիմարություններ *himarutyunner*
follow *(v.)* հետևել *hetevel*
follower *(n.)* հետևորդ *hetevord*
follow-up *(n.)* հետապնդում *hetapndum*
folly *(n.)* հիմարություն *himarutyun*
foment *(v.)* տաքացնել *taqacnel*
fond *(adj.)* սիրող *sirogh*

fondant *(n.)* քաղցրախմոր *qaghcrakhmor*
fondle *(v.)* շոյել *shoyel*
fondler *(n.)* սիրող *sirogh*
fondling *(n.)* շոյանք *shoyanq*
font *(n.)* տառատեսակ *tarratesak*
food *(n.)* սնունդ *snund*
fool *(v.)* հիմարացնել *himaracnel*
fool *(n.)* հիմար *himar*
foolish *(adj.)* հիմար *himar*
foolscap *(n.)* հիմարություն *himarutyun*
foot *(n.)* ոտք *votq*
foot *(v.)* ոտքով գնալ *votqov gnal*
footage *(n.)* կադր, տեսանյութ *kadr, tesanyut*
football *(n.)* ֆուտբոլ *futbol*
foothold *(n.)* հենակետ *henaket*
footloose *(adj.)* ազատ *azat*
footman *(n.)* զինվոր *zinvor*
footmark *(n.)* ոտնահետք *votnahetq*
footnote *(n.)* ծանոթագրություն *tsanotagrutyun*
footnote *(v.)* ծանոթագրել *tsanotagrel*
footpath *(n.)* արահետ *arahet*
footprint *(n.)* ոտնահետք *votnahetq*
footsore *(adj.)* ոտքերը հարած *votqera harats*
footwear *(n.)* կոշիկ *koshik*
footwork *(n.)* ոտքով աշխատանք *votqov ashkhatanq*
for *(prep.)* համար *hamar*
for *(conj.)* որովհետև *vorovhetev*
forage *(n.)* անասնակեր *anasnaker*
forage *(v.)* փնտրել *pntrel*
forager *(n.)* թալանչի *talanchi*
foraging *(n.)* թալանում *talanum*
foray *(n.)* ասպատակություն *aspatakutyun*
foray *(v.)* ասպատակել *aspatakel*
forbear *(v.)* համբերել *hamberel*
forbearance *(n.)* համբերություն *hamberutyun*
forbid *(v.)* արգելել *argelel*
forbidden *(adj.)* արգելված *argelvats*
force *(n.)* ուժ *udj*
force *(v.)* բռնանալ *brrnanal*
forceful *(adj.)* ուժեղ *udjegh*

forceps *(n.)* պինցետ, աքցան *pincet, aqcan*
forcible *(adj.)* հարկադրական *harkadrakan*
forearm *(n.)* նախաբազուկ *nakhabazuk*
forearm *(v.)* քաջալերել *qajalerel*
forecast *(n.)* գուշակություն *gushakutyun*
forecast *(v.)* նախագուշակել *nakhagushakel*
forecourt *(n.)* նախասրահ *nakhasrah*
forefather *(n.)* նախահայր *nakhahayr*
forefinger *(n.)* ցուցամատ *cucamat*
forehead *(n.)* ճակատ *chakat*
foreign *(adj.)* օտարերկրյա *otaryerkrya*
foreigner *(n.)* օտարերկրացի *otaryerkraci*
foreknowledge *(n.)* կանխատեսություն *kankhatesutyun*
foreleg *(n.)* առջևի ոտք *arrjevi votq*
forelock *(n.)* մազափունջ *mazapunj*
foreman *(n.)* վարպետ *varpet*
foremost *(adj.)* առջևի *arrjevi*
forenoon *(n.)* առավոտ *arravot*
forensic *(adj.)* դատական *datakan*
forensic *(n.)* դատաբժշկություն *databdjshkutyun*
forerunner *(n.)* նախնի *nakhni*
foresee *(v.)* կանխատեսել *kankhatesel*
foresight *(n.)* հեռատեսություն *herratesutyun*
forest *(n.)* անտառ *antarr*
forestall *(v.)* կանխել *kankhel*
forester *(n.)* անտառապահ *antarrapah*
forestry *(n.)* անտառագիտություն *antarragitutyun*
foretell *(v.)* գուշակել *gushakel*
forethought *(n.)* հեռատեսություն *herratesutyun*
forever *(adv.)* հավիտյան *havityan*
forewarn *(v.)* նախազգուշացնել *nakhazgushacnel*
foreword *(n.)* առաջաբան *arrajaban*
forfeit *(v.)* կորցնել *korcnel*
forfeit *(n.)* տուգանք *tuganq*

forfeiture *(n.)* բռնագրավում *brrnagravum*
forge *(v.)* դարբնել *darbnel*
forge *(n.)* դարբնոց *darbnoc*
forgery *(n.)* կեղծիք *keghtsiq*
forget *(v.)* մոռանալ *morranal*
forgetful *(adj.)* մոռացկոտ *morrackot*
forgive *(v.)* ներել *nerel*
forgo *(v.)* հրաժարվել *hradjarvel*
forlorn *(adj.)* ամայի *amayi*
form *(v.)* ձևավոր(վ)ել *dzevavor(v)el*
form *(n.)* ձև *dzev*
formal *(adj.)* պաշտոնական *pashtonakan*
formality *(n.)* ձևականություն *dzevakanutyun*
format *(n.)* ձևաչափ *dzevachap*
formation *(n.)* կազմում *kazmum*
former *(adj.)* նախկին *nakhkin*
former *(pron.)* առաջինը (երկուսից) *arrajina (yerkusic)*
formerly *(adv.)* նախկինում *nakhkinum*
formidable *(adj.)* ահարկու *aharku*
formula *(n.)* բանաձև *banadzev*
formulate *(v.)* ձևակերպել *dzevakerpel*
forsake *(v.)* թողնել *toghnel*
forswear *(v.)* ուրանալ *uranal*
fort *(n.)* բերդ *berd*
forte *(n.)* ֆորտե *forte*
forth *(adv.)* առաջ *arraj*
forthcoming *(adj.)* գալիք *galiq*
forthwith *(adv.)* անմիջապես *anmijapes*
fortify *(v.)* ամրացնել *amracnel*
fortitude *(n.)* տոկունություն *tokunutyun*
fortnight *(n.)* երկու շաբաթ *yerku shabat*
fortress *(n.)* բերդ *berd*
fortunate *(adj.)* երջանիկ *yerjanik*
fortune *(n.)* բախտ *bakht*
forty *(num.)* քառասուն *qarrasun*
forum *(n.)* ժողով *djoghov*
forward *(v.)* ուղարկել *ugharkel*
forward *(adj.)* առջևի *arrjevi*
forward *(adv.)* առաջ *arraj*
fossil *(n.)* բրածո *bratso*

foster *(v.)* խնամել *khnamel*
foster care *(n.)* խնամատարություն *khnamatarutyun*
foul *(n.)* բախում *bakhum*
foul *(adj.)* կեղտոտ *keghtot*
foul *(v.)* բախվել *bakhvel*
foul play *(n.)* կեղտոտ խաղ *keghtot khagh*
found *(v.)* հիմնադրել *himnadrel*
foundation *(n.)* հիմնադրամ *himnadram*
founder *(n.)* հիմնադիր *himnadir*
foundry *(n.)* ձուլարան *dzularan*
fountain *(n.)* շատրվան *shatrvan*
four *(num.)* չորս *chors*
fourteen *(num.)* տասնչորս *tasnchors*
fowl *(n.)* թռչուն *trrchun*
fowler *(n.)* որսորդ *vorsord*
fox *(n.)* աղվես *aghves*
fraction *(n.)* մաս, կոտորակ *mas, kotorak*
fracture *(n.)* կոտրվածք *kotrvatsq*
fracture *(v.)* կոտր(վ)ել *kotr(v)el*
fragile *(adj.)* փխրուն *pkhrun*
fragment *(n.)* բեկոր, կտոր *bekor, ktor*
fragrance *(n.)* անուշահոտություն *anushahotutyun*
fragrant *(adj.)* անուշահոտ *anushahot*
frail *(adj.)* թույլ, փխրուն *tuyl, pkhrun*
frame *(v.)* շրջանակել *shrjanakel*
frame *(n.)* շրջանակ *shrjanak*
framework *(n.)* շրջանակ *shrjanak*
franchise *(n.)* արտոնություն *artonutyun*
frank *(adj.)* անկեղծ *ankeghts*
frankly *(adv.)* անկեղծորեն *ankeghtsoren*
frantic *(adj.)* մոլեգին *molegin*
fraternal *(adj.)* եղբայրական *yeghbayrakan*
fraternity *(n.)* եղբայրություն *yeghbayrutyun*
fratricide *(n.)* եղբայրասպանություն *yeghbayraspanutyun*
fraud *(n.)* նենգություն *nengutyun*
fraudulent *(adj.)* նենգավոր *nengavor*
fraught *(adj.)* լի *li*
fray *(n.)* կռիվ *krriv*
freak *(adj.)* հրեշավոր *hreshavor*
freak *(n.)* հրեշ *hresh*
freak *(v.)* հրեշ դառնալ *hresh darrnal*
freak-out *(n.)* խելագարություն *khelagarutyun*
free *(adj.)* ազատ *azat*
free *(v.)* ազատել *azatel*
freedom *(n.)* ազատություն *azatutyun*
freelancer *(n.)* ազատ մասնագետ *azat masnaget*
freewheel *(v.)* ազատ հեծանվավարել *azat hetsanvavarel*
freeze *(v.)* սառեցնել *sarrecnel*
freight *(n.)* բեռնափոխադրում *berrnapokhadrum*
French *(adj.)* ֆրանսիական *fransiakan*
French *(n.)* ֆրանսերեն *franseren*
frenzy *(n.)* կատաղություն *kataghutyun*
frequency *(n.)* հաճախականություն *hachakhakanutyun*
frequent *(adj.)* հաճախակի *hachakhaki*
fresh *(adj.)* թարմ *tarm*
fret *(n.)* զարդաքանդակ *zardaqandak*
fret *(v.)* քանդակազարդել *qandakazardel*
friction *(n.)* շփում *shpum*
Friday *(n.)* ուրբաթ *urbat*
fridge *(n.)* սառնարան *sarrnaran*
friend *(n.)* ընկեր *anker*
fright *(n.)* վախ *vakh*
frighten *(v.)* վախեցնել *vakhecnel*
frigid *(adj.)* ցուրտ *curt*
frill *(n.)* գոռոզություն *gorrozutyun*
fringe *(n.)* ծոպեր *tsoper*
fringe *(v.)* եզրապատել *yezrapatel*
frivolous *(adj.)* դատարկ *datark*
frock *(n.)* զգեստ *zgest*
frog *(n.)* գորտ *gort*
frolic *(n.)* ուրախություն *urakhutyun*
frolic *(v.)* ուրախանալ *urakhanal*
from *(prep.)* ից *ic*
front *(n.)* ճակատ *chakat*
front *(adj.)* ճակատային *chakatayin*
front *(v.)* դիմացը նայել *dimaca nayel*
front page *(n.)* առաջին էջ *arrajin ej*
frontier *(n.)* սահման *sahman*

frontside *(adj.)* առաջնակողմնային *arrajnakoghmnayin*
frost *(n.)* սառնամանիք *sarrnamaniq*
frosting *(n.)* ցրտահարություն *crtaharutyun*
frown *(n.)* կնճիռ *knchirr*
frown *(v.)* մռայլվել *mrraylvel*
frozen *(adj.)* սառած *sarrats*
frugal *(adj.)* տնտեսող *tntesogh*
fruit *(n.)* միրգ *mirg*
fruitful *(adj.)* պտղաբեր *ptghaber*
frustrate *(v.)* խափանել *khapanel*
frustration *(n.)* խափանում *khapanum*
fry *(v.)* տապակել *tapakel*
fry *(n.)* մանրաձկնիկ *manradzknik*
fuel *(n.)* վառելիք *varreliq*
fugitive *(adj.)* փախած *pakhats*
fugitive *(n.)* փախստական *pakhstakan*
fulfil *(v.)* իրականացնել *irakanacnel*
fulfilment *(n.)* իրականացում *irakanacum*
full *(adj.)* լի *li*
full *(adv.)* լրիվ *lriv*
full moon *(n.)* լիալուսին *lialusin*
full name *(n.)* լրիվ անվանում *lriv anvanum*
full stop *(n.)* վերջակետ *verjaket*
fullness *(n.)* լիություն *liutyun*
fully *(adv.)* ամբողջովին *amboghjovin*
fumble *(v.)* շոշափել *shoshapel*
fun *(n.)* զվարճանք *zvarchanq*
function *(n.)* ֆունկցիա, դեր *funkcia, der*
function *(v.)* գործել *gortsel*
functionary *(n.)* պաշտոնյա *pashtonya*
fund *(n.)* հիմնապաշար *himnapashar*
fundamental *(adj.)* հիմնական *himnakan*
fundraise *(v.)* դրամահավաքել *dramahavaqel*
funeral *(n.)* հուղարկավորություն *hugharkavorutyun*
fungus *(n.)* բորբոս, սունկ *borbos, sunk*
funny *(n.)* զվարճալի *zvarchali*
fur *(n.)* մորթի *morti*
furious *(adj.)* գազազած *gazazats*
furl *(v.)* փաթաթել *patatel*
furlong *(n.)* ֆուրլոնգ (երկարության չափ) *furlong (yerkarutyan chap)*
furnace *(n.)* հնոց *hnoc*
furnish *(v.)* կահավորել *kahavorel*
furniture *(n.)* կահույք *kahuyq*
furrow *(n.)* ակոս *akos*
further *(adv.)* այնուհետև *aynuhetev*
further *(adj.)* հետագա *hetaga*
further *(v.)* աջակցել *ajakcel*
fury *(n.)* կատաղություն *kataghutyun*
fuse *(v.)* հալ(վ)ել *hal(v)el*
fuse *(n.)* ապահովիչ *apahovich*
fusion *(n.)* միաձուլում, հալում *miadzulum, halum*
fuss *(n.)* իրարանցում *irarancum*
fuss *(v.)* իրար անցնել *irar ancnel*
futile *(adj.)* անօգուտ *anogut*
futility *(n.)* անօգտակարություն *anogtakarutyun*
future *(adj.)* ապագա *apaga*
future *(n.)* ապագա *apaga*
futuristic *(adj.)* ֆուտուրիստական *futuristakan*
futurology *(n.)* ֆուտուրոլոգիա *futurologia*
fuzz *(n.)* աղվամազ *aghvamaz*
fuzz *(v.)* աղվամազով ծածկվել *aghvamazov tsatskvel*
fuzzy *(adj.)* խավոտ *khavot*

G

gabble *(v.)* փնթփնթալ *pntpntal*
gadfly *(n.)* բոռ *borr*
gadget *(n.)* գաջեթ *gajet*
gaffe *(n.)* սխալ *skhal*
gag *(v.)* լռեցնել *lrrecnel*
gag *(n.)* բերանակապ *beranakap*
gaga *(adj.)* անիմաստ *animast*
gaiety *(n.)* ուրախություն *urakhutyun*
gain *(n.)* շահույթ *shahuyt*
gain *(v.)* շահել *shahel*
gainful *(adj.)* շահավետ *shahavet*
gainly *(adv.)* շահավետորեն *shahavetoren*
gainsay *(v.)* հակաճառել *hakacharrel*
gait *(n.)* քայլվածք *qaylvatsq*

gala *(adj.)* տոնական *tonakan*
gala *(n.)* հանդես *handes*
galactic *(adj.)* գալակտիկական *galaktikakan*
galaxy *(n.)* գալակտիկա *galaktika*
gale *(n.)* փոթորիկ *potorik*
gallant *(adj.)* նրբակիրթ *nrbakirt*
gallant *(n.)* կավալեր *kavaler*
gallantry *(n.)* քաջություն *qajutyun*
gallery *(n.)* պատկերասրահ *patkerasrah*
gallon *(n.)* գալոն (հեղուկաչափ) *galon (heghukachap)*
gallop *(n.)* վազք *vazq*
gallop *(v.)* սուր ընթանալ *sur antanal*
gallows *(n.pl.)* կախաղան *kakhaghan*
gall-stone *(n.)* լեղապարկի քար *leghaparki qar*
galore *(adv.)* առատ *arrat*
galvanize *(v.)* գալվանացնել *galvanacnel*
galvanometer *(n.)* գալվանոմետր *galvanometr*
galvanoscope *(n.)* գալվանոսկոպ *galvanoskop*
gambit *(n.)* հնարք *hnarq*
gamble *(v.)* բորսայում խաղալ *borsayum khaghal*
gamble *(n.)* մոլեխաղ *molekhagh*
gambler *(n.)* թղթամոլ *tghtamol*
game *(n.)* խաղ *khagh*
game *(v.)* խաղալ *khaghal*
game changer *(n.)* խաղ փոխող *khagh pokhogh*
game point *(n.)* խաղակետ *khaghaket*
gamemaster *(v.)* դերակատարել *derakatarel*
gamepad *(n.)* խաղավերահսկիչ *khaghaverahskich*
gameplayer *(n.)* խաղացող *khaghacogh*
gamespace *(n.)* խաղատարածք *khaghataratsq*
gamma *(n.)* գամմա *gamma*
gander *(n.)* արու սագ *aru sag*
gang *(n.)* բանդա *banda*
gangrene *(n.)* գանգրենա, փտախտ *gangrena, ptakht*

gangster *(n.)* բանդիտ *bandit*
gap *(n.)* ճեղքում *cheghqum*
gap *(v.)* ճեղքել *cheghqel*
gape *(v.)* հորանջել *horanjel*
garage *(n.)* ավտոտնակ *avtotnak*
garb *(n.)* համազգեստ *hamazgest*
garb *(v.)* զգեստավորել *zgestavorel*
garbage *(n.)* աղբ *aghb*
garden *(n.)* պարտեզ *partez*
gardener *(n.)* պարտիզպան *partizpan*
gargle *(v.)* ողողել *voghoghel*
gargle *(n.)* ողողելու դեղ *voghoghelu degh*
garrison *(n.)* կայազոր *kayazor*
garrison *(v.)* կայազոր նշանակել *kayazor nshanakel*
garland *(n.)* ծաղկեպսակ *tsaghkepsak*
garland *(v.)* ծաղկեպսակով զարդարել *tsaghkepsakov zardarel*
garlic *(n.)* սխտոր *skhtor*
garlicky *(adj.)* սխտորոտ *skhtorot*
garment *(n.)* հագուստ *hagust*
garnish *(v.)* զարդարել *zardarel*
garnish *(n.)* զարդ *zard*
garnishment *(n.)* զարդարանք *zardaranq*
garrotte *(n.)* շնչարգելություն *shnchargelutyun*
garrotte *(v.)* խեղդ(վ)ել *kheghd(v)el*
garrotter *(n.)* խեղդող *kheghdogh*
garter *(n.)* ծնկակապ *tsnkakap*
gas *(n.)* գազ *gaz*
gaseous *(adj.)* գազային *gazayin*
gash *(n.)* պատռվածք *patrrvatsq*
gash *(v.)* խոր կտրել *khor ktrel*
gashing *(adj.)* պատռված *patrrvats*
gasification *(n.)* գազիֆիկացում *gazifikacum*
gasified *(adj.)* գազիֆիկացված *gazifikacvats*
gasify *(v.)* գազիֆիկացնել *gazifikacnel*
gasket *(n.)* միջադիր *mijadir*
gasmask *(n.)* հակագազի դիմակ *hakagazi dimak*
gasoline *(n.)* բենզին *benzin*
gasp *(n.)* շնչարգելություն *shnchargelutyun*
gasp *(v.)* հևալ *heval*

gassy *(adj.)* գազանման *gazanman*
gastric *(adj.)* ստամոքսային *stamoqsayin*
gastronomy *(n.)* գաստրոնոմիա *gastronomia*
gate *(n.)* դարբաս *darbas*
gatehouse *(n.)* պահակատնակ *pahakatnak*
gatekeeper *(n.)* դռնապան *drrnapan*
gatepost *(n.)* դարբասաձող *darbassadzogh*
gateway *(n.)* դարբասաշեմք *darbassashemq*
gather *(v.)* հավաքել *havaqel*
gaudy *(adj.)* անճաշակ *anchashak*
gauge *(n.)* չափ *chap*
gaunt *(adj.)* նիհար *nihar*
gauntlet *(n.)* ձեռնոց *dzerrnoc*
gawk *(n.)* հիմար *himar*
gawk *(v.)* հիմարանալ *himaranal*
gawky *(adj.)* ապուշ *apush*
gay *(adj.)* զվարթ *zvart*
gay *(n.)* գեյ, այլասեռ *gey, aylasserr*
gaze *(v.)* ակնապիշ նայել *aknapish nayel*
gaze *(n.)* հայացք *hayacq*
gazelle *(n.)* վիթ *vit*
gazette *(n.)* լրագիր *lragir*
gazillion *(n.)* գազիլիոն *gazilion*
gear *(n.)* մեխանիզմ *mekhanizm*
gearbox *(n.)* արագությունների տուփ *aragutyunneri tup*
gearset *(n.)* փոխանցումատուփ *pokhancumatup*
gearwheel *(n.)* ատամնավոր անիվ *atamnavor aniv*
geek *(n.)* ցնցոտիավոր *cncotiavor*
geek *(v.)* անթարթ նայել *antart nayel*
geeksville *(n.)* հոգեբուժարան *hogebudjaran*
geekwear *(n.)* հնոտիք *hnotiq*
geeky *(adj.)* ցնցոտիավոր *cncotiavor*
geisha *(n.)* գեյշա *geysha*
gel *(n.)* գել *gel*
gel *(v.)* գելացնել *gelacnel*
gelatin *(n.)* ժելատին, դոնդող *djelatin, dondogh*
gelatinize *(v.)* ժելատինացնել *djelatinacnel*
gelatinous *(adj.)* դոնդողանման *dondoghanman*
geld *(v.)* ամորձատել *amordzatel*
gelded *(adj.)* ամորձատված *amordzatvats*
gelding *(n.)* ամորձատում *amordzatum*
gem *(n.)* գոհար *gohar*
geminal *(adj.)* կրկնապատկված *krknapatkvats*
geminate *(adj.)* զույգ *zuyg*
geminate *(v.)* կրկնապատկել *krknapatkel*
Gemini *(n.)* երկվորյակ *yerkvoryak*
gemmology *(n.)* գեմոլոգիա *gemologia*
gender *(n.)* սեռ *serr*
gene *(n.)* գեն *gen*
genealogical *(adj.)* ծագումնաբանական *tsagumnabanakan*
genealogy *(n.)* ծագումնաբանություն *tsagumnabanutyun*
generable *(adj.)* առաջացնող *arrajacnogh*
general *(adj.)* գլխավոր *glkhavor*
generally *(adv.)* ընդհանրապես *andhanrapes*
generate *(v.)* առաջացնել *arrajacnel*
generation *(n.)* սերունդ *serund*
generator *(n.)* գեներատոր, արտադրիչ *generator, artadrich*
generosity *(n.)* առատաձեռնություն *arratadzerrnutyun*
generous *(adj.)* առատաձեռն *arratadzerrn*
genetic *(adj.)* ծագումնաբանական *tsagumnabanakan*
geneticist *(n.)* ծագումնաբան *tsagumnaban*
genial *(adj.)* բարի *bari*
geniality *(n.)* բարություն *barutyun*
genie *(n.)* ջին *jin*
genital *(adj.)* սեռական *serrakan*
genitalia *(n.)* սեռական օրգաններ *serrakan organner*
genius *(n.)* հանճարեղություն *hanchareghutyun*
genocide *(n.)* ցեղասպանություն

ceghaspanutyun
genome *(n.)* գենետիկա *genetika*
genre *(n.)* ժանր *djanr*
genteel *(adj.)* նուրբ *nurb*
gentility *(n.)* ազնվազարմություն *aznvazarmutyun*
gentle *(adj.)* ազնվազարմ *aznvazarm*
gentleman *(n.)* պարոն *paron*
gentry *(n.)* ազնվականություն *aznvakanutyun*
genuine *(adj.)* իսկական *iskakan*
geographer *(n.)* աշխարհագրագետ *ashkharhagraget*
geographical *(adj.)* աշխարհագրական *ashkharhagrakan*
geography *(n.)* աշխարհագրություն *ashkharhagrutyun*
geological *(adj.)* երկրաբանական *yerkrabanakan*
geologist *(n.)* երկրաբան *yerkraban*
geology *(n.)* երկրաբանություն *yerkrabanutyun*
geometrical *(adj.)* երկրաչափական *yerkrachapakan*
geometry *(n.)* երկրաչափություն *yerkrachaputyun*
geopolitical *(adj.)* աշխարհաքաղաքական *ashkharhaqaghaqakan*
geothermal *(adj.)* երկրաջերմային *yerkrajermayin*
geranium *(n.)* խորդենի *khordeni*
germ *(n.)* մանրէ *manre*
germicide *(n.)* մանրէասպան *manreaspan*
germin *(n.)* սաղմ *saghm*
germinate *(v.)* սաղմնավորվել *saghmnavorvel*
germination *(n.)* բողբոջում *boghbojum*
gerund *(n.)* գերունդիում *gerundium*
gesture *(n.)* ժեստ *djest*
get *(v.)* ստանալ *stanal*
geyser *(n.)* գեյզեր *geyzer*
ghastly *(adj.)* սոսկալի *soskali*
ghetto *(n.)* գետտո, առանձնաթաղ *geto, arrandznatagh*
ghost *(n.)* ուրվական *urvakan*
ghost town *(n.)* ուրվականների քաղաք *urvakanneri qaghaq*
ghostwriter *(n.)* վարձու գրող, համահեղինակ *vardzu grogh, hamaheghinak*
ghoul *(n.)* ոգի *vogi*
ghoulish *(adj.)* ոգեղեն *vogeghen*
giant *(n.)* հսկա մարդ *hska mard*
giantess *(n.)* հսկա կին *hska kin*
gib *(n.)* համապատասխանություն *hamapataskhanutyun*
gib *(v.)* համապատասխանել *hamapaskhanel*
gibber *(n.)* փնթփնթոց *pntpntoc*
gibber *(v.)* փնթփնթալ *pntpntal*
gibberish *(n.)* անկապ խոսք *ankap khosq*
gibberish *(adj.)* անկապ *ankap*
gibbon *(n.)* գիբոն (կապիկ) *gibon (kapik)*
gibe *(v.)* ծաղրել *tsaghrel*
gibe *(n.)* ծաղր *tsaghr*
giddy *(adj.)* գլխապտույտ պատճառող *glkhaptuyt patcharrogh*
gift *(n.)* նվեր *nver*
gift *(v.)* նվիրել *nvirel*
gifted *(adj.)* շնորհալի *shnorhali*
giftwrap *(v.)* նվեր փաթեթավորել *nver patetavorel*
gig *(n.)* նավակ *navak*
gig *(v.)* նավարկել *navarkel*
gigabit *(n.)* գիգաբիթ *gigabit*
gigabyte *(n.)* գիգաբայթ *gigabayt*
gigantic *(adj.)* հսկայական *hskayakan*
giggle *(v.)* հռհռալ *hrrhrral*
gild *(v.)* ոսկեզօծել *voskezotsel*
gilt *(adj.)* ոսկեզօծ *voskezots*
gimmick *(n.)* հնարք *hnarq*
gimmick *(v.)* հնարել *hnarel*
gimmickry *(n.)* հնարքներ *hnarqner*
gimp *(n.)* կաղություն *kaghutyun*
gimp *(v.)* կաղալ *kaghal*
gimp *(adj.)* կաղ *kagh*
gin *(n.)* օղի *oghi*
ginger *(adj.)* կոճապղպեղային *kochapghpeghayin*
ginger *(n.)* կոճապղպեղ *kochapghpegh*

ginger ale *(n.)* կոճապղպեղի գարեջուր *kochapghpeghi garejur*
gingerbread *(n.)* մեղրաբլիթ *meghrablit*
giraffe *(n.)* ընձուղտ *andzught*
gird *(v.)* գոտևորել *gotevorel*
girder *(n.)* գերան *geran*
girdle *(n.)* գոտի *goti*
girdle *(v.)* գոտի կապել *goti kapel*
girl *(n.)* աղջիկ *aghjik*
girlish *(adj.)* աղջկական *aghjkakan*
gist *(n.)* էություն *eutyun*
give *(v.)* տալ *tal*
gizmo *(n.)* սարք *sarq*
glacier *(n.)* սառցադաշտ *sarrcadasht*
glad *(adj.)* ուրախ *urakh*
gladden *(v.)* ուրախացնել *urakhacnel*
glade *(n.)* բացատ *bacat*
gladiator *(n.)* գլադիատոր, կրկեսամարտիկ *gladiator, krkesamartik*
gladiatorial *(adj.)* գլադիատորական *gladiatorakan*
gladly *(adv.)* հաճույքով *hachuyqov*
glam *(adj.)* փայլուն *paylun*
glam *(n.)* փայլ *payl*
glamour *(n.)* հմայք *hmayq*
glance *(n.)* նայվածք *nayvatsq*
glance *(v.)* նայել *nayel*
gland *(n.)* գեղձ *geghdz*
glands *(n.pl.)* նշագեղձեր *nshageghdzer*
glandule *(n.)* փոքր ուռուցք *poqr urrucq*
glare *(n.)* փայլ *payl*
glare *(v.)* փայլել *paylel*
glass *(n.)* ապակի *apaki*
glasses *(n.pl.)* ակնոց *aknoc*
glasshouse *(n.)* ջերմոց *jermoc*
glassify *(v.)* ապակեպատել *apakepatel*
glassmaker *(n.)* ապակեգործ *apakegorts*
glaucoma *(n.)* գլաուկոմա *glaukoma*
glaze *(v.)* ջնարակել *jnarakel*
glaze *(n.)* ջնարակ *jnarak*
glazier *(n.)* ապակեգործ *apakegorts*
gleam *(n.)* շող *shogh*
gleam *(v.)* արտացոլվել *artacolvel*
gleaming *(adj.)* շողշողացող *shoghshoghacogh*
glee *(n.)* ուրախություն *urakhutyun*
gleeful *(adj.)* ուրախ *urakh*
gleefully *(adv.)* ուրախությամբ *urakhutyamb*
glide *(n.)* սահում *sahum*
glide *(v.)* սահել *sahel*
glider *(n.)* սահասավառնակ *sahassavarrnak*
glimmer *(n.)* պլպլում *plplum*
glimmer *(v.)* պլպլալ *plplal*
glimpse *(n.)* նշույլ *nshuyl*
glitch *(n.)* անսարքություն *ansarqutyun*
glitch *(v.)* անսարք լինել *ansarq linel*
glitter *(v.)* փայլել *paylel*
glitter *(n.)* փայլ *payl*
gloat *(v.)* ցնծալ *cntsal*
gloat *(n.)* ցնծություն *cntsutyun*
gloatingly *(adv.)* ցնծությամբ *cntsutyamb*
global *(adj.)* համաշխարհային *hamashkharhayin*
global warming *(n.)* գլոբալ տաքացում *global taqacum*
globally *(adv.)* համաշխարհային մասշտաբով *hamashkharhayin masshtabov*
globe *(n.)* գլոբուս *globus*
globetrotter *(n.)* շատ ճանապարհորդող մարդ *shat chanaparhordogh mard*
gloom *(n.)* մռայլություն *mrraylutyun*
gloomy *(adj.)* մռայլ *mrrayl*
glorification *(n.)* փառաբանում *parrabanum*
glorify *(v.)* փառաբանել *parrabanel*
glorious *(adj.)* փառավոր *parravor*
glory *(n.)* փառք *parrq*
gloss *(n.)* փայլ *payl*
glossary *(n.)* բառարան *barraran*
glossy *(adj.)* փայլուն *paylun*
glove *(n.)* ձեռնոց *dzerrnoc*
glovebox *(n.)* ձեռնոցների տուփ *dzerrnocneri tup*
glow *(v.)* այրվել *ayrvel*
glow *(n.)* կրակ *krak*
glucose *(n.)* գլյուկոզա, խաղողաշաքար *glyukoza,*

khaghoghashaqar
glue *(n.)* սոսինձ *sosindz*
glue *(v.)* սոսնձվել *sosndzvel*
glue stick *(n.)* սոսնձափայտ *sosndzapayt*
glut *(n.)* գերհագեցում *gerhagecum*
glut *(v.)* գերհագեցնել *gerhagecnel*
gluten-free *(adj.)* առանց գլյուտենի *arranc glyuteni*
glutton *(n.)* որկրամոլ *vorkramol*
gluttony *(n.)* շատակերություն *shatakerutyun*
glycerine *(n.)* գլիցերին *glicerin*
gnarl *(n.)* հանգույց *hanguyc*
gnarl *(v.)* հանգուցավորվել *hangucavorvel*
gnaw *(v.)* կրծոտել *krtsotel*
gnome *(n.)* թզուկ *tzuk*
go *(v.)* գնալ *gnal*
goad *(n.)* խթան *khtan*
goal *(n.)* նպատակ *npatak*
goalkeeper *(n.)* դարպասապահ *darpassapah*
goalpost *(n.)* դարպասաձող *darpassadzogh*
goalscoring *(n.)* գոլ խփելը *gol khpela*
goanna *(n.)* գոանա, մողես *goana, moghes*
goat *(n.)* այծ *ayts*
gobble *(n.)* լափել *lapel*
goblet *(n.)* գավաթ *gavat*
god *(n.)* աստված *astvats*
goddess *(n.)* աստվածուհի *astvatsuhi*
godfather *(n.)* կնքահայր *knqahayr*
godhead *(n.)* աստվածություն *astvatsutyun*
godly *(adj.)* բարեպաշտ *barepasht*
godown *(n.)* անկում *ankum*
godsend *(n.)* գյուտ *gyut*
goggles *(n.pl.)* ակնոց *aknoc*
gold *(n.)* ոսկի *voski*
golden *(adj.)* ոսկեգույն *voskeguyn*
goldsmith *(n.)* ոսկերիչ *voskerich*
golf *(n.)* գոլֆ *golf*
golf cart *(n.)* գոլֆի սայլ *golfi sayl*
golf course *(n.)* գոլֆի դաշտ *golfi dasht*
gonads *(n.pl.)* սեռական գեղձեր *serrakan geghdzer*
gondola *(n.)* գոնդոլ, մակույկ *gondol, makuyk*
gong *(n.)* գոնգ, կոչնազանգ *gong, kochnazang*
goo *(n.)* կպչուն նյութ *kpchun nyut*
goo *(v.)* կպչել *kpchel*
good *(adj.)* լավ *lav*
good *(n.)* բարիք *bariq*
good-bye *(interj.)* ցտեսություն *ctesutyun*
goodness *(n.)* բարություն *barutyun*
goodwill *(n.)* բարյացակամություն *baryacakamutyun*
goof *(v.)* հիմարանալ *himaranal*
goof *(n.)* հիմարություն *himarutyun*
goofy *(adj.)* բթամիտ *btamit*
google *(v.)* որոնել *voronel*
gooney *(n.)* ալբատրոս, ձկնկուլ *albatros, dzknkul*
goose *(n.)* սագ *sag*
gooseberry *(n.)* փշահաղարջ *pshahagharj*
gore *(n.)* արյուն *aryun*
gore *(v.)* խոցել *khocel*
gorge *(n.)* կիրճ *kirch*
gorge *(v.)* ագահաբար ուտել *agahabar utel*
gorge *(adj.)* կուտակված *kutakvats*
gorgeous *(adj.)* հոյակապ *hoyakap*
gorilla *(n.)* գորիլա *gorila*
gospel *(n.)* ավետարան *avetaran*
gossip *(n.)* բամբասանք *bambasanq*
gossip *(v.)* բամբասել *bambasel*
gothic *(adj.)* գոթական *gotakan*
gothic *(n.)* գոթերեն *goteren*
gouda *(n.)* պանիր *panir*
gourd *(n.)* դդում *ddum*
gout *(n.)* հոդատապ *hodatap*
govern *(v.)* կառավարել *karravarel*
governance *(n.)* կառավարում *karravarum*
governess *(n.)* տնային դաստիարակչուհի *tnayin dastiarakchuhi*
government *(n.)* կառավարություն *karravarutyun*
governor *(n.)* նահանգապետ *nahangapet*

gown *(n.)* զգեստ *zgest*
grab *(v.)* գրավել *gravel*
grace *(n.)* նազելիություն *nazeliutyun*
grace *(v.)* գեղազարդել *geghazardel*
graceful *(adj.)* նազելի *nazeli*
gracious *(adj.)* գթասիրտ *gtasirt*
gradation *(n.)* աստիճանավորում *astichanavorum*
grade *(n.)* գնահատական *gnahatakan*
grade *(v.)* աստիճանավորել *astichanavorel*
gradual *(adj.)* աստիճանական *astichanakan*
graduate *(v.)* ավարտել *avartel*
graduate *(n.)* շրջանավարտ *shrjanavart*
graduation ceremony *(n.)* ավարտական արարողություն *avartakan araroghutyun*
graffiti *(v.)* պատին նկարել *patin nkarel*
graft *(n.)* հյուսվածքների փոխպատվաստում *hyusvatsqneri pokhpatvastum*
graft *(v.)* փոխպատվաստել *pokhpatvastel*
grain *(n.)* հացահատիկ *hacahatik*
grammar *(n.)* քերականություն *qerakanutyun*
grammarian *(n.)* քերականագետ *qerakanaget*
gramme *(n.)* գրամ *gram*
gramophone *(n.)* գրամոֆոն *gramofon*
granary *(n.)* ամբար *ambar*
grand *(adj.)* մեծ *mets*
grand finale *(n.)* մեծ եզրափակիչ *mets yezrapakich*
grandeur *(n.)* վեհություն *vehutyun*
grant *(v.)* դրամաշնորհել *dramashnorhel*
grant *(n.)* դրամաշնորհ *dramashnorh*
grape *(n.)* խաղող *khaghogh*
graph *(n.)* դիագրամ *diagram*
graphic *(adj.)* գծագրական *gtsagrakan*
grapple *(n.)* ըմբշամարտ *ambshamart*
grapple *(v.)* պայքարել *payqarel*
grasp *(v.)* բռնել *brrnel*
grasp *(n.)* գիրկ *girk*

grass *(n.)* խոտ *khot*
grassland *(n.)* խոտհարք *khotharq*
grate *(n.)* վանդակ *vandak*
grate *(v.)* քերել *qerel*
grateful *(adj.)* շնորհակալ *shnorhakal*
grater *(n.)* քերիչ *qerich*
gratification *(n.)* գոհունակություն *gohunakutyun*
gratis *(adv.)* անվճար *anvchar*
gratitude *(n.)* երախտագիտություն *yerakhtagitutyun*
gratuity *(n.)* պարգևադրամ *pargevadram*
grave *(n.)* գերեզման *gerezman*
grave *(adj.)* կարևոր *karevor*
gravitate *(v.)* ձգ(վ)ել *dzg(v)el*
gravitation *(n.)* ձգողականություն *dzgoghakanutyun*
gravity *(n.)* ձգողականություն *dzgoghakanutyun*
graze *(v.)* արածեցնել *aratsecnel*
graze *(n.)* արածում *aratsum*
grease *(n.)* յուղաքսուք *yughaqsuq*
grease *(v.)* յուղել *yughel*
greasy *(adj.)* յուղոտ *yughot*
great *(adj.)* մեծ *mets*
greed *(n.)* ագահություն *agahutyun*
greedy *(adj.)* ագահ *agah*
Greek *(n.)* հույն *huyn*
Greek *(n.)* հունարեն *hunaren*
Greek *(adj.)* հունական *hunakan*
green *(adj.)* կանաչ *kanach*
green *(n.pl.)* կանաչեղեն *kanacheghen*
greenery *(n.)* բուսականություն *busakanutyun*
greenhouse *(n.)* ջերմոց *jermoc*
greet *(v.)* ողջունել *voghjunel*
grenade *(n.)* նռնակ *nrrnak*
grey *(adj.)* մոխրագույն *mokhraguyn*
grey market *(n.)* գորշ շուկա *gorsh shuka*
greyhound *(n.)* բարակ (որսկան շուն) *barak (vorskan shun)*
grief *(n.)* վիշտ *visht*
grievance *(n.)* վիրավորանք *viravoranq*
grieve *(v.)* վշտանալ *vshtanal*
grievous *(adj.)* վշտալի *vshtali*

grim *(adj.)* սարսափելի *sarsapeli*
grind *(v.)* աղալ *aghal*
grinder *(n.)* աղաց *aghac*
grip *(v.)* բռնել *brrnel*
grip *(n.)* սեղմում *seghmum*
groan *(v.)* հառաչել *harrachel*
groan *(n.)* հառաչ *harrach*
grocer *(n.)* նպարավաճառ *nparavacharr*
grocery *(n.pl.)* նպարեղեն *npareghen*
groom *(n.)* սպա *spa*
groom *(v.)* խնամել *khnamel*
groove *(n.)* ակոս *akos*
groove *(v.)* ճեղքել *cheghqel*
grope *(v.)* շոշափելով որոնել *shoshapelov voronel*
gross *(n.)* մեծ քանակություն *mets qanakutyun*
gross *(adj.)* մեծ *mets*
grotesque *(adj.)* զավեշտական *zaveshtakan*
ground *(n.)* գետին *getin*
ground *(v.)* իջեցնել *ijecnel*
ground attack *(n.)* ցամաքային հարձակում *camaqayin hardzakum*
ground clearance *(n.)* հողի մաքրում *hoghi maqrum*
group *(n.)* խումբ *khumb*
group *(v.)* խմբավորել *khmbavorel*
grow *(v.)* աճել *achel*
grower *(n.)* այգեգործ *aygegorts*
growl *(v.)* մռնչալ *mrrnchal*
growl *(n.)* մռնչյուն *mrrnchyun*
growth *(n.)* աճ *ach*
grudge *(v.)* նախանձ *nakhandz*
grudge *(n.)* նախանձել *nakhandzel*
grumble *(v.)* փնթփնթալ *pntpntal*
grunt *(n.)* քրթմնջոց *qrtmnjoc*
grunt *(v.)* քրթմնջալ *qrtmnjal*
guarantee *(v.)* երաշխավորել *yerashkhavorel*
guarantee *(n.)* երաշխիք *yerashkhiq*
guard *(v.)* պահպանել *pahpanel*
guard *(n.)* պահակ *pahak*
guardian *(n.)* խնամակալ *khnamakal*
guava *(n.)* գուավա *guava*
guerilla *(n.)* պարտիզան *partizan*
guess *(v.)* գուշակել *gushakel*

guess *(n.)* կռահում *krrahum*
guest *(n.)* հյուր *hyur*
guest list *(n.)* հյուրերի ցուցակ *hyureri cucak*
guest room *(n.)* հյուրասենյակ *hyurasenyak*
guidance *(n.)* ուղղորդում *ughghordum*
guide *(v.)* ուղեկցել *ughekcel*
guide *(n.)* ուղեկցող *ughekcogh*
guideline *(n.)* ուղենիշ *ughenish*
guild *(n.)* գիլդիա, համքարություն *gildia, hamqarutyun*
guile *(n.)* նենգություն *nengutyun*
guilt *(n.)* մեղք *meghq*
guilt-free *(adj.)* անմեղ *anmegh*
guilty *(adj.)* մեղավոր *meghavor*
guise *(n.)* դիմակ *dimak*
guitar *(n.)* կիթառ *kitarr*
gulf *(n.)* ծովածոց *tsovatsoc*
gull *(n.)* ճայ *chay*
gull *(v.)* ճայ որսալ *chay vorsal*
gulp *(n.)* կում *kum*
gulp *(v.)* կլանել *klanel*
gum *(n. pl.)* լինդ *lind*
gumboot *(n.pl.)* ռետինե ճտքակոշիկ *rretine chtqakoshik*
gun *(n.)* ատրճանակ *atrchanak*
gunpoint *(n.)* հրետակոծություն *hretakotsutyun*
gust *(n.)* պոռթկում *porrtkum*
gutter *(n.)* հեղեղատար *hegheghatar*
guttural *(adj.)* ետնալեզվային *yetnalezvayin*
gymnasium *(n.)* գիմնազիա *gimnazia*
gymnast *(n.)* մարմնամարզիկ *marmnamarzik*
gymnastic *(adj.)* մարմնամարզական *marmnamarzakan*
gymnastics *(n.)* մարմնամարզություն *marmnamarzutyun*

H

habeas corpus *(n.)* դատական գործողություն datakan gortsoghutyun

habit *(n.)* սովորություն *sovorutyun*
habitable *(adj.)* բնակելի *bnakeli*
habitat *(n.)* բնակարան *bnakaran*
habitation *(n.)* բնակություն *bnakutyun*
habituate *(v.)* սովորեցնել *sovorecnel*
hack *(v.)* ջարդել *jardel*
hacker *(n.)* հաքեր *haqer*
haemoglobin *(n.)* հեմոգլոբին *hemoglobin*
hag *(n.)* վհուկ *vhuk*
haggard *(adj.)* տանջահար *tanjahar*
haggle *(v.)* սակարկել *sakarkel*
hail *(n.)* կարկուտ *karkut*
hail *(v.)* կարկտահարել *karktaharel*
hailstorm *(n.)* կարկտահարություն *karktaharutyun*
hair *(n.)* մազեր *mazer*
hairbrush *(n.)* սանր *sanr*
hairdryer *(n.)* վարսահարդարիչ *varsahardarich*
hale *(adj.)* կորովի *korovi*
half *(n.)* կես *kes*
half *(adj.)* մասնակի *masnaki*
half-day *(n.)* կես օր *kes or*
half-hearted *(adj.)* անտարբեր *antarber*
hall *(n.)* սրահ *srah*
hallmark *(n.)* փորձադրոշմ *pordzadroshm*
hallow *(v.)* օրհնել *orhnel*
hallucination *(n.)* հալյուցինացիա, պատրանք *halyucinacia, patranq*
halt *(v.)* դադար *dadar*
halt *(n.)* դադարեցնել *dadarecnel*
halve *(v.)* կիսել *kisel*
hamlet *(n.)* շեն *shen*
hammer *(n.)* մուրճ *murch*
hammer *(v.)* մեխել *mekhel*
hand *(n.)* ձեռք *dzerrq*
hand *(v.)* տալ *tal*
hand baggage *(n.)* ձեռքի ուղեբեռ *dzerrqi ugheberr*
hand lotion *(n.)* ձեռքի լոսյոն *dzerrqi losyon*
hand luggage *(n.)* ձեռքի բեռ *dzerrqi berr*
handbill *(n.)* ծանուցում *tsanucum*
handbook *(n.)* տեղեկագիրք *teghekagirq*
handbrake *(n.)* ձեռքի արգելակ *dzerrqi argelak*
handcuff *(n. pl.)* ձեռնաշղթաներ *dzerrnashghtaner*
handcuff *(v.)* ձեռնաշղթաներ հագցնել *dzerrnashghtaner hagcnel*
handful *(n.)* բռաչափ *brrachap*
handicap *(n.)* ուժերի հավասարեցում *udjeri havasarecum*
handicap *(v.)* ուժերը հավասարեցնել *udjera havasarecnel*
handicraft *(n.)* արհեստ *arhest*
handiwork *(n.)* ձեռագործ *dzerragorts*
handkerchief *(n.)* թաշկինակ *tashkinak*
handle *(n.)* կոթ *kot*
handle *(v.)* դիպչել *dipchel*
handsome *(adj.)* գեղեցիկ *geghecik*
handy *(adj.)* հարմար *harmar*
hang *(v.)* կախել *kakhel*
hanker *(v.)* երազել *yerazel*
haphazard *(adj.)* պատահական *patahakan*
happen *(v.)* պատահել *patahel*
happening *(n.)* դեպք *depq*
happiness *(n.)* երջանկություն *yerjankutyun*
happy *(adj.)* երջանիկ *yerjanik*
harass *(v.)* անհանգստացնել *anhangstacnel*
harassment *(n.)* ոտնձգություններ *votndzgutyunner*
harbour *(n.)* ապաստարան *apastaran*
harbour *(v.)* թաքցնել *taqcnel*
hard *(adj.)* դժվար *ddjvar*
hard *(adv.)* դժվարությամբ *ddjvarutyamb*
harden *(v.)* պնդացնել *pndacnel*
hardihood *(n.)* քաջություն *qajutyun*
hardly *(adv.)* հազիվհազ *hazivhaz*
hardship *(n.)* զրկանք *zrkanq*
hardware *(n.)* երկաթեղեն *yerkateghen*
hard-working *(adj.)* աշխատասեր *ashkhataser*
hardy *(adj.)* դիմացկուն *dimackun*
hare *(n.)* նապաստակ *napastak*
harm *(n.)* վնաս *vnas*

harm *(v.)* վնասել *vnasel*
harmful *(adj.)* վնասակար *vnasakar*
harmless *(adj.)* անվնաս *anvnas*
harmonious *(adj.)* ներդաշնակ *nerdashnak*
harmonium *(n.)* ֆիսհարմոնիա *fisharmonia*
harmony *(n.)* ներդաշնակություն *nerdashnakutyun*
harness *(n.)* ասպազենք *aspazenq*
harness *(v.)* լծել *ltsel*
harp *(n.)* տավիղ *tavigh*
harsh *(adj.)* կոպիտ *kopit*
harvest *(n.)* բերքահավաք *berqahavaq*
harvest *(v.)* քաղել *qaghel*
harvester *(n.)* քաղվոր *qaghvor*
haste *(n.)* շտապողականություն *shtapoghakanutyun*
hasten *(v.)* շտապեցնել *shtapecnel*
hasty *(adj.)* հապճեպ *hapchep*
hat *(n.)* գլխարկ *glkhark*
hatch *(n.)* դռնակով անցք *drrnakov ancq*
hatch *(v.)* մտադրվել *mtadrvel*
hatchet *(n.)* փոքր կացին *poqr kacin*
hate *(n.)* ատելություն *atelutyun*
hate *(v.)* ատել *atel*
hat-trick *(n.)* անընդմեջ հաջողություններ *anandmej hajoghutyunner*
haughty *(adj.)* ամբարտավան *ambartavan*
haunt *(v.)* հետապնդել *hetapndel*
haunt *(n.)* որջ *vorj*
have *(v.)* ունենալ *unenal*
haven *(n.)* ապաստարան *apastaran*
havoc *(n.)* ավերում *averum*
hawk *(n.)* բազե *baze*
hawker *(n.)* մանրավաճառ *manravacharr*
hawthorn *(n.)* ալոճենի *alocheni*
hay *(n.)* խոտ *khot*
hazard *(n.)* վտանգ *vtang*
hazard *(v.)* վտանգել *vtangel*
haze *(n.)* մշուշ *mshush*
hazy *(adj.)* մշուշոտ *mshushot*
he *(pron.)* նա *na*
head *(n.)* գլուխ *glukh*
head *(v.)* գլխավորել *glkhavorel*
headache *(n.)* գլխացավ *glkhacav*
headband *(n.)* գլխակապ *glkhakap*
heading *(n.)* վերնագիր *vernagir*
headlight *(n.)* լապտեր *lapter*
headline *(n.)* վերնագիր *vernagir*
headlong *(adv.)* շեշտակի *sheshtaki*
headquarter *(v.)* շտաբ տեղադրել *shtab teghadrel*
headstrong *(adj.)* կամայական *kamayakan*
heal *(v.)* բուժել *budjel*
health *(n.)* առողջություն *arroghjutyun*
healthy *(adj.)* առողջ *arroghj*
heap *(n.)* կույտ *kuyt*
heap *(v.)* կուտակել *kutakel*
hear *(v.)* լսել *lsel*
hearsay *(n.)* ասեկոսե *assekosse*
heart *(n.)* սիրտ *sirt*
heartbeat *(n.)* սրտի զարկ *srti zark*
heartbreak *(n.)* սրտաճմլիկություն *srtachmlikutyun*
hearth *(n.)* օջախ *ojakh*
heartily *(adv.)* սրտանց *srtanc*
heat *(n.)* ջերմություն *jermutyun*
heat *(v.)* տաքացնել *taqacnel*
heat-resistant *(adj.)* ջերմակայուն *jermakayun*
heatstroke *(n.)* ջերմային հարված *jermayin harvats*
heave *(v.)* բարձրանալ *bardzranal*
heaven *(n.)* դրախտ *drakht*
heavenly *(adj.)* երկնային *yerknayin*
heavily *(adv.)* ծանրորեն *tsanroren*
heavy *(adj.)* ծանր *tsanr*
hedge *(n.)* ցանկապատ *cankapat*
hedge *(v.)* ցանկապատել *cankapatel*
heed *(v.)* ուշադրություն դարձնել *ushadrutyun dardznel*
heed *(n.)* ուշադրություն *ushadrutyun*
heel *(n.)* գարշապար *garshapar*
hefty *(adj.)* ծանր *tsanr*
height *(n.)* հասակ *hasak*
heighten *(v.)* բարձրացնել *bardzracnel*
heinous *(adj.)* զզվելի *zzveli*
heir *(n.)* ժառանգ *djarrang*
heiress *(n.)* ժառանգորդուհի *djarrangorduhi*

hell *(n.)* դժոխք *ddjokhq*
helm *(n.)* ղեկ *ghek*
helmet *(n.)* սաղավարտ *saghavart*
help *(v.)* օգնել *ognel*
help *(n.)* օգնություն *ognutyun*
helpful *(adj.)* օգտակար *ogtakar*
helpless *(adj.)* անօգնական *anognakan*
helpmate *(n.)* օգնական *ognakan*
hemisphere *(n.)* կիսագունդ *kisagund*
hemp *(n.)* կանեփ *kanep*
hen *(n.)* հավ *hav*
hence *(adv.)* հետևաբար *hetevabar*
henceforth *(adv.)* այսուհետև *aysuhetev*
henceforward *(adv.)* այսուհետև *aysuhetev*
henchman *(n.)* կամակատար *kamakatar*
henpeck *(v.)* հպատակվել կնոջ *hpatakvel knoj*
hepatic *(adj.)* լյարդի *lyardi*
her *(pron.)* նրա *nra*
herald *(n.)* սուրհանդակ *surhandak*
herald *(v.)* ազդարարել *azdararel*
herb *(n.)* դեղաբույս *deghabuys*
Herculean *(adj.)* հերկուլեսյան *herkulesyan*
herd *(n.)* երամակ *yeramak*
herdsman *(n.)* հովիվ *hoviv*
here *(adv.)* այստեղ *aystegh*
hereabouts *(adv.)* մոտակայքում *motakayqum*
hereafter *(n.)* ապագա *apaga*
hereafter *(adv.)* ապագայում *apagayum*
hereditary *(adj.)* ժառանգական *djarrangakan*
heredity *(n.)* ժառանգականություն *djarrangakanutyun*
heritable *(adj.)* ժառանգական *djarrangakan*
heritage *(n.)* ժառանգություն *djarrangutyun*
hermit *(n.)* ճգնավոր *chgnavor*
hermitage *(n.)* ճգնարան *chgnaran*
hernia *(n.)* ճողվածք *choghvatsq*
hero *(n.)* հերոս *heros*
heroic *(adj.)* հերոսական *herosakan*
heroine *(n.)* հերոսուհի *herosuhi*
heroism *(n.)* հերոսություն *herosutyun*
herring *(n.)* ծովատառեխ, հարինգ *tsovatarrekh, haring*
hesitant *(adj.)* տատանվող *tatanvogh*
hesitate *(v.)* վարանել *varanel*
hesitation *(n.)* վարանում *varanum*
hew *(v.)* տաշել *tashel*
heyday *(n.)* ծաղկում *tsaghkum*
hibernation *(n.)* ձմեռում *dzmerrum*
hiccup *(n.)* զկռտոց *zkrrtoc*
hide *(n.)* մաշկ *mashk*
hide *(v.)* թաքնվել *taqnvel*
hideous *(adj.)* սարսափելի *sarsapeli*
hierarchy *(n.)* ստորակարգություն *storakargutyun*
high *(adj.)* բարձր *bardzr*
higher education *(n.)* բարձրագույն կրթություն *bardzraguyn krtutyun*
highlight *(n.)* փաստ *past*
highly *(adv.)* սաստիկ *sastik*
Highness *(n.)* մեծություն *metsutyun*
highway *(n.)* մայրուղի *mayrughi*
hilarious *(adj.)* զվարթ *zvart*
hilarity *(n.)* զվարթություն *zvartutyun*
hill *(n.)* բլուր *blur*
hillock *(n.)* բլրակ *blrak*
him *(pron.pers.)* նրան *nran*
hinder *(v.)* խանգարել *khangarel*
hindrance *(n.)* արգելք *argelq*
hint *(n.)* ակնարկ *aknark*
hint *(v.)* ակնարկել *aknarkel*
hip *(n.)* գոտկատեղ *gotkategh*
hire *(n.)* վարձում *vardzum*
hire *(v.)* վարձել *vardzel*
hireling *(n.)* վարձկան *vardzkan*
his *(pron. poss.)* նրա *nra*
hiss *(n.)* սուլոց *suloc*
hiss *(v.)* սուլել *sulel*
historian *(n.)* պատմաբան *patmaban*
historic *(adj.)* պատմական *patmakan*
historical *(adj.)* պատմական *patmakan*
history *(n.)* պատմություն *patmutyun*
hit *(n.)* հարված *harvats*
hit *(v.)* հարվածել *harvatsel*
hitch *(n.)* ցնցում *cncum*
hither *(adv.)* այստեղ *aystegh*

hitherto *(adv.)* մինչ հիմա *minch hima*
hive *(n.)* փեթակ *petak*
hoarse *(adj.)* խռպոտ *khrrpot*
hoax *(n.)* խաբեություն *khabeutyun*
hoax *(v.)* խաբել *khabel*
hobby *(n.)* հոբբի *hobi*
hobbyhorse *(n.)* փայտե ձի *payte dzi*
hobnob *(v.)* մտերմանալ *mtermanal*
hockey *(n.)* հոկեյ *hokey*
hoist *(v.)* բարձրացնել *bardzracnel*
hold *(n.)* զավթում *zavtum*
hold *(v.)* պահել *pahel*
holdback *(n.)* արգելք *argelq*
hole *(n.)* փոս *pos*
hole *(v.)* ծակել *tsakel*
holiday *(n.)* տոն *ton*
hollow *(n.)* խոռոչ *khorroch*
hollow *(adj.)* դատարկ *datark*
hollow *(v.)* փորել *porel*
holocaust *(n.)* եղեռն *yegherrn*
holograph *(n.)* հոլոգրաֆ, ձեռագիր *holograf, dzerragir*
holy *(adj.)* սուրբ *surb*
homage *(n.)* հարգանք *harganq*
home *(n.)* տուն *tun*
home-made *(adj.)* տնական *tnakan*
homeopath *(n.)* հոմեոպաթ *homeopat*
homeopathy *(n.)* հոմեոպաթիա *homeopatia*
homesick *(adj.)* հայրենակարոտ *hayrenakarot*
homicide *(n.)* սպանություն *spanutyun*
homogeneous *(adj.)* համասեռ *hamasserr*
honest *(adj.)* ազնիվ *azniv*
honesty *(n.)* ազնվություն *aznvutyun*
honey *(n.)* մեղր *meghr*
honeycomb *(n.)* բջիջ *bjij*
honeymoon *(n.)* մեղրամիս *meghramis*
honorarium *(n.)* հոնորար *honorar*
honorary *(adj.)* պատվավոր *patvavor*
honour *(n.)* պատիվ *pativ*
honour *(v.)* պատվել *patvel*
honourable *(adj.)* պատվավոր *patvavor*
hood *(n.)* վեղար *veghar*
hoodwink *(v.)* խաբել *khabel*
hoof *(n.)* սմբակ *smbak*

hook *(n.)* կեռիկ *kerrik*
hooligan *(n.)* խուլիգան *khuligan*
hoot *(n.)* կռինչ *krrinch*
hoot *(v.)* կռնչալ *krrnchal*
hop *(v.)* ցատկոտել *catkotel*
hop *(n.)* ցատկում *catkum*
hope *(v.)* հուսալ *husal*
hope *(n.)* հույս *huys*
hopeful *(adj.)* հուսադրող *husadrogh*
hopeless *(adj.)* անհույս *anhuys*
horde *(n.)* հորդա *horda*
horizon *(n.)* հորիզոն *horizon*
horn *(n.)* պոզ *poz*
hornet *(n.)* ձիաբոռ *dziaborr*
horrible *(adj.)* զարհուրելի *zarhureli*
horrify *(v.)* զարհուրեցնել *zarhurecnel*
horror *(n.)* սարսափ *sarsap*
horse *(n.)* ձի *dzi*
horseshoe *(n.)* պայտ *payt*
horticulture *(n.)* այգեգործություն *aygegortsutyun*
hose *(n.)* գուլպաներ *gulpaner*
hosiery *(n.)* գուլպեղեն *gulpeghen*
hospitable *(adj.)* հյուրասեր *hyurasser*
hospital *(n.)* հիվանդանոց *hivandanoc*
hospitality *(n.)* հյուրասիրություն *hyurassirutyun*
host *(n.)* հյուրընկալող *hyurankalogh*
hostage *(n.)* պատանդ *patand*
hostel *(n.)* պանդոկ *pandok*
hostile *(adj.)* թշնամական *tshnamakan*
hostility *(n.)* թշնամություն *tshnamutyun*
hot *(adj.)* տաք *taq*
hotchpotch *(n.)* աջաբսանդալ *ajabsandal*
hotel *(n.)* հյուրանոց *hyuranoc*
hound *(n.)* որսորդական շուն *vorsordakan shun*
hour *(n.)* ժամ *djam*
house *(n.)* տուն *tun*
house *(v.)* ապրել *aprel*
household *(n.)* տնային տնտեսություն *tnayin tntesutyun*
how *(adv.)* ինչպես *inchpes*
however *(adv.)* ինչքան էլ որ *inchqan el vor*
however *(conj.)* սակայն *sakayn*

howl *(v.)* ոռնալ *vorrnal*
howl *(n.)* ոռնոց *vorrnoc*
hub *(n.)* կենտրոն *kentron*
hubbub *(n.)* աղաղակ *aghaghak*
huge *(adj.)* հսկայական *hskayakan*
hum *(v.)* բզզալ *bzzal*
hum *(n.)* բզզոց *bzzoc*
human *(adj.)* մարդկային *mardkayin*
humane *(adj.)* մարդասեր *mardasser*
humanitarian *(adj.)* մարդասիրական *mardassirakan*
humanity *(n.)* մարդկություն *mardkutyun*
humanize *(v.)* մարդկայնացնել *mardkaynacnel*
humble *(adj.)* համեստ *hamest*
humdrum *(adj.)* միօրինակ *miorinak*
humid *(adj.)* խոնավ *khonav*
humidity *(n.)* խոնավություն *khonavutyun*
humiliate *(v.)* ստորացնել *storacnel*
humiliation *(n.)* ստորացում *storacum*
humility *(n.)* համեստություն *hamestutyun*
humorist *(n.)* հումորիստ *humorist*
humorous *(adj.)* հումորային *humorayin*
humour *(n.)* հումոր *humor*
hunch *(n.)* սապատ *sapat*
hundred *(num.)* հարյուր *haryur*
hunger *(n.)* սով *sov*
hungry *(adj.)* սոված *sovats*
hunt *(v.)* որսալ *vorsal*
hunt *(n.)* որս *vors*
hunter *(n.)* որսորդ *vorsord*
huntsman *(n.)* որսորդ *vorsord*
hurdle *(v.)* արգելափակել *argelapakel*
hurdle *(n.)* արգելապատ *argelapat*
hurl *(v.)* նետել *netel*
hurrah *(interj.)* ուռա՛ *urra!*
hurricane *(n.)* փոթորիկ *potorik*
hurry *(v.)* շտապել *shtapel*
hurry *(n.)* շտապողություն *shtapoghutyun*
hurt *(v.)* վնասել *vnassel*
hurt *(n.)* վնասվածք *vnasvatsq*
husband *(n.)* ամուսին *amusin*
husbandry *(n.)* հողագործություն *hoghagortsutyun*
hush *(n.)* լռություն *lrrutyun*
hush *(v.)* լռել *lrrel*
husk *(n.)* կեղև *keghev*
husky *(adj.)* չոր *chor*
hustle *(v.)* հրմշտել *hrmshtel*
hut *(n.)* տնակ *tnak*
hyaena, hyena *(n.)* բորենի *boreni*
hybrid *(adj.)* հիբրիդային *hibridayin*
hybrid *(n.)* հիբրիդ, խառնածին *hibrid, kharrnatsin*
hydrogen *(n.)* ջրածին *jratsin*
hygiene *(n.)* հիգիենա *higiena*
hygienic *(adj.)* հիգիենիկ *higienik*
hymn *(n.)* օրհներգ *orhnerg*
hyperbole *(n.)* հիպերբոլա *hiperbola*
hypnotism *(n.)* հիպնոսություն *hipnosutyun*
hypnotize *(v.)* հիպնոսել *hipnosel*
hypocrisy *(n.)* կեղծավորություն *keghtsavorutyun*
hypocrite *(n.)* կեղծավոր *keghtsavor*
hypocritical *(adj.)* կեղծավոր *keghtsavor*
hypothesis *(n.)* վարկած *varkats*
hypothetical *(adj.)* հիպոթետիկ, վարկածային *hipotetik, varkatsayin*
hysteria *(n.)* հիստերիա *histeria*
hysterical *(adj.)* հիստերիկական *histerikakan*

I

I *(pron. pers.)* ես *yes*
iambic *(adj.)* յամբական *yambakan*
ice *(v.)* սառեցնել *sarrecnel*
ice *(n.)* սառույց *sarruyc*
ice bucket *(n.)* սառցադույլ *sarrcaduyl*
ice cream *(n.)* պաղպաղակ *paghpaghak*
iceberg *(n.)* այսբերգ, սառցալեռ *aysberg, sarrcalerr*
iceblock *(n.)* սառցաբլոկ *sarrcablok*
icebreaker *(n.)* սառցահատ *sarrcahat*
icecap *(n.)* սառցե գլխարկ *sarrce glkhark*

ice-cold *(adj.)* սառնոտ *sarrnot*
iced *(adj.)* սառցե *sarrce*
icicle *(n.)* սառցալեզվակ *sarrcalezvak*
icon *(n.)* պատկեր *patker*
iconic *(adj.)* խորհրդանշական *khorhrdanshakan*
iconoclastic *(adj.)* պատկերակապական *patkerakapakan*
icy *(adj.)* սառցե *sarrce*
idea *(n.)* միտք *mitq*
ideal *(adj.)* իդեալական *idealakan*
ideal *(n.)* իդեալ *ideal*
idealism *(n.)* իդեալիզմ *idealizm*
idealist *(n.)* իդեալիստ *idealist*
idealistic *(adj.)* իդեալիստական *idealistakan*
idealize *(v.)* իդեալականացնել *idealakanacnel*
ideate *(v.)* գաղափարախոսել *gaghaparakhosel*
identical *(adj.)* նույնական *nuynakan*
identification *(n.)* նույնականացում *nuynakanacum*
identify *(v.)* ճանաչել *chanachel*
identity *(n.)* անհատականություն *anhatakanutyun*
identity card *(n.)* նույնականացման քարտ *nuynakanacman qart*
idiocy *(n.)* ապուշություն *apushutyun*
idiom *(n.)* լեզու *lezu*
idiomatic *(adj.)* բարբառային *barbarrayin*
idiot *(n.)* ապուշ *apush*
idiotic *(adj.)* ապուշային *apushayin*
idle *(adj.)* պարապ *parap*
idleness *(n.)* պարապություն *paraputyun*
idler *(n.)* ծույլ մարդ *tsuyl mard*
idol *(n.)* կուռք *kurrq*
idolater *(n.)* կռապաշտ *krrapasht*
if *(conj.)* եթե *yete*
igloo *(n.)* իգլու, տնակ *iglu, tnak*
ignite *(v.)* բռնկվել *brrnkvel*
ignition *(n.)* բռնկում *brrnkum*
ignoble *(adj.)* անարգ *anarg*
ignorance *(n.)* անիրազեկություն *anirazekutyun*
ignorant *(adj.)* անիրազեկ *anirazek*
ignore *(v.)* անտեսել *antesel*
ill *(adj.)* հիվանդ *hivand*
ill *(adv.)* վատ *vat*
ill *(n.)* չարիք *chariq*
illegal *(adj.)* անօրինական *anorinakan*
illegibility *(n.)* անպարզություն *anparzutyun*
illegible *(adj.)* անընթեռնելի *ananterrneli*
illegitimate *(adj.)* անօրինական *anorinakan*
illicit *(adj.)* ապօրինի *aporini*
illiteracy *(n.)* անգրագիտություն *angragitutyun*
illiterate *(adj.)* անգրագետ *angraget*
illness *(n.)* հիվանդություն *hivandutyun*
illogical *(adj.)* անտրամաբանական *antramabanakan*
ill-treat *(v.)* վատ վարվել *vat varvel*
illuminate *(v.)* լուսավորել *lusavorel*
illumination *(n.)* լուսավորում *lusavorum*
illusion *(n.)* պատրանք *patranq*
illustrate *(v.)* պարզաբանել *parzabanel*
illustration *(n.)* նկարազարդում *nkarazardum*
image *(n.)* պատկեր *patker*
imagery *(n.)* պատկերազարդում *patkerazardum*
imaginary *(adj.)* երևակայական *yerevakayakan*
imagination *(n.)* երևակայություն *yerevakayutyun*
imaginative *(adj.)* երևակայական *yerevakayakan*
imagine *(v.)* պատկերացնել *patkeracnel*
imbalance *(n.)* անհավասարակշռություն *anhavassarakshrrutyun*
imitate *(v.)* ընդօրինակել *andorinakel*
imitation *(n.)* ընդօրինակում *andorinakum*
imitator *(n.)* ընդօրինակող *andorinakogh*

immaterial *(adj.)* անմարմին anmarmin
immature *(adj.)* անհաս anhas
immaturity *(n.)* անհասունություն anhasunutyun
immeasurable *(adj.)* անչափելի anchapeli
immediate *(adj.)* անհապաղ anhapagh
immemorial *(adj.)* անհիշելի anhisheli
immense *(adj.)* անսահման ansahman
immensity *(n.)* անսահմանություն ansahmanutyun
immerse *(v.)* սուզել suzel
immersion *(n.)* սուզում suzum
immigrant *(n.)* ներգաղթյալ nergaghtyal
immigrate *(v.)* ներգաղթել nergaghtel
immigration *(n.)* ներգաղթ nergaght
imminent *(adj.)* մոտալուտ motalut
immodest *(adj.)* անհամեստ anhamest
immodesty *(n.)* անհամեստություն anhamestutyun
immoral *(adj.)* անբարոյական anbaroyakan
immorality *(n.)* անբարոյականություն anbaroyakanutyun
immortal *(adj.)* անմահ anmah
immortality *(n.)* անմահություն anmahutyun
immortalize *(v.)* անմահացնել anmahacnel
immovable *(adj.)* անշարժ anshardj
immune *(adj.)* իմուն, վարակամերժ imun, varakamerdj
immunity *(n.)* իմունիտետ, անվարակելիություն imunitet, anvarakeliutyun
immunize *(v.)* պատվաստել patvastel
impact *(n.)* բախում bakhum
impart *(v.)* տալ tal
impartial *(adj.)* անկողմնակալ ankoghmnakal
impartiality *(n.)* անկողմնակալություն ankoghmnakalutyun
impassable *(adj.)* անանցանելի anancaneli

impasse *(n.)* փակուղի pakughi
impatience *(n.)* անհամբերություն anhamberutyun
impatient *(adj.)* անհամբեր anhamber
impeach *(v.)* մեղադրել meghadrel
impeachment *(n.)* մեղադրանք meghadranq
impeccable *(adj.)* անբասիր anbasir
impede *(v.)* խանգարել khangarel
impediment *(n.)* արգելք argelq
impenetrable *(adj.)* անթափանց antapanc
imperative *(adj.)* հրամայական hramayakan
imperfect *(adj.)* անկատար ankatar
imperfection *(n.)* անկատարություն ankatarutyun
imperial *(adj.)* կայսերական kayserakan
imperialism *(n.)* իմպերիալիզմ imperializm
imperil *(v.)* վտանգել vtangel
imperishable *(adj.)* անխորտակելի ankhortakeli
impermissible *(adj.)* անթույլատրելի antuylatreli
impersonal *(adj.)* անդեմ andem
impersonate *(v.)* մարմնավորել marmnavorel
impersonation *(n.)* մարմնավորում marmnavorum
impertinence *(n.)* լկտիություն lktiutyun
impertinent *(adj.)* լկտի lkti
impetuosity *(n.)* արագընթացություն aragantacutyun
impetuous *(adj.)* իմպուլսիվ, բուռն impulsiv, burrn
implement *(n.)* գործիք gortsiq
implement *(v.)* իրագործել iragortsel
implicate *(v.)* ներգրավել nergravel
implication *(n.)* ներիմաստ nerimast
implicit *(adj.)* ենթադրելի yentadreli
implore *(v.)* աղաչել aghachel
imply *(v.)* պարունակել parunakel
impolite *(adj.)* անքաղաքավարի anqaghaqavari
import *(v.)* ներմուծել nermutsel

import *(n.)* ներմուծում *nermutsum*
importance *(n.)* կարևորություն *karevorutyun*
important *(adj.)* կարևոր *karevor*
impose *(v.)* հարկադրել *harkadrel*
imposing *(adj.)* ազդեցիկ *azdecik*
imposition *(n.)* հարկադրում *harkadrum*
impossibility *(n.)* անհնարինություն *anhnarinutyun*
impossible *(adj.)* անհնարին *anhnarin*
impostor *(n.)* սրիկա *srika*
imposture *(n.)* խաբեբայություն *khabebayutyun*
impotence *(n.)* իմպոտենցիա, սեռական անկարություն *impotencia, serrakan ankaroghutyun*
impotent *(adj.)* իմպոտենտ, անզոր *impotent, anzor*
impoverish *(v.)* աղքատացնել *aghqatacnel*
impracticability *(n.)* անիրագործելիություն *aniragortseliutyun*
impracticable *(adj.)* անիրագործելի *aniragortseli*
impress *(v.)* տպավորվել *tpavorvel*
impression *(n.)* տպավորություն *tpavorutyun*
impressive *(adj.)* տպավորիչ *tpavorich*
imprint *(n.)* դրոշմ *droshm*
imprint *(v.)* դրոշմել *droshmel*
imprison *(v.)* բանտարկել *bantarkel*
improper *(adj.)* անվայել *anvayel*
impropriety *(n.)* սխալ *skhal*
improve *(v.)* բարելավել *barelavel*
improvement *(n.)* բարելավում *barelavum*
imprudence *(n.)* անզգուշություն *anzgushutyun*
imprudent *(adj.)* անզգույշ *anzguysh*
impulse *(n.)* իմպուլս, ազդակ *impuls, azdak*
impulsive *(adj.)* իմպուլսիվ, ազդակային *impulsiv, azdakayin*
impunity *(n.)* անպատժելիություն *anpatdjeliutyun*
impure *(adj.)* անմաքուր *anmaqur*

impurity *(n.)* անմաքրություն *anmaqrutyun*
impute *(v.)* վերագրել *veragrel*
in *(prep.)* մեջ *mej*
inability *(n.)* անկարողություն *ankaroghutyun*
inaccurate *(adj.)* անճիշտ *anchisht*
inaction *(n.)* անգործություն *angortsutyun*
inactive *(adj.)* անգործ *angorts*
inadequate *(adj.)* անհամապատասխան *anhamapataskhan*
inadmissible *(adj.)* անթույլատրելի *antuylatreli*
inanimate *(adj.)* անշունչ *anshunch*
inapplicable *(adj.)* անկիրառելի *ankirarreli*
inattentive *(adj.)* անուշադիր *anushadir*
inaudible *(adj.)* անլսելի *anlseli*
inaugural *(adj.)* անդրանիկ *andranik*
inauguration *(n.)* երդմնակալություն *yerdmnakalutyun*
inauspicious *(adj.)* անբարենպաստ *anbarenpast*
inborn *(adj.)* բնական *bnakan*
inbound *(adj.)* ներգնա *nergna*
inbox *(n.)* փոստարկղ *postarkgh*
incalculable *(adj.)* անհաշվելի *anhashveli*
incapable *(adj.)* անկարող *ankarogh*
incapacity *(n.)* անկարողություն *ankaroghutyun*
incarnate *(adj.)* մարմնավորված *marmnavorvats*
incarnate *(v.)* մարմնավորել *marmnavorel*
incarnation *(n.)* մարմնավորում *marmnavorum*
incense *(v.)* խնկարկել *khnkarkel*
incense *(n.)* խունկ *khunk*
incentive *(n.)* դրդապատճառ *drdapatcharr*
inception *(n.)* սկիզբ *skizb*
inch *(n.)* դյույմ, մատնաչափ *dyuym, matnachap*
incharge *(n.)* պատասխանատու

pataskhanatu
incharge *(adj.)* պատասխանատու *pataskhanatu*
incident *(n.)* միջադեպ *mijadep*
incidental *(adj.)* պատահական *patahakan*
incite *(v.)* դրդել *drdel*
inclination *(n.)* թեքում *tequm*
incline *(v.)* թեքվել *teqvel*
include *(v.)* ներառել *nerarrel*
inclusion *(n.)* ներառում *nerarrum*
inclusive *(adj.)* ներառյալ *nerarryal*
incoherent *(adj.)* անկապ *ankap*
income *(n.)* եկամուտ *yekamut*
incomparable *(adj.)* անհամեմատելի *anhamemateli*
incompetent *(adj.)* անհմուտ *anhmut*
incomplete *(adj.)* թերի *teri*
inconsiderate *(adj.)* անուշադիր *anushadir*
inconvenient *(adj.)* անհարմար *anharmar*
incorporate *(v.)* միավոր(վ)ել *miavor(v)el*
incorporate *(adj.)* միավորված *miavorvats*
incorporation *(n.)* միավորում *miavorum*
incorrect *(adj.)* սխալ *skhal*
incorrigible *(adj.)* անուղղելի *anughgheli*
incorruptible *(adj.)* անկաշառ *ankasharr*
increase *(n.)* ավելացում *avelacum*
increase *(v.)* ավելանալ *avelanal*
incredible *(adj.)* անհավանական *anhavanakan*
increment *(n.)* ավելացում *avelacum*
incriminate *(v.)* մեղադրել *meghadrel*
incubate *(v.)* ինկուբացնել, բազմացնել *inkubacnel, bazmacnel*
inculcate *(v.)* արմատավորել *armatavorel*
incumbent *(n.)* գործող նախագահ *gortsogh nakhagah*
incumbent *(adj.)* պարտադրական *partadrakan*
incur *(v.)* կրել *krel*

incurable *(adj.)* անբուժելի *anbudjeli*
indebted *(adj.)* պարտական *partakan*
indecency *(n.)* անպարկեշտություն *anparkeshtutyun*
indecent *(adj.)* անպարկեշտ *anparkesht*
indecision *(n.)* անվճռականություն *anvchrrakanutyun*
indeed *(adv.)* իսկապես *iskapes*
indefensible *(adj.)* անպաշտպան *anpashtpan*
indefinite *(adj.)* անորոշ *anorosh*
indemnity *(n.)* փոխհատուցում *pokhhatucum*
independence *(n.)* անկախություն *ankakhutyun*
independent *(adj.)* անկախ *ankakh*
indescribable *(adj.)* աննկարագրելի *annkaragreli*
index *(n.)* ցուցանիշ *cucanish*
Indian *(adj.)* հնդկական *hndkakan*
indicate *(v.)* մատնանշել *matnanshel*
indication *(n.)* նշում *nshum*
indicative *(adj.)* հատկանշական *hatkanshakan*
indicator *(n.)* ինդիկատոր, ցուցիչ *indikator, cucich*
indict *(v.)* մեղադրանք ներկայացնել *meghadranq nerkayacnel*
indictment *(n.)* մեղադրական ակտ *meghadrakan akt*
indifference *(n.)* անտարբերություն *antarberutyun*
indifferent *(adj.)* անտարբեր *antarber*
indigenous *(adj.)* բնիկ *bnik*
indigestible *(adj.)* անդյուրամարս *andyuramars*
indigestion *(n.)* մարսողության խանգարում *marsoghutyan khangarum*
indignant *(adj.)* վրդովված *vrdovvats*
indignation *(n.)* վրդովմունք *vrdovmunq*
indigo *(n.)* ինդիգո, թանաքագույն *indigo, tanaqaguyn*
indirect *(adj.)* անուղղակի *anughghaki*
indiscipline *(n.)* անկարգապահություն

ankargapahutyun
indiscreet *(adj.)* անհամեստ *anhamest*
indiscretion *(n.)* անհամեստություն *anhamestutyun*
indiscriminate *(adj.)* անսկզբունքային *anskzbunqayin*
indispensable *(adj.)* պարտադիր *partadir*
indisposed *(adj.)* տկար *tkar*
indisputable *(adj.)* անվիճելի *anvicheli*
indistinct *(adj.)* անորոշ *anorosh*
individual *(adj.)* անհատական *anhatakan*
individualism *(n.)* անհատականություն *anhatakanutyun*
individuality *(n.)* անհատականություն *anhatakanutyun*
indivisible *(adj.)* անբաժանելի *anbadjaneli*
indolent *(adj.)* ալարկոտ *alarkot*
indomitable *(adj.)* անսաստելի *ansasteli*
indoor *(adj.)* սենյակային *senyakayin*
indoors *(adv.)* ներսում *nersum*
induce *(v.)* դրդել *drdel*
inducement *(n.)* դրդապատճառ *drdapatcharr*
induct *(v.)* ինդուկցիա առաջացնել *indukcia arrajacnel*
induction *(n.)* ինդուկցիա *indukcia*
indulge *(v.)* տարվել *tarvel*
indulgence *(n.)* ներողամտություն *neroghamtutyun*
indulgent *(adj.)* ներողամիտ *neroghamit*
industrial *(adj.)* արդյունաբերական *ardyunaberakan*
industrious *(adj.)* աշխատասեր *ashkhataser*
industry *(n.)* արդյունաբերություն *ardyunaberutyun*
ineffective *(adj.)* անարդյունավետ *anardyunavet*
inert *(adj.)* իներտ *inert*
inertia *(n.)* իներցիա *inercia*
inevitable *(adj.)* անխուսափելի *ankhusapeli*
inexact *(adj.)* անստույգ *anstuyg*
inexorable *(adj.)* անգութ *angut*
inexpensive *(adj.)* էժան *edjan*
inexperience *(n.)* անփորձություն *anpordzutyun*
inexplicable *(adj.)* անբացատրելի *anbacatreli*
infallible *(adj.)* անսխալական *anskhalakan*
infamous *(adj.)* անպատիվ *anpativ*
infamy *(n.)* անարգանք *anarganq*
infancy *(n.)* մանկություն *mankutyun*
infant *(n.)* մանուկ *manuk*
infanticide *(n.)* մանկասպանություն *mankaspanutyun*
infantile *(adj.)* ինֆանտիլ, մանկական *infantil, mankakan*
infantry *(n.)* հետևակ *hetevak*
infatuate *(v.)* թովել *tovel*
infatuation *(n.)* սիրահարվածություն *siraharvatsutyun*
infect *(v.)* վարակել *varakel*
infection *(n.)* վարակ *varak*
infectious *(adj.)* վարակիչ *varakich*
infer *(v.)* եզրակացնել *yezrakacnel*
inference *(n.)* եզրակացություն *yezrakacutyun*
inferior *(adj.)* ստորադաս *storadas*
inferiority *(n.)* ստորադասություն *storadasutyun*
infernal *(adj.)* դժոխային *ddjokhayin*
infertile *(adj.)* անպտուղ *anptugh*
infest *(v.)* նեղել *neghel*
infinite *(adj.)* անսահման *ansahman*
infinity *(n.)* անսահմանություն *ansahmanutyun*
infirm *(adj.)* անզոր *anzor*
infirmity *(n.)* թուլություն *tulutyun*
inflame *(v.)* բորբոք(վ)ել *borboq(v)el*
inflammable *(adj.)* դյուրավառ *dyuravarr*
inflammation *(n.)* բորբոքում *borboqum*
inflammatory *(adj.)* բորբոքային *borboqayin*
inflation *(n.)* արժեզրկում *ardjezrkum*
inflexible *(adj.)* անճկուն *anchkun*

inflict *(v.)* պատճառել *patcharrel*
influence *(n.)* ազդեցություն *azdecutyun*
influence *(v.)* ազդել *azdel*
influential *(adj.)* ազդեցիկ *azdecik*
influenza *(n.)* գրիպ *grip*
influx *(n.)* ներհոսք *nerhosq*
inform *(v.)* տեղեկացնել *teghekacnel*
informal *(adj.)* անպաշտոնական *anpashtonakan*
information *(n.)* տեղեկատվություն *teghekatvutyun*
informative *(adj.)* տեղեկատվական *teghekatvakan*
informer *(n.)* տեղեկատու *teghekatu*
infringe *(v.)* խախտել *khakhtel*
infringement *(n.)* խախտում *khakhtum*
infuriate *(v.)* գազազեցնել *gazazecnel*
infuse *(v.)* ներարկել *nerarkel*
infusion *(n.)* ներարկում *nerarkum*
ingrained *(adj.)* արմատացած *armatacats*
ingratitude *(n.)* ապերախտություն *aperakhtutyun*
ingredient *(n.)* բաղադրամաս *baghadramas*
inhabit *(v.)* բնակվել *bnakvel*
inhabitable *(adj.)* բնակելի *bnakeli*
inhabitant *(n.)* բնակիչ *bnakich*
inhale *(v.)* ներշնչել *nershnchel*
inherent *(adj.)* հատուկ *hatuk*
inherit *(v.)* ժառանգել *djarrangel*
inheritance *(n.)* ժառանգություն *djarrangutyun*
inhibit *(v.)* արգելակել *argelakel*
inhibition *(n.)* արգելում *argelum*
inhospitable *(adj.)* անհյուրասեր *anhyurasser*
inhuman *(adj.)* անմարդկային *anmardkayin*
inimical *(adj.)* թշնամական *tshnamakan*
inimitable *(adj.)* անկրկնելի *ankrkneli*
initial *(adj.)* սկզբնական *skzbnakan*
initial *(n. pl.)* սկզբնատառեր *skzbnatarrer*
initial *(v.)* սկզբնատառեր դնել *skzbnatarrer dnel*
initiate *(v.)* նախաձեռնել *nakhadzerrnel*
initiative *(n.)* նախաձեռնություն *nakhadzerrnutyun*
inject *(v.)* սրսկել *srskel*
injection *(n.)* սրսկում *srskum*
injudicious *(adj.)* անխոհեմ *ankhohem*
injunction *(n.)* հրաման *hraman*
injure *(v.)* վիրավորել *viravorel*
injurious *(adj.)* վիրավորական *viravorakan*
injury *(n.)* վնասվածք *vnasvatsq*
injustice *(n.)* անարդարություն *anardarutyun*
ink *(n.)* թանաք *tanaq*
inkling *(n.)* ակնարկ *aknark*
inland *(adv.)* երկրի ներսում *yerkri nersum*
inland *(adj.)* ներքին *nerqin*
in-laws *(n.)* խնամիներ *khnaminer*
inmate *(n.)* բանտարկյալ *bantarkyal*
inmost *(adj.)* նվիրական *nvirakan*
inn *(n.)* պանդոկ *pandok*
innate *(adj.)* բնածին *bnatsin*
inner *(adj.)* ներքին *nerqin*
innermost *(adj.)* ամենախոր *amenakhor*
innings *(n. pl.)* ազդեցության ժամանակաշրջան *azdecutyan djamanakashrjan*
innocence *(n.)* անմեղություն *anmeghutyun*
innocent *(adj.)* անմեղ *anmegh*
innovate *(v.)* նորարարել *norararel*
innovation *(n.)* նորարարություն *norararutyun*
innovator *(n.)* նորարար *norarar*
innumerable *(adj.)* անթիվ *antiv*
inoculate *(v.)* պատվաստել *patvastel*
inoculation *(n.)* պատվաստում *patvastum*
inoperative *(adj.)* անգործուն *angortsun*
inopportune *(adj.)* անպատեհ *anpateh*
input *(n.)* մուտքագրում *mutqagrum*
inquest *(n.)* հետաքննություն *hetaqnnutyun*

inquire *(v.)* հետաքննել *hetaqnnel*
inquiry *(n.)* հարցաքննում *harcaqnnum*
inquisition *(n.)* ինկվիզիցիա, հավատաքննություն *inkvizicia, havataqnnutyun*
inquisitive *(adj.)* հետաքրքրասեր *hetaqrqraser*
insane *(adj.)* խելագար *khelagar*
insanity *(n.)* խելագարություն *khelagarutyun*
insatiable *(adj.)* անհագ *anhag*
inscribe *(v.)* մակագրել *makagrel*
inscription *(n.)* մակագրություն *makagrutyun*
insect *(n.)* միջատ *mijat*
insecticide *(n.)* միջատասպան միջոց *mijataspan mijoc*
insecure *(adj.)* անապահով *anapahov*
insecurity *(n.)* անապահովություն *anapahovutyun*
insensibility *(n.)* անզգայունություն *anzgayunutyun*
insensible *(adj.)* անզգա *anzga*
insensitive *(adj.)* անզգա *anzga*
inseparable *(adj.)* անբաժան *anbadjan*
insert *(v.)* տեղադրել *teghadrel*
insertion *(n.)* ներդիր *nerdir*
inside *(prep.)* ներսում *nersum*
inside *(adj.)* ներսի *nersi*
inside *(adv.)* ներսում *nersum*
inside *(n.)* աստառ *astarr*
insight *(n.)* խորաթափանցություն *khoratapancutyun*
insignificance *(n.)* անկարևորություն *ankarevorutyun*
insignificant *(adj.)* անկարևոր *ankarevor*
insincere *(adj.)* կեղծավոր *keghtsavor*
insincerity *(n.)* կեղծավորություն *keghtsavorutyun*
insinuate *(v.)* սերմանել *sermanel*
insinuation *(n.)* զրպարտում *zrpartum*
insipid *(adj.)* անհամ *anham*
insipidity *(n.)* անհամություն *anhamutyun*
insist *(v.)* պնդել *pndel*
insistence *(n.)* պնդում *pndum*

insistent *(adj.)* համառ *hamarr*
insolence *(n.)* լկտիություն *lktiutyun*
insolent *(adj.)* լկտի *lkti*
insoluble *(n.)* անլուծելի նյութ *anlutseli nyut*
insolvency *(n.)* անվճարունակություն *anvcharunakutyun*
insolvent *(adj.)* անվճարունակ *anvcharunak*
inspect *(v.)* ստուգել *stugel*
inspection *(n.)* զննում *znnum*
inspector *(n.)* տեսուչ *tesuch*
inspiration *(n.)* ոգեշնչում *vogeshnchum*
inspire *(v.)* ոգեշնչել *vogeshnchel*
instability *(n.)* անկայունություն *ankayunutyun*
install *(v.)* տեղադրել *teghadrel*
installation *(n.)* տեղակայում *teghakayum*
instalment *(n.)* սարքավորում *sarqavorum*
instance *(n.)* օրինակ *orinak*
instant *(n.)* ակնթարթ *akntart*
instant *(adj.)* շտապ *shtap*
instantaneous *(adj.)* ակնթարթային *akntartayin*
instantly *(adv.)* անմիջապես *anmijapes*
instigate *(v.)* սադրել *sadrel*
instigation *(n.)* սադրանք *sadranq*
instigator *(n.)* սադրիչ *sadrich*
instil *(v.)* կաթեցնել *katecnel*
instinct *(n.)* բնազդ *bnazd*
instinctive *(adj.)* բնազդային *bnazdayin*
institute *(n.)* ինստիտուտ *institut*
institution *(n.)* հաստատություն *hastatutyun*
instruct *(v.)* հրահանգել *hrahangel*
instruction *(n.)* հրահանգավորում *hrahangavorum*
instructor *(n.)* հրահանգիչ *hrahangich*
instrument *(n.)* գործիք *gortsiq*
instrumental *(adj.)* գործիքային *gortsiqayin*
instrumentalist *(n.)* գործիքավորող *gortsiqavorogh*

insubordinate *(adj.)* անհնազանդ *anhnazand*
insubordination *(n.)* անհնազանդություն *anhnazandutyun*
insufficient *(adj.)* անբավարար *anbavarar*
insular *(adj.)* կղզու *kghzu*
insularity *(n.)* կղզիականություն *kghziakanutyun*
insulate *(v.)* մեկուսացնել *mekusacnel*
insulation *(n.)* մեկուսացում *mekusacum*
insulator *(n.)* մեկուսիչ *mekusich*
insult *(n.)* վիրավորանք *viravoranq*
insult *(v.)* վիրավորել *viravorel*
insupportable *(adj.)* անտանելի *antaneli*
insurance *(n.)* ապահովագրում *apahovagrum*
insure *(v.)* ապահովագրել *apahovagrel*
insurgent *(n.)* ապստամբ *apstamb*
insurgent *(adj.)* ապստամբական *apstambakan*
insurmountable *(adj.)* անհաղթահարելի *anhaghtahareli*
insurrection *(n.)* ապստամբություն *apstambutyun*
intact *(adj.)* անվթար *anvtar*
intangible *(adj.)* անշոշափելի *anshoshapeli*
integral *(adj.)* անբաժանելի *anbadjaneli*
integrate *(v.)* ինտեգրել, միացնել *integrel, miacnel*
integrity *(n.)* ամբողջականություն *amboghjakanutyun*
intellect *(n.)* ինտելեկտ, խելք *intelekt, khelq*
intellectual *(adj.)* մտավոր *mtavor*
intellectual *(n.)* մտավորական *mtavorakan*
intelligence *(n.)* խելք *khelq*
intelligent *(adj.)* խելացի *khelaci*
intelligentsia *(n.)* մտավորականություն *mtavorakanutyun*
intelligible *(adj.)* հասկանալի *haskanali*
intend *(v.)* մտադրվել *mtadrvel*
intense *(adj.)* ինտենսիվ, լարված *intensiv, larvats*
intensify *(v.)* ուժեղացնել *udjeghacnel*
intensity *(n.)* թափ *tap*
intensive *(adj.)* լարված *larvats*
intent *(n.)* դիտավորություն *ditavorutyun*
intent *(adj.)* մտադրված *mtadrvats*
intention *(n.)* մտադրություն *mtadrutyun*
intentional *(adj.)* դիտավորյալ *ditavoryal*
interactive *(adj.)* ինտերակտիվ *interaktiv*
intercept *(v.)* կանգնեցնել *kangnecnel*
interception *(n.)* հատում *hatum*
interchange *(n.)* փոխանակում *pokhanakum*
interchange *(v.)* փոխանակել *pokhanakel*
intercourse *(n.)* կապ *kap*
interdependence *(n.)* փոխկապվածություն *pokhkapvatsutyun*
interdependent *(adj.)* փոխկապակցված *pokhkapakcvats*
interest *(n.)* հետաքրքրություն *hetaqrqrutyun*
interested *(adj.)* հետաքրքրված *hetaqrqrvats*
interesting *(adj.)* հետաքրքիր *hetaqrqir*
interfere *(v.)* խանգարել *khangarel*
interference *(n.)* միջամտություն *mijamtutun*
interim *(n.)* ժամանակամիջոց *djamanakamijoc*
interior *(adj.)* ինտերիեր, ներսի *interier, nersi*
interior *(n.)* ինտերիեր *interier*
interjection *(n.)* բացականչություն *bacakanchutyun*
interlock *(v.)* փակ(վ)ել *pak(v)el*
interlude *(n.)* միջերգ *mijerg*
intermediary *(n.)* միջնորդ *mijnord*
intermediate *(adj.)* միջանկյալ

mijankyal
interminable *(adj.)* անվերջ *anverj*
intermingle *(v.)* խառնվել *kharrnvel*
intern *(n.)* գիշերօթիկ բժիշկ *gisherotik bdjishk*
internal *(adj.)* ներքին *nerqin*
international *(adj.)* միջազգային *mijazgayin*
internet *(n.)* համացանց *hamacanc*
interplay *(n.)* փոխազդեցություն *pokhazdecutyun*
interpret *(v.)* մեկնաբանել *meknabanel*
interpreter *(n.)* թարգմանիչ *targmanich*
interrogate *(v.)* հարցաքննել *harcaqnnel*
interrogation *(n.)* հարց *harc*
interrogative *(adj.)* հարցական *harcakan*
interrogative *(n.)* հարցաքննող *harcaqnnogh*
interrupt *(v.)* ընդհատել *andhatel*
interruption *(n.)* ընդհատում *andhatum*
intersect *(v.)* հատվել *hatvel*
intersection *(n.)* հատում *hatum*
interval *(n.)* հեռավորություն *herravorutyun*
intervene *(v.)* միջամտել *mijamtel*
intervention *(n.)* միջամտություն *mijamtutyun*
interview *(n.)* հարցազրույց *harcazruyc*
interview *(v.)* զրուցել *zrucel*
intestinal *(adj.)* աղիքային *aghiqayin*
intestine *(n. pl.)* աղիքներ *aghiqner*
intimacy *(n.)* մտերմություն *mtermutyun*
intimate *(adj.)* ինտիմ, մտերիմ *intim, mterim*
intimate *(v.)* իրազեկել *irazekel*
intimation *(n.)* ակնարկ *aknark*
intimidate *(v.)* ահաբեկել *ahabekel*
intimidation *(n.)* ահաբեկում *ahabekum*
into *(prep.)* մեջ *mej*
intolerable *(adj.)* անտանելի *antaneli*
intolerance *(n.)* անհանդուրժողություն *anhandurdjoghutyun*
intolerant *(adj.)* անհանդուրժող *anhandurdjogh*
intoxicant *(n.)* ոգելից խմիչք *vogelic khmichq*
intoxicate *(v.)* արբեցնել *arbecnel*
intoxication *(n.)* թունավորում *tunavorum*
intransitive *(adj.)* անանցողական (բայ) *anancoghakan (bay)*
intrepid *(adj.)* քաջ *qaj*
intrepidity *(n.)* քաջություն *qajutyun*
intricate *(adj.)* բարդ *bard*
intrigue *(v.)* ինտրիգներ սարքել *intrigner sarqel*
intrigue *(n.)* բանսարկություն *bansarkutyun*
intrinsic *(adj.)* ներհատուկ *nerhatuk*
introduce *(v.)* ներկայացնել *nerkayacnel*
introduction *(n.)* ներածություն *neratsutyun*
introductory *(adj.)* ներածական *neratsakan*
introspect *(v.)* ինքնադիտել *inqnaditel*
introspection *(n.)* ինքնադիտողություն *inqnaditoghutyun*
introvert *(n.)* ինտրովերտ *introvert*
intrude *(v.)* ներխուժել *nerkhudjel*
intrusion *(n.)* ներխուժում *nerkhudjum*
intuition *(n.)* ինտուիցիա, կռահում *intuicia, krrahum*
intuitive *(adj.)* կռահողական *krrahoghakan*
invade *(v.)* զավթել *zavtel*
invalid *(adj.)* հաշմանդամ *hashmandam*
invalid *(n.)* հաշմանդամ *hashmandam*
invalidate *(v.)* անվավեր ճանաչել *anvaver chanachel*
invaluable *(adj.)* անգնահատելի *angnahateli*
invasion *(n.)* ներխուժում *nerkhudjum*
invective *(n.)* հայհոյանք *hayhoyanq*
invent *(v.)* հորինել *horinel*
invention *(n.)* գյուտ *gyut*

inventive *(adj.)* հնարամիտ *hnaramit*
inventor *(n.)* գյուտարար *gyutarar*
invert *(v.)* շրջել *shrjel*
invest *(v.)* ներդնել *nerdnel*
investigate *(v.)* հետաքննել *hetaqnnel*
investigation *(n.)* հետաքննություն *hetaqnnutyun*
investment *(n.)* ներդրում *nerdrum*
invigilate *(v.)* հսկել *hskel*
invigilation *(n.)* հսկողություն *hskoghutyun*
invigilator *(n.)* հսկող *hskogh*
invincible *(adj.)* անպարտելի *anparteli*
inviolable *(adj.)* անձեռնմխելի *andzerrnmkheli*
invisible *(adj.)* անտեսանելի *antesaneli*
invitation *(n.)* հրավեր *hraver*
invite *(v.)* հրավիրել *hravirel*
invocation *(n.)* կոչ *koch*
invoice *(n.)* ապրանքագիր *apranqagir*
invoke *(v.)* կոչել *kochel*
involve *(v.)* ներգրավել *nergravel*
inward *(adj.)* ներսի *nersi*
inwards *(adv.)* ներքուստ *nerqust*
irate *(adj.)* բարկացած *barkacats*
ire *(n.)* զայրույթ *zayruyt*
Irish *(adj.)* իռլանդական *irrlandakan*
Irish *(n.)* իռլանդերեն *irrlanderen*
irk *(v.)* ձանձրացնել *dzandzracnel*
irksome *(adj.)* տաղտկալի *taghtkali*
iron *(n.)* երկաթ *yerkat*
iron *(v.)* արդուկել *ardukel*
ironic *(adj.)* հեգնական *hegnakan*
ironical *(adj.)* հեգնական *hegnakan*
irony *(n.)* հեգնանք *hegnanq*
irradiate *(v.)* ճառագայթել *charragaytel*
irrational *(adj.)* իռացիոնալ, անբնական *irracional, anbnakan*
irreconcilable *(adj.)* անհաշտ *anhasht*
irrecoverable *(adj.)* անբուժելի *anbudjeli*
irrefutable *(adj.)* անհերքելի *anherqeli*
irregular *(adj.)* անկանոն *ankanon*
irregularity *(n.)* անկանոնություն *ankanonutyun*
irrelevant *(adj.)* անտեղի *anteghi*
irresistible *(adj.)* անհաղթահարելի *anhaghtahareli*
irrespective *(adj.)* անկախ *ankakh*
irresponsible *(adj.)* անպատասխանատու *anpataskhanatu*
irrigate *(v.)* ոռոգել *vorrogel*
irrigation *(n.)* ոռոգում *vorrogum*
irritable *(adj.)* դյուրաբորբոք *dyuraborboq*
irritant *(adj.)* գրգռիչ *grgrrich*
irritant *(n.)* գրգռիչ միջոց *grgrrich mijoc*
irritate *(v.)* բորբոքել *borboqel*
irritation *(n.)* գրգռում *grgrrum*
irruption *(n.)* հարձակում *hardzakum*
island *(n.)* կղզի *kghzi*
isle *(n.)* կղզի *kghzi*
isobar *(n.)* իզոբար, եղանակային քարտեզ *izobar, yeghanakayin qartez*
isolate *(v.)* մեկուսացնել *mekusacnel*
isolation *(n.)* մեկուսացում *mekusacum*
issue *(v.)* թողարկել *togharkel*
issue *(n.)* թողարկում *togharkum*
it *(pron.)* սա, դա, նա *sa, da, na*
Italian *(adj.)* իտալական *italakan*
Italian *(n.)* իտալացի *italaci*
italic *(adj.)* շեղ *shegh*
italics *(n. pl.)* շեղագիր *sheghagir*
itch *(n.)* քոր *qor*
itch *(v.)* քոր գալ *qor gal*
item *(n.)* կետ *ket*
itinerary *(n.)* երթուղի *yertughi*
ivory *(n.)* փղոսկր *pghoskr*
ivy *(n.)* բաղեղ *baghegh*

J

jab *(v.)* սվինահարել *svinaharel*
jabber *(v.)* շաղակրատել *shaghakratel*
jack *(n.)* տղամարդ *tghamard*
jack *(v.)* գողանալ *goghanal*
jackal *(n.)* շնագայլ *shnagayl*
jacket *(n.)* բաճկոն *bachkon*
jackpot *(n.)* դրամական մրցանակ *dramakan mrcanak*
jade *(n.)* նեֆրիտ *nefrit*

jail *(v.)* բանտարկել *bantarkel*
jail *(n.)* բանտ *bant*
jailer *(n.)* բանտապան *bantapan*
jam *(n.)* ջեմ *jem*
jam *(v.)* տրորել *trorel*
jam-packed *(adj.)* ջեմ պահածոյացված *jem pahatsoyacvats*
janitor *(n.)* դռնապան *drrnapan*
January *(n.)* հունվար *hunvar*
jar *(n.)* բանկա *banka*
jargon *(n.)* ժարգոն *djargon*
jasmine, jessamine *(n.)* հասմիկ *hasmik*
jaundice *(n.)* դեղնախտ *deghnakht*
jaundice *(v.)* դեղնախտ առաջացնել *deghnakht arajacnel*
javelin *(n.)* տեգ *teg*
jaw *(n.)* ծնոտ *tsnot*
jay *(n.)* ճայ *chay*
jealous *(adj.)* խանդոտ *khandot*
jealousy *(n.)* խանդ *khand*
jean *(n.)* ջինս *jins*
jeer *(v.)* ծաղրել *tsaghrel*
jelly *(n.)* դոնդող *dondogh*
jeopardize *(v.)* վտանգի ենթարկել *vtangi yentarkel*
jeopardy *(n.)* վտանգ *vtangi*
jerk *(n.)* հրոց *hroc*
jerkin *(n.)* տունիկա *tunika*
jerky *(adj.)* կցկտուր *kcktur*
jersey *(n.)* սվիտեր *sviter*
jest *(n.)* կատակ *katak*
jest *(v.)* կատակել *katakel*
jet *(n.)* շիթ *shit*
jet engine *(n.)* ռեակտիվ շարժիչ *rreaktiv shardjich*
jew *(n.)* հրեա *hrea*
jewel *(n.)* գոհար *gohar*
jewel *(v.)* զարդարել *zardarel*
jeweller *(n.)* ոսկերիչ *voskerich*
jewellery *(n.)* ոսկեղեն *voskeghen*
jiggle *(v.)* օրորել *ororel*
jigsaw *(n.)* ոլորահատ սղոց *volorahat sghoc*
jingle *(n.)* զնգզնգոց *zngzngoc*
jingle *(v.)* զնգալ *zngal*
job *(n.)* աշխատանք *ashkhatanq*
jobber *(n.)* աշխատող *ashkhatogh*
jobbery *(n.)* աշխատանքի տեղավորում *ashkhatanqi teghavorum*
jobless *(adj.)* գործազուրկ *gortsazurk*
jockey *(n.)* ժոկեյ, ձիավարժ *djokey, dziavardj*
jocular *(adj.)* կատակային *katakayin*
jog *(v.)* բոթել *botel*
join *(v.)* միանալ *mianal*
joiner *(n.)* ատաղձագործ *ataghdzagorts*
joint *(n.)* միակցում *miakcum*
joint *(adj.)* միացյալ *miacyal*
joint effort *(n.)* համատեղ ջանք *hamategh janq*
jointly *(adv.)* միասին *miassin*
joke *(n.)* կատակ *katak*
joke *(v.)* կատակել *katakel*
joker *(n.)* կատակարար *katakarar*
jollity *(n.)* ուրախություն *urakhutyun*
jolly *(adj.)* ուրախ *urakh*
jolt *(n.)* ցնցում *cncum*
jolt *(v.)* ցնցել *cncel*
jostle *(n.)* բախում *bakhum*
jostle *(v.)* կռվել *krrvel*
jot *(n.)* նշում *nshum*
jot *(v.)* նշել *nshel*
journal *(n.)* լրագիր *lragir*
journalism *(n.)* լրագրություն *lragrutyun*
journalist *(n.)* լրագրող *lragrogh*
journey *(n.)* ճանապարհորդություն *chanaparhordutyun*
journey *(v.)* ճանապարհորդել *chanaparhordel*
jovial *(adj.)* ուրախ *urakh*
joviality *(n.)* ուրախություն *urakhutyun*
joy *(n.)* ուրախություն *urakhutyun*
joyful *(adj.)* ուրախ *urakh*
joyous *(adj.)* ուրախալի *urakhali*
jubilant *(adj.)* ցնծագին *cntsagin*
jubilation *(n.)* ցնծություն *cntsutyun*
jubilee *(n.)* տոն *ton*
judge *(n.)* դատավոր *datavor*
judge *(v.)* դատել *datel*
judgement *(n.)* դատավճիռ *datavchirr*
judicature *(n.)* արդարադատություն

ardaradatutyun
judicial *(adj.)* դատական *datakan*
judiciary *(n.)* դատավորներ *datavorner*
judicious *(adj.)* խելամիտ *khelamit*
jug *(n.)* սափոր *sapor*
juggle *(v.)* հիմարացնել *himaracnel*
juggler *(n.)* ձեռնածություն *dzerrnatsutyun*
juice *(n.)* հյութ *hyut*
juicy *(adj.)* հյութալի *hyutali*
jukebox *(n.)* երաժշտական արկղիկ *yeradjshtakan arkghik*
jumble *(n.)* խառնաշփոթ *kharrnashpot*
jumble *(v.)* խռնվել *kharrnvel*
jump *(n.)* ցատկ *catk*
jump *(v.)* ցատկել *catkel*
junction *(n.)* հանգույց *hanguyc*
juncture *(n.)* զուգադիպում *zugadipum*
jungle *(n.)* ջունգլի *jungli*
junior *(adj.)* կրտսեր *krtser*
junior *(n.)* կրտսեր *krtser*
junk *(n.)* թափոն *tapon*
jupiter *(n.)* Յուպիտեր *Yupiter*
jurisdiction *(n.)* իրավասություն *iravasutyun*
jurisprudence *(n.)* իրավաբանություն *iravabanutyun*
jurist *(n.)* իրավաբան *iravaban*
juror *(n.)* երդվյալ ատենակալ *yerdvyal atenakal*
jury *(n.)* ժյուրի *djyuri*
juryman *(n.)* ժյուրիի անդամ *djyurii andam*
just *(adj.)* պարզապես *parzapes*
justice *(n.)* արդարություն *ardarutyun*
justifiable *(adj.)* արդարանալի *ardaranali*
justification *(n.)* արդարացում *ardaracum*
justified *(adj.)* արդարացված *ardaracvats*
justify *(v.)* արդարացնել *ardaracnel*
justly *(adv.)* արդարացիորեն *ardaracioren*
jute *(n.)* ջուտ *jut*
juvenile *(n.)* պատանի *patani*
juvenile *(adj.)* պատանեկան *patanekan*
juxtapose *(v.)* զուգադրել *zugadrel*
juxtaposed *(adj.)* համադրված *hamadrvats*
juxtaposition *(n.)* զուգադրում *zugadrum*

K

kaffir *(n.)* սևամորթ մարդ *sevamort mard*
kaki *(n.)* խումբ *khumb*
kaleidoscope *(n.)* կալեիդոսկոպ *kaleidoskop*
kamikaze *(n.)* կամիկաձե *kamikadze*
kangaroo *(n.)* կենգուրու *kenguru*
karat *(n.)* կարատ *karat*
keen *(adj.)* սուր *sur*
keenness *(n.)* սրություն *srutyun*
keep *(v.)* պահել *pahel*
keeper *(n.)* պահապան *pahapan*
keepsake *(n.)* հուշանվեր *hushanver*
kennel *(n.)* շնաբույն *shnabuyn*
kerchief *(n.)* գլխաշոր *glkhashor*
kernel *(n.)* միջուկ *mijuk*
kerosene *(n.)* նավթ *navt*
ketchup *(n.)* կետչուպ *ketchup*
kettle *(n.)* թեյաման *teyaman*
key *(n.)* բանալի *banali*
key *(v.)* լարել *larel*
key *(adj.)* հիմնական *himnakan*
keyboard *(n.)* ստեղնաշար *steghnashar*
keyhole *(n.)* փականածակ *pakanatsak*
keypad *(n.)* ստեղնաշար *steghnashar*
keysmith *(n.)* բանալու վարպետ *banalu varpet*
keystone *(n.)* հիմնաքար *himnaqar*
keyword *(n.)* հիմնաբառ *himnabarr*
kick *(n.)* աքացի *aqaci*
kick *(v.)* հարվածել *harvatsel*
kick-start *(v.)* մեկնարկել *meknarkel*
kid *(n.)* երեխա *yerekha*
kidnap *(v.)* առևանգել *arrevangel*
kidney *(n.)* երիկամ *yerikam*
kill *(v.)* սպանել *spanel*

kill *(n.)* սպանություն *spanutyun*
kiln *(n.)* վառարան *varraran*
kilo *(n.)* կիլո *kilo*
kilogram *(n.)* կիլոգրամ *kilogram*
kilt *(n.)* կիսաշրջազգեստ *kisashrjazgest*
kilt *(v.)* դարսեր անել *darser anel*
kin *(n.)* ազգական *azgakan*
kind *(n.)* տեսակ *tessak*
kind *(adj.)* բարի *bari*
kindergarten *(n.)* մանկապարտեզ *mankapartez*
kind-hearted *(adj.)* բարեսիրտ *baresirt*
kindle *(v.)* վառել *varrel*
kindly *(adv.)* բարյացակամ *baryacakam*
kindness *(n.)* բարություն *barutyun*
kinetic *(adj.)* կինետիկ *kinetik*
king *(n.)* թագավոր *tagavor*
kingdom *(n.)* թագավորություն *tagavorutyun*
kinship *(n.)* ազգակցություն *azgakcutyun*
kiosk *(n.)* կրպակ *krpak*
kiss *(n.)* համբույր *hambuyr*
kiss *(v.)* համբուրել *hamburel*
kit *(n.)* պայուսակ *payusak*
kitchen *(n.)* խոհանոց *khohanoc*
kite *(n.)* օդապարուկ *odaparuk*
kith *(n.)* բարեկամություն *barekamutyun*
kitten *(n.)* կատվի ձագ *katvi dzag*
knave *(n.)* սրիկա *srika*
knavery *(n.)* սրիկայություն *srikayutyun*
knead *(v.)* հունցել *huncel*
knee *(n.)* ծունկ *tsunk*
kneel *(v.)* ծնկի գալ *tsnki gal*
knife *(n.)* դանակ *danak*
knight *(n.)* ասպետ *aspet*
knight *(v.)* ասպետ դառնալ *aspet darrnal*
knit *(v.)* հյուսել *hyusel*
knock *(v.)* թակել *takel*
knockout *(n.)* նոկաուտ *nokaut*
knot *(n.)* հանգույց *hanguyc*
knot *(v.)* հանգուցել *hangucel*
know *(v.)* իմանալ *imanal*
knowledge *(n.)* գիտելիք *giteliq*
knowledgeable *(adj.)* բանիմաց *banimac*
knuckle *(n.)* մատնոսկր *matnoskr*
knuckle *(v.)* մատնոսկրերով խփել *matnoskrerov khpel*
koala *(n.)* կոալա *koala*
koi *(n.)* ծածան (ձուկ) *tsatsan (dzuk)*
krill *(n.)* խեցեմորթ *khecemort*

L

label *(n.)* պիտակ *pitak*
label *(v.)* պիտակավորել *pitakavorel*
labial *(adj.)* շրթնային *shrtnayin*
laboratory *(n.)* լաբորատորիա *laboratoria*
laborious *(adj.)* աշխատասեր *ashkhataser*
labour *(v.)* աշխատել *ashkhatel*
labour *(n.)* աշխատանք *ashkhatanq*
laboured *(adj.)* բռնազբոսիկ *brrnazbosik*
labourer *(n.)* բանվոր *banvor*
labyrinth *(n.)* լաբիրինթոս *labirintos*
lac, lakh *(n.)* լաք *laq*
lace *(v.)* երիզապնդել *yerizapndel*
lace *(n.)* ժանյակ *djanyak*
lacerate *(v.)* պատառոտել *patarrotel*
lachrymose *(adj.)* լացկան *lackan*
lack *(v.)* չունենալ *chunenal*
lack *(n.)* պակասություն *pakasutyun*
lackey *(n.)* լակեյ, սպասավոր *lakey, spassavor*
lacklustre *(adj.)* անփայլ *anpayl*
laconic *(adj.)* լակոնիկ *lakonik*
lactate *(v.)* կրծքով կերակրել *krtsqov kerakrel*
lactic *(adj.)* կաթնաթթվային *katnattvayin*
lactometer *(n.)* լակտոմետր *laktometr*
lactose *(n.)* կաթնաշաքար *katnashaqar*
lacuna *(n.)* բացթողում *bactoghum*
lacy *(adj.)* ժանյականման

djanyakanman
lad *(n.)* տղա *tgha*
ladder *(n.)* սանդուղք *sandughq*
lade *(v.)* բեռնել *berrnel*
ladle *(n.)* շերեփ *sherep*
ladle *(v.)* շերեփահանել *sherepahanel*
lady *(n.)* տիկին *tikin*
lag *(v.)* ուշանալ *ushanal*
laggard *(n.)* անբան մարդ *anban mard*
lagoon *(n.)* ծովածոց *tsovatsoc*
laid-back *(adj.)* հանգիստ *hangist*
lair *(n.)* որջ *vorj*
lake *(n.)* լիճ *lich*
lakefront *(n.)* լճափ *lchap*
lama *(n.)* լամա *lama*
lamb *(n.)* գառ *garr*
lambaste *(v.)* քննադատել *qnnadatel*
lambkin *(n.)* գառնուկ *garrnuk*
lame *(adj.)* կաղ *kagh*
lame *(v.)* հաշմել *hashmel*
lament *(n.)* գանգատ *gangat*
lament *(v.)* գանգատվել *gangatvel*
lamentable *(adj.)* ողբալի *voghbali*
lamentation *(n.)* ողբ *voghb*
laminate *(v.)* շերտավորել *shertavorel*
lamp *(n.)* լամպ *lamp*
lampoon *(n.)* պարսավագիր *parsavagir*
lampoon *(v.)* պարսավագիր գրել *parsavagir grel*
lance *(n.)* նիզակ *nizak*
lance *(v.)* նիզակով ծակել *nizakov tsakel*
lancer *(n.)* նիզակակիր *nizakakir*
lancet *(n.)* նշտար *nshtar*
land *(n.)* ցամաք *camaq*
land *(v.)* ցամաք հասնել *camaq hasnel*
landing *(n.)* վայրէջք *vayrejq*
landline *(n.)* ֆիքսված հեռախոս *fiqsvats herrakhos*
landlord *(n.)* հողատեր *hoghater*
landmark *(n.)* ուղենիշ *ughenish*
landscape *(n.)* լանդշաֆտ, բնապատկեր *landshaft, bnapatker*
lane *(n.)* արահետ *arahet*
language *(n.)* լեզու *lezu*
languish *(v.)* թուլանալ *tulanal*
languor *(n.)* թուլություն *tulutyun*

lank *(adj.)* նիհար *nihar*
lantern *(n.)* լապտեր *lapter*
lanugo *(n.)* գանգուր մազեր *gangur mazer*
lap *(n.)* գիրկ *girk*
lapse *(v.)* շեղվել *sheghvel*
lapse *(n.)* շեղում *sheghum*
laptop *(n.)* նոութբուք *noutbuq*
lard *(n.)* խոզաճարպ *khozacharp*
large *(adj.)* մեծ *mets*
largesse *(n.)* առատաձեռնություն *arratadzerrnutyun*
lark *(n.)* արտույտ *artuyt*
lascivious *(adj.)* վավաշոտ *vavashot*
lash *(v.)* մտրակել *mtrakel*
lash *(n.)* թարթիչ *tartich*
lass *(n.)* աղջիկ *aghjik*
last *(adj.)* վերջին *verjin*
last *(adv.)* վերջում *verjum*
last *(v.)* տևել *tevel*
last *(n.)* լաստ *last*
lasting *(adj.)* տևական *tevakan*
lastly *(adv.)* վերջապես *verjapes*
latch *(n.)* սողնակ *soghnak*
late *(adj.)* ուշացած *ushacats*
late *(adv.)* ուշ *ush*
lately *(adv.)* վերջերս *verjers*
latent *(adj.)* թաքուն *taqun*
lath *(n.)* շերտաձողիկ *shertadzoghik*
lathe *(n.)* խառատահաստոց *kharratahastoc*
lather *(n.)* փրփուր *prpur*
latitude *(n.)* լայնություն *laynutyun*
latrine *(n.)* զուգարան *zugaran*
latter *(adj.)* վերջին *verjin*
lattice *(n.)* վանդակ *vandak*
laud *(v.)* գովաբանել *govabanel*
laud *(n.)* գովերգ *goverg*
laudable *(adj.)* գովելի *goveli*
laugh *(n.)* ծիծաղ *tsitsagh*
laugh *(v.)* ծիծաղել *tsitsaghel*
laughable *(adj.)* ծիծաղելի *tsitsagheli*
laughter *(n.)* ծիծաղ *tsitsagh*
launch *(v.)* սկսել *sksel*
launch *(n.)* մոտորանավակ *motoranavak*
launder *(v.)* լվանալ *lvanal*
laundress *(n.)* լվացարարուհի

lvacararuhi
laundry *(n.)* լվացք *lvacq*
laureate *(adj.)* դափնեկիր *dapnekir*
laureate *(n.)* դափնեկիր *dapnekir*
laurel *(n.)* դափնի *dapni*
lava *(n.)* լավա *lava*
lavatory *(n.)* զուգարան *zugaran*
lavender *(n.)* նարդոս *nardos*
lavish *(adj.)* շռայլ *shrrayl*
lavish *(v.)* շռայլել *shrraylel*
law *(n.)* օրենք *orenq*
lawful *(adj.)* օրինական *orinakan*
lawless *(adj.)* անօրինական *anorinakan*
lawn *(n.)* սիզամարգ *sizamarg*
lawyer *(n.)* իրավաբան *iravaban*
lax *(adj.)* թույլ *tuyl*
laxative *(n.)* լուծողական *lutsoghakan*
laxative *(adj.)* լուծող *lutsogh*
laxity *(n.)* թուլություն *tulutyun*
lay *(n.)* դրություն *drutyun*
lay *(v.)* դնել *dnel*
lay *(adj.)* աշխարհիկ *ashkharhik*
layer *(n.)* շերտ *shert*
layman *(n.)* աշխարհական *ashkharhakan*
lay-off *(n.)* գործազրկություն *gortsazrkutyun*
layout *(n.)* հատակագիծ *hatakagits*
laze *(v.)* ծուլանալ *tsulanal*
laziness *(n.)* ծուլություն *tsulutyun*
lazy *(adj.)* ծույլ *tsuyl*
lea *(n.)* դաշտ *dasht*
leach *(v.)* մոխրաջրում լվանալ *mokhrajrum lvanal*
lead *(n.)* ղեկավարություն *ghekavarutyun*
lead *(v.)* առաջնորդել *arrajnordel*
leaden *(adj.)* կապարային *kaparayin*
leader *(n.)* առաջնորդ *arrajnord*
leadership *(n.)* ղեկավարություն *ghekavarutyun*
leaf *(n.)* տերև *terev*
leaflet *(n.)* թերթիկ *tertik*
leafy *(adj.)* տերևավոր *terevavor*
league *(n.)* լիգա *liga*
leak *(n.)* արտահոսք *artahosq*
leak *(v.)* ծակվել *tsakvel*
leakage *(n.)* արտահոսք *artahosq*
lean *(n.)* նիհար *nihar*
lean *(v.)* հենվել *henvel*
leap *(v.)* ցատկել *catkel*
leap *(n.)* ցատկ *catk*
learn *(v.)* սովորել *sovorel*
learned *(adj.)* գիտուն *gitun*
learner *(n.)* սովորող *sovorogh*
learning *(n.)* ուսում *usum*
lease *(n.)* վարձակալություն *vardzakalutyun*
lease *(v.)* վարձակալել *vardzakalel*
least *(adj.)* ամենափոքր *amenapoqr*
least *(adv.)* ամենափոքր չափով *amenapoqr chapov*
leather *(n.)* կաշի *kashi*
leave *(n.)* հրաժեշտ *hradjesht*
leave *(v.)* մեկնել *meknel*
lecture *(n.)* դասախոսություն *dasakhosutyun*
lecture *(v.)* դասախոսել *dasakhosel*
lecturer *(n.)* դասախոս *dasakhos*
ledger *(n.)* մատյան *matyan*
lee *(n.)* ապաստարան *apastaran*
leech *(n.)* տզրուկ *tzruk*
leek *(n.)* պրաս *pras*
left *(adj.)* ձախ *dzakh*
left *(n.)* ձախ թև *dzakh tev*
leftist *(n.)* ձախակուսակցական *dzakhakusakcakan*
leftover *(n.)* մնացորդ *mnacord*
leg *(n.)* ոտք *votq*
legacy *(n.)* ժառանգություն *djarrangutyun*
legal *(adj.)* օրինական *orinakan*
legal action *(n.)* իրավական գործողություն *iravakan gortsoghutyun*
legality *(n.)* օրինականություն *orinakanutyun*
legalize *(v.)* օրինականացնել *orinakanacnel*
legend *(n.)* լեգենդ *legend*
legendary *(adj.)* առասպելական *arraspelakan*
leghorn *(n.)* ճահիճ *chahich*
legible *(adj.)* ընթեռնելի *anterrneli*
legibly *(adv.)* ընթեռնելի *anterrneli*

legion *(n.)* լեգեոն *legeon*
legionary *(n.)* լեգեոնական *legeonakan*
legislate *(v.)* օրենսդրել *orensdrel*
legislation *(n.)* օրենսդրություն *orensdrutyun*
legislative *(adj.)* օրենսդրական *orensdrakan*
legislator *(n.)* օրենսդիր *orensdir*
legislature *(n.)* օրենսդիր մարմին *orensdir marmin*
legitimacy *(n.)* օրինականություն *orinakanutyun*
legitimate *(adj.)* օրինական *orinakan*
leisure *(n.)* ժամանց *djamanc*
leisurely *(adj.)* հանգիստ *hangist*
leisurely *(adv.)* հանգստորեն *hangstoren*
lemon *(n.)* կիտրոն *kitron*
lemonade *(n.)* լիմոնադ *limonad*
lend *(v.)* պարտք տալ *partq tal*
length *(n.)* երկարություն *yerkarutyun*
lengthen *(v.)* երկարացնել *yerkaracnel*
lengthy *(adj.)* երկար *yerkar*
lenience *(n.)* մեղմություն *meghmutyun*
leniency *(n.)* մեղմություն *meghmutyun*
lenient *(adj.)* մեղմ *meghm*
lens *(n.)* տեսապակի *tesapaki*
lentil *(n.)* ոսպ *vosp*
Leo *(n.)* Լեո *Leo*
leonine *(adj.)* առյուծային *arryutsayin*
leopard *(n.)* ընձառյուծ *andzarryuts*
leper *(n.)* բորոտ *borot*
leprosy *(n.)* բորոտություն *borotutyun*
leprous *(adj.)* բորոտ *borot*
less *(adj.)* ավելի քիչ *aveli qich*
less *(n.)* ավելի քիչ քանակություն *aveli qich qanakutyun*
less *(adv.)* ավելի քիչ *aveli qich*
less *(prep.)* պակաս *pakas*
lessee *(n.)* վարձակալ *vardzakal*
lessen *(v.)* նվազել *nvazel*
lesser *(adj.)* նվազագույն *nvazaguyn*
lesson *(n.)* դաս *das*
lest *(conj.)* միգուցե *miguce*
let *(v.)* թույլատրել *tuylatrel*
lethal *(adj.)* մահաբեր *mahaber*
lethargic *(adj.)* քնկոտ *qnkot*
lethargy *(n.)* անտարբերություն *antarberutyun*
let-out *(n.)* բացթողում *bactoghum*
letter *(n.)* նամակ *namak*
letterhead *(n.)* ձևաթուղթ *dzevatught*
level *(n.)* մակարդակ *makardak*
level *(adj.)* հարթ *hart*
level *(v.)* հավասարեցնել *havasarecnel*
lever *(v.)* լծակով բարձրացնել *ltsakov bardzracnel*
lever *(n.)* լծակ *ltsak*
leverage *(n.)* լծակների համակարգ *ltsakneri hamakarg*
levity *(n.)* թեթևամտություն *tetevamtutyun*
levy *(v.)* գանձել *gandzel*
levy *(n.)* գանձում *gandzum*
lewd *(adj.)* անպարկեշտ *anparkesht*
lexicography *(n.)* բառարանագրություն *barraranagrutyun*
lexicon *(n.)* բառապաշար *barrapashar*
liability *(n.)* պատասխանատվություն *pataskhanatvutyun*
liable *(adj.)* պարտավոր *partavor*
liaison *(n.)* կապ *kap*
liar *(n.)* ստախոս *sutasan*
libel *(n.)* անվանարկություն *anvanarkutyun*
libel *(v.)* անվանարկել *anvanarkel*
liberal *(adj.)* լիբերալ *liberal*
liberalism *(n.)* լիբերալիզմ *liberalizm*
liberality *(n.)* հանդուրժողություն *handurdjoghutyun*
liberate *(v.)* ազատագրել *azatagrel*
liberation *(n.)* ազատագրում *azatagrum*
liberator *(n.)* ազատարար *azatarar*
libertine *(n.)* ազատամիտ մարդ *azatamit mard*
liberty *(n.)* ազատություն *azatutyun*
librarian *(n.)* գրադարանավար *gradaranavar*
library *(n.)* գրադարան *gradaran*
licence *(n.)* լիցենզիա, արտոնություն *licenzia, artonutyun*
license *(v.)* արտոնել *artonel*
licensee *(n.)* արտոնագրված անձ *artonagrvats andz*

licentious *(adj.)* անբարոյական *anbaroyakan*
lick *(v.)* լիզել *lizel*
lick *(n.)* լիզում *lizum*
lid *(n.)* կափարիչ *kaparich*
lie *(n.)* սուտ *sut*
lie *(v.)* ստել *stel*
lien *(n.)* արգելանք *argelanq*
lieu *(n.)* փոխարեն *pokharen*
lieutenant *(n.)* լեյտենանտ *leytenant*
life *(n.)* կյանք *kyanq*
life jacket *(n.)* փրկարարական բաճկոն *prkararakan bachkon*
life support *(n.)* կյանքի աջակցություն *kyanqi ajakcutyun*
lifeless *(adj.)* անկենդան *ankendan*
lifelong *(adj.)* ցմահ *cmah*
lifestyle *(n.)* ապրելակերպ *aprelakerp*
lift *(n.)* վերելակ *verelak*
lift *(v.)* բարձրանալ *bardzranal*
ligament *(n.)* լար *lar*
light *(n.)* լույս *luys*
light *(adj.)* թեթև *tetev*
light *(v.)* լուսավոր(վ)ել *lusavor(v)el*
lighten *(v.)* լուսավոր(վ)ել *lusavor(v)el*
lightening *(n.)* լուսավորություն *lusavorutyun*
lighter *(n.)* վառիչ *varrich*
lightly *(adv.)* թեթևակի *tetevaki*
lignite *(n.)* քարածուխ, լիգնիտ *qaratsukh, lignit*
like *(v.)* հավանել *havanel*
like *(adj.)* նման *nman*
like *(n. pl.)* համակրանք *hamakranq*
like *(prep.)* նման *nman*
likelihood *(n.)* հավանականություն *havanakanutyun*
likely *(adj.)* հավանական *havanakan*
liken *(v.)* նմանեցնել *nmanecnel*
likeness *(n.)* նմանություն *nmanutyun*
likewise *(adv.)* նմանապես *nmanapes*
liking *(n.)* սեր *ser*
lilac *(n.)* յասաման *yassaman*
lily *(n.)* շուշան *shushan*
limb *(n.)* վերջույթ *verjuyt*
limber *(v.)* ճկունացնել *chkunacnel*
limber *(adj.)* ճկուն *chkun*
limber *(n.)* քարշակ *qarshak*
lime *(n.)* կիր *kir*
lime *(v.)* կրով սպիտակեցնել *krov spitakecnel*
limelight *(n.)* ուշադրության կենտրոնում *ushadrutyan kentronum*
limit *(n.)* սահման *sahman*
limit *(v.)* սահմանափակել *sahmanapakel*
limitation *(n.)* սահմանափակում *sahmanapakum*
limited *(adj.)* սահմանափակ *sahmanapak*
limitless *(adj.)* անսահման *ansahman*
line *(n.)* տող *togh*
line *(v.)* գծել *gtsel*
lineage *(n.)* տոհմ *tohm*
linen *(n.)* սպիտակեղեն *spitakeghen*
linger *(v.)* ձգձգվել *dzgdzgvel*
lingo *(n.)* լինգո, օտար լեզու *lingo, otar lezu*
lingual *(adj.)* լեզվային *lezvayin*
linguist *(n.)* լեզվաբան *lezvaban*
linguistic *(adj.)* լեզվաբանական *lezvabanakan*
linguistics *(n.)* լեզվաբանություն *lezvabanutyun*
lining *(n.)* երեսպատում *yerespatum*
link *(n.)* հղում *hghum*
link *(v.)* կապակցել *kapakcel*
linseed *(n.)* կտավատի սերմ *ktavati serm*
lintel *(n.)* ճակատաքար *chakataqar*
lion *(n.)* առյուծ *arryuts*
lioness *(n.)* էգ առյուծ *eg arryuts*
lip *(n.)* շրթունք *shrtunq*
liquefy *(v.)* հեղուկացնել *heghukacnel*
liquid *(adj.)* հեղուկ *heghuk*
liquid *(n.)* հեղուկ *heghuk*
liquidate *(v.)* վերացնել *veracnel*
liquidation *(n.)* լուծարում *lutsarum*
liquor *(n.)* լիկյոր, խմիչք *likyor, khmichq*
lisp *(v.)* թոթովել *totovel*
lisp *(n.)* սվսվախոսություն *svsvakhosutyun*
list *(n.)* ցուցակ *cucak*
list *(v.)* ցուցակագրել *cucakagrel*
listen *(v.)* լսել *lsel*

listener *(n.)* լսող *lsogh*
listless *(adj.)* անտարբեր *antarber*
literacy *(n.)* գրագիտություն *gragitutyun*
literal *(adj.)* բառացի *barraci*
literary *(adj.)* գրական *grakan*
literate *(adj.)* գրագետ *graget*
literature *(n.)* գրականություն *grakanutyun*
litigant *(n.)* դատական կողմ *datakan koghm*
litigate *(v.)* վիճարկել *vicharkel*
litigation *(n.)* դատավեճ *datavchirr*
litre *(n.)* լիտր *litr*
litter *(v.)* կեղտոտել *keghtotel*
litter *(n.)* աղբ *aghb*
litterateur *(n.)* գրականագետ *grakanaget*
little *(n.)* քիչ քանակություն *qich qanakutyun*
little *(adj.)* քիչ *qich*
little *(adv.)* քիչ *qich*
littoral *(adj.)* ափամերձ *apamerdz*
liturgical *(adj.)* պատարագային *pataragayin*
live *(v.)* ապրել *aprel*
live *(adj.)* կենդանի *kendani*
live *(adv.)* ջերմորեն *jermoren*
livelihood *(n.)* ապրելամիջոց *aprelamijoc*
lively *(adj.)* զվարթ *zvart*
liver *(n.)* լյարդ *lyard*
livery *(n.)* սպասազգեստ *spassazgest*
living *(adj.)* ապրող *aprogh*
living *(n.)* կյանք *kyanq*
lizard *(n.)* մողես *moghes*
load *(n.)* ծանրաբեռնվածություն *tsanraberrnvatsutyun*
load *(v.)* ծանրաբեռնել *tsanraberrnel*
loadstar *(n.)* Բևեռային աստղ *Beverrayin astgh*
loadstone *(n.)* մագնիս *magnis*
loaf *(n.)* բոքոն հաց *boqon hac*
loaf *(v.)* թափառել *taparrel*
loafer *(n.)* դատարկապորտ մարդ *datarkaport mard*
loan *(n.)* փոխառություն *pokharrutyun*
loan *(v.)* փոխառնել *pokharrnel*

loath *(adj.)* անտրամադիր *antramadir*
loathe *(v.)* զզվել *zzvel*
loathsome *(adj.)* զզվելի *zzveli*
lobby *(n.)* նախասրահ *nakhasrah*
lobe *(n.)* բլթակ *bltak*
lobster *(n.)* օմար *omar*
local *(adj.)* տեղական *teghakan*
locale *(n.)* տեղ *tegh*
locality *(n.)* տեղանք *teghanq*
localize *(v.)* տեղափակել *teghapakel*
locate *(v.)* տեղավորել *teghavorel*
location *(n.)* դիրք *dirq*
lock *(n.)* կողպեք *koghpeq*
lock *(v.)* կողպել *koghpel*
locker *(n.)* դարակ *darak*
locket *(n.)* մեդալիոն *medalion*
locomotive *(n.)* լոկոմոտիվ *lokomotiv*
locus *(n.)* սենյակ *senyak*
locust *(n.)* մորեխ *morekh*
locution *(n.)* ոճ *voch*
lodge *(n.)* պահատնակ *pahatnak*
lodge *(v.)* բնակեցնել *bnakecnel*
lodging *(n.)* կացարան *kacaran*
loft *(n.)* ձեղնահարկ *dzeghnahark*
lofty *(adj.)* վեհ *veh*
log *(n.)* գերան *geran*
log *(v.)* գերան կտրել *geran ktrel*
logarithm *(n.)* լոգարիթմ *logaritm*
loggerhead *(n.)* հիմար *himar*
logic *(n.)* տրամաբանություն *tramabanutyun*
logical *(adj.)* տրամաբանական *tramabanakan*
logician *(n.)* տրամաբան *tramaban*
logout *(n.)* արմատահանում *armatahanum*
loin *(n. pl.)* գոտկատեղ *gotkategh*
loiter *(v.)* թափառել *taparrel*
loll *(v.)* մեկնվել *meknvel*
lollipop *(n. pl.)* սառնաշաքար *sarrnashaqar*
lone *(adj.)* մենակ *menak*
loneliness *(n.)* մենակություն *menakutyun*
lonely *(adj.)* միայնակ *miaynak*
lonesome *(adj.)* մենակ *menak*
long *(adv.)* վաղուց *vaghuc*
long *(v.)* կարոտել *karotel*

long *(adj.)* երկար *yerkar*
longevity *(n.)* երկարակեցություն *yerkarakecutyun*
longing *(n.)* ձգտում *dzgtum*
longitude *(n.)* երկայնություն *yerkaynutyun*
long-term *(adj.)* երկարաժամկետ *yerkaradjamket*
look *(v.)* նայել *nayel*
look *(n.)* հայացք *hayacq*
loom *(n.)* ջուլհակահաստոց *julhakahastoc*
loom *(v.)* նշմարվել *nshmarvel*
loop *(n.)* օղակ *oghak*
loop-hole *(n.)* ելք *yekq*
loose *(adj.)* ազատ *azat*
loose end *(n.)* չամրացված ծայր *chamracvats tsayr*
loosen *(v.)* թուլացնել *tulacnel*
loot *(n.)* թալան *talan*
loot *(v.)* թալանել *talanel*
lop *(v.)* կտրել *ktrel*
lop *(n.)* ոստափայտ *vostapayt*
lord *(n.)* տեր, աստված *ter, astvats*
lordly *(adj.)* տիրական *tirakan*
lordship *(n.)* տիրապետություն *tirapetutyun*
lore *(n.)* գիտության ճյուղ *gitutyan chyugh*
lorry *(n.)* բեռնատար ավտոմեքենա *berrnatar avtomeqena*
lose *(v.)* կորցնել *korcnel*
loss *(n.)* կորուստ *korust*
lost *(v.)* կործանվել *kortsanvel*
lot *(n.)* վիճակ *vichak*
lotion *(n.)* լոսյոն, դեղաթրջոց *losyon, deghatrjoc*
lottery *(n.)* վիճակախաղ *vichakakhagh*
lotus *(n.)* լոտոս *lotos*
loud *(adj.)* բարձրաձայն *bardzradzayn*
lounge *(v.)* հանգստանալ *hangstanal*
lounge *(n.)* հանգստասենյակ *hangstassenyak*
louse *(n.)* ոջիլ *vojil*
lovable *(adj.)* սիրելի *sireli*
love *(n.)* սեր *ser*
love *(v.)* սիրել *sirel*
lovely *(adj.)* սիրելի *sireli*
lover *(n.)* սիրեկան *sirekan*
loving *(adj.)* սիրող *sirogh*
low *(adv.)* ցածր *catsr*
low *(adj.)* ցածր *catsr*
low *(v.)* բառաչել *barrachel*
low *(n.)* բառաչ *barrach*
lower *(v.)* ստորացնել *storacnel*
low-fat *(adj.)* ցածր յուղայնությամբ *catsr yughaynutyamb*
lowliness *(n.)* խոնարհություն *khonarhutyun*
lowly *(adj.)* խոնարհ *khonarh*
loyal *(adj.)* հավատարիմ *havatarim*
loyalist *(n.)* հավատարիմ մարդ *havatarim mard*
loyalty *(n.)* հավատարմություն *havatarmutyun*
lubricant *(n.)* քսուք *qsuq*
lubricate *(v.)* յուղել *yughel*
lubrication *(n.)* յուղում *yughum*
lucent *(adj.)* փայլուն *paylun*
lucerne *(n.)* առվույտ *arrvuyt*
lucid *(adj.)* հստակ *hstak*
lucidity *(n.)* պարզություն *parzutyun*
luck *(n.)* հաջողություն *hajoghutyun*
luckily *(adv.)* բարեբախտաբար *barebakhtabar*
luckless *(adj.)* անհաջող *anhajogh*
lucky *(adj.)* բախտավոր *bakhtavor*
lucrative *(adj.)* եկամտաբեր *yekamtaber*
lucre *(n.)* օգուտ *ogut*
luggage *(n.)* ուղեբեռ *ugheberr*
lukewarm *(adj.)* գոլ *gol*
lull *(v.)* հանդարտեցնել *handartecnel*
lull *(n.)* հանդարտություն *handartutyun*
lullaby *(n.)* օրոր *oror*
luminary *(n.)* լուսատու *lusatu*
luminous *(adj.)* լուսավոր *lusavor*
lump *(n.)* կտոր *ktor*
lump *(v.)* գցել *gcel*
lump sum *(n.)* միանվագ գումար *mianvag gumar*
lunacy *(n.)* խելագարություն *khelagarutyun*
lunar *(adj.)* լուսնային *lusnayin*
lunatic *(n.)* խելագար *khelagar*

lunatic *(adj.)* խելագարված *khelagarvats*
lunch *(v.)* նախաճաշել *nakhachashel*
lunch *(n.)* կեսօրյա նախաճաշ *kessorya nakhachash*
lung *(n.)* թոք *toq*
lunge *(v.)* սլանալ *slanal*
lurch *(n.)* կողաթեքում *koghatequm*
lurch *(v.)* թեքվել *teqvel*
lure *(n.)* գայթակղություն *gaytakghutyun*
lure *(v.)* գայթակղեցնել *gaytakghecnel*
lurk *(v.)* թաքնվել *taqnvel*
luscious *(adj.)* բուրավետ *buravet*
lush *(adj.)* փարթամ *partam*
lust *(n.)* ցանկասիրություն *cankasirutyun*
lustful *(adj.)* ցանկասեր *cankaser*
lustre *(n.)* փայլ *payl*
lustrous *(adj.)* փայլուն *paylun*
lusty *(adj.)* ուժեղ *udjegh*
lute *(n.)* վին *vin*
luxuriance *(n.)* շքեղություն *shqeghutyun*
luxuriant *(adj.)* հարուստ *harust*
luxurious *(adj.)* շքեղ *shqegh*
luxury *(n.)* շքեղություն *shqeghutyun*
lynch *(v.)* լինչել *linchel*
lyre *(n.)* քնար *qnar*
lyric *(n.pl.)* քնարերգություն *qnarergutyun*
lyric *(adj.)* քնարական *qnarakan*
lyrical *(adj.)* քնարական *qnarakan*
lyricist *(n.)* քնարերգու *qnarergu*

M

macadamia *(n.)* մակադամիա *makadamia*
macaroon *(n.)* նշով թխվածք *nshov tkhvatsq*
mace *(n.)* մական *makan*
mace *(v.)* մականով խփել *makanov khpel*
machinate *(v.)* մեքենայացնել *meqenayacnel*
machination *(n.)* մեքենայություն *meqenayutyun*
machine *(n.)* մեքենա *meqena*
machine-made *(adj.)* մեքենայական *meqenayakan*
machinery *(n.)* մեքենաներ *meqenaner*
machinist *(n.)* մեքենավար *meqenavar*
mack *(n.)* մակինտոշ *makintosh*
mack *(v.)* գայթակղել *gaytakghel*
macro *(adj.)* մակրո *makro*
macro *(n.)* բանալի ծածկագիր *banali tsatskagir*
macrobiotic *(adj.)* մակրոբիոտիկ *makrobiotik*
macrocephaly *(n.)* մակրոցեֆալիա *makrocefalia*
macrofibre *(n.)* մակրոֆիբր *makrofibr*
macrosphere *(n.)* մակրոսֆերա *makrosfera*
maculate *(v.)* աղտոտել *aghtotel*
maculate *(adj.)* կեղտոտ *keghtot*
mad *(adj.)* խելագար *khelagar*
mad *(adv.)* խենթորեն *khentoren*
madam *(n.)* տիկին *tikin*
madden *(v.)* խենթացնել *khentacnel*
maddening *(adj.)* խենթացնող *khentacnogh*
madhouse *(n.)* գժանոց *gdjanoc*
madness *(n.)* խելագարություն *khelagarutyun*
mafia *(n.)* մաֆիա *mafia*
magazine *(n.)* ամսագիր *amsagir*
mage *(n.)* մոգ *mog*
maggot *(n.)* որդ *vord*
magic *(n.)* կախարդանք *kakhardanq*
magical *(adj.)* կախարդական *kakhardakan*
magician *(n.)* կախարդ *kakhard*
magisterial *(adj.)* դատական *datakan*
magistracy *(n.)* մագիստրատուրա *magistratura*
magistrate *(n.)* դատավոր *datavor*
magistrature *(n.)* մագիստրատուրա *magistratura*
magma *(n.)* մագմա *magma*
magnanimity *(n.)* մեծահոգություն *metsahogutyun*
magnanimous *(adj.)* մեծահոգի

metsahogi
magnate *(n.)* մագնատ *magnat*
magnet *(n.)* մագնիս *magnis*
magnetic *(adj.)* մագնիսական *magnisakan*
magnetism *(n.)* մագնիսականություն *magnisakanutyun*
magnificent *(adj.)* հոյակապ *hoyakap*
magnify *(v.)* մեծացնել *metsacnel*
magnitude *(n.)* մեծություն *metsutyun*
magpie *(n.)* կաչաղակ *kachaghak*
mahogany *(n.)* կարմրափայտ ծառ *karmrapayt tsarr*
mahout *(n.)* փղապահ *pghapah*
maid *(n.)* սպասուհի *spasuhi*
maiden *(adj.)* օրիորդական *oriordakan*
maiden *(n.)* օրիորդ *oriord*
mail *(n.)* փոստ *post*
mail *(v.)* առաքել *arraqel*
main *(adj.)* հիմնական *himnakan*
main *(n.)* մագիստրալ *magistral*
mainly *(adv.)* գլխավորապես *glkhavorapes*
mainstay *(n.)* կայմակալ *kaymakal*
maintain *(v.)* պահպանել *pahpanel*
maintenance *(n.)* պահպանում *pahpanum*
maize *(n.)* եգիպտացորեն *yegiptacoren*
majestic *(adj.)* վսեմ *vsem*
majesty *(n.)* վսեմություն *vsemutyun*
major *(adj.)* ավագ *avag*
major *(n.)* մայոր *mayor*
majority *(n.)* մեծամասնություն *metsamasnutyun*
make *(v.)* պատրաստել *patrastel*
make *(n.)* ապրանքանիշ *apranqanish*
makeover *(n.)* վերափոխում *verapokhum*
maker *(n.)* պատրաստող *patrastogh*
make-up *(n.)* դիմահարդարում *dimahardarum*
maladjustment *(n.)* անհամապատասխանություն *anhamapataskhanutyun*
maladministration *(n.)* վատ կառավարում *vat karravarum*
maladroit *(adj.)* անհաջողակ *anhajoghak*

malady *(n.)* հիվանդություն *hivandutyun*
malaise *(n.)* վատառողջություն *vatarroghjutyun*
malaria *(n.)* մալարիա *malaria*
malcontent *(adj.)* անբավական *anbavakan*
malcontent *(n.)* դժգոհ անձ *ddjgoh andz*
male *(adj.)* արական *arakan*
male *(n.)* այր *ayr*
malediction *(n.)* նզովք *nzovq*
malefactor *(n.)* չարագործ *charagorts*
maleficent *(adj.)* կորստաբեր *korstaber*
malfunction *(v.)* չգործել *chgortsel*
malice *(n.)* չարամտություն *charamtutyun*
malicious *(adj.)* չարամիտ *charamit*
malign *(v.)* չարախոսել *charakhosel*
malign *(adj.)* չարորակ *charorak*
malignancy *(n.)* չարորակություն *charorakutyun*
malignant *(adj.)* չարորակ *charorak*
malignity *(n.)* չարասրտություն *charasrtutyun*
malleable *(adj.)* ճկուն *chkun*
malmsey *(n.)* քաղցր գինի *qaghcr gini*
malnourished *(adj.)* թերսնված *tersnvats*
malnutrition *(n.)* թերսնուցում *tersnucum*
malpractice *(n.)* անօրինականություն *anorinakanutyun*
malt *(n.)* ածիկ *atsik*
mal-treatment *(n.)* վատ վերաբերմունք *vat verabermunq*
mamma *(n.)* մայրիկ *nayrik*
mammal *(n.)* կաթնասուն *katnasun*
mammary *(adj.)* կրծքագեղձային *krtsqageghdzayin*
mammon *(n.)* ագահություն *agahutyun*
mammoth *(n.)* մամոնտ *mamont*
mammoth *(adj.)* մամոնտային *mamontayin*
man *(v.)* անձնակազմով համալրել *andznakazmov hamalrel*
man *(n.)* մարդ *mard*

manage *(v.)* կառավարել *karravarel*
manageable *(adj.)* կառավարելի *karravareli*
management *(n.)* կառավարում *karravarum*
manager *(n.)* մենեջեր, կառավարիչ *menejer, karravarich*
managerial *(adj.)* կառավարչական *karravarchakan*
mandate *(n.)* մանդատ *mandat*
mandatory *(adj.)* պարտադիր *partadir*
mane *(n.)* բաշ *bash*
manes *(n.)* մանյակ *manyak*
manful *(adj.)* քաջասիրտ *qajasirt*
manganese *(n.)* մանգան *mangan*
manger *(n.)* մսուր *msur*
mangle *(v.)* հաշմանդամացնել *hashmandamacnel*
mango *(n.)* մանգո *mango*
manhandle *(v.)* բարձել ձեռքով *bardzel dzerrqov*
manhole *(n.)* դիտահոր *ditahor*
manhood *(n.)* տղամարդիկ *tghamardik*
mania *(n.)* մոլուցք *molucq*
maniac *(n.)* մոլագար *molagar*
manicure *(n.)* մատնահարդարում *matnahardarum*
manifest *(adj.)* ակներև *aknerev*
manifest *(v.)* դրսևորել *drsevorel*
manifestation *(n.)* դրսևորում *drsevorum*
manifesto *(n.)* մանիֆեստ *manifest*
manifold *(adj.)* բազմազան *bazmazan*
manipulate *(v.)* շահարկել *shaharkel*
manipulation *(n.)* մանիպուլյացիա, մեքենայություն *manipulyacia, meqenayutyun*
mankind *(n.)* մարդկություն *mardkutyun*
manlike *(adj.)* տղամարդանման *tghamardanman*
manliness *(n.)* տղամարդկություն *tghamardkutyun*
manly *(adj.)* տղամարդկային *tghamardkayin*
manna *(n.)* մանանա *manana*
mannequin *(n.)* մանեկեն *maneken*
manner *(n.)* եղանակ *yeghanak*
mannerism *(n.)* վարվելակերպ *varvelakerp*
mannerly *(adj.)* կիրթ *kirt*
manoeuvre *(n.)* մանյովր, զորաշարժ *manyovr, zorashardj*
manoeuvre *(v.)* խորամանկել *khoramankel*
manor *(n.)* ավատ *avat*
manorial *(adj.)* ավատական *avatakan*
mansion *(n.)* առանձնատուն *arrandznatun*
mantel *(n.)* բուֆետ *bufet*
mantle *(n.)* թիկնոց *tiknoc*
mantle *(v.)* ծածկել *tsatskel*
manual *(adj.)* ձեռքի *dzerrqi*
manual *(n.)* ձեռնարկ *dzerrnark*
manufacture *(v.)* արտադրել *artadrel*
manufacture *(n.)* արտադրում *artadrum*
manufacturer *(n.)* արտադրող *artadrogh*
manumission *(n.)* ազատագրում *azatagrum*
manumit *(v.)* ազատել *azatel*
manure *(n.)* գոմաղբ *gomaghb*
manure *(v.)* պարարտացնել *parartacnel*
manuscript *(n.)* ձեռագիր *dzerragir*
many *(adj.)* շատ *shat*
map *(v.)* քարտեզագծել *qartezagtsel*
map *(n.)* քարտեզ *qartez*
mar *(v.)* փչացնել *pchacnel*
marathon *(n.)* մարաթոնյան վազք *maratonyan vazq*
maraud *(v.)* կողոպտել *koghoptel*
marauder *(n.)* կողոպտիչ *koghoptich*
marble *(n.)* մարմար *marmar*
march *(n.)* երթ *yert*
March *(n.)* մարտ *mart*
march *(v.)* քայլել *qaylel*
mare *(n.)* զամբիկ *zambik*
margarine *(n.)* մարգարին *margarin*
margin *(n.)* եզր *yezr*
marginal *(adj.)* սահմանային *sahmanayin*
marigold *(n.)* նարգիզ *nargiz*
marine *(adj.)* ծովային *tsovayin*

mariner *(n.)* նավաստի *navasti*
marionette *(n.)* մարիոնետ *marionet*
marital *(adj.)* ամուսնական *amusnakan*
maritime *(adj.)* ծովային *tsovayin*
mark *(n.)* նշան *nshan*
mark *(v.)* նշել *nshel*
marker *(n.)* մարկեր *marker*
market *(n.)* շուկա *shuka*
market *(v.)* վաճառել *vacharrel*
market research *(n.)* շուկայի ուսումնասիրություն *shukayi usumnasirutyun*
market share *(n.)* շուկայի մասնաբաժին *shukayi masnabadjin*
marketable *(adj.)* գնայուն *gnayun*
marksman *(n.)* հրաձիգ *hradzig*
marl *(n.)* կրակավ *krakav*
marmalade *(n.)* մարմելադ *marmelad*
maroon *(v.)* լքել ամայի վայրում *lqel amayi vayrum*
maroon *(n.)* շագանակագույն *shaganakaguyn*
maroon *(adj.)* շագանակագույն *shaganakaguyn*
marriage *(n.)* ամուսնություն *amusnutyun*
marriageable *(adj.)* ամուսնական *amusnakan*
marrow *(n.)* ոսկրածուծ *voskratsuts*
marry *(v.)* ամուսնանալ *amusnanal*
Mars *(n.)* մարս *mars*
marsh *(n.)* ճահիճ *chahich*
marshal *(n.)* մարշալ *marshal*
marshal *(v.)* շարել *sharel*
marshy *(adj.)* ճահճոտ *chahchot*
marsupial *(n.)* պարկավոր կենդանի *parkavor kendani*
mart *(n.)* տոնավաճառ *tonavacharr*
marten *(n.)* կզաքիս *kzaqis*
martial *(adj.)* պատերազմական *paterazmakan*
martinet *(n.)* պահանջկոտ մարդ *pahanjkot mard*
martyr *(n.)* նահատակ *nahatak*
martyrdom *(n.)* նահատակություն *nahatakutyun*
marvel *(n.)* հրաշալիք *hrashaliq*

marvel *(v.)* հիանալ *hianal*
marvellous *(adj.)* հրաշալի *hrashali*
mascot *(n.)* թալիսման *talisman*
masculine *(adj.)* արական *arakan*
mash *(v.)* տրորել *trorel*
mash *(n.)* սիրեկան *sirekan*
mask *(n.)* դիմակ *dimak*
mask *(v.)* դիմակավորել *dimakavorel*
mason *(n.)* մասոն *masson*
masonry *(n.)* որմնադրություն *vormnadrutyun*
masquerade *(n.)* դիմակահանդես *dimakahandes*
mass *(n.)* զանգված *zangvats*
mass *(v.)* կուտակել *kutakel*
massacre *(n.)* ջարդ *jard*
massacre *(v.)* ջարդել *jardel*
massage *(n.)* մերսում *mersum*
massage *(v.)* մերսել *mersel*
masseur *(n.)* մերսող *mersogh*
massive *(adj.)* զանգվածային *zangvatsayin*
massy *(adj.)* հոծ *hots*
mast *(n.)* կայմ *kaym*
master *(n.)* վարպետ *varpet*
master *(v.)* ղեկավարել *ghekavarel*
master class *(n.)* վարպետության դաս *varpetutyan das*
master copy *(n.)* գլխավոր պատճեն *glkhavor patchen*
masterly *(adv.)* վարպետորեն *varpetoren*
masterpiece *(n.)* գլուխգործոց *glukhgortsoc*
mastery *(n.)* վարպետություն *varpetutyun*
masticate *(v.)* ծամել *tsamel*
masturbate *(v.)* ձեռնաշարժությամբ զբաղվել *dzerrnashardjutyamb zbaghvel*
mat *(n.)* գորգ *gorg*
matador *(n.)* մատադոր *matador*
match *(v.)* համապատասխանել *hamapataskhanel*
match *(n.)* զույգ *zuyg*
matchless *(adj.)* անզուգական *anzugakan*
matchmaker *(n.)* միջնորդ *mijnord*

mate *(n.)* ընկերակից *ankerakic*
mate *(v.)* ամուսնանալ *amusnanal*
material *(adj.)* նյութական *nyutakan*
material *(n.)* նյութ *nyut*
materialism *(n.)* նյութապաշտություն *nyutapashtutyun*
materialize *(v.)* նյութականացնել *nyutakanacnel*
maternal *(adj.)* մայրական *mayrakan*
maternity *(n.)* մայրություն *mayrutyun*
mathematical *(adj.)* մաթեմատիկական *matematikakan*
mathematician *(n.)* մաթեմատիկոս *matematikos*
mathematics *(n.)* մաթեմատիկա *matematika*
matinee *(n.)* ցերեկույթ *cerekuyt*
matriarch *(n.)* մատրիարք, մայր *matriarq, mayr*
matricidal *(adj.)* մայրասպան *mayraspan*
matricide *(n.)* մայրասպանություն *mayraspanutyun*
matriculate *(v.)* ընդունվել համալսարան *andunvel hamalsaran*
matriculation *(n.)* ընդունելություն համալսարան *andunelutyun hamalsaran*
matrimonial *(adj.)* ամուսնական *amusnakan*
matrimony *(n.)* ամուսնություն *amusnutyun*
matrix *(n.)* մատրիցա *matrica*
matron *(n.)* տնտեսվարուհի *tntesvaruhi*
matter *(n.)* գործ *gorts*
matter *(v.)* թարախակալել *tarakhakalel*
mattock *(n.)* քլունգ *qlung*
mattress *(n.)* ներքնակ *nerqnak*
mature *(adj.)* հասունացած *hasunacats*
mature *(v.)* հասունանալ *hasunanal*
maturity *(n.)* հասունություն *hasunutyun*
maudlin *(adj.)* դյուրազգաց *dyurazgac*
maul *(n.)* թակիչ *takich*
maul *(v.)* թակել *takel*
maulstick *(n.)* փայտե թակ *payte tak*

maunder *(v.)* փնթփնթալ *pntpntal*
mausoleum *(n.)* դամբարան *dambaran*
mawkish *(adj.)* անհամ *anham*
maxilla *(n.)* ծնոտ *tsnot*
maxim *(n.)* սկզբունք *skzbunq*
maximize *(v.)* առավելագույնի հասցնել *arravelaguyni hascnel*
maximum *(n.)* առավելագույնը *arravelaguyna*
maximum *(adj.)* առավելագույն *arravelaguyn*
May *(n.)* մայիս *mayis*
may *(v.)* կարենալ *karenal*
mayor *(n.)* քաղաքապետ *qaghaqapet*
maze *(n.)* լաբիրինթոս *labirintos*
me *(pron.)* ինձ *indz*
mead *(n.)* մարգագետին *margagetin*
meadow *(n.)* մարգագետին *margagetin*
meagre *(adj.)* աղքատիկ *aghqatik*
meal *(n.)* կերակուր *kerakur*
mealy *(adj.)* ալրային *alrayin*
mean *(n. pl.)* միջոց *mijoc*
mean *(v.)* ենթադրել *yentadrel*
mean *(adj.)* միջակ *mijak*
meander *(v.)* ոլորվել *volorvel*
meaning *(n.)* իմաստ *imast*
meaningful *(adj.)* իմաստալից *imastalic*
meaningless *(adj.)* անիմաստ *animast*
meanness *(n.)* ստորություն *storutyun*
means *(n.)* միջոց *mijoc*
meanwhile *(adv.)* միևնույն ժամանակ *miyevnuyn djamanak*
measles *(n.pl.)* կարմրուկ *karmruk*
measurable *(adj.)* չափելի *chapeli*
measure *(v.)* չափել *chapel*
measure *(n.)* չափ *chap*
measureless *(adj.)* անչափ *anchap*
measurement *(n.)* չափում *chapum*
meat *(n.)* միս *mis*
mechanic *(n.)* մեխանիկ *mekhanik*
mechanic *(adj.)* մեխանիկական *mekhanikakan*
mechanical *(adj.)* մեխանիկական *mekhanikakan*
mechanics *(n.pl.)* մեխանիկա *mekhanika*

mechanism *(n.)* մեխանիզմ *mekhanizm*
medal *(n.)* շքանշան *shqanshan*
medallist *(n.)* մեդալակիր *medalakir*
meddle *(v.)* միջամտել *mijamtel*
median *(adj.)* միջին *mijin*
mediate *(v.)* միջնորդել *mijnordel*
mediation *(n.)* միջնորդություն *mijnordutyun*
mediator *(n.)* միջնորդ *mijnord*
medic *(n.)* բժիշկ *bdjishk*
medical *(adj.)* բժշկական *bdjshkakan*
medicament *(n.)* դեղ *degh*
medicinal *(adj.)* բուժիչ *budjich*
medicine *(n.)* դեղ *degh*
medieval *(adj.)* միջնադարյան *mijnadaryan*
mediocre *(adj.)* միջակ *mijak*
mediocrity *(n.)* միջակություն *mijakutyun*
meditate *(v.)* մտածել *mtatsel*
meditation *(n.)* մտորում *mtorum*
meditative *(adj.)* մտազբաղ *mtazbagh*
medium *(n.)* միջոց *mijoc*
medium *(adj.)* միջին *mijin*
meek *(adj.)* հեզ *hez*
meet *(n.)* հանդիպման վայր *handipman vayr*
meet *(v.)* հանդիպել *handipel*
meeting *(n.)* հանդիպում, ժողով *handipum, djoghov*
megalith *(n.)* մեգալիթ *megalit*
megalithic *(adj.)* մեգալիթիկ *megalitik*
megaphone *(n.)* խոսափող *khosapogh*
megastore *(n.)* մեգախանութ *megakhanut*
melancholia *(n.)* մելանխոլիա *melankholia*
melancholic *(adj.)* մելանխոլիկ *melankholik*
melancholy *(n.)* մելամաղձություն *melamaghdzutyun*
melancholy *(adj.)* մելամաղձոտ *melamaghdzot*
melee *(n.)* գոտեմարտ *gotemart*
meliorate *(v.)* բարելավ(վ)ել *barelav(v)el*
mellow *(adj.)* հասուն *hasun*

melodious *(adj.)* մեղեդային *meghedayin*
melodrama *(n.)* մելոդրամա *melodrama*
melodramatic *(adj.)* մելոդրամատիկ *melodramatik*
melody *(n.)* մեղեդի *meghedi*
melon *(n.)* սեխ *sekh*
melt *(v.)* հալվել *halvel*
member *(n.)* անդամ *andam*
membership *(n.)* անդամություն *andamutyun*
membrane *(n.)* թաղանթ *taghant*
memento *(n.)* հուշանվեր *hushanver*
memoir *(n.)* հուշագրություններ *hushagrutyunner*
memorable *(adj.)* հիշարժան *hishardjan*
memorandum *(n.)* հուշագիր *hushagir*
memorial *(n.)* հիշատակ *hishatak*
memorial *(adj.)* հիշարժան *hishardjan*
memory *(n.)* հիշողություն *hishoghutyun*
menace *(n.)* սպառնալիք *sparrnaliq*
menace *(v.)* սպառնալ *sparrnal*
mend *(v.)* նորոգել *norogel*
mendacious *(adj.)* կեղծ *keghts*
menial *(adj.)* ստրկամիտ *strkamit*
menial *(n.)* ծառա *tsarra*
meningitis *(n.)* մենինգիտ *meningit*
menopause *(n.)* դաշտանադադար *dashtanadadar*
menses *(n.)* դաշտան *dashtan*
menstrual *(adj.)* դաշտանային *dashtanayin*
menstruation *(n.)* դաշտան *dashtan*
mental *(adj.)* մտավոր *mtavor*
mentality *(n.)* մտածելակերպ *mtatselakerp*
mention *(n.)* հիշատակում *hishatakum*
mention *(v.)* հիշատակել *hishatakel*
mentor *(n.)* դաստիարակ *dastiarak*
menu *(n.)* մենյու *menyu*
mercantile *(adj.)* առևտրական *arrevtrakan*
mercenary *(adj.)* վարձկան *vardzkan*
mercerise *(v.)* վարձել *vardzel*
merchandise *(n.)* ապրանք *apranq*

merchant *(n.)* վաճառական *vacharrakan*
merciful *(adj.)* բարեգութ *baregut*
merciless *(adj.)* անգութ *angut*
mercurial *(adj.)* սնդիկային *sndikayin*
mercury *(n.)* սնդիկ *sndik*
mercy *(n.)* գթասրտություն *gtasrtutyun*
mere *(adj.)* իսկական *iskakan*
merge *(v.)* միաձուլվել *miadzulvel*
merger *(n.)* միաձուլում *midzulum*
meridian *(n.)* միջօրեական *mijoreakan*
merit *(n.)* արժանիք *ardjaniq*
merit *(v.)* արժանի լինել *ardjani linel*
meritorious *(adj.)* արժանավոր *ardjanavor*
mermaid *(n.)* ջրահարս *jrahars*
merman *(n.)* ջրոգի *jrogi*
merriment *(n.)* ուրախություն *urakhutyun*
merry *(adj.)* ուրախ *urakh*
mesh *(n.)* թակարդ *takard*
mesh *(v.)* ուռկանով բռնել *urrkanov brrnel*
mesmerism *(n.)* հիպնոս *hipnos*
mesmerize *(v.)* հիպնոսացնել *hipnosacnel*
mess *(n.)* խառնաշփոթ *kharrnashpot*
mess *(v.)* խառնաշփոթել *kharrnashpotel*
message *(n.)* հաղորդագրություն *haghordagrutyun*
messenger *(n.)* սուրհանդակ *surhandak*
messiah *(n.)* մեսիա *messia*
Messrs *(n. pl.)* պարոնայք *paronayq*
metabolism *(n.)* նյութափոխանակություն *nyutapokhanakutyun*
metal *(n.)* մետաղ *metagh*
metallic *(adj.)* մետաղյա *metaghya*
metallurgy *(n.)* մետալուրգիա *metalurgia*
metamorphosis *(n. pl.)* կերպարանափոխություն *kerparanapokhutyun*
metaphor *(n.)* փոխաբերություն *pokhaberutyun*
metaphysical *(adj.)* մետաֆիզիկական *metafizikakan*
metaphysics *(n.)* մետաֆիզիկա *metafizika*
mete *(n.)* սահման *sahman*
mete *(v.)* չափել *chapel*
meteor *(n.)* երկնաքար *yerknaqar*
meteoric *(adj.)* մթնոլորտային *mtnolortayin*
meteorologist *(n.)* օդերևութաբան *oderevutaban*
meteorology *(n.)* օդերևութաբանություն *oderevutabanutyun*
meter *(n.)* չափիչ *chapich*
method *(n.)* մեթոդ *metod*
methodical *(adj.)* մեթոդական *metodakan*
meticulous *(adj.)* մանրախնդիր *manrakhndir*
metre *(n.)* մետր *metr*
metric *(adj.)* մետրային *metrayin*
metrical *(adj.)* չափական *chapakan*
metro *(n.)* մետրո *metro*
metropolis *(n.)* մայրաքաղաք *mayraqaghaq*
metropolitan *(adj.)* մայրաքաղաքային *mayraqaghaqayin*
metropolitan *(n.)* մետրոպոլիտ *metropolit*
mettle *(n.)* բնավորություն *bnavorutyun*
mettlesome *(adj.)* եռանդուն *yerrandun*
mew *(n.)* վանդակ *vandak*
mew *(v.)* բանտարկել *bantarkel*
mezzanine *(n.)* միջնահարկ *mijnahark*
mica *(n.)* թերթաքար *tertaqar*
microbrewery *(n.)* միկրոգարեջրագործարան *mikrogarejragortsaran*
microfilm *(n.)* միկրոֆիլմ *mikrofilm*
micrology *(n.)* միկրոլոգիա *mikrologia*
micrometer *(n.)* միկրոմետր *mikrometr*
microphone *(n.)* խոսափող *khossapogh*

microprint *(n.)* միկրոտպագրություն *mikrotpagrutyun*
microprocessor *(n.)* միկրոպրոցեսոր *mikroprocessor*
microscope *(n.)* մանրադիտակ *manraditak*
microscopic *(adj.)* մանրադիտակային *manraditakayin*
microwave *(n.)* միկրոալիքային վառարան *mikroaliqayin varraran*
mid *(adj.)* միջին *mijin*
midday *(n.)* կեսօր *kesor*
middle *(n.)* կենտրոն *kentron*
middle *(adj.)* միջին *mijin*
middleman *(n.)* միջնորդ *mijnord*
middling *(adj.)* միջակ *mijak*
midget *(n.)* թզուկ *tzuk*
midland *(n.)* երկրի կենտրոնամաս *yerkri kentronamas*
midnight *(n.)* կեսգիշեր *kesgisher*
mid-off *(n.)* կեսից դուրս *kesic durs*
mid-on *(n.)* կես *kes*
midriff *(n.)* ստոծանի *stotsani*
midst *(n.)* միջինը *mijina*
midsummer *(n.)* ամառնամեջ *amarrnamej*
midwife *(n.)* մանկաբարձուհի *mankabardzuhi*
miffed *(adj.)* զայրացած *zayracats*
might *(n.)* հզորություն *hzorutyun*
mighty *(adj.)* հզոր *hzor*
migraine *(n.)* գլխացավ *glkhacav*
migrant *(n.)* գաղթական *gaghtakan*
migrate *(v.)* գաղթել *gaghtel*
migration *(n.)* միգրացիա *migracia*
milch *(adj.)* կաթնատու *katnatu*
mild *(adj.)* մեղմ *meghm*
mildew *(n.)* բորբոս *borbos*
mile *(n.)* մղոն *mghon*
mileage *(n.)* ուղեդրամ *ughedram*
milestone *(n.)* ուղենիշ *ughenish*
milieu *(n.)* միջավայր *mijavayr*
militant *(adj.)* ռազմատենչ *rrazmatench*
militant *(n.)* մարտնչող *martnchogh*
military *(adj.)* զինվորական *zinvorakan*
military *(n.)* զինվորականություն *zinvorakanutyun*
militate *(v.)* պատերազմել *paterazmel*
militia *(n.)* միլիցիա *milicia*
milk *(v.)* կթել *ktel*
milk *(n.)* կաթ *kat*
milk powder *(n.)* կաթնափոշի *katnaposhi*
milky *(adj.)* կաթնային *katnayin*
mill *(v.)* աղալ *aghal*
mill *(n.)* ջրաղաց *jraghac*
millennium *(n.)* հազարամյակ *hazaramyak*
miller *(n.)* ջրաղացպան *jraghacpan*
millet *(n.)* կորեկ *korek*
milliner *(n.)* կանացի գլխարկագործ *kanaci glkharkagorts*
millinery *(n.)* կանացի գլխարկներ *kanaci glkharkner*
million *(n.)* միլիոն *milion*
millionaire *(n.)* միլիոնատեր *milionater*
millipede *(n.)* հազարոտնուկ *hazarotnuk*
mime *(n.)* մնջախաղ *mnjakhagh*
mime *(v.)* միմիկայով արտահայտել *mimikayov artahaytel*
mimesis *(n.)* ժամերգություն *djamergutyun*
mimic *(adj.)* նմանակման *nmanakman*
mimic *(n.)* նմանակող *nmanakogh*
mimic *(v.)* նմանակել *nmanakel*
mimicry *(n.)* նմանակում *nmanakum*
minaret *(n.)* մինարեթ *minaret*
mince *(v.)* աղալ *aghal*
mind *(n.)* միտք *mitq*
mind *(v.)* առարկել *arrarkel*
mind-blowing *(adj.)* շլացուցիչ *shlacucich*
mindful *(adj.)* ուշադիր *ushadir*
mindless *(adj.)* անմիտ *anmit*
mindset *(n.)* մտածելակերպ *mtatselakerp*
mine *(n.)* հանքահոր *hanqahor*
mine *(pron.)* իմը *ima*
miner *(n.)* հանքափոր *hanqapor*
mineral *(adj.)* հանքային *hanqayin*
mineral *(n.)* հանքաքար *hanqaqar*
mineralogist *(n.)* հանքաբան

hanqaban
mineralogy *(n.)* հանքաբանություն *hanqabanutyun*
mingle *(v.)* խառնվել *kharrnvel*
miniature *(adj.)* մանրանկարչական *manrankarchakan*
miniature *(n.)* մանրանկարչություն *manrankarchutyun*
minim *(n.)* նվազագույն *nvazaguyn*
minimal *(adj.)* նվազագույն *nvazaguyn*
minimize *(v.)* փոքրացնել *poqracnel*
minimum *(adj.)* նվազագույն *nvazaguyn*
minimum *(n.)* նվազագույնը *nvazaguyna*
minion *(n.)* մինիոն *minion*
minister *(v.)* սպասարկել *spassarkel*
minister *(n.)* նախարար *nakharar*
ministrant *(adj.)* նախարարատեր *nakhararater*
ministry *(n.)* նախարարություն *nakhararutyun*
mink *(n.)* ջրաքիս *jraqis*
minor *(n.)* անչափահաս *anchapahas*
minor *(adj.)* փոքր *poqr*
minority *(n.)* փոքրամասնություն *poqramasnutyun*
minster *(n.)* մայր եկեղեցի *mayr yekegheci*
mint *(n.)* անանուխ *ananukh*
mint *(v.)* դրամահատել *dramahatel*
minus *(adj.)* բացասական *bacasakan*
minus *(n.)* մինուս *minus*
minus *(prep.)* մինուս *minus*
minuscule *(n.)* փոքրատառ *poqratarr*
minute *(adj.)* մանր *manr*
minute *(n.)* րոպե *rope*
minutely *(adv.)* ճշգրտորեն *chshgrtoren*
minx *(n.)* կոկետուհի *koketuhi*
miracle *(n.)* հրաշք *hrashq*
miraculous *(adj.)* հրաշք *hrashq*
mirage *(n.)* օդատեսիլ *odatessil*
mire *(v.)* խրվել *khrvel*
mire *(n.)* ճահիճ *chahich*
mirror *(v.)* արտացոլել *artacolel*
mirror *(n.)* հայելի *hayeli*
mirror image *(n.)* հայելային պատկեր *hayelayin patker*
mirth *(n.)* ուրախություն *urakhutyun*
mirthful *(adj.)* ուրախ *urakh*
misadventure *(n.)* դժբախտություն *ddjbakhtutyun*
misalliance *(n.)* անհամաձայնություն *anhamadzaynutyun*
misanthrope *(n.)* մարդատյաց *mardatyac*
misapplication *(n.)* սխալ կիրառում *skhal kirarrum*
misapprehend *(v.)* սխալ հասկանալ *skhal haskanal*
misapprehension *(n.)* սխալ հասկացում *skhal haskacum*
misappropriate *(v.)* յուրացնել ապօրինի *yuracnel aporini*
misappropriation *(n.)* յուրացում ապօրինի *yuracum aporini*
misbehave *(v.)* վատ վարվել *vat varvel*
misbehaviour *(n.)* վատ վարքագիծ *vat varqagits*
misbelief *(n.)* մոլորություն *molorutyun*
miscalculate *(v.)* սխալ հաշվել *skhal hashvel*
miscalculation *(n.)* սխալ հաշվում *skhal hashvum*
miscall *(v.)* սխալ անվանել *skhal anvanel*
miscarriage *(n.)* վիժում *vidjum*
miscarry *(v.)* ձախողվել *dzakhoghvel*
miscellaneous *(adj.)* զանազան *zanazan*
miscellany *(n.)* զանազանություն *zanazanutyun*
mischance *(n.)* փորձանք *pordzanq*
mischief *(n.)* վնաս *vnas*
mischievous *(adj.)* վնասակար *vnassakar*
misconceive *(v.)* սխալ հասկանալ *skhal haskanal*
misconception *(n.)* սխալ պատկերացում *skhal patkeracum*
misconduct *(n.)* սխալ վարք *skhal varq*
misconstrue *(v.)* սխալ մեկնաբանել *skhal meknabanel*
miscreant *(n.)* սրիկա *srika*
misdeed *(n.)* չարագործություն

charagortsutyun
misdemeanour *(n.)* զանցանք *zancanq*
misdiagnose *(v.)* սխալ ախտորոշել *skhal akhtoroshel*
misdirect *(v.)* սխալ ուղղորդել *skhal ughghordel*
misdirection *(n.)* սխալ ցուցմունք *skhal cucmunq*
miser *(n.)* ժլատ *djlat*
miserable *(adj.)* թշվառ *tshvarr*
miserly *(adj.)* ժլատ *djlat*
misery *(n.)* թշվառություն *tshvarrutyun*
misfire *(v.)* չկրակել *chkrakel*
misfit *(n.)* անհամապատասխանություն *anhamapataskhanutyun*
misfortune *(n.)* դժբախտություն *ddjbakhtutyun*
misgive *(v.)* անհանգստանալ *anhangstanal*
misgiving *(n.)* նախազգացում *nakhazgacum*
misguide *(v.)* մոլորեցնել *molorecnel*
mishap *(n.)* ձախորդություն *dzakhordutyun*
misjudge *(v.)* թերագնահատել *teragnahatel*
mislead *(v.)* մոլորեցնել *molorecnel*
mismanagement *(n.)* վատ կառավարում *vat karravarum*
mismatch *(v.)* անհամապատասխանել *anhamapataskhanel*
misnomer *(n.)* սխալ անվանում *skhal anvanum*
misperception *(n.)* սխալ ընկալում *akhal ankalum*
misplace *(v.)* սխալ տեղադրել *skhal teghadrel*
misprint *(n.)* վրիպակ *vripak*
misprint *(v.)* սխալ տպագրել *skhal tpagrel*
misrepresent *(v.)* խեղաթյուրել *kheghatyurel*
misrepsentation *(n.)* խեղաթյուրում *kheghatyurum*
misrule *(n.)* վատ կառավարում *vat karravarum*

miss *(v.)* վրիպել *vripel*
miss *(n.)* վրիպում *vripum*
missile *(n.)* հրթիռ *hrtirr*
missing *(adj.)* պակասող *pakassogh*
mission *(n.)* առաքելություն *arraqelutyun*
missionary *(n.)* միսիոներ *missioner*
missis, missus *(n.)* օրիորդ *oriord*
missive *(n.)* ուղերձ *ugherdz*
mist *(n.)* մշուշ *mshush*
mistake *(v.)* սխալվել *skhalvel*
mistake *(n.)* սխալ *skhal*
mister *(n.)* պարոն *paron*
mistletoe *(n.)* մզամուրճ *mzamurch*
mistreat *(v.)* վատ վերաբերվել *vat verabervel*
mistress *(n.)* տանտիկին *tantikin*
mistrust *(v.)* չվստահել *chvstahel*
mistrust *(n.)* անվստահություն *anvstahutyun*
misty *(adj.)* միգապատ *migapat*
misunderstand *(v.)* սխալ հասկանալ *skhal haskanal*
misunderstanding *(n.)* թյուրիմացություն *tyurimacutyun*
misuse *(n.)* չարաշահում *charashahum*
misuse *(v.)* չարաշահել *charashahel*
mite *(n.)* լումա *luma*
mithridate *(n.)* հակաթույն *hakatuyn*
mitigate *(v.)* մեղմացնել *meghmacnel*
mitigation *(n.)* մեղմացում *meghmacum*
mitre *(n.)* վեղար *veghar*
mitten *(n.)* թաթման *tatman*
mix *(v.)* խառնել *kharrnel*
mixture *(n.)* խառնուրդ *kharrnurd*
mnemonic *(adj.)* մնեմոնիկ *mnemonik*
mnemonic *(n.)* մնեմոնիկ *mnemonik*
mnemonization *(n.)* մնեմոնիզացիա *mnemonizacia*
moan *(v.)* հառաչել *harrachel*
moan *(n.)* ողբ *voghb*
moat *(n.)* փոս *pos*
moat *(v.)* խրամել *khramel*
mob *(n.)* ամբոխ *ambokh*
mob *(v.)* ամբոխվել *ambokhvel*
mobile *(adj.)* շարժական *shardjakan*
mobility *(n.)* շարժունություն

shardjunutyun
mobilize *(v.)* մոբիլիզացնել *mobilizacnel*
mock *(v.)* ծաղրել *tsaghrel*
mock *(adj.)* սարքովի *sarqovi*
mockery *(n.)* ծաղր *tsaghr*
mocktail *(n.)* ծաղրանք *tsaghranq*
modality *(n.)* եղանակավորում *yeghanakavorum*
mode *(n.)* ձև *dzev*
model *(v.)* ձևավորել *dzevavorel*
model *(n.)* մոդել *model*
moderate *(adj.)* չափավոր *chapavor*
moderate *(v.)* չափավորել *chapavorel*
moderation *(n.)* չափավորություն *chapavorutyun*
modern *(adj.)* ժամանակակից *djamanakakic*
modernity *(n.)* արդիականություն *ardiakanutyun*
modernization *(n.)* արդիականացում *ardiakanacum*
modernize *(v.)* արդիականացնել *ardiakanacnel*
modest *(adj.)* համեստ *hamest*
modesty *(n.)* համեստություն *hamestutyun*
modicum *(n.)* չնչինություն *chnchinutyun*
modification *(n.)* փոփոխություն *popokhutyun*
modify *(v.)* փոփոխել *popokhel*
modular *(adj.)* մոդուլային *modulayin*
modulate *(v.)* ելևէջել *yelevejel*
module *(n.)* մոդուլ *modul*
moil *(v.)* սև աշխատանք կատարել *sev ashkhatanq katarel*
moist *(adj.)* խոնավ *khonav*
moisten *(v.)* խոնավացնել *khonavacnel*
moisture *(n.)* խոնավություն *khonavutyun*
molar *(adj.)* մոլային *molayin*
molar *(n.)* սեղանատամ *seghanatam*
molasses *(n.)* կերամաթ *keramat*
mole *(n.)* խալ *khal*
molecular *(adj.)* մոլեկուլային *molekulayin*
molecule *(n.)* մոլեկուլ *molekul*
molest *(v.)* անհանգստացնել *anhangstacnel*
molestation *(n.)* ոտնձգություն *votndzgutyun*
mollusc *(n.)* կակղամորթ *kakghamort*
molluscous *(adj.)* փափկամարմին *papkamarmin*
molten *(adj.)* հալած *halats*
moment *(n.)* պահ *pah*
momentary *(adj.)* վայրկենական *vayrkenakan*
momentous *(adj.)* կարևոր *karevor*
momentum *(n.)* թափ *tap*
monarch *(n.)* միապետ *miapet*
monarchy *(n.)* միապետություն *miapetutyun*
monastery *(n.)* վանք *vanq*
monasticism *(n.)* վանականություն *vanakanutyun*
Monday *(n.)* երկուշաբթի *yerkushabti*
monetary *(adj.)* դրամական *dramakan*
money *(n.)* դրամ *dram*
money laundering *(n.)* փողերի լվացում *pogheri lvacum*
monger *(n.)* վաճառական *vacharrakan*
mongoose *(n.)* մանգուստ *mangust*
mongrel *(n.)* խառնազգի սերունդ *kharrnazgi serund*
monitor *(n.)* զրահանավ *zrahanav*
monitor *(v.)* դաստիարակել *dastiarakel*
monitory *(adj.)* մոնիտորինգ *monitoring*
monk *(n.)* վանական *vanakan*
monkey *(n.)* կապիկ *kapik*
monochromatic *(adj.)* մոնոխրոմատիկ *monokhromatik*
monocle *(n.)* մոնոկլ *monokl*
monocular *(adj.)* մոնոկուլյար *monokulyar*
monody *(n.)* գովերգ *goverg*
monoestrous *(adj.)* միաէստրալ *miaestral*
monogamy *(n.)* մենամուսնություն *menamusnutyun*
monogram *(n.)* մոնոգրամ *monogram*
monograph *(n.)* մենագրություն *menagrutyun*

monogynous *(adj.)* միապաղաղ miapaghagh
monolatry *(n.)* մենատիրություն menatirutyun
monolith *(n.)* մոնոլիտ monolit
monologue *(n.)* մենախոսություն menakhosutyun
monopolist *(n.)* մենաշնորհատեր menashnorhater
monopolize *(v.)* մենաշնորհել menashnorhel
monopoly *(n.)* մենաշնորհ menashnorh
monorail *(n.)* մոնոռելս monorrels
monosyllabic *(adj.)* միավանկ miavank
monosyllable *(n.)* միավանկ բառ miavank barr
monotheism *(n.)* միաստվածություն miastvatsutyun
monotheist *(n.)* միաստված miastvats
monotonous *(adj.)* միօրինակ miorinak
monotony *(n.)* միօրինակություն miorinakutyun
monsoon *(n.)* մուսսոն musson
monster *(n.)* հրեշ hresh
monstrous *(adj.)* հրեշավոր hreshavor
month *(n.)* ամիս amis
monthly *(adv.)* ամսեկան amsekan
monthly *(n.)* ամսագիր amsagir
monthly *(adj.)* ամսական amsakan
monument *(n.)* հուշարձան hushardzan
monumental *(adj.)* հոյակապ hoyakap
moo *(v.)* բառաչել barrachel
mood *(n.)* տրամադրություն tramadrutyun
moody *(adj.)* մռայլ mrrayl
moon *(n.)* լուսին lusin
moonlight *(n.)* լուսնալույս lusnaluys
moor *(v.)* կապվել kapvel
moor *(n.)* մորուտ morut
moorings *(n.)* պարաններ paranner
moot *(n.)* դատախաղ datakhagh
mop *(v.)* մաքրել maqrel
mop *(n.)* շվաբր shvabr
mope *(v.)* մելամաղձոտ լինել melamaghdzot linel
moral *(n.)* բարոյախոսություն baroyakhosutyun
moral *(adj.)* բարոյական baroyakan
morale *(n.)* բարոյական վիճակ baroyakan vichak
moralist *(n.)* բարոյախոս baroyakhos
morality *(n.)* բարոյագիտություն baroyagitutyun
moralize *(v.)* բարոյախոսել baroyakhosel
morbid *(adj.)* հիվանդագին hivandagin
morbidity *(n.)* հիվանդոտություն hivandotutyun
more *(adv.)* ավելի aveli
more *(adj.)* ավելի շատ aveli shat
moreover *(adv.)* ավելին avelin
morganatic *(adj.)* մորգանատիկ morganatik
morgue *(n.)* դիարան diaran
moribund *(adj.)* մահամերձ mahamerdz
morning *(n.)* առավոտ arravot
moron *(n.)* ապուշ apush
morose *(adj.)* մռայլ mrrayl
morph *(n.)* փոփոխություն popokhutyun
morph *(v.)* փոխվել pokhvel
morphia *(n.)* մորֆին morfin
morphine *(n.)* մորֆին morfin
morphology *(n.)* կազմաբանություն kazmabanutyun
morrow *(n.)* այգ ayg
morse *(n.)* ծովացուլ tsovacul
morsel *(n.)* պատառ patarr
mortal *(n.)* մարդ mard
mortal *(adj.)* մահկանացու mahkanacu
mortality *(n.)* մահացություն mahacutyun
mortar *(n.)* ականանետ akananet
mortgage *(v.)* գրավադնել gravadnel
mortgage *(n.)* գրավ grav
mortgagee *(n.)* գրավառու gravarru
mortgagor *(n.)* գրավատու gravatu
mortify *(v.)* նվաստացնել nvastacnel
mortuary *(n.)* դիարան diaran
mosaic *(n.)* խճանկար khchankar
mosque *(n.)* մզկիթ mzkit
mosquito *(n.)* մոծակ motsak
moss *(n.)* մամուռ mamurr
most *(adj.)* ամենաշատ amenashat

most *(adv.)* մեծապես *metsapes*
most *(n.)* մեծամասնություն *metsamasnutyun*
mostly *(adv.)* գլխավորապես *glkhavorapes*
mote *(n.)* փոշեհատիկ *poshehatik*
motel *(n.)* ավտոպանսիոնատ *avtopansionat*
moth *(n.)* ցեց *cec*
mother *(v.)* որդեգրել *vordegrel*
mother *(n.)* մայրիկ *mayrik*
motherhood *(n.)* մայրություն *mayrutyun*
motherlike *(adj.)* մայրական *mayrakan*
motherly *(adj.)* մայրական *mayrakan*
motif *(n.)* մոտիվ *motiv*
motion *(v.)* ժեստերով ցուցադրել *djesterov cucadrel*
motion *(n.)* շարժում *shardjum*
motionless *(adj.)* անշարժ *anshardj*
motivate *(v.)* դրդել *drdel*
motivation *(n.)* մոտիվացիա *motivacia*
motive *(n.)* շարժառիթ *shardjarrit*
motley *(adj.)* բազմերանգ *bazmerang*
motor *(v.)* ավտոմեքենայով գնալ *avtomeqenayov gnal*
motor *(n.)* շարժիչ *shardjich*
motorist *(n.)* ավտովարորդ *avtovarord*
mottle *(n.)* բիծ *bits*
motto *(n.)* նշանաբան *nshanaban*
mould *(v.)* կաղապարել *kaghaparel*
mould *(n.)* կաղապար *kaghapar*
mouldy *(adj.)* բորբոսնած *borbosnats*
moult *(v.)* թափել *tapel*
mound *(n.)* բլուր *blur*
mount *(v.)* տեղակայել *teghakayel*
mount *(n.)* սար *sar*
mountain *(n.)* լեռ *lerr*
mountaineer *(n.)* լեռնաբնակ *lerrnabnak*
mountainous *(adj.)* լեռնային *lerrnayin*
mourn *(v.)* սգալ *sgal*
mourner *(n.)* սգացող *sgacogh*
mournful *(adj.)* սգալի *sgali*
mourning *(n.)* սուգ *sug*
mouse *(n.)* մուկ *muk*
moustache *(n.)* բեղ *begh*
mouth *(v.)* բերանել *beranel*
mouth *(n.)* բերան *beran*
mouthful *(n.)* պատառ *patarr*
movable *(adj.)* շարժական *shardjakan*
movables *(n.pl.)* շարժական իրեր *shardjakan irer*
move *(n.)* տեղաշարժ *teghashardj*
move *(v.)* շարժվել *shardjvel*
movement *(n.)* շարժում *shardjum*
mover *(n.)* շարժիչ *shardjich*
movies *(n. pl.)* կինո *kino*
mow *(v.)* հնձել *hndzel*
much *(adv.)* շատ *shat*
much *(adj.)* շատ *shat*
mucilage *(n.)* բուսալորձ *busalordz*
muck *(n.)* գոմաղբ *gomaghb*
mucous *(adj.)* լորձային *lordzayin*
mucus *(n.)* լորձ *lordz*
mud *(n.)* ցեխ *cekh*
muddle *(v.)* խառնել *kharrnel*
muddle *(n.)* խառնաշփոթություն *kharrnashpotutyun*
muffle *(v.)* խլացնել *khlacnel*
muffler *(n.)* խլացուցիչ *khlacucich*
mug *(n.)* գավաթ *gavat*
muggy *(adj.)* տաք *taq*
mulatto *(n.)* մուլատ *mulat*
mulberry *(n.)* թութ *tut*
mule *(n.)* ջորի *jori*
mulish *(adj.)* կամակոր *kamakor*
mull *(n.)* մտորում *mtorum*
mull *(v.)* մտորել *mtorel*
mullah *(n.)* մոլլա *molla*
mullion *(n.)* ծունկ *tsunk*
multifarious *(adj.)* բազմազան *bazmazan*
multiform *(adj.)* բազմաձև *bazmadzev*
multilateral *(adj.)* բազմակողմ *bazmakoghm*
multilingual *(adj.)* բազմալեզու *bazmalezu*
multiparous *(adj.)* բազմաքանակ *bazmaqanak*
multiped *(n.)* բազմապատիկ *bazmapatik*
multiple *(n.)* բազմապատիկ թիվ բազմապատիկ *bazmapatik tiv*
multiple *(adj.)* բազմապատիկ

bazmapatik
multiplex *(adj.)* մուլտիպլեքս *multipleqs*
multiplicand *(n.)* բազմապատկելի *bazmapatkeli*
multiplication *(n.)* բազմապատկում *bazmapatkum*
multiplicity *(n.)* բազմազանություն *bazmazanutyun*
multiply *(v.)* բազմապատկել *bazmapatkel*
multitude *(n.)* բազմություն *bazmutyun*
mum *(adj.)* անխոս *ankhos*
mum *(n.)* մայրիկ *mayrik*
mumble *(v.)* փնթփնթալ *pntpntal*
mummer *(n.)* միմոս *mimos*
mummy *(n.)* մումիա *mumia*
mumps *(n. pl.)* խոզուկ *khozuk*
munch *(v.)* ճպճպացնել *chpchpacnel*
mundane *(adj.)* երկրային *yerkrayin*
municipal *(adj.)* քաղաքային *qaghaqayin*
municipality *(n.)* քաղաքապետարան *qaghaqapetaran*
munificent *(adj.)* մեծահոգի *metsahogi*
munitions *(n.pl.)* զինամթերք *zinamterq*
mural *(n.)* որմնանկար *vormnankar*
mural *(adj.)* որմնային *vormnayin*
murder *(n.)* սպանություն *spanutyun*
murder *(v.)* սպանել *spanel*
murderer *(n.)* մարդասպան *mardaspan*
murderous *(adj.)* մահաբեր *mahaber*
murmur *(v.)* կարկաչել *karkachel*
murmur *(n.)* կարկաչյուն *karkachyun*
muscle *(n.)* մկան *mkan*
muscovite *(n.)* մոսկվացի *moskvaci*
muscular *(adj.)* մկանային *mkanayin*
muse *(v.)* երազել *yerazel*
muse *(n.)* մուսա *mussa*
museum *(n.)* թանգարան *tangaran*
mush *(n.)* շիլա *shila*
mushroom *(n.)* սունկ *sunk*
music *(n.)* երաժշտություն *yeradjshtutyun*
musical *(adj.)* երաժշտական *yeradjshtakan*
musician *(n.)* երաժիշտ *yeradjisht*
musk *(n.)* մուշկ *mushk*
musket *(n.)* մուշկետ *mushket*
musketeer *(n.)* հրացանակիր *hracanakir*
muslim *(adj.)* մահմեդական *mahmedakan*
muslin *(n.)* բեհեզ *behez*
must *(v.)* պետք է *petq e*
must *(n.)* անհրաժեշտություն *anhradjeshtutyun*
mustache *(n.)* բեղ *begh*
mustang *(n.)* մուստանգ *mustang*
mustard *(n.)* մանանեխ *mananekh*
muster *(n.)* զորահավաք *zorahavaq*
muster *(v.)* հավաքել *havaqel*
musty *(adj.)* բորբոսնած *borbosnats*
mutation *(n.)* մուտացիա *mutacia*
mutative *(adj.)* փոփոխական *popokhakan*
mute *(adj.)* համր *hamr*
mute *(n.)* մեղմոց *meghmoc*
mutidisciplinary *(adj.)* բազմամասնապատում *bazmamasnapatum*
mutilate *(v.)* հաշմանդամացնել *hashmandamacnel*
mutilation *(n.)* հաշմանդամություն *hashmandamutyun*
mutinous *(adj.)* խռովարար *khrrovarar*
mutiny *(v.)* ապստամբել *apstambel*
mutiny *(n.)* ապստամբություն *apstambutyun*
mutter *(v.)* փնթփնթալ *pntpntal*
mutton *(n.)* ոչխարի միս *vochkhari mis*
mutual *(adj.)* փոխադարձ *pokhadardz*
muzzle *(v.)* դնչակալ դնել *dnchakal dnel*
muzzle *(n.)* դնչակալ *dnchakal*
my *(pron.)* իմ *im*
myalgia *(n.)* մկանացավ *mkanacav*
myopia *(n.)* կարճատեսություն *karchatesutyun*
myopic *(adj.)* կարճատես *karchates*
myosis *(n.)* միոզ *mioz*
myriad *(adj.)* անհամար *anhamar*
myriad *(n.)* անհամար քանակություն

anhamar qanakutyun
myrrh *(n.)* զմուռս *zmurrs*
myrtle *(n.)* մրտենի *mrteni*
myself *(pron.)* ինքս *inqs*
mysterious *(adj.)* խորհրդավոր *khorhrdavor*
mystery *(n.)* գաղտնիք *gaghtniq*
mystic *(n.)* միստիկ *mistik*
mystic *(adj.)* միստիկական *mistikakan*
mysticism *(n.)* միստիցիզմ *misticizm*
mystify *(v.)* մոլորեցնել *molorecnel*
mystique *(n.)* միստիկա *mistika*
myth *(n.)* միֆ *mif*
mythical *(adj.)* առասպելական *arraspelakan*
mythological *(adj.)* դիցաբանական *dicabanakan*
mythology *(n.)* դիցաբանություն *dicabanutyun*

N

n. *(n.)* անորոշ մեծություն *anorosh metsutyun*
nab *(v.)* ձերբակալել *dzerrbakalel*
nabob *(n.)* նաբոբ, հնդիկ իշխան *nabob, hndik ishkhan*
nacho *(n.)* նաչո *nacho*
nack *(v.)* ծակծկել *tsaktskel*
nacre *(n.)* նեխուր *nekhur*
nadger *(n.)* տրտմություն *trtmutyun*
nadir *(n.)* նադիր, ստորնակետ *nadir, stornaket*
nag *(v.)* բծախնդրություն անել *btsakhndrutyun anel*
nag *(n.)* յաբու *yabu*
nagging *(adj.)* փնթփնթան *pntpntan*
nagging *(n.)* փնթփնթացող *pntpntacogh*
nail *(v.)* գամել *gamel*
nail *(n.)* գամ *gam*
naive *(adj.)* միամիտ *miamit*
naivete *(n.)* միամտություն *miamtutyun*
naivety *(n.)* միամտություն *miamtutyun*
naked *(adj.)* մերկ *merk*
name *(n.)* անուն *anun*
name *(v.)* անվանել *anvanel*
namely *(adv.)* այսինքն *aysinqn*
nameplate *(n.)* անվանատախտակ *anvanatakhtak*
namesake *(n.)* անվանակից *anvanakic*
nanism *(n.)* թերզարգացում *terzargacum*
nanite *(n.)* նանիտ, նանոռոբոտ *nanit, nanorrobot*
nanny *(n.)* դայակ *dayak*
nano *(n.)* նանո *nano*
nanobiology *(n.)* նանոբիոլոգիա *nanobiologia*
nanobot *(n.)* նանոբոտ *nanobot*
nanochip *(n.)* նանոչիպ *nanochip*
nanocircuitry *(n.)* նանոշրջան *nanoshrjan*
nanocomponent *(n.)* նանոբաղադրիչ *nanobaghadrich*
nanocomputer *(n.)* նանոհամակարգիչ *nanohamakargich*
nanoengineer *(n.)* նանոինժեներ *nanoindjener*
nanohertz *(n.)* նանոհերց *nanoherc*
nanomechanics *(n.)* նանոմեխանիկա *nanomekhanika*
nanoparticle *(n.)* նանոմասնիկ *nanomasnik*
nanoplasma *(n.)* նանոպլազմա *nanoplazma*
nanotransistor *(n.)* նանոտրանզիստոր *nanotranzistor*
nap *(v.)* նիրհել *nirhel*
nap *(n.)* նիրհ *nirh*
nape *(n.)* ծոծրակ *tsotsrak*
naphthalene *(n.)* նաֆթալին *naftalin*
napkin *(n.)* անձեռոցիկ *andzerrocik*
narcissism *(n.)* նարցիսիզմ *narcisizm*
narcissus *(n.)* նարգիզ *nargiz*
narcosis *(n.)* նարկոզ, թմրեցում *narkoz, tmrecum*
narcotic *(n.)* թմրադեղ *tmradegh*
narrate *(v.)* պատմել *patmel*
narration *(n.)* պատմվածք *patmvatsq*
narrative *(adj.)* պատմողական

patmoghakan
narrative *(n.)* պատմություն *patmutyun*
narrator *(n.)* պատմող *patmogh*
narrow *(v.)* նեղանալ *neghanal*
narrow *(adj.)* նեղ *negh*
nasal *(adj.)* ռնգային *rrngayin*
nasal *(n.)* ռնգային հնչյուն *rrngayin hnchyun*
nascent *(adj.)* նորածին *noratsin*
nasty *(adj.)* գարշելի *garsheli*
natal *(adj.)* ծննդյան *tsnndyan*
natant *(adj.)* օրինական *orinakan*
nation *(n.)* ազգ *azg*
national *(adj.)* ազգային *azgayin*
nationalism *(n.)* ազգայնականություն *azgaynakanutyun*
nationalist *(n.)* ազգայնամոլ *azgaynamol*
nationality *(n.)* ազգություն *azgutyun*
nationalization *(n.)* ազգայնացում *azgaynacum*
nationalize *(v.)* ազգայնացնել *azgaynacnel*
native *(n.)* բնիկ *bnik*
native *(adj.)* հայրենի *hayreni*
nativity *(n.)* ծնունդ *tsnund*
natural *(adj.)* բնական *bnakan*
naturalist *(n.)* բնագետ *bnaget*
naturalize *(v.)* բնականացնել *bnakanacnel*
naturally *(adv.)* բնականաբար *bnakanabar*
nature *(n.)* բնություն *bnutyun*
naughty *(adj.)* չարաճճի *charachchi*
nausea *(n.)* սրտխառնոց *srtkharrnoc*
nautic(al) *(adj.)* ծովային *tsovayin*
naval *(adj.)* նավատորմային *navatormayin*
nave *(n.)* անվակունդ *anvakund*
navigable *(adj.)* նավարկելի *navarkeli*
navigate *(v.)* նավարկել *navarkel*
navigation *(n.)* նավարկություն *navarkutyun*
navigator *(n.)* ծովագնաց *tsovagnac*
navy *(n.)* նավատորմ *navatorm*
nay *(n.)* ոչ *voch*
neap *(v.)* իջնել *ijnel*
near *(prep.)* մոտ *mot*
near *(adv.)* մոտիկից *motikic*
near *(v.)* մոտենալ *motenal*
near *(adj.)* մոտիկ *motik*
nearly *(adv.)* մոտավորապես *motavorapes*
neat *(adj.)* կոկիկ *kokik*
nebula *(n.)* միգամածություն *migamatsutyun*
necessary *(adj.)* անհրաժեշտ *anhradjesht*
necessary *(n.)* անհրաժեշտություն *anhradjeshtutyun*
necessitate *(v.)* հարկադրել *harkadrel*
necessity *(n.)* անհրաժեշտություն *anhradjeshtutyun*
neck *(n.)* վիզ *viz*
necklace *(n.)* վզնոց *vznoc*
necklet *(n.)* մանյակ *manyak*
necromancer *(n.)* ոգեկոչող *vogekochogh*
necropolis *(n.)* դամբարան *dambaran*
nectar *(n.)* նեկտար *nektar*
need *(v.)* կարիք ունենալ *kariq unenal*
need *(n.)* կարիք *kariq*
needful *(adj.)* հարկավոր *harkavor*
needle *(n.)* ասեղ *assegh*
needless *(adj.)* անօգուտ *anogut*
needs *(adv.)* անհրաժեշտաբար *anhradjeshtabar*
needy *(adj.)* կարիքավոր *kariqavor*
nefarious *(adj.)* ստոր *stor*
negate *(v.)* ժխտել *djkhtel*
negation *(n.)* ժխտում *djkhtum*
negative *(n.)* բացասում *bacasum*
negative *(v.)* մերժել *merdjel*
negative *(adj.)* բացասական *bacassakan*
neglect *(v.)* անտեսել *antessel*
neglect *(n.)* անտեսում *antesum*
negligence *(n.)* անփութություն *anpututyun*
negligent *(adj.)* անփույթ *anpuyt*
negligible *(adj.)* աննշան *annshan*
negotiable *(adj.)* սակարկելի *sakarkeli*
negotiate *(v.)* բանակցել *banakcel*
negotiation *(n.)* բանակցություն *banakcutyun*

negotiator *(n.)* միջնորդ *mijnord*
Negress *(n.)* նեգրուհի *negruhi*
Negro *(n.)* նեգր *negr*
neigh *(n.)* վրնջյուն *vrnjyun*
neigh *(v.)* վրնջալ *vrnjal*
neighbour *(n.)* հարևան *harevan*
neighbourhood *(n.)* հարևանություն *harevanutyun*
neighbourly *(adj.)* բարեկամական *barekamakan*
neither *(conj.)* ոչ էլ *voch el*
nemesis *(n.)* Նեմեսիս *Nemessis*
neolithic *(adj.)* նեոլիթական *neolitakan*
neon *(n.)* նեոն *neon*
nephew *(n.)* եղբորորդի *yeghborordi*
nepotism *(n.)* խնամիություն *khnamiutyun*
Neptune *(n.)* նեպտուն *neptun*
nerve *(n.)* նյարդ *nyard*
nerveless *(adj.)* նյարդազուրկ *nyardazurk*
nervous *(adj.)* նյարդային *nyardayin*
nescience *(n.)* նյարդայնություն *nyardaynutyun*
nest *(n.)* բույն *buyn*
nest *(v.)* բույն շինել *buyn shinel*
nestle *(v.)* տեղավորվել *teghavorvel*
nestling *(n.)* ձագուկ *dzaguk*
net *(v.)* ցանցապատել *cancapatel*
net *(adj.)* կանխիկ *kankhik*
net *(n.)* ցանց *canc*
nether *(adj.)* ստորին *storin*
netizen *(n.)* ներցանցային անդամ *nercancayin andam*
nettle *(n.)* եղինջ *yeghinj*
nettle *(v.)* զայրացնել *zayracnel*
network *(n.)* ցանց *canc*
neurologist *(n.)* նյարդաբան *nyardaban*
neurology *(n.)* նյարդաբանություն *nyardabanutyun*
neurosis *(n.)* նևրոզ *nevroz*
neuter *(adj.)* անանցողական *anancoghakan*
neuter *(n.)* չեզոք սեռ *chezoq serr*
neutral *(adj.)* չեզոք *chezoq*
neutralize *(v.)* չեզոքացնել *chezoqacnel*

neutron *(n.)* նեյտրոն *neytron*
never *(adv.)* երբեք *yerbeq*
never-ending *(adj.)* անվերջ *anverj*
nevertheless *(adv.)* այնուամենայնիվ *aynuamenayniv*
new *(adj.)* նոր *nor*
newborn *(adj.)* նորածին *noratsin*
news *(n.)* լուրեր *lurer*
newspaper *(n.)* լրագիր *lragir*
next *(adv.)* հետո *heto*
next *(adj.)* հաջորդ *hajord*
nib *(n.)* ծայր *tsayr*
nibble *(n.)* կծում *ktsum*
nibble *(v.)* կծել *ktsel*
nice *(adj.)* գեղեցիկ *geghecik*
nicely *(adv.)* լավ *lav*
nicety *(n.)* նրբագեղություն *nrbageghutyun*
niche *(n.)* որմնախորշ *vormnakhorsh*
nick *(n.)* նշան *nshan*
nickel *(n.)* նիկել *nikel*
nickname *(v.)* մականուն տալ *makanun tal*
nickname *(n.)* մականուն *makanun*
nicotine *(n.)* նիկոտին *nikotin*
niece *(n.)* զարմուհի *zarmuhi*
niggard *(n.)* ժլատ մարդ *djlat mard*
niggardly *(adj.)* ժլատ *djlat*
nigger *(n.)* նեգր *negr*
nigh *(adv.)* մոտիկ *motik*
nigh *(prep.)* մոտ *mot*
night *(n.)* գիշեր *gisher*
night shelter *(n.)* գիշերային կացարան *gisherayin kacaran*
nightie *(n.)* գիշերակաց *gisherakac*
nightingale *(n.)* սոխակ *sokhak*
nightly *(adv.)* գիշերը *gishera*
nightmare *(n.)* մղձավանջ *mghdzavanj*
nihilism *(n.)* նիհիլիզմ *nihilizm*
nil *(n.)* զրո *zro*
nimble *(adj.)* ճարպիկ *charpik*
nimbus *(n.)* լուսապսակ *lusapsak*
nine *(num.)* ինը *ina*
nineteen *(num.)* տասնինը *tasnina*
nineteenth *(num.)* տասնիններորդ *tasninnerord*
ninetieth *(num.)* իննսուներորդ *innsunerord*

ninety *(num.)* իննսուն *innsun*
ninth *(num.)* իններորդ *innerord*
nip *(v.)* կսմթել *ksmtel*
nipple *(n.)* ծծակ *tstsak*
nitrogen *(n.)* ազոտ *azot*
no *(adj.)* ոչ մի *voch mi*
no *(adv.)* ոչ *voch*
no *(n.)* բացասում *bacasum*
nobility *(n.)* ազնվականություն *aznvakanutyun*
noble *(adj.)* ազնիվ *azniv*
noble *(n.)* ազնվական *aznvakan*
nobleman *(n.)* ազնվական *aznvakan*
nobly *(adv.)* ազնվորեն *aznvoren*
nobody *(pron.)* ոչ ոք *voch voq*
nocturnal *(adj.)* գիշերային *gisherayin*
nod *(v.)* գլխով անել *glkhov anel*
nod *(n.)* գլխի շարժում *glkhi shardjum*
noddle *(n.)* գլուխ *glukh*
node *(n.)* հանգույց *hanguyc*
noise *(n.)* աղմուկ *aghmuk*
noiseless *(adj.)* անաղմուկ *anaghmuk*
noisy *(adj.)* աղմկոտ *aghmkot*
nomad *(n.)* քոչվոր *qochvor*
nomadic *(adj.)* քոչվոր *qochvor*
nomenclature *(n.)* անվանակարգություն *anvanakargutyun*
nominal *(adj.)* անվանական *anvanakan*
nominate *(v.)* առաջադրել *arrajadrel*
nomination *(n.)* անվանակարգում *anvanakargum*
nominee *(n.)* թեկնածու *teknatsu*
non-alcoholic *(adj.)* ոչ ալկոհոլային *voch alkoholayin*
non-alignment *(n.)* անհավասարեցում *anhavasarecum*
nonchalance *(n.)* անհոգություն *anhogutyun*
nonchalant *(adj.)* անհոգ *anhog*
non-disclosure *(n.)* չբացահայտում *chbacahaytum*
none *(adv.)* բոլորովին *bolorovin*
none *(pron.)* ոչ ոք *voch voq*
nonentity *(n.)* ոչնչություն *vochnchutyun*
nonetheless *(adv.)* այնուամենայնիվ *aynuamenayniv*
nonpareil *(n.)* տիպար *tipar*
nonpareil *(adj.)* անփոփոխ *anpopokh*
nonplus *(v.)* շփոթեցնել *shpotecnel*
non-profit *(adj.)* անշահութաբեր *anshahutaber*
nonsense *(n.)* անմտություն *anmtutyun*
nonsensical *(adj.)* անիմաստ *animast*
non-stick *(adj.)* չկպչող *chpchogh*
non-stop *(adj.)* անդադար *andadar*
noodle *(n.)* լապշա *lapsha*
nook *(n.)* անկյուն *ankyun*
noon *(n.)* կեսօր *kessor*
noose *(n.)* թակարդ *takard*
noose *(v.)* որսալ *vorsal*
nor *(conj.)* ոչ *voch*
Nordic *(adj.)* սկանդինավյան *skandinavyan*
norm *(n.)* նորմա *norma*
normal *(adj.)* նորմալ *normal*
normalcy *(n.)* նորմալություն *normalutyun*
normalization *(n.)* նորմալացում *normalacum*
normalize *(v.)* նորմալացնել *normalacnel*
north *(adj.)* հյուսիսային *hyussissayin*
north *(adv.)* դեպի հյուսիս *depi hyussis*
north *(n.)* հյուսիս *hyussis*
northerly *(adv.)* հյուսիսից *hyussissic*
northerly *(adj.)* հյուսիսային *hyussissayin*
northern *(adj.)* հյուսիսային *hyussissayin*
nose *(v.)* հոտոտել *hototel*
nose *(n.)* քիթ *qit*
nosegay *(n.)* ծաղկեփունջ *tsaghkepunj*
nosey *(adj.)* մեծաքիթ *metsaqit*
nostalgia *(n.)* հայրենաբաղձություն *hayrenabaghdzutyun*
nostril *(n.)* քթածակ *qtatsak*
nostrum *(n.)* դեղ *degh*
nosy *(adj.)* մեծաքիթ *metsaqit*
not *(adv.)* ոչ *voch*
notability *(n.)* համբավ *hambav*
notable *(adj.)* նշանավոր *nshanavor*
notary *(n.)* նոտար *notar*
notation *(n.)* նշագրում *nshagrum*

notch *(n.)* խազ *khaz*
note *(v.)* նոթագրել *notagrel*
note *(n. pl.)* նոթեր *noter*
noteworthy *(adj.)* ուշագրավ *ushagrav*
nothing *(adv.)* ամենևին *amenevin*
nothing *(n.)* ոչինչ *vochinch*
notice *(v.)* նկատել *nkatel*
notice *(n.)* ծանուցում *tsanucum*
notification *(n.)* ազդ *azd*
notify *(v.)* տեղեկացնել *teghekacnel*
notion *(n.)* տեսակետ *tessaket*
notional *(adj.)* իմաստավոր *imastavor*
notoriety *(n.)* հայտնիություն *haytniutyun*
notorious *(adj.)* վատահամբավ *vatahambav*
notwithstanding *(prep.)* չնայած *chnayats*
notwithstanding *(adv.)* այնուամենայնիվ *aynuamenayniv*
notwithstanding *(conj.)* չնայած *chnayats*
nought *(n.)* ոչինչ *vochinch*
noun *(n.)* գոյական *goyakan*
nourish *(v.)* սնել *snel*
nourishment *(n.)* սնուցում *snucum*
novel *(adj.)* նոր *nor*
novel *(n.)* վեպ *vep*
novelette *(n.)* վիպակ *vipak*
novelist *(n.)* վիպասան *vipasan*
novelty *(n.)* նորություն *norutyun*
November *(n.)* նոյեմբեր *noyember*
novice *(n.)* սկսնակ *sksnak*
now *(conj.)* քանի որ *qani vor*
now *(adv.)* հիմա *hima*
nowhere *(adv.)* ոչ մի տեղ *voch mi tegh*
noxious *(adj.)* վնասակար *vnasakar*
nozzle *(n.)* վարդակ *vardak*
nuance *(n.)* նրբերանգ *nrberang*
nubile *(adj.)* հետևից *hetevic*
nuclear *(adj.)* ատոմային *atomayin*
nuclear family *(n.)* ատոմային ընտանիք *atomayin antaniq*
nucleus *(n.)* միջուկ *mijuk*
nude *(adj.)* մերկ *merk*
nude *(n.)* մերկ ֆիգուրա *merk figura*
nudge *(v.)* հրել *hrel*
nudity *(n.)* մերկություն *merkutyun*
nugget *(n.)* բնակտոր *bnaktor*
nuisance *(n.)* սրտնեղություն *srtneghutyun*
null *(adj.)* անվավեր *anvaver*
nullification *(n.)* վերացում *veracum*
nullify *(v.)* ջնջել *jnjel*
numb *(adj.)* անզգա *anzga*
number *(v.)* համարակալել *hamarakalel*
number *(n.)* թիվ *tiv*
numberless *(adj.)* անթիվ *antiv*
numeral *(n.)* թվանշան *tvanshan*
numerator *(n.)* համարիչ *hamarich*
numerical *(adj.)* թվային *tvayin*
numerous *(adj.)* բազմաթիվ *bazmativ*
nun *(n.)* միանձնուհի *miandznuhi*
nunnery *(n.)* կուսանոց *kusanoc*
nuptial *(adj.)* հարսանեկան *harsanekan*
nuptials *(n. pl.)* հարսանիք *harsaniq*
nurse *(v.)* խնամել *khnamel*
nurse *(n.)* բուժքույր *budjquyr*
nursery *(n.)* մանկասենյակ *mankassenyak*
nurture *(v.)* դաստիարակել *dastiarakel*
nurture *(n.)* դաստիարակում *dastiarakum*
nut *(n.)* ընկույզ *ankuyz*
nut *(v.)* շատ սիրել *shat sirel*
nutcase *(n.)* ընկույզի պատյան *ankuyzi patyan*
nuthouse *(n.)* հոգեբուժարան *hogebudjaran*
nutmeg *(n.)* մշկընկույզ *mshkankuyz*
nutrient *(n.)* սնուցիչ *snucich*
nutrition *(n.)* սնուցում *snucum*
nutritious *(adj.)* սննդարար *snndarar*
nutritive *(adj.)* սննդարար *snndarar*
nutty *(adj.)* ընկուզահամ *ankuzaham*
nuzzle *(v.)* հոտոտել *hototel*
nylon *(n.)* նայլոն *naylon*
nymph *(n.)* հավերժահարս *haverdjahars*
nymphet *(n.)* նիմֆետ *nimfet*
nymphomaniac *(adj.)* նիմֆոմանիական *nimfomaniakan*
nymphomaniac *(n.)* նիմֆոմանություն

nimfomanutyun

O

oaf *(n.)* հիմար *himar*
oafish *(adj.)* հիմար *himar*
oak *(n.)* կաղնի *kaghni*
oaktree *(n.)* կաղնի *kaghni*
oar *(n.)* թիակ *tiak*
oarsman *(n.)* թիավար *tiavar*
oasis *(n.)* օազիս *oazis*
oat *(n. pl.)* վարսակ *varsak*
oath *(n.)* երդում *yerdum*
oathbreaker *(n.)* երդմնազանց *yerdmnazanc*
oathbreaking *(adj.)* երդմնազանցություն *yerdmnazancutyun*
oatmeal *(adj.)* վարսակի ալյուրե *varsaki alyure*
oatmeal *(n.)* վարսակաշիլա *varsakashila*
obduct *(v.)* հափշտակել *hapshtakel*
obduction *(n.)* առգրավում *arrgravum*
obduracy *(n.)* կամակորություն *kamakorutyun*
obdurate *(adj.)* կամակոր *kamakor*
obedience *(n.)* հնազանդություն *hnazandutyun*
obedient *(adj.)* հնազանդ *hnazand*
obeisance *(n.)* պատիվ *pativ*
obese *(adj.)* գեր *ger*
obesity *(n.)* գիրություն *girutyun*
obey *(v.)* հնազանդվել *hnazandvel*
obituary *(adj.)* դամբանական *dambanakan*
object *(n.)* օբյեկտ *obyekt*
object *(v.)* հակառակվել *hakarrakvel*
objection *(n.)* առարկություն *arrarkutyun*
objectionable *(adj.)* դատապարտելի *dataparteli*
objective *(n.)* նպատակ *npatak*
objective *(adj.)* օբյեկտիվ *obyektiv*
oblation *(n.)* նվիրաբերություն *nviraberutyun*
obligation *(n.)* պարտավորություն *partavorutyun*
obligatory *(adj.)* պարտադիր *partadir*
oblige *(v.)* պարտավորեցնել *partavorecnel*
oblique *(adj.)* թեք *teq*
obliterate *(v.)* սրբել *srbel*
obliteration *(n.)* ոչնչացում *vochnchacum*
oblivion *(n.)* մոռացություն *morracutyun*
oblivious *(adj.)* մոռացկոտ *morrackot*
oblong *(adj.)* երկարավուն *yerkaravun*
oblong *(n.)* երկարաձևություն *yerkaradzevutyun*
obnoxious *(adj.)* անտանելի *antaneli*
obscene *(adj.)* լկտի *lkti*
obscenity *(n.)* լկտիություն *lktiutyun*
obscure *(v.)* մթագնել *mtagnel*
obscure *(adj.)* մութ *mut*
obscurity *(n.)* մթություն *mtutyun*
observance *(n.)* պահպանում *pahpanum*
observant *(adj.)* ուշադիր *ushadir*
observation *(n.)* դիտում *ditum*
observatory *(n.)* աստղադիտարան *astghaditaran*
observe *(v.)* դիտարկել *ditarkel*
obsess *(v.)* համակել *hamakel*
obsession *(n.)* մոլուցք *molucq*
obsessive *(adj.)* մոլեգին *molegin*
obsolete *(adj.)* հնացած *hnacats*
obstacle *(n.)* խոչընդոտ *khochandot*
obstetric *(adj.)* մանկաբարձական *mankabardzakan*
obstetrician *(n.)* մանկաբարձ *mankabardz*
obstinacy *(n.)* համառություն *hamarrutyun*
obstinate *(adj.)* համառ *hamarr*
obstruct *(v.)* փակել *pakel*
obstruction *(n.)* փակում *pakum*
obstructive *(adj.)* խանգարող *khangarogh*
obtain *(v.)* ստանալ *stanal*
obtainable *(adj.)* հասանելի *hassaneli*
obtuse *(adj.)* բութ *but*
obvious *(adj.)* ակնհայտ *aknhayt*

obviously *(adv.)* ակնհայտորեն *aknhaytoren*
occasion *(v.)* պատճառել *patcharrel*
occasion *(n.)* պատճառ *patcharr*
occasional *(adj.)* պատահական *patahakan*
occasionally *(adv.)* պատահաբար *patahabar*
Occident *(n.)* Արևմուտք *Arevmutq*
occidental *(adj.)* արևմտյան *arevmtyan*
occipital *(adj.)* սրակետային *sraketayin*
occipital *(n.)* սրակետ *sraket*
occlude *(v.)* փակել *pakel*
occlusive *(adj.)* փխրուն *pkhrun*
occult *(v.)* թաքցնել *taqcnel*
occult *(n.)* գաղտնիություն *gaghtniutyun*
occult *(adj.)* թաքուն *taqun*
occupancy *(n.)* գրավում *gravum*
occupant *(n.)* բնակիչ *bnakich*
occupation *(n.)* զբաղմունք *zbaghmunq*
occupied *(adj.)* զբաղեցրած *zbaghecrats*
occupier *(n.)* տնվոր *tnvor*
occupy *(v.)* տիրել *tirel*
occur *(v.)* պատահել *patahel*
occurrence *(n.)* պատահար *patahar*
ocean *(n.)* օվկիանոս *ovkianos*
oceanfront *(n.)* օվկիանոսատարածք *ovkianosataratsq*
oceanfront *(adj.)* օվկիանոսային *ovkianosayin*
oceanic *(adj.)* օվկիանոսյան *ovkianosyan*
oceanographer *(n.)* օվկիանոսագետ *ovkianosaget*
oceanographic *(adj.)* օվկիանոսագիտական *ovkianosagitakan*
oceanologist *(n.)* օվկիանոսագետ *ovkianosaget*
oceanology *(n.)* օվկիանոսաբանություն *ovkianosabanutyun*
octagon *(n.)* ութանկյուն *utankyun*
octane *(n.)* օկտան *oktan*
octangular *(adj.)* ութանկյունանի *utankyunani*
octave *(n.)* օկտավա *oktava*
October *(n.)* հոկտեմբեր *hoktember*
octogenarian *(adj.)* ութամյակ *utamyak*
octogenarian *(n.)* ութսունամյա ծերունի *utsunamya tseruni*
octonionics *(n.)* օկտոնիոնիկա *oktonionika*
octopede *(n.)* ութոտանոտ *utotanot*
octopus *(n.)* ութոտնիկ *utotnik*
octopussy *(n.)* ութոտնուկ *utotnuk*
octuple *(adj.)* ութնյակ *utnyak*
octuple *(n.)* ութնյակ *utnyak*
octuple *(v.)* ութապատկել *utapatkel*
octuplicate *(n.)* ութապատիկ *utapatik*
octyne *(n.)* ութոտն *utotn*
ocular *(adj.)* ակնաբուժական *aknabudjakan*
oculist *(n.)* ակնաբույժ *aknabuydj*
odd *(adj.)* տարօրինակ *tarorinak*
oddity *(n.)* տարօրինակություն *tarorinakutyun*
odds *(n.)* տարբերություն *tarberutyun*
ode *(n.)* գովերգ *goverg*
odious *(adj.)* ատելի *ateli*
odium *(n.)* ատելություն *atelutyun*
odometer *(n.)* վազաչափ *vazachap*
odontologist *(n.)* բժիշկ-օդոնտոլոգ *bdjishk-odontolog*
odontology *(n.)* օդոնտոլոգիա *odontologia*
odorous *(adj.)* հոտավետ *hotavet*
odour *(n.)* հոտ *hot*
of *(prep.)* ի *i*
off *(prep.)* անջատված *anjatvats*
off balance *(adj.)* հավասարակշռությունից դուրս *havassarakshrrutyunic durs*
offbeat *(adj.)* անբասիր *anbassir*
offence *(n.)* վիրավորանք *viravoranq*
offend *(v.)* վիրավորել *viravorel*
offender *(n.)* վիրավորող *viravorogh*
offensive *(n.)* գրոհ *groh*
offensive *(adj.)* վիրավորական *viravorakan*
offer *(n.)* առաջարկ *arrajark*

offer *(v.)* առաջարկել *arrajarkel*
offering *(n.)* առաջարկություն *arrajarkutyun*
office *(n.)* գրասենյակ *grasenyak*
officer *(n.)* սպա *spa*
official *(n.)* պաշտոնյա *pashtonya*
official *(adj.)* պաշտոնական *pashtonakan*
officially *(adv.)* պաշտոնապես *pashtonapes*
officiate *(v.)* պաշտոնավարել *pashtonavarel*
officious *(adj.)* հաճոյակատար *hachoyakatar*
offing *(n.)* ծովափ *tsovap*
offline *(adj.)* անցանց *ancanc*
off-road *(adv.)* ճանապարհից դուրս *chanaparhic durs*
offset *(n.)* փոխհատուցում *pokhhatucum*
offset *(v.)* փոխհատուցել *pokhhatucel*
offshoot *(n.)* շիվ *shiv*
offspring *(n.)* սերունդ *serund*
oft *(adv.)* հաճախ *hachakh*
often *(adv.)* հաճախ *hachakh*
ogle *(v.)* աչքերով խոսել *achqerov khosel*
ogle *(n.)* սիրավառ հայացք *siravarr hayacq*
oil *(n.)* յուղ *yugh*
oil *(v.)* յուղել *yughel*
oil paint *(n.)* յուղաներկ *yughanerk*
oil rig *(n.)* նավթային հարթակ *navtayin hartak*
oily *(adj.)* յուղոտ *yughot*
oink *(v.)* խռխռալ *khrrkhrral*
oink *(n.)* խռխռոց *khrrkhrroc*
oinker *(n.)* խոզ *khoz*
ointment *(n.)* քսուք *qsuq*
okay *(n.)* հավանություն *havanutyun*
okay *(v.)* հավանել *havanel*
okay *(adj.)* լավ *lav*
okay *(adv.)* կարգին *kargin*
okay *(int.)* լավ *lav*
okayish *(adj.)* լավ *lav*
okra *(n.)* բամիա *bamia*
old *(n.)* հեռավոր անցյալ *herravor ancyal*
old *(adj.)* հին *hin*
old *(adj.)* ծեր *tser*
old age *(n.)* ծերություն *tserutyun*
oleaceous *(adj.)* յուղոտ *yughot*
oleaginous *(adj.)* յուղոտ *yughot*
oleochemical *(n.)* օլեոքիմիկատ *oleoqimikat*
olfactic *(adj.)* հոտառական *hotarrakan*
olfactics *(n.)* հոտառություն *hotarrutyun*
olfactory *(adj.)* հոտառական *hotarrakan*
olfaltive *(adj.)* օպտիկական *optikakan*
oligarch *(n.)* օլիգարխ *oligarkh*
oligarchal *(adj.)* օլիգարխային *oligarkhayin*
oligarchy *(n.)* օլիգարխիա, խմբիշխանություն *oligarkhia, khmbishkhanutyun*
olive *(n.)* ձիթապտուղ *dzitaptugh*
olympiad *(n.)* օլիմպիադա *olimpiada*
omega *(n.)* օմեգա *omega*
omelette *(n.)* ձվածեղ *dzvatsegh*
omen *(n.)* նախանշան *nakhanshan*
ominous *(adj.)* չարագուշակ *charagushak*
omission *(n.)* բացթողում *bactoghum*
omit *(v.)* բաց թողնել *bac toghnel*
omittance *(n.)* բացթողում *bactoghum*
omitter *(n.)* չնկատող *chnkatogh*
omnibenevolence *(n.)* ամենաբարություն *amenabarutyun*
omnibenevolent *(adj.)* ամենաբարի *amenabari*
omnibus *(n.)* ավտոբուս *avtobus*
omnicompetence *(n.)* ամենակարողություն *amenakaroghutyun*
omnicompetent *(adj.)* ամենակարող *amenakarogh*
omnidirectional *(adj.)* բազմակողմանի *bazmakoghmani*
omnidirectionality *(n.)* բազմակողմանիություն *bazmakoghmaniutyun*
omniform *(adj.)* բազմաձև *bazmadzev*
omniformity *(n.)* բազմաձևություն *bazmadzevutyun*

omnilingual *(n.)* բազմալեզու *bazmalezu*
omnilingual *(adj.)* բազմալեզու *bazmalezu*
omnipotence *(n.)* ամենազորություն *amenazorutyun*
omnipotent *(adj.)* ամենազոր *amenazor*
omnipresence *(n.)* ամենուրեքություն *amenurequtyun*
omnipresent *(adj.)* ամենուրեք *amenureq*
omniscience *(n.)* ամենագիտություն *amenagitutyun*
omniscient *(adj.)* ամենագետ *amenaget*
omnivore *(n.)* ամենակեր *amenaker*
omnivorous *(adj.)* ամենակեր *amenaker*
omophagia *(n.)* օմոֆագիա *omofagia*
on *(prep.)* վրա *vra*
on *(adj.)* վրա *vra*
on *(adv.)* վրա *vra*
once *(adv.)* մի անգամ *mi angam*
oncogene *(n.)* օնկոգեն, ուռուցք *onkogen, urrucq*
oncogenic *(adj.)* ուռուցքածին *urrucqatsin*
oncologist *(n.)* ուռուցքաբան *urrucqaban*
oncology *(n.)* ուռուցքաբանություն *urrucqabanutyun*
one *(pron.)* մեկ *mek*
one *(adj.)* միակ *miak*
oneness *(n.)* միասնություն *miasnutyun*
onerous *(adj.)* ծանր *tsanr*
one-sided *(adj.)* միակողմ *miakogh*
one-way *(adj.)* միակողմանի *miakoghmani*
ongoing *(adj.)* շարունակական *sharunakakan*
onion *(n.)* սոխ *sokh*
online *(adj.)* առցանց *arrcanc*
on-looker *(n.)* ականատես *akanates*
only *(adv.)* միայն *miayn*
only *(conj.)* սակայն *sakayn*
only *(adj.)* միակ *miak*
onology *(n.)* օնոլոգիա *onologia*
onomancy *(n.)* հոծություն *hotsutyun*
onomast *(n)* օնոմաստ, անձնանուններ ուսումնասիրող *onomast, andznanunner usumnassirogh*
onomastic *(adj.)* օնոմաստիկ *onomastik*
onomatologist *(n.)* օնոմատոլոգ *onomatolog*
onomatology *(n.)* օնոմատոլոգիա *onomatologia*
onomatope *(n.)* օնոմատոպ *onomatop*
onomatopoeia *(n.)* օնոմատոպեա *onomatopea*
on-road *(adj.)* ճանապարհին *chanaparhin*
onrush *(n.)* գրոհ *groh*
on-screen *(adj.)* էկրանին *ekranin*
onset *(n.)* սկիզբ *skizb*
onslaught *(n.)* հարձակում *hardzakum*
ontogenic *(adj.)* օնտոգենիկ *ontogenik*
ontogeny *(n.)* օնտոգենեզ *ontogenez*
ontologic *(adj.)* գոյաբանական *goyabanakan*
ontological *(adj.)* գոյաբանական *goyabanakan*
ontologism *(n.)* գոյաբանություն *goyabanutyun*
ontologist *(n.)* գոյաբան *goyaban*
ontology *(n.)* գոյաբանություն *goyabanutyun*
onus *(n.)* պատասխանատվություն *pataskhanatvutyun*
onward *(adj.)* առաջադեմ *arrajadem*
onwards *(adv.)* առաջ *arraj*
ooze *(v.)* արտահոսել *artahossel*
ooze *(n.)* արտահոսք *artahosq*
opacity *(n.)* անթափանցիկություն *antapancikutyun*
opal *(n.)* արևաքար *arevaqar*
opaque *(adj.)* անթափանց *antapanc*
open *(v.)* բացել *bacel*
open *(adj.)* բաց *bac*
opening *(n.)* բացում *bacum*
openly *(adv.)* հրապարակորեն *hraparakoren*
opera *(n.)* օպերա *opera*
operability *(n.)* գործունակություն

gortsunakutyun
operable *(adj.)* գործունակ *gortsunak*
operate *(v.)* գործել *gortsel*
operation *(n.)* վիրահատություն *virahatutyun*
operative *(adj.)* օպերատիվ *operativ*
operator *(n.)* օպերատոր *operator*
operetta *(n.)* օպերետ *operet*
ophtalmic *(adj.)* ակնաբուժական *aknabudjakan*
ophtalmologic *(adj.)* ակնաբուժական *aknabudjakan*
ophtalmologist *(n.)* ակնաբույժ *aknabuydj*
ophtalmology *(n.)* ակնաբուժություն *aknabudjutyun*
ophtalmoscope *(n.)* օֆտալմոսկոպ *oftalmoskop*
opiate *(adj.)* թմրացնող *tmrecnogh*
opiate *(n.)* թմրադեղ *tmradegh*
opiate *(v.)* թմրեցնել *tmrecnel*
opinator *(n.)* կարծիք հայտնող *kartsiq haytnogh*
opine *(v.)* կարծել *kartsel*
opinion *(n.)* կարծիք *kartsiq*
opinionate *(v.)* համառել *hamarrel*
opinionated *(adj.)* ինքնավստահ *inqnavstah*
opinionless *(adj.)* անկարծիք *ankartsiq*
opinionnaire *(n.)* կարծիքագետ *kartsiqaget*
opium *(n.)* ափիոն *apion*
opponent *(n.)* հակառակորդ *hakarrakord*
opportune *(adj.)* պատեհ *pateh*
opportunism *(n.)* պատեհապաշտություն *patehapashtutyun*
opportunity *(n.)* հնարավորություն *hnaravorutyun*
oppose *(v.)* հակադրվել *hakadrvel*
opposite *(adj.)* հակադիր *hakadir*
opposition *(n.)* ընդդիմություն *anddimutyun*
oppress *(v.)* ճնշել *chnshel*
oppression *(n.)* ճնշում *chnshum*
oppressive *(adj.)* ճնշող *chnshogh*
oppressor *(n.)* հարստահարիչ *harstaharich*
opt *(v.)* ընտրել *antrel*
optic *(adj.)* տեսողական *tesoghakan*
optician *(n.)* օպտիկ *optik*
optimism *(n.)* լավատեսություն *lavatesutyun*
optimist *(n.)* լավատես *lavates*
optimistic *(adj.)* լավատեսական *lavatesakan*
optimum *(adj.)* ամենաբարենպաստ *amenabarenpast*
optimum *(n.)* օպտիմում *optimum*
option *(n.)* ընտրություն *antrutyun*
optional *(adj.)* անպարտադիր *anpartadir*
opulence *(n.)* հարստություն *harstutyun*
opulent *(adj.)* հարուստ *harust*
oracle *(n.)* պատգամախոս *patgamakhos*
oracular *(adj.)* մարգարեական *margareakan*
oral *(adj.)* բանավոր *banavor*
oral *(n.)* բանավոր քննություն *banavor qnnutyun*
orally *(adv.)* բանավոր կերպով *banavor kerpov*
orange *(adj.)* նարնջագույն *narnjaguyn*
orange *(n.)* նարինջ *narinj*
oration *(n.)* հռետորություն *hrretorutyun*
orator *(n.)* հռետոր *hrretor*
oratorical *(adj.)* հռետորական *hrretorakan*
oratory *(n.)* պերճախոսություն *perchakhosutyun*
orb *(n.)* գունդ *gund*
orbit *(n.)* ակնախոռոչ *aknakhorroch*
orbital *(adj.)* ուղեծրային *ughetsrayin*
orbital *(n.)* ուղեծիր *ughetsir*
orbituary *(n.)* ուղեծրային *ughetsrayin*
orca *(n.)* օրկա, մեծ ատամնավոր կետ *orka, mets atamnavor ket*
orchard *(n.)* այգի *aygi*
orchestra *(n.)* նվագախումբ *nvagakhumb*
orchestral *(adj.)* նվագախմբային *nvagakhmbayin*

ordain *(v.)* ձեռնադրել *dzerrnadrel*
ordained *(adj.)* ձեռնադրված *dzerrnadrvats*
ordeal *(n.)* փորձություն *pordzutyun*
order *(v.)* պատվիրել *patvirel*
order *(n.)* պատվեր *patver*
orderly *(n.)* հիվանդապահ *hivandapah*
orderly *(adj.)* կարգապահ *kargapah*
ordinance *(n.)* հրամանագիր *hramanagir*
ordinarily *(adv.)* կանոնավորապես *kanonavorapes*
ordinary *(adj.)* սովորական *sovorakan*
ordnance *(n.)* հրետանի *hretani*
ore *(n.)* հանքաքար *hanqaqar*
organ *(n.)* օրգան *organ*
organic *(adj.)* օրգանական *organakan*
organism *(n.)* օրգանիզմ *organizm*
organization *(n.)* կազմակերպություն *kazmakerputyun*
organize *(v.)* կազմակերպել *kazmakerpel*
organography *(n.)* օրգանոգրաֆիա *organografia*
organza *(n.)* օրգանզա *organza*
orgasm *(n.)* օրգազմ *orgazm*
orgasmic *(adj.)* օրգազմիկ *orgazmik*
orgy *(n.)* գինարբուք *ginarbuq*
orient *(v.)* կողմնորոշվել *koghmnoroshvel*
orient *(n.)* արևելք *arevelq*
oriental *(n.)* արևելցի *arevelci*
oriental *(adj.)* արևելյան *arevelyan*
orientate *(v.)* կողմնորոշվել *koghmnoroshvel*
orientational *(adj.)* կողմնորոշիչ *koghmnoroshich*
oriented *(adj.)* կողմնորոշված *koghmnoroshvats*
orifice *(n.)* բացվածք *bacvatsq*
orificial *(adj.)* բաց *bac*
origami *(n.)* օրիգամի *origami*
origin *(n.)* ծագում *tsagum*
original *(n.)* բնագիր *bnagir*
original *(adj.)* իսկական *iskakan*
originality *(n.)* իսկություն *iskutyun*
originate *(v.)* ծագել *tsagel*
originator *(n.)* հեղինակ *heghinak*
orl *(n.)* արծիվ *artsiv*
orn *(v.)* զարդարել *zardarel*
ornament *(n.)* զարդ *zard*
ornament *(v.)* զարդարել *zardarel*
ornamental *(adj.)* դեկորատիվ *dekorativ*
ornamentation *(n.)* զարդարանք *zardaranq*
ornithologist *(n.)* թռչնաբան *trrchnaban*
ornithology *(n.)* թռչնաբանություն *trrchnabanutyun*
ornithoscopy *(n.)* օրնիտոսկոպիա *ornitoskopia*
orogen *(n.)* օրոգեն *orogen*
orogenic *(adj.)* օրոգենիկ *orogenik*
orologist *(n.)* մարդաբան *mardaban*
orphan *(v.)* որբացնել *vorbacnel*
orphan *(n.)* որբ *vorb*
orphanage *(n.)* որբանոց *vorbanoc*
orthodox *(adj.)* ուղղափառ *ughghaparr*
orthodoxy *(n.)* ուղղափառություն *ughghaparrutyun*
orthograph *(n.)* ուղղագրություն *ughghagrutyun*
orthographer *(n.)* ուղղագիր *ughghagir*
orthographic *(adj.)* ուղղագրական *ughghagrakan*
orthopaedia *(n.)* օրթոպեդիա *ortopedia*
orthopaedical *(adj.)* օրթոպեդիկ *ortopedik*
orthopaedics *(n.)* օրթոպեդիա *ortopedia*
oscillate *(v.)* տատանվել *tatanvel*
oscillation *(n.)* տատանում *tatanum*
oscillograph *(n.)* օսցիլոգրաֆ *oscilograf*
oscillometric *(adj.)* օսցիլոմետրիկ *oscilometrik*
oscilloscope *(n.)* օսցիլոսկոպ *osciloskop*
osculant *(adj.)* օպտիկական *optikakan*
oscular *(adj.)* բեկորային *bekorayin*
osculate *(v.)* ոսկրավորել *voskravorel*
osmobiosis *(n.)* օսմոբիոզ *osmobioz*

osmobiotic *(adj.)* օսմոբիոտիկ *osmobiotik*
osmose *(v.)* անուշադրության մատնվել *anushadrutyan matnvel*
osmosis *(n.)* օսմոզ *osmoz*
ossify *(v.)* ոսկրացնել *voskracnel*
ostensibility *(n.)* ցուցականություն *cucakanutyun*
ostensible *(adj.)* ցուցական *cucakan*
ostensibly *(adv.)* ակնհայտորեն *aknhaytoren*
ostension *(n.)* դրսևորում *drsevorum*
ostentation *(n.)* ցուցամոլություն *cucamolutyun*
ostentatious *(adj.)* ցուցամոլական *cucamolakan*
ostracize *(v.)* արտաքսել *artaqsel*
ostrich *(n.)* ջայլամ *jaylam*
other *(pron.)* մյուսը *myusa*
other *(adj.)* այլ *ayl*
otherwise *(conj.)* հակառակ դեպքում *hakarrak depqum*
otherwise *(adv.)* այլապես *aylapes*
otherworld *(n.)* այլաշխարհ *aylashkharh*
otherworldliness *(n.)* այլաշխարհիկություն *aylashkharhikutyun*
otoscope *(n.)* օտոսկոպ (ականջի ստուգման սարք) *otoskop (akanji stugman sarq)*
otoscopis *(adj.)* օտոսկոպիկ *otoskopik*
otoscopy *(n.)* օտոսկոպիա *otoskopia*
otter *(n.)* ջրասամույր *jrasamuyr*
ottoman *(n.)* օսմանցի *osmanci*
ouch *(int.)* ախ *akh*
ouch *(n.)* ախուվախ *akhuvakh*
ought *(v.)* պետք է *petq e*
ounce *(n.)* ունցիա *uncia*
our *(pron.)* մեր *mer*
oust *(v.)* վտարել *vtarel*
out *(adv.)* դուրս *durs*
out *(adj.)* դրսի *drsi*
out *(prep.)* դուրս *durs*
outage *(n.)* պարապուրդ *parapurd*
outback *(n.)* ծայրամաս *tsayramas*
out-balance *(v.)* գերակշռել *gerakshrrel*
outbid *(v.)* բարձր գին առաջարկել *bardzr gin arrajarkel*
outbound *(adj.)* արտագնա *artagna*
outbreak *(n.)* պայթյուն *paytyun*
outburst *(n.)* պոռթկում *porrtkum*
outcast *(adj.)* տարագիր *taragir*
outcast *(n.)* վտարանդի *vtarandi*
outcome *(n.)* արդյունք *ardyunq*
outcry *(n.)* աղաղակ *aghaghak*
outdated *(adj.)* հնացած *hnacats*
outdo *(v.)* գերազանցել *gerazancel*
outdoor *(adj.)* բացօդյա *bacodya*
outer *(adj.)* արտաքին *artaqin*
outfit *(n.)* սարքավորում *sarqavorum*
outfit *(v.)* սարքավորել *sarqavorel*
outgrow *(v.)* գերաճել *gerachel*
outhouse *(n.)* կողաշենք *koghasheng*
outing *(n.)* զբոսանք *zbosanq*
outlandish *(adj.)* արտասովոր *artasovor*
outlaw *(v.)* արտաքսել *artaqsel*
outlaw *(n.)* իրավազուրկ անձ *iravazurk andz*
outlet *(n.)* ելք *yelq*
outline *(v.)* ուրվագծել *urvagtsel*
outline *(n.)* ուրվագիծ *urvagits*
outlive *(v.)* գոյատևել *goyatevel*
outlook *(n.)* հեռանկար *herrankar*
outmoded *(adj.)* հնացած *hnacats*
outnumber *(v.)* գերազանցել *gerazancel*
outpatient *(n.)* երթևեկ հիվանդ *yertevek hivand*
outpost *(n.)* առաջապահ ուղեկալ *arrajapah ughekal*
output *(n.)* արտադրանք *artadranq*
outrage *(n.)* վիրավորանք *viravoranq*
outrage *(v.)* վիրավորել *viravorel*
outright *(adj.)* լիակատար *liakatar*
outright *(adv.)* լիովին *liovin*
outrun *(v.)* վազանցնել *vazancnel*
outset *(n.)* մեկնում *meknum*
outshine *(v.)* գերազանցել *gerazancel*
outside *(n.)* դրսի կողմ *drsi koghm*
outside *(adv.)* դրսից *drsic*
outside *(prep.)* դուրս *durs*
outside *(adj.)* դրսի *drsi*
outsider *(n.)* կողմնակի անձ *koghmnaki andz*

outsize *(adj.)* մեծ *mets*
outskirts *(n.pl.)* ծայրամասեր *tsayramaser*
outspoken *(adj.)* շիտակ *shitak*
outstanding *(adj.)* ականավոր *akanavor*
outward *(adv.)* դուրս *durs*
outward *(adj.)* դրսի *drsi*
outwardly *(adv.)* դրսից *drsic*
outwards *(adv.)* դուրս *durs*
outweigh *(v.)* գերակշռել *gerakshrrel*
outwit *(v.)* խորամանկել *khoramankel*
outworld *(n.)* արտաքին աշխարհ *artaqin ashkharh*
ouzo *(n.)* ուզո, հունական լիկյոռ *uzo, hunakan likyorr*
oval *(n.)* ձվաձև իր *dzvadzev ir*
oval *(adj.)* ձվաձև *dzvadzev*
ovary *(n.)* ձվարան *dzvaran*
ovation *(n.)* օվացիա *ovacia*
oven *(n.)* վառարան *varraran*
over *(adv.)* ավարտ *avart*
over *(n.)* հավելավճար *havelavchar*
over *(prep.)* վերև *verev*
overact *(v.)* չափազանցել *chapazancel*
overall *(adj.)* ընդհանուր *andhanur*
overall *(n.)* արտահագուստ *artahagust*
overawe *(v.)* ահաբեկել *ahabekel*
overboard *(adv.)* նավից դուրս *navic durs*
overburden *(v.)* գերաբեռնել *geraberrnel*
overcast *(adj.)* ամպամած *ampamats*
overcharge *(v.)* գերլցնել *gerlcnel*
overcharge *(n.)* գերավճար *geravchar*
overcoat *(n.)* վերարկու *verarku*
overcome *(v.)* հաղթահարել *haghtaharel*
overcrowd *(v.)* ամբոխվել *ambokhvel*
overdo *(v.)* չափազանցել *chapazancel*
overdose *(v.)* մեծ դոզա տալ *mets doza tal*
overdose *(n.)* մեծ դեղաքանակ *mets deghaqanak*
overdraft *(n.)* մեծ ավանդագումար *mets avandagumar*
overdraw *(v.)* չափազանցել *chapazancel*
overdue *(adj.)* ժամկետանց *djamketanc*
overhaul *(n.)* կապիտալ վերանորոգում *kapital veranorogum*
overhaul *(v.)* զննել *znnel*
overhear *(v.)* ակամա լսել *akama lsel*
overjoyed *(adj.)* երջանիկ *yerjanik*
overlap *(n.)* համընկնում *hamanknum*
overlap *(v.)* համընկնել *hamanknel*
overleaf *(adv.)* մյուս կողմում *myus koghmum*
overload *(n.)* գերբեռնվածություն *gerberrnvatsutyun*
overload *(v.)* գերաբեռնել *geraberrnel*
overlook *(v.)* վերևից նայել *verevic nayel*
overnight *(adj.)* նախորդած *nakhordats*
overnight *(adv.)* գիշերը *gishera*
overpower *(v.)* հաղթել *haghtel*
overrate *(v.)* գերագնահատել *geragnahatel*
overrule *(v.)* տիրել *tirel*
overrun *(v.)* հորդել *hordel*
oversee *(v.)* վերահսկել *verahskel*
overseer *(n.)* վերակացու *verakacu*
overshadow *(v.)* ստվերել *stverel*
oversight *(n.)* վերահսկողություն *verahskoghutyun*
oversleep *(v.)* չափից շատ քնել *chapic shat qnel*
overt *(adj.)* բացահայտ *bacahayt*
overtake *(v.)* շրջանցել *shrjancel*
overthrow *(n.)* տապալում *tapalum*
overthrow *(v.)* տապալել *tapalel*
overtime *(n.)* արտաժամյա աշխատանք *artadjamya ashkhatanq*
overtime *(adv.)* արտաժամյա *artadjamya*
overture *(n.)* նախերգանք *nakherganq*
overweight *(adj.)* ավելաքաշային *avelaqashayin*
overwhelm *(v.)* ողողել *voghoghel*
overwork *(v.)* շատ աշխատել *shat ashkhatel*
overwork *(n.)* գերաշխատանք *gerashkhatanq*

oviferous *(adj.)* ձվաստեղծ *dzvasteghts*
ovular *(adj.)* ձվաձև *dzvadzev*
ovulate *(v.)* ձվադրել *dzvadrel*
ovum *(n.)* ձվաբջիջ *dzvabjij*
owe *(v.)* պարտական լինել *partakan linel*
owl *(n.)* բու *bu*
owlery *(n.)* ձվաբուծություն *dzvabutsutyun*
owly *(adj.)* բթամիտ *btamit*
own *(v.)* ունենալ *unenal*
own *(adj.)* սեփական *sepakan*
owner *(n.)* սեփականատեր *sepakanater*
ownership *(n.)* սեփականություն *sepakanutyun*
ox *(n.)* եզ *yez*
oxbird *(n.)* ցլաթռչուն *clatrrchun*
oxcart *(n.)* ցլասայլ *classayl*
oxidant *(n.)* օքսիդանտ *oqsidant*
oxidate *(n.)* օքսիդատ *oqsidat*
oxidate *(v.)* օքսիդանալ *oqsidanal*
oxidation *(n.)* օքսիդացում *oqsidacum*
oxide *(n.)* օքսիդ *oqsid*
oxidization *(n.)* օքսիդացում *oqsidacum*
oxyacid *(n.)* թթվածնաթթու *ttvatsnattu*
oxygen *(n.)* թթվածին *ttvatsin*
oxygenate *(v.)* թթվածնացնել *ttvatsnacnel*
oxygenated *(adj.)* թթվածնացված *ttvatsnacvats*
oxygenation *(n.)* թթվածնացում *ttvatsnacum*
oyster *(n.)* ոստրե *vostre*
oyster *(adj.)* ոստրեի *vostrei*
oyster *(v.)* ոստրե բռնել *vostre brrnel*
oysterling *(n.)* ոստրեիկ *vostreik*
oysterman *(n.)* ոստրեավաճառ *vostreavacharr*
ozonate *(n.)* օզոնատ *ozonat*
ozonate *(v.)* օզոնացնել *ozonacnel*
ozonation *(n.)* օզոնացում *ozonacum*
ozone *(n.)* օզոն *ozon*
ozone layer *(n.)* օզոնի շերտ *ozoni shert*

P

pace *(v.)* քայլել *qaylel*
pace *(n.)* տեմպ *temp*
pacemaker *(n.)* սրտի ռիթմավար *srti rritmavar*
pachidermatous *(adj.)* պահիդերմատոզ *pahidermatoz*
pachyderm *(n.)* պահիդերմ *pahiderm*
pacific *(adj.)* խաղաղօվկիանոսյան *khaghaghovkianosyan*
pacifier *(n.)* ծծակ *tstsak*
pacifism *(n.)* պացիֆիզմ *pacifizm*
pacifist *(n.)* պացիֆիստ *pacifist*
pacify *(v.)* հանդարտեցնել *handartecnel*
pack *(n.)* փաթեթ *patet*
pack *(v.)* փաթեթավորել *patetavorel*
package *(n.)* փաթեթ *patet*
packet *(n.)* փաթեթ *patet*
packing *(n.)* փաթեթավորում *patetavorum*
pact *(n.)* դաշնագիր *dashnagir*
pad *(v.)* միջադիր դնել *mijadir dnel*
pad *(n.)* միջադիր *mijadir*
padding *(n.)* լիցք *licq*
paddle *(n.)* թիակ *tiak*
paddle *(v.)* թիավարել *tiavarel*
paddy *(n.)* բրինձ *brindz*
paediatric *(adj.)* մանկական *mankakan*
paedologist *(n.)* մանկաբան *mankaban*
paedology *(n.)* մանկաբանություն *mankabanutyun*
paedophile *(n.)* մանկապիղծ *mankapights*
paedophilia *(n.)* մանկապղծություն *mankapghtsutyun*
paedophiliac *(n.)* մանկապիղծ *mankapights*
paedophiliac *(adj.)* մանկապիղծ *mankapights*
pagan *(n.)* հեթանոս *hetanos*
pagan *(adj.)* հեթանոսական *hetanosakan*

paganism *(n.)* հեթանոսություն *hetanosutyun*
paganistic *(adj.)* հեթանոսական *hetanosakan*
page *(v.)* համարակալել *hamarakalel*
page *(n.)* էջ *ej*
pageant *(n.)* դիմակահանդես *dimakahandes*
pageantry *(n.)* շքեղություն *shqeghutyun*
pagoda *(n.)* տաղավար *taghavar*
pail *(n.)* դույլ *duyl*
pain *(v.)* ցավել *cavel*
pain *(n.)* ցավ *cavel*
pain relief *(n.)* ցավազրկում *cavazrkum*
painful *(adj.)* ցավոտ *cavot*
painstaking *(adj.)* ջանասեր *janaser*
paint *(v.)* ներկել *nerkel*
paint *(n.)* ներկ *nerk*
paintbrush *(n.)* վրձին *vrdzin*
painter *(n.)* նկարիչ *nkarich*
painting *(n.)* գունանկարչություն *gunankarchutyun*
pair *(n.)* զույգ *zuyg*
pair *(v.)* զուգավոր(վ)ել *zugavor(v)el*
pal *(n.)* ընկեր *anker*
palace *(n.)* պալատ *palat*
palanquin *(n.)* սայլ *sayl*
palatable *(adj.)* համով *hamov*
palatal *(adj.)* քիմքային *qimqayin*
palate *(n.)* քիմք *qimq*
palatial *(adj.)* պալատական *palatakan*
pale *(v.)* գունատվել *gunatvel*
pale *(adj.)* գունատ *gunat*
pale *(n.)* ցանկապատ *cankapat*
paleness *(n.)* գունատություն *gunatutyun*
paleobiological *(adj.)* պալեոբիոլոգիական *paleobiologiakan*
paleobiologist *(n.)* պալեոբիոլոգ *paleobiolog*
paleobiology *(n.)* պալեոբիոլոգիա *paleobiologia*
paleoecologist *(n.)* պալեոէկոլոգ *paleoekolog*
paleoecology *(n.)* պալեոէկոլոգիա *paleoekologia*
paleolithic *(adj.)* պալեոլիթիկ *paleolitik*
paleolithic *(n.)* պալեոլիթ *paleolit*
paleontologist *(n.)* պալեոնտոլոգ *paleontolog*
paleontology *(n.)* պալեոնտոլոգիա *paleontologia*
palette *(n.)* ներկապնակ *nerkapnak*
palm *(n.)* ափ *ap*
palm *(v.)* ձեռքահարել *dzerrqaharel*
palmist *(n.)* ձեռնագուշակ *dzerrnagushak*
palmistry *(n.)* ձեռնագուշակություն *dzerrnagushakutyun*
palpable *(adj.)* ակներև *aknerev*
palpitate *(v.)* տրոփել *tropel*
palpitation *(n.)* սրտխփոց *srtkhpoc*
palsy *(n.)* կաթված *katvats*
paltry *(adj.)* մանր *manr*
pamper *(v.)* փայփայել *paypayel*
pamphlet *(n.)* բրոշյուր *broshyur*
pamphleteer *(n.)* պամֆլետիստ *pamfletist*
panacea *(n.)* համադարման *hamadarman*
pandemonium *(n.)* դժոխք *ddjokhq*
pane *(n.)* ապակի *apaki*
panegyric *(n.)* գովեստ *govest*
panel *(v.)* տախտակադրվագել *takhtakadrvagel*
panel *(n.)* պանել *panel*
pang *(n.)* սուր ցավ *sur cav*
panic *(n.)* խուճապ *khuchap*
panic *(v.)* խուճապ առաջացնել *khuchap arrajacnel*
panorama *(n.)* համայնապատկեր *hamaynapatker*
pant *(n.)* հևոց *hevoc*
pant *(v.)* հևալ *heval*
pantaloon *(n.)* շալվար *shalvar*
pantheism *(n.)* պանթեիզմ *panteizm*
pantheist *(n.)* պանթեիստ *panteist*
panther *(n.)* հովազ *hovaz*
panting *(adj.)* շնչակտուր *shnchaktur*
pantomime *(n.)* մնջախաղ *mnjakhagh*
pantry *(n.)* մառան *marran*
papacy *(n.)* պապականություն

papakanutyun
papal *(adj.)* պապական *papakan*
paper *(n.)* թուղթ *tught*
paper bag *(n.)* թղթե պայուսակ *tghte payusak*
par *(n.)* հավասարություն *havasarutyun*
parable *(n.)* առակ *arrak*
parachute *(n.)* պարաշյուտ *parashyut*
parachutist *(n.)* պարաշյուտիստ *parashyutist*
parade *(v.)* երթաքայլել *yertaqaylel*
parade *(n.)* զորահանդես *zorahandes*
paradise *(n.)* դրախտ *drakht*
paradox *(n.)* պարադոքս *paradoqs*
paradoxical *(adj.)* պարադոքսային *paradoqsayin*
paraffin *(n.)* պարաֆին *parafin*
paragon *(n.)* օրինակ *orinak*
paragraph *(n.)* պարբերություն *parberutyun*
parallel *(v.)* համեմատել *hamematel*
parallel *(adj.)* զուգահեռ *zugaherr*
parallelism *(n.)* զուգահեռականություն *zugaherrakanutyun*
parallelogram *(n.)* զուգահեռագիծ *zugaherragits*
paralyse *(v.)* կաթվածահարել *katvatsaharel*
paralysis *(n.)* կաթված *katvats*
paralytic *(adj.)* անդամալույծ *andamaluyts*
paramount *(adj.)* գերագույն *geraguyn*
paramour *(n.)* սիրեկան *sirekan*
paraphernalia *(n. pl)* պարագաներ *paraganer*
paraphrase *(v.)* վերապատմել *verapatmel*
paraphrase *(n.)* վերապատմում *verapatmum*
parasite *(n.)* մակաբույծ *makabuyts*
parcel *(v.)* ծրարել *tsrarel*
parcel *(n.)* ծանրոց *tsanroc*
parch *(v.)* ցամաքեցնել *camaqecnel*
pardon *(n.)* ներում *nerum*
pardon *(v.)* ներել *nerel*
pardonable *(adj.)* ներելի *nereli*
parent *(n.)* ծնող *tsnogh*
parentage *(n.)* ծագում *tsagum*
parental *(adj.)* ծնողական *tsnoghakan*
parenthesis *(n.)* փակագծեր *pakagtser*
parish *(n.)* ծխականներ *tskhakanner*
parity *(n.)* հավասարություն *havasarutyun*
park *(n.)* զբոսայգի *zbosaygi*
park *(v.)* կանգնեցնել *kangnecnel*
parking ticket *(n.)* կայանման տոմս *kayanman toms*
parlance *(n.)* ոճ *voch*
parley *(v.)* խոսել *khosel*
parley *(n.)* բանակցություններ *banakcutyunner*
parliament *(n.)* խորհրդարան *khorhrdaran*
parliamentarian *(n.)* խորհրդարանական *khorhrdaranakan*
parliamentary *(adj.)* խորհրդարանական *khorhrdaranakan*
parlour *(n.)* սրահ *srah*
parody *(v.)* ծաղրերգել *tsaghrergel*
parody *(n.)* պարոդիա *parodia*
parole *(v.)* պայմանական ազատել *paymanakan azatel*
parole *(n.)* պայմանաբառ *paymanabarr*
parricide *(n.)* հայրասպանություն *hayraspanutyun*
parrot *(n.)* թութակ *tutak*
parry *(n.)* կասեցում *kasecum*
parry *(v.)* կասեցնել *kasecnel*
parsley *(n.)* մաղադանոս *maghadanos*
parson *(n.)* քահանա *qahana*
part *(v.)* բաժան(վ)ել *badjan(v)el*
part *(n.)* մաս *mas*
partake *(v.)* մասնակցել *masnakcel*
partial *(adj.)* մասնակի *masnaki*
partiality *(n.)* կողմնակալություն *koghmnakalutyun*
participant *(n.)* մասնակից *masnakic*
participate *(v.)* մասնակցել *masnakcel*
participation *(n.)* մասնակցություն *masnakcutyun*
particle *(n.)* մասնիկ *masnik*

particular *(n.)* մանրամասնություն manramasnutyun
particular *(adj.)* հատուկ hatuk
particularly *(adv.)* մասնավորապես masnavorapes
partisan *(adj.)* պարտիզանական partizanakan
partisan *(n.)* հետևորդ hetevord
partition *(v.)* մասնատել masnatel
partition *(n.)* միջնապատ mijnapat
partner *(n.)* գործընկեր gortsanker
partnership *(n.)* գործընկերություն gortsankerutyun
party *(n.)* կուսակցություն kusakcutyun
pass *(n.)* անցում ancum
pass *(v.)* անցնել ancnel
passage *(n.)* անցատեղ ancategh
passenger *(n.)* ուղևոր ughevor
passion *(n.)* կիրք kirq
passionate *(adj.)* կրքոտ krqot
passive *(adj.)* անտարբեր antarber
passport *(n.)* անձնագիր andznagir
past *(n.)* անցյալ ancyal
past *(prep.)* անց anc
past *(adj.)* անցած ancats
paste *(v.)* սոսնձել sosndzel
paste *(n.)* մածուկ matsuk
pastel *(adj.)* կապտավուն kaptavun
pastel *(n.)* գունամատիտ gunamatit
pastime *(n.)* զբոսանք zbosanq
pastoral *(adj.)* հովվական hovvakan
pastry *(n.)* խմորեղեն khmoreghen
pasture *(v.)* արածել aratsel
pasture *(n.)* արոտավայր arotavayr
pat *(n.)* թփթփոց tptpoc
pat *(adv.)* իսկ և իսկ isk yev isk
pat *(v.)* թփթփացնել tptpacnel
patch *(n.)* կարկատան karkatan
patch *(v.)* կարկատել karkatel
patch test *(n.)* ալերգիայի թեստ alergiayi test
patent *(n.)* արտոնագիր artonagir
patent *(v.)* արտոնագրել artonagrel
patent *(adj.)* արտոնագրված artonagrvats
paternal *(adj.)* հայրական hayrakan
path *(n.)* արահետ arahet
pathetic *(adj.)* սրտաշարժ srtashardj

pathology *(n.)* պաթոլոգիա patologia
pathos *(n.)* պաթոս patos
patience *(n.)* համբերություն hamberutyun
patient *(n.)* հիվանդ hivand
patient *(adj.)* համբերատար hamberatar
patricide *(n.)* հայրասպանություն hayraspanutyun
patrimony *(n.)* ժառանգություն djarrangutyun
patriot *(n.)* հայրենասեր hayrenaser
patriotic *(adj.)* հայրենասիրական hayrenasirakan
patriotism *(n.)* հայրենասիրություն hayrenasirutyun
patrol *(n.)* պարեկ parek
patrol *(v.)* պարեկել parekel
patron *(n.)* հովանավոր hovanavor
patronage *(n.)* հովանավորություն hovanavorutyun
patronize *(v.)* հովանավորել hovanavorel
pattern *(n.)* օրինակ orinak
paucity *(n.)* սակավություն sakavutyun
pauper *(n.)* մուրացկան murackan
pause *(v.)* դադարել dadarel
pause *(n.)* դադար dadar
pave *(v.)* սալարկել salarkel
pavement *(n.)* մայթ mayt
pavilion *(n.)* տաղավար taghavar
paw *(v.)* ճանկռել chankrrel
paw *(n.)* թաթ tat
pay *(n.)* աշխատավարձ ashkhatavardz
pay *(v.)* վճարել vcharel
payable *(adj.)* վճարելի vchareli
payee *(n.)* վճարվող vcharvogh
payment *(n.)* վճարում vcharum
payout *(n.)* վճար vchar
pea *(n.)* սիսեռ sisserr
peace *(n.)* խաղաղություն khaghaghutyun
peaceable *(adj.)* խաղաղասեր khaghaghaser
peaceful *(adj.)* խաղաղ khaghagh
peach *(n.)* դեղձ deghdz
peacock *(n.)* սիրամարգ siramarg
peahen *(n.)* էգ սիրամարգ eg siramarg

peak *(n.)* լեռնագագաթ *lerrnagagat*
pear *(n.)* տանձ *tandz*
pearl *(n.)* մարգարիտ *margarit*
peasant *(n.)* գյուղացի *gyughaci*
peasantry *(n.)* գյուղացիություն *gyughaciutyun*
pebble *(n.)* գետաքար *getaqar*
peck *(v.)* փորել *porel*
peck *(n.)* կտցահարված *ktcaharvats*
peculiar *(adj.)* տարօրինակ *tarorinak*
peculiarity *(n.)* տարօրինակություն *tarorinakutyun*
pecuniary *(adj.)* դրամական *dramakan*
pedagogue *(n.)* մանկավարժ *mankavardj*
pedagogy *(n.)* մանկավարժություն *mankavardjutyun*
pedal *(n.)* ոտնակ *votnak*
pedal *(v.)* ոտնակը սեղմել *votnaka seghmel*
pedant *(n.)* պեդանտ *pedant*
pedantic *(n.)* մանրակրկիտ *manrakrkit*
pedantry *(n.)* մանրախնդրություն *manrakhndrutyun*
pedestal *(n.)* պատվանդան *patvandan*
pedestrian *(n.)* հետիոտն *hetiotn*
pedigree *(n.)* տոհմածառ *tohmatsarr*
peel *(n.)* կեղև *keghev*
peel *(v.)* կլպել *klpel*
peep *(n.)* փայլատակում *paylatakum*
peep *(v.)* երևալ *yereval*
peer *(n.)* լորդ *lord*
peerless *(adj.)* անզուգական *anzugakan*
peg *(v.)* սեպել *sepel*
peg *(n.)* սեպ *sep*
pelf *(n.)* փող *pogh*
pell-mell *(adv.)* մի կերպ *mi kerp*
pen *(v.)* գրել *grel*
pen *(n.)* գրիչ *grich*
penal *(adj.)* պատժելի *patdjeli*
penalize *(v.)* պատժել *patdjel*
penalty *(n.)* տուգանք *tuganq*
pencil *(v.)* նկարել *nkarel*
pencil *(n.)* մատիտ *matit*
pending *(prep.)* ընթացքում *antacqum*
pending *(adj.)* կախված *kakhvats*

pendulum *(n.)* ճոճանակ *chochanak*
penetrate *(v.)* թափանցել *tapancel*
penetration *(n.)* թափանցում *tapancum*
penis *(n.)* առնանդամ *arrnandam*
penniless *(adj.)* անփող *anpogh*
penny *(n.)* կոպեկ *kopek*
pension *(v.)* թոշակավորել *toshakavorel*
pension *(n.)* կենսաթոշակ *kensatoshak*
pensioner *(n.)* թոշակառու *toshakarru*
pensive *(adj.)* մտազբաղ *mtazbagh*
pentagon *(n.)* հնգանկյունի *hngankyuni*
pentatonic *(adj.)* պենտատոնիկ, հնգատոն *pentatonik, hngaton*
penthouse *(n.)* ծածկ *tsatsk*
peon *(n.)* բատրակ *batrak*
people *(v.)* բնակեցնել *bnakecnel*
people *(n.)* ժողովուրդ *djoghovurd*
pepper *(n.)* պղպեղ *pghpegh*
pepper *(v.)* պղպեղել *pghpeghel*
pepper-and-salt *(adj.)* բծավոր *btsavor*
per *(prep.)* միջոցով *mijocov*
per annum *(adv.)* տարեկան *tarekan*
per cent *(adv.)* տոկոս *tokos*
perambulator *(n.)* մանկասայլակ *mankasaylak*
perceive *(v.)* հասկանալ *haskanal*
percentage *(n.)* տոկոս *tokos*
perceptible *(adj.)* նկատելի *nkateli*
perception *(n.)* իմացություն *imacutyun*
perceptive *(adj.)* ճանաչող *chanachogh*
perch *(v.)* թառել *tarrel*
perch *(n.)* թառ *tarr*
percussion *(n.)* մատնաբախում *matnabakhum*
perennial *(n.)* բազմամյա բույս *bazmamya buys*
perennial *(adj.)* բազմամյա *bazmamya*
perfect *(adj.)* կատարյալ *kataryal*
perfect *(v.)* կատարելագործել *katarelagortsel*
perfection *(n.)* կատարելություն *katarelutyun*
perfidy *(n.)* դավաճանություն *davachanutyun*

perforate *(v.)* ծակել *tsakel*
perforce *(adv.)* բռնի *brrni*
perform *(v.)* կատարել *katarel*
performance *(n.)* ներկայացում *nerkayacum*
performer *(n.)* կատարող *katarogh*
perfume *(n.)* օծանելիք *otsaneliq*
perfume *(v.)* օծանելիք ցանել *otsaneliq canel*
perhaps *(adv.)* գուցե *guce*
peril *(v.)* վտանգել *vtangel*
peril *(n.)* վտանգ *vtang*
perilous *(adj.)* վտանգավոր *vtangavor*
period *(n.)* ժամանակաշրջան *djamanakashrjan*
periodical *(adj.)* պարբերական *parberakan*
periodical *(n.)* պարբերական մամուլ *parberakan mamul*
periphery *(n.)* շրջագիծ *shrjagits*
perish *(v.)* կործանվել *kortsanvel*
perishable *(adj.)* անկայուն *ankayun*
perjure *(v.)* երդմնազանց լինել *yerdmnazanc linel*
perjury *(n.)* երդմնազանցություն *yerdmnazancutyun*
perk *(v.)* զուգվել *zugvel*
permanence *(n.)* մշտականություն *mshtakanutyun*
permanent *(adj.)* մշտական *mshtakan*
permissible *(adj.)* թույլատրելի *tuylatreli*
permission *(n.)* թույլտվություն *tuyltvutyun*
permit *(v.)* թույլատրել *tuylatrel*
permit *(n.)* անցագիր *ancagir*
permutation *(n.)* փոխակերպում *pokhakerpum*
pernicious *(adj.)* վնասակար *vnasakar*
perpendicular *(adj.)* ուղղահայաց *ughghahayac*
perpendicular *(n.)* տրամալար *tramalar*
perpetual *(adj.)* հավիտենական *havitenakan*
perpetuate *(v.)* հավերժացնել *haverdjacnel*
perplex *(v.)* մոլորեցնել *molorecnel*
perplexity *(n.)* տարակուսանք *tarakusanq*
persecute *(v.)* հալածել *halatsel*
persecution *(n.)* հալածանք *halatsanq*
perseverance *(n.)* հաստատակամություն *hastatakamutyun*
persevere *(v.)* պնդել *pndel*
persist *(v.)* համառել *hamarrel*
persistence *(n.)* համառություն *hamarrutyun*
persistent *(adj.)* համառ *hamarr*
person *(n.)* մարդ *mard*
personage *(n.)* անձնավորություն *andznavorutyun*
personal *(adj.)* անձնական *andznakan*
personality *(n.)* անհատականություն *anhatakanutyun*
personification *(n.)* անձնավորում *andznavorum*
personify *(v.)* անձնավորել *andznavorel*
personnel *(n.)* անձնակազմ *andznakazm*
perspective *(n.)* հեռանկար *herrankar*
perspiration *(n.)* քրտինք *qrtinq*
perspire *(v.)* քրտնել *qrtnel*
persuade *(v.)* համոզել *hamozel*
persuasion *(n.)* համոզմունք *hamozmunq*
pertain *(v.)* վերաբերել *veraberel*
pertinent *(adj.)* հարմար *harmar*
perturb *(v.)* վրդովել *vrdovel*
perusal *(n.)* ընթերցում *antercum*
peruse *(v.)* կարդալ *kardal*
pervade *(v.)* հագեցնել *hagecnel*
perverse *(adj.)* կամակոր *kamakor*
perversion *(n.)* այլասերում *aylasserum*
perversity *(n.)* կամակորություն *kamakorutyun*
pervert *(v.)* այլասերել *aylaserel*
pessimism *(n.)* հոռետեսություն *horretesutyun*
pessimist *(n.)* հոռետես *horretes*
pessimistic *(adj.)* հոռետեսական *horretesakan*
pest *(n.)* վնասատու *vnasatu*

pesticide *(n.)* թունաքիմիկատ *tunaqimikat*
pestilence *(n.)* ժանտախտ *djantakht*
pet *(v.)* գուրգուրել *gurgurel*
pet *(n.)* սիրած կենդանի *sirats kendani*
petal *(n.)* պսակաթերթ *psakatert*
petite *(adj.)* մանրիկ *manrik*
petition *(v.)* միջնորդել *mijnordel*
petition *(n.)* միջնորդություն *mijnordutyun*
petitioner *(n.)* հայցվոր *haycvor*
petrify *(v.)* քարանալ *qaranal*
petrol *(n.)* բենզին *benzin*
petroleum *(n.)* նավթ *navt*
petticoat *(n.)* ներքնաշոր *nerqnashor*
petty *(adj.)* մանր *manr*
petulance *(n.)* դյուրաբորբոքություն *dyuraborboqutyun*
petulant *(adj.)* դյուրաբորբոք *dyuraborboq*
phagic *(adj.)* ֆագիկ *fagik*
phalange *(n.)* մատնոսկր *matnoskr*
phalanx *(n.)* մատնոսկր *matnoskr*
phallic *(adj.)* ֆալիկ *falik*
phallocentric *(adj.)* ֆալոսենտրիկ *falossentrik*
phallus *(n.)* կանգուն առնանդամ *kangun arrnandam*
phantasmagoria *(n.)* երևակայություն *yerevakayutyun*
phantasmal *(adj.)* ֆանտաստիկ *fantastik*
phantom *(n.)* ուրվական *urvakan*
pharmaceutic *(adj.)* դեղագործական *deghagortsakan*
pharmaceutical *(n.)* դեղագործություն *deghagortsutyun*
pharmaceutical *(adj.)* դեղագործական *deghagortsakan*
pharmaceutist *(n.)* դեղագործ *deghagorts*
pharmacist *(n.)* դեղագործ *deghagorts*
pharmacy *(n.)* դեղատուն *deghatun*
phase *(n.)* փուլ *pul*
phenomenal *(adj.)* արտակարգ *artakarg*
phenomenon *(n.)* երևույթ *yerevuyt*
phial *(n.)* անոթ *anot*
philalethist *(n.)* ֆիլալետիստ *filaletist*
philander *(n.)* մարդասեր *mardasser*
philander *(v.)* սիրաբանել *sirabanel*
philanderer *(n.)* կնամոլ *knamol*
philandry *(n.)* բարեգործություն *baregortsutyun*
philanthropy *(n.)* մարդասիրություն *mardassirutyun*
philological *(adj.)* բանասիրական *banassirakan*
philologist *(n.)* բանասեր *banasser*
philology *(n.)* բանասիրություն *banassirutyun*
philosopher *(n.)* փիլիսոփա *pilisopa*
philosophical *(adj.)* փիլիսոփայական *pilisopayakan*
philosophy *(n.)* փիլիսոփայություն *pilisopayutyun*
phone *(n.)* հեռախոս *herrakhos*
phonetic *(adj.)* հնչյունական *hnchyunakan*
phonetics *(n.)* հնչյունաբանություն *hnchyunabanutyun*
phosphate *(n.)* ֆոսֆատ *fosfat*
phosphorus *(n.)* ֆոսֆոր *fosfor*
photo *(n.)* լուսանկար *lusankar*
photocopy *(n.)* լուսապատճեն *lusapatchen*
photogenic *(adj.)* ֆոտոգենիկ *fotogenik*
photograph *(n.)* լուսանկար *lusankar*
photograph *(v.)* լուսանկարել *lusankarel*
photographer *(n.)* լուսանկարիչ *lusankarich*
photographic *(adj.)* լուսանկարչական *lusankarchakan*
photography *(n.)* լուսանկարչություն *lusankarchutyun*
phrase *(v.)* արտահայտել *artahaytel*
phrase *(n.)* արտահայտություն *artahaytutyun*
phraseology *(n.)* դարձվածաբանություն *dardzvatsabanutyun*
physic *(v.)* բուժել *budjel*
physic *(n.)* բժշկություն *bdjshkutyun*
physical *(adj.)* ֆիզիկական *fizikakan*

physician *(n.)* բժիշկ *bdjishk*
physicist *(n.)* ֆիզիկոս *fizikos*
physics *(n.)* ֆիզիկա *fizika*
physiognomy *(n.)* ֆիզիոնոմիա *fizionomia*
physique *(n.)* մարմնակազմություն *marmnakazmutyun*
pianist *(n.)* դաշնակահար *dashnakahar*
piano *(n.)* դաշնամուր *dashnamur*
pick *(n.)* ընտրություն *antrutyun*
pick *(v.)* ընտրել *antrel*
picket *(v.)* կարգել *kargel*
picket *(n.)* պահակաջոկատ *pahakajokat*
pickle *(v.)* թթու դնել *ttu dnel*
pickle *(n.)* թթվաջուր *ttvajur*
picnic *(v.)* պիկնիկի մասնակցել *pikniki masnakcel*
picnic *(n.)* զբոսախնջույք *zbosakhnjuyq*
pictorial *(adj.)* պատկերավոր *patkeravor*
picture *(v.)* նկարել *nkarel*
picture *(n.)* նկար *nkar*
picturesque *(adj.)* գեղատեսիլ *geghatessil*
piece *(n.)* կտոր *ktor*
piece *(v.)* կարկատել *karkatel*
pier *(n.)* նավամատույց *navamatuyc*
pierce *(v.)* ծակել *tsagel*
piercing *(n.)* պիրսինգ *pirsing*
piercing *(adj.)* սուր *sur*
piety *(n.)* բարեպաշտություն *barepashtutyun*
pig *(n.)* խոզ *khoz*
pigeon *(n.)* աղավնի *aghavni*
piggy bank *(n.)* խնայատուփ *khnayatup*
pigment *(n.)* պիգմենտ *pigment*
pigmy *(n.)* թզուկ *tzuk*
pile *(v.)* դիզել *dizel*
pile *(n.)* դեզ *dez*
piles *(n.pl.)* թութք *tutq*
pilfer *(v.)* գողանալ *goghanal*
pilgrim *(n.)* ուխտավոր *ukhtavor*
pilgrimage *(n.)* ուխտագնացություն *ukhtagnacutyun*
pill *(n.)* հաբ *hab*
pillar *(n.)* սյուն *syun*
pillow *(v.)* նշավակել *nshavakel*
pillow *(n.)* բարձ *bardz*
pilot *(v.)* ղեկավարել *ghekavarel*
pilot *(n.)* օդաչու *odachu*
pimple *(n.)* բշտիկ *bshtik*
pin *(v.)* ամրացնել *amracnel*
pin *(n.)* քորոց *qoroc*
pinch *(n.)* կսմթոց *ksmtoc*
pinch *(v.)* կսմթել *ksmtel*
pine *(v.)* դալկանալ *dalkanal*
pine *(n.)* սոճի *sochi*
pineapple *(n.)* անանաս *ananas*
pink *(adj.)* վարդագույն *vardaguyn*
pink *(n.)* մեխակ *mekhak*
pinkish *(adj.)* բաց վարդագույն *bac vardaguyn*
pinnacle *(n.)* գագաթնակետ *gagatnaket*
pioneer *(v.)* նախաձեռնել *nakhadzerrnel*
pioneer *(n.)* պիոներ *pioner*
pious *(adj.)* բարեպաշտ *barepasht*
pipe *(n.)* խողովակ *khoghovak*
pipe *(v.)* նվագել *nvagel*
piquant *(adj.)* կծու *ktsu*
piracy *(n.)* ծովահենություն *tsovahenutyun*
pirate *(v.)* ծովահենություն անել *tsovahenutyun anel*
pirate *(n.)* ծովահեն *tsovahen*
pistol *(n.)* ատրճանակ *atrchanak*
piston *(n.)* մխոց *mkhoc*
pit *(v.)* փորել *porel*
pit *(n.)* փոս *pos*
pitch *(n.)* սկիպիդար *skipidar*
pitch *(v.)* շինել *shinel*
pitcher *(n.)* սափոր *sapor*
piteous *(adj.)* ողորմելի *voghormeli*
pitfall *(n.)* թակարդ *takard*
pitiable *(adj.)* ողորմելի *voghormeli*
pitiful *(adj.)* գթասիրտ *gtasirt*
pitiless *(adj.)* անգութ *angut*
pitman *(n.)* հանքափոր *hanqapor*
pittance *(n.)* կոպեկներ *kopekner*
pity *(v.)* կարեկցել *karekcel*
pity *(n.)* կարեկցություն *karekcutyun*

pivot *(n.)* առանցք *arrancq*
pivot *(v.)* պտտվել *pttvel*
pixel *(n.)* պիքսել, կետ *piqsel, ket*
pixelate *(v.)* պիքսելացնել, կետավորել *piqselacnel, ketavorel*
pizza *(n.)* պիցցա *picca*
pizzeria *(n.)* պիցցերիա *picceria*
placable *(adj.)* հեզ *hez*
placard *(n.)* պլակատ *plakat*
placate *(v.)* հանգստացնել *hangstacnel*
placative *(adj.)* հանգստացնող *hangstacnogh*
placatory *(adj.)* հանգստացնող *hangstacnogh*
place *(v.)* տեղավորել *teghavorel*
place *(n.)* տեղ *tegh*
placebic *(adj.)* պլացեբիկ *placebik*
placebo *(n.)* պլացեբո *placebo*
placement *(n.)* տեղաբաշխում *teghabashkhum*
placenta *(n.)* պլացենտա, պտղապարկ *placenta, ptghapark*
placid *(adj.)* հանդարտ *handart*
plague *(v.)* վարակել *varakel*
plague *(adj.)* ժանտախտի *djantakhti*
plain *(adj.)* պարզ *parz*
plain *(n.)* հարթավայր *hartavayr*
plaintiff *(n.)* հայցվոր *haycvor*
plan *(v.)* պլանավորել *planavorel*
plan *(n.)* պլան *plan*
plane *(v.)* սահասավառնել *sahassavarrnel*
plane *(adj.)* հարթ *hart*
plane *(n.)* ինքնաթիռ *inqnatirr*
planet *(n.)* մոլորակ *molorak*
planetary *(adj.)* մոլորակային *molorakayin*
plank *(v.)* տախտակել *takhtakel*
plank *(n.)* տախտակ *takhtak*
plant *(n.)* բույս *buys*
plant *(v.)* տնկել *tnkel*
plantain *(n.)* ջղախոտ *jghakhot*
plantation *(n.)* տնկադաշտ *tnkadasht*
plaster *(v.)* սվաղել *svaghel*
plaster *(n.)* սվաղ *svagh*
plastic *(n.)* պլաստմասսա *plastmassa*
plastic *(adj.)* պլաստիկ *plastik*
plate *(n.)* ափսե *apse*
plate *(v.)* զրահապատել *zrahapatel*
plateau *(n.)* սարահարթ *sarahart*
platform *(n.)* հարթակ *hartak*
platinum *(n.)* պլատին *platin*
platinum *(adj.)* պլատինե *platine*
platonic *(adj.)* պլատոնական *platonakan*
platoon *(n.)* դասակ *dassak*
play *(v.)* խաղալ *khaghal*
play *(v.)* նվագել *nvagel*
play *(n.)* խաղ *khagh*
playback *(n.)* նվագարկում *nvagarkum*
playcard *(n.)* խաղաքարտ *khaghaqart*
playdate *(n.)* խաղի ամսաթիվ *khaghi amsativ*
player *(n.)* խաղացող *khaghacogh*
playfield *(n.)* խաղադաշտ *khaghadasht*
playful *(adj.)* ժիր *djir*
playground *(n.)* խաղահրապարակ *khaghahraparak*
playhouse *(n.)* թատրոն *tatron*
plea *(n.)* փաստարկ *pastark*
plead *(v.)* աղերսել *aghersel*
pleader *(n.)* փաստաբան *pastaban*
pleasant *(adj.)* հաճելի *hacheli*
pleasantry *(n.)* հումոր *humor*
please *(v.)* գոհացնել *gohacnel*
please *(adv.)* բարեհաճորեն *barehachoren*
pleasure *(n.)* հաճույք *hachuyq*
plebiscite *(n.)* հանրաքվե *hanraqve*
pledge *(v.)* գրավադնել *gravadnel*
pledge *(n.)* գրավ *grav*
plenty *(n.)* լիություն *liutyun*
plight *(n.)* վիճակ *vichak*
plod *(v.)* տքնել *tqnel*
plot *(v.)* դավ նյութել *dav nyutel*
plot *(n.)* դավ *dav*
plough *(v.)* հերկել *herkel*
plough *(n.)* գութան *gutan*
ploughman *(n.)* հողագործ *hoghagorts*
pluck *(n.)* փորոտիք *porotiq*
pluck *(v.)* մաքրել *maqrel*
plug *(v.)* խցանել *khcanel*
plug *(n.)* խրոցակ *khrocak*
plum *(n.)* սալոր *salor*
plumber *(n.)* ջրմուղագործ

jrmughagorts
plunder *(n.)* թալան *talan*
plunder *(v.)* թալանել *talanel*
plunge *(n.)* սուզում *suzum*
plunge *(v.)* սուզվել *suzvel*
plural *(adj.)* հոգնակի *hognaki*
plurality *(n.)* բազմաքանակություն *bazmaqanakutyun*
plus *(adj.)* լրացուցիչ *lracucich*
plus *(n.)* պլյուս *plyus*
plush *(adj.)* պլիսե *plisse*
plush *(n.)* պլիս *plis*
plutocrat *(adj.)* պլուտոկրատ *plutokrat*
plutonic *(adj.)* պլուտոնիկ *plutonik*
plutonium *(n.)* պլուտոնիում *plutonium*
pluvial *(adj.)* անձրևային *andzrevayin*
pluvial *(n.)* անձրև *andzrev*
pluviometer *(n.)* անձրևաչափ *andzrevachap*
ply *(n.)* հակում *hakum*
ply *(v.)* զբաղվել *zbaghvel*
plyer *(n.)* տափակաբերան աքցան *tapakaberan aqcan*
plywood *(n.)* նրբատախտակ *nrbatakhtak*
pneudraulics *(n.)* պնևդրավլիկա *pnyevdravlika*
pneuma *(n.)* պնևմա *pnyevma*
pneumatic *(n.)* օդադող *odadogh*
pneumatic *(adj.)* օդաճնշական *odachnshakan*
pneumatological *(adj.)* օդաճնշական *odachnshakan*
pneumatology *(n.)* պնևմատոլոգիա *pnyevmatologia*
pneumogastric *(adj.)* պնևմոգաստրիկ *pnyevmogastrik*
pneumology *(n.)* պնևմոլոգիա *pnyevmologia*
pneumonia *(n.)* թոքաբորբ *toqaborb*
pneumoniac *(n.)* թոքաբորբ *toqaborb*
pneumonic *(adj.)* թոքաբորբոքային *toqaborboqayin*
pneumotherapy *(n.)* պնևոթերապիա *pnyevoterapia*
poach *(v.)* որսագողություն անել

vorsagoghutyun anel
poached *(adj.)* տրորած *trorats*
poacher *(n.)* որսագող *vorsagogh*
pocket *(v.)* գրպանել *grpanel*
pocket *(n.)* գրպան *grpan*
pod *(n.)* պատիճ *patich*
pod *(v.)* կլպել *klpel*
podcast *(n.)* հեռարձակում *herrardzakum*
podcast *(v.)* սփռել *sprrel*
podcaster *(n.)* հեռարձակող *herrardzakogh*
podge *(n.)* պատառաքաղ *patarraqagh*
podgy *(adj.)* կարճ ու հաստ *karch u hast*
podiatric *(adj.)* ոտաբուժական *votabudjakan*
podiatrist *(n.)* ոտնաբույժ *votnabuydj*
podium *(n.)* ամբիոն *ambion*
podium *(v.)* ամբիոն բարձրանալ *ambion bardzranal*
poem *(n.)* պոեմ *poem*
poesy *(n.)* պոեզիա *poezia*
poet *(n.)* պոետ *poet*
poetaster *(n.)* վատ բանաստեղծ *vat banasteghts*
poetess *(n.)* բանաստեղծուհի *banasteghtsuhi*
poetic *(adj.)* բանաստեղծական *banasteghtsakan*
poetics *(n.)* պոետիկա *poetika*
poetry *(n.)* պոեզիա *poezia*
poignacy *(n.)* դառնություն *darrnutyun*
poignant *(adj.)* սուր *sur*
point *(n.)* կետ *ket*
point *(v.)* մատնանշել *matnanshel*
point blank *(adv.)* դիմահար *dimahar*
pointed *(adj.)* մատնանշված *matnanshvats*
pointedly *(adv.)* քննադատականորեն *qnnadatakanoren*
pointedness *(n)* ընդգծվածություն *andgtsvatsutyun*
pointerless *(adj.)* անիմաստ *animast*
pointful *(adj.)* բովանդակալից *bovandakalic*
pointillism *(n.)* պուանտիլիզմ *puantilizm*

pointillist *(n.)* պուանտիլիստ *puantilist*
pointless *(adj.)* անմիտ *anmit*
pointwork *(n.)* հակում *hakum*
poise *(n.)* հավասարակշռություն *havasarakshrrutyun*
poise *(v.)* հավասարակշռել *havasarakshrrel*
poison *(v.)* թունավորել *tunavorel*
poison *(n.)* թույն *tuyn*
poisonous *(adj.)* թունավոր *tunavor*
poke *(n.)* հրոց *hroc*
poke *(v.)* հրել *hrel*
poker *(n.)* պոկեր *poker*
polar *(adj.)* բևեռային *beverrayin*
polarazing *(adj.)* բևեռացնող *beverracnogh*
polarity *(n.)* բևեռականություն *beverrakanutyun*
polarize *(v.)* բևեռացնել *beverracnel*
polaroid *(n.)* բևեռային *beverrayin*
polary *(adj.)* բևեռային *beverrayin*
pole *(v.)* բևեռացնել *beverracnel*
pole *(n.)* բևեռ *beverr*
pole dancer *(n.)* ձողապարուհի *dzoghaparuhi*
polearm *(n.)* սրածայր զենք *sratsayr zenq*
polecat *(n.)* ժանտաքիս *djantaqis*
polemic *(adj.)* բանավեճի *banavechi*
polemics *(n.)* բանավեճ *banavech*
polenta *(n.)* օսլայաուտեստ *oslayautest*
police *(n.)* ոստիկանություն *vostikanutyun*
police *(v.)* կարգ պահպանել *karg pahpanel*
police beat *(n.)* ոստիկանական ծեծ *vostikanakan tsets*
policeboat *(n.)* ոստիկանական նավակ *vostikanakan navak*
policeless *(adj.)* ոստիկանազուրկ *vostikanazurk*
policeman *(n.)* ոստիկան *vostikan*
policy *(n.)* քաղաքականություն *qaghaqakanutyun*
polish *(n.)* ողորկալաք *voghorkalaq*
polish *(v.)* փայլեցնել *paylecnel*
polite *(adj.)* քաղաքավարի *qaghaqavary*
politeness *(n.)* քաղաքավարություն *qaghaqavarutyun*
politic *(adj.)* քաղաքավարի *qaghaqavary*
political *(adj.)* քաղաքական *qaghaqakan*
politician *(n.)* քաղաքագետ *qaghaqaget*
politics *(n.)* քաղաքականություն *qaghaqakanutyun*
polity *(n.)* պետություն *petutyun*
poll *(v.)* ցուցակագրել *cucakagrel*
poll *(n.)* քվեարկություն *qvearkutyun*
pollen *(n.)* ալերգեն *alergen*
pollute *(v.)* աղտոտել *aghtotel*
pollution *(n.)* աղտոտում *aghtotum*
polo *(n.)* պոլո *polo*
polyacetylene *(n.)* պոլիացետիլեն *poliacetilen*
polyander *(n.)* պոլիանդր *poliandr*
polyandrianism *(n.)* պոլիանդրիզմ *poliandrizm*
polyandry *(n.)* պոլիանդրիա *poliandria*
polybutene *(n.)* պոլիբուտեն *polibuten*
polybutylene *(n.)* պոլիբուտիլեն *polibutilen*
polycarbonate *(n.)* պոլիկարբոնատ *polikarbonat*
polycentric *(adj.)* բազմակենտրոն *bazmakentron*
polycentrism *(n.)* բազմակենտրոնություն *bazmakentronutyun*
polychrome *(adj.)* բազմերանգ *bazmerang*
polycracy *(n.)* պոլիկրատիա *polikratia*
polyene *(n.)* պոլիեն *polien*
polyform *(n.)* բազմաձև *bazmadzev*
polygamous *(adj.)* բազմամուսնական *bazmamusnakan*
polygamy *(n.)* բազմակնություն *bazmaknutyun*
polyglot *(n.)* բազմալեզվագետ *bazmalezvaget*
polyglot *(adj.)* բազմալեզու *bazmalezu*

polyloquent *(adj.)* բազմախոս *bazmakhos*
polymath *(n.)* պոլիմաթ *polimat*
polymer *(n.)* պոլիմերային *polimerayin*
polymerize *(v.)* պոլիմերացնել *polimeracnel*
polymetallic *(adj.)* բազմամետաղական *bazmametaghakan*
polymethine *(n.)* պոլիմեթին *polimetin*
polymethylene *(n.)* պոլիմեթիլեն *polimetilen*
polymicrobial *(adj.)* բազմամանրէային *bazmamanreayin*
polymiotic *(adj.)* պոլիմիոտիկ *polimiotik*
polymolecular *(adj.)* բազմամոլեկուլային *bazmamolekulayin*
polymorph *(n.)* պոլիմորֆ *polimorf*
polymorphic *(adj.)* պոլիմորֆային *polimorfayin*
polymorphism *(n.)* պոլիմորֆիզմ *polimorfizm*
polymorphosis *(n.)* պոլիմորֆոզ *polimorfoz*
polynucleate *(adj.)* պոլինուկլեատ *polinukleat*
polypharmacal *(adj.)* բազմադեղագործական *bazmadeghagortsakan*
polypropylene *(n.)* պոլիպրոպիլեն *polipropilen*
polyprotein *(n.)* պոլիպրոտեին *poliprotein*
polysemia *(n.)* պոլիսեմիա *polissemia*
polytechnic *(adj.)* պոլիտեխնիկական *politekhnikakan*
polytechnic *(n.)* պոլիտեխնիկում *politekhnikum*
polytheism *(n.)* բազմաստվածություն *bazmastvatsutyun*
polytheist *(n.)* բազմաստված *bazmastvats*
polytheistic *(adj.)* բազմաստվածային *bazmastvatsayin*
pomp *(n.)* շքեղություն *shqeghutyun*
pomposity *(n.)* շքեղություն *shqeghutyun*
pompous *(adj.)* շքեղ *shqegh*
pond *(n.)* լճակ *lchak*
ponder *(v.)* մտածել *mtatsel*
pony *(n.)* պոնի *poni*
poor *(adj.)* աղքատ *aghqat*
pop *(v.)* կրակել *krakel*
pop *(n.)* կրակոց *krakoc*
pope *(n.)* պապ *pap*
poplar *(n.)* բարդի *bardi*
poplin *(n.)* պոպլին *poplin*
populace *(n.)* բնակչություն *bnakchutyun*
popular *(adj.)* հանրաճանաչ *hanrachanach*
popularity *(n.)* ժողովրդականություն *djoghovrdakanutyun*
popularize *(v.)* ժողովրդականացնել *djoghovrdakanacnel*
populate *(v.)* բնակեցնել *bnakecnel*
population *(n.)* բնակչություն *bnakchutyun*
populous *(adj.)* բազմամարդ *bazmamard*
porcelain *(n.)* ճենապակի *chenapaki*
porch *(n.)* սյունասրահ *syunasrah*
pore *(n.)* ծակոտի *tsakoti*
pork *(n.)* խոզի միս *khozi mis*
porridge *(n.)* շիլա *shila*
port *(n.)* նավահանգիստ *navahangist*
portable *(adj.)* շարժական *shardjakan*
portage *(n.)* փոխադրում *pokhadrum*
portal *(n.)* շքամուտք *shqamutq*
portend *(v.)* կանխագուշակել *kankhagushakel*
porter *(n.)* բեռնակիր *berrnakir*
portfolio *(n.)* թղթապայուսակ *tghtapayusak*
portico *(n.)* սյունասրահ *syunasrah*
portion *(n.)* բաժին *badjin*
portion *(v.)* մասերի բաժանել *maseri badjanel*
portrait *(n.)* դիմանկար *dimankar*
portraiture *(n.)* դիմանկարչություն *dimankarchutyun*
portray *(v.)* պատկերել *patkerel*
portrayal *(n.)* պատկերում *patkerum*
pose *(v.)* դիրք ընդունել *dirq andunel*

pose *(n.)* դիրք *dirq*
position *(n.)* տեղ *tegh*
position *(v.)* տեղավորել *teghavorel*
positive *(adj.)* դրական *drakan*
possess *(v.)* տիրապետել *tirapetel*
possession *(n.)* տիրապետում *tirapetum*
possibility *(n.)* հնարավորություն *hnaravorutyun*
possible *(adj.)* հնարավոր *hnaravor*
post *(n.)* փոստ *post*
post *(v.)* փոստով ուղարկել *postov ugharkel*
post *(adv.)* շտապ *shtap*
postage *(n.)* փոստային ծախքեր *postayin tsakhqer*
postal *(adj.)* փոստային *postayin*
post-date *(v.)* հետթվագրել *hettvagrel*
poster *(n.)* պլակատ *plakat*
posterity *(n.)* սերունդ *serund*
postgraduate *(adj.)* ասպիրանտական *aspirantakan*
posthumous *(adj.)* ետմահու *yetmahu*
postman *(n.)* փոստատար *postatar*
postmaster *(n.)* փոստապետ *postapet*
post-mortem *(adj.)* ետմահու *yetmahu*
post-mortem *(n.)* դիահերձում *diaherdzum*
post-office *(n.)* փոստ *post*
postpone *(v.)* հետաձգել *hetadzgel*
postponement *(n.)* տարկետում *terketum*
postscript *(n.)* ետգրություն *yetgrutyun*
posture *(n.)* դիրք *dirq*
pot *(n.)* աման *aman*
pot *(v.)* եփել *yepel*
potash *(n.)* պոտաշ *potash*
potassium *(n.)* կալիում *kalium*
potato *(n.)* կարտոֆիլ *kartofil*
potency *(n.)* զորություն *zorutyun*
potent *(adj.)* զորավոր *zoravor*
potential *(n.)* ներուժ *nerudj*
potential *(adj.)* հնարավոր *hnaravor*
potentiality *(n.)* կարողություն *karoghutyun*
potter *(n.)* բրուտ *brut*
pottery *(n.)* խեցեգործություն *khecegortsutyun*

pouch *(n.)* քսակ *qsak*
poultry *(n.)* թռչնամիս *trrchnamis*
pounce *(n.)* ցատկում *catkum*
pounce *(v.)* ցատկել *catkel*
pound *(n.)* ֆունտ *funt*
pound *(v.)* գնդակոծել *gndakotsel*
pour *(v.)* թափ(վ)ել *tap(v)el*
poverty *(n.)* աղքատություն *aghqatutyun*
powder *(v.)* փոշիացնել *poshiacnel*
powder *(n.)* դեղափոշի *deghaposhi*
power *(n.)* ուժ *udj*
powerful *(adj.)* հզոր *hzor*
practicability *(n.)* գործնականություն *gortsnakanutyun*
practicable *(adj.)* իրագործելի *iragortseli*
practical *(adj.)* գործնական *gortsnakan*
practically *(adv.)* գործնականում *gortsnakanum*
practice *(n.)* պրակտիկա *praktika*
practise *(v.)* կիրառել *kirarrel*
practitioner *(n.)* պրակտիկանտ *praktikant*
pragmatic *(adj.)* պրագմատիկական *pragmatikakan*
pragmatism *(n.)* պրագմատիզմ *pragmatizm*
praise *(n.)* գովասանք *govasanq*
praise *(v.)* գովել *govel*
praiseworthy *(adj.)* գովելի *goveli*
pram *(n.)* մանկասայլակ *mankasaylak*
prank *(n.)* կատակ *katak*
prattle *(v.)* թոթովել *totovel*
prattle *(n.)* թոթովանք *totovanq*
pray *(v.)* աղոթել *aghotel*
prayer *(n.)* աղոթք *aghotq*
prayer *(n.)* աղոթող *aghotogh*
preach *(v.)* քարոզել *qarozel*
preacher *(n.)* քարոզիչ *qarozich*
preamble *(n.)* նախաբան *nakhaban*
precaution *(n.)* նախազգուշացում *nakhazgushacum*
precautionary *(adj.)* նախազգուշական *nakhazgushakan*
precede *(v.)* նախորդել *nakhordel*
precedence *(n.)* նախորդում

nakhordum
precedent *(n.)* նախադեպ *nakhadep*
precept *(n.)* պատվիրան *patviran*
preceptor *(n.)* դաստիարակ *dastiarak*
precious *(adj.)* թանկագին *tankagin*
precis *(n.)* կոնսպեկտ *konspekt*
precise *(adj.)* ճշգրիտ *chshgrit*
precision *(n.)* ճշգրտություն *chshgrtutyun*
preclude *(v.)* կանխել *kankhel*
precursor *(n.)* ավետաբեր *avetaber*
predator *(n.)* գիշատիչ *gishatich*
predecessor *(n.)* նախորդ *nakhord*
predestination *(n.)* ճակատագիր *chakatagir*
predetermine *(v.)* կանխորոշել *kankhoroshel*
predicament *(n.)* անախորժություն *anakhordjutyun*
predicate *(n.)* ստորոգյալ *storogyal*
predict *(v.)* կանխագուշակել *kankhagushakel*
prediction *(n.)* կանխագուշակում *kankhagushakum*
predominance *(n.)* գերակշռություն *gerakshrrutyun*
predominant *(adj.)* գերակշռող *gerakshrrogh*
predominate *(v.)* գերակշռել *gerakshrrel*
pre-eminence *(n.)* գերակայություն *gerakayutyun*
pre-eminent *(adj.)* նշանավոր *nshanavor*
preemptive *(adj.)* առաջնահերթ *arrajnahert*
preen *(n.)* զարդարում *zardarum*
preen *(v.)* զարդարվել *zardarvel*
preexistence *(n.)* նախագոյություն *nakhagoyutyun*
preface *(n.)* նախաբան *nakhaban*
preface *(v.)* նախաբան գրել *nakhaban grel*
prefect *(n.)* նահանգապետ *nahangapet*
prefer *(v.)* գերադասել *geradassel*
preference *(n.)* գերադասություն *geradassutyun*

preferential *(adj.)* գերադասելի *geradasseli*
prefix *(n.)* նախածանց *nakhatsanc*
prefix *(v.)* նախադրել *nakhadrel*
pregnancy *(n.)* հղիություն *hghiutyun*
pregnant *(adj.)* հղի *hghi*
prehistoric *(adj.)* նախապատմական *nakhapatmakan*
prejudice *(n.)* նախապաշարմունք *nakhapasharmunq*
prelate *(n.)* հոգևորական *hogevorakan*
preliminary *(adj.)* նախնական *nakhnakan*
preliminary *(n.)* նախապատրաստություն *nakhapatrastutyun*
prelude *(n.)* նախերգանք *nakherganq*
prelude *(v.)* նախերգանք հանդիսանալ *nakherganq handissanal*
premarital *(adj.)* նախամուսնական *nakhamusnakan*
premature *(adj.)* վաղաժամ *vaghadjam*
premeditate *(v.)* կանխամտածել *kankhamtatsel*
premeditation *(n.)* կանխամտածվածություն *kankhamtatsvatsutyun*
premier *(adj.)* առաջին *arrajin*
premier *(n.)* պրեմիեր մինիստր *premier ministr*
premiere *(n.)* պրեմիերա *premiera*
premium *(n.)* հավելավճար *havelavchar*
premonition *(n.)* կանխազգացում *kankhazgacum*
preoccupation *(n.)* մտահոգություն *mtagogutyun*
preoccupy *(v.)* գրավել *gravel*
preparation *(n.)* պատրաստում *patrastum*
preparatory *(adj.)* նախապատրաստական *nakhapatrastakan*
prepare *(v.)* պատրաստել *patrastel*
preponderance *(n.)* գերակայություն *gerakayutyun*

preponderate *(v.)* գերազանցել *gerazancel*
preposition *(n.)* նախդիր *nakhdir*
prerequisite *(adj.)* նախադրված *nakhadrvats*
prerequisite *(n.)* նախադրյալ *nakhadryal*
prerogative *(n.)* արտոնություն *artonutyun*
prescience *(n.)* խոհեմություն *khohemutyun*
prescribe *(v.)* նշանակել *nshanakel*
prescription *(n.)* դեղատոմս *deghatoms*
presence *(n.)* ներկայություն *nerkayutyun*
present *(v.)* նվիրել *nvirel*
present *(adj.)* ներկա *nerka*
present *(n.)* նվեր *nver*
presentation *(n.)* ներկայացում *nerkayacum*
presently *(adv.)* շուտով *shutov*
preservation *(n.)* պահպանում *pahpanum*
preservative *(n.)* պահպանակ *pahpanak*
preservative *(adj.)* պահպանական *pahpanakan*
preserve *(v.)* պահպանել *pahpanel*
preserve *(n.)* որսարգելոց *vorsargeloc*
preside *(v.)* նախագահել *nakhagahel*
president *(n.)* նախագահ *nakhagah*
presidential *(adj.)* նախագահական *nakhagahakan*
press *(v.)* սեղմել *seghmel*
press *(n.)* մամուլ *mamul*
pressure *(n.)* ճնշում *chnshum*
pressurize *(v.)* ճնշել *chnshel*
prestige *(n.)* հեղինակություն *heghinakutyun*
prestigious *(adj.)* հեղինակավոր *heghinakavor*
presume *(v.)* ենթադրել *yentadrel*
presumption *(n.)* ենթադրություն *yentadrutyun*
presuppose *(v.)* ենթադրել *yentadrel*
presupposition *(n.)* ենթադրություն *yentadrutyun*

pretence *(n.)* կեղծիք *keghtsiq*
pretend *(v.)* ձևանալ *dzevanal*
pretension *(n.)* հավակնություն *havaknutyun*
pretentious *(adj.)* հավակնոտ *havaknot*
pretext *(n.)* պատրվակ *patrvak*
prettiness *(n.)* սիրունատեսություն *sirunatesutyun*
pretty *(adj.)* սիրունատես *sirunates*
pretty *(adv.)* բավականին *bavakanin*
prevail *(v.)* տիրել *tirel*
prevalence *(n.)* գերիշխում *gerishkhum*
prevalent *(adj.)* գերիշխող *gerishkhogh*
prevent *(v.)* կանխել *kankhel*
prevention *(n.)* կանխարգելում *kankhargelum*
preventive *(adj.)* կանխարգելիչ *kankhargelich*
preview *(v.)* նախադիտել *nakhaditel*
previous *(adj.)* նախորդ *nakhord*
prey *(v.)* որսալ *vorsal*
prey *(n.)* որս *vors*
price *(n.)* գին *gin*
price *(v.)* գնահատել *gnahatel*
price list *(n.)* գնացուցակ *gnacucak*
priceless *(adj.)* անգին *angin*
prick *(v.)* ծակել *tsakel*
prick *(n.)* ծակ *tsak*
pride *(n.)* հպարտություն *hpartutyun*
pride *(v.)* հպարտանալ *hpartanal*
priest *(n.)* քահանա *qahana*
priestess *(n.)* քրմուհի *qrmuhi*
priesthood *(n.)* քահանայություն *qahanayutyun*
prima facie *(adv.)* ակնհայտորեն *aknhaytoren*
primarily *(adv.)* գլխավորապես *glkhavorapes*
primary *(adj.)* հիմնական *himnakan*
prime *(n.)* ծաղկում *tsaghkum*
prime *(v.)* նախաներկել *nakhanerkel*
prime *(adj.)* հիմնական *himnakan*
primer *(n.)* այբբենարան *aybbenaran*
primeval *(adj.)* նախնադարյան *nakhnadaryan*
primitive *(adj.)* պարզունակ *parzunak*
prince *(n.)* արքայորդի *arqayordi*

princely *(adj.)* արքայական *arqayakan*
princess *(n.)* արքայադուստր *arqayadustr*
principal *(n.)* պետ *pet*
principal *(adj.)* հիմնական *himnakan*
principle *(n.)* սկզբունք *skzbunq*
print *(n.)* տպագրում *tpagrum*
print *(v.)* տպել *tpel*
printer *(n.)* տպագրիչ *tpagrich*
printout *(n.)* տպագրանյութ *tpagranyut*
prior *(adj.)* նախորդ *nakhord*
prior *(n.)* աբբա *abba*
prioress *(n.)* միանձնուհի *miandznuhi*
priority *(n.)* առաջնահերթություն *arrajnahertutyun*
prison *(n.)* բանտ *bant*
prisoner *(n.)* բանտարկյալ *bantarkyal*
privacy *(n.)* մենություն *menutyun*
private *(adj.)* մասնավոր *masnavor*
privation *(n.)* զրկանք *zrkanq*
privilege *(n.)* արտոնություն *artonutyun*
prize *(n.)* մրցանակ *mrcanak*
prize *(v.)* գնահատել *gnahatel*
prize money *(n.)* մրցանակային գումար *mrcanakayin gumar*
pro forma *(adj.)* ձևական *dzevakan*
probability *(n.)* հավանականություն *havanakanutyun*
probable *(adj.)* հավանական *havanakan*
probably *(adv.)* հավանաբար *havanabar*
probation *(n.)* փորձաշրջան *pordzashrjan*
probationer *(n.)* փորձնակ *pordznak*
probe *(v.)* զոնդել *zondel*
probe *(n.)* զոնդ *zond*
problem *(n.)* խնդիր *khndir*
problematic *(adj.)* հարցական *harcakan*
procedure *(n.)* գործելակերպ *gortselakerp*
proceed *(v.)* շարունակել *sharunakel*
proceeding *(n.)* արարք *ararq*
proceeds *(n. pl.)* եկամուտ *yekamut*
process *(n.)* գործընթաց *gortsantac*

procession *(n.)* թափոր *tapor*
processor *(n.)* պրոցեսոր *processor*
proclaim *(v.)* հայտարարել *haytararel*
proclamation *(n.)* ազդարարում *azdararum*
proclivity *(n.)* հակում *hakum*
procrastinate *(v.)* հետաձգել *hetadzgel*
procrastination *(n.)* հետաձգում *hetadzgum*
proctor *(n.)* միջնորդ *mijnord*
proctor *(v.)* միջնորդել *mijnordel*
procure *(v.)* գտնել *gtnel*
procurement *(n.)* գնումներ *gnumner*
prodigal *(adj.)* վատնող *vatnogh*
prodigality *(n.)* վատնում *vatnum*
prodigy *(n.)* հրաշամանուկ *hrashamanuk*
produce *(v.)* արտադրել *artadrel*
produce *(n.)* արտադրանք *artadranq*
product *(n.)* ապրանք *apranq*
production *(n.)* արտադրում *artadrum*
productive *(adj.)* արդյունավետ *ardyunavet*
productivity *(n.)* արտադրողականություն *artadroghakanutyun*
profane *(v.)* ապականել *apakanel*
profane *(adj.)* անսուրբ *ansurb*
profess *(v.)* դավանել *davanel*
profession *(n.)* մասնագիտություն *masnagitutyun*
professional *(adj.)* պրոֆեսիոնալ *professional*
professor *(n.)* պրոֆեսոր *professor*
proficiency *(n.)* հմտություն *hmtutyun*
proficient *(adj.)* հմուտ *hmut*
profile *(n.)* պրոֆիլ *profil*
profile *(v.)* պրոֆիլով նկարել *profilov nkarel*
profit *(n. pl.)* եկամուտ *yekamut*
profit *(v.)* օգուտ ստանալ *ogut stanal*
profitable *(adj.)* եկամտաբեր *yekamtaber*
profiteer *(n.)* չարաշահորդ *charashahord*
profiteer *(v.)* չարաշահել *charashahel*
profligacy *(n.)* անառակություն *anarrakutyun*

profligate *(adj.)* անառակ *anarrak*
profound *(adj.)* խոր *khor*
profundity *(n.)* անդունդ *andund*
profuse *(adj.)* առատ *arrat*
profusion *(n.)* առատություն *arratutyun*
progeny *(n.)* սերունդ *serund*
programme *(n.)* ծրագիր *tsragir*
programme *(v.)* ծրագրել *tsragrel*
progress *(n.)* առաջադիմություն *arrajadimutyun*
progress *(v.)* առաջադիմել *arrajadimel*
progressive *(adj.)* առաջադիմական *arrajadimakan*
prohibit *(v.)* արգելել *argelel*
prohibition *(n.)* արգելք *argelq*
prohibitive *(adj.)* արգելիչ *argelich*
prohibitory *(adj.)* արգելող *argelogh*
project *(n.)* նախագիծ *nakhagits*
project *(v.)* նախագծել *nakhagtsel*
projectile *(n.)* արկ *ark*
projectile *(adj.)* նետելու *netelu*
projection *(n.)* պրոեկցիա *proekcia*
projector *(n.)* պրոեկտոր *proektor*
proliferate *(v.)* բազմանալ *bazmanal*
proliferation *(n.)* տարածում *taratsum*
prolific *(adj.)* բեղմնավոր *beghmnavor*
prologue *(n.)* նախաբան *nakhaban*
prolong *(v.)* երկարացնել *yerkaracnel*
prolongation *(n.)* երկարաձգում *yerkaradzgum*
prominence *(n.)* նշանավորություն *nshanavorutyun*
prominent *(adj.)* նշանավոր *nshanavor*
promise *(v.)* խոստանալ *khostanal*
promise *(n.)* խոստում *khostum*
promising *(adj.)* խոստումնալից *khostumnalic*
promissory *(adj.)* պարտային *partayin*
promote *(v.)* օգնել *ognel*
promotion *(n.)* օգնություն *ognutyun*
prompt *(adj.)* արագ *arag*
prompt *(v.)* հուշել *hushel*
prompter *(n.)* հուշարար *husharar*
prone *(adj.)* հակված *hakvats*
pronoun *(n.)* դերանուն *deranun*
pronounce *(v.)* արտասանել *artassanel*
pronunciation *(n.)* արտասանություն *artassanutyun*
proof *(n.)* ապացույց *apacuyc*
proof *(adj.)* դիմացկուն *dimackun*
prop *(n.)* հենակ *henak*
prop *(v.)* հենակ դնել *henak dnel*
propaganda *(n.)* քարոզչություն *qarozchutyun*
propagandist *(n.)* քարոզիչ *qarozich*
propagate *(v.)* տարածել *taratsel*
propagation *(n.)* տարածում *taratsum*
propel *(v.)* մղել *mghel*
proper *(adj.)* հարմար *harmar*
properly *(adv.)* պատշաճորեն *patshachoren*
property *(n.)* սեփականություն *sepakanutyun*
prophecy *(n.)* մարգարեություն *margareutyun*
prophesy *(v.)* մարգարեանալ *margareanal*
prophet *(n.)* մարգարե *margare*
prophetic *(adj.)* մարգարեական *margareakan*
proportion *(n.)* համամասնություն *hamamasnutyun*
proportion *(v.)* համաչափեցնել *hamachapecnel*
proportional *(adj.)* համամասնական *hamamasnakan*
proportionate *(adj.)* համաչափ *hamachap*
proposal *(n.)* առաջարկ *arrajark*
propose *(v.)* առաջարկել *arrajarkel*
proposition *(n.)* առաջարկություն *arrajarkutyun*
propound *(v.)* առաջադրել *arrajadrel*
proprietary *(adj.)* սեփականատիրական *sepakanatirakan*
proprietor *(n.)* սեփականատեր *sepakanater*
propriety *(n.)* պատշաճություն *patshachutyun*
prorogue *(v.)* հետաձգել *hetadzgel*
prosaic *(adj.)* սովորական *sovorakan*
prose *(n.)* արձակ *ardzak*
prosecute *(v.)* հետապնդել դատարանով *hetapndel dataranov*

prosecution *(n.)* հետապնդում *hetapndum*
prosecutor *(n.)* դատախազ *datakhaz*
prosody *(n.)* վանկաչափություն *vankachaputyun*
prospect *(n.)* հեռանկար *herrankar*
prospective *(adj.)* ապագա *apaga*
prospectus *(n.)* պլան *plan*
prosper *(v.)* բարգավաճել *bargavachel*
prosperity *(n.)* բարգավաճում *bargavachum*
prosperous *(adj.)* բարեկեցիկ *barekecik*
prosthetic *(adj.)* պրոթեզավորված *protezavorvats*
prostitute *(n.)* պոռնիկ *porrnik*
prostitute *(v.)* անպատվել *anpatvel*
prostitution *(n.)* պոռնկություն *porrnkutyun*
prostrate *(adj.)* տապալված *tapalvats*
prostrate *(v.)* տապալել *tapalel*
prostration *(n.)* տապալվածություն *tapalvatsutyun*
protagonist *(n.)* գլխավոր հերոս *glkhavor heros*
protect *(v.)* պաշտպանել *pashtpanel*
protection *(n.)* պաշտպանություն *pashtpanutyun*
protective *(adj.)* պաշտպանական *pashtpanakan*
protector *(n.)* պաշտպան *pashtpan*
protein *(n.)* սպիտակուց *spitakuc*
protest *(n.)* բողոք *boghoq*
protest *(v.)* բողոքել *boghoqel*
protestation *(n.)* բողոք *boghoq*
protocol *(n.)* արձանագրություն *ardzanagrutyun*
prototype *(n.)* նախատիպ *nakhatip*
proud *(adj.)* հպարտ *hpart*
prove *(v.)* ապացուցել *apacucel*
proverb *(n.)* առած *arrats*
proverbial *(adj.)* առասպելական *arraspelakan*
provide *(v.)* ապահովել *apahovel*
providence *(n.)* կանխատեսություն *kankhatesutyun*
provident *(adj.)* հեռատես *herrates*
providential *(adj.)* բախտավոր *bakhtavor*
province *(n.)* գավառ *gavarr*
provincial *(adj.)* գավառական *gavarrakan*
provincialism *(n.)* գավառականություն *gavarrakanutyun*
provision *(n.)* մատակարարում *matakararum*
provisional *(adj.)* ժամանակավոր *djamanakavor*
proviso *(n.)* պայման *payman*
provocation *(n.)* սադրանք *sadranq*
provocative *(adj.)* սադրիչ *sadrich*
provoke *(v.)* հրահրել *hrahrel*
prowess *(n.)* քաջություն *qajutyun*
proximate *(adj.)* մոտիկ *motik*
proximity *(n.)* մոտիկություն *motikutyun*
proxy *(n.)* հավատարմատար *havatarmatar*
prude *(n.)* սեթևեթող կին *setyevetogh kin*
prudence *(n.)* զգուշություն *zgushutyun*
prudent *(adj.)* զգույշ *zguysh*
prudential *(adj.)* զգուշավոր *zgushavor*
prune *(v.)* էտել *etel*
pry *(v.)* ծկրակել *tskrakel*
psalm *(n.)* սաղմոս *saghmos*
pseudonym *(n.)* կեղծանուն *keghtsanun*
psyche *(n.)* պսիխիկա *psikhika*
psychiatrist *(n.)* հոգեբույժ *hogebuydj*
psychiatry *(n.)* հոգեբուժություն *hogebudjutyun*
psychic *(adj.)* հոգեկան *hogekan*
psychological *(adj.)* հոգեբանական *hogebanakan*
psychologist *(n.)* հոգեբան *hogeban*
psychology *(n.)* հոգեբանություն *hogebanutyun*
psychopath *(n.)* հոգեպատ *hogepat*
psychosis *(n.)* փսիխոզ *psikhoz*
psychotherapy *(n.)* հոգեթերապիա *hogeterapia*
puberty *(n.)* սեռական հասունություն *serrakan hassunutyun*
public *(adj.)* հանրային *hanrayin*

public *(n.)* հասարակություն *hassarakutyun*
public transport *(n.)* հանրային տրանսպորտ *hanrayin transport*
publication *(n.)* հրապարակում *hraparakum*
publicity *(n.)* հրապարակայնություն *hraparakaynutyun*
publicize *(v.)* հրապարակել *hraparakel*
publish *(v.)* հրատարակել *hratarakel*
publisher *(n.)* հրատարակիչ *hratarakich*
pudding *(n.)* պուդինգ *puding*
puddle *(n.)* ջրափոս *jrapos*
puddle *(v.)* ջրապատել *jrapatel*
puerile *(adj.)* մանկական *mankakan*
puff *(n.)* փչելը *pchela*
puff *(v.)* փչել *pchel*
pull *(v.)* քաշել *qashel*
pull *(n.)* ձգում *dzgum*
pulley *(n.)* ճախարակ *chakharak*
pullover *(n.)* սվիտեր *sviter*
pulp *(n.)* միջուկ *mijuk*
pulp *(v.)* փափկանալ *papkanal*
pulpit *(adj.)* ամբիոնի *ambioni*
pulpy *(adj.)* փափուկ *papuk*
pulsate *(v.)* զարկել *zarkel*
pulsation *(n.)* պուլսացիա *pulsacia*
pulse *(n.)* զարկերակ *zarkerak*
pulse *(v.)* բաբախել *babakhel*
pump *(n.)* պոմպ *pomp*
pump *(v.)* պոմպով քաշել *pompov qashel*
pumpkin *(n.)* դդում *ddum*
pun *(n.)* բառախաղ *barrakhagh*
pun *(v.)* բառախաղ հնարել *barrakhagh hnarel*
punch *(n.)* դակիչ *dakich*
punch *(v.)* դակել *dakel*
punctual *(adj.)* ճշտապահ *chshtapah*
punctuality *(n.)* ճշտապահություն *chshtapahutyun*
punctuate *(v.)* կետադրել *ketadrel*
punctuation *(n.)* կետադրություն *ketadrutyun*
puncture *(n.)* ծակ *tsak*
puncture *(v.)* ծակել *tsakel*
pungency *(n.)* կծվություն *ktsvutyun*
pungent *(adj.)* կծու *ktsu*
punish *(v.)* պատժել *patdjel*
punishment *(n.)* պատիժ *patidj*
punitive *(adj.)* պատժիչ *patdjich*
puny *(adj.)* նվազ *nvaz*
pupil *(n.)* աշակերտ *ashakert*
puppet *(n.)* խաղատիկնիկ *khaghatiknik*
puppy *(n.)* լակոտ *lakot*
purblind *(adj.)* կիսակույր *kisakuyr*
purchase *(v.)* գնել *gnel*
purchase *(n.)* գնում *gnum*
pure *(adj.)* մաքուր *maqur*
purgation *(n.)* մաքրում *maqrum*
purgative *(n.)* լուծողական *lutsoghakan*
purgative *(adj.)* մաքրող *maqrogh*
purgatory *(n.)* քավարան *qavaran*
purge *(v.)* մաքրել *maqrel*
purification *(n.)* զտում *ztum*
purify *(v.)* մաքր(վ)ել *maqr(v)el*
purist *(n.)* պուրիստ *purist*
puritan *(n.)* մաքրակրոն *maqrakron*
puritanical *(adj.)* պուրիտանական *puritanakan*
purity *(n.)* մաքրություն *maqrutyun*
purple *(adj./n.)* մանուշակագույն *manushakaguyn*
purport *(n.)* իմաստ *imast*
purport *(v.)* նշանակել *nshanakel*
purpose *(n.)* նպատակ *npatak*
purpose *(v.)* մտադրվել *mtadrvel*
purposely *(adv.)* միտումնավոր *mitumnavor*
purr *(n.)* մռմռոց *mrrmrroc*
purr *(v.)* մռմռալ *mrrmrral*
purse *(v.)* հավաքել *havaqel*
purse *(n.)* դրամապանակ *dramapanak*
pursuance *(n.)* կատարում *katarum*
pursue *(v.)* հետապնդել *hetapndel*
pursuit *(n.)* հետապնդում *hetapndum*
purview *(n.)* իրավասություն *iravassutyun*
pus *(n.)* թարախ *tarakh*
push *(v.)* հրել *hrel*
push *(n.)* հրում *hrum*
put *(v.)* դնել *dnel*

put *(n.)* նետում *netum*
puzzle *(n.)* հանելուկ *haneluk*
puzzle *(v.)* բարդացնել *bardacnel*
pygmy *(n.)* թզուկ *tzuk*
pyorrhoea *(n.)* թարախահոսելը *tarakhahosela*
pyramid *(n.)* բուրգ *burg*
pyre *(n.)* խարույկ *kharuyk*
pyromantic *(adj.)* պիրոմանտիկ *piromantik*
pyromantic *(n.)* պիրոմանտիկ *piromantik*
python *(n.)* պիթոն *piton*

Q

quack *(n.)* հեքիմ *heqim*
quack *(v.)* կռնչալ *krrnchal*
quackery *(n.)* շառլատանություն *sharrlatanutyun*
quadrangle *(n.)* քառանկյունի *qarrankyuni*
quadrangular *(adj.)* քառանկյուն *qarrankyun*
quadrilateral *(n.)* քառակողմ պատկեր *qarrakoghm patker*
quadrilateral *(adj.)* քառակողմ *qarrakoghm*
quadruped *(n.)* չորքոտանի *chorqotani*
quadruple *(v.)* քառապատկել *qarrapatkel*
quadruple *(adj.)* քառապատիկ *qarrapatik*
quail *(n.)* լոր *lor*
quaint *(adj.)* տարօրինակ *tarorinak*
quake *(n.)* երկրաշարժ *yerkrashardj*
quake *(v.)* դողալ *doghal*
qualification *(n.)* որակավորում *vorakavorum*
qualify *(v.)* որակավորել *vorakavorel*
qualitative *(adj.)* որակական *vorakakan*
quality *(n.)* որակ *vorak*
quandary *(n.)* անելանելիություն *anelaneliutyun*
quantitative *(adj.)* քանակական *qanakakan*
quantity *(n.)* քանակ *qanak*
quantum *(n.)* քվանտ *qvant*
quarrel *(v.)* վիճել *vichel*
quarrel *(n.)* վեճ *vech*
quarrelsome *(adj.)* կռվարար *krrvarar*
quarry *(v.)* քարհանել *qarhanel*
quarry *(n.)* քարհանք *qarhanq*
quarter *(v.)* քառատել *qarratel*
quarter *(n.)* քառորդ *qarrord*
quarterly *(adj.)* եռամսյա *yerramsya*
queen *(n.)* թագուհի *taguhi*
queer *(adj.)* տարօրինակ *tarorinak*
queer *(v.)* կասկածել *kaskatsel*
queer *(n.)* տարօրինակություն *tarorinakutyun*
quell *(v.)* ճնշել *chnshel*
quench *(v.)* հանգցնել *hangcnel*
query *(v.)* հարցնել *harcnel*
query *(n.)* հարց *harc*
quest *(n.)* որոնումներ *voronumner*
quest *(v.)* որոնել *voronel*
question *(v.)* հարցնել *harcnel*
question *(n.)* հարց *harc*
questionable *(adj.)* կասկածելի *kaskatseli*
questionnaire *(n.)* հարցաթերթ *harcatert*
queue *(n.)* հերթ *hert*
queue *(v.)* հերթում կանգնել *hertum kangnel*
quibble *(v.)* շեղվել *sheghvel*
quibble *(n.)* շեղում *sheghum*
quick *(n.)* զգայատեղ *zgayategh*
quick *(adj.)* արագ *arag*
quick fix *(n.)* արագ ուղղում *arag ughghum*
quickly *(adv.)* արագորեն *aragoren*
quicksand *(n.)* երերուն ավազ *yererun avaz*
quicksilver *(n.)* սնդիկ *sndik*
quiet *(adj.)* հանդարտ *handart*
quiet *(n.)* հանգիստ *hangist*
quiet *(v.)* հանդարտվել *handartvel*
quilt *(n.)* վերմակ *vermak*
quinine *(n.)* քինաքինա *qinaqina*
quintessence *(n.)* բուն էություն *bun eutyun*

quintessential *(adj.)* էական *eakan*
quirky *(adj.)* տարօրինակ *tarorinak*
quit *(v.)* թողնել *toghnel*
quite *(adv.)* միանգամայն *miangamayn*
quiver *(v.)* դողալ *doghal*
quiver *(n.)* դող *dogh*
quixotic *(adj.)* դոնքիշոտական *donqishotakan*
quiz *(v.)* ստուգել *stugel*
quiz *(n.)* ստուգում *stugum*
quorum *(n.)* քվորում *qvorum*
quota *(n.)* մաս *mas*
quotation *(n.)* մեջբերում *mejberum*
quote *(v.)* մեջբերել *mejberel*
quotient *(n.)* քանորդ *qanord*

R

rabbi *(n.)* ռաբբի *rrabbi*
rabbit *(n.)* նապաստակ *napastak*
rabble *(n.)* ամբոխ *ambokh*
rabies *(n.)* կատաղություն *kataghutyun*
race *(v.)* մրցարշավել *mrcarshavel*
race *(n.)* մրցարշավ *mrcarshav*
racial *(adj.)* ռասայական *rrassayakan*
racialism *(n.)* ռասիզմ *rrassizm*
racism *(n.)* ռասիզմ *rrassizm*
racist *(adj.)* ռասիստ *rrassist*
rack *(n.)* դարակ *darak*
rack *(v.)* տեղավորել *teghavorel*
racket *(n.)* ռակետկա *rraketka*
radiance *(n.)* փայլ *payl*
radiant *(adj.)* փայլուն *paylun*
radiate *(v.)* ճառագայթել *charragaytel*
radiation *(n.)* ճառագայթում *charragaytum*
radical *(adj.)* արմատական *armatakan*
radio *(n.)* ռադիո *rradio*
radio *(v.)* ռադիոյով հաղորդել *rradioyov haghordel*
radioactive *(adj.)* ռադիոակտիվ *rradioaktiv*
radiogram *(n.)* ռադիոգիր *rradiogir*
radiography *(n.)* ռադիոգրաֆիա *rradiografia*
radiolocation *(n.)* ռադիոտեղորոշում *rradioteghoroshum*
radiology *(n.)* ռադիոլոգիա *rradiologia*
radiomercury *(n.)* ռադիոսնդիկ *rradiosndik*
radiommunology *(n.)* ռադիոմունոլոգիա *rradiomunologia*
radion *(n.)* ռադիոն *rradion*
radiophone *(n.)* ռադիոֆոն *rradiofon*
radioscan *(n.)* ռադիոսկան *rradioskan*
radiotelegraphy *(n.)* ռադիոհեռագրություն *rradioherragrutyun*
radious *(adj.)* ճառագայթային *charragaytayin*
radish *(n.)* բողկ *boghk*
radium *(n.)* ռադիում *rradium*
radius *(n.)* շառավիղ *sharravigh*
rag *(v.)* աղմկել *aghmkel*
rag *(n.)* լաթ *lat*
rage *(v.)* կատաղել *kataghel*
rage *(n.)* կատաղություն *kataghutyun*
raid *(v.)* արշավել *arshavel*
raid *(n.)* արշավանք *arshavanq*
rail *(v.)* երկաթուղագծել *yerkatughagtsel*
rail *(n.)* երկաթուղի *yerkatughi*
railing *(n.)* բազրիք *bazriq*
raillery *(n.)* կատակ *katak*
railway *(n.)* երկաթուղի *yerkatughi*
rain *(n.)* անձրև *andzrev*
rain *(v.)* անձրևել *andzrevel*
rainbow *(n.)* ծիածան *tsiatsan*
rainy *(adj.)* անձրևային *andzrevayin*
raise *(v.)* բարձրացնել *bardzracnel*
raisin *(n.)* չամիչ *chamich*
rally *(n.)* հանրահավաք *hanrahavaq*
rally *(v.)* կազդուրվել *kazdurvel*
ram *(v.)* հարվածել *harvatsel*
ram *(n.)* խոյ *khoy*
ramble *(n.)* զբոսանք *zbosanq*
ramble *(v.)* զբոսնել *zbosnel*
rampage *(n.)* մոլեգնություն *molegnutyun*
rampage *(v.)* մոլեգնել *molegnel*
rampant *(adj.)* մոլեգնած *molegnats*
rampart *(n.)* պատվար *patvar*
ranch *(n.)* ագարակ *agarak*

ranch *(v.)* ագարակում ապրել *agarakum aprel*
rancid *(adj.)* դառնահամ *darrnaham*
rancidify *(v.)* դառնացնել *darrnacnel*
rancour *(n.)* քեն *qen*
random *(adj.)* պատահական *patahakan*
randomise *(v.)* պատահականացնել *patahakanacnel*
range *(n.)* շարք *sharq*
range *(v.)* շարել *sharel*
ranger *(n.)* թափառական *taparrakan*
rank *(v.)* դասակարգել *dasakargel*
rank *(adj.)* փարթամ *partam*
rank *(n.)* աստիճան *astichan*
ransack *(v.)* թալանել *talanel*
ransom *(v.)* փրկագնել *prkagnel*
ransom *(n.)* փրկագին *prkagin*
rape *(v.)* բռնաբարել *brrnabarel*
rape *(n.)* բռնաբարություն *brrnabarutyun*
rapid *(adj.)* արագ *arag*
rapidity *(n.)* արագություն *aragutyun*
rapier *(n.)* սուսեր *susser*
rapport *(n.)* հարաբերություններ *haraberutyunner*
rapt *(adj.)* հիացած *hiacats*
rapture *(n.)* հիացմունք *hiacmunq*
rare *(adj.)* հազվադեպ *hazvadep*
rarefy *(v.)* նոսրանալ *nosranal*
rarely *(adv.)* հազվադեպ *hazvadep*
rareness *(n.)* հազվադեպություն *hazvadeputyun*
rarity *(n.)* հազվադեպություն *hazvadeputyun*
rascal *(n.)* սրիկա *srika*
rash *(adj.)* շտապ *shtap*
rash *(n.)* ցան *can*
rasp *(n.)* թորբու *torbu*
rasp *(v.)* քերել *qerel*
raspberry *(n.)* ազնվամորի *aznvamori*
raspberry *(adj.)* ազնվամորու *aznvamoru*
raspy *(adj.)* կոշտ *kosht*
rasta *(n.)* ռաստա *rrasta*
rasure *(n.)* խեղճություն *kheghchutyun*
rat *(v.)* լքել *lqel*
rat *(n.)* առնետ *arrnet*
rate *(n.)* չափ *chap*
rate *(v.)* սահմանել *sahmanel*
rather *(adv.)* գերադասորեն *geradassoren*
ratify *(v.)* վավերացնել *vaveracnel*
ratio *(n.)* հարաբերակցություն *haraberakcutyun*
ration *(n.)* մթերաբաժին *mterabadjin*
rational *(adj.)* բանական *banakan*
rationale *(n.)* հիմնավորում *himnavorum*
rationality *(n.)* բանականություն *banakanutyun*
rationalize *(v.)* ռացիոնալացնել *rracionalacnel*
rattle *(n.)* թրխկոց *trkhkoc*
rattle *(v.)* թրխկացնել *trkhkacnel*
raucous *(adj.)* խռպոտ *khrrpot*
ravage *(v.)* ավերել *averel*
ravage *(n.)* ավերում *averum*
rave *(v.)* զառանցել *zarrancel*
raven *(n.)* ագռավ *agrrav*
ravine *(n.)* ձոր *dzor*
raw *(adj.)* հում *hum*
ray *(n.)* շող *shogh*
raze *(v.)* քանդել *qandel*
razor *(n.)* ածելի *atseli*
reabsorb *(v.)* վերաներծծվել *veranertstsvel*
reabsorption *(n.)* վերաներծծում *veranertstsum*
reaccept *(v.)* կրկին ընդունել *krkin andunel*
reach *(n.)* մեկնում *meknum*
reach *(v.)* հասնել *hasnel*
reachable *(adj.)* հասանելի *hassaneli*
react *(v.)* արձագանքել *erdzaganqel*
reaction *(n.)* ռեակցիա *rreakcia*
reactionary *(adj.)* ռեակցիոն *rreakcion*
reactionist *(n.)* ռեակցիոնիստ *rreakcionist*
reactivate *(v.)* վերաակտիվացնել *veraaktivacnel*
reactivation *(n.)* վերաակտիվացում *veraaktivacum*
reactive *(adj.)* հակազդող *hakazdogh*
reactor *(n.)* ռեակտոր *rreaktor*
read *(v.)* կարդալ *kardal*

reader *(n.)* ընթերցող *antercogh*
readily *(adv.)* պատրաստակամորեն *patrastakamoren*
readiness *(n.)* պատրաստակամություն *patrastakamutyun*
readjust *(v.)* շտկել *shtkel*
ready *(adj.)* պատրաստ *patrast*
ready-made *(adj.)* պատրաստի *patrasti*
reak *(n.)* կատակ *katak*
real *(adj.)* իրական *irakan*
realism *(n.)* ռեալիզմ *rrealizm*
realist *(n.)* ռեալիստ *rrealist*
realistic *(adj.)* իրատեսական *iratesakan*
reality *(n.)* իրականություն *irakanutyun*
realization *(n.)* իրականացում *irakanacum*
realize *(v.)* գիտակցել *gitakcel*
reallocate *(v.)* վերաբաշխել *verabashkhel*
reallocation *(n.)* վերաբաշխում *verabashkhum*
really *(adv.)* իսկապես *iskapes*
really *(int.)* իրոք *iroq*
realm *(n.)* թագավորություն *tagavorutyun*
realtor *(n.)* անշարժ գույքի գործակալ *anshardj guyqi gortsakal*
realty *(n.)* անշարժ գույք *anshardj guyq*
ream *(n.)* թղթի թոփ *tghti top*
ream *(v.)* լայնացնել *laynacnel*
reamer *(n.)* փորող *porogh*
reamplify *(v.)* շտկել *shtkel*
reamputation *(n.)* վերափոխում *verapokhum*
reanimate *(v.)* վերակենդանացնել *verakendanacnel*
reanimate *(adj.)* վերակենդանացած *verakendanacats*
reanimation *(n.)* վերակենդանացում *verakendanacum*
reannex *(v.)* վերամիացնել *veramiacnel*
reannexation *(n.)* վերամիացում *veramiacum*
reap *(n.)* հունձ *hundz*
reap *(v.)* հնձել *hndzel*
reaper *(n.)* հնձվոր *hndzvor*
reappear *(v.)* նորից հայտնվել *noric haytnvel*
reappearance *(n.)* նորից հայտնվելը *noric haytnvela*
reapplication *(n.)* վերակիրառում *verakirarrum*
reapply *(v.)* կրկին դիմել *krkin dimel*
reappoint *(v.)* վերանշանակել *veranshanakel*
reappraisal *(n.)* վերագնահատում *veragnahatum*
reappraise *(v.)* վերագնահատել *veragnahatel*
reapproach *(v.)* կրկին մոտենալ *krkin motenal*
reappropriate *(v.)* վերահամապատասխանել *verahamapataskhanel*
reapproval *(n.)* վերահաստատում *verahastatum*
rear *(v.)* բարձրացնել *bardzracnel*
rear *(adv.)* թիկունքում *tikunqum*
rear *(n.)* թիկունք *tikunq*
rear *(adj.)* ետևի *yetevi*
rearrange *(v.)* վերադասավորել *veradassavorel*
rearticulate *(v.)* վերարտադրել *verartadrel*
rearview *(adj.)* ետին *yetin*
reason *(v.)* դատել *datel*
reason *(n.)* պատճառ *patcharr*
reasonable *(adj.)* ողջամիտ *voghjamit*
reassign *(v.)* վերանշանակել *veranshanakel*
reassume *(v.)* վերսկսել *versksel*
reassure *(v.)* համոզել *hamozel*
reattach *(v.)* նորից կցել *noric kcel*
rebate *(n.)* զեղչ *zeghch*
rebel *(v.)* ապստամբել *apstambel*
rebel *(n.)* ապստամբ *apstamb*
rebellion *(n.)* ապստամբություն *apstambutyun*
rebellious *(adj.)* ապստամբ *apstamb*
rebirth *(n.)* վերածնունդ *veratsnund*
rebound *(v.)* անդրադառնալ

andradarrnal
rebound *(n.)* անդրադարձում andradardzum
rebuff *(v.)* հակահարվածել hakaharvatsel
rebuff *(n.)* հակահարված hakaharvats
rebuild *(v.)* վերակառուցել verakarrucel
rebuke *(n.)* հանդիմանություն handimanutyun
rebuke *(v.)* հանդիմանել handimanel
recall *(n.)* ետ կանչում yet kanchum
recall *(v.)* վերհիշել verhishel
recede *(v.)* նահանջել nahanjel
receipt *(n.)* ստացական stacakan
receive *(v.)* ստանալ stanal
receiver *(n.)* ստացող stacogh
recent *(adj.)* թարմ tarm
recently *(adv.)* վերջերս verjers
reception *(n.)* ընդունում andunum
receptive *(adj.)* ընկալունակ ankalunak
recess *(n.)* ընդմիջում andmijum
recession *(n.)* անջատում anjatum
recipe *(n.)* դեղատոմս deghatoms
recipient *(n.)* ստացող stacogh
reciprocal *(adj.)* փոխադարձ pokhdardz
reciprocate *(v.)* փոխադարձել pokhdardzel
recital *(n.)* շարադրանք sharadranq
recitation *(n.)* ասմունք asmunq
recite *(v.)* արտասանել artassanel
reckless *(adj.)* անխոհեմ ankhohem
reckon *(v.)* հաշվել hashvel
reclaim *(v.)* վերականգնել verakangnel
reclamation *(n.)* բարելավում barelavum
recluse *(n.)* ճգնավոր chgnavor
recognition *(n.)* ճանաչում chanachum
recognize *(v.)* ճանաչել chanachel
recoil *(v.)* նահանջել nahanjel
recoil *(n.)* նահանջ nahanj
recollect *(v.)* վերհիշել verhishel
recollection *(n.)* վերհուշ verhush
recommend *(v.)* խորհուրդ տալ khorhurd tal
recommendation *(n.)* հանձնարարական handznararakan
recompense *(n.)* փոխհատուցում pokhhatucum
recompense *(v.)* հատուցել hatucel
reconcile *(v.)* հաշտեցնել hashtecnel
reconciliation *(n.)* հաշտեցում hashtecum
recondensation *(n.)* վերախտացում verakhtacum
recondense *(v.)* վերախտացնել verakhtacnel
recondition *(v.)* վերանորոգել veranorogel
reconductor *(n.)* վերահաղորդիչ verahaghordich
reconfigurate *(v.)* վերակազմավորել verakazmavorel
reconfiguration *(n.)* վերակազմավորում verakazmavorum
reconquer *(v.)* վերանվաճել veranvachel
reconsider *(v.)* վերանայել veranayel
reconsolidate *(v.)* վերամիավորել veramiavorel
record *(v.)* գրառել grarrel
record *(n.)* գրառում grarrum
recorder *(n.)* ձայնագրիչ dzaynagrich
recount *(v.)* պատմել patmel
recoup *(v.)* վերականգնել verakangnel
recourse *(n.)* ապաստան apastan
recover *(v.)* վերստանալ verstanal
recovery *(n.)* ապաքինում apaqinum
recreation *(n.)* հանգիստ hangist
recreational *(adj.)* հանգստի hangsti
recreative *(adj.)* թարմացնող tarmacnogh
recriminate *(v.)* մեղադրել meghadrel
recrimination *(n.)* ամբաստանություն ambastanutyun
recrudency *(n.)* կրկնվողություն krknvoghutyun
recruit *(v.)* հավաքագրել havaqagrel
recruit *(n.)* նորակոչիկ norakochik
rectangle *(n.)* ուղղանկյունի ughghankyuni
rectangular *(adj.)* ուղղանկյուն ughghankyun

rectification *(n.)* զտում *ztum*
rectify *(v.)* զտել *ztel*
rectum *(n.)* ուղիղ աղիք *ughigh aghiq*
recuperate *(v.)* ապաքինվել *apaqinvel*
recur *(v.)* կրկնվել *krknvel*
recurrence *(n.)* կրկնություն *krknutyun*
recurrent *(adj.)* կրկնվող *krknvogh*
recycle *(v.)* վերամշակել *veramshakel*
red *(n.)* կարմրադեղ *karmradegh*
red *(adj.)* կարմիր *karmir*
redden *(v.)* կարմրել *karmrel*
reddish *(adj.)* կարմրավուն *karmravun*
redeem *(v.)* վճարել *vcharel*
redemption *(n.)* վճարում *vcharum*
redouble *(v.)* կրկնապատկել *krknapatkel*
redress *(n.)* բավարարում *bavararum*
redress *(v.)* բավարարել *bavararel*
reduce *(v.)* նվազեցնել *nvazecnel*
reduction *(n.)* կրճատում *krchatum*
redundance *(n.)* ավելորդություն *avelordutyun*
redundant *(adj.)* ավելորդ *avelord*
reel *(n.)* թելակոճ *telakoch*
reel *(v.)* փաթաթել *patatel*
refer *(v.)* դիմել *dimel*
referee *(n.)* մրցավար *mrcavar*
reference *(n.)* ակնարկ *aknark*
referendum *(n.)* հանրաքվե *hanraqve*
refine *(v.)* զտել *ztel*
refinement *(n.)* կատարելագործում *katarelagortsum*
refinery *(n.)* զտման գործարան *ztman gortsaran*
reflect *(v.)* արտացոլել *artacolel*
reflection *(n.)* արտացոլում *artacolum*
reflective *(adj.)* արտացոլող *artacologh*
reflector *(n.)* հեռադիտակ *herraditak*
reflex *(adj.)* հետադարձ *hetadardz*
reflex *(n.)* ռեֆլեքս *rrefleqs*
reflexive *(adj.)* անդրադարձ *andradardz*
reform *(n.)* բարելավում *barelavum*
reform *(v.)* բարելավել *barelavel*
reformation *(n.)* բարեփոխում *barepokhum*
reformatory *(n.)* բարեփոխիչ տուն *barepokhich tun*
reformatory *(adj.)* բարեփոխիչ *barepokhich*
reformer *(n.)* բարենորոգիչ *barenorogich*
refrain *(n.)* կրկներգ *krknerg*
refrain *(v.)* զսպել *zspel*
refresh *(v.)* թարմացնել *tarmacnel*
refreshment *(n.)* կազդուրում *kazdurum*
refrigerate *(v.)* սառեցնել *sarrecnel*
refrigeration *(n.)* սառեցում *sarrecum*
refrigerator *(n.)* սառնարան *sarrnaran*
refuel *(v.)* լցավորել *lcavorel*
refuge *(n.)* ապաստան *apastan*
refugee *(n.)* փախստական *pakhstakan*
refulgence *(n.)* լուսավորություն *lussavorutyun*
refulgent *(adj.)* լուսավոր *lussavor*
refund *(v.)* հատուցել *hatucel*
refund *(n.)* հատուցում *hatucum*
refurbish *(v.)* վերանորոգել *veranorogel*
refusal *(n.)* մերժում *merdjum*
refuse *(v.)* մերժել *merdjel*
refuse *(n.)* աղբ *aghb*
refutation *(n.)* հերքում *herqum*
refute *(v.)* հերքել *herqel*
regal *(adj.)* թագավորական *tagavorakan*
regard *(n.)* հարգանք *harganq*
regard *(v.)* համարել *hamarel*
regenerate *(v.)* վերածն(վ)ել *veratsn(v)el*
regeneration *(n.)* վերածնունդ *veratsnund*
regicide *(n.)* արքայասպանություն *arqayaspanutyun*
regime *(n.)* վարչակարգ *varchakarg*
regiment *(n.)* գունդ *gund*
regiment *(v.)* գունդ կազմել *gund kazmel*
region *(n.)* երկրամաս *yerkramas*
regional *(adj.)* տարածաշրջանային *taratsashrjanayin*
register *(n.)* գրանցամատյան *grancamatyan*
register *(v.)* գրանցել *grancel*

registrar *(n.)* գրանցող *grancogh*
registration *(n.)* գրանցում *grancum*
registry *(n.)* մատենավարություն *matenavarutyun*
regret *(n.)* ափսոսանք *apsosanq*
regret *(v.)* ափսոսալ *apsosal*
regular *(adj.)* կանոնավոր *kanonavor*
regularity *(n.)* կանոնավորություն *kanonavorutyun*
regulate *(v.)* կարգավորել *kargavorel*
regulation *(n.)* կարգավորում *kargavorum*
regulator *(n.)* կարգավորող *kargavorogh*
rehabilitate *(v.)* վերականգնել *verakangnel*
rehabilitation *(n.)* վերականգնում *verakangnum*
rehearsal *(n.)* փորձ *pordz*
rehearse *(v.)* փորձել *pordzel*
reign *(v.)* թագավորել *tagavorel*
reign *(n.)* թագավորում *tagavorum*
reimburse *(v.)* հատուցել *hatucel*
reimbursement *(n.)* հատուցում *hatucum*
rein *(v.)* քշել *qshel*
rein *(n.)* սանձ *sandz*
reinforce *(v.)* ամրացնել *amracnel*
reinforcement *(n.)* ամրացում *amracum*
reinstate *(v.)* վերականգնել *verakangnel*
reinstatement *(n.)* վերականգնում *verakangnum*
reiterate *(v.)* կրկնել *krknel*
reiteration *(n.)* կրկնություն *krknutyun*
reject *(v.)* մերժել *merdjel*
rejection *(n.)* մերժում *merdjum*
rejoice *(v.)* ուրախանալ *urakhanal*
rejoin *(v.)* միանալ *mianal*
rejoinder *(n.)* հակադարձում *hakadardzum*
rejuvenate *(v.)* երիտասարդացնել *yeritasardacnel*
rejuvenation *(n.)* երիտասարդացում *yeritasardacum*
relapse *(n.)* ռեցիդիվ *recidiv*
relapse *(v.)* նորից հիվանդանալ *noric hivandanal*
relate *(v.)* վերաբերել *veraberel*
relation *(n.)* կապ *kap*
relative *(n.)* ազգական *azgakan*
relative *(adj.)* հարաբերական *haraberakan*
relax *(v.)* հանգստանալ *hangstanal*
relaxation *(n.)* թուլացում *tulacum*
relay *(n.)* հերթափոխ *hertapokh*
relay *(v.)* հերթափոխել *hertapokhel*
release *(n.)* ազատում *azatum*
release *(v.)* ազատել *azatel*
relent *(v.)* փափկել *papkel*
relentless *(adj.)* անողոք *anoghoq*
relevance *(n.)* հարմարություն *harmarutyun*
relevant *(adj.)* տեղին *teghin*
reliable *(adj.)* հուսալի *hussali*
reliance *(n.)* ապավեն *apaven*
relic *(n.)* մասունք *massunq*
relief *(n.)* թեթևացում *tetevacum*
relieve *(v.)* թեթևացնել *tetevacnel*
religion *(n.)* կրոն *kron*
religious *(adj.)* կրոնական *kronakan*
relinquish *(v.)* հրաժարվել *hradjarvel*
relish *(n.)* համ *ham*
relish *(v.)* համեմել *hamemel*
reluctance *(n.)* դժկամություն *ddjkamutyun*
reluctant *(adj.)* դժկամությամբ *ddjkamutyamb*
rely *(v.)* վստահել *vstahel*
remain *(v.)* մնալ *mnal*
remainder *(n.)* մնացորդ *mnacord*
remains *(n.)* մնացորդներ *mnacordner*
remand *(n.)* կալանավորում *kalanavorum*
remand *(v.)* կալանավորել *kalanavorel*
remark *(v.)* նկատել *nkatel*
remark *(n.)* դիտողություն *ditoghutyun*
remarkable *(adj.)* ականավոր *akanavor*
remedial *(adj.)* բուժիչ *budjich*
remedy *(n.)* դարման *darman*
remedy *(v.)* դարմանել *darmanel*
remember *(v.)* հիշել *hishel*
remembrance *(n.)* հիշատակ *hishatak*
remind *(v.)* հիշեցնել *hishecnel*

reminder *(n.)* հիշեցում *hishecum*
reminiscence *(n.)* հուշ *hush*
reminiscent *(adj.)* հիշեցնող *hishecnogh*
remission *(n.)* ներում *nerum*
remit *(v.)* ներել *nerel*
remit *(n.)* առաքում *arraqum*
remittance *(n.)* դրամական փոխանցում *dramakan pokhancum*
remorse *(n.)* զղջում *zghjum*
remote *(adj.)* հեռավոր *herravor*
remould *(v.)* կաղապարել *kaghaparel*
removable *(adj.)* շարժական *shardjakan*
removal *(n.)* հեռացում *herracum*
remove *(v.)* հեռացնել *herracnel*
remunerate *(v.)* վարձատրել *vardzatrel*
remuneration *(n.)* վարձատրություն *vardzatrutyun*
remunerative *(adj.)* շահավետ *shahavet*
renaissance *(n.)* վերածնունդ *veratsnund*
render *(v.)* մատուցել *matucel*
rendezvous *(n.)* ժամադրություն *djamadrutyun*
renew *(v.)* նորոգել *norogel*
renewal *(n.)* վերանորոգում *veranorogum*
renounce *(v.)* ուրանալ *uranal*
renovate *(v.)* վերանորոգել *veranorogel*
renovation *(n.)* վերականգնում *verakangnum*
renown *(n.)* համբավ *hambav*
renowned *(adj.)* ականավոր *akanavor*
rent *(v.)* վարձել *vardzel*
rent *(n.)* վարձավճար *vardzavchar*
renunciation *(n.)* հրաժարում *hradjarum*
repair *(n.)* վերանորոգում *veranorogum*
repair *(v.)* վերանորոգել *veranorogel*
repairable *(adj.)* նորոգելի *norogeli*
repartee *(n.)* սրամտություն *sramtutyun*
repatriate *(v.)* հայրենադարձել *hayrenadardzel*
repatriate *(n.)* հայրենադարձ *hayrenadardz*
repatriation *(n.)* հայրենադարձություն *hayrenadardzutyun*
repay *(v.)* մարել *marel*
repayment *(n.)* վճարում *vcharum*
repeal *(n.)* վերացում *veracum*
repeal *(v.)* վերացնել *veracnel*
repeat *(v.)* կրկնել *krknel*
repel *(v.)* վանել *vanel*
repellent *(n.)* վանող մարդ *vanogh mard*
repellent *(adj.)* վանող *vanogh*
repent *(v.)* ափսոսալ *apsossal*
repentance *(n.)* ափսոսանք *apsossanq*
repentant *(adj.)* ապաշխարող *apashkharogh*
repercussion *(n.)* արձագանք *ardzaganq*
repertoire *(n.)* ռեպերտուար *rrepertuar*
repetition *(n.)* կրկնություն *krknutyun*
replace *(v.)* փոխարինել *pokharinel*
replacement *(n.)* փոխարինում *pokharinum*
replay *(v.)* կրկնել *krknel*
replenish *(v.)* համալրել *hamalrel*
replete *(adj.)* լցված *lcvats*
replica *(n.)* կրկնօրինակ *krknorinak*
reply *(v.)* պատասխանել *pataskhanel*
reply *(n.)* պատասխան *pataskhan*
report *(n.)* հաշվետվություն *hashvetvutyun*
report *(v.)* հաղորդել *haghordel*
reporter *(n.)* լրագրող *lragrogh*
repose *(v.)* հանգստանալ *hangstanal*
repose *(n.)* հանգիստ *hangist*
repository *(n.)* պահեստ *pahest*
represent *(v.)* ներկայացնել *nerkayacnel*
representation *(n.)* ներկայացում *nerkayacum*
representative *(adj.)* ներկայացնող *nerkayacnogh*
representative *(n.)* ներկայացուցիչ *nerkayacucich*

repress *(v.)* զսպել *zspel*
repression *(n.)* ճնշում *chnshum*
reprimand *(v.)* հանդիմանել *handimanel*
reprimand *(n.)* հանդիմանություն *handimanutyun*
reprint *(v.)* վերատպել *veratpel*
reprint *(n.)* վերահրատարակություն *verahratarakutyun*
reproach *(n.)* նախատինք *nakhatinq*
reproach *(v.)* նախատել *nakhatel*
reproduce *(v.)* վերարտադրել *verartadrel*
reproduction *(n.)* վերարտադրություն *verartadrutyun*
reproductive *(adj.)* վերարտադրողական *verartadroghakan*
reproof *(n.)* հանդիմանություն *handimanutyun*
reptile *(n.)* սողուն *soghun*
republic *(n.)* հանրապետություն *hanrapetutyun*
republican *(n.)* հանրապետական *hanrapetakan*
republican *(adj.)* հանրապետական *hanrapetakan*
repudiate *(v.)* ուրանալ *uranal*
repudiation *(n.)* ուրացում *uracum*
repugnance *(n.)* զարշանք *garshanq*
repugnant *(adj.)* զարշելի *garsheli*
repulse *(n.)* հակահարված *hakaharvats*
repulse *(v.)* վանել *vanel*
repulsion *(n.)* հակակրանք *hakakranq*
repulsive *(adj.)* վանող *vanogh*
reputation *(n.)* համբավ *hambav*
repute *(n.)* համբավ *hambav*
repute *(v.)* համարել *hamarel*
request *(n.)* խնդիրք *khndirq*
request *(v.)* խնդրել *khndrel*
requiem *(n.)* սգերգ *sgerg*
require *(v.)* պահանջել *pahanjel*
requirement *(n.)* պահանջ *pahanj*
requisite *(n.)* պարտադիր բան *partadir ban*
requisite *(adj.)* հարկավոր *harkavor*
requisition *(n.)* բռնագրավում *brrnagravum*
requisition *(v.)* բռնագրավել *brrnagravel*
requite *(v.)* հատուցել *hatucel*
reschedule *(v.)* վերադասավորել *veradassavorel*
rescue *(v.)* փրկել *prkel*
rescue *(n.)* փրկություն *prkutyun*
research *(v.)* հետազոտել *hetazotel*
research *(n.)* հետազոտություն *hetazotutyun*
resemblance *(n.)* նմանություն *nmanutyun*
resemble *(v.)* նմանվել *nmanvel*
resent *(v.)* զայրանալ *zayranal*
resentment *(n.)* զայրույթ *zayruyt*
reservation *(n.)* ամրագրում *amragrum*
reserve *(v.)* տնտեսել *tntessel*
reservoir *(n.)* ամբար *ambar*
reside *(v.)* բնակվել *bnakvel*
residence *(n.)* բնակավայր *bnakavayr*
resident *(adj.)* բնակվող *bnakvogh*
resident *(n.)* բնակիչ *bnakich*
residual *(adj.)* մնացորդային *mnacordayin*
residue *(n.)* մնացորդ *mnacord*
resign *(v.)* հրաժարվել *hradjarvel*
resignation *(n.)* հրաժարական *hradjarakan*
resist *(v.)* դիմադրել *dimadrel*
resistance *(n.)* դիմադրություն *dimadrutyun*
resistant *(adj.)* դիմացկուն *dimackun*
resolute *(adj.)* վճռական *vchrrakan*
resolution *(n.)* որոշում *voroshum*
resolve *(v.)* որոշել *voroshel*
resonance *(n.)* ռեզոնանս *rrezonans*
resonant *(adj.)* հնչեղ *hnchegh*
resort *(v.)* այցելել *aycelel*
resort *(n.)* ապավեն *apaven*
resound *(v.)* արձագանքել *ardzaganqel*
resource *(n. pl.)* ռեսուրսներ *rressursner*
resourceful *(adj.)* հնարամիտ *hnaramit*
respect *(v.)* հարգել *hargel*
respect *(n.)* հարգանք *harganq*

respectful *(adj.)* հարգալից *hargalic*
respective *(adj.)* համապատասխան *hamapataskhan*
respiration *(n.)* շնչառություն *shncharrutyun*
respire *(v.)* շնչել *shnchel*
resplendent *(adj.)* շքեղ *shqegh*
respond *(v.)* արձագանքել *ardzaganqel*
respondent *(n.)* պատասխանորդ *pataskhanord*
response *(n.)* արձագանք *ardzaganq*
responsibility *(n.)* պատասխանատվություն *pataskhanatvutyun*
responsible *(adj.)* պատասխանատու *pataskhanatu*
rest *(v.)* հանգստանալ *hangstanal*
rest *(n.)* հանգիստ *hangist*
restaurant *(n.)* ռեստորան *rrestoran*
restive *(adj.)* անհանգիստ *anhangist*
restoration *(n.)* վերականգնում *verakangnum*
restore *(v.)* վերականգնել *verakangnel*
restrain *(v.)* զսպել *zspel*
restrict *(v.)* սահմանափակել *sahmanapakel*
restriction *(n.)* սահմանափակում *sahmanapakum*
restrictive *(adj.)* սահմանափակող *sahmanapakogh*
result *(v.)* առաջանալ *arrajanal*
result *(n.)* արդյունք *ardyunq*
resume *(v.)* ամփոփել *ampopel*
resume *(n.)* ամփոփագիր *ampopagir*
resumption *(n.)* վերսկսում *versksum*
resurgence *(n.)* վերածնունդ *veratsnund*
resurgent *(adj.)* վերածնվող *veratsnvogh*
retail *(v.)* հատավաճառել *hatavacharrel*
retail *(n.)* մանրածախ առևտուր *manratsakh arrevtur*
retail *(adv.)* հատով *hatov*
retail *(adj.)* մանրածախ *manratsakh*
retailer *(n.)* մանրավաճառ *manravacharr*
retain *(v.)* պահպանել *pahpanel*
retaliate *(v.)* վրեժ լուծել *vredj lutsel*
retaliation *(n.)* վրեժ *vredj*
retard *(v.)* հապաղել *hapaghel*
retardation *(n.)* հապաղում *hapaghum*
retention *(n.)* միզարգելում *mizargelum*
retentive *(adj.)* պահող *pahogh*
reticence *(n.)* զսպվածություն *zspvatsutyun*
reticent *(adj.)* զուսպ *zusp*
retina *(n.)* ցանցաթաղանթ *cancataghant*
retinue *(n.)* շքախումբ *shqakhumb*
retire *(v.)* թոշակավորվել *toshakavorvel*
retirement *(n.)* պաշտոնաթողություն *pashtonatoghutyun*
retort *(v.)* հակաճառել *hakacharrel*
retort *(n.)* հակաճառություն *hakacharrutyun*
retouch *(v.)* ռետուշել *rretushel*
retrace *(v.)* հետազոտել *hetazotel*
retread *(v.)* վերաթողարկել *veratogharkel*
retread *(n.)* վերաթողարկում *veratogharkum*
retreat *(v.)* նահանջել *nahanjel*
retrench *(v.)* կրճատել *krchatel*
retrenchment *(n.)* կրճատում *krchatum*
retrieve *(v.)* գտնել *gtnel*
retrospect *(n.)* հետադարձ հայացք *hetadardz hayacq*
retrospection *(n.)* հետադարձ հայացք *hetadardz hayacq*
retrospective *(adj.)* հետահայաց *hetahayac*
return *(n.)* վերադարձ *veradardz*
return *(v.)* վերադարձնել *veradardznel*
reuse *(v.)* վերաօգտագործել *veraogtagortsel*
revaluation *(n.)* վերագնահատում *veragnahatum*
revamp *(v.)* կարկատել *karkatel*
reveal *(v.)* բացահայտել *bacahaytel*
revel *(v.)* զվարճանալ *zvarchanal*
revel *(n.)* զվարճանք *zvarchanq*
revelation *(n.)* հայտնություն

haytnutyun
reveller *(n.)* քեֆ անող *qef anogh*
revelry *(n.)* խրախճանք *khrakhchanq*
revenge *(v.)* վրեժ լուծել *vredj lutsel*
revenge *(n.)* վրեժ *vredj*
revengeful *(adj.)* վրիժառու *vridjarru*
revenue *(n.)* եկամուտ *yekamut*
revere *(v.)* հարգել *hargel*
reverence *(n.)* հարգանք *harganq*
reverend *(adj.)* հարգելի *hargeli*
reverent *(adj.)* հարգալից *hargalic*
reverential *(adj.)* հարգալից *hargalic*
reverie *(n.)* երազանք *yerazanq*
reversal *(n.)* տեղափոխում *teghapokhum*
reverse *(adj.)* հակադարձ *hakadardz*
reverse *(n.)* հակադիրը *hakadira*
reverse *(v.)* շրջել *shrjel*
reversible *(adj.)* շրջելի *shrjeli*
revert *(v.)* վերադառնալ *veradarrnal*
review *(n.)* վերանայում *veranayum*
review *(v.)* վերանայել *veranayel*
revise *(v.)* ստուգել *stugel*
revision *(n.)* վերստուգում *verstugum*
revisit *(v.)* վերաայցելել *veraaycelel*
revival *(n.)* վերածնունդ *veratsnund*
revive *(v.)* վերակենդանանալ *verakendananal*
revocable *(adj.)* վերացող *veracogh*
revocation *(n.)* վերացում *veracum*
revoke *(v.)* չեղարկել *chegharkel*
revolt *(v.)* ապստամբել *apstambel*
revolt *(n.)* ապստամբություն *apstambutyun*
revolution *(n.)* հեղափոխություն *heghapokhutyun*
revolutionary *(adj.)* հեղափոխական *heghapokhakan*
revolutionary *(n.)* հեղափոխական *heghapokhakan*
revolve *(v.)* պտտվել *pttvel*
revolver *(n.)* ատրճանակ *atrchanak*
reward *(n.)* պարգև *pargev*
reward *(v.)* պարգևատրել *pargevatrel*
rewrite *(v.)* արտագրել *artagrel*
rhetoric *(n.)* հռետորություն *hrretorutyun*
rhetorical *(adj.)* հռետորական *hrretorakan*
rheumatic *(adj.)* ռևմատիկ *rrevmatik*
rheumatism *(n.)* ռևմատիզմ *rrevmatizm*
rhinoceros *(n.)* ռնգեղջյուր *rrngeghjyur*
rhyme *(n.)* հանգ *hang*
rhyme *(v.)* հանգավորել *hangavorel*
rhymester *(n.)* հանգաստեղծ *hangasteghts*
rhythm *(n.)* ռիթմ *rritm*
rhythmic *(adj.)* ռիթմիկ *rritmik*
rib *(n.)* կողոսկր *koghoskr*
ribbon *(n.)* ժապավեն *djapaven*
rice *(n.)* բրինձ *brindz*
rich *(adj.)* հարուստ *harust*
riches *(n.pl.)* հարստություն *harstutyun*
richness *(n.)* հարստություն *harstutyun*
rick *(n.)* դեզ *dez*
rickets *(n.)* ռախիտ *rrakhit*
rickety *(adj.)* ռախիտավոր *rrakhitavor*
rickshaw *(n.)* ռիկշա, սայլակ *rriksha, saylak*
rid *(v.)* ազատել *azatel*
riddle *(n.)* հանելուկ *haneluk*
riddle *(v.)* լուծել *lutsel*
ride *(n.)* զբոսանք *zbosanq*
ride *(v.)* գնալ *gnal*
rider *(n.)* հեծյալ *hetsyal*
ridge *(n.)* կատար *katar*
ridicule *(v.)* ծաղրել *tsaghrel*
ridicule *(n.)* ծաղր *tsaghr*
ridiculous *(adj.)* ծիծաղելի *tsitsagheli*
rifle *(v.)* կրակել *krakel*
rifle *(n.)* հրացան *hracan*
rift *(n.)* ճաք *chaq*
right *(adj.)* ճիշտ *chisht*
right *(adv.)* ճշտորեն *chshtoren*
right *(n.)* իրավունք *iravunq*
right *(v.)* շտկել *shtkel*
righteous *(adj.)* արդար *ardar*
rigid *(adj.)* կոշտ *kosht*
rigorous *(adj.)* խիստ *khist*
rigour *(n.)* խստություն *khstutyun*
rim *(n.)* եզերք *yezerq*
ring *(n.)* մատանի *matani*
ring *(v.)* զնգալ *zngal*

ringlet *(n.)* մատանյակ *matanyak*
ringworm *(n.)* մկնատամ *mknatam*
rinse *(v.)* լվանալ *lvanal*
riot *(n.)* ապստամբություն *apstambutyun*
riot *(v.)* մոլեգնել *molegnel*
rip *(v.)* պատռել *patrrel*
ripe *(adj.)* հասած *hassats*
ripen *(v.)* հասունանալ *hassunanal*
ripple *(n.)* ծածանք *tsatsanq*
ripple *(v.)* ալեկոծել *alekotsel*
rise *(v.)* բարձրանալ *bardzranal*
rise *(n.)* բարձրացում *bardzracum*
risk *(v.)* վտանգել *vtangel*
risk *(n.)* վտանգ *vtang*
risky *(adj.)* վտանգավոր *vtangavor*
rite *(n.)* ծես *tses*
ritual *(n.)* ծիսակարգ *tsissakarg*
ritual *(adj.)* ծիսական *tsissakan*
rival *(n.)* մրցակից *mrcakic*
rival *(v.)* մրցակցել *mrcakcel*
rivalry *(n.)* մրցակցություն *mrcakcutyun*
river *(n.)* գետ *get*
rivet *(n.)* գամ *gam*
rivet *(v.)* գամել *gamel*
rivulet *(n.)* գետակ *getak*
roach *(n.)* շերտ *shert*
road *(n.)* ճանապարհ *chanaparh*
road race *(n.)* ճանապարհային մրցավազք *chanaparhayin mrcavazq*
road rage *(n.)* ճանապարհային ցասում *chanaparhayin cassum*
roadblock *(n.)* արգելափակում *argelapakum*
roadblock *(v.)* արգելափակել *argelapakel*
roadhouse *(n.)* իջևանատուն *ijevanatun*
roadkill *(n.)* լեշ *lesh*
roadrunner *(n.)* ճանապարհորդ *chanaparhord*
roadshow *(n.)* ճանապարհացուցադրություն *chanaparhacucadrutyun*
roadster *(n.)* կառք *karrq*
roam *(v.)* թափառել *taparrel*
roar *(n.)* մռնչոց *mrrnchoc*
roar *(v.)* մռնչալ *mrrnchal*
roast *(v.)* տապակել *tapakel*
roast *(adj.)* տապակած *tapakats*
roast *(n.)* տապակա *tapaka*
rob *(v.)* թալանել *talanel*
robber *(n.)* թալանիչ *talanich*
robbery *(n.)* թալան *talan*
robe *(n.)* թիկնոց *tiknoc*
robe *(v.)* հագնել *hagnel*
robot *(n.)* ռոբոտ *rrobot*
robust *(adj.)* ամրակազմ *amrakazm*
rock *(v.)* ցնցել *cncel*
rock *(n.)* ժայռ *djayrr*
rock climber *(n.)* ժայռամագլցող *djayrramaglcogh*
rock-bottom *(v.)* ժայռատակ իջնել *djayrratak ijnel*
rocker *(n.)* ճոճաթոռ *chochatorr*
rocket *(n.)* հրթիռ *hrtirr*
rocket scientist *(n.)* հրթիռագետ *hrtirraget*
rocketeer *(n.)* հրթիռակիր *hrtirrakir*
rocketman *(n.)* հրթիռակիր *hrtirrakir*
rockfall *(n.)* քարաթափում *qaratapum*
rockfish *(n.)* քարաձուկ *qaradzuk*
rocking *(adj.)* ճոճվող *chochvogh*
rod *(n.)* ձող *dzogh*
rodent *(n.)* կրծող *krtsogh*
roe *(n.)* ձկնկիթ *dzknkit*
rogue *(n.)* սրիկա *srika*
roguery *(n.)* սրիկայություն *srikayutyun*
roguish *(adj.)* սրիկայական *srikayakan*
role *(n.)* դեր *der*
role model *(n.)* մոդելադեր *modelader*
roll *(n.)* գլորում *glorum*
roll *(v.)* գլորել *glorel*
roll-call *(n.)* անվանակոչ *anvanakoch*
roller *(n.)* գլան *glan*
rollicking *(adj.)* զվարճացող *zvarchacogh*
romance *(n.)* սիրավեպ *siravep*
romantic *(adj.)* ռոմանտիկ *rromantik*
romp *(v.)* աղմկել *aghmkel*
romp *(n.)* աղմուկ *aghmuk*
rood *(n.)* խաչ *khach*
roof *(n.)* տանիք *taniq*
roof *(v.)* տանիքածածկել

taniqatsatskel
rooftop *(n.)* տանիք *taniq*
rook *(n.)* խաբեբա *khabeba*
rook *(v.)* խաբել *khabel*
room *(n.)* սենյակ *senyak*
room-mate *(n.)* սենյակակից *senyakakic*
roomy *(adj.)* ազատ *azat*
roost *(n.)* թառ *tarr*
roost *(v.)* թառել *tarrel*
root *(n.)* արմատ *armat*
root *(v.)* արմատավորվել *armatavorvel*
rope *(n.)* պարան *paran*
rope *(v.)* ամրացնել *amracnel*
rosary *(n.)* վարդարան *vardaran*
rose *(n.)* վարդ *vard*
roseate *(adj.)* վարդանման *vadanman*
rostrum *(n.)* ամբիոն *ambion*
rosy *(adj.)* վարդագույն *vardaguyn*
rot *(n.)* փտում *ptum*
rot *(v.)* փտել *ptel*
rotary *(adj.)* պտտվող *pttvogh*
rotate *(v.)* պտտ(վ)ել *ptt(v)el*
rotation *(n.)* պտույտ *ptuyt*
rote *(n.)* հիշողությամբ *hishoghutyamb*
rotten *(adj.)* փտած *ptats*
rouble *(n.)* ռուբլի *rrubli*
rough *(adj.)* կոպիտ *kopit*
round *(adj.)* կլոր *klor*
round *(adv.)* շուրջը *shurja*
round *(n.)* շրջան *shrjan*
round *(v.)* կլորացնել *kloracnel*
rouse *(v.)* արթնացնել *artnacnel*
rout *(v.)* տապալել *tapalel*
rout *(n.)* տապալում *tapalum*
route *(n.)* երթուղի *yertughi*
routine *(n.)* կարգ *karg*
routine *(adj.)* սովորական *sovorakan*
rove *(v.)* թափառել *taparrel*
rover *(n.)* թափառաշրջիկ *taparrashrjik*
row *(n.)* թիավարում *tiavarum*
row *(v.)* թիավարել *tiavarel*
rowdy *(adj.)* կռվարար *krrvarar*
royal *(adj.)* թագավորական *tagavorakan*
royalist *(n.)* միապետական *miapetakan*
royalty *(n.)* արքայականություն *arqayakanutyun*
rub *(v.)* շփել *shpel*
rubber *(n.)* ռետին *rretin*
rubber bullet *(n.)* ռետինե փամփուշտ *rretine pampusht*
rubber duck *(n.)* ռեզինե բադիկ *rrezine badik*
rubber tree *(n.)* կաուչուկատու բույս *kauchukatu buys*
rubberneck *(n.)* հետաքրքրասեր մարդ *hetaqrqrasser mard*
rubberneck *(v.)* զննել *znnel*
rubbing *(n.)* մաքրում *maqrum*
rubbish *(n.)* աղբ *aghb*
rubble *(n.)* գետաքար *getaqar*
rubblework *(n.)* ժայռապատում *djayrrapatum*
rubeola *(n.)* կարմրուկ *karmruk*
rubian *(n.)* ռուբին *rrubin*
rubican *(adj.)* ռուբիկան *rrubican*
rubicon *(n.)* ռուբիկոն *rrubikon*
rubify *(v.)* կարմրել *karmrel*
rubric *(n.)* վերնագիր *vernagir*
rubricate *(v.)* տառկապել *tarrkapel*
ruby *(n.)* սուտակ *sutak*
ruck *(n.)* ամբոխ *ambokh*
ruck *(v.)* ամբոխվել *ambokhvel*
rucksack *(n.)* ուսապարկ *ussapark*
ruckus *(n.)* իրարանցում *iraranccum*
rudder *(n.)* ղեկ *ghek*
rudderpost *(n.)* ղեկառանցք *ghekarrancq*
ruddy *(adj.)* կարմիր *karmir*
rude *(adj.)* կոպիտ *kopit*
rudiment *(n.)* թերաճ օրգան *terach organ*
rudimentary *(adj.)* սաղմնային *saghmnayin*
rue *(v.)* տխրել *tkhrel*
rue *(n.)* տխրություն *tkhrutyun*
rueful *(adj.)* տխուր *tkhur*
ruffian *(n.)* չարագործ *charagorts*
ruffle *(n.)* ծածանք *tsatsanq*
ruffle *(v.)* ալեկոծել *alekotsel*
rug *(n.)* գորգ *gorg*
rugged *(adj.)* անհարթ *anhart*
ruin *(n. pl.)* ավերակներ *averakner*

ruin *(v.)* ավերել *averel*
rule *(n.)* կանոն *kanon*
rule *(v.)* կառավարել *karravarel*
rulebook *(n.)* կանոնագիրք *kanonagirq*
rulebound *(adj.)* կանոնավորված *kanonavorvats*
rulebraker *(n.)* օրինազանց *orinazanc*
rulebreaking *(n.)* օրինազանցություն *orinazancutyun*
ruler *(n.)* ղեկավար *ghekavar*
ruling *(n.)* ղեկավարում *ghekavarum*
rum *(n.)* ռոմ *rrom*
rum *(adj.)* տարօրինակ *tarorinak*
rumble *(v.)* դղրդալ *dghrdal*
rumble *(n.)* դղրդյուն *dghrdyun*
ruminant *(adj.)* որոճող *vorochogh*
ruminant *(n.)* որոճող կենդանի *vorochogh kendani*
ruminate *(v.)* որոճալ *vorochal*
rumination *(n.)* որոճում *vorochum*
rummage *(v.)* փնտրել *pntrel*
rummage *(n.)* փնտրտուք *pntrtuq*
rummy *(adj.)* տարօրինակ *tarorinak*
rumour *(v.)* բամբասել *bambassel*
rumour *(n.)* բամբասանք *bambassanq*
run *(v.)* վազել *vazel*
run *(n.)* վազք *vazq*
runabout *(n.)* թափառաշրջիկ *taparrashrjik*
runaway *(n.)* դասալիք *dassaliq*
runback *(n.)* գնդակի նետում *gndaki netum*
runcation *(n.)* քաղհանում *qaghhanum*
rundown *(n.)* ուժասպառություն *udjasparrutyun*
rune *(n.pl.)* ռունագրեր *rrunagrer*
rung *(n.)* գերան *geran*
runner *(n.)* վազորդ *vazord*
runs *(n.)* փորլուծություն *porlutsutyun*
rupee *(n.)* ռուփի *rrupi*
rupture *(v.)* պատռել *patrrel*
rupture *(n.)* աղեթափություն *aghetaputyun*
rural *(adj.)* գյուղական *gyughakan*
ruse *(n.)* հնարք *hnarq*
rush *(n.)* գրոհ *groh*
rush *(v.)* սլանալ *slanal*

rust *(n.)* ժանգ *djang*
rust *(v.)* ժանգոտվել *djangotvel*
rustic *(adj.)* գեղջկական *geghjkakan*
rustic *(n.)* գեղջուկ *geghjuk*
rusticate *(v.)* գյուղում ապրել *gyughum aprel*
rustication *(n.)* գյուղաբնակեցում *gyughabnakecum*
rusticity *(n.)* պարզություն *parzutyun*
rustle *(v.)* սոսափել *sosapel*
rusty *(adj.)* ժանգոտ *djangot*
rut *(adj.)* ակոսված *akosvats*
rut *(n.)* անվակոս *anvakos*
ruthless *(adj.)* անգութ *angut*
rye *(n.)* աշորա *ashora*

S

sabbath *(n.)* շաբաթ *shabat*
sabbatical *(n.)* շաբաթօրյակ *shabatoryak*
sabbatical *(adj.)* շաբաթական *shabatakan*
sabotage *(n.)* դիվերսիա *diversia*
sabotage *(v.)* նենգադուլել *nengadulel*
saboteur *(n.)* դիվերսանտ *diversant*
sabre *(n.)* թուր *tur*
sabre *(v.)* թրատել *tratel*
saccharin *(n.)* սախարին *sakharin*
saccharine *(adj.)* շաքարային *shaqarayin*
sachet *(n.)* պայուսակ *payussak*
sack *(n.)* պարկ *park*
sack *(v.)* կողոպտել *koghoptel*
sacrament *(n.)* հաղորդություն *haghordutyun*
sacred *(adj.)* սուրբ *surb*
sacrifice *(n.)* զոհաբերություն *zohaberutyun*
sacrifice *(v.)* զոհաբերել *zohaberel*
sacrificial *(adj.)* զոհի *zohi*
sacrilege *(n.)* սրբապղծություն *srbapghtsutyun*
sacrilegious *(adj.)* սրբապիղծ *srbapights*
sacrosanct *(adj.)* սրբազան *srbazan*

sad *(adj.)* տխուր *tkhur*
sadden *(v.)* տխրել *tkhrel*
saddle *(n.)* թամբ *tamb*
saddle *(v.)* թամբել *tambel*
sadism *(n.)* սադիզմ *sadizm*
sadist *(n.)* սադիստ *sadist*
sadness *(n.)* տխրություն *tkhrutyun*
safari *(n.)* ուղևորություն *ughevorutyun*
safe *(adj.)* ապահով *apahov*
safe *(n.)* սեյֆ *seyf*
safe harbour *(n.)* ապահով նավահանգիստ *apahov navahangist*
safebox *(n.)* պահատուփ *pahatup*
safebreaker *(n.)* սեյֆի գող *seyfi gogh*
safe-conduct *(n.)* պահպանագիր *pahpanagir*
safecracker *(n.)* գող *gogh*
safe-deposit *(n.)* պահատուփ *pahatup*
safeguard *(n.)* պահպանություն *pahpanutyun*
safeguard *(v.)* պահպանել *pahpanel*
safehouse *(n.)* պահատեղ *pahategh*
safekeeping *(n.)* պահպանում *pahpanum*
safely *(adv.)* ապահով *apahov*
safety *(n.)* անվտանգություն *anvtangutyun*
saffron *(n.)* զաֆրան *zafran*
saffron *(adj.)* դեղնանարնջավուն *deghnanarnjavun*
sag *(n.)* կորություն *korutyun*
sag *(v.)* կորանալ *koranal*
saga *(n.)* սագա *saga*
sagacious *(adj.)* շրջահայաց *shrjahayac*
sagacity *(n.)* ուշիմություն *ushimutyun*
sage *(n.)* գիտուն *gitun*
sage *(adj.)* իմաստուն *imastun*
sagebush *(n.)* եղեսպակ *yeghespak*
sage-green *(n.)* գորշականաչ *gorshakanach*
sageness *(n.)* իմաստունություն *imastunutyun*
saggy *(adj.)* կորացած *koracats*
sagittary *(n.)* աղեղնավոր *agheghnavor*
sahib *(n.)* պարոն *paron*
sail *(v.)* լողալ *loghal*
sail *(n.)* առագաստ *arragast*
sailboard *(n.)* առագաստանավ *arragastanav*
sailboard *(v.)* նավավարել *navavarel*
sailboarder *(n.)* նավագնաց *navagnac*
sailboat *(n.)* առագաստանավակ *arragastanavak*
sailboater *(n.)* մակույկավար *makuykavar*
sailboating *(n.)* մակույկավարում *makuykavarum*
sailcraft *(n.)* առագաստանավ *arragastanav*
sailing *(adj.)* նավարկության *navarkutyan*
sailing *(n.)* նավարկություն *navarkutyun*
sailor *(n.)* նավաստի *navasti*
saint *(n.)* սուրբ *surb*
saintly *(adj.)* սուրբ *surb*
sake *(n.)* սակե, բրինձօղի *sake, brindzoghi*
salable *(adj.)* գնայուն *gnayun*
salad *(n.)* սալաթ *salat*
salamander *(n.)* սալամանդր *salamandr*
salamander *(v.)* տապակել *tapakel*
salary *(n.)* աշխատավարձ *ashkhatavardz*
sale *(n.)* վաճառք *vacharrq*
salebrosity *(n.)* վաճառք *vacharrq*
salesforce *(n.)* վաճառաշրջան *vacharrashrjan*
salesman *(n.)* վաճառող *vacharrogh*
salient *(adj.)* ցայտուն *caytun*
saline *(adj.)* աղի *aghi*
salinity *(n.)* աղիություն *aghiutyun*
saliva *(n.)* թուք *tuq*
sally *(n.)* արտագրոհ *artagroh*
sally *(v.)* արտագրոհել *artagrohel*
Salon *(n.)* սալոն *salon*
saloon *(n.)* դահլիճ *dahlich*
salt *(n.)* աղ *agh*
salt *(v.)* աղել *aghel*
salty *(adj.)* աղի *aghi*
salutary *(adj.)* բարերար *barerar*
salutation *(n.)* ողջույն *voghjuyn*
salute *(n.)* ողջույն *voghjuyn*

salute (v.) ողջունել voghjunel
salvage (v.) փրկել գույքը prkel guyqa
salvage (n.) ռազմավար rrazmavar
salvation (n.) փրկություն prkutyun
samaritan (n.) սամարացի samaraci
samba (n.) սամբա samba
samba (v.) սամբա պարել samba parel
sambuca (n.) սամբուկա sambuka
same (adj.) նույն nuyn
samely (adv.) նմանապես nmanapes
samite (n.) սամիթ samit
samovar (n.) ինքնաեռ inqnayerr
sample (n.) նմուշ nmush
sample (v.) նմուշառնել nmusharrnel
sampler (n.) կաղապար kaghapar
sampling (n.) նմուշառում nmusharrum
samsonite (n.) սամսոնիտ samsonit
samurai (n.) սամուրայ samuray
sanability (n.) ողջամտություն voghjamtutyun
sanatorium (n.) առողջարան arroghjaran
sanctification (n.) սրբացում srbacum
sanctify (v.) սրբացնել srbacnel
sanction (n.) հրաման hraman
sanction (v.) հաստատել hastatel
sanctity (n.) սրբություն srbutyun
sanctuary (n.) սրբավայր srbavayr
sand (n.) ավազ avaz
sand (adj.) ավազոտ avazot
sand (v.) ավազ ցանել avaz canel
sandal (n.) սանդալ sandal
sandalwood (n.) ճանդան (փայտատեսակ) chandan
sandbank (n.) ցամաքալեզվակ camaqalezvak
sandboard (n.) սահատախտակ sahatakhtak
sandboard (v.) քշել qshel
sandbox (n.) ավազատուփ avazatup
sandcastle (n.) ավազադղյակ avazadghyak
sandfish (n.) ավազաձուկ avazadzuk
sandglass (n.) ավազի ժամացույց avazi djamacuyc
sandhill (n.) ավազաբլուր avazablur
sandpaper (n.) հղկաթուղթ hghkatught
sandpaper (v.) հղկել hghkel

sandpit (n.) ավազափոս avazapos
sandscape (n.) ավազապատում avazapatum
sandstone (n.) ավազաքար avazaqar
sandstorm (n.) ավազահողմ avazahoghm
sandwich (n.) բուտերբրոդ buterbrod
sandwich (v.) տեղավորել teghavorel
sandy (adj.) ավազոտ avazot
sane (adj.) ողջամիտ voghjamit
sanely (adv.) ողջամտորեն voghjamtoren
sanguine (adj.) սանգվինիկ sangvinik
sanitary (adj.) սանիտարական sanitarakan
sanity (n.) առողջամտություն arroghjamtutyun
sap (n.) ական akan
sap (v.) ականապատել akanapatel
sapidity (n.) հետաքրքրություն hetaqrqrutyun
sapience (n.) իմաստունություն imastunutyun
sapiens (n.) սապիենս sapiens
sapient (adj.) իմաստուն imastun
sapling (n.) տնկի tnki
sapphire (n.) շափյուղա shapyugha
sarcasm (n.) սարկազմ sarkazm
sarcastic (adj.) հեգնական hegnakan
sardonic (adj.) սարդոնիկ sardonik
satan (n.) սատանա satana
satanic (adj.) սատանայական satanayakan
satanically (adv.) սատանայաբար satanayabar
satchel (n.) պայուսակ payussak
satellite (n.) արբանյակ arbanyak
satiable (adj.) հագեցնող hagecnogh
satiate (v.) հագեցնել hagecnel
satiety (n.) հագեցում hagecum
satin (n.) ատլաս atlas
satin (adj.) ատլասե atlasse
satire (n.) երգիծանք yergitsanq
satirical (adj.) երգիծական yergitsakan
satirist (n.) երգիծաբան yergitsaban
satirize (v.) ծաղրել tsaghrel
satisfaction (n.) գոհացում gohacum
satisfactory (adj.) գոհացուցիչ

gohacucich
satisfy *(v.)* բավարարել *bavararel*
saturate *(v.)* հագեցնել *hagecnel*
saturation *(n.)* հագեցում *hagecum*
Saturday *(n.)* շաբաթ օր *shabat or*
sauce *(n.)* սոուս *sous*
sauce *(v.)* համեմել *hamemel*
saucer *(n.)* բաժակապնակ *badjakapnak*
saucy *(adj.)* լկտի *lkti*
sauna *(n.)* սաունա *sauna*
sauna *(v.)* շոգեբաղնիք անել *shogebaghniq anel*
saunter *(v.)* զբոսնել *zbosnel*
saunter *(n.)* զբոսանք *zbossanq*
saunterer *(n.)* զբոսնող *zbosnogh*
sausage *(n.)* նրբերշիկ *nrbershik*
saute *(v.)* տապակել *tapakel*
savable *(adj.)* փրկելի *prkeli*
savage *(adj.)* վայրենի *vayreni*
savage *(n.)* բնիկ *bnik*
savage *(v.)* վայրենանալ *vayrenanal*
savagely *(adv.)* վայրենաբար *vayrenabar*
savagery *(n.)* վայրենություն *vayrenutyun*
savant *(n.)* գիտակ *gitak*
save *(v.)* փրկել *prkel*
save *(prep.)* բացի *baci*
saviour *(n.)* փրկիչ *prkich*
savour *(v.)* համտեսել *hamtessel*
savour *(n.)* համ *ham*
savoury *(adj.)* համով *hamov*
saw *(n.)* սղոց *sghoc*
saw *(v.)* սղոցել *sghocel*
saw pit *(n.)* խմորափոս *khmorapos*
sawbench *(n.)* սղոց *sghoc*
sawbill *(n.)* սղոցաթռչուն *sghocatrchun*
sawbones *(n.)* վիրաբույժ *virabuydj*
sawbuck *(n.)* սղոցաթոռ *sghocatorr*
sawdust *(n.)* թեփ *tep*
sawfish *(n.)* սղոցաձուկ *sghocadzuk*
sawgrass *(n.)* անտառախոտ *antarrakhot*
sawhorse *(n.)* իշոտնուկ *ishotnuk*
sawmill *(n.)* սղոցարան *sghocaran*
sawtooth *(n.)* կտրիչ *ktrich*
sawyer *(n.)* սղոցող *sghocogh*
saxophone *(n.)* սաքսոֆոն *saqsofon*
saxophonist *(n.)* սաքսոֆոնահար *saqsofonahar*
say *(v.)* ասել *assel*
say *(n.)* կարծիք *kartsiq*
say *(adv.)* մոտավորապես *motavorapes*
scab *(n.)* քոս *qos*
scab *(v.)* քոսոտվել *qossotvel*
scabbard *(n.)* պատյան *patyan*
scabies *(n.)* սեռավարակ *serravarak*
scaffold *(n.)* փայտամած *paytamats*
scale *(n.)* սանդղակ *sandghak*
scale *(v.)* կշռել *kshrrel*
scalp *(n.)* գլխամաշկ *glkhamashk*
scambling *(n.)* քստքստացող *qstqstacogh*
scamper *(v.)* փախչել *pakhchel*
scamper *(n.)* արագ վազք *arag vazq*
scan *(v.)* սկանավորել *skanavorel*
scan *(n.)* սկանավորում *skanavorum*
scandal *(n.)* սկանդալ *skandal*
scandalize *(v.)* վրդովել *vrdovel*
scandalous *(adj.)* զրպարտական *zrpartakan*
scandalously *(adv.)* զրպարտորեն *zrpartoren*
scanner *(n.)* սկաներ *skaner*
scant *(v.)* սակավանալ *sakavanal*
scant *(n.)* սակավություն *sakavutyun*
scant *(adj.)* սակավ *sakav*
scanty *(adj.)* սահմանափակ *sahmanapak*
scape *(n.)* ազատում *azatum*
scape *(v.)* ազատել *azatel*
scapegoat *(v.)* քավության նոխազ դառնալ *qavutyan nokhaz darrnal*
scapegoat *(n.)* քավության նոխազ *qavutyan nokhaz*
scapeless *(adj.)* անպատիճ *anpatich*
scapula *(n.)* ուսոսկր *ussoskr*
scapular *(n.)* թիակոսկր *tiakoskr*
scapular *(adj.)* թիակոսկրային *tiakoskrayin*
scar *(n.)* սպի *spi*
scar *(v.)* սպիանալ *spianal*
scarab *(n.)* բզեզ *bzez*
scarce *(adj.)* սակավ *sakav*

scarcely *(adv.)* հազիվ *haziv*
scarcity *(n.)* սակավություն *sakavutyun*
scare *(n.)* ահ *ah*
scare *(v.)* վախեցնել *vakhecnel*
scarf *(n.)* շարֆ *sharf*
scary *(adj.)* ահավոր *ahavor*
scatter *(v.)* ցրել *crel*
scatterbrain *(n.)* թեթևամիտ մարդ *tetevamit mard*
scatterbrained *(adj.)* թեթևամիտ *tetevamit*
scattered *(adj.)* ցրված *crvats*
scattergun *(n.)* որսորդական հրացան *vorsordakan hracan*
scatteringly *(adv.)* ցրվածորեն *crvatsoren*
scattery *(adj.)* ցրված *crvats*
scatty *(adj.)* թեթևամիտ *tetevamit*
scavenge *(v.)* աղբահանել *aghbahanel*
scavenger *(n.)* աղբահան *aghbahan*
scenario *(n.)* սցենար *scenar*
scenarist *(n.)* սցենարիստ *scenarist*
scene *(v.)* մեռնել *merrnel*
scene *(n.)* տեսարան *tessaran*
scenery *(n.)* բնատեսարան *bnatessaran*
scenic *(adj.)* գեղատեսիլ *geghatessil*
scent *(n.)* հոտ *hot*
scent *(v.)* հոտոտել *hototel*
sceptic *(n.)* թերահավատ մարդ *terahavat mard*
sceptical *(adj.)* թերահավատ *terahavat*
scepticism *(n.)* թերահավատություն *terahavatutyun*
sceptre *(n.)* գավազան *gavazan*
schedule *(n.)* ցուցակ *cucak*
schedule *(v.)* ցուցակագրել *cucakagrel*
schematic *(n.)* սխեմա *skhema*
schematic *(adj.)* սխեմատիկ *skhematik*
schematically *(adv.)* սխեմատիկորեն *skhematikoren*
schematist *(n.)* սխեմատիկ *skhematik*
scheme *(n.)* սխեմա *skhema*
scheme *(v.)* ծրագրել *tsragrel*
schemer *(n.)* բանսարկու *bansarku*
schism *(n.)* աղանդ *aghand*
schizophrenia *(n.)* շիզոֆրենիա *shizofrenia*
schizophreniac *(adj.)* շիզոֆրենիկ *shizofrenik*
schizophreniac *(n.)* շիզոֆրենիայով հիվանդ *shizofreniayov hivand*
scholar *(n.)* գիտնական *gitnakan*
scholarly *(adj.)* գիտուն *gitun*
scholarship *(n.)* կրթաթոշակ *krtatoshak*
scholastic *(adj.)* դպրոցական *dprocakan*
school *(n.)* դպրոց *dproc*
school *(v.)* ուսուցանել *ussucanel*
schoolfellow *(n.)* դպրոցական ընկեր *dprocakan anker*
schoolhouse *(n.)* դպրոցի շենք *dproci shenq*
schoolmaster *(n.)* ուսուցիչ *ussucich*
schoolmate *(n.)* ուսումնակից *ussumnakic*
schoolteacher *(n.)* դասատու *dassatu*
schoolyard *(n.)* խաղադաշտ *khaghadasht*
schooner *(n.)* առագաստանավ *arragastanav*
sciatic *(adj.)* թիկնացավոտ *tiknacavot*
sciatica *(n.)* թիկնացավ *tiknacav*
science *(n.)* գիտություն *gitutyun*
scientific *(adj.)* գիտական *gitakan*
scientist *(n.)* գիտնական *gitnakan*
scintillate *(v.)* շողշողալ *shoghshoghal*
scintillation *(n.)* շողում *shoghum*
scissors *(n. pl.)* մկրատ *mkrat*
scoff *(n.)* ծաղր *tsaghr*
scoff *(v.)* ծաղրել *tsaghrel*
scold *(v.)* հանդիմանել *handimanel*
scooter *(n.)* մանկական հեծանիվ *mankakan hetsaniv*
scope *(n.)* հորիզոն *horizon*
scorch *(v.)* այրել *ayrel*
scorch *(n.)* այրվածք *ayrvatsq*
score *(n.)* միավորահաշիվ *miavorahashiv*
score *(v.)* միավորները հաշվել *miavornera hashvel*
scoreboard *(n.)* ցուցատախտակ *cucatakhtak*
scorebook *(n.)* միավորագիրք

miavoragirq
scorebox *(n.)* միավորատուփ miavoratup
scorecard *(n.)* հաշվատախտակ hashvatakhtak
scorekeeper *(n.)* գոլապահ, հաշվապահ golapah, hashvapah
scorekeeping *(n.)* հաշիվների պահպանում hashivneri pahpanum
scorepad *(n.)* գնահատականների թղթապանակ gnahatakanneri tghtapanak
scorer *(n.)* միավոր հաշվող անձ miavor hashvogh andz
scorn *(n.)* արհամարհանք arhamarhanq
scorn *(v.)* արհամարհել arhamarhel
scorpion *(n.)* կարիճ karich
Scot *(n.)* շոտլանդացի shotlandaci
scot *(n.)* տուրք turq
scotch *(adj.)* շոտլանդական shotlandakan
scotch *(n.)* հերձանշվածք herdzanshvatsq
scot-free *(adj.)* անպատիժ anpatidj
scoundrel *(n.)* սրիկա srika
scourge *(n.)* պատիժ patidj
scourge *(v.)* պատժել patdjel
scout *(n.)* հետախույզ hetakhuyz
scout *(v.)* հետախուզել hetakhuzel
scowl *(v.)* մռայլվել mrraylvel
scowl *(n.)* մռայլ տեսք mrrayl tesq
scragged *(adj.)* նիհարած niharats
scraggy *(adj.)* նիհար nihar
scramble *(v.)* կռվել krrvel
scramble *(n.)* խառնակռիվ kharrnakrriv
scrambled *(adj.)* խճճված khchchvats
scrap *(v.)* փշրել pshrel
scrap *(n.)* կտոր ktor
scrapbook *(n.)* ալբոմ albom
scrape *(n.)* քերծվածք qetsvatsq
scrape *(v.)* քերել qerel
scraper *(n.)* քերիչ qerich
scratch *(n.)* քերծվածք qertsvatsq
scratch *(v.)* քերծել qertsel
scratch *(adj.)* հավաքական havaqakan
scratchboard *(n.)* փորագրատախտակ poragratakhtak
scratchbush *(n.)* քերծվածք qertsvatsq
scratched *(adj.)* քերծված qertsvats
scratchpad *(n.)* թղթապանակ tghtapanak
scratchy *(adj.)* կոպիտ kopit
scrawl *(n.)* խզբզոց khzbzoc
scrawl *(v.)* խզբզել khzbzel
scream *(n.)* ճիչ chich
scream *(v.)* ճչալ chchal
screen *(v.)* նկարահանել nkarahanel
screen *(n.)* էկրան ekran
screen name *(n.)* էկրանի անուն ekrani anun
screenable *(adj.)* էկրանավորվող ekranavorvogh
screencast *(n.)* էկրանավորում ekranavorum
screendoor *(n.)* էկրանի դուռ ekrani durr
screenprint *(n.)* էկրանատպում ekranatpum
screensaver *(n.)* էկրանապահիչ ekranapahich
screenshot *(n.)* սքրինշոթ sqrinshot
screenwork *(n.)* էկրանավորում ekranavorum
screw *(v.)* պտտվել pttvel
screw *(n.)* պտուտակ ptutak
scribble *(n.)* խզբզոց khzbzoc
scribble *(v.)* խզբզել khzbzel
script *(n.)* սցենար scenar
scripture *(n.)* աստվածաշունչ astvatsashunch
scroll *(n.)* գալար galar
scrooge *(n.)* ժլատ մարդ djlat mard
scrotum *(n.)* ամորձապարկ amordzapark
scrub *(n.)* մացառ macarr
scrub *(v.)* մաքրել maqrel
scrub *(adj.)* մացառոտ macarrot
scrubby *(adj.)* մացառապատ macarrapat
scruff *(n.)* ծոծրակ tsotsrak
scruff *(v.)* վիզը պոկել viza pokel
scruffiness *(n.)* անբարետեսություն anbaretessutyun

scrumble *(n.)* քողարկում *qogharkum*
scrump *(v.)* գողանալ *goghanal*
scrumptious *(adj.)* հիանալի *hianali*
scruple *(n.)* տատանում *tatanum*
scruple *(v.)* տատանվել *tatanvel*
scrupleless *(adj.)* անվարան *anvaran*
scrupulous *(adj.)* մանրախնդիր *manrakhndir*
scrupulously *(adv.)* մանրակրկտորեն *manrakrktoren*
scrutinize *(v.)* զննել *znnel*
scrutiny *(n.)* զննում *znnum*
scuffle *(v.)* կռվել *krrvel*
scuffle *(n.)* կռիվ *krriv*
sculpt *(v.)* քանդակել *qandakel*
sculptor *(n.)* քանդակագործ *qandakagorts*
sculptural *(adj.)* քանդակագործական *qandakagortsakan*
sculpture *(n.)* քանդակ *qandak*
sculpturist *(n.)* քանդակագործ *qandakagorts*
scum *(n.)* փրփուր *prpur*
scum *(v.)* փրփրել *prprel*
scumbag *(n.)* պահպանակ *pahpanak*
scurry *(v.)* վազվզել *vazvzel*
scutllebutt *(n.)* խմելու ջրատակառ *khmelu jratakarr*
scuttle *(n.)* փախուստ *pakhust*
scuttle *(v.)* փախչել *pakhchel*
scythe *(v.)* հնձել *hndzel*
scythe *(n.)* գերանդի *gerandi*
sea *(n.)* ծով *tsov*
sea bass *(n.)* ծովապերկես *tsovaperkes*
sea boat *(n.)* ծովանավակ *tsovanavak*
sea dog *(n.)* ծովաշուն *tsovashun*
seabeach *(n.)* ծովափ *tsovap*
seabird *(n.)* ծովաթռչուն *tsovatrrchun*
seaborne *(adj.)* ծովով փոխադրվող *tsovov pokhdrvogh*
seacliff *(n.)* ծովաժայռ *tsovadjayrr*
seafarer *(n.)* նավաստի *navasti*
seafloor *(n.)* ծովահատակ *tsovahatak*
seafoam *(n.)* ծովափրփուր *tsovaprpur*
seafood *(n.)* ծովամթերք *tsovamterq*
seagull *(n.)* ճայ *chay*
seahorse *(n.)* ծովաձի *tsovadzi*
seajack *(v.)* նավարկել *navarkel*
seajack *(n.)* նավաստի *navasti*
seajacker *(n.)* ծովագնաց *tsovagnac*
seajacking *(n.)* ծովագնացություն *tsovagnacutyun*
seak *(n.)* օճառ *ocharr*
seakeeping *(n.)* ծովագնացություն *tsovagnacutyun*
seal *(v.)* կնքել *knqel*
seal *(n.)* կնիք *kniq*
sealab *(n.)* ստորջրյա լաբորատորիա *storjrya laboratoria*
sealability *(n.)* կնքվածություն *knqvatsutyun*
sealant *(n.)* հերմետիկություն *hermetikutyun*
sealed *(adj.)* կնքված *knqvats*
sealion *(n.)* ծովառյուծ *tsovarryuts*
sealskin *(n.)* փոկի կաշի *poki kashi*
seam *(v.)* կարել *karel*
seam *(n.)* կար, սպի *kar, spi*
seamless *(adj.)* անկար *ankar*
seamy *(adj.)* անդուրեկան *andurekan*
sear *(n.)* այրվածք *ayrvatsq*
sear *(v.)* այրել *ayrel*
search *(v.)* որոնել *voronel*
search *(n.)* որոնում *voronum*
search warrant *(n.)* հետախուզման հրաման *hetakhuzman hraman*
searching *(n.)* որոնում *voronum*
searching *(adj.)* մանրազնին *manraznin*
searchlight *(n.)* լուսարձակ *lussardzak*
seared *(adj.)* այրված *ayrvats*
seashore *(n.)* ծովափ *tsovap*
season *(v.)* համունանալ *hassunanal*
season *(n.)* սեզոն *sezon*
seasonable *(adj.)* ժամանակին *djamanakin*
seasonal *(adj.)* սեզոնային *sezonayin*
seat *(v.)* նստեցնել *nstecnel*
seat *(n.)* նստատեղ *nstategh*
seaweed *(n.)* ջրիմուռ *jrimurr*
secede *(v.)* զատվել *zatvel*
secession *(n.)* զատում *zatum*
secessionist *(n.)* անջատողական *anjatoghakan*
seclude *(v.)* մեկուսացնել *mekussacnel*
secluded *(adj.)* մեկուսի *mekussi*

seclusion *(n.)* մեկուսացում *mekussacum*
second *(adj.)* երկրորդ *yerkrord*
second *(n.)* վայրկյան *vayrkyan*
second *(v.)* օգնել *ognel*
secondary *(adj.)* երկրորդական *yerkrordakan*
seconder *(n.)* առաջարկը պաշտպանող անձ *arrajarka pashtpanogh andz*
second-hand *(adj.)* գործածված *gortsatsvats*
secondly *(adv.)* երկրորդ *yerkrord*
secrecy *(n.)* գաղտնիություն *gaghtniutyun*
secret *(n.)* գաղտնիք *gaghtniq*
secret *(adj.)* գաղտնի *gaghtni*
secretariat *(n.)* քարտուղարություն *qartugharutyun*
secretary *(n.)* քարտուղար *qartughar*
secrete *(v.)* արտազատել *artazatel*
secretion *(n.)* արտազատում *artazatum*
secretive *(adj.)* գաղտնի *gaghtni*
sect *(n.)* աղանդ *aghand*
sectarian *(adj.)* աղանդավոր *aghandavor*
section *(n.)* մաս *mas*
sector *(n.)* հատված *hatvats*
secularism *(n.)* աշխարհիկություն *ashkharhikutyun*
secure *(adj.)* ապահով *apahov*
secure *(v.)* ապահովել *apahovel*
security *(n.)* ապահովություն *apahovutyun*
sedan *(n.)* պատգարակ *patgarak*
sedate *(v.)* հանգստացնել *hangstacnel*
sedate *(adj.)* հանդարտ *handart*
sedative *(n.)* ցավամոքիչ դեղ *cavamoqich degh*
sedative *(adj.)* հանգստացնող *hangstacnogh*
sedentary *(adj.)* նստակյաց *nstakyac*
sediment *(n.)* նստվածք *nstvatsq*
sedition *(n.)* ապստամբության կոչ *apstambutyan koch*
seditious *(adj.)* խռովարար *khrrovarar*
seduce *(v.)* գայթակղել *gaytakghel*

seduction *(n.)* գայթակղում *gaytakghum*
seductive *(adj.)* գայթակղիչ *gaytakghich*
see *(v.)* տեսնել *tesnel*
seed *(n.)* սերմ *serm*
seed *(v.)* սերմանել *sermanel*
seek *(v.)* փնտրել *pntrel*
seem *(v.)* թվալ *tval*
seemly *(adj.)* վայելուչ *vayeluch*
seep *(v.)* հոսել *hossel*
seer *(n.)* տեսնող *tesnogh*
seethe *(v.)* եռալ *yerral*
segment *(v.)* հատել *hatel*
segment *(n.)* հատված *hatvats*
segregate *(v.)* առանձնացնել *arrandznacnel*
segregation *(n.)* առանձնացում *arrandznacum*
seismic *(adj.)* երկրաշարժական *yerkrasharjakan*
seismicity *(n.)* սեյսմիկություն *seysmikutyun*
seismogram *(n.)* սեյսմոգրամ *seysmogram*
seismograph *(n.)* սեյսմոգրաֆ *seysmograf*
seismography *(n.)* սեյսմոգրաֆիա *seysmografia*
seismologist *(n.)* սեյսմոլոգ *seysmolog*
seismology *(n.)* սեյսմոլոգիա *seysmologia*
seismoscope *(n.)* սեյսմոսկոպ *seysmokop*
seize *(v.)* զավթել *zavtel*
seizure *(n.)* զավթում *zavtum*
seldom *(adv.)* հազվադեպ *hazvadep*
select *(adj.)* ընտրված *antrvats*
select *(v.)* ջոկել *jokel*
selection *(n.)* ջոկում *jokum*
selective *(adj.)* ընտրովի *antrovi*
self *(n.)* սեփական անձը *sepakan andza*
self-abuse *(n.)* ինքնավիրավորանք *inqnaviravoranq*
self-appointed *(adj.)* ինքնակոչ *inqnakoch*
self-awareness *(n.)*

ինքնագիտակցություն *inqnagitakcutyun*
self-centered *(adj.)* եսակենտրոն *yessakentron*
self-confident *(adj.)* ինքնավստահ *inqnavstah*
self-conscious *(adj.)* գիտակցող *gitakcogh*
self-control *(n.)* ինքնատիրապետում *inqnatirapetum*
self-destruct *(v.)* ինքնաոչնչացնել *inqnavochnchacnel*
self-doubt *(n.)* անինքնավստահություն *aninqnavstahutyun*
self-employed *(adj.)* ինքնազբաղված *inqnazbaghvats*
self-esteem *(n.)* ինքնահարգանք *inqnaharganq*
selfie *(n.)* սելֆի *selfi*
self-imposed *(adj.)* ինքնահաստատված *inqnahastatvats*
selfish *(adj.)* եսասեր *yessaser*
selfless *(adj.)* անձնազոհ *andznazoh*
self-proclaimed *(adj.)* ինքնակոչ *inqnakoch*
self-service *(n.)* ինքնասպասարկում *inqnaspasarkum*
sell *(v.)* վաճառել *vacharrel*
seller *(n.)* վաճառող *vacharrogh*
sell-out *(n.)* վաճառք *vacharrq*
semblance *(n.)* տեսք *tesq*
semen *(n.)* սերմնահեղուկ *sermnaheghuk*
semester *(n.)* կիսամյակ *kissamyak*
semi-amusing *(adj.)* կիսազվարճալի *kissazvarchali*
semi-finalist *(n.)* կիսաֆինալիստ *kissafinalist*
semi-formal *(adj.)* կիսապաշտոնական *kisapashtonakan*
seminal *(adj.)* սերմնային *sermnayin*
seminar *(n.)* սեմինար *seminar*
senate *(n.)* սենատ *senat*
senator *(n.)* սենատոր *senator*
senatorial *(adj.)* սենատորական *senatorakan*
send *(v.)* ուղարկել *ugharkel*
senile *(adj.)* ծերունական *tserunakan*
senility *(n.)* ծերություն *tserutyun*
senior *(n.)* ավագ *avag*
senior *(adj.)* ավագ *avag*
seniority *(n.)* ավագություն *avagutyun*
sensation *(n.)* սենսացիա *sensacia*
sensational *(adj.)* սենսացիոն *sensacion*
sense *(v.)* զգալ *zgal*
sense *(n.)* իմաստ *imast*
senseless *(adj.)* անիմաստ *animast*
sensibility *(n.)* զգայունություն *zgayunutyun*
sensible *(adj.)* խելամիտ *khelamit*
sensitive *(adj.)* զգայուն *zgayun*
sensitivity *(n.)* զգայունություն *zgayunutyun*
sensual *(adj.)* զգայական *zgayakan*
sensualist *(n.)* ցանկասեր մարդ *cankasser mard*
sensuality *(n.)* ցանկասիրություն *cankassirutyun*
sensuous *(adj.)* զգայական *zgayakan*
sentence *(v.)* դատապարտել *datapartel*
sentence *(n.)* նախադասություն *nakhadassutyun*
sentience *(n.)* զգացմունք *zgacmunq*
sentient *(adj.)* զգայուն *zgayun*
sentiment *(n.)* զգացմունք *zgacmunq*
sentimental *(adj.)* զգայուն *zgayun*
sentinel *(n.)* պահապան *pahapan*
sentry *(n.)* պահակ *pahak*
separable *(adj.)* բաժանելի *badjaneli*
separate *(v.)* անջատել *anjatel*
separate *(adj.)* անջատ *anjat*
separation *(n.)* անջատում *anjatum*
sepsis *(n.)* սեպսիս *sepsis*
September *(n.)* սեպտեմբեր *september*
septic *(adj.)* սեպտիկ, նեխային *septik, nekhayin*
sepulchre *(n.)* գերեզման *gerezman*
sepulture *(n.)* թաղում *taghum*
sequel *(n.)* շարունակություն *sharunakutyun*
sequence *(n.)* հերթականություն

hertakanutyun
sequester *(v.)* մեկուսանալ *mekussanal*
serendipitous *(adj.)* բարենպաստ *barenpast*
serendipity *(n.)* բարեհաջողություն *barehajoghutyun*
serene *(adj.)* անամպ *anamp*
serenity *(n.)* անամպություն *anamputyun*
serf *(n.)* ճորտ *chort*
serge *(n.)* սարժ *sardj*
sergeant *(n.)* սերժանտ *serdjant*
serial *(n.)* սերիալ *serial*
serial *(adj.)* սերիական *seriakan*
series *(n.)* շարք *sharq*
serious *(adj.)* լուրջ *lurj*
sermon *(n.)* քարոզ *qaroz*
sermonize *(v.)* քարոզել *qarozel*
serpent *(n.)* օձ *odz*
serpentine *(adj.)* օձային *odzayin*
servant *(n.)* ծառա *tsarra*
serve *(n.)* ծառայություն *tsarrayutyun*
serve *(v.)* ծառայել *tsarrayel*
service *(v.)* սպասարկել *spasarkel*
service *(n.)* սպասարկում *spasarkum*
serviceable *(adj.)* պիտանի *pitani*
servile *(adj.)* ստրկական *strkakan*
servility *(n.)* ստրկամտություն *strkamtutyun*
servitude *(n.)* ստրկացում *strkacum*
sesame *(n.)* քնջութ *qnjut*
sesamin *(n.)* քնջութահյութ *qnjutahyut*
session *(n.)* նիստ *nist*
sessional *(n.)* նստաշրջան *nstashrjan*
sessional *(adj.)* նստաշրջանի *nstashrjani*
sessionless *(adj.)* անսեսիոն *ansession*
set *(adj.)* կայուն *kayun*
set *(n.)* հավաքածու *havaqatsu*
set *(v.)* դնել *dnel*
setback *(n.)* արգելք *argelq*
setlist *(n.)* երգացանկ *yergacank*
settee *(n.)* բազմոց *bazmoc*
settle *(v.)* բնակեցնել *bnakecnel*
settlement *(n.)* բնակեցում *bnakecum*
settler *(n.)* նորաբնակ *norabnak*
seven *(num.)* յոթ *yot*
seven *(n.)* յոթանոց *yotanoc*
seventeen *(num.)* տասնյոթ *tasnyot*
seventeenth *(num.)* տասնյոթերորդ *tasnyoterord*
seventh *(num.)* յոթերորդ *yoterord*
seventieth *(num.)* յոթանասուներորդ *yotanassunerord*
seventy *(num.)* յոթանասուն *yotanassun*
sever *(v.)* անջատ(վ)ել *anjat(v)el*
several *(adj.)* մի քանի *mi qani*
severance *(n.)* անջատում *anjatum*
severe *(adj.)* խիստ *khist*
severity *(n.)* խստություն *khstutyun*
sew *(v.)* կարել *karel*
sewage *(n.)* կեղտաջրեր *keghtajrer*
sewer *(n.)* կոյուղի *koyughi*
sewerage *(n.)* կոյուղի *koyughi*
sex *(v.)* սեքսով զբաղվել *seqsov zbaghvel*
sex *(n.)* սեռ *serr*
sexily *(adv.)* սեռապես *serrapes*
sexual *(adj.)* սեռական *serrakan*
sexuality *(n.)* սեքսուալություն *seqsualutyun*
sexy *(adj.)* սեքսուալ *seqsual*
shabby *(adj.)* հնամաշ *hnamash*
shack *(n.)* խրճիթ *khrchit*
shack *(v.)* խրճիթում ապրել *khrchitum aprel*
shackle *(v.)* կաշկանդել *kashkandel*
shackle *(n. pl.)* կապանք *kapanq*
shade *(v.)* ստվերագծել *stveragtsel*
shade *(n.)* ստվեր *stver*
shadow *(v.)* ստվերել *stverel*
shadow *(n.)* ստվեր *stver*
shadowy *(adj.)* ստվերոտ *stverot*
shaft *(n.)* կոթ *kot*
shake *(n.)* թափահարում *tapaharum*
shake *(v.)* թափահարել *tapaharel*
shaky *(adj.)* երերուն *yererun*
shallow *(adj.)* մակերեսային *makeressayin*
sham *(adj.)* կեղծ *keghts*
sham *(n.)* կեղծիք *keghtsiq*
sham *(v.)* կեղծել *keghtsel*
shaman *(n.)* շաման *shaman*
shamble *(v.)* քստքստացնել *qstqstacnel*

shambles *(n. pl.)* սպանդանոց *spandanoc*
shambolic *(adj.)* անկազմակերպ *ankazmakerp*
shame *(v.)* ամաչել *amachel*
shame *(n.)* ամոթ *amot*
shameful *(adj.)* ամոթալի *amotali*
shameless *(adj.)* անամոթ *anamot*
shampoo *(v.)* գլուխ լվանալ *glukh lvanal*
shampoo *(n.)* շամպուն *shampun*
shanty *(adj.)* կեղտոտ *keghtot*
shape *(v.)* ձևավորել *dzevavorel*
shape *(n.)* ձև *dzev*
shape up *(v.)* բարեհաջողել *barehajoghel*
shapeless *(adj.)* անձև *andzev*
shapely *(adj.)* բարեկազմ *barekazm*
shapeshift *(v.)* ձևափոխել *dzevapokhel*
shard *(n)* բեկոր *bekor*
shard *(v.)* բեկորի վերածել *bekori veratsel*
share *(n.)* բաժնետոմս *badjnetoms*
share *(v.)* կիսվել *kisvel*
share market *(n.)* բաժնետոմսերի շուկա *badjnetomseri shuka*
sharebeam *(n.)* գութանախոփ *gutanakhop*
sharecrop *(n.)* բաժնեմաս *badjnemas*
shareholder *(n.)* բաժնետեր *badjneter*
shareholding *(adj.)* բաժնետիրական *badjnetirakan*
shareholding *(n.)* բաժնետիրություն *badjnetirutyun*
shark *(n.)* շնաձուկ *shnadzuk*
sharp *(adv.)* սուր կերպով *sur kerpov*
sharp *(adj.)* սուր *sur*
sharpen *(v.)* սրել *srel*
sharpener *(n.)* սրիչ *srich*
sharper *(n.)* սրիկա *srika*
shatter *(v.)* ջարդվել *jardvel*
shave *(n.)* սափրում *saprum*
shave *(v.)* սափրվել *saprvel*
shaven *(adj.)* սափրված *saprvats*
shaving *(n.)* սափրվելը *saprvela*
shavings *(n. pl.)* տաշեղ *tashegh*
shawarma *(n.)* շաուրմա *shaurma*
shawl *(n.)* շալ *shal*
she *(pron.)* նա *na*
sheading *(n.)* շապիկ *shapik*
sheaf *(n.)* կապոց *kapoc*
shear *(v.)* կտրել *ktrel*
shears *(n. pl.)* մկրատ *mkrat*
shearwall *(n.)* հենարան *henaran*
sheat *(n.)* լոքո *loqo*
sheath *(n.)* պատյան *patyan*
sheath *(v.)* պատել *patel*
sheathe *(v.)* երեսպատել *yerespatel*
shed *(n.)* մառան *marran*
shed *(v.)* թափել *tapel*
sheep *(n.)* ոչխար *vochkhar*
sheepish *(adj.)* ամաչկոտ *amachkot*
sheer *(adj.)* ակներև *aknerev*
sheet *(v.)* թերթավորել *tertavorel*
sheet *(n.)* սավան *savan*
shelf *(n.)* դարակ *darak*
shell *(v.)* կլպել *klpel*
shell *(n.)* խեցի *kheci*
shelter *(v.)* պատսպարել *patsparel*
shelter *(n.)* ապաստան *apastan*
shelve *(v.)* դասավորել *dassavorel*
shepherd *(n.)* հովիվ *hoviv*
shide *(n.)* տաշեղ *tashegh*
shield *(v.)* պաշտպանել *pashtpanel*
shield *(n.)* վահան *vahan*
shift *(n.)* հերթափոխ *hertapokh*
shift *(v.)* փոխել *pokhel*
shifty *(adj.)* հնարամիտ *hnaramit*
shilly-shally *(v.)* տատանվել *tatanvel*
shilly-shally *(n.)* տատանում *tatanum*
shin *(n.)* սրունքոսկր *srunqoskr*
shine *(n.)* փայլ *payl*
shine *(v.)* փայլել *paylel*
shiny *(adj.)* արևոտ *arevot*
ship *(v.)* բարձել *bardzel*
ship *(n.)* նավ *nav*
shipboard *(adj.)* տախտակամածի *takhtakamatsi*
shipboard *(n.)* տախտակամած *takhtakamats*
shipborne *(adj.)* նավով տեղափոխվող *navov teghapokhvogh*
shipbuilder *(n.)* նավաշինարար *navashinarar*
shiplap *(n.)* նավաբեռնաթափում *navaberrnatapum*

shipload *(n.)* նավաբեռնում *navaberrnum*
shipmaster *(n.)* նավապետ *navapet*
shipmate *(n.)* նավընկեր *navanker*
shipment *(n.)* բարձում *bardzum*
shipowner *(n.)* նավատեր *navater*
shipped *(adj.)* առաքված *arraqvats*
shipping *(n.)* առաքում *arraqum*
shipshape *(adj.)* կանոնավոր *kanonavor*
shipwreck *(n.)* նավաբեկություն *navabekutyun*
shipwreck *(v.)* խորտակվել *khortakvel*
shipyard *(n.)* նավաշինարան *navashinaran*
shire *(n.)* կոմսություն *komsutyun*
shirk *(v.)* խուսափել *khussapel*
shirker *(n.)* խուսափող *khussapogh*
shirt *(n.)* վերնաշապիկ *vernashapik*
shive *(n.)* շերտ *shert*
shiver *(v.)* դողալ *doghal*
shoal *(n.)* ծանծաղուտ *tsantsaghut*
shock *(v.)* ցնցել *cncel*
shock *(n.)* ցնցում *cncum*
shoe *(v.)* պայտել *paytel*
shoe *(n.)* կոշիկ *koshik*
shoot *(n.)* կրակոց *krakoc*
shoot *(v.)* կրակել *krakel*
shooting *(n.)* հրաձգություն *hradzgutyun*
shop *(v.)* գնել *gnel*
shop *(n.)* խանութ *khanut*
shopaholic *(n.)* առևտրահոլիկ *arrevtraholik*
shopaholism *(n.)* առևտրահոլիզմ *arrevtraholizm*
shopbook *(n.)* հաշվեգիրք *hashvegirq*
shopfloor *(n.)* աշխատատարածք *ashkhatataratsq*
shopfront *(n.)* ցուցափեղկ *cucapeghk*
shopkeep *(n.)* խանութպանություն *khanutpanutyun*
shopkeeper *(n.)* խանութպան *khanutpan*
shoplift *(v.)* գողանալ *goghanal*
shoplifter *(n.)* գող *gogh*
shopowner *(n.)* խանութի սեփականատեր *khanuti sepakanater*
shopping *(n.)* գնումներ *gnumner*
shopping cart *(n.)* գնումների սայլակ *gnumneri saylak*
shopping centre *(n.)* առևտրի կենտրոն *arrevtri kentron*
shopping list *(n.)* գնացուցակ *gnacucak*
shore *(n.)* հենարան *henaran*
shore *(v.)* հենել *henel*
shorefront *(n.)* ափամերձ տարածք *apamerdz taratsq*
shoreline *(n.)* ջրափնյա գիծ *jrapnya gits*
shoreward *(adv.)* դեպի ափ *depi ap*
shoreward *(adj.)* ափամերձ *apamerdz*
shoreweed *(n.)* ջրախոտ *jrakhot*
short *(adv.)* անսպասելիորեն *anspaselioren*
short *(adj.)* կարճ *karch*
short *(n.)* թերաթռիչք *teratrrichq*
shortbread *(n.)* կարկանդակ *karkandak*
shortcake *(n.)* կարկանդակ *karkandak*
shortcoming *(n.)* թերություն *terutyun*
shortcut *(n.)* դյուրանցում *dyurancum*
shorten *(v.)* կրճատել *krchatel*
shortening *(n.)* կրճատում *krchatum*
shortfall *(n.)* պակասություն *pakassutyun*
shorthand *(n.)* սղագրություն *sghagrutyun*
shortish *(adj.)* կարճավուն *karchavun*
shortlist *(v.)* կարճ ցուցակագրել *karch cucakagrel*
shortlisted *(adj.)* կարճ ցուցակագրված *karch cucakagrvats*
shortly *(adv.)* շուտով *shutov*
shorts *(n. pl.)* կիսավարտիք *kissavartiq*
short-term *(adj.)* կարճատև *karchatev*
shot *(n.)* կրակոց *krakoc*
shot *(adj.)* կրակած *krakats*
shot *(int.)* կրա՛կ *krak!*
shotgun *(n.)* որսորդական հրացան *vorsordakan hracan*
shotproof *(adj.)* հրակայուն *hrakayun*
shottie *(n.)* հրացան *hracan*
should *(v.)* պետք է *petq e*

shoulder *(v.)* հրել *hrel*
shoulder *(n.)* ուս *us*
shout *(v.)* գոռալ *gorral*
shout *(n.)* գոռոց *gorroc*
shove *(n.)* հրում *hrum*
shove *(v.)* հրել *hrel*
shovel *(v.)* թիակով մաքրել *tiakov maqrel*
shovel *(n.)* թիակ *tiak*
show *(n.)* ցուցադրում *cucadrum*
show *(v.)* ցուցադրել *cucadrel*
showcase *(n.)* ցուցափեղկ *cucapeghk*
showdown *(n.)* ցուցադրություն *cucadrutyun*
shower *(v.)* տեղալ *teghal*
shower *(n.)* տարափ *tarap*
showerhead *(n.)* ցնցուղ *cncugh*
showerless *(adj.)* անօգուտ *anogut*
showerproof *(adj.)* ջրակայուն *jrakayun*
showery *(adj.)* տեղատարափ *teghatarap*
showpiece *(n.)* ցուցարժանիք *cucardjaniq*
showroom *(n.)* ցուցասրահ *cucasrah*
showstopper *(n.)* ցուցափեղկ *cucapeghk*
showup *(n.)* դիմակազերծում *dimakazertsum*
shrapnel *(n.)* կոտորակառումբ *kotorakarrumb*
shred *(n.)* կտոր *ktor*
shred *(v.)* կտրատել *ktratel*
shredder *(n.)* կտրիչ *ktrich*
shrew *(n.)* կամակոր կին *kamakor kin*
shrewd *(adj.)* չարամիտ *charamit*
shriek *(v.)* ճչալ *chchal*
shriek *(n.)* ճիչ *chich*
shrill *(adj.)* զիլ *zil*
shrine *(n.)* սրբավայր *srbavayr*
shrink *(v.)* նեղանալ *neghanal*
shrinkage *(n.)* կրճատում *krchatum*
shroud *(v.)* պատանել *patanel*
shroud *(n.)* պատանք *patanq*
shrub *(n.)* թուփ *tup*
shrug *(n.)* թոթվում *totvum*
shrug *(v.)* թոթվել *totvel*
shudder *(n.)* դող *dogh*
shudder *(v.)* դողալ *doghal*
shuffle *(n.)* խառնում *kharrnum*
shuffle *(v.)* խառնել *kharrnel*
shun *(v.)* զգուշանալ *zgushanal*
shunt *(v.)* թեքվել *teqvel*
shut *(v.)* փակել *pakel*
shutter *(n.)* կափարիչ *kaparich*
shuttle *(v.)* շարժվել *shardjvel*
shuttle *(n.)* մաքոք *maqoq*
shuttlecock *(n.)* փետրագնդակ *petragndak*
shy *(v.)* նետել *netel*
shy *(n.)* ամաչկոտություն *amachkotutyun*
siamese *(adj.)* սիամական *siamakan*
sibilant *(adj.)* սուլական *sulakan*
sibilate *(v.)* սուլել *sulel*
sibilating *(n.)* սուլելը *sulela*
sibling *(n.)* քույր ու եղբայր *quyr u yeghbayr*
sich *(n.)* զինվորական կենտրոն *zinvorakan kentron*
sick *(adj.)* հիվանդ *hivand*
sickbag *(n.)* փսխելու տոպրակ *pskhelu toprak*
sickbay *(n.)* հիվանդատեղ *hivandategh*
sickbed *(n.)* հիվանդի անկողին *hivandi ankoghin*
sicken *(v.)* հիվանդանալ *hivandanal*
sickened *(adj.)* հիվանդացած *hivandacats*
sickle *(n.)* մանգաղ *mangagh*
sickly *(adj.)* հիվանդոտ *hivandot*
sickness *(n.)* հիվանդություն *hivandutyun*
side *(v.)* մեկի կողմը բռնել *meki koghma brrnel*
side *(n.)* կողմ *koghm*
sidearm *(n.)* կողազենք *koghazenq*
sidearm *(v.)* կողազենք կրել *koghazenq krel*
sidearm *(adj.)* կողազենքային *koghazenqayin*
sideband *(n.)* օղակապ *oghakap*
sidebar *(n.)* հետևանք *hetevanq*
sideboard *(n.)* սպասքապահարան *spasqapaharan*
sidebox *(n.)* կողատուփ *koghatup*

sideburn *(n.)* կողայրում *koghayrum*
sideburns *(n.)* բռնկում *brrnkum*
sidecar *(n.)* անվակառք *anvakarrq*
sideline *(n.)* կողմնակի աշխատանք *koghmnaki ashkhatanq*
sideline *(v.)* զբաղվել *zbakhvel*
sidereal *(adj.)* աստղային *astghayin*
side-saddle *(n.)* կողաթամբ *koghatumb*
side-saddle *(adj.)* կողաթամբած *koghatambats*
sideshow *(n.)* ցուցանմուշ *cucanmush*
side-stream *(n.)* թորում *torum*
sidestroke *(n.)* կողահարված *koghaharvats*
sidetrack *(n.)* պահեստուղի *pahestughi*
sidetrack *(v.)* փոխադրել *pokhadrel*
sidewalk *(n.)* մայթ *mayt*
sidewall *(n.)* կողապատ *koghapat*
sideway *(n.)* կողմ *koghm*
sideway *(adj.)* միակողմանի *miakoghmani*
sideway *(adv.)* շեղակի *sheghaki*
sidewind *(n.)* կողմնակի ազդեցություն *koghmnaki azdecutyun*
siege *(n.)* պաշարում *pasharum*
siege *(v.)* պաշարել *pasharel*
siesta *(n.)* հետճաշյա հանգիստ *hetchashya hangist*
sieve *(v.)* մաղել *maghel*
sieve *(n.)* մաղ *magh*
sift *(v.)* մաղել *maghel*
sigh *(v.)* հառաչել *harrachel*
sigh *(n.)* հառաչ *harrach*
sight *(v.)* տեսնել *tesnel*
sight *(n.)* տեսողություն *tessoghutyun*
sightly *(adj.)* տեսքով *tesqov*
sign *(v.)* ստորագրել *storagrel*
sign *(n.)* նշան *nshan*
signal *(adj.)* ազդանշանային *azdanshanayin*
signal *(v.)* ազդանշանել *azdanshanel*
signal *(n.)* ազդանշան *azdanshan*
signatory *(n.)* ստորագրող կողմ *storagrogh koghm*
signature *(n.)* ստորագրություն *storagrutyun*
significance *(n.)* կարևորություն *karevorutyun*
significant *(adj.)* կարևոր *karevor*
signification *(n.)* իմաստ *imast*
signify *(v.)* նշանակել *nshanakel*
signing *(n.)* ստորագրում *storagrum*
silence *(v.)* լռեցնել *lrrecnel*
silence *(n.)* լռություն *lrrutyun*
silencer *(n.)* խլարար *khlarar*
silent *(adj.)* լուռ *lurr*
silently *(adv.)* հանդարտորեն *handartoren*
silhouette *(n.)* ստվերանկար *stverankar*
silica *(n.)* սիլիկատ *silikat*
silicene *(n.)* սիլիցեն *silicen*
silicon *(n.)* սիլիցիում *silicium*
silk *(n.)* մետաքս *metaqs*
silken *(adj.)* մետաքսե *metaqse*
silky *(adj.)* մետաքսանման *metaqsanman*
silly *(adj.)* հիմար *himar*
silt *(v.)* տղմոտել *tghmotel*
silt *(n.)* տիղմ *tighm*
silver *(n.)* արծաթ *artsat*
silver *(adj.)* արծաթյա *artsatya*
silver *(v.)* արծաթաջրել *artsatajrel*
similar *(adj.)* նման *nman*
similarity *(n.)* նմանություն *nmanutyun*
simile *(n.)* համեմատություն *hamematutyun*
similitude *(n.)* նմանություն *nmanutyun*
simmer *(v.)* եռալ *yerral*
simple *(adj.)* պարզ *parz*
simpleton *(n.)* պարզամիտ մարդ *parzamit mard*
simplicity *(n.)* պարզություն *parzutyun*
simplification *(n.)* պարզեցում *parzecum*
simplify *(v.)* պարզեցնել *parzecnel*
simultaneous *(adj.)* միաժամանակյա *miadjamanakya*
sin *(v.)* մեղանչել *meghanchel*
sin *(n.)* մեղք *meghq*
since *(conj.)* քանի որ *qani vor*
since *(adv.)* այն ժամանակվանից *ayn*

djamanakvanic
since *(prep.)* սկսած *sksats*
sincere *(adj.)* անկեղծ *ankeghts*
sincerity *(n.)* անկեղծություն *ankeghtsutyun*
sinful *(adj.)* մեղավոր *meghavor*
sing *(v.)* երգել *yergel*
singe *(n.)* այրվածք *ayrvatsq*
singe *(v.)* այրել *ayrel*
singer *(n.)* երգիչ *yergich*
single *(n.)* մենակ մարդ *menak mard*
single *(v.)* ջոկել *jokel*
single *(adj.)* մենակ *menak*
single-handedly *(adv.)* մենակ *menak*
singular *(adj.)* եզակի *yezaki*
singularity *(n.)* յուրահատկություն *yurahatkutyun*
singularly *(adv.)* եզակիորեն *yezakioren*
sinister *(adj.)* չարակամ *charakam*
sink *(n.)* տաշտակ *tashtak*
sink *(v.)* սուզվել *suzvel*
sinner *(n.)* մեղավոր մարդ *meghavor mard*
sinuous *(adj.)* ալիքավոր *aliqavor*
sip *(n.)* կում *kum*
sip *(v.)* ըմպել *ampel*
sir *(n.)* պարոն *paron*
siren *(n.)* ծովահարս *tsovahars*
sister *(n.)* քույր *quyr*
sisterhood *(n.)* քույրություն *quyrutyun*
sisterly *(adj.)* քրոջ *qroj*
sit *(v.)* նստել *nstel*
site *(n.)* տեղ *tegh*
situation *(n.)* իրադրություն *iradrutyun*
six *(num.)* վեց *vec*
sixteen *(num.)* տասնվեց *tasnvec*
sixteenth *(num.)* տասնվեցերորդ *tasnvecerord*
sixth *(num.)* վեցերորդ *vecerord*
sixtieth *(num.)* վաթսուներորդ *vatsunerord*
sixty *(num.)* վաթսուն *vatsun*
sizable *(adj.)* մեծածավալ *metsatsaval*
size *(n.)* չափս *chaps*
size *(v.)* տեսակավորել *tessakavorel*
sizzle *(n.)* թշշոց *tshshoc*
sizzle *(v.)* թշշալ *tshshal*

skate *(n.)* չմուշկ *chmushk*
skate *(v.)* չմշկել *chmshkel*
skater *(n.)* չմշկորդ *chmshkord*
skein *(n.)* կծիկ *ktsik*
skeleton *(n.)* կմախք *kmakhq*
sketch *(v.)* ուրվանկարել *urvankarel*
sketch *(n.)* էսքիզ *esqiz*
sketchy *(adj.)* էսքիզային *esqizayin*
skid *(n.)* հենակ *henak*
skid *(v.)* սահել *sahel*
skilful *(adj.)* հմուտ *hmut*
skill *(n.)* հմտություն *hmtutyun*
skin *(v.)* քերթել *qertel*
skin *(n.)* մաշկ *mashk*
skip *(n.)* ցատկ *catk*
skip *(v.)* ցատկոտել *catkotel*
skipper *(n.)* նավապետ *navapet*
skirmish *(v.)* կռվել *krrvel*
skirmish *(n.)* մարտ *mart*
skirt *(v.)* շրջապատել *shrjapatel*
skirt *(n.)* շրջազգեստ *shrjazgest*
skit *(n.)* երգիծանք *tergitsanq*
skull *(n.)* գանգ *gang*
sky *(v.)* հարվածել *harvatsel*
sky *(n.)* երկինք *yerkinq*
skyscraper *(n.)* երկնաքեր *yerknaqer*
slab *(n.)* սալաքար *salaqar*
slack *(adj.)* ազատ *azat*
slacken *(v.)* թուլացնել *tulacnel*
slacks *(n. pl.)* տաբատ *tabat*
slake *(v.)* բավարարել *bavararel*
slam *(n.)* շլեմ *shlem*
slam *(v.)* շրխկացնել *shrkhacnel*
slander *(n.)* զրպարտություն *zrpartutyun*
slander *(v.)* զրպարտել *zrpartel*
slanderous *(adj.)* զրպարտչական *zrpartchakan*
slang *(n.)* ժարգոն *djargon*
slant *(n.)* թեքում *tequm*
slant *(v.)* թեքություն ունենալ *tequtyun unenal*
slap *(v.)* ապտակել *aptakel*
slap *(n.)* ապտակ *aptak*
slash *(n.)* վերք *verq*
slash *(v.)* կտրել *ktrel*
slate *(n.)* թերթաքար *tertaqar*
slather *(v.)* տարածել *taratsel*

slattern *(n.)* փնթի կին *pnti kin*
slatternly *(adj.)* փնթի *pnti*
slaughter *(v.)* կոտորել *kotorel*
slaughter *(n.)* կոտորած *kotorats*
slave *(v.)* ստրկորեն աշխատել *strkoren ashkhatel*
slave *(n.)* ստրուկ *struk*
slavery *(n.)* ստրկություն *strkutyun*
slavish *(adj.)* ստրկական *strkakan*
slay *(v.)* սպանել *spanel*
sleek *(adj.)* հարթ *hart*
sleep *(n.)* քուն *qun*
sleep *(v.)* քնել *qnel*
sleeper *(n.)* քնած *qnats*
sleepy *(adj.)* քնկոտ *qnkot*
sleeve *(n.)* թևք *tevq*
sleight *(n.)* ճարպկություն *charpkutyun*
slender *(adj.)* բարեկազմ *barekazm*
slice *(v.)* կտրատել *ktratel*
slice *(n.)* կտոր *ktor*
slick *(adj.)* ողորկ *voghork*
slide *(n.)* սահիկաշար *sahikashar*
slide *(v.)* սահել *sahel*
slight *(n.)* անտեսում *antessum*
slight *(v.)* արհամարհել *arhamarhel*
slight *(adj.)* թույլ *tuyl*
slim *(v.)* բարակել *barakel*
slim *(adj.)* բարակ *barak*
slime *(n.)* լորձ *lordz*
slimy *(adj.)* լորձոտ *lordzot*
sling *(n.)* վիրակապ *virakap*
slip *(n.)* վրիպում *vripum*
slip *(v.)* սայթաքել *saytaqel*
slip road *(n.)* սայթաքուն ճանապարհ *saytaqun chanaparh*
slipper *(n.)* հողաթափ *hoghatap*
slippery *(adj.)* սայթաքուն *saytaqun*
slipshod *(adj.)* փնթի *pnti*
slit *(v.)* ճեղքել *cheghqel*
slit *(n.)* ճեղք *cheghq*
slogan *(n.)* լոզունգ *lozung*
slope *(v.)* իջնել բարձրանալ *ijnel bardzranal*
slope *(n.)* լանջ *lanj*
slot *(n.)* ճեղք *cheghq*
slot. *(v.)* շրխկացնել *shrkhkacnel*
sloth *(n.)* ծուլություն *tsulutyun*
slothful *(adj.)* ծույլ *tsuyl*
slough *(v.)* դեպրեսիա *depressia*
slough *(n.)* թեփոտվել *tepotvel*
slovenly *(adj.)* փնթի *pnti*
slow *(v.)* դանդաղել *dandaghel*
slow *(adj.)* դանդաղ *dandagh*
slow motion *(n.)* դանդաղընթացք *dandaghantac*
slowly *(adv.)* դանդաղորեն *dandaghoren*
slowness *(n.)* դանդաղկոտություն *dandaghkotutyun*
sluggard *(n.)* անբան մարդ *anban mard*
sluggish *(adj.)* դանդաղկոտ *dandaghkot*
sluice *(n.)* ջրարգելակ *jrargelak*
slum *(n. pl.)* ետնախորշ *yetnakhorsh*
slumber *(n.)* քուն *qun*
slumber *(v.)* նիրհել *nirhel*
slump *(v.)* անկում ապրել *ankum aprel*
slump *(n.)* անկում *ankum*
slur *(n.)* միաձուլում *miadzulum*
slush *(n.)* ջրկացեխ *jrkacekh*
slushy *(adj.)* ցեխոտ *cekhot*
slut *(n.)* պոռնիկ *porrnik*
sly *(adj.)* խորամանկ *khoramank*
smack *(v.)* համ ունենալ *ham unenal*
smack *(n.)* համ *ham*
smallness *(n.)* փոքրություն *poqrutyun*
small *(adj.)* փոքր *poqr*
small *(adv.)* մանր կտորների *manr ktorneri*
smallpox *(n.)* ջրծաղիկ *jrtsaghik*
smart *(v.)* ցավել *cavel*
smart *(n.)* սուր ցավ *sur cav*
smart *(adj.)* խելացի *khelaci*
smartly *(adv.)* նրբագեղորեն *nrbageghoren*
smash *(n.)* ջարդում *jardum*
smash *(v.)* ջարդել *jardel*
smear *(n.)* արատ *arat*
smear *(v.)* արատավորել *aratavorel*
smell *(v.)* հոտոտել *hototel*
smell *(n.)* հոտ *hot*
smelt *(v.)* հալել *halel*
smile *(v.)* ժպտալ *djptal*
smile *(n.)* ժպիտ *djpit*
smith *(n.)* դարբին *darbin*

smock *(n.)* խալաթ *khalat*
smog *(n.)* մշուշ *mshush*
smoke *(v.)* ծխալ *tskhal*
smoke *(n.)* ծուխ *tsukh*
smoking *(n.)* ծխելը *tskhela*
smoky *(adj.)* ծխապատ *tskhapat*
smooth *(v.)* հարթել *hartel*
smooth *(adj.)* հարթ *hart*
smoothie *(n.)* սահուն խոսող *sahun khossogh*
smother *(v.)* խեղդել *kheghdel*
smoulder *(v.)* այրվել *ayrvel*
smug *(adj.)* ինքնագոհ *inqnagoh*
smuggle *(v.)* մաքսանենգությամբ զբաղվել *maqsanengutyamb zbaghvel*
smuggler *(n.)* մաքսանենգ *maqsaneng*
snack *(n.)* նախաճաշիկ *nakhachashik*
snag *(n.)* արգելք *argelq*
snail *(n.)* խխունջ *khkhunj*
snake *(v.)* գալարվել *galarvel*
snake *(n.)* օձ *odz*
snap *(n.)* շրխկոց *shrkhkoc*
snap *(adj.)* շտապ *shtap*
snap *(v.)* շրխկացնել *shrkhkacnel*
snapshot *(n.)* վայրկենական լուսանկար *vayrkenakan lussankar*
snare *(v.)* թակարդով բռնել *takardov brrnel*
snare *(n.)* թակարդ *takard*
snarl *(v.)* գռմռալ *grrmrral*
snarl *(n.)* գռմռոց *grrmrroc*
snatch *(n.)* ճանկում *chankum*
snatch *(v.)* ճանկել *chankel*
sneak *(n.)* մատնիչ *matnich*
sneak *(v.)* մատնել *matnel*
sneer *(n.)* ծաղր *tsaghr*
sneer *(v.)* ծաղրել *tsaghrel*
sneeze *(n.)* փռշտոց *prrshtoc*
sneeze *(v.)* փռշտալ *prrshtal*
sniff *(n.)* փնչոց *pnchoc*
sniff *(v.)* փնչացնել *pnchacnel*
sniper *(n.)* դիպուկահար *dipukahar*
snob *(n.)* սնոբ *snob*
snobbery *(n.)* սնոբիզմ *snobizm*
snobbish *(adj.)* պճնամոլ *pchnamol*
snoop *(v.)* լրտեսել *lrtessel*
snoot *(n.)* քիթ *qit*
snooze *(v.)* դանթել *dantel*

snore *(n.)* խռմփոց *khrrmpoc*
snore *(v.)* խռմփացնել *khrrmpacnel*
snort *(n.)* փնչոց *pnchoc*
snort *(v.)* փնչացնել *pnchacnel*
snout *(n.)* դունչ *dunch*
snow *(v.)* ձյուն տեղալ *dzyun teghal*
snow *(n.)* ձյուն *dzyun*
snow boot *(n.)* ձնակոշիկ *dznakoshik*
snowfall *(n.)* ձյունատեղում *dzyunateghum*
snowy *(adj.)* ձնառատ *dznarrat*
snub *(adj.)* կճատ *kchat*
snub *(n.)* հանդիմանություն *handimanutyun*
snub *(v.)* հանդիմանել *handimanel*
snuff *(n.)* քթախոտ *qtakhot*
snug *(adj.)* հարմարավետ *harmaravet*
so *(adv.)* այսպես *ayspes*
so *(conj.)* հետևաբար *hetevabar*
soak *(n.)* թրջում *trjum*
soak *(v.)* թրջել *trjel*
soap *(v.)* օճառել *ocharrel*
soap *(n.)* օճառ *ocharr*
soapy *(adj.)* օճառի *ocharri*
soar *(v.)* սավառնել *savarrnel*
sob *(n.)* հեկեկանք *hekekanq*
sob *(v.)* հեկեկալ *hekekal*
sober *(adj.)* զգաստ *zgast*
sobriety *(n.)* զգաստություն *zgastutyun*
sociability *(n.)* մարդամոտություն *mardamotutyun*
sociable *(adj.)* մարդամոտ *mardamot*
social *(n.)* սոցիալական *socialakan*
socialism *(n.)* սոցիալիզմ *socializm*
socialist *(n.)* սոցիալիստ *socialist*
socialite *(n.)* սոցիալիստ *socialist*
society *(n.)* հասարակություն *hassarakutyun*
sociology *(n.)* սոցիոլոգիա *sociologia*
sock *(n.)* կիսագուլպա *kissagulpa*
socket *(n.)* վարդակ *vardak*
sod *(n.)* ճիմահող *chimahogh*
sodomite *(n.)* սոդոմաբնիկ *sodomabnik*
sodomy *(n.)* սեռական հարաբերություն *serrakan haraberutyun*

sofa *(n.)* բազմոց *bazmoc*
soft *(adj.)* փափուկ *papuk*
soft copy *(n.)* թվապատճեն *tvapatchen*
soften *(v.)* փափկել *papkel*
softener *(n.)* փափկեցնող միջոց *papkecnogh mijoc*
soggy *(adj.)* թաց *tac*
soil *(v.)* կեղտոտվել *keghtotvel*
soil *(n.)* հող *hogh*
sojourn *(n.)* այց *ayc*
sojourn *(v.)* հյուրընկալվել *hyurankalvel*
solace *(v.)* սփոփել *spopel*
solace *(n.)* սփոփանք *spopanq*
solar *(adj.)* արևային *arevayin*
solar panel *(n.)* արևային վահանակ *arevayin vahanak*
solder *(v.)* զոդել *zodel*
solder *(n.)* զոդանյութ *zodanyut*
soldier *(v.)* ծառայել *tsarrayel*
soldier *(n.)* զինվոր *zinvor*
sole *(v.)* ներբան գցել *nerban gcel*
sole *(adj.)* միակ *miak*
sole *(n.)* ներբան *nerban*
solemn *(adj.)* հանդիսավոր *handissavor*
solemnity *(n.)* հանդիսավորություն *handissavorutyun*
solemnize *(v.)* վեհացնել *vehacnel*
solicit *(v.)* միջնորդել *mijnordel*
solicitation *(n.)* միջնորդություն *mijnordutyun*
solicitor *(n.)* փաստաբան *pastaban*
solicitous *(adj.)* հոգատար *hogatar*
solicitude *(n.)* հոգատարություն *hogatarutyun*
solid *(n.)* պինդ մարմին *pind marmin*
solid *(adj.)* պինդ *pind*
solidarity *(n.)* համերաշխություն *hamerashkhutyun*
solidify *(v.)* ամրացնել *amracnel*
soliloquy *(n.)* մենախոսություն *menakhossutyun*
solitaire *(n.)* ճգնավոր *chgnavor*
solitary *(adj.)* մենակ *menak*
solitude *(n.)* մենակություն *menakutyun*
solo *(adj.)* սոլո *solo*
solo *(adv.)* սոլո *solo*
solo *(n.)* մեներգ *menerg*
soloist *(n.)* մենակատար *menakatar*
solubility *(n.)* լուծելիություն *lutseliutyun*
soluble *(adj.)* լուծելի *lutseli*
solution *(n.)* լուծում *lutsum*
solve *(v.)* լուծել *lutsel*
solvency *(n.)* վճարունակություն *vcharunakutyun*
solvent *(n.)* լուծիչ *lutsich*
solvent *(adj.)* վճարունակ *vcharunak*
sombre *(adj.)* մռայլ *mrrayl*
some *(pron.)* ոմանք *vomanq*
some *(adj.)* մի քանի *mi qani*
somebody *(n.)* կարևոր անձ *karevor andz*
somebody *(pron.)* մեկը *meka*
somehow *(adv.)* մի կերպ *mi kerp*
someone *(pron.)* որևէ մեկը *voryeve meka*
somersault *(v.)* գլուխկոնծի տալ *glukhkontsi tal*
somersault *(n.)* սալտո *salto*
something *(adv.)* մի բան *mi ban*
something *(pron.)* որևէ բան *voryeve ban*
sometime *(adv.)* երբևէ *yerbemn*
sometimes *(adv.)* երբեմն *yerbemn*
somewhat *(adv.)* որոշ չափով *vorosh chapov*
somewhere *(adv.)* ինչ-որ տեղ *inch-vor tegh*
somnambulism *(n.)* լուսնոտություն *lusnotutyun*
somnambulist *(n.)* լուսնոտ *lusnot*
somnolence *(n.)* քնկոտություն *qnkotutyun*
somnolent *(adj.)* քնկոտ *qnkot*
son *(n.)* որդի *vordi*
song *(n.)* երգ *yerg*
songster *(n.)* երգիչ *yergich*
sonic *(adj.)* ձայնային *dzaynayin*
sonnet *(n.)* սոնետ *sonet*
sonography *(n.)* սոնոգրաֆիա *sonografia*
sonority *(n.)* հնչեղություն *hncheghutyun*

soon *(adv.)* շուտով *shutov*
soot *(v.)* մրոտել *mrotel*
soot *(n.)* մուր *mur*
soothe *(v.)* հանգստացնել *hangstacnel*
sophism *(n.)* սոփիզմ *sopizm*
sophist *(n.)* սոփեստ *sopest*
sophisticate *(v.)* աղավաղել *aghavaghel*
sophisticated *(adj.)* փորձառու *pordzarru*
sophistication *(n.)* իմաստակաբանություն *imastakabanutyun*
sorcerer *(n.)* կախարդ *kakhard*
sorcery *(n.)* կախարդություն *kakhardutyun*
sordid *(adj.)* անազնիվ *anazniv*
sore *(n.)* վերք *verq*
sore *(adj.)* ցավոտ *cavot*
sorrow *(v.)* վշտանալ *vshtanal*
sorrow *(n.)* վիշտ *visht*
sorry *(adj.)* ցավալի *cavali*
sort *(n.)* տեսակ *tessak*
sort *(v.)* տեսակավորել *tessakavorel*
soul *(n.)* հոգի *hogi*
sound *(v.)* հնչել *hnchel*
sound *(n.)* ձայն *dzayn*
sound *(adj.)* առողջ *arroghj*
sound system *(n.)* ձայնային համակարգ *dzaynayin hamakarg*
soundproof *(adj.)* անձայնանցիկ *andzaynancik*
soundtrack *(n.)* սաունդթրեք *saundtreq*
soup *(n.)* ապուր *apur*
sour *(v.)* թթվել *ttvel*
sour *(adj.)* թթու *ttu*
source *(n.)* աղբյուր *aghbyur*
south *(n.)* հարավ *harav*
south *(adj.)* հարավային *haravayin*
south *(adv.)* դեպի հարավ *depi harav*
southerly *(adj.)* հարավային *haravayin*
southern *(adj.)* հարավային *haravayin*
souvenir *(n.)* հուշանվեր *hushanver*
sovereign *(adj.)* ինքնիշխան *inqnishkhan*
sovereign *(n.)* միապետ *miapet*
sovereignty *(n.)* ինքնիշխանություն *inqnishkhanutyun*
sow *(v.)* ցանել *canel*
sow *(n.)* խոզ *khoz*
space *(v.)* տարածություն թողնել *taratsutyun toghnel*
space *(n.)* տարածություն *taratsutyun*
spacecraft *(n.)* տիեզերանավ *tiezeranav*
spacious *(adj.)* լայն *layn*
spade *(v.)* բահով փորել *bahov porel*
spade *(n.)* բահ *bah*
span *(v.)* չափել *chapel*
span *(n.)* ակնթարթ *akntart*
Spaniard *(n.)* իսպանացի *ispanaci*
spaniel *(n.)* սպանյել *spanyel*
Spanish *(n.)* իսպաներեն *ispaneren*
Spanish *(adj.)* իսպանական *ispanakan*
spanner *(n.)* պտուտակաբանալի *ptutakabanali*
spare *(adj.)* պահեստային *pahestayin*
spare *(n.)* փոխնորդ *pokhnord*
spare *(v.)* գթալ *gtal*
spark *(v.)* կայծկլտալ *kaytskltal*
spark *(n.)* կայծ *kayts*
sparkle *(n.)* կայծ *kayts*
sparkle *(v.)* կայծկլտալ *kaytskltal*
sparrow *(n.)* ճնճղուկ *chnchghuk*
sparse *(adj.)* նոսր *nosr*
spasm *(n.)* ջղաձգություն *jghadzgutyun*
spasmodic *(adj.)* ջղաձգական *jghadzgakan*
spate *(n.)* տարափ *tarap*
spatial *(adj.)* տարածական *taratsakan*
spawn *(v.)* բազմանալ *bazmanal*
spawn *(n.)* սերունդ *serund*
speak *(v.)* խոսել *khossel*
speaker *(n.)* հռետոր *hrretor*
spear *(v.)* խոցել *khocel*
spear *(n.)* նիզակ *nizak*
spearhead *(v.)* գլխավորել *glkhavorel*
spearhead *(n.)* տեգ *teg*
spearman *(n.)* նիզակակիր *nizakakir*
special *(adj.)* հատուկ *hatuk*
specialist *(n.)* մասնագետ *masnaget*
speciality *(n.)* մասնագիտություն *masnagitutyun*
specialization *(n.)* մասնագիտացում *masnagitacum*

specialize *(v.)* մասնագիտանալ *masnagitanal*
species *(n. pl.)* տեսակ *tessak*
specific *(adj.)* յուրահատուկ *yurahatuk*
specification *(n.)* դասակարգում *dassakargum*
specify *(v.)* նշել *nshel*
specimen *(n.)* նմուշ *nmush*
speck *(n.)* բիծ *bits*
speckle *(n.)* բծիկ *btsik*
spectacle *(n.)* տեսարան *tessaran*
spectacular *(adj.)* տպավորիչ *tpavorich*
spectator *(n.)* հանդիսատես *handissates*
spectre *(n.)* ուրվական *urvakan*
spectrum *(n.)* լուսապատկեր *lussapatker*
speculate *(v.)* շահարկել *shaharkel*
speculation *(n.)* չարաշահում *charashahum*
speech *(n.)* զեկուցում *zekucum*
speed *(v.)* արագացնել *aragacnel*
speed *(n.)* արագություն *aragutyun*
speedily *(adv.)* արագ *arag*
speedy *(adj.)* արագ *arag*
spell *(v.)* հեգել *hegel*
spell *(n.)* նոպա *nopa*
spelling *(n.)* ուղղագրություն *ughghagrutyun*
spend *(v.)* ծախսել *tsakhsel*
spendthrift *(n.)* վատնող մարդ *vatnogh mard*
sperm *(n.)* սերմնահեղուկ *sermnaheghuk*
sphere *(n.)* ոլորտ *volort*
spherical *(adj.)* գնդաձև *gndadzev*
spice *(v.)* համեմել *hamemel*
spice *(n.)* համեմունք *hamemunq*
spicy *(adj.)* համուհոտով *hamuhotov*
spider *(n.)* սարդ *sard*
spike *(v.)* մեխել *mekhel*
spike *(n.)* մեխ *mekh*
spill *(n.)* թափթփած հեղուկ *taptpats heghuk*
spill *(v.)* թափել *tapel*
spin *(n.)* պտտելը *pttela*
spin *(v.)* մանել *manel*
spinach *(n.)* սպանախ *spanakh*
spinal *(adj.)* ողնաշարի *voghnashari*
spindle *(n.)* իլիկ *ilik*
spine *(n.)* ողնաշար *voghnashar*
spinner *(n.)* մանող *manogh*
spinster *(n.)* պառաված աղջիկ *parravats aghjik*
spiral *(adj.)* պարուրաձև *paruradzev*
spiral *(n.)* գալար *galar*
spirit *(n.)* ոգի *vogi*
spirited *(adj.)* եռանդուն *yerrandun*
spiritual *(adj.)* հոգևոր *hogevor*
spiritualism *(n.)* հոգեպաշտություն *hogepashtutyun*
spiritualist *(n.)* հոգեպաշտ *hogepasht*
spirituality *(n.)* հոգևորություն *hogevorutyun*
spit *(n.)* թուք *tuq*
spit *(v.)* թքել *tqel*
spite *(n.)* քեն *qen*
spittle *(n.)* թուք *tuq*
spitton *(n.)* թքաման *tqaman*
splash *(n.)* ցայտուկ *caytuk*
splash *(v.)* կեղտոտել *keghtotel*
spleen *(n.)* փայծաղ *paytsagh*
splendid *(adj.)* հոյակապ *hoyakap*
splendour *(n.)* հոյակապություն *hoyakaputyun*
splinter *(v.)* կոտրվել *kotrvel*
splinter *(n.)* բեկոր *bekor*
split *(n.)* պառակտում *parraktum*
split *(v.)* պառակտել *parraktel*
spoil *(v.)* փչացնել *pchacnel*
spoil *(n.)* ավար *avar*
spoke *(n.)* անվաճաղ *anvachagh*
spokesman *(n.)* պատգամավոր *patgamavor*
sponge *(v.)* սպունգով լվանալ *spungov lvanal*
sponge *(n.)* սպունգ *spung*
sponsor *(v.)* երաշխավորել *yerashkhavorel*
sponsor *(n.)* երաշխավոր *yerashkhavor*
spontaneity *(n.)* ինքնաբերություն *inqnaberutyun*
spontaneous *(adj.)* ինքնաբերական *inqnaberakan*
spoon *(n.)* գդալ *gdal*

spoon *(v.)* ուտել *utel*
spoonful *(n.)* մի լիքը գդալ *mi liqa gdal*
sporadic *(adj.)* եզակի *yezaki*
sport *(v.)* սպորտով զբաղվել *sportov zbaghvel*
sport *(n.)* սպորտ *sport*
sportive *(adj.)* սպորտային *sportayin*
sportsman *(n.)* մարզիկ *marzik*
spot *(v.)* բծոտել *btsotel*
spot *(n.)* բիծ *bits*
spotless *(adj.)* անբիծ *anbits*
spotlight *(n.)* ուշադրության կենտրոն *ushadrutyan kentron*
spousal *(adj.)* ամուսնական *amusnakan*
spouse *(n.)* ամուսին *amusin*
spout *(v.)* ծորալ *tsoral*
spout *(n.)* ծորակ *tsorak*
sprain *(n.)* գերձում *gerdzum*
sprain *(v.)* ձգավնասել *dzgavnassel*
spray *(v.)* հեղուկացրել *heghukacrel*
spray *(n.)* հեղուկացիր *heghukacir*
spread *(n.)* սփռում *sprrum*
spread *(v.)* սփռել *sprrel*
spree *(n.)* քեֆ *qef*
sprig *(n.)* ոստ *vost*
sprightly *(adj.)* ուրախ *urakh*
spring *(n.)* գարուն *garun*
spring *(v.)* ցատկել *catkel*
sprinkle *(v.)* ցողել *coghel*
sprint *(n.)* սպրինտ *sprint*
sprint *(v.)* վազել *vazel*
sprout *(n.)* բողբոջ *boghboj*
sprout *(v.)* բողբոջել *boghbojel*
spur *(v.)* խթանել *khtanel*
spur *(n.)* խթան *khtan*
spurious *(adj.)* կեղծ *keghts*
spurn *(v.)* մերժել *merdjel*
spurt *(n.)* ցայտ *cayt*
spurt *(v.)* ցայտել *caytel*
sputnik *(n.)* արհեստական արբանյակ *arhestakan arbanyak*
sputum *(n.)* թուք *tuq*
spy *(v.)* լրտեսել *lrtessel*
spy *(n.)* լրտես *lrtes*
squad *(n.)* ջոկատ *jokat*
squadron *(n.)* էսկադրոն *eskadron*
squalid *(adj.)* թշվառ *tshvarr*
squalor *(n.)* թշվառություն *tshvarrutyun*
squander *(v.)* վատնել *vatnel*
square *(adj.)* քառակուսի *qarrakussi*
square *(v.)* քառակուսիացնել *qarrakussiacnel*
square *(n.)* քառակուսի *qarrakussi*
squash *(n.)* ամբոխ *ambokh*
squash *(v.)* տրորել *trorel*
squat *(v.)* պպզել *ppzel*
squeak *(v.)* ճռճռալ *chrrchrral*
squeak *(n.)* ճռռոց *chrrchrroc*
squeeze *(v.)* սեղմել *seghmel*
squint *(n.)* շլություն *shlutyun*
squint *(v.)* ծկրակել *tskrakel*
squire *(n.)* սկվայր *skvayr*
squirrel *(n.)* սկյուռ *skyurr*
stab *(n.)* հարված *harvats*
stab *(v.)* սպանել *spanel*
stability *(n.)* կայունություն *kayunutyun*
stabilization *(n.)* կայունացում *kayunacum*
stabilize *(v.)* կայունացնել *kayunacnel*
stable *(n.)* ախոռ *akhorr*
stable *(v.)* ախոռում պահել *akhorrum pahel*
stable *(adj.)* կայուն *kayun*
stadium *(n.)* մարզադաշտ *marzadasht*
staff *(v.)* համալրել *hamalrel*
staff *(n.)* անձնակազմ *andznakazm*
stag *(n.)* արու կենդանի *aru kendani*
stage *(v.)* բեմադրել *bemadrel*
stage *(n.)* բեմ *bem*
stagger *(n.)* օրորվելը *ororvela*
stagger *(v.)* օրորվել *ororvel*
stagnant *(adj.)* լճացած *lchacats*
stagnate *(v.)* լճանալ *lchanal*
stagnation *(n.)* լճացում *lchacum*
staid *(adj.)* լուրջ *lurj*
stain *(v.)* բծոտել *btsotel*
stain *(n.)* բիծ *bits*
stainless *(adj.)* չժանգոտվող *chdjangotvogh*
stair *(n.)* աստիճան *astichan*
staircase *(n.)* սանդուղք *sandughq*
stake *(v.)* ցցերով ամրացնել *ccerov amracnel*

stake *(n.)* ցից *cic*
stale *(v.)* չորանալ *choranal*
stale *(adj.)* հնացած *hnacats*
stalemate *(n.)* պատ *pat*
stalk *(v.)* ցողունակալել *coghunakalel*
stalk *(n.)* ցողուն *coghun*
stall *(v.)* կանգնեցնել *kangnecnel*
stall *(n.)* կրպակ *krpak*
stallion *(n.)* հովատակ *hovatak*
stalwart *(adj.)* պնդակազմ *pndakazm*
stalwart *(n.)* ամրակազմ մարդ *amrakazm mard*
stamina *(n.)* տոկունություն *tokunutyun*
stammer *(v.)* կակազել *kakazel*
stammer *(n.)* կակազում *kakazum*
stamp *(v.)* կնքել *knqel*
stamp *(n.)* կնիք *kniq*
stampede *(v.)* հրմշտել *hrmshtel*
stampede *(n.)* հրմշտոց *hrmshtoc*
stand *(n.)* կանգառ *kangarr*
stand *(v.)* կանգնել *kangnel*
standard *(adj.)* ստանդարտ *standart*
standard *(n.)* նորմա *norma*
standardization *(n.)* ստանդարտացում *standartacum*
standardize *(v.)* ստանդարտացնել *standartacnel*
standing *(n.)* դիրք *dirq*
standpoint *(n.)* տեսակետ *tessaket*
standstill *(n.)* դադար *dadar*
stanza *(n.)* տուն *tun*
staple *(adj.)* հիմնական *himnakan*
staple *(v.)* ամրացնել *amracnel*
staple *(n.)* ամրակ *amrak*
star *(v.)* աստղանշան դնել *astghanshan dnel*
star *(n.)* աստղ *astgh*
starch *(v.)* օսլայել *oslayel*
starch *(n.)* օսլա *osla*
stardom *(n.)* փառք *parrq*
stare *(n.)* հայացք *hayacq*
stare *(v.)* աչքերը հառել *achqera harrel*
stark *(adj.)* բացարձակ *bacardzak*
stark *(adv.)* բոլորովին *bolorovin*
starry *(adj.)* աստղազարդ *astghazard*
start *(n.)* մեկնում *meknum*
start *(v.)* մեկնել *meknel*
startle *(v.)* ցնցել *cncel*
starvation *(n.)* սով *sov*
starve *(v.)* սովամահ լինել *sovamah linel*
state *(v.)* հաղորդել *haghordel*
state *(n.)* պետություն *petutyun*
stateliness *(n.)* վեհություն *vehutyun*
stately *(adj.)* վեհ *veh*
statement *(n.)* հայտարարություն *haytararutyun*
statesman *(n.)* պետական գործիչ *petakan gortsich*
statewide *(adj.)* պետական *petakan*
static *(n.)* ստատիկ *statik*
static *(adj.)* ստատիկ *statik*
statics *(n.)* ստատիկա *statika*
station *(n.)* կայան *kayan*
station *(v.)* տեղավորել *teghavorel*
stationary *(adj.)* կայուն *kayun*
stationer *(n.)* գրավաճառ *gravacharr*
stationery *(n.)* գրենական պիտույքներ *grenakan pituyqner*
statistical *(adj.)* վիճակագրական *vichakagrakan*
statistician *(n.)* վիճակագիր *vichakagir*
statistics *(n.)* վիճակագրություն *vichakagrutyun*
statue *(n.)* արձան *ardzan*
stature *(n.)* հասակ *hassak*
status *(n.)* իրավիճակ *iravichak*
statute *(n.)* կանոնադրություն *kanonadrutyun*
statutory *(adj.)* օրինականացված *orinakanacvats*
staunch *(adj.)* հավատարիմ *havatarim*
stay *(n.)* այց *ayc*
stay *(v.)* մնալ *mnal*
steadfast *(adj.)* հաստատուն *hastatun*
steadiness *(n.)* կայունություն *kayunutyun*
steady *(v.)* կայունանալ *kayunanal*
steady *(adj.)* կայուն *kayun*
steal *(v.)* գողանալ *goghanal*
stealthily *(adv.)* գաղտագողի *gaghtagoghi*
steam *(n.)* գոլորշի *golorshi*
steam *(v.)* գոլորշիանալ *golorshianal*
steamer *(n.)* շոգենավ *shogenav*

steed *(n.)* նժույգ *ndjuyg*
steel *(n.)* պողպատ *poghpat*
steep *(v.)* թրմել *trmel*
steep *(adj.)* զառիթափ *zarritap*
steeple *(n.)* զանգակատուն *zangakatun*
steer *(v.)* վարել *varel*
stellar *(adj.)* աստղային *astghayin*
stem *(v.)* պատվարել *patvarel*
stem *(n.)* ցողուն *coghun*
stench *(n.)* գարշահոտություն *garshahotutyun*
stencil *(v.)* տրաֆարետով ներկել *trafaretov nerkel*
stencil *(n.)* տրաֆարետ *trafaret*
stenographer *(n.)* սղագրող *sghagrogh*
stenography *(n.)* սղագրություն *sghagrutyun*
step *(v.)* քայլել *qaylel*
step *(n.)* քայլ *qayl*
steppe *(n.)* տափաստան *tapastan*
stereotype *(v.)* ստերեոտիպ անել *stereotip anel*
stereotype *(n.)* կարծրատիպ *kartsratip*
stereotyped *(adj.)* ստերեոտիպ *stereotip*
sterile *(adj.)* մանրէազերծ *manreazerts*
sterility *(n.)* ստերիլություն *sterilutyun*
sterilization *(n.)* մանրէազերծում *manreazertsum*
sterilize *(v.)* ստերիլացնել *sterilacnel*
sterling *(n.)* լիարժեքություն *liardjequtyun*
sterling *(adj.)* լիարժեք *liardjeq*
stern *(n.)* հետևամաս *hetevamas*
stern *(adj.)* դաժան *dadjan*
steroid *(n.)* ստերոիդ *steroid*
stethoscope *(n.)* ստետոսկոպ *stetoskop*
stew *(v.)* շոգեխաշել *shogekhashel*
stew *(n.)* շոգեխաշուկ *shogekhashuk*
steward *(n.)* տնտեսվար *tntesvar*
stick *(v.)* սոսնձել *sosndzel*
stick *(n.)* փայտիկ *paytik*
sticker *(n.)* սոսինձ *sosindz*
stickler *(n.)* մոլի կողմնակից *moli koghmnakic*
sticky *(n.)* կպչունություն *kpchunutyun*
stiff *(n.)* կոշտություն *koshtutyun*
stiffen *(v.)* կոշտանալ *koshtanal*
stifle *(v.)* ճնշել *chnshel*
stigma *(n.)* խարան *kharan*
still *(adv.)* դեռ *derr*
still *(v.)* հանդարտեցնել *handartecnel*
still *(n.)* հանդարտություն *handartutyun*
still *(adj.)* հանդարտ *handart*
stillness *(n.)* լռություն *lrrutyun*
stilts *(n. pl.)* ոտնափայտեր *votnapayter*
stimulant *(n.)* ազդակ *azdak*
stimulate *(v.)* գրգռել *grgrrel*
stimulus *(n.)* շարժառիթ *shardjarrit*
sting *(n.)* խայթոց *khaytoc*
sting *(v.)* խայթել *khaytel*
stingy *(adj.)* ժլատ *djlat*
stink *(n.)* գարշահոտություն *garshahotutyun*
stink *(v.)* գարշահոտություն արձակել *garshahotutyun ardzakel*
stipend *(n.)* թոշակ *toshak*
stipulate *(v.)* պայմանագրել *paymanagrel*
stipulation *(n.)* պայման *payman*
stir *(v.)* շարժվել *shardjvel*
stirrup *(n.)* գրգռիչ *grgrrich*
stitch *(v.)* կարել *karel*
stitch *(n.)* մգդակակար *mgdakakar*
stock *(v.)* մատակարարել *matakararel*
stock *(adj.)* պատրաստ *patrast*
stock *(n.)* ֆոնդ *fond*
stocking *(n.)* գուլպա *gulpa*
stoic *(n.)* ստոիկ *stoik*
stoke *(v.)* վառելիք ավելացնել *varreliq avelacnel*
stoker *(n.)* հնոցապան *hnocapan*
stomach *(v.)* ուտել *utel*
stomach *(n.)* ստամոքս *stamoqs*
stone *(v.)* սալարկել *salarkel*
stone *(n.)* քար *qar*
stony *(adj.)* քարքարոտ *qarqarot*
stool *(n.)* աթոռակ *atorrak*
stoop *(n.)* կուզիկություն *kuzikutyun*
stoop *(v.)* կորանալ *koranal*
stop *(n.)* դադար *dadar*

stop *(v.)* կանգ առնել *kang arrnel*
stoppage *(n.)* դադար *dadar*
storage *(n.)* պահեստ *pahest*
store *(v.)* մթերել *mterel*
store *(n.)* պաշար *pashar*
storey *(n.)* հարկ *hark*
stork *(n.)* արագիլ *aragil*
storm *(v.)* փոթորկել *potorkel*
storm *(n.)* փոթորիկ *potorik*
stormy *(adj.)* փոթորկոտ *potorkot*
story *(n.)* պատմություն *patmutyun*
stout *(adj.)* հաստ *hast*
stove *(n.)* վառարան *varraran*
stow *(v.)* դարսել *darsel*
straggle *(v.)* ցրված լինել *crvats linel*
straggler *(n.)*ետ մնացող *yet mnacogh*
straight *(adv.)* շեշտակի *sheshtaki*
straight *(adj.)* ուղիղ *ughigh*
straighten *(v.)* ուղղել *ughghel*
straightforward *(adj.)* շիտակ *shitak*
straightway *(adv.)* անմիջապես *anmijapes*
strain *(n.)* լարում *larum*
strain *(v.)* լարել *larel*
strait *(n.)* նեղուց *neghuc*
straiten *(v.)* նեղացնել *neghacnel*
strand *(n.)* փունջ *punj*
strand *(v.)* ոլորել *volorel*
strange *(adj.)* տարօրինակ *tarorinak*
stranger *(n.)* օտարական *otarakan*
strangle *(v.)* սեղմել *seghmel*
strangulation *(n.)* սեղմում *seghmum*
strap *(v.)* ամրացնել *amracnel*
strap *(n.)* գոտի *goti*
stratagem *(n.)* հնարք *hnarq*
strategic *(adj.)* ռազմավարական *rrazmavarakan*
strategist *(n.)* ռազմագետ *rrazmaget*
strategy *(n.)* ստրատեգիա *strategia*
stratum *(n.)* շերտ *shert*
straw *(n.)* ծղոտ *tsghot*
strawberry *(n.)* ելակ *yelak*
stray *(adj.)* մոլորված *molorvats*
stray *(n.)* մոլորված երեխա *molorvats yerekha*
stray *(v.)* մոլորվել *molorvel*
stream *(v.)* հոսել *hossel*
stream *(n.)* հոսանք *hossanq*

streamer *(n.)* նավադրոշ *navadrosh*
streamlet *(n.)* վտակ *vtak*
street *(n.)* փողոց *poghoc*
strength *(n.)* ուժ *udj*
strengthen *(v.)* ուժեղացնել *udjeghacnel*
strenuous *(adj.)* լարված *larvats*
stress *(v.)* ճնշել *chnshel*
stress *(n.)* ճնշում *chnshum*
stretch *(n.)* ձգում *dzgum*
stretch *(v.)* ձգվել *dzgvel*
stretcher *(n.)* պատգարակ *patgarak*
strew *(v.)* սփռել *sprrel*
strict *(adj.)* որոշակի *voroshaki*
stricture *(n.)* նեղացում *neghacum*
stride *(n.)* քայլ *qayl*
stride *(v.)* քայլել *qaylel*
strident *(adj.)* սուր *sur*
strife *(n.)* վեճ *vech*
strike *(v.)* գործադուլ անել *gortsadul anel*
strike *(n.)* գործադուլ *gortsadul*
striker *(n.)* գործադուլավոր *gortsadulavor*
string *(v.)* ձգել *dzgel*
string *(n.)* լար *lar*
stringency *(n.)* խստություն *khstutyun*
stringent *(adj.)* խիստ *khist*
strip *(v.)* մաշկել *mashkel*
strip *(n.)* շերտ *shert*
stripe *(v.)* շերտագծել *shertagtsel*
stripe *(n.)* շերտագիծ *shertagits*
strive *(v.)* ջանալ *janal*
stroke *(v.)* շոյել *shoyel*
stroke *(n.)* կաթված *katvats*
stroll *(n.)* զբոսանք *zbosanq*
stroll *(v.)* զբոսնել *zbosnel*
strong *(adj.)* ուժեղ *udjegh*
stronghold *(n.)* հենակետ *henaket*
structural *(adj.)* կառուցվածքային *karrucvatsqayin*
structure *(n.)* կառուցվածք *karrutsvatsq*
struggle *(n.)* պայքար *payqar*
struggle *(v.)* պայքարել *payqarel*
strumpet *(n.)* պոռնիկ *porrnik*
strut *(n.)* հենարան *henaran*
strut *(v.)* հենել *henel*

stub *(n.)* կոճղ *kochgh*
stubble *(n.)* հնձած արտ *hndzats art*
stubborn *(adj.)* համառ *hamarr*
stud *(v.)* գամասեղ ամրացնել *gamassegh amracnel*
stud *(n.)* կոճակ *kochak*
student *(n.)* ուսանող *ussanogh*
studio *(n.)* ստուդիա *studia*
studious *(adj.)* աշխատասեր *ashkhatasser*
study *(n.)* ուսումնասիրություն *usumnassirutyun*
study *(v.)* ուսումնասիրել *usumnassirel*
stuff *(v.)* լցնել *lcnel*
stuff *(n.)* հումք *humq*
stuffy *(adj.)* հեղձուկ *heghdzuk*
stumble *(n.)* սայթաքում *saytaqum*
stumble *(v.)* սայթաքել *saytaqel*
stump *(v.)* գերվճարել *gervcharel*
stump *(n.)* բեկոր *bekor*
stun *(v.)* շշմեցնել *shshmecnel*
stunt *(n.)* հնարք *hnarq*
stunt *(v.)* աճը դադարեցնել *acha dadarecnel*
stupefy *(v.)* ապշեցնել *apshecnel*
stupendous *(adj.)* հիանալի *hianali*
stupid *(adj.)* բութ *but*
stupidity *(n.)* բթություն *btutyun*
sturdy *(adj.)* ամրակազմ *amrakazm*
sty *(n.)* գարեհատ *garehat*
stye *(n.)* ցուպիկ *cupik*
style *(n.)* ոճ *voch*
stylish *(adj.)* ոճային *vochayin*
subculture *(n.)* ենթամշակույթ *yentamshakuyt*
subdivide *(v.)* ստորաբաժանել *storabadjanel*
subdue *(v.)* ենթարկել *yentarkel*
subject *(adj.)* ենթակա *yentaka*
subject *(n.)* առարկա *arrarka*
subject *(v.)* ենթարկել *yentarkel*
subjection *(n.)* ենթարկում *yentarkum*
subjective *(adj.)* սուբյեկտիվ *subyektiv*
subjudice *(adj.)* դատապարտելի *dataparteli*
subjugate *(v.)* հպատակեցնել *hpatakecnel*
subjugation *(n.)* հպատակեցում *hpatakecum*
sublet *(v.)* ենթավարձել *yentavardzel*
sublimate *(v.)* ազնվացնել *aznvacnel*
sublime *(n.)* վեհություն *vehutyun*
sublime *(adj.)* վեհ *veh*
sublimity *(n.)* վեհություն *vehutyun*
submarine *(adj.)* ստորջրյա *storjrya*
submarine *(n.)* սուզանավ *suzanav*
submerge *(v.)* սուզել *suzel*
submission *(n.)* ներկայացում *nerkayacum*
submissive *(adj.)* հնազանդ *hnazand*
submit *(v.)* ներկայացնել *nerkayacnel*
subordinate *(adj.)* ստորադաս *storadas*
subordinate *(n.)* ստորադրյալ *storadryal*
subordinate *(v.)* ստորադասել *storadassel*
subordination *(n.)* ստորադասում *storadassum*
subscribe *(v.)* բաժանորդագրվել *badjanordagrvel*
subscription *(n.)* բաժանորդագրություն *badjanordagrutyun*
subsequent *(adj.)* հետագա *hetaga*
subservience *(n.)* ստորաքարշություն *storaqarshutyun*
subservient *(adj.)* ստորաքարշ *storaqarsh*
subside *(v.)* պակասել *pakassel*
subsidiary *(adj.)* լրացուցիչ *lracucich*
subsidize *(v.)* սուբսիդավորել *subsidavorel*
subsidy *(n.)* նպաստ *npast*
subsist *(v.)* գոյատևել *goyatevel*
subsistence *(n.)* ապրուստ *aprust*
substance *(n.)* նյութ *nyut*
substantial *(adj.)* էական *eakan*
substantially *(adv.)* էապես *eapes*
substantiate *(v.)* հիմնավորել *himnavorel*
substantiation *(n.)* հիմնավորում *himnavorum*
substitute *(v.)* փոխարինել *pokharinel*
substitute *(n.)* փոխարինող *pokharinogh*

substitution *(n.)* փոխարինում *pokharinum*
subterranean *(adj.)* ստորգետնյա *storgetnya*
subtle *(adj.)* նուրբ *nurb*
subtlety *(n.)* նրբություն *nrbutyun*
subtract *(v.)* հանել *hanel*
subtraction *(n.)* հանում *hanum*
suburb *(n.)* արվարձան *arvardzan*
suburban *(adj.)* արվարձանային *arvardzanayin*
subversion *(n.)* տապալում *tapalum*
subversive *(adj.)* ավերիչ *averich*
subvert *(v.)* տապալել *tapalel*
succeed *(v.)* հաջողել *hajoghel*
success *(n.)* հաջողություն *hajoghutyun*
successful *(adj.)* հաջող *hajogh*
succession *(n.)* հաջորդականություն *hajordakanutyun*
successive *(adj.)* հաջորդական *hajordakan*
successor *(n.)* հաջորդ *hajord*
succour *(v.)* օգնել *ognel*
succour *(n.)* օգնություն *ognutyun*
succumb *(v.)* պարտվել *partvel*
such *(pron.)* նմանը *nmana*
such *(adj.)* այսպիսի *ayspissi*
suck *(n.)* ծծում *tstsum*
suck *(v.)* ծծել *tstsel*
suckle *(v.)* ծծել *tstsel*
suckling *(n.)* ծծկեր *tstsker*
sudden *(n.)* անակնկալ *anaknkal*
suddenly *(adv.)* հանկարծ *hankarts*
sue *(v.)* դատի տալ *dati tal*
suffer *(v.)* տառապել *tarrapel*
suffice *(v.)* բավականացնել *bavakanacnel*
sufficiency *(n.)* բավարարություն *bavararutyun*
sufficient *(adj.)* բավարար *bavarar*
suffix *(v.)* վերջածանց լինել *verjatsanc linel*
suffix *(n.)* վերջածանց *verjatsanc*
suffocate *(v.)* շնչահեղձ լինել *shnchaheghdz linel*
suffocation *(n.)* շնչահեղձություն *shnchaheghdzutyun*
suffrage *(n.)* քվե *qve*

sugar *(v.)* շաքարել *shaqarel*
sugar *(n.)* շաքար *shaqar*
suggest *(v.)* առաջարկել *arrajarkel*
suggestion *(n.)* առաջարկություն *arrajarkutyun*
suggestive *(adj.)* մտահղացող *mtahghacogh*
suicidal *(adj.)* ինքնասպանական *inqnaspanakan*
suicide *(n.)* ինքնասպանություն *inqnaspanutyun*
suit *(v.)* սազել *sazel*
suit *(n.)* կոստյում *kostyum*
suitability *(n.)* հարմարեցում *harmarecum*
suitable *(adj.)* հարմար *harmar*
suite *(n.)* հավաքակազմ *havaqakazm*
suitor *(n.)* հայցվոր *haycvor*
sullen *(adj.)* ինքնամփոփ *inqnampop*
sulphur *(n.)* ծծումբ *tstsumb*
sulphuric *(adj.)* ծծմբային *tstsmbayin*
sultry *(adj.)* կրքոտ *krqot*
sum *(v.)* գումարել *gumarel*
sum *(n.)* գումար *gumar*
summarily *(adv.)* համառոտակի *hamarrotaki*
summarize *(v.)* ամփոփել *ampopel*
summary *(adj.)* համառոտ *hamarrot*
summary *(n.)* ամփոփում *ampopum*
summer *(n.)* ամառ *amarr*
summit *(n.)* գագաթ *gagat*
summon *(v.)* կանչել *kanchel*
summons *(n.)* հրավեր *hraver*
sumptuous *(adj.)* շքեղ *shqegh*
sun *(v.)* արևին դնել *arevin dnel*
sun *(n.)* արև *arev*
sunburn *(n.)* արևայրուկ *arevayruk*
sundae *(n.)* սառնաշաքար *sarrnashaqar*
Sunday *(n.)* կիրակի *kiraki*
sunder *(v.)* բաժանել *badjanel*
sundry *(adj.)* տարբեր *tarber*
sunlight *(n.)* արևի լույս *arevi luys*
sunny *(adj.)* արևոտ *arevot*
sunrise *(n.)* արևածագ *arevatsag*
sunset *(n.)* արևամուտ *arevamut*
sup *(v.)* գդալել *gdalel*
sup *(n.)* կում *kum*

superabundance *(n.)* գերառատություն *gerarratutyun*
superabundant *(adj.)* գերառատ *gerarrat*
superb *(adj.)* հոյակապ *hoyakap*
superficial *(adj.)* մակերեսային *makeressayin*
superficiality *(n.)* մակերեսայնություն *makeressaynutyun*
superfine *(adj.)* գերնուրբ *gernurb*
superfluity *(n.)* ավելցուկ *avelcuk*
superfluous *(adj.)* ավելորդ *avelord*
superhuman *(adj.)* գերմարդկային *germardkayin*
superintend *(v.)* վերահսկել *verahskel*
superintendence *(n.)* վերահսկում *verahskum*
superintendent *(n.)* վերակացու *verakacu*
superior *(adj.)* վերադաս *veradas*
superiority *(n.)* գերազանցություն *gerazancutyun*
superlative *(adj.)* գերադրական *geradrakan*
superlative *(n.)* գերադրական աստիճան *geradrakan astichan*
superman *(n.)* գերմարդ *germard*
supernatural *(adj.)* գերբնական *gerbnakan*
supersede *(v.)* փոխարինել *pokharinel*
supersonic *(adj.)* գերձայնային *gerdzaynayin*
superstition *(n.)* սնահավատություն *snahavatutyun*
superstitious *(adj.)* սնահավատ *snahavat*
supertax *(n.)* գերշահութահարկ *gershahutahark*
supervise *(v.)* վերահսկել *verahskel*
supervision *(n.)* վերահսկողություն *verahskoghutyun*
supervisor *(n.)* վերահսկիչ *verahskich*
supper *(n.)* ընթրիք *antriq*
supple *(adj.)* ճկուն *chkun*
supplement *(n.)* հավելում *havelum*
supplement *(v.)* հավելել *havelel*
supplementary *(adj.)* հավելյալ *havelyal*
supplier *(n.)* մատակարար *matakarar*
supply *(n.)* մատակարարում *matakararum*
supply *(v.)* մատակարարել *matakararel*
support *(n.)* աջակցություն *ajakcutyun*
support *(v.)* աջակցել *ajakcel*
suppose *(v.)* ենթադրել *yentadrel*
supposition *(n.)* ենթադրություն *yentadrutyun*
suppress *(v.)* ճնշել *chnshel*
suppression *(n.)* ճնշում *chnshum*
supremacy *(n.)* ղեկավարություն *ghekavarutyun*
supreme *(adj.)* գերագույն *geraguyn*
surcharge *(v.)* գանձել *gandzel*
surcharge *(n.)* տուգանք *tuganq*
sure *(adj.)* վստահ *vstah*
surely *(adv.)* վստահորեն *vstahoren*
surety *(n.)* գրավ *grav*
surf *(n.)* ալիք *aliq*
surf *(v.)* սահել *sahel*
surface *(n.)* մակերես *makeres*
surface *(v.)* տաշել *tashel*
surfeit *(n.)* գերհագեցում *gerhagecum*
surge *(v.)* ալեկոծվել *alekotsvel*
surge *(n.)* ալիք *aliq*
surgeon *(n.)* վիրաբույժ *virabuydj*
surgery *(n.)* վիրաբուժություն *virabudjutyun*
surmise *(v.)* կռահել *krrahel*
surmise *(n.)* կռահում *krrahum*
surmount *(v.)* հաղթահարել *haghtaharel*
surname *(n.)* ազգանուն *azganun*
surpass *(v.)* գերազանցել *gerazancel*
surplus *(n.)* ավելցուկ *avelcuk*
surprise *(v.)* զարմացնել *zarmacnel*
surprise *(n.)* զարմանք *zarmanq*
surrender *(n.)* հանձնում *handznum*
surrender *(v.)* հանձնվել *handznvel*
surround *(v.)* շրջապատել *shrjapatel*
surroundings *(n.)* շրջապատ *shrjapat*
surtax *(n.)* գերհարկ *gerhark*
surveillance *(n.)* հսկողություն *hskoghutyun*
survey *(n.)* հետազոտում *hetazotum*
survey *(v.)* հետազոտել *hetazotel*

survival *(n.)* գոյատևում *goyatevum*
survive *(v.)* փրկվել *prkvel*
suspect *(n.)* կասկածյալ *kaskatsyal*
suspect *(v.)* կասկածել *kaskatsel*
suspect *(adj.)* կասկածելի *kaskatseli*
suspend *(v.)* դադարեցնել *dadarecnel*
suspense *(n.)* անորոշություն *anoroshutyun*
suspension *(n.)* դադարեցում *dadarecum*
suspicion *(n.)* կասկածանք *kaskatsanq*
suspicious *(adj.)* կասկածելի *kaskatseli*
sustain *(v.)* պահպանել *pahpanel*
sustenance *(n.)* կենսամիջոց *kensamijoc*
swab *(n.)* շվաբր *shvabr*
swagger *(n.)* գոռոզություն *gorrozutyun*
swagger *(v.)* գոռոզանալ *gorrozanal*
swallow *(n.)* կլանում *klanum*
swallow *(v.)* կլանել *klanel*
swamp *(v.)* ճահճացնել *chahchacnel*
swamp *(n.)* ճահիճ *chahich*
swan *(n.)* կարապ *karap*
swarm *(v.)* խմբվել *khmbvel*
swarm *(n.)* խումբ *khumb*
swarthy *(adj.)* թուխ *tukh*
sway *(n.)* ճոճում *chochum*
sway *(v.)* ճոճվել *chochvel*
swear *(v.)* երդվել *yerdvel*
sweat *(v.)* քրտնել *qrtnel*
sweat *(n.)* քրտինք *qrtinq*
sweater *(n.)* սվիտեր *sviter*
sweep *(n.)* ավլում *avlum*
sweep *(v.)* ավլել *avlel*
sweeper *(n.)* ականազերծիչ *akanazertsich*
sweet *(n.)* կոնֆետ *konfet*
sweet *(adj.)* քաղցր *qaghcr*
sweeten *(v.)* քաղցրացնել *qaghcracnel*
sweetmeat *(n.)* կոնֆետ *konfet*
sweetness *(n.)* քաղցրություն *qaghcrutyun*
swell *(n.)* ուռուցք *urrucq*
swell *(v.)* ուռչել *urrchel*
swift *(adj.)* արագ *arag*
swim *(n.)* լող *logh*
swim *(v.)* լողալ *loghal*

swimmer *(n.)* լողորդ *loghord*
swindle *(n.)* դրամաշորթություն *dramashortutyun*
swindle *(v.)* շորթել *shortel*
swindler *(n.)* դրամաշորթ *dramashort*
swine *(n.)* խոզ *khoz*
swing *(n.)* օրորում *ororum*
swing *(v.)* օրորվել *ororvel*
swipe *(v.)* ճանկել *chankel*
swirl *(v.)* պտտվել *pttvel*
Swiss *(adj.)* շվեյցարական *shveycarakan*
Swiss *(n.)* շվեյցարացի *shveycaraci*
switch *(v.)* փոխարկել *pokharkel*
switch *(n.)* փոխարկիչ *pokharkich*
swoon *(v.)* ուշաթափվել *ushatapvel*
swoon *(n.)* ուշագնացություն *ushagnacutyun*
swoop *(n.)* հարձակում *hardzakum*
swoop *(v.)* հարձակվել *hardzakvel*
sword *(n.)* թուր *tur*
sycamore *(n.)* սոսի *sossi*
sycophancy *(n.)* ստորաքարշություն *storaqarshutyun*
sycophant *(n.)* պնակալեզ *pnakalez*
syllabic *(adj.)* վանկային *vankayin*
syllable *(n.)* վանկ *vank*
syllabus *(n.)* համառոտագիր *hamarrotagir*
sylph *(n.)* էլֆ *elf*
sylviculturist *(n.)* անտառամշակող *antarramshakogh*
symbiosis *(n.)* սիմբիոզ *simbioz*
symbiote *(n.)* սիմբիոտ *simbiot*
symbol *(n.)* սիմվոլ *simvol*
symbolic *(adj.)* սիմվոլիկ *simvolik*
symbolism *(n.)* սիմվոլիզմ *simvolizm*
symbolize *(v.)* սիմվոլացնել *simvolacnel*
symmetrical *(adj.)* համաչափ *hamachap*
symmetry *(n.)* համաչափություն *hamachaputyun*
sympathetic *(adj.)* համակրելի *hamakreli*
sympathize *(v.)* համակրել *hamakrel*
sympathy *(n.)* համակրանք *hamakranq*

symphony *(n.)* սիմֆոնիա *simfonia*
symposium *(n.)* սիմպոզիում *simpozium*
symptom *(n.)* ախտանիշ *akhtanish*
symptomatic *(adj.)* սիմպտոմատիկ *simptomatik*
synergy *(n.)* սիներգիա *sinergia*
synonym *(n.)* համանիշ *hamanish*
synonymous *(adj.)* համանիշական *hamanishakan*
synopsis *(n.)* համառոտագիր *hamarrotagir*
syntax *(n.)* շարահյուսություն *sharahyusutyun*
synthesis *(n.)* սինթեզ *sintez*
synthetic *(n.)* սինթետիկ *sintetik*
synthetic *(adj.)* սինթետիկ *sintetik*
syringe *(v.)* ներարկել *nerarkel*
syringe *(n.)* ներարկիչ *nerarkich*
syrup *(n.)* մրգահյութ *mrgahyut*
system *(n.)* համակարգ *hamakarg*
systematic *(adj.)* համակարգված *hamakargvats*
systematize *(v.)* համակարգել *hamakargel*

T

table *(v.)* ցուցակ կազմել *cucak kazmel*
table *(n.)* սեղան *seghan*
tableau *(n.)* նկար *nkar*
tablet *(n.)* դեղահաբ *deghahab*
tablet *(v.)* մասնատել *masnatel*
tabloid *(n.)* դեղահաբ *deghahab*
taboo *(adj.)* արգելված *argelvats*
taboo *(v.)* արգելադրել *argeladrel*
taboo *(n.)* տաբու *tabu*
tabular *(adj.)* աղյուսակային *aghyusakayin*
tabulate *(v.)* աղյուսակավորել *aghyusakavorel*
tabulation *(n.)* աղյուսակավորում *aghyusakavorum*
tabulator *(n.)* աղյուսակավորող *aghyusakavorogh*
tacit *(adj.)* լուռ *lurr*

taciturn *(adj.)* սակավախոս *sakavakhos*
tack *(n.)* կոճակագամ *kochakagam*
tack *(v.)* գամել *gamel*
tackle *(v.)* կապել *kapel*
tackle *(n.)* պարագա *paraga*
tact *(n.)* տակտ *takt*
tactful *(adj.)* տակտով *taktov*
tactician *(n.)* մարտավար *martavar*
tactics *(n.)* մարտավարություն *martavarutyun*
tactile *(adj.)* շոշափելի *shoshapeli*
tag *(n.)* պիտակ *pitak*
tag *(v.)* ամրացնել *amracnel*
tail *(n.)* պոչ *poch*
tail *(v.)* հետևել *hetevel*
tailor *(v.)* կարել *karel*
tailor *(n.)* դերձակ *derdzak*
taint *(v.)* վարակ(վ)ել *varak(v)el*
taint *(n.)* արատ *arat*
take *(v.)* վերցնել *vercnel*
takeable *(adj.)* տանելի *taneli*
takeaway *(adj.)* տարվող *tarvogh*
takeaway *(n.)* արագ սնունդ *arag snund*
taken *(adj.)* վերցված *vercvats*
take-off *(n.)* թռիչք *trrichq*
takeout *(adj.)* հանված *hanvats*
takeout *(n)* քաղվածք *qaghvatsq*
takeover *(n.)* ստանձնում *standznum*
taker *(n.)* վերցնող *vercnogh*
tala *(n.)* թալա *tala*
talbot *(n.)* որսկան շուն *vorskan shun*
talc *(n.)* տալկ *talk*
tale *(n.)* հեքիաթ *heqiat*
talebear *(v.)* մատնել *matnel*
talebearer *(n.)* մատնիչ *matnich*
talebearing *(n.)* բամբասանք *bambassanq*
talebook *(n.)* հեքիաթագիրք *heqiatagirq*
talent *(n.)* տաղանդ *taghand*
talisman *(n.)* թալիսման *talisman*
talk *(n.)* զրույց *zruyc*
talk *(v.)* զրուցել *zrucel*
talkative *(adj.)* զրուցասեր *zrucasser*
talkatively *(adv.)* շատախոս կերպով *shatakhos kerpov*

talkativeness *(n.)* շատախոսություն shatakhosutyun
talkback *(n.)* հակաճառում hakacharrum
talkboard *(n.)* զրուցարան zrucaran
tall *(adj.)* բարձրահասակ bardzrahassak
tallow *(n.)* ճարպ charp
tally *(v.)* պիտակավորել pitakavorel
tally *(adj.)* պիտակավոր pitakavor
tally *(n.)* պիտակ pitak
talon *(n.)* մագիլ magil
taloned *(adj.)* մագիլավոր magilavor
tamarind *(n.)* տամարինդ tamarind
tame *(v.)* սանձահարել sandzaharel
tame *(adj.)* հնազանդ hnazand
tamper *(v.)* միջամտել mijamtel
tamper *(n.)* միջամտություն mijamtutyun
tamperproof *(adj.)* անձեռնմխելի andzerrnmkheli
tampon *(n.)* տամպոն tampon
tampon *(v.)* տամպոնել tamponel
tan *(adj.)* թուխ tukh
tan *(v.)* թխանալ tkhanal
tan *(n.)* թխություն tkhutyun
tanbark *(n.)* աղաղակեղև aghaghakeghev
tandem *(n.)* լծաշարք ltsasharq
tandem *(adv.)* լծաշարքով ltsasharqov
tandem *(adj.)* երկթամբանի yerktambani
tandoor *(n.)* թոնիր tonir
tang *(v.)* զնգալ zngal
tang *(n.)* զնգոց zngoc
tanged *(adj.)* զրնգուն zrngun
tangent *(n.)* տանգենս tangens
tangible *(adj.)* շոշափելի shoshapeli
tangle *(v.)* խճճվել khchchvel
tangle *(n.)* խճճվածություն khchchvatsutyun
tango *(n.)* տանգո tango
tango *(v.)* տանգո պարել tango parel
tank *(n.)* տանկ tank
tankard *(n.)* գարեջրի գավաթ garejri gavat
tanker *(n.)* տանկիստ tankist
tanner *(n.)* կաշեգործ kashegorts

tannery *(n.)* դաբաղանոց dabaghanoc
tantalize *(v.)* տանջել tanjel
tantamount *(adj.)* հավասարազոր havassarazor
tantamount *(v.)* հավասարեցնել havassarecnel
tantra *(n.)* տանտրա tantra
tantric *(adj.)* տանտրիկ tantrik
tap *(n.)* փական pakan
tap *(v.)* բանալ banal
tape *(v.)* երիզակապել yerizakapel
tape *(n.)* ժապավեն djapaven
tape player *(n.)* նվագարկիչ nvagarkich
tapeless *(adj.)* աներիզ aneriz
tapeline *(n.)* չափերիզ chaperiz
taper *(n.)* կոն kon
taper *(v.)* կոնաձև դարձնել konadzev dardznel
tapestry *(n.)* գոբելեն gobelen
tar *(v.)* ձյութել dzyutel
tar *(n.)* կուպր kupr
taramite *(n.)* տարամիտ taramit
tarantism *(n.)* տարանտիզմ, պարելու ցանկություն tarantizm, parelu cankutyun
tardiness *(n.)* ուշացում ushacum
tardy *(adj.)* ուշացած ushacats
target *(n.)* թիրախ tirakh
tariff *(n.)* սակագին sakagin
tarnish *(v.)* արատավորել aratavorel
task *(v.)* հանձնարարել handznararel
task *(n.)* առաջադրանք arrajadranq
taste *(v.)* համտեսել hamtessel
taste *(n.)* համ ham
taste bud *(n.)* քիմք qimq
tasteful *(adj.)* ճաշակով chashakov
tasty *(adj.)* համով hamov
tatter *(v.)* մաշել mashel
tatter *(n.)* լաթ lat
tattoo *(v.)* դաջել dajel
tattoo *(n.)* դաջվածք dajvatsq
taunt *(n.)* ծաղր tsaghr
taunt *(v.)* ծաղրել tsaghrel
taunter *(n.)* ծաղրող tsaghrogh
taunting *(adj.)* ծաղրական tsaghrakan
tauntingly *(adv.)* հեգնականորեն hegnakanoren

tauromachy *(n.)* ցլամարտ *clamart*
taut *(adj.)* ձիգ *dzig*
tautly *(adv.)* ձգված *dzgvats*
tavern *(n.)* պանդոկ *pandok*
taverner *(n.)* պանդոկատեր *pandokater*
tavernkeeper *(n.)* պանդոկապան *pandokapan*
taw *(v.)* բուքսիրել *buqsirel*
taw *(n.)* բուքսիրում *buqsirum*
tawer *(n.)* բուքսիրով քաշող *buqsirov qashogh*
tax *(v.)* հարկել *harkel*
tax *(n.)* հարկ *hark*
tax return *(n.)* հարկատեսակ *harkatessak*
taxable *(adj.)* հարկվող *harkvogh*
taxation *(n.)* հարկում *harkum*
tax-free *(adj.)* հարկազատ *harkazat*
taxi *(v.)* տաքսիով գնալ *taqsiov gnal*
taxi *(n.)* տաքսի *taqsi*
taxibus *(n.)* տաքսի ավտոբուս *taqsi avtobus*
taxicab *(n.)* տաքսի *taqsi*
taxidermal *(adj.)* խրտվիլակային *khrtvilakayin*
taxidermic *(adj.)* տաքսիդերմային *taqsidermayin*
taxidermist *(n.)* խրտվիլակներ լցնող *khrtvilakner lcnogh*
taxidermy *(n.)* խրտվիլակալցնում *khrtvilakalcnum*
taxpayer *(n.)* հարկատու *harkatu*
T-bone *(n.)* Տ-ոսկոր *T-voskor*
T-bone *(v.)* բախվել *bakhvel*
tchick *(n.)* չխկոց *chkhkoc*
tchick *(v.)* չխկացնել *chkhkacnel*
tea *(v.)* թեյել *teyel*
tea *(n.)* թեյ *tey*
tea maker *(n.)* թեյագործ *teyagorts*
teabag *(n.)* թեյի տոպրակ *teyi toprak*
teabox *(n.)* թեյատուփ *teyatup*
teacake *(n.)* խմորեղեն *khmoreghen*
teach *(v.)* սովորեցնել *sovorecnel*
teacheable *(adj.)* ուսանելի *usaneli*
teacher *(n.)* ուսուցիչ *usucich*
teacher centric *(adj.)* ուսուցչակենտրոն *usucchakentron*
teaching *(n.)* դասավանդում *dassavandum*
teacup *(n.)* թեյի գավաթ *teyi gavat*
teagle *(n.)* վերելակ *verelak*
teahouse *(n.)* թեյարան *teyaran*
teak *(n.)* հնդկականղնի *hndkakaghni*
team *(v.)* միավորել *miavorel*
team *(n.)* թիմ *tim*
team building *(n.)* թիմակառուցում *timakarrucum*
teamed *(adj.)* թիմավորված *timavorvats*
teammate *(n.)* թիմակից *timakic*
teamwise *(adv.)* թիմային առումով *timayin arrumov*
teamwork *(n.)* թիմային աշխատանք *timayin ashkhatanq*
teapot *(n.)* թեյաման *teyaman*
tear *(n.)* արցունք *arcunq*
tear *(v.)* արտասվել *artasvel*
tear *(n.)* պատռվածք *patrrvatsq*
tear gas *(n.)* արցունքաբեր գազ *arcunqaber gaz*
teardrop *(n.)* արցունքակաթիլ *arcunqakatil*
tearful *(adj.)* արցունքոտ *arcunqot*
tease *(v.)* ծաղրել *tsaghrel*
tease *(n.)* ծաղրող *tsaghrogh*
teaser *(n.)* կռվարար մարդ *krrvarar mard*
teasing *(n.)* ծաղրում *tsaghrum*
teasingly *(adv.)* ծաղրականորեն *tsaghrakanoren*
teat *(n.)* ծծակ *tstsak*
technical *(adj.)* տեխնիկական *tekhnikakan*
technicality *(n.)* տեխնիկականություն *tekhnikakanutyun*
technician *(n.)* տեխնիկ *tekhnik*
technique *(n.)* տեխնիկա *tekhnika*
technological *(adj.)* տեխնոլոգիական *tekhnologiakan*
technologist *(n.)* տեխնոլոգ *tekhnolog*
technology *(n.)* տեխնոլոգիա *tekhnologia*
technomad *(n.)* տեխնոմադ *tekhnomad*
technomania *(n.)* տեխնոմանիա

tekhnomania
technomusic *(n.)* տեխնոերաժշտություն *tekhnoyeradjshtutyun*
technophile *(n.)* տեխնոգետ *tekhnoget*
technophobe *(n.)* տեխնոֆոբ *tekhnofob*
techy *(n.)* նեղացկոտություն *neghackotutyun*
tect *(n.)* քողարկում *qogharkum*
tect *(adj.)* քողարկված *qogharkvats*
tectonic *(adj.)* կառուցվածքային *karrucvatsqayin*
tedious *(adj.)* հոգնեցուցիչ *hognecucich*
tedium *(n.)* ձանձրույթ *dzandzruyt*
teem *(v.)* առատ լինել *arrat linel*
teenager *(n.)* պատանի *patani*
teens *(n. pl.)* դեռահասներ *derrahasner*
teethe *(v.)* ատամ հանել *atam hanel*
teetotal *(adj.)* չխմող *chkhmogh*
teetotaller *(n.)* չխմող մարդ *chkhmogh mard*
telebanking *(n.)* հեռաբանկավարություն *herrabankavarutyun*
telecast *(n.)* հեռարձակում *herrardzakum*
telecast *(v.)* հեռարձակել *herrardzakel*
telecommunications *(n.)* հեռահաղորդակցություն *herrahaghordakcutyun*
telecomputing *(n.)* հեռահաշվարկ *herrahashvark*
teleconference *(n.)* հեռուստակոնֆերանս *herrustakonferans*
telecopier *(n.)* հեռապատճենահանող սարք *herrapatchenahanogh sarq*
telecourse *(n.)* հեռակա ուսուցում *herraka usucum*
telefax *(n.)* հեռաֆաքս *herrafaqs*
telegram *(n.)* հեռագիր *herragir*
telegraph *(v.)* հեռագրել *herragrel*
telegraph *(n.)* հեռագիր *herragir*
telegraphic *(adj.)* հեռագրական *herragrakan*
telegraphist *(n.)* հեռագրիչ *herragrich*
telegraphy *(n.)* հեռագրում *herragrum*
teleguide *(n.)* հեռավար *herravar*
telejournalism *(n.)* հեռուստալրագրություն *herrustalragrutyun*
telekinesis *(n.)* տելեկինեզ, մտաշարժողականություն *telekinez, mtashardjoghakanutyun*
telekinetic *(adj.)* տելեկինետիկ, մտաշարժողական *telekinetik, mtashardjoghakan*
telemark *(v.)* հեռանշել *herranshel*
telemarket *(v.)* հեռուստավաճառել *herrustavacharrel*
telemarketing *(n.)* հեռուստամարքետինգ *herrustamarqeting*
telematic *(adj.)* հեռատես *herrates*
telemetry *(n.)* հեռաչափություն *herrachaputyun*
teleologic *(adj.)* տելեոլոգիական *teleologiakan*
teleologist *(n.)* հեռաբան *herraban*
teleology *(n.)* տելեոլոգիա *teleologia*
teleoperator *(n.)* հեռավար օպերատոր *herravar operator*
telepathic *(adj.)* հեռազգայական *herrazgayakan*
telepathist *(n.)* հեռազգացող *herrazgacogh*
telepathy *(n.)* հեռազգայություն *herrazgayutyun*
telephone *(n.)* հեռախոս *herrakhos*
telephone *(v.)* հեռախոսել *herrakhossel*
teleport *(v.)* տելեպորտ, հեռակայանել *teleport, herrakayanel*
teleport *(n.)* հեռակայան *herrakayan*
teleportation *(n.)* տելեպորտացիա, հեռափոխադրում *teleportacia, herrapokhdrum*
teleprint *(v.)* հեռատպել *herratpel*
teleprinter *(n.)* հեռատպիչ *herratpich*
teleprompter *(n.)* հեռարձակող *herrardzakogh*
telescope *(n.)* հեռադիտակ *herraditak*
telescopic *(adj.)* հեռադիտակային *herraditakayin*
telescopy *(n.)* աստղադիտակ

astghaditak
teleshopper *(n.)* հեռուստագնորդ *herrustagnord*
teleshopping *(n.)* հեռուստագնում *herrustagnum*
teletext *(n.)* հեռուստատեքստ *herrustateqst*
televise *(v.)* հեռարձակել *herrardzakel*
television *(n.)* հեռուստատեսություն *herrustatesutyun*
tell *(v.)* պատմել *patmel*
teller *(n.)* պատմող *patmogh*
telling *(adj.)* զգալի *zgali*
telling *(n.)* պատմություն *patmutyun*
telling-off *(n.)* հանդիմանանք *handimananq*
telltale *(adj.)* բացբերան *bacberan*
telltale *(n.)* շաղակրատ *shaghakrat*
tellural *(adj.)* երկրային *yerkrayin*
telluric *(adj.)* երկրային *yerkrayin*
temeritous *(adj.)* անշրջահայաց *anshrjahayac*
temerity *(n.)* անշրջահայեցողություն *anshrjahayecoghutyun*
temper *(v.)* կանոնավորել *kanonavorel*
temper *(n.)* բնավորություն *bnavorutyun*
temperament *(n.)* խառնվածք *kharrnvatsq*
temperamental *(adj.)* խառնվածքային *kharrnvatsqayin*
temperance *(n.)* չափավորություն *chapavorutyun*
temperate *(v.)* չափավորել *chapavorel*
temperate *(adj.)* չափավոր *chapavor*
temperature *(n.)* ջերմաստիճան *jermastichan*
tempest *(n.)* փոթորիկ *potorik*
tempestuous *(adj.)* փոթորկոտ *potorkot*
templar *(n.)* ասպետ *aspet*
template *(v.)* կաղապարել *kaghaparel*
template *(n.)* կաղապար *kaghapar*
temple *(n.)* տաճար *tachar*
temporal *(adj.)* ժամանակավոր *djamanakavor*
temporary *(adj.)* ժամանակավոր *djamanakavor*

tempt *(v.)* գայթակղել *gaytakghel*
temptation *(n.)* գայթակղում *gaytakghum*
tempter *(n.)* գայթակղիչ *gaytakghich*
ten *(num.)* տասը *tassa*
tenable *(adj.)* ամուր *amur*
tenacious *(adj.)* կպչուն *kpchun*
tenacity *(n.)* կպչունություն *kpchunutyun*
tenancy *(n.)* վարձակալություն *vardzakalutyun*
tenant *(n.)* վարձակալ *vardzakal*
tend *(v.)* հակվել *hakvel*
tendency *(n.)* միտում *mitum*
tender *(v.)* առաջադրել *arrajadrel*
tender *(adj.)* նուրբ *nurb*
tender *(n.)* առաջարկություն *arrajarkutyun*
tenderfoot *(n.)* սկսնակ *sksnak*
tender-hearted *(adj.)* փափկասիրտ *papkasirt*
tenderize *(v.)* փափկացնել *papkacnel*
tenderizer *(n.)* փափկացուցիչ *papkacucich*
tenderly *(adv.)* քնքշորեն *qnqshoren*
tenderness *(n.)* քնքշություն *qnqshutyun*
tendinitis *(n.)* ջլաբորբոքում *jlaborboqum*
tendon *(n.)* ջիլ *jil*
tendril *(n.)* բեղիկ *beghik*
tenebrose *(adj.)* մթին *mtin*
tenebrosity *(n.)* խավար *khavar*
tenebrous *(adj.)* մռայլ *mrrayl*
tenent *(n.)* վարձակալ *vardzakal*
tenet *(n.)* նորմ *norm*
tenfold *(adj.)* տասնապատիկ *tasnapatik*
tenfold *(adv.)* տասնապատիկ *tasnapatik*
tennis *(n.)* թենիս *tenis*
tenor *(n.)* տենոր *tenor*
tenor *(adj.)* տենորային *tenorayin*
tense *(v.)* լարվել *larvel*
tense *(adj.)* լարված *larvats*
tense *(n.)* ժամանակ *djamanak*
tensely *(adv.)* լարված *larvats*
tensible *(adj.)* ձգվող *dzgvogh*

tensile *(adj.)* առաձգական arradzgakan
tensility *(n.)* առաձգականություն arradzgakanutyun
tension *(n.)* լարում larum
tension *(v.)* լարել larel
tensioned *(adj.)* լարված larvats
tensor *(n.)* լարված մկան larvats mkan
tensor *(adj.)* մկանալարված mkanalarvats
tensor *(v.)* մկանալարվել mkanalarvel
tent *(n.)* վրան vran
tentative *(adj.)* փորձնական pordznakan
tentative *(n.)* փորձ pordz
tentativeness *(n.)* փորձարկում pordzarkum
tenth *(num.)* տասներորդ tasnerord
tentmaker *(n.)* վրանագործ vranagorts
tentpole *(n.)* վրանաձող vranadzogh
tenue *(n.)* վարվելաձև varveladzev
tenuous *(adj.)* չնչին chnchin
tenuously *(adv.)* նրբորեն nrboren
tenure *(v.)* պաշտոնավարել pashtonavarel
tenure *(n.)* պաշտոնավարում pashtonavarum
tepid *(adj.)* գոլ gol
tepidity *(n.)* տաքություն taqutyun
tepidly *(adv.)* տաքավուն taqavun
tequila *(n.)* տեկիլա tekila
terabase *(n.)* տերաբազա terabaza
terabit *(n.)* տերաբիթ terabit
terabyte *(n.)* տերաբայթ terabayt
terajoule *(n.)* տերաջոուլ terajoul
term *(n.)* ժամկետ djamket
term *(v.)* անվանել anvanel
terminable *(adj.)* սահմանափակելի sahmanapakeli
terminal *(n.)* վերջնակետ verjnaket
terminal *(adj.)* վերջին verjin
terminate *(v.)* ավարտ(վ)ել avart(v)el
termination *(n.)* ավարտ avart
terminological *(adj.)* տերմինաբանական terminabanakan
terminology *(n.)* տերմինաբանություն terminabanutyun

terminus *(n.)* վերջնակետ verjnaket
termite *(n.)* տերմիտ termit
termiticide *(n.)* տերմիտիցիդ termiticid
terp *(v.)* մեկնաբանել meknabanel
terp *(n.)* մեկնաբան meknaban
terrace *(n.)* կտուր ktur
terrace *(v.)* դասավոր(վ)ել dassavor(v)el
terracotta *(n.)* թրծակավ trtsakav
terracotta *(adj.)* թրծակավագույն trtsakavaguyn
terraforming *(n.)* հողաձևավորում hoghadzevavorum
terrain *(n.)* տեղանք teghanq
terrestrial *(n.)* ցամաք camaq
terrestrial *(adj.)* ցամաքային camaqayin
terrible *(adj.)* սարսափելի sarsapeli
terrier *(n.)* տերիեր terier
terrific *(adj.)* սարսափելի sarsapeli
terrify *(v.)* սարսափեցնել sarsapecnel
territorial *(adj.)* տարածքային taratsqayin
territory *(n.)* տարածք taratsq
terror *(n.)* ահ ah
terrorism *(n.)* ահաբեկչություն ahabekchutyun
terrorist *(n.)* ահաբեկիչ ahabekich
terrorize *(v.)* ահաբեկել ahabekel
terse *(adj.)* հակիրճ hakirch
tersely *(adv.)* հակիրճորեն hakirchoren
tertian *(adj.)* երրորդական yerrordakan
tertian *(n.)* երրորդականություն yerrordakanutyun
tertiary *(n.)* երրորդայնություն yerrordaynutyun
tertiary *(adj.)* երրորդային yerrordayin
tesseract *(n.)* հիպերխորանարդ hiperkhoranard
test *(n.)* փորձարկում pordzarkum
test *(v.)* փորձարկել pordzarkel
testament *(n.)* կտակ ktak
testicle *(n.)* ամորձի amordzi
testify *(v.)* վկայել vkayel
testimonial *(n.)* վկայական vkayakan
testimony *(n.)* վկայություն vkayutyun

testosterone *(n.)* տեստոստերոն *testosteron*
tete-a-tete *(n.)* տետ-ա-տետ, դեմ առ դեմ *tet-a-tet, dem arr dem*
tether *(v.)* կապել *kapel*
tether *(n.)* ոտնակապ *votnakap*
tetra *(n.)* տետրա *tetra*
text *(n.)* տեքստ *teqst*
textbook *(n.)* դասագիրք *dassagirq*
textbook *(adj.)* դասագրքային *dassagrqayin*
textbookish *(adj.)* դասագրքային *dassagrqayin*
textile *(n.)* տեքստիլ *teqstil*
textile *(adj.)* մանածագործական *manatsagortsakan*
textual *(adj.)* տեքստային *teqstayin*
texture *(n.)* հյուսվածք *hyusvatsq*
thank *(v.)* շնորհակալություն հայտնել *shnorhakalutyun haytnel*
thankful *(adj.)* շնորհակալ *shnorhakal*
thankless *(adj.)* անշնորհակալ *anshnorhakal*
thanks *(n. pl.)* շնորհակալություն *shnorhakalutyun*
that *(dem. pron.)* այդ *ayd*
that *(rel. pron.)* որ *vor*
that *(adv.)* այնքան *aynqan*
that *(conj.)* որպեսզի *vorpeszi*
thatch *(v.)* եղեգապատել *yeghegapatel*
thatch *(n.)* եղեգ *yegheg*
thaw *(v.)* հալվել *halvel*
thaw *(n.)* հալք *halq*
theatre *(n.)* թատրոն *tatron*
theatrical *(adj.)* թատերական *taterakan*
theft *(n.)* գողություն *goghutyun*
their *(adj.)* իրենց *irenc*
theirs *(pron.)* նրանցը *nranca*
theism *(n.)* թեիզմ *teizm*
theist *(n.)* թեիստ *teist*
them *(pron.)* նրանց *nranc*
thematic *(adj.)* թեմատիկ *tematik*
theme *(n.)* թեմա *tema*
then *(adj.)* այն ժամանակվա *ayn djamanakva*
then *(adv.)* ապա *apa*
thence *(adv.)* այնտեղից *aynteghic*

theocracy *(n.)* աստվածապետություն *astvatsapetutyun*
theologian *(n.)* աստվածաբան *astvatsaban*
theological *(adj.)* աստվածաբանական *astvatsabanakan*
theology *(n.)* աստվածաբանություն *astvatsabanutyun*
theorem *(n.)* թեորեմ *teorem*
theoretical *(adj.)* տեսական *tessakan*
theorist *(n.)* տեսաբան *tessaban*
theorize *(v.)* տեսականացնել *tessakanacnel*
theory *(n.)* տեսություն *tesutyun*
therapist *(n.)* թերապևտ *terapevt*
therapy *(n.)* թերապիա *terapia*
there *(adv.)* այնտեղ *ayntegh*
thereabouts *(adv.)* մոտերքում *moterqum*
thereafter *(adv.)* դրանից հետո *dranic heto*
thereby *(adv.)* այսպիսով *ayspisov*
therefore *(adv.)* հետևաբար *hetevabar*
thermal *(adj.)* ջերմային *jermayin*
thermometer *(n.)* ջերմաչափ *jermachap*
thermos (flask) *(n.)* թերմոս (կոլբա) *termos (kolba)*
thesis *(n.)* թեզիս *tezis*
thick *(adj.)* հաստ *hast*
thick *(n.)* թավուտ *tavut*
thick *(adv.)* սերտորեն *sertoren*
thicken *(v.)* թանձրանալ *tandzranal*
thicket *(n.)* թավուտ *tavut*
thief *(n.)* գող *gogh*
thigh *(n.)* ազդր *azdr*
thimble *(n.)* մատնոց *matnoc*
thin *(v.)* բարակել *barakel*
thin *(adj.)* բարակ *barak*
thing *(n.)* բան *ban*
think *(v.)* մտածել *mtatsel*
thinker *(n.)* մտածող *mtatsogh*
third *(num.)* երրորդ *yerrord*
third *(adj.)* երրորդական *yerrordakan*
thirdly *(adv.)* երրորդ *yerrord*
thirst *(v.)* ծարավել *tsaravel*
thirst *(n.)* ծարավ *tsarav*

thirsty *(adj.)* ծարավ *tsarav*
thirteen *(num.)* տասներեք *tasnereq*
thirteenth *(num.)* տասներեքերորդ *tasnereqerord*
thirteenth *(adj.)* տասներեքերորդական *tasnereqerordakan*
thirtieth *(num.)* երեսուներորդ *yeresunerord*
thirtieth *(adj.)* երեսուներորդական *yeresunerordakan*
thirty *(num.)* երեսուն *yeresun*
thistle *(n.)* տատասկափուշ *tataskapush*
thither *(adv.)* այնտեղ *ayntegh*
thorax *(n.)* կրծքավանդակ *krtsqavandak*
thorn *(n.)* փուշ *push*
thorny *(adj.)* փշոտ *pshot*
thorough *(adj.)* լիակատար *liakatar*
thoroughfare *(n.)* անցում *ancum*
though *(adv.)* սակայն *sakayn*
though *(conj.)* թեև *teyev*
thought *(n.)* միտք *mitq*
thoughtful *(adj.)* մտածկոտ *mtatskot*
thousand *(num.)* հազար *hazar*
thousandth *(adj.)* հազարերորդական *hazarerordakan*
thrall *(n.)* ստրուկ *struk*
thralldom *(n.)* ստրկացում *strkacum*
thrash *(v.)* կալսել *kalsel*
thread *(v.)* թելել *telel*
thread *(n.)* թել *tel*
threadbare *(adj.)* հնամաշ *hnamash*
threat *(n.)* սպառնալիք *sparrnaliq*
threaten *(v.)* սպառնալ *sparrnal*
three *(num.)* երեք *yereq*
thresh *(v.)* կալսել *kalsel*
thresher *(n.)* կալսիչ *kalsich*
threshold *(n.)* շեմք *shemq*
thrice *(adv.)* երեք անգամ *yereq angam*
thrift *(n.)* տնտեսողություն *tntesoghutyun*
thrifty *(adj.)* տնտեսող *tntesogh*
thrill *(v.)* հուզվել *huzvel*
thrill *(n.)* հուզմունք *huzmunq*
thriller *(n.)* թրիլլեր *triller*
thrive *(v.)* բարգավաճել *bargavachel*

throat *(n.)* կոկորդ *kokord*
throaty *(adj.)* կոկորդային *kokordayin*
throb *(n.)* բաբախում *babakhum*
throb *(v.)* բաբախել *babakhel*
throe *(n.)* հոգեվարք *hogevarq*
throne *(v.)* բազմել *bazmel*
throne *(n.)* գահ *gah*
throng *(n.)* բազմություն *bazmutyun*
throng *(v.)* հավաքվել *havaqvel*
throttle *(v.)* խեղդվել *kheghdvel*
throttle *(n.)* շնչափող *shnchapogh*
through *(adv.)* ամբողջովին *amboghjovin*
through *(adj.)* անմիջական *anmojakan*
through *(prep.)* միջոցով *mijocov*
throughout *(prep.)* միջով *mijov*
throughout *(adv.)* ամենուրեք *amenureq*
throw *(n.)* նետում *netum*
throw *(v.)* նետել *netel*
thrust *(n.)* հրոց *hroc*
thrust *(v.)* հրել *hrel*
thud *(v.)* թրմփալ *trmpal*
thud *(n.)* թրմփոց *trmpoc*
thug *(n.)* ավազակ *avazak*
thumb *(v.)* կեղտոտել *keghtotel*
thumb *(n.)* բթամատ *btamat*
thumbprint *(n.)* մատնահետք *matnahetq*
thump *(v.)* հարվածել *harvatsel*
thump *(n.)* հարված *harvats*
thunder *(v.)* որոտալ *vorotal*
thunder *(n.)* որոտ *vorot*
thunderous *(adj.)* ամպրոպային *ampropayin*
thunderstorm *(n.)* ամպրոպ *amprop*
Thursday *(n.)* հինգշաբթի *hingshabti*
thus *(adv.)* այսպիսով *ayspisov*
thwart *(v.)* հակաճառել *hakacharrel*
tiara *(n.)* թագ *tag*
tick *(v.)* տկտկալ *tktkal*
tick *(n.)* տկտկոց *tktkoc*
ticket *(n.)* տոմս *toms*
tickle *(v.)* զվարճացնել *zvarchacnel*
ticklish *(adj.)* դյուրախուտուտ *dyurakhutut*
tidal *(adj.)* մակընթացային *makantacayin*

tide *(n.)* ալիք *aliq*
tidiness *(n.)* մաքրություն *maqrutyun*
tidings *(n. pl.)* լուրեր *lurer*
tidy *(v.)* մաքրել *maqrel*
tidy *(adj.)* կոկիկ *kokik*
tie *(v.)* կապել *kapel*
tie *(n.)* փողկապ *poghkap*
tier *(n.)* գոգնոց *gognoc*
tiger *(n.)* վագր *vagr*
tight *(adj.)* պինդ *pind*
tighten *(v.)* ձգել *dzgel*
tigress *(n.)* էգ վագր *eg vagr*
tile *(v.)* կղմինդրով ծածկել *kghmindrov tsatskel*
tile *(n.)* կղմինդր *kghmindr*
till *(conj.)* մինչև որ *michev vor*
till *(v.)* հերկել *herkel*
till *(n.)* դրամարկղ *dramarkgh*
till *(prep.)* մինչև *minchev*
tilt *(v.)* թեքել *teqel*
tilt *(n.)* թեքություն *tequtyun*
timber *(n.)* փայտանյութ *paytanyut*
time *(v.)* ժամանակ նշանակել *djamanak nshanakel*
time *(n.)* ժամանակ *djamanak*
time limit *(n.)* ժամկետ *djamket*
timeline *(n.)* ժամանակացույց *djamanakacuyc*
timely *(adj.)* պատեհաժամ *patehadjam*
timid *(adj.)* երկչոտ *yerkchot*
timidity *(n.)* երկչոտություն *yerkchotutyun*
timorous *(adj.)* երկչոտ *yerkchot*
tin *(v.)* անագապատել *anagapatel*
tin *(n.)* անագ *anag*
tincture *(v.)* ներկել *nerkel*
tincture *(n.)* թուրմ *turm*
tinge *(v.)* երանգավորել *yerangavorel*
tinge *(n.)* երանգ *yerang*
tinker *(n.)* թիթեղագործ *titeghagorts*
tinsel *(n.)* փայլազարդ *paylazard*
tint *(v.)* երանգավորել *yerangavorel*
tint *(n.)* երանգ *yerang*
tiny *(adj.)* մանրիկ *manrik*
tip *(v.)* կտրել *ktrel*
tip *(n.)* ծայր *tsayr*
tip-off *(v.)* ակնարկել *aknarkel*

tipsy *(adj.)* հարբած *harbats*
tirade *(n.)* տիրադ, երկարաշունչ ճառ *tirad, yerkarashunch charr*
tire *(n.)* անվադող *anvadogh*
tire *(v.)* անվադող հագցնել *anvadogh hagcnel*
tired *(adj.)* հոգնած *hognats*
tiresome *(adj.)* հոգնեցուցիչ *hognecucich*
tissue *(n.)* հյուսվածք *hyusvatsq*
titanic *(adj.)* տիտանական *titanakan*
tithe *(n.)* տասանորդ *tassanord*
title *(n.)* կոչում *kochum*
title *(v.)* վերնագրել *vernagrel*
titular *(adj.)* անվանական *anvanakan*
toad *(n.)* դոդոշ *dodosh*
toast *(v.)* կենաց առաջարկել *kenac arrajarkel*
toast *(n.)* կենաց *kenac*
tobacco *(n.)* ծխախոտ *tskhakhot*
today *(n.)* այսօրվա օր *aysorva or*
today *(adv.)* այսօր *aysor*
toe *(v.)* ոտնածայրով խփել *votnatsayrov khpel*
toe *(n.)* ոտնամատ *votnamat*
toffee *(n.)* քաղցրավենիք *qaghcraveniq*
toga *(n.)* պարեգոտ *paregot*
together *(adv.)* միասին *miassin*
toil *(v.)* աշխատել *ashkhatel*
toil *(n.)* ծանր աշխատանք *tsanr ashkhatanq*
toilet *(n.)* զուգարան *zugaran*
toils *(n. pl.)* թակարդ *takard*
token *(n.)* նշան *nshan*
tolerable *(adj.)* տանելի *taneli*
tolerance *(n.)* հանդուրժողականություն *handurdjoghakanutyun*
tolerant *(adj.)* համբերատար *hamberatar*
tolerate *(v.)* համբերել *hamberel*
toleration *(n.)* համբերատարություն *hamberatarutyun*
toll *(v.)* գանձել *gandzel*
toll *(n.)* գանձում *gandzum*
tomato *(n.)* լոլիկ *lolik*
tomb *(n.)* գերեզման *gerezman*
tomboy *(n.)* տղայանման աղջիկ

tghayanman aghjik
tomcat *(n.)* արու կատու *aru katu*
tome *(n.)* հատոր *hator*
tomorrow *(adv.)* վաղը *vagha*
tomorrow *(n.)* վաղը *vagha*
ton *(n.)* տոննա *tonna*
tone *(n.)* տոն *ton*
tone *(v.)* ներդաշնակել *nerdashnakel*
toned *(adj.)* գունափոխված *gunapokhvats*
tongs *(n. pl.)* աքցան *aqcan*
tongue *(n.)* լեզու *lezu*
tonic *(n.)* կազդուրիչ միջոց *kazdurich mijoc*
tonic *(adj.)* կազդուրիչ *kazdurich*
tonight *(adv.)* այս երեկո *ays yereko*
tonight *(n.)* այս գիշերը *ays gishera*
tonne *(n.)* տոննա *tonna*
tonsil *(n.)* նշագեղձ *nshageghdz*
tonsilitis *(n.)* տոնզիլիտ *tonzilit*
tonsure *(n.)* տոնզուրա *tonzura*
too *(adv.)* նաև *nayev*
tool *(n.)* գործիք *gortsiq*
toolkit *(n.)* գործիքակազմ *gortsiqakazm*
tooth *(n.)* ատամ *atam*
toothache *(n.)* ատամնացավ *atamnacav*
toothsome *(adj.)* համեղ *hamegh*
top *(v.)* բարձրանալ *bardzranal*
top *(n.)* գագաթ *gagat*
topaz *(n.)* տպազիոն *tpazion*
topic *(n.)* թեմա *tema*
topical *(adj.)* տեղական *teghakan*
topographer *(n.)* տեղագրագետ *teghagraget*
topographical *(adj.)* տեղագրական *teghagrakan*
topography *(n.)* տեղագրություն *teghagrutyun*
topper *(n.)* ցիլինդր *cilindr*
topple *(v.)* շրջվել *shrjvel*
topsy turvy *(adj.)* շրջված *shrjvats*
topsy turvy *(adv.)* տակնուվրա *taknuvra*
torch *(n.)* լապտեր *lapter*
torment *(n.)* տանջանք *tanjanq*
torment *(v.)* տանջել *tanjel*
tornado *(n.)* փոթորիկ *potorik*
torpedo *(v.)* տորպեդահարել *torpedaharel*
torpedo *(n.)* տորպեդ *torped*
torrent *(n.)* հեղեղ *heghegh*
torrential *(adj.)* հեղեղային *hegheghayin*
torrid *(adj.)* արևակեզ *arevakez*
tortoise *(n.)* կրիա *kria*
tortuous *(adj.)* ոլորապտույտ *voloraptuyt*
torture *(v.)* տանջել *tanjel*
torture *(n.)* տանջանք *tanjanq*
toss *(n.)* նետում *netum*
toss *(v.)* նետել *netel*
total *(n.)* հանրագումար *hanragumar*
total *(v.)* միագումարել *miagumarel*
total *(adj.)* լրիվ *lriv*
totalitarian *(adj.)* տոտալիտար *totalitar*
totality *(n.)* ամբողջություն *amboghjutyun*
touch *(n.)* հպում *hpum*
touch *(v.)* հպվել *hpvel*
touchy *(adj.)* գերզգայուն *gerzgayun*
tough *(adj.)* կոշտ *kosht*
toughen *(v.)* կոշտանալ *koshtanal*
tour *(v.)* շրջագայել *shrjagayel*
tour *(n.)* շրջագայություն *shrjagayutyun*
tourism *(n.)* զբոսաշրջություն *zbossashrjutyun*
tourist *(n.)* զբոսաշրջիկ *zbossashrjik*
tournament *(n.)* մրցախաղ *mrcakhagh*
tout *(v.)* պարծենալ *partsenal*
tow *(n.)* քարշակ *qarshak*
tow *(v.)* բուքսիրել *buqsirel*
towards *(prep.)* դեպի *depi*
towboat *(n.)* նավաքարշ շոգենավ *navaqarsh shogenav*
towel *(v.)* սրբել *srbel*
towel *(n.)* սրբիչ *srbich*
tower *(v.)* վեր խոյանալ *ver khoyanal*
tower *(n.)* աշտարակ *ashtarak*
town *(n.)* քաղաք *qaghaq*
township *(n.)* ավան *avan*
toxaemia *(n.)* տոքսեմիա *toqsemia*
toxic *(adj.)* թունավոր *tunavor*

toxicity *(n.)* թունավորություն *tunavorutyun*
toxicologist *(n.)* թունաբան *tunaban*
toxicology *(n.)* թունաբանություն *tunabanutyun*
toxification *(n.)* թունավորում *tunavorum*
toxin *(n.)* թույն *tuyn*
toy *(v.)* խաղալ *khaghal*
toy *(n.)* խաղալիք *khaghaliq*
toyhouse *(n.)* խաղատուն *khaghatun*
toymaker *(n.)* խաղալիք արտադրող *khaghaliq artadrogh*
toyseller *(n.)* խաղալիքավաճառ *khaghaliqavacharr*
toystore *(n.)* խաղալիքների խանութ *khaghaliqneri khanut*
trace *(v.)* հետքերով գնալ *hetqerov gnal*
trace *(n.)* հետք *hetq*
traceable *(adj.)* հետագծելի *hetagtseli*
trachea *(n.)* շնչափող *shnchapogh*
tracheal *(adj.)* շնչափողային *shnchapoghayin*
tracheole *(n.)* շնչափող *shnchapogh*
tracheoscopy *(n.)* տրախեոսկոպիա *trakheoskopia*
tracing *(n.)* հետագծում *hetagtsum*
track *(v.)* հետևել *hetevel*
track *(n.)* հետք *hetq*
trackable *(adj.)* հետագծելի *hetagtseli*
trackback *(n.)* ետադարձ կապ *yetadardz kap*
trackball *(n.)* ոլորագնդակ *voloragndak*
tracker *(n.)* խուզարկու *khuzarku*
tracklist *(n.)* երգացանկ *yergacank*
tracksuit *(n.)* մարզահագուստ *marzahagust*
tract *(n.)* տրակտատ *traktat*
traction *(n.)* քարշում *qarshudj*
tractor *(n.)* տրակտոր *traktor*
trade *(v.)* առևտուր անել *arrevtur anel*
trade *(n.)* առևտուր *arrevtur*
trademark *(n.)* ապրանքանիշ *apranqanish*
trader *(n.)* առևտրական *arrevtrakan*
tradesman *(n.)* վաճառական *vacharrakan*
tradition *(n.)* ավանդույթ *avanduyt*
traditional *(adj.)* ավանդական *avandakan*
traffic *(v.)* առևտուր անել *arrevtur anel*
traffic *(n.)* երթևեկություն *yertevekutyun*
traffic sign *(n.)* ճանապարհանշան *chanaparhanshan*
tragedian *(n.)* ողբերգակ *voghbergak*
tragedy *(n.)* ողբերգություն *voghbergutyun*
tragic *(adj.)* ողբերգական *voghbergakan*
trail *(v.)* հետքով գնալ *hetqov gnal*
trail *(n.)* հետք *hetq*
trailer *(n.)* կցավագոն *kcavagon*
train *(v.)* գնացքով գնալ *gnacqov gnal*
train *(n.)* գնացք *gnacq*
trainee *(n.)* պրակտիկանտ *praktikant*
training *(n.)* վերապատրաստում *verapatrastum*
trait *(n.)* դիմագիծ *dimagits*
traitor *(n.)* դավաճան *davachan*
tram *(n.)* տրամվայ *tramvay*
trample *(v.)* տրորել *trorel*
trance *(n.)* էքստազ *eqstaz*
tranquil *(adj.)* հանգիստ *hangist*
tranquility *(n.)* հանգստություն *hangstutyun*
tranquillize *(v.)* հանգստացնել *hangstacnel*
tranquillizer *(n.)* հանգստացնող միջոց *hangstacnogh mijoc*
transact *(v.)* գործավարել *gortsavarel*
transaction *(n.)* գործարք *gortsarq*
transborder *(adj.)* անդրսահմանային *andrsahmanayin*
transboundary *(adj.)* անդրսահմանային *andrsahmanayin*
transceive *(v.)* հաղորդել *haghordel*
transceiver *(n.)* հաղորդիչ *haghordich*
transcend *(v.)* գերազանցել *gerazancel*
transcendent *(adj.)* գերազանց *gerazanc*
transcendental *(adj.)* տրանսցենդենտալ *transcendental*
transcendentalize *(v.)* սահմանն

անցնել *sahmann ancnel*
transcendentally *(adv.)* գերազանցապես *gerazancapes*
transcendingly *(adv.)* գերազանցապես *gerazancapes*
transcribe *(v.)* արտագրել *artagrel*
transcriber *(n.)* արտագրող *artagrogh*
transcription *(n.)* տառադարձում *tarradardzum*
transfer *(v.)* փոխանցել *pokhancel*
transfer *(n.)* փոխանցում *pokhancum*
transferable *(adj.)* փոխանցելի *pokhanceli*
transfiguration *(n.)* կերպարանափոխում *kerparanapokhum*
transfigure *(v.)* կերպարանափոխել *kerparanapokhel*
transform *(v.)* փոխակերպել *pokhakerpel*
transformation *(n.)* փոխակերպում *pokhakerpum*
transgress *(v.)* ոտնահարել *votnaharel*
transgression *(n.)* ոտնահարում *votnaharum*
transit *(n.)* բեռնափոխադրում *berrnapokhadrum*
transit *(v.)* բեռնափոխադրել *berrnapokhadrel*
transition *(n.)* անցում *ancum*
transitive *(adj.)* անցողական *ancoghakan*
transitory *(adj.)* անցողիկ *ancoghik*
translate *(v.)* թարգմանել *targmanel*
translation *(n.)* թարգմանություն *targmanutyun*
transmigration *(n.)* վերաբնակեցում *verabnakecum*
transmission *(n.)* հաղորդում *haghordum*
transmit *(v.)* հաղորդել *haghordel*
transmitter *(n.)* հաղորդիչ *haghordich*
transparent *(adj.)* թափանցիկ *tapancik*
transplant *(v.)* փոխպատվաստել *pokhpatvastel*
transplant *(n.)* փոխպատվաստում *pokhpatvastum*
transplantation *(n.)* փոխպատվաստում *pokhpatvastum*
transplantee *(n.)* փոխպատվաստվող *pokhpatvastvogh*
transport *(n.)* տրանսպորտ *transport*
transport *(v.)* տեղափոխել *teghapokhel*
transportation *(n.)* տեղափոխում *teghapokhum*
trap *(v.)* բռնել *brrnel*
trap *(n.)* թակարդ *takard*
trapdoor *(n.)* անցք *ancq*
trapeze *(n.)* ճոճաձող *chochadzogh*
trapeze *(v.)* ճոճվել *chochvel*
trapezist *(n.)* տրապեզիստ *trapezist*
trapezoid *(n.)* տրապեցիա *trapecia*
trapline *(n.)* տրապլին *traplin*
trash *(n.)* աղբ *aghb*
trashed *(adj.)* աղտոտված *aghtotvats*
trauma *(n.)* տրավմա *travma*
traumatic *(adj.)* տրավմատիկ *travmatik*
traumatism *(n.)* տրավմատիզմ *travmatizm*
traumatology *(n.)* վնասվածքաբանություն *vnasvatsqabanutyun*
traunch *(n.)* մասնաբաժին *masnabadjin*
traunch *(v.)* մասնատել *masnatel*
traunch *(adj.)* մասնատված *masnatvats*
travel *(v.)* ճանապարհորդել *chanaparhordel*
travel *(n.)* ճանապարհորդություն *chanaparhordutyun*
traveller *(n.)* ճանապարհորդ *chanaparhord*
travelogue *(n.)* շրջագայություն *shrjagayutyun*
traveltime *(n.)* ճամփորդելու ժամանակ *champordelu djamanak*
traversable *(adj.)* անցանելի *ancaneli*
traverse *(v.)* հատել *hatel*
traverse *(n.)* միջաթումբ *mijatumb*
trawl *(n.)* ուռկանապարկ *urrkanapark*
trawl *(v.)* որսալ *vorsal*
trawlboat *(n.)* տրոլանավ *trolanav*

tray *(v.)* սկուտեղին դնել *skuteghin dnel*
tray *(n.)* սկուտեղ *skutegh*
treacherous *(adj.)* դավաճանական *davachanakan*
treachery *(n.)* դավաճանություն *davachanutyun*
tread *(n.)* քայլք *qaylq*
tread *(v.)* քայլել *qaylel*
treader *(n.)* քայլող *qaylogh*
treadmill *(n.)* վազքուղի *vazqughi*
treadplate *(n.)* քայլքատախտակ *qaylqatakhtak*
treadwheel *(n.)* քայլանիվ *qaylaniv*
treason *(n.)* դավաճանություն *davachanutyun*
treasure *(v.)* կուտակել *kutakel*
treasure *(n.)* գանձ *gandz*
treasurer *(n.)* գանձապահ *gandzapah*
treasury *(n.)* գանձատուն *gandzatun*
treat *(n.)* հաճույք *hachuyq*
treat *(v.)* բուժել *budjel*
treatise *(n.)* տրակտատ *traktat*
treatment *(n.)* բուժում *budjum*
treaty *(n.)* պայմանագիր *paymanagir*
tree *(n.)* ծառ *tsarr*
trek *(n.)* արշավ *arshav*
trek *(v.)* գաղթել *gaghtel*
tremble *(v.)* դողալ *doghal*
tremendous *(adj.)* սարսափելի *sarsapeli*
tremor *(n.)* դող *dogh*
trench *(v.)* փորել *porel*
trench *(n.)* խրամատ *khramat*
trend *(n.)* տենդենց *tendenc*
trespass *(n.)* ոտնձգություն *votndzgutyun*
trespass *(v.)* զանցառել *zancarrel*
trial *(n.)* դատ *dat*
triangle *(n.)* եռանկյունի *yerrankyuni*
triangular *(adj.)* եռանկյուն *yerrankyun*
tribal *(adj.)* ցեղային *ceghayin*
tribe *(n.)* ցեղ *cegh*
tribulation *(n.)* փորձանք *pordzanq*
tribunal *(n.)* դատարան *dataran*
tributary *(n.)* հարկատու *harkatu*
tributary *(adj.)* ստորադաս *storadas*
tribute *(n.)* հարկ *hark*
trick *(v.)* խաբել *khabel*
trick *(n.)* հնարք *hnarq*
trickery *(n.)* խորամանկություն *khoramankutyun*
trickle *(v.)* կաթկթել *katktel*
trickle *(n.)* շիթ *shit*
trickster *(n.)* խաբեբա *khabeba*
tricky *(adj.)* խորամանկ *khoramank*
tricolour *(n.)* եռագույն *yerraguyn*
tricolour *(adj.)* եռագույն *yerraguyn*
tricycle *(n.)* եռանիվ հեծանիվ *yerraniv hetsaniv*
trifle *(v.)* դատարկաբանել *datarkabanel*
trifle *(n.)* մանրուք *manruq*
trigger *(n.)* ձգան *dzgan*
trigger *(v.)* ձգել *dzgel*
trim *(n.)* կարգ *karg*
trim *(v.)* կարգավորել *kargavorel*
trim *(adj.)* կարգավորած *kargavorats*
trimester *(n.)* եռամսյակ *yerramsyak*
trinity *(n.)* եռամիասնություն *yerramiasnutyun*
trio *(n.)* եռյակ *yerryak*
trip *(n.)* ճամփորդություն *champordutyun*
trip *(v.)* քայլել *qaylel*
tripartite *(adj.)* եռակողմ *yerrakoghm*
triple *(adj.)* եռակի *yerraki*
triple *(v.)* եռապատկել *yerrapatkel*
triplicate *(n.)* եռապատկում *yerrapatkum*
triplicate *(v.)* եռապատկել *yerrapatkel*
triplicate *(adj.)* եռակի *yerraki*
triplication *(n.)* եռապատկում *yerrapatkum*
tripod *(n.)* եռոտանի *yerrotani*
triumph *(v.)* հաղթանակել *haghtanakel*
triumph *(n.)* հաղթանակ *haghtanak*
triumphal *(adj.)* հաղթական *haghtakan*
triumphant *(adj.)* հաղթական *haghtakan*
trivial *(adj.)* սովորական *sovorakan*
troop *(v.)* հավաքվել *havaqvel*
troop *(n. pl.)* զորքեր *zorqer*
trooper *(n.)* հեծելակ *hetselak*

trophy *(n.)* ավար *avar*
tropic *(n.)* արևադարձ *arevadardz*
tropical *(adj.)* արևադարձային *arevadardzayin*
trot *(n.)* վարգ *varg*
trot *(v.)* շտապել *shtapel*
trouble *(v.)* անհանգստացնել *anhangstacnel*
trouble *(n.)* անհանգստություն *anhangstutyun*
troublesome *(adj.)* անհանգիստ *anhangist*
troupe *(n.)* թատերախումբ *taterakhumb*
trousers *(n. pl.)* տաբատ *tabat*
trowel *(n.)* մալա *mala*
truce *(n.)* զինադադար *zinadadar*
truck *(n.)* բեռնատար մեքենա *berrnatar meqena*
true *(adj.)* ճիշտ *chisht*
trump *(v.)* հնարել *hnarel*
trump *(n.)* շեփոր *shepor*
trumpet *(v.)* շեփորահարել *sheporaharel*
trumpet *(n.)* շեփոր *shepor*
trunk *(n.)* կնճիթ *knchit*
trust *(v.)* վստահել *vstahel*
trust *(n.)* վստահություն *vstahutyun*
trustee *(n.)* հոգաբարձու *hogabardzu*
trustful *(adj.)* վստահող *vstahogh*
trustworthy *(adj.)* վստահելի *vstaheli*
trusty *(adj.)* վստահելի *vstaheli*
truth *(n.)* ճշմարտություն *chshmartutyun*
truthful *(adj.)* ճշմարիտ *chshmarit*
try *(n.)* փորձ *pordz*
try *(v.)* փորձել *pordzel*
trying *(adj.)* հոգնեցուցիչ *hognecucich*
tryst *(n.)* ժամադրություն *djamadrutyun*
tub *(n.)* տաշտ *tasht*
tube *(n.)* խողովակ *khoghovak*
tuberculosis *(n.)* տուբերկուլյոզ, պալարախտ *tuberkulyoz, palarakht*
tubular *(adj.)* գլանաձև *glanadzev*
tug *(v.)* քաշել *qashel*
tuition *(n.)* ուսուցում *usucum*
tumble *(n.)* թավալգլոր *tavalglor*
tumble *(v.)* թավալգլորվել *tavalglorvel*
tumbler *(n.)* ակրոբատ *akrobat*
tumour *(n.)* ուռուցք *urrucq*
tumult *(n.)* իրարանցում *irarancum*
tumultuous *(adj.)* հուզված *huzvats*
tune *(v.)* լարել *larel*
tune *(n.)* մեղեդի *meghedy*
tunnel *(v.)* թունել անցկացնել *tunel anckacnel*
tunnel *(n.)* թունել *tunel*
turban *(n.)* չալմա *chalma*
turbine *(n.)* տուրբին *turbin*
turbulence *(n.)* ալեկոծություն *alekotsutyun*
turbulent *(adj.)* կատաղի *kataghi*
turf *(n.)* տորֆ *torf*
turkey *(n.)* հնդկահավ *hndkahav*
turmeric *(n.)* քրքում *qrqum*
turmoil *(n.)* իրարանցում *irarancum*
turn *(n.)* շրջադարձ *shrjadardz*
turn *(v.)* շրջվել *shrjvel*
turner *(n.)* խառատ *kharrat*
turnip *(n.)* շաղգամ *shaghgam*
turn-off *(n.)* անջատում *anjatum*
turnout *(n.)* զորահավաք *zorahavaq*
turpentine *(n.)* սկիպիդար *skipidar*
turtle *(n.)* կրիա *kria*
tusk *(n.)* ժանիք *djaniq*
tussle *(v.)* կռվել *krrvel*
tussle *(n.)* կռիվ *krriv*
tutor *(n.)* դաստիարակ *dastiarak*
tutorial *(n.)* դաստիարակություն *dastiarakutyun*
tutorial *(adj.)* ուսուցողական *usucoghakan*
twelfth *(num.)* տասներկուերորդ *tasnerkuerord*
twelfth *(adj.)* տասներկուերորդական *tasnerkuerordakan*
twelve *(num.)* տասներկու *tasnerku*
twentieth *(num.)* քսաներորդ *qsanerord*
twentieth *(adj.)* քսաներորդական *qsanerordakan*
twenty *(num.)* քսան *qsan*
twice *(adv.)* երկու անգամ *yerku angam*
twig *(n.)* ոստ *vost*
twilight *(n.)* մթնշաղ *mtnshagh*

twin *(adj.)* երկակի *yerkaki*
twin *(n. pl.)* երկվորյակներ *yerkvoryakner*
twinkle *(n.)* շողշողում *shoghshoghum*
twinkle *(v.)* շողշողալ *shoghshoghal*
twist *(n.)* ոլորան *voloran*
twist *(v.)* ոլորվել *volorvel*
twitter *(v.)* ծլվլալ *tslvlal*
twitter *(n.)* ծլվլոց *tslvloc*
two *(n., num.)* երկու *yerku*
twofold *(adj.)* կրկնակի *krknaki*
type *(v.)* մեքենագրել *meqenagrel*
type *(n.)* տիպ *tip*
typhoid *(n.)* որովայնային տիֆ *vorovaynayin tif*
typhoon *(n.)* թայֆուն *tayfun*
typhus *(n.)* տիֆ *tif*
typical *(adj.)* բնորոշ *bnorosh*
typify *(v.)* մարմնավորել *marmnavorel*
typist *(n.)* մեքենագրուհի *meqenagruhi*
tyranny *(n.)* բռնակալություն *brrnakalutyun*
tyrant *(n.)* բռնակալ *brrnakal*
tyre *(n.)* անվադող *anvadogh*

U

uber *(adv.)* գեր *ger*
uber *(adj.)* գերաստիճան *gerastichan*
ubergeek *(n.)* գերմասնագետ *germasnaget*
uberous *(adj.)* բուռն *burrn*
ubersexual *(adj.)* գերսեքսուալ *gerseqsual*
ubersexual *(n.)* գերսեքսուալություն *gerseqsualutyun*
ubicity *(n.)* համատարածություն *hamataratsutyun*
ubiquitous *(adj.)* համատարած *hamatarats*
ubiquity *(n.)* համատարածություն *hamataratsutyun*
udder *(n.)* կուրծք *kurtsq*
UFO *(n.)* ՉԹՕ *CHTO*
ufologist *(n.)* ուֆոլոգ *ufolog*
ufology *(n.)* ուֆոլոգիա *ufologia*
uglify *(v.)* այլանդակել *aylandakel*
ugliness *(n.)* տգեղություն *tgeghutyun*
ugly *(adj.)* տգեղ *tgegh*
ukulele *(n.)* հավայան կիթառ *havayan kitarr*
ukeleleist *(n.)* կիթառահար *kitarrahar*
ulcer *(n.)* խոց *khoc*
ulcerous *(adj.)* խոցային *khocayin*
ulterior *(adj.)* հեռավոր *herravor*
ultimate *(adj.)* վերջնական *verjnakan*
ultimately *(adv.)* ի վերջո *i verjo*
ultimatum *(n.)* վերջնագիր *verjnagir*
ultra *(n.)* ծայրահեղական *tsayraheghakan*
ultracasual *(adj.)* ծայրահեղ պատահական *tsayrahegh patahakan*
ultracompact *(adj.)* գերկոմպակտ *gerkompakt*
ultraconservative *(adj.)* գերպահպանողական *gerpahpanoghakan*
ultraconservative *(n.)* գերպահպանողականություն *gerpahpanoghakanutyun*
ultrasecure *(adj.)* գերանվտանգ *geranvtang*
ultrasonic *(adj.)* ուլտրաձայնային *ultradzaynayin*
ultrasonics *(n.)* ուլտրաձայնային *ultradzaynayin*
ultrasound *(n.)* ուլտրաձայնային *ultradzaynayin*
ultraviolet *(n.)* ուլտրամանուշակագույն *ultramanushakaguyn*
ultraviolet *(adj.)* ուլտրամանուշակագույն *ultramanushakaguyn*
ululate *(v.)* խոցել *khocel*
ululation *(n.)* խոցում *khocum*
umbrella *(n.)* հովանոց *hovanoc*
umpire *(n.)* մրցավար *mrcavar*
umpire *(v.)* մրցավարել *mrcavarel*
unabashed *(adj.)* անամոթ *anamot*
unabashedly *(adv.)* անամոթաբար *anamotabar*
unable *(adj.)* անկարող *ankarogh*

unabridged *(adj.)* չկրճատված
chkrchatvats
unacceptable *(adj.)* անցանկալի
ancankali
unaccessible *(adj.)* անհասանելի
anhassaneli
unaccommodating *(adj.)* չզիջող
chzijogh
unaccountable *(adj.)*
անպատասխանատու
anpataskhanatu
unaccurate *(adj.)* անճշտապահ
anchshtapah
unachievable *(adj.)* անհասանելի
anhassaneli
unacquainted *(adj.)* անծանոթ
antsanot
unadapted *(adj.)* չհարմարեցված
chharmarecvats
unadjusted *(adj.)* անսարք ansarq
unaffected *(adj.)* անկեղծ ankeghts
unaffectionate *(adj.)* անբարյացակամ
anbaryacakam
unaided *(adj.)* անօգնական anognakan
unambiguous *(adj.)* միանշանակ
mianshanak
unambivalence *(n.)*
միանշանակություն
mianshanakutyun
unamused *(adj.)* անզուսպ anzusp
unanimity *(n.)* միաբանություն
miabanutyun
unanimous *(adj.)* միաբան miaban
unannounced *(adj.)* չհայտարարված
chhaytararvats
unappealing *(adj.)* տհաճ thach
unapproved *(adj.)* չհաստատված
chhastatvats
unarmed *(adj.)* անզեն anzen
unauthorized *(adj.)* չարտոնված
chartonvats
unavoidable *(adj.)* անխուսափելի
ankhusapeli
unaware *(adj.)* անգիտակ angitak
unawares *(adv.)* անսպասելիորեն
anspasselioren
unbearable *(adj.)* անտանելի antaneli
unbeaten *(adj.)* անպարտելի anparteli

unbelievable *(adj.)* անհավատալի
anhavatali
unburden *(v.)* բեռնաթափել
berrnatapel
uncanny *(adj.)* անսովոր ansovor
uncertain *(adj.)* անորոշ anorosh
uncivilized *(adj.)* անկիրթ ankirt
uncle *(n.)* հորեղբայր horyeghbayr
unclear *(adj.)* անհասկանալի
anhaskanali
uncomfortable *(adj.)* անհարմար
anharmar
uncouth *(adj.)* անտաշ antash
undecided *(adj.)* անորոշ anorosh
undefeated *(adj.)* անպարտելի
anparteli
under *(prep.)* տակ tak
under *(adv.)* ներքևում nerqevum
under *(adj.)* ստորին storin
undercurrent *(n.)* ստորգետնյա
հոսանք storgetnya hossanq
underdog *(n.)* անհաջողակ
anhajoghak
undergo *(v.)* ենթարկվել yentarkvel
undergraduate *(n.)* շրջանավարտ
shrjanavart
underhand *(adj.)* թաքուն taqun
underline *(v.)* ընդգծել andgtsel
undermine *(v.)* ականապատել
akanapatel
underneath *(prep.)* տակ tak
underneath *(adj.)* ներքևի nerqevi
underneath *(adv.)* ներքևում nerqevum
underpriviledged *(adj.)* անապահով
anapahov
understand *(v.)* հասկանալ haskanal
undertake *(v.)* ձեռնարկել dzerrnarkel
undertone *(n.)* կիսատոն kissaton
underwear *(n.)* ներքնազգեստ
nerqnazgest
underworld *(n.)* տարտարոս tartaros
undo *(v.)* չեղարկել chegharkel
undue *(adj.)* անպատեհ anpateh
undulate *(v.)* գանգրանալ gangranal
undulation *(n.)* ալիքաձևություն
aliqadzevutyun
unearth *(v.)* հանել hanel
uneasy *(adj.)* անհանգիստ anhangist

uneducated *(adj.)* անկիրթ *ankirt*
uneven *(adj.)* անհավասար *anhavassar*
unfair *(adj.)* անարդար *anardar*
unfold *(v.)* բացվել *bacvel*
unfortunate *(adj.)* անբախտ *anbakht*
ungainly *(adj.)* անճոռնի *anchorrni*
unhappy *(adj.)* անբախտ *anbakht*
unhealthy *(adj.)* անառողջ *anarroghj*
unification *(n.)* միավորում *miavorum*
uninspired *(adj.)* չներշնչված *cnershnchvats*
uninstall *(adj.)* տեղահանել *teghahanel*
uninterrupted *(adj.)* անխափան *ankhapan*
union *(n.)* միություն *miutyun*
unionist *(n.)* արհմիութենական *arhmiutenakan*
unique *(adj.)* եզակի *yezaki*
unison *(n.)* ներդաշնակություն *nerdashnakutyun*
unit *(n.)* միավոր *miavor*
unite *(v.)* միավորվել *miavorvel*
unity *(n.)* միասնություն *miasnutyun*
universal *(adj.)* ունիվերսալ *universal*
universality *(n.)* ունիվերսալություն *universalutyun*
universe *(n.)* տիեզերք *tiezerq*
university *(n.)* համալսարան *hamalsaran*
unjust *(adj.)* անարդար *anardar*
unknown *(adj.)* անհայտ *anhayt*
unless *(conj.)* մինչև որ *minchev vor*
unlike *(adj.)* տարբեր *tarber*
unlike *(prep.)* ի տարբերություն *I tarberutyun*
unlikely *(adj.)* քիչ հավանական *qich havanakan*
unmanned *(adj.)* անօդաչու *anodachu*
unmannerly *(adj.)* անքաղաքավարի *anqaghaqavari*
unnecessary *(adj.)* ավելորդ *avelord*
unofficial *(adj.)* ոչ պաշտոնական *voch pashtonakan*
unplanned *(adj.)* չպլանավորված *chplanavorvats*
unprincipled *(adj.)* անսկզբունքային *anskzbunqayin*
unquote *(adj.)* չակերտավոր *chakertavor*
unread *(adj.)* չկարդացված *chkardacvats*
unreliable *(adj.)* անվստահելի *anvstaheli*
unrest *(n.)* անկարգություններ *ankargutyunner*
unruly *(adj.)* անհնազանդ *anhnazand*
unsalted *(adj.)* անփորձ *anpordz*
unsettle *(v.)* կարգազանցել *kargazancel*
unsheathe *(v.)* մերկացնել *merkacnel*
unsold *(adj.)* չվաճառված *chvacharrvats*
until *(prep.)* մինչև *minchev*
until *(conj.)* մինչև *minchev*
untoward *(adj.)* անբարենպաստ *anbarenpast*
unwanted *(adj.)* անցանկալի *ancankali*
unwell *(adj.)* վատառողջ *vatarroghj*
unwittingly *(adv.)* ակամա *akama*
up *(adv.)* վեր *ver*
up *(prep.)* վերև *verev*
upbraid *(v.)* կշտամբել *kshtambel*
upgrade *(v.)* բարելավել *barelavel*
upheaval *(n.)* տեղաշարժ *teghashardj*
uphold *(v.)* աջակցել *ajakcel*
upkeep *(n.)* պահպանում *pahpanum*
uplift *(v.)* բարձրացնել *bardzracnel*
uplift *(n.)* վերելք *verelq*
upload *(v.)* վերբեռնել *verberrnel*
upon *(prep.)* վրա *vra*
upper *(adj.)* վերին *verin*
upright *(adj.)* ուղղաձիգ *ughghadzig*
uprising *(n.)* ապստամբություն *apstambutyun*
uproar *(n.)* աղմուկ *aghmuk*
uproarious *(adj.)* աղմկոտ *aghmkot*
uproot *(v.)* արմատահանել *armatahanel*
upset *(v.)* շրջվել *shrjvel*
upshot *(n.)* ավարտ *avart*
upstart *(n.)* նորահարուստ *noraharust*
up-to-date *(adj.)* արդի *ardi*
upward *(adj.)* բարձրացող *bardzracogh*
upwards *(adv.)* վեր *ver*
urban *(adj.)* քաղաքային *qaghaqayin*

urbane *(adj.)* քաղաքավարի *qaghaqavari*
urbanity *(n.)* քաղաքավարություն *qaghaqavarutyun*
urchin *(n.)* տղա *tgha*
urge *(v.)* շտապեցնել *shtapecnel*
urge *(n.)* հարկադրանք *harkadranq*
urgency *(n.)* հրատապություն *hrataputyun*
urgent *(adj.)* հրատապ *hratap*
urinal *(n.)* միզանոթ *mizanot*
urinary *(adj.)* միզամուղ *mizamugh*
urinate *(v.)* միզել *mizel*
urination *(n.)* միզարձակում *mizardzakum*
urine *(n.)* մեզ *mez*
urn *(n.)* սափոր *sapor*
usable *(adj.)* օգտագործելի *ogtagortseli*
usage *(n.)* օգտագործում *ogtagortsum*
use *(n.)* օգտագործում *ogtagortsum*
use *(v.)* օգտագործել *ogtagortsel*
used *(adj.)* օգտագործված *ogtagortsvats*
useful *(adj.)* օգտակար *ogtakar*
usher *(n.)* դռնապան *drrnapan*
usher *(v.)* ուղեկցել *ughekcel*
usual *(adj.)* սովորական *sovorakan*
usually *(adv.)* սովորաբար *sovorabar*
usurer *(n.)* վաշխառու *vashkharru*
usurp *(v.)* զավթել *zavtel*
usurpation *(n.)* զավթում *zavtum*
usury *(n.)* վաշխառություն *vashkharrutyun*
utensil *(n.)* սպասք *spasq*
uterus *(n.)* արգանդ *argand*
utilitarian *(adj.)* կիրառական *kirarrakan*
utility *(n.)* օգտակարություն *ogtakarutyun*
utilization *(n.)* օգտագործում *ogtagortsum*
utilize *(v.)* օգտագործել *ogtagortsel*
utmost *(adj.)* առավելագույն *arravelaguyn*
utmost *(n.)* ամենամեծը *amenametsa*
utopia *(n.)* ուտոպիա *utopia*
utopian *(adj.)* ուտոպիական *utopiakan*
utter *(v.)* արտասանել *artassanel*
utter *(adj.)* լիակատար *liakatar*
utterance *(n.)* արտասանություն *artassanutyun*
utterly *(adv.)* սաստիկ *sastik*

V

vacancy *(n.)* թափուր աշխատատեղ *tapur ashkhatategh*
vacant *(adj.)* ազատ *azat*
vacate *(v.)* ազատել *azatel*
vacation *(n.)* արձակուրդ *ardzakurd*
vaccinate *(v.)* պատվաստել *patvastel*
vaccination *(n.)* պատվաստում *patvastum*
vaccinator *(n.)* պատվաստող *patvastogh*
vaccine *(n.)* պատվաստանյութ *patvastanyut*
vacillate *(v.)* տատանվել *tatanvel*
vacuum *(n.)* վակուում *vakuum*
vacuum *(v.)* վակուում անել *vakuum anel*
vagabond *(adj.)* թափառական *taparrakan*
vagabond *(n.)* թափառաշրջիկ *taparrashrjik*
vagary *(n.)* քմահաճույք *qmahachuyq*
vagina *(n.)* հեշտոց *heshtoc*
vague *(adj.)* անպարզ *anparz*
vagueness *(n.)* աղոտություն *aghotutyun*
vain *(adj.)* իզուր *izur*
vainglorious *(adj.)* սնափառ *snaparr*
vainglory *(n.)* սնափառություն *snaparrutyun*
vainly *(adv.)* զուր *zur*
vale *(n.)* հովիտ *hovit*
valet *(n.)* սենեկասպասավոր *senekaspassavor*
valiant *(adj.)* քաջարի *qajari*
valid *(adj.)* վավերական *vaverakan*
validate *(v.)* վավերացնել *vaveracnel*
validity *(n.)* վավերականություն *vaverakanutyun*

valley *(n.)* հովիտ *hovit*
valour *(n.)* քաջություն *qajutyun*
valuable *(adj.)* թանկագին *tankagin*
valuation *(n.)* գնահատում *gnahatum*
value *(v.)* գնահատել *gnahatel*
value *(n.)* արժեք *ardjeq*
valve *(n.)* փական *pakan*
van *(n.)* ֆուրգոն *furgon*
vandalize *(v.)* վանդալիզացնել *vandalizacnel*
vanish *(v.)* անհետանալ *anhetanal*
vanity *(n.)* դատարկություն *datarkutyun*
vanquish *(v.)* հաղթել *haghtel*
vaporize *(v.)* գոլորշիացնել *golorshiacnel*
vaporous *(adj.)* գոլորշանման *golorshanman*
vapour *(n.)* գոլորշի *golorshi*
variable *(adj.)* փոփոխական *popokhakan*
variance *(n.)* վեճ *vech*
variation *(n.)* փոփոխություն *popokhutyun*
varied *(adj.)* բազմազան *bazmazan*
variety *(n.)* բազմազանություն *bazmazanutyun*
various *(adj.)* բազմազան *bazmazan*
varnish *(v.)* լաքել *laqel*
varnish *(n.)* լաք *laq*
vary *(v.)* տարբերվել *tarbervel*
vase *(n.)* սկահակ *skahak*
vasectomy *(n.)* ամորձատում *amordzatum*
vaseline *(n.)* վազելին *vazelin*
vast *(adj.)* լայնարձակ *laynardzak*
vault *(v.)* կամարակապել *kamarakapel*
vault *(n.)* կամար *kamar*
vector *(n.)* վեկտոր *vektor*
vector *(v.)* ուղղել *ughghel*
vectorial *(adj.)* վեկտորային *vektorayin*
vegan *(n.)* բուսակեր մարդ *busaker mard*
vegan *(adj.)* բուսակեր *busaker*
vegetable *(adj.)* բուսական *busakan*
vegetable *(n.)* բանջարեղեն *banjareghen*
vegetarian *(n.)* բուսակեր մարդ *busaker mard*
vegetarian *(adj.)* բուսակեր *busaker*
vegetation *(n.)* վեգետացիա *vegetacia*
vehemence *(n.)* կրքոտություն *krqotutyun*
vehement *(adj.)* կրքոտ *krqot*
vehicle *(n.)* փոխադրամիջոց *pokhadramijoc*
vehicular *(adj.)* փոխադրական *pokhadrakan*
veil *(v.)* քողարկել *qogharkel*
veil *(n.)* քող *qogh*
vein *(n.)* երակ *yerak*
vein *(v.)* երակաթելերով ծածկել *yerakatelerov tsatskel*
velocity *(n.)* արագություն *aragutyun*
velvet *(n.)* թավիշ *tavish*
velvety *(adj.)* թավշային *tavshayin*
venal *(adj.)* կաշառելի *kasharreli*
venality *(n.)* կաշառվածություն *kasharrvatsutyun*
vendor *(n.)* առևտրական *arrevtrakan*
venerable *(adj.)* պատկառելի *patkarreli*
venerate *(v.)* մեծարել *metsarel*
veneration *(n.)* պատկառանք *patkarranq*
vengeance *(n.)* վրեժ *vredj*
venial *(adj.)* ներելի *nereli*
venom *(n.)* թույն *tuyn*
venomous *(adj.)* թունավոր *tunavor*
vent *(n.)* օդանցք *odancq*
ventilate *(v.)* օդափոխել *odapokhel*
ventilation *(n.)* օդափոխում *odapokhum*
ventilator *(n.)* օդափոխիչ *odapokhich*
ventriloquism *(n.)* որովայնախոսություն *vorovaynakhosutyun*
ventriloquist *(n.)* որովայնախոս *vorovaynakhos*
ventriloquistic *(adj.)* որովայնախոսական *vorovaynakhossakan*
ventriloquize *(v.)* խոսել *khossel*
venture *(v.)* վտանգել *vtangel*
venture *(n.)* վտանգ *vtang*
venturesome *(adj.)* վտանգավոր

vtangavor
venturous *(adj.)* վտանգավոր vtangavor
venue *(n.)* վայր vayr
veracity *(n.)* ճշմարտասիրություն chshmartassirutyun
veranda *(n.)* պատշգամբ patshgamb
verb *(n.)* բայ bay
verbal *(adj.)* բանավոր banavor
verbally *(adv.)* բանավոր banavor
verbatim *(adj.)* բառացի barraci
verbose *(adj.)* երկարաբան yerkraban
verbosity *(n.)* երկարաբանություն yerkrabanutyun
verdant *(adj.)* կանաչ kanach
verdict *(n.)* դատավճիռ datavchirr
verge *(n.)* եզր yezr
verification *(n.)* ստուգում stugum
verify *(v.)* ստուգել stugel
verisimilitude *(n.)* հավանականություն havanakanutyun
veritable *(adj.)* իսկական iskakan
vermillion *(adj.)* ալ կարմիր al karmir
vermillion *(n.)* կարմրաներկ karmranerk
vernacular *(adj.)* մայրենի mayreni
vernacular *(n.)* մայրենի լեզու mayreni lezu
vernal *(adj.)* գարնանային garnanayin
versatile *(adj.)* բազմակողմանի bazmakoghmani
versatility *(n.)* բազմակողմանիություն bazmakoghmaniutyun
verse *(n.)* ոտանավոր votanavor
versed *(adj.)* իրազեկ irazek
versification *(n.)* տաղաչափություն taghachaputyun
versify *(v.)* հորինել horinel
version *(n.)* տարբերակ tarberak
versus *(prep.)* դեմ dem
vertical *(adj.)* ուղղահայաց ughghahayac
verve *(n.)* պատկերավորություն patkeravorutyun
very *(adj.)* իրական irakan
vessel *(n.)* անոթ anot

vest *(v.)* զգեստավորել zgestavorel
vest *(n.)* ժիլետ djilet
vested *(adj.)* օժտված odjtvats
vestige *(n.)* մնացորդ mnacord
vestment *(n.)* զգեստ zgest
veteran *(adj.)* փորձառու pordzarru
veteran *(n.)* վետերան veteran
veterinary *(adj.)* անասնաբուժական anasnabudjakan
veto *(v.)* վետո դնել veto dnel
veto *(n.)* վետո veto
vex *(v.)* վրդովել vrdovel
vexation *(n.)* վրդովմունք vrdovmunq
via *(prep.)* միջոցով mijocov
viable *(adj.)* կենսունակ kensunak
vial *(n.)* սրվակ srvak
vibrate *(v.)* թրթռալ trtrral
vibration *(n.)* վիբրացիա vibracia
vicar *(n.)* քահանա qahana
vicarious *(adj.)* փոխարինող pokharinogh
vice *(n.)* արատ arat
viceroy *(n.)* փոխարքա pokharqa
vice-versa *(adv.)* հակադարձորեն hakadardzoren
vicinity *(n.)* մոտակայք motakayq
vicious *(adj.)* արատավոր aratavor
vicissitude *(n.)* անկայունություն ankayunutyun
victim *(n.)* զոհ zoh
victimize *(v.)* զոհաբերել zohaberel
victor *(n.)* հաղթող haghtogh
victorious *(adj.)* հաղթական haghtakan
victory *(n.)* հաղթանակ haghtanak
victuals *(n. pl)* սնունդ snund
video *(n.)* տեսանյութ tessanyut
video *(v.)* տեսանկարահանել tessankarahanel
videoblogger *(n.)* վիդեոբլոգեր videobloger
videobook *(n.)* տեսագիրք tessagirq
videocassette *(n.)* տեսաերիզ tessayeriz
videogaming *(n.)* տեսախաղ tessakhagh
videotape *(n.)* տեսաերիզ tessayeriz
videotape *(v.)* տեսանկարահանել

tessankarahanel
videotelephone *(n.)* տեսահեռախոս *tessaherrakhos*
vie *(v.)* մրցել *mrcel*
view *(n.)* տեսարան *tessaran*
view *(v.)* դիտել *ditel*
vigil *(n.)* հսկելը *hskela*
vigilance *(n.)* հսկում *hskum*
vigilant *(adj.)* զգոն *zgon*
vigorous *(adj.)* եռանդուն *yerrandun*
vile *(adj.)* ստոր *stor*
vilify *(v.)* զրպարտել *zrpartel*
villa *(n.)* վիլլա *villa*
village *(n.)* գյուղ *gyugh*
villager *(n.)* գյուղացի *gyughaci*
villain *(n.)* չարագործ *charagorts*
vindicate *(v.)* արդարացնել *ardaracnel*
vindication *(n.)* արդարացում *ardaracum*
vine *(n.)* որթատունկ *vortatunk*
vinegar *(n.)* քացախ *qacakh*
vintage *(n.)* խաղողաքաղ *khaghoghaqagh*
violate *(v.)* բռնադատել *brrnadatel*
violation *(n.)* բռնություն *brrnutyun*
violence *(n.)* բռնություն *brrnutyun*
violent *(adj.)* կատաղի *kataghi*
violet *(n.)* մանուշակ *manushak*
violin *(n.)* ջութակ *jutak*
violinist *(n.)* ջութակահար *jutakahar*
viral *(adj.)* վիրուսային *virusayin*
virgin *(adj.)* կույս *kuys*
virgin *(n.)* կույս *kuys*
virginity *(n.)* կուսություն *kusutyun*
virile *(adj.)* կենսունակ *kensunak*
virility *(n.)* առնականություն *arrnakanutyun*
virtual *(adj.)* իրական *irakan*
virtue *(n.)* արժանիք *ardjaniq*
virtuous *(adj.)* առաքինի *arraqini*
virulence *(n.)* թունավորություն *tunavorutyun*
virulent *(adj.)* թունավոր *tunavor*
virus *(n.)* վիրուս *virus*
visage *(n.)* տեսք *tesq*
visibility *(n.)* տեսանելիություն *tessaneliutyun*
visible *(adj.)* տեսանելի *yessaneli*
vision *(n.)* տեսողություն *tessoghutyun*
visionary *(n.)* երազող *yerazogh*
visionary *(adj.)* երազկոտ *yerazkot*
visit *(n.)* այց *ayc*
visit *(v.)* այցելել *aycelel*
visitor *(n.)* այցելու *aycelu*
vista *(n.)* հեռապատկեր *herrapatker*
visual *(adj.)* տեսողական *tessoghakan*
visualize *(v.)* պատկերացնել *patkeracnel*
vital *(adj.)* կենսական *kensakan*
vitality *(n.)* կենսունակություն *kensunakutyun*
vitalize *(v.)* կենսականացնել *kensakanacnel*
vitamin *(n.)* վիտամին *vitamin*
vitiate *(v.)* փչացնել *pchacnel*
viva voce *(adj.)* բանավոր *banavor*
viva voce *(n.)* բանավոր քննություն *banavor qnnutyun*
viva voce *(adv.)* բանավոր *banavor*
vivacious *(adj.)* ուրախ *urakh*
vivacity *(n.)* աշխուժություն *ashkhudjutyun*
vivid *(adj.)* վառ *varr*
vixen *(n.)* կռվարար կին, ջադու *krrvarar kin, jadu*
vocabulary *(n.)* բառապաշար *barrapashar*
vocal *(adj.)* ձայնային *dzaynayin*
vocalist *(n.)* վոկալիստ *vokalist*
vocation *(n.)* կոչում *kochum*
vogue *(n.)* տարազ *taraz*
voice *(v.)* ասել *assel*
voice *(n.)* ձայն *dzayn*
void *(v.)* դատարկել *datarkel*
void *(n.)* դատարկություն *datarkutyun*
void *(adj.)* դատարկ *datark*
volcanic *(adj.)* հրաբխային *hrabkhayin*
volcano *(n.)* հրաբուխ *hrabukh*
volition *(n.)* կամք *kamq*
volley *(v.)* համազարկով կրակել *hamazarkov krakel*
volley *(n.)* համազարկ *hamazark*
volt *(n.)* վոլտ *volt*
voltage *(n.)* վոլտաժ *voltadj*
volume *(n.)* ծավալ *tsaval*
voluminous *(adj.)* մեծածավալ

metsatsaval
voluntarily *(adv.)* կամավորապես *kamavorapes*
voluntary *(adj.)* կամավոր *kamavor*
volunteer *(v.)* կամավորագրվել *kamavoragrvel*
volunteer *(n.)* կամավոր *kamavor*
voluptuary *(n.)* ցանկամոլ *cankamol*
voluptuous *(adj.)* ցանկասեր *cankasser*
vomit *(n.)* փսխում *pskhum*
vomit *(v.)* փսխել *pskhel*
voracious *(adj.)* անհագ *anhag*
vortex *(n.)* հորձանուտ *hordzanut*
votary *(n.)* երկրպագու *yerkrpagu*
vote *(v.)* քվեարկել *qvearkel*
vote *(n.)* քվեարկում *qvearkum*
voter *(n.)* ընտրող *antrogh*
vouch *(v.)* երաշխավորել *yerashkhavorel*
voucher *(n.)* երաշխավոր *yershkhavor*
vouchsafe *(v.)* արժանացնել *ardjanacnel*
vow *(v.)* երդվել *yerdvel*
vow *(n.)* երդում *yerdum*
vowel *(n.)* ձայնավոր *dzaynavor*
voyage *(v.)* ճանապարհորդել *chanaparhordel*
voyage *(n.)* ուղևորություն *ughevorutyun*
voyager *(n.)* ճանապարհորդ *chanaparhord*
voyeur *(n.)* վոյեր *voyer*
voyeurism *(n.)* վոյերիզմ *voyerizm*
vulgar *(adj.)* գռեհիկ *grrehik*
vulgarity *(n.)* գռեհկություն *grrehkutyun*
vulnerable *(adj.)* խոցելի *khoceli*
vulture *(n.)* անգղ *anggh*

W

wabble *(v.)* երերալ *yereral*
wabbly *(adj.)* երերուն *yererun*
wack *(adj.)* անուղղելի *anughgheli*
wack *(n.)* արտակենտրոնակ *artakentronak*
wacko *(adj.)* տարօրինակ *tarorinak*
wacko *(n.)* տարօրինակ մարդ *tarorinak mard*
waddle *(v.)* օրորվելով քայլել *ororvelov qaylel*
wade *(v.)* անցնել *ancnel*
waft *(n.)* սահում *sahum*
waft *(v.)* սահել *sahel*
wag *(n.)* թափահարում *tapaharum*
wag *(v.)* թափահարել *tapaharel*
wage *(n. pl.)* աշխատավարձ *ashkhatavardz*
wage *(v.)* վարել *varel*
wager *(v.)* գրազ գալ *graz gal*
wager *(n.)* գրազ *graz*
wagon *(n.)* վագոն *vagon*
wail *(n.)* ողբ *voghb*
wail *(v.)* ողբալ *voghbal*
wain *(n.)* կառք *karrq*
waist *(n.)* իրան *iran*
waistband *(n.)* իրանակալ *iranakal*
waistcoat *(n.)* բաճկոնակ *bachkonak*
wait *(n.)* սպասում *spasum*
wait *(v.)* սպասել *spassel*
waiter *(n.)* մատուցող *matucogh*
waitress *(n.)* մատուցողուհի *matucoghuhi*
waive *(v.)* հրաժարվել *hradjarvel*
waiver *(n.)* հրաժարում *hradjarum*
wake *(n.)* նավահետք *navahetq*
wake *(v.)* արթնանալ *artnanal*
wakeful *(adj.)* արթուն *artun*
walk *(n.)* քայլաձև *qayladzev*
walk *(v.)* քայլել *qaylel*
wall *(v.)* պարսպապատել *parspapatel*
wall *(n.)* պատ *pat*
wallet *(n.)* դրամապանակ *dramapanak*
wallop *(v.)* քոթակել *qotakel*
wallow *(v.)* թավալվել *tavalvel*
walnut *(n.)* ընկույզ *ankujz*
walrus *(n.)* ծովացուլ *tsovacul*
wan *(adj.)* գունատ *gunat*
wand *(n.)* գավազան *gavazan*
wander *(v.)* թափառել *taparrel*
wane *(n.)* պակասում *pakasum*
wane *(v.)* պակասել *pakassel*
want *(n.)* կարիք *kariq*

want *(v.)* ցանկանալ *cankanal*
wanton *(adj.)* զվարթ *zvart*
war *(v.)* պատերազմել *paterazmel*
war *(n.)* պատերազմ *paterazm*
warble *(n.)* դայլայլ *daylayl*
warble *(v.)* դայլայլել *daylaylel*
warbler *(n.)* երգեցիկ թռչուն *yergecik trrchun*
ward *(v.)* կասեցնել *kassecnel*
ward *(n.)* հիվանդասենյակ *hivandassenyak*
warden *(n.)* պետ *pet*
warder *(n.)* բանտապետ *bantapet*
wardrobe *(n.)* զգեստապահարան *zgestapaharan*
wardship *(n.)* պահակ *pahak*
ware *(n.)* արտադրանք *artadranq*
warehouse *(n.)* պահեստ *pahest*
warfare *(n.)* պատերազմ *paterazm*
warlike *(adj.)* ռազմական *rrazmakan*
warm *(adj.)* տաք *taq*
warm *(v.)* տաքանալ *taqanal*
warmth *(n.)* տաքություն *taqutyun*
warn *(v.)* զգուշացնել *zgushacnel*
warning *(n.)* զգուշացում *zgushacum*
warrant *(v.)* երաշխավորել *yerashkhavorel*
warrant *(n.)* երաշխիք *yerashkhiq*
warrantee *(n.)* երաշխիք *yerashkhiq*
warrantor *(n.)* երաշխավոր *yerashkhavor*
warranty *(n.)* երաշխիք *yerashkhiq*
warren *(n.)* ճագարաբուծարան *chagarabutsaran*
warrior *(n.)* զինվոր *zinvor*
wart *(n.)* գորտնուկ *gortnuk*
wary *(adj.)* զգուշավոր *zgushavor*
wash *(n.)* լվացք *lvacq*
wash *(v.)* լվանալ *lvanal*
washable *(adj.)* լվացվող *lvacvogh*
washer *(n.)* լվացքի մեքենա *lvacqi meqena*
wasp *(n.)* կրետ *kret*
waspish *(adj.)* թունոտ *tunot*
wassail *(n.)* կերուխում *kerukhum*
wastage *(n.)* կորուստ *korust*
waste *(n.)* թափոններ *taponner*
waste *(v.)* վատնել *vatnel*

waste *(adj.)* անպետք *anpetq*
wasteful *(adj.)* վատնող *vatnogh*
watch *(n.)* ժամացույց *djamacuyc*
watch *(v.)* դիտել *ditel*
watchful *(adj.)* զգոն *zgon*
watchword *(n.)* նշանաբառ *nshanabarr*
water *(v.)* ջրել *jrel*
water *(n.)* ջուր *jur*
waterfall *(n.)* ջրվեժ *jrvedj*
water-melon *(n.)* ձմերուկ *dzmeruk*
waterproof *(n.)* անջրանցիկ գործվածք *anjrancik gortsvatsq*
waterproof *(v.)* անջրանցիկ դարձնել *anjrancik dardznel*
waterproof *(adj.)* անջրանցիկ *anjrancik*
watertight *(adj.)* անջրանցիկ *anjrancik*
watery *(adj.)* ջրալի *jrali*
watt *(n.)* վատտ *vatt*
wave *(v.)* ալեկոծվել *alekotsvel*
wave *(n.)* ալիք *aliq*
waver *(v.)* տատանվել *tatanvel*
wavy *(adj.)* ալիքաձև *aliqadzev*
wax *(v.)* մոմել *momel*
wax *(n.)* մոմ *mom*
way *(n.)* ուղի *ughi*
wayfarer *(n.)* ուղևոր *ughevor*
waylay *(v.)* դարանակալել *daranakalel*
wayward *(adj.)* կամակոր *kamakor*
weak *(adj.)* տկար *tkar*
weaken *(v.)* տկարանալ *tkaranal*
weakling *(n.)* թուլակամ մարդ *tulakam mard*
weakness *(n.)* տկարություն *tkarutyun*
weal *(n.)* հարստություն *harstutyun*
wealth *(n.)* հարստություն *harstutyun*
wealthy *(adj.)* հարուստ *harust*
wean *(v.)* կաթից կտրել *katic ktrel*
weapon *(n.)* զենք *zenq*
wear *(v.)* հագնել *hagnel*
weary *(adj.)* հոգնած *hognats*
weary *(v.)* հոգնել *hognel*
weather *(v.)* հողմահարվել *hoghmaharvel*
weather *(n.)* եղանակ *yeghanak*
weave *(v.)* գործել *gortsel*
weaver *(n.)* ջուլհակ *julhak*

web *(n.)* գործվածք *gortsvatsq*
web page *(n.)* ինտերնետային էջ *internetayin ej*
web store *(n.)* վեբ խանութ *veb khanut*
webby *(adj.)* գործված *gortsvats*
webcam *(n.)* վեբ - տեսախցիկ *veb-tessakhcik*
webcasting *(n.)* վեբ հեռարձակում *veb-herrardzakum*
webinar *(n.)* վեբինար *vebinar*
webisode *(n.)* հեռարձակում *herrardzakum*
webmaster *(n.)* վեբ վարպետ *veb varpet*
wed *(v.)* ամուսնացնել *amusnacnel*
wedding *(n.)* հարսանիք *harsaniq*
wedge *(v.)* սեպել *sepel*
wedge *(n.)* սեպ *sep*
wedlock *(n.)* ամուսնություն *amusnutyun*
Wednesday *(n.)* չորեքշաբթի *choreqshabti*
weed *(v.)* քաղհանել *qaghhanel*
weed *(n.)* մոլախոտ *molakhot*
week *(n.)* շաբաթ *shabat*
weekly *(adv.)* ամեն շաբաթ *amen shabat*
weekly *(n.)* շաբաթաթերթ *shabatatert*
weekly *(adj.)* շաբաթական *shabatakan*
weep *(v.)* լացել *lacel*
weevil *(n.)* թրթուր *trtur*
weigh *(v.)* կշռել *kshrrel*
weight *(n.)* քաշ *qash*
weightage *(n.)* քաշ *qash*
weighty *(adj.)* ծանրակշիռ *tsanrakshirr*
weir *(n.)* ամբարտակ *ambartak*
weird *(adj.)* տարօրինակ *tarorinak*
welcome *(n.)* ողջույն *voghjuyn*
welcome *(v.)* ողջունել *voghjunel*
welcome *(adj.)* ցանկալի *cankali*
weld *(n.)* զոդում *zodum*
weld *(v.)* զոդել *zodel*
welfare *(n.)* բարեկեցություն *barekecutyun*
well *(adv.)* լավ *lav*
well *(n.)* ջրհոր *jrhor*
well *(v.)* հոսել *hossel*
well *(adj.)* առողջ *arroghj*

well off *(adj.)* ունևոր *unevor*
wellington *(n.)* նորակոչիկ *norakochik*
well-known *(adj.)* հայտնի *haytni*
wellness *(n.)* առողջություն *arroghjutyun*
well-read *(adj.)* կարդացած *kardacats*
well-timed *(adj.)* ժամանակին *djamanakin*
well-to-do *(adj.)* ունևոր *unevor*
welt *(n.)* զարդեզր *zardezr*
welter *(n.)* շփոթ *shpot*
wen *(n.)* գերբնակեցում *gerbnakecum*
wench *(n.)* սպասուհի *spasuhi*
west *(adj.)* արևմտյան *arevmtyan*
west *(adv.)* դեպի արևմուտք *depi arevmutq*
west *(n.)* արևմուտք *arevmutq*
westerly *(adv.)* արևմուտքից *arevmutqic*
westerly *(adj.)* արևմտյան *arevmtyan*
western *(adj.)* արևմտյան *arevmtyan*
wet *(v.)* թացացնել *tacacnel*
wet *(adj.)* թաց *tac*
wetness *(n.)* թացություն *tacutyun*
whack *(v.)* հարվածել *harvatsel*
whale *(n.)* կետ *ket*
wharfage *(n.)* նավակայանավարձ *navakayanavardz*
what *(adj.)* որ *vor*
what *(pron.)* ինչ *inch*
what *(interj.)* ինչ *inch*
whatever *(pron.)* ինչ էլ որ *inch el vor*
wheat *(n.)* ցորեն *coren*
wheedle *(v.)* շողոքորթել *shoghoqortel*
wheel *(v.)* պտտվել *pttvel*
wheel *(n.)* անիվ *aniv*
whelm *(v.)* ողողել *voghoghel*
whelp *(n.)* ձագ *dzag*
when *(conj.)* երբ *yerb*
when *(adv.)* երբ *yerb*
whence *(adv.)* որտեղից *vorteghic*
whenever *(conj.)* երբ էլ որ *yerb el vor*
whenever *(adv.)* հենց որ *henc vor*
where *(conj.)* որտեղ *vortegh*
where *(adv.)* ուր *ur*
whereabout *(adv.)* որտեղ *vortegh*
whereabout *(n. pl.)* ապրելավայրը *aprelavayra*

whereas *(conj.)* մինչդեռ *minchderr*
whereat *(conj.)* ապա *apa*
wherein *(adv.)* ինչում *inchum*
whereupon *(conj.)* որից հետո *voric heto*
wherever *(adv.)* որտեղ էլ որ *vortegh el vor*
whet *(v.)* սրել *srel*
whether *(conj.)* թե *te*
which *(pron.)* որը *vora*
which *(adj.)* որ *vor*
whichever *(pron.)* որն էլ որ *vorn el vor*
whiff *(n.)* օդահոսանք *odahossanq*
while *(conj.)* մինչդեռ *minchderr*
while *(v.)* ժամանակ անցկացնել *djamanak anckacnel*
while *(n.)* ժամանակ *djamanak*
whim *(n.)* քմահաճույք *qmahachuyq*
whimper *(v.)* նվնվալ *nvnval*
whimsical *(adj.)* քմահաճ *qmahach*
whine *(n.)* նվնվոց *nvnvoc*
whine *(v.)* նվնվալ *nvnval*
whip *(n.)* մտրակ *mtrak*
whip *(v.)* մտրակել *mtrakel*
whipcord *(n.)* մտրակալար *mtrakalar*
whir *(n.)* աղմուկ *aghmuk*
whirl *(n.)* պտույտ *ptuyt*
whirl *(v.)* պտտվել *pttvel*
whirligig *(n.)* հոլ *hol*
whirlpool *(n.)* հորձանուտ *hordzanut*
whirlwind *(n.)* փոթորիկ *potorik*
whisk *(n.)* ծփափայտիկ *tspapaytik*
whisk *(v.)* հարել *harel*
whisker *(n.)* բեղ *begh*
whisky *(n.)* վիսկի *viski*
whisper *(n.)* փսփսոց *pspsoc*
whisper *(v.)* փսփսալ *pspsal*
whistle *(n.)* սուլոց *suloc*
whistle *(v.)* սուլել *sulel*
white *(n.)* սպիտականերկ *spitakanerk*
white *(adj.)* սպիտակ *spitak*
whiten *(v.)* սպիտակեցնել *spitakecnel*
whitewash *(v.)* սպիտակեցնել *spitakecnel*
whitewash *(n.)* սպիտակեցում *spitakecum*
whither *(adv.)* ուր *ur*
whitish *(adj.)* սպիտակավուն *spitakavun*
whittle *(v.)* տաշել *tashel*
whiz *(v.)* սուլել *sulel*
who *(pron.)* ով *ov*
whoever *(pron.)* ով էլ որ *ov el vor*
whole *(n.)* ամբողջը *amboghja*
whole *(adj.)* ամբողջ *amboghj*
whole-hearted *(adj.)* անկեղծ *ankeghts*
wholesale *(adj.)* մեծաքանակ *metsaqanak*
wholesale *(adv.)* մեծավաճառքով *metsavacharrqov*
wholesale *(n.)* մեծածախ առևտուր *metsatsakh arrevtur*
wholesaler *(n.)* մեծածախ վաճառող *metsatsakh vacharrogh*
wholesome *(adj.)* առողջարար *arroghjarar*
wholly *(adv.)* լիովին *liovin*
whom *(pron.)* ում *um*
whore *(n.)* պոռնիկ *porrnik*
whose *(pron.)* ում *um*
why *(adv.)* ինչու *inchu*
wick *(n.)* տամպոն *tampon*
wicked *(adj.)* չարակամ *charakam*
wicker *(n.)* հյուսածո զամբյուղ *hyusatso zambyugh*
wicket *(n.)* դռնակ *drrnak*
wide *(adv.)* լայնորեն *laynoren*
wide *(adj.)* լայն *layn*
widen *(v.)* լայնացնել *laynacnel*
widespread *(adj.)* լայնատարած *laynatarats*
widow *(v.)* այրիանալ *ayrianal*
widow *(n.)* այրի կին *ayri kin*
widower *(n.)* այրի տղամարդ *ayri tghamard*
width *(n.)* լայնք *laynq*
wield *(v.)* տիրապետել *tirapetel*
wife *(n.)* կին *kin*
wig *(n.)* պարիկ *parik*
wigwam *(n.)* վիգվամ *vigvam*
wild *(adj.)* վայրի *vayri*
wilderness *(n.)* անապատ *anapat*
wildfire *(n.)* անտառահրդեհ *antarrahrdeh*
wile *(n. pl.)* խորամանկություն *khoramankutyun*

will *(v.)* կամենալ *kamenal*
will *(n.)* կամք *kamq*
willing *(adj.)* պատրաստ *patrast*
willingness *(n.)* պատրաստակամություն *patrastakamutyun*
willow *(n.)* ուռենի *urreni*
wily *(adj.)* նենգ *neng*
wimble *(n.)* շաղափ *shaghap*
win *(n.)* շահում *shahum*
win *(v.)* շահել *shahel*
wince *(v.)* ցնցվել *cncvel*
winch *(n.)* ճախարակ *chakharak*
wind *(v.)* լարել *larel*
wind *(n.)* քամի *qami*
windbag *(n.)* հողմապարկ *hoghmapark*
winder *(n.)* լարող *larogh*
windlass *(n.)* ոլորան *voloran*
windmill *(n.)* հողմաղաց *hoghmaghac*
window *(n.)* պատուհան *patuhan*
windscreen *(n.)* դիմապակի *dimapaki*
windy *(adj.)* քամոտ *qamot*
wine *(n.)* գինի *gini*
wing *(n.)* թև *tev*
wink *(v.)* թարթել *tartel*
wink *(n.)* թարթում *tertum*
winner *(n.)* շահող *shahogh*
winnow *(v.)* քամհարել *qamharel*
winsome *(adj.)* հրապուրիչ *hrapurich*
winter *(v.)* ձմեռել *dzmerrel*
winter *(n.)* ձմեռ *dzmerr*
wintry *(adj.)* ձմեռային *dzmerrayin*
wipe *(n.)* մաքրում *maqrum*
wipe *(v.)* մաքրել *maqrel*
wire *(v.)* հեռագրել *herragrel*
wire *(n.)* մետաղալար *metaghalar*
wireless *(n.)* ռադիոգիր *rradiogir*
wireless *(adj.)* անլար *anlar*
wiring *(n.)* էլեկտրացանց *elektracanc*
wisdom *(n.)* իմաստություն *imastutyun*
wisdom-tooth *(n.)* իմաստության ատամ *imastutyan atam*
wise *(adj.)* իմաստուն *imastun*
wish *(v.)* ցանկանալ *cankanal*
wish *(n.)* ցանկություն *cankutyun*
wishful *(adj.)* ցանկացող *cankacogh*
wisp *(n.)* փունջ *punj*
wistful *(adj.)* թախծոտ *takhtsot*
wit *(n. pl.)* խելք *khelq*
witch *(n.)* կախարդ *kakhard*
witchcraft *(n.)* կախարդություն *kakhardutyun*
witchery *(n.)* կախարդանք *kakhardanq*
with *(prep.)* հետ *het*
withal *(adv.)* հետ *het*
withdraw *(v.)* հեռանալ *herranal*
withdrawal *(n.)* դուրսբերում *dursberum*
withe *(n.)* ոստ *vost*
wither *(v.)* թառամել *tarramel*
withhold *(v.)* մերժել *merdjel*
within *(adv.)* ներսում *nersum*
within *(prep.)* ներսում *nersum*
without *(adv.)* դրսից *drsic*
without *(prep.)* առանց *arranc*
withstand *(v.)* դիմանալ *dimanal*
witless *(adj.)* հիմար *himar*
witness *(v.)* վկայել *vkayel*
witness *(n.)* վկա *vka*
witticism *(n.)* սրամտություն *sramtutyun*
witty *(adj.)* սրամիտ *sramit*
wizard *(n.)* կախարդ *kakhard*
wobble *(v.)* տատանվել *tatanvel*
woe *(n.)* վիշտ *visht*
woebegone *(adj.)* վշտահար *vshtahar*
woeful *(n.)* վշտալի *vshtali*
wolf *(n.)* գայլ *gayl*
woman *(n.)* կին *kin*
womanhood *(n.)* կանայք *kanayq*
womanise *(v.)* կանացիացնել *kanaciacnel*
womaniser *(n.)* կանացիացնող *kanaciacnogh*
womanish *(adj.)* կանացի *kanaci*
womb *(n.)* արգանդ *argand*
wonder *(v.)* զարմանալ *zarmanal*
wonder *(n.)* զարմանք *zarmanq*
wonderful *(adj.)* զարմանալի *zarmanali*
wondrous *(adj.)* զարմանալի *zarmanali*
wont *(n.)* սովորություն *sovorutyun*
wont *(adj.)* սովոր *sovor*

wonted *(adj.)* սովորական *sovorakan*
woo *(v.)* սիրատածել *siratatsel*
wood *(n.)* փայտ *payt*
wooden *(adj.)* փայտե *payte*
woodland *(n.)* անտառատարածք *antarrataratsq*
woods *(n.)* անտառ *antarr*
woof *(n.)* միջնաթել *mijnatel*
wool *(n.)* բուրդ *burd*
woollen *(n.)* բրդե գործվածք *brde gortsvatsq*
woollen *(adj.)* բրդե *brde*
word *(v.)* բառերով արտահայտել *barrerov artahaytel*
word *(n.)* բառ *barr*
wordy *(adj.)* բառային *barrayin*
work *(v.)* աշխատել *ashkhatel*
work *(n.)* աշխատանք *ashkhatanq*
workable *(adj.)* կատարելի *katareli*
workaday *(adj.)* ձանձրալի *dzandzrali*
worker *(n.)* բանվոր *banvor*
workman *(n.)* բանվոր *banvor*
workmanship *(n.)* հմտություն *hmtutyun*
workshop *(n.)* արհեստանոց *arhestanoc*
world *(n.)* աշխարհ *ashkharh*
worldling *(n.)* աշխարհիկ *ashkharhik*
worldly *(adj.)* երկրային *yerkrayin*
worm *(n.)* որդ *vord*
wormwood *(n.)* օշինդր *oshindr*
worn *(adj.)* մաշված *mashvats*
worry *(v.)* անհանգստանալ *anhangstanal*
worry *(n.)* անհանգստություն *anhangstutyun*
worsen *(v.)* վատթարանալ *vattaranal*
worship *(v.)* երկրպագել *yerkrpagel*
worship *(n.)* երկրպագում *yerkrpagum*
worshipper *(n.)* երկրպագու *yerkrpagu*
worst *(n.)* ամենավատը *amenavata*
worst *(adj.)* ամենավատ *amenavat*
worst *(v.)* հաղթել *haghtel*
worsted *(n.)* բրդեղեն *brdeghen*
worth *(adj.)* արժանի *ardjani*
worth *(n.)* արժեք *ardjeq*
worthless *(adj.)* անարժեք *anardjeq*
worthy *(adj.)* արժանի *ardjani*
would-be *(adj.)* ենթադրյալ *yentadryal*
wound *(v.)* վիրավորել *viravorel*
wound *(n.)* վերք *verq*
wrack *(n.)* ջրիմուռ *jrimurr*
wraith *(n.)* ոգի *vogi*
wrangle *(n.)* վեճ *vech*
wrangle *(v.)* վիճել *vichel*
wrap *(n.)* շալ *shal*
wrap *(v.)* փաթաթել *patatel*
wrapper *(n.)* փաթաթան *patatan*
wrath *(n.)* ցասում *casum*
wreath *(n.)* ծաղկեպսակ *tsaghkepsak*
wreathe *(v.)* հյուսել *hyusel*
wreck *(v.)* խորտակել *khortakel*
wreck *(n.)* վթարանք *vtaranq*
wreckage *(n.)* բեկորներ *bekorner*
wrecker *(n.)* վթարային մեքենա *vtarayin meqena*
wren *(n.)* ցախսարեկ *cakhsarek*
wrench *(v.)* հոդախախտել *hodakhakhtel*
wrench *(n.)* հոդախախտում *hodakhakhtum*
wrest *(v.)* աղավաղել *aghavaghel*
wrestle *(v.)* գոտեմարտել *gotemartel*
wrestler *(n.)* ըմբիշ *ambish*
wretch *(n.)* անպիտան *anpitan*
wretched *(adj.)* թշվառ *tshvarr*
wrick *(n.)* մկանաձգում *mkanadzgum*
wriggle *(n.)* գալարում *galarum*
wriggle *(v.)* գալարվել *galarvel*
wring *(v.)* սեղմել *seghmel*
wrinkle *(v.)* կնճռոտվել *knchrrotvel*
wrinkle *(n.)* կնճիռ *knchirr*
wrist *(n.)* դաստակ *dastak*
writ *(n.)* գիր *gir*
write *(v.)* գրել *grel*
writer *(n.)* գրող *grogh*
writhe *(v.)* տանջվել *tanjvel*
wrong *(adv.)* սխալ *skhal*
wrong *(v.)* անարդար լինել *anardar linel*
wrong *(adj.)* սխալ *skhal*
wrongful *(adj.)* անիրավ *anirav*
wry *(adj.)* ծուռ *tsurr*

X

xenobiology *(n.)* քսենոբիոլոգիա *qsenobiologia*
xenogenesis *(n.)* քսենոգենեզ *qsenogenez*
xenomania *(n.)* այլատյացություն *aylatyacutyun*
xenomorph *(n.)* քսենոմորֆ *qsenomorf*
xenophile *(n.)* քսենոֆիլ *qsenofil*
xenophobe *(n.)* քսենոֆոբ *qsenofob*
xenophobia *(n.)* քսենոֆոբիա *qsenofobia*
xerox *(n.)* քսերոքս *qseroqs*
xerox *(v.)* քսերոքսել *qseroqsel*
Xmas *(n.)* Սուրբ ծնունդ *Surb tsnund*
x-ray *(n.)* ռենտգեն *rrentgen*
x-ray *(v.)* ռենտգեն անել *rrentgen anel*
xylophilous *(adj.)* քսիլոֆիլ *qsilofil*
xylophone *(n.)* քսիլոֆոն *qsilofon*

Y

yacht *(n.)* զբոսանավ *zbosanav*
yacht *(v.)* զբոսնել *zbosnel*
yak *(n.)* յակ *yak*
yak *(v.)* շատախոսել *shatakhossel*
yap *(n.)* կլանչոց *klanchoc*
yap *(v.)* կլանչել *klanchel*
yard *(n.)* բակ *bak*
yarn *(n.)* մանվածք *manvatsq*
yawn *(v.)* հորանջել *horanjel*
yawn *(n.)* հորանջ *horanj*
year *(n.)* տարի *tari*
yearly *(adj.)* տարեկան *tarekan*
yearly *(adv.)* ամեն տարի *amen tari*
yearn *(v.)* կարոտել *karotel*
yearning *(n.)* կարոտ *karot*
yeast *(n.)* խմորիչ *khmorich*
yell *(v.)* ճչալ *chchal*
yell *(n.)* ճիչ *chich*
yellow *(adj.)* դեղին *deghin*
yellow *(n.)* դեղնություն *deghnutyun*
yellow *(v.)* դեղնել *deghnel*
yellowish *(adj.)* դեղնավուն *deghnavun*
yen *(n.)* իեն *ien*
yen *(v.)* փափագել *papagel*
yes *(adv.)* այո *ayo*
yesterday *(n.)* երեկվա օր *yerekva or*
yesterday *(adv.)* երեկ *yerek*
yet *(conj.)* սակայն *sakayn*
yet *(adv.)* դեռ *derr*
yield *(v.)* արտադրել *artadrel*
yield *(n.)* բերք *berq*
yodel *(n.)* երգ *yerg*
yodel *(v.)* երգել *yergel*
yoga *(n.)* յոգա *yoga*
yoghurt *(n.)* մածուն *matsun*
yogi *(n.)* յոգի *yogi*
yoke *(n.)* կապանք *kapanq*
yoke *(v.)* լծել *ltsel*
yolk *(n.)* դեղնուց *deghnuc*
yonder *(adj.)* այն *ayn*
yonder *(adv.)* այնտեղ *ayntegh*
yonder *(n.)* այնտեղի *aynteghi*
You Tube *(v.)* յութուբ *yutub*
young *(adj.)* երիտասարդ *yeritassard*
young *(n.)* ձագ *dzag*
youngster *(n.)* պատանի *patani*
yourself *(pr.)* դու ինքդ *du inqd*
youth *(n.)* երիտասարդություն *yeritassardutyun*
youthful *(adj.)* երիտասարդական *yeritassardakan*

Z

zany *(n.)* ծաղրածու *tsaghratsu*
zany *(adj.)* ծաղրածուական *tsaghratsuakan*
zeal *(n.)* եռանդ *yerrand*
zealot *(n.)* ֆանատիկոս *fanatikos*
zealous *(adj.)* եռանդուն *yerrandun*
zeb *(v.)* զեբրագծել *zebragtsel*
zebra *(n.)* զեբր *zebr*
zebra crossing *(n.)* զեբրանցում *zebrancum*
zenith *(n.)* զենիթ *zenit*
zephyr *(n.)* զեֆիր *zefir*

zero *(n.)* զրո *zro*
zest *(n.)* համեմունք *hamemunq*
zest *(v.)* համեմել *hamemel*
zesty *(adj)* տենչալի *tenchali*
zig *(n.)* շրջադարձ *shrjadardz*
zig *(v.)* շրջվել *shrjvel*
zigzag *(n.)* զիգզագ *zigzag*
zigzag *(adj.)* զիգզագաձև *zigzagadzev*
zigzag *(adv.)* զիգզագաձև *zigzagadzev*
zigzag *(v.)* զիգզագներ անել *zigzagner anel*
zinc *(n.)* ցինկ *cink*
zip *(n.)* վզզոց *vzzoc*
zip *(v.)* վզզալ *vzzal*
ziplock *(adj.)* արագ փակվող *arag pakvogh*
zipper *(n.)* կայծակաճարմանդ *kaytsakacharmand*
zodiac *(n.)* կենդանակերպ *kendanakerp*
zonal *(adj.)* գոտիական *gotiakan*
zone *(n.)* գոտի *goti*
zoo *(n.)* գազանանոց *gazananoc*
zoological *(adj.)* կենդանաբանական *kendanabanakan*
zoologist *(n.)* կենդանաբան *kendanaban*
zoology *(n.)* կենդանաբանություն *kendanabanutyun*
zoom *(n.)* խոշորացում *khoshoracum*
zoom *(v.)* խոշորացնել *khoshoracnel*
Zorb *(n.)* զորբ, մեծ փչած գնդակ *zorb, mets pchats gndak*

Armenian-English

Ա ա

աբակ abak *(n.)* abacus
աբբա abba *(n.)* abbot
աբբա abba *(n.)* prior
աբիոտիկ abiotik *(adj.)* abiotic
աբորտ abort *(n.)* abortion
աբորտի մասնագետ aborti masnaget *(n.)* abortionist
ագահ agah *(adj.)* avid
ագահ agah *(adj.)* greedy
ագահաբար ուտել agahabar utel *(v.)* gorge
ագահորեն agahoren *(adv.)* avidly
ագահություն agahutyun *(n.)* avarice
ագահություն agahutyun *(n.)* cupidity
ագահություն agahutyun *(n.)* greed
ագահություն agahutyun *(n.)* mammon
ագատ agat *(n.)* agate
ագարակ agarak *(n.)* farm
ագարակ agarak *(n.)* ranch
ագարակատուն agarakatun *(n.)* farmhouse
ագարակում ապրել agarakum aprel *(v.)* ranch
ագենտ agent *(n.)* agent
ագնոստիկ agnostik *(n.)* agnostic
ագնոստիցիզմ agnosticizm *(n.)* agnosticism
ագորաֆոբիա agorafobia *(n.)* agoraphobia
ագռավ agrrav *(n.)* crow
ագռավ agrrav *(n.)* raven
ագրարային agrarayin *(adj.)* agrarian
ագրեսիա agressia *(n.)* aggression
ագրեսիվ agressiv *(adj.)* aggressive
ագրեսոր agressor *(n.)* aggressor
ագրո agro *(adj.)* agro
ագրո-արդյունաբերություն agro-ardyunaberutyun *(n.)* agro-industry
ագրոլոգիա agrologia *(n.)* agrology
ագրոքիմիական agroqimiakan *(adj.)* agrochemical
ադամանդ adamand *(n.)* diamond
ադապտեր adapter *(n.)* adaptor
աերոբիկա aerobika *(n.)* aerobics
աերոբուս aerobus *(n.)* airbus
աերոդինամիկա aerodinamika *(n.)* aerodynamics
աերոդրոմ aerodrom *(n.)* aerodrome
աերոզոլ aerozol *(n.)* aerosol
աերոստատիկա aerostatika *(n.)* aerostatics
ազատ azat *(adj.)* exempt
ազատ azat *(adj.)* footloose
ազատ azat *(adj.)* free
ազատ azat *(adj.)* loose
ազատ azat *(adj.)* roomy
ազատ azat *(adj.)* slack
ազատ azat *(adj.)* vacant
ազատ հեծանվավարել azat hetsanvavarel *(v.)* freewheel
ազատ մասնագետ azat masnaget *(n.)* freelancer
ազատ(վ)ել azat(v)el *(v.)* disengage
ազատագրել azatagrel *(v.)* emancipate
ազատագրել azatagrel *(v.)* enfranchise
ազատագրել azatagrel *(v.)* liberate
ազատագրում azatagrum *(n.)* emancipation
ազատագրում azatagrum *(n.)* liberation
ազատագրում azatagrum *(n.)* manumission
ազատամիտ մարդ azatamit mard *(n.)* libertine
ազատարար azatarar *(n.)* liberator
ազատել azatel *(v.)* absolve
ազատել azatel *(v.)* exempt
ազատել azatel *(v.)* extricate
ազատել azatel *(v.)* free
ազատել azatel *(v.)* manumit
ազատել azatel *(v.)* release
ազատել azatel *(v.)* rid
ազատել azatel *(v.)* scape
ազատել azatel *(v.)* vacate
ազատություն azatutyun *(n.)* freedom
ազատություն azatutyun *(n.)* liberty
ազատում azatum *(n.)* deliverance
ազատում azatum *(n.)* release
ազատում azatum *(n.)* scape

ազգ azg *(n.)* nation
ազգական azgakan *(adj.)* akin
ազգական azgakan *(n.)* kin
ազգական azgakan *(n.)* relative
ազգակից azgakic *(adj.)* cognate
ազգակցություն azgakcutyun *(n.)* affinity
ազգակցություն azgakcutyun *(n.)* kinship
ազգային azgayin *(adj.)* national
ազգայնականություն azgaynakanutyun *(n.)* nationalism
ազգայնամոլ azgaynamol *(n.)* nationalist
ազգայնացնել azgaynacnel *(v.)* nationalize
ազգայնացում azgaynacum *(n.)* nationalization
ազգանուն azganun *(n.)* surname
ազգություն azgutyun *(n.)* nationality
ազդ azd *(n.)* notification
ազդակ azdak *(n.)* stimulant
ազդանշան azdanshan *(n.)* signal
ազդանշանային azdanshanayin *(adj.)* signal
ազդանշանել azdanshanel *(v.)* signal
ազդարարել azdararel *(v.)* herald
ազդարարող azdararogh *(adj.)* enunciatory
ազդարարում azdararum *(n.)* proclamation
ազդել azdel *(v.)* affect
ազդել azdel *(v.)* influence
ազդեցիկ azdecik *(adj.)* imposing
ազդեցիկ azdecik *(adj.)* influential
ազդեցության ժամանակաշրջան azdecutyan djamanakashrjan *(n. pl.)* innings
ազդեցություն azdecutyun *(n.)* effect
ազդեցություն azdecutyun *(n.)* efficacy
ազդեցություն azdecutyun *(n.)* influence
ազդված azdvac *(adj.)* affected
ազդր azdr *(n.)* femur
ազդր azdr *(n.)* thigh
ազնիվ azniv *(adj.)* honest
ազնիվ azniv *(adj.)* noble

ազնվազարմ aznvazarm *(adj.)* gentle
ազնվազարմություն aznvazarmutyun *(n.)* gentility
ազնվական aznvakan *(n.)* noble
ազնվական aznvakan *(n.)* nobleman
ազնվականություն aznvakanutyun *(n.)* gentry
ազնվականություն aznvakanutyun *(n.)* nobility
ազնվամորի aznvamori *(n.)* raspberry
ազնվամորու aznvamoru *(adj.)* raspberry
ազնվացնել aznvacnel *(v.)* ennoble
ազնվացնել aznvacnel *(v.)* sublimate
ազնվորեն aznvoren *(adv.)* nobly
ազնվություն aznvutyun *(n.)* honesty
ազոտ azot *(n.)* azote
ազոտ azot *(n.)* nitrogen
աթեիզմ ateizm *(n.)* atheism
աթեիստ ateist *(n.)* atheist
աթոռ atorr *(n.)* chair
աթոռակ atorrak *(n.)* stool
ալ կարմիր al karmir *(adj.)* vermillion
ալարկոտ alarkot *(adj.)* indolent
ալբատրոս, ձկնկուլ albatros, dzknkul *(n.)* gooney
ալբինոս albinos *(n.)* albino
ալբոմ albom *(n.)* album
ալբոմ albom *(n.)* scrapbook
ալգորիթմ algoritm *(n.)* algorithm
ալեկոծել alekotsel *(v.)* ripple
ալեկոծել alekotsel *(v.)* ruffle
ալեկոծություն alekotsutyun *(n.)* turbulence
ալեկոծվել alekotsvel *(v.)* billow
ալեկոծվել alekotsvel *(v.)* surge
ալեկոծվել alekotsvel *(v.)* wave
ալերգեն alergen *(n.)* pollen
ալերգիա alergia *(n.)* allergy
ալերգիայի թեստ alergiayi test *(n.)* patch test
ալերգիկ alergik *(adj.)* allergic
ալիբի alibi *(n.)* alibi
ալիգատոր aligator *(n.)* alligator
ալիմենտ aliment *(n.)* aliment
ալիտերացիա aliteracia *(n.)* alliteration
ալիք aliq *(n.)* surf

ալիք aliq *(n.)* surge
ալիք aliq *(n.)* tide
ալիք aliq *(n.)* wave
ալիքաձև aliqadzev *(adj.)* wavy
ալիքաձևություն aliqadzevutyun *(n.)* undulation
ալիքավոր aliqavor *(adj.)* sinuous
ալիքների կամքով aliqneri kamqov *(adv.)* adrift
ալկալային alkalayin *(adj.)* alkaline
ալկալի alkali *(n.)* alkali
ալկոհոլ alkohol *(n.)* alcohol
ալկոհոլիզմ alkoholizm *(n.)* alcoholism
ալկոհոլիկ alkoholik *(n.)* alcoholic
ալյումին alyumin *(n.)* aluminium
ալյումինացնել alyuminacnel *(v.)* aluminate
ալյուր alyur *(n.)* flour
ալոճենի alocheni *(n.)* hawthorn
ալպիական alpiakan *(adj.)* alpine
ալպինիստ alpinist *(n.)* climber
ալտ alt *(n.)* alto
ալտրուիզմ altruizm *(n.)* altruism
ալտրուիստ altruist *(n.)* altruist
ալտրուիստական altruistakan *(adj.)* altruistic
ալրային alrayin *(adj.)* mealy
Ալցհեյմերի հիվանդություն Alcheymeri hivandutyun *(n.)* Alzheimer's disease
ալքիմիա alqimia *(n.)* alchemy
ալքիմիկոս alqimikos *(n.)* alchemist
ալֆա alfa *(n.)* alfa
ալֆա alfa *(n.)* alpha
ախ akh *(int.)* ouch
ախոռ akhorr *(n.)* stable
ախոռում պահել akhorrum pahel *(v.)* stable
ախորժակ akhordjak *(n.)* appetite
ախուվախ akhuvakh *(n.)* ouch
ախտահանել akhtahanel *(v.)* disinfect
ախտահանիչ akhtahanich *(n.)* detergent
ախտահարել akhtaharel *(v.)* attaint
ախտանիշ akhtanish *(n.)* symptom
ախտորոշել akhtoroshel *(v.)* diagnose
ախտորոշում akhtoroshum *(n.)* diagnosis
ածական atsakan *(n.)* adjective
ածանցյալ atsancyal *(adj.)* derivative
ածելի atseli *(n.)* razor
ածիկ atsik *(n.)* malt
ածխածին atskhatsin *(n.)* carbon
ածխածնային պատճեն atskhatsnayin patchen *(n.)* carbon copy
ածխացնել atskhacnel *(v.)* carbonize
ածուխ atsukh *(n.)* coal
ակադեմիա akademia *(n.)* academia
ակադեմիա akademia *(n.)* academy
ակադեմիական akademiakan *(adj.)* academic
ակադեմիկոս akademikos *(n.)* academician
ակամա akama *(adv.)* unwittingly
ակամա լսել akama lsel *(v.)* overhear
ական akan *(n.)* sap
ականազերծիչ akanazertsich *(n.)* sweeper
ականանետ akananet *(n.)* mortar
ականապատել akanapatel *(v.)* sap
ականապատել akanapatel *(v.)* undermine
ականավոր akanavor *(adj.)* eminent
ականավոր akanavor *(adj.)* outstanding
ականավոր akanavor *(adj.)* remarkable
ականավոր akanavor *(adj.)* renowned
ականատես akanates *(n.)* on-looker
ականջ akanj *(n.)* ear
ականջակալ akanjakal *(n.)* earbud
ականջաձև akanjadzev *(adj.)* auriform
ականջամաքրիչ akanjamaqrich *(n.)* aurilave
ակաուզալ akauzal *(adj.)* acausal
ակացիա akacia *(n.)* acacia
ակինեզիա akinezia *(n.)* akinesia
ակնաբուժական aknabudjakan *(adj.)* ocular
ակնաբուժական aknabudjakan *(adj.)* ophtalmic
ակնաբուժական aknabudjakan *(adj.)* ophtalmologic
ակնաբուժություն aknabudjutyun *(n.)* ophtalmology

ակնաբույժ aknabuydj *(n.)* oculist
ակնաբույժ aknabuydj *(n.)* ophtalmologist
ակնագունդ aknagund *(n.)* eyeball
ակնախոռոչ aknakhorroch *(n.)* orbit
ակնահաճո aknahacho *(adj.)* eye-catching
ակնապիշ նայել aknapish nayel *(v.)* gaze
ակնարկ aknark *(n.)* allusion
ակնարկ aknark *(n.)* essay
ակնարկ aknark *(n.)* hint
ակնարկ aknark *(n.)* inkling
ակնարկ aknark *(n.)* intimation
ակնարկ aknark *(n.)* reference
ակնարկագիր aknarkagir *(n.)* essayist
ակնարկել aknarkel *(v.)* allude
ակնարկել aknarkel *(v.)* hint
ակնարկել aknarkel *(v.)* tip-off
ակնարկող aknarkogh *(adj.)* allusive
ակներեւ aknerev *(adj.)* manifest
ակներև aknerev *(adj.)* palpable
ակներև aknerev *(adj.)* sheer
ակնթարթ akntart *(n.)* instant
ակնթարթ akntart *(n.)* span
ակնթարթային akntartayin *(adj.)* instantaneous
ակնկալել aknkalel *(v.)* expect
ակնկալիք aknkaliq *(n.)* expectation
ակնհայտ aknhayt *(adj.)* apparent
ակնհայտ aknhayt *(adj.)* evident
ակնհայտ aknhayt *(adj.)* obvious
ակնհայտորեն aknhaytoren *(adv.)* obviously
ակնհայտորեն aknhaytoren *(adv.)* ostensibly
ակնհայտորեն aknhaytoren *(adv.)* prima facie
ակնոց aknoc *(n.pl.)* eyeglass
ակնոց aknoc *(n.pl.)* glasses
ակնոց aknoc *(n.pl.)* goggles
ակնոցավոր aknocavor *(adj.)* bespectacled
ակոս akos *(n.)* furrow
ակոս akos *(n.)* groove
ակոսավոր akossavor *(adj.)* corrugated
ակոսված akosvats *(adj.)* rut
ակորդ akord *(n.)* chord
ակումբ akumb *(n.)* club
ակուստիկ akustik *(adj.)* acoustic
ակուստիկա akustika *(n.)* acoustics
ակվարիում akvarium *(n.)* aquarium
ակտիվ aktiv *(adj.)* active
ակտիվացնել aktivacnel *(v.)* activate
ակտիվացնել aktivacnel *(v.)* energize
ակտիվացում aktivacum *(n.)* activation
ակտիվիստ aktivist *(n.)* activist
ակտիվորեն aktivoren *(adv.)* actively
ակտիվություն aktivutyun *(n.)* activity
ակր akr *(n.)* acre
ակրատիկ akratik *(adj.)* acratic
ակրերի քանակը akreri qanaka *(n.)* acreage
ակրիլային akrilayin *(adj.)* acrylic
ակրիլատ akrilat *(n.)* acrylate
ակրոբատ akrobat *(n.)* acrobat
ակրոբատ akrobat *(n.)* tumbler
ակրոբատական akrobatakan *(adj.)* acrobatic
ակրոբատիկա akrobatika *(n.)* acrobatics
ակրոստիքոս akrostiqos *(n.)* acrostic
ակրոֆոբիա akrofobia *(n.)* acrophobia
ակցիզ akciz *(n.)* excise
ահ ah *(n.)* scare
ահ ah *(n.)* terror
ահաբեկել ahabekel *(v.)* intimidate
ահաբեկել ahabekel *(v.)* overawe
ահաբեկել ahabekel *(v.)* terrorize
ահաբեկիչ ahabekich *(n.)* terrorist
ահաբեկում ahabekum *(n.)* intimidation
ահաբեկչություն ahabekchutyun *(n.)* terrorism
ահավոր ahavor *(adj.)* dread
ահավոր ahavor *(adj.)* scary
ահարկու aharku *(adj.)* eerie
ահարկու aharku *(adj.)* formidable
աղ agh *(n.)* salt
աղազրկել aghazrkel *(v.)* desalt
աղալ aghal *(v.)* grind
աղալ aghal *(v.)* mill
աղալ aghal *(v.)* mince
աղաղակ aghaghak *(n.)* hubbub

աղաղակ aghaghak *(n.)* outcry
աղաղակեղև aghaghakeghev *(n.)* tanbark
աղաղակող aghaghakogh *(adj.)* flagrant
աղանդ aghand *(n.)* schism
աղանդ aghand *(n.)* sect
աղանդավոր aghandavor *(adj.)* sectarian
աղանդեր aghander *(n.)* dessert
աղաչանք aghachanq *(n.)* adjuration
աղաչանք aghachanq *(n.)* beseeching
աղաչել aghachel *(v.)* adjure
աղաչել aghachel *(v.)* beseech
աղաչել aghachel *(v.)* conjure
աղաչել aghachel *(v.)* implore
աղաջուր, արցունք aghajur, arcunq *(n.)* brine
աղավաղել aghavaghel *(v.)* distort
աղավաղել aghavaghel *(v.)* sophisticate
աղավաղել aghavaghel *(v.)* wrest
աղավնի aghavni *(n.)* dove
աղավնի aghavni *(n.)* pigeon
աղաց aghac *(n.)* grinder
աղբ aghb *(n.)* garbage
աղբ aghb *(n.)* litter
աղբ aghb *(n.)* refuse
աղբ aghb *(n.)* rubbish
աղբ aghb *(n.)* trash
աղբահան aghbahan *(n.)* scavenger
աղբահանել aghbahanel *(v.)* scavenge
աղբահոր aghbahor *(n.)* cesspool
աղբարկղ aghbarkgh *(n.)* dumpster
աղբյուր aghbyur *(n.)* source
աղեթափություն aghetaputyun *(n.)* rupture
աղել aghel *(v.)* salt
աղեղ aghegh *(n.)* arc
աղեղ aghegh *(n.)* bow
աղեղնաձգություն agheghnadzgutyun *(n.)* archery
աղեղնավոր agheghnavor *(n.)* archer
աղեղնավոր agheghnavor *(n.)* sagittary
աղետ aghet *(n.)* calamity
աղետ aghet *(n.)* catastrophe
աղետ aghet *(n.)* disaster
աղետ aghet *(n.)* distress
աղետալի aghetali *(adj.)* catastrophic
աղետալի aghetali *(adj.)* disastrous
աղերսանք aghersanq *(n.)* entreaty
աղերսել aghersel *(v.)* entreat
աղերսել aghersel *(v.)* plead
աղի aghi *(adj.)* brackish
աղի aghi *(adj.)* saline
աղի aghi *(adj.)* salty
աղիություն aghiutyun *(n.)* salinity
աղիքային aghiqayin *(adj.)* intestinal
աղիքներ aghiqner *(n. pl.)* bowel
աղիքներ aghiqner *(n. pl.)* entrails
աղիքներ aghiqner *(n. pl.)* intestine
աղմկարար aghmkarar *(adj.)* blatant
աղմկել aghmkel *(v.)* rag
աղմկել aghmkel *(v.)* romp
աղմկոտ aghmkot *(adj.)* noisy
աղմկոտ aghmkot *(adj.)* uproarious
աղմուկ aghmuk *(n.)* ado
աղմուկ aghmuk *(n.)* clamour
աղմուկ aghmuk *(n.)* din
աղմուկ aghmuk *(n.)* noise
աղմուկ aghmuk *(n.)* romp
աղմուկ aghmuk *(n.)* uproar
աղմուկ aghmuk *(n.)* whir
աղյուս aghyus *(n.)* brick
աղյուսակային aghyusakayin *(adj.)* tabular
աղյուսակավորել aghyusakavorel *(v.)* tabulate
աղյուսակավորող aghyusakavorogh *(n.)* tabulator
աղյուսակավորում aghyusakavorum *(n.)* tabulation
աղոթել aghotel *(v.)* pray
աղոթող aghotogh *(n.)* prayer
աղոթք aghotq *(n.)* prayer
աղոտ aghot *(adj.)* bleary
աղոտ aghot *(adj.)* dim
աղոտ կերպով aghot kerpov *(adv.)* dimly
աղոտություն aghotutyun *(n.)* dimness
աղոտություն aghotutyun *(n.)* vagueness
աղջիկ aghjik *(n.)* damsel
աղջիկ aghjik *(n.)* girl

աղջիկ aghjik *(n.)* lass
աղջկական aghjkakan *(adj.)* girlish
աղվամազ aghvamaz *(n.)* fuzz
աղվամազով ծածկվել aghvamazov tsatskvel *(v.)* fuzz
աղվես aghves *(n.)* fox
աղտոտել aghtotel *(v.)* maculate
աղտոտել aghtotel *(v.)* pollute
աղտոտում aghtotum *(n.)* pollution
աղտոտված aghtotvats *(adj.)* trashed
աղքատ aghqat *(adj.)* poor
աղքատացնել aghqatacnel *(v.)* impoverish
աղքատիկ aghqatik *(adj.)* meagre
աղքատություն aghqatutyun *(n.)* poverty
աճ ach *(n.)* growth
աճառ acharr *(n.)* cartilage
աճել achel *(v.)* accrete
աճել achel *(v.)* augment
աճել achel *(v.)* grow
աճը դադարեցնել acha dadarecnel *(v.)* stunt
աճող achogh *(adj.)* bullish
աճում achum *(n.)* accretion
աճում achum *(n.)* augmentation
աճուրդ achurd *(n.)* auction
ամալգամ amalgam *(n.)* amalgam
ամայացնել amayacnel *(v.)* desolvate
ամայի amayi *(adj.)* desolate
ամայի amayi *(adj.)* forlorn
աման aman *(n.)* basin
աման aman *(n.)* dish
աման aman *(n.)* pot
ամանեղեն amaneghen *(n.)* crockery
ամաչել amachel *(v.)* beshame
ամաչել amachel *(v.)* shame
ամաչկոտ amachkot *(adj.)* bashful
ամաչկոտ amachkot *(adj.)* coy
ամաչկոտ amachkot *(adj.)* sheepish
ամաչկոտություն amachkotutyun *(n.)* shy
ամառ amarr *(n.)* summer
ամառնամեջ amarrnamej *(n.)* midsummer
ամբաստանություն ambastanutyun *(n.)* recrimination
ամբար ambar *(n.)* barn

ամբար ambar *(n.)* granary
ամբար ambar *(n.)* reservoir
ամբարձիչ ambardzich *(n.)* derrick
ամբարտակ ambartak *(n.)* embankment
ամբարտակ ambartak *(n.)* weir
ամբարտակել ambartakel *(v.)* embank
ամբարտավան ambartavan *(adj.)* haughty
ամբերիտ amberit *(n.)* amberite
ամբիոն ambion *(n.)* podium
ամբիոն ambion *(n.)* rostrum
ամբիոն բարձրանալ ambion bardzranal *(v.)* podium
ամբիոնի ambioni *(adj.)* pulpit
ամբոխ ambokh *(n.)* crowd
ամբոխ ambokh *(n.)* crowfunding
ամբոխ ambokh *(n.)* mob
ամբոխ ambokh *(n.)* rabble
ամբոխ ambokh *(n.)* ruck
ամբոխ ambokh *(n.)* squash
ամբոխվել ambokhvel *(v.)* flock
ամբոխվել ambokhvel *(v.)* mob
ամբոխվել ambokhvel *(v.)* overcrowd
ամբոխվել ambokhvel *(v.)* ruck
ամբողջ amboghj *(adj.)* all
ամբողջ amboghj *(adj.)* whole
ամբողջական amboghjakan *(adj.)* entire
ամբողջականություն amboghjakanutyun *(n.)* integrity
ամբողջը amboghja *(n.)* whole
ամբողջովին amboghjovin *(adv.)* entirely
ամբողջովին amboghjovin *(adv.)* fully
ամբողջովին amboghjovin *(adv.)* through
ամբողջություն amboghjutyun *(n.)* totality
ամեն amen *(interj.)* amen
ամեն amen *(adj.)* every
ամեն դեպքում amen depqum *(adv.)* anyway
ամեն ինչ amen inch *(pron.)* everything
ամեն մեկը amen meka *(pron.)* everyone
ամեն մեկին amen mekin *(adv.)* apiece
ամեն շաբաթ amen shabat *(adv.)*

weekly
ամեն տարի amen tari *(adv.)* yearly
ամենաբարենպաստ amenabarenpast *(adj.)* optimum
ամենաբարի amenabari *(adj.)* omnibenevolent
ամենաբարություն amenabarutyun *(n.)* omnibenevolence
ամենագետ amenaget *(adj.)* omniscient
ամենագիտություն amenagitutyun *(n.)* omniscience
ամենազոր amenazor *(adj.)* omnipotent
ամենազորություն amenazorutyun *(n.)* omnipotence
ամենալավ amenalav *(adj.)* best
ամենախոր amenakhor *(adj.)* innermost
ամենակարող amenakarogh *(adj.)* almighty
ամենակարող amenakarogh *(adj.)* omnicompetent
ամենակարողություն amenakaroghutyun *(n.)* omnicompetence
ամենակեր amenaker *(n.)* omnivore
ամենակեր amenaker *(adj.)* omnivorous
ամենամեծը amenametsa *(n.)* utmost
ամենաշատ amenashat *(adj.)* most
ամենասիրելի amenassireli *(adj.)* dearest
ամենավատ amenavat *(adj.)* worst
ամենավատը amenavata *(n.)* worst
ամենափոքր amenapoqr *(adj.)* least
ամենափոքր չափով amenapoqr chapov *(adv.)* least
ամենևին amenevin *(adv.)* nothing
ամենուր amenur *(pron.)* everywhere
ամենուրեք amenureq *(adj.)* omnipresent
ամենուրեք amenureq *(adv.)* throughout
ամենուրեքություն amenurequtyun *(n.)* omnipresence
ամենօրյա amenorya *(adj.)* everyday
ամիս amis *(n.)* month
ամնեզիա amnezia *(n.)* amnesia
ամոթ amot *(n.)* shame
ամոթալի amotali *(adj.)* shameful
ամոթահար amotahar *(adj.)* ashamed
ամոնիակ amoniak *(n.)* ammonia
ամորձապարկ amordzapark *(n.)* scrotum
ամորձատել amordzatel *(v.)* emasculate
ամորձատել amordzatel *(v.)* geld
ամորձատում amordzatum *(n.)* emasculation
ամորձատում amordzatum *(n.)* gelding
ամորձատում amordzatum *(n.)* vasectomy
ամորձատված amordzatvats *(adj.)* gelded
ամորձի amordzi *(n.)* testicle
ամուսին amusin *(n.)* consort
ամուսին amusin *(n.)* husband
ամուսին amusin *(n.)* spouse
ամուսնալուծություն amusnalutsutyun *(n.)* divorce
ամուսնալուծվել amusnalutsvel *(v.)* divorce
ամուսնական amusnakan *(adj.)* conjugal
ամուսնական amusnakan *(adj.)* marital
ամուսնական amusnakan *(adj.)* marriageable
ամուսնական amusnakan *(adj.)* matrimonial
ամուսնական amusnakan *(adj.)* spousal
ամուսնանալ amusnanal *(v.)* marry
ամուսնանալ amusnanal *(v.)* mate
ամուսնացնել amusnacnel *(v.)* wed
ամուսնություն amusnutyun *(n.)* marriage
ամուսնություն amusnutyun *(n.)* matrimony
ամուսնություն amusnutyun *(n.)* wedlock
ամուր amur *(adj.)* adamant
ամուր amur *(adj.)* durable
ամուր amur *(adj.)* firm

ամուր amur *(adj.)* tenable
ամուրի amuri *(adj.)* celibate
ամուրիություն amuriutyun *(n.)* celibacy
ամոքել amoqel *(v.)* allay
ամպ amp *(n.)* cloud
ամպամած ampamats *(adj.)* cloudy
ամպամած ampamats *(adj.)* overcast
ամպեր amper *(n.)* ampere
ամպլիտուդա, լայնք amplituda, laynq *(n.)* amplitude
ամպրոպ amprop *(n.)* thunderstorm
ամպրոպային ampropayin *(adj.)* thunderous
ամսագիր amsagir *(n.)* magazine
ամսագիր amsagir *(n.)* monthly
ամսաթիվ amsativ *(n.)* date
ամսական amsakan *(adj.)* monthly
ամսեկան amsekan *(adv.)* monthly
ամրագրում amragrum *(n.)* reservation
ամրակ amrak *(n.)* staple
ամրակազմ amrakazm *(adj.)* robust
ամրակազմ amrakazm *(adj.)* sturdy
ամրակազմ մարդ amrakazm mard *(n.)* stalwart
ամրացնել amracnel *(v.)* fasten
ամրացնել amracnel *(v.)* fix
ամրացնել amracnel *(v.)* fortify
ամրացնել amracnel *(v.)* pin
ամրացնել amracnel *(v.)* reinforce
ամրացնել amracnel *(v.)* rope
ամրացնել amracnel *(v.)* solidify
ամրացնել amracnel *(v.)* staple
ամրացնել amracnel *(v.)* strap
ամրացնել amracnel *(v.)* tag
ամրացում amracum *(n.)* attachment
ամրացում amracum *(n.)* reinforcement
ամրոց amroc *(n.)* bastion
ամրոց amroc *(n.)* castle
ամրոցապատ amrocapat *(n.)* bailey
ամրություն amrutyun *(n.)* durability
ամրություն amrutyun *(n.)* firmness
ամփոփագիր ampopagir *(n.)* resume
ամփոփել ampopel *(v.)* debrief
ամփոփել ampopel *(v.)* resume
ամփոփել ampopel *(v.)* summarize

ամփոփում ampopum *(adj.)* abstract
ամփոփում ampopum *(n.)* summary
ամֆիբիա amfibia *(n.)* amphibian
ամֆիթատրոն amfitatron *(n.)* amphitheatre
այբբենական aybbenakan *(adj.)* alphabetical
այբբենարան aybbenaran *(n.)* primer
այբուբեն aybuben *(n.)* alphabet
այգ ayg *(n.)* morrow
այգեգործ aygegorts *(n.)* grower
այգեգործություն aygegortsutyun *(n.)* horticulture
այգի aygi *(n.)* orchard
այդ ayd *(dem. pron.)* that
այլ ayl *(adj.)* other
այլ կերպ ayl kerp *(adv.)* alias
այլաբանություն aylabanutyun *(n.)* allegory
այլանդակել aylandakel *(v.)* deform
այլանդակել aylandakel *(v.)* disfigure
այլանդակել aylandakel *(v.)* uglify
այլանդակություն aylandakutyun *(n.)* deformity
այլաշխարհ aylashkharh *(n.)* otherworld
այլաշխարհիկություն aylashkharhikutyun *(n.)* otherworldliness
այլապես aylapes *(adv.)* otherwise
այլասերել aylasserel *(v.)* deprave
այլասերել aylaserel *(v.)* pervert
այլասերում aylasserum *(n.)* perversion
այլասերված aylasservats *(adj.)* corrupt
այլասերվածություն aylasservatsutyun *(n.)* corruption
այլասերվել aylasservel *(v.)* degenerate
այլատյացություն aylatyacutyun *(n.)* xenomania
այլմոլորակային aylmolorakayin *(n.)* extraterrestrial
այլմոլորակային aylmolorakayin *(adj.)* extraterrestrial
այծ ayts *(n.)* goat
այծեղջյուր aytsyeghjyur *(n.)*

capricorn
այծքաղ aytsqagh *(n.)* antelope
այն ayn *(adj.)* yonder
այն ժամանակվա ayn djamanakva *(adj.)* then
այն ժամանակվանից ayn djamanakvanic *(adv.)* since
այնուամենայնիվ aynuamenayniv *(adv.)* nevertheless
այնուամենայնիվ aynuamenayniv *(adv.)* nonetheless
այնուամենայնիվ aynuamenayniv *(adv.)* notwithstanding
այնուհետև aynuhetev *(adv.)* further
այնտեղ ayntegh *(adv.)* there
այնտեղ ayntegh *(adv.)* thither
այնտեղ ayntegh *(adv.)* yonder
այնտեղի aynteghi *(n.)* yonder
այնտեղից aynteghic *(adv.)* thence
այնքան aynqan *(adv.)* that
այո ayo *(adv.)* yes
այս գիշերը ays gishera *(n.)* tonight
այս դեպքում ays depqum *(adj.)* ad hoc
այս երեկո ays yereko *(adv.)* tonight
այսբերգ, սառցալեռ aysberg, sarrcalerr *(n.)* iceberg
այսինքն aysinqn *(adv.)* namely
այսուհետև aysuhetev *(adv.)* henceforth
այսուհետև aysuhetev *(adv.)* henceforward
այսպես ayspes *(adv.)* so
այսպիսի ayspissi *(adj.)* such
այսպիսով ayspisov *(adv.)* thereby
այսպիսով ayspisov *(adv.)* thus
այստեղ aystegh *(adv.)* here
այստեղ aystegh *(adv.)* hither
այսօր aysor *(adv.)* today
այսօրվա օր aysorva or *(n.)* today
այտ ayt *(n.)* cheek
այտուց aytuc *(n.)* edema
այր ayr *(n.)* male
այր(վ)ել ayr(v)el *(v.)* burn
այր(վ)ող ayr(v)ogh *(adj.)* burning
այրել ayrel *(v.)* combust
այրել ayrel *(v.)* scorch
այրել ayrel *(v.)* sear
այրել ayrel *(v.)* singe
այրի կին ayri kin *(n.)* widow
այրի տղամարդ ayri tghamard *(n.)* widower
այրիանալ ayrianal *(v.)* widow
այրիչ ayrich *(n.)* burner
այրում ayrum *(n.)* carbonization
այրում ayrum *(n.)* combustion
այրում ayrum *(n.)* decrepitation
այրված ayrvats *(adj.)* seared
այրվածք ayrvatsq *(n.)* scorch
այրվածք ayrvatsq *(n.)* sear
այրվածք ayrvatsq *(n.)* singe
այրվել ayrvel *(v.)* glow
այրվել ayrvel *(v.)* smoulder
այց ayc *(n.)* sojourn
այց ayc *(n.)* stay
այց ayc *(n.)* visit
այցելել aycelel *(v.)* resort
այցելել aycelel *(v.)* visit
այցելու aycelu *(n.)* visitor
անաբոլիկ anabolik *(n.)* anabolic
անագ anag *(n.)* tin
անագապատել anagapatel *(v.)* tin
անազնիվ anazniv *(adj.)* dishonest
անազնիվ anazniv *(adj.)* sordid
անազնվություն anaznvutyun *(n.)* dishonesty
անալ anal *(adj.)* anal
անալգետիկ, ցավազրկող analgetik, cavazrkogh *(n.)* analgestic
անալոգիա, նմանություն analogia, nmanutyun *(n.)* analogy
անախորժություն anakhordjutyun *(n.)* predicament
անախրոնիզմ anakhronizm *(n.)* anachronism
անակնկալ anaknkal *(n.)* sudden
անաղմուկ anaghmuk *(adj.)* noiseless
անամնեզ, վերհուշ anamnez, verhush *(n.)* anamnesis
անամոթ anamot *(adj.)* cynical
անամոթ anamot *(adj.)* shameless
անամոթ anamot *(adj.)* unabashed
անամոթաբար anamotabar *(adv.)* unabashedly
անամորֆոզ anamorfoz *(adj.)* anamorphosis

անամպ anamp *(adj.)* serene
անամպություն anamputyun *(n.)* serenity
անանաս ananas *(n.)* pineapple
անանուխ ananukh *(n.)* mint
անանուն ananun *(adj.)* anonymous
անանունություն ananunutyun *(n.)* anonymity
անանունություն ananunutyun *(n.)* anonymosity
անանցանելի anancaneli *(adj.)* impassable
անանցողական anancoghakan *(adj.)* neuter
անանցողական (բայ) anancoghakan (bay) *(adj.)* intransitive
անաշխատունակ anashkhatunak *(adj.)* disabled
անապահով anapahov *(adj.)* insecure
անապահով anapahov *(adj.)* underpriviledged
անապահովություն anapahovutyun *(n.)* insecurity
անապատ anapat *(n.)* desert
անապատ anapat *(n.)* wilderness
անառակ anarrak *(adj.)* profligate
անառակ մարդ anarrak mard *(n.)* debauchee
անառակացնել anarrakacnel *(v.)* debauch
անառակություն anarrakutyun *(n.)* debauch
անառակություն anarrakutyun *(n.)* debauchery
անառակություն anarrakutyun *(n.)* profligacy
անառողջ anarroghj *(adj.)* unhealthy
անասնաբուժական anasnabudjakan *(adj.)* veterinary
անասնաբուծություն anasnabutsutyun *(n.)* animal husbandry
անասնական anasnakan *(adj.)* bestial
անասնակեր anasnaker *(n.)* fodder
անասնակեր anasnaker *(n.)* forage
անասուն anasun *(n.)* brute
անատոմիա anatomia *(n.)* anatomy
անարգ anarg *(adj.)* ignoble

անարգանք anarganq *(n.)* infamy
անարդար anardar *(adj.)* unfair
անարդար anardar *(adj.)* unjust
անարդար լինել anardar linel *(v.)* wrong
անարդարություն anardarutyun *(n.)* injustice
անարդյունավետ anardyunavet *(adj.)* ineffective
անարժեք anardjeq *(adj.)* worthless
անարխիա anarkhia *(n.)* anarchy
անարխիզմ anarkhizm *(n.)* anarchism
անարխիստ anarkhist *(n.)* anarchist
անարվեստ anarvest *(adj.)* artless
անբաժան anbadjan *(adj.)* inseparable
անբաժանելի anbadjaneli *(adj.)* indivisible
անբաժանելի anbadjaneli *(adj.)* integral
անբախտ anbakht *(adj.)* unfortunate
անբախտ anbakht *(adj.)* unhappy
անբան մարդ anban mard *(n.)* dawdler
անբան մարդ anban mard *(n.)* laggard
անբան մարդ anban mard *(n.)* sluggard
անբասիր anbasir *(adj.)* impeccable
անբասիր anbassir *(adj.)* offbeat
անբավական anbavakan *(adj.)* malcontent
անբավարար anbavarar *(adj.)* insufficient
անբարենպաստ anbarenpast *(adj.)* inauspicious
անբարենպաստ anbarenpast *(adj.)* untoward
անբարետեսություն anbaretessutyun *(n.)* scruffiness
անբարյացակամ anbaryacakam *(adj.)* unaffectionate
անբարոյական anbaroyakan *(adj.)* amoral
անբարոյական anbaroyakan *(adj.)* immoral
անբարոյական anbaroyakan *(adj.)* licentious
անբարոյականություն anbaroyakanutyun *(n.)* depravation

անբարոյականություն anbaroyakanutyun *(n.)* immorality
անբացատրելի anbacatreli *(adj.)* inexplicable
անբիծ anbits *(adj.)* spotless
անբուժելի anbudjeli *(adj.)* incurable
անբուժելի anbudjeli *(adj.)* irrecoverable
անգին angin *(adj.)* priceless
անգինա angina *(n.)* angina
անգիտակ angitak *(adj.)* unaware
անգլերեն angleren *(n.)* English
անգղ anggh *(n.)* vulture
անգնահատելի angnahateli *(adj.)* invaluable
անգործ angorts *(adj.)* inactive
անգործություն angortsutyun *(n.)* inaction
անգործուն angortsun *(adj.)* inoperative
անգութ angut *(adj.)* inexorable
անգութ angut *(adj.)* merciless
անգութ angut *(adj.)* pitiless
անգութ angut *(adj.)* ruthless
անգույն anguyn *(adj.)* achromatic
անգրագետ angraget *(adj.)* illiterate
անգրագիտություն angragitutyun *(n.)* illiteracy
անդադար andadar *(adj.)* ceaseless
անդադար andadar *(adj.)* non-stop
անդամ andam *(n.)* member
անդամագրել andamagrel *(v.)* enrol
անդամալույծ andamaluyts *(adj.)* paralytic
անդամահատել andamahatel *(v.)* amputate
անդամահատում andamahatum *(n.)* amputation
անդամահատված վերջույթով հաշմանդամ andamahatvats verjuytov hashmandam *(n.)* amputee
անդամություն andamutyun *(n.)* membership
անդեմ andem *(adj.)* impersonal
անդյուրամարս andyuramars *(adj.)* indigestible
անդորրագիր andoragir *(n.)* docket
անդունդ andund *(n.)* profundity
անդուրեկան andurekan *(adj.)* disagreeable
անդուրեկան andurekan *(adj.)* seamy
անդրադառնալ andradarrnal *(v.)* rebound
անդրադարձ andradardz *(adj.)* reflexive
անդրադարձում andradardzum *(n.)* rebound
անդրանիկ andranik *(adj.)* inaugural
անդրոիդ android *(n.)* android
անդրսահմանային andrsahmanayin *(adj.)* transborder
անդրսահմանային andrsahmanayin *(adj.)* transboundary
անել anel *(v.)* do
անելանելիություն anelaneliutyun *(n.)* quandary
անեծք anetsq *(n.)* curse
անեծք anetsq *(n.)* damnation
անեկդոտ anekdot *(n.)* anecdote
անեմիա, սակավարյունություն anemia, sakavaryunutyun *(n.)* anaemia
անեմոմետր anemometr *(n.)* anemometer
աներիզ aneriz *(adj.)* tapeless
անզգա anzga *(adj.)* insensible
անզգա anzga *(adj.)* insensitive
անզգա anzga *(adj.)* numb
անզգայացնող միջոց anzgayacnogh mijoc *(n.)* anaesthetic
անզգայացում anzgayacum *(n.)* anaesthesia
անզգայունություն anzgayunutyun *(n.)* insensibility
անզգույշ anzguysh *(adj.)* imprudent
անզգուշություն anzgushutyun *(n.)* imprudence
անզեն anzen *(adj.)* unarmed
անզոր anzor *(adj.)* infirm
անզուգական anzugakan *(adj.)* matchless
անզուգական anzugakan *(adj.)* peerless
անզուսպ anzusp *(adj.)* effusive
անզուսպ anzusp *(adj.)* unamused
անընդմեջ հաջողություններ

anandmej hajoghutyunner *(n.)* hat-trick
անընթեռնելի ananterrneli *(adj.)* illegible
անթարթ նայել antart nayel *(v.)* geek
անթափանց antapanc *(adj.)* impenetrable
անթափանց antapanc *(adj.)* opaque
անթափանցիկություն antapancikutyun *(n.)* opacity
անթերի anteri *(adj.)* flawless
անթթխմոր հաց anttkhmor hac *(n.)* flatbread
անթիվ antiv *(adj.)* countless
անթիվ antiv *(adj.)* innumerable
անթիվ antiv *(adj.)* numberless
անթույլատրելի antuylatreli *(adj.)* impermissible
անթույլատրելի antuylatreli *(adj.)* inadmissible
անիծել anitsel *(v.)* damn
անիծված anitsvats *(adj.)* damned
անիմաստ animast *(adj.)* gaga
անիմաստ animast *(adj.)* meaningless
անիմաստ animast *(adj.)* nonsensical
անիմաստ animast *(adj.)* pointerless
անիմաստ animast *(adj.)* senseless
անինքնավստահություն aninqnavstahutyun *(n.)* self-doubt
անիսոնի սերմ anissoni serm *(n.)* aniseed
անիվ aniv *(n.)* wheel
անիրագործելի aniragortseli *(adj.)* impracticable
անիրագործելիություն aniragortseliutyun *(n.)* impracticability
անիրազեկ anirazek *(adj.)* ignorant
անիրազեկություն anirazekutyun *(n.)* ignorance
անիրավ anirav *(adj.)* wrongful
անլար anlar *(adj.)* cordless
անլար anlar *(adj.)* wireless
անլուծելի նյութ anlutseli nyut *(n.)* insoluble
անլսելի anlseli *(adj.)* inaudible
անխափան ankhapan *(adj.)* uninterrupted
անխոհեմ ankhohem *(adj.)* injudicious
անխոհեմ ankhohem *(adj.)* reckless
անխոս ankhos *(adj.)* mum
անխորտակելի ankhortakeli *(adj.)* imperishable
անխոցելի ռազմիկ ankhoceli rrazmik *(n.)* beserker
անխուսափելի ankhusapeli *(adj.)* inevitable
անխուսափելի ankhusapeli *(adj.)* unavoidable
անծանոթ antsanot *(adj.)* unacquainted
անկազմակերպ ankazmakerp *(adj.)* shambolic
անկախ ankakh *(adj.)* independent
անկախ ankakh *(adj.)* irrespective
անկախություն ankakhutyun *(n.)* independence
անկայուն ankayun *(adj.)* astatic
անկայուն ankayun *(adj.)* fickle
անկայուն ankayun *(adj.)* perishable
անկայունություն ankayunutyun *(n.)* instability
անկայունություն ankayunutyun *(n.)* vicissitude
անկանոն ankanon *(adj.)* irregular
անկանոնություն ankanonutyun *(n.)* irregularity
անկաշառ ankasharr *(adj.)* incorruptible
անկապ ankap *(adj.)* gibberish
անկապ ankap *(adj.)* incoherent
անկապ խոսք ankap khosq *(n.)* gibberish
անկասկած ankaskats *(adj.)* doubtless
անկատար ankatar *(adj.)* imperfect
անկատարություն ankatarutyun *(n.)* imperfection
անկար ankar *(adj.)* seamless
անկարգապահություն ankargapahutyun *(n.)* indiscipline
անկարգություն ankargutyun *(n.)* disarray
անկարգություններ ankargutyunner *(n.)* unrest
անկարևոր ankarevor *(adj.)* insignificant

անկարևորություն ankarevorutyun *(n.)* insignificance
անկարծիք ankartsiq *(adj.)* opinionless
անկարող ankarogh *(adj.)* incapable
անկարող ankarogh *(adj.)* unable
անկարողություն ankaroghutyun *(n.)* disability
անկարողություն ankaroghutyun *(n.)* inability
անկարողություն ankaroghutyun *(n.)* incapacity
անկեղծ ankeghts *(adj.)* candid
անկեղծ ankeghts *(adj.)* frank
անկեղծ ankeghts *(adj.)* sincere
անկեղծ ankeghts *(adj.)* unaffected
անկեղծ ankeghts *(adj.)* whole-hearted
անկեղծորեն ankeghtsoren *(adv.)* frankly
անկեղծություն ankeghtsutyun *(n.)* sincerity
անկենդան ankendan *(adj.)* lifeless
անկենտրոն ankentron *(adj.)* acentric
անկիրառելի ankirarreli *(adj.)* inapplicable
անկիրթ ankirt *(adj.)* discourteous
անկիրթ ankirt *(adj.)* uncivilized
անկիրթ ankirt *(adj.)* uneducated
անկյուն ankyun *(n.)* angle
անկյուն ankyun *(n.)* corner
անկյուն ankyun *(n.)* nook
անկյունագծային ankyunagtsayin *(adj.)* diagonal
անկյունային ankyunayin *(adj.)* angular
անկողին ankoghin *(n.)* bedding
անկողմնակալ ankoghmnakal *(adj.)* impartial
անկողմնակալություն ankoghmnakalutyun *(n.)* impartiality
անկողնազգեստ ankoghnazgest *(n.)* bedrobe
անկողնին գամված ankoghnin gamvats *(adj.)* bedridden
անկում ankum *(n.)* debacle
անկում ankum *(n.)* downfall
անկում ankum *(n.)* ebb
անկում ankum *(n.)* fallout
անկում ankum *(n.)* godown
անկում ankum *(n.)* slump
անկում ապրել ankum aprel *(v.)* slump
անկումային ankumayin *(adj.)* decadent
անկրացնել ankracnel *(v.)* decalcifiy
անկրացում ankracum *(n.)* decalcification
անկրկնելի ankrkneli *(adj.)* inimitable
անհագ anhag *(adj.)* insatiable
անհագ anhag *(adj.)* voracious
անհաղթահարելի anhaghtahareli *(adj.)* insurmountable
անհաղթահարելի anhaghtahareli *(adj.)* irresistible
անհամ anham *(adj.)* banal
անհամ anham *(adj.)* insipid
անհամ anham *(adj.)* mawkish
անհամաձայնություն anhamadzaynutyun *(n.)* discrepancy
անհամաձայնություն anhamadzaynutyun *(n.)* misalliance
անհամաչափ anhamachap *(adj.)* asymmetrical
անհամաչափություն anhamachaputyun *(n.)* asymmetry
անհամաչափություն anhamachaputyun *(n.)* disproportion
անհամապատասխան anhamapataskhan *(adj.)* inadequate
անհամապատասխանել anhamapataskhanel *(v.)* mismatch
անհամապատասխանություն anhamapataskhanutyun *(n.)* maladjustment
անհամապատասխանություն anhamapataskhanutyun *(n.)* misfit
անհամար anhamar *(adj.)* myriad
անհամար քանակություն anhamar qanakutyun *(n.)* myriad
անհամբեր anhamber *(adj.)* agog
անհամբեր anhamber *(adj.)* impatient
անհամբերություն anhamberutyun *(n.)* impatience
անհամեմատելի anhamemateli *(adj.)* incomparable
անհամեստ anhamest *(adj.)* immodest

անհամեստ anhamest *(adj.)* indiscreet
անհամեստություն anhamestutyun *(n.)* immodesty
անհամեստություն anhamestutyun *(n.)* indiscretion
անհամություն anhamutyun *(n.)* bromide
անհամություն anhamutyun *(n.)* insipidity
անհայտ anhayt *(adj.)* unknown
անհայտացում anhaytacum *(n.)* disappearance
անհանգիստ anhangist *(adj.)* anxious
անհանգիստ anhangist *(adj.)* restive
անհանգիստ anhangist *(adj.)* troublesome
անհանգիստ anhangist *(adj.)* uneasy
անհանգիստ մարդ anhangist mard *(n.)* fidget
անհանգստանալ anhangstanal *(v.)* misgive
անհանգստանալ anhangstanal *(v.)* worry
անհանգստացնել anhangstacnel *(v.)* bedevil
անհանգստացնել anhangstacnel *(v.)* bother
անհանգստացնել anhangstacnel *(v.)* destress
անհանգստացնել anhangstacnel *(v.)* disturb
անհանգստացնել anhangstacnel *(v.)* harass
անհանգստացնել anhangstacnel *(v.)* molest
անհանգստացնել anhangstacnel *(v.)* trouble
անհանգստություն anhangstutyun *(n.)* angst
անհանգստություն anhangstutyun *(n.)* botheration
անհանգստություն anhangstutyun *(n.)* disquiet
անհանգստություն anhangstutyun *(n.)* trouble
անհանգստություն anhangstutyun *(n.)* worry
անհանդուրժող anhandurdjogh *(adj.)* intolerant
անհանդուրժողություն anhandurdjoghutyun *(n.)* intolerance
անհաշվելի anhashveli *(adj.)* incalculable
անհաշտ anhasht *(adj.)* irreconcilable
անհապաղ anhapagh *(adj.)* immediate
անհաջող anhajogh *(adj.)* luckless
անհաջողակ anhajoghak *(adj.)* maladroit
անհաջողակ anhajoghak *(n.)* underdog
անհաս anhas *(adj.)* immature
անհասանելի anhassaneli *(adj.)* unaccessible
անհասանելի anhassaneli *(adj.)* unachievable
անհասկանալի anhaskanali *(adj.)* unclear
անհասունություն anhasunutyun *(n.)* immaturity
անհավանական anhavanakan *(adj.)* incredible
անհավասար anhavassar *(adj.)* disparate
անհավասար anhavassar *(adj.)* uneven
անհավասարակշռություն anhavassarakshrrutyun *(n.)* imbalance
անհավասարեցում anhavasarecum *(n.)* non-alignment
անհավասարություն anhavassarutyun *(n.)* disparity
անհավատալի anhavatali *(adj.)* unbelievable
անհավատարիմ anhavatarim *(adj.)* disloyal
անհավատություն anhavatutyun *(n.)* disbelief
անհատական anhatakan *(adj.)* individual
անհատականություն anhatakanutyun *(n.)* identity
անհատականություն anhatakanutyun *(n.)* individualism
անհատականություն anhatakanutyun *(n.)* individuality

անհատականություն anhatakanutyun *(n.)* personality
անհարատևություն anharatevutyun *(n.)* ephemera
անհարգալից վերաբերմունք anhargalic verabermunq *(n.)* disrespect
անհարթ anhart *(adj.)* rugged
անհարմար anharmar *(adj.)* inconvenient
անհարմար anharmar *(adj.)* uncomfortable
անհարմարություն anharmarutyun *(n.)* discomfort
անհեթեթ anhetet *(adj.)* absurd
անհեթեթորեն anhetetoren *(adv.)* absurdly
անհեթեթություն anhetetutyun *(n.)* absurdity
անհետանալ anhetanal *(v.)* disappear
անհետանալ anhetanal *(v.)* vanish
անհերքելի anherqeli *(adj.)* irrefutable
անհիմն anhimn *(adj.)* baseless
անհիմն anhimn *(adj.)* flimsy
անհիշելի anhisheli *(adj.)* immemorial
անհմուտ anhmut *(adj.)* incompetent
անհյուրասեր anhyurasser *(adj.)* inhospitable
անհնազանդ anhnazand *(adj.)* insubordinate
անհնազանդ anhnazand *(adj.)* unruly
անհնազանդություն anhnazandutyun *(n.)* insubordination
անհնարին anhnarin *(adj.)* impossible
անհնարինություն anhnarinutyun *(n.)* impossibility
անհոգ anhog *(adj.)* carefree
անհոգ anhog *(adj.)* careless
անհոգ anhog *(adj.)* nonchalant
անհոգություն anhogutyun *(n.)* nonchalance
անհույս anhuys *(adj.)* hopeless
անհուսալի anhusali *(adj.)* arrant
անհրաժեշտ anhradjesht *(adj.)* necessary
անհրաժեշտաբար anhradjeshtabar *(adv.)* needs
անհրաժեշտություն anhradjeshtutyun *(n.)* must
անհրաժեշտություն anhradjeshtutyun *(n.)* necessary
անհրաժեշտություն anhradjeshtutyun *(n.)* necessity
անձայնանցիկ andzaynancik *(adj.)* soundproof
անձեռնմխելի andzerrnmkheli *(adj.)* inviolable
անձեռնմխելի andzerrnmkheli *(adj.)* tamperproof
անձեռոցիկ andzerrocik *(n.)* napkin
անձև andzev *(adj.)* amorphous
անձև andzev *(adj.)* shapeless
անձնագիր andznagir *(n.)* passport
անձնազոհ andznazoh *(adj.)* selfless
անձնակազմ andznakazm *(n.)* personnel
անձնակազմ andznakazm *(n.)* staff
անձնակազմով համալրել andznakazmov hamalrel *(v.)* man
անձնական andznakan *(adj.)* personal
անձնավորել andznavorel *(v.)* personify
անձնավորություն andznavorutyun *(n.)* personage
անձնավորում andznavorum *(n.)* personification
անձնատուր լինել andznatur linel *(v.)* addict
անձնատրվել andznatrvel *(v.)* capitulate
անձրև andzrev *(n.)* pluvial
անձրև andzrev *(n.)* rain
անձրևային andzrevayin *(adj.)* pluvial
անձրևային andzrevayin *(adj.)* rainy
անձրևանոց andzrevanoc *(n.)* anorak
անձրևաչափ andzrevachap *(n.)* pluviometer
անձրևել andzrevel *(v.)* rain
անճաշակ anchashak *(adj.)* gaudy
անճարակ ancharak *(adj.)* awkward
անճիշտ anchisht *(adj.)* inaccurate
անճկուն anchkun *(adj.)* inflexible
անճշտապահ anchshtapah *(adj.)* unaccurate
անճոռնի anchorrni *(adj.)* ungainly
անմահ anmah *(adj.)* immortal

անմահացնել anmahacnel *(v.)* immortalize
անմահություն anmahutyun *(n.)* immortality
անմարդկային anmardkayin *(adj.)* besotted
անմարդկային anmardkayin *(adj.)* inhuman
անմարմին anmarmin *(adj.)* immaterial
անմաքուր anmaqur *(adj.)* impure
անմաքս anmaqs *(adj.)* duty-free
անմաքս anmaqs *(adv.)* duty-free
անմաքրություն anmaqrutyun *(n.)* impurity
անմեղ anmegh *(adj.)* guilt-free
անմեղ anmegh *(adj.)* innocent
անմեղություն anmeghutyun *(n.)* innocence
անմիջական anmojakan *(adj.)* through
անմիջապես anmijapes *(adv.)* forthwith
անմիջապես anmijapes *(adv.)* instantly
անմիջապես anmijapes *(adv.)* straightway
անմիտ anmit *(adj.)* mindless
անմիտ anmit *(adj.)* pointless
անմտություն anmtutyun *(n.)* nonsense
աննկարագրելի annkaragreli *(adj.)* indescribable
աննշան annshan *(adj.)* negligible
աննորմալ annormal *(adj.)* abnormal
աննորմալ annormal *(adj.)* anomalous
աննորմալորեն annormaloren *(adv.)* abnormally
աննորմալություն annormalutyun *(n.)* abnormality
աննպատակ annpatak *(adj.)* aimless
անշահութաբեր anshahutaber *(adj.)* non-profit
անշարժ anshardj *(adj.)* immovable
անշարժ anshardj *(adj.)* motionless
անշարժ գույք anshardj guyq *(n.)* realty
անշարժ գույքի գործակալ anshardj guyqi gortsakal *(n.)* estate agent
անշարժ գույքի գործակալ anshardj guyqi gortsakal *(n.)* realtor
անշնորհակալ anshnorhakal *(adj.)* thankless
անշնորհք anshnorhq *(adj.)* clumsy
անշնորհք մարդ anshnorhq mard *(n.)* bumpkin
անշնորհքաբար շարժվել anshnorhqabar shardjvel *(v.)* bumble
անշոշափելի anshoshapeli *(adj.)* intangible
անշունչ anshunch *(adj.)* inanimate
անշուշտ anshusht *(adv.)* certainly
անշրջահայաց anshrjahayac *(adj.)* temeritous
անշրջահայեցողություն anshrjahayecoghutyun *(n.)* temerity
անոթ anot *(n.)* phial
անոթ anot *(n.)* vessel
անոթագրություն, անգիոգրամա anotagrutyun, angiograma *(n.)* angiogram
անողոք anoghoq *(adj.)* relentless
անոմալիա anomalia *(n.)* anomaly
անոսկր anoskr *(adj.)* boneless
անորեքսիա anoreqsia *(n.)* anorexia
անորեքսիկ anoreqsik *(adj.)* anorexic
անորոշ anorosh *(adj.)* acritical
անորոշ anorosh *(adj.)* indefinite
անորոշ anorosh *(adj.)* indistinct
անորոշ anorosh *(adj.)* uncertain
անորոշ anorosh *(adj.)* undecided
անորոշ մեծություն anorosh metsutyun *(n.)* n.
անորոշություն anoroshutyun *(n.)* suspense
անորսալի anorsali *(adj.)* elusive
անութ anut *(n.)* armpit
անութային anutayin *(adj.)* axillary
անուղղակի anughghaki *(adj.)* indirect
անուղղելի anughgheli *(adj.)* incorrigible
անուղղելի anughgheli *(adj.)* wack
անուն anun *(n.)* name
անուշադիր anushadir *(adj.)* inattentive
անուշադիր anushadir *(adj.)*

inconsiderate
անուշադրության մատնվել anushadrutyan matnvel *(v.)* osmose
անուշահոտ anushahot *(adj.)* fragrant
անուշահոտություն anushahotutyun *(n.)* fragrance
անչափ anchap *(adj.)* measureless
անչափահաս anchapahas *(n.)* minor
անչափելի anchapeli *(adj.)* immeasurable
անպայման anpayman *(adv.)* absolutely
անպաշտոնական anpashtonakan *(adj.)* informal
անպաշտպան anpashtpan *(adj.)* defenceless
անպաշտպան anpashtpan *(adj.)* indefensible
անպատասխանատու anpataskhanatu *(adj.)* irresponsible
անպատասխանատու anpataskhanatu *(adj.)* unaccountable
անպատեհ anpateh *(adj.)* inopportune
անպատեհ anpateh *(adj.)* undue
անպատժելիություն anpatdjeliutyun *(n.)* impunity
անպատիժ anpatidj *(adj.)* scot-free
անպատիճ anpatich *(adj.)* scapeless
անպատիվ anpativ *(adj.)* infamous
անպատվել anpatvel *(v.)* prostitute
անպատվություն anpatvutyun *(n.)* disgrace
անպատվություն anpatvutyun *(n.)* dishonour
անպարզ anparz *(adj.)* vague
անպարզություն anparzutyun *(n.)* illegibility
անպարկեշտ anparkesht *(adj.)* indecent
անպարկեշտ anparkesht *(adj.)* lewd
անպարկեշտություն anparkeshtutyun *(n.)* indecency
անպարտ anpart *(adj.)* debt-free
անպարտադիր anpartadir *(adj.)* optional
անպարտելի anparteli *(adj.)* invincible
անպարտելի anparteli *(adj.)* unbeaten
անպարտելի anparteli *(adj.)* undefeated
անպետք anpetq *(adj.)* waste
անպիտան anpitan *(n.)* wretch
անպտուղ anptugh *(adj.)* infertile
անջատ anjat *(adj.)* separate
անջատ(վ)ել anjat(v)el *(v.)* sever
անջատել anjatel *(v.)* detach
անջատել anjatel *(v.)* disconnect
անջատել anjatel *(v.)* separate
անջատողական anjatoghakan *(n.)* secessionist
անջատում anjatum *(n.)* cut-off
անջատում anjatum *(n.)* disjunction
անջատում anjatum *(n.)* dropout
անջատում anjatum *(n.)* recession
անջատում anjatum *(n.)* separation
անջատում anjatum *(n.)* severance
անջատում anjatum *(n.)* turn-off
անջատված anjatvats *(prep.)* off
անջրանցիկ anjrancik *(adj.)* waterproof
անջրանցիկ anjrancik *(adj.)* watertight
անջրանցիկ գործվածք anjrancik gortsvatsq *(n.)* waterproof
անջրանցիկ դարձնել anjrancik dardznel *(v.)* waterproof
անսահման ansahman *(adj.)* absolute
անսահման ansahman *(adj.)* immense
անսահման ansahman *(adj.)* infinite
անսահման ansahman *(adj.)* limitless
անսահմանություն ansahmanutyun *(n.)* immensity
անսահմանություն ansahmanutyun *(n.)* infinity
անսասանելի ansasteli *(adj.)* indomitable
անսարք ansarq *(adj.)* unadjusted
անսարք լինել ansarq linel *(v.)* glitch
անսարքություն ansarqutyun *(n.)* glitch
անսեռական anserrakan *(adj.)* asexual
անսեսիոն ansession *(adj.)* sessionless
անսխալական anskhalakan *(adj.)* infallible
անսկզբունքային anskzbunqayin

(adj.) indiscriminate
անսկզբունքային anskzbunqayin *(adj.)* unprincipled
անսովոր ansovor *(adj.)* atypic
անսովոր ansovor *(adj.)* uncanny
անսուրբ ansurb *(adj.)* profane
անսպասելիորեն anspaselioren *(adv.)* short
անսպասելիորեն anspasselioren *(adv.)* unawares
անստույգ anstuyg *(adj.)* inexact
անվադող anvadogh *(n.)* tire
անվադող anvadogh *(n.)* tyre
անվադող հագցնել anvadogh hagcnel *(v.)* tire
անվախ anvakh *(adj.)* dauntless
անվակառք anvakarrq *(n.)* sidecar
անվակոս anvakos *(n.)* rut
անվակունդ anvakund *(n.)* nave
անվաճաղ anvachagh *(n.)* spoke
անվայել anvayel *(adj.)* improper
անվանական anvanakan *(adj.)* nominal
անվանական anvanakan *(adj.)* titular
անվանակարգություն anvanakargutyun *(n.)* nomenclature
անվանակարգում anvanakargum *(n.)* nomination
անվանակից anvanakic *(n.)* namesake
անվանակոչ anvanakoch *(n.)* roll-call
անվանատախտակ anvanatakhtak *(n.)* nameplate
անվանարկել anvanarkel *(v.)* libel
անվանարկություն anvanarkutyun *(n.)* libel
անվանել anvanel *(v.)* denominate
անվանել anvanel *(v.)* name
անվանել anvanel *(v.)* term
անվանում anvanum *(n.)* denomination
անվավեր anvaver *(adj.)* null
անվավեր ճանաչել anvaver chanachel *(v.)* invalidate
անվարան anvaran *(adj.)* scrupleless
անվերջ anverj *(adj.)* endless
անվերջ anverj *(adj.)* interminable
անվերջ anverj *(adj.)* never-ending
անվթար anvtar *(adj.)* intact
անվիճելի anvicheli *(adj.)* indisputable
անվճար anvchar *(adv.)* gratis
անվճարունակ anvcharunak *(adj.)* insolvent
անվճարունակություն anvcharunakutyun *(n.)* insolvency
անվճռականություն anvchrrakanutyun *(n.)* indecision
անվնաս anvnas *(adj.)* harmless
անվստահ anvstah *(adj.)* diffident
անվստահելի anvstaheli *(adj.)* unreliable
անվստահություն anvstahutyun *(n.)* mistrust
անվտանգության բարձ anvtangutyan bardz *(n.)* airband
անվտանգություն anvtangutyun *(n.)* safety
անտանելի antaneli *(adj.)* insupportable
անտանելի antaneli *(adj.)* intolerable
անտանելի antaneli *(adj.)* obnoxious
անտանելի antaneli *(adj.)* unbearable
անտաշ antash *(adj.)* uncouth
անտաշ մարդ antash mard *(n.)* cad
անտաշություն antashutyun *(n.)* boor
անտառ antarr *(n.)* forest
անտառ antarr *(n.)* woods
անտառագիտություն antarragitutyun *(n.)* forestry
անտառախոտ antarrakhot *(n.)* sawgrass
անտառահատել antarrahatel *(v.)* deforest
անտառահատում antarrahatum *(n.)* deforestation
անտառահրդեհ antarrahrdeh *(n.)* wildfire
անտառամշակող antarramshakogh *(n.)* sylviculturist
անտառապահ antarrapah *(n.)* forester
անտառապատել antarrapatel *(v.)* afforest
անտառատարածք antarrataratsq *(n.)* woodland
անտարբեր antarber *(adj.)* half-hearted

անտարբեր antarber *(adj.)* indifferent
անտարբեր antarber *(adj.)* listless
անտարբեր antarber *(adj.)* passive
անտարբերություն antarberutyun *(n.)* apathy
անտարբերություն antarberutyun *(n.)* indifference
անտարբերություն antarberutyun *(n.)* lethargy
անտարկտիկական antarktikakan *(adj.)* antarctic
անտեղի anteghi *(adj.)* irrelevant
անտեղյակ anteghyak *(adj.)* clueless
անտեննա antenna *(n.)* aerial
անտեննա antenna *(n.)* antenna
անտեսանելի antesaneli *(adj.)* invisible
անտեսել antesel *(v.)* disregard
անտեսել antesel *(v.)* ignore
անտեսել antessel *(v.)* neglect
անտեսում antesum *(n.)* neglect
անտեսում antessum *(n.)* slight
անտիկ antik *(adj.)* ancient
անտիկվար antikvar *(adj.)* antiquarian
անտինոմիա antinomia *(n.)* antinomy
անտրամաբանական antramabanakan *(adj.)* illogical
անտրամադիր antramadir *(adj.)* averse
անտրամադիր antramadir *(adj.)* disinclined
անտրամադիր antramadir *(adj.)* loath
անց anc *(prep.)* past
անցագիր ancagir *(n.)* permit
անցած ancats *(adj.)* bygone
անցած ancats *(adj.)* past
անցակետ ancaket *(n.)* checkpoint
անցանելի ancaneli *(adj.)* traversable
անցանկալի ancankali *(adj.)* unacceptable
անցանկալի ancankali *(adj.)* unwanted
անցանց ancanc *(adj.)* offline
անցատեղ ancategh *(n.)* passage
անցկացնելը anckacnela *(n.)* debuff
անցյալ ancyal *(n.)* past
անցնել ancnel *(v.)* elapse
անցնել ancnel *(v.)* pass

անցնել ancnel *(v.)* wade
անցողական ancoghakan *(adj.)* transitive
անցողիկ ancoghik *(adj.)* transitory
անցում ancum *(n.)* pass
անցում ancum *(n.)* thoroughfare
անցում ancum *(n.)* transition
անցք ancq *(n.)* aperture
անցք ancq *(n.)* aqueduct
անցք ancq *(n.)* trapdoor
անփայլ anpayl *(adj.)* lacklustre
անփետուր anpetur *(adj.)* callow
անփող anpogh *(adj.)* broke
անփող anpogh *(adj.)* penniless
անփորձ anpordz *(adj.)* unsalted
անփորձ մարդ anpordz mard *(n.)* callow
անփորձություն anpordzutyun *(n.)* inexperience
անփութություն anpututyun *(n.)* negligence
անփույթ anpuyt *(adj.)* negligent
անփոփոխ anpopokh *(adj.)* nonpareil
անքաղաքավարի anqaghaqavari *(adj.)* impolite
անքաղաքավարի anqaghaqavari *(adj.)* unmannerly
անօգնական anognakan *(adj.)* helpless
անօգնական anognakan *(adj.)* unaided
անօգուտ anogut *(adj.)* futile
անօգուտ anogut *(adj.)* needless
անօգուտ anogut *(adj.)* showerless
անօգտակարություն anogtakarutyun *(n.)* futility
անօդաչու anodachu *(adj.)* unmanned
անօրինական anorinakan *(adj.)* illegal
անօրինական anorinakan *(adj.)* illegitimate
անօրինական anorinakan *(adj.)* lawless
անօրինականություն anorinakanutyun *(n.)* malpractice
աշակերտ ashakert *(n.)* apprentice
աշակերտ ashakert *(n.)* disciple
աշակերտ ashakert *(n.)* pupil
աշխատամեքենա ashkhatameqena

(n.) carpool
աշխատանք ashkhatanq *(n.)* employment
աշխատանք ashkhatanq *(n.)* job
աշխատանք ashkhatanq *(n.)* labour
աշխատանք ashkhatanq *(n.)* work
աշխատանքի տեղավորում ashkhatanqi teghavorum *(n.)* jobbery
աշխատանքից ազատում ashkhatanqic azatum *(n.)* dismissal
աշխատասեղան ashkhatasseghan *(n.)* desktop
աշխատասեր ashkhataser *(adj.)* diligent
աշխատասեր ashkhataser *(adj.)* hard-working
աշխատասեր ashkhataser *(adj.)* industrious
աշխատասեր ashkhatasser *(adj.)* studious
աշխատասիրություն ashkhatasirutyun *(n.)* diligence
աշխատավարձ ashkhatavardz *(n.)* pay
աշխատավարձ ashkhatavardz *(n.)* salary
աշխատավարձ ashkhatavardz *(n. pl.)* wage
աշխատատար ashkhataser *(adj.)* laborious
աշխատատարածք ashkhatataratsq *(n.)* shopfloor
աշխատել ashkhatel *(v.)* labour
աշխատել ashkhatel *(v.)* toil
աշխատել ashkhatel *(v.)* work
աշխատող ashkhatogh *(n.)* employee
աշխատող ashkhatogh *(n.)* jobber
աշխարհ ashkharh *(n.)* world
աշխարհագրագետ ashkharhagraget *(n.)* geographer
աշխարհագրական ashkharhagrakan *(adj.)* geographical
աշխարհագրություն ashkharhagrutyun *(n.)* geography
աշխարհական ashkharhakan *(n.)* layman
աշխարհաքաղաքական ashkharhaqaghaqakan *(adj.)* geopolitical
աշխարհիկ ashkharhik *(adj.)* lay
աշխարհիկ ashkharhik *(n.)* worldling
աշխարհիկություն ashkharhikutyun *(n.)* secularism
աշխուժություն ashkhudjutyun *(n.)* alacrity
աշխուժություն ashkhudjutyun *(n.)* vivacity
աշխույժ ashkhuydj *(adj.)* alacrious
աշնանախոտ ashnanakhot *(n.)* aftermath
աշորա ashora *(n.)* rye
աշուն ashun *(n.)* autumn
աշուն ashun *(n.)* fall
աշտարակ ashtarak *(n.)* tower
աորտա aorta *(n.)* aorta
աուդիո audio *(n.)* audio
աուտիզմ autizm *(n.)* autism
աուտիստիկ autistik *(adj.)* autistic
աուրա aura *(n.)* aura
աչք achq *(n.)* eye
աչք բացող achq bacogh *(n.)* eye-opener
աչք գրավող achq gravogh *(n.)* eyecatcher
աչքակապուկ achqakapuk *(n.)* blindfold
աչքերը հառել achqera harrel *(v.)* stare
աչքերով խոսել achqerov khosel *(v.)* ogle
աչքի լվացում achqi lvacum *(n.)* eyewash
աչքի մատիտ achqi matit *(n.)* eyeliner
ապա apa *(adv.)* then
ապա apa *(conj.)* whereat
ապաակտիվատոր apaaktivator *(n.)* deactivator
ապաբևեռացնել apabeverracnel *(v.)* depolarize
ապագա apaga *(adj.)* future
ապագա apaga *(n.)* future
ապագա apaga *(n.)* hereafter
ապագա apaga *(adj.)* prospective
ապագաղութացնել apagaghutacnel *(v.)* decolonize
ապագաղութացում apagaghutacum

(n.) decolonization
ապագայում apagayum *(adv.)* hereafter
ապազգայնացնել apazgaynacnel *(v.)* denationalize
ապազինել apazinel *(v.)* dismantle
ապաթարց apatarc *(n.)* apostrophe
ապակայունացնել apakayunacnel *(v.)* destabilize
ապակայունացում apakayunacum *(n.)* destabilization
ապականել apakanel *(v.)* profane
ապակառուցել apakarrucel *(v.)* deconstruct
ապակառուցողականորեն apakarrucoghakanoren *(adv.)* deconstructively
ապակառուցում apakarrucum *(n.)* deconstruction
ապակարգավորել apakargavorel *(v.)* deregulate
ապակեգործ apakegorts *(n.)* glassmaker
ապակեգործ apakegorts *(n.)* glazier
ապակեղծել apakeghtsel *(v.)* demystify
ապակենտրոնացնել apakentronacnel *(v.)* decentralize
ապակեպատել apakepatel *(v.)* glassify
ապակեպլաստե apakeplaste *(n.)* fibreglass
ապակի apaki *(n.)* glass
ապակի apaki *(n.)* pane
ապակոդավորիչ apakodavorich *(n.)* decoder
ապակողմնորոշել apakoghmnoroshel *(v.)* disorient
ապահով apahov *(adj.)* safe
ապահով apahov *(adv.)* safely
ապահով apahov *(adj.)* secure
ապահով նավահանգիստ apahov navahangist *(n.)* safe harbour
ապահովագրել apahovagrel *(v.)* insure
ապահովագրում apahovagrum *(n.)* insurance
ապահովել apahovel *(v.)* ensure
ապահովել apahovel *(v.)* provide
ապահովել apahovel *(v.)* secure
ապահովիչ apahovich *(n.)* fuse
ապահովություն apahovutyun *(n.)* security
ապամագնիսացնել apamagnisacnel *(v.)* demagnetize
ապամասշտաբել apamasshtabel *(v.)* descale
ապամոնտաժել apamontadjel *(v.)* demonetize
ապանյութականացնել apanyutakanacnel *(v.)* dematerialize
ապանյութականացում apanyutakanacum *(n.)* dematerialisation
ապաշխարող apashkharogh *(adj.)* repentant
ապառազմականացված aparrazmakanacvats *(adj.)* demilitarized
ապասոցիալականացում apassocialakanacum *(n.)* desocialization
ապաստան apastan *(n.)* recourse
ապաստան apastan *(n.)* refuge
ապաստան apastan *(n.)* shelter
ապաստարան apastaran *(n.)* asylum
ապաստարան apastaran *(n.)* harbour
ապաստարան apastaran *(n.)* haven
ապաստարան apastaran *(n.)* lee
ապավեն apaven *(n.)* reliance
ապավեն apaven *(n.)* resort
ապավերահսկել apaverahskel *(v.)* decontrol
ապարանջան aparanjan *(n.)* bangle
ապարանջան aparanjan *(n.)* bracelet
ապացույց apacuyc *(n.)* evidence
ապացույց apacuyc *(n.)* proof
ապացուցել apacucel *(v.)* prove
ապաքինում apaqinum *(n.)* convalescence
ապաքինում apaqinum *(n.)* recovery
ապաքինվել apaqinvel *(v.)* convalesce
ապաքինվել apaqinvel *(v.)* recuperate
ապաքինվող apaqinvogh *(adj.)* convalescent
ապաքրեականացնել

apaqreakanacnel *(v.)* decriminalize
ապաքրեականացում apaqreakanacum *(n.)* decriminalization
ապերախտություն aperakhtutyun *(n.)* ingratitude
ապշած apshats *(adj.)* bemused
ապշած apshats *(adj.)* dumbfounded
ապշած apshats *(adj.)* flabbergasted
ապշեցնել apshecnel *(v.)* astound
ապշեցնել apshecnel *(v.)* dumbfound
ապշեցնել apshecnel *(v.)* flabbergast
ապշեցնել apshecnel *(v.)* stupefy
ապուշ apush *(adj.)* asinine
ապուշ apush *(n.)* cretin
ապուշ apush *(adj.)* gawky
ապուշ apush *(n.)* idiot
ապուշ apush *(n.)* moron
ապուշային apushayin *(adj.)* idiotic
ապուշություն apushutyun *(n.)* idiocy
ապուր apur *(n.)* bisque
ապուր apur *(n.)* soup
ապստամբ apstamb *(n.)* insurgent
ապստամբ apstamb *(n.)* rebel
ապստամբ apstamb *(adj.)* rebellious
ապստամբական apstambakan *(adj.)* insurgent
ապստամբել apstambel *(v.)* mutiny
ապստամբել apstambel *(v.)* rebel
ապստամբել apstambel *(v.)* revolt
ապստամբության կոչ apstambutyan koch *(n.)* sedition
ապստամբություն apstambutyun *(n.)* insurrection
ապստամբություն apstambutyun *(n.)* mutiny
ապստամբություն apstambutyun *(n.)* rebellion
ապստամբություն apstambutyun *(n.)* revolt
ապստամբություն apstambutyun *(n.)* riot
ապստամբություն apstambutyun *(n.)* uprising
ապտակ aptak *(n.)* slap
ապտակել aptakel *(v.)* slap
ապրանք apranq *(n.)* commodity
ապրանք apranq *(n.)* consignment
ապրանք apranq *(n.)* merchandise
ապրանք apranq *(n.)* product
ապրանքագիր apranqagir *(n.)* invoice
ապրանքանիշ apranqanish *(n.)* brand
ապրանքանիշ apranqanish *(n.)* make
ապրանքանիշ apranqanish *(n.)* trademark
ապրել aprel *(v.)* abide
ապրել aprel *(v.)* exist
ապրել aprel *(v.)* house
ապրել aprel *(v.)* live
ապրելակերպ aprelakerp *(n.)* lifestyle
ապրելամիջոց aprelamijoc *(n.)* livelihood
ապրելավայրը aprelavayra *(n. pl.)* whereabout
ապրիլ april *(n.)* April
ապրող aprogh *(adj.)* living
ապրուստ aprust *(n.)* alimony
ապրուստ aprust *(n.)* subsistence
ապօրինածին երեխա aporinatsin yerekha *(n.)* bastard
ապօրինի aporini *(adj.)* illicit
աջաբսանդալ ajabsandal *(n.)* hotchpotch
աջակից ajakic *(n.)* booster
աջակցել ajakcel *(v.)* contribute
աջակցել ajakcel *(v.)* further
աջակցել ajakcel *(v.)* support
աջակցել ajakcel *(v.)* uphold
աջակցություն ajakcutyun *(n.)* support
առագաստ arragast *(n.)* sail
առագաստանավ arragastanav *(n.)* sailboard
առագաստանավ arragastanav *(n.)* sailcraft
առագաստանավ arragastanav *(n.)* schooner
առագաստանավակ arragastanavak *(n.)* sailboat
առած arrats *(n.)* proverb
առակ arrak *(n.)* byword
առակ arrak *(n.)* fable
առակ arrak *(n.)* parable
առաձգական arradzgakan *(adj.)* elastic
առաձգական arradzgakan *(adj.)*

tensile
առաձգականություն arradzgakanutyun *(n.)* elasticity
առաձգականություն arradzgakanutyun *(n.)* tensility
առանձին arrandzin *(adv.)* apart
առանձնատուն arrandznatun *(n.)* mansion
առանձնացնել arrandznacnel *(v.)* segregate
առանձնացում arrandznacum *(n.)* segregation
առանց arranc *(prep.)* without
առանց գլյուտենի arranc glyuteni *(adj.)* gluten-free
առանցք arrancq *(n.)* axle
առանցք arrancq *(n.)* pivot
առանցքի arrancqi *(adj.)* axial
առաջ arraj *(adv.)* ago
առաջ arraj *(prep. &adv.)* before
առաջ arraj *(adv.)* forth
առաջ arraj *(adv.)* forward
առաջ arraj *(adv.)* onwards
առաջաբան arrajaban *(n.)* foreword
առաջադեմ arrajadem *(adj.)* advanced
առաջադեմ arrajadem *(adj.)* onward
առաջադիմական arrajadimakan *(adj.)* progressive
առաջադիմել arrajadimel *(v.)* advance
առաջադիմել arrajadimel *(v.)* progress
առաջադիմություն arrajadimutyun *(n.)* progress
առաջադրանք arrajadranq *(n.)* task
առաջադրել arrajadrel *(v.)* nominate
առաջադրել arrajadrel *(v.)* propound
առաջադրել arrajadrel *(v.)* tender
առաջանալ arrajanal *(v.)* result
առաջապահ ուղեկալ arrajapah ughekal *(n.)* outpost
առաջարկ arrajark *(n.)* offer
առաջարկ arrajark *(n.)* proposal
առաջարկել arrajarkel *(v.)* emote
առաջարկել arrajarkel *(v.)* offer
առաջարկել arrajarkel *(v.)* propose
առաջարկել arrajarkel *(v.)* suggest
առաջարկը պաշտպանող անձ arrajarka pashtpanogh andz *(n.)* seconder
առաջարկություն arrajarkutyun *(n.)* offering
առաջարկություն arrajarkutyun *(n.)* proposition
առաջարկություն arrajarkutyun *(n.)* suggestion
առաջարկություն arrajarkutyun *(n.)* tender
առաջացնել arrajacnel *(v.)* elicitate
առաջացնել arrajacnel *(v.)* evocate
առաջացնել arrajacnel *(v.)* evoke
առաջացնել arrajacnel *(v.)* generate
առաջացնող arrajacnogh *(adj.)* generable
առաջի arraji *(adj.)* anterior
առաջին arrajin *(num.)* first
առաջին arrajin *(adj.)* premier
առաջին էջ arrajin ej *(n.)* front page
առաջին օգնություն arrajin ognutyun *(n.)* first aid
առաջինը arrajina *(n.)* the first
առաջինը (երկուսից) arrajina (yerkusic) *(pron.)* former
առաջնակողմնային arrajnakoghmnayin *(adj.)* frontside
առաջնահերթ arrajnahert *(adj.)* preemptive
առաջնահերթություն arrajnahertutyun *(n.)* priority
առաջնային պատռվածք arrajnayin patrrvatsq *(n.)* breakfront
առաջնորդ arrajnord *(n.)* leader
առաջնորդել arrajnordel *(v.)* lead
առաջնորդող arrajnordogh *(n.)* editorial
առաջնություն arajnutyun *(n.)* bandwagon
առասպելական arraspelakan *(adj.)* fabulous
առասպելական arraspelakan *(adj.)* legendary
առասպելական arraspelakan *(adj.)* mythical
առասպելական arraspelakan *(adj.)* proverbial
առաստաղ arrastagh *(n.)* ceiling
առավելագույն arravelaguyn *(adj.)*

maximum
առավելագույն arravelaguyn *(adj.)* utmost
առավելագույնը arravelaguyna *(n.)* maximum
առավելագույնի հասցնել arravelaguyni hascnel *(v.)* maximize
առավելություն arravelutyun *(n.)* advantage
առավոտ arravot *(n.)* forenoon
առավոտ arravot *(n.)* morning
առատ arrat *(adj.)* abundant
առատ arrat *(adj.)* copious
առատ arrat *(adv.)* galore
առատ arrat *(adj.)* profuse
առատ լինել arrat linel *(v.)* teem
առատ լինել, առատ arrat linel, arrat *(v.& prep.)* abound
առատաձեռն arratadzerrn *(adj.)* bountiful
առատաձեռն arratadzerrn *(adj.)* generous
առատաձեռնություն arratadzerrnutyun *(n.)* bounty
առատաձեռնություն arratadzerrnutyun *(n.)* generosity
առատաձեռնություն arratadzerrnutyun *(n.)* largesse
առատորեն arratoren *(adv.)* abundantly
առատություն arratutyun *(n.)* abundance
առատություն arratutyun *(n.)* profusion
առարկա arrarka *(n.)* subject
առարկայացուցակ arrarkayacucak *(n.)* checklist
առարկել arrarkel *(v.)* mind
առարկություն arrarkutyun *(n.)* objection
առաքել arraqel *(v.)* deliver
առաքել arraqel *(v.)* dispatch
առաքել arraqel *(v.)* mail
առաքելություն arraqelutyun *(n.)* mission
առաքինի arraqini *(adj.)* virtuous
առաքյալ arraqyal *(n.)* apostle
առաքում arraqum *(n.)* delivery
առաքում arraqum *(n.)* remit
առաքում arraqum *(n.)* shipping
առաքված arraqvats *(adj.)* shipped
առգրավում arrgravum *(n.)* obduction
առևանգել arrevangel *(v.)* abduct
առևանգել arrevangel *(v.)* kidnap
առևանգող arrevangogh *(n.)* abductor
առևանգում arrevangum *(n.)* abduction
առևանգված arrevangvats *(n.)* abductee
առևտուր arrevtur *(n.)* commerce
առևտուր arrevtur *(n.)* trade
առևտուր անել arrevtur anel *(v.)* trade
առևտուր անել arrevtur anel *(v.)* traffic
առևտրական arrevtrakan *(adj.)* commercial
առևտրական arrevtrakan *(n.)* dealer
առևտրական arrevtrakan *(adj.)* mercantile
առևտրական arrevtrakan *(n.)* trader
առևտրական arrevtrakan *(n.)* vendor
առևտրահոլիզմ arrevtraholizm *(n.)* shopaholism
առևտրահոլիկ arrevtraholik *(n.)* shopaholic
առևտրի կենտրոն arrevtri kentron *(n.)* flea market
առևտրի կենտրոն arrevtri kentron *(n.)* shopping centre
առկա arrka *(adj.)* available
առկայծել arrkaytsel *(v.)* flicker
առկայծող լամպ arrkaytsogh lamp *(n.)* flashbulb
առկայծում arrkaytsum *(n.)* flicker
առյուծ arryuts *(n.)* lion
առյուծային arryutsayin *(adj.)* leonine
առնականություն arrnakanutyun *(n.)* virility
առնանդամ arrnandam *(n.)* penis
առնետ arrnet *(n.)* rat
առոգանություն arroganutyun *(n.)* diction
առողջ arroghj *(adj.)* healthy
առողջ arroghj *(adj.)* sound
առողջ arroghj *(adj.)* well

առողջամտություն arroghjamtutyun *(n.)* sanity
առողջարան arroghjaran *(n.)* sanatorium
առողջարար arroghjarar *(adj.)* wholesome
առողջություն arroghjutyun *(n.)* health
առողջություն arroghjutyun *(n.)* wellness
առջևի arrjevi *(adj.)* foremost
առջևի arrjevi *(adj.)* forward
առջևի ոտք arrjevi votq *(n.)* foreleg
առջևում arrjevum *(prep.)* afore
առջևում arrjevum *(adv.)* ahead
առվույտ arrvuyt *(n.)* lucerne
առցանց arrcanc *(adj.)* online
ասել assel *(v.)* say
ասել assel *(v.)* voice
ասեկոսե assekosse *(n.)* hearsay
ասեղ assegh *(n.)* needle
ասեղնաբուժություն aseghnabudjutyun *(n.)* acupuncture
ասեղնաբույժ aseghnabuydj *(n.)* acupuncturist
ասեղնագործել aseghnagortsel *(v.)* fillet
ասեղնագործություն aseghnagortsutyun *(n.)* embroidery
ասթմա astma *(n.)* asthma
ասկետ asket *(n.)* ascetic
ասկետական asketakan *(adj.)* ascetic
ասմունք asmunq *(n.)* recitation
ասույթ asuyt *(n.)* adage
ասույթ asuyt *(n.)* dictum
ասպազենք aspazenq *(n.)* harness
ասպատակել aspatakel *(v.)* foray
ասպատակություն aspatakutyun *(n.)* foray
ասպարեզ asparez *(n.)* arena
ասպետ aspet *(n.)* knight
ասպետ aspet *(n.)* templar
ասպետ դառնալ aspet darrnal *(v.)* knight
ասպետական aspetakan *(adj.)* chivalrous
ասպետություն aspetutyun *(n.)* chivalry

ասպիրանտական aspirantakan *(adj.)* postgraduate
աստառ astarr *(n.)* inside
աստիգմատիզմ astigmatizm *(n.)* astigmatism
աստիճան astichan *(n.)* degree
աստիճան astichan *(n.)* rank
աստիճան astichan *(n.)* stair
աստիճանական astichanakan *(adj.)* gradual
աստիճանավորել astichanavorel *(v.)* grade
աստիճանավորում astichanavorum *(n.)* gradation
աստղ astgh *(n.)* star
աստղագետ astghaget *(n.)* astronomer
աստղագիտություն astghagitutyun *(n.)* astronomy
աստղագնաց astghagnac *(n.)* astronaut
աստղագուշակ astghagushak *(n.)* astrolabe
աստղագուշակ astghagushak *(n.)* astrologer
աստղագուշակություն astghagushakutyun *(n.)* astrology
աստղադիտակ astghaditak *(n.)* telescopy
աստղադիտարան astghaditaran *(n.)* observatory
աստղազարդ astghazard *(adj.)* astral
աստղազարդ astghazard *(adj.)* starry
աստղային astghayin *(adj.)* sidereal
աստղային astghayin *(adj.)* stellar
աստղանշան astghanshan *(n.)* asterisk
աստղանշան դնել astghanshan dnel *(v.)* star
աստված astvats *(n.)* god
աստվածաբան astvatsaban *(n.)* theologian
աստվածաբանական astvatsabanakan *(adj.)* theological
աստվածաբանություն astvatsabanutyun *(n.)* theology
աստվածաբանում astvatsabanum *(n.)* apotheosis

Աստվածահայտնություն
Astvatsahaytnutyun *(n.)* epiphany
աստվածային astvatsayin *(adj.)*
divine
աստվածաշունչ astvatsashunch *(n.)*
bible
աստվածաշունչ astvatsashunch *(n.)*
scripture
աստվածապետություն
astvatsapetutyun *(n.)* theocracy
աստվածացնել astvatsacnel *(v.)* deify
աստվածություն astvatsutyun *(n.)*
deity
աստվածություն astvatsutyun *(n.)*
divinity
աստվածություն astvatsutyun *(n.)*
godhead
աստվածուհի astvatsuhi *(n.)* goddess
ավա՜ղ avagh! *(interj.)* alas
ավագ avag *(adj.)* elder
ավագ avag *(adj.)* major
ավագ avag *(n.)* senior
ավագ avag *(adj.)* senior
ավագ խոհարար avag khoharar *(n.)*
chef
ավագություն avagutyun *(n.)* seniority
ավազ avaz *(n.)* sand
ավազ ցանել avaz canel *(v.)* sand
ավազաբլուր avazablur *(n.)* sandhill
ավազադղյակ avazadghyak *(n.)*
sandcastle
ավազաթումբ avazatumb *(n.)* dune
ավազակ avazak *(n.)* bandit
ավազակ avazak *(n.)* brigand
ավազակ avazak *(n.)* thug
ավազահողմ avazahoghm *(n.)*
sandstorm
ավազաձուկ avazadzuk *(n.)* sandfish
ավազապատում avazapatum *(n.)*
sandscape
ավազատուփ avazatup *(n.)* sandbox
ավազափոս avazapos *(n.)* sandpit
ավազաքար avazaqar *(n.)* sandstone
ավազի ժամացույց avazi djamacuyc
(n.) sandglass
ավազոտ avazot *(adj.)* sand
ավազոտ avazot *(adj.)* sandy
ավան avan *(n.)* township

ավանակ avanak *(n.)* donkey
ավանդ avand *(n.)* deposit
ավանդական avandakan *(adj.)*
traditional
ավանդույթ avanduyt *(n.)* tradition
ավատ avat *(n.)* manor
ավատական avatakan *(adj.)* manorial
ավար avar *(n.)* booty
ավար avar *(n.)* spoil
ավար avar *(n.)* trophy
ավարտ avart *(n.)* close
ավարտ avart *(n.)* finish
ավարտ avart *(adv.)* over
ավարտ avart *(n.)* termination
ավարտ avart *(n.)* upshot
ավարտ(վ)ել avart(v)el *(v.)* terminate
ավարտական արարողություն
avartakan araroghutyun *(n.)*
graduation ceremony
ավարտել avartel *(v.)* accomplish
ավարտել avartel *(v.)* finish
ավարտել avartel *(v.)* graduate
ավարտելը avartela *(n.)*
accomplishment
ավարտում avartum *(n.)* completion
ավարտված avartvats *(adj.)*
accomplished
ավել avel *(n.)* broom
ավելանալ avelanal *(v.)* accrue
ավելանալ avelanal *(v.)* increase
ավելացնել avelacnel *(v.)* accend
ավելացում avelacum *(n.)* add-in
ավելացում avelacum *(n.)* increase
ավելացում avelacum *(n.)* increment
ավելաքաշային avelaqashayin *(adj.)*
overweight
ավելի aveli *(adv.)* more
ավելի շատ aveli shat *(adj.)* more
ավելի քիչ aveli qich *(adj.)* less
ավելի քիչ aveli qich *(adv.)* less
ավելի քիչ քանակություն aveli qich
qanakutyun *(n.)* less
ավելին avelin *(adj.)* better
ավելին avelin *(adv.)* moreover
ավելորդ avelord *(adj.)* excessive
ավելորդ avelord *(adj.)* redundant
ավելորդ avelord *(adj.)* superfluous
ավելորդ avelord *(adj.)* unnecessary

ավելորդ ուղեբեռ avelord ugheberr *(n.)* excess baggage
ավելորդություն avelordutyun *(n.)* redundance
ավելցուկ avelcuk *(n.)* excess
ավելցուկ avelcuk *(n.)* superfluity
ավելցուկ avelcuk *(n.)* surplus
ավետաբեր avetaber *(n.)* precursor
ավետարան avetaran *(n.)* evangel
ավետարան avetaran *(n.)* gospel
ավետարանական avetaranakan *(adj.)* evangelic
ավերակներ averakner *(n. pl.)* ruin
ավերել averel *(v.)* devastate
ավերել averel *(v.)* ravage
ավերել averel *(v.)* ruin
ավերիչ averich *(adj.)* subversive
ավերում averum *(n.)* havoc
ավերում averum *(n.)* ravage
ավիաբազա aviabaza *(n.)* airbase
ավիատիեզերք aviatiezerq *(n.)* aerospace
ավիատոմսի արժեք aviatomsi ardjeq *(n.)* airfare
ավիացիա aviacia *(n.)* aeronautics
ավիացիա aviacia *(n.)* aviation
ավլել avlel *(v.)* sweep
ավլում avlum *(n.)* sweep
ավոկադո avokado *(n.)* avocado
ավտոբուս avtobus *(n.)* bus
ավտոբուս avtobus *(n.)* omnibus
ավտոբուսի ապաստարան avtobusi apastaran *(n.)* bus shelter
ավտոմատ avtomat *(adv.)* automatically
ավտոմատացնել avtomatacnel *(v.)* automate
ավտոմատացում avtomatacum *(n.)* automation
ավտոմատացված Թյուրինգ թեստ avtomatacvats Tyuring test *(n.)* captcha
ավտոմեքենա avtomeqena *(n.)* car
ավտոմեքենայով գնալ avtomeqenayov gnal *(v.)* motor
ավտոմոբիլ avtomobil *(n.)* automobile
ավտոպանսիոնատ avtopansionat *(n.)* motel

ավտոպիլոտ avtopilot *(n.)* autopilot
ավտովարորդ avtovarord *(n.)* chauffeur
ավտովարորդ avtovarord *(n.)* motorist
ավտոտնակ avtotnak *(n.)* garage
ավտոֆոկուսավորում avtofokusavorum *(n.)* autofocus
ատաղձագործ ataghdzagorts *(n.)* carpenter
ատաղձագործ ataghdzagorts *(n.)* joiner
ատաղձագործություն ataghdzagortsutyun *(n.)* carpentry
ատամ atam *(n.)* tooth
ատամ հանել atam hanel *(v.)* teethe
ատամնաբույժ atamnabuydj *(n.)* dentist
ատամնավոր անիվ atamnavor aniv *(n.)* gearwheel
ատամնացավ atamnacav *(n.)* toothache
ատել atel *(v.)* abhor
ատել atel *(v.)* detest
ատել atel *(v.)* hate
ատելի ateli *(adj.)* odious
ատելություն atelutyun *(n.)* dislike
ատելություն atelutyun *(n.)* hate
ատելություն atelutyun *(n.)* odium
ատեստատ atestat *(n.)* certificate
ատլաս atlas *(n.)* atlas
ատլաս atlas *(n.)* satin
ատլասե atlasse *(adj.)* satin
ատլետ atlet *(n.)* athlete
ատլետիկ atletik *(adj.)* athletic
ատոմ atom *(n.)* atom
ատոմային atomayin *(adj.)* atomic
ատոմային atomayin *(adj.)* nuclear
ատոմային ընտանիք atomayin antaniq *(n.)* nuclear family
ատրճանակ atrchanak *(n.)* gun
ատրճանակ atrchanak *(n.)* pistol
ատրճանակ atrchanak *(n.)* revolver
արաբ arab *(n.)* Arab
արաբբիատա arabiata *(adj.)* arrabbiata
արագ arag *(adv.)* apace
արագ arag *(adj.)* fast

արագ arag *(adj.)* prompt
արագ arag *(adj.)* quick
արագ arag *(adj.)* rapid
արագ arag *(adv.)* speedily
արագ arag *(adj.)* speedy
արագ arag *(adj.)* swift
արագ ուղղում arag ughghum *(n.)* quick fix
արագ սնունդ arag snund *(n.)* fast food
արագ սնունդ arag snund *(n.)* takeaway
արագ վազք arag vazq *(n.)* scamper
արագ փակվող arag pakvogh *(adj.)* ziplock
արագագիր aragagir *(adj.)* cursive
արագանալ araganal *(v.)* accelerate
արագաշարժ aragashardj *(adj.)* brisk
արագաշարժ aragashardj *(adj.)* dapper
արագացնել aragacnel *(v.)* expedite
արագացնել aragacnel *(v.)* speed
արագացում aragacum *(n.)* acceleration
արագացուցիչ aragacucich *(n.)* accelerator
արագընթացություն aragantacutyun *(n.)* impetuosity
արագիլ aragil *(n.)* stork
արագորեն aragoren *(adv.)* fast
արագորեն aragoren *(adv.)* quickly
արագություն aragutyun *(n.)* celerity
արագություն aragutyun *(n.)* rapidity
արագություն aragutyun *(n.)* speed
արագություն aragutyun *(n.)* velocity
արագությունների տուփ aragutyunneri tup *(n.)* gearbox
արածել aratsel *(v.)* pasture
արածեցնել aratsecnel *(v.)* graze
արածում aratsum *(n.)* graze
արական arakan *(adj.)* male
արական arakan *(adj.)* masculine
արահետ arahet *(n.)* footpath
արահետ arahet *(n.)* lane
արահետ arahet *(n.)* path
արատ arat *(n.)* blemish
արատ arat *(n.)* defect
արատ arat *(n.)* smear
արատ arat *(n.)* taint
արատ arat *(n.)* vice
արատավոր aratavor *(adj.)* vicious
արատավորել aratavorel *(v.)* defame
արատավորել aratavorel *(v.)* smear
արատավորել aratavorel *(v.)* tarnish
արարած ararats *(n.)* creature
արարողություն araroghutyun *(n.)* ceremony
արարք ararq *(n.)* proceeding
արբանյակ arbanyak *(n.)* satellite
արբեցնել arbecnel *(v.)* intoxicate
արգանակ arganak *(n.)* broth
արգանդ argand *(n.)* uterus
արգանդ argand *(n.)* womb
արգելադրել argeladrel *(v.)* taboo
արգելակ argelak *(n.)* brake
արգելակ argelak *(n.)* drag
արգելակել argelakel *(v.)* brake
արգելակել argelakel *(v.)* inhibit
արգելանք argelanq *(n.)* lien
արգելապատ argelapat *(n.)* barrier
արգելապատ argelapat *(n.)* hurdle
արգելափակել argelapakel *(v.)* hurdle
արգելափակել argelapakel *(v.)* roadblock
արգելափակում argelapakum *(n.)* blockage
արգելափակում argelapakum *(n.)* roadblock
արգելել argelel *(v.)* ban
արգելել argelel *(v.)* debar
արգելել argelel *(v.)* disallow
արգելել argelel *(v.)* forbid
արգելել argelel *(v.)* prohibit
արգելիչ argelich *(adj.)* prohibitive
արգելող argelogh *(adj.)* prohibitory
արգելում argelum *(n.)* inhibition
արգելված argelvats *(adj.)* forbidden
արգելված argelvats *(adj.)* taboo
արգելք argelq *(n.)* barrage
արգելք argelq *(n.)* barricade
արգելք argelq *(n.)* hindrance
արգելք argelq *(n.)* holdback
արգելք argelq *(n.)* impediment
արգելք argelq *(n.)* prohibition
արգելք argelq *(n.)* setback
արգելք argelq *(n.)* snag

արդար ardar *(adj.)* fair
արդար ardar *(adj.)* righteous
արդար առևտուր ardar arrevtur *(n.)* fair trade
արդար խաղ ardar khagh *(n.)* fair game
արդարադատ ardaradat *(adj.)* equitable
արդարադատություն ardaradatutyun *(n.)* judicature
արդարանալի ardaranali *(adj.)* justifiable
արդարացիորեն ardaracioren *(adv.)* fairly
արդարացիորեն ardaracioren *(adv.)* justly
արդարացնել ardaracnel *(v.)* acquit
արդարացնել ardaracnel *(v.)* justify
արդարացնել ardaracnel *(v.)* vindicate
արդարացում ardaracum *(n.)* acquittal
արդարացում ardaracum *(n.)* justification
արդարացում ardaracum *(n.)* vindication
արդարացված ardaracvats *(adj.)* justified
արդարություն ardarutyun *(n.)* justice
արդեն arden *(adv.)* already
արդի ardi *(adj.)* up-to-date
արդիականացնել ardiakanacnel *(v.)* modernize
արդիականացում ardiakanacum *(n.)* modernization
արդիականություն ardiakanutyun *(n.)* modernity
արդյունաբերական ardyunaberakan *(adj.)* industrial
արդյունաբերություն ardyunaberutyun *(n.)* industry
արդյունավետ ardyunavet *(adj.)* actionable
արդյունավետ ardyunavet *(adj.)* efficient
արդյունավետ ardyunavet *(adj.)* productive
արդյունավետություն ardyunavetutyun *(n.)* efficiency

արդյունք ardyunq *(n.)* outcome
արդյունք ardyunq *(n.)* result
արդուկել ardukel *(v.)* iron
արև arev *(n.)* sun
արևադարձ arevadardz *(n.)* tropic
արևադարձային arevadardzayin *(adj.)* tropical
արևադարձային տենդ arevadardzayin tend *(n.)* dengue
արևածագ arevatsag *(n.)* sunrise
արևակեզ arevakez *(adj.)* torrid
արևամուտ arevamut *(n.)* sunset
արևային arevayin *(adj.)* solar
արևային վահանակ arevayin vahanak *(n.)* solar panel
արևայրուկ arevayruk *(n.)* sunburn
արևաքար arevaqar *(n.)* opal
արևելյան arevelyan *(adj.)* east
արևելյան arevelyan *(adj.)* eastern
արևելյան arevelyan *(adj.)* oriental
արևելցի arevelci *(n.)* oriental
արևելք arevelq *(n.)* east
արևելք arevelq *(n.)* orient
արևի լույս arevi luys *(n.)* sunlight
արևին դնել arevin dnel *(v.)* sun
Արևմուտք Arevmutq *(n.)* Occident
արևմուտք arevmutq *(n.)* west
արևմուտքից arevmutqic *(adv.)* westerly
արևմտյան arevmtyan *(adj.)* occidental
արևմտյան arevmtyan *(adj.)* west
արևմտյան arevmtyan *(adj.)* westerly
արևմտյան arevmtyan *(adj.)* western
արևոտ arevot *(adj.)* shiny
արևոտ arevot *(adj.)* sunny
արթնանալ artnanal *(v.)* wake
արթնացնել artnacnel *(v.)* arouse
արթնացնել artnacnel *(v.)* awake
արթնացնել artnacnel *(v.)* rouse
արթնացում artnacum *(n.)* awakening
արթուն artun *(adj.)* alert
արթուն artun *(adj.)* wakeful
արթրիտ artrit *(n.)* arthritis
արժանանալ ardjananal *(v.)* deserve
արժանապատվություն ardjanapatvutyun *(n.)* dignity
արժանավոր ardjanavor *(adj.)*

meritorious
արժանացնել ardjanacnel *(v.)* deign
արժանացնել ardjanacnel *(v.)* vouchsafe
արժանի ardjani *(adj.)* worth
արժանի ardjani *(adj.)* worthy
արժանի լինել ardjani linel *(v.)* merit
արժանիք ardjaniq *(n.)* asset
արժանիք ardjaniq *(n.)* merit
արժանիք ardjaniq *(n.)* virtue
արժեզրկել ardjezrkel *(v.)* depreciate
արժեզրկել ardjezrkel *(v.)* devalue
արժեզրկող ardjezrkogh *(adj.)* depreciatory
արժեզրկում ardjezrkum *(n.)* inflation
արժեզրկված ardjezrkvats *(adj.)* depreciating
արժենալ ardjenal *(v.)* cost
արժեք ardjeq *(n.)* value
արժեք ardjeq *(n.)* worth
արժույթ ardjuyt *(n.)* currency
արիստոկրատ aristokrat *(n.)* aristocrat
արիստոկրատիա aristokratia *(n.)* aristocracy
արխիվ arkhiv *(n.pl.)* archives
արխիվ arkhiv *(n.)* chancery
արծաթ artsat *(n.)* silver
արծաթաջրել artsatajrel *(v.)* silver
արծաթյա artsatya *(adj.)* silver
արծիվ artsiv *(n.)* eagle
արծիվ artsiv *(n.)* orl
արկ ark *(n.)* projectile
արկած arkats *(n.)* adventure
արկղ arkgh *(n.)* crate
արհամարհական arhamarhakan *(adj.)* contemptuous
արհամարհանք arhamarhanq *(n.)* contempt
արհամարհանք arhamarhanq *(n.)* scorn
արհամարհել arhamarhel *(v.)* despise
արհամարհել arhamarhel *(v.)* disdain
արհամարհել arhamarhel *(v.)* scorn
արհամարհել arhamarhel *(v.)* slight
արհամարհելի arhamarheli *(adj.)* despicable
արհեստ arhest *(n.)* craft
արհեստ arhest *(n.)* handicraft
արհեստական arhestakan *(adj.)* artificial
արհեստական արբանյակ arhestakan arbanyak *(n.)* sputnik
արհեստական բանականություն arhestakan banakanutyun *(n.)* artificial intelligence
արհեստանոց arhestanoc *(n.)* workshop
արհեստավոր arhestavor *(n.)* artisan
արհեստավոր arhestavor *(n.)* craftsman
արհմիութենական arhmiutenakan *(n.)* unionist
արձագանք ardzaganq *(n.)* echo
արձագանք ardzaganq *(n.)* repercussion
արձագանք ardzaganq *(n.)* response
արձագանքել ardzaganqel *(v.)* echo
արձագանքել erdzaganqel *(v.)* react
արձագանքել ardzaganqel *(v.)* resound
արձագանքել ardzaganqel *(v.)* respond
արձակ ardzak *(n.)* prose
արձակագրություն ardzakagrutyun *(n.)* fiction
արձակել ardzakel *(v.)* emit
արձակում ardzakum *(n.)* emission
արձակուրդ ardzakurd *(n.)* vacation
արձան ardzan *(n.)* statue
արձանագրություն ardzanagrutyun *(n.)* protocol
արմատ armat *(n.)* root
արմատական armatakan *(adj.)* radical
արմատահանել armatahanel *(v.)* uproot
արմատահանում armatahanum *(n.)* logout
արմատավորել armatavorel *(v.)* inculcate
արմատավորվել armatavorvel *(v.)* root
արմատացած armatacats *(adj.)* ingrained
արմունկ armunk *(n.)* elbow

արյուն aryun *(n.)* blood
արյուն aryun *(n.)* gore
արյունահեղություն aryunaheghutyun *(n.)* bloodshed
արյունահոսել aryunahosel *(v.)* bleed
արյունոտ aryunot *(adj.)* bloody
արշալույս arshaluys *(n.)* aurora
արշալույս arshaluys *(n.)* daybreak
արշավ arshav *(n.)* campaign
արշավ arshav *(n.)* trek
արշավախումբ arshavakhumb *(n.)* expedition
արշավանք arshavanq *(n.)* raid
արշավել arshavel *(v.)* raid
արոմաթերապիա aromaterapia *(n.)* aromatherapy
արոտավայր arotavayr *(n.)* pasture
արու կատու aru katu *(n.)* tomcat
արու կենդանի aru kendani *(n.)* stag
արու սագ aru sag *(n.)* gander
արույր aruyr *(n.)* brass
արջ arj *(n.)* bear
արվարձան arvardzan *(n.)* suburb
արվարձանային arvardzanayin *(adj.)* suburban
արվեստ arvest *(n.)* art
արվեստի ձև arvesti dzev *(n.)* art form
արվեստի ուղղություն arvesti ughghutyun *(n.)* art direction
արտաամուսնական artamusnakan *(adj.)* extramarital
արտագաղթ artagaght *(n.)* emigration
արտագաղթել artagaghtel *(v.)* emigrate
արտագնա artagna *(adj.)* outbound
արտագրել artagrel *(v.)* rewrite
արտագրել artagrel *(v.)* transcribe
արտագրոհ artagroh *(n.)* sally
արտագրոհել artagrohel *(v.)* sally
արտագրող artagrogh *(n.)* transcriber
արտադատական artadatakan *(adj.)* extrajudicial
արտադրանք artadranq *(n.)* output
արտադրանք artadranq *(n.)* produce
արտադրանք artadranq *(n.)* ware
արտադրել artadrel *(v.)* manufacture
արտադրել artadrel *(v.)* produce
արտադրել artadrel *(v.)* yield
արտադրող artadrogh *(n.)* manufacturer
արտադրողականություն artadroghakanutyun *(n.)* productivity
արտադրում artadrum *(n.)* fabrication
արտադրում artadrum *(n.)* manufacture
արտադրում artadrum *(n.)* production
արտադրվել artadrvel *(v.)* exude
արտազատել artazatel *(v.)* secrete
արտազատում artazatum *(n.)* evisceration
արտազատում artazatum *(n.)* secretion
արտաժամյա artadjamya *(adv.)* overtime
արտաժամյա աշխատանք artadjamya ashkhatanq *(n.)* overtime
արտակարգ artakarg *(adj.)* phenomenal
արտակենտրոնակ artakentronak *(n.)* wack
արտահագուստ artahagust *(n.)* overall
արտահայտել artahaytel *(v.)* express
արտահայտել artahaytel *(v.)* phrase
արտահայտիչ artahaytich *(adj.)* expressive
արտահայտություն artahaytutyun *(n.)* expression
արտահայտություն artahaytutyun *(n.)* phrase
արտահանել artahanel *(v.)* export
արտահանում artahanum *(n.)* export
արտահատուկ artahatuk *(adj.)* extraspecial
արտահոսել artahossel *(v.)* ooze
արտահոսք artahosq *(n.)* leak
արտահոսք artahosq *(n.)* leakage
արտահոսք artahosq *(n.)* ooze
արտասահման(ում) artasahman(um) *(adv.)* abroad
արտասանել artassanel *(v.)* enunciate
արտասանել artassanel *(v.)* pronounce
արտասանել artassanel *(v.)* recite
արտասանել artassanel *(v.)* utter
արտասանելի artasaneli *(adj.)* effable

արտասանելի artasaneli *(adv.)* effably
արտասանություն artassanutyun *(n.)* enunciation
արտասանություն artassanutyun *(n.)* pronunciation
արտասանություն artassanutyun *(n.)* utterance
արտասովոր artasovor *(adj.)* extraordinary
արտասովոր artassovor *(adj.)* fantastic
արտասովոր artasovor *(adj.)* outlandish
արտասվել artasvel *(v.)* tear
արտացոլել artacolel *(v.)* mirror
արտացոլել artacolel *(v.)* reflect
արտացոլող artacologh *(adj.)* reflective
արտացոլում artacolum *(n.)* reflection
արտացոլվել artacolvel *(v.)* gleam
արտաքին artaqin *(adj.)* external
արտաքին artaqin *(adj.)* extrinsic
արտաքին artaqin *(adj.)* outer
արտաքին աշխարհ artaqin ashkharh *(n.)* outworld
արտաքին տեսք artaqin tesq *(n.)* appearance
արտաքուստ artaqust *(adv.)* extrinsically
արտաքսել artaqsel *(v.)* deport
արտաքսել artaqsel *(v.)* excommunicate
արտաքսել artaqsel *(v.)* ostracize
արտաքսել artaqsel *(v.)* outlaw
արտաքսում artaqsum *(n.)* elimination
արտաքսում artaqsum *(n.)* emittance
արտեզյան artezyan *(adj.)* artesian
արտիստական artistakan *(adj.)* artistic
արտոնագիր artonagir *(n.)* patent
արտոնագրել artonagrel *(v.)* patent
արտոնագրված artonagrvats *(adj.)* patent
արտոնագրված անձ artonagrvats andz *(n.)* licensee
արտոնել artonel *(v.)* empower
արտոնել artonel *(v.)* license
արտոնություն artonutyun *(n.)* franchise
արտոնություն artonutyun *(n.)* prerogative
արտոնություն artonutyun *(n.)* privilege
արտույտ artuyt *(n.)* lark
արցունք arcunq *(n.)* tear
արցունքաբեր գազ arcunqaber gaz *(n.)* tear gas
արցունքակաթիլ arcunqakatil *(n.)* teardrop
արցունքոտ arcunqot *(adj.)* tearful
արքայադուստր arqayadustr *(n.)* princess
արքայական arqayakan *(adj.)* princely
արքայականություն arqayakanutyun *(n.)* royalty
արքայասպանություն arqayaspanutyun *(n.)* regicide
արքայորդի arqayordi *(n.)* prince
արքեպիսկոպոս arqepiskopos *(n.)* archbishop
ացետատ acetat *(n.)* acetate
ացետիլեն acetilen *(n.)* acetylene
ացետոն aceton *(n.)* acetone
ափ ap *(n.)* coast
ափ ap *(n.)* palm
ափամերձ apamerdz *(adj.)* beachside
ափամերձ apamerdz *(adj.)* coastal
ափամերձ apamerdz *(adj.)* littoral
ափամերձ apamerdz *(adj.)* shoreward
ափամերձ տարածք apamerdz taratsq *(n.)* shorefront
ափին apin *(adv.)* ashore
ափիոն apion *(n.)* opium
ափսե apse *(n.)* plate
ափսոսալ apsosal *(v.)* regret
ափսոսալ apsossal *(v.)* repent
ափսոսանք apsosanq *(n.)* regret
ափսոսանք apsossanq *(n.)* repentance
աքաղաղ aqaghagh *(n.)* cock
աքացի aqaci *(n.)* kick
աքսոր aqsor *(n.)* exile
աքսորել aqsorel *(v.)* exile
աքցան aqcan *(n. pl.)* tongs
աֆազիա afazia *(n.)* aphasia
աֆորիզմ aforizm *(n.)* aphorism

Բ բ

բաբախել babakhel *(v.)* pulse
բաբախել babakhel *(v.)* throb
բաբախում babakhum *(n.)* throb
Բաբելոն Babelon *(n.)* Babel
բադիկ badik *(n.)* duck
բադմինտոն badminton *(n.)* badminton
բադրիջան badrijan *(n.)* brinjal
բազար bazar *(n.)* bazaar
բազե baze *(n.)* falcon
բազե baze *(n.)* hawk
բազկաթոռ bazkatorr *(n.)* armchair
բազկատեղ bazkategh *(n.)* armrest
բազմադեղագործական bazmadeghagortsakan *(adj.)* polypharmacal
բազմազան bazmazan *(adj.)* diverse
բազմազան bazmazan *(adj.)* manifold
բազմազան bazmazan *(adj.)* multifarious
բազմազան bazmazan *(adj.)* varied
բազմազան bazmazan *(adj.)* various
բազմազանություն bazmazanutyun *(n.)* multiplicity
բազմազանություն bazmazanutyun *(n.)* variety
բազմաթիվ bazmativ *(adj.)* numerous
բազմալեզու bazmalezu *(adj.)* multilingual
բազմալեզու bazmalezu *(n.)* omnilingual
բազմալեզու bazmalezu *(adj.)* omnilingual
բազմալեզու bazmalezu *(adj.)* polyglot
բազմալեզվագետ bazmalezvaget *(n.)* polyglot
բազմախոս bazmakhos *(adj.)* polyloquent
բազմակենտրոն bazmakentron *(adj.)* polycentric
բազմակենտրոնություն bazmakentronutyun *(n.)* polycentrism
բազմակնություն bazmaknutyun *(n.)* polygamy
բազմակողմ bazmakoghm *(adj.)* multilateral
բազմակողմանի bazmakoghmani *(adj.)* omnidirectional
բազմակողմանի bazmakoghmani *(adj.)* versatile
բազմակողմանիություն bazmakoghmaniutyun *(n.)* omnidirectionality
բազմակողմանիություն bazmakoghmaniutyun *(n.)* versatility
բազմաձև bazmadzev *(adj.)* multiform
բազմաձև bazmadzev *(adj.)* omniform
բազմաձև bazmadzev *(n.)* polyform
բազմաձևություն bazmadzevutyun *(n.)* omniformity
բազմամանրէային bazmamanreayin *(adj.)* polymicrobial
բազմամասնապատում bazmamasnapatum *(adj.)* mutidisciplinary
բազմամարդ bazmamard *(adj.)* populous
բազմամետաղական bazmametaghakan *(adj.)* polymetallic
բազմամյա bazmamya *(adj.)* perennial
բազմամյա բույս bazmamya buys *(n.)* perennial
բազմամոլեկուլային bazmamolekulayin *(adj.)* polymolecular
բազմամուսնական bazmamusnakan *(adj.)* polygamous
բազմանալ bazmanal *(v.)* proliferate
բազմանալ bazmanal *(v.)* spawn
բազմապատիկ bazmapatik *(n.)* multiped
բազմապատիկ bazmapatik *(adj.)* multiple
բազմապատիկ թիվ բազմապատիկ bazmapatik tiv *(n.)* multiple
բազմապատկել bazmapatkel *(v.)* multiply
բազմապատկելի bazmapatkeli *(n.)* multiplicand
բազմապատկում bazmapatkum *(n.)*

multiplication
բազմաստված bazmastvats *(n.)*
polytheist
բազմաստվածային bazmastvatsayin *(adj.)* polytheistic
բազմաստվածություն bazmastvatsutyun *(n.)* polytheism
բազմաքանակ bazmaqanak *(adj.)* multiparous
բազմաքանակություն bazmaqanakutyun *(n.)* plurality
բազմել bazmel *(v.)* throne
բազմերանգ bazmerang *(adj.)* motley
բազմերանգ bazmerang *(adj.)* polychrome
բազմոց bazmoc *(n.)* settee
բազմոց bazmoc *(n.)* sofa
բազմություն bazmutyun *(n.)* multitude
բազմություն bazmutyun *(n.)* throng
բազուկ bazuk *(n.)* arm
բազուկ bazuk *(n.)* beet
բազրիք bazriq *(n.)* railing
բազրիքներ bazriqner *(n.)* bannister
բաժակ badjak *(n.)* chalice
բաժակ badjak *(n.)* cup
բաժակապնակ badjakapnak *(n.)* saucer
բաժան(վ)ել badjan(v)el *(v.)* divide
բաժան(վ)ել badjan(v)el *(v.)* part
բաժանել badjanel *(v.)* allot
բաժանել badjanel *(v.)* distribute
բաժանել badjanel *(v.)* sunder
բաժանելի badjaneli *(n.)* dividend
բաժանելի badjaneli *(adj.)* separable
բաժանմունք badjanmunq *(n.)* division
բաժանորդագրություն badjanordagrutyun *(n.)* subscription
բաժանորդագրվել badjanordagrvel *(v.)* subscribe
բաժանում badjanum *(n.)* allotment
բաժին badjin *(n.)* department
բաժին badjin *(n.)* portion
բաժնեմաս badjnemas *(n.)* sharecrop
բաժնետեր badjneter *(n.)* shareholder
բաժնետիրական badjnetirakan *(adj.)* shareholding

բաժնետիրություն badjnetirutyun *(n.)* shareholding
բաժնետոմս badjnetoms *(n.)* share
բաժնետոմսերի շուկա badjnetomseri shuka *(n.)* share market
բալ bal *(n.)* cherry
բալասան balasan *(n.)* balm
բալասան, հինածաղիկ balasan, hinacaghik *(n.)* balsam
բալաֆոն balafon *(n.)* balafon
բալետ balet *(n.)* ballet
բալետի պարուհի baleti paruhi *(n.)* ballerina
բալլադ ballad *(n.)* ballad
բախում bakhum *(n.)* collision
բախում bakhum *(n.)* encounter
բախում bakhum *(n.)* foul
բախում bakhum *(n.)* impact
բախում bakhum *(n.)* jostle
բախվել bakhvel *(v.)* clash
բախվել bakhvel *(v.)* collide
բախվել bakhvel *(v.)* encounter
բախվել bakhvel *(v.)* foul
բախվել bakhvel *(v.)* T-bone
բախտ bakht *(n.)* fate
բախտ bakht *(n.)* fortune
բախտավոր bakhtavor *(adj.)* lucky
բախտավոր bakhtavor *(adj.)* providential
բակ bak *(n.)* atrium
բակ bak *(n.)* courtyard
բակ bak *(n.)* yard
բակալավր bakalavr *(n.)* bachelor
բակալավր bakalavr *(n.)* bachelorette
բակալավրի աստիճան bakalavri astichan *(n.)* baccalaureate
բակալավրի հավաքույթ bakalavri havaquyt *(n.)* bachelor party
բակտերիա bakteria *(n.)* bacteria
բահ bah *(n.)* spade
բահով փորել bahov porel *(v.)* spade
բաղադրամաս baghadramas *(n.)* ingredient
բաղադրիչ baghadrich *(adj.)* component
բաղաձայն հնչյուն baghadzayn hnchyun *(n.)* consonant

բաղեղ baghegh *(n.)* ivy
բաղկանալ baghkanal *(v.)* consist
բաղձալ baghdzal *(v.)* covet
բաճկոն bachkon *(n.)* jacket
բաճկոնակ bachkonak *(n.)* waistcoat
բամբակ bambak *(n.)* cotton
բամբասանք bambassanq *(n.)* backbiting
բամբասանք bambasanq *(n.)* bobble
բամբասանք bambasanq *(n.)* gossip
բամբասանք bambassanq *(n.)* rumour
բամբասանք bambassanq *(n.)* talebearing
բամբասել bambasel *(v.)* gossip
բամբասել bambassel *(v.)* rumour
բամիա bamia *(n.)* okra
բայ bay *(n.)* verb
բայթ՝ հիշողության միավոր bayt: hishoghutyan miavor *(n.)* byte
բայց bayc *(conj.)* but
բան ban *(n.)* thing
բանալ banal *(v.)* tap
բանալի banali *(n.)* clue
բանալի banali *(n.)* key
բանալի ծածկագիր banali tsatskagir *(n.)* macro
բանալու վարպետ banalu varpet *(n.)* keysmith
բանակ banak *(n.)* army
բանական banakan *(adj.)* rational
բանականություն banakanutyun *(n.)* rationality
բանակցել banakcel *(v.)* negotiate
բանակցություն banakcutyun *(n.)* negotiation
բանակցություններ banakcutyunner *(n.)* parley
բանահյուսական banahyusakan *(adj.)* folkloric
բանահյուսություն banahyusutyun *(n.)* folklore
բանաձև banadzev *(n.)* formula
բանան banan *(n.)* banana
բանասեր banasser *(n.)* philologist
բանասիրական banassirakan *(adj.)* philological
բանասիրություն banassirutyun *(n.)* philology

բանաստեղծական banasteghtsakan *(adj.)* poetic
բանաստեղծուհի banasteghtsuhi *(n.)* poetess
բանավեճ banavech *(n.)* debate
բանավեճ banavech *(n.)* disputation
բանավեճ banavech *(n.)* polemics
բանավեճի banavechi *(adj.)* polemic
բանավոր banavor *(adj.)* oral
բանավոր banavor *(adj.)* verbal
բանավոր banavor *(adv.)* verbally
բանավոր banavor *(adj.)* viva voce
բանավոր banavor *(adv.)* viva voce
բանավոր կերպով banavor kerpov *(adv.)* orally
բանավոր քննություն banavor qnnutyun *(n.)* oral
բանավոր քննություն banavor qnnutyun *(n.)* viva voce
բանաքաղ banaqagh *(n.)* bookmaker
բանդա banda *(n.)* gang
բանդանա bandana *(n.)* bandana
բանդիտ bandit *(n.)* gangster
բանիմաց banimac *(adj.)* knowledgeable
բանկ դնել bank dnel *(v.)* bank
բանկա banka *(n.)* jar
բանկային արձակուրդներ bankayin ardzakurdner *(n.)* bank holiday
բանկիր bankir *(n.)* banker
բանջարեղեն banjareghen *(n.)* vegetable
բանջո banjo *(n.)* banjo
բանսարկու bansarku *(n.)* schemer
բանսարկություն bansarkutyun *(n.)* intrigue
բանվոր banvor *(n.)* labourer
բանվոր banvor *(n.)* worker
բանվոր banvor *(n.)* workman
բանտ bant *(n.)* jail
բանտ bant *(n.)* prison
բանտախուց bantakhuc *(n.)* cell
բանտամ (հավերի տեսակ) bantam (haveri tesak) *(n.)* bantam
բանտապան bantapan *(n.)* jailer
բանտապետ bantapet *(n.)* warder
բանտարկել bantarkel *(v.)* imprison
բանտարկել bantarkel *(v.)* jail

բանտարկել bantarkel *(v.)* mew
բանտարկյալ bantarkyal *(n.)* prisoner
բանտարկյալ bantarkyal *(n.)* inmate
բաշ bash *(n.)* mane
բաշխել bashkhel *(v.)* apportion
բաշխել bashkhel *(v.)* dispense
բաշխում bashkhum *(n.)* distribution
բառ barr *(n.)* word
բառախաղ barrakhagh *(n.)* pun
բառախաղ հնարել barrakhagh hnarel *(v.)* pun
բառային barrayin *(adj.)* wordy
բառաչ barrach *(n.)* bellowing
բառաչ barrach *(n.)* low
բառաչել barrachel *(v.)* bellow
բառաչել barrachel *(v.)* bleat
բառաչել barrachel *(v.)* low
բառաչել barrachel *(v.)* moo
բառապաշար barrapashar *(n.)* lexicon
բառապաշար barrapashar *(n.)* vocabulary
բառարան barraran *(n.)* dictionary
բառարան barraran *(n.)* glossary
բառարանագրություն barraranagrutyun *(n.)* lexicography
բառացի barraci *(adj.)* literal
բառացի barraci *(adj.)* verbatim
բառերով արտահայտել barrerov artahaytel *(v.)* word
բաս bas *(n.)* bass
բասկետբոլ basketbol *(n.)* basketball
բավական bavakan *(adj.)* enough
բավականաչափ bavakanachap *(adv.)* enough
բավականացնել bavakanacnel *(v.)* suffice
բավականին bavakanin *(adv.)* pretty
բավարար bavarar *(adj.)* sufficient
բավարարել bavararel *(v.)* redress
բավարարել bavararel *(v.)* satisfy
բավարարել bavararel *(v.)* slake
բավարարություն bavararutyun *(n.)* sufficiency
բավարարում bavararum *(n.)* redress
բատրակ batrak *(n.)* peon
բարակ barak *(n.)* cantonment
բարակ barak *(adj.)* slim
բարակ barak *(adj.)* thin
բարակ (որսկան շուն) barak (vorskan shun) *(n.)* greyhound
բարակել barakel *(v.)* slim
բարակել barakel *(v.)* thin
բարաք baraq *(n.)* barrack
բարբաջել barbajel *(v.)* burble
բարբառ barbarr *(n.)* dialect
բարբառային barbarrayin *(adj.)* idiomatic
բարբարոս barbaros *(n.)* barbarian
բարբարոս barbaros *(adj.)* barbarous
բարբարոսական barbarosakan *(adj.)* barbaric
բարբարոսություն barbarosutyun *(n.)* barbarism
բարբարոսություն barbarosutyun *(n.)* barbarity
բարգավաճել bargavachel *(v.)* prosper
բարգավաճել bargavachel *(v.)* thrive
բարգավաճում bargavachum *(n.)* prosperity
բարդ bard *(adj.)* complex
բարդ bard *(adj.)* composite
բարդ bard *(adj.)* intricate
բարդացնել bardacnel *(v.)* complicate
բարդացնել bardacnel *(v.)* puzzle
բարդի bardi *(n.)* poplar
բարդություն bardutyun *(n.)* complication
բարեբախտաբար barebakhtabar *(adv.)* luckily
բարեգործական baregortsakan *(adj.)* benefic
բարեգործական baregortsakan *(adj.)* charitable
բարեգործություն baregortsutyun *(n.)* charity
բարեգործություն baregortsutyun *(n.)* philandry
բարեգութ baregut *(adj.)* merciful
բարելավ(վ)ել barelav(v)el *(v.)* meliorate
բարելավել barelavel *(v.)* improve
բարելավել barelavel *(v.)* reform
բարելավել barelavel *(v.)* upgrade
բարելավում barelavum *(n.)* amendment
բարելավում barelavum *(n.)*

betterment
բարելավում barelavum (n.) improvement
բարելավում barelavum (n.) reclamation
բարելավում barelavum (n.) reform
բարեխիղճ barekhighch (adj.) bonafide
բարեկազմ barekazm (adj.) shapely
բարեկազմ barekazm (adj.) slender
բարեկամական barekamakan (adj.) amicable
բարեկամական barekamakan (adj.) neighbourly
բարեկամություն barekamutyun (n.) amity
բարեկամություն barekamutyun (n.) kith
բարեկեցիկ barekecik (adj.) prosperous
բարեկեցություն barekecutyun (n.) welfare
բարեհաճորեն barehachoren (adv.) please
բարեհաճություն barehachutyun (n.) favour
բարեհաջողել barehajoghel (v.) shape up
բարեհաջողություն barehajoghutyun (n.) serendipity
բարենորոգիչ barenorogich (n.) reformer
բարենպաստ barenpast (adj.) favourable
բարենպաստ barenpast (adj.) serendipitous
բարեպաշտ barepasht (adj.) devout
բարեպաշտ barepasht (adj.) godly
բարեպաշտ barepasht (adj.) pious
բարեպաշտություն barepashtutyun (n.) piety
բարեսիրտ baressirt (adj.) benevolent
բարեսիրտ baresirt (adj.) kind-hearted
բարերար barerar (n.) benefactor
բարերար barerar (adj.) beneficial
բարերար barerar (adj.) salutary
բարերարություն barerarutyun (n.)

benefaction
բարերարություն barerarutyun (n.) boon
բարեփոխել barepokhel (v.) emendate
բարեփոխիչ barepokhich (adj.) reformatory
բարեփոխիչ տուն barepokhich tun (n.) reformatory
բարեփոխում barepokhum (n.) reformation
բարի bari (adj.) genial
բարի bari (adj.) kind
բարիում barium (n.) barium
բարիտոն bariton (n.) baritone
բարիք bariq (n.) good
բարկ bark (adj.) acrid
բարկ bark (adj.) acrimonious
բարկացած barkacats (adj.) angry
բարկացած barkacats (adj.) irate
բարկացնել barkacnel (v.) displease
բարկացնել barkacnel (v.) ebulliate
բարկություն barkutyun (n.) anger
բարձ bardz (n.) cushion
բարձ bardz (n.) pillow
բարձել bardzel (v.) ship
բարձել ձեռքով bardzel dzerrqov (v.) manhandle
բարձում bardzum (n.) shipment
բարձունք bardzunq (n.) eminence
բարձր bardzr (adv.) aloud
բարձր bardzr (adj.) high
բարձր գին առաջարկել bardzr gin arrajarkel (v.) outbid
բարձրագույն կրթություն bardzraguyn krtutyun (n.) higher education
բարձրահասակ bardzrahassak (adj.) tall
բարձրաձայն bardzradzayn (adj.) loud
բարձրանալ bardzranal (v.) ascend
բարձրանալ bardzranal (v.) climb
բարձրանալ bardzranal (v.) escalate
բարձրանալ bardzranal (v.) heave
բարձրանալ bardzranal (v.) lift
բարձրանալ bardzranal (v.) rise
բարձրանալ bardzranal (v.) top
բարձրաչափ bardzrachap (n.) altimeter

բարձրաստիճանավոր bardzrastichanavor (n.) dignitary
բարձրացատկ bardzracatk (n.) bungee jumping
բարձրացնել bardzracnel (v.) boost
բարձրացնել bardzracnel (v.) elevate
բարձրացնել bardzracnel (v.) heighten
բարձրացնել bardzracnel (v.) hoist
բարձրացնել bardzracnel (v.) raise
բարձրացնել bardzracnel (v.) rear
բարձրացնել bardzracnel (v.) uplift
բարձրացող bardzracogh (adj.) upward
բարձրացում bardzracum (n.) boost
բարձրացում bardzracum (n.) rise
բարձրություն bardzrutyun (n.) altitude
բարձրություն bardzrutyun (n.) elevation
բարյացակամ baryacakam (adv.) kindly
բարյացակամություն baryacakamutyun (n.) goodwill
բարոմետր barometr (n.) barometer
բարոյագիտություն baroyagitutyun (n.) morality
բարոյալքել baroyalqel (v.) demoralize
բարոյախոս baroyakhos (n.) moralist
բարոյախոսել baroyakhosel (v.) moralize
բարոյախոսություն baroyakhosutyun (n.) moral
բարոյական baroyakan (adj.) ethical
բարոյական baroyakan (adj.) moral
բարոյական վիճակ baroyakan vichak (n.) morale
բարոյականություն baroyakanutyun (n.) ethos
բարոն baron (n.) baron
բարոնուհի baronuhi (n.) baroness
բարություն barutyun (n.) benevolence
բարություն barutyun (n.) geniality
բարություն barutyun (n.) goodness
բարություն barutyun (n.) kindness
բարուր barur (n.) diaper
բարվոքել barvoqel (v.) ameliorate
բարվոքում barvoqum (n.) amelioration
բաց bac (adj.) open
բաց bac (adj.) orificial
բաց թողնել bac toghnel (v.) omit
բաց վարդագույն bac vardaguyn (adj.) pinkish
բացակա bacaka (adj.) absent
բացակայող bacakayogh (n.) absentee
բացակայություն bacakayutyun (n.) absence
բացականչել bacakanchel (v.) exclaim
բացականչություն bacakanchutyun (n.) ejaculation
բացականչություն bacakanchutyun (n.) exclamation
բացականչություն bacakanchutyun (n.) interjection
բացահայտ bacahayt (adj.) overt
բացահայտել bacahaytel (v.) disclose
բացահայտել bacahaytel (v.) expose
բացահայտել bacahaytel (v.) reveal
բացառել bacarrel (v.) except
բացառել bacarrel (v.) exclude
բացառիկ bacarrik (adj.) exceptional
բացառիկ bacarrik (adj.) exclusive
բացառությամբ bacarrutyamb (prep.) barring
բացառություն bacarrutyun (n.) exception
բացասական bacasakan (adj.) minus
բացասական bacassakan (adj.) negative
բացասում bacasum (n.) negative
բացասում bacasum (n.) no
բացատ bacat (n.) glade
բացատրել bacatrel (v.) explain
բացատրություն bacatrutyun (n.) explanation
բացարձակ bacardzak (adj.) stark
բացբերան bacberan (adj.) telltale
բացել bacel (v.) open
բացթողում bactoghum (n.) lacuna
բացթողում bactoghum (n.) let-out
բացթողում bactoghum (n.) omission
բացթողում bactoghum (n.) omittance
բացի baci (prep.) except
բացի baci (prep.) save
բացում bacum (n.) opening

բացվածք bacvatsq *(n.)* orifice
բացվել bacvel *(v.)* unfold
բացօդյա bacodya *(adj.)* outdoor
բաքոսական baqosakan *(adj.)* bacchanal
բեկոն bekon *(n.)* bacon
բեկոր bekor *(n.)* chip
բեկոր bekor *(n)* shard
բեկոր bekor *(n.)* splinter
բեկոր bekor *(n.)* stump
բեկոր, կտոր bekor, ktor *(n.)* fragment
բեկորային bekorayin *(adj.)* oscular
բեկորի վերածել bekori veratsel *(v.)* shard
բեկորներ bekorner *(n.)* debris
բեկորներ bekorner *(n.)* wreckage
բեհեզ behez *(n.)* muslin
բեղ begh *(n.)* moustache
բեղ begh *(n.)* mustache
բեղ begh *(n.)* whisker
բեղիկ beghik *(n.)* tendril
բեղմնավոր beghmnavor *(adj.)* fertile
բեղմնավոր beghmnavor *(adj.)* prolific
բեմ bem *(n.)* stage
բեմադրել bemadrel *(v.)* stage
բեյսբոլ խաղացող beysbol khaghacogh *(n.)* batsman
բենեֆիցիա beneficia *(n.)* benefice
բենզին benzin *(n.)* gasoline
բենզին benzin *(n.)* petrol
բենզոլ benzol *(n.)* benzene
բեռ berr *(n.)* burden
բեռ berr *(n.)* cargo
բեռն(վ)ել berrn(v)el *(v.)* embark
բեռնագրավում berrnagravum *(n.)* embargo
բեռնաթափել berrnatapel *(v.)* discharge
բեռնաթափել berrnatapel *(v.)* unburden
բեռնակիր berrnakir *(n.)* carrier
բեռնակիր berrnakir *(n.)* porter
բեռնատար ավտոմեքենա berrnatar avtomeqena *(n.)* lorry
բեռնատար մեքենա berrnatar meqena *(n.)* truck
բեռնատար նավ berrnatar nav *(n.)* barge

բեռնափոխադրել berrnapokhadrel *(v.)* transit
բեռնափոխադրում vagon *(n.)* cartage
բեռնափոխադրում berrnapokhadrum *(n.)* freight
բեռնափոխադրում berrnapokhadrum *(n.)* transit
բեռնել berrnel *(v.)* lade
բետա beta *(adj.)* beta
բետոն beton *(n.)* concrete
բերան beran *(n.)* mouth
բերանակապ beranakap *(n.)* gag
բերանային beranayin *(adj.)* ejaculatory
բերանել beranel *(v.)* mouth
բերդ berd *(n.)* fort
բերդ berd *(n.)* fortress
բերել berel *(v.)* bring
բերել berel *(v.)* fetch
բերել օրինակ berel orinak *(v.)* adduce
բերրի beri *(adj.)* aliferous
բերք berq *(n.)* crop
բերք berq *(n.)* yield
բերքահավաք berqahavaq *(n.)* harvest
բևեռ beverr *(n.)* pole
բևեռականություն beverrakanutyun *(n.)* polarity
բևեռային beverrayin *(adj.)* Arctic
բևեռային beverrayin *(adj.)* polar
բևեռային beverrayin *(n.)* polaroid
բևեռային beverrayin *(adj.)* polary
Բևեռային աստղ Beverrayin astgh *(n.)* loadstar
բևեռացնել beverracnel *(v.)* polarize
բևեռացնել beverracnel *(v.)* pole
բևեռացնող beverracnogh *(adj.)* polarazing
բզեզ bzez *(n.)* beetle
բզեզ bzez *(n.)* scarab
բզզալ bzzal *(v.)* hum
բզզոց bzzoc *(n.)* buzz
բզզոց bzzoc *(n.)* drone
բզզոց bzzoc *(n.)* hum
բթամատ btamat *(n.)* thumb
բթամիտ btamit *(n.)* dunce
բթամիտ btamit *(adj.)* goofy

բթամիտ btamit *(adj.)* owly
բթանալ btanal *(v.)* dull
բթություն btutyun *(n.)* stupidity
բժիշկ bdjishk *(n.)* doc
բժիշկ bdjishk *(n.)* doctor
բժիշկ bdjishk *(n.)* medic
բժիշկ bdjishk *(n.)* physician
բժիշկ-օդոնտոլոգ bdjishk-odontolog *(n.)* odontologist
բժշկական bdjshkakan *(adj.)* medical
բժշկություն bdjshkutyun *(n.)* physic
բիզնես biznes *(n.)* business
բիզնես կարգ biznes karg *(n.)* business class
բիզնես պլան biznes plan *(n.)* business plan
բիզնես քարտ biznes qart *(n.)* business card
բիզոն bizon *(n.)* bison
բիլիարդ biliard *(n.)* billiards
բիլիարդի սեղան biliardi seghan *(n.)* billiard table
բիլիոն bilion *(n.)* billion
բիծ bits *(n.)* eyespot
բիծ bits *(n.)* mottle
բիծ bits *(n.)* speck
բիծ bits *(n.)* spot
բիծ bits *(n.)* stain
բիկինի bikini *(n.)* bikini
բինգո bingo *(n.)* bingo
բինոկուլյար binokulyar *(adj.)* binocular
բիոագենտ bioagent *(n.)* bioagent
բիոգազ biogaz *(n.)* biogas
բիոպսիա biopsia *(n.)* biopsy
բիոռիթմ biorritm *(n.)* biorhythm
բիոսկոպ bioskop *(n.)* bioscope
բիոսկոպիա bioskopia *(n.)* bioscopy
բիոքիմիա bioqimia *(n.)* biochemistry
բիոքիմիական bioqimiakan *(adj.)* biochemical
բիսկվիտ biskvit *(n.)* biscuit
բիստրո bistro *(n.)* bistro
բլենդեր blender *(n.)* blender
բլթակ bltak *(n.)* lobe
բլինդաժ blindadj *(n.)* blindage
բլյութութ blyutut *(n.)* bluetooth
բլոգ blog *(n.)* blog

բլոգավարել blogavarel *(v.)* blogging
բլոգեր bloger *(n.)* blogger
բլոկբաստեր blokbaster *(n.)* blockbuster
բլոտ blot *(n.)* blot
բլուր blur *(n.)* hill
բլուր blur *(n.)* mound
բլրակ blrak *(n.)* hillock
բխել bkhel *(v.)* emanate
բխում bkhum *(n.)* brouge
բխում bkhum *(n.)* emanation
բծախնդրություն անել btsakhndrutyun anel *(v.)* cavil
բծախնդրություն անել btsakhndrutyun anel *(v.)* nag
բծավոր btsavor *(adj.)* pepper-and-salt
բծավորվել btsavorvel *(v.)* dapple
բծիկ btsik *(n.)* speckle
բծոտել btsotel *(v.)* spot
բծոտել btsotel *(v.)* stain
բղկալ bghkal *(v.)* burp
բյուջե byuje *(n.)* budget
բյուրեղապակի byureghapaki *(n.)* crystal
բյուրեղացնել byureghacnel *(v.)* crystalize
բյուրո byuro *(n.)* bureau
բյուրոկրատ, ձևապաշտ byurokrat, dzevapasht *(n.)* bureaucrat
բյուրոկրատիա byurokratia *(n.)* bureacuracy
բնագետ bnaget *(n.)* naturalist
բնագիր bnagir *(n.)* original
բնազդ bnazd *(n.)* instinct
բնազդային bnazdayin *(adj.)* instinctive
բնածին bnatsin *(adj.)* innate
բնական bnakan *(adj.)* inborn
բնական bnakan *(adj.)* natural
բնականաբար bnakanabar *(adv.)* naturally
բնականացնել bnakanacnel *(v.)* naturalize
բնակավայր bnakavayr *(n.)* abode
բնակավայր bnakavayr *(n.)* residence
բնակարան bnakaran *(n.)* apartment
բնակարան bnakaran *(n.)* domicile
բնակարան bnakaran *(n.)* dwelling

բնակարան bnakaran *(n.)* flat
բնակարան bnakaran *(n.)* habitat
բնակելի bnakeli *(adj.)* domiciled
բնակելի bnakeli *(adj.)* domiciliary
բնակելի bnakeli *(adj.)* habitable
բնակելի bnakeli *(adj.)* inhabitable
բնակեցնել bnakecnel *(v.)* lodge
բնակեցնել bnakecnel *(v.)* people
բնակեցնել bnakecnel *(v.)* populate
բնակեցնել bnakecnel *(v.)* settle
բնակեցում bnakecum *(n.)* settlement
բնակիչ bnakich *(n.)* inhabitant
բնակիչ bnakich *(n.)* occupant
բնակիչ bnakich *(n.)* resident
բնակություն bnakutyun *(n.)* habitation
բնակչություն bnakchutyun *(n.)* populace
բնակչություն bnakchutyun *(n.)* population
բնակվել bnakvel *(v.)* dwell
բնակվել bnakvel *(v.)* inhabit
բնակվել bnakvel *(v.)* reside
բնակվող bnakvogh *(adj.)* resident
բնակտոր bnaktor *(n.)* nugget
բնահյութ bnahyut *(n.)* essence
բնապահպան bnapahpan *(n.)* ecologist
բնապահպան bnapahpan *(n.)* environmentalist
բնապահպանական bnapahpanakan *(adj.)* environmental
բնապահպանություն bnapahpanutyun *(adj.)* ecological
բնապահպանություն bnapahpanutyun *(n.)* environmentalism
բնաջնջել bnajnjel *(v.)* annihilate
բնաջնջում bnajnjum *(n.)* annihilation
բնավորություն bnavorutyun *(n.)* character
բնավորություն bnavorutyun *(n.)* mettle
բնավորություն bnavorutyun *(n.)* temper
բնատեսարան bnatessaran *(n.)* scenery
բնիկ bnik *(adj.)* aboriginal
բնիկ bnik *(adj.)* indigenous
բնիկ bnik *(n.)* native
բնիկ bnik *(n.)* savage
բնորոշ bnorosh *(adj.)* typical
բնություն bnutyun *(n.)* nature
բշտիկ bshtik *(n.)* bleb
բշտիկ bshtik *(n.)* blister
բշտիկ bshtik *(n.)* pimple
բոբիկ bobik *(adj.)* barefoot
բոթել botel *(v.)* jog
բոժոժ bodjodj *(n.)* cocoon
բոլերո bolero *(n.)* bolero
բոլորը bolora *(pron.)* everybody
բոլորովին bolorovin *(adv.)* none
բոլորովին bolorovin *(adv.)* stark
բոհեմական bohemakan *(adj.)* bohemian
բողբոջ boghboj *(n.)* bud
բողբոջ boghboj *(n.)* sprout
բողբոջել boghbojel *(v.)* sprout
բողբոջող boghbojogh *(adj.)* budding
բողբոջում boghbojum *(n.)* germination
բողկ boghk *(n.)* radish
բողոք boghoq *(n.)* protest
բողոք boghoq *(n.)* protestation
բողոքել boghoqel *(v.)* protest
բոյկոտել boykotel *(v.)* boycott
բոռ borr *(n.)* gadfly
բոսորագույն bosoraguyn *(n.)* crimson
բովանդակալից bovandakalic *(adj.)* pointful
բորբոս borbos *(n.)* mildew
բորբոս, սունկ borbos, sunk *(n.)* fungus
բորբոսնած borbosnats *(adj.)* mouldy
բորբոսնած borbosnats *(adj.)* musty
բորբոք(վ)ել borboq(v)el *(v.)* inflame
բորբոքային borboqayin *(adj.)* inflammatory
բորբոքել borboqel *(v.)* irritate
բորբոքում borboqum *(n.)* inflammation
բորբոքուն borboqun *(adj.)* ebullient
բորբոքվածություն borboqvatsutyun *(n.)* ebullience
բորենի boreni *(n.)* hyaena, hyena
բորոտ borot *(n.)* leper

բորոտ borot *(adj.)* leprous
բորոտություն borotutyun *(n.)* leprosy
բորսայում խաղալ borsayum khaghal *(v.)* gamble
բորտուղեկցորդուհի bortughekcorduhi *(n.)* air hostess
բոց boc *(n.)* blaze
բոցավառ bocavarr *(adj.)* flambé
բոցավառություն bocavarrutyun *(n.)* flambé
բոցավառված bocavarrvats *(adv.)* aflame
բոցավառված bocavarrvats *(adv.)* aglow
բոցավառվել bocavarrvel *(v.)* flambé
բոցավառվող bocavarrvogh *(adj.)* blazing
բոցերի մեջ boceri mej *(adv.)* ablaze
բու bu *(n.)* owl
բութ but *(adj.)* blunt
բութ but *(adj.)* obtuse
բութ but *(adj.)* stupid
բուժարան budjaran *(n.)* dispensary
բուժել budjel *(v.)* cure
բուժել budjel *(v.)* doctor
բուժել budjel *(v.)* heal
բուժել budjel *(v.)* physic
բուժել budjel *(v.)* treat
բուժելի budjeli *(adj.)* curable
բուժիչ budjich *(adj.)* medicinal
բուժիչ budjich *(adj.)* remedial
բուժում budjum *(n.)* treatment
բուժքույր budjquyr *(n.)* nurse
բուլդոգ, ցլաշուն buldog, clashun *(n.)* bulldog
բուլդոզեր buldozer *(n.)* bulldozer
բուլիմիա bulimia *(n.)* bulimia
բուլկի bulki *(n.)* bun
բուլկի bulki *(n.)* cookie
բուլվար, զբոսայգի bulvar, zbosaigi *(n.)* boulevard
բուծել butsel *(v.)* breed
բում, թնդյուն bum, tndyun *(n.)* boom
բույն buyn *(n.)* nest
բույն շինել buyn shinel *(v.)* nest
բույս buys *(n.)* plant
բույսերի հիվանդություն buyseri hivandutyun *(n.)* blight
բուն էություն bun eutyun *(n.)* quintessence
բունգալո, ամառանոց bungalo, amarranoc *(n.)* bungalow
բունկեր, ածխարան bunker, atskharan *(n.)* bunker
բուռն burrn *(adj.)* uberous
բուսաբանական busabanakan *(adj.)* botanical
բուսաբանություն busabanutyun *(n.)* botany
բուսալորձ busalordz *(n.)* mucilage
բուսական busakan *(adj.)* vegetable
բուսական աշխարհ busakan ashkharh *(n.)* flora
բուսականություն busakanutyun *(n.)* greenery
բուսակեր busaker *(adj.)* vegan
բուսակեր busaker *(adj.)* vegetarian
բուսակեր մարդ busaker mard *(n.)* vegan
բուսակեր մարդ busaker mard *(n.)* vegetarian
բուտերբրոդ buterbrod *(n.)* sandwich
բուտիկ butik *(n.)* boutique
բուրավետ buravet *(adj.)* luscious
բուրգ burg *(n.)* pyramid
բուրդ burd *(n.)* fleece
բուրդ burd *(n.)* wool
բուրժուազիա burdjuazia *(n.)* bourgeoise
բուրժուական burdjuakan *(adj.)* bourgeois
բուրմունք burmunq *(n.)* aroma
բուրմունք burmunq *(n.)* flavour
բուրվառ burvarr *(n.)* censer
բուքսիրել buqsirel *(v.)* taw
բուքսիրել buqsirel *(v.)* tow
բուքսիրով քաշող buqsirov qashogh *(n.)* tawer
բուքսիրում buqsirum *(n.)* taw
բուֆետ bufet *(n.)* mantel
բուֆետապան bufetapan *(n.)* barman
բուֆետապան bufetapan *(n.)* bartender
բուֆեր bufer *(n.)* buffer
բուֆերային գոտի buferayin goti *(n.)* buffer zone

բոքոն հաց boqon hac *(n.)* loaf
բջիջ bjij *(n.)* honeycomb
բջջային bjjayin *(adj.)* acellular
բջջային bjjayin *(adj.)* cellular
բջջային հեռախոս bjjayin herrakhos *(n.)* cell phone
բռաչափ brrachap *(n.)* handful
բռնաբարել brrnabarel *(v.)* rape
բռնաբարություն brrnabarutyun *(n.)* rape
բռնագրավել brrnagravel *(v.)* confiscate
բռնագրավել brrnagravel *(v.)* requisition
բռնագրավում brrnagravum *(n.)* confiscation
բռնագրավում brrnagravum *(n.)* forfeiture
բռնագրավում brrnagravum *(n.)* requisition
բռնադատել brrnadatel *(v.)* violate
բռնազբոսիկ brrnazbosik *(adj.)* laboured
բռնակալ brrnakal *(n.)* despot
բռնակալ brrnakal *(n.)* tyrant
բռնակալություն brrnakalutyun *(n.)* tyranny
բռնանալ brrnanal *(v.)* force
բռնապետ brrnapet *(n.)* dictator
բռնել brrnel *(v.)* catch
բռնել brrnel *(v.)* grasp
բռնել brrnel *(v.)* grip
բռնել brrnel *(v.)* trap
բռնի brrni *(adv.)* perforce
բռնի անջատում brrni anjatum *(n.)* avulsion
բռնկում brrnkum *(n.)* breakout
բռնկում brrnkum *(n.)* flare
բռնկում brrnkum *(n.)* ignition
բռնկում brrnkum *(n.)* sideburns
բռնկվել brrnkvel *(v.)* flare
բռնկվել brrnkvel *(v.)* ignite
բռնություն brrnutyun *(n.)* violation
բռնություն brrnutyun *(n.)* violence
բռնցքահարված brrncqaharvats *(n.)* cuff
բռնցքամարտ brrncqamart *(n.)* boxing
բռնցքամարտիկ brrncqamartik *(n)* boxer
բռունցք brruncq *(n.)* fist
բռունցքով խփել brruncqov khpel *(v.)* fist
բրածո bratso *(n.)* fossil
բրայլյան գրություն braylyan grutyun *(n.)* braille
բրաուզեր brauzer *(n.)* browser
բրդե brde *(adj.)* woollen
բրդե գործվածք brde gortsvatsq *(n.)* woollen
բրդեղեն brdeghen *(n.)* worsted
բրեկետներ breketner *(n. pl.)* braces
բրիգադ brigad *(n.)* brigade
բրիգադիր brigadir *(n.)* brigadier
բրիկետ briket *(n.)* briquet
բրինձ brindz *(n.)* paddy
բրինձ brindz *(n.)* rice
բրիտանական britanakan *(adj.)* british
Բրոդվեյ Brodvei *(n.)* Broadway
բրոկկոլի brokoli *(n.)* broccoli
բրոնզ bronz *(n.)* bronze
բրոնխային bronkhayin *(adj.)* bronchial
բրոնխիտ bronkhit *(n.)* bronchitis
բրոշկա broshka *(n.)* brooch
բրոշյուր broshyur *(n.)* pamphlet
բրուտ brut *(n.)* potter
բրուտագործական կավ brutagortsakan kav *(n.)* argil

Գ գ

գագաթ gagat *(n.)* apex
գագաթ gagat *(n.)* cusp
գագաթ gagat *(n.)* summit
գագաթ gagat *(n.)* top
գագաթի gagati *(adj.)* atopic
գագաթնակետ gagatnaket *(n.)* acme
գագաթնակետ gagatnaket *(n.)* climax
գագաթնակետ gagatnaket *(n.)* pinnacle
գագաթնակետին հասնել gagatnaketin hasnel *(v.)* culminate

գազ gaz *(n.)* gas
գազազած gazazats *(adj.)* furious
գազազեցնել gazazecnel *(v.)* infuriate
գազային gazayin *(adj.)* gaseous
գազան gazan *(n.)* beast
գազանային gazanayin *(adj.)* brutish
գազանանոց gazananoc *(n.)* zoo
գազանման gazanman *(adj.)* gassy
գազավորված gazavorvats *(adj.)* fizzy
գազար gazar *(n.)* carrot
գազիլիոն gazilion *(n.)* gazillion
գազիֆիկացնել gazifikacnel *(v.)* gasify
գազիֆիկացում gazifikacum *(n.)* gasification
գազիֆիկացված gazifikacvats *(adj.)* gasified
գալ gal *(v.)* come
գալակտիկա galaktika *(n.)* galaxy
գալակտիկական galaktikakan *(adj.)* galactic
գալար galar *(n.)* scroll
գալար galar *(n.)* spiral
գալարում galarum *(n.)* wriggle
գալարվել galarvel *(v.)* snake
գալարվել galarvel *(v.)* wriggle
գալիք galiq *(adj.)* forthcoming
գալոն (հեղուկաչափ) galon (heghukachap) *(n.)* gallon
գալուստ galust *(n.)* advent
գալվանացնել galvanacnel *(v.)* galvanize
գալվանոմետր galvanometr *(n.)* galvanometer
գալվանոսկոպ galvanoskop *(n.)* galvanoscope
գահ gah *(n.)* throne
գահազրկել gahazrkel *(v.)* dethrone
գահակալել gahakalel *(v.)* enthrone
գաղափար gaghapar *(n.)* conception
գաղափարախոսել gaghaparakhosel *(v.)* ideate
գաղթական gaghtakan *(n.)* migrant
գաղթել gaghtel *(v.)* migrate
գաղթել gaghtel *(v.)* trek
գաղութ gaghut *(n.)* colony
գաղութային gaghutayin *(adj.)* colonial
գաղտագողի gaghtagoghi *(adv.)* stealthily
գաղտնագիր gaghtnagir *(n.)* cypher
գաղտնագրված gaghtnagrvats *(adj.)* encrypted
գաղտնազերծել gaghtnazertsel *(v.)* declassify
գաղտնալսել gaghtnalsel *(v.)* eavesdrop
գաղտնալսում gaghtnalsum *(n.)* eavesdrop
գաղտնի gaghtni *(adj.)* clandestine
գաղտնի gaghtni *(adj.)* confidential
գաղտնի gaghtni *(adj.)* cryptic
գաղտնի gaghtni *(adj.)* secret
գաղտնի gaghtni *(adj.)* secretive
գաղտնի գործակալ gaghtni gortsakal *(n.)* emissary
գաղտնիություն gaghtniutyun *(n.)* occult
գաղտնիություն gaghtniutyun *(n.)* secrecy
գաղտնիք gaghtniq *(n.)* mystery
գաղտնիք gaghtniq *(n.)* secret
գամ gam *(n.)* nail
գամ gam *(n.)* rivet
գամասեղ ամրացնել gamassegh amracnel *(v.)* stud
գամել gamel *(v.)* nail
գամել gamel *(v.)* rivet
գամել gamel *(v.)* tack
գամմա gamma *(n.)* gamma
գայթակղել gaytakghel *(v.)* mack
գայթակղել gaytakghel *(v.)* seduce
գայթակղել gaytakghel *(v.)* tempt
գայթակղեցնել gaytakghecnel *(v.)* lure
գայթակղիչ gaytakghich *(n.)* enticer
գայթակղիչ gaytakghich *(adj.)* enticing
գայթակղիչ gaytakghich *(adj.)* seductive
գայթակղիչ gaytakghich *(n.)* tempter
գայթակղություն gaytakghutyun *(n.)* lure
գայթակղում gaytakghum *(n.)* seduction
գայթակղում gaytakghum *(n.)* temptation

գայթել gaytel *(v.)* falter
գայլ gayl *(n.)* wolf
գայլիկոն gaylikon *(n.)* auger
գանգ gang *(n.)* skull
գանգատ gangat *(n.)* complaint
գանգատ gangat *(n.)* lament
գանգատավոր gangatavor *(n.)* appellant
գանգատվել gangatvel *(v.)* complain
գանգատվել gangatvel *(v.)* lament
գանգուր gangur *(adj.)* curly
գանգուր մազեր gangur mazer *(n.)* lanugo
գանգրանալ gangranal *(v.)* undulate
գանգրացնել gangracnel *(v.)* curl
գանգրենա, փտախտ gangrena, ptakht *(n.)* gangrene
գանձ gandz *(n.)* treasure
գանձապահ gandzapah *(n.)* bursur
գանձապահ gandzapah *(n.)* cashier
գանձապահ gandzapah *(n.)* treasurer
գանձատուն gandzatun *(n.)* treasury
գանձարան gandzaran *(n.)* depository
գանձարանային gandzaranayin *(adj.)* fiscal
գանձել gandzel *(v.)* levy
գանձել gandzel *(v.)* surcharge
գանձել gandzel *(v.)* toll
գանձում gandzum *(n.)* levy
գանձում gandzum *(n.)* toll
գաջեթ gajet *(n.)* gadget
գառ garr *(n.)* lamb
գառնուկ garrnuk *(n.)* lambkin
գաստրոնոմիա gastronomia *(n.)* gastronomy
գավազան gavazan *(n.)* baton
գավազան gavazan *(n.)* sceptre
գավազան gavazan *(n.)* wand
գավաթ gavat *(n.)* beaker
գավաթ gavat *(n.)* bowl
գավաթ gavat *(n.)* cupon
գավաթ gavat *(n.)* goblet
գավաթ gavat *(n.)* mug
գավաթակիր gavatakir *(n.)* bowler
գավառ gavarr *(n.)* canton
գավառ gavarr *(n.)* province
գավառական gavarrakan *(adj.)* provincial
գավառականություն gavarrakanutyun *(n.)* provincialism
գարեհատ garehat *(n.)* sty
գարեջուր garejur *(n.)* ale
գարեջուր garejur *(n.)* beer
գարեջրագործ garejragorts *(n.)* alegar
գարեջրագործարան garejragortsaran *(n.)* brewery
գարեջրի գավաթ garejri gavat *(n.)* tankard
գարի gari *(n.)* barley
գարնանային garnanayin *(adj.)* vernal
գարշահոտություն garshahotutyun *(n.)* stench
գարշահոտություն garshahotutyun *(n.)* stink
գարշահոտություն արձակել garshahotutyun ardzakel *(v.)* stink
գարշանք garshanq *(n.)* repugnance
գարշապար garshapar *(n.)* heel
գարշելի garsheli *(adj.)* nasty
գարշելի garsheli *(adj.)* repugnant
գարուն garun *(n.)* spring
գդալ gdal *(n.)* spoon
գդալել gdalel *(v.)* sup
գել gel *(n.)* gel
գելացնել gelacnel *(v.)* gel
գեղագրություն geghagrutyun *(n.)* calligraphy
գեղազարդել geghazardel *(v.)* grace
գեղատեսիլ geghatessil *(adj.)* picturesque
գեղատեսիլ geghatessil *(adj.)* scenic
գեղարվեստական gegharvestakan *(adj.)* fictional
գեղեցիկ geghecik *(adj.)* beautiful
գեղեցիկ geghecik *(adj.)* handsome
գեղեցիկ geghecik *(adj.)* nice
գեղեցկացնել gegheckacnel *(v.)* beautify
գեղեցկություն gegheckutyun *(n.)* beauty
գեղեցկուհի gegheckuhi *(n.)* belle
գեղձ geghdz *(n.)* gland
գեղջկական geghjkakan *(adj.)* rustic
գեղջուկ geghjuk *(n.)* rustic
գեմոլոգիա gemologia *(n.)* gemmology
գեյ, այլասեռ gey, aylasserr *(n.)* gay

գեյզեր geyzer *(n.)* geyser
գեյշա geysha *(n.)* geisha
գեն gen *(n.)* gene
գենետիկա genetika *(n.)* genome
գեներատոր, արտադրիչ generator, artadrich *(n.)* generator
գետ get *(n.)* river
գետաբերան getaberan *(n.)* estuary
գետակ getak *(n.)* creek
գետակ getak *(n.)* rivulet
գետաքար getaqar *(n.)* boulder
գետաքար getaqar *(n.)* pebble
գետաքար getaqar *(n.)* rubble
գետին getin *(n.)* ground
գետտո, առանձնաթաղ geto, arrandznatagh *(n.)* ghetto
գեր ger *(adj.)* obese
գեր ger *(adv.)* uber
գերաբեռնել geraberrnel *(v.)* overburden
գերաբեռնել geraberrnel *(v.)* overload
գերագնահատել geragnahatel *(v.)* overrate
գերագույն geraguyn *(adj.)* paramount
գերագույն geraguyn *(adj.)* supreme
գերադասել geradassel *(v.)* prefer
գերադասելի geradasseli *(adj.)* preferential
գերադասորեն geradassoren *(adv.)* rather
գերադասություն geradassutyun *(n.)* preference
գերադրական geradrakan *(adj.)* superlative
գերադրական աստիճան geradrakan astichan *(n.)* superlative
գերազանց gerazanc *(adj.)* excellent
գերազանց gerazanc *(adj.)* transcendent
գերազանցապես gerazancapes *(adv.)* transcendentally
գերազանցապես gerazancapes *(adv.)* transcendingly
գերազանցել gerazancel *(v.)* cap
գերազանցել gerazancel *(v.)* exceed
գերազանցել gerazancel *(v.)* excel
գերազանցել gerazancel *(v.)* outdo
գերազանցել gerazancel *(v.)* outnumber
գերազանցել gerazancel *(v.)* outshine
գերազանցել gerazancel *(v.)* preponderate
գերազանցել gerazancel *(v.)* surpass
գերազանցել gerazancel *(v.)* transcend
գերազանցություն gerazancutyun *(n.)* excellence
գերազանցություն gerazancutyun *(n.)* excellency
գերազանցություն gerazancutyun *(n.)* superiority
գերակայություն gerakayutyun *(n.)* pre-eminence
գերակայություն gerakayutyun *(n.)* preponderance
գերակշռել gerakshrrel *(v.)* out-balance
գերակշռել gerakshrrel *(v.)* outweigh
գերակշռել gerakshrrel *(v.)* predominate
գերակշռող gerakshrrogh *(adj.)* predominant
գերակշռություն gerakshrrutyun *(n.)* predominance
գերաճել gerachel *(v.)* outgrow
գերան geran *(n.)* baulk
գերան geran *(n.)* girder
գերան geran *(n.)* log
գերան geran *(n.)* rung
գերան կտրել geran ktrel *(v.)* log
գերանդի gerandi *(n.)* scythe
գերանվտանգ geranvtang *(adj.)* ultrasecure
գերաշխատանք gerashkhatanq *(n.)* overwork
գերառատ gerarrat *(adj.)* superabundant
գերառատություն gerarratutyun *(n.)* superabundance
գերաստիճան gerastichan *(adj.)* uber
գերավճար geravchar *(n.)* overcharge
գերատեսչականացում gerateschakanacum *(n.)* departmentalization
գերբեռնվածություն gerberrnvatsutyun *(n.)* congestion
գերբեռնվածություն

gerberrnvatsutyun *(n.)* overload
գերբնական gerbnakan *(adj.)* supernatural
գերբնակեցում gerbnakecum *(n.)* wen
գերեզման gerezman *(n.)* grave
գերեզման gerezman *(n.)* sepulchre
գերեզման gerezman *(n.)* tomb
գերեզմանատուն gerezmanatun *(n.)* cemetery
գերել gerel *(v.)* captivate
գերել gerel *(v.)* enthral
գերզգայուն gerzgayun *(adj.)* touchy
գերի geri *(n.)* captive
գերիների փոխհանձնում gerineri pokhhandznum *(n.)* cartel
գերիշխանություն gerishkhanutyun *(n.)* dominion
գերիշխող gerishkhogh *(adj.)* dominant
գերիշխող gerishkhogh *(adj.)* prevalent
գերիշխում gerishkhum *(n.)* prevalence
գերլցնել gerlcnel *(v.)* overcharge
գերկոմպակտ gerkompakt *(adj.)* ultracompact
գերհագեցնել gerhagecnel *(v.)* glut
գերհագեցում gerhagecum *(n.)* glut
գերհագեցում gerhagecum *(n.)* surfeit
գերհարկ gerhark *(n.)* surtax
գերձայնային gerdzaynayin *(adj.)* supersonic
գերձում gerdzum *(n.)* sprain
գերմասնագետ germasnaget *(n.)* ubergeek
գերմարդ germard *(n.)* superman
գերմարդկային germardkayin *(adj.)* superhuman
գերնուրբ gernurb *(adj.)* superfine
գերշահութահարկ gershahutahark *(n.)* supertax
գերություն gerutyun *(n.)* bondage
գերություն gerutyun *(n.)* captivity
գերունդիում gerundium *(n.)* gerund
գերպահպանողական gerpahpanoghakan *(adj.)* ultraconservative
գերպահպանողականություն

gerpahpanoghakanutyun *(n.)* ultraconservative
գերսեքսուալ gerseqsual *(adj.)* ubersexual
գերսեքսուալություն gerseqsualutyun *(n.)* ubersexual
գերված gervats *(adj.)* captive
գերվճարել gervcharel *(v.)* stump
գթալ gtal *(v.)* spare
գթասիրտ gtassirt *(adj.)* clement
գթասիրտ gtasirt *(adj.)* gracious
գթասիրտ gtasirt *(adj.)* pitiful
գթասրտություն gtasrtutyun *(n.)* clemency
գթասրտություն gtasrtutyun *(n.)* mercy
գժանոց gdjanoc *(n.)* madhouse
գիբոն (կապիկ) gibon (kapik) *(n.)* gibbon
գիգաբայթ gigabayt *(n.)* gigabyte
գիգաբիթ gigabit *(n.)* gigabit
գիլդիա, համքարություն gildia, hamqarutyun *(n.)* guild
գիմնազիա gimnazia *(n.)* gymnasium
գին gin *(n.)* price
գինարբուք ginarbuq *(n.)* orgy
գինետուն ginetun *(n.)* brasserie
գինի gini *(n.)* wine
գինու մաքրման բաժակ ginu maqrman badjak *(n.)* carlock
գիշանգղ gishanggh *(n.)* condor
գիշատիչ gishatich *(n.)* predator
գիշեր gisher *(n.)* night
գիշերակաց gisherakac *(n.)* nightie
գիշերահավասար gisherahavassar *(n.)* equinox
գիշերային gisherayin *(adj.)* nocturnal
գիշերային կացարան gisherayin kacaran *(n.)* night shelter
գիշերը gishera *(adv.)* nightly
գիշերը gishera *(adv.)* overnight
գիշերօթիկ gisherotik *(n.)* boarding
գիշերօթիկ բժիշկ gisherotik bdjishk *(n.)* intern
գիշերօթիկ դպրոց gisherotik dproc *(n.)* boarding school
գիպս gips *(n.)* alabaster
գիսաստղ gissastgh *(n.)* comet

գիտակ gitak *(n.)* adept
գիտակ gitak *(n.)* connoisseur
գիտակ gitak *(n.)* savant
գիտական gitakan *(adj.)* scientific
գիտակից gitakic *(adj.)* conscious
գիտակցել gitakcel *(v.)* realize
գիտակցող gitakcogh *(adj.)* self-conscious
գիտափորձ gitapordz *(n.)* experiment
գիտելիք giteliq *(n.)* knowledge
գիտնական gitnakan *(n.)* scholar
գիտնական gitnakan *(n.)* scientist
գիտության ճյուղ gitutyan chyugh *(n.)* lore
գիտություն gitutyun *(n.)* science
գիտուն gitun *(adj.)* learned
գիտուն gitun *(n.)* sage
գիտուն gitun *(adj.)* scholarly
գիր gir *(n.)* writ
գիրկ girk *(n.)* grasp
գիրկ girk *(n.)* lap
գիրություն girutyun *(n.)* obesity
գիրք girq *(n.)* book
գլադիատոր, կրկեսամարտիկ gladiator, krkesamartik *(n.)* gladiator
գլադիատորական gladiatorakan *(adj.)* gladiatorial
գլան glan *(n.)* cylinder
գլան glan *(n.)* roller
գլանաձև glanadzev *(adj.)* tubular
գլանավոր glanavor *(adj.)* cylindrical
գլաուկոմա glaukoma *(n.)* glaucoma
գլիցերին glicerin *(n.)* glycerine
գլխակապ glkhakap *(n.)* headband
գլխահարկ glkhahark *(n.)* capitation
գլխամաշկ glkhamashk *(n.)* scalp
գլխաշոր glkhashor *(n.)* kerchief
գլխապտույտ glkhaptuyt *(n.)* daziness
գլխապտույտ պատճառող glkhaptuyt patcharrogh *(adj.)* giddy
գլխավոր glkhavor *(adj.)* chief
գլխավոր glkhavor *(adj.)* general
գլխավոր հարված glkhavor harvats *(n.)* brunt
գլխավոր հերոս glkhavor heros *(n.)* protagonist
գլխավոր պատճեն glkhavor patchen *(n.)* master copy
գլխավորապես glkhavorapes *(adv.)* chiefly
գլխավորապես glkhavorapes *(adv.)* mainly
գլխավորապես glkhavorapes *(adv.)* mostly
գլխավորապես glkhavorapes *(adv.)* primarily
գլխավորել glkhavorel *(v.)* head
գլխավորել glkhavorel *(v.)* spearhead
գլխատել glkhatel *(v.)* behead
գլխատել glkhatel *(v.)* decapitate
գլխարկ glkhark *(n.)* cap
գլխարկ glkhark *(n.)* hat
գլխացավ glkhacav *(n.)* headache
գլխացավ glkhacav *(n.)* migraine
գլխի շարժում glkhi shardjum *(n.)* nod
գլխով անել glkhov anel *(v.)* nod
գլխով խփ(վ)ել glkhov khp(v)el *(v.)* butt
գլխով, ձեռքով նշան անել glkhov, dzerrqov nshan anel *(v.)* beckon
գլխով, ձեռքով նշան անելը glkhov, dzerrqov nshan anela *(n.)* beck
գլյուկոզա, խաղողաշաքար glyukoza, khaghoghashaqar *(n.)* glucose
գլոբալ տաքացում global taqacum *(n.)* global warming
գլոբացնել globacnel *(v.)* englobe
գլոբուս globus *(n.)* globe
գլորել glorel *(v.)* roll
գլորում glorum *(n.)* roll
գլորվել glorvel *(v.)* convolve
գլուխ glukh *(n.)* chapter
գլուխ glukh *(n.)* head
գլուխ glukh *(n.)* noddle
գլուխ լվանալ glukh lvanal *(v.)* shampoo
գլուխգործոց glukhgortsoc *(n.)* masterpiece
գլուխկոնծի տալ glukhkontsi tal *(v.)* somersault
գծագրական gtsagrakan *(adj.)* graphic
գծագրող gtsagrogh *(adj.)* draftsman
գծել gtsel *(v.)* line
գմբեթ gmbet *(n.)* dome
գյուղ gyugh *(n.)* village

գյուղաբնակեցում gyughabnakecum *(n.)* rustication
գյուղական gyughakan *(adj.)* rural
գյուղատնտես gyughatntes *(n.)* agriculturist
գյուղատնտեսական gyughatntesakan *(adj.)* agricultural
գյուղատնտեսություն gyughatntesutyun *(n.)* agriculture
գյուղատնտեսություն gyughatntesutyun *(n.)* agronomy
գյուղարտադրանք gyughartadranq *(n.)* agriproduct
գյուղացի gyughaci *(n.)* peasant
գյուղացի gyughaci *(n.)* villager
գյուղացիություն gyughaciutyun *(n.)* peasantry
գյուղճանապարհ gyughchanaparh *(n.)* byway
գյուղում ապրել gyughum aprel *(v.)* rusticate
գյուտ gyut *(n.)* godsend
գյուտ gyut *(n.)* invention
գյուտարար gyutarar *(n.)* inventor
գնալ gnal *(v.)* go
գնալ gnal *(v.)* ride
գնահատական gnahatakan *(n.)* appreciation
գնահատական gnahatakan *(n.)* grade
գնահատականների թղթապանակ gnahatakanneri tghtapanak *(n.)* scorepad
գնահատել gnahatel *(v.)* appraise
գնահատել gnahatel *(v.)* appreciate
գնահատել gnahatel *(v.)* apprise
գնահատել gnahatel *(v.)* estimate
գնահատել gnahatel *(v.)* evaluate
գնահատել gnahatel *(v.)* price
գնահատել gnahatel *(v.)* prize
գնահատել gnahatel *(v.)* value
գնահատում gnahatum *(n.)* estimation
գնահատում gnahatum *(n.)* valuation
գնահատված gnahatvats *(adj.)* estimative
գնայուն gnayun *(adj.)* marketable
գնայուն gnayun *(adj.)* salable
գնայուն գիրք gnayun girq *(n.)* bestseller
գնանկում gnankum *(n.)* deflation
գնացուցակ gnacucak *(n.)* price list
գնացուցակ gnacucak *(n.)* shopping list
գնացք gnacq *(n.)* train
գնացքով գնալ gnacqov gnal *(v.)* train
գնդակ gndak *(n.)* ball
գնդակի նետում gndaki netum *(n.)* runback
գնդակոծել gndakotsel *(v.)* crump
գնդակոծել gndakotsel *(v.)* pound
գնդաձև gndadzev *(adj.)* spherical
գնդապետ gndapet *(n.)* colonel
գնդիկավոր կրիչ gndikavor krich *(n.)* ball bearing
գնել gnel *(v.)* buy
գնել gnel *(v.)* purchase
գնել gnel *(v.)* shop
գնորդ gnord *(n.)* bidder
գնորդ gnord *(n.)* buyer
գնորդ gnord *(n.)* customer
գնում gnum *(n.)* purchase
գնումներ gnumner *(n.)* procurement
գնումներ gnumner *(n.)* shopping
գնումների սայլակ gnumneri saylak *(n.)* shopping cart
գոանա, մողես goana, moghes *(n.)* goanna
գոբելեն gobelen *(n.)* tapestry
գոգավոր gogavor *(adj.)* concave
գոգնոց gognoc *(n.)* apron
գոգնոց gognoc *(n.)* tier
գոթական gotakan *(adj.)* gothic
գոթերեն goteren *(n.)* gothic
գոլ gol *(adj.)* lukewarm
գոլ gol *(adj.)* tepid
գոլ խփելը gol khpela *(n.)* goalscoring
գոլապահ, հաշվապահ golapah, hashvapah *(n.)* scorekeeper
գոլորշանման golorshanman *(adj.)* vaporous
գոլորշի golorshi *(n.)* steam
գոլորշի golorshi *(n.)* vapour
գոլորշիանալ golorshianal *(v.)* evaporate
գոլորշիանալ golorshianal *(v.)* steam
գոլորշիացնել golorshiacnel *(v.)* vaporize

գոլֆ golf (n.) golf
գոլֆի դաշտ golfi dasht (n.) golf course
գոլֆի սայլ golfi sayl (n.) golf cart
գոհ goh (adj.) content
գոհար gohar (n.) gem
գոհար gohar (n.) jewel
գոհացնել gohacnel (v.) please
գոհացում gohacum (n.) satisfaction
գոհացուցիչ gohacucich (adj.) satisfactory
գոհունակություն gohunakutyun (n.) contentment
գոհունակություն gohunakutyun (n.) gratification
գող gogh (n.) safecracker
գող gogh (n.) shoplifter
գող gogh (n.) thief
գողանալ goghanal (v.) jack
գողանալ goghanal (v.) pilfer
գողանալ goghanal (v.) scrump
գողանալ goghanal (v.) shoplift
գողանալ goghanal (v.) steal
գողություն goghutyun (n.) burglary
գողություն goghutyun (n.) theft
գոմ gom (n.) byre
գոմաղբ gomaghb (n.) manure
գոմաղբ gomaghb (n.) muck
գոմեշ gomesh (n.) buffalo
գոմշակաշի gomshakashi (n.) buff
գոյաբան goyaban (n.) ontologist
գոյաբանական goyabanakan (adj.) ontologic
գոյաբանական goyabanakan (adj.) ontological
գոյաբանություն goyabanutyun (n.) ontologism
գոյաբանություն goyabanutyun (n.) ontology
գոյական goyakan (n.) noun
գոյակցել goyakcel (v.) coexist
գոյակցություն goyakcutyun (n.) coexistence
գոյատևել goyatevel (v.) outlive
գոյատևել goyatevel (v.) subsist
գոյատևում goyatevum (n.) survival
գոյություն goyutyun (n.) existence
գոնգ, կոչնազանգ gong, kochnazang (n.) gong

գոնդոլ, մակույկ gondol, makuyk (n.) gondola
գոռալ gorral (v.) bawl
գոռալ gorral (v.) shout
գոռոզ gorroz (adj.) arrogant
գոռոզանալ gorrozanal (v.) swagger
գոռոզություն gorrozutyun (n.) arrogance
գոռոզություն gorrozutyun (n.) frill
գոռոզություն gorrozutyun (n.) swagger
գոռոց gorroc (n.) shout
գովաբանել govabanel (v.) exalt
գովաբանել govabanel (v.) extol
գովաբանել govabanel (v.) laud
գովազդային govazdayin (adj.) adscititious
գովազդային սցենար govazdayin scenar (adj.) adscript
գովասանք govassanq (n.) commendation
գովասանք govasanq (n.) praise
գովել govel (v.) commend
գովել govel (v.) praise
գովելի goveli (adj.) commendable
գովելի goveli (adj.) complimentary
գովելի goveli (adj.) laudable
գովելի goveli (adj.) praiseworthy
գովեստ govest (n.) panegyric
գովերգ goverg (n.) laud
գովերգ goverg (n.) monody
գովերգ goverg (n.) ode
գոտեմարտ gotemart (n.) bout
գոտեմարտ gotemart (n.) melee
գոտեմարտել gotemartel (v.) wrestle
գոտևորել gotevorel (v.) gird
գոտի goti (n.) belt
գոտի goti (n.) corbel
գոտի goti (n.) girdle
գոտի goti (n.) strap
գոտի goti (n.) zone
գոտի կապել goti kapel (v.) girdle
գոտիական gotiakan (adj.) zonal
գոտկատեղ gotkategh (n.) hip
գոտկատեղ gotkategh (n. pl.) loin
գորգ gorg (n.) carpet
գորգ gorg (n.) mat
գորգ gorg (n.) rug

գորիլա gorila *(n.)* gorilla
գործ gorts *(n.)* affair
գործ gorts *(n.)* case
գործ gorts *(n.)* deed
գործ gorts *(n.)* matter
գործադիր gortsadir *(adj.)* executive
գործադուլ gortsadul *(n.)* strike
գործադուլ անել gortsadul anel *(v.)* strike
գործադուլավոր gortsadulavor *(n.)* striker
գործազուրկ gortsazurk *(adj.)* jobless
գործազրկություն gortsazrkutyun *(n.)* lay-off
գործածված gortsatsvats *(adj.)* second-hand
գործակալ gortsakal *(n.)* crimp
գործակից gortsakic *(n.)* accessory
գործակից gortsakic *(n.)* coefficient
գործավար gortsavar *(n.)* clerk
գործավարել gortsavarel *(v.)* transact
գործատու gortsatu *(n.)* employer
գործարան gortsaran *(n.)* factory
գործարար gortsarar *(n.)* businessman
գործարք gortsarq *(n.)* bargain
գործարք gortsarq *(n.)* deal
գործարք gortsarq *(n.)* dealership
գործարք gortsarq *(n.)* transaction
գործարքարու gortsarqarru *(n.)* dealmaker
գործարքներ gortsarqner *(n. pl.)* dealings
գործել gortsel *(v.)* function
գործել gortsel *(v.)* operate
գործել gortsel *(v.)* weave
գործելակերպ gortselakerp *(n.)* procedure
գործընթաց gortsantac *(n.)* process
գործընկեր gortsanker *(n.)* cohort
գործընկեր gortsanker *(n.)* counterpart
գործընկեր gortsanker *(n.)* co-worker
գործընկեր gortsanker *(n.)* partner
գործընկերություն gortsankerutyun *(n.)* partnership
գործիք gortsiq *(n.)* implement
գործիք gortsiq *(n.)* instrument
գործիք gortsiq *(n.)* tool
գործիքակազմ gortsiqakazm *(n.)* toolkit
գործիքային gortsiqayin *(adj.)* instrumental
գործիքավորող gortsiqavorogh *(n.)* instrumentalist
գործնական gortsnakan *(adj.)* practical
գործնականություն gortsnakanutyun *(n.)* practicability
գործնականում gortsnakanum *(adv.)* practically
գործող նախագահ gortsogh nakhagah *(n.)* incumbent
գործոն gortson *(n.)* factor
գործունակ gortsunak *(adj.)* operable
գործունակություն gortsunakutyun *(n.)* operability
գործված gortsvats *(adj.)* webby
գործվածք gortsvatsq *(n.)* fabric
գործվածք gortsvatsq *(n.)* web
գորշ շուկա gorsh shuka *(n.)* grey market
գորշագույն gorshaguyn *(adj.)* drab
գորշականաչ gorshakanach *(n.)* sage-green
գորշացնել gorshacnel *(v.)* drab
գորշություն gorshutyun *(n.)* drab
գորշուկ gorshuk *(n.)* badger
գորտ gort *(n.)* frog
գորտնուկ gortnuk *(n.)* wart
գուավա guava *(n.)* guava
գութան gutan *(n.)* plough
գութանախոփ gutanakhop *(n.)* sharebeam
գուլպա gulpa *(n.)* stocking
գուլպաներ gulpaner *(n.)* hose
գուլպեղեն gulpeghen *(n.)* hosiery
գումար gumar *(n.)* amount
գումար gumar *(n.)* sum
գումարել gumarel *(v.)* add
գումարել gumarel *(v.)* sum
գումարում gumarum *(n.)* convocation
գումարտակ gumartak *(n.)* battalion
գույն guyn *(n.)* colour
գունազրկել gunazrkel *(v.)* discolour
գունամատիտ gunamatit *(n.)* pastel
գունանկարչություն

gunankarchutyun *(n.)* painting
գունավոր մատիտ gunavor matit *(n.)* crayon
գունատ gunat *(adj.)* pale
գունատ gunat *(adj.)* wan
գունատություն gunatutyun *(n.)* paleness
գունատվել gunatvel *(v.)* pale
գունափոխված gunapokhvats *(adj.)* toned
գունդ gund *(n.)* orb
գունդ gund *(n.)* regiment
գունդ կազմել gund kazmel *(v.)* regiment
գունեղ gunegh *(adj.)* colourful
գուշակել gushakel *(v.)* foretell
գուշակել gushakel *(v.)* guess
գուշակություն gushakutyun *(n.)* forecast
գուրգուրել gurgurel *(v.)* pet
գուցե guce *(adv.)* perhaps
գռեհիկ grrehik *(adj.)* vulgar
գռեհկություն grrehkutyun *(n.)* vulgarity
գռմռալ grrmrral *(v.)* snarl
գռմռոց grrmrroc *(n.)* snarl
գտնել gtnel *(v.)* find
գտնել gtnel *(v.)* procure
գտնել gtnel *(v.)* retrieve
գրագետ graget *(adj.)* literate
գրագիտություն gragitutyun *(n.)* literacy
գրադարան gradaran *(n.)* library
գրադարանավար gradaranavar *(n.)* librarian
գրազ graz *(n.)* betting
գրազ graz *(n.)* wager
գրազ գալ graz gal *(v.)* bet
գրազ գալ graz gal *(v.)* wager
գրախանութ grakhanut *(n.)* bookshop
գրական grakan *(adj.)* literary
գրականագետ grakanaget *(n.)* litterateur
գրականություն grakanutyun *(n.)* literature
գրամ gram *(n.)* gramme
գրամոֆոն gramofon *(n.)* gramophone
գրանցամատյան grancamatyan *(n.)* register
գրանցել grancel *(v.)* book
գրանցել grancel *(v.)* register
գրանցող grancogh *(n.)* registrar
գրանցում grancum *(n.)* check-in
գրանցում grancum *(n.)* registration
գրաշար grashar *(n.)* compositor
գրապահոց grapahoc *(n.)* bookie
գրառել grarrel *(v.)* record
գրառում grarrum *(n.)* record
գրասեղան grasseghan *(n.)* desk
գրասենյակ grasenyak *(n.)* office
գրավ grav *(n.)* mortgage
գրավ grav *(n.)* pledge
գրավ grav *(n.)* surety
գրավադիր gravadir *(n.)* bettor
գրավադնել gravadnel *(v.)* mortgage
գրավադնել gravadnel *(v.)* pledge
գրավաճառ gravacharr *(n.)* bookseller
գրավաճառ gravacharr *(n.)* stationer
գրավաճառանոց gravacharranoc *(n.)* bookstall
գրավառու gravarru *(n.)* mortgagee
գրավատու gravatu *(n.)* mortgagor
գրավել gravel *(v.)* allure
գրավել gravel *(v.)* attract
գրավել gravel *(v.)* capture
գրավել gravel *(v.)* grab
գրավել gravel *(v.)* preoccupy
գրավի դիմաց ազատման ենթակա gravi dimac azatman yentaka *(adj.)* bailable
գրավիչ gravich *(adj.)* alluring
գրավիչ gravich *(adj.)* attractive
գրավիչ gravich *(adj.)* engaging
գրավոր ցուցմունք gravor cucmunq *(n.)* affidavit
գրավում gravum *(n.)* capture
գրավում gravum *(n.)* occupancy
գրավչություն gravchutyun *(n.)* attraction
գրավչություն gravchutyun *(n.)* enhancement
գրատախտակ gratakhtak *(n.)* blackboard
գրաքննիչ graqnnich *(n.)* censor
գրաքննություն graqnnutyun *(n.)* censorship

գրգռել grgrrel *(v.)* stimulate
գրգռիչ grgrrich *(adj.)* irritant
գրգռիչ grgrrich *(n.)* stirrup
գրգռիչ միջոց grgrrich mijoc *(n.)* irritant
գրգռում grgrrum *(n.)* irritation
գրեթե grete *(adv.)* almost
գրել grel *(v.)* pen
գրել grel *(v.)* write
գրենական պիտույքներ grenakan pituyqner *(n.)* stationery
գրիչ grich *(n.)* pen
գրիպ grip *(n.)* influenza
գրկախառնություն grkakharrnutyun *(n.)* embrace
գրկել grkel *(v.)* cuddle
գրկել grkel *(v.)* embrace
գրոհ groh *(n.)* offensive
գրոհ groh *(n.)* onrush
գրոհ groh *(n.)* rush
գրոհել grohel *(v.)* attack
գրոհում grohum *(n.)* assault
գրող grogh *(n.)* writer
գրպան grpan *(n.)* pocket
գրպանել grpanel *(v.)* pocket
գրքամոլ grqamol *(adj.)* bookish
գրքամոլ grqamol *(n.)* bookish
գրքամոլ grqamol *(n.)* bookworm
գրքույկ grquyk *(n.)* booklet
գրքույկ grquyk *(n.)* brochure
գցել gcel *(v.)* lump

Դ դ

դաբաղանոց dabaghanoc *(n.)* tannery
դագաղ dagagh *(n.)* bier
դագաղ dagagh *(n.)* casket
դագաղ dagagh *(n.)* coffin
դադար dadar *(v.)* halt
դադար dadar *(n.)* pause
դադար dadar *(n.)* standstill
դադար dadar *(n.)* stop
դադար dadar *(n.)* stoppage
դադարել dadarel *(v.)* pause
դադարեցնել dadarecnel *(v.)* cease
դադարեցնել dadarecnel *(v.)* desist
դադարեցնել dadarecnel *(v.)* discontinue
դադարեցնել dadarecnel *(n.)* halt
դադարեցնել dadarecnel *(v.)* suspend
դադարեցում dadarecum *(n.)* cessation
դադարեցում dadarecum *(n.)* suspension
դաժան dadjan *(adj.)* austere
դաժան dadjan *(adj.)* brutal
դաժան dadjan *(adj.)* cruel
դաժան dadjan *(adj.)* stern
դաժանացնել dadjanacnel *(v.)* brutalize
դաժանություն dadjanutyun *(n.)* atrocity
դաժանություն dadjanutyun *(n.)* cruelty
դալկանալ dalkanal *(v.)* pine
դալտոնիկ daltonik *(adj.)* colour-blind
դակել dakel *(v.)* punch
դակիչ dakich *(n.)* punch
դահիճ dahich *(n.)* executioner
դահլիճ dahlich *(n.)* saloon
դամասկյան պողպատ damaskyan poghpat *(n.)* damask
դամբանական dambanakan *(adj.)* obituary
դամբարան dambaran *(n.)* mausoleum
դամբարան dambaran *(n.)* necropolis
դամբո dambo *(n.)* dumbo
դայակ dayak *(n.)* nanny
դայակություն dayakutyun *(n.)* babysitting
դայակություն անել dayakutyun anel *(v.)* babysit
դայլայլ daylayl *(n.)* warble
դայլայլել daylaylel *(v.)* warble
դանակ danak *(n.)* knife
դանակ - պատառաքաղ danak-patarraqagh *(n.)* cutlery
դանդաղ dandagh *(adj.)* slow
դանդաղել dandaghel *(v.)* slow
դանդաղեցնել dandaghecnel *(v.)* decelerate
դանդաղեցում dandaghecum *(n.)* deceleration
դանդաղընթացք dandaghantac *(n.)*

slow motion
դանդաղկոտ dandaghkot *(adj.)* sluggish
դանդաղկոտություն dandaghkotutyun *(n.)* slowness
դանդաղորեն dandaghoren *(adv.)* slowly
դանթել dantel *(v.)* snooze
դաշինք dashinq *(n.)* bloc
դաշնագիր dashnagir *(n.)* pact
դաշնակահար dashnakahar *(n.)* pianist
դաշնակից dashnakic *(adj.)* allied
դաշնակից dashnakic *(n.)* ally
դաշնամուր dashnamur *(n.)* piano
դաշույն dashuyn *(n.)* dagger
դաշտ dasht *(n.)* field
դաշտ dasht *(n.)* lea
դաշտան dashtan *(n.)* menses
դաշտան dashtan *(n.)* menstruation
դաշտանադադար dashtanadadar *(n.)* menopause
դաշտանային dashtanayin *(adj.)* menstrual
դաշտում dashtum *(adv.)* afield
դաջել dajel *(v.)* tattoo
դաջվածք dajvatsq *(n.)* tattoo
դառը darra *(adj.)* bitter
դառնալ darrnal *(v.)* become
դառնահամ darrnaham *(adj.)* rancid
դառնացնել darrnacnel *(v.)* embitter
դառնացնել darrnacnel *(v.)* rancidify
դառնություն darrnutyun *(n.)* acrimony
դառնություն darrnutyun *(n.)* bitterness
դառնություն darrnutyun *(n.)* poignacy
դաս das *(n.)* class
դաս das *(n.)* lesson
դասագիրք dassagirq *(n.)* textbook
դասագրքային dassagrqayin *(adj.)* textbook
դասագրքային dassagrqayin *(adj.)* textbookish
դասալիք dassaliq *(n.)* runaway
դասախոս dasakhos *(n.)* lecturer
դասախոսել dasakhosel *(v.)* lecture

դասախոսություն dasakhosutyun *(n.)* lecture
դասակ dassak *(n.)* platoon
դասական dassakan *(adj.)* classical
դասակարգել dasakargel *(v.)* catagorize
դասակարգել dassakargel *(v.)* classify
դասակարգել dasakargel *(v.)* rank
դասակարգում dassakargum *(n.)* classification
դասակարգում dassakargum *(n.)* specification
դասակարգված dassakargvats *(adj.)* classified
դասավանդում dassavandum *(n.)* teaching
դասավոր(վ)ել dassavor(v)el *(v.)* terrace
դասավորել dassavorel *(v.)* allocate
դասավորել dassavorel *(v.)* shelve
դասավորում dassavorum *(n.)* allocation
դասատու dassatu *(n.)* schoolteacher
դասարան dassaran *(n.)* classroom
դասերի ընդհատում dasseri andhatum *(n.)* breakup
դասընթաց dassantac *(n.pl.)* course
դասընկեր dassanker *(n.)* classmate
դաստակ dastak *(n.)* wrist
դաստիարակ dastiarak *(n.)* mentor
դաստիարակ dastiarak *(n.)* preceptor
դաստիարակ dastiarak *(n.)* tutor
դաստիարակել dastiarakel *(v.)* monitor
դաստիարակել dastiarakel *(v.)* nurture
դաստիարակող dastiarakogh *(adj.)* edificant
դաստիարակություն dastiarakutyun *(n.)* tutorial
դաստիարակում dastiarakum *(n.)* nurture
դավ dav *(n.)* plot
դավ նյութել dav nyutel *(v.)* plot
դավադիր davadir *(n.)* conspirator
դավադրություն davadrutyun *(n.)* collusion
դավադրություն davadrutyun *(n.)*

conspiracy
դավադրություն կազմել davadrutyun kazmel *(v.)* conspire
դավաճան davachan *(n.)* dacoit
դավաճան davachan *(n.)* traitor
դավաճանական davachanakan *(adj.)* treacherous
դավաճանել davachanel *(v.)* collude
դավաճանող davachanogh *(n.)* adulterer
դավաճանություն davachanutyun *(n.)* adultery
դավաճանություն davachanutyun *(n.)* dacoity
դավաճանություն davachanutyun *(n.)* perfidy
դավաճանություն davachanutyun *(n.)* treachery
դավաճանություն davachanutyun *(n.)* treason
դավանաբանական davanabanakan *(adj.)* dogmatic
դավանանք davananq *(n.)* creed
դավանել davanel *(v.)* profess
դատ dat *(n.)* trial
դատաբժշկություն databdjshkutyun *(n.)* forensic
դատախազ datakhaz *(n.)* prosecutor
դատախաղ datakhagh *(n.)* moot
դատական datakan *(adj.)* forensic
դատական datakan *(adj.)* judicial
դատական datakan *(adj.)* magisterial
դատական գործողություն datakan gortsoghutyun *(n.)* habeas corpus
դատական կողմ datakan koghm *(n.)* litigant
դատապարտել datapartel *(v.)* adjudge
դատապարտել datapartel *(v.)* condemn
դատապարտել datapartel *(v.)* convict
դատապարտել datapartel *(v.)* denounce
դատապարտել datapartel *(v.)* deprecate
դատապարտել datapartel *(v.)* doom
դատապարտել datapartel *(v.)* sentence
դատապարտելի dataparteli *(adj.)* damnable
դատապարտելի dataparteli *(adj.)* objectionable
դատապարտելի dataparteli *(adj.)* subjudice
դատապարտում datapartum *(n.)* condemnation
դատապարտված datapartvats *(adj.)* doomed
դատաստանի օր datastani or *(n.)* doomsday
դատաստանյան datastanyan *(adj.)* doomsday
դատավճռ datavchirr *(n.)* litigation
դատավճիռ datavchirr *(n.)* judgement
դատավճիռ datavchirr *(n.)* verdict
դատավոր datavor *(n.)* judge
դատավոր datavor *(n.)* magistrate
դատավորներ datavorner *(n.)* judiciary
դատարան dataran *(n.)* court
դատարան dataran *(n.)* tribunal
դատարկ datark *(adj.)* blank
դատարկ datark *(adj.)* empty
դատարկ datark *(adj.)* frivolous
դատարկ datark *(adj.)* hollow
դատարկ datark *(adj.)* void
դատարկաբանել datarkabanel *(v.)* trifle
դատարկաձեռն datarkadzerrn *(adj.)* empty-handed
դատարկապորտ մարդ datarkaport mard *(n.)* loafer
դատարկել datarkel *(v.)* empty
դատարկել datarkel *(v.)* void
դատարկություն datarkutyun *(n.)* vanity
դատարկություն datarkutyun *(n.)* void
դատել datel *(v.)* adjudicate
դատել datel *(v.)* judge
դատել datel *(v.)* reason
դատի տալ dati tal *(v.)* arraign
դատի տալ dati tal *(v.)* sue
դար dar *(n.)* century
դարակ darak *(n.)* drawer
դարակ darak *(n.)* locker

դարակ darak *(n.)* rack
դարակ darak *(n.)* shelf
դարան daran *(n.)* ambush
դարանակալել daranakalel *(v.)* embush
դարանակալել daranakalel *(v.)* waylay
դարաշրջան darashrjan *(n.)* aeon
դարաշրջան darashrjan *(n.)* ageism
դարաշրջան darashrjan *(n.)* eon
դարաշրջան darashrjan *(n.)* epoch
դարաշրջան darashrjan *(n.)* era
դարբաս darbas *(n.)* gate
դարբասաձող darbassadzogh *(n.)* gatepost
դարբասաձող darpassadzogh *(n.)* goalpost
դարբասաշեմք darbassashemq *(n.)* gateway
դարբասապահ darpassapah *(n.)* goalkeeper
դարբին darbin *(n.)* blacksmith
դարբին darbin *(n.)* smith
դարբնել darbnel *(v.)* forge
դարբնոց darbnoc *(n.)* forge
դարձվածաբանություն dardzvatsabanutyun *(n.)* phraseology
դարման darman *(n.)* remedy
դարմանել darmanel *(v.)* remedy
դարչին darchin *(n.)* cinnamon
դարսել darsel *(v.)* stow
դարսեր անել darser anel *(v.)* kilt
դափնեկիր dapnekir *(adj.)* laureate
դափնեկիր dapnekir *(n.)* laureate
դափնի dapni *(n.)* laurel
դդում ddum *(n.)* gourd
դդում ddum *(n.)* pumpkin
դեբետային քարտ debetayin qart *(n.)* debit card
դեբյուտ debyut *(n.)* debut
դեբյուտանտ debyutant *(n.)* debutante
դեբոնատ debonat *(adj.)* debonaire
դեգլուտինացիա deglutinacia *(n.)* deglutination
դեզ dez *(n.)* pile
դեզ dez *(n.)* rick
դեզոդորանտ dezodorant *(n.)* deodorant
դեիզմ deizm *(n.)* deism
դեիստ deist *(n.)* deist
դելիկատես delikates *(n.)* delicatessen
դելտա delta *(n.)* delta
դելտոիդ deltoid *(n.)* deltoid
դելֆին delfin *(n.)* dolphin
դեկան dekan *(n.)* dean
դեկոլտե dekolte *(n.)* cleavage
դեկոր dekor *(n.)* decor
դեկորատիվ dekorativ *(adj.)* decorative
դեկորատիվ dekorativ *(adj.)* ornamental
դեկտեմբեր dektember *(n.)* december
դեղ degh *(n.)* Ayurveda
դեղ degh *(n.)* medicament
դեղ degh *(n.)* medicine
դեղ degh *(n.)* nostrum
դեղաբույս deghabuys *(n.)* arrowroot
դեղաբույս deghabuys *(n.)* herb
դեղագործ drghagorts *(n.)* druggist
դեղագործ deghagorts *(n.)* pharmaceutist
դեղագործ deghagorts *(n.)* pharmacist
դեղագործական deghagortsakan *(adj.)* pharmaceutic
դեղագործական deghagortsakan *(adj.)* pharmaceutical
դեղագործություն deghagortsutyun *(n.)* pharmaceutical
դեղահաբ deghahab *(n.)* tablet
դեղահաբ deghahab *(n.)* tabloid
դեղաչափ deghachap *(n.)* dose
դեղատոմս deghatoms *(n.)* prescription
դեղատոմս deghatoms *(n.)* recipe
դեղատուն deghatun *(n.)* pharmacy
դեղափոշի deghaposhi *(n.)* powder
դեղաքանակ deghaqanak *(n.)* dosage
դեղին deghin *(adj.)* yellow
դեղին պանիր deghin panir *(n.)* cheddar
դեղձ deghdz *(n.)* peach
դեղձանիկ deghdzanik *(n.)* canary
դեղնախտ deghnakht *(n.)* jaundice
դեղնախտ առաջացնել deghnakht arajacnel *(v.)* jaundice

դեղնանարնջավուն deghnanarnjavun *(adj.)* saffron
դեղնավուն deghnavun *(adj.)* yellowish
դեղնել deghnel *(v.)* yellow
դեղնություն deghnutyun *(n.)* yellow
դեղնուց deghnuc *(n.)* yolk
դեմ dem *(prep.)* against
դեմ dem *(prep.)* versus
դեմագոգ demagog *(n.)* demagogue
դեմագոգիա demagogia *(n.)* demagogy
դեմասկուլինիզացիա demaskulinizacia *(n.)* demasculinization
դեմոկրատ demokrat *(n.)* democrat
դեմոկրատական demokratakan *(adj.)* democratic
դեմք demq *(n.)* countenance
դեմք demq *(n.)* face
դեմքի demqi *(adj.)* facial
դեմքի կրեմ demqi krem *(n.)* Face cream
դեմքով դառնալ demqov darrnal *(v.)* face
դեոնտոլոգիա deontologia *(n.)* deontology
դեպի depi *(prep.)* towards
դեպի արևելք depi arevelq *(adv.)* east
դեպի արևմուտք depi arevmutq *(adv.)* west
դեպի ափ depi ap *(adv.)* shoreward
դեպի հարավ depi harav *(adv.)* south
դեպի հյուսիս depi hyussis *(adv.)* north
դեպոնենտ deponent *(n.)* deponent
դեպրեսիա depressia *(n.)* depression
դեպրեսիա depressia *(v.)* slough
դեպք depq *(n.)* event
դեպք depq *(n.)* happening
դեռ derr *(adv.)* still
դեռ derr *(adv.)* yet
դեռահասներ derrahasner *(n. pl.)* teens
դեսուդեն ընկնել desuden anknel *(v.)* fidget
դեսպան despan *(n.)* ambassador
դեսպանատուն despanatun *(n.)* embassy
դետոքսիկացիա detoqsikacia *(n.)* detoxication
դեր der *(n.)* role
դերակատարել derakatarel *(v.)* gamemaster
դերանուն deranun *(n.)* pronoun
դերասան derassan *(n.)* actor
դերասանուհի derassanuhi *(n.)* actress
դերձակ derdzak *(n.)* tailor
դերձակուհի derdzakuhi *(n.)* dressmaker
դերմաբրազիա dermabrazia *(n.)* dermabrasion
դեցիբել decibel *(n.)* decibel
դեօքսիդացում deoqsidacum *(n.)* deoxidation
դեֆիցիտ, պակասորդ deficit, pakassord *(n.)* deficit
դեֆրագմենտացիա defragmentacia *(n.)* defragmentation
դեֆրագրել defragrel *(v.)* defragment
դժբախտ պատահար ddjbakht patahar *(n.)* casualty
դժբախտություն ddjbakhtutyun *(n.)* misadventure
դժբախտություն ddjbakhtutyun *(n.)* misfortune
դժգոհ djgoh *(adj.)* disgruntled
դժգոհ անձ ddjgoh andz *(n.)* malcontent
դժգոհացնել ddjgohacnel *(v.)* dissatisfy
դժգոհություն djgohutyun *(n.)* discontent
դժգոհություն ddjgohutyun *(n.)* displeasure
դժգոհություն ddjgohutyun *(n.)* dissatisfaction
դժկամությամբ ddjkamutyamb *(adj.)* reluctant
դժկամություն ddjkamutyun *(n.)* reluctance
դժոխային ddjokhayin *(adj.)* infernal
դժոխք ddjokhq *(n.)* hell
դժոխք ddjokhq *(n.)* pandemonium
դժվար djvar *(adj.)* difficult

դժվար ddjvar *(adj.)* hard
դժվարահաճ ddjvarahach *(adj.)* choosy
դժվարացնել ddjvaracnel *(v.)* embarrass
դժվարությամբ ddjvarutyamb *(adv.)* hard
դժվարություն djvarutyun *(n.)* difficulty
դժվարություն ddjvarutyun *(n.)* embarrassment
դիագրամ diagram *(n.)* diagram
դիագրամ diagram *(n.)* graph
դիալիզ dializ *(n.)* dialysis
դիակ diak *(n.)* cadaver
դիակ diak *(n.)* caracass
դիակ diak *(n.)* corpse
դիակային diakayin *(adj.)* cadaverous
դիակիզարան diakizaran *(n.)* crematorium
դիակիզել diakizel *(v.)* cremate
դիակիզում diakizum *(n.)* cremation
դիահերձում diaherdzum *(n.)* autopsy
դիահերձում diaherdzum *(n.)* post-mortem
դիարան diaran *(n.)* morgue
դիարան diaran *(n.)* mortuary
դիդակտիկական didaktikakan *(adj.)* didactic
դիետա dieta *(n.)* diet
դիետա պահել dieta pahel *(v.)* diet
դիետոլոգ dietolog *(n.)* dietician
դիզայն dizayn *(n.)* design
դիզայներ dizayner *(n.)* designer
դիզել dizel *(n.)* diesel
դիզել dizel *(v.)* pile
դիզենտերիա, արնալուծ dizenteria, arnaluts *(n.)* dysentery
դիլետանտ diletant *(n.)* amateur
դիմագիծ dimagits *(n.)* trait
դիմադրել dimadrel *(v.)* confront
դիմադրել dimadrel *(v.)* resist
դիմադրություն dimadrutyun *(n.)* resistance
դիմակ dimak *(n.)* guise
դիմակ dimak *(n.)* mask
դիմակազերծում dimakazertsum *(n.)* showup
դիմակահանդես dimakahandes *(n.)* masquerade
դիմակահանդես dimakahandes *(n.)* pageant
դիմակահանդեսային dimakahandesayin *(adj.)* fancy
դիմակավորել dimakavorel *(v.)* mask
դիմահար dimahar *(adv.)* point blank
դիմահարդարում dimahardarum *(n.)* facelift
դիմահարդարում dimahardarum *(n.)* make-up
դիմահարդարվել dimahardarvel *(v.)* facelift
դիմանալ dimanal *(v.)* bear
դիմանալ dimanal *(v.)* withstand
դիմանկար dimankar *(n.)* portrait
դիմանկարչություն dimankarchutyun *(n.)* portraiture
դիմապակի dimapaki *(n.)* windscreen
դիմացը նայել dimaca nayel *(v.)* front
դիմացկուն dimackun *(adj.)* endurable
դիմացկուն dimackun *(adj.)* hardy
դիմացկուն dimackun *(adj.)* proof
դիմացկուն dimackun *(adj.)* resistant
դիմել dimel *(v.)* appeal
դիմել dimel *(v.)* apply
դիմել dimel *(v.)* refer
դիմում dimum *(n.)* application
դինամիկ dinamik *(adj.)* dynamic
դինամիկա dinamika *(n.)* dynamics
դինամիտ dinamit *(n.)* dynamite
դինամոմեքենա dinamomeqena *(n.)* dynamo
դինաստիա dinastia *(n.)* dynasty
դիպակ dipak *(n.)* brocade
դիպլոմ diplom *(n.)* diploma
դիպուկահար dipukahar *(n.)* sniper
դիպչել dipchel *(v.)* handle
դիպչելը dipchela *(n.)* blip
դիսկոտեկ diskotek *(n.)* discotheque
դիստոպիա distopia *(n.)* dystopia
դիվանագետ divanaget *(n.)* diplomat
դիվանագիտական divanagitakan *(adj.)* diplomatic
դիվանագիտություն divanagitutyun *(n.)* diplomacy
դիվացնել divacnel *(v.)* demonize

դիվերսանտ diversant *(n.)* saboteur
դիվերսիա diversia *(n.)* sabotage
դիտահոր ditahor *(n.)* manhole
դիտանցք ditancq *(n.)* eyelet
դիտավորյալ ditavoryal *(adj.)* deliberate
դիտավորյալ ditavoryal *(adj.)* intentional
դիտավորություն ditavorutyun *(n.)* intent
դիտարկել ditarkel *(v.)* observe
դիտել ditel *(v.)* view
դիտել ditel *(v.)* watch
դիտողություն ditoghutyun *(n.)* remark
դիտում ditum *(n.)* observation
դիրիժոր diridjor *(n.)* conductor
դիրք dirq *(n.)* location
դիրք dirq *(n.)* pose
դիրք dirq *(n.)* posture
դիրք dirq *(n.)* standing
դիրք ընդունել dirq andunel *(v.)* pose
դիցաբանական dicabanakan *(adj.)* mythological
դիցաբանություն dicabanutyun *(n.)* mythology
դղյակ dghyak *(n.)* chateau
դղյակ dghyak *(n.)* droid
դղրդալ dghrdal *(v.)* dreadlock
դղրդալ dghrdal *(v.)* rumble
դղրդյուն dghrdyun *(n.)* dreadlock
դղրդյուն dghrdyun *(n.)* rumble
դյուժին dyudjin *(n.)* dozen
դյույմ, մատնաչափ dyuym, matnachap *(n.)* inch
դյուրաբորբոք dyuraborboq *(adj.)* irritable
դյուրաբորբոք dyuraborboq *(adj.)* petulant
դյուրաբորբոքություն dyuraborboqutyun *(n.)* petulance
դյուրազգաց dyurazgac *(adj.)* maudlin
դյուրախուտուտ dyurakhutut *(adj.)* ticklish
դյուրահավատ dyurahavat *(adj.)* credulous
դյուրահավատություն dyurahavatutyun *(n.)* credulity
դյուրանցում dyurancum *(n.)* shortcut
դյուրավառ dyuravarr *(adj.)* combustible
դյուրավառ dyuravarr *(adj.)* inflammable
դնել dnel *(v.)* bestow
դնել dnel *(v.)* lay
դնել dnel *(v.)* put
դնել dnel *(v.)* set
դնչակալ dnchakal *(n.)* muzzle
դնչակալ դնել dnchakal dnel *(v.)* muzzle
դոգմա, դավանանք dogma, davananq *(n.)* dogma
դոդո, մեծ անհետացած թռչուն dodo, mets anhetacats trrchun *(n.)* dodo
դոդոշ dodosh *(n.)* toad
դոլար dolar *(n.)* buck
դոլար dolar *(n.)* dollar
դոկտորացված doktoracvats *(adj.)* doctored
դոկտորություն doktorutyun *(n.)* doctorate
դող dogh *(n.)* quiver
դող dogh *(n.)* shudder
դող dogh *(n.)* tremor
դողալ doghal *(v.)* quake
դողալ doghal *(v.)* quiver
դողալ doghal *(v.)* shiver
դողալ doghal *(v.)* shudder
դողալ doghal *(v.)* tremble
դոմինո domino *(n.pl.)* domino
դոնդող dondogh *(n.)* jelly
դոնդողանման dondoghanman *(adj.)* gelatinous
դոնոր, արյունատու donor, aryunatu *(n.)* donor
դոնքիշոտական donqishotakan *(adj.)* quixotic
դոցենտ docent *(n.)* docent
դոցենտական docentakan *(adj.)* docent
դու ինքդ du inqd *(pr.)* yourself
դուետ duet *(n.)* duet
դուկատ dukat *(n.)* ducat
դույլ duyl *(n.)* bucket
դույլ duyl *(n.)* pail

դունչ dunch *(n.)* snout
դուպլեքս dupleqs *(n.)* duplex
դուռ durr *(n.)* door
դուստր dustr *(n.)* daughter
դուրեկան durekan *(adj.)* comely
դուրս durs *(adv.)* out
դուրս durs *(prep.)* out
դուրս durs *(prep.)* outside
դուրս durs *(adv.)* outward
դուրս durs *(adv.)* outwards
դուրս թողնելը durs toghnela *(n.)* drop-off
դուրսբերում dursberum *(n.)* withdrawal
դուքս duqs *(n.)* duke
դպրոց dproc *(n.)* school
դպրոցական dprocakan *(adj.)* scholastic
դպրոցական ընկեր dprocakan anker *(n.)* schoolfellow
դպրոցի շենք dproci shenq *(n.)* schoolhouse
դռան բռնակ drran brrnak *(n.)* doorknob
դռան զանգ drran zang *(n.)* doorbell
դռնակ drrnak *(n.)* wicket
դռնակով անցք drrnakov ancq *(n.)* hatch
դռնապան drrnapan *(n.)* gatekeeper
դռնապան drrnapan *(n.)* janitor
դռնապան drrnapan *(n.)* usher
դրախտ drakht *(n.)* heaven
դրախտ drakht *(n.)* paradise
դրական drakan *(adj.)* positive
դրակոնիկ drakonik *(adj.)* draconic
դրամ dram *(n.)* dram
դրամ dram *(n.)* money
դրամա drama *(n.)* drama
դրամական dramakan *(adj.)* monetary
դրամական dramakan *(adj.)* pecuniary
դրամական մրցանակ dramakan mrcanak *(n.)* jackpot
դրամական փոխանցում dramakan pokhancum *(n.)* remittance
դրամահավաքել dramahavaqel *(v.)* fundraise
դրամահատել dramahatel *(v.)* mint
դրամահատում dramahatum *(n.)* coinage
դրամաշնորհ dramashnorh *(n.)* grant
դրամաշնորհել dramashnorhel *(v.)* grant
դրամաշորթ dramashort *(n.)* swindler
դրամաշորթություն dramashortutyun *(n.)* swindle
դրամապանակ dramapanak *(n.)* purse
դրամապանակ dramapanak *(n.)* wallet
դրամատիկ dramatik *(adj.)* dramatic
դրամատուրգ dramaturg *(n.)* dramatist
դրամարկղ dramarkgh *(n.)* till
դրանից հետո dranic heto *(adv.)* thereafter
դրդապատճառ drdapatcharr *(n.)* incentive
դրդապատճառ drdapatcharr *(n.)* inducement
դրդել drdel *(v.)* abet
դրդել drdel *(v.)* incite
դրդել drdel *(v.)* induce
դրդել drdel *(v.)* motivate
դրդող drdogh *(n.)* abettor
դրենաժի խողովակ drenadji khoghovak *(n.)* drain
դրոշ drosh *(n.)* banner
դրոշ drosh *(n.)* flag
դրոշակիր droshakir *(n.)* cornet
դրոշմ droshm *(n.)* imprint
դրոշմել droshmel *(v.)* imprint
դրություն drutyun *(n.)* lay
դրսևորել drsevorel *(v.)* evince
դրսևորել drsevorel *(v.)* manifest
դրսևորում drsevorum *(n.)* manifestation
դրսևորում drsevorum *(n.)* ostension
դրսի drsi *(adj.)* out
դրսի drsi *(adj.)* outside
դրսի drsi *(adj.)* outward
դրսի կողմ drsi koghm *(n.)* outside
դրսի տուփ drsi tup *(n.)* drop box
դրսից drsic *(adv.)* outside
դրսից drsic *(adv.)* outwardly
դրսից drsic *(adv.)* without
դրվագ drvag *(n.)* episode

դքսուհի dqsuhi *(n.)* duchess

Ե ե

եգիպտացորեն yegiptacoren *(n.)* corn
եգիպտացորեն yegiptacoren *(n.)* maize
եզ yez *(n.)* bullock
եզ yez *(n.)* ox
եզակի yezaki *(adj.)* singular
եզակի yezaki *(adj.)* sporadic
եզակի yezaki *(adj.)* unique
եզակիորեն yezakioren *(adv.)* singularly
եզերք yezerq *(n.)* rim
եզր yezr *(n.)* brim
եզր yezr *(n.)* brink
եզր yezr *(n.)* edge
եզր yezr *(n.)* margin
եզր yezr *(n.)* verge
եզրագիծ yezragits *(n.)* contour
եզրակացնել yezrakacnel *(v.)* conclude
եզրակացնել yezrakacnel *(v.)* deduce
եզրակացնել yezrakacnel *(v.)* infer
եզրակացություն yezrakacutyun *(n.)* conclusion
եզրակացություն yezrakacutyun *(n.)* inference
եզրապատել yezrapatel *(v.)* fringe
եզրափակիչ yezrapakich *(adj.)* conclusive
եզրափակիչ yezrapakich *(n.)* finale
եթե yete *(conj.)* if
եթեր yeter *(n.)* ether
ելակ yelak *(n.)* strawberry
ելևէջել yelevejel *(v.)* modulate
ելնել yelnel *(v.)* exit
ելուստ yelust *(n.)* batter
ելուստ yelust *(n.)* cog
ելք yelq *(n.)* exit
ելք yekq *(n.)* loop-hole
ելք yelq *(n.)* outlet
եկամուտ yekamut *(n.)* income
եկամուտ yekamut *(n. pl.)* proceeds
եկամուտ yekamut *(n. pl.)* profit
եկամուտ yekamut *(n.)* revenue
եկամտաբեր yekamtaber *(adj.)* lucrative
եկամտաբեր yekamtaber *(adj.)* profitable
եկեղեցական yekeghecakan *(n.)* ecclesiast
եկեղեցական yekeghecakan *(adj.)* ecclesiastical
եկեղեցի yekegheci *(n.)* church
եկեղեցու բակ yekeghecu bak *(n.)* churchyard
եղանակ yeghanak *(n.)* manner
եղանակ yeghanak *(n.)* weather
եղանակավորում yeghanakavorum *(n.)* modality
եղբայր yeghbayr *(n.)* brother
եղբայրական yeghbayrakan *(adj.)* fraternal
եղբայրասպանություն yeghbayraspanutyun *(n.)* fratricide
եղբայրություն yeghbayrutyun *(n.)* brotherhood
եղբայրություն yeghbayrutyun *(n.)* fraternity
եղբորորդի yeghborordi *(n.)* nephew
եղեգ yegheg *(n.)* cane
եղեգ yegheg *(n.)* thatch
եղեգապատել yeghegapatel *(v.)* thatch
եղեռն yegherrn *(n.)* holocaust
եղեսպակ yeghespak *(n.)* sagebush
եղևնի yeghevni *(n.)* fir
եղինջ yeghinj *(n.)* nettle
եղնիկ yeghnik *(n.)* deer
եղնիկ yeghnik *(n.)* doe
եղջերաթաղանթ yeghjerataghant *(n.)* cornea
եղջերակիր yeghjerakir *(n.)* cuckold
եղջյուր yeghjyur *(n.)* antler
ենթադրել yentadrel *(v.)* mean
ենթադրել yentadrel *(v.)* presume
ենթադրել yentadrel *(v.)* presuppose
ենթադրել yentadrel *(v.)* suppose
ենթադրելի yentadreli *(adj.)* implicit
ենթադրյալ yentadryal *(adj.)* would-be
ենթադրություն yentadrutyun *(n.)* presumption

ենթադրություն yentadrutyun *(n.)* presupposition
ենթադրություն yentadrutyun *(n.)* supposition
ենթադրություն, ենթադրել yentadrutyun, yentadrel *(n. & v.)* conjecture
ենթակա yentaka *(adj.)* subject
ենթամշակույթ yentamshakuyt *(n.)* subculture
ենթավարձել yentavardzel *(v.)* sublet
ենթարկել yentarkel *(v.)* subdue
ենթարկել yentarkel *(v.)* subject
ենթարկում yentarkum *(n.)* subjection
ենթարկվել yentarkvel *(v.)* comply
ենթարկվել yentarkvel *(v.)* undergo
ենթաօրենսդրական ակտ, կանոնագիր yentaorensdrakan akt, kanonagir *(n.)* bylaw, bye-law
եպիսկոպոս yepiskopos *(n.)* bishop
եռագույն yerraguyn *(n.)* tricolour
եռագույն yerraguyn *(adj.)* tricolour
եռալ yerral *(v.)* boil
եռալ yerral *(v.)* seethe
եռալ yerral *(v.)* simmer
եռակի yerraki *(adj.)* triple
եռակի yerraki *(adj.)* triplicate
եռակողմ yerrakoghm *(adj.)* tripartite
եռամիասնություն yerramiasnutyun *(n.)* trinity
եռամսյա yerramsya *(adj.)* quarterly
եռամսյակ yerramsyak *(n.)* trimester
եռանդ yerrand *(n.)* ardour
եռանդ yerrand *(n.)* fervour
եռանդ yerrand *(n.)* zeal
եռանդոտ yerrandot *(adj.)* arduous
եռանդուն yerrandun *(adj.)* eager
եռանդուն yerrandun *(adj.)* energetic
եռանդուն yerrandun *(adj.)* mettlesome
եռանդուն yerrandun *(adj.)* spirited
եռանդուն yerrandun *(adj.)* vigorous
եռանդուն yerrandun *(adj.)* zealous
եռանդուն մարդ yerrandun mard *(n.)* abactor
եռանիվ հեծանիվ yerraniv hetsaniv *(n.)* tricycle
եռանկյուն yerrankyun *(adj.)* triangular
եռանկյունի yerrankyuni *(n.)* triangle
եռապատկել yerrapatkel *(v.)* triple
եռապատկել yerrapatkel *(v.)* triplicate
եռապատկում yerrapatkum *(n.)* triplicate
եռապատկում yerrapatkum *(n.)* triplication
եռյակ yerryak *(n.)* trio
եռոտանի yerrotani *(n.)* tripod
ես yes *(pron. pers.)* I
եսակենտրոն yesakentron *(adj.)* egocentric
եսակենտրոն yessakentron *(adj.)* self-centered
եսասեր yessaser *(adj.)* selfish
ետ yet *(adv.)* aback
ետ yet *(adv.)* backward
ետ կանչում yet kanchum *(n.)* recall
ետ մնացող yet mnacogh *(n.)* straggler
ետադարձ yetadardz *(adj.)* backward
ետադարձ կապ yetadardz kap *(n.)* trackback
ետգրություն yetgrutyun *(n.)* postscript
ետևի yetevi *(adj.)* rear
ետևի լույս yetevi luys *(n.)* backlight
ետևում yetevum *(prep.& adv.)* behind
ետին yetin *(adj.)* rearview
ետին պլան yetin plan *(n.)* background
ետմահու yetmahu *(adj.)* posthumous
ետմահու yetmahu *(adj.)* post-mortem
ետնալեզվային yetnalezvayin *(adj.)* guttural
ետնախորշ yetnakhorsh *(n. pl.)* slum
ետնասանդուղք yetnasandughq *(n.)* backstairs
ետնաֆոն լինել yetnafon linel *(v.)* backdrop
երազ yeraz *(n.)* dream
երազ որսացող yeraz vorsacogh *(n.)* dreamcatcher
երազային աշխարհ yerazayin ashkharh *(n.)* dreamworld
երազանք yerazanq *(n.)* reverie
երազել yerazel *(v.)* dream
երազել yerazel *(v.)* hanker
երազել yerazel *(v.)* muse

երազկոտ yerazkot *(adv.)* dreamily
երազկոտ yerazkot *(adj.)* dreamy
երազկոտ yerazkot *(adj.)* visionary
երազող yerazogh *(n.)* dreamer
երազող yerazogh *(n.)* visionary
երաժիշտ yeradjisht *(n.)* musician
երաժշտական yeradjshtakan *(adj.)* musical
երաժշտական արկղիկ yeradjshtakan arkghik *(n.)* jukebox
երաժշտություն yeradjshtutyun *(n.)* music
երախտագիտություն yerakhtagitutyun *(n.)* gratitude
երակ yerak *(n.)* vein
երակաթելերով ծածկել yerakatelerov tsatskel *(v.)* vein
երամակ yeramak *(n.)* herd
երանգ yerang *(n.)* tinge
երանգ yerang *(n.)* tint
երանգավորել yerangavorel *(v.)* tinge
երանգավորել yerangavorel *(v.)* tint
երանելի yeraneli *(adj.)* beatific
երանություն yeranutyun *(n.)* beatification
երանություն yeranutyun *(n.)* beatitude
երանություն yeranutyun *(n.)* bliss
երաշխավոր yerashkhavor *(n.)* sponsor
երաշխավոր yershkhavor *(n.)* voucher
երաշխավոր yerashkhavor *(n.)* warrantor
երաշխավորել yerashkhavorel *(v.)* assure
երաշխավորել yerashkhavorel *(v.)* guarantee
երաշխավորել yerashkhavorel *(v.)* sponsor
երաշխավորել yerashkhavorel *(v.)* vouch
երաշխավորել yerashkhavorel *(v.)* warrant
երաշխավորություն yerashkhavorutyun *(n.)* assurance
երաշխիք yerashkhiq *(n.)* bail
երաշխիք yerashkhiq *(n.)* guarantee
երաշխիք yerashkhiq *(n.)* warrant

երաշխիք yerashkhiq *(n.)* warrantee
երաշխիք yerashkhiq *(n.)* warranty
երաշտ yerasht *(n.)* drought
երբ yerb *(conj.)* when
երբ yerb *(adv.)* when
երբ էլ որ yerb el vor *(conj.)* whenever
երբեմն yerbemn *(adv.)* sometimes
երբևէ yerbyeve *(adv.)* ever
երբևէ yerbemn *(adv.)* sometime
երբեք yerbeq *(adv.)* never
երգ yerg *(n.)* song
երգ yerg *(n.)* yodel
երգացանկ yergacank *(n.)* setlist
երգացանկ yergacank *(n.)* tracklist
երգել yergel *(v.)* sing
երգել yergel *(v.)* yodel
երգեցիկ թռչուն yergecik trrchun *(n.)* warbler
երգիծաբան yergitsaban *(n.)* satirist
երգիծական yergitsakan *(adj.)* satirical
երգիծանք yergitsanq *(n.)* satire
երգիծանք tergitsanq *(n.)* skit
երգիչ yergich *(n.)* bard
երգիչ yergich *(n.)* singer
երգիչ yergich *(n.)* songster
երգչախումբ yergchakhumb *(n.)* choir
երգչախումբ yergchakhumb *(n.)* chorus
երդմնազանց yerdmnazanc *(n.)* oathbreaker
երդմնազանց լինել yerdmnazanc linel *(v.)* perjure
երդմնազանցություն yerdmnazancutyun *(adj.)* oathbreaking
երդմնազանցություն yerdmnazancutyun *(n.)* perjury
երդմնակալություն yerdmnakalutyun *(n.)* inauguration
երդում yerdum *(n.)* oath
երդում yerdum *(n.)* vow
երդվել yerdvel *(v.)* swear
երդվել yerdvel *(v.)* vow
երդվյալ ատենակալ yerdvyal atenakal *(n.)* juror
երեխա yerekha *(n.)* bantling
երեխա yerekha *(n.)* child

երեխա yerekha *(n.)* kid
երեխայի խնամք yerekhayi khnamq *(n.)* childcare
երեխաների պաշտպանություն yerekhaneri pashtpanutyun *(adj.)* babyproof
երեկ yerek *(adv.)* yesterday
երեկո yereko *(n.)* evening
երեկվա օր yerekva or *(n.)* yesterday
երեսակ yeresak *(n.)* facet
երեսուն yeresun *(num.)* thirty
երեսուներորդ yeresunerord *(num.)* thirtieth
երեսուներորդական yeresunerordakan *(adj.)* thirtieth
երեսպատել yerespatel *(v.)* sheathe
երեսպատում yerespatum *(n.)* cladding
երեսպատում yerespatum *(n.)* lining
երերալ yereral *(v.)* wabble
երերուն yererun *(adj.)* shaky
երերուն yererun *(adj.)* wabbly
երերուն ավազ yererun avaz *(n.)* quicksand
երևալ yereval *(v.)* appear
երևալ yereval *(v.)* peep
երևակայական yerevakayakan *(adj.)* fanciful
երևակայական yerevakayakan *(adj.)* imaginary
երևակայական yerevakayakan *(adj.)* imaginative
երևակայել yerevakayel *(v.)* fancy
երևակայություն yerevakayutyun *(n.)* fancy
երևակայություն yerevakayutyun *(n.)* imagination
երևակայություն yerevakayutyun *(n.)* phantasmagoria
երևակիչ yerevakich *(n.)* developer
երևույթ yerevuyt *(n.)* phenomenon
երեք yereq *(num.)* three
երեք անգամ yereq angam *(adv.)* thrice
երթ yert *(n.)* march
երթաքայլել yertaqaylel *(v.)* parade
երթևեկ հիվանդ yertevek hivand *(n.)* outpatient
երթևեկություն yertevekutyun *(n.)* traffic
երթուղի yertughi *(n.)* itinerary
երթուղի yertughi *(n.)* route
երիզակապել yerizakapel *(v.)* tape
երիզապնդել yerizapndel *(v.)* lace
երիկամ yerikam *(n.)* kidney
երիտասարդ yeritassard *(n.)* fellow
երիտասարդ yeritassard *(adj.)* young
երիտասարդական yeritassardakan *(adj.)* youthful
երիտասարդացնել yeritasardacnel *(v.)* rejuvenate
երիտասարդացում yeritasardacum *(n.)* rejuvenation
երիտասարդություն yeritassardutyun *(n.)* youth
երկ yerk *(n.)* composition
երկաթ yerkat *(n.)* iron
երկաթեղեն yerkateghen *(n.)* hardware
երկաթուղագծել yerkatughagtsel *(v.)* rail
երկաթուղի yerkatughi *(n.)* rail
երկաթուղի yerkatughi *(n.)* railway
երկակի yerkaki *(adj.)* dual
երկակի yerkaki *(adj.)* twin
երկակի նշանակության yerkaki nshanakutyun *(adj.)* dual-purpose
երկակիություն yerkakiutyun *(n.)* duality
երկամյա yerkamya *(adj.)* biannual
երկամյա yerkamya *(adj)* biennial
երկամուսնություն yerkamusnutyun *(n.)* bigamy
երկայնություն yerkaynutyun *(n.)* longitude
երկայնքով yerkaynqov *(prep.)* alongside
երկանկյունային yerkankyunayin *(adj.)* biangular
երկանտեննանի yerkantennani *(adj.)* biantennary
երկատում yerkatum *(n.)* bifurcation
երկատվել yerkatvel *(v.)* bifurcate
երկար yerkar *(adj.)* lengthy
երկար yerkar *(adj.)* long
երկարաբան yerkraban *(adj.)* verbose

երկարաբանություն yerkrabanutyun *(n.)* verbosity
երկարաժամկետ yerkaradjamket *(adj.)* long-term
երկարակեցություն yerkarakecutyun *(n.)* longevity
երկարաձգում yerkaradzgum *(n.)* prolongation
երկարաձևություն yerkaradzevutyun *(n.)* oblong
երկարավուն yerkaravun *(adj.)* oblong
երկարացնել yerkaracnel *(v.)* extend
երկարացնել yerkaracnel *(v.)* lengthen
երկարացնել yerkaracnel *(v.)* prolong
երկարությամբ yerkarutyamb *(prep. &adv.)* along
երկարությամբ yerkarutyamb *(prep.)* down
երկարություն yerkarutyun *(n.)* length
երկբևեռային yerkbeverrayin *(adj.)* bipolar
երկգլուխ մկան yerkglukh mkan *(n.)* biceps
երկդիմություն yerkdimutyun *(n.)* duplicity
երկդիտակ yerkditak *(n.)* binoculars
երկերեսանի yerkeresani *(adj.)* bifacial
երկընտրական yerkantrakan *(adj.)* alternative
երկընտրականորեն yerkantrakanoren *(adv.)* alternatively
երկընտրանք yerkantranq *(n.)* dilemma
երկընտրանք yerkantranq *(n.)* fix
երկթամբանի yerktambani *(adj.)* tandem
երկիմաստ yerkimast *(adj.)* ambiguous
երկիմաստ yerkimast *(adj.)* equivocal
երկիմաստություն yerkimastutyun *(n.)* ambiguity
երկինք yerkinq *(n.)* sky
երկիր yerkir *(n.)* country
երկիր yerkir *(n.)* earth
երկլեզու yerklezu *(adj.)* bilingual
երկխոսություն yerkkhosutyun *(n.)* dialogue
երկկենցաղ yerkkencagh *(adj.)* amphibious
երկկիզակետային yerkkizaketayin *(adj.)* bifocal
երկկողմանի yerkkoghmani *(adj.)* bilateral
երկկուսակցական yerkkusakcakan *(adj.)* bipartisan
երկհարկանի մահճակալ yerkharkani mahchakal *(n.)* bunk bed
երկհարյուրամյա yerkharyuramya *(adj.)* bicentenary
երկձև yerkdzev *(n.)* biformity
երկնակամար yerknakamar *(n.)* firmament
երկնային yerknayin *(adj.)* celestial
երկնային yerknayin *(adj.)* heavenly
երկնաքար yerknaqar *(n.)* meteor
երկնաքեր yerknaqer *(n.)* skyscraper
երկշաբաթյա yerkshabatya *(adj.)* bi-weekly
երկու yerku *(adj.)* bi
երկու yerku *(n.)* duo
երկու yerku *(n., num.)* two
երկու ամիս մեկ լույս տեսնող yerku amis mek luys tesnogh *(adj.)* bimonthly
երկու անգամ yerku angam *(adv.)* twice
երկու ձեռքը կիրառող մարդ erku dzerrqa kirarrogh mard *(n.)* ambidexter
երկու շաբաթ yerku shabat *(n.)* fortnight
երկուշաբթի yerkushabti *(n.)* Monday
երկուսն էլ yerkusn el *(adj & pron.)* both
երկուսն էլ yerkusn el *(pron.)* either
երկուսով երգել yerkusov yergel *(v.)* duet
երկչոտ yerkchot *(adj.)* timid
երկչոտ yerkchot *(adj.)* timorous
երկչոտություն yerkchotutyun *(n.)* timidity
երկսեռ yerkserr *(adj.)* bisexual
երկսռնանի yerksrrnani *(adj.)* biaxial
երկվորյակ yerkvoryak *(n.)* Gemini
երկվորյակներ yerkvoryakner *(n. pl.)*

twin
երկտարածական yerktaratsakan *(adj.)* bidimensional
երկտող yerktogh *(n.)* couplet
երկրաբան yerkraban *(n.)* geologist
երկրաբանական yerkrabanakan *(adj.)* geological
երկրաբանություն yerkrabanutyun *(n.)* geology
երկրամաս yerkramas *(n.)* region
երկրային yerkrayin *(adj.)* earthen
երկրային yerkrayin *(adj.)* earthly
երկրային yerkrayin *(adj.)* mundane
երկրային yerkrayin *(adj.)* tellural
երկրային yerkrayin *(adj.)* telluric
երկրային yerkrayin *(adj.)* worldly
երկրաշարժ yerkrashardj *(n.)* earthquake
երկրաշարժ yerkrashardj *(n.)* quake
երկրաշարժական yerkrasharjakan *(adj.)* seismic
երկրաչափական yerkrachapakan *(adj.)* geometrical
երկրաչափություն yerkrachaputyun *(n.)* geometry
երկրաջերմային yerkrajermayin *(adj.)* geothermal
երկրի կենտրոնամաս yerkri kentronamas *(n.)* midland
երկրի ներսում yerkri nersum *(adv.)* inland
երկրորդ yerkrord *(adj.)* second
երկրորդ yerkrord *(adv.)* secondly
երկրորդական yerkrordakan *(adj.)* secondary
երկրորդակարգ yerkrordakarg *(n.)* collateral
երկրպագել yerkrpagel *(v.)* worship
երկրպագու yerkrpagu *(n.)* fan
երկրպագու yerkrpagu *(n.)* votary
երկրպագու yerkrpagu *(n.)* worshipper
երկրպագուհի yerkrpaguhi *(n.)* cheerleader
երկրպագում yerkrpagum *(n.)* worship
երկցեղային yerkceghayin *(adj.)* biracial
երկօքսիդ yerkoqsid *(n.)* dioxide
երջանիկ yerjanik *(adj.)* fortunate
երջանիկ yerjanik *(adj.)* happy
երջանիկ yerjanik *(adj.)* overjoyed
երջանկություն yerjankutyun *(n.)* felicity
երջանկություն yerjankutyun *(n.)* happiness
երրորդ yerrord *(num.)* third
երրորդ yerrord *(adv.)* thirdly
երրորդական yerrordakan *(adj.)* tertian
երրորդական yerrordakan *(adj.)* third
երրորդականություն yerrordakanutyun *(n.)* tertian
երրորդային yerrordayin *(adj.)* tertiary
երրորդայնություն yerrordaynutyun *(n.)* tertiary
եփել yepel *(v.)* brew
եփել yepel *(v.)* concoct
եփել yepel *(v.)* cook
եփել yepel *(v.)* pot
եքիդնա yeqidna *(n.)* echinid

Զ զ

զամբիկ zambik *(n.)* mare
զամբյուղ zambyugh *(n.)* basket
զամշ zamsh *(n.)* doeskin
զայրանալ zayranal *(v.)* resent
զայրացած zayracats *(adj.)* miffed
զայրացնել zayracnel *(v.)* nettle
զայրույթ zayruyt *(n.)* ire
զայրույթ zayruyt *(n.)* resentment
զանազան zanazan *(adj.)* miscellaneous
զանազանակերպել zanazanakerpel *(v.)* diversify
զանազանություն zanazanutyun *(n.)* miscellany
զանգ zang *(n.)* bell
զանգակատուն zangakatun *(n.)* steeple
զանգահարել zangaharel *(v.)* call
զանգերի ղողանջ zangeri ghoghanj

(n.) chime
զանգված zangvats (n.) mass
զանգվածային zangvatsayin (adj.) massive
զանցանք zancanq (n.) misdemeanour
զանցառել zancarrel (v.) trespass
զառախաղ zarrakhagh (n.) dice
զառանցական zarrancakan (adj.) delusional
զառանցանք zarrancanq (n.) delirium
զառանցել zarrancel (v.) rave
զառանցող zarrancogh (n.) deliriant
զառիթափ zarritap (adj.) steep
զավեշտախաղ zaveshtakhagh (n.) farce
զավեշտական zaveshtakan (adj.) comic
զավեշտական zaveshtakan (adj.) comical
զավեշտական zaveshtakan (adj.) grotesque
զավթել zavtel (v.) invade
զավթել zavtel (v.) seize
զավթել zavtel (v.) usurp
զավթում zavtum (n.) hold
զավթում zavtum (n.) seizure
զավթում zavtum (n.) usurpation
զատիկ zatik (n.) easter
զատում zatum (n.) secession
զատվել zatvel (v.) secede
զարգանալ zarganal (v.) burgeon
զարգանալ zarganal (v.) develop
զարգանալ zarganal (v.) evolve
զարգացում zargacum (n.) development
զարգացում zargacum (n.) evolution
զարդ zard (n.) garnish
զարդ zard (n.) ornament
զարդասեղան zardaseghan (n.) dressing table
զարդարանք zardaranq (n.) apparel
զարդարանք zardaranq (n.) decoration
զարդարանք zardaranq (n.) garnishment
զարդարանք zardaranq (n.) ornamentation
զարդարել zardarel (v.) adorn
զարդարել zardarel (v.) decorate
զարդարել zardarel (v.) embellish
զարդարել zardarel (v.) garnish
զարդարել zardarel (v.) jewel
զարդարել zardarel (v.) orn
զարդարել zardarel (v.) ornament
զարդարում zardarum (n.) dressing
զարդարում zardarum (n.) preen
զարդարվել zardarvel (v.) preen
զարդաքանդակ zardaqandak (n.) fret
զարդեզր zardezr (n.) welt
զարկ(վ)ել zark(v)el (v.) flop
զարկել zarkel (v.) beat
զարկել zarkel (v.) pulsate
զարկերակ zarkerak (n.) artery
զարկերակ zarkerak (n.) pulse
զարհուրած zarhurats (adj.) aghast
զարհուրելի zarhureli (adj.) horrible
զարհուրեցնել zarhurecnel (v.) horrify
զարմանալ zarmanal (v.) wonder
զարմանալի zarmanali (adj.) wonderful
զարմանալի zarmanali (adj.) wondrous
զարմանք zarmanq (n.) amazement
զարմանք zarmanq (n.) astonishment
զարմանք zarmanq (n.) surprise
զարմանք zarmanq (n.) wonder
զարմացած zarmacats (adj.) dazed
զարմացնել zarmacnel (v.) amaze
զարմացնել zarmacnel (v.) astonish
զարմացնել zarmacnel (v.) daze
զարմացնել zarmacnel (v.) surprise
զարմիկ zarmik (n.) cousin
զարմուհի zarmuhi (n.) niece
զաֆրան zafran (n.) saffron
զբաղեցնել zbakhecnel (v.) engross
զբաղեցրած zbaghecrats (adj.) occupied
զբաղմունք zbaghmunq (n.) occupation
զբաղված zbaghvats (adj.) busy
զբաղվել zbaghvel (v.) deal
զբաղվել zbaghvel (v.) ply
զբաղվել zbakhvel (v.) sideline
զբոսախնջույք zbosakhnjuyq (n.) picnic
զբոսայգի zbosaygi (n.) park

զբոսանավ zbosanav *(n.)* yacht
զբոսանք zbosanq *(n.)* outing
զբոսանք zbosanq *(n.)* pastime
զբոսանք zbosanq *(n.)* ramble
զբոսանք zbosanq *(n.)* ride
զբոսանք zbossanq *(n.)* saunter
զբոսանք zbosanq *(n.)* stroll
զբոսաշրջիկ zbosashrjik *(n.)* backpacker
զբոսաշրջիկ zbosashrjik *(n.)* emmet
զբոսաշրջիկ zbossashrjik *(n.)* tourist
զբոսաշրջություն zbossashrjutyun *(n.)* tourism
զբոսնել zbosnel *(v.)* ramble
զբոսնել zbosnel *(v.)* saunter
զբոսնել zbosnel *(v.)* stroll
զբոսնել zbosnel *(v.)* yacht
զբոսնող zbosnogh *(n.)* saunterer
զգալ zgal *(v.)* feel
զգալ zgal *(v.)* sense
զգալի zgali *(adj.)* considerable
զգալի zgali *(adj.)* telling
զգայական zgayakan *(adj.)* sensual
զգայական zgayakan *(adj.)* sensuous
զգայապատկեր zgayapatker *(n.)* emoji
զգայատեղ zgayategh *(n.)* quick
զգայուն zgayun *(adj.)* sensitive
զգայուն zgayun *(adj.)* sentient
զգայուն zgayun *(adj.)* sentimental
զգայունություն zgayunutyun *(n.)* sensibility
զգայունություն zgayunutyun *(n.)* sensitivity
զգաստ zgast *(adj.)* sober
զգաստություն zgastutyun *(n.)* sobriety
զգացմունք zgacmunq *(n.)* feeling
զգացմունք zgacmunq *(n.)* sentience
զգացմունք zgacmunq *(n.)* sentiment
զգեստ zgest *(n.)* attire
զգեստ zgest *(n.)* dress
զգեստ zgest *(n.)* frock
զգեստ zgest *(n.)* gown
զգեստ zgest *(n.)* vestment
զգեստապահարան zgestapaharan *(n.)* wardrobe
զգեստավորել zgestavorel *(v.)* garb

զգեստավորել zgestavorel *(v.)* vest
զգոն zgon *(adj.)* vigilant
զգոն zgon *(adj.)* watchful
զգոնություն zgonutyun *(n.)* alertness
զգույշ zguysh *(adj.)* prudent
զգուշանալ zgushanal *(v.)* beware
զգուշանալ zgushanal *(v.)* shun
զգուշավոր zgushavor *(adj.)* cautious
զգուշավոր zgushavor *(adj.)* prudential
զգուշավոր zgushavor *(adj.)* wary
զգուշացնել zgushacnel *(v.)* warn
զգուշացում zgushacum *(n.)* warning
զգուշություն zgushutyun *(n.)* caution
զգուշություն zgushutyun *(n.)* discretion
զգուշություն zgushutyun *(n.)* prudence
զեբր zebr *(n.)* zebra
զեբրագծել zebragtsel *(v.)* zeb
զեբրանցում zebrancum *(n.)* zebra crossing
զեկույց zekuyc *(n.)* chit
զեկուցում zekucum *(n.)* speech
զեղչ zeghch *(n.)* discount
զեղչ zeghch *(n.)* rebate
զեղչել zeghchel *(v.)* ellipse
զենիթ zenit *(n.)* zenith
զենք zenq *(n.)* weapon
զենք ու զրահ zenq u zrah *(n.)* armour
զեփյուռ zepyurr *(n.)* breeze
զեֆիր zefir *(n.)* zephyr
զզվանք zzvanq *(n.)* abomination
զզվանք zzvanq *(n.)* disgust
զզվել zzvel *(v.)* abominate
զզվել zzvel *(v.)* loathe
զզվելի zzveli *(adj.)* abhorrent
զզվելի zzveli *(adj.)* abominable
զզվելի zzveli *(adj.)* heinous
զզվելի zzveli *(adj.)* loathsome
զիգզագ zigzag *(n.)* zigzag
զիգզագաձև zigzagadzev *(adj.)* zigzag
զիգզագաձև zigzagadzev *(adv.)* zigzag
զիգզագներ անել zigzagner anel *(v.)* zigzag
զիլ zil *(adj.)* shrill
զինադադար zinadadar *(n.)* armistice
զինադադար zinadadar *(n.)* ceasefire
զինադադար zinadadar *(n.)* truce

զինաթափել zinatapel *(v.)* disarm
զինաթափում zinatapum *(n.)* disarmament
զինամթերք zinamterq *(n.pl.)* munitions
զինանոց zinanoc *(n.)* armoury
զինանոց zinanoc *(n.)* arsenal
զինված zinvats *(adj.)* armed
զինված ուժեր zinvats udjer *(n.)* armed forces
զինվոր zinvor *(n.)* footman
զինվոր zinvor *(n.)* soldier
զինվոր zinvor *(n.)* warrior
զինվորական zinvorakan *(adj.)* military
զինվորական կենտրոն zinvorakan kentron *(n.)* sich
զինվորականություն zinvorakanutyun *(n.)* military
զիջել zijel *(v.)* acquiesce
զիջել zijel *(v.)* cede
զիջել zijel *(v.)* concede
զիջող zijogh *(adj.)* compliant
զիջում zijum *(n.)* concession
զկռտալ zkrrtal *(v.)* belch
զկռտոց zkrrtoc *(n.)* hiccup
զղջում zghjum *(n.)* compunction
զղջում zghjum *(n.)* remorse
զմայլական zmaylakan *(adj.)* ecstatic
զմայլանք zmaylanq *(n.)* ecstasy
զմուռս zmurrs *(n.)* myrrh
զմռսել zmrrsel *(v.)* embalm
զմռսում zmrrsum *(n.)* embalming
զմրուխտ zmrukht *(n.)* emerald
զնգալ zngal *(v.)* jingle
զնգալ zngal *(v.)* ring
զնգալ zngal *(v.)* tang
զնգզնգոց zngzngoc *(n.)* jingle
զնգոց zngoc *(n.)* clink
զնգոց zngoc *(n.)* tang
զնդան zndan *(n.)* anvil
զնդան zndan *(n.)* dungeon
զննել znnel *(v.)* overhaul
զննել znnel *(v.)* rubberneck
զննել znnel *(v.)* scrutinize
զննում znnum *(n.)* inspection
զննում znnum *(n.)* scrutiny
զոդանյութ zodanyut *(n.)* solder
զոդել zodel *(v.)* braze
զոդել zodel *(v.)* solder
զոդել zodel *(v.)* weld
զոդում zodum *(n.)* weld
զոհ zoh *(n.)* victim
զոհաբերել zohaberel *(v.)* sacrifice
զոհաբերել zohaberel *(v.)* victimize
զոհաբերություն zohaberutyun *(n.)* sacrifice
զոհասեղան zohasseghan *(n.)* altar
զոհի zohi *(adj.)* sacrificial
զոնդ zond *(n.)* probe
զոնդել zondel *(v.)* probe
զով zov *(adj.)* cool
զովացուցիչ zovacucich *(n.)* coolant
զորահանդես zorahandes *(n.)* parade
զորահավաք zorahavaq *(n.)* muster
զորահավաք zorahavaq *(n.)* turnout
զորանոց zoranoc *(n.)* casern
զորավոր zoravor *(adj.)* potent
զորացրել zoracrel *(v.)* demobilize
զորացրում zoracrum *(n.)* demobilization
զորբ, մեծ փչած գնդակ zorb, mets pchats gndak *(n.)* Zorb
զորություն zorutyun *(n.)* potency
զորքեր zorqer *(n. pl.)* troop
զուգադիպություն zugadiputyun *(n.)* coincidence
զուգադիպում zugadipum *(n.)* juncture
զուգադրել zugadrel *(v.)* juxtapose
զուգադրում zugadrum *(n.)* juxtaposition
զուգակցել zugakcel *(v.)* emulsify
զուգահեռ zugaherr *(adj.)* parallel
զուգահեռագիծ zugaherragits *(n.)* parallelogram
զուգահեռականություն zugaherrakanutyun *(n.)* parallelism
զուգավոր(վ)ել zugavor(v)el *(v.)* pair
զուգավորել zugavorel *(v.)* couple
զուգավորվել zugavorel *(v.)* conjugate
զուգավորվել zugavorvel *(v.)* copulate
զուգարան zugaran *(n.)* chalet
զուգարան zugaran *(n.)* latrine
զուգարան zugaran *(n.)* lavatory
զուգարան zugaran *(n.)* toilet

զուգվել zugvel *(v.)* perk
զույգ zuyg *(n.)* couple
զույգ zuyg *(adj.)* geminate
զույգ zuyg *(n.)* match
զույգ zuyg *(n.)* pair
զուսպ zusp *(adj.)* discreet
զուսպ zusp *(adj.)* reticent
զուր zur *(adv.)* vainly
զուրկ zurk *(adj.)* devoid
զսպել zspel *(v.)* refrain
զսպել zspel *(v.)* repress
զսպել zspel *(v.)* restrain
զսպում zspum *(n.)* containment
զսպվածություն zspvatsutyun *(n.)* reticence
զվարթ zvart *(adj.)* blithe
զվարթ zvart *(adj.)* gay
զվարթ zvart *(adj.)* hilarious
զվարթ zvart *(adj.)* lively
զվարթ zvart *(adj.)* wanton
զվարթություն zvartutyun *(n.)* hilarity
զվարճալի zvarchali *(n.)* funny
զվարճանալ zvarchanal *(v.)* dally
զվարճանալ zvarchanal *(v.)* feast
զվարճանալ zvarchanal *(v.)* revel
զվարճանք zvarchanq *(n.)* amusement
զվարճանք zvarchanq *(n.)* fun
զվարճանք zvarchanq *(n.)* revel
զվարճացնել zvarchacnel *(v.)* amuse
զվարճացնել zvarchacnel *(v.)* tickle
զվարճացող zvarchacogh *(adj.)* rollicking
զվարճություն zvarchutyun *(n.)* entertainment
զտել ztel *(v.)* defecate
զտել ztel *(v.)* distil
զտել ztel *(v.)* filter
զտել ztel *(v.)* rectify
զտել ztel *(v.)* refine
զտիչ ztich *(n.)* filter
զտման գործարան ztman gortsaran *(n.)* refinery
զտում ztum *(n.)* purification
զտում ztum *(n.)* rectification
զրահանավ zrahanav *(n.)* monitor
զրահապատել zrahapatel *(v.)* plate
զրկանք zrkanq *(n.)* hardship
զրկանք zrkanq *(n.)* privation
զրկել zrkel *(v.)* deprive
զրկված zrkvats *(adj.)* bereft
զրնգուն zrngun *(adj.)* tanged
զրո zro *(n.)* nil
զրո zro *(n.)* zero
զրույց zruyc *(n.)* conversation
զրույց zruyc *(n.)* discourse
զրույց zruyc *(n.)* talk
զրուցասեր zrucasser *(adj.)* talkative
զրուցարան zrucaran *(n.)* chat room
զրուցարան zrucaran *(n.)* talkboard
զրուցել zrucel *(v.)* chat
զրուցել zrucel *(v.)* converse
զրուցել zrucel *(v.)* interview
զրուցել zrucel *(v.)* talk
զրպարտական zrpartakan *(adj.)* defamatory
զրպարտական zrpartakan *(adj.)* scandalous
զրպարտել zrpartel *(v.)* belie
զրպարտել zrpartel *(v.)* calumniate
զրպարտել zrpartel *(v.)* defame
զրպարտել zrpartel *(v.)* slander
զրպարտել zrpartel *(v.)* vilify
զրպարտորեն zrpartoren *(adv.)* scandalously
զրպարտություն zrpartutyun *(n.)* calumny
զրպարտություն zrpartutyun *(n.)* defamation
զրպարտություն zrpartutyun *(n.)* slander
զրպարտում zrpartum *(n.)* insinuation
զրպարտչական zrpartchakan *(adj.)* slanderous

Է է

էական eakan *(adj.)* essential
էական eakan *(adj.)* quintessential
էական eakan *(adj.)* substantial
էապես eapes *(adv.)* substantially
էբենոսափայտ ebenosapayt *(n.)* ebony
էգ առյուծ eg arryuts *(n.)* lioness
էգ կենդանի eg kendani *(n.)* bitch

Էգ սիրամարգ eg siramarg *(n.)* peahen
Էգ վագր eg vagr *(n.)* tigress
Էգո ego *(n.)* ego
Էգոիզմ egoizm *(n.)* egotism
Էզոտերիզմ ezoterizm *(n.)* esoterism
Էզոտերիկ ezoterik *(adj.)* esoteric
Էթիկա, բարոյագիտություն etika, baroyagitutyun *(n.)* ethics
Էթնիկ պատկանելություն etnik patkanelutyun *(n.)* ethnicity
Էթնիկական etnikakan *(adj.)* ethnic
Էժան edjan *(adj.)* cheap
Էժան edjan *(adj.)* inexpensive
Էժանացնել edjanacnel *(v.)* cheapen
Էլեգանտ, նրբագեղ elegant, nrbagegh *(adj.)* elegant
Էլեգիա, եղերերգ elegia, yeghererg *(n.)* elegy
Էլեկտրաէներգիա elektraenergia *(n.)* electricity
Էլեկտրական elektrakan *(adj.)* electric
Էլեկտրական լամպ elektrakan lamp *(n.)* bulb
Էլեկտրականացնել elektrakanacnel *(v.)* electrify
Էլեկտրակենսական elektrakensakan *(adj.)* bionic
Էլեկտրահարել elektraharel *(v.)* electrocute
Էլեկտրահարում elektraharum *(n.)* electrocution
Էլեկտրացանց elektracanc *(n.)* wiring
Էլեկտրոլիտ elektrolit *(n.)* electrolyte
Էլեկտրոն elektron *(n.)* electron
Էլեկտրոնային elektronayin *(adj.)* electronic
Էլեկտրոնային առևտուր elektronayin arrevtur *(n.)* e-commerce
Էլեկտրոնային գիրք elektronayin girq *(n.)* e-book
Էլի eli *(adv.)* afresh
Էլի eli *(adv.)* else
Էլիպս elips *(n.)* ellipse
Էլիպսաձև elipsadzev *(adj.)* elliptic
Էլիտա elita *(n.)* elite
Էլիտար elitar *(adj.)* elite
Էլիտար elitar *(n.)* elitist

Էլիտարություն elitarutyun *(n.)* elitism
Էլիքսիր eliqsir *(n.)* elixir
Էլփոստ elpost *(n.)* email
Էլֆ elf *(n.)* elf
Էլֆ elf *(n.)* sylph
Էխոսրտագրություն ekhosrtagrutyun *(n.)* echocardiogram
Էկզեմա ekzema *(n.)* eczema
Էկզիստենցիալ ekzistencial *(adj.)* existential
Էկզիստենցիալիզմ ekzistencializm *(n.)* existentialism
Էկզոտիկ, օտար ekzotik, otar *(adj.)* exotic
Էկլամպսիա eklampsia *(n.)* eclampsia
Էկլեկտիկ eklektik *(n.)* eclectic
Էկլեկտիկական eklektikakan *(adj.)* eclectic
Էկոահաբեկչություն ekoahabekchutyun *(n.)* ecoterrorism
Էկոլոգիա ekologia *(n.)* ecology
Էկոհամակարգ ekohamakarg *(n.)* ecosystem
Էկումենիկ ekumenik *(adj.)* ecumenic
Էկումենիկական ekumenikakan *(adj.)* ecumenical
Էկտոպիա ektopia *(n.)* ectopia
Էկտոպլազմ ektoplazm *(n.)* ectoplasm
Էկրան ekran *(n.)* screen
Էկրանապահիչ ekranapahich *(n.)* screensaver
Էկրանավորում ekranavorum *(n.)* screencast
Էկրանավորում ekranavorum *(n.)* screenwork
Էկրանավորվող ekranavorvogh *(adj.)* screenable
Էկրանատպում ekranatpum *(n.)* screenprint
Էկրանացնել ekranacnel *(v.)* film
Էկրանի անուն ekrani anun *(n.)* screen name
Էկրանի դուռ ekrani durr *(n.)* screendoor
Էկրանին ekranin *(adj.)* on-screen
Էմալ emal *(n.)* enamel
Էմուլգատոր emulgator *(n.)* emulsifier

էմպիրիզմ empirizm *(n.)* empiricism
էյֆորիա eyforia *(n.)* euphoria
էնդեմիկ endemik *(n.)* endemic
էնդեմոլոգիա endemologia *(n.)* endemiology
էնդոսկոպիա endoskopia *(n.)* endoscopy
էնդոսկոպիկ endoskopik *(adj.)* endoscopic
էներգիա energia *(n.)* energy
էնտրոպիա entropia *(n.)* entropy
էնտրոպիկ entropik *(adj.)* entropic
էշ esh *(n.)* ass
էշի զռոց eshi zrroc *(n.)* bray
էություն eutyun *(n.)* entity
էություն eutyun *(n.)* epitome
էություն eutyun *(n.)* gist
էպիգրամա epigrama *(n.)* epigram
էպիդուրալ epidural *(n.)* epidural
էպիլեպսիա epilepsia *(n.)* epilepsy
էպիլեպտիկ epileptik *(n.)* epileptic
էպիլեպտիկական epileptikakan *(adj.)* epileptic
էպիկական epikakan *(adj.)* epical
էպիկեն epiken *(adj.)* epicene
էպիկենտրոն epikentron *(n.)* epicentre
էպիկյուր epikyur *(n.)* epicure
էպիկուրյան epikuryan *(adj.)* epicurean
էպիկուրյան epikuryan *(n.)* epicurean
էպոս epos *(n.)* epic
էջ ej *(n.)* page
էջանիշ ejanish *(n.)* bookmark
էսթետ estet *(n.)* aesthete
էսթետիկական estetikakan *(adj.)* aesthetic
էսկադրոն eskadron *(n.)* squadron
էսկապոլոգիա eskapologia *(n.)* escapology
էստրագոն, թարխուն estragon, tarkhun *(n.)* estragon
էստրոգեն estrogen *(n.)* estrogen
էսքիզ esqiz *(n.)* sketch
էսքիզային esqizayin *(adj.)* sketchy
էվակուացնել, դատարկել evakuacnel, datarkel *(v.)* evacuate
էվկալիպտ evkalipt *(n.)* eucalypt
էվոլյուցիոն evolyucion *(adv.)* evolutionary
էվոկացիա evokacia *(n.)* evocation
էվրիկա evrika *(int.)* eureka
էվֆեմիստական evfemistakan *(adj.)* euphemistic
էտել etel *(v.)* prune
էտիկետ, վարվելակարգ etiket, varvelakarg *(n.)* etiquette
էրեկցիա erekcia *(n.)* erection
էրոզիա erozia *(n.)* erosion
էրոտիկ, սիրային erotik, sirayin *(adj.)* erotic
էրոտիկա erotika *(n.)* erotica
էրոտիկա erotika *(n.)* eroticism
էքսկուրսիա, ուղևորություն eqskursia, ughevorutyun *(n.)* excursion
էքստազ eqstaz *(n.)* trance
էքստրանետ eqstranet *(n.)* extranet
էքստրապոլացիա eqstrapolacia *(n.)* extrapolation
էքստրապոլացիա անել eqstrapolacia anel *(v.)* extrapolate
էքստրովերտ eqstrovert *(n.)* extrovert
էֆթանիզացնել eftanizacnel *(v.)* euthanize

Ը ը

ըմբիշ ambish *(n.)* wrestler
ըմբշամարտ ambshamart *(n.)* grapple
ըմբռնում ambrrnum *(n.)* comprehension
ըմպել ampel *(v.)* sip
ընդգծել andgtsel *(v.)* underline
ընդգծվածություն andgtsvatsutyun *(n)* pointedness
ընդդիմություն anddimutyun *(n.)* opposition
ընդլայնել andlaynel *(v.)* expand
ընդլայնում andlaynum *(n.)* expansion
ընդհանուր andhanur *(adj.)* corporate
ընդհանուր andhanur *(adj.)* overall
ընդհանրապես andhanrapes *(adv.)* altogether

ընդհանրապես andhanrapes *(adv.)* generally
ընդհատել andhatel *(v.)* interrupt
ընդհատում andhatum *(n.)* interruption
ընդհարված andharvats *(adv.)* ajar
ընդմիջման ժամ andmijman djam *(n.)* breaktime
ընդմիջման կետ endmijman ket *(n.)* break point
ընդմիջում andmijum *(n.)* break-off
ընդմիջում andmijum *(n.)* recess
ընդունակ andunak *(adj.)* apt
ընդունակ andunak *(adj.)* capable
ընդունակության թեստ andunakutyan test *(n.)* aptitude test
ընդունակություն andunakutyun *(n.)* aptitude
ընդունել andunel *(v.)* accept
ընդունել andunel *(v.)* admit
ընդունելի anduneli *(adj.)* acceptable
ընդունելի anduneli *(adj.)* acceptant
ընդունելիություն anduneliutyun *(n.)* acceptability
ընդունելություն համալսարան andunelutyun hamalsaran *(n.)* matriculation
ընդունում andunum *(n.)* reception
ընդունված andunvats *(adj.)* accepted
ընդունվել համալսարան andunvel hamalsaran *(v.)* matriculate
ընդօրինակել andorinakel *(v.)* imitate
ընդօրինակող andorinakogh *(n.)* imitator
ընդօրինակում andorinakum *(n.)* imitation
ընթացիկ antacik *(adj.)* current
ընթացիկ հաշիվ antacik hashiv *(n.)* current account
ընթացք antacq *(n.)* current
ընթացքում antacqum *(prep.)* during
ընթացքում antacqum *(prep.)* pending
ընթեռնելի anterrneli *(adj.)* legible
ընթեռնելի anterrneli *(adv.)* legibly
ընթերցող antercogh *(n.)* reader
ընթերցում antercum *(n.)* perusal
ընթրիք antriq *(n.)* supper
ընկալունակ ankalunak *(adj.)* receptive
ընկած ankats *(adj.)* fallen
ընկեր anker *(n.)* buddy
ընկեր anker *(n.)* chum
ընկեր anker *(n.)* comrade
ընկեր anker *(n.)* friend
ընկեր anker *(n.)* pal
ընկերակից ankerakic *(n.)* mate
ընկերակցություն ankerakcutyun *(n.)* fellowship
ընկերություն ankerutyun *(n.)* company
ընկերք ankerq *(n.)* afterbirth
ընկուզահամ ankuzaham *(adj.)* nutty
ընկույզ ankuyz *(n.)* nut
ընկույզ ankujz *(n.)* walnut
ընկույզի պատյան ankuyzi patyan *(n.)* nutcase
ընձառյուծ andzarryuts *(n.)* leopard
ընձուղտ andzught *(n.)* giraffe
ընտանիք antaniq *(n.)* family
ընտելացնել antelacnel *(v.)* acclimatise
ընտելացնել antelacnel *(v.)* domesticate
ընտրազանգված antrazangvats *(n.)* electorate
ընտրական antrakan *(adj.)* constituent
ընտրատարածք antrataratsq *(n.)* constituency
ընտրել antrel *(v.)* choose
ընտրել antrel *(v.)* elect
ընտրել antrel *(v.)* opt
ընտրել antrel *(v.)* pick
ընտրող antrogh *(n.)* voter
ընտրովի antrovi *(adj.)* selective
ընտրություն antrutyun *(n.)* choice
ընտրություն antrutyun *(n.)* election
ընտրություն antrutyun *(n.)* option
ընտրություն antrutyun *(n.)* pick
ընտրված antrvats *(adj.)* select
ընտրվելու իրավունք antrvelu iravunq *(n.)* eligibility
ըստ ճանաչման ast chanachman *(adv.)* admittedly

Թ թ

թագ tag *(n.)* crown
թագ tag *(n.)* tiara
թագադրում tagadrum *(n.)* coronation
թագադրված tagadrvats *(adj.)* crowned
թագավոր tagavor *(n.)* king
թագավորական tagavorakan *(adj.)* regal
թագավորական tagavorakan *(adj.)* royal
թագավորել tagavorel *(v.)* reign
թագավորություն tagavorutyun *(n.)* kingdom
թագավորություն tagavorutyun *(n.)* realm
թագավորում tagavorum *(n.)* reign
թագուհի taguhi *(n.)* queen
թաթ tat *(n.)* paw
թաթախել tatakhel *(v.)* dibble
թաթախում tatakhum *(n.)* dibble
թաթման tatman *(n.)* mitten
թալա tala *(n.)* tala
թալան talan *(n.)* loot
թալան talan *(n.)* plunder
թալան talan *(n.)* robbery
թալանել talanel *(v.)* loot
թալանել talanel *(v.)* plunder
թալանել talanel *(v.)* ransack
թալանել talanel *(v.)* rob
թալանիչ talanich *(n.)* robber
թալանում talanum *(n.)* foraging
թալանչի talanchi *(n.)* forager
թալիսման talisman *(n.)* amulet
թալիսման talisman *(n.)* mascot
թալիսման talisman *(n.)* talisman
թախծոտ takhtsot *(adj.)* dicey
թախծոտ takhtsot *(adj.)* wistful
թախտ takht *(n.)* couch
թակարդ takard *(n.)* decoy
թակարդ takard *(n.)* mesh
թակարդ takard *(n.)* noose
թակարդ takard *(n.)* pitfall
թակարդ takard *(n.)* snare
թակարդ takard *(n. pl.)* toils
թակարդ takard *(n.)* trap
թակարդել takardel *(v.)* entrap
թակարդով բռնել takardov brrnel *(v.)* snare
թակել takel *(v.)* knock
թակել takel *(v.)* maul
թակիչ takich *(n.)* maul
թաղամաս taghamas *(n.)* borough
թաղանթ taghant *(n.)* membrane
թաղել taghel *(v.)* bury
թաղել taghel *(v.)* entomb
թաղում taghum *(n.)* burial
թաղում taghum *(n.)* sepulture
թամբ tamb *(n.)* saddle
թամբել tambel *(v.)* saddle
թայֆուն tayfun *(n.)* typhoon
թան tan *(n.)* buttermilk
թանաք tanaq *(n.)* ink
թանգարան tangaran *(n.)* museum
թանկ tank *(adj.)* costly
թանկ tank *(adj.)* expensive
թանկագին tankagin *(adj.)* precious
թանկագին tankagin *(adj.)* valuable
թանձր tandzr *(adj.)* dense
թանձրանալ tandzranal *(v.)* thicken
թանձրություն tandzrutyun *(n.)* density
թաշկինակ tashkinak *(n.)* handkerchief
թառ tarr *(n.)* perch
թառ tarr *(n.)* roost
թառամել tarramel *(v.)* wither
թառել tarrel *(v.)* perch
թառել tarrel *(v.)* roost
թավալգլոր tavalglor *(n.)* tumble
թավալգլորվել tavalglorvel *(v.)* tumble
թավալվել tavalvel *(v.)* wallow
թավիշ tavish *(n.)* corduroy
թավիշ tavish *(n.)* velvet
թավշային tavshayin *(adj.)* velvety
թավուտ tavut *(n.)* thick
թավուտ tavut *(n.)* thicket
թավջութակ tavjutak *(n.)* cello
թատերախումբ taterakhumb *(n.)* troupe
թատերական taterakan *(adj.)*

theatrical
թատրոն tatron *(n.)* playhouse
թատրոն tatron *(n.)* theatre
թարախ tarakh *(n.)* pus
թարախակալել tarakhakalel *(v.)* fester
թարախակալել tarakhakalel *(v.)* matter
թարախահոսելը tarakhahosela *(n.)* pyorrhoea
թարախուռուցք tarakhurrucq *(n.)* anthrax
թարգմանել targmanel *(v.)* translate
թարգմանիչ targmanich *(n.)* interpreter
թարգմանություն targmanutyun *(n.)* translation
թարթել tartel *(v.)* blink
թարթել tartel *(v.)* wink
թարթիչ tartich *(n.)* eyelash
թարթիչ tartich *(n.)* flasher
թարթիչ tartich *(n.)* lash
թարթող tartogh *(n.)* flashing
թարթում tertum *(n.)* wink
թարմ tarm *(adj.)* fresh
թարմ tarm *(adj.)* recent
թարմացնել tarmacnel *(v.)* refresh
թարմացնող tarmacnogh *(adj.)* recreative
թաց tac *(adj.)* dank
թաց tac *(adj.)* soggy
թաց tac *(adj.)* wet
թացացնել tacacnel *(v.)* wet
թացություն tacutyun *(n.)* wetness
թափ tap *(n.)* intensity
թափ tap *(n.)* momentum
թափ(վ)ել tap(v)el *(v.)* pour
թափահարել tapaharel *(v.)* flap
թափահարել tapaharel *(v.)* flapping
թափահարել tapaharel *(v.)* shake
թափահարել tapaharel *(v.)* wag
թափահարում tapaharum *(n.)* flap
թափահարում tapaharum *(n.)* flapping
թափահարում tapaharum *(n.)* shake
թափահարում tapaharum *(n.)* wag
թափանցել tapancel *(v.)* penetrate
թափանցիկ tapancik *(adj.)* transparent
թափանցում tapancum *(n.)* penetration
թափառական taparrakan *(n.)* ranger
թափառական taparrakan *(adj.)* vagabond
թափառաշրջիկ taparrashrjik *(n.)* barouche
թափառաշրջիկ taparrashrjik *(n.)* rover
թափառաշրջիկ taparrashrjik *(n.)* runabout
թափառաշրջիկ taparrashrjik *(n.)* vagabond
թափառել taparrel *(v.)* loaf
թափառել taparrel *(v.)* loiter
թափառել taparrel *(v.)* roam
թափառել taparrel *(v.)* rove
թափառել taparrel *(v.)* wander
թափել tapel *(v.)* dump
թափել tapel *(v.)* moult
թափել tapel *(v.)* shed
թափել tapel *(v.)* spill
թափթփած հեղուկ taptpats heghuk *(n.)* spill
թափոն tapon *(n.)* junk
թափոններ taponner *(n.)* waste
թափոր tapor *(n.)* procession
թափուր աշխատատեղ tapur ashkhategh *(n.)* vacancy
թափվել tapvel *(v.)* fall
թաքնվել taqnvel *(v.)* hide
թաքնվել taqnvel *(v.)* lurk
թաքուն taqun *(adj.)* latent
թաքուն taqun *(adj.)* occult
թաքուն taqun *(adj.)* underhand
թաքցնել taqcnel *(v.)* conceal
թաքցնել taqcnel *(v.)* harbour
թաքցնել taqcnel *(v.)* occult
թաքցնող taqcnogh *(n.)* concealer
թե te *(conj.)* whether
թեև teyev *(conj.)* although
թեև teyev *(conj.)* though
թեզիս tezis *(n.)* thesis
թեթև tetev *(adj.)* facile
թեթև tetev *(adj.)* light
թեթևակի tetevaki *(adv.)* lightly
թեթևամիտ tetevamit *(adj.)* flip

թեթևամիտ tetevamit *(adj.)* scatterbrained
թեթևամիտ tetevamit *(adj.)* scatty
թեթևամիտ մարդ tetevamit mard *(n.)* scatterbrain
թեթևամտություն tetevamtutyun *(n.)* flippancy
թեթևամտություն tetevamtutyun *(n.)* levity
թեթևացնել tetevacnel *(v.)* alleviate
թեթևացնել tetevacnel *(v.)* ease
թեթևացնել tetevacnel *(v.)* facilitate
թեթևացնել tetevacnel *(v.)* relieve
թեթևացում tetevacum *(n.)* alleviation
թեթևացում tetevacum *(n.)* facilitation
թեթևացում tetevacum *(n.)* relief
թեիզմ teizm *(n.)* theism
թեիստ teist *(n.)* theist
թել tel *(n.)* thread
թելադրանք teladranq *(n.)* dictation
թելադրել teladrel *(v.)* dictate
թելակոճ telakoch *(n.)* reel
թելել telel *(v.)* floss
թելել telel *(v.)* thread
թելիկ telik *(n.)* filament
թելիկապատում telikapatum *(n.)* filamentation
թելիկապատված telikapatvats *(adj.)* filamented
թեկնածու teknatsu *(n.)* candidate
թեկնածու teknatsu *(n.)* nominee
թեկնածություն teknatsutyun *(n.)* candidacy
թեմ tem *(n.)* diocese
թեմա tema *(n.)* theme
թեմա tema *(n.)* topic
թեմատիկ tematik *(adj.)* thematic
թեյ tey *(n.)* tea
թեյագործ teyagorts *(n.)* tea maker
թեյաման teyaman *(n.)* kettle
թեյաման teyaman *(n.)* teapot
թեյատուփ teyatup *(n.)* teabox
թեյարան teyaran *(n.)* teahouse
թեյել teyel *(v.)* tea
թեյի գավաթ teyi gavat *(n.)* teacup
թեյի տոպրակ teyi toprak *(n.)* teabag
թենիս tenis *(n.)* tennis
թեորեմ teorem *(n.)* theorem
թերագնահատել teragnahatel *(v.)* misjudge
թերաթռիչք teratrrichq *(n.)* short
թերահավատ terahavat *(adj.)* sceptical
թերահավատ մարդ terahavat mard *(n.)* sceptic
թերահավատություն terahavatutyun *(n.)* scepticism
թերաճ օրգան terach organ *(n.)* rudiment
թերապևտ terapevt *(n.)* therapist
թերապիա terapia *(n.)* therapy
թերզարգացում terzargacum *(n.)* nanism
թերթավորել tertavorel *(v.)* sheet
թերթատել tertatel *(v.)* foliate
թերթատում tertatum *(n.)* foliation
թերթաքար tertaqar *(n.)* mica
թերթաքար tertaqar *(n.)* slate
թերթել tertel *(v.)* browse
թերթիկ tertik *(n.)* leaflet
թերի teri *(adj.)* defective
թերի teri *(adj.)* deficient
թերի teri *(adj.)* incomplete
թերմոս (կոլբա) termos (kolba) *(n.)* thermos (flask)
թերություն terutyun *(n.)* demerit
թերություն terutyun *(n.)* disadvantage
թերություն terutyun *(n.)* drawback
թերություն terutyun *(n.)* flaw
թերություն terutyun *(n.)* shortcoming
թերսնուցում tersnucum *(n.)* malnutrition
թերսնված tersnvats *(adj.)* malnourished
թև tev *(n.)* wing
թևատեղ tevategh *(n.)* armhole
թևնոց tevnoc *(n.)* armlet
թևք tevq *(n.)* sleeve
թեփ tep *(n.)* bran
թեփ tep *(n.)* dandruff
թեփ tep *(n.)* sawdust
թեփոտվել tepotvel *(n.)* slough
թեք teq *(adj.)* oblique
թեքել teqel *(v.)* tilt
թեքություն tequtyun *(n.)* declivity

թեքություն tequtyun *(n.)* tilt
թեքություն ունենալ tequtyun unenal *(v.)* slant
թեքում tequm *(n.)* inclination
թեքում tequm *(n.)* slant
թեքվել teqvel *(v.)* bend
թեքվել teqvel *(v.)* droop
թեքվել teqvel *(v.)* incline
թեքվել teqvel *(v.)* lurch
թեքվել teqvel *(v.)* shunt
թզուկ tzuk *(n.)* dwarf
թզուկ tzuk *(n.)* gnome
թզուկ tzuk *(n.)* midget
թզուկ tzuk *(n.)* pigmy
թզուկ tzuk *(n.)* pygmy
թզուկային tzukayin *(adj.)* dwarf
թզուկանալ tzukanal *(v.)* dwarf
թթու ttu *(n.)* acid
թթու ttu *(adj.)* acidic
թթու ttu *(adj.)* citric
թթու ttu *(adj.)* sour
թթու դնել ttu dnel *(v.)* pickle
թթվածին ttvatsin *(n.)* oxygen
թթվածնաթթու ttvatsnattu *(n.)* oxyacid
թթվածնացնել ttvatsnacnel *(v.)* oxygenate
թթվածնացում ttvatsnacum *(n.)* oxygenation
թթվածնացված ttvatsnacvats *(adj.)* oxygenated
թթվային անձրև ttvayin andzrev *(n.)* acid rain
թթվային փորձարկում ttvayin pordzarkum *(n.)* acid test
թթվաջուր ttvajur *(n.)* pickle
թթվել ttvel *(v.)* ferment
թթվել ttvel *(v.)* sour
թիակ tiak *(n.)* oar
թիակ tiak *(n.)* paddle
թիակ tiak *(n.)* shovel
թիակոսկր tiakoskr *(n.)* scapular
թիակոսկրային tiakoskrayin *(adj.)* scapular
թիակով մաքրել tiakov maqrel *(v.)* shovel
թիավար tiavar *(n.)* oarsman
թիավարել tiavarel *(v.)* paddle
թիավարել tiavarel *(v.)* row
թիավարում tiavarum *(n.)* row
թիթեղագործ titeghagorts *(n.)* tinker
թիթեռ titerr *(n.)* butterfly
թիթեռնիկ titerrnik *(n.)* butterhead
թիկնապահ tiknapah *(n.)* bodyguard
թիկնացավ tiknacav *(n.)* sciatica
թիկնացավոտ tiknacavot *(adj.)* sciatic
թիկնոց tiknoc *(n.)* cisco
թիկնոց tiknoc *(n.)* cloak
թիկնոց tiknoc *(n.)* dolman
թիկնոց tiknoc *(n.)* mantle
թիկնոց tiknoc *(n.)* robe
թիկունք tikunq *(n.)* rear
թիկունքում tikunqum *(adv.)* rear
թիմ tim *(n.)* team
թիմակառուցում timakarrucum *(n.)* team building
թիմակից timakic *(n.)* teammate
թիմային աշխատանք timayin ashkhatanq *(n.)* teamwork
թիմային առումով timayin arrumov *(adv.)* teamwise
թիմավորված timavorvats *(adj.)* teamed
թիվ tiv *(n.)* number
թիրախ tirakh *(n.)* target
թիրախակետ tirakhaket *(n.)* bull's eye
թլփատել tlpatel *(v.)* circumcise
թխած tkhats *(adj.)* breaded
թխահեր tkhaher *(n.)* brunette
թխանալ tkhanal *(v.)* tan
թխել tkhel *(v.)* bake
թխկթխկացնել tkhktkhkacnel *(v.)* clatter
թխկթխկոց tkhktkhkoc *(n.)* clatter
թխություն tkhutyun *(n.)* tan
թղթադրամ tghtadram *(n.)* banknote
թղթակից tghtakic *(n.)* columnist
թղթակից tghtakic *(n.)* correspondent
թղթամոլ tghtamol *(n.)* gambler
թղթապայուսակ tghtapayusak *(n.)* portfolio
թղթապանակ tghtapanak *(n.)* briefcase
թղթապանակ tghtapanak *(n.)* folder
թղթապանակ tghtapanak *(n.)*

scratchpad
թղթապանակ, ֆայլ tghtapanak, fayl *(n.)* file
թղթե պայուսակ tghte payusak *(n.)* paper bag
թղթի թոփ tghti top *(n.)* ream
թմբլիկ tmblik *(adj.)* chubby
թմբկահար tmbkahar *(n.)* drumfish
թմբկահարել tmbkaharel *(v.)* drum
թմբկահարություն tmbkaharutyun *(n.)* drumbeat
թմբուկ tmbuk *(n.)* drum
թմբուկի հավաքածու tmbuki havaqatsu *(n.)* drum kit
թմրաբեր tmraber *(adj.)* dope
թմրադեղ tmradegh *(n.)* dope
թմրադեղ tmradegh *(n.)* drug
թմրադեղ tmradegh *(n.)* narcotic
թմրադեղ tmradegh *(n.)* opiate
թմրած tmrats *(adj.)* doped
թմրամոլ tmramol *(n.)* addict
թմրամոլ tmramol *(n.)* drug addict
թմրացնող tmrecnogh *(adj.)* opiate
թմրեցնել tmrecnel *(v.)* dope
թմրեցնել tmrecnel *(v.)* opiate
թմրեցնող tmrecnogh *(adj.)* dopey
թյուրիմացություն tyurimacutyun *(n.)* misunderstanding
թնդանոթ tndanot *(n.)* cannon
թշնամական tshnamakan *(adj.)* hostile
թշնամական tshnamakan *(adj.)* inimical
թշնամանալ tshnamanal *(v.)* feud
թշնամանք tshnamanq *(n.)* enmity
թշնամանք tshnamanq *(n.)* feud
թշնամի tshnami *(n.)* enemy
թշնամի tshnami *(n.)* foe
թշնամություն tshnamutyun *(n.)* animosity
թշնամություն tshnamutyun *(n.)* animus
թշնամություն tshnamutyun *(n.)* hostility
թշշալ tshshal *(v.)* sizzle
թշշոց tshshoc *(n.)* sizzle
թշվառ tshvarr *(adj.)* miserable
թշվառ tshvarr *(adj.)* squalid
թշվառ tshvarr *(adj.)* wretched
թշվառություն tshvarrutyun *(n.)* misery
թշվառություն tshvarrutyun *(n.)* squalor
թոթովանք totovanq *(n.)* babble
թոթովանք totovanq *(n.)* prattle
թոթովել totovel *(v.)* babble
թոթովել totovel *(v.)* lisp
թոթովել totovel *(v.)* prattle
թոթվել totvel *(v.)* shrug
թոթվում totvum *(n.)* shrug
թողարկել togharkel *(v.)* issue
թողարկում togharkum *(n.)* issue
թողնել toghnel *(v.)* forsake
թողնել toghnel *(v.)* quit
թողունակություն toghunakutyun *(n.)* bandwidth
թոնիր tonir *(n.)* tandoor
թոշակ toshak *(n.)* stipend
թոշակառու toshakarru *(n.)* pensioner
թոշակավորել toshakavorel *(v.)* pension
թոշակավորվել toshakavorvel *(v.)* retire
թովել tovel *(v.)* infatuate
թորբու torbu *(n.)* rasp
թորում torum *(n.)* side-stream
թու՛հ tuh! *(interj.)* fie
թուզ tuz *(n.)* fig
թութ tut *(n.)* mulberry
թութակ tutak *(n.)* parrot
թութք tutq *(n.pl.)* piles
թուլակամ մարդ tulakam mard *(n.)* weakling
թուլամորթ tulamort *(adj.)* flabby
թուլամտություն tulamtutyun *(n.)* dementia
թուլանալ tulanal *(v.)* languish
թուլացնել tulacnel *(v.)* debilitate
թուլացնել tulacnel *(v.)* enervate
թուլացնել tulacnel *(v.)* loosen
թուլացնել tulacnel *(v.)* slacken
թուլացնող tulacnogh *(adj.)* debilitating
թուլացնող միջոց tulacnogh mijoc *(n.)* debilitant
թուլացում tulacum *(n.)* debilitation

թուլացում tulacum *(n.)* relaxation
թուլություն tulutyun *(n.)* debility
թուլություն tulutyun *(n.)* infirmity
թուլություն tulutyun *(n.)* languor
թուլություն tulutyun *(n.)* laxity
թուխ tukh *(adj.)* swarthy
թուխ tukh *(adj.)* tan
թուղթ tught *(n.)* paper
թույլ tuyl *(adj.)* debile
թույլ tuyl *(adj.)* feeble
թույլ tuyl *(adj.)* lax
թույլ tuyl *(adj.)* slight
թույլ, փխրուն tuyl, pkhrun *(adj.)* frail
թույլատրել tuylatrel *(v.)* allow
թույլատրել tuylatrel *(v.)* let
թույլատրել tuylatrel *(v.)* permit
թույլատրելի tuylatreli *(adj.)* admissible
թույլատրելի tuylatreli *(adj.)* permissible
թույլատրում tuylatrum *(n.)* allowance
թույլտվություն tuyltvutyun *(n.)* permission
թույն tuyn *(n.)* poison
թույն tuyn *(n.)* toxin
թույն tuyn *(n.)* venom
թունաբան tunaban *(n.)* toxicologist
թունաբանություն tunabanutyun *(n.)* toxicology
թունավոր tunavor *(adj.)* poisonous
թունավոր tunavor *(adj.)* toxic
թունավոր tunavor *(adj.)* venomous
թունավոր tunavor *(adj.)* virulent
թունավորել tunavorel *(v.)* poison
թունավորություն tunavorutyun *(n.)* toxicity
թունավորություն tunavorutyun *(n.)* virulence
թունավորում tunavorum *(n.)* intoxication
թունավորում tunavorum *(n.)* toxification
թունաքիմիկատ tunaqimikat *(n.)* pesticide
թունել tunel *(n.)* tunnel
թունել անցկացնել tunel anckacnel *(v.)* tunnel
թունոտ tunot *(adj.)* waspish
թուր tur *(n.)* sabre
թուր tur *(n.)* sword
թուրմ turm *(n.)* decoction
թուրմ turm *(n.)* tincture
թուփ tup *(n.)* bush
թուփ tup *(n.)* shrub
թուք tuq *(n)* drool
թուք tuq *(n.)* saliva
թուք tuq *(n.)* spit
թուք tuq *(n.)* spittle
թուք tuq *(n.)* sputum
թոք toq *(n.)* lung
թոքաբորբ toqaborb *(n.)* pneumonia
թոքաբորբ toqaborb *(n.)* pneumoniac
թոքաբորբոքային toqaborboqayin *(adj.)* pneumonic
թռիչք trrichq *(n.)* flight
թռիչք trrichq *(n.)* fly
թռիչք trrichq *(n.)* take-off
թռչել trrchel *(v.)* fly
թռչկոտել trrchkotel *(v.)* cavort
թռչնաբան trrchnaban *(n.)* ornithologist
թռչնաբանություն trrchnabanutyun *(n.)* ornithology
թռչնակիր trrchnakir *(n.)* birdlime
թռչնամիս trrchnamis *(n.)* poultry
թռչնանոց trrchnanoc *(n.)* aviary
թռչուն trrchun *(n.)* bird
թռչուն trrchun *(n.)* flyer
թռչուն trrchun *(n.)* fowl
թվաբանություն tvabanutyun *(n.)* arithmetic
թվագրել tvagrel *(v.)* date
թվագրված tvagrvats *(adj.)* dated
թվալ tval *(v.)* seem
թվային tvayin *(adj.)* digital
թվային tvayin *(adj.)* enumerative
թվային tvayin *(adj.)* numerical
թվայնացնել tvaynacnel *(v.)* digitalize
թվանշան tvanshan *(n.)* digit
թվանշան tvanshan *(n.)* numeral
թվապատճեն tvapatchen *(n.)* soft copy
թվատախտակ tvatakhtak *(n.)* dial
թվարկել tvarkel *(v.)* enumerate
թվարկելի tvarkeli *(adj.)* enumerable
թրատել tratel *(v.)* sabre

թրև գալ trev gal *(v.)* dawdle

թրթիռ trtirr *(n.)* flutter

թրթուր trtur *(n.)* caterpillar

թրթուր trtur *(n.)* weevil

թրթռալ trtrral *(v.)* flutter

թրթռալ trtrral *(v.)* vibrate

թրիլլեր triller *(n.)* thriller

թրիք triq *(n.)* dung

թրխկացնել trkhkacnel *(v.)* rattle

թրխկոց trkhkoc *(n.)* rattle

թրծակավ trtsakav *(n.)* terracotta

թրծակավագույն trtsakavaguyn *(adj.)* terracotta

թրմել trmel *(v.)* steep

թրմփալ trmpal *(v.)* thud

թրմփոց trmpoc *(n.)* thud

թրոմբ tromb *(n.)* clot

թրջել trjel *(v.)* dabble

թրջել trjel *(v.)* soak

թրջում trjum *(n.)* soak

թփերով ծածկված tperov tsatskvats *(adj.)* bushy

թփթփացնել tptpacnel *(v.)* pat

թփթփոց tptpoc *(n.)* pat

թքաման tqaman *(n.)* spitton

թքել tqel *(v.)* drool

թքել tqel *(v.)* spit

թքոտել tqotel *(v.)* beslaver

Ժ ժ

ժամ djam *(n.)* hour

ժամադրություն djamadrutyun *(n.)* rendezvous

ժամադրություն djamadrutyun *(n.)* tryst

ժամանակ djamanak *(n.)* tense

ժամանակ djamanak *(n.)* time

ժամանակ djamanak *(n.)* while

ժամանակ անցկացնել djamanak anckacnel *(v.)* while

ժամանակ նշանակել djamanak nshanakel *(v.)* time

ժամանակագրական djamanakagrakan *(adj.)* chronological

ժամանակագրություն djamanakagrutyun *(n.)* chronicle

ժամանակագրություն djamanakagrutyun *(n.)* chronology

ժամանակակից djamanakakic *(adj.)* contemporary

ժամանակակից djamanakakic *(adj.)* modern

ժամանակամիջոց djamanakamijoc *(n.)* interim

ժամանակաշրջան djamanakashrjan *(n.)* period

ժամանակավոր djamanakavor *(adj.)* ad hoc

ժամանակավոր djamanakavor *(adj.)* provisional

ժամանակավոր djamanakavor *(adj.)* temporal

ժամանակավոր djamanakavor *(adj.)* temporary

ժամանակավոր լուծում djamanakavor lutsum *(n.)* Band-Aid

ժամանակացույց djamanakacuyc *(n.)* timeline

ժամանակին djamanakin *(adj.)* seasonable

ժամանակին djamanakin *(adj.)* well-timed

ժամանել djamanel *(v.)* arrive

ժամանում djamanum *(n.)* arrival

ժամանց djamanc *(n.)* leisure

ժամացույց djamacuyc *(n.)* clock

ժամացույց djamacuyc *(n.)* watch

ժամերգություն djamergutyun *(n.)* mimesis

ժամկետ djamket *(n.)* term

ժամկետ djamket *(n.)* time limit

ժամկետանց djamketanc *(adj.)* overdue

ժամկետը լրանալ djamketa lranal *(v.)* expire

ժամկետի ավարտ djamketi avart *(n.)* expiry

ժամսլաքի հակառակ ուղղությամբ djamslaqi hakarrak ughghutyamb *(adv.)* anticlockwise

ժամսլաքի ուղղությամբ djamslaqi ughghutyamb *(adv.)* clockwise

ժայթքել djaytqel *(v.)* ejaculate

ժայթքել djaytqel *(v.)* erupt
ժայթքում djaytqum *(n.)* ejaculate
ժայթքում djaytqum *(n.)* eruption
ժայռ djayrr *(n.)* rock
ժայռամագլցող djayrramaglcogh *(n.)* rock climber
ժայռապատում djayrrapatum *(n.)* rubblework
ժայռատակ իջնել djayrratak ijnel *(v.)* rock-bottom
ժանգ djang *(n.)* rust
ժանգոտ djangot *(adj.)* rusty
ժանգոտվել djangotvel *(v.)* rust
ժանիք djaniq *(n.)* tusk
ժանյակ djanyak *(n.)* lace
ժանյականման djanyakanman *(adj.)* lacy
ժանտախտ djantakht *(n.)* pestilence
ժանտախտի djantakhti *(adj.)* plague
ժանտաքիս djantaqis *(n.)* polecat
ժանր djanr *(n.)* genre
ժապավեն djapaven *(n.)* ribbon
ժապավեն djapaven *(n.)* tape
ժառանգ djarrang *(n.)* heir
ժառանգական djarrangakan *(adj.)* hereditary
ժառանգական djarrangakan *(adj.)* heritable
ժառանգականություն djarrangakanutyun *(n.)* heredity
ժառանգել djarrangel *(v.)* inherit
ժառանգորդուհի djarrangorduhi *(n.)* heiress
ժառանգություն djarrangutyun *(n.)* bequest
ժառանգություն djarrangutyun *(n.)* heritage
ժառանգություն djarrangutyun *(n.)* inheritance
ժառանգություն djarrangutyun *(n.)* legacy
ժառանգություն djarrangutyun *(n.)* patrimony
ժարգոն djargon *(n.)* jargon
ժարգոն djargon *(n.)* slang
ժարգոնով խոսող djargonov khosogh *(n.)* canter
ժելատին, դոնդող djelatin, dondogh *(n.)* gelatin
ժելատինացնել djelatinacnel *(v.)* gelatinize
ժելե djele *(n.)* agar
ժեստ djest *(n.)* gesture
ժեստերով ցուցադրել djesterov cucadrel *(v.)* motion
ժիլետ djilet *(n.)* vest
ժիր djir *(adj.)* playful
ժլատ djlat *(n.)* miser
ժլատ djlat *(adj.)* miserly
ժլատ djlat *(adj.)* niggardly
ժլատ djlat *(adj.)* stingy
ժլատ մարդ djlat mard *(n.)* niggard
ժլատ մարդ djlat mard *(n.)* scrooge
ժխտել djkhtel *(v.)* negate
ժխտում djkhtum *(n.)* denial
ժխտում djkhtum *(n.)* negation
ժյուրի djyuri *(n.)* jury
ժյուրիի անդամ djyurii andam *(n.)* juryman
ժոկեյ, ձիավարժ djokey, dziavardj *(n.)* jockey
ժողով djoghov *(n.)* assembly
ժողով djoghov *(n.)* forum
ժողովածու djoghovatsu *(n.)* anthology
ժողովուրդ djoghovurd *(n.)* folk
ժողովուրդ djoghovurd *(n.)* people
ժողովրդագրական djoghovrdagrakan *(adj.)* demographic
ժողովրդական djoghovrdakan *(adj.)* folk
ժողովրդականացնել djoghovrdakanacnel *(v.)* popularize
ժողովրդականություն djoghovrdakanutyun *(n.)* popularity
ժողովրդավարություն djoghovrdavarutyun *(n.)* democracy
ժուժկալել djudjkalel *(v.)* abstain
ժուժկալություն djudjkalutyun *(n.)* abstinence
ժպիտ djpit *(n.)* smile
ժպտալ djptal *(v.)* smile

Ի ի

~ի ~i *(prep.)* of
ի վերջո i verjo *(adv.)* ultimately
ի տարբերություն i tarberutyun *(prep.)* unlike
իգական igakan *(adj.)* female
իգլու, տնակ iglu, tnak *(n.)* igloo
իդեալ ideal *(n.)* ideal
իդեալական idealakan *(adj.)* ideal
իդեալականացնել idealakanacnel *(v.)* idealize
իդեալիզմ idealizm *(n.)* idealism
իդեալիստ idealist *(n.)* idealist
իդեալիստական idealistakan *(adj.)* idealistic
իեն ien *(n.)* yen
իզոբար, եղանակային քարտեզ izobar, yeghanakayin qartez *(n.)* isobar
իզուր izur *(adj.)* vain
իժ idj *(n.)* adder
իլիկ ilik *(n.)* bobbin
իլիկ ilik *(n.)* spindle
իմ im *(pron.)* my
իմանալ imanal *(v.)* know
իմաստ imast *(n.)* meaning
իմաստ imast *(n.)* purport
իմաստ imast *(n.)* sense
իմաստ imast *(n.)* signification
իմաստալից imastalic *(adj.)* meaningful
իմաստակաբանություն imastakabanutyun *(n.)* sophistication
իմաստավոր imastavor *(adj.)* notional
իմաստության ատամ imastutyan atam *(n.)* wisdom-tooth
իմաստություն imastutyun *(n.)* wisdom
իմաստուն imastun *(adj.)* sage
իմաստուն imastun *(adj.)* sapient
իմաստուն imastun *(adj.)* wise
իմաստունություն imastunutyun *(n.)* sageness
իմաստունություն imastunutyun *(n.)* sapience
իմացական imacakan *(adj.)* cognitive
իմացություն imacutyun *(n.)* perception
իմը ima *(pron.)* mine
իմուն, վարակամերժ imun, varakamerdj *(adj.)* immune
իմունիտետ, անվարակելիություն imunitet, anvarakeliutyun *(n.)* immunity
իմպերիալիզմ imperializm *(n.)* imperialism
իմպոտենտ, անզոր impotent, anzor *(adj.)* impotent
իմպոտենցիա, սեռական անկարողություն impotencia, serrakan ankaroghutyun *(n.)* impotence
իմպուլս, ազդակ impuls, azdak *(n.)* impulse
իմպուլսիվ, ազդակային impulsiv, azdakayin *(adj.)* impulsive
իմպուլսիվ, բուռն impulsiv, burrn *(adj.)* impetuous
ինդիգո, թանաքագույն indigo, tanaqaguyn *(n.)* indigo
ինդիկատոր, ցուցիչ indikator, cucich *(n.)* indicator
ինդուկցիա indukcia *(n.)* induction
ինդուկցիա առաջացնել indukcia arrajacnel *(v.)* induct
իներտ inert *(adj.)* inert
իներցիա inercia *(n.)* inertia
ինը ina *(num.)* nine
ինժեներ indjener *(n.)* engineer
ինկուբացնել, բազմացնել inkubacnel, bazmacnel *(v.)* incubate
ինկվիզիցիա, հավատաքննություն inkvizicia, havataqnnutyun *(n.)* inquisition
ինձ indz *(pron.)* me
իններորդ innerord *(num.)* ninth
իննսուն innsun *(num.)* ninety
իննսուներորդ innsunerord *(num.)* ninetieth
ինչ inch *(pron.)* what
ինչ inch *(interj.)* what
ինչ էլ որ inch el vor *(pron.)* whatever

ինչ-որ տեղ inch-vor tegh *(adv.)* somewhere
ինչու inchu *(adv.)* why
ինչում inchum *(adv.)* wherein
ինչպես inchpes *(adv.)* as
ինչպես inchpes *(adv.)* how
ինչքան էլ որ inchqan el vor *(adv.)* however
ինստիտուտ institut *(n.)* institute
ինտեգրել, միացնել integrel, miacnel *(v.)* integrate
ինտելեկտ, խելք intelekt, khelq *(n.)* intellect
ինտենսիվ, լարված intensiv, larvats *(adj.)* intense
ինտերակտիվ interaktiv *(adj.)* interactive
ինտերիեր interier *(n.)* interior
ինտերիեր, ներսի interier, nersi *(adj.)* interior
ինտերնետային էջ internetayin ej *(n.)* web page
ինտիմ, մտերիմ intim, mterim *(adj.)* intimate
ինտուիցիա, կռահում intuicia, krrahum *(n.)* intuition
ինտրիգներ սարքել intrigner sarqel *(v.)* intrigue
ինտրովերտ introvert *(n.)* introvert
ինքնաբերական inqnaberakan *(adj.)* automatic
ինքնաբերական inqnaberakan *(adj.)* spontaneous
ինքնաբերություն inqnaberutyun *(n.)* spontaneity
ինքնագիտակցություն inqnagitakcutyun *(n.)* self-awareness
ինքնագիր inqnagir *(n.)* autograph
ինքնագոհ inqnagoh *(adj.)* complacent
ինքնագոհ inqnagoh *(adj.)* smug
ինքնադիտել inqnaditel *(v.)* introspect
ինքնադիտողություն inqnaditoghutyun *(n.)* introspection
ինքնաեռ inqnayerr *(n.)* samovar
ինքնազբաղված inqnazbaghvats *(adj.)* self-employed
ինքնաթիռ inqnatirr *(n.)* aircraft
ինքնաթիռ inqnatirr *(n.)* plane
ինքնակալ inqnakal *(n.)* autocrat
ինքնակալական inqnakalakan *(adj.)* autocratic
ինքնակալություն inqnakalutyun *(n.)* autocracy
ինքնակենսագրություն inqnakensagrutyun *(n.)* autobiography
ինքնակոչ inqnakoch *(adj.)* self-appointed
ինքնակոչ inqnakoch *(adj.)* self-proclaimed
ինքնահաստատված inqnahastatvats *(adj.)* self-imposed
ինքնահարգանք inqnaharganq *(n.)* self-esteem
ինքնամփոփ inqnampop *(adj.)* sullen
ինքնաոչնչացնել inqnavochnchacnel *(v.)* self-destruct
ինքնապատասխանիչ inqnapataskhanich *(n.)* answering machine
ինքնասպանական inqnaspanakan *(adj.)* suicidal
ինքնասպանություն inqnaspanutyun *(n.)* suicide
ինքնասպասարկում inqnaspasarkum *(n.)* self-service
ինքնաստուգող inqnastugogh *(n.)* autocorrect
ինքնավար inqnavar *(adj.)* autonomous
ինքնավիրավորանք inqnaviravoranq *(n.)* self-abuse
ինքնավստահ inqnavstah *(adj.)* opinionated
ինքնավստահ inqnavstah *(adj.)* self-confident
ինքնատիրապետում inqnatirapetum *(n.)* self-control
ինքնիշխան inqnishkhan *(adj.)* sovereign
ինքնիշխանություն inqnishkhanutyun *(n.)* sovereignty
ինքս inqs *(pron.)* myself
ինֆանտիլ, մանկական infantil, mankakan *(adj.)* infantile
իշխանություն ishkhanutyun *(n.)*

ascendancy
իշոտնուկ ishotnuk *(n.)* sawhorse
իջեցնել ijecnel *(v.)* demote
իջեցնել ijecnel *(v.)* ground
իջևանատուն ijevanatun *(n.)* roadhouse
իջնել ijnel *(v.)* abseil
իջնել ijnel *(v.)* alight
իջնել ijnel *(v.)* descend
իջնել ijnel *(v.)* down
իջնել ijnel *(v.)* neap
իջնել բարձրանալ ijnel bardzranal *(v.)* slope
իջնող ijnogh *(adj.)* downward
իռացիոնալ, անբնական irracional, anbnakan *(adj.)* irrational
իռլանդական irrlandakan *(adj.)* Irish
իռլանդերեն irrlanderen *(n.)* Irish
իսկ և իսկ isk yev isk *(adv.)* pat
իսկական iskakan *(adj.)* authentic
իսկական iskakan *(adj.)* genuine
իսկական iskakan *(adj.)* mere
իսկական iskakan *(adj.)* original
իսկական iskakan *(adj.)* veritable
իսկապես iskapes *(adv.)* indeed
իսկապես iskapes *(adv.)* really
իսկություն iskutyun *(n.)* originality
իսպանական ispanakan *(adj.)* Spanish
իսպանացի ispanaci *(n.)* Spaniard
իսպաներեն ispaneren *(n.)* Spanish
իտալական italakan *(adj.)* Italian
իտալացի italaci *(n.)* Italian
իրագործել iragortsel *(v.)* implement
իրագործելի iragortseli *(adj.)* doable
իրագործելի iragortseli *(adj.)* feasible
իրագործելի iragortseli *(adj.)* practicable
իրադրություն iradrutyun *(n.)* situation
իրազեկ irazek *(adj.)* aware
իրազեկ irazek *(adj.)* conversant
իրազեկ irazek *(adj.)* versed
իրազեկել irazekel *(v.)* intimate
իրազեկություն irazekutyun *(n.)* cognizance
իրազեկվածություն irazekvacutyun *(n.)* awareness
իրական irakan *(adj.)* actual
իրական irakan *(adj.)* real
իրական irakan *(adj.)* very
իրական irakan *(adj.)* virtual
իրականացնել irakanacnel *(v.)* fulfil
իրականացում irakanacum *(n.)* fulfilment
իրականացում irakanacum *(n.)* realization
իրականություն irakanutyun *(n.)* reality
իրականում irakanum *(adv.)* actually
իրան iran *(n.)* waist
իրանակալ iranakal *(n.)* waistband
իրավաբան iravaban *(n.)* attorney
իրավաբան iravaban *(n.)* jurist
իրավաբան iravaban *(n.)* lawyer
իրավաբանություն iravabanutyun *(n.)* jurisprudence
իրավազանց iravazanc *(adj.)* delinquent
իրավազանցություն iravazancutyun *(n.)* delinquency
իրավազուրկ անձ iravazurk andz *(n.)* outlaw
իրավական գործողություն iravakan gortsoghutyun *(n.)* legal action
իրավասու iravasu *(adj.)* competent
իրավասու iravasu *(adj.)* eligible
իրավասություն iravasutyun *(n.)* jurisdiction
իրավասություն iravassutyun *(n.)* purview
իրավիճակ iravichak *(n.)* status
իրավունք iravunq *(n.)* right
իրատեսական iratesakan *(adj.)* realistic
իրար անցնել irar ancnel *(v.)* fuss
իրարանցում irarancum *(n.)* commotion
իրարանցում irarancum *(n.)* fuss
իրարանցում irarancum *(n.)* ruckus
իրարանցում irarancum *(n.)* tumult
իրարանցում irarancum *(n.)* turmoil
իրարանցում ստեղծել iraeancum steghtsel *(v.)* clutter
իրենց irenc *(adj.)* their
իրոք iroq *(int.)* really
~ից ~ic *(prep.)* from

Լ լ

լաբիրինթոս labirintos *(n.)* labyrinth
լաբիրինթոս labirintos *(n.)* maze
լաբորատորիա laboratoria *(n.)* laboratory
լազուր lazur *(n.)* azure
լաթ lat *(n.)* rag
լաթ lat *(n.)* tatter
լակեյ, սպասավոր lakey, spassavor *(n.)* lackey
լակոնիկ lakonik *(adj.)* laconic
լակոտ lakot *(n.)* brat
լակոտ lakot *(n.)* puppy
լակտոմետր laktometr *(n.)* lactometer
լամա lama *(n.)* lama
լամպ lamp *(n.)* lamp
լայն layn *(adj.)* ample
լայն layn *(adj.)* broad
լայն layn *(adj.)* spacious
լայն layn *(adj.)* wide
լայնակի laynaki *(prep.)* across
լայնակի laynaki *(adj.)* cross
լայնաշերտ laynashert *(n.)* broadband
լայնատարած laynatarats *(adj.)* widespread
լայնարձակ laynardzak *(adj.)* vast
լայնացնել laynacnel *(v.)* dilate
լայնացնել laynacnel *(v.)* ream
լայնացնել laynacnel *(v.)* widen
լայնորեն laynoren *(adv.)* wide
լայնություն laynutyun *(n.)* breadth
լայնություն laynutyun *(n.)* latitude
լայնք laynq *(n.)* width
լանդշաֆտ, բնապատկեր landshaft, bnapatker *(n.)* landscape
լանջ lanj *(n.)* slope
լապշա lapsha *(n.)* noodle
լապտեր lapter *(n.)* flashlight
լապտեր lapter *(n.)* headlight
լապտեր lapter *(n.)* lantern
լապտեր lapter *(n.)* torch
լաստ last *(n.)* last
լաստանավ lastanav *(n.)* ferry
լաստանավ lastanav *(n.)* ferryboat
լաստենի lasteni *(n.)* alder
լավ lav *(adj.)* good
լավ lav *(adv.)* nicely
լավ lav *(adj.)* okay
լավ lav *(int.)* okay
լավ lav *(adj.)* okayish
լավ lav *(adv.)* well
լավա lava *(n.)* lava
լավատես lavates *(n.)* optimist
լավատեսական lavatesakan *(adj.)* optimistic
լավատեսություն lavatesutyun *(n.)* optimism
լավացնել lavacnel *(v.)* amend
լար lar *(n.)* cord
լար lar *(n.)* ligament
լար lar *(n.)* string
լարել larel *(v.)* key
լարել larel *(v.)* strain
լարել larel *(v.)* tension
լարել larel *(v.)* tune
լարել larel *(v.)* wind
լարող larogh *(n.)* winder
լարում larum *(n.)* strain
լարում larum *(n.)* tension
լարված larvats *(adj.)* intensive
լարված larvats *(adj.)* strenuous
լարված larvats *(adj.)* tense
լարված larvats *(adv.)* tensely
լարված larvats *(adj.)* tensioned
լարված մկան larvats mkan *(n.)* tensor
լարվել larvel *(v.)* tense
լացել lacel *(v.)* cry
լացել lacel *(v.)* weep
լացկան lackan *(adj.)* lachrymose
լափել lapel *(v.)* engorge
լափել lapel *(n.)* gobble
լաք laq *(n.)* lac, lakh
լաք laq *(n.)* varnish
լաքել laqel *(v.)* varnish
լեգենդ legend *(n.)* legend
լեգեոն legeon *(n.)* legion
լեգեոնական legeonakan *(n.)* legionary
լեզու lezu *(n.)* idiom
լեզու lezu *(n.)* language
լեզու lezu *(n.)* tongue
լեզվաբան lezvaban *(n.)* linguist

լեզվաբանական lezvabanakan *(adj.)* linguistic
լեզվաբանություն lezvabanutyun *(n.)* linguistics
լեզվակ lezvak *(n.)* clapper
լեզվային lezvayin *(adj.)* lingual
լեղապարկի քար leghaparki qar *(n.)* gall-stone
լեղի leghi *(n.)* bile
լեյտենանտ leytenant *(n.)* lieutenant
լեշ lesh *(n.)* roadkill
Լեո Leo *(n.)* Leo
լեռ lerr *(n.)* mountain
լեռան գագաթ lerran gagat *(n.)* alp
լեռնաբնակ lerrnabnak *(n.)* mountaineer
լեռնագագաթ lerrnagagat *(n.)* peak
լեռնային lerrnayin *(adj.)* mountainous
լեցուն բաժակ lecun badjak *(n.)* bumper
լի li *(adj.)* fraught
լի li *(adj.)* full
լիազոր liazor *(n.)* commissioner
լիազորագրված liazoragrvats *(adj.)* accredited
լիազորել liazorel *(v.)* alliterate
լիազորել liazorel *(v.)* authorize
լիազորել liazorel *(v.)* delegate
լիազորություն liazorutyun *(n.)* authority
լիազորված անձ liazorvac andz *(n.)* assignee
լիալուսին lialusin *(n.)* full moon
լիակատար liakatar *(adj.)* outright
լիակատար liakatar *(adj.)* thorough
լիակատար liakatar *(adj.)* utter
լիակատար պարտություն liakatar partutyun *(n.)* checkmate
լիարժեք liardjeq *(adj.)* sterling
լիարժեքություն liardjequtyun *(n.)* sterling
լիբերալ liberal *(adj.)* liberal
լիբերալիզմ liberalizm *(n.)* liberalism
լիգա liga *(n.)* league
լիզել lizel *(v.)* lick
լիզում lizum *(n.)* lick
լիկյոր, խմիչք likyor, khmichq *(n.)* liquor

լիճ lich *(n.)* lake
լիմոնադ limonad *(n.)* lemonade
լինգ ling *(n.)* crowbar
լինգո, օտար լեզու lingo, otar lezu *(n.)* lingo
լինդ lind *(n. pl.)* gum
լինել linel *(v.)* be
լինչել linchel *(v.)* lynch
լիովին liovin *(adv.)* outright
լիովին liovin *(adv.)* wholly
լիության մեջ liutyan mej *(adv.)* aplenty
լիություն liutyun *(n.)* fullness
լիություն liutyun *(n.)* plenty
լիսեռ lisserr *(n.)* axis
լիտր litr *(n.)* litre
լիցենզիա, արտոնություն licenzia, artonutyun *(n.)* licence
լիցք licq *(n.)* charge
լիցք licq *(n.)* padding
լիցքաթափել licqatapel *(v.)* decongest
լիցքաթափել licqatapel *(v.)* defuse
լիցքավորիչ licqavorich *(n.)* charger
լծակ ltsak *(n.)* lever
լծակների համակարգ ltsakneri hamakarg *(n.)* leverage
լծակով բարձրացնել ltsakov bardzracnel *(v.)* lever
լծաշարք ltsasharq *(n.)* tandem
լծաշարքով ltsasharqov *(adv.)* tandem
լծել ltsel *(v.)* harness
լծել ltsel *(v.)* yoke
լկտի lkti *(adj.)* impertinent
լկտի lkti *(adj.)* insolent
լկտի lkti *(adj.)* obscene
լկտի lkti *(adj.)* saucy
լկտիություն lktiutyun *(n.)* impertinence
լկտիություն lktiutyun *(n.)* insolence
լկտիություն lktiutyun *(n.)* obscenity
լճակ lchak *(n.)* pond
լճանալ lchanal *(v.)* stagnate
լճացած lchacats *(adj.)* stagnant
լճացում lchacum *(n.)* stagnation
լճափ lchap *(n.)* lakefront
լյարդ lyard *(n.)* liver
լյարդի lyardi *(adj.)* hepatic
լոբի lobi *(n.)* bean

լոգարան logaran *(n.)* bath
լոգարիթմ logaritm *(n.)* logarithm
լոզունգ lozung *(n.)* slogan
լոլիկ lolik *(n.)* tomato
լոկոմոտիվ lokomotiv *(n.)* locomotive
լող logh *(n.)* swim
լողաթև loghatev *(n.)* fin
լողալ loghal *(v.)* float
լողալ loghal *(v.)* sail
լողալ loghal *(v.)* swim
լողանալ loghanal *(v.)* bathe
լողանալու խալաթ loghanalu khalat *(n.)* bathrobe
լողափ loghap *(n.)* beach
լողափ loghap *(adj.)* beachfront
լողափի գնդակ loghapi gndak *(n.)* beach ball
լողորդ loghord *(n.)* swimmer
լողունակ loghunak *(adj.)* buoyant
լոսյոն սափրվելուց հետո losyon saprveluc heto *(n.)* aftershave
լոսյոն, դեղաթրջոց losyon, deghatrjoc *(n.)* lotion
լոտոս lotos *(n.)* lotus
լոր lor *(n.)* quail
լորդ lord *(n.)* peer
լորձ lordz *(n.)* mucus
լորձ lordz *(n.)* slime
լորձային lordzayin *(adj.)* mucous
լորձոտ lordzot *(adj.)* slimy
լու lu *(n.)* flea
լուծարել lutsarel *(v.)* dissolve
լուծարում lutsarum *(n.)* liquidation
լուծել lutsel *(v.)* riddle
լուծել lutsel *(v.)* solve
լուծելի lutseli *(adj.)* soluble
լուծելիություն lutseliutyun *(n.)* solubility
լուծիչ lutsich *(n.)* solvent
լուծող lutsogh *(adj.)* laxative
լուծողական lutsoghakan *(n.)* laxative
լուծողական lutsoghakan *(n.)* purgative
լուծում lutsum *(n.)* solution
լումա luma *(n.)* mite
լույս luys *(n.)* light
լուռ lurr *(adj.)* silent
լուռ lurr *(adj.)* tacit

լուսաբանել lusabanel *(v.)* elucidate
լուսաբանություն lusabanutyun *(n.)* blurb
լուսաբաց lusabac *(n.)* dawn
լուսաբաց lusabac *(n.)* dawnlight
լուսածորուն lusatsorun *(adj.)* fluorescent
լուսանալ lusanal *(v.)* dawn
լուսանկար lusankar *(n.)* photo
լուսանկար lusankar *(n.)* photograph
լուսանկարել lusankarel *(v.)* photograph
լուսանկարիչ lusankarich *(n.)* photographer
լուսանկարչական lusankarchakan *(adj.)* photographic
լուսանկարչություն lusankarchutyun *(n.)* photography
լուսապատկեր lussapatker *(n.)* spectrum
լուսապատճեն lusapatchen *(n.)* photocopy
լուսապսակ lusapsak *(n.)* nimbus
լուսավոր lusavor *(adj.)* luminous
լուսավոր lussavor *(adj.)* refulgent
լուսավոր(վ)ել lusavor(v)el *(v.)* light
լուսավոր(վ)ել lusavor(v)el *(v.)* lighten
լուսավորել lusavorel *(v.)* brighten
լուսավորել lusavorel *(v.)* enlighten
լուսավորել lusavorel *(v.)* illuminate
լուսավորություն lusavorutyun *(n.)* lightening
լուսավորություն lussavorutyun *(n.)* refulgence
լուսավորում lusavorum *(n.)* illumination
լուսատու lusatu *(n.)* luminary
լուսարձակ lusardzak *(n.)* floodlight
լուսարձակ lussardzak *(n.)* searchlight
լուսարձակել lusardzakel *(v.)* floodlight
լուսին lusin *(n.)* moon
լուսնալույս lusnaluys *(n.)* moonlight
լուսնային lusnayin *(adj.)* lunar
լուսնոտ lusnot *(n.)* somnambulist
լուսնոտություն lusnotutyun *(n.)* somnambulism
լուրեր lurer *(n.)* news

լուրեր lurer *(n. pl.)* tidings
լուրջ lurj *(adj.)* earnest
լուրջ lurj *(adj.)* serious
լուրջ lurj *(adj.)* staid
լոքո loqo *(n.)* catfish
լոքո loqo *(n.)* sheat
լռել lrrel *(v.)* hush
լռեցնել lrrecnel *(v.)* gag
լռեցնել lrrecnel *(v.)* silence
լռություն lrrutyun *(n.)* hush
լռություն lrrutyun *(n.)* silence
լռություն lrrutyun *(n.)* stillness
լսարան lsaran *(n.)* auditorium
լսել lsel *(v.)* hear
լսել lsel *(v.)* listen
լսող lsogh *(n.)* listener
լսողական lsoghakan *(adj.)* auditive
լսողություն lsoghutyun *(n.)* audition
լվանալ lvanal *(v.)* launder
լվանալ lvanal *(v.)* rinse
լվանալ lvanal *(v.)* wash
լվացարան lvacaran *(n.)* bidet
լվացարարուհի lvacararuhi *(n.)* laundress
լվացում lvacum *(n.)* ablution
լվացվող lvacvogh *(adj.)* washable
լվացք lvacq *(n.)* laundry
լվացք lvacq *(n.)* wash
լվացքի մեքենա lvacqi meqena *(n.)* washer
լրագիր lragir *(n.)* gazette
լրագիր lragir *(n.)* journal
լրագիր lragir *(n.)* newspaper
լրագրող lragrogh *(n.)* journalist
լրագրող lragrogh *(n.)* reporter
լրագրություն lragrutyun *(n.)* journalism
լրացում lracum *(n.)* addendum
լրացում lracum *(n.)* addition
լրացում lracum *(n.)* complement
լրացուցիչ lracucich *(adj.)* additional
լրացուցիչ lracucich *(adj.)* auxiliary
լրացուցիչ lracucich *(adj.)* complementary
լրացուցիչ lracucich *(adj.)* extra
լրացուցիչ lracucich *(adj.)* plus
լրացուցիչ lracucich *(adj.)* subsidiary
լրացուցիչ ընտրություններ lracucich antrutyunner *(n.)* by-election
լրացուցիչ իմաստ ունենալ lracucich imast unenal *(v.)* connote
լրիվ lriv *(adj.)* complete
լրիվ lriv *(adv.)* full
լրիվ lriv *(adj.)* total
լրիվ անվանում lriv anvanum *(n.)* full name
լրտես lrtes *(n.)* spy
լրտեսել lrtessel *(v.)* snoop
լրտեսել lrtessel *(v.)* spy
լցավորել lcavorel *(v.)* refuel
լցնել lcnel *(v.)* charge
լցնել lcnel *(v.)* stuff
լցված lcvats *(adj.)* replete
լքել lqel *(v.)* abandon
լքել lqel *(v.)* desert
լքել lqel *(v.)* rat
լքել ամայի վայրում lqel amayi vayrum *(v.)* maroon
լքված lqvats *(adj.)* abandoned

Խ խ

խաբեբա khabeba *(n.)* cheater
խաբեբա khabeba *(n.)* rook
խաբեբա khabeba *(n.)* trickster
խաբեբայություն khabebayutyun *(n.)* cheat
խաբեբայություն khabebayutyun *(n.)* imposture
խաբել khabel *(v.)* beguile
խաբել khabel *(v.)* bluff
խաբել khabel *(v.)* cajole
խաբել khabel *(v.)* cheat
խաբել khabel *(v.)* deceive
խաբել khabel *(v.)* delude
խաբել khabel *(v.)* dup
խաբել khabel *(v.)* dupe
խաբել khabel *(v.)* hoax
խաբել khabel *(v.)* hoodwink
խաբել khabel *(v.)* rook
խաբել khabel *(v.)* trick
խաբեություն khabeutyun *(n.)* hoax
խաբուսիկ khabusik *(adj.)* deceptive

խաբված մարդ khabvats mard *(n.)* dupe
խազ khaz *(n.)* notch
խալ khal *(n.)* birthmark
խալ khal *(n.)* mole
խալաթ khalat *(n.)* smock
խախտել khakhtel *(v.)* infringe
խախտում khakhtum *(n.)* infringement
խաղ xagh *(n.)* acting
խաղ khagh *(n.)* game
խաղ khagh *(n.)* play
խաղ փոխող khagh pokhogh *(n.)* game changer
խաղադաշտ khaghadasht *(n.)* playfield
խաղադաշտ khaghadasht *(n.)* schoolyard
խաղադրույք khaghadruyq *(n.)* antecardium
խաղալ khaghal *(v.)* game
խաղալ khaghal *(v.)* play
խաղալ khaghal *(v.)* toy
խաղալիք khaghaliq *(n.)* toy
խաղալիք արտադրող khaghaliq artadrogh *(n.)* toymaker
խաղալիքավաճառ khaghaliqavacharr *(n.)* toyseller
խաղալիքների խանութ khaghaliqneri khanut *(n.)* toystore
խաղակետ khaghaket *(n.)* game point
խաղահրապարակ khaghahraparak *(n.)* playground
խաղաղ khaghagh *(adj.)* peaceful
խաղաղասեր khaghaghaser *(adj.)* peaceable
խաղաղություն khaghaghutyun *(n.)* peace
խաղաղօվկիանոսյան khaghaghovkianosyan *(adj.)* pacific
խաղավերահսկիչ khaghaverahskich *(n.)* gamepad
խաղատարածք khaghataratsq *(n.)* gamespace
խաղատիկնիկ khaghatiknik *(n.)* puppet
խաղատուն khaghatun *(n.)* casino
խաղատուն khaghatun *(n.)* toyhouse

խաղացող khaghacogh *(n.)* gameplayer
խաղացող khaghacogh *(n.)* player
խաղաքարտ khaghaqart *(n.)* playcard
խաղի ամսաթիվ khaghi amsativ *(n.)* playdate
խաղող khaghogh *(n.)* grape
խաղողաքաղ khaghoghaqagh *(n.)* vintage
խայթել khaytel *(v.)* sting
խայթոց khaytoc *(n.)* fingerstick
խայթոց khaytoc *(n.)* sting
խայծ khayts *(n.)* bait
խայտառակություն khaytarrakutyun *(n.)* branding
խանգարել khangarel *(v.)* hinder
խանգարել khangarel *(v.)* impede
խանգարել khangarel *(v.)* interfere
խանգարող khangarogh *(adj.)* obstructive
խանգարում khangarum *(n.)* disorder
խանդ khand *(n.)* jealousy
խանդավառ khandavarr *(adj.)* enthusiastic
խանդավառություն khandavarrutyun *(n.)* enthusiasm
խանդոտ khandot *(adj.)* jealous
խանութ khanut *(n.)* shop
խանութի սեփականատեր khanuti sepakanater *(n.)* shopowner
խանութպան khanutpan *(n.)* shopkeeper
խանութպանություն khanutpanutyun *(n.)* shopkeep
խաչ khach *(n.)* cross
խաչ khach *(n.)* rood
խաչակիր khachakir *(n.)* crusader
խաչակրաց արշավանք khachakrac arshavanq *(n.)* crusade
խաչաձև կրակ khachadzev krak *(n.)* crossfire
խաչել khachel *(v.)* cross
խաչել khachel *(v.)* crucify
խաչելություն khachelutyun *(n.)* crucifix
խաչմերուկ khachmeruk *(n.)* crossroad
խաչված khachvats *(adj.)* crucified

խառատ kharrat *(n.)* turner
խառատահաստոց kharratahastoc *(n.)* lathe
խառնազգի սերունդ kharrnazgi serund *(n.)* mongrel
խառնակռիվ kharrnakrriv *(n.)* scramble
խառնաշփոթ kharrnashpot *(n.)* jumble
խառնաշփոթ kharrnashpot *(n.)* mess
խառնաշփոթել kharrnashpotel *(v.)* bungle
խառնաշփոթել kharrnashpotel *(v.)* mess
խառնաշփոթություն kharrnashpotutyun *(n.)* bungle
խառնաշփոթություն kharrnashpotutyun *(n.)* muddle
խառնարան kharrnaran *(n.)* crater
խառնել kharrnel *(v.)* blend
խառնել kharrnel *(v.)* churn
խառնել kharrnel *(v.)* mix
խառնել kharrnel *(v.)* muddle
խառնել kharrnel *(v.)* shuffle
խառնում kharrnum *(n.)* shuffle
խառնուրդ kharrnurd *(n.)* mixture
խառնվածք kharrnvatsq *(n.)* temperament
խառնվածքային kharrnvatsqayin *(adj.)* temperamental
խառնվել kharrnvel *(v.)* intermingle
խառնվել kharrnvel *(v.)* mingle
խավար khavar *(n.)* tenebrosity
խավարեցնել khavarecnel *(v.)* eclipse
խավարում khavarum *(n.)* eclipse
խավարում khavarum *(n.)* eclipsis
խավիար khaviar *(n.)* caviar
խավոտ khavot *(adj.)* fuzzy
խարան kharan *(n.)* stigma
խարիզմա kharizma *(n.)* charisma
խարիզմատիկ kharizmatik *(adj.)* charismatic
խարիսխ khariskh *(n.)* anchor
խարույկ kharuyk *(n.)* bonfire
խարույկ kharuyk *(n.)* campfire
խարույկ kharuyk *(n.)* pyre
խարսխակայան kharskhakayan *(n.)* anchorage
խափանել khapanel *(v.)* frustrate
խափանում khapanum *(n.)* frustration
խեժ khedj *(n.)* asafoetida
խելագար khelagar *(adj.)* beserk
խելագար khelagar *(adj.)* crazy
խելագար khelagar *(adj.)* demented
խելագար khelagar *(adj.)* insane
խելագար khelagar *(n.)* lunatic
խելագար khelagar *(adj.)* mad
խելագարություն khelagarutyun *(n.)* freak-out
խելագարություն khelagarutyun *(n.)* insanity
խելագարություն khelagarutyun *(n.)* lunacy
խելագարություն khelagarutyun *(n.)* madness
խելագարված khelagarvats *(adj.)* deranged
խելագարված khelagarvats *(adj.)* distraught
խելագարված khelagarvats *(adj.)* lunatic
խելագարվել khelagarvel *(v.)* dement
խելամիտ khelamit *(adj.)* judicious
խելամիտ khelamit *(adj.)* sensible
խելացի khelaci *(adj.)* brainy
խելացի khelaci *(adj.)* clever
խելացի khelaci *(adj.)* intelligent
խելացի khelaci *(adj.)* smart
խելք khelq *(n.)* intelligence
խելք khelq *(n. pl.)* wit
խեղաթյուրել kheghatyurel *(v.)* misrepresent
խեղաթյուրում kheghatyurum *(n.)* demurrage
խեղաթյուրում kheghatyurum *(n.)* misrepsentation
խեղդ(վ)ել kheghd(v)el *(v.)* garrotte
խեղդել kheghdel *(v.)* choke
խեղդել kheghdel *(v.)* smother
խեղդող kheghdogh *(n.)* garrotter
խեղդվել kheghdvel *(v.)* drown
խեղդվել kheghdvel *(v.)* throttle
խեղկատակ kheghkatak *(n.)* antic
խեղճացնել kheghchacnel *(v.)* depauperate
խեղճություն kheghchutyun *(n.)*

rasure
խենթ khent *(adj.)* daft
խենթացնել khentacnel *(v.)* madden
խենթացնող khentacnogh *(adj.)* maddening
խենթորեն khentoren *(adv.)* mad
խեցգետին khecgetin *(n.)* crayfish
խեցեգործություն khecegortsutyun *(n.)* pottery
խեցեղեն kheceghen *(n.)* earthenware
խեցեմորթ khecemort *(n.)* krill
խեցի kheci *(n.)* conch
խեցի kheci *(n.)* shell
խզբզել khzbzel *(v.)* doodle
խզբզել khzbzel *(v.)* scrawl
խզբզել khzbzel *(v.)* scribble
խզբզոց khzbzoc *(n.)* scrawl
խզբզոց khzbzoc *(n.)* scribble
խզզալ khzzal *(v.)* crepitate
խզզոց khzzoc *(n.)* crepitation
խթան khtan *(n.)* goad
խթան khtan *(n.)* spur
խթանել khtanel *(v.)* spur
խիզախ khizakh *(adj.)* brave
խիզախություն khizakhutyun *(n.)* bravado
խիղճ khighch *(n.)* conscience
խիստ khist *(adj.)* rigorous
խիստ khist *(adj.)* severe
խիստ khist *(adj.)* stringent
խիտ khit *(adj.)* compact
խլարար khlarar *(n.)* silencer
խլացնել khlacnel *(v.)* deafen
խլացնել khlacnel *(v.)* muffle
խլացնող khlacnogh *(adj.)* deafening
խլացուցիչ khlacucich *(n.)* muffler
խխունջ khkhunj *(n.)* escargot
խխունջ khkhunj *(n.)* snail
խճանկար khchankar *(n.)* mosaic
խճճված khchchvats *(adj.)* scrambled
խճճվածություն khchchvatsutyun *(n.)* tangle
խճճվել khchchvel *(v.)* tangle
խմբագիր khmbagir *(n.)* editor
խմբագրական khmbagrakan *(adj.)* editorial
խմբագրել khmbagrel *(v.)* edit
խմբակցություն khmbakcutyun *(n.)* faction
խմբավորել khmbavorel *(v.)* group
խմբվել khmbvel *(v.)* swarm
խմել khmel *(v.)* drink
խմելու ջրատակառ khmelu jratakarr *(n.)* scutllebutt
խմիչք khmichq *(n.)* beverage
խմիչք khmichq *(n.)* drink
խմոր khmor *(n.)* dough
խմորափոս khmorapos *(n.)* saw pit
խմորեղեն khmoreghen *(n.)* pastry
խմորեղեն khmoreghen *(n.)* teacake
խմորիչ khmorich *(n.)* yeast
խմորում khmorum *(n.)* fermentation
խնամակալ khnamakal *(n.)* guardian
խնամառու khnamarru *(n.)* dependant
խնամատար khnamatar *(n.)* caretaker
խնամատարություն khnamatarutyun *(n.)* foster care
խնամել khnamel *(v.)* care
խնամել khnamel *(v.)* foster
խնամել khnamel *(v.)* groom
խնամել khnamel *(v.)* nurse
խնամիներ khnaminer *(n.)* in-laws
խնամիություն khnamiutyun *(n.)* nepotism
խնամող khnamogh *(n.)* carer
խնամք khnamq *(n.)* care
խնայատուփ khnayatup *(n.)* piggy bank
խնայել khnayel *(v.)* begrudge
խնդիր khndir *(n.)* problem
խնդիրք khndirq *(n.)* request
խնդրել khndrel *(v.)* beg
խնդրել khndrel *(v.)* request
խնկարկել khnkarkel *(v.)* cense
խնկարկել khnkarkel *(v.)* incense
խնձոր khndzor *(n.)* apple
խնձորօղի khndzoroghi *(n.)* cider
խնջույք khnjuyq *(n.)* banquet
խնջույք khnjuyq *(n.)* feast
խոզ khoz *(n.)* oinker
խոզ khoz *(n.)* pig
խոզ khoz *(n.)* sow
խոզ khoz *(n.)* swine
խոզաճարպ khozacharp *(n.)* lard
խոզանակ khozanak *(n.)* brush
խոզի միս khozi mis *(n.)* pork

խոզուկ khozuk *(n. pl.)* mumps
խոլեստերին kholesterin *(n.)* cholesterol
խոլերա kholera *(n.)* cholera
խոլերիկ kholerik *(adj.)* choleric
խոհանոց khohanoc *(n.)* cuisine
խոհանոց khohanoc *(n.)* kitchen
խոհարար khoharar *(n.)* cook
խոհարարական khohararakan *(adj.)* culinary
խոհեմություն khohemutyun *(n.)* prescience
խողովակ khoghovak *(n.)* pipe
խողովակ khoghovak *(n.)* tube
խոյ khoy *(n.)* ram
խոյ khoy *(n.)* aries
խոնավ khonav *(adj.)* damp
խոնավ khonav *(adj.)* humid
խոնավ khonav *(adj.)* moist
խոնավանալ khonavanal *(v.)* dampen
խոնավացնել khonavacnel *(v.)* dehumidify
խոնավացնել khonavacnel *(v.)* moisten
խոնավություն khonavutyun *(n.)* humidity
խոնավություն khonavutyun *(n.)* moisture
խոնարհ khonarh *(adj.)* lowly
խոնարհություն khonarhutyun *(n.)* lowliness
խոշոր եղջերավոր անասուններ khoshor yeghjeravor anasunner *(n.)* cattle
խոշորացնել khoshoracnel *(v.)* zoom
խոշորացում khoshoracum *(n.)* zoom
խոչընդոտ khochandot *(n.)* obstacle
խոպան khopan *(n.)* fallow
խոռոչ khorroch *(n.)* cavern
խոռոչ khorroch *(n.)* cavity
խոռոչ khorroch *(n.)* hollow
խոսակցական khosakcakan *(adj.)* colloquial
խոսափող khosapogh *(n.)* megaphone
խոսափող khossapogh *(n.)* microphone
խոսել khossel *(v.)* speak
խոսել khossel *(v.)* ventriloquize
խոսել khosel *(v.)* parley
խոստանալ khostanal *(v.)* promise
խոստովանել khostovanel *(v.)* confess
խոստովանություն khostovanutyun *(n.)* confession
խոստում khostum *(n.)* promise
խոստումնալից khostumnalic *(adj.)* promising
խոտ khot *(n.)* grass
խոտ khot *(n.)* hay
խոտհարք khotharq *(n.)* grassland
խոր khor *(adj.)* deep
խոր khor *(adj.)* profound
խոր կտրել khor ktrel *(v.)* gash
խորաթափանցություն khoratapancutyun *(n.)* acumen
խորաթափանցություն khoratapancutyun *(n.)* insight
խորամանկ khoramank *(adj.)* artful
խորամանկ khoramank *(adj.)* sly
խորամանկ khoramank *(adj.)* tricky
խորամանկել khoramankel *(v.)* circumvent
խորամանկել khoramankel *(v.)* manoeuvre
խորամանկել khoramankel *(v.)* outwit
խորամանկող khoramankogh *(adj.)* conniving
խորամանկություն khoramankutyun *(n.)* trickery
խորամանկություն khoramankutyun *(n. pl.)* wile
խորանարդ khoranard *(n.)* cube
խորանարդային khoranardayin *(adj.)* cubical
խորապես khorapes *(adv.)* deeply
խորացնել khoracnel *(v.)* deepen
խորդենի khordeni *(n.)* geranium
խորեոգրաֆիա khoreografia *(n.)* choreography
խորհուրդ khorhurd *(n.)* advice
խորհուրդ khorhurd *(n.)* council
խորհուրդ տալ khorhurd tal *(v.)* advise
խորհուրդ տալ khorhurd tal *(v.)* recommend
խորհրդական khorhrdakan *(n.)* councillor

խորհրդակցական khorhrdakcakan *(adj.)* advisory
խորհրդակցել khorhrdakcel *(v.)* consult
խորհրդակցություն khorhrdakcutyun *(n.)* consultation
խորհրդակցում khorhrdakcum *(n.)* counsel
խորհրդակցում khorhrdakcum *(n.)* deliberation
խորհրդանշական khorhrdanshakan *(adj.)* iconic
խորհրդանշան khorhrdanshan *(n.)* emblem
խորհրդավոր khorhrdavor *(adj.)* arcane
խորհրդավոր khorhrdavor *(adj.)* mysterious
խորհրդատու khorhrdatu *(n.)* consultant
խորհրդատու khorhrdatu *(n.)* counsellor
խորհրդարան khorhrdaran *(n.)* parliament
խորհրդարանական khorhrdaranakan *(n.)* parliamentarian
խորհրդարանական khorhrdaranakan *(adj.)* parliamentary
խորոված khorovats *(n.)* barbecue
խորություն khorutyun *(n.)* depth
խորտակել khortakel *(v.)* wreck
խորտակվել khortakvel *(v.)* shipwreck
խորտկարան, բուֆետ khortkaran, bufet *(n.)* buffet
խոց khoc *(n.)* ulcer
խոցային khocayin *(adj.)* ulcerous
խոցել khocel *(v.)* brustle
խոցել khocel *(v.)* gore
խոցել khocel *(v.)* spear
խոցել khocel *(v.)* ululate
խոցելի khoceli *(adj.)* vulnerable
խոցում khocum *(n.)* ululation
խուզարկու khuzarku *(n.)* detective
խուզարկու khuzarku *(n.)* tracker
խուզել khuzel *(v.)* fleece
խութանշան khutanshan *(n.)* buoy
խուլ khul *(adj.)* deaf
խուլիգան khuligan *(n.)* hooligan
խուճապ khuchap *(n.)* alarmist
խուճապ khuchap *(n.)* panic
խուճապ առաջացնել khuchap arrajacnel *(v.)* panic
խումբ khumb *(n.)* band
խումբ khumb *(n.)* batch
խումբ khumb *(n.)* cluster
խումբ khumb *(n.)* group
խումբ khumb *(n.)* kaki
խումբ khumb *(n.)* swarm
խունկ khunk *(n.)* incense
խուսափել khusapel *(v.)* abscond
խուսափել khusapel *(v.)* avoid
խուսափել khusapel *(v.)* dodge
խուսափել khusapel *(v.)* eschew
խուսափել khussapel *(v.)* shirk
խուսափող khussapogh *(n.)* shirker
խուսափողական khusapoghakan *(adj.)* evasive
խուսափողականություն khusapoghakanutyun *(n.)* evitability
խուսափում khusapum *(n.)* avoidance
խուսափում khusapum *(n.)* eschewment
խուսափում khusapum *(n.)* evasion
խռխռալ khrrkhrral *(v.)* oink
խռխռոց khrrkhrroc *(n.)* oink
խռմփացնել khrrmpacnel *(v.)* snore
խռմփոց khrrmpoc *(n.)* snore
խռնվել kharrnvel *(v.)* jumble
խռովարար khrrovarar *(adj.)* mutinous
խռովարար khrrovarar *(adj.)* seditious
խռպոտ khrrpot *(adj.)* hoarse
խռպոտ khrrpot *(adj.)* raucous
խսիր khsir *(n.)* coir
խստություն khstutyun *(n.)* rigour
խստություն khstutyun *(n.)* severity
խստություն khstutyun *(n.)* stringency
խտացնել khtacnel *(v.)* condense
խտացում khtacum *(n.)* condensate
խտուտիկ khtutik *(n.)* dandelion
խտրականացնել khtrakanacnel *(v.)* discriminate
խտրականություն khtrakanutyun *(n.)* discrimination

խրախճանք khrakhchanq *(n.)* revelry
խրամապատել khramapatel *(v.)* entrench
խրամատ khramat *(n.)* entrenchment
խրամատ khramat *(n.)* trench
խրամել khramel *(v.)* moat
խրատ khrat *(n.)* edification
խրատել khratel *(v.)* edify
խրթին khrtin *(adj.)* abstruse
խրճիթ khrchit *(n.)* shack
խրճիթում ապրել khrchitum aprel *(v.)* shack
խրոցակ khrocak *(n.)* plug
խրվել khrvel *(v.)* mire
խրտվիլակալցնում khrtvilakalcnum *(n.)* taxidermy
խրտվիլակային khrtvilakayin *(adj.)* taxidermal
խրտվիլակներ լցնող khrtvilakner lcnogh *(n.)* taxidermist
խցան khcan *(n.)* cork
խցանել khcanel *(v.)* plug
խցիկ khcik *(n.)* cabuncle

Ծ ծ

ծագել tsagel *(v.)* arise
ծագել tsagel *(v.)* derive
ծագել tsagel *(v.)* originate
ծագում tsagum *(n.)* ancestry
ծագում tsagum *(n.)* origin
ծագում tsagum *(n.)* parentage
ծագումնաբան tsagumnaban *(n.)* geneticist
ծագումնաբանական tsagumnabanakan *(adj.)* genealogical
ծագումնաբանական tsagumnabanakan *(adj.)* genetic
ծագումնաբանություն tsagumnabanutyun *(n.)* genealogy
ծալազարդարանք tsalazardaranq *(n.)* drape
ծալազարդարանք tsalazardaranq *(adj.)* drapery
ծալազարդել tsalazardel *(v.)* drape
ծալել tsalel *(v.)* fold
ծալովի tsalovi *(adj.)* folding
ծալովի tsalovi *(adj.)* foldup
ծալովի լինելը tsalovi linela *(n.)* folding
ծալում tsalum *(n.)* fold
ծալք tsalq *(n.)* crease
ծալքավորել tsalqavorel *(v.)* crimple
ծախս tsakhs *(n.)* expense
ծախսել tsakhsel *(v.)* spend
ծածան tsatsan *(n.)* carp
ծածան (ձուկ) tsatsan (dzuk) *(n.)* koi
ծածանք tsatsanq *(n.)* ripple
ծածանք tsatsanq *(n.)* ruffle
ծածկ tsatsk *(n.)* penthouse
ծածկագիր tsatskagir *(n.)* code
ծածկագիր (կամ գաղտնագիր) tsatskagir (kam gaghtnagir) *(n.)* cipher(or cypher)
ծածկագրել tsatskagrel *(v.)* encrypt
ծածկագրություն tsatskagrutyun *(n.)* cryptography
ծածկել tsatskel *(v.)* cover
ծածկել tsatskel *(v.)* mantle
ծածկոց tsatskoc *(n.)* bedcover
ծածկոց tsatskoc *(n.)* cover
ծածկոց tsatskoc *(n.)* coverlet
ծածկոց tsatskoc *(n.)* duvet
ծածկույթ tsatskuyt *(n.)* coverage
ծածկույթ tsatskuyt *(n.)* envelopment
ծակ tsak *(n.)* prick
ծակ tsak *(n.)* puncture
ծակել tsakel *(v.)* hole
ծակել tsakel *(v.)* perforate
ծակել tsagel *(v.)* pierce
ծակել tsakel *(v.)* prick
ծակել tsakel *(v.)* puncture
ծակծկել tsaktskel *(v.)* nack
ծակոտի tsakoti *(n.)* pore
ծակոտկեն tsakotken *(n.)* achromat
ծակոց tsakoc *(n.)* colic
ծակվել tsakvel *(v.)* leak
ծաղիկ tsaghik *(n.)* flower
ծաղկակաղամբ tsaghkakaghamb *(n.)* cauliflower
ծաղկաշղթա, ֆեստոն tsaghkashghta, feston *(n.)* festoon
ծաղկավաճառ tsaghkavacharr *(n.)* florist

ծաղկավետ tsaghkavet *(adj.)* flowery
ծաղկել caghkel *(v.)* bloom
ծաղկել tsaghkel *(v.)* flourish
ծաղկեպսակ tsaghkepsak *(n.)* garland
ծաղկեպսակ tsaghkepsak *(n.)* wreath
ծաղկեպսակով զարդարել tsaghkepsakov zardarel *(v.)* garland
ծաղկեփունջ caghkepunj *(n.)* bouquet
ծաղկեփունջ tsaghkepunj *(n.)* nosegay
ծաղկում tsaghkum *(n.)* heyday
ծաղկում tsaghkum *(n.)* prime
ծաղր tsaghr *(n.)* gibe
ծաղր tsaghr *(n.)* mockery
ծաղր tsaghr *(n.)* ridicule
ծաղր tsaghr *(n.)* scoff
ծաղր tsaghr *(n.)* sneer
ծաղր tsaghr *(n.)* taunt
ծաղրածու tsaghratsu *(n.)* buffoon
ծաղրածու tsaghratsu *(n.)* clown
ծաղրածու tsaghratsu *(n.)* zany
ծաղրածուական tsaghratsuakan *(adj.)* zany
ծաղրական tsaghrakan *(adj.)* taunting
ծաղրականորեն tsaghrakanoren *(adv.)* teasingly
ծաղրանկար tsaghrankar *(n.)* caricature
ծաղրանկարիչ tsaghrankarich *(n.)* cartoonist
ծաղրանք tsaghranq *(n.)* eve-teasing
ծաղրանք tsaghranq *(n.)* mocktail
ծաղրել tsaghrel *(v.)* deride
ծաղրել tsaghrel *(v.)* gibe
ծաղրել tsaghrel *(v.)* jeer
ծաղրել tsaghrel *(v.)* mock
ծաղրել tsaghrel *(v.)* ridicule
ծաղրել tsaghrel *(v.)* satirize
ծաղրել tsaghrel *(v.)* scoff
ծաղրել tsaghrel *(v.)* sneer
ծաղրել tsaghrel *(v.)* taunt
ծաղրել tsaghrel *(v.)* tease
ծաղրերգել tsaghrergel *(v.)* parody
ծաղրերգություն tsaghrergutyun *(n.)* burlesque
ծաղրող tsaghrogh *(n.)* taunter
ծաղրող tsaghrogh *(n.)* tease
ծաղրում tsaghrum *(n.)* teasing
ծամել tsamel *(v.)* chew
ծամել tsamel *(v.)* masticate
ծամոն tsamon *(n.)* bubblegum
ծայր tsayr *(n.)* nib
ծայր tsayr *(n.)* tip
ծայրահեղ tsayrahegh *(adj.)* extreme
ծայրահեղ պատահական tsayrahegh patahakan *(adj.)* ultracasual
ծայրահեղական tsayraheghakan *(n.)* extremist
ծայրահեղական tsayraheghakan *(n.)* ultra
ծայրահեղություն tsayraheghutyun *(n.)* extreme
ծայրամաս tsayramas *(n.)* outback
ծայրամասեր tsayramaser *(n.pl.)* outskirts
ծանծաղուտ tsantsaghut *(n.)* shoal
ծանոթագրել tsanotagrel *(v.)* annotate
ծանոթագրել tsanotagrel *(v.)* footnote
ծանոթագրություն tsanotagrutyun *(n.)* footnote
ծանոթացնել tsanotacnel *(v.)* acquaint
ծանոթություն tsanotutyun *(n.)* acquaintance
ծանուցում tsanucum *(n.)* handbill
ծանուցում tsanucum *(n.)* notice
ծանր tsanr *(adj.)* heavy
ծանր tsanr *(adj.)* hefty
ծանր tsanr *(adj.)* onerous
ծանր աշխատանք tsanr ashkhatanq *(n.)* toil
ծանր կորուստ tsanr korust *(n.)* bereavement
ծանրաբեռնել tsanraberrnel *(v.)* encumber
ծանրաբեռնել tsanraberrnel *(v.)* load
ծանրաբեռնող tsanraberrnogh *(adj.)* burdensome
ծանրաբեռնված tsanraberrnvats *(adj.)* congested
ծանրաբեռնվածություն tsanraberrnvatsutyun *(n.)* load
ծանրակշիռ tsanrakshirr *(adj.)* weighty
ծանրացնել tsanracnel *(v.)* aggravate
ծանրացում tsanracum *(n.)* aggravation

ծանրորեն tsanroren *(adv.)* heavily
ծանրոց tsanroc *(n.)* parcel
ծառ tsarr *(n.)* arbour
ծառ tsarr *(n.)* tree
ծառա tsarra *(n.)* menial
ծառա tsarra *(n.)* servant
ծառայել tsarrayel *(v.)* serve
ծառայել tsarrayel *(v.)* soldier
ծառայություն tsarrayutyun *(n.)* serve
ծառուղի tsarrughi *(n.)* alley
ծառուղի tsarrughi *(n.)* avenue
ծավալ tsaval *(n.)* bulk
ծավալ tsaval *(n.)* volume
ծարավ tsarav *(adj.)* athirst
ծարավ tsarav *(n.)* thirst
ծարավ tsarav *(adj.)* thirsty
ծարավել tsaravel *(v.)* thirst
ծափահարել tsapaharel *(v.)* acclaim
ծափահարել tsapaharel *(v.)* applaud
ծափահարել tsapaharel *(v.)* clap
ծափահարություն tsapaharutyun *(n.)* applause
ծեծ tsets *(n.)* bash
ծեծել tsetsel *(v.)* bash
ծես tses *(n.)* rite
ծեր tser *(adj.)* aged
ծեր tser *(adj.)* old
ծերացում tseracum *(n.)* ageing
ծերություն tserutyun *(n.)* old age
ծերություն tserutyun *(n.)* senility
ծերունական tserunakan *(adj.)* senile
ծերունի tseruni *(n.)* elder
ծեփ tsep *(n.)* daub
ծիածան tsiatsan *(n.)* rainbow
ծիծաղ tsitsagh *(n.)* laugh
ծիծաղ tsitsagh *(n.)* laughter
ծիծաղել tsitsaghel *(v.)* laugh
ծիծաղելի tsitsagheli *(adj.)* laughable
ծիծաղելի tsitsagheli *(adj.)* ridiculous
ծիսական tsissakan *(adj.)* ceremonial
ծիսական tsissakan *(adj.)* ritual
ծիսակարգ tsissakarg *(n.)* ritual
ծիրան tsiran *(n.)* apricot
ծլվլալ tslvlal *(v.)* chirp
ծլվլալ tslvlal *(v.)* twitter
ծլվլոց tslvloc *(n.)* twitter
ծխալ tskhal *(v.)* smoke
ծխախոտ tskhakhot *(n.)* tobacco
ծխականներ tskhakanner *(n.)* parish
ծխապատ tskhapat *(adj.)* smoky
ծխելը tskhela *(n.)* smoking
ծխնելույզ tskhneluyz *(n.)* chimney
ծծակ tstsak *(n.)* nipple
ծծակ tstsak *(n.)* pacifier
ծծակ tstsak *(n.)* teat
ծծել tstsel *(v.)* suck
ծծել tstsel *(v.)* suckle
ծծկեր tstsker *(n.)* suckling
ծծմբային tstsmbayin *(adj.)* sulphuric
ծծում tstsum *(n.)* suck
ծծումբ tstsumb *(n.)* cerumen
ծծումբ tstsumb *(n.)* sulphur
ծկրակել tskrakel *(v.)* pry
ծկրակել tskrakel *(v.)* squint
ծղոտ tsghot *(n.)* straw
ծղրիդ tsghrid *(n.)* cricket
ծնեբեկ tsnebek *(n.)* asparagus
ծնել tsnel *(v.)* beget
ծնել tsnel *(v.)* foal
ծնկակապ tsnkakap *(n.)* garter
ծնկի գալ tsnki gal *(v.)* kneel
ծննդաբերություն cnndaberutyun *(n.)* accouchement
ծննդաբերություն tsnndaberutyun *(n.)* childbirth
ծննդյան tsnndyan *(adj.)* natal
ծննդյան ամսաթիվ tsnndyan amsativ *(n.)* birthdate
ծննդյան օր tsnndian or *(n.)* birthday
Ծննդոց Tsnndoc *(v.)* betide
ծնող tsnogh *(n.)* parent
ծնողական tsnoghakan *(adj.)* parental
ծնոտ tsnot *(n.)* jaw
ծնոտ tsnot *(n.)* maxilla
ծնունդ tsnund *(n.)* birth
ծնունդ tsnund *(n.)* nativity
ծնված tsnvats *(adj.)* born
ծոծրակ tsotsrak *(n.)* nape
ծոծրակ tsotsrak *(n.)* scruff
ծոպեր tsoper *(n.)* fringe
ծով tsov *(n.)* sea
ծովագնաց tsovagnac *(n.)* navigator
ծովագնաց tsovagnac *(n.)* seajacker
ծովագնացություն tsovagnacutyun *(n.)* seajacking
ծովագնացություն tsovagnacutyun

(n.) seakeeping
ծովաթռչուն tsovatrrchun *(n.)* seabird
ծովաժայռ tsovadjayrr *(n.)* seacliff
ծովախեցգետին tsovakhecgetin *(n.)* crab
ծովածոց tsovatsoc *(n.)* bay
ծովածոց tsovatsoc *(n.)* gulf
ծովածոց tsovatsoc *(n.)* lagoon
ծովածոցիկ tsovatsocik *(n.)* cove
ծովակալ tsovakal *(n.)* admiral
ծովակալություն tsovakalutyun *(n.)* admiralty
ծովահատակ tsovahatak *(n.)* seafloor
ծովահարս tsovahars *(n.)* siren
ծովահեն tsovahen *(n.)* pirate
ծովահենություն tsovahenutyun *(n.)* piracy
ծովահենություն անել tsovahenutyun anel *(v.)* pirate
ծովաձի tsovadzi *(n.)* seahorse
ծովամթերք tsovamterq *(n.)* seafood
ծովային tsovayin *(adj.)* marine
ծովային tsovayin *(adj.)* maritime
ծովային tsovayin *(adj.)* nautic(al)
ծովային թռչուն tsovayin trrchun *(n.)* cormorant
ծովային սաժեն tsovayin sadjen *(n.)* fathom
ծովանավակ tsovanavak *(n.)* sea boat
ծովաշուն tsovashun *(n.)* sea dog
ծովապերկես tsovaperkes *(n.)* sea bass
ծովառյուծ tsovarryuts *(n.)* sealion
ծովատառեխ, հարինգ tsovatarrekh, haring *(n.)* herring
ծովացուլ tsovacul *(n.)* morse
ծովացուլ tsovacul *(n.)* walrus
ծովափ tsovap *(n.)* offing
ծովափ tsovap *(n.)* seabeach
ծովափ tsovap *(n.)* seashore
ծովափնյա պահակախումբ tsovapnya pahakakhumb *(n.)* coastguard
ծովափրփուր tsovaprpur *(n.)* seafoam
ծովով փոխադրվող tsovov pokhdrvogh *(adj.)* seaborne
ծովում tsovum *(adv.)* afloat
ծորալ tsoral *(v.)* spout
ծորակ tsorak *(n.)* faucet
ծորակ tsorak *(n.)* spout
ծորան tsoran *(n.)* duct
ծորել tsorel *(v.)* duct
ծոց tsoc *(n.)* bosom
ծուլանալ tsulanal *(v.)* laze
ծուլություն tsulutyun *(n.)* laziness
ծուլություն tsulutyun *(n.)* sloth
ծուխ tsukh *(n.)* smoke
ծույլ tsuyl *(adj.)* lazy
ծույլ tsuyl *(adj.)* slothful
ծույլ մարդ tsuyl mard *(n.)* idler
ծունկ tsunk *(n.)* knee
ծունկ tsunk *(n.)* mullion
ծուռ tsurr *(adj.)* wry
ծռ(վ)ել tsrr(v)el *(v.)* curve
ծրագիր tsragir *(n.)* app
ծրագիր tsragir *(n.)* programme
ծրագրել tsragrel *(v.)* programme
ծրագրել tsragrel *(v.)* scheme
ծրար tsrar *(n.)* envelope
ծրարել tsrarel *(v.)* envelop
ծրարել tsrarel *(v.)* parcel
ծփափայտիկ tspapaytik *(n.)* whisk

Կ կ

կաբարե kabare *(n.)* cabaret
կաբելային հեռուստատեսություն kabelayin herrustatesutyun *(n.)* cable television
կաբինետ kabinet *(n.)* cabinet
կադմիում kadmium *(n.)* cadmium
կադր, տեսանյութ kadr, tesanyut *(n.)* footage
կազդուրիչ kazdurich *(adj.)* bracing
կազդուրիչ kazdurich *(adj.)* tonic
կազդուրիչ միջոց kazdurich mijoc *(n.)* tonic
կազդուրում kazdurum *(n.)* refreshment
կազդուրվել kazdurvel *(v.)* rally
կազմաբանություն kazmabanutyun *(n.)* morphology
կազմալուծել kazmalutsel *(v.)* disorganize

կազմալուծում kazmalutsum *(n.)* breakup
կազմակերպել kazmakerpel *(v.)* organize
կազմակերպություն kazmakerputyun *(n.)* organization
կազմել kazmel *(v.)* compile
կազմել kazmel *(v.)* compose
կազմել kazmel *(v.)* constitute
կազմում kazmum *(n.)* compilation
կազմում kazmum *(n.)* formation
կաթ kat *(n.)* milk
կաթել katel *(v.)* drip
կաթել katel *(v.)* drop
կաթեցնել katecnel *(v.)* instil
կաթիլ katil *(n.)* blob
կաթիլ katil *(n.)* drib
կաթիլ katil *(n.)* drop
կաթիլ katil *(n.)* dropzone
կաթից կտրել katic ktrel *(v.)* ablactate
կաթից կտրել katic ktrel *(v.)* wean
կաթկթել katktel *(v.)* dribble
կաթկթել katktel *(v.)* trickle
կաթկթում katktum *(n.)* dribble
կաթկթում katktum *(n.)* drip
կաթնաթթվային katnattvayin *(adj.)* lactic
կաթնահատություն katnahatutyun *(n.)* ablactation
կաթնամթերք katnamterq *(n.)* dairy product
կաթնային katnayin *(adj.)* milky
կաթնաշաքար katnashaqar *(n.)* lactose
կաթնաշոռ katnashorr *(n.)* curd
կաթնասուն katnasun *(n.)* mammal
կաթնատու katnatu *(adj.)* milch
կաթնափոշի katnaposhi *(n.)* milk powder
կաթոլիկական katolikakan *(adj.)* catholic
կաթոլիկություն katolikutyun *(n.)* catholicism
կաթսա katsa *(n.)* boiler
կաթսա katsa *(n.)* casserole
կաթսա katsa *(n.)* cauldron
կաթսա katsa *(n.)* cooker
կաթված katvats *(n.)* palsy

կաթված katvats *(n.)* paralysis
կաթված katvats *(n.)* stroke
կաթվածահարել katvatsaharel *(v.)* paralyse
կալանավորել kalanavorel *(v.)* commit
կալանավորել kalanavorel *(v.)* remand
կալանավորում kalanavorum *(n.)* detention
կալանավորում kalanavorum *(n.)* remand
կալանք kalanq *(n.)* caption
կալեիդոսկոպ kaleidoskop *(n.)* kaleidoscope
կալիում kalium *(n.)* potassium
կալորիա kaloria *(n.)* calorie
կալսել kalsel *(v.)* thrash
կալսել kalsel *(v.)* thresh
կալսիչ kalsich *(n.)* thresher
կալվածք kalvatsq *(n.)* estate
կալցիում kalcium *(n.)* calcium
կախաղան kakhaghan *(n.pl.)* gallows
կախարդ kakhard *(n.)* druid
կախարդ kakhard *(n.)* magician
կախարդ kakhard *(n.)* sorcerer
կախարդ kakhard *(n.)* witch
կախարդ kakhard *(n.)* wizard
կախարդական kakhardakan *(adj.)* magical
կախարդանք kakhardanq *(n.)* magic
կախարդանք kakhardanq *(n.)* witchery
կախարդություն kakhardutyun *(n.)* sorcery
կախարդություն kakhardutyun *(n.)* witchcraft
կախել kakhel *(v.)* append
կախել kakhel *(v.)* dangle
կախել kakhel *(v.)* hang
կախյալ kakhyal *(adj.)* addicted
կախյալ kakhyal *(adj.)* addictive
կախյալ kakhyal *(adj.)* dependent
կախում kakhum *(n.)* dependence
կախում ունենալ kakhum unenal *(v.)* depend
կախված kakhvats *(adj.)* dangling
կախված kakhvats *(adj.)* droopy
կախված kakhvats *(adj.)* pending

կախվածություն kakhvacutyun *(n.)* addiction
կակազել kakazel *(v.)* stammer
կակազում kakazum *(n.)* stammer
կակաո kakao *(n.)* cocoa
կակղամորթ kakghamort *(n.)* clam
կակղամորթ kakghamort *(n.)* mollusc
կակտուս kaktus *(n.)* cactus
կահավորել kahavorel *(v.)* furnish
կահույք kahuyq *(n.)* furniture
կաղ kagh *(adj.)* gimp
կաղ kagh *(adj.)* lame
կաղալ kaghal *(v.)* gimp
կաղամբ kaghamb *(n.)* cabbage
կաղամբի աղցան kaghambi aghcan *(n.)* coleslaw
կաղապար kaghapar *(n.)* mould
կաղապար kaghapar *(n.)* sampler
կաղապար kaghapar *(n.)* template
կաղապարել kaghaparel *(v.)* mould
կաղապարել kaghaparel *(v.)* remould
կաղապարել kaghaparel *(v.)* template
կաղին kaghin *(n.)* acorn
կաղնի kaghni *(n.)* oak
կաղնի kaghni *(n.)* oaktree
կաղություն kaghutyun *(n.)* gimp
կամ kam *(adv.)* either
կամակատար kamakatar *(n.)* henchman
կամակոր kamakor *(adj.)* arbitrary
կամակոր kamakor *(adj.)* mulish
կամակոր kamakor *(adj.)* obdurate
կամակոր kamakor *(adj.)* perverse
կամակոր kamakor *(adj.)* wayward
կամակոր կին kamakor kin *(n.)* shrew
կամակորություն kamakorutyun *(n.)* obduracy
կամակորություն kamakorutyun *(n.)* perversity
կամայական kamayakan *(adj.)* headstrong
կամավոր kamavor *(adj.)* voluntary
կամավոր kamavor *(n.)* volunteer
կամավորագրվել kamavoragrvel *(v.)* volunteer
կամավորապես kamavorapes *(adv.)* voluntarily
կամար kamar *(n.)* arch
կամար kamar *(n.)* vault
կամարակապել kamarakapel *(v.)* vault
կամարաշարք kamarasharq *(n.)* arcade
կամեյոն (փորագրած գունաքար) kameyon (poragrats gunaqar) *(n.)* cameo
կամենալ kamenal *(v.)* will
կամիկաձե kamikadze *(n.)* kamikaze
կամուրջ kamurj *(n.)* bridge
կամք kamq *(n.)* volition
կամք kamq *(n.)* will
կամֆորա kamfora *(n.)* camphor
կայազոր kayazor *(n.)* garrison
կայազոր նշանակել kayazor nshanakel *(v.)* garrison
կայան kayan *(n.)* station
կայանման տոմս kayanman toms *(n.)* parking ticket
կայծ kayts *(n.)* spark
կայծ kayts *(n.)* sparkle
կայծակ kaytsak *(n.)* bolt
կայծակաճարմանդ kaytsakacharmand *(n.)* zipper
կայծկլտալ kaytskltal *(v.)* spark
կայծկլտալ kaytskltal *(v.)* sparkle
կայմ kaym *(n.)* mast
կայմակալ kaymakal *(n.)* mainstay
կայուն kayun *(adj.)* set
կայուն kayun *(adj.)* stable
կայուն kayun *(adj.)* stationary
կայուն kayun *(adj.)* steady
կայունանալ kayunanal *(v.)* steady
կայունացնել kayunacnel *(v.)* stabilize
կայունացում kayunacum *(n.)* stabilization
կայունություն kayunutyun *(n.)* stability
կայունություն kayunutyun *(n.)* steadiness
կայսերական kayserakan *(adj.)* imperial
կայսր kaysr *(n.)* emperor
կայսրություն kaysrutyun *(n.)* empire
կայսրուհի kaysruhi *(n.)* empress
կանայք kanayq *(n.)* womanhood
կանաչ kanach *(adj.)* green

կանաչ kanach *(adj.)* verdant
կանաչեղեն kanacheghen *(n.pl.)* green
կանացի kanaci *(adj.)* effeminate
կանացի kanaci *(adj.)* feminine
կանացի kanaci *(adj.)* womanish
կանացի բլուզ kanaci bluz *(n.)* blouse
կանացի գլխարկ kanaci glkhark *(n.)* bonnet
կանացի գլխարկագործ kanaci glkharkagorts *(n.)* milliner
կանացի գլխարկներ kanaci glkharkner *(n.)* millinery
կանացի շապիկ kanaci shapik *(n.)* chemise
կանացիացնել kanaciacnel *(v.)* womanise
կանացիացնող kanaciacnogh *(n.)* womaniser
կանգ առնել kang arrnel *(v.)* stop
կանգառ kangarr *(n.)* bus stop
կանգառ kangarr *(n.)* camlet
կանգառ kangarr *(n.)* stand
կանգնած kangnats *(adj.)* erectile
կանգնել kangnel *(v.)* stand
կանգնեցնել kangnecnel *(v.)* intercept
կանգնեցնել kangnecnel *(v.)* park
կանգնեցնել kangnecnel *(v.)* stall
կանգուն kangun *(n.)* cubit
կանգուն kangun *(adj.)* erect
կանգուն առնանդամ kangun arrnandam *(n.)* phallus
կանեփ kanep *(n.)* cannabis
կանեփ kanep *(n.)* hemp
կանխագուշակել kankhagushakel *(v.)* portend
կանխագուշակել kankhagushakel *(v.)* predict
կանխագուշակում kankhagushakum *(n.)* prediction
կանխազգացում kankhazgacum *(n.)* premonition
կանխամտածել kankhamtatsel *(v.)* premeditate
կանխամտածվածություն kankhamtatsvatsutyun *(n.)* premeditation
կանխատեսել kankhatesel *(v.)* foresee
կանխատեսություն kankhatesutyun *(n.)* foreknowledge
կանխատեսություն kankhatesutyun *(n.)* providence
կանխարգելիչ kankhargelich *(adj.)* preventive
կանխարգելում kankhargelum *(n.)* prevention
կանխել kankhel *(v.)* forestall
կանխել kankhel *(v.)* preclude
կանխել kankhel *(v.)* prevent
կանխիկ kankhik *(adj.)* net
կանխիկ դրամ kankhik dram *(n.)* cash
կանխորոշել kankhoroshel *(v.)* fate
կանխորոշել kankhoroshel *(v.)* predetermine
կանկար kankar *(n.)* artichoke
կանոն kanon *(n.)* canon
կանոն kanon *(n.)* rule
կանոնագիրք kanonagirq *(n.)* rulebook
կանոնադրություն kanonadrutyun *(n.)* charter
կանոնադրություն kanonadrutyun *(n.)* statute
կանոնավոր kanonavor *(adj.)* regular
կանոնավոր kanonavor *(adj.)* shipshape
կանոնավորապես kanonavorapes *(adv.)* ordinarily
կանոնավորել kanonavorel *(v.)* temper
կանոնավորություն kanonavorutyun *(n.)* regularity
կանոնավորված kanonavorvats *(adj.)* rulebound
կանչ kanch *(n.)* call
կանչել kanchel *(v.)* summon
կանցլեր kancler *(n.)* chancellor
կաշառել kasharrel *(v.)* bribe
կաշառելի kasharreli *(adj.)* venal
կաշառվածություն kasharrvatsutyun *(n.)* venality
կաշառք kasharrq *(n.)* bagel
կաշեգործ kashegorts *(n.)* tanner
կաշի kashi *(n.)* leather
կաշկանդել kashkandel *(v.)* shackle
կաշմիր kashmir *(n.)* cashmere
կաուչուկատու բույս kauchukatu

buys *(n.)* rubber tree
կաչաղակ kachaghak *(n.)* magpie
կապ kap *(n.)* bond
կապ kap *(n.)* connection
կապ kap *(n.)* intercourse
կապ kap *(n.)* liaison
կապ kap *(n.)* relation
կապալառու kapalarru *(n.)* contractor
կապակցել kapakcel *(v.)* link
կապանք kapanq *(n.pl.)* fetter
կապանք kapanq *(n. pl.)* shackle
կապանք kapanq *(n.)* yoke
կապարային kaparayin *(adj.)* leaden
կապել kapel *(v.)* attach
կապել kapel *(v.)* bind
կապել kapel *(v.)* fetter
կապել kapel *(v.)* tackle
կապել kapel *(v.)* tether
կապել kapel *(v.)* tie
կապիկ kapik *(n.)* ape
կապիկ kapik *(n.)* baboon
կապիկ kapik *(n.)* monkey
կապիտալ kapital *(n.)* capital
կապիտալ վերանորոգում kapital veranorogum *(n.)* overhaul
կապիտալի վերածել kapitali veratsel *(v.)* capitalize
կապիտալիզմ kapitalizm *(n.)* capitalism
կապիտալիստ kapitalist *(n.)* capitalist
կապիտան kapitan *(n.)* captain
կապոց kapoc *(n.)* sheaf
կապույտ kapuyt *(n.)* blue
կապուչինո kapuchino *(n.)* cappuccino
կապվել kapvel *(v.)* moor
կապտավուն kaptavun *(adj.)* pastel
կապտուկ kaptuk *(n.)* bruise
կապրալ kapral *(adj.)* corporal
կառապան karrapan *(n.)* cabby
կառավարել karravarel *(v.)* administer
կառավարել karravarel *(v.)* administrate
կառավարել karravarel *(v.)* govern
կառավարել karravarel *(v.)* manage
կառավարել karravarel *(v.)* rule
կառավարելի karravareli *(adj.)* manageable
կառավարիչ karravarich *(n.)* administrator
կառավարություն karravarutyun *(n.)* administration
կառավարություն karravarutyun *(n.)* government
կառավարում karravarum *(n.)* governance
կառավարում karravarum *(n.)* management
կառավարչական karravarchakan *(adj.)* managerial
կառնավալ karrnaval *(n.)* carnival
կառուցել karrucel *(v.)* build
կառուցել karrucel *(v.)* construct
կառուցողական karrucoghakan *(adj.)* constructive
կառուցվածք karrutsvatsq *(n.)* structure
կառուցվածքային karrucvatsqayin *(adj.)* structural
կառուցվածքային karrucvatsqayin *(adj.)* tectonic
կառչել karrchel *(v.)* adhere
կառչել karrchel *(v.)* cling
կառք karrq *(n.)* chaise
կառք karrq *(n.)* chariot
կառք karrq *(n.)* roadster
կառք karrq *(n.)* wain
կասետ kasset *(n.)* cassette
կասեցնել kasecnel *(v.)* detain
կասեցնել kassecnel *(v.)* fend
կասեցնել kasecnel *(v.)* parry
կասեցնել kassecnel *(v.)* ward
կասեցում kassecum *(n.)* abeyance
կասեցում kasecum *(n.)* parry
կասկած kaskats *(n.)* distrust
կասկած kaskats *(n.)* doubt
կասկածանք kaskatsanq *(n.)* suspicion
կասկածել kaskatsel *(v.)* distrust
կասկածել kaskatsel *(v.)* doubt
կասկածել kaskatsel *(v.)* queer
կասկածել kaskatsel *(v.)* suspect
կասկածելի kaskatseli *(adj.)* doubtful
կասկածելի kaskatseli *(adj.)* dubious
կասկածելի kaskatseli *(adj.)* questionable
կասկածելի kaskatseli *(adj.)* suspect

կասկածելի kaskatseli *(adj.)* suspicious
կասկածյալ kaskatsyal *(n.)* suspect
կաստա, արտոնյալ դասակարգ kasta, artonyal dasakarg *(n.)* caste
կավ kav *(n.)* clay
կավալեր kavaler *(n.)* gallant
կավիճ kavich *(n.)* chalk
կավճափոշի kavchaposhi *(n.)* chalkdust
կավճով գրել kavchov grel *(v.)* chalk
կատալիզատոր katalizator *(n.)* catalyst
կատալիզատոր katalizator *(n.)* catalyzer
կատալիզացնել katalizacnel *(v.)* catalyse
կատալոգ katalog *(n.)* catalogue
կատակ katak *(n.)* jest
կատակ katak *(n.)* joke
կատակ katak *(n.)* prank
կատակ katak *(n.)* raillery
կատակ katak *(n.)* reak
կատակային katakayin *(adj.)* jocular
կատակարար katakarar *(n.)* joker
կատակել katakel *(v.)* jest
կատակել katakel *(v.)* joke
կատակերգու katakergu *(n.)* comedian
կատակերգություն katakergutyun *(n.)* comedy
կատաղել kataghel *(v.)* bluster
կատաղել kataghel *(v.)* rage
կատաղեցնել kataghecnel *(v.)* enrage
կատաղի kataghi *(adj.)* fierce
կատաղի kataghi *(adj.)* turbulent
կատաղի kataghi *(adj.)* violent
կատաղություն kataghutyun *(n.)* frenzy
կատաղություն kataghutyun *(n.)* fury
կատաղություն kataghutyun *(n.)* rabies
կատաղություն kataghutyun *(n.)* rage
կատար katar *(n.)* crest
կատար katar *(n.)* ridge
կատարակտ katarakt *(n.)* cataract
կատարել katarel *(v.)* execute
կատարել katarel *(v.)* perform

կատարելագործել katarelagortsel *(v.)* perfect
կատարելագործում katarelagortsum *(n.)* refinement
կատարելի katareli *(adj.)* workable
կատարելություն katarelutyun *(n.)* perfection
կատարյալ kataryal *(adj.)* perfect
կատարող katarogh *(n.)* doer
կատարող katarogh *(n.)* performer
կատարում katarum *(n.)* execution
կատարում katarum *(n.)* pursuance
կատարսիս katarsis *(n.)* catharsis
կատու katu *(n.)* cat
կատվազգի կենդանի, ընձառյուծ katvazgi kendani, andzarryuts *(n.)* cheetah
կատվակռիվ katvakrriv *(n.)* catfight
կատվային katvayin *(adj.)* feline
կատվի ձագ katvi dzag *(n.)* kitten
կար, սպի kar, spi *(n.)* seam
կարաբին karabin *(v.)* carabine
կարագ karag *(n.)* butter
կարամել karamel *(n.)* caramel
կարապ karap *(n.)* swan
կարատ karat *(n.)* carat
կարատ karat *(n.)* karat
կարբիդ karbid *(n.)* carbide
կարբոնատ karbonat *(n.)* carbonate
կարգ karg *(n.)* category
կարգ karg *(n.)* routine
կարգ karg *(n.)* trim
կարգ պահպանել karg pahpanel *(v.)* police
կարգազանցել kargazancel *(v.)* unsettle
կարգապահ kargapah *(adj.)* orderly
կարգապահություն kargapahutyun *(n.)* discipline
կարգավորած kargavorats *(adj.)* trim
կարգավորել kargavorel *(v.)* arrange
կարգավորել kargavorel *(v.)* configure
կարգավորել kargavorel *(v.)* regulate
կարգավորել kargavorel *(v.)* trim
կարգավորող kargavorogh *(n.)* regulator
կարգավորում kargavorum *(n.)* arrangement

կարգավորում kargavorum *(n.)* regulation
կարգել kargel *(v.)* picket
կարգին kargin *(adv.)* okay
կարդալ kardal *(v.)* peruse
կարդալ kardal *(v.)* read
կարդացած kardacats *(adj.)* well-read
կարդիգան kardigan *(n.)* cardigan
կարդինալ kardinal *(n.)* cardinal
կարդիոգրաֆ kardiograf *(n.)* cardiograph
կարել karel *(v.)* seam
կարել karel *(v.)* sew
կարել karel *(v.)* stitch
կարել karel *(v.)* tailor
կարել և պահել karel yev pahel *(v.)* file
կարեկցանք karekcanq *(n.)* compassion
կարեկցանք karekcanq *(n.)* empath
կարեկցանք karekcanq *(n.)* empathy
կարեկցել karekcel *(v.)* pity
կարեկցող karekcogh *(adj.)* empathic
կարեկցություն karekcutyun *(n.)* pity
կարենալ karenal *(v.)* may
կարևոր karevor *(adj.)* grave
կարևոր karevor *(adj.)* important
կարևոր karevor *(adj.)* momentous
կարևոր karevor *(adj.)* significant
կարևոր անձ karevor andz *(n.)* somebody
կարևորություն karevorutyun *(n.)* importance
կարևորություն karevorutyun *(n.)* significance
կարիերա kariera *(n.)* career
կարիճ karich *(n.)* scorpion
կարիք kariq *(n.)* need
կարիք kariq *(n.)* want
կարիք ունենալ kariq unenal *(v.)* need
կարիքավոր kariqavor *(adj.)* needy
կարծել kartsel *(v.)* opine
կարծիք kartsiq *(n.)* opinion
կարծիք kartsiq *(n.)* say
կարծիք հայտնող kartsiq haytnogh *(n.)* opinator
կարծիքագետ kartsiqaget *(n.)* opinionnaire
կարծրատիպ kartsratip *(n.)* stereotype
կարկամություն karkamutyun *(n.)* cramp
կարկանդակ karkandak *(n.)* shortbread
կարկանդակ karkandak *(n.)* shortcake
կարկաչել karkachel *(v.)* murmur
կարկաչյուն karkachyun *(n.)* murmur
կարկատան karkatan *(n.)* patch
կարկատել karkatel *(v.)* botch
կարկատել karkatel *(v.)* patch
կարկատել karkatel *(v.)* piece
կարկատել karkatel *(v.)* revamp
կարկուտ karkut *(n.)* hail
կարկտահարել karktaharel *(v.)* hail
կարկտահարություն karktaharutyun *(n.)* hailstorm
կարճ karch *(adj.)* brief
կարճ karch *(adj.)* short
կարճ ժամանակով karch djamanakov *(adv.)* awhile
կարճ ու հաստ karch u hast *(adj.)* podgy
կարճ ցուցակագրել karch cucakagrel *(v.)* shortlist
կարճ ցուցակագրված karch cucakagrvats *(adj.)* shortlisted
կարճավուն karchavun *(adj.)* shortish
կարճատես karchates *(adj.)* myopic
կարճատեսություն karchatesutyun *(n.)* myopia
կարճատև karchatev *(adj.)* short-term
կարմիր karmir *(adj.)* red
կարմիր karmir *(adj.)* ruddy
կարմրադեղ karmradegh *(n.)* red
կարմրաներկ karmranerk *(n.)* vermillion
կարմրավուն karmravun *(adj.)* reddish
կարմրափայտ ծառ karmrapayt tsarr *(n.)* mahogany
կարմրել karmrel *(v.)* blush
կարմրել karmrel *(v.)* redden
կարմրել karmrel *(v.)* rubify
կարմրող karmrogh *(n.)* blusher
կարմրուկ karmruk *(n.pl.)* measles
կարմրուկ karmruk *(n.)* rubeola

կարող karogh *(adj.)* able
կարողանալ karoghanal *(v.)* can
կարողանալ karoghanal *(v.)* could
կարողություն karoghutyun *(n.)* ability
կարողություն karoghutyun *(n.)* capability
կարողություն karoghutyun *(n.)* potentiality
կարոտ karot *(n.)* yearning
կարոտել karotel *(v.)* long
կարոտել karotel *(v.)* yearn
կարուսել karusel *(n.)* carousel
կարտոֆիլ kartofil *(n.)* potato
կացարան kacaran *(n.)* lodging
կացին kacin *(n.)* axe
կացին kacin *(n.)* chopper
կափարիչ kaparich *(n.)* lid
կափարիչ kaparich *(n.)* shutter
կեղև keghev *(n.)* crust
կեղև keghev *(n.)* husk
կեղև keghev *(n.)* peel
կեղևապատել peghevapatel *(v.)* encrust
կեղևապատված keghevapatvats *(adj.)* encrusted
կեղծ keghc *(adj.)* bogus
կեղծ keghts *(adj.)* counterfeit
կեղծ keghts *(adj.)* dummy
կեղծ keghts *(adj.)* fake
կեղծ keghts *(adj.)* fictitious
կեղծ keghts *(adj.)* mendacious
կեղծ keghts *(adj.)* sham
կեղծ keghts *(adj.)* spurious
կեղծանուն keghtsanun *(n.)* pseudonym
կեղծավոր keghtsavor *(n.)* hypocrite
կեղծավոր keghtsavor *(adj.)* hypocritical
կեղծավոր keghtsavor *(adj.)* insincere
կեղծավորություն keghtsavorutyun *(n.)* hypocrisy
կեղծավորություն keghtsavorutyun *(n.)* insincerity
կեղծարար keghtsarar *(n.)* counterfeiter
կեղծել keghtsel *(v.)* adulterate
կեղծել keghtsel *(v.)* fabricate

կեղծել keghtsel *(v.)* fake
կեղծել keghtsel *(v.)* falsify
կեղծել keghtsel *(v.)* sham
կեղծիք keghtsiq *(n.)* fake
կեղծիք keghtsiq *(n.)* forgery
կեղծիք keghtsiq *(n.)* pretence
կեղծիք keghtsiq *(n.)* sham
կեղծում keghtsum *(n.)* adulteration
կեղծում keghtsum *(n.)* falsification
կեղտ keght *(n.)* dirt
կեղտ keght *(n.)* filth
կեղտաջրեր keghtajrer *(n.)* sewage
կեղտոտ keghtot *(adj.)* dingy
կեղտոտ keghtot *(adj.)* dirty
կեղտոտ keghtot *(adj.)* fecal
կեղտոտ keghtot *(adj.)* filthy
կեղտոտ keghtot *(adj.)* foul
կեղտոտ keghtot *(adj.)* maculate
կեղտոտ keghtot *(adj.)* shanty
կեղտոտ խաղ keghtot khagh *(n.)* foul play
կեղտոտել keghtotel *(v.)* besmirch
կեղտոտել keghtotel *(v.)* blur
կեղտոտել keghtotel *(v.)* declutter
կեղտոտել keghtotel *(v.)* litter
կեղտոտել keghtotel *(v.)* splash
կեղտոտել keghtotel *(v.)* thumb
կեղտոտված keghtotvats *(adj.)* blotted
կեղտոտվել keghtotvel *(v.)* soil
կենակցել kenakcel *(v.)* cohabit
կենաց kenac *(n.)* toast
կենաց առաջարկել kenac arrajarkel *(v.)* toast
կենգուրու kenguru *(n.)* kangaroo
կենդանաբան kendanaban *(n.)* zoologist
կենդանաբանական kendanabanakan *(adj.)* zoological
կենդանաբանություն kendanabanutyun *(n.)* zoology
կենդանական աշխարհ kendanakan ashkharh *(n.)* fauna
կենդանակերպ kendanakerp *(n.)* zodiac
կենդանացնել kendanacnel *(v.)* enliven
կենդանի kendani *(n.)* animal

կենդանի kendani *(adj.)* live
կենսաակտիվություն kensaaktivutyun *(n.)* bioactivity
կենսաբան kensaban *(n.)* biologist
կենսաբանական kensabanakan *(adj.)* biological
կենսաբանական տարրալուծում kensabanakan taralutsum *(n.)* biodegradation
կենսաբանորեն kensabanoren *(adv.)* biologically
կենսաբանություն kensabanutyun *(n.)* biology
կենսագիր kensagir *(n.)* biographer
կենսագրական ֆիլմ kensagrakan film *(n.)* biopic
կենսագրություն kensagrutyun *(n.)* biography
կենսազանգված kensazangvats *(n.)* biomass
կենսաթոշակ kensatoshak *(n.)* beneficiary
կենսաթոշակ kensatoshak *(n.)* pension
կենսաինժեներություն kensaindjenerutyun *(n.)* bioengineering
կենսական kensakan *(adj.)* vital
կենսականացնել kensakanacnel *(v.)* vitalize
կենսակլիմա kensaklima *(n.)* bioclimate
կենսամիջոց kensamijoc *(n.)* sustenance
կենսաչափական kensachapakan *(adj.)* biometric
կենսավառելիք kensavarreliq *(n.)* biofuel
կենսավտանգավոր kensavtangavor *(adj.)* biohazardous
կենսունակ kensunak *(adj.)* viable
կենսունակ kensunak *(adj.)* virile
կենսունակություն kensunakutyun *(n.)* vitality
կենսուրախ kensurakh *(adj.)* chirpy
կենտավրոս kentavros *(n.)* centaur
կենտրոն kentron *(n.)* center
կենտրոն kentron *(n.)* centre
կենտրոն kentron *(n.)* hub
կենտրոն kentron *(n.)* middle
կենտրոնախույս kentronakhuys *(adj.)* centrifugal
կենտրոնական kentronakan *(adj.)* central
կենտրոնական kentronakan *(adj.)* centrical
կենտրոնական փական kentronakan pakan *(n.)* central locking
կենտրոնանալ kentronanal *(v.)* concentrate
կենտրոնանալ kentronanal *(v.)* decentre
կենտրոնանալ kentronanal *(v.)* focus
կենտրոնանալով kentronanalov *(adj.)* focusing
կենտրոնացած kentronacats *(adj.)* focused
կենտրոնացնել kentronacnel *(v.)* focalize
կենտրոնացում kentronacum *(n.)* concentration
կենցաղավար kencaghavar *(n.)* domesticator
կեչի kechi *(n.)* birch
կեռիկ kerrik *(n.)* cleat
կեռիկ kerrik *(n.)* hook
կես kes *(n.)* half
կես kes *(n.)* mid-on
կես օր kes or *(n.)* half-day
կեսարյան kesaryan *(adj.)* cesarean
կեսարյան հատում kesaryan hatum *(n.)* cesarean
կեսգիշեր kesgisher *(n.)* midnight
կեսից դուրս kesic durs *(n.)* mid-off
կեսօր kesor *(n.)* midday
կեսօր kessor *(n.)* noon
կեսօրից առաջ kesoric arraj *(abbr.)* am
կեսօրից հետո kesoric heto *(n.)* afternoon
կեսօրյա նախաճաշ kessorya nakhachash *(n.)* lunch
կետ ket *(n.)* clause
կետ ket *(n.)* dot
կետ ket *(n.)* item
կետ ket *(n.)* point

կետ ket *(n.)* whale
կետադրել ketadrel *(v.)* punctuate
կետադրություն ketadrutyun *(n.)* punctuation
կետային մերսում ketayin mersum *(n.)* acupressure
կետանշել ketanshel *(v.)* dot
կետոսկր ketoskr *(n.)* baleen
կետչուպ ketchup *(n.)* ketchup
կերակուր kerakur *(n.)* concoction
կերակուր kerakur *(n.)* meal
կերակրափողային kerakrapoghayin *(adj.)* esophageal
կերակրել kerakrel *(v.)* feed
կերակրող kerakrogh *(n.)* breadwinner
կերամաթ keramat *(n.)* molasses
կերամիկա keramika *(n.pl.)* ceramics
կերուխում kerukhum *(n.)* wassail
կերպարանափոխել kerparanapokhel *(v.)* transfigure
կերպարանափոխություն kerparanapokhutyun *(n. pl.)* metamorphosis
կերպարանափոխում kerparanapokhum *(n.)* transfiguration
կզակ kzak *(n.)* chin
կզաքիս kzaqis *(n.)* ferret
կզաքիս kzaqis *(n.)* marten
կթել ktel *(v.)* milk
կիբեռ kiberr *(adj.)* cyber
կիբեռհանցագործություն kiberrhancagortsutyun *(n.)* cybercrime
կիբեռհարձակում kiberrhardzakum *(n.)* cyberbullying
կիբեռչաթ kiberrchat *(n.)* cyberchat
կիբեռսրճարան kiberrsrcharan *(n.)* cybercafé
կիզակետ kizaket *(n.)* focus
կիզակետային kizaketayin *(adj.)* focal
կիթառ kitarr *(n.)* guitar
կիթառահար kitarrahar *(n.)* ukeleleist
կիլո kilo *(n.)* kilo
կիլոգրամ kilogram *(n.)* kilogram
կիկլոպ kiklop *(n.)* cyclops
կին kin *(n.)* female
կին kin *(n.)* wife
կին kin *(n.)* woman
կինեմատոգրաֆիա kinematografia *(n.)* cinematography
կինետիկ kinetik *(adj.)* kinetic
կինո kino *(n. pl.)* movies
կինոթատրոն kinotatron *(n.)* cinema
կինոյի kinoyi *(adj.)* cinematic
կինոնկար, ֆիլմ kinonkar, film *(n.)* film
կինոռեժիսոր kinorredjisor *(n.)* filmmaker
կիս(վ)ել kis(v)el *(v.)* bisect
կիսագուլպա kissagulpa *(n.)* sock
կիսագունդ kisagund *(n.)* hemisphere
կիսազվարճալի kissazvarchali *(adj.)* semi-amusing
կիսալուսին kisalusin *(n.)* crescent
կիսակույր kisakuyr *(adj.)* purblind
կիսամյակ kissamyak *(n.)* semester
կիսաշրջազգեստ kisashrjazgest *(n.)* kilt
կիսաշրջան kisashrjan *(n.)* demicircle
կիսապաշտոնական kisapashtonakan *(adj.)* semi-formal
կիսավարտիք kissavartiq *(n. pl.)* shorts
կիսատոն kissaton *(n.)* undertone
կիսաֆինալիստ kissafinalist *(n.)* semi-finalist
կիսել kisel *(v.)* halve
կիսվել kisvel *(v.)* share
կիստա kista *(n.)* cyst
կիտրոն kitron *(n.)* lemon
կիր kir *(n.)* lime
կիրակի kiraki *(n.)* Sunday
կիրառական kirarrakan *(adj.)* applied
կիրառական kirarrakan *(adj.)* utilitarian
կիրառել kirarrel *(v.)* practise
կիրթ kirt *(adj.)* mannerly
կիրճ kirch *(n.)* defile
կիրճ kirch *(n.)* gorge
կիրք kirq *(n.)* passion
կլան klan *(n.)* clan
կլանել klanel *(v.)* absorb
կլանել klanel *(v.)* devour
կլանել klanel *(v.)* engulf
կլանել klanel *(v.)* gulp

կլանել klanel *(v.)* swallow
կլանելի klaneli *(adj.)* absorbable
կլանող klanogh *(adj.)* absorbent
կլանում klanum *(n.)* absorption
կլանում klanum *(n.)* adsorb
կլանում klanum *(n.)* clive
կլանում klanum *(n.)* swallow
կլանչել klanchel *(v.)* yap
կլանչոց klanchoc *(n.)* yap
կլաուստրոֆոբիա klaustrofobia *(n.)* claustrophobia
կլառնետ klarrnet *(n.)* clarinet
կլասիկ klassik *(adj.)* classic
կլեմենտինա klementina *(n.)* clementine
կլիմա klima *(n.)* climate
կլիմայափոփոխություն klimayapopokhutyun *(n.)* climate change
կլիմայի վերահսկում klimayi verahskum *(n.)* climate control
կլինիկա klinika *(n.)* clinic
կլինիկական klinikakan *(adj.)* clinical
կլիշե klishe *(n.)* cliché
կլիպեր kliper *(n.)* clipper
կլոն klon *(n.)* clone
կլոր klor *(adj.)* round
կլորացնել kloracnel *(v.)* round
կլպել klpel *(v.)* peel
կլպել klpel *(v.)* pod
կլպել klpel *(v.)* shell
կծել ktsel *(v.)* bite
կծել ktsel *(v.)* nibble
կծիկ ktsik *(n.)* clew
կծիկ ktsik *(n.)* skein
կծկում ktskum *(n.)* contraction
կծկվել ktskvel *(v.)* cower
կծկվել ktskvel *(v.)* crankle
կծու ktsu *(adj.)* acerbic
կծու ktsu *(adj.)* biting
կծու ktsu *(adj.)* piquant
կծու ktsu *(adj.)* pungent
կծու պղպեղ ktsu pghpegh *(n.)* capsicum
կծու-հեգնական ktsu-hegnakan *(adj.)* caustic
կծում ktsum *(n.)* nibble
կծվություն ktsvutyun *(n.)* pungency

կկու kku *(n.)* cuckoo
կղանք kghanq *(n.)* feces
կղբամաշկ kghbamashk *(n.)* beaverskin
կղբաշիթ kghbashit *(n.)* castor
կղզի kghzi *(n.)* island
կղզի kghzi *(n.)* isle
կղզիականություն kghziakanutyun *(n.)* insularity
կղզու kghzu *(adj.)* insular
կղմինդր kghmindr *(n.)* tile
կղմինդրով ծածկել kghmindrov tsatskel *(v.)* tile
կճատ kchat *(adj.)* snub
կմախք kmakhq *(n.)* skeleton
կյանք kyanq *(n.)* being
կյանք kyanq *(n.)* life
կյանք kyanq *(n.)* living
կյանքի աջակցություն kyanqi ajakcutyun *(n.)* life support
կնամոլ knamol *(n.)* philanderer
կնիք kniq *(n.)* seal
կնիք kniq *(n.)* stamp
կնճիթ knchit *(n.)* trunk
կնճիռ knchirr *(n.)* frown
կնճիռ knchirr *(n.)* wrinkle
կնճռոտվել knchrrotvel *(v.)* wrinkle
կնքահայր knqahayr *(n.)* godfather
կնքել knqel *(v.)* seal
կնքել knqel *(v.)* stamp
կնքված knqvats *(adj.)* sealed
կնքվածություն knqvatsutyun *(n.)* sealability
կշեռք ksherrq *(n.)* balance
կշռել kshrrel *(v.)* scale
կշռել kshrrel *(v.)* weigh
կշտամբել kshtambel *(v.)* censure
կշտամբել kshtambel *(v.)* upbraid
կոալա koala *(n.)* koala
կոալիցիա koalicia *(n.)* coalition
կոբալտ kobalt *(n.)* cobalt
կոբրա kobra *(n.)* cobra
կոդավորում kodavorum *(n.)* coding
կոդավորում kodavorum *(n.)* encryption
կոթ kot *(n.)* handle
կոթ kot *(n.)* shaft
կոթող kotogh *(n.)* dolmen

կոլագեն kolagen *(n.)* collagen
կոլեգա kolega *(n.)* colleague
կոլեկցիոներ kolekcioner *(n.)* collector
կոկաին kokain *(n.)* cocaine
կոկարդ kokard *(n.)* cockade
կոկետուհի koketuhi *(n.)* coquette
կոկետուհի koketuhi *(n.)* minx
կոկիկ kokik *(adj.)* neat
կոկիկ kokik *(adj.)* tidy
կոկորդ kokord *(n.)* throat
կոկորդային kokordayin *(adj.)* throaty
կոկորդիլոս kokordilos *(n.)* crocodile
կոկտեյլ kokteyl *(n.)* cocktail
կող kogh *(n.)* flank
կողազենք koghazenq *(n.)* sidearm
կողազենք կրել koghazenq krel *(v.)* sidearm
կողազենքային koghazenqayin *(adj.)* sidearm
կողաթամբ koghatumb *(n.)* side-saddle
կողաթամբած koghatambats *(adj.)* side-saddle
կողաթեքում koghatequm *(n.)* lurch
կողահարված koghaharvats *(n.)* sidestroke
կողային koghayin *(adj.)* costal
կողային koghayin *(adj.)* flank
կողայրում koghayrum *(n.)* sideburn
կողաշարել koghasharel *(v.)* flank
կողաշենք koghashenq *(n.)* outhouse
կողապատ koghapat *(n.)* sidewall
կողատուփ koghatup *(n.)* sidebox
կողմ koghm *(n.)* side
կողմ koghm *(n.)* sideway
կողմից, միջոցով koghmic, mijocov *(prep.)* by
կողմնակալություն koghmnakalutyun *(n.)* partiality
կողմնակի ազդեցություն koghmnaki azdecutyun *(n.)* sidewind
կողմնակի անձ koghmnaki andz *(n.)* outsider
կողմնակի աշխատանք koghmnaki ashkhatanq *(n.)* sideline
կողմնակի արտադրանք koghmnaki artadranq *(n.)* by-product
կողմնացույց koghmnacuyc *(n.)* compass
կողմնորոշիչ koghmnoroshich *(adj.)* orientational
կողմնորոշված koghmnoroshvats *(adj.)* oriented
կողմնորոշվել koghmnoroshvel *(v.)* orient
կողմնորոշվել koghmnoroshvel *(v.)* orientate
կողոպտել koghoptel *(v.)* depredate
կողոպտել koghoptel *(v.)* maraud
կողոպտել koghoptel *(v.)* sack
կողոպտիչ koghoptich *(n.)* burglar
կողոպտիչ koghoptich *(n.)* marauder
կողոսկր koghoskr *(n.)* rib
կողով koghov *(n.)* cist
կողպել koghpel *(v.)* lock
կողպեք koghpeq *(n.)* lock
կոճ koch *(n.)* ankle
կոճակ kochak *(n.)* button
կոճակ kochak *(n.)* stud
կոճակագամ kochakagam *(n.)* tack
կոճապղպեղ kochapghpegh *(n.)* ginger
կոճապղպեղային kochapghpeghayin *(adj.)* ginger
կոճապղպեղի գարեջուր kochapghpeghi garejur *(n.)* ginger ale
կոճկել kochkel *(v.)* clasp
կոճղ kochgh *(n.)* counterfoil
կոճղ kochgh *(n.)* stub
կոմա koma *(n.)* coma
կոմանդոս komandos *(n.)* commando
կոմատոզ komatoz *(adj.)* comatose
կոմիկ komik *(n.)* comic
կոմոդ komod *(n.)* commode
կոմունա komuna *(n.)* commune
կոմունիզմ komunizm *(n.)* communism
կոմունիստ komunist *(n.)* communist
կոմսություն komsutyun *(n.)* county
կոմսություն komsutyun *(n.)* shire
կոմսուհի komsuhi *(n.)* countess
կոյուղի koyughi *(n.)* sewer
կոյուղի koyughi *(n.)* sewerage
կոն kon *(n.)* cone
կոն kon *(n.)* taper
կոնաձև konadzev *(adj.)* conical
կոնաձև դարձնել konadzev dardznel

(v.) taper
կոնգլոմերատ konglomerat *(n.)* conglomerate
կոնծել kontsel *(v.)* booze
կոնյակ konyak *(n.)* brandy
կոնյուկտիվիտ konyuktivit *(n.)* conjunctivitis
կոնսենսուսային konsensusayin *(adj.)* consensual
կոնսերվատորիա konservatoria *(n.)* conservatory
կոնսպեկտ konspekt *(n.)* conspectus
կոնսպեկտ konspekt *(n.)* precis
կոնվեկցիա konvekcia *(n.)* convection
կոնտակտային ոսպնյակներ kontaktayin vospnyakner *(n.)* contact lens
կոնտուզիա kontuzia *(n.)* contusion
կոնտուզիա պատճառել kontuzia patcharrel *(v.)* contuse
կոնքաման konqaman *(n.)* cuvette
կոնֆետ konfet *(n.)* candy
կոնֆետ konfet *(n.)* sweet
կոնֆետ konfet *(n.)* sweetmeat
կոնֆլիկտ konflikt *(n.)* conflict
կոնֆորմիստ konformist *(n.)* conformist
կոշիկ koshik *(n.)* boot
կոշիկ koshik *(n.)* footwear
կոշիկ koshik *(n.)* shoe
կոշտ kosht *(adj.)* callous
կոշտ kosht *(adj.)* raspy
կոշտ kosht *(adj.)* rigid
կոշտ kosht *(adj.)* tough
կոշտ մազ kosht maz *(n.)* bristle
կոշտանալ koshtanal *(v.)* stiffen
կոշտանալ koshtanal *(v.)* toughen
կոշտություն koshtutyun *(n.)* stiff
կոչ koch *(n.)* invocation
կոչել kochel *(v.)* invoke
կոչում kochum *(n.)* calling
կոչում kochum *(n.)* title
կոչում kochum *(n.)* vocation
կոպ kop *(n.)* eyelid
կոպեկ kopek *(n.)* penny
կոպեկներ kopekner *(n.)* pittance
կոպիտ kopit *(adj.)* beastly
կոպիտ kopit *(adj.)* brusque
կոպիտ kopit *(adj.)* churlish
կոպիտ kopit *(adj.)* coarse
կոպիտ kopit *(adj.)* crass
կոպիտ kopit *(adj.)* harsh
կոպիտ kopit *(adj.)* rough
կոպիտ kopit *(adj.)* rude
կոպիտ kopit *(adj.)* scratchy
կոպիտ սխալ kopit skhal *(n.)* bloomer
կոպիտ սխալ kopit skhal *(n.)* blunder
կոպտացնել koptacnel *(v.)* brutify
կոպտորեն koptoren *(adv.)* bluntly
կոսմետիկա kosmetika *(n.)* cosmetic
կոսմետիկական kosmetikakan *(adj.)* cosmetic
կոսմոպոլիտական kosmopolitakan *(adj.)* cosmopolitan
կոստյում kostyum *(n.)* costume
կոստյում kostyum *(n.)* suit
կով kov *(n.)* cow
կոտլետ kotlet *(n.)* cutlet
կոտորած kotorats *(n.)* carnage
կոտորած kotorats *(n.)* slaughter
կոտորակառումբ kotorakarrumb *(n.)* shrapnel
կոտորել kotorel *(v.)* slaughter
կոտր(վ)ել kotr(v)el *(v.)* break
կոտր(վ)ել kotr(v)el *(v.)* fracture
կոտրիչ kotrich *(n.pl.)* cracker
կոտրում kotrum *(n.)* breaking
կոտրված kotrvats *(v.)* broken
կոտրվածք kotrvatsq *(n.)* breakage
կոտրվածք kotrvatsq *(n.)* fracture
կոտրվել kotrvel *(v.)* splinter
կորագիծ koragits *(n.)* curve
կորալյան կղզի koralyan kghzi *(n.)* atoll
կորանալ koranal *(v.)* sag
կորանալ koranal *(v.)* stoop
կորացած koracats *(adj.)* saggy
կորացրած koracrats *(adj.)* crooked
կորեկ korek *(n.)* millet
կործանել kortsanel *(v.)* destroy
կործանիչ kortsanich *(n.)* destroyer
կործանում kortsanum *(n.)* bane
կործանում kortsanum *(n.)* breakdown
կործանում kortsanum *(n.)* destruction
կործանվել kortsanvel *(v.)* lost
կործանվել kortsanvel *(v.)* perish

կորովի korovi *(adj.)* hale
կորություն korutyun *(n.)* curvature
կորություն korutyun *(n.)* sag
կորուստ korust *(n.)* loss
կորուստ korust *(n.)* wastage
կորպորացիա korporacia *(n.)* corporation
կորպուս korpus *(n.)* corps
կորստաբեր korstaber *(adj.)* maleficent
կորտիզոն հորմոն kortizon hormon *(n.)* cortisone
կորցնել korcnel *(v.)* forfeit
կորցնել korcnel *(v.)* lose
կուզիկություն kuzikutyun *(n.)* stoop
կուլ տալ kul tal *(v.)* clive
կուլիսներում kulisnerum *(adv.)* backstage
կուղբ kughb *(n.)* beaver
կում kum *(n.)* gulp
կում kum *(n.)* sip
կում kum *(n.)* sup
կույս kuys *(adj.)* virgin
կույս kuys *(n.)* virgin
կույտ kuyt *(n.)* heap
կույր kuyr *(adj.)* blind
կույր աղիքի բորբոքում kuyr aghiqi borboqum *(n.)* appendicitis
կույր աղիքի որդանման հավելված kuyr aghiqi vordanman havelvats *(n.)* appendix
կուպե kupe *(n.)* compartment
Կուպիդոն Kupidon *(n.)* cupid
կուպր kupr *(n.)* tar
կուռք kurrq *(n.)* idol
կուսազրկել kusazrkel *(v.)* deflower
կուսակցություն kusakcutyun *(n.)* party
կուսանոց kusanoc *(n.)* convent
կուսանոց kusanoc *(n.)* nunnery
կուսություն kusutyun *(n.)* virginity
կուտակ kutak *(n.)* dump
կուտակել kutakel *(v.)* accumulate
կուտակել kutakel *(v.)* heap
կուտակել kutakel *(v.)* mass
կուտակել kutakel *(v.)* treasure
կուտակող kutakogh *(n.)* accumulator
կուտակում kutakum *(n.)* accumulation
կուտակում kutakum *(n.)* agglomerate
կուտակում kutakum *(n.)* block
կուտակում kutakum *(n.)* concourse
կուտակված kutakvats *(adj.)* gorge
կուտակվել kutakvel *(v.)* agglomerate
կուտյուրե kutyure *(n.)* couture
կուրծք kurtsq *(n.)* breast
կուրծք kurtsq *(n.)* udder
կուրություն kurutyun *(n.)* blindness
կուրսանտ kursant *(n.)* cadet
կուրսոր kursor *(n.)* cursor
կուրտիզանուհի kurtizanuhi *(n.)* courtesan
կոքսացնել koqsacnel *(v.)* coke
կոֆեին kofein *(n.)* caffeine
կպչել kpchel *(v.)* goo
կպչուն kpchun *(adj.)* clammy
կպչուն kpchun *(adj.)* clingy
կպչուն kpchun *(adj.)* tenacious
կպչուն նյութ kpchun nyut *(n.)* adhesive
կպչուն նյութ kpchun nyut *(n.)* goo
կպչունություն kpchunutyun *(n.)* sticky
կպչունություն kpchunutyun *(n.)* tenacity
կռահել krrahel *(v.)* surmise
կռահողական krrahoghakan *(adj.)* intuitive
կռահում krrahum *(n.)* guess
կռահում krrahum *(n.)* surmise
կռանալ krranal *(v.)* crouch
կռապաշտ krrapasht *(n.)* idolater
կռինչ krrinch *(n.)* hoot
կռիվ krriv *(n.)* brawl
կռիվ krriv *(n.)* fight
կռիվ krriv *(n.)* fray
կռիվ krriv *(n.)* scuffle
կռիվ krriv *(n.)* tussle
կռկռոց krrkrroc *(n.)* croak
կռնչալ krrnchal *(v.)* hoot
կռնչալ krrnchal *(v.)* quack
կռունկ krrunk *(n.)* crane
կռռալ krrrral *(v.)* caw
կռվարար krrvarar *(n.)* bully
կռվարար krrvarar *(adj.)* quarrelsome
կռվարար krrvarar *(adj.)* rowdy

կռվարար կին, ջադու krrvarar kin, jadu *(n.)* vixen
կռվարար մարդ krrvarar mard *(n.)* teaser
կռվել krrvel *(v.)* bicker
կռվել krrvel *(v.)* brangle
կռվել krrvel *(v.)* fight
կռվել krrvel *(v.)* jostle
կռվել krrvel *(v.)* scramble
կռվել krrvel *(v.)* scuffle
կռվել krrvel *(v.)* skirmish
կռվել krrvel *(v.)* tussle
կսմթել ksmtel *(v.)* nip
կսմթել ksmtel *(v.)* pinch
կսմթոց ksmtoc *(n.)* pinch
կտակ ktak *(n.)* testament
կտակել ktakel *(v.)* bequeath
կտավ ktav *(n.)* canvas
կտավ ktav *(n.)* cloth
կտավատի սերմ ktavati serm *(n.)* linseed
կտավաքար ktavaqar *(n.)* asbestos
կտոր ktor *(n.)* bit
կտոր ktor *(n.)* chunk
կտոր ktor *(n.)* lump
կտոր ktor *(n.)* piece
կտոր ktor *(n.)* scrap
կտոր ktor *(n.)* shred
կտոր ktor *(n.)* slice
կտորեղեն վաճառող ktoreghen vacharrogh *(n.)* draper
կտուր ktur *(n.)* terrace
կտուց ktuc *(n.)* beak
կտրանք ktranq *(n.)* clipping
կտրատել ktratel *(v.)* shred
կտրատել ktratel *(v.)* slice
կտրել ktrel *(v.)* facet
կտրել ktrel *(v.)* lop
կտրել ktrel *(v.)* shear
կտրել ktrel *(v.)* slash
կտրել ktrel *(v.)* tip
կտրիճ ktrich *(n.)* daredevil
կտրիչ ktrich *(n.)* cutter
կտրիչ ktrich *(n.)* sawtooth
կտրիչ ktrich *(n.)* shredder
կտրոն ktron *(n.)* coupon
կտրուկ ktruk *(adj.)* abrupt
կտրուկ ktruk *(adj.)* categorical
կտրուկ ktruk *(adj.)* drastic
կտրուկ կերպով ktruk kerpov *(adv.)* abruptly
կտրվածք ktrvatsq *(n.)* cut
կտրվածք ktrvatsq *(n.)* cutting
կտրտել ktrtel *(v.)* chop
կտցահարված ktcaharvats *(n.)* peck
կրա՛կ krak! *(int.)* shot
կրակ krak *(n.)* fire
կրակ krak *(n.)* glow
կրակած krakats *(adj.)* shot
կրակահերթ krakahert *(n.)* firefight
կրակահերթ krakahert *(n.)* firepit
կրակավ krakav *(n.)* marl
կրակել krakel *(v.)* pop
կրակել krakel *(v.)* rifle
կրակել krakel *(v.)* shoot
կրակմարիչ krakmarich *(n.)* fire extinguisher
կրակոտ krakot *(adj.)* ardent
կրակոտ krakot *(adj.)* fiery
կրակոց krakoc *(n.)* pop
կրակոց krakoc *(n.)* shoot
կրակոց krakoc *(n.)* shot
կրեդիտ քարտ kredit qart *(n.)* credit card
կրել krel *(v.)* borne
կրել krel *(v.)* carry
կրել krel *(v.)* incur
կրեմ krem *(n.)* cream
կրեմ krem *(n.)* custard
կրեոլ(ուհի) kreol(uhi) *(n.)* creole
կրեպ krep *(n.)* crepe
կրետ kret *(n.)* wasp
կրթաթոշակ krtatoshak *(n.)* bursary
կրթաթոշակ krtatoshak *(n.)* scholarship
կրթել krtel *(v.)* educate
կրթություն krtutyun *(n.)* education
կրիա kria *(n.)* tortoise
կրիա kria *(n.)* turtle
կրիոգենիկա kriogenika *(n.)* cryogenics
կրծկալ krtskal *(n.)* bodice
կրծկալ krtskal *(n.)* bra
կրծող krtsogh *(n.)* rodent
կրծոտել krtsotel *(v.)* gnaw
կրծքագեղձային krtsqageghdzayin

(adj.) mammary

կրծքավանդակ krtsqavandak *(n.)* chest

կրծքավանդակ krtsqavandak *(n.)* thorax

կրծքով կերակրել krtsqov kerakrel *(v.)* breastfeed

կրծքով կերակրել krtsqov kerakrel *(v.)* lactate

կրծքով պաշտպանել krtsqov pashtpanel *(v.)* breast

կրկես krkes *(n.)* circus

կրկին krkin *(adv.)* again

կրկին դիմել krkin dimel *(v.)* reapply

կրկին ընդունել krkin andunel *(v.)* reaccept

կրկին մոտենալ krkin motenal *(v.)* reapproach

կրկնակետ krknaket *(n.)* colon

կրկնակի krknaki *(n.)* bigamist

կրկնակի krknaki *(adj.)* bigamous

կրկնակի krknaki *(adj.)* binary

կրկնակի krknaki *(adj.)* double

կրկնակի krknaki *(adj.)* duplicate

կրկնակի krknaki *(adj.)* twofold

կրկնապատկել krknapatkel *(v.)* double

կրկնապատկել krknapatkel *(v.)* geminate

կրկնապատկել krknapatkel *(v.)* redouble

կրկնապատկված krknapatkvats *(adj.)* geminal

կրկնել krknel *(v.)* reiterate

կրկնել krknel *(v.)* repeat

կրկնել krknel *(v.)* replay

կրկներգ krknerg *(n.)* refrain

կրկնություն krknutyun *(n.)* recurrence

կրկնություն krknutyun *(n.)* reiteration

կրկնություն krknutyun *(n.)* repetition

կրկնվել krknvel *(v.)* recur

կրկնվող krknvogh *(adj.)* recurrent

կրկնվողություն krknvoghutyun *(n.)* recrudency

կրկնօրինակ krknorinak *(n.)* duplicate

կրկնօրինակ krknorinak *(n.)* replica

կրկնօրինակել krknorinakel *(v.)* dub

կրկնօրինակում krknorinakum *(n.)* dub

կրճատ krchat *(adj.)* compendious

կրճատել krchatel *(v.)* curtail

կրճատել krchatel *(v.)* retrench

կրճատել krchatel *(v.)* shorten

կրճատում krchatum *(n.)* reduction

կրճատում krchatum *(n.)* retrenchment

կրճատում krchatum *(n.)* shortening

կրճատում krchatum *(n.)* shrinkage

կրոն kron *(n.)* religion

կրոնական kronakan *(adj.)* religious

կրով սպիտակեցնել krov spitakecnel *(v.)* lime

կրուասան kruassan *(n.)* croissant

կրպակ krpak *(n.)* booth

կրպակ krpak *(n.)* kiosk

կրպակ krpak *(n.)* stall

կրտսեր krtser *(adj.)* junior

կրտսեր krtser *(n.)* junior

կրքոտ krqot *(adj.)* passionate

կրքոտ krqot *(adj.)* sultry

կրքոտ krqot *(adj.)* vehement

կրքոտություն krqotutyun *(n.)* vehemence

կցավագոն kcavagon *(n.)* trailer

կցել kcel *(v.)* affix

կցել kcel *(v.)* annex

կցկտուր kcktur *(adj.)* jerky

կցորդ kcord *(n.)* attache

կցում kcum *(n.)* annexation

Հ հ

հաբ hab *(n.)* pill

հագած hagats *(adj.)* clad

հագեցնել hagecnel *(v.)* pervade

հագեցնել hagecnel *(v.)* satiate

հագեցնել hagecnel *(v.)* saturate

հագեցնող hagecnogh *(adj.)* satiable

հագեցում hagecum *(n.)* satiety

հագեցում hagecum *(n.)* saturation

հագնել hagnel *(v.)* robe

հագնել hagnel *(v.)* wear

հագնվել hagnvel *(v.)* dress
հագուստ hagust *(n.)* clothes
հագուստ hagust *(n.)* clothing
հագուստ hagust *(n.)* garment
հագուստի տնակ hagusti tnak *(n.)* cabana
հագցնել hagcnel *(v.)* clothe
հազալ hazal *(v.)* cough
հազար hazar *(num.)* thousand
հազարամյակ hazaramyak *(n.)* millennium
հազարերորդական hazarerordakan *(adj.)* thousandth
հազարոտնանի hazarotnani *(n.)* centipede
հազարոտնուկ hazarotnuk *(n.)* millipede
հազիվ haziv *(adv.)* scarcely
հազիվհազ hazivhaz *(adv.)* hardly
հազվադեպ hazvadep *(adj.)* rare
հազվադեպ hazvadep *(adv.)* rarely
հազվադեպ hazvadep *(adv.)* seldom
հազվադեպություն hazvadeputyun *(n.)* rareness
հազվադեպություն hazvadeputyun *(n.)* rarity
հալ(վ)ել hal(v)el *(v.)* fuse
հալած halats *(adj.)* molten
հալածանք halatsanq *(n.)* persecution
հալածել halatsel *(v.)* persecute
հալել halel *(v.)* smelt
հալեցնել halecnel *(v.)* defrost
հալյուցինացիա, պատրանք halyucinacia, patranq *(n.)* hallucination
հալվե halve *(n.)* aloe
հալվել halvel *(v.)* melt
հալվել halvel *(v.)* thaw
հալք halq *(n.)* thaw
հածանավ hatsanav *(n.)* cruiser
հակ hak *(n.)* bale
հակա- haka- *(pref.)* anti-
հակա- haka- *(pref.)* contra
հակաառևանգման համակարգ hakaarrevangman hamakarg *(n.)* burglar alarm
հակաբակտերիալ hakabakterial *(adj.)* antibacterial
հակաբեղմնավորիչ hakabeghmnavorich *(n.)* contraceptive
հակաբեղմնավորում hakabeghmnavorum *(n.)* contraception
հակաբիոտիկ hakabiotik *(n.)* antibiotic
հակագազի դիմակ hakagazi dimak *(n.)* gasmask
հակագրոհ hakagroh *(n.)* counterattack
հակադարձ hakadardz *(adj.)* reverse
հակադարձ ռեակցիա hakadardz rreakcia *(n.)* backlash
հակադարձորեն hakadardzoren *(adv.)* vice-versa
հակադարձում hakadardzum *(n.)* rejoinder
հակադիր hakadir *(adj.)* contrary
հակադիր hakadir *(adj.)* opposite
հակադիրը hakadira *(n.)* reverse
հակադրություն hakadrutyun *(n.)* antiphony
հակադրություն hakadrutyun *(n.)* contrast
հակադրվել hakadrvel *(v.)* oppose
հակազդել hakazdel *(v.)* antagonize
հակազդել hakazdel *(v.)* counteract
հակազդող hakazdogh *(adj.)* reactive
հակաթեզիս hakatezis *(n.)* antithesis
հակաթթվային hakattvayin *(adj.)* antacid
հակաթույն hakatuyn *(n.)* antidote
հակաթույն hakatuyn *(n.)* mithridate
հակածին hakatsin *(n.)* antigen
հակակլիմաքս hakaklimaqs *(n.)* anticlimax
հակակրանք hakakranq *(n.)* antipathy
հակակրանք hakakranq *(n.)* aversion
հակակրանք hakakranq *(n.)* repulsion
հակահասարակական hakahasarakakan *(adj.)* antisocial
հակահարված hakaharvats *(n.)* rebuff
հակահարված hakaharvats *(n.)* repulse
հակահարվածել hakaharvatsel *(v.)* rebuff

հակահրաման տալ hakahraman tal *(v.)* countermand
հակաճառել hakacharrel *(v.)* counter
հակաճառել hakacharrel *(v.)* gainsay
հակաճառել hakacharrel *(v.)* retort
հակաճառել hakacharrel *(v.)* thwart
հակաճառություն hakacharrutyun *(n.)* retort
հակաճառում hakacharrum *(n.)* talkback
հակամարմիններ hakamarminner *(n.)* antibody
հակամարտություն hakamartutyun *(n.)* antagonism
հականեխիչ hakanekhich *(adj.)* antiseptic
հականեխիչ միջոց hakanekhich mijoc *(n.)* antiseptic
հականիշ hakanish *(n.)* antonym
հակառակ դեպքում hakarrak depqum *(conj.)* otherwise
հակառակորդ hakarrakord *(n.)* adversary
հակառակորդ hakarrakord *(n.)* antagonist
հակառակորդ hakarrakord *(n.)* opponent
հակառակվել hakarrakvel *(v.)* object
հակասական hakassakan *(adj.)* ambivalent
հակասականություն hakassakanutyun *(n.)* ambivalence
հակասառիչներ hakassarrichner *(n.)* antifreeze
հակասել hakassel *(v.)* contradict
հակասություն hakasutyun *(n.)* contradiction
հակատարիքային hakatariqayin *(adj.)* anti-ageing
հակաօդային hakaodayin *(adj.)* anti-aircraft
հակաօքսիդանտ hakaoqsidant *(n.)* antioxidant
հակընդդեմ հրդեհ hakenddem hrdeh *(n.)* backfire
հակիրճ hakirch *(adj.)* concise
հակիրճ hakirch *(adj.)* curt
հակիրճ hakirch *(adj.)* terse
հակիրճորեն hakirchoren *(adv.)* tersely
հակիրճություն hakirchutyun *(n.)* brevity
հակոտնյաներ hakotnyaner *(n.pl.)* antipodes
հակում hakum *(n.)* bent
հակում hakum *(n.)* droop
հակում hakum *(n.)* ply
հակում hakum *(n.)* pointwork
հակում hakum *(n.)* proclivity
հակված hakvats *(adj.)* prone
հակվել hakvel *(v.)* tend
հաղարջ hagharj *(n.)* currant
հաղթական haghtakan *(adj.)* triumphal
հաղթական haghtakan *(adj.)* triumphant
հաղթական haghtakan *(adj.)* victorious
հաղթահարել haghtaharel *(v.)* cope
հաղթահարել haghtaharel *(v.)* overcome
հաղթահարել haghtaharel *(v.)* surmount
հաղթանակ haghtanak *(n.)* triumph
հաղթանակ haghtanak *(n.)* victory
հաղթանակել haghtanakel *(v.)* triumph
հաղթել haghtel *(v.)* defeat
հաղթել haghtel *(v.)* overpower
հաղթել haghtel *(v.)* vanquish
հաղթել haghtel *(v.)* worst
հաղթող haghtogh *(n.)* victor
հաղորդագրություն haghordagrutyun *(n.)* message
հաղորդականություն haghordakanutyun *(n.)* conduction
հաղորդակցություն haghordakcutyun *(n.)* communication
հաղորդավար haghordavar *(n.)* announcer
հաղորդել haghordel *(v.)* report
հաղորդել haghordel *(v.)* state
հաղորդել haghordel *(v.)* transceive
հաղորդել haghordel *(v.)* transmit
հաղորդիչ haghordich *(n.)* transceiver
հաղորդիչ haghordich *(n.)* transmitter

հաղորդություն haghordutyun *(n.)* communion
հաղորդություն haghordutyun *(n.)* sacrament
հաղորդում haghordum *(n.)* transmission
հաճախ hachakh *(adv.)* oft
հաճախ hachakh *(adv.)* often
հաճախականություն hachakhakanutyun *(n.)* frequency
հաճախակի hachakhaki *(adj.)* frequent
հաճախել hachakhel *(v.)* attend
հաճախորդ hachakhord *(n.)* client
հաճախում hachakhum *(n.)* attendance
հաճարենի hachareni *(n.)* beech
հաճելի hacheli *(adj.)* delectable
հաճելի hacheli *(adj.)* enjoyable
հաճելի hacheli *(adj.)* pleasant
հաճոյախոսություն hachoyakhosutyun *(n.)* compliment
հաճոյակատար hachoyakatar *(adj.)* officious
հաճոյակատարություն hachoyakatarutyun *(n.)* compliance
հաճույք hachuyq *(n.)* enjoyability
հաճույք hachuyq *(n.)* pleasure
հաճույք hachuyq *(n.)* treat
հաճույքով hachuyqov *(adv.)* gladly
համ ham *(n.)* relish
համ ham *(n.)* savour
համ ham *(n.)* smack
համ ham *(n.)* taste
համ ունենալ ham unenal *(v.)* smack
համագործակցել hamagortsakcel *(v.)* collaborate
համագործակցել hamagortsakcel *(v.)* cooperate
համագործակցություն hamagortsakcutyun *(n.)* collaboration
համագործակցություն hamagortsakcutyun *(n.)* cooperation
համագումար hamagumar *(n.)* conference
համագումար hamagumar *(n.)* congress
համադարման hamadarman *(n.)* panacea
համադրված hamadrvats *(adj.)* juxtaposed
համազարկ hamazark *(n.)* volley
համազարկով կրակել hamazarkov krakel *(v.)* volley
համազգեստ hamazgest *(n.)* garb
համազոր hamazor *(adj.)* equivalent
համաժամանակյա hamadjamanakya *(adj.)* cotemporal
համալսարան hamalsaran *(n.)* university
համալսարանի, դպրոցի տերիտորիա hamalsarani, dproci teritoria *(n.)* campus
համալրել hamalrel *(v.)* replenish
համալրել hamalrel *(v.)* staff
համախմբել hamakhmbel *(v.)* consolidate
համախմբում hamakhmbum *(n.)* consolidation
համախմբվածություն hamakhmbvatsutyun *(n.)* cohesion
համակարգ hamakarg *(n.)* system
համակարգել hamakargel *(v.)* coordinate
համակարգել hamakargel *(v.)* systematize
համակարգիչ hamakargich *(n.)* computer
համակարգում hamakargum *(n.)* coordination
համակարգչայնացնել hamakargchaynacnel *(v.)* computerize
համակարգված hamakargvats *(adj.)* systematic
համակել hamakel *(v.)* obsess
համակենտրոն hamakentron *(adj.)* concentric
համակենտրոնացնել hamakentronacnel *(v.)* centralze
համակրանք hamakranq *(n. pl.)* like
համակրանք hamakranq *(n.)* sympathy
համակրել hamakrel *(v.)* sympathize
համակրելի hamakreli *(adj.)* sympathetic

համակցություն hamakcutyun *(n.)* combination
համահնչունություն hamahnchunutyun *(n.)* consonance
համաձայն hamadzayn *(adj.)* agreeable
համաձայնագիր hamadzaynagir *(n.)* convention
համաձայնեցված hamadzaynecvats *(adj.)* coherent
համաձայնեցված hamadzaynecvats *(adj.)* concerted
համաձայնություն hamadzaynutyun *(n.)* agreement
համաձայնություն hamadzaynutyun *(n.)* assent
համաձայնություն hamadzaynutyun *(n.)* concord
համաձայնություն hamadzaynutyun *(n.)* concordance
համաձայնություն hamadzaynutyun *(n.)* consensus
համաձայնություն hamadzaynutyun *(n.)* consent
համաձայնվել hamadzaynvel *(v.)* agree
համաձայնվել hamadzaynvel *(v.)* cohere
համաճարակ hamacharak *(n.)* epidemic
համամասնական hamamasnakan *(adj.)* proportional
համամասնություն hamamasnutyun *(n.)* proportion
համամետ hamamet *(adj.)* convergent
համայնական hamaynakan *(adj.)* communal
համայնապատկեր hamaynapatker *(n.)* panorama
համայնք hamaynq *(n.)* community
համանիշ hamanish *(n.)* synonym
համանիշական hamanishakan *(adj.)* synonymous
համանման hamanman *(adj.)* analogous
համաշխարհային hamashkharhayin *(adj.)* global
համաշխարհային մասշտաբով hamashkharhayin masshtabov *(adv.)* globally
համաչափ hamachap *(adj.)* proportionate
համաչափ hamachap *(adj.)* symmetrical
համաչափեցնել hamachapecnel *(v.)* proportion
համաչափություն hamachaputyun *(n.)* symmetry
համապատասխան hamapataskhan *(adj.)* respective
համապատասխանաբար hamapataskhanabar *(adv.)* according
համապատասխանաբար hamapataskhanabar *(adv.)* accordingly
համապատասխանել hamapataskhanel *(v.)* accord
համապատասխանել hamapataskhanel *(v.)* conform
համապատասխանել hamapataskhanel *(v.)* correspond
համապատասխանել hamapaskhanel *(v.)* gib
համապատասխանել hamapataskhanel *(v.)* match
համապատասխանության որոնիչ hamapataskhanutyan voronich *(n.)* fitness tracker
համապատասխանություն hamapataskhanutyun *(n.)* accord
համապատասխանություն hamapataskhanutyun *(n.)* accordance
համապատասխանություն hamapataskhanutyun *(n.)* conformity
համապատասխանություն hamapataskhanutyun *(n.)* gib
համապարփակ hamaparpak *(adj.)* comprehensive
համառ hamarr *(adj.)* insistent
համառ hamarr *(adj.)* obstinate
համառ hamarr *(adj.)* persistent
համառ hamarr *(adj.)* stubborn
համառել hamarrel *(v.)* opinionate
համառել hamarrel *(v.)* persist
համառոտ hamarrot *(adj.)* summary
համառոտագիր hamarrotagir *(n.)*

breviary
համառոտագիր hamarrotagir *(n.)* syllabus
համառոտագիր hamarrotagir *(n.)* synopsis
համառոտակի hamarrotaki *(adv.)* summarily
համառոտել hamarrotel *(v.)* abbreviate
համառություն hamarrutyun *(n.)* obstinacy
համառություն hamarrutyun *(n.)* persistence
համասեռ hamasserr *(adj.)* homogeneous
համաստեղություն hamasteghutyun *(n.)* asterism
համաստեղություն hamasteghutyun *(n.)* constellation
համատարած hamatarats *(adj.)* ubiquitous
համատարածություն hamataratsutyun *(n.)* ubicity
համատարածություն hamataratsutyun *(n.)* ubiquity
համատեղ hamategh *(adj.)* cooperative
համատեղ ուսուցում hamategh usucum *(n.)* co-education
համատեղ ջանք hamategh janq *(n.)* joint effort
համատեղելի hamategheli *(adj.)* compatible
համատեքստ hamateqst *(n.)* context
համար hamar *(n.)* behalf
համար hamar *(prep.)* for
համարակալել hamarakalel *(v.)* number
համարակալել hamarakalel *(v.)* page
համարել hamarel *(v.)* consider
համարել hamarel *(v.)* deem
համարել hamarel *(v.)* regard
համարել hamarel *(v.)* repute
համարիչ hamarich *(n.)* numerator
համարձակ hamardzak *(adj.)* adventurous
համարձակ hamardzak *(adj.)* audacious

համարձակ hamardzak *(adj.)* bold
համարձակ hamardzak *(adj.)* daring
համարձակորեն hamardzakoren *(adv.)* boldly
համարձակություն hamardzakutyun *(n.)* audacity
համարձակություն hamardzakutyun *(n.)* boldness
համարձակություն hamardzakutyun *(n.)* daring
համարձակվել hamardzakvel *(v.)* dare
համացանց hamacanc *(n.)* internet
համբավ hambav *(n.)* fame
համբավ hambav *(n.)* notability
համբավ hambav *(n.)* renown
համբավ hambav *(n.)* reputation
համբավ hambav *(n.)* repute
համբերատար hamberatar *(adj.)* patient
համբերատար hamberatar *(adj.)* tolerant
համբերատարություն hamberatarutyun *(n.)* toleration
համբերել hamberel *(v.)* forbear
համբերել hamberel *(v.)* tolerate
համբերություն hamberutyun *(n.)* forbearance
համբերություն hamberutyun *(n.)* patience
համբույր hambuyr *(n.)* kiss
համբուրգեր hamburger *(n.)* burger
համբուրել hamburel *(v.)* kiss
համեղ hamegh *(adj.)* delicious
համեղ hamegh *(adj.)* toothsome
համեմատական hamematakan *(adj.)* comparative
համեմատել hamematel *(v.)* collate
համեմատել hamematel *(v.)* compare
համեմատել hamematel *(v.)* parallel
համեմատություն hamematutyun *(n.)* comparison
համեմատություն hamematutyun *(n.)* simile
համեմել hamemel *(v.)* relish
համեմել hamemel *(v.)* sauce
համեմել hamemel *(v.)* spice
համեմել hamemel *(v.)* zest
համեմունք hamemunq *(n.)* spice

համեմունք hamemunq *(n.)* zest
համեմունքակալ hamemunqakal *(n.)* caster
համենայն դեպս hamenayn deps *(adv.)* anyhow
համեստ hamest *(adj.)* demure
համեստ hamest *(adj.)* humble
համեստ hamest *(adj.)* modest
համեստություն hamestutyun *(n.)* humility
համեստություն hamestutyun *(n.)* modesty
համերաշխություն hamerashkhutyun *(n.)* solidarity
համերգ hamerg *(n.)* concert
համընկնել hamanknel *(v.)* coincide
համընկնել hamanknel *(v.)* concur
համընկնել hamanknel *(v.)* overlap
համընկնող hamanknogh *(adj.)* concurrent
համընկնում hamanknum *(n.)* overlap
համոզել hamozel *(v.)* admonish
համոզել hamozel *(v.)* coax
համոզել hamozel *(v.)* convince
համոզել hamozel *(v.)* persuade
համոզել hamozel *(v.)* reassure
համոզիչ hamozich *(adj.)* cogent
համոզմունք hamozmunq *(n.)* conviction
համոզմունք hamozmunq *(n.)* persuasion
համով hamov *(adj.)* palatable
համով hamov *(adj.)* savoury
համով hamov *(adj.)* tasty
համուհոտով hamuhotov *(adj.)* spicy
համույթ hamuyt *(n.)* ensemble
համտեսել hamtessel *(v.)* savour
համտեսել hamtessel *(v.)* taste
համտեսում hamtesum *(n.)* degustation
համր hamr *(adj.)* dumb
համր hamr *(adj.)* mute
համրազանգ hamrazang *(n.)* dum-bell
հայացք hayacq *(n.)* gaze
հայացք hayacq *(n.)* look
հայացք hayacq *(n.)* stare
հայելային պատկեր hayelayin patker *(n.)* mirror image

հայելի hayeli *(n.)* mirror
հայհոյանք hayhoyanq *(n.)* blasphemy
հայհոյանք hayhoyanq *(n.)* invective
հայհոյել hayhoyel *(n.)* blaspheme
հայտ hayt *(n.)* bid
հայտարարել haytararel *(v.)* allege
հայտարարել haytararel *(v.)* announce
հայտարարել haytararel *(v.)* declare
հայտարարել haytararel *(v.)* proclaim
հայտարարություն haytararutyun *(n.)* allegation
հայտարարություն haytararutyun *(n.)* announcement
հայտարարություն haytararutyun *(n.)* declaration
հայտարարություն haytararutyun *(n.)* statement
հայտարարությունների տախտակ haytararutyunneri takhtak *(n.)* billboard
հայտնաբերել haytnaberel *(v.)* detect
հայտնաբերել haytnaberel *(v.)* discover
հայտնագործություն haytnagortsutyun *(n.)* discovery
հայտնի haytni *(adj.)* famous
հայտնի haytni *(adj.)* well-known
հայտնիություն haytniutyun *(n.)* notoriety
հայտնություն haytnutyun *(n.)* revelation
հայտնվել haytnvel *(v.)* emerge
հայր(իկ) hayr(ik) *(n.)* dad (or daddy)
հայրական hayrakan *(adj.)* paternal
հայրասպանություն hayraspanutyun *(n.)* parricide
հայրասպանություն hayraspanutyun *(n.)* patricide
հայրենաբաղձություն hayrenabaghdzutyun *(n.)* nostalgia
հայրենադարձ hayrenadardz *(n.)* repatriate
հայրենադարձել hayrenadardzel *(v.)* repatriate
հայրենադարձություն hayrenadardzutyun *(n.)* repatriation
հայրենակարոտ hayrenakarot *(adj.)*

homesick
հայրենասեր hayrenaser *(n.)* patriot
հայրենասիրական hayrenasirakan *(adj.)* patriotic
հայրենասիրություն hayrenasirutyun *(n.)* patriotism
հայրենի hayreni *(adj.)* native
հայրիկ hayrik *(n.)* father
հայցվոր haycvor *(n.)* petitioner
հայցվոր haycvor *(n.)* plaintiff
հայցվոր haycvor *(n.)* suitor
հանգ hang *(n.)* rhyme
հանգած hangats *(adj.)* extinct
հանգամանք hangamanq *(n.)* circumstance
հանգամանքային hangamanqayin *(adj.)* circumstantial
հանգաստեղծ hangasteghts *(n.)* rhymester
հանգավորել hangavorel *(v.)* rhyme
հանգիստ hangist *(adj.)* calm
հանգիստ hangist *(n.)* ease
հանգիստ hangist *(adj.)* laid-back
հանգիստ hangist *(adj.)* leisurely
հանգիստ hangist *(n.)* quiet
հանգիստ hangist *(n.)* recreation
հանգիստ hangist *(n.)* repose
հանգիստ hangist *(n.)* rest
հանգիստ hangist *(adj.)* tranquil
հանգույց hanguyc *(n.)* gnarl
հանգույց hanguyc *(n.)* junction
հանգույց hanguyc *(n.)* knot
հանգույց hanguyc *(n.)* node
հանգուցավորվել hangucavorvel *(v.)* gnarl
հանգուցել hangucel *(v.)* knot
հանգուցյալ hangucyal *(adj.)* deceased
հանգստանալ hangstanal *(v.)* lounge
հանգստանալ hangstanal *(v.)* relax
հանգստանալ hangstanal *(v.)* repose
հանգստանալ hangstanal *(v.)* rest
հանգստասենյակ hangstassenyak *(n.)* lounge
հանգստացնել hangstacnel *(v.)* placate
հանգստացնել hangstacnel *(v.)* sedate
հանգստացնել hangstacnel *(v.)* soothe
հանգստացնել hangstacnel *(v.)* tranquillize
հանգստացնող hangstacnogh *(adj.)* calmative
հանգստացնող hangstacnogh *(adj.)* placative
հանգստացնող hangstacnogh *(adj.)* placatory
հանգստացնող hangstacnogh *(adj.)* sedative
հանգստացնող միջոց hangstacnogh mijoc *(n.)* tranquillizer
հանգստի hangsti *(adj.)* recreational
հանգստորեն hangstoren *(adv.)* leisurely
հանգստություն hangstutyun *(n.)* calmness
հանգստություն hangstutyun *(n.)* tranquility
հանգցնել hangcnel *(v.)* quench
հանդարտ handart *(adj.)* placid
հանդարտ handart *(adj.)* quiet
հանդարտ handart *(adj.)* sedate
հանդարտ handart *(adj.)* still
հանդարտեցնել handartecnel *(v.)* becalm
հանդարտեցնել handartecnel *(v.)* lull
հանդարտեցնել handartecnel *(v.)* pacify
հանդարտեցնել handartecnel *(v.)* still
հանդարտորեն handartoren *(adv.)* silently
հանդարտություն handartutyun *(n.)* composure
հանդարտություն handartutyun *(n.)* lull
հանդարտություն handartutyun *(n.)* still
հանդարտվել handartvel *(v.)* quiet
հանդես handes *(n.)* gala
հանդերձանք handerdzanq *(n.)* clobber
հանդերձարան handerdzaran *(n.)* cloakroom
հանդիմանանք handimananq *(n.)* telling-off
հանդիմանել handimanel *(v.)* berate
հանդիմանել handimanel *(v.)* rebuke
հանդիմանել handimanel *(v.)*

reprimand
հանդիմանել handimanel *(v.)* scold
հանդիմանել handimanel *(v.)* snub
հանդիմանություն handimanutyun *(n.)* rebuke
հանդիմանություն handimanutyun *(n.)* reprimand
հանդիմանություն handimanutyun *(n.)* reproof
հանդիմանություն handimanutyun *(n.)* snub
հանդիպել handipel *(v.)* meet
հանդիպման վայր handipman vayr *(n.)* meet
հանդիպում, ժողով handipum, djoghov *(n.)* meeting
հանդիսականներ handisakanner *(n.)* audience
հանդիսավոր handisavor *(adj.)* ceremonious
հանդիսավոր handissavor *(adj.)* solemn
հանդիսավորություն handissavorutyun *(n.)* solemnity
հանդիսատես handissates *(n.)* spectator
հանդուգն handugn *(n.)* coaxial
հանդուգն handugn *(adj.)* defiant
հանդուրժողականություն handurdjoghakanutyun *(n.)* tolerance
հանդուրժողություն handurdjoghutyun *(n.)* liberality
հանել hanel *(v.)* deduct
հանել hanel *(v.)* subtract
հանել hanel *(v.)* unearth
հանելուկ haneluk *(n.)* conundrum
հանելուկ haneluk *(n.)* enigma
հանելուկ haneluk *(n.)* puzzle
հանելուկ haneluk *(n.)* riddle
հանելուկային hanelukayin *(adj.)* enigmatic
հանելուկային hanelukayin *(adj.)* enigmatical
հանելուկային կերպով hanelukayin kerpov *(adv.)* enigmatically
հանկարծ hankarts *(adv.)* suddenly
հանկարծակի ասել hankartsaki assel *(v.)* blurt
հանձնաժողով handznadjoghov *(n.)* commission
հանձնաժողով handznadjoghov *(n.)* committee
հանձնարարական handznararakan *(n.)* recommendation
հանձնարարել handznararel *(v.)* task
հանձնարարելի handznarareli *(adj.)* advisable
հանձնարարություն handznararutyun *(n.)* errand
հանձնել handznel *(v.)* consign
հանձնում handznum *(n.)* surrender
հանձնվել handznvel *(v.)* surrender
հանճարեղություն hanchareghutyun *(n.)* genius
հանում hanum *(n.)* deduction
հանում hanum *(n.)* subtraction
հանված hanvats *(adj.)* takeout
հանրագիտարան hanragitaran *(n.)* encyclopedia
հանրագումար hanragumar *(n.)* total
հանրահաշիվ hanrahashiv *(n.)* algebra
հանրահավաք hanrahavaq *(n.)* rally
հանրաճանաչ hanrachanach *(adj.)* popular
հանրային hanrayin *(adj.)* public
հանրային տրանսպորտ hanrayin transport *(n.)* public transport
հանրապետական hanrapetakan *(n.)* republican
հանրապետական hanrapetakan *(adj.)* republican
հանրապետություն hanrapetutyun *(n.)* commonwealth
հանրապետություն hanrapetutyun *(n.)* republic
հանրաքվե hanraqve *(n.)* plebiscite
հանրաքվե hanraqve *(n.)* referendum
հանցագործ hancagorts *(n.)* criminal
հանցագործ hancagorts *(n.)* culprit
հանցագործ hancagorts *(n.)* delinquent
հանցագործություն hancagortsutyun *(n.)* felony
հանցանք hancanq *(n.)* crime
հանքաբան hanqaban *(n.)*

mineralogist
հանքաբանություն hanqabanutyun *(n.)* mineralogy
հանքահոր hanqahor *(n.)* mine
հանքային hanqayin *(adj.)* mineral
հանքափոր hanqapor *(n.)* miner
հանքափոր hanqapor *(n.)* pitman
հանքաքար hanqaqar *(n.)* mineral
հանքաքար hanqaqar *(n.)* ore
հաշիվ hashiv *(n.)* account
հաշիվ hashiv *(n.)* bill
հաշիվների պահպանում hashivneri pahpanum *(n.)* scorekeeping
հաշմանդամ hashmandam *(n.)* cripple
հաշմանդամ hashmandam *(adj.)* invalid
հաշմանդամ hashmandam *(n.)* invalid
հաշմանդամացնել hashmandamacnel *(v.)* disable
հաշմանդամացնել hashmandamacnel *(v.)* mangle
հաշմանդամացնել hashmandamacnel *(v.)* mutilate
հաշմանդամություն hashmandamutyun *(n.)* mutilation
հաշմել hashmel *(v.)* lame
հաշվապահ hashvapah *(n.)* accountant
հաշվապահ hashvapah *(n.)* book-keeper
հաշվապահական հաշվառում hashvapahakan hashvarrum *(n.)* accountancy
հաշվառում hashvarrum *(n.)* accounting
հաշվատախտակ hashvatakhtak *(n.)* scorecard
հաշվարկել hashvarkel *(v.)* calculate
հաշվարկել hashvarkel *(v.)* compute
հաշվարկում hashvarkum *(n.)* calculation
հաշվարկում hashvarkum *(n.)* computation
հաշվեգիրք hashvegirq *(n.)* shopbook
հաշվել hashvel *(v.)* count
հաշվել hashvel *(v.)* reckon
հաշվելի hashveli *(adj.)* countable
հաշվեկշիռ hashvekshirr *(n.)* balance sheet
հաշվեստուգում hashvestugum *(n.)* audit
հաշվետվություն hashvetvutyun *(n.)* accountability
հաշվետվություն hashvetvutyun *(n.)* report
հաշվիչ hashvich *(n.)* calculator
հաշտեցնել hashtecnel *(v.)* conciliate
հաշտեցնել hashtecnel *(v.)* reconcile
հաշտեցում hashtecum *(n.)* reconciliation
հաչել hachel *(v.)* bark
հաչոց hachoc *(n.)* bark
հապաղել hapaghel *(v.)* retard
հապաղում hapaghum *(n.)* retardation
հապավում hapavum *(n.)* abbreviation
հապավում hapavum *(n.)* acronym
հապավում hapavum *(n.)* crasis
հապավում hapavum *(n.)* elision
հապճեպ hapchep *(adj.)* hasty
հաջող hajogh *(adj.)* successful
հաջողակ hajoghak *(adj.)* auspicious
հաջողել hajoghel *(v.)* succeed
հաջողություն hajoghutyun *(n.)* bonanza
հաջողություն hajoghutyun *(n.)* coup
հաջողություն hajoghutyun *(n.)* luck
հաջողություն hajoghutyun *(n.)* success
հաջորդ hajord *(adj.)* next
հաջորդ hajord *(n.)* successor
հաջորդական hajordakan *(adj.)* consecutive
հաջորդական hajordakan *(adj.)* consequent
հաջորդական hajordakan *(adj.)* successive
հաջորդականություն hajordakanutyun *(n.)* succession
հաջորդել hajordel *(v.)* alternate
հառաչ harrach *(n.)* groan
հառաչ harrach *(n.)* sigh
հառաչել harrachel *(v.)* groan
հառաչել harrachel *(v.)* moan
հառաչել harrachel *(v.)* sigh
հասած hassats *(adj.)* ripe
հասակ hasak *(n.)* age

հասակ hasak *(n.)* height
հասակ hassak *(n.)* stature
հասանելի hassaneli *(adj.)* obtainable
հասանելի hassaneli *(adj.)* reachable
հասանելիություն hassanelityun *(n.)* affordability
հասարակ մարդ hasarak mard *(n.)* commoner
հասարակաբանություն hasarakabanutyun *(n.)* colloquialism
հասարակած hassarakats *(n.)* equator
հասարակաց տուն hassarakac tun *(n.)* brothel
հասարակություն hassarakutyun *(n.)* public
հասարակություն hassarakutyun *(n.)* society
հասկանալ haskanal *(v.)* apprehend
հասկանալ haskanal *(v.)* comprehend
հասկանալ haskanal *(v.)* fathom
հասկանալ haskanal *(v.)* perceive
հասկանալ haskanal *(v.)* understand
հասկանալի haskanali *(adj.)* intelligible
հասկացող haskacogh *(adj.)* apprehensive
հասկացություն haskacutyun *(n.)* concept
հասկացում haskacum *(n.)* apprehension
հասմիկ hasmik *(n.)* jasmine, jessamine
հասնել hasnel *(v.)* reach
հասնելը hasnela *(n.)* attainment
հասուն hasun *(adj.)* mellow
հասունանալ hasunanal *(v.)* mature
հասունանալ hassunanal *(v.)* ripen
հասունանալ hassunanal *(v.)* season
հասունացած hasunacats *(adj.)* mature
հասունություն hasunutyun *(n.)* maturity
հաստ hast *(adj.)* stout
հաստ hast *(adj.)* thick
հաստատակամություն hastatakamutyun *(n.)* perseverance
հաստատական hastatakan *(adj.)* affirmative
հաստատական hastatakan *(adj.)* assertive
հաստատել hastatel *(v.)* affirm
հաստատել hastatel *(v.)* ascertain
հաստատել hastatel *(v.)* assert
հաստատել hastatel *(v.)* attest
հաստատել hastatel *(v.)* confirm
հաստատել hastatel *(v.)* corroborate
հաստատել hastatel *(v.)* enact
հաստատել hastatel *(v.)* sanction
հաստատող hastatogh *(n.)* endorser
հաստատություն hastatutyun *(n.)* institution
հաստատում hastatum *(n.)* acclamation
հաստատում hastatum *(n.)* affirmation
հաստատում hastatum *(n.)* approval
հաստատում hastatum *(n.)* confirmation
հաստատուն hastatun *(adj.)* constant
հաստատուն hastatun *(adj.)* steadfast
հաստատված hastatvats *(adj.)* corroborative
հասցե hasce *(n.)* address
հասցեատեր hasceater *(n.)* addressee
հասցեատեր hasceater *(n.)* addresser
հավ hav *(n.)* chicken
հավ hav *(n.)* hen
հավակնոտ havaknot *(adj.)* pretentious
հավակնորդ havaknord *(n.)* applicant
հավակնորդ havaknord *(n.)* aspirant
հավակնորդ havaknord *(n.)* claimant
հավակնորդ havaknord *(n.)* contender
հավակնություն havaknutyun *(n.)* pretension
հավայան կիթառ havayan kitarr *(n.)* ukulele
հավանաբար havanabar *(adv.)* probably
հավանական havanakan *(adj.)* likely
հավանական havanakan *(adj.)* probable
հավանականություն havanakanutyun *(n.)* likelihood
հավանականություն havanakanutyun *(n.)* probability
հավանականություն

havanakanutyun *(n.)* verisimilitude
հավանել havanel *(v.)* like
հավանել havanel *(v.)* okay
հավանություն havanutyun *(n.)* approbation
հավանություն havanutyun *(n.)* okay
հավասար havasar *(adv.)* abreast
հավասար havassar *(adj.)* equal
հավասարազոր havassarazor *(adj.)* tantamount
հավասարակից havassarakic *(n.)* equal
հավասարակշռել havasarakshrrel *(v.)* balance
հավասարակշռել havasarakshrrel *(v.)* poise
հավասարակշռություն havasarakshrrutyun *(n.)* poise
հավասարակշռությունից դուրս havassarakshrrutyunic durs *(adj.)* off balance
հավասարակշռված havasarakshrrvats *(adj.)* balanced
հավասարակողմ havassarakoghm *(adj.)* equilateral
հավասարաչափ havassarachap *(adv.)* evenly
հավասարեցնել havassarecnel *(v.)* equal
հավասարեցնել havassarecnel *(v.)* equalize
հավասարեցնել havassarecnel *(v.)* equate
հավասարեցնել havassarecnel *(v.)* even
հավասարեցնել havasarecnel *(v.)* level
հավասարեցնել havassarecnel *(v.)* tantamount
հավասարություն havassarutyun *(n.)* equality
հավասարություն havasarutyun *(n.)* par
հավասարություն havasarutyun *(n.)* parity
հավասարում havassarum *(n.)* equation
հավատ havat *(n.)* belief

հավատ havat *(n.)* faith
հավատալ havatal *(v.)* believe
հավատարիմ havatarim *(adj.)* faithful
հավատարիմ havatarim *(adj.)* loyal
հավատարիմ havatarim *(adj.)* staunch
հավատարիմ մարդ havatarim mard *(n.)* loyalist
հավատարիմ մնալը havatarim mnala *(n.)* clave
հավատարմագիր havatarmagir *(n.pl.)* credentials
հավատարմատար havatarmatar *(n.)* proxy
հավատարմություն havatarmutyun *(n.)* adherence
հավատարմություն havatarmutyun *(n.)* adhesion
հավատարմություն havatarmutyun *(n.)* allegiance
հավատարմություն havatarmutyun *(n.)* fealty
հավատարմություն havatarmutyun *(n.)* fidelity
հավատարմություն havatarmutyun *(n.)* loyalty
հավաք(վ)ել havaq(v)el *(v.)* congregate
հավաքագրել havaqagrel *(v.)* enlist
հավաքագրել havaqagrel *(v.)* recruit
հավաքածու havaqatsu *(n.)* collection
հավաքածու havaqatsu *(n.)* set
հավաքակազմ havaqakazm *(n.)* suite
հավաքական havaqakan *(adj.)* collective
հավաքական havaqakan *(adj.)* scratch
հավաքարար havaqarar *(n.)* cleaner
հավաքել havaqel *(v.)* aggregate
հավաքել havaqel *(v.)* amass
հավաքել havaqel *(v.)* collect
հավաքել havaqel *(v.)* gather
հավաքել havaqel *(v.)* muster
հավաքել havaqel *(v.)* purse
հավաքույթ havaquyt *(n.)* bevy
հավաքույթ havaquyt *(n.)* congregation
հավաքվել havaqvel *(v.)* assemble
հավաքվել havaqvel *(v.)* throng
հավաքվել havaqvel *(v.)* troop

հավելավճար havelavchar *(n.)* over
հավելավճար havelavchar *(n.)* premium
հավելել havelel *(v.)* supplement
հավելյալ havelyal *(adj.)* excess
հավելյալ havelyal *(adj.)* supplementary
հավելում havelum *(n.)* additive
հավելում havelum *(n.)* appendage
հավելում havelum *(n.)* supplement
հավերժական haverdjakan *(adj.)* eternal
հավերժահարս haverdjahars *(n.)* nymph
հավերժացնել haverdjacnel *(v.)* eternalize
հավերժացնել haverdjacnel *(v.)* perpetuate
հավիտենական havitenakan *(adj.)* everlasting
հավիտենական havitenakan *(adj.)* perpetual
հավիտենականություն havitenakanutyun *(n.)* eternity
հավիտյան havityan *(adv.)* forever
հատակ hatak *(n.)* bottom
հատակ hatak *(n.)* floor
հատակ շինել hatak shinel *(v.)* floor
հատակագիծ hatakagits *(n.)* layout
հատավաճառել hatavacharrel *(v.)* retail
հատել hatel *(v.)* segment
հատել hatel *(v.)* traverse
հատիչ hatich *(n.)* chisel
հատկանիշ hatkanish *(n.)* feature
հատկանշական hatkanshakan *(adj.)* indicative
հատկապես hatkapes *(adv.)* especially
հատկապես hatkapes *(adv.)* extra
հատկորոշել hatkoroshel *(v.)* feature
հատով hatov *(adv.)* retail
հատոր hator *(n.)* tome
հատուկ hatuk *(adj.)* especial
հատուկ hatuk *(adj.)* inherent
հատուկ hatuk *(adj.)* particular
հատուկ hatuk *(adj.)* special
հատում hatum *(n.)* crossing
հատում hatum *(n.)* interception
հատում hatum *(n.)* intersection
հատուցել hatucel *(v.)* recompense
հատուցել hatucel *(v.)* refund
հատուցել hatucel *(v.)* reimburse
հատուցել hatucel *(v.)* requite
հատուցում hatucum *(n.)* refund
հատուցում hatucum *(n.)* reimbursement
հատված hatvats *(n.)* excerpt
հատված hatvats *(n.)* sector
հատված hatvats *(n.)* segment
հատվել hatvel *(v.)* intersect
հարաբերական haraberakan *(adj.)* relative
հարաբերակցություն haraberakcutyun *(n.)* correlation
հարաբերակցություն haraberakcutyun *(n.)* ratio
հարաբերություններ haraberutyunner *(n.)* rapport
հարազատ harazat *(adj.)* congenial
հարավ harav *(n.)* south
հարավային haravayin *(adj.)* south
հարավային haravayin *(adj.)* southerly
հարավային haravayin *(adj.)* southern
հարբած harbats *(adj.)* drunk
հարբած harbats *(adj.)* tipsy
հարբեցող harbecogh *(n.)* bibber
հարբեցող harbecogh *(n.)* drunkard
հարգալից hargalic *(adj.)* respectful
հարգալից hargalic *(adj.)* reverent
հարգալից hargalic *(adj.)* reverential
հարգանք harganq *(n.)* deference
հարգանք harganq *(n.)* esteem
հարգանք harganq *(n.)* homage
հարգանք harganq *(n.)* regard
հարգանք harganq *(n.)* respect
հարգանք harganq *(n.)* reverence
հարգել hargel *(v.)* esteem
հարգել hargel *(v.)* respect
հարգել hargel *(v.)* revere
հարգելի hargeli *(adj.)* reverend
հարել harel *(v.)* abut
հարել harel *(v.)* whisk
հարևան harevan *(n.)* neighbour
հարևանություն harevanutyun *(n.)* neighbourhood
հարթ hart *(adj.)* even

հարթ hart *(adj.)* flat
հարթ hart *(adj.)* level
հարթ hart *(adj.)* plane
հարթ hart *(adj.)* sleek
հարթ hart *(adj.)* smooth
հարթ էկրան hart ekran *(n.)* flat screen
հարթ մահճակալ hart mahchakal *(n.)* flatbed
հարթաթաթություն hartatatutyun *(n.)* flatfoot
հարթակ hartak *(n.)* platform
հարթավայր hartavayr *(n.)* flatland
հարթավայր hartavayr *(n.)* plain
հարթել hartel *(v.)* smooth
հարկ hark *(n.)* storey
հարկ hark *(n.)* tax
հարկ hark *(n.)* tribute
հարկադիր harkadir *(adj.)* compulsory
հարկադրական harkadrakan *(adj.)* forcible
հարկադրանք harkadranq *(n.)* compulsion
հարկադրանք harkadranq *(n.)* constraint
հարկադրանք harkadranq *(n.)* urge
հարկադրել harkadrel *(v.)* coerce
հարկադրել harkadrel *(v.)* constrain
հարկադրել harkadrel *(v.)* enforce
հարկադրել harkadrel *(v.)* impose
հարկադրել harkadrel *(v.)* necessitate
հարկադրում harkadrum *(n.)* imposition
հարկազատ harkazat *(adj.)* tax-free
հարկահավաք harkahavaq *(n.)* bailiff
հարկավոր harkavor *(adj.)* needful
հարկավոր harkavor *(adj.)* requisite
հարկատեսակ harkatessak *(n.)* tax return
հարկատու harkatu *(n.)* taxpayer
հարկատու harkatu *(n.)* tributary
հարկել harkel *(v.)* tax
հարկում harkum *(n.)* assessment
հարկում harkum *(n.)* taxation
հարկվող harkvogh *(adj.)* taxable
հարձակում hardzakum *(n.)* irruption
հարձակում hardzakum *(n.)* onslaught
հարձակում hardzakum *(n.)* swoop
հարձակվել hardzakvel *(v.)* assail
հարձակվել hardzakvel *(v.)* swoop
հարճ harch *(n.)* concubine
հարմար harmar *(adj.)* apposite
հարմար harmar *(adj.)* appropriate
հարմար harmar *(adj.)* comfortable
հարմար harmar *(adj.)* comfy
հարմար harmar *(adj.)* convenient
հարմար harmar *(adj.)* cosy
հարմար harmar *(adj.)* handy
հարմար harmar *(adj.)* pertinent
հարմար harmar *(adj.)* proper
հարմար harmar *(adj.)* suitable
հարմարանք harmaranq *(n.)* appliance
հարմարանք harmaranq *(n.pl.)* facility
հարմարանք harmaranq *(n.)* fixture
հարմարավետ harmaravet *(adj.)* cozy
հարմարավետ harmaravet *(adj.)* snug
հարմարավետություն harmaravetutyun *(n.)* comfit
հարմարեցնել harmarecnel *(v.)* accommodate
հարմարեցնել harmarecnel *(v.)* adapt
հարմարեցում harmarecum *(n.)* accommodation
հարմարեցում harmarecum *(n.)* adaptation
հարմարեցում harmarecum *(n.)* suitability
հարմարություն harmarutyun *(n.)* convenience
հարմարություն harmarutyun *(n.)* relevance
հարմարվող harmarvogh *(adj.)* accommodating
հարմարվող harmarvogh *(adj.)* adaptable
հարյուր haryur *(num.)* hundred
հարյուրամյա մարդ haryuramya mard *(n.)* centenarian
հարյուրամյակ haryuramyak *(n.)* centenary
հարյուրամյակ haryuramyak *(n.)* centennial
հարյուրաստիճան haryurastichan *(adj.)* centigrade
հարյուրերորդ haryurerord *(adj.)*

centuple
հարուստ harust *(adj.)* luxuriant
հարուստ harust *(adj.)* opulent
հարուստ harust *(adj.)* rich
հարուստ harust *(adj.)* wealthy
հարսանեկան harsanekan *(adj.)* bridal
հարսանեկան harsanekan *(adj.)* nuptial
հարսանիք harsaniq *(n. pl.)* nuptials
հարսանիք harsaniq *(n.)* wedding
հարսնացու harsnacu *(n.)* bride
հարսնացու harsnacu *(n.)* fiancée
հարսնաքույր harsnaquyr *(n.)* bridesmaid
հարստահարիչ harstaharich *(n.)* oppressor
հարստացնել harstacnel *(v.)* enrich
հարստացում harstacum *(n.)* enrichment
հարստություն harstutyun *(n.)* opulence
հարստություն harstutyun *(n.pl.)* riches
հարստություն harstutyun *(n.)* richness
հարստություն harstutyun *(n.)* weal
հարստություն harstutyun *(n.)* wealth
հարված harvats *(n.)* bang
հարված harvats *(n.)* bump
հարված harvats *(n.)* hit
հարված harvats *(n.)* stab
հարված harvats *(n.)* thump
հարվածել harvatsel *(v.)* biff
հարվածել harvatsel *(v.)* fell
հարվածել harvatsel *(v.)* hit
հարվածել harvatsel *(v.)* kick
հարվածել harvatsel *(v.)* ram
հարվածել harvatsel *(v.)* sky
հարվածել harvatsel *(v.)* thump
հարվածել harvatsel *(v.)* whack
հարց harc *(n.)* interrogation
հարց harc *(n.)* query
հարց harc *(n.)* question
հարցազրույց harcazruyc *(n.)* interview
հարցաթերթ harcatert *(n.)* questionnaire
հարցական harcakan *(adj.)* interrogative
հարցական harcakan *(adj.)* problematic
հարցաքննել harcaqnnel *(v.)* interrogate
հարցաքննող harcaqnnogh *(n.)* interrogative
հարցաքննում harcaqnnum *(n.)* enquiry
հարցաքննում harcaqnnum *(n.)* inquiry
հարցնել harcnel *(v.)* ask
հարցնել harcnel *(v.)* query
հարցնել harcnel *(v.)* question
հաց hac *(n.)* bread
հացահատիկ hacahatik *(n.)* grain
հացենի haceni *(n.)* ash
հացենու hacenu *(adj.)* ashen
հացթուխ hactukh *(n.)* baker
հացի խանութ haci khanut *(n.)* bakery
հացի փշուր haci pshur *(n.)* breadcrumb
հափշտակել hapshtakel *(v.)* obduct
հաքեր haqer *(n.)* hacker
հե՜յ hey! *(interj.)* ahoy
հեգել hegel *(v.)* spell
հեգնական hegnakan *(adj.)* ironic
հեգնական hegnakan *(adj.)* ironical
հեգնական hegnakan *(adj.)* sarcastic
հեգնականորեն hegnakanoren *(adv.)* tauntingly
հեգնանք hegnanq *(n.)* irony
հեզ hez *(adj.)* meek
հեզ hez *(adj.)* placable
հեթանոս hetanos *(n.)* pagan
հեթանոսական hetanosakan *(adj.)* pagan
հեթանոսական hetanosakan *(adj.)* paganistic
հեթանոսություն hetanosutyun *(n.)* paganism
հեծած hetsats *(prep.& adv.)* astride
հեծան hetsan *(n.)* crossbar
հեծանիվ hetsaniv *(n.)* bicycle
հեծանիվ hetsaniv *(n.)* bike
հեծանվորդ hetsanvord *(n.)* biker
հեծանվորդ hetsanvord *(n.)* cyclist

հեծելազոր hetselazor *(n.)* cavalry
հեծելակ hetselak *(n.)* trooper
հեծյալ hetsyal *(n.)* rider
հեկեկալ hekekal *(v.)* sob
հեկեկանք hekekanq *(n.)* sob
հեղաշրջում heghashrjum *(n.)* cataclysm
հեղափոխական heghapokhakan *(adj.)* revolutionary
հեղափոխական heghapokhakan *(n.)* revolutionary
հեղափոխություն heghapokhutyun *(n.)* revolution
հեղեղ heghegh *(n.)* torrent
հեղեղային hegheghayin *(adj.)* torrential
հեղեղատ hegheghat *(n.)* cullet
հեղեղատար hegheghatar *(n.)* culvert
հեղեղատար hegheghatar *(n.)* gutter
հեղինակ heghinak *(n.)* author
հեղինակ heghinak *(n.)* originator
հեղինակային իրավունք heghinakayin iravunq *(n.)* copyright
հեղինակավոր heghinakavor *(adj.)* authoritative
հեղինակավոր heghinakavor *(adj.)* prestigious
հեղինակություն heghinakutyun *(n.)* prestige
հեղձուկ heghdzuk *(adj.)* stuffy
հեղուկ heghuk *(n.)* fluid
հեղուկ heghuk *(adj.)* fluid
հեղուկ heghuk *(adj.)* liquid
հեղուկ heghuk *(n.)* liquid
հեղուկ դեղաչափ heghuk deghachap *(n.)* draught
հեղուկացիր heghukacir *(n.)* spray
հեղուկացնել heghukacnel *(v.)* liquefy
հեղուկացրել heghukacrel *(v.)* spray
հեմոգլոբին hemoglobin *(n.)* haemoglobin
հենակ henak *(n.)* crotch
հենակ henak *(n.)* crutch
հենակ henak *(n.)* prop
հենակ henak *(n.)* skid
հենակ դնել henak dnel *(v.)* prop
հենակետ henaket *(n.)* foothold
հենակետ henaket *(n.)* stronghold
հենարան henaran *(n.)* brace
հենարան henaran *(n.)* shearwall
հենարան henaran *(n.)* shore
հենարան henaran *(n.)* strut
հենել henel *(v.)* shore
հենել henel *(v.)* strut
հենվել henvel *(v.)* lean
հենց որ henc vor *(adv.)* whenever
հեշտ hesht *(adj.)* easy
հեշտ hesht *(adj.)* effortless
հեշտ զբոսնել hesht zbosnel *(v.)* cakewalk
հեշտ օգտագործվող hesht ogtagortsvogh *(adj.)* easy-to-use
հեշտոց heshtoc *(n.)* vagina
հեռաբան herraban *(n.)* teleologist
հեռաբանկավարություն herrabankavarutyun *(n.)* telebanking
հեռագիր herragir *(n.)* telegram
հեռագիր herragir *(n.)* telegraph
հեռագրական herragrakan *(adj.)* telegraphic
հեռագրել herragrel *(v.)* telegraph
հեռագրել herragrel *(v.)* wire
հեռագրիչ herragrich *(n.)* telegraphist
հեռագրում herragrum *(n.)* telegraphy
հեռադիտակ herraditak *(n.)* reflector
հեռադիտակ herraditak *(n.)* telescope
հեռադիտակային herraditakayin *(adj.)* telescopic
հեռազգայական herrazgayakan *(adj.)* telepathic
հեռազգայություն herrazgayutyun *(n.)* telepathy
հեռազգացող herrazgacogh *(n.)* telepathist
հեռախոս herrakhos *(n.)* phone
հեռախոս herrakhos *(n.)* telephone
հեռախոսակապի կենտրոն herrakhosakapi kentron *(n.)* call centre
հեռախոսել herrakhossel *(v.)* telephone
հեռակա ուսուցում herraka usucum *(n.)* telecourse
հեռակայան herrakayan *(n.)* teleport
հեռահաղորդակցություն herrahaghordakcutyun *(n.)*

telecommunications
հեռահաշվարկ herrahashvark *(n.)* telecomputing
հեռանալ herranal *(v.)* withdraw
հեռանկար herrankar *(n.)* outlook
հեռանկար herrankar *(n.)* perspective
հեռանկար herrankar *(n.)* prospect
հեռանշել herranshel *(v.)* telemark
հեռաչափություն herrachaputyun *(n.)* telemetry
հեռապատկեր herrapatker *(n.)* vista
հեռապատճենահանող սարք herrapatchenahanogh sarq *(n.)* telecopier
հեռավար herravar *(n.)* teleguide
հեռավար օպերատոր herravar operator *(n.)* teleoperator
հեռավոր herravor *(adj.)* distant
հեռավոր herravor *(adj.)* far
հեռավոր herravor *(adj.)* faraway
հեռավոր herravor *(adj.)* remote
հեռավոր herravor *(adj.)* ulterior
հեռավոր անցյալ herravor ancyal *(n.)* old
հեռավորություն herravorutyun *(n.)* distance
հեռավորություն herravorutyun *(n.)* interval
հեռատես herrates *(adj.)* provident
հեռատես herrates *(adj.)* telematic
հեռատեսություն herratesutyun *(n.)* foresight
հեռատեսություն herratesutyun *(n.)* forethought
հեռատպել herratpel *(v.)* teleprint
հեռատպիչ herratpich *(n.)* teleprinter
հեռարձակել herrardzakel *(v.)* broadcast
հեռարձակել herrardzakel *(v.)* telecast
հեռարձակել herrardzakel *(v.)* televise
հեռարձակող herrardzakogh *(n.)* podcaster
հեռարձակող herrardzakogh *(n.)* teleprompter
հեռարձակում herrardzakum *(n.)* podcast
հեռարձակում herrardzakum *(n.)* telecast
հեռարձակում herrardzakum *(n.)* webisode
հեռացնել herracnel *(v.)* dehort
հեռացնել herracnel *(v.)* depose
հեռացնել herracnel *(v.)* dismiss
հեռացնել herracnel *(v.)* remove
հեռացնելը herracnela *(n.)* deposition
հեռացում heracum *(n.)* ablation
հեռացում herracum *(n.)* removal
հեռացվող heracvogh *(adj.)* ablative
հեռաֆաքս herrafaqs *(n.)* telefax
հեռու herru *(adv.)* afar
հեռու herru *(adv.)* away
հեռու herru *(adv.)* far
հեռուստագնորդ herrustagnord *(n.)* teleshopper
հեռուստագնում herrustagnum *(n.)* teleshopping
հեռուստալրագրություն herrustalragrutyun *(n.)* telejournalism
հեռուստակոնֆերանս herrustakonferans *(n.)* teleconference
հեռուստահաղորդում herrustahaghordum *(n.)* chat show
հեռուստամարքետինգ herrustamarqeting *(n.)* telemarketing
հեռուստավաճառել herrustavacharrel *(v.)* telemarket
հեռուստատեսություն herrustatesutyun *(n.)* television
հեռուստատեքստ herrustateqst *(n.)* teletext
հեռվում herrvum *(adv.)* aloof
հետ het *(prep.)* with
հետ het *(adv.)* withal
հետագա hetaga *(adj.)* further
հետագա hetaga *(adj.)* subsequent
հետագծելի hetagtseli *(adj.)* traceable
հետագծելի hetagtseli *(adj.)* trackable
հետագծում hetagtsum *(n.)* tracing
հետադարձ hetadardz *(adj.)* reflex
հետադարձ լվացք hetadardz lvacq *(n.)* backwash
հետադարձ հայացք hetadardz hayacq *(n.)* flashback
հետադարձ հայացք hetadardz

hayacq *(n.)* retrospect
հետադարձ հայացք hetadardz
hayacq *(n.)* retrospection
հետադարձ ճանապարհ hetadardz
chanaparh *(n.)* backtrack
հետազոտել hetazotel *(v.)* research
հետազոտել hetazotel *(v.)* retrace
հետազոտել hetazotel *(v.)* survey
հետազոտություն hetazotutyun *(n.)*
research
հետազոտում hetazotum *(n.)* survey
հետախուզել hetakhuzel *(v.)* scout
հետախուզման հրաման
hetakhuzman hraman *(n.)* search
warrant
հետախուզում hetakhuzum *(n.)*
exploration
հետախույզ hetakhuyz *(n.)* scout
հետակողմում hetakoghmum *(n.)* aft
հետահայաց hetahayac *(adj.)*
retrospective
հետաձգել hetadzgel *(v.)* adjourn
հետաձգել hetadzgel *(v.)* defer
հետաձգել hetadzgel *(v.)* postpone
հետաձգել hetadzgel *(v.)* procrastinate
հետաձգել hetadzgel *(v.)* prorogue
հետաձգում hetadzgum *(n.)*
adjournment
հետաձգում hetadzgum *(n.)*
procrastination
հետապնդել hetapndel *(v.)* chase
հետապնդել hetapndel *(v.)* dog
հետապնդել hetapndel *(v.)* haunt
հետապնդել hetapndel *(v.)* pursue
հետապնդել դատարանով
hetapndel dataranov *(v.)* prosecute
հետապնդող hetapndogh *(n.)* chaser
հետապնդում hetapndum *(n.)* follow-up
հետապնդում hetapndum *(n.)*
prosecution
հետապնդում hetapndum *(n.)* pursuit
հետառևտրային hetarrevtrayin *(adj.)*
aftersales
հետարդյունք hetardyunq *(n.)* after-effect
հետաքննել hetaqnnel *(v.)* inquire
հետաքննել hetaqnnel *(v.)* investigate

հետաքննություն hetaqnnutyun *(n.)*
inquest
հետաքննություն hetaqnnutyun *(n.)*
investigation
հետաքրքիր hetaqrqir *(adj.)*
interesting
հետաքրքրասեր hetaqrqrasser *(adj.)*
curious
հետաքրքրասեր hetaqrqraser *(adj.)*
inquisitive
հետաքրքրասեր մարդ
hetaqrqrasser mard *(n.)* rubberneck
հետաքրքրասիրություն
hetaqrqrassirutyun *(n.)* curiosity
հետաքրքրություն hetaqrqrutyun
(n.) interest
հետաքրքրություն hetaqrqrutyun
(n.) sapidity
հետաքրքրված hetaqrqrvats *(adj.)*
interested
հետևաբար hetevabar *(adv.)* hence
հետևաբար hetevabar *(conj.)* so
հետևաբար hetevabar *(adv.)* therefore
հետևակ hetevak *(n.)* infantry
հետևամաս hetevamas *(n.)* stern
հետևանք hetevanq *(n.)* consequence
հետևանք hetevanq *(n.)* corollary
հետևանք hetevanq *(n.)* sidebar
հետևել hetevel *(v.)* ensue
հետևել hetevel *(v.)* follow
հետևել hetevel *(v.)* tail
հետևել hetevel *(v.)* track
հետևի համար hetevi hamar *(v.)*
backdate
հետևից hetevic *(adj.)* nubile
հետևողական hetevoghakan *(adj.)*
consistent
հետևողականություն
hetevoghakanutyun *(n.)* consistency
հետևորդ hetevord *(n.)* acolyte
հետևորդ hetevord *(n.)* adherent
հետևորդ hetevord *(n.)* follower
հետևորդ hetevord *(n.)* partisan
հետթվագրել hettvagrel *(v.)* post-date
հետին թվով տարեթիվ hetin tvov
taretiv *(n.)* antedate
հետին միտք hetin mitq *(n.)*
afterthought

հետիոտն hetiotn *(n.)* pedestrian
հետխնամք hajordogh khnamq *(n.)* aftercare
հետհաշվարկ hethashvark *(n.)* countdown
հետհավաքույթ hethavaquyt *(n.)* after-party
հետճաշյա հանգիստ hetchashya hangist *(n.)* siesta
հետնորդ hetnord *(n.)* descendant
հետշարժում hetshardjum *(n.)* backlash
հետո heto *(prep.)* after
հետո heto *(adv.)* afterwards
հետո heto *(adv.)* next
հետույք hetuyq *(n.pl.)* buttock
հետք hetq *(n.)* trace
հետք hetq *(n.)* track
հետք hetq *(n.)* trail
հետքերով գնալ hetqerov gnal *(v.)* trace
հետքով գնալ hetqov gnal *(v.)* trail
հերթ hert *(n.)* queue
հերթականություն hertakanutyun *(n.)* sequence
հերթափոխ hertapokh *(n.)* relay
հերթափոխ hertapokh *(n.)* shift
հերթափոխել hertapokhel *(v.)* relay
հերթում կանգնել hertum kangnel *(v.)* queue
հերկել herkel *(v.)* fallow
հերկել herkel *(v.)* plough
հերկել herkel *(v.)* till
հերկուլեսյան herkulesyan *(adj.)* Herculean
հերձանշվածք herdzanshvatsq *(n.)* scotch
հերձել herdzel *(v.)* dissect
հերձում herdzum *(n.)* dissection
հերմետիկություն hermetikutyun *(n.)* sealant
հերոս heros *(n.)* hero
հերոսական herosakan *(adj.)* heroic
հերոսություն herosutyun *(n.)* heroism
հերոսուհի herosuhi *(n.)* heroine
հերքել herqel *(v.)* confute
հերքել herqel *(v.)* deny
հերքել herqel *(v.)* disprove
հերքել herqel *(v.)* refute
հերքում herqum *(n.)* refutation
հևալ heval *(v.)* gasp
հևալ heval *(v.)* pant
հևոց hevoc *(n.)* pant
հեքիաթ heqiat *(n.)* tale
հեքիաթագիրք heqiatagirq *(n.)* talebook
հեքիմ heqim *(n.)* quack
հզոր hzor *(adj.)* mighty
հզոր hzor *(adj.)* powerful
հզորություն hzorutyun *(n.)* might
հիանալ hianal *(v.)* admire
հիանալ hianal *(v.)* delight
հիանալ hianal *(v.)* marvel
հիանալի hianali *(adj.)* admirable
հիանալի hianali *(adj.)* delightful
հիանալի hianali *(adj.)* scrumptious
հիանալի hianali *(adj.)* stupendous
հիանալիորեն hianalioren *(adv.)* delightedly
հիասթափեցնել hiastapecnel *(v.)* disappoint
հիասթափեցնել hiastapecnel *(v.)* disenchant
հիասթափեցնել hiastapecnel *(v.)* disillusion
հիացած hiacats *(adj.)* rapt
հիացմունք hiacmunq *(n.)* admiration
հիացմունք hiacmunq *(n.)* rapture
հիացնել hiacnel *(v.)* enrapture
հիբրիդ, խառնածին hibrid, kharrnatsin *(n.)* hybrid
հիբրիդային hibridayin *(adj.)* hybrid
հիգիենա higiena *(n.)* hygiene
հիգիենիկ higienik *(adj.)* hygienic
հիլ hil *(n.)* cardamom
հիմա hima *(adv.)* now
հիմար himar *(adj.)* dorky
հիմար himar *(n.)* fool
հիմար himar *(adj.)* foolish
հիմար himar *(n.)* gawk
հիմար himar *(n.)* loggerhead
հիմար himar *(n.)* oaf
հիմար himar *(adj.)* oafish
հիմար himar *(adj.)* silly
հիմար himar *(adj.)* witless

հիմարանալ himaranal *(v.)* gawk
հիմարանալ himaranal *(v.)* goof
հիմարացնել himaracnel *(v.)* foil
հիմարացնել himaracnel *(v.)* fool
հիմարացնել himaracnel *(v.)* juggle
հիմարի գլուխ himari glukh *(n.)* blockhead
հիմարություն himarutyun *(n.)* folly
հիմարություն himarutyun *(n.)* foolscap
հիմարություն himarutyun *(n.)* goof
հիմարություններ himarutyunner *(n.)* follies
հիմն himn *(n.)* anthem
հիմնաբառ himnabarr *(n.)* keyword
հիմնադիր himnadir *(n.)* founder
հիմնադրամ himnadram *(n.)* foundation
հիմնադրել himnadrel *(v.)* establish
հիմնադրել himnadrel *(v.)* found
հիմնական himnakan *(adj.)* basal
հիմնական himnakan *(adj.)* basic
հիմնական himnakan *(adj.)* fundamental
հիմնական himnakan *(adj.)* key
հիմնական himnakan *(adj.)* main
հիմնական himnakan *(adj.)* primary
հիմնական himnakan *(adj.)* prime
հիմնական himnakan *(adj.)* principal
հիմնական himnakan *(adj.)* staple
հիմնական ճամբար himnakan chambar *(n.)* base camp
հիմնականում himnakanum *(adv.)* basically
հիմնապաշար himnapashar *(n.)* fund
հիմնավորել himnavorel *(v.)* substantiate
հիմնավորում himnavorum *(n.)* rationale
հիմնավորում himnavorum *(n.)* substantiation
հիմնաքար himnaqar *(n.)* keystone
հիմնել himnel *(v.)* erect
հիմնում himnum *(n.)* establishment
հիմք himq *(n.)* base
հիմք himq *(n.)* basement
հիմք himq *(n.)* basis
հին hin *(adj.)* archaic

հին hin *(adj.)* old
հինգ hing *(num.)* five
հինգշաբթի hingshabti *(n.)* Thursday
հիշատակ hishatak *(n.)* memorial
հիշատակ hishatak *(n.)* remembrance
հիշատակել hishatakel *(v.)* mention
հիշատակում hishatakum *(n.)* commemoration
հիշատակում hishatakum *(n.)* mention
հիշարժան hishardjan *(adj.)* memorable
հիշարժան hishardjan *(adj.)* memorial
հիշել hishel *(v.)* remember
հիշեցնել hishecnel *(v.)* remind
հիշեցնող hishecnogh *(adj.)* reminiscent
հիշեցում hishecum *(n.)* reminder
հիշողությամբ hishoghutyamb *(n.)* rote
հիշողություն hishoghutyun *(n.)* memory
հիպերբոլա hiperbola *(n.)* hyperbole
հիպերխորանարդ hiperkhoranard *(n.)* tesseract
հիպնոս hipnos *(n.)* mesmerism
հիպնոսացնել hipnosacnel *(v.)* mesmerize
հիպնոսել hipnosel *(v.)* hypnotize
հիպնոսություն hipnosutyun *(n.)* hypnotism
հիպոթետիկ, վարկածային hipotetik, varkatsayin *(adj.)* hypothetical
հիսուն hisun *(num.)* fifty
հիստերիա histeria *(n.)* hysteria
հիստերիկական histerikakan *(adj.)* hysterical
հիվանդ hivand *(adj.)* ailing
հիվանդ hivand *(adj.)* ill
հիվանդ hivand *(n.)* patient
հիվանդ hivand *(adj.)* sick
հիվանդագին hivandagin *(adj.)* morbid
հիվանդանալ hivandanal *(v.)* sicken
հիվանդանոց hivandanoc *(n.)* hospital
հիվանդապահ hivandapah *(n.)* orderly

հիվանդասենյակ hivandassenyak *(n.)* ward
հիվանդատեղ hivandategh *(n.)* sickbay
հիվանդացած hivandacats *(adj.)* sickened
հիվանդի անկողին hivandi ankoghin *(n.)* sickbed
հիվանդոտ hivandot *(adj.)* sickly
հիվանդոտություն hivandotutyun *(n.)* morbidity
հիվանդություն hivandutyun *(n.)* affection
հիվանդություն hivandutyun *(n.)* disease
հիվանդություն hivandutyun *(n.)* illness
հիվանդություն hivandutyun *(n.)* malady
հիվանդություն hivandutyun *(n.)* sickness
հղ(ի)անալ hgh(i)anal *(v.)* conceive
հղի hghi *(adj.)* pregnant
հղիություն hghiutyun *(n.)* pregnancy
հղկաթուղթ hghkatught *(n.)* sandpaper
հղկել hghkel *(v.)* sandpaper
հղկող hghkogh *(adj.)* abrasive
հղում hghum *(n.)* link
հմայել hmayel *(v.)* bewitch
հմայել hmayel *(v.)* charm
հմայել hmayel *(v.)* enchant
հմայիչ hmayich *(adj.)* charming
հմայք hmayq *(n.)* charm
հմայք hmayq *(n.)* glamour
հմուտ hmut *(adj.)* adept
հմուտ hmut *(adj.)* crafty
հմուտ hmut *(adj.)* proficient
հմուտ hmut *(adj.)* skilful
հմտություն hmtutyun *(n.)* proficiency
հմտություն hmtutyun *(n.)* skill
հմտություն hmtutyun *(n.)* workmanship
հյութ hyut *(n.)* juice
հյութալի hyutali *(adj.)* juicy
հյուծել hyutsel *(v.)* emaciate
հյուծված hyutsvats *(adj.)* emaciated
հյուպատոս hyupatos *(n.)* consul

հյուպատոսական hyupatossakan *(adj.)* consular
հյուպատոսություն hyupatosutyun *(n.)* consulate
հյուս hyus *(n.)* braid
հյուսածո զամբյուղ hyusatso zambyugh *(n.)* wicker
հյուսել hyusel *(v.)* knit
հյուսել hyusel *(v.)* wreathe
հյուսիս hyussis *(n.)* north
հյուսիսային hyussissayin *(adj.)* north
հյուսիսային hyussissayin *(adj.)* northerly
հյուսիսային hyussissayin *(adj.)* northern
հյուսիսային եղջերու hyusisayin yeghjeru *(n.)* elk
հյուսիսից hyussissic *(adv.)* northerly
հյուսվածք hyusvatsq *(n.)* texture
հյուսվածք hyusvatsq *(n.)* tissue
հյուսվածքների փոխպատվաստում hyusvatsqneri pokhpatvastum *(n.)* graft
հյուր hyur *(n.)* caller
հյուր hyur *(n.)* guest
հյուրանոց hyuranoc *(n.)* hotel
հյուրասենյակ hyurasenyak *(n.)* drawing-room
հյուրասենյակ hyurasenyak *(n.)* guest room
հյուրասեր hyurasser *(adj.)* hospitable
հյուրասիրել hyurassirel *(v.)* entertain
հյուրասիրություն hyurassirutyun *(n.)* hospitality
հյուրերի ցուցակ hyureri cucak *(n.)* guest list
հյուրընկալող hyurankalogh *(n.)* host
հյուրընկալվել hyurankalvel *(v.)* sojourn
հնագետ hnaget *(n.)* archaeologist
հնագիտություն hnagitutyun *(n.)* archaeology
հնադարյան hnadaryan *(adj.)* antique
հնազանդ hnazand *(adj.)* docile
հնազանդ hnazand *(adj.)* obedient
հնազանդ hnazand *(adj.)* submissive
հնազանդ hnazand *(adj.)* tame
հնազանդություն hnazandutyun *(n.)*

obedience
հնազանդվել hnazandvel *(v.)* obey
հնակարկատ hnakarkat *(n.)* cobbler
հնահավաք hnahavaq *(n.)* antiquary
հնամաշ hnamash *(adj.)* shabby
հնամաշ hnamash *(adj.)* threadbare
հնատարազ hnataraz *(adj.)* antiquated
հնարամիտ hnaramit *(adj.)* enginous
հնարամիտ hnaramit *(adj.)* inventive
հնարամիտ hnaramit *(adj.)* resourceful
հնարամիտ hnaramit *(adj.)* shifty
հնարավոր hnaravor *(adj.)* possible
հնարավոր hnaravor *(adj.)* potential
հնարավորություն hnaravorutyun *(n.)* chance
հնարավորություն hnaravorutyun *(n.)* opportunity
հնարավորություն hnaravorutyun *(n.)* possibility
հնարավորություն տալ hnaravorutyun tal *(v.)* enable
հնարել hnarel *(v.)* contrive
հնարել hnarel *(v.)* gimmick
հնարել hnarel *(v.)* trump
հնարովի բան hnarovi ban *(n.)* figment
հնարք hnarq *(n.)* dodge
հնարք hnarq *(n.)* gambit
հնարք hnarq *(n.)* gimmick
հնարք hnarq *(n.)* ruse
հնարք hnarq *(n.)* stratagem
հնարք hnarq *(n.)* stunt
հնարք hnarq *(n.)* trick
հնարքներ hnarqner *(n.)* gimmickry
հնացած hnacats *(adj.)* obsolete
հնացած hnacats *(adj.)* outdated
հնացած hnacats *(adj.)* outmoded
հնացած hnacats *(adj.)* stale
հնգանկյունի hngankyuni *(n.)* pentagon
հնդընկույզ hndankuyz *(n.)* coconut
հնդկածառ hndkatsarr *(n.)* banyan
հնդկականղնի hndkakaghni *(n.)* teak
հնդկական hndkakan *(adj.)* Indian
հնդկահավ hndkahav *(n.)* turkey
հնդկեղեգ, բամբուկ hndkegheg, bambuk *(n.)* bamboo
հնդյուղ hndyugh *(n.)* castor oil
հնձած արտ hndzats art *(n.)* stubble
հնձել hndzel *(v.)* mow
հնձել hndzel *(v.)* reap
հնձել hndzel *(v.)* scythe
հնձվոր hndzvor *(n.)* reaper
հնոտիք hnotiq *(n.)* geekwear
հնոց hnoc *(n.)* furnace
հնոցապան hnocapan *(n.)* stoker
հնություն hnutyun *(n.)* antiquity
հնչել hnchel *(v.)* sound
հնչեղ hnchegh *(adj.)* resonant
հնչեղություն hncheghutyun *(n.)* sonority
հնչյունաբանություն hnchyunabanutyun *(n.)* phonetics
հնչյունական hnchyunakan *(adj.)* phonetic
հոբբի hobi *(n.)* hobby
հոգաբարձու hogabardzu *(n.)* trustee
հոգատար hogatar *(adj.)* careful
հոգատար hogatar *(adj.)* solicitous
հոգատարություն hogatarutyun *(n.)* solicitude
հոգեբան hogeban *(n.)* psychologist
հոգեբանական hogebanakan *(adj.)* psychological
հոգեբանություն hogebanutyun *(n.)* psychology
հոգեբուժարան hogebudjaran *(n.)* geeksville
հոգեբուժարան hogebudjaran *(n.)* nuthouse
հոգեբուժություն hogebudjutyun *(n.)* psychiatry
հոգեբույժ hogebuydj *(n.)* psychiatrist
հոգեթերապիա hogeterapia *(n.)* psychotherapy
հոգեկան hogekan *(adj.)* psychic
հոգեկան ցնցում hogekan cncum *(n.)* brainstorm
հոգեպաշտ hogepasht *(n.)* spiritualist
հոգեպաշտություն hogepashtutyun *(n.)* spiritualism
հոգեպատ hogepat *(n.)* psychopath
հոգեվարք hogevarq *(n.)* throe
հոգևոր hogevor *(adj.)* spiritual

հոգևորական hogevorakan *(adj.)* clerical
հոգևորական hogevorakan *(n.)* prelate
հոգևորականություն hogevorakanutyun *(n.)* clergy
հոգևորություն hogevorutyun *(n.)* spirituality
հոգի hogi *(n.)* soul
հոգնած hognats *(adj.)* tired
հոգնած hognats *(adj.)* weary
հոգնածություն hognatsutyun *(n.)* fatigue
հոգնակի hognaki *(adj.)* plural
հոգնել hognel *(v.)* weary
հոգնեցնել hognecnel *(v.)* fatigue
հոգնեցուցիչ hognecucich *(adj.)* tedious
հոգնեցուցիչ hognecucich *(adj.)* tiresome
հոգնեցուցիչ hognecucich *(adj.)* trying
հոդախախտել hodakhakhtel *(v.)* dislocate
հոդախախտել hodakhakhtel *(v.)* wrench
հոդախախտում hodakhakhtum *(n.)* wrench
հոդատապ hodatap *(n.)* gout
հոդված hodvats *(n.)* article
հոլ hol *(n.)* whirligig
հոլոգրաֆ, ձեռագիր holograf, dzerragir *(n.)* holograph
հոծ hots *(adj.)* massy
հոծություն hotsutyun *(n.)* onomancy
հոկեյ hokey *(n.)* hockey
հոկտեմբեր hoktember *(n.)* October
հող hogh *(n.)* soil
հողագործ hoghagorts *(n.)* ploughman
հողագործություն hoghagortsutyun *(n.)* husbandry
հողագունդ hoghagund *(n.)* clod
հողաթափ hoghatap *(n.)* slipper
հողաձևավորում hoghadzevavorum *(n.)* terraforming
հողատեր hoghater *(n.)* landlord
հողի մաքրում hoghi maqrum *(n.)* ground clearance
հողմահարվել hoghmaharvel *(v.)* weather
հողմաղաց hoghmaghac *(n.)* windmill
հողմապարկ hoghmapark *(n.)* windbag
հոմեոպաթ homeopat *(n.)* homeopath
հոմեոպաթիա homeopatia *(n.)* homeopathy
հոյակապ hoyakap *(adj.)* gorgeous
հոյակապ hoyakap *(adj.)* magnificent
հոյակապ hoyakap *(adj.)* monumental
հոյակապ hoyakap *(adj.)* splendid
հոյակապ hoyakap *(adj.)* superb
հոյակապություն hoyakaputyun *(n.)* splendour
հոնորար honorar *(n.)* honorarium
հոնք honq *(n.)* brow
հոնք honq *(n.)* eyebrow
հոռետես horretes *(n.)* pessimist
հոռետեսական horretesakan *(adj.)* pessimistic
հոռետեսություն horretesutyun *(n.)* pessimism
հոսանք hossanq *(n.)* stream
հոսանքազրկում hosanqazrkum *(n.)* blackout
հոսել hosel *(v.)* flow
հոսել hossel *(v.)* seep
հոսել hossel *(v.)* stream
հոսել hossel *(v.)* well
հոսող hosogh *(adj.)* affluent
հոսքագծապատկեր hosqagtsapatker *(n.)* flow chart
հովազ hovaz *(n.)* panther
հովանավոր hovanavor *(n.)* patron
հովանավորել hovanavorel *(v.)* patronize
հովանավորություն hovanavorutyun *(n.)* patronage
հովանի hovani *(n.)* aegis
հովանոց hovanoc *(n.)* umbrella
հովատակ hovatak *(n.)* stallion
հովիվ hoviv *(n.)* herdsman
հովիվ hoviv *(n.)* shepherd
հովիտ hovit *(n.)* dale
հովիտ hovit *(n.)* vale
հովիտ hovit *(n.)* valley
հովհար hovhar *(n.)* fan
հովվական hovvakan *(adj.)* pastoral

հոտ hot *(n.)* flock
հոտ hot *(n.)* odour
հոտ hot *(n.)* scent
հոտ hot *(n.)* smell
հոտած hotats *(adj.)* addled
հոտառական hotarrakan *(adj.)* olfactic
հոտառական hotarrakan *(adj.)* olfactory
հոտառություն hotarrutyun *(n.)* olfactics
հոտավետ hotavet *(adj.)* odorous
հոտոտել hototel *(v.)* nose
հոտոտել hototel *(v.)* nuzzle
հոտոտել hototel *(v.)* scent
հոտոտել hototel *(v.)* smell
հորանջ horanj *(n.)* yawn
հորանջել horanjel *(v.)* gape
հորանջել horanjel *(v.)* yawn
հորաքույր, մորաքույր horaquyr, moraquyr *(n.)* aunt
հորդա horda *(n.)* horde
հորդել hordel *(v.)* overrun
հորդոր hordor *(n.)* admonition
հորդում hordum *(n.)* affluence
հորդում hordum *(n.)* flow
հորեղբայր horyeghbayr *(n.)* uncle
հորթ hort *(n.)* calf
հորիզոն horizon *(n.)* horizon
հորիզոն horizon *(n.)* scope
հորինել horinel *(v.)* devise
հորինել horinel *(v.)* invent
հորինել horinel *(v.)* versify
հորձանուտ hordzanut *(n.)* vortex
հորձանուտ hordzanut *(n.)* whirlpool
հուզական huzakan *(adj.)* emotional
հուզական huzakan *(adj.)* emotive
հուզել huzel *(v.)* agitate
հուզել huzel *(v.)* excite
հուզմունք huzmunq *(n.)* anxiety
հուզմունք huzmunq *(n.)* emoticon
հուզմունք huzmunq *(n.)* thrill
հուզում huzum *(n.)* agitation
հուզված huzvats *(adj.)* tumultuous
հուզվել huzvel *(v.)* thrill
հուղարկավորություն hugharkavorutyun *(n.)* funeral
հում hum *(adj.)* crude

հում hum *(adj.)* raw
հումոր humor *(n.)* humour
հումոր humor *(n.)* pleasantry
հումորային humorayin *(adj.)* humorous
հումորիստ humorist *(n.)* humorist
հումք humq *(n.)* stuff
հույզ huyz *(n.)* emotion
հույն huyn *(n.)* Greek
հույս huys *(n.)* hope
հունական hunakan *(adj.)* Greek
հունարեն hunaren *(n.)* Greek
հունձ hundz *(n.)* reap
հունվար hunvar *(n.)* January
հունցել huncel *(v.)* knead
հուշ hush *(n.)* reminiscence
հուշագիր hushagir *(n.)* memorandum
հուշագրություններ hushagrutyunner *(n.)* memoir
հուշանվեր hushanver *(n.)* keepsake
հուշանվեր hushanver *(n.)* memento
հուշանվեր hushanver *(n.)* souvenir
հուշարար husharar *(n.)* prompter
հուշարձան hushardzan *(n.)* monument
հուշել hushel *(v.)* prompt
հուսադրող husadrogh *(adj.)* hopeful
հուսալ husal *(v.)* hope
հուսալի hussali *(adj.)* reliable
հուսահատ husahat *(adj.)* desperate
հուսահատ husahat *(adj.)* despondent
հուսահատեցնել husahatecnel *(v.)* discourage
հուսահատեցնել husahatecnel *(v.)* dishearten
հուսահատություն husahatutyun *(n.)* despair
հուր hur *(n.)* flame
հուրհրատել hurhratel *(v.)* flame
հպանցիկ hpancik *(adj.)* cursory
հպատակեցնել hpatakecnel *(v.)* subjugate
հպատակեցում hpatakecum *(n.)* subjugation
հպատակվել կնոջ hpatakvel knoj *(v.)* henpeck
հպարտ hpart *(adj.)* proud
հպարտանալ hpartanal *(v.)* pride

հպարտություն hpartutyun *(n.)* pride
հպում hpum *(n.)* touch
հպվել hpvel *(v.)* touch
հռետոր hrretor *(n.)* orator
հռետոր hrretor *(n.)* speaker
հռետորական hrretorakan *(adj.)* oratorical
հռետորական hrretorakan *(adj.)* rhetorical
հռետորություն hrretorutyun *(n.)* oration
հռետորություն hrretorutyun *(n.)* rhetoric
հռհռալ hrrhrral *(v.)* giggle
հռչակ hrrchak *(n.)* celebrity
հսկա կին hska kin *(n.)* giantess
հսկա մարդ hska mard *(n.)* giant
հսկայական hskayakan *(adj.)* colossal
հսկայական hskayakan *(adj.)* enormous
հսկայական hskayakan *(adj.)* gigantic
հսկայական hskayakan *(adj.)* huge
հսկել hskel *(v.)* invigilate
հսկելը hskela *(n.)* vigil
հսկող hskogh *(n.)* invigilator
հսկողություն hskoghutyun *(n.)* invigilation
հսկողություն hskoghutyun *(n.)* surveillance
հսկում hskum *(n.)* vigilance
հստակ hstak *(adj.)* lucid
հստակեցնել hstakecnel *(v.)* clarify
հրաբխային hrabkhayin *(adj.)* volcanic
հրաբուխ hrabukh *(n.)* volcano
հրազենակայուն hrazenakayun *(adj.)* bulletproof
հրաժարական hradjarakan *(n.)* resignation
հրաժարում hradjarum *(n.)* abdication
հրաժարում hradjarum *(n.)* abnegation
հրաժարում hradjarum *(n.)* renunciation
հրաժարում hradjarum *(n.)* waiver
հրաժարվել hradjarvel *(v.)* abdicate
հրաժարվել hradjarvel *(v.)* abnegate
հրաժարվել hradjarvel *(v.)* discard

հրաժարվել hradjarvel *(v.)* disclaim
հրաժարվել hradjarvel *(v.)* forgo
հրաժարվել hradjarvel *(v.)* relinquish
հրաժարվել hradjarvel *(v.)* resign
հրաժարվել hradjarvel *(v.)* waive
հրաժեշտ hradjesht *(n.)* farewell
հրաժեշտ hradjesht *(n.)* leave
հրակայուն hrakayun *(adj.)* fireproof
հրակայուն hrakayun *(adj.)* fire-resistant
հրակայուն hrakayun *(adj.)* shotproof
հրակայունանալ hrakayunanal *(v.)* fireproof
հրահանգ hrahang *(n.)* directive
հրահանգավորում hrahangavorum *(n.)* instruction
հրահանգել hrahangel *(v.)* instruct
հրահանգիչ hrahangich *(n.)* instructor
հրահրել hrahrel *(v.)* provoke
հրաձգություն hradzgutyun *(n.)* shooting
հրաձիգ hradzig *(n.)* marksman
հրամայական hramayakan *(adj.)* imperative
հրամայել hramayel *(v.)* bid
հրամայել hramayel *(v.)* command
հրաման hraman *(n.)* injunction
հրաման hraman *(n.)* sanction
հրամանագիր hramanagir *(n.)* decree
հրամանագիր hramanagir *(n.)* edict
հրամանագիր hramanagir *(n.)* ordinance
հրամանագրել hramanagrel *(v.)* decree
հրամանատար hramanatar *(n.)* commander
հրամանատարություն hramanatarutyun *(n.)* captaincy
հրաշալի hrashali *(adj.)* marvellous
հրաշալիք hrashaliq *(n.)* marvel
հրաշամանուկ hrashamanuk *(n.)* prodigy
հրաշք hrashq *(n.)* miracle
հրաշք hrashq *(adj.)* miraculous
հրապարակայնություն hraparakaynutyun *(n.)* publicity
հրապարակել hraparakel *(v.)* divulge
հրապարակել hraparakel *(v.)*

publicize
հրապարակորեն hraparakoren *(adv.)* openly
հրապարակում hraparakum *(n.)* publication
հրապուրանք hrapuranq *(n.)* enticement
հրապուրանք hrapuranq *(n.)* fascination
հրապուրել hrapurel *(v.)* court
հրապուրել hrapurel *(v.)* decoy
հրապուրել hrapurel *(v.)* entice
հրապուրել hrapurel *(v.)* fascinate
հրապուրիչ hrapurich *(adj.)* winsome
հրավառություն hravarrutyun *(n.)* fireworks
հրավեր hraver *(n.)* invitation
հրավեր hraver *(n.)* summons
հրավիրել hravirel *(v.)* convene
հրավիրել hravirel *(v.)* convoke
հրավիրել hravirel *(v.)* invite
հրավիրող hravirogh *(n.)* convener
հրատապ hratap *(adj.)* urgent
հրատապություն hrataputyun *(n.)* urgency
հրատարակել hratarakel *(v.)* publish
հրատարակիչ hratarakich *(n.)* publisher
հրատարակություն hratarakutyun *(n.)* edition
հրացան hracan *(n.)* rifle
հրացան hracan *(n.)* shottie
հրացանակիր hracanakir *(n.)* musketeer
հրդեհային ելք hrdehayin yelq *(n.)* fire exit
հրդեհաշեջ փողրակ hrdehashej poghrak *(n.)* firehose
հրդեհում hrdehum *(n.)* arson
հրե գնդակ, ասուպ hre gndak, asup *(n.)* fireball
հրեա hrea *(n.)* jew
հրել hrel *(v.)* nudge
հրել hrel *(v.)* poke
հրել hrel *(v.)* push
հրել hrel *(v.)* shoulder
հրել hrel *(v.)* shove
հրել hrel *(v.)* thrust
հրեշ hresh *(n.)* freak
հրեշ hresh *(n.)* monster
հրեշ դառնալ hresh darrnal *(v.)* freak
հրեշավոր hreshavor *(adj.)* freak
հրեշավոր hreshavor *(adj.)* monstrous
հրեշտակ hreshtak *(n.)* angel
հրետակոծել hretakotsel *(v.)* cannonade
հրետակոծություն hretakotsutyun *(n.)* gunpoint
հրետանի hretani *(n.)* artillery
հրետանի hretani *(n.)* ordnance
հրթիռ hrtirr *(n.)* missile
հրթիռ hrtirr *(n.)* rocket
հրթիռագետ hrtirraget *(n.)* rocket scientist
հրթիռակիր hrtirrakir *(n.)* rocketeer
հրթիռակիր hrtirrakir *(n.)* rocketman
հրմշտել hrmshtel *(v.)* hustle
հրմշտել hrmshtel *(v.)* stampede
հրմշտոց hrmshtoc *(n.)* stampede
հրշեջ hrshej *(n.)* firefighter
հրշեջ ծառայություն hrshej tsarrayutyun *(n.)* fire station
հրշեջ կայան hrshej kayan *(n.)* firehouse
հրշեջ մեքենա hrshej meqena *(n.)* fire engine
հրշեջ մեքենա hrshej meqena *(n.)* firetruck
հրշեջի հագուստ hrsheji hagust *(n.)* firesuit
հրոց hroc *(n.)* jerk
հրոց hroc *(n.)* poke
հրոց hroc *(n.)* thrust
հրում hrum *(n.)* push
հրում hrum *(n.)* shove
հրուշակարան hrushakaran *(n.)* confectionery
հրուշակեղեն hrushakeghen *(n.)* confection
հրվանդան hrvandan *(n.)* cape

Ձ ձ

ձագ dzag *(n.)* brood

ձագ dzag *(n.)* cub
ձագ dzag *(n.)* whelp
ձագ dzag *(n.)* young
ձագուկ dzaguk *(n.)* nestling
ձախ dzakh *(adj.)* left
ձախ թև dzakh tev *(n.)* left
ձախակուսակցական
dzakhakusakcakan *(n.)* leftist
ձախողում dzakhoghum *(n.)* fail
ձախողում dzakhoghum *(n.)* failure
ձախողվել dzakhoghvel *(v.)* fail
ձախողվել dzakhoghvel *(v.)* miscarry
ձախորդություն dzaxordutyun *(n.)* adversity
ձախորդություն dzakhordutyun *(n.)* mishap
ձայն dzayn *(n.)* sound
ձայն dzayn *(n.)* voice
ձայնագրիչ dzaynagrich *(n.)* recorder
ձայնային dzaynayin *(adj.)* sonic
ձայնային dzaynayin *(adj.)* vocal
ձայնային համակարգ dzaynayin hamakarg *(n.)* sound system
ձայնավոր dzaynavor *(n.)* vowel
ձայներ հավաքել dzainer havaqel *(v.)* canvass
ձանձրալի dzandzrali *(adj.)* dull
ձանձրալի dzandzrali *(adj.)* workaday
ձանձրացնել dzandzracnel *(v.)* annoy
ձանձրացնել dzandzracnel *(v.)* irk
ձանձրացնող dzandzracnogh *(adj.)* annoying
ձանձրացրել dzandzracnel *(v.)* bore
ձանձրույթ dzandzruyt *(n.)* annoyance
ձանձրույթ dzandzruyt *(n.)* tedium
ձգ(վ)ել dzg(v)el *(v.)* gravitate
ձգաբանություն dzgabanutyun *(n.)* ballistics
ձգան dzgan *(n.)* trigger
ձգավնասել dzgavnassel *(v.)* sprain
ձգել dzgel *(v.)* string
ձգել dzgel *(v.)* tighten
ձգել dzgel *(v.)* trigger
ձգձգվել dzgdzgvel *(v.)* linger
ձգողականություն dzgoghakanutyun *(n.)* gravitation
ձգողականություն dzgoghakanutyun *(n.)* gravity
ձգում dzgum *(n.)* pull
ձգում dzgum *(n.)* stretch
ձգված dzgvats *(adv.)* tautly
ձգվել dzgvel *(v.)* bestride
ձգվել dzgvel *(v.)* stretch
ձգվող dzgvogh *(adj.)* tensible
ձգտում dzgtum *(n.)* longing
ձեղնահարկ dzeghnahark *(n.)* loft
ձեռ առնում dzerr arrnum *(n.)* banter
ձեռագիր dzerragir *(n.)* manuscript
ձեռագործ dzerragorts *(n.)* handiwork
ձեռակերտ իր dzerrakert ir *(n.)* artefact
ձեռնագուշակ dzerrnagushak *(n.)* palmist
ձեռնագուշակություն dzerrnagushakutyun *(n.)* palmistry
ձեռնադրել dzerrnadrel *(v.)* ordain
ձեռնադրված dzerrnadrvats *(adj.)* ordained
ձեռնածություն dzerrnatsutyun *(n.)* juggler
ձեռնաշարժությամբ զբաղվել dzerrnashardjutyamb zbaghvel *(v.)* masturbate
ձեռնաշղթաներ dzerrnashghtaner *(n. pl.)* handcuff
ձեռնաշղթաներ հագցնել dzerrnashghtaner hagcnel *(v.)* handcuff
ձեռնարկ dzerrnark *(n.)* manual
ձեռնարկատեր dzerrnarkater *(n.)* entrepreneur
ձեռնարկել dzerrnarkel *(v.)* undertake
ձեռնարկություն dzerrnarkutyun *(n.)* enterprise
ձեռնոց dzerrnoc *(n.)* gauntlet
ձեռնոց dzerrnoc *(n.)* glove
ձեռնոցների տուփ dzerrnocneri tup *(n.)* glovebox
ձեռք dzerrq *(n.)* hand
ձեռք բերել dzerrq berel *(v.)* attain
ձեռքահարել dzerrqaharel *(v.)* palm
ձեռքբերում dzerrqberum *(n.)* acquest
ձեռքբերում dzerrqberum *(n.)* acquisition
ձեռքի dzerrqi *(adj.)* manual
ձեռքի արգելակ dzerrqi argelak *(n.)*

handbrake
ձեռքի բեռ dzerrqi berr *(n.)* hand luggage
ձեռքի լոսյոն dzerrqi losyon *(n.)* hand lotion
ձեռքի ուղեբեռ dzerrqi ugheberr *(n.)* hand baggage
ձերբակալել dzerbakalel *(v.)* arrest
ձերբակալել dzerrbakalel *(v.)* nab
ձերբակալում dzerbakalum *(n.)* commitment
ձև dzev *(n.)* form
ձև dzev *(n.)* mode
ձև dzev *(n.)* shape
ձևաթուղթ dzevatught *(n.)* letterhead
ձևական dzevakan *(adj.)* pro forma
ձևականություն dzevakanutyun *(n.)* formality
ձևակերպել dzevakerpel *(v.)* formulate
ձևանալ dzevanal *(v.)* pretend
ձևաչափ dzevachap *(n.)* format
ձևավոր dzevavor *(adj.)* chic
ձևավոր թռիչքներ dzevavor trrichqner *(n.)* aerobatics
ձևավոր(վ)ել dzevavor(v)el *(v.)* form
ձևավորել dzevavorel *(v.)* model
ձևավորել dzevavorel *(v.)* shape
ձևափոխել dzevapokhel *(v.)* shapeshift
ձի dzi *(n.)* horse
ձիաբոռ dziaborr *(n.)* hornet
ՁԻԱՀ DZIAH *(n.)* AIDS
ձիգ dzig *(adj.)* taut
ձիթապտուղ dzitaptugh *(n.)* olive
ձկնկիթ dzknkit *(n.)* roe
ձկնկուլ dzknkul *(n.)* albatross
ձկնորս dzknors *(n.)* fisherman
ձմեռ dzmerr *(n.)* winter
ձմեռային dzmerrayin *(adj.)* wintry
ձմեռել dzmerrel *(v.)* winter
ձմեռում dzmerrum *(n.)* hibernation
ձմերուկ dzmeruk *(n.)* water-melon
ձյութել dzyutel *(v.)* tar
ձյուն dzyun *(n.)* snow
ձյուն տեղալ dzyun teghal *(v.)* snow
ձյունատեղում dzyunateghum *(n.)* snowfall
ձնաբուք dznabuq *(n.)* blizzard
ձնակոշիկ dznakoshik *(n.)* snow boot
ձնակույտ dznakuyt *(n.)* avalanche
ձնառատ dznarrat *(adj.)* snowy
ձող dzogh *(n.)* bar
ձող dzogh *(n.)* rod
ձողաձուկ dzoghadzuk *(n.)* cod
ձողապարուհի dzoghaparuhi *(n.)* pole dancer
ձոն dzon *(n.)* dedication
ձոր dzor *(n.)* canyon
ձոր dzor *(n.)* ravine
ձու dzu *(n.)* egg
ձուլակտոր dzulaktor *(n.)* bullion
ձուլարան dzularan *(n.)* foundry
ձուլել dzulel *(v.)* assibilate
ձուլվածք dzulvatsq *(n.)* alloy
ձուկ dzuk *(n.)* fish
ձուկ որսալ dzuk vorsal *(v.)* dap
ձուկ որսալ dzuk vorsal *(v.)* fish
ձվաբուծություն dzvabutsutyun *(n.)* owlery
ձվաբջիջ dzvabjij *(n.)* ovum
ձվադրել dzvadrel *(v.)* ovulate
ձվածեղ dzvatsegh *(n.)* omelette
ձվաձև dzvadzev *(adj.)* oval
ձվաձև dzvadzev *(adj.)* ovular
ձվաձև իր dzvadzev ir *(n.)* oval
ձվաստեղծ dzvasteghts *(adj.)* oviferous
ձվարան dzvaran *(n.)* ovary

Ղ ղ

ղեկ ghek *(n.)* helm
ղեկ ghek *(n.)* rudder
ղեկառանցք ghekarrancq *(n.)* rudderpost
ղեկավար ghekavar *(n.)* director
ղեկավար ghekavar *(n.)* ruler
ղեկավարել ghekavarel *(v.)* master
ղեկավարել ghekavarel *(v.)* pilot
ղեկավարություն ghekavarutyun *(n.)* lead
ղեկավարություն ghekavarutyun *(n.)* leadership

ղեկավարություն ghekavarutyun *(n.)* supremacy
ղեկավարում ghekavarum *(n.)* ruling

Ճ ճ

ճագարաբուծարան chagarabutsaran *(n.)* warren
ճախարակ chakharak *(n.)* pulley
ճախարակ chakharak *(n.)* winch
ճակատ chakat *(n.)* facade
ճակատ chakat *(n.)* forehead
ճակատ chakat *(n.)* front
ճակատագիր chakatagir *(n.)* destiny
ճակատագիր chakatagir *(n.)* doom
ճակատագիր chakatagir *(n.)* predestination
ճակատագրական chakatagrakan *(adj.)* fatal
ճակատամարտ chakatamart *(n.)* battle
ճակատամարտ chakatamart *(n.)* battlefront
ճակատային chakatayin *(adj.)* front
ճակատաքար chakataqar *(n.)* lintel
ճակնդեղ chakndegh *(n.)* beetroot
ճահիճ chahich *(n.)* bog
ճահիճ chahich *(n.)* bogland
ճահիճ chahich *(n.)* leghorn
ճահիճ chahich *(n.)* marsh
ճահիճ chahich *(n.)* mire
ճահիճ chahich *(n.)* swamp
ճահճավայր chahchavayr *(n.)* everglade
ճահճացնել chahchacnel *(v.)* swamp
ճահճացում chahchacum *(n.)* boglet
ճահճոտ chahchot *(adj.)* marshy
ճամբար chambar *(n.)* camp
ճամբար chambar *(n.)* campsite
ճամբարական chambarakan *(n.)* camper
ճամբարից մեկնել chambaric meknel *(v.)* decamp
ճամփորդելու ժամանակ champordelu djamanak *(n.)* traveltime
ճամփորդություն champordutyun *(n.)* trip
ճայ chay *(n.)* gull
ճայ chay *(n.)* jay
ճայ chay *(n.)* seagull
ճայ որսալ chay vorsal *(v.)* gull
ճանաչել chanachel *(v.)* avow
ճանաչել chanachel *(v.)* identify
ճանաչել chanachel *(v.)* recognize
ճանաչել chanachel *(v.)* acknowledge
ճանաչելիություն chanacheliutyun *(n.)* cognition
ճանաչող chanachogh *(adj.)* perceptive
ճանաչում chanachum *(n.)* acknowledgement
ճանաչում chanachum *(n.)* recognition
ճանապարհ chanaparh *(n.)* road
ճանապարհային մրցավազք chanaparhayin mrcavazq *(n.)* road race
ճանապարհային ցասում chanaparhayin cassum *(n.)* road rage
ճանապարհանշան chanaparhanshan *(n.)* traffic sign
ճանապարհացուցադրություն chanaparhacucadrutyun *(n.)* roadshow
ճանապարհին chanaparhin *(adv.)* en route
ճանապարհին chanaparhin *(adj.)* on-road
ճանապարհից դուրս chanaparhic durs *(adv.)* off-road
ճանապարհից շեղվել chanaparhic sheghvel *(adv.)* astray
ճանապարհորդ chanaparhord *(n.)* roadrunner
ճանապարհորդ chanaparhord *(n.)* traveller
ճանապարհորդ chanaparhord *(n.)* voyager
ճանապարհորդել chanaparhordel *(v.)* journey
ճանապարհորդել chanaparhordel *(v.)* travel
ճանապարհորդել chanaparhordel *(v.)* voyage
ճանապարհորդության պայուսակ

chanaparhordutyan payusak *(n.)* duffel bag
ճանապարհորդություն chanaparhordutyun *(n.)* journey
ճանապարհորդություն chanaparhordutyun *(n.)* travel
ճանդան (փայտատեսակ) chandan *(n.)* sandalwood
ճանկ chank *(n.)* claw
ճանկել chankel *(v.)* clutch
ճանկել chankel *(v.)* snatch
ճանկել chankel *(v.)* swipe
ճանկում chankum *(n.)* clutch
ճանկում chankum *(n.)* snatch
ճանկռել chankrrel *(v.)* paw
ճաշ chash *(n.)* dinner
ճաշակել chashakel *(v.)* experience
ճաշակով chashakov *(adj.)* tasteful
ճաշարան chasharan *(n.)* cafeteria
ճաշարան chasharan *(n.)* canteen
ճաշել chashel *(v.)* dine
ճաշող chashogh *(n.)* diner
ճառագայթ charragayt *(n.)* beam
ճառագայթային charragaytayin *(adj.)* radious
ճառագայթել charragaytel *(v.)* irradiate
ճառագայթել charragaytel *(v.)* radiate
ճառագայթում charragaytum *(n.)* radiation
ճարճատել charchatel *(v.)* crackle
ճարճատել charchatel *(v.)* decrepitate
ճարմանդ charmand *(n.)* buckle
ճարպ charp *(n.)* fat
ճարպ charp *(n.)* tallow
ճարպիկ charpik *(adj.)* agile
ճարպիկ charpik *(adj.)* canny
ճարպիկ charpik *(adj.)* deft
ճարպիկ charpik *(adj.)* nimble
ճարպկություն charpkutyun *(n.)* agility
ճարպկություն charpkutyun *(n.)* artifice
ճարպկություն charpkutyun *(n.)* sleight
ճարպոտ charpot *(adj.)* fat
ճարտասանություն chartasanutyun *(n.)* elocution

ճարտար chartar *(adj.)* adroit
ճարտարապետ chartarapet *(n.)* architect
ճարտարապետ chartarapet *(n.)* chartbuster
ճարտարապետություն chartarapetutyun *(n.)* architecture
ճաք chaq *(n.)* crack
ճաք chaq *(n.)* rift
ճաքել chaqel *(v.)* crack
ճգնաժամ chgnadjam *(n.)* crisis
ճգնավոր chgnavor *(n.)* hermit
ճգնավոր chgnavor *(n.)* recluse
ճգնավոր chgnavor *(n.)* solitaire
ճգնարան chgnaran *(n.)* hermitage
ճեղք cheghq *(n.)* chink
ճեղք cheghq *(n.)* crevet
ճեղք cheghq *(n.)* slit
ճեղք cheghq *(n.)* slot
ճեղքել cheghqel *(v.)* breach
ճեղքել cheghqel *(v.)* cleave
ճեղքել cheghqel *(v.)* gap
ճեղքել cheghqel *(v.)* groove
ճեղքել cheghqel *(v.)* slit
ճեղքում cheghqum *(n.)* gap
ճեղքվածք cheghqvatsq *(n.)* cleft
ճեղքվածք cheghqvatsq *(n.)* fissure
ճենապակի chenapaki *(n.)* china
ճենապակի chenapaki *(n.)* porcelain
ճեպազրույց chepazruyc *(n.)* briefing
ճեպընթաց chepantac *(n.)* express
ճզմիչ chzmich *(n.)* compressor
ճիմահող chimahogh *(n.)* sod
ճիշտ chisht *(adj.)* accurate
ճիշտ chisht *(adv.)* aright
ճիշտ chisht *(adj.)* correct
ճիշտ chisht *(adj.)* right
ճիշտ chisht *(adj.)* true
ճիչ chich *(n.)* scream
ճիչ chich *(n.)* shriek
ճիչ chich *(n.)* yell
ճխտել chkhtel *(v.)* cram
ճկուն chkun *(adj.)* flexible
ճկուն chkun *(adj.)* limber
ճկուն chkun *(adj.)* malleable
ճկուն chkun *(adj.)* supple
ճկունացնել chkunacnel *(v.)* limber
ճմրթվել chmrtvel *(v.)* crumple

ճյուղ chyugh *(n.)* bough
ճնճղուկ chnchghuk *(n.)* sparrow
ճնշել chnshel *(v.)* depress
ճնշել chnshel *(v.)* oppress
ճնշել chnshel *(v.)* pressurize
ճնշել chnshel *(v.)* quell
ճնշել chnshel *(v.)* stifle
ճնշել chnshel *(v.)* stress
ճնշել chnshel *(v.)* suppress
ճնշող chnshogh *(adj.)* oppressive
ճնշում chnshum *(n.)* crackdown
ճնշում chnshum *(n.)* oppression
ճնշում chnshum *(n.)* pressure
ճնշում chnshum *(n.)* repression
ճնշում chnshum *(n.)* stress
ճնշում chnshum *(n.)* suppression
ճշգրիտ chshgrit *(adj.)* adequate
ճշգրիտ chshgrit *(adj.)* precise
ճշգրտորեն chshgrtoren *(adv.)* adequately
ճշգրտորեն chshgrtoren *(adv.)* minutely
ճշգրտություն chshgrtutyun *(n.)* adequacy
ճշգրտություն chshgrtutyun *(n.)* precision
ճշմարիտ chshmarit *(adj.)* truthful
ճշմարտասիրություն chshmartassirutyun *(n.)* veracity
ճշմարտություն chshmartutyun *(n.)* truth
ճշտապահ chshtapah *(adj.)* punctual
ճշտապահություն chshtapahutyun *(n.)* punctuality
ճշտել chshtel *(v.)* correct
ճշտորեն chshtoren *(adv.)* accurately
ճշտորեն chshtoren *(adv.)* exactly
ճշտորեն chshtoren *(adv.)* right
ճշտություն chshtutyun *(n.)* accuracy
ճողվածք choghvatsq *(n.)* hernia
ճոճաթոռ chochatorr *(n.)* rocker
ճոճաձող chochadzogh *(n.)* trapeze
ճոճանակ chochanak *(n.)* pendulum
ճոճել chochel *(v.)* brandish
ճոճում chochum *(n.)* sway
ճոճվել chochvel *(v.)* bob
ճոճվել chochvel *(v.)* sway
ճոճվել chochvel *(v.)* trapeze
ճոճվող chochvogh *(adj.)* rocking
ճոպանուղի chopanughi *(n.)* cable car
ճորտ chort *(n.)* serf
ճուտ chut *(n.)* chick
ճչալ chchal *(v.)* scream
ճչալ chchal *(v.)* shriek
ճչալ chchal *(v.)* yell
ճպճպացնել chpchpacnel *(v.)* munch
ճպուռ chpurr *(n.)* dragonfly
ճռճռալ chrrchrral *(v.)* crunch
ճռճռալ chrrchrral *(v.)* squeak
ճռռալ chrral *(v.)* creak
ճռռոց chrrchrroc *(n.)* squeak
ճվճվալ chvchval *(v.)* cheep

Մ մ

մագիլ magil *(n.)* talon
մագիլավոր magilavor *(adj.)* taloned
մագիստրալ magistral *(n.)* main
մագիստրատուրա magistratura *(n.)* magistracy
մագիստրատուրա magistratura *(n.)* magistrature
մագլցել maglcel *(v.)* clamber
մագմա magma *(n.)* magma
մագնատ magnat *(n.)* magnate
մագնիս magnis *(n.)* loadstone
մագնիս magnis *(n.)* magnet
մագնիսական magnisakan *(adj.)* magnetic
մագնիսականություն magnisakanutyun *(n.)* magnetism
մազահեռացնել mazaherracnel *(v.)* epilate
մազահեռացնող mazaherracnogh *(adj.)* depilatory
մազանոթ mazanot *(n.)* capillary
մազափունջ mazapunj *(n.)* forelock
մազեր mazer *(n.)* hair
մաթեմատիկա matematika *(n.)* mathematics
մաթեմատիկական matematikakan *(adj.)* mathematical
մաթեմատիկոս matematikos *(n.)* mathematician

մալա mala *(n.)* trowel
մալարիա malaria *(n.)* ague
մալարիա malaria *(n.)* malaria
մածուկ matsuk *(n.)* paste
մածուն matsun *(n.)* yoghurt
մակաբույծ makabuyts *(n.)* parasite
մակագրել makagrel *(v.)* inscribe
մակագրություն makagrutyun *(n.)* inscription
մակադամիա makadamia *(n.)* macadamia
մակալեզու makalezu *(n.)* epiglottis
մական makan *(n.)* mace
մականով խփել makanov khpel *(v.)* mace
մականուն makanun *(n.)* nickname
մականուն տալ makanun tal *(v.)* nickname
մակարդ makard *(n.)* ferment
մակարդակ makardak *(n.)* level
մակարդվել makardvel *(v.)* curdle
մակբայ makbay *(n.)* adverb
մակբայական makbayakan *(adj.)* adverbial
մակերես makeres *(n.)* surface
մակերեսային makeressayin *(adj.)* shallow
մակերեսային makeressayin *(adj.)* superficial
մակերեսայնություն makeressaynutyun *(n.)* superficiality
մակընթացային makantacayin *(adj.)* tidal
մակինտոշ makintosh *(n.)* mack
մակույկավար makuykavar *(n.)* sailboater
մակույկավարում makuykavarum *(n.)* sailboating
մակրո makro *(adj.)* macro
մակրոբիոտիկ makrobiotik *(adj.)* macrobiotic
մակրոսֆերա makrosfera *(n.)* macrosphere
մակրոցեֆալիա makrocefalia *(n.)* macrocephaly
մակրոֆիբր makrofibr *(n.)* macrofibre
մահ mah *(n.)* death
մահ mah *(n.)* decease
մահ mah *(n.)* demise
մահ mah *(n.)* fatality
մահաբեր mahaber *(adj.)* lethal
մահաբեր mahaber *(adj.)* murderous
մահակ mahak *(n.)* cudgel
մահամերձ mahamerdz *(adj.)* moribund
մահացած mahacats *(adj.)* dead
մահացու mahacu *(adj.)* deadly
մահացու mahacu *(adj.)* deathly
մահացություն mahacutyun *(n.)* mortality
մահիճ mahich *(n.)* bunk
մահկանացու mahkanacu *(adj.)* mortal
մահճակալ mahchakal *(n.)* bed
մահմեդական mahmedakan *(adj.)* muslim
մաղ magh *(n.)* sieve
մաղադանոս maghadanos *(n.)* parsley
մաղել maghel *(v.)* drizzle
մաղել maghel *(v.)* sieve
մաղել maghel *(v.)* sift
մամոնտ mamont *(n.)* mammoth
մամոնտային mamontayin *(adj.)* mammoth
մամուլ mamul *(n.)* press
մամուռ mamurr *(n.)* moss
մայթ mayt *(n.)* pavement
մայթ mayt *(n.)* sidewalk
մայիս mayis *(n.)* May
մայոր mayor *(n.)* major
մայր եկեղեցի mayr yekegheci *(n.)* minster
մայր տաճար mayr tachar *(n.)* cathedral
մայրական mayrakan *(adj.)* maternal
մայրական mayrakan *(adj.)* motherlike
մայրական mayrakan *(adj.)* motherly
մայրասպան mayraspan *(adj.)* matricidal
մայրասպանություն mayraspanutyun *(n.)* matricide
մայրաքաղաք mayraqaghaq *(n.)* capital
մայրաքաղաք mayraqaghaq *(n.)* metropolis

մայրաքաղաքային mayraqaghaqayin (adj.) metropolitan
մայրենի mayreni (adj.) vernacular
մայրենի լեզու mayreni lezu (n.) vernacular
մայրի mayri (n.) cedar
մայրիկ nayrik (n.) mamma
մայրիկ mayrik (n.) mother
մայրիկ mayrik (n.) mum
մայրություն mayrutyun (n.) maternity
մայրություն mayrutyun (n.) motherhood
մայրուղի mayrughi (n.) highway
մայրցամաք mayrcamaq (n.) continent
մանածագործական manatsagortsakan (adj.) textile
մանանա manana (n.) manna
մանանեխ mananekh (n.) mustard
մանգաղ mangagh (n.) sickle
մանգան mangan (n.) manganese
մանգո mango (n.) mango
մանգուստ mangust (n.) mongoose
մանդատ mandat (n.) mandate
մանել manel (v.) spin
մանեկեն maneken (n.) dummy
մանեկեն maneken (n.) mannequin
մանիպուլյացիա, մեքենայություն manipulyacia, meqenayutyun (n.) manipulation
մանիֆեստ manifest (n.) manifesto
մանկաբան mankaban (n.) paedologist
մանկաբանություն mankabanutyun (n.) paedology
մանկաբարձ mankabardz (n.) accoucheur
մանկաբարձ mankabardz (n.) obstetrician
մանկաբարձական mankabardzakan (adj.) obstetric
մանկաբարձուհի mankabardzuhi (n.) midwife
մանկական mankakan (adj.) childish
մանկական mankakan (adj.) paediatric
մանկական mankakan (adj.) puerile
մանկական բշտիկ mankakan bshtik (n.) baby bump
մանկական դեմք mankakan demq (n.) babyface
մանկական կոշտուկ mankakan koshtuk (n.) baby corn
մանկական կրծկալ mankakan krtskal (n.) bib
մանկական հեծանիվ mankakan hetsaniv (n.) scooter
մանկական սնունդ mankakan snund (n.) baby food
մանկանալ mankanal (v.) doating
մանկապարտեզ mankapartez (n.) kindergarten
մանկապիղծ mankapights (n.) paedophile
մանկապիղծ mankapights (n.) paedophiliac
մանկապիղծ mankapights (adj.) paedophiliac
մանկապղծություն mankapghtsutyun (n.) paedophilia
մանկասայլակ mankassaylak (n.) baby carriage
մանկասայլակ mankasaylak (n.) perambulator
մանկասայլակ mankasaylak (n.) pram
մանկասենյակ mankassenyak (n.) nursery
մանկասպանություն mankaspanutyun (n.) infanticide
մանկավարժ mankavardj (n.) pedagogue
մանկավարժություն mankavardjutyun (n.) pedagogy
մանկիկ mankik (n.) babe
մանկիկ mankik (n.) baby
մանկություն mankutyun (n.) childhood
մանկություն mankutyun (n.) infancy
մանյակ manyak (n.) manes
մանյակ manyak (n.) necklet
մանյովր, զորաշարժ manyovr, zorashardj (n.) manoeuvre
մանող manogh (n.) spinner
մանուկ manuk (n.) infant
մանուշակ manushak (n.) violet
մանուշակագույն manushakaguyn (adj./n.) purple
մանվածք manvatsq (n.) yarn

մանր manr *(adj.)* minute
մանր manr *(adj.)* paltry
մանր manr *(adj.)* petty
մանր և փայլուն manr yev pailun *(adj.)* beady
մանր կտորների manr ktorneri *(adv.)* small
մանրադիտակ manraditak *(n.)* microscope
մանրադիտակային manraditakayin *(adj.)* microscopic
մանրադրամ manradram *(n.)* bitcoin
մանրազնին manraznin *(adj.)* searching
մանրաթել manratel *(n.)* fibre
մանրաթելային manratelayin *(adj.)* fibrous
մանրախնդիր manrakhndir *(adj.)* meticulous
մանրախնդիր manrakhndir *(adj.)* scrupulous
մանրախնդրություն manrakhndrutyun *(n.)* pedantry
մանրածախ manratsakh *(adj.)* retail
մանրածախ առևտուր manratsakh arrevtur *(n.)* retail
մանրակրկիտ manrakrkit *(n.)* pedantic
մանրակրկտորեն manrakrktoren *(adv.)* scrupulously
մանրաձկնիկ manradzknik *(n.)* fry
մանրամաղ անձրև manramagh andzrev *(n.)* drizzle
մանրամաս manramas *(n.)* detail
մանրամասնություն manramasnutyun *(n.)* particular
մանրանկարչական manrankarchakan *(adj.)* miniature
մանրանկարչություն manrankarchutyun *(n.)* miniature
մանրավաճառ manravacharr *(n.)* hawker
մանրավաճառ manravacharr *(n.)* retailer
մանրէ manre *(n.)* germ
մանրէազերծ manreazerts *(adj.)* sterile
մանրէազերծում manreazertsum *(n.)* sterilization
մանրէասպան manreaspan *(n.)* germicide
մանրիկ manrik *(adj.)* petite
մանրիկ manrik *(adj.)* tiny
մանրուք manruq *(n.)* trifle
մաշել mashel *(v.)* erode
մաշել mashel *(v.)* tatter
մաշկ mashk *(n.)* hide
մաշկ mashk *(n.)* skin
մաշկաբանություն mashkabanutyun *(n.)* dermatology
մաշկել mashkel *(v.)* strip
մաշված mashvats *(adj.)* worn
մառան marran *(n.)* pantry
մառան marran *(n.)* shed
մաս mas *(n.)* part
մաս mas *(n.)* quota
մաս mas *(n.)* section
մաս, կոտորակ mas, kotorak *(n.)* fraction
մասերի բաժանել maseri badjanel *(v.)* portion
մասնաբաժին masnabadjin *(n.)* traunch
մասնագետ masnaget *(n.)* specialist
մասնագիտանալ masnagitanal *(v.)* specialize
մասնագիտացում masnagitacum *(n.)* specialization
մասնագիտություն masnagitutyun *(n.)* profession
մասնագիտություն masnagitutyun *(n.)* speciality
մասնակի masnaki *(adj.)* half
մասնակի masnaki *(adj.)* partial
մասնակից masnakic *(n.)* participant
մասնակցել masnakcel *(v.)* partake
մասնակցել masnakcel *(v.)* participate
մասնակցություն masnakcutyun *(n.)* participation
մասնաճյուղ masnachyugh *(n.)* branch
մասնավոր masnavor *(adj.)* private
մասնավորապես masnavorapes *(adv.)* particularly
մասնատել masnatel *(v.)* partition
մասնատել masnatel *(v.)* tablet
մասնատել masnatel *(v.)* traunch

մասնատված masnatvats *(adj.)* traunch
մասնիկ masnik *(n.)* particle
մասոն masson *(n.)* mason
մասունք massunq *(n.)* relic
մատ mat *(n.)* finger
մատադոր matador *(n.)* matador
մատակարար matakarar *(n.)* supplier
մատակարարել matakararel *(v.)* stock
մատակարարել matakararel *(v.)* supply
մատակարարում matakararum *(n.)* provision
մատակարարում matakararum *(n.)* supply
մատանի matani *(n.)* ring
մատանյակ matanyak *(n.)* ringlet
մատենագիտություն matenagitutyun *(n.)* bibliography
մատենագիր matenagir *(n.)* bibliographer
մատենասեր matenaser *(n.)* bibliophile
մատենավարություն matenavarutyun *(n.)* registry
մատի եղունգ mati yeghung *(n.)* fingernail
մատիտ matit *(n.)* pencil
մատյան matyan *(n.)* ledger
մատնաբախում matnabakhum *(n.)* percussion
մատնազարկ matnazark *(n.)* flip
մատնահարդարում matnahardarum *(n.)* manicure
մատնահետք matnahetq *(n.)* fingerprint
մատնահետք matnahetq *(n.)* thumbprint
մատնաներկ matnanerk *(n.)* fingerpaint
մատնանշել matnanshel *(v.)* indicate
մատնանշել matnanshel *(v.)* point
մատնանշված matnanshvats *(adj.)* pointed
մատնել matnel *(v.)* betray
մատնել matnel *(v.)* canary
մատնել matnel *(v.)* dob

մատնել matnel *(v.)* sneak
մատնել matnel *(v.)* talebear
մատնիչ matnich *(n.)* sneak
մատնիչ matnich *(n.)* talebearer
մատնոսկր matnoskr *(n.)* knuckle
մատնոսկր matnoskr *(n.)* phalange
մատնոսկր matnoskr *(n.)* phalanx
մատնոսկրերով խփել matnoskrerov khpel *(v.)* knuckle
մատնոց matnoc *(n.)* thimble
մատնություն matnutyun *(n.)* betrayal
մատնություն matnutyun *(n.)* dob
մատով խփել matov khpel *(v.)* flip
մատուռ maturr *(n.)* chapel
մատուցել matucel *(v.)* render
մատուցող matucogh *(n.)* waiter
մատուցողուհի matucoghuhi *(n.)* waitress
մատչելի matcheli *(adj.)* accessible
մատչելի matcheli *(adj.)* approachable
մատչելիություն matcheliutyun *(n.)* accessibility
մատրիարք, մայր matriarq, mayr *(n.)* matriarch
մատրիցա matrica *(n.)* matrix
մարաթոնյան վազք maratonyan vazq *(n.)* marathon
մարգագետին margagetin *(n.)* mead
մարգագետին margagetin *(n.)* meadow
մարգարե margare *(n.)* prophet
մարգարեական margareakan *(adj.)* oracular
մարգարեական margareakan *(adj.)* prophetic
մարգարեանալ margareanal *(v.)* prophesy
մարգարեություն margareutyun *(n.)* prophecy
մարգարին margarin *(n.)* margarine
մարգարիտ margarit *(n.)* pearl
մարգարտածաղիկ margartatsaghik *(n.)* daisy
մարդ mard *(n.)* man
մարդ mard *(n.)* mortal
մարդ mard *(n.)* person
մարդաբան mardaban *(n.)* orologist
մարդաբանություն mardabanutyun

(n.) anthropology
մարդակեր mardaker *(n.)* cannibal
մարդահամար mardahamar *(n.)* census
մարդամոտ mardamot *(adj.)* sociable
մարդամոտություն mardamotutyun *(n.)* sociability
մարդանման mardanman *(adj.)* anthropoid
մարդաշատ mardashat *(adj.)* crowded
մարդասեր mardasser *(adj.)* humane
մարդասեր mardasser *(n.)* philander
մարդասիրական mardassirakan *(adj.)* humanitarian
մարդասիրություն mardassirutyun *(n.)* philanthropy
մարդասպան mardaspan *(n.)* assassin
մարդասպան mardaspan *(n.)* murderer
մարդատյաց mardatyac *(n.)* misanthrope
մարդկային mardkayin *(adj.)* human
մարդկայնացնել mardkaynacnel *(v.)* humanize
մարդկություն mardkutyun *(n.)* humanity
մարդկություն mardkutyun *(n.)* mankind
մարել marel *(v.)* extinguish
մարել marel *(v.)* repay
մարզադաշտ marzadasht *(n.)* stadium
մարզահագուստ marzahagust *(n.)* tracksuit
մարզանք marzanq *(n.)* drill
մարզանք marzanq *(n.)* exercise
մարզել marzel *(v.)* drill
մարզիկ marzik *(n.)* sportsman
մարզիչ marzich *(n.)* coach
մարզվել marzvel *(v.)* exercise
մարիոնետ marionet *(n.)* marionette
մարկեր marker *(n.)* marker
մարմար marmar *(n.)* marble
մարմելադ marmelad *(n.)* marmalade
մարմին marmin *(n.)* body
մարմին marmin *(n.)* figure
մարմնակազմություն marmnakazmutyun *(n.)* physique
մարմնական marmnakan *(adv.)* bodily
մարմնական marmnakan *(adj.)* carnal
մարմնամարզական marmnamarzakan *(adj.)* gymnastic
մարմնամարզիկ marmnamarzik *(n.)* gymnast
մարմնամարզություն marmnamarzutyun *(n.)* gymnastics
մարմնավորել marmnavorel *(v.)* embody
մարմնավորել marmnavorel *(v.)* impersonate
մարմնավորել marmnavorel *(v.)* incarnate
մարմնավորել marmnavorel *(v.)* typify
մարմնավորում marmnavorum *(n.)* embodiment
մարմնավորում marmnavorum *(n.)* impersonation
մարմնավորում marmnavorum *(n.)* incarnation
մարմնավորված marmnavorvats *(adj.)* incarnate
մարշալ marshal *(n.)* marshal
մարջան marjan *(n.)* coral
մարս mars *(n.)* Mars
մարսել marsel *(v.)* digest
մարսողության խանգարում marsoghutyan khangarum *(n.)* indigestion
մարսողություն marsoghutyun *(n.)* digestion
մարտ mart *(n.)* combat
մարտ mart *(n.)* March
մարտ mart *(n.)* skirmish
մարտադաշտ martadasht *(n.)* battlefield
մարտական martakan *(adj.)* combative
մարտակարգ martakarg *(n.)* array
մարտահրավեր martahraver *(n.)* challenge
մարտահրավեր martahraver *(n.)* defiance
մարտավար martavar *(n.)* tactician
մարտավարություն martavarutyun *(n.)* tactics
մարտիկ martik *(n.)* combatant

մարտկոց martkoc *(n.)* battery
մարտնչող martnchogh *(n.)* militant
մացառ macarr *(n.)* scrub
մացառապատ macarrapat *(adj.)* scrubby
մացառոտ macarrot *(adj.)* scrub
մաքի maqi *(n.)* ewe
մաքուր maqur *(adj.)* clean
մաքուր maqur *(adj.)* pure
մաքոք maqoq *(n.)* shuttle
մաքսանենգ maqsaneng *(n.)* smuggler
մաքսանենգությամբ զբաղվել maqsanengutyamb zbaghvel *(v.)* smuggle
մաքսանենգություն maqsanengutyun *(n.)* contraband
մաքր(վ)ել maqr(v)el *(v.)* purify
մաքրաբարո maqrabaro *(adj.)* chaste
մաքրաբարոյություն maqrabaroyutyun *(n.)* chastity
մաքրակրոն maqrakron *(n.)* puritan
մաքրել maqrel *(v.)* chasten
մաքրել maqrel *(v.)* clean
մաքրել maqrel *(v.)* cleanse
մաքրել maqrel *(v.)* mop
մաքրել maqrel *(v.)* pluck
մաքրել maqrel *(v.)* purge
մաքրել maqrel *(v.)* scrub
մաքրել maqrel *(v.)* tidy
մաքրել maqrel *(v.)* wipe
մաքրող maqrogh *(adj.)* purgative
մաքրություն maqrutyun *(n.)* cleanliness
մաքրություն maqrutyun *(n.)* purity
մաքրություն maqrutyun *(n.)* tidiness
մաքրում maqrum *(n.)* clearance
մաքրում maqrum *(n.)* purgation
մաքրում maqrum *(n.)* rubbing
մաքրում maqrum *(n.)* wipe
մաֆիա mafia *(n.)* mafia
մգդակակար mgdakakar *(n.)* stitch
մեգալիթ megalit *(n.)* megalith
մեգալիթիկ megalitik *(adj.)* megalithic
մեգախանութ megakhanut *(n.)* megastore
մեդալակիր medalakir *(n.)* medallist
մեդալիոն medalion *(n.)* locket
մեզ mez *(n.)* urine

մեթոդ metod *(n.)* method
մեթոդական metodakan *(adj.)* methodical
մելամաղձոտ melamaghdzot *(adj.)* melancholy
մելամաղձոտ լինել melamaghdzot linel *(v.)* mope
մելամաղձություն melamaghdzutyun *(n.)* melancholy
մելանխոլիա melankholia *(n.)* melancholia
մելանխոլիկ melankholik *(adj.)* melancholic
մելոդրամա melodrama *(n.)* melodrama
մելոդրամատիկ melodramatik *(adj.)* melodramatic
մեխ mekh *(n.)* spike
մեխակ mekhak *(n.)* clove
մեխակ mekhak *(n.)* coriander
մեխակ mekhak *(n.)* pink
մեխանիզմ mekhanizm *(n.)* gear
մեխանիզմ mekhanizm *(n.)* mechanism
մեխանիկ mekhanik *(n.)* fitter
մեխանիկ mekhanik *(n.)* mechanic
մեխանիկա mekhanika *(n.pl.)* mechanics
մեխանիկական mekhanikakan *(adj.)* mechanic
մեխանիկական mekhanikakan *(adj.)* mechanical
մեխել mekhel *(v.)* hammer
մեխել mekhel *(v.)* spike
մեծ mets *(adj.)* big
մեծ mets *(adj.)* grand
մեծ mets *(adj.)* great
մեծ mets *(adj.)* gross
մեծ mets *(adj.)* large
մեծ mets *(adj.)* outsize
մեծ ավանդագումար mets avandagumar *(n.)* overdraft
մեծ դեղաքանակ mets deghaqanak *(n.)* overdose
մեծ դոզա տալ mets doza tal *(v.)* overdose
մեծ եզրափակիչ mets yezrapakich *(n.)* grand finale

մեծ քանակություն mets qanakutyun *(n.)* gross
մեծածախ առևտուր metsatsakh arrevtur *(n.)* wholesale
մեծածախ վաճառող metsatsakh vacharrogh *(n.)* wholesaler
մեծածավալ metsatsaval *(adj.)* bulky
մեծածավալ metsatsaval *(adj.)* sizable
մեծածավալ metsatsaval *(adj.)* voluminous
մեծահոգի metsahogi *(adj.)* magnanimous
մեծահոգի metsahogi *(adj.)* munificent
մեծահոգություն metsahogutyun *(n.)* magnanimity
մեծամասնություն metsamasnutyun *(n.)* majority
մեծամասնություն metsamasnutyun *(n.)* most
մեծամտություն metsamtutyun *(n.)* bighead
մեծամտություն metsamtutyun *(n.)* conceit
մեծապես metsapes *(adv.)* most
մեծավաճառքով metsavacharrqov *(adv.)* wholesale
մեծարել metsarel *(v.)* dignify
մեծարել metsarel *(v.)* venerate
մեծացնել mecacnel *(v.)* aggrandize
մեծացնել metsacnel *(v.)* amplify
մեծացնել metsacnel *(v.)* enhance
մեծացնել metsacnel *(v.)* enlarge
մեծացնել metsacnel *(v.)* magnify
մեծացում metsacum *(n.)* amplification
մեծաքանակ metsaqanak *(adj.)* wholesale
մեծաքիթ metsaqit *(adj.)* nosey
մեծաքիթ metsaqit *(adj.)* nosy
մեծություն metsutyun *(n.)* Highness
մեծություն metsutyun *(n.)* magnitude
մեծսիրտ metssirt *(adj.)* bighearted
մեկ mek *(art.)* a
մեկ mek *(pron.)* one
մեկը meka *(pron.)* somebody
մեկի կողմը բռնել meki koghma brrnel *(v.)* side
մեկնաբան meknaban *(n.)* commentator
մեկնաբան meknaban *(n.)* exponent
մեկնաբան meknaban *(n.)* terp
մեկնաբանել meknabanel *(v.)* construe
մեկնաբանել meknabanel *(v.)* interpret
մեկնաբանել meknabanel *(v.)* terp
մեկնաբանություն meknabanutyun *(n.)* comment
մեկնաբանություն meknabanutyun *(n.)* commentary
մեկնարկել meknarkel *(v.)* kick-start
մեկնել meknel *(v.)* depart
մեկնել meknel *(v.)* leave
մեկնել meknel *(v.)* start
մեկնում meknum *(n.)* departure
մեկնում meknum *(n.)* outset
մեկնում meknum *(n.)* reach
մեկնում meknum *(n.)* start
մեկնվել meknvel *(v.)* loll
մեկուսանալ mekussanal *(v.)* sequester
մեկուսացնել mekusacnel *(v.)* insulate
մեկուսացնել mekusacnel *(v.)* isolate
մեկուսացնել mekussacnel *(v.)* seclude
մեկուսացում mekusacum *(n.)* apartheid
մեկուսացում mekusacum *(n.)* insulation
մեկուսացում mekusacum *(n.)* isolation
մեկուսացում mekussacum *(n.)* seclusion
մեկուսի mekussi *(adj.)* secluded
մեկուսիչ mekusich *(n.)* insulator
մեղադրական meghadrakan *(n.)* accusal
մեղադրական ակտ meghadrakan akt *(n.)* indictment
մեղադրական գործ meghadrakan gorts *(n.)* accusative
մեղադրանք meghadranq *(n.)* accusation
մեղադրանք meghadranq *(n.)* impeachment
մեղադրանք ներկայացնել meghadranq nerkayacnel *(v.)* indict
մեղադրել meghadrel *(v.)* accuse

մեղադրել meghadrel *(v.)* blame
մեղադրել meghadrel *(v.)* impeach
մեղադրել meghadrel *(v.)* incriminate
մեղադրել meghadrel *(v.)* recriminate
մեղադրյալ meghadryal *(n.)* accused
մեղադրյալ meghadryal *(n.)* defendant
մեղադրող meghadrogh *(n.)* accuser
մեղադրող meghadrogh *(adj.)* accusing
մեղանչել meghanchel *(v.)* sin
մեղավոր meghavor *(adj.)* culpable
մեղավոր meghavor *(adj.)* guilty
մեղավոր meghavor *(adj.)* sinful
մեղավոր մարդ meghavor mard *(n.)* sinner
մեղեդային meghedayin *(adj.)* melodious
մեղեդի meghedi *(n.)* melody
մեղեդի meghedy *(n.)* tune
մեղմ meghm *(adj.)* benign
մեղմ meghm *(adj.)* bland
մեղմ meghm *(adj.)* lenient
մեղմ meghm *(adj.)* mild
մեղմացնել meghmacnel *(v.)* appease
մեղմացնել meghmacnel *(v.)* assuage
մեղմացնել meghmacnel *(v.)* mitigate
մեղմացում meghmacum *(n.)* mitigation
մեղմոց meghmoc *(n.)* mute
մեղմություն meghmutyun *(n.)* felinity
մեղմություն meghmutyun *(n.)* lenience
մեղմություն meghmutyun *(n.)* leniency
մեղու meghu *(n.)* bee
մեղսակից meghsakic *(n.)* accomplice
մեղսակցություն meghsakcutyun *(n.)* complicity
մեղվաբուծություն meghvabutsutyun *(n.)* apiculture
մեղվանոց meghvanoc *(n.)* apiary
մեղվապահ meghvapah *(n.)* beekeeper
մեղր meghr *(n.)* honey
մեղրաբլիթ meghrablit *(n.)* gingerbread
մեղրամիս meghramis *(n.)* honeymoon
մեղք meghq *(n.)* fault
մեղք meghq *(n.)* guilt
մեղք meghq *(n.)* sin
մեղքերի թողություն meghkeri toghutyun *(n.)* absolution
մենագրություն menagrutyun *(n.)* monograph
մենախոսություն menakhosutyun *(n.)* monologue
մենախոսություն menakhossutyun *(n.)* soliloquy
մենակ menak *(adj.)* alone
մենակ menak *(adj.)* lone
մենակ menak *(adj.)* lonesome
մենակ menak *(adj.)* single
մենակ menak *(adv.)* single-handedly
մենակ menak *(adj.)* solitary
մենակ մարդ menak mard *(n.)* single
մենակատար menakatar *(n.)* soloist
մենակություն menakutyun *(n.)* loneliness
մենակություն menakutyun *(n.)* solitude
մենամարտ menamart *(n.)* duel
մենամարտել manamartel *(v.)* duel
մենամուսնություն menamusnutyun *(n.)* monogamy
մենաշնորհ menashnorh *(n.)* monopoly
մենաշնորհատեր menashnorhater *(n.)* monopolist
մենաշնորհել menashnorhel *(v.)* monopolize
մենատիրություն menatirutyun *(n.)* monolatry
մենեջեր, կառավարիչ menejer, karravarich *(n.)* manager
մեներգ menerg *(n.)* solo
մենինգիտ meningit *(n.)* meningitis
մենյու menyu *(n.)* menu
մենություն menutyun *(n.)* privacy
մեջ mej *(prep.)* amid
մեջ mej *(prep.)* amongst
մեջ mej *(prep.)* in
մեջ mej *(prep.)* into
մեջբերել mejberel *(v.)* cite
մեջբերել mejberel *(v.)* quote
մեջբերում mejberum *(n.)* citation
մեջբերում mejberum *(n.)* quotation
մեջք mejq *(n.)* back

մեջքային mejqayin *(adj.)* dorsal
մեջքի պայուսակ mejqi payusak *(n.)* backpack
մեռած merrats *(adj.)* defunct
մեռյալ merryal *(n.)* dead
մեռնել merrnel *(v.)* die
մեռնել merrnel *(v.)* scene
մեսիա messia *(n.)* messiah
մետալուրգիա metalurgia *(n.)* metallurgy
մետաղ metagh *(n.)* metal
մետաղադրամ metaghadram *(n.)* coin
մետաղալար metaghalar *(n.)* wire
մետաղյա metaghya *(adj.)* metallic
մետաքս metaqs *(n.)* silk
մետաքսանման metaqsanman *(adj.)* silky
մետաքսե metaqse *(adj.)* silken
մետաֆիզիկա metafizika *(n.)* metaphysics
մետաֆիզիկական metafizikakan *(adj.)* metaphysical
մետեորիզացնող, փքանք առաջացնող meteorizacnogh, pqanq arrajacnogh *(adj.)* flatulent
մետր metr *(n.)* metre
մետրային metrayin *(adj.)* metric
մետրո metro *(n.)* metro
մետրոպոլիտ metropolit *(n.)* metropolitan
մեր mer *(pron.)* our
մերժել merdjel *(v.)* negative
մերժել merdjel *(v.)* refuse
մերժել merdjel *(v.)* reject
մերժել merdjel *(v.)* spurn
մերժել merdjel *(v.)* withhold
մերժում merdjum *(n.)* refusal
մերժում merdjum *(n.)* rejection
մերկ merk *(adj.)* bare
մերկ merk *(adj.)* naked
մերկ merk *(adj.)* nude
մերկ ֆիգուրա merk figura *(n.)* nude
մերկացնել merkacnel *(v.)* debunk
մերկացնել merkacnel *(v.)* denude
մերկացնել merkacnel *(v.)* unsheathe
մերկություն merkutyun *(n.)* nudity
մերձենալ merdzenal *(v.)* converge
մերսել mersel *(v.)* massage

մերսող mersogh *(n.)* masseur
մերսում mersum *(n.)* massage
մեքենա meqena *(n.)* machine
մեքենագրել meqenagrel *(v.)* type
մեքենագրուհի meqenagruhi *(n.)* typist
մեքենայաախտ meqenayaakht *(adj.)* carsick
մեքենայական meqenayakan *(adj.)* machine-made
մեքենայացնել meqenayacnel *(v.)* machinate
մեքենայություն meqenayutyun *(n.)* machination
մեքենաներ meqenaner *(n.)* machinery
մեքենավար meqenavar *(n.)* machinist
մզամուրճ mzamurch *(n.)* mistletoe
մզկիթ mzkit *(n.)* mosque
մզվածք mzvatsq *(n.)* extract
մթագնել mtagnel *(v.)* obscure
մթերաբաժին mterabadjin *(n.)* ration
մթերել mterel *(v.)* store
մթի ենթարկվել mti yentarkvel *(v.)* benight
մթին mtin *(adj.)* tenebrose
մթնել mtnel *(v.)* darkle
մթնեցնել mtnecnel *(v.)* darken
մթնշաղ mtnshagh *(n.)* dusk
մթնշաղ mtnshagh *(n.)* twilight
մթնոլորտային mtnolortayin *(adj.)* meteoric
մթություն mtutyun *(n.)* dark
մթություն mtutyun *(n.)* darkness
մթություն mtutyun *(n.)* obscurity
մի mi *(art.)* an
մի անգամ mi angam *(adv.)* once
մի բան mi ban *(n.)* aught
մի բան mi ban *(adv.)* something
մի լիքը գդալ mi liqa gdal *(n.)* spoonful
մի կերպ mi kerp *(adv.)* pell-mell
մի կերպ mi kerp *(adv.)* somehow
մի կողմում mi koghmum *(adv.)* aside
մի քանի mi qani *(adj.)* several
մի քանի mi qani *(adj.)* some
միաբան miaban *(adj.)* unanimous
միաբանություն miabanutyun *(n.)* unanimity

միագումարել miagumarel (v.) total
միաէստրալ miaestral (adj.)
monoestrous
միաժամանակյա miadjamanakya (adj.) simultaneous
միախառնում miakharrnum (n.) confluence
միախառնվող miakharrnvogh (adj.) confluent
միակ miak (adj.) one
միակ miak (adj.) only
միակ miak (adj.) sole
միակող miakogh (adj.) one-sided
միակողմանի miakoghmani (adj.) exparte
միակողմանի miakoghmani (adj.) one-way
միակողմանի miakoghmani (adj.) sideway
միակցում miakcum (n.) joint
միահեծանություն miahetsanutyun (n.) absolutism
միաձուլում midzulum (n.) merger
միաձուլում miadzulum (n.) slur
միաձուլում, հալում miadzulum, halum (n.) fusion
միաձուլվել miadzulvel (v.) merge
միամիտ miamit (adj.) naive
միամիտ մարդ miamit mard (n.) coot
միամտություն miamtutyun (n.) naivete
միամտություն miamtutyun (n.) naivety
միայն miayn (adv.) only
միայնակ miaynak (adj.) lonely
միանալ mianal (v.) adjoin
միանալ mianal (v.) conjoin
միանալ mianal (v.) join
միանալ mianal (v.) rejoin
միանգամայն miangamayn (adv.) downright
միանգամայն miangamayn (adv.) quite
միանձնուհի miandznuhi (n.) nun
միանձնուհի miandznuhi (n.) prioress
միանշանակ mianshanak (adj.) unambiguous
միանշանակություն mianshanakutyun (n.) unambivalence
միանվագ գումար mianvag gumar (n.) lump sum
միապաղաղ miapaghagh (adj.) monogynous
միապետ miapet (n.) monarch
միապետ miapet (n.) sovereign
միապետական miapetakan (n.) royalist
միապետություն miapetutyun (n.) monarchy
միասին miassin (adv.) jointly
միասին miassin (adv.) together
միասնական miasnakan (adj.) cumulative
միասնություն miasnutyun (n.) oneness
միասնություն miasnutyun (n.) unity
միաստված miastvats (n.) monotheist
միաստվածություն miastvatsutyun (n.) monotheism
միավանկ miavank (adj.) monosyllabic
միավանկ բառ miavank barr (n.) monosyllable
միավոր miavor (n.) ace
միավոր miavor (n.) unit
միավոր հաշվող անձ miavor hashvogh andz (n.) scorer
միավոր(վ)ել miavor(v)el (v.) incorporate
միավորագիրք miavoragirq (n.) scorebook
միավորահաշիվ miavorahashiv (n.) score
միավորատուփ miavoratup (n.) scorebox
միավորել miavorel (v.) combine
միավորել miavorel (v.) team
միավորները հաշվել miavornera hashvel (v.) score
միավորում miavorum (n.) incorporation
միավորում miavorum (n.) unification
միավորված miavorvats (adj.) conjunct
միավորված miavorvats (adj.) incorporate
միավորվել miavorvel (v.) unite

միացյալ miacyal *(adj.)* joint
միացնել miacnel *(v.)* affiliate
միացնել miacnel *(v.)* associate
միացնել miacnel *(v.)* connect
միացնելը miacnela *(n.)* affiliation
միացում miacum *(n.)* association
միացում miacum *(n.)* conjunction
միացում miacum *(n.)* convergence
միգամածություն migamatsutyun *(n.)* nebula
միգապատ migapat *(adj.)* misty
միգուցե miguce *(conj.)* lest
միգրացիա migracia *(n.)* migration
միևնույն ժամանակ miyevnuyn djamanak *(adv.)* meanwhile
միզամուղ mizamugh *(adj.)* urinary
միզանոթ mizanot *(n.)* urinal
միզապարկ mizapark *(n.)* bladder
միզարգելում mizargelum *(n.)* retention
միզարձակում mizardzakum *(n.)* urination
միզել mizel *(v.)* urinate
միլիարդատեր miliardater *(n.)* billionaire
միլիոն milion *(n.)* million
միլիոնատեր milionater *(n.)* millionaire
միլիցիա milicia *(n.)* militia
միկրոալիքային վառարան mikroaliqayin varraran *(n.)* microwave
միկրոգարեջրագործարան mikrogarejragortsaran *(n.)* microbrewery
միկրոլոգիա mikrologia *(n.)* micrology
միկրոմետր mikrometr *(n.)* micrometer
միկրոպրոցեսոր mikroprocessor *(n.)* microprocessor
միկրոտպագրություն mikrotpagrutyun *(n.)* microprint
միկրոֆիլմ mikrofilm *(n.)* microfilm
միմիկայով արտահայտել mimikayov artahaytel *(v.)* mime
միմոս mimos *(n.)* mummer
մինարեթ minaret *(n.)* minaret
մինիոն minion *(n.)* minion

մինուս minus *(n.)* minus
մինուս minus *(prep.)* minus
մինչ հիմա minch hima *(adv.)* hitherto
մինչդեռ minchderr *(conj.)* whereas
մինչդեռ minchderr *(conj.)* while
մինչև minchev *(prep.)* till
մինչև minchev *(prep.)* until
մինչև minchev *(conj.)* until
մինչև որ michev vor *(conj.)* till
մինչև որ minchev vor *(conj.)* unless
միշտ misht *(adv.)* always
միշտ պատրաստ misht patrast *(adj.)* ever-ready
միոզ mioz *(n.)* myosis
միոմա mioma *(adj.)* fibroid
միություն miutyun *(n.)* alliance
միություն miutyun *(n.)* confederation
միություն miutyun *(n.)* union
միջադեպ mijadep *(n.)* incident
միջադիր mijadir *(n.)* gasket
միջադիր mijadir *(n.)* pad
միջադիր դնել mijadir dnel *(v.)* pad
միջազգային mijazgayin *(adj.)* international
միջաթումբ mijatumb *(n.)* traverse
միջակ mijak *(adj.)* mean
միջակ mijak *(adj.)* mediocre
միջակ mijak *(adj.)* middling
միջակություն mijakutyun *(n.)* mediocrity
միջամտել mijamtel *(v.)* intervene
միջամտել mijamtel *(v.)* meddle
միջամտել mijamtel *(v.)* tamper
միջամտություն mijamtutun *(n.)* interference
միջամտություն mijamtutyun *(n.)* intervention
միջամտություն mijamtutyun *(n.)* tamper
միջանկյալ mijankyal *(adj.)* intermediate
միջանցք mijancq *(n.)* aisle
միջանցք mijancq *(n.)* corridor
միջանցքային mijancqayin *(n.)* bellhop
միջավայր mijavayr *(n.)* environment
միջավայր mijavayr *(n.)* milieu
միջատ mijat *(n.)* insect

միջատաբանություն mijatabanutyun *(n.)* entomology
միջատասպան միջոց mijataspan mijoc *(n.)* insecticide
միջերգ mijerg *(n.)* interlude
միջև mijev *(prep.)* among
միջև mijev *(prep.)* between
միջև mijev *(prep.)* betwixt
միջին mijin *(adj.)* median
միջին mijin *(adj.)* medium
միջին mijin *(adj.)* mid
միջին mijin *(adj.)* middle
միջին թիվ mijin tiv *(n.)* average
միջինը mijina *(n.)* midst
միջնաբերդ mijnaberd *(n.)* acropolis
միջնաբերդ mijnaberd *(n.)* citadel
միջնադարյան mijnadaryan *(adj.)* medieval
միջնաթել mijnatel *(n.)* woof
միջնահարկ mijnahark *(n.)* mezzanine
միջնապատ mijnapat *(n.)* partition
միջնորդ mijnord *(n.)* broker
միջնորդ mijnord *(n.)* intermediary
միջնորդ mijnord *(n.)* matchmaker
միջնորդ mijnord *(n.)* mediator
միջնորդ mijnord *(n.)* middleman
միջնորդ mijnord *(n.)* negotiator
միջնորդ mijnord *(n.)* proctor
միջնորդ դատավոր mijnord datavor *(n.)* arbiter
միջնորդ դատավոր mijnord datavor *(n.)* arbitrator
միջնորդ դատարանի որոշում mijnord datarani voroshum *(n.)* arbitration
միջնորդավճար mijnordavchar *(n.)* brokerage
միջնորդել mijnordel *(v.)* mediate
միջնորդել mijnordel *(v.)* petition
միջնորդել mijnordel *(v.)* proctor
միջնորդել mijnordel *(v.)* solicit
միջնորդություն mijnordutyun *(n.)* mediation
միջնորդություն mijnordutyun *(n.)* petition
միջնորդություն mijnordutyun *(n.)* solicitation
միջով mijov *(prep.)* throughout
միջոց mijoc *(n.)* agency
միջոց mijoc *(n. pl.)* mean
միջոց mijoc *(n.)* means
միջոց mijoc *(n.)* medium
միջոցով mijocov *(prep.)* per
միջոցով mijocov *(prep.)* through
միջոցով mijocov *(prep.)* via
միջուկ mijuk *(n.)* core
միջուկ mijuk *(n.)* kernel
միջուկ mijuk *(n.)* nucleus
միջուկ mijuk *(n.)* pulp
միջօրեական mijoreakan *(n.)* meridian
միս mis *(n.)* flesh
միս mis *(n.)* meat
միսիոներ missioner *(n.)* missionary
միստիկ mistik *(n.)* mystic
միստիկա mistika *(n.)* mystique
միստիկական mistikakan *(adj.)* mystic
միստիցիզմ misticizm *(n.)* mysticism
միտում mitum *(n.)* tendency
միտումնավոր mitumnavor *(adv.)* purposely
միտք mitq *(n.)* idea
միտք mitq *(n.)* mind
միտք mitq *(n.)* thought
միրգ mirg *(n.)* fruit
միօրինակ miorinak *(adj.)* humdrum
միօրինակ miorinak *(adj.)* monotonous
միօրինակություն miorinakutyun *(n.)* monotony
միֆ mif *(n.)* myth
մխիթարել mkhitarel *(v.)* console
մխիթարություն mkhitarutyun *(n.)* consolation
մխոց mkhoc *(n.)* piston
մկան mkan *(n.)* muscle
մկանալարված mkanalarvats *(adj.)* tensor
մկանալարվել mkanalarvel *(v.)* tensor
մկանաձգում mkanadzgum *(n.)* wrick
մկանային mkanayin *(adj.)* muscular
մկանացավ mkanacav *(n.)* myalgia
մկաններ mkanner *(n.)* brawn
մկնատամ mknatam *(n.)* ringworm
մկնդեղ mkndegh *(n.)* arsenic

մկրատ mkrat *(n. pl.)* scissors
մկրատ mkrat *(n. pl.)* shears
մկրտել mkrtel *(v.)* baptize
մկրտող mkrtogh *(n.)* babtist
մկրտություն mkrtutyun *(n.)* baptism
մղել mghel *(v.)* propel
մղձավանջ mghdzavanj *(n.)* nightmare
մղոն mghon *(n.)* mile
մյուս կողմում myus koghmum *(adv.)* overleaf
մյուսը myusa *(pron.)* other
մնա՛ք բարով mnaq barov! *(exclam.)* adieu
մնալ mnal *(v.)* remain
մնալ mnal *(v.)* stay
մնաս բարով mnas barov *(interj.)* farewell
մնացորդ mnacord *(n.)* leftover
մնացորդ mnacord *(n.)* remainder
մնացորդ mnacord *(n.)* residue
մնացորդ mnacord *(n.)* vestige
մնացորդային mnacordayin *(adj.)* residual
մնացորդներ mnacordner *(n.)* remains
մնեմոնիզացիա mnemonizacia *(n.)* mnemonization
մնեմոնիկ mnemonik *(adj.)* mnemonic
մնեմոնիկ mnemonik *(n.)* mnemonic
մնջախաղ mnjakhagh *(n.)* mime
մնջախաղ mnjakhagh *(n.)* pantomime
մշակել mshakel *(v.)* cultivate
մշակել mshakel *(v.)* elaborate
մշակութային mshakutayin *(adj.)* cultural
մշակում mshakum *(n.)* cultivation
մշակույթ mshakuyt *(n.)* culture
մշակված mshakvats *(adj.)* elaborate
մշկընկույզ mshkankuyz *(n.)* nutmeg
մշուշ mshush *(n.)* fog
մշուշ mshush *(n.)* haze
մշուշ mshush *(n.)* mist
մշուշ mshush *(n.)* smog
մշուշոտ mshushot *(adj.)* foggy
մշուշոտ mshushot *(adj.)* hazy
մշուշոտ ափ mshushot ap *(n.)* fogbank
մշտադալար mshtadalar *(adj.)* evergreen
մշտադալար բույս mshtadalar buys *(n.)* evergreen
մշտական mshtakan *(adj.)* abiding
մշտական mshtakan *(adj.)* continual
մշտական mshtakan *(adj.)* permanent
մշտականություն mshtakanutyun *(n.)* permanence
մշտապես mshtapes *(adv.)* eternally
մոբիլիզացնել mobilizacnel *(v.)* mobilize
մոգ mog *(n.)* mage
մոգոնել mogonel *(v.)* feign
մոդել model *(n.)* model
մոդելադեր modelader *(n.)* role model
մոդուլ modul *(n.)* module
մոդուլային modulayin *(adj.)* modular
մոլագար molagar *(n.)* maniac
մոլախոտ molakhot *(n.)* weed
մոլային molayin *(adj.)* molar
մոլեգին molegin *(adj.)* boisterous
մոլեգին molegin *(adj.)* frantic
մոլեգին molegin *(adj.)* obsessive
մոլեգնած molegnats *(adj.)* rampant
մոլեգնել molegnel *(v.)* rampage
մոլեգնել molegnel *(v.)* riot
մոլեգնություն molegnutyun *(n.)* rampage
մոլեխաղ molekhagh *(n.)* gamble
մոլեկուլ molekul *(n.)* molecule
մոլեկուլային molekulayin *(adj.)* molecular
մոլեռանդ molerrand *(n.)* bigot
մոլեռանդ molerrand *(adj.)* fanatic
մոլեռանդություն molerrandutyun *(n.)* bigotry
մոլի կողմնակից moli koghmnakic *(n.)* stickler
մոլլա molla *(n.)* mullah
մոլորակ molorak *(n.)* planet
մոլորակային molorakayin *(adj.)* planetary
մոլորեցնել molorecnel *(v.)* baffle
մոլորեցնել molorecnel *(v.)* misguide
մոլորեցնել molorecnel *(v.)* mislead
մոլորեցնել molorecnel *(v.)* mystify
մոլորեցնել molorecnel *(v.)* perplex
մոլորություն molorutyun *(n.)* delusion
մոլորություն molorutyun *(n.)* fallacy

մոլորություն molorutyun *(n.)* misbelief
մոլորված molorvats *(adj.)* stray
մոլորված երեխա molorvats yerekha *(n.)* stray
մոլորվել molorvel *(v.)* stray
մոլուցք molucq *(n.)* mania
մոլուցք molucq *(n.)* obsession
մոխրագույն mokhraguyn *(adj.)* grey
մոխրաջրում լվանալ mokhrajrum lvanal *(v.)* leach
մոծակ motsak *(n.)* mosquito
մողես moghes *(n.)* lizard
մոմ mom *(n.)* candle
մոմ mom *(n.)* wax
մոմել momel *(v.)* wax
մոմի լույս momi luys *(n.)* candlelight
մոնիտորինգ monitoring *(adj.)* monitory
մոնոգրամ monogram *(n.)* monogram
մոնոլիտ monolit *(n.)* monolith
մոնոխրոմատիկ monokhromatik *(adj.)* monochromatic
մոնոկլ monokl *(n.)* monocle
մոնոկուլյար monokulyar *(adj.)* monocular
մոնոռելս monorrels *(n.)* monorail
մոռանալ morranal *(v.)* forget
մոռացկոտ morrackot *(adj.)* forgetful
մոռացկոտ morrackot *(adj.)* oblivious
մոռացություն morracutyun *(n.)* oblivion
մոռացվել morracvel *(v.)* fade
մոսկվացի moskvaci *(n.)* muscovite
մոտ mot *(adj.)* adjacent
մոտ mot *(prep.)* at
մոտ mot *(prep.)* beside
մոտ mot *(prep.)* near
մոտ mot *(prep.)* nigh
մոտալուտ motalut *(adj.)* imminent
մոտակայք motakayq *(n.)* vicinity
մոտակայքում motakayqum *(adv.)* hereabouts
մոտավոր motavor *(adj.)* approximate
մոտավորապես motavorapes *(adv.)* approximately
մոտավորապես motavorapes *(adv.)* nearly
մոտավորապես motavorapes *(adv.)* say
մոտենալ motenal *(v.)* approach
մոտենալ motenal *(v.)* near
մոտերքում moterqum *(adv.)* thereabouts
մոտիկ motik *(adj.)* close
մոտիկ motik *(adj.)* near
մոտիկ motik *(adv.)* nigh
մոտիկ motik *(adj.)* proximate
մոտիկից motikic *(adv.)* near
մոտիկություն motikutyun *(n.)* proximity
մոտիվ motiv *(n.)* motif
մոտիվացիա motivacia *(n.)* motivation
մոտորանավակ motoranavak *(n.)* launch
մորգանատիկ morganatik *(adj.)* morganatic
մորեխ morekh *(n.)* locust
մորթի morti *(n.)* fur
մորուտ morut *(n.)* moor
մորուք moruq *(n.)* beard
մորֆին morfin *(n.)* morphia
մորֆին morfin *(n.)* morphine
մութ mut *(adj.)* dark
մութ mut *(adj.)* obscure
մուլատ mulat *(n.)* mulatto
մուլտիպլեքս multipleqs *(adj.)* multiplex
մուլտֆիլմ multfilm *(n.)* cartoon
մուկ muk *(n.)* mouse
մումիա mumia *(n.)* mummy
մուշկ mushk *(n.)* musk
մուշկետ mushket *(n.)* musket
մուսա mussa *(n.)* muse
մուսսոն musson *(n.)* monsoon
մուստանգ mustang *(n.)* mustang
մուտացիա mutacia *(n.)* mutation
մուտք mutq *(n.)* access
մուտք mutq *(n.)* accession
մուտք mutq *(n.)* admission
մուտք mutq *(n.)* admittance
մուտք mutq *(n.)* entrance
մուտք mutq *(n.)* entry
մուտքագրում mutqagrum *(n.)* input
մուտքային մակարդակ mutqayin makardak *(adj.)* entry-level

մուտքի ձև mutqi dzev (n.) entry form
մուր mur (n.) soot
մուրալ mural (v.) cadge
մուրացկան murackan (n.) beggar
մուրացկան murackan (n.) pauper
մուրճ murch (n.) hammer
մռայլ mrrayl (adj.) bleak
մռայլ mrrayl (adj.) cheerless
մռայլ mrrayl (adj.) dour
մռայլ mrrayl (adj.) gloomy
մռայլ mrrayl (adj.) moody
մռայլ mrrayl (adj.) morose
մռայլ mrrayl (adj.) sombre
մռայլ mrrayl (adj.) tenebrous
մռայլ տեսք mrrayl tesq (n.) scowl
մռայլություն mrraylutyun (n.) gloom
մռայլվել mrraylvel (v.) frown
մռայլվել mrraylvel (v.) scowl
մռմռալ mrrmrral (v.) purr
մռմռոց mrrmrroc (n.) purr
մռնչալ mrrnchal (v.) growl
մռնչալ mrrnchal (v.) roar
մռնչյուն mrrnchyun (n.) growl
մռնչոց mrrnchoc (n.) roar
մսագործ msagorts (n.) butcher
մսակեր կենդանի msaker kendani (n.) carnivore
մսոտ msot (adj.) beefy
մսուր msur (n.) manger
մտադրություն mtadrutyun (n.) intention
մտադրված mtadrvats (adj.) intent
մտադրվել mtadrvel (v.) hatch
մտադրվել mtadrvel (v.) intend
մտադրվել mtadrvel (v.) purpose
մտազբաղ mtazbagh (adj.) meditative
մտազբաղ mtazbagh (adj.) pensive
մտածել mtatsel (v.) contemplate
մտածել mtatsel (v.) meditate
մտածել mtatsel (v.) ponder
մտածել mtatsel (v.) think
մտածելակերպ mtatselakerp (n.) mentality
մտածելակերպ mtatselakerp (n.) mindset
մտածկոտ mtatskot (adj.) thoughtful
մտածող mtatsogh (n.) thinker
մտահղացող mtahghacogh (adj.) suggestive
մտահղացում mtahghacum (n.) brainchild
մտահոգել mtahogel (v.) distress
մտահոգություն mtagogutyun (n.) preoccupation
մտահոգված mtahogvats (adj.) concerned
մտամոլություն mtamolutyun (n.) craze
մտավոր mtavor (adj.) intellectual
մտավոր mtavor (adj.) mental
մտավորական mtavorakan (n.) intellectual
մտավորականություն mtavorakanutyun (n.) intelligentsia
մտերիմ mterim (adj.) familiar
մտերիմ մարդ mterim mard (n.) confidant
մտերմանալ mtermanal (v.) hobnob
մտերմություն mtermutyun (n.) intimacy
մտնել mtnel (v.) accede
մտնել mtnel (v.) enter
մտորել mtorel (v.) mull
մտորում mtorum (n.) contemplation
մտորում mtorum (n.) meditation
մտորում mtorum (n.) mull
մտրակ mtrak (n.) whip
մտրակալար mtrakalar (n.) whipcord
մտրակել mtrakel (v.) flog
մտրակել mtrakel (v.) lash
մտրակել mtrakel (v.) whip
մրգահյութ mrgahyut (n.) syrup
մրմնջալ mrmnjal (v.) croon
մրոտել mrotel (v.) soot
մրջյուն mrjiun (n.) ant
մրտենի mrteni (n.) myrtle
մրցախաղ mrcakhagh (n.) tournament
մրցակից mrcakic (n.) competitor
մրցակից mrcakic (n.) rival
մրցակցային mrcakcayin (adj.) competitive
մրցակցել mrcakcel (v.) compete
մրցակցել mrcakcel (v.) rival
մրցակցություն mrcakcutyun (n.) emulation
մրցակցություն mrcakcutyun (n.)

rivalry
մրցանակ mrcanak *(n.)* accolade
մրցանակ mrcanak *(n.)* prize
մրցանակային գումար mrcanakayin gumar *(n.)* prize money
մրցավար mrcavar *(n.)* referee
մրցավար mrcavar *(n.)* umpire
մրցավարել mrcavarel *(v.)* umpire
մրցարշավ mrcarshav *(n.)* race
մրցարշավել mrcarshavel *(v.)* race
մրցել mrcel *(v.)* emulate
մրցել mrcel *(v.)* vie
մրցման մասնակից mrcman masnakic *(n.)* contestant
մրցում mrcum *(n.)* competition
մրցում mrcum *(n.)* contest

Յ յ

յաբու yabu *(n.)* nag
յակ yak *(n.)* yak
յամբական yambakan *(adj.)* iambic
յասաման yassaman *(n.)* lilac
յոգա yoga *(n.)* yoga
յոգի yogi *(n.)* yogi
յոթ yot *(num.)* seven
յոթանասուն yotanassun *(num.)* seventy
յոթանասուներորդ yotanassunerord *(num.)* seventieth
յոթանոց yotanoc *(n.)* seven
յոթերորդ yoterord *(num.)* seventh
յութուբ yutub *(v.)* You Tube
յուղ yugh *(adj.)* adipose
յուղ yugh *(n.)* oil
յուղաներկ yughanerk *(n.)* oil paint
յուղաքսուք yughaqsuq *(n.)* grease
յուղել yughel *(v.)* grease
յուղել yughel *(v.)* lubricate
յուղել yughel *(v.)* oil
յուղոտ yughot *(adj.)* greasy
յուղոտ yughot *(adj.)* oily
յուղոտ yughot *(adj.)* oleaceous
յուղոտ yughot *(adj.)* oleaginous
յուղում yughum *(n.)* lubrication
Յուպիտեր Yupiter *(n.)* jupiter
յուրահատկություն yurahatkutyun *(n.)* singularity
յուրահատուկ yurahatuk *(adj.)* specific
յուրացնել ապօրինի yuracnel aporini *(v.)* misappropriate
յուրացում yuracum *(n.)* appropriation
յուրացում ապօրինի yuracum aporini *(n.)* misappropriation
յուրաքանչյուր yuraqanchyur *(pron.)* each
յուրաքանչյուր yuraqanchyur *(adj.)* each
յուրաքանչյուր yuraqanchyur *(adv.)* each

Ն ն

նա na *(pron.)* he
նա na *(pron.)* she
նաբոբ, հնդիկ իշխան nabob, hndik ishkhan *(n.)* nabob
նադիր, ստորնակետ nadir, stornaket *(n.)* nadir
նաև nayev *(adv.)* also
նաև nayev *(adv.)* too
նազելի nazeli *(adj.)* graceful
նազելիություն nazeliutyun *(n.)* grace
նախաբազուկ nakhabazuk *(n.)* forearm
նախաբան nakhaban *(n.)* preamble
նախաբան nakhaban *(n.)* preface
նախաբան nakhaban *(n.)* prologue
նախաբան գրել nakhaban grel *(v.)* preface
նախագահ nakhagah *(n.)* chairman
նախագահ nakhagah *(n.)* president
նախագահական nakhagahakan *(adj.)* presidential
նախագահել nakhagahel *(v.)* preside
նախագիծ nakhagits *(n.)* draft
նախագիծ nakhagits *(n.)* project
նախագծել nakhagtsel *(v.)* draft
նախագծել nakhagtsel *(v.)* project
նախագծող nakhagtsogh *(adj.)* designing

նախագոյություն nakhagoyutyun *(n.)* preexistence
նախագուշակել nakhagushakel *(v.)* auspicate
նախագուշակել nakhagushakel *(v.)* forecast
նախագուշակում nakhagushakum *(n.)* auspice
նախադասություն nakhadassutyun *(n.)* sentence
նախադեպ nakhadep *(n.)* precedent
նախադիտել nakhaditel *(v.)* preview
նախադրել nakhadrel *(v.)* prefix
նախադրյալ nakhadryal *(n.)* prerequisite
նախադրված nakhadrvats *(adj.)* prerequisite
նախազգացում nakhazgacum *(n.)* misgiving
նախազգուշական nakhazgushakan *(adj.)* cautionary
նախազգուշական nakhazgushakan *(adj.)* precautionary
նախազգուշացնել nakhazgushacnel *(v.)* forewarn
նախազգուշացում nakhazgushacum *(n.)* caveat
նախազգուշացում nakhazgushacum *(n.)* precaution
նախածանց nakhatsanc *(n.)* prefix
նախածննդյան nakhatsnndyan *(adj.)* antenatal
նախահայր nakhahayr *(n.)* ancestor
նախահայր nakhahayr *(n.)* forefather
նախահաշիվ nakhahashiv *(n.)* estimate
նախաձեռնել nakhadzerrnel *(v.)* initiate
նախաձեռնել nakhadzerrnel *(v.)* pioneer
նախաձեռնություն nakhadzerrnutyun *(n.)* initiative
նախաճաշ nakhachash *(n.)* breakfast
նախաճաշ nakhachash *(n.)* brunch
նախաճաշել nakhachashel *(v.)* lunch
նախաճաշիկ nakhachashik *(n.)* snack
նախամուսնական nakhamusnakan *(adj.)* premarital
նախաներկել nakhanerkel *(v.)* prime
նախանձ nakhandz *(v.)* grudge
նախանձել nakhandzel *(v.)* envy
նախանձել nakhandzel *(n.)* grudge
նախանձելի nakhandzeli *(adj.)* enviable
նախանձոտ nakhandzot *(adj.)* envious
նախանշան nakhanshan *(n.)* omen
նախապաշարմունք nakhapasharmunq *(n.)* prejudice
նախապատմական nakhapatmakan *(adj.)* prehistoric
նախապատրաստական nakhapatrastakan *(adj.)* preparatory
նախապատրաստություն nakhapatrastutyun *(n.)* preliminary
նախասրահ nakhasrah *(n.)* forecourt
նախասրահ nakhasrah *(n.)* lobby
նախատական nakhatakan *(adj.)* abusive
նախատական կերպով nakhatakanoren *(adv.)* abusively
նախատել nakhatel *(v.)* chide
նախատել nakhatel *(v.)* reproach
նախատեսել nakhatessel *(v.)* anticipate
նախատինք nakhatinq *(n.)* reproach
նախատիպ nakhatip *(n.)* prototype
նախարար nakharar *(n.)* minister
նախարարատեր nakhararater *(adj.)* ministrant
նախարարություն nakhararutyun *(n.)* ministry
նախդիր nakhdir *(n.)* preposition
նախերգանք nakherganq *(n.)* overture
նախերգանք nakherganq *(n.)* prelude
նախերգանք հանդիսանալ nakherganq handissanal *(v.)* prelude
նախկին nakhkin *(adj.)* former
նախկին կողմ nakhkin koghmy *(adv.)* ex-parte
նախկինում nakhkinum *(adv.)* formerly
նախնադարյան nakhnadaryan *(adj.)* primeval
նախնական nakhnakan *(adj.)* preliminary

նախնի nakhni *(n.)* forerunner
նախորդ nakhord *(n.)* antecedent
նախորդ nakhord *(n.)* predecessor
նախորդ nakhord *(adj.)* previous
նախորդ nakhord *(adj.)* prior
նախորդած nakhordats *(adj.)* overnight
նախորդել nakhordel *(v.)* antecede
նախորդել nakhordel *(v.)* precede
նախորդում nakhordum *(n.)* precedence
նախուտեստ nakhutest *(n.)* appetizer
նախօրոք nakhoroq *(adv.)* beforehand
նահանգապետ nahangapet *(n.)* executive
նահանգապետ nahangapet *(n.)* governor
նահանգապետ nahangapet *(n.)* prefect
նահանջ nahanj *(n.)* recoil
նահանջել nahanjel *(v.)* recede
նահանջել nahanjel *(v.)* recoil
նահանջել nahanjel *(v.)* retreat
նահատակ nahatak *(n.)* martyr
նահատակություն nahatakutyun *(n.)* martyrdom
նամակ namak *(n.)* letter
նամակագրություն namakagrutyun *(n.)* correspondence
նայել nayel *(v.)* glance
նայել nayel *(v.)* look
նայլոն naylon *(n.)* nylon
նայվածք nayvatsq *(n.)* glance
նանիտ, նանոռոբոտ nanit, nanorrobot *(n.)* nanite
նանո nano *(n.)* nano
նանոբաղադրիչ nanobaghadrich *(n.)* nanocomponent
նանոբիոլոգիա nanobiologia *(n.)* nanobiology
նանոբոտ nanobot *(n.)* nanobot
նանոինժեներ nanoindjener *(n.)* nanoengineer
նանոհամակարգիչ nanohamakargich *(n.)* nanocomputer
նանոհերց nanoherc *(n.)* nanohertz
նանոմասնիկ nanomasnik *(n.)* nanoparticle
նանոմեխանիկա nanomekhanika *(n.)* nanomechanics
նանոշրջան nanoshrjan *(n.)* nanocircuitry
նանոչիպ nanochip *(n.)* nanochip
նանոպլազմա nanoplazma *(n.)* nanoplasma
նանոտրանզիստոր nanotranzistor *(n.)* nanotransistor
նաչո nacho *(n.)* nacho
նապաստակ napastak *(n.)* hare
նապաստակ napastak *(n.)* rabbit
նավ nav *(n.)* ship
նավաբեկություն navabekutyun *(n.)* shipwreck
նավաբեռնաթափում navaberrnatapum *(n.)* shiplap
նավաբեռնում navaberrnum *(n.)* shipload
նավագնաց navagnac *(n.)* sailboarder
նավադրոշ navadrosh *(n.)* streamer
նավակ navak *(n.)* boat
նավակ navak *(n.)* gig
նավակազմ navakazm *(n.)* crew
նավակայանավարձ navakayanavardz *(n.)* wharfage
նավահանգիստ navahangist *(n.)* port
նավահանգիստ մտնել navahangist mtnel *(v.)* dock
նավահանգստի աշխատող navahangsti ashkhatogh *(n.)* dockworker
նավահետք navahetq *(n.)* wake
նավամատույց navamatuyc *(n.)* pier
նավամբար navambar *(n.)* boathouse
նավանորոգարան navanorogaran *(n.)* dock
նավանորոգարանի պետ navanorogarani pet *(n.)* dockmaster
նավաշեղում navasheghum *(n.)* drift
նավաշինարան navashinaran *(n.)* dockyard
նավաշինարան navashinaran *(n.)* shipyard
նավաշինարար navashinarar *(n.)* shipbuilder
նավապետ navapet *(n.)* shipmaster
նավապետ navapet *(n.)* skipper

նավաստի navasti *(n.)* mariner
նավաստի navasti *(n.)* sailor
նավաստի navasti *(n.)* seafarer
նավաստի navasti *(n.)* seajack
նավավար navavar *(n.)* boatman
նավավարել navavarel *(v.)* sailboard
նավատեր navater *(n.)* shipowner
նավատորմ navatorm *(n.)* armada
նավատորմ navatorm *(n.)* fleet
նավատորմ navatorm *(n.)* navy
նավատորմային navatormayin *(adj.)* naval
նավարկել navarkel *(v.)* cruise
նավարկել navarkel *(v.)* gig
նավարկել navarkel *(v.)* navigate
նավարկել navarkel *(v.)* seajack
նավարկելի navarkeli *(adj.)* navigable
նավարկության navarkutyan *(adj.)* sailing
նավարկություն navarkutyun *(n.)* navigation
նավարկություն navarkutyun *(n.)* sailing
նավաքարշ շոգենավ navaqarsh shogenav *(n.)* towboat
նավընկեր navanker *(n.)* shipmate
նավթ navt *(n.)* kerosene
նավթ navt *(n.)* petroleum
նավթային հարթակ navtayin hartak *(n.)* oil rig
նավի վրա navi vra *(adv.)* aboard
նավից դուրս navic durs *(adv.)* overboard
նավով տեղափոխվող navov teghapokhvogh *(adj.)* shipborne
նարգիզ nargiz *(n.)* daffodil
նարգիզ nargiz *(n.)* marigold
նարգիզ nargiz *(n.)* narcissus
նարդոս nardos *(n.)* lavender
նարինջ narinj *(n.)* orange
նարկոզ, թմրեցում narkoz, tmrecum *(n.)* narcosis
նարնջագույն narnjaguyn *(adj.)* orange
նարցիսիզմ narcisizm *(n.)* narcissism
նաֆթալին naftalin *(n.)* naphthalene
նեգր negr *(n.)* Negro
նեգր negr *(n.)* nigger
նեգրուհի negruhi *(n.)* Negress
նեխուր nekhur *(n.)* celery
նեխուր nekhur *(n.)* nacre
նեկտար nektar *(n.)* nectar
նեղ negh *(adj.)* narrow
նեղանալ neghanal *(v.)* narrow
նեղանալ neghanal *(v.)* shrink
նեղացկոտություն neghackotutyun *(n.)* techy
նեղացնել neghacnel *(v.)* straiten
նեղացում neghacum *(n.)* stricture
նեղել neghel *(v.)* infest
նեղուց neghuc *(n.)* strait
Նեմեսիս Nemessis *(n.)* nemesis
նեյտրոն neytron *(n.)* neutron
նենգ neng *(adj.)* cunning
նենգ neng *(adj.)* wily
նենգադուլել nengadulel *(v.)* sabotage
նենգավոր nengavor *(adj.)* fraudulent
նենգություն nengutyun *(n.)* fraud
նենգություն nengutyun *(n.)* guile
նեոլիթական neolitakan *(adj.)* neolithic
նեոն neon *(n.)* neon
նեպտուն neptun *(n.)* Neptune
նետ net *(n.)* arrow
նետ net *(n.)* dart
նետաձիգ netadzig *(n.)* darting
նետել netel *(v.)* cast
նետել netel *(v.)* dash
նետել netel *(v.)* hurl
նետել netel *(v.)* shy
նետել netel *(v.)* throw
նետել netel *(v.)* toss
նետելու netelu *(adj.)* projectile
նետում netum *(n.)* cast
նետում netum *(n.)* put
նետում netum *(n.)* throw
նետում netum *(n.)* toss
նետվել netvel *(v.)* fling
ներածական neratsakan *(adj.)* introductory
ներածություն neratsutyun *(n.)* introduction
ներառել nerarrel *(v.)* include
ներառյալ nerarryal *(adj.)* inclusive
ներառում nerarrum *(n.)* inclusion
ներարկել nerarkel *(v.)* infuse

ներարկել nerarkel *(v.)* syringe
ներարկիչ nerarkich *(n.)* syringe
ներարկում nerarkum *(n.)* infusion
ներբան nerban *(n.)* sole
ներբան գցել nerban gcel *(v.)* sole
ներբեռնել nerberrnel *(v.)* download
ներգաղթ nergaght *(n.)* immigration
ներգաղթել nergaghtel *(v.)* immigrate
ներգաղթյալ nergaghtyal *(n.)* immigrant
ներգնա nergna *(adj.)* inbound
ներգործել nergortsel *(v.)* effect
ներգործող nergortsogh *(adj.)* effective
ներգրավել nergravel *(v.)* implicate
ներգրավել nergravel *(v.)* involve
ներդաշնակ nerdashnak *(adj.)* congruent
ներդաշնակ nerdashnak *(adj.)* harmonious
ներդաշնակել nerdashnakel *(v.)* tone
ներդաշնակություն nerdashnakutyun *(n.)* harmony
ներդաշնակություն nerdashnakutyun *(n.)* unison
ներդիր nerdir *(n.)* insertion
ներդնել nerdnel *(v.)* invest
ներդրում nerdrum *(n.)* bailout
ներդրում nerdrum *(n.)* contribution
ներդրում nerdrum *(n.)* investment
ներել nerel *(v.)* condone
ներել nerel *(v.)* excuse
ներել nerel *(v.)* forgive
ներել nerel *(v.)* pardon
ներել nerel *(v.)* remit
ներելի nereli *(adj.)* pardonable
ներելի nereli *(adj.)* venial
ներիմաստ nerimast *(n.)* implication
ներխուժել nerkhudjel *(v.)* encroach
ներխուժել nerkhudjel *(v.)* intrude
ներխուժում nerkhudjum *(n.)* intrusion
ներխուժում nerkhudjum *(n.)* invasion
ներծծել nertstsel *(v.)* dunk
ներծծում nertstsum *(n.)* dunk
ներկ nerk *(n.)* dye
ներկ nerk *(n.)* paint
ներկա nerka *(adj.)* present
ներկայացնել nerkayacnel *(v.)* introduce
ներկայացնել nerkayacnel *(v.)* represent
ներկայացնել nerkayacnel *(v.)* submit
ներկայացնող nerkayacnogh *(adj.)* representative
ներկայացում nerkayacum *(n.)* performance
ներկայացում nerkayacum *(n.)* presentation
ներկայացում nerkayacum *(n.)* representation
ներկայացում nerkayacum *(n.)* submission
ներկայացուցիչ nerkayacucich *(n.)* representative
ներկայություն nerkayutyun *(n.)* presence
ներկապնակ nerkapnak *(n.)* palette
ներկել nerkel *(v.)* dye
ներկել nerkel *(v.)* paint
ներկել nerkel *(v.)* tincture
ներհատուկ nerhatuk *(adj.)* intrinsic
ներհոսք nerhosq *(n.)* influx
ներմուծել nermutsel *(v.)* import
ներմուծում nermutsum *(n.)* import
ներշնչել nershnchel *(v.)* inhale
ներողամիտ neroghamit *(adj.)* indulgent
ներողամտություն neroghamtutyun *(n.)* condonation
ներողամտություն neroghamtutyun *(n.)* connivance
ներողամտություն neroghamtutyun *(n.)* indulgence
ներողություն neroghutyun *(n.)* apology
ներողություն խնդրել neroghutyun khndrel *(v.)* apologize
ներուժ nerudj *(n.)* potential
ներում nerum *(n.)* amnesty
ներում nerum *(n.)* excuse
ներում nerum *(n.)* pardon
ներում nerum *(n.)* remission
ներս մտած ners mtats *(adj.)* drop-in
ներս ու դրսի ners u drsi *(adj.)* down and out
ներսի nersi *(adj.)* inside

ներսի nersi *(adj.)* inward
ներսում nersum *(adv.)* indoors
ներսում nersum *(prep.)* inside
ներսում nersum *(adv.)* inside
ներսում nersum *(adv.)* within
ներսում nersum *(prep.)* within
ներցանցային անդամ nercancayin andam *(n.)* netizen
ներփակել nerpakel *(v.)* enclose
ներքև nerqev *(adv.)* downwards
ներքևի nerqevi *(adj.)* underneath
ներքևի հարկի nerqevi harki *(adj.)* downstairs
ներքևում nerqevum *(adv.)* beneath
ներքևում nerqevum *(adv.)* down
ներքևում nerqevum *(adv.)* downward
ներքևում nerqevum *(adv.)* under
ներքևում nerqevum *(adv.)* underneath
ներքին nerqin *(adj.)* inland
ներքին nerqin *(adj.)* inner
ներքին nerqin *(adj.)* internal
ներքինի nerqini *(n.)* eunuch
ներքնազգեստ nerqnazgest *(n.)* underwear
ներքնակ nerqnak *(n.)* mattress
ներքնաշոր nerqnashor *(n.)* petticoat
ներքուստ nerqust *(adv.)* inwards
նևրոզ nevroz *(n.)* neurosis
նեֆրիտ nefrit *(n.)* jade
նզովք nzovq *(n.)* malediction
նժույգ ndjuyg *(n.)* steed
նիզակ nizak *(n.)* lance
նիզակ nizak *(n.)* spear
նիզակակիր nizakakir *(n.)* lancer
նիզակակիր nizakakir *(n.)* spearman
նիզակով ծակել nizakov tsakel *(v.)* lance
նիկել nikel *(n.)* nickel
նիկոտին nikotin *(n.)* nicotine
նիհար nihar *(adj.)* gaunt
նիհար nihar *(adj.)* lank
նիհար nihar *(n.)* lean
նիհար nihar *(adj.)* scraggy
նիհարած niharats *(adj.)* scragged
նիհիլիզմ nihilizm *(n.)* nihilism
նիմֆետ nimfet *(n.)* nymphet
նիմֆոմանիական nimfomaniakan *(adj.)* nymphomaniac
նիմֆոմանություն nimfomanutyun *(n.)* nymphomaniac
նիստ nist *(n.)* session
նիրհ nirh *(n.)* doze
նիրհ nirh *(n.)* nap
նիրհել nirhel *(v.)* doze
նիրհել nirhel *(v.)* nap
նիրհել nirhel *(v.)* slumber
նկատել nkatel *(v.)* notice
նկատել nkatel *(v.)* remark
նկատելի nkateli *(adj.)* appreciable
նկատելի nkateli *(adj.)* conspicuous
նկատելի nkateli *(adj.)* perceptible
նկատի ունենալով nkati unenalov *(prep.)* considering
նկար nkar *(n.)* picture
նկար nkar *(n.)* tableau
նկարագրական nkaragrakan *(adj.)* descriptive
նկարագրել nkaragrel *(v.)* describe
նկարագրություն nkaragrutyun *(n.)* description
նկարագրված nkaragrvats *(adj.)* descrete
նկարազարդում nkarazardum *(n.)* illustration
նկարահանել nkarahanel *(v.)* screen
նկարել nkarel *(v.)* pencil
նկարել nkarel *(v.)* picture
նկարիչ nkarich *(n.)* artist
նկարիչ nkarich *(n.)* painter
նկարչություն nkarchutyun *(n.)* drawing
նկուղ nkugh *(n.)* cellar
նման nman *(adj.)* alike
նման nman *(adj.)* like
նման nman *(prep.)* like
նման nman *(adj.)* similar
նմանակ nmanak *(n.)* double
նմանակել nmanakel *(v.)* mimic
նմանակման nmanakman *(adj.)* mimic
նմանակող nmanakogh *(n.)* mimic
նմանակում nmanakum *(n.)* mimicry
նմանապես nmanapes *(adv.)* likewise
նմանապես nmanapes *(adv.)* samely
նմանեցնել nmanecnel *(v.)* assimilate
նմանեցնել nmanecnel *(v.)* liken

նմանեցում nmanecum *(n.)* assimilation
նմանը nmana *(pron.)* such
նմանություն nmanutyun *(n.)* likeness
նմանություն nmanutyun *(n.)* resemblance
նմանություն nmanutyun *(n.)* similarity
նմանություն nmanutyun *(n.)* similitude
նմանվել nmanvel *(v.)* resemble
նմուշ nmush *(n.)* sample
նմուշ nmush *(n.)* specimen
նմուշառնել nmusharrnel *(v.)* sample
նմուշառում nmusharrum *(n.)* sampling
նյարդ nyard *(n.)* nerve
նյարդաբան nyardaban *(n.)* neurologist
նյարդաբանություն nyardabanutyun *(n.)* neurology
նյարդազուրկ nyardazurk *(adj.)* nerveless
նյարդային nyardayin *(adj.)* nervous
նյարդայնություն nyardaynutyun *(n.)* nescience
նյութ nyut *(n.)* material
նյութ nyut *(n.)* substance
նյութական nyutakan *(adj.)* material
նյութականացնել nyutakanacnel *(v.)* materialize
նյութապաշտություն nyutapashtutyun *(n.)* materialism
նյութափոխանակություն nyutapokhanakutyun *(n.)* metabolism
ննջախուց nnjakhuc *(n.)* cubicle
ննջասրահ nnjasrah *(n.)* dormitory
ննջարան nnjaran *(n.)* bedroom
նշագեղձ nshageghdz *(n.)* tonsil
նշագեղձեր nshageghdzer *(n.pl.)* glands
նշագրում nshagrum *(n.)* notation
նշան nshan *(n.)* badge
նշան nshan *(n.)* mark
նշան nshan *(n.)* nick
նշան nshan *(n.)* sign
նշան nshan *(n.)* token
նշանաբան nshanaban *(n.)* motto
նշանաբառ nshanabarr *(n.)* watchword
նշանադրություն nshanadrutyun *(n.)* engagement
նշանակել nshanakel *(v.)* appoint
նշանակել nshanakel *(v.)* assign
նշանակել nshanakel *(v.)* denote
նշանակել nshanakel *(v.)* designate
նշանակել nshanakel *(v.)* prescribe
նշանակել nshanakel *(v.)* purport
նշանակել nshanakel *(v.)* signify
նշանակում nshanakum *(n.)* appointment
նշանակում nshanakum *(n.)* assignment
նշանակված nshanakvats *(adj.)* designated
նշանավոր nshanavor *(adj.)* first
նշանավոր nshanavor *(adj.)* notable
նշանավոր nshanavor *(adj.)* preeminent
նշանավոր nshanavor *(adj.)* prominent
նշանավորություն nshanavorutyun *(n.)* prominence
նշանդրեք nshandreq *(n.)* betrothal
նշանել nshanel *(v.)* engage
նշանված nshanvats *(adj.)* betrothed
նշանվել nshanvel *(v.)* betroth
նշավակել nshavakel *(v.)* pillow
նշել nshel *(v.)* jot
նշել nshel *(v.)* mark
նշել nshel *(v.)* specify
նշմարվել nshmarvel *(v.)* loom
նշով թխվածք nshov tkhvatsq *(n.)* macaroon
նշում nshum *(n.)* indication
նշում nshum *(n.)* jot
նշույլ nshuyl *(n.)* glimpse
նշտար nshtar *(n.)* lancet
նոթագրել notagrel *(v.)* note
նոթեր noter *(n. pl.)* note
նոկաուտ nokaut *(n.)* knockout
նոճի nochi *(n.)* cypress
նոյեմբեր noyember *(n.)* November
նոութբուք noutbuq *(n.)* laptop
նոպա nopa *(n.)* fit
նոպա nopa *(n.)* spell
նոսր nosr *(adj.)* sparse

նոսրանալ nosranal *(v.)* rarefy
նոսրացնել nosracnel *(v.)* dilute
նոսրացում nosracum *(n.)* dilution
նոտար notar *(n.)* notary
նոր nor *(adj.)* new
նոր nor *(adj.)* novel
նորաբնակ norabnak *(n.)* settler
նորածին noratsin *(adj.)* nascent
նորածին noratsin *(adj.)* newborn
նորակոչիկ norakochik *(n.)* recruit
նորակոչիկ norakochik *(n.)* wellington
նորահարուստ noraharust *(n.)* upstart
նորաձև noradzev *(adj.)* fashionable
նորաձևություն noradzevutyun *(n.)* fashion
նորարար norarar *(n.)* innovator
նորարարել norararel *(v.)* innovate
նորարարություն norararutyun *(n.)* innovation
նորից noric *(adv.)* anew
նորից կցել noric kcel *(v.)* reattach
նորից հայտնվել noric haytnvel *(v.)* reappear
նորից հայտնվելը noric haytnvela *(n.)* reappearance
նորից հիվանդանալ noric hivandanal *(v.)* relapse
նորմ norm *(n.)* tenet
նորմա norma *(n.)* norm
նորմա norma *(n.)* standard
նորմալ normal *(adj.)* normal
նորմալացնել normalacnel *(v.)* normalize
նորմալացում normalacum *(n.)* normalization
նորմալություն normalutyun *(n.)* normalcy
նորոգել norogel *(v.)* mend
նորոգել norogel *(v.)* renew
նորոգելի norogeli *(adj.)* repairable
նորություն norutyun *(n.)* novelty
նույն nuyn *(adj.)* same
նույնական nuynakan *(adj.)* identical
նույնականացման քարտ nuynakanacman qart *(n.)* identity card
նույնականացում nuynakanacum *(n.)*
identification
նույնիսկ nuynisk *(adv.)* even
նուշ nush *(n.)* almond
նուրբ nurb *(adj.)* delicate
նուրբ nurb *(adj.)* exquisite
նուրբ nurb *(adj.)* fine
նուրբ nurb *(adj.)* genteel
նուրբ nurb *(adj.)* subtle
նուրբ nurb *(adj.)* tender
նպաստ npast *(n.)* dole
նպաստ npast *(n.)* subsidy
նպաստ տալ npast tal *(v.)* dole
նպաստել npastel *(v.)* conduce
նպատակ npatak *(n.)* destination
նպատակ npatak *(n.)* goal
նպատակ npatak *(n.)* objective
նպատակ npatak *(n.)* purpose
նպատակադնել npatakadnel *(v.)* aim
նպատակահարմար npatakaharmar *(adj.)* expedient
նպատակահարմարություն npatakaharmarutyun *(n.)* advisability
նպարավաճառ nparavacharr *(n.)* grocer
նպարեղեն npareghen *(n.pl.)* grocery
նռնակ nrrnak *(n.)* grenade
նսեմացնող nsemacnogh *(adj.)* demeaning
նսեմացնող nsemacnogh *(adj.)* derogatory
նստակյաց nstakyac *(adj.)* sedentary
նստաշրջան nstashrjan *(n.)* sessional
նստաշրջանի nstashrjani *(adj.)* sessional
նստատեղ nstategh *(n.)* seat
նստարան nstaran *(n.)* bench
նստել nstel *(v.)* sit
նստեցնել nstecnel *(v.)* seat
նստվածք nstvatsq *(n.)* sediment
նվագախմբային nvagakhmbayin *(adj.)* orchestral
նվագախումբ nvagakhumb *(n.)* orchestra
նվագակցել nvagakcel *(v.)* accompany
նվագակցող nvagakcogh *(n.)* accompanist
նվագակցություն nvagakcutyun *(n.)* accompaniment

նվագարկիչ nvagarkich *(n.)* tape player
նվագարկում nvagarkum *(n.)* playback
նվագել nvagel *(v.)* pipe
նվագել nvagel *(v.)* play
նվազ nvaz *(adj.)* puny
նվազագույն nvazaguyn *(adj.)* lesser
նվազագույն nvazaguyn *(n.)* minim
նվազագույն nvazaguyn *(adj.)* minimal
նվազագույն nvazaguyn *(adj.)* minimum
նվազագույնը nvazaguyna *(n.)* minimum
նվազել nvazel *(v.)* lessen
նվազելով nvazelov *(adv.)* decreasingly
նվազեցնել nvazecnel *(v.)* abate
նվազեցնել nvazecnel *(v.)* belittle
նվազեցնել nvazecnel *(v.)* decalibrate
նվազեցնել nvazecnel *(v.)* decrease
նվազեցնել nvazecnel *(v.)* detract
նվազեցնել nvazecnel *(v.)* reduce
նվազեցում nvazecum *(n.)* decrement
նվաճել nvachel *(v.)* achieve
նվաճել nvachel *(v.)* conquer
նվաճող nvachogh *(n.)* achiever
նվաճող nvachogh *(n.)* conquerer
նվաճում nvachum *(n.)* achievement
նվաճում nvachum *(n.)* conquest
նվաստացնել nvastacnel *(v.)* mortify
նվեր nver *(n.)* gift
նվեր nver *(n.)* present
նվեր փաթեթավորել nver patetavorel *(v.)* giftwrap
նվիրաբերել nviraberel *(v.)* consecrate
նվիրաբերել nviraberel *(v.)* donate
նվիրաբերություն nviraberutyun *(n.)* oblation
նվիրական nvirakan *(adj.)* inmost
նվիրատու nviratu *(n.)* contributor
նվիրատվություն nviratvutyun *(n.)* donation
նվիրել nvirel *(v.)* dedicate
նվիրել nvirel *(v.)* devote
նվիրել nvirel *(v.)* gift
նվիրել nvirel *(v.)* present
նվիրյալ nviryal *(n.)* devotee
նվիրվածություն nvirvatsutyun *(n.)* devotion
նվնվալ nvnval *(v.)* whimper
նվնվալ nvnval *(v.)* whine
նվնվոց nvnvoc *(n.)* whine
նրա nra *(pron.)* her
նրա nra *(pron. poss.)* his
նրան nran *(pron.pers.)* him
նրանց nranc *(pron.)* them
նրանցը nranca *(pron.)* theirs
նրբագեղ nrbagegh *(adj.)* exquisitive
նրբագեղորեն nrbageghoren *(adv.)* smartly
նրբագեղություն nrbageghutyun *(n.)* elegance
նրբագեղություն nrbageghutyun *(n.)* nicety
նրբազգաց nrbazgac *(adj.)* considerate
նրբակիրթ nrbakirt *(adj.)* gallant
նրբաճաշակ nrbachashak *(adj.)* dainty
նրբաճաշակություն nrbachashakutyun *(n.)* delectability
նրբատախտակ nrbatakhtak *(n.)* plywood
նրբերանգ nrberang *(n.)* complexion
նրբերանգ nrberang *(n.)* nuance
նրբերշիկ nrbershik *(n.)* sausage
նրբորեն nrboren *(adv.)* tenuously
նրբություն nrbutyun *(n.)* delicacy
նրբություն nrbutyun *(n.)* subtlety

Շ շ

շաբաթ shabat *(n.)* sabbath
շաբաթ shabat *(n.)* week
շաբաթ օր shabat or *(n.)* Saturday
շաբաթաթերթ shabatatert *(n.)* weekly
շաբաթական shabatakan *(adj.)* sabbatical
շաբաթական shabatakan *(adj.)* weekly
շաբաթօրյակ shabatoryak *(n.)* sabbatical
շաբլոն shablon *(adj.)* commonplace
շագանակ shaganak *(n.)* chestnut
շագանակագույն shaganakaguyn *(adj.)* brown

շագանակագույն shaganakaguyn *(n.)* maroon
շագանակագույն shaganakaguyn *(adj.)* maroon
շալ shal *(n.)* shawl
շալ shal *(n.)* wrap
շալվար shalvar *(n.)* pantaloon
շախմատ shakhmat *(n.)* chess
շախմատի տախտակ shakhmati takhtak *(n.)* chessboard
շահագործել shahagortsel *(v.)* exploit
շահագործումից հանել shahagortsumic hanel *(v.)* decommission
շահասեր shahasser *(adj.)* acquisitive
շահավետ shahavet *(adj.)* advantageous
շահավետ shahavet *(adj.)* gainful
շահավետ shahavet *(adj.)* remunerative
շահավետորեն shahavetoren *(adv.)* gainly
շահարկել shaharkel *(v.)* manipulate
շահարկել shaharkel *(v.)* speculate
շահել shahel *(v.)* gain
շահել shahel *(v.)* win
շահող shahogh *(n.)* winner
շահութաբաժին, բոնուս shahutabadjin, bonus *(n.)* bonus
շահում shahum *(n.)* win
շահույթ shahuyt *(n.)* gain
շաղակրատ shaghakrat *(n.)* telltale
շաղակրատել shaghakratel *(v.)* chatter
շաղակրատել shaghakratel *(v.)* jabber
շաղափ shaghap *(n.)* wimble
շաղգամ shaghgam *(n.)* turnip
շաման shaman *(n.)* shaman
շամպայն shampayn *(n.)* champagne
շամպուն shampun *(n.)* shampoo
շանտաժ shantadj *(n.)* blackmail
շանտաժիստ shantadjist *(n.)* blackmailer
շաշկի shashki *(n.)* checker
շաուրմա shaurma *(n.)* shawarma
շապիկ shapik *(n.)* sheading
շառավիղ sharravigh *(n.)* radius
շառլատանություն sharrlatanutyun *(n.)* quackery
շատ shat *(adj.)* many
շատ shat *(adv.)* much
շատ shat *(adj.)* much
շատ աշխատել shat ashkhatel *(v.)* overwork
շատ ճանապարհորդող մարդ shat chanaparhordogh mard *(n.)* globetrotter
շատ սիրել shat sirel *(v.)* nut
շատախոս shatakhos *(n.)* blabber
շատախոս կերպով shatakhos kerpov *(adv.)* talkatively
շատախոսել shatakhossel *(v.)* blab
շատախոսել shatakhossel *(v.)* yak
շատախոսություն shatakhosutyun *(n.)* talkativeness
շատակերություն shatakerutyun *(n.)* gluttony
շատրվան shatrvan *(n.)* fountain
շարադրանք sharadranq *(n.)* recital
շարահյուսություն sharahyusutyun *(n.)* syntax
շարասյուն sharasyun *(n.)* alignment
շարել sharel *(v.)* marshal
շարել sharel *(v.)* range
շարժ(վ)ել shardj(v)el *(v.)* budge
շարժակամուրջ shardjakamurj *(n.)* drawbridge
շարժական shardjakan *(adj.)* mobile
շարժական shardjakan *(adj.)* movable
շարժական shardjakan *(adj.)* portable
շարժական shardjakan *(adj.)* removable
շարժական իրեր shardjakan irer *(n.pl.)* movables
շարժառիթ shardjarrit *(n.)* motive
շարժառիթ shardjarrit *(n.)* stimulus
շարժասանդուղք shardjassandughq *(n.)* escalator
շարժիչ shardjich *(n.)* engine
շարժիչ shardjich *(n.)* motor
շարժիչ shardjich *(n.)* mover
շարժում shardjum *(n.)* motion
շարժում shardjum *(n.)* movement
շարժունություն shardjunutyun *(n.)* mobility
շարժվել shardjvel *(v.)* move

շարժվել shardjvel *(v.)* shuttle
շարժվել shardjvel *(v.)* stir
շարունակական sharunakakan *(adj.)* continuous
շարունակական sharunakakan *(adj.)* ongoing
շարունակականություն sharunakakanutyun *(n.)* continuum
շարունակել sharunakel *(v.)* continue
շարունակել sharunakel *(v.)* proceed
շարունակություն sharunakutyun *(n.)* continuation
շարունակություն sharunakutyun *(n.)* sequel
շարվել sharvel *(v.)* align
շարք sharq *(n.)* range
շարք sharq *(n.)* series
շարֆ sharf *(n.)* scarf
շափյուղա shapyugha *(n.)* sapphire
շաքար shaqar *(n.)* sugar
շաքարախտ shaqarakht *(n.)* diabetes
շաքարային shaqarayin *(adj.)* saccharine
շաքարել shaqarel *(v.)* sugar
շեղ shegh *(adj.)* italic
շեղ ձեռագիր shegh dzerragir *(n.)* backhand
շեղ(վ)ել shegh(v)el *(v.)* deflect
շեղագիր sheghagir *(n. pl.)* italics
շեղակի sheghaki *(adv.)* sideway
շեղել sheghel *(v.)* avert
շեղել sheghel *(v.)* divert
շեղություն sheghutyun *(n.)* bias
շեղում sheghum *(n.)* aberration
շեղում sheghum *(n.)* deflection
շեղում sheghum *(n.)* deturpation
շեղում sheghum *(n.)* deviation
շեղում sheghum *(n.)* digression
շեղում sheghum *(n.)* lapse
շեղում sheghum *(n.)* quibble
շեղված sheghvats *(adj.)* biased
շեղվել sheghvel *(v.)* deviate
շեղվել seghvel *(v.)* digress
շեղվել sheghvel *(v.)* drift
շեղվել sheghvel *(v.)* lapse
շեղվել sheghvel *(v.)* quibble
շեղվող sheghvogh *(adj.)* aberrant
շեմք shemq *(n.)* threshold
շեն shen *(n.)* hamlet
շենք shenq *(n.)* edifice
շեշտ shesht *(n.)* accent
շեշտադրում sheshtadrum *(n.)* emphasis
շեշտակի sheshtaki *(adv.)* headlong
շեշտակի sheshtaki *(adv.)* straight
շեշտել sheshtel *(v.)* accent
շեշտել sheshtel *(v.)* accentuate
շեշտել sheshtel *(v.)* belabour
շեշտել sheshtel *(v.)* emphasize
շեշտող sheshtogh *(n.)* accentor
շեշտված sheshtvats *(adj.)* emphatic
շերեփ sherep *(n.)* ladle
շերեփահանել sherepahanel *(v.)* ladle
շերտ shert *(n.)* coating
շերտ shert *(n.)* layer
շերտ shert *(n.)* roach
շերտ shert *(n.)* shive
շերտ shert *(n.)* stratum
շերտ shert *(n.)* strip
շերտագիծ shertagits *(n.)* stripe
շերտագծել shertagtsel *(v.)* stripe
շերտազատվել shertazatvel *(v.)* exfoliate
շերտաձողիկ shertadzoghik *(n.)* lath
շերտավորել shertavorel *(v.)* laminate
շերտավորվող shertavorvogh *(adj.)* flaking
շեփոր shepor *(n.)* bugle
շեփոր shepor *(n.)* trump
շեփոր shepor *(n.)* trumpet
շեփոր փչել shepor pchel *(v.)* blare
շեփորահարել sheporaharel *(v.)* trumpet
շիզոֆրենիա shizofrenia *(n.)* schizophrenia
շիզոֆրենիայով հիվանդ shizofreniayov hivand *(n.)* schizophreniac
շիզոֆրենիկ shizofrenik *(adj.)* schizophreniac
շիթ shit *(n.)* jet
շիթ shit *(n.)* trickle
շիլա shila *(n.)* cereal
շիլա shila *(n.)* mush
շիլա shila *(n.)* porridge
շիկակարմիր shikakarmir *(adj.)*

auburn
շիկնել shiknel *(v.)* flush
շիկնում shiknum *(n.)* flush
շիմպանզե shimpanze *(n.)* chimpanzee
շինարար shinarar *(n.)* builder
շինարարություն shinararutyun *(n.)* construction
շինել shinel *(v.)* pitch
շինություն shinutyun *(n.)* building
շիշ shish *(n.)* bottle
շիվ shiv *(n.)* offshoot
շիտակ shitak *(adj.)* outspoken
շիտակ shitak *(adj.)* straightforward
շլացնել shlacnel *(v.)* dazzle
շլացուցիչ shlacucich *(adj.)* aglare
շլացուցիչ shlacucich *(adj.)* dazzling
շլացուցիչ shlacucich *(adj.)* mind-blowing
շլացուցիչ կերպով shlacucich kerpov *(adv.)* dazzlingly
շլեմ shlem *(n.)* slam
շլություն shlutyun *(n.)* squint
շխկացնել shkhkacnel *(v.)* clack
շխկոց shkhkoc *(n.)* claque
շղթա shghta *(n.)* chain
շնաբույն shnabuyn *(n.)* doghole
շնաբույն shnabuyn *(n.)* kennel
շնագայլ shnagayl *(n.)* jackal
շնակռիվ shnakrriv *(n.)* dogfight
շնակռվել shnakrrvel *(v.)* dogfight
շնաձուկ shnadzuk *(n.)* shark
շնային shnayin *(adj.)* canine
շնատուն shnatun *(n.)* doghouse
շնորհալի shnorhali *(adj.)* gifted
շնորհալիություն shnorhalityun *(n.)* capacity
շնորհակալ shnorhakal *(adj.)* grateful
շնորհակալ shnorhakal *(adj.)* thankful
շնորհակալություն shnorhakalutyun *(n. pl.)* thanks
շնորհակալություն հայտնել shnorhakalutyun haytnel *(v.)* thank
շնորհավորանք shnorhavoranq *(n.)* congratulation
շնորհավորանքներ shnorhavoranqner *(int.)* felicitations
շնորհավորել shnorhavorel *(v.)* congratulate
շնորհավորել shnorhavorel *(v.)* felicitate
շնորհել shnorhel *(v.)* award
շնորհել shnorhel *(v.)* confer
շնորհում shnorhum *(n.)* award
շնչակտուր shnchaktur *(adj.)* panting
շնչահեղձ լինել shnchaheghdz linel *(v.)* suffocate
շնչահեղձություն shnchaheghdzutyun *(n.)* suffocation
շնչահեղձություն shnchaheghdzutyun *(n.)* asphyxia
շնչահեղձություն առաջացնել shnchaheghdzutyun arrajacnel *(v.)* asphyxiate
շնչառություն shncharrutyun *(n.)* respiration
շնչարգելություն shnchargelutyun *(n.)* garrotte
շնչարգելություն shnchargelutyun *(n.)* gasp
շնչարգելում shnchargelum *(n.)* apnoea
շնչափող shnchapogh *(n.)* throttle
շնչափող shnchapogh *(n.)* trachea
շնչափող shnchapogh *(n.)* tracheole
շնչափողային shnchapoghayin *(adj.)* tracheal
շնչել shnchel *(v.)* breathe
շնչել shnchel *(v.)* respire
շշմեցնել shshmecnel *(v.)* stun
շոգեբաղնիք անել shogebaghniq anel *(v.)* sauna
շոգեխաշել shogekhashel *(v.)* braise
շոգեխաշել shogekhashel *(v.)* stew
շոգեխաշուկ shogekhashuk *(n.)* stew
շոգենավ shogenav *(n.)* steamer
շոկոլադ shokolad *(n.)* chocolate
շոկոլադ խմելը shokolad khmela *(n.)* drinking chocolate
շող shogh *(n.)* gleam
շող shogh *(n.)* ray
շողշողալ shoghshoghal *(v.)* scintillate
շողշողալ shoghshoghal *(v.)* twinkle
շողշողացող shoghshoghacogh *(adj.)* gleaming
շողշողում shoghshoghum *(n.)* twinkle
շողում shoghum *(n.)* scintillation

շողոքորթել shoghoqortel *(v.)* flatter
շողոքորթել shoghoqortel *(v.)* wheedle
շողոքորթություն shoghoqortutyun *(n.)* flattery
շոյանք shoyanq *(n.)* fondling
շոյել shoyel *(v.)* caress
շոյել shoyel *(v.)* fondle
շոյել shoyel *(v.)* stroke
շոշափել shoshapel *(v.)* finger
շոշափել shoshapel *(v.)* fumble
շոշափելի shoshapeli *(adj.)* tactile
շոշափելի shoshapeli *(adj.)* tangible
շոշափելով որոնել shoshapelov voronel *(v.)* grope
շոռակարկանդակ shorrakarkandak *(n.)* cheesecake
շովինիզմ shovinizm *(n.)* chauvinism
շովինիստ shovinist *(adj.& n.)* chauvinist
շոտլանդական shotlandakan *(adj.)* scotch
շոտլանդացի shotlandaci *(n.)* Scot
շորթել shortel *(v.)* swindle
շորթում shortum *(n.)* extortion
շորորալով գնալ shororalov gnal *(v.)* amble
շուկա shuka *(n.)* bazooka
շուկա shuka *(n.)* market
շուկայի մասնաբաժին shukayi masnabadjin *(n.)* market share
շուկայի ուսումնասիրություն shukayi usumnasirutyun *(n.)* market research
շուն shun *(n.)* dog
շունչ shunch *(n.)* breath
շունչ shunch *(n.)* dogbreath
շուշան shushan *(n.)* lily
շուռ տալ shurr tal *(v.)* evert
շուտով shutov *(adv.)* anon
շուտով shutov *(adv.)* presently
շուտով shutov *(adv.)* shortly
շուտով shutov *(adv.)* soon
շուրջը shurja *(adv.&prep.)* around
շուրջը shurja *(adv.)* round
շչակ shchak *(n.)* buzzer
շռայլ shrrayl *(adj.)* extravagant
շռայլ shrrayl *(adj.)* lavish
շռայլել shrraylel *(v.)* lavish
շռայլություն shrraylutyun *(n.)* extravagance
շվաբր shvabr *(n.)* mop
շվաբր shvabr *(n.)* swab
շվարեցնել shvarecnel *(v.)* bewilder
շվարեցնող shvarecnogh *(adj.)* embarrassing
շվեյցարական shveycarakan *(adj.)* Swiss
շվեյցարացի shveycaraci *(n.)* Swiss
շտաբ տեղադրել shtab teghadrel *(v.)* headquarter
շտապ shtap *(adj.)* express
շտապ shtap *(adj.)* instant
շտապ shtap *(adv.)* post
շտապ shtap *(adj.)* rash
շտապ shtap *(adj.)* snap
շտապ օգնություն shtap ognutyun *(n.)* ambulance
շտապել shtapel *(v.)* bustle
շտապել shtapel *(v.)* hurry
շտապել shtapel *(v.)* trot
շտապեցնել shtapecnel *(v.)* hasten
շտապեցնել shtapecnel *(v.)* urge
շտապողականություն shtapoghakanutyun *(n.)* haste
շտապողություն shtapoghutyun *(n.)* hurry
շտկել shtkel *(v.)* readjust
շտկել shtkel *(v.)* reamplify
շտկել shtkel *(v.)* right
շտրիխ կոդ shtrikh kod *(n.)* barcode
շրթնային shrtnayin *(adj.)* labial
շրթունք shrtunq *(n.)* lip
շրխկացնել shrkhacnel *(v.)* slam
շրխկացնել shrkhkacnel *(v.)* slot.
շրխկացնել shrkhkacnel *(v.)* snap
շրխկոց shrkhkoc *(n.)* snap
շրջ(վ)ել shrj(v)el *(v.)* capsize
շրջագայել shrjagayel *(v.)* tour
շրջագայություն shrjagayutyun *(n.)* tour
շրջագայություն shrjagayutyun *(n.)* travelogue
շրջագիծ shrjagits *(n.)* periphery
շրջադարձ shrjadardz *(n.)* about-turn
շրջադարձ shrjadardz *(n.)* turn
շրջադարձ shrjadardz *(n.)* zig

շրջազգեստ shrjazgest *(n.)* skirt
շրջահայաց shrjahayac *(adj.)* sagacious
շրջան shrjan *(n.)* circle
շրջան shrjan *(n.)* cycle
շրջան shrjan *(n.)* district
շրջան shrjan *(n.)* round
շրջանակ shrjanak *(n.)* frame
շրջանակ shrjanak *(n.)* framework
շրջանակել shrjanakel *(v.)* frame
շրջանաձև shrjanadzev *(adj.)* circular
շրջանառել shrjanarrel *(v.)* circulate
շրջանառություն shrjanarrutyun *(n.)* circulation
շրջանավարտ shrjanavart *(n.)* graduate
շրջանավարտ shrjanavart *(n.)* undergraduate
շրջանցել shrjancel *(v.)* overtake
շրջանցում shrjancum *(n.)* bypass
շրջապատ shrjapat *(n.)* ambience
շրջապատ shrjapat *(n.)* circumference
շրջապատ shrjapat *(n.)* surroundings
շրջապատել shrjapatel *(v.)* encase
շրջապատել shrjapatel *(v.)* skirt
շրջապատել shrjapatel *(v.)* surround
շրջապատող shrjapatogh *(adj.)* ambient
շրջապտույտ shrjaptuyt *(n.)* circuit
շրջափակ shrjapak *(n.)* cordon
շրջափակել shrjapakel *(v.)* encircle
շրջել shrjel *(v.)* invert
շրջել shrjel *(v.)* reverse
շրջելի shrjeli *(adj.)* reversible
շրջված shrjvats *(adj.)* topsy turvy
շրջվել shrjvel *(v.)* topple
շրջվել shrjvel *(v.)* turn
շրջվել shrjvel *(v.)* upset
շրջվել shrjvel *(v.)* zig
շփել shpel *(v.)* rub
շփոթ shpot *(n.)* welter
շփոթել shpotel *(v.)* confuse
շփոթել shpotel *(v.)* entangle
շփոթեցնել shpotecnel *(v.)* bewind
շփոթեցնել shpotecnel *(v.)* confound
շփոթեցնել shpotecnel *(v.)* discomfit
շփոթեցնել shpotecnel *(v.)* nonplus
շփոթմունք shpotmunq *(n.)* bewilderment
շփոթություն shpotutyun *(n.)* confusion
շփոթված shpotvats *(adj.)* abashed
շփում shpum *(n.)* contact
շփում shpum *(n.)* friction
շփվել shpvel *(v.)* communicate
շփվել shpvel *(v.)* contact
շքախումբ shqakhumb *(n.)* cortege
շքախումբ shqakhumb *(n.)* retinue
շքամուտք shqamutq *(n.)* portal
շքանշան shqanshan *(n.)* medal
շքեղ shqegh *(adj.)* deluxe
շքեղ shqegh *(adj.)* flamboyant
շքեղ shqegh *(adj.)* luxurious
շքեղ shqegh *(adj.)* pompous
շքեղ shqegh *(adj.)* resplendent
շքեղ shqegh *(adj.)* sumptuous
շքեղություն shqeghutyun *(n.)* flamboyance
շքեղություն shqeghutyun *(n.)* luxuriance
շքեղություն shqeghutyun *(n.)* luxury
շքեղություն shqeghutyun *(n.)* pageantry
շքեղություն shqeghutyun *(n.)* pomp
շքեղություն shqeghutyun *(n.)* pomposity

Ո ո

ոգելից խմիչք vogelic khmichq *(n.)* intoxicant
ոգելից խմիչքների առևտուր vogelic khmichqneri arrevtur *(n.)* binge
ոգեկոչող vogekochogh *(n.)* necromancer
ոգեղեն vogeghen *(adj.)* ghoulish
ոգեշնչել vogeshnchel *(v.)* inspire
ոգեշնչող vogeshnchogh *(adj.)* evocative
ոգեշնչում vogeshnchum *(n.)* inspiration
ոգևորել vogevorel *(v.)* animate
ոգևորություն vogevorutyun *(n.)* animation

ոգևորված vogevorvats *(adj.)* elated
ոգի vogi *(n.)* ghoul
ոգի vogi *(n.)* spirit
ոգի vogi *(n.)* wraith
ոլորագնդակ voloragndak *(n.)* trackball
ոլորահատ սղոց volorahat sghoc *(n.)* jigsaw
ոլորան voloran *(n.)* bight
ոլորան voloran *(n.)* twist
ոլորան voloran *(n.)* windlass
ոլորապտույտ voloraptuyt *(adj.)* tortuous
ոլորել volorel *(v.)* strand
ոլորվել volorvel *(v.)* cockle
ոլորվել volorvel *(v.)* crinkle
ոլորվել volorvel *(v.)* meander
ոլորվել volorvel *(v.)* twist
ոլորտ volort *(n.)* sphere
ողբ voghb *(n.)* lamentation
ողբ voghb *(n.)* moan
ողբ voghb *(n.)* wail
ողբալ voghbal *(v.)* bemoan
ողբալ voghbal *(v.)* deplore
ողբալ voghbal *(v.)* wail
ողբալի voghbali *(adj.)* deplorable
ողբալի voghbali *(adj.)* lamentable
ողբերգակ voghbergak *(n.)* tragedian
ողբերգական voghbergakan *(adj.)* tragic
ողբերգություն voghbergutyun *(n.)* tragedy
ողնաշար voghnashar *(n.)* backbone
ողնաշար voghnashar *(n.)* spine
ողնաշարի voghnashari *(adj.)* spinal
ողողել voghoghel *(v.)* drench
ողողել voghoghel *(v.)* flood
ողողել voghoghel *(v.)* gargle
ողողել voghoghel *(v.)* overwhelm
ողողել voghoghel *(v.)* whelm
ողողելու դեղ voghoghelu degh *(n.)* gargle
ողորկ voghork *(adj.)* slick
ողորկալաք voghorkalaq *(n.)* polish
ողորմելի voghormeli *(adj.)* piteous
ողորմելի voghormeli *(adj.)* pitiable
ողորմություն voghormutyun *(n.)* alms
ողջ voghj *(adj.)* alive
ողջամիտ voghjamit *(adj.)* reasonable
ողջամիտ voghjamit *(adj.)* sane
ողջամտորեն voghjamtoren *(adv.)* sanely
ողջամտություն voghjamtutyun *(n.)* sanability
ողջույն voghjuyn *(n.)* salutation
ողջույն voghjuyn *(n.)* salute
ողջույն voghjuyn *(n.)* welcome
ողջունել voghjunel *(v.)* accost
ողջունել voghjunel *(v.)* greet
ողջունել voghjunel *(v.)* salute
ողջունել voghjunel *(v.)* welcome
ոճ voch *(n.)* locution
ոճ voch *(n.)* parlance
ոճ voch *(n.)* style
ոճային vochayin *(adj.)* stylish
ոմանք vomanq *(pron.)* some
ոչ voch *(n.)* nay
ոչ voch *(adv.)* no
ոչ voch *(conj.)* nor
ոչ voch *(adv.)* not
ոչ ալկոհոլային voch alkoholayin *(adj.)* non-alcoholic
ոչ էլ voch el *(conj.)* neither
ոչ մի voch mi *(adj.)* no
ոչ մի տեղ voch mi tegh *(adv.)* nowhere
ոչ ոք voch voq *(pron.)* nobody
ոչ ոք voch voq *(pron.)* none
ոչ պաշտոնական voch pashtonakan *(adj.)* unofficial
ոչինչ vochinch *(n.)* nothing
ոչինչ vochinch *(n.)* nought
ոչխար vochkhar *(n.)* sheep
ոչխարի միս vochkhari mis *(n.)* mutton
ոչնչացնել vochnchacnel *(v.)* annul
ոչնչացնել vochnchacnel *(v.)* decimate
ոչնչացնել vochnchacnel *(v.)* eradicate
ոչնչացնող vochnchacnogh *(n.)* eradicator
ոչնչացում vochnchacum *(n.)* annulment
ոչնչացում vochnchacum *(v.)* decimation
ոչնչացում vochnchacum *(n.)* obliteration

ոչնչություն vochnchutyun *(n.)* nonentity
ոջիլ vojil *(n.)* louse
ոռնալ vorrnal *(v.)* howl
ոռնոց vorrnoc *(n.)* howl
ոռոգել vorrogel *(v.)* irrigate
ոռոգում vorrogum *(n.)* irrigation
ոսկեգույն voskeguyn *(adj.)* golden
ոսկեզօծ voskezots *(adj.)* gilt
ոսկեզօծել voskezotsel *(v.)* gild
ոսկեղեն voskeghen *(n.)* jewellery
ոսկերիչ voskerich *(n.)* goldsmith
ոսկերիչ voskerich *(n.)* jeweller
ոսկի voski *(n.)* gold
ոսկոր voskor *(n.)* bone
ոսկրածուծ voskratsuts *(n.)* marrow
ոսկրավորել voskravorel *(v.)* osculate
ոսկրացնել voskracnel *(v.)* ossify
ոսպ vosp *(n.)* lentil
ոստ vost *(n.)* sprig
ոստ vost *(n.)* twig
ոստ vost *(n.)* withe
ոստափայտ vostapayt *(n.)* lop
ոստիկան vostikan *(n.)* policeman
ոստիկանազուրկ vostikanazurk *(adj.)* policeless
ոստիկանական ծեծ vostikanakan tsets *(n.)* police beat
ոստիկանական նավակ vostikanakan navak *(n.)* policeboat
ոստիկանապետ vostikanapet *(n.)* constable
ոստիկանություն vostikanutyun *(n.)* police
ոստրե vostre *(n.)* oyster
ոստրե բռնել vostre brrnel *(v.)* oyster
ոստրեավաճառ vostreavacharr *(n.)* oysterman
ոստրեի vostrei *(adj.)* oyster
ոստրեիկ vostreik *(n.)* oysterling
ով ov *(pron.)* who
ով էլ որ ov el vor *(pron.)* whoever
ոտաբուժական votabudjakan *(adj.)* podiatric
ոտանավոր votanavor *(n.)* verse
ոտնաբույժ votnabuydj *(n.)* podiatrist
ոտնածայրով խփել votnatsayrov khpel *(v.)* toe
ոտնակ votnak *(n.)* pedal
ոտնակապ votnakap *(n.)* tether
ոտնակը սեղմել votnaka seghmel *(v.)* pedal
ոտնահարել votnaharel *(v.)* transgress
ոտնահարում votnaharum *(n.)* transgression
ոտնահետք votnahetq *(n.)* footmark
ոտնահետք votnahetq *(n.)* footprint
ոտնամատ votnamat *(n.)* toe
ոտնափայտեր votnapayter *(n. pl.)* stilts
ոտնձգություն votndzgutyun *(n.)* molestation
ոտնձգություն votndzgutyun *(n.)* trespass
ոտնձգություններ votndzgutyunner *(n.)* harassment
ոտք votq *(n.)* foot
ոտք votq *(n.)* leg
ոտքերը հարած votqera harats *(adj.)* footsore
ոտքով votqov *(adv.)* afoot
ոտքով աշխատանք votqov ashkhatanq *(n.)* footwork
ոտքով գնալ votqov gnal *(v.)* foot
որ vor *(rel. pron.)* that
որ vor *(adj.)* what
որ vor *(adj.)* which
որակ vorak *(n.)* quality
որակազրկել vorakazrkel *(v.)* disqualify
որակազրկում vorakazrkum *(n.)* disqualification
որակական vorakakan *(adj.)* qualitative
որակավորել vorakavorel *(v.)* qualify
որակավորման բարձրացում vorakavorman bardzracum *(n.)* aggradation
որակավորում vorakavorum *(n.)* qualification
որբ vorb *(n.)* orphan
որբանոց vorbanoc *(n.)* orphanage
որբացած vorbacats *(adj.)* bereaved
որբացնել vorbacnel *(v.)* orphan
որդ vord *(n.)* maggot
որդ vord *(n.)* worm

որդեգրել vordegrel *(v.)* adopt
որդեգրել vordegrel *(v.)* mother
որդեգրյալ vordegryal *(adj.)* adoptive
որդեգրում vordegrum *(n.)* adoption
որդի vordi *(n.)* son
որևէ voreve *(pron.)* any
որևէ բան voreve ban *(pron.)* anything
որևէ բան voryeve ban *(pron.)* something
որևէ մեկը voreve meka *(pron.)* anybody
որևէ մեկը voreve meka *(pron.)* anyone
որևէ մեկը voryeve meka *(pron.)* someone
որևէ տեղ voreve tegh *(pron.)* anyplace
որևէ տեղ voreve tegh *(adv.)* anywhere
որը vora *(pron.)* which
որթատունկ vortatunk *(n.)* vine
որից հետո voric heto *(conj.)* whereupon
որկրամոլ vorkramol *(n.)* glutton
որմնադրություն vormnadrutyun *(n.)* masonry
որմնախորշ vormnakhorsh *(n.)* niche
որմնախորշային vormnakhorshayin *(adj.)* bayside
որմնային vormnayin *(adj.)* mural
որմնանկար vormnankar *(n.)* mural
որն էլ որ vorn el vor *(pron.)* whichever
որոճալ vorochal *(v.)* ruminate
որոճող vorochogh *(adj.)* ruminant
որոճող կենդանի vorochogh kendani *(n.)* ruminant
որոճում vorochum *(n.)* rumination
որոնել voronel *(v.)* delve
որոնել voronel *(v.)* google
որոնել voronel *(v.)* quest
որոնել voronel *(v.)* search
որոնում voronum *(n.)* search
որոնում voronum *(n.)* searching
որոնումներ voronumner *(n.)* quest
որոշ չափով vorosh chapov *(adv.)* somewhat
որոշակի voroshaki *(adj.)* certain
որոշակի voroshaki *(adj.)* decided
որոշակի voroshaki *(adj.)* definite
որոշակի voroshaki *(adj.)* strict

որոշակիություն voroshakiutyun *(n.)* certainty
որոշել voroshel *(v.)* decide
որոշել voroshel *(v.)* determine
որոշել voroshel *(v.)* resolve
որոշում voroshum *(n.)* decision
որոշում voroshum *(n.)* determination
որոշում voroshum *(n.)* resolution
որովայն vorovayn *(n.)* abdomen
որովայնախոս vorovaynakhos *(n.)* ventriloquist
որովայնախոսական vorovaynakhossakan *(adj.)* ventriloquistic
որովայնախոսություն vorovaynakhosutyun *(n.)* ventriloquism
որովայնային vorovaynayin *(adj.)* abdominal
որովայնային տիֆ vorovaynayin tif *(n.)* typhoid
որովհետև vorovhetev *(conj.)* because
որովհետև vorovhetev *(conj.)* for
որոտ vorot *(n.)* thunder
որոտալ vorotal *(v.)* thunder
որպեսզի vorpeszi *(conj.)* that
որջ vorj *(n.)* burrow
որջ vorj *(n.)* den
որջ vorj *(n.)* haunt
որջ vorj *(n.)* lair
որս vors *(n.)* hunt
որս vors *(n.)* prey
որսագող vorsagogh *(n.)* poacher
որսագողություն անել vorsagoghutyun anel *(v.)* poach
որսալ vorsal *(v.)* ferret
որսալ vorsal *(v.)* hunt
որսալ vorsal *(v.)* noose
որսալ vorsal *(v.)* prey
որսալ vorsal *(v.)* trawl
որսարգելոց vorsargeloc *(n.)* preserve
որսկան շուն vorskan shun *(n.)* talbot
որսորդ vorsord *(n.)* fowler
որսորդ vorsord *(n.)* hunter
որսորդ vorsord *(n.)* huntsman
որսորդական հրացան vorsordakan hracan *(n.)* scattergun
որսորդական հրացան vorsordakan

hracan *(n.)* shotgun
որսորդական շուն vorsordakan shun *(n.)* hound
որսում vorsum *(n.)* entrapment
որտեղ vortegh *(conj.)* where
որտեղ vortegh *(adv.)* whereabout
որտեղ էլ որ vortegh el vor *(adv.)* wherever
որտեղից vorteghic *(adv.)* whence

Չ չ

չալմա chalma *(n.)* turban
չակերտավոր chakertavor *(adj.)* unquote
չամիչ chamich *(n.)* raisin
չամրացված ծայր chamracvats tsayr *(n.)* loose end
չար char *(adj.)* evil
չարագործ charagorts *(n.)* malefactor
չարագործ charagorts *(n.)* ruffian
չարագործ charagorts *(n.)* villain
չարագործություն charagortsutyun *(n.)* misdeed
չարագուշակ charagushak *(adj.)* dismal
չարագուշակ charagushak *(adj.)* ominous
չարախոս charakhos *(n.)* detractor
չարախոսել charakhosel *(v.)* malign
չարակամ charakam *(adj.)* sinister
չարակամ charakam *(adj.)* wicked
չարաճճի charachchi *(adj.)* naughty
չարամիտ charamit *(adj.)* malicious
չարամիտ charamit *(adj.)* shrewd
չարամտություն charamtutyun *(n.)* malice
չարաշահել charashahel *(v.)* misuse
չարաշահել charashahel *(v.)* profiteer
չարաշահորդ charashahord *(n.)* profiteer
չարաշահում charashahum *(v.)* abuse
չարաշահում charashahum *(n.)* misuse
չարաշահում charashahum *(n.)* speculation
չարասիրտ charassirt *(adj.)* despiteful
չարասրտություն charasrtutyun *(n.)* malignity
չարգելել chargelel *(v.)* connive
չարիք chariq *(n.)* ill
չարորակ charorak *(adj.)* malign
չարորակ charorak *(adj.)* malignant
չարորակություն charorakutyun *(n.)* malignancy
չարություն charutyun *(n.)* evil
չարտոնված chartonvats *(adj.)* unauthorized
չափ chap *(n.)* dimension
չափ chap *(n.)* extent
չափ chap *(n.)* gauge
չափ chap *(n.)* measure
չափ chap *(n.)* rate
չափազանցել chapazancel *(v.)* exaggerate
չափազանցել chapazancel *(v.)* overact
չափազանցել chapazancel *(v.)* overdo
չափազանցել chapazancel *(v.)* overdraw
չափազանցություն chapazancutyun *(n.)* exaggeration
չափական chapakan *(adj.)* metrical
չափահաս մարդ chapahas mard *(n.)* adult
չափանիշ chapanish *(n.)* criterion
չափավոր chapavor *(adj.)* moderate
չափավոր chapavor *(adj.)* temperate
չափավորել chapavorel *(v.)* moderate
չափավորել chapavorel *(v.)* temperate
չափավորություն chapavorutyun *(n.)* moderation
չափավորություն chapavorutyun *(n.)* temperance
չափափորձման սենյակ chapapordzman senyak *(n.)* fitting room
չափել chapel *(v.)* measure
չափել chapel *(v.)* mete
չափել chapel *(v.)* span
չափելի chapeli *(adj.)* measurable
չափերիզ chaperiz *(n.)* tapeline
չափիչ chapich *(n.)* meter
չափից շատ քնել chapic shat qnel *(v.)* oversleep
չափում chapum *(n.)* measurement

չափս chaps *(n.)* size
չբացահայտում chbacahaytum *(n.)* non-disclosure
չբեր chber *(adj.)* barren
չգործել chgortsel *(v.)* malfunction
չեզոք chezoq *(adj.)* neutral
չեզոք սեռ chezoq serr *(n.)* neuter
չեզոքացնել chezoqacnel *(v.)* neutralize
չեկ chek *(n.)* cheque
չեղարկել chegharkel *(v.)* cancel
չեղարկել chegharkel *(v.)* revoke
չեղարկել chegharkel *(v.)* undo
չեղարկում chegharkum *(n.)* cancellation
չեղարկում chegharkum *(n.)* denunciation
չեմպիոն chempion *(n.)* champion
չենթարկվել chyentarkvel *(v.)* evade
չզիջող chzijogh *(adj.)* unaccommodating
չթրծված աղյուս chtrtsvats aghyus *(n.)* adobe
ՉԹՕ CHTO *(n.)* UFO
չժանգոտվող chdjangotvogh *(adj.)* stainless
չիլի պղպեղ chili pghpegh *(n.)* chilli
չխկացնել chkhkacnel *(v.)* tchick
չխկոց chkhkoc *(n.)* click
չխկոց chkhkoc *(n.)* tchick
չխմող chkhmogh *(adj.)* teetotal
չխմող մարդ chkhmogh mard *(n.)* teetotaller
չծերացող chtseracogh *(adj.)* ageless
չկարդացված chkardacvats *(adj.)* unread
չկպչող chpchogh *(adj.)* non-stick
չկրակել chkrakel *(v.)* misfire
չկրճատված chkrchatvats *(adj.)* unabridged
չհամաձայնվել chamadzaynvel *(v.)* disagree
չհայտարարված chhaytararvats *(adj.)* unannounced
չհաստատված chhastatvats *(adj.)* unapproved
չհավանել chhavanel *(v.)* disapprove
չհավատալ chhavatal *(v.)* disbelieve
չհարմարեցված chharmarecvats *(adj.)* unadapted
չհնազանդվել chhnazandvel *(v.)* defy
չհնազանդվել chhnazandvel *(v.)* disobey
չղջիկ chghjik *(n.)* bat
չմշկել chmshkel *(v.)* skate
չմշկորդ chmshkord *(n.)* skater
չմուշկ chmushk *(n.)* skate
չնայած chnayats *(conj.)* albeit
չնայած chnayats *(prep.)* notwithstanding
չնայած chnayats *(conj.)* notwithstanding
չներշնչված cnershnchvats *(adj.)* uninspired
չնկատող chnkatogh *(n.)* omitter
չնչին chnchin *(adj.)* tenuous
չնչինություն chnchinutyun *(n.)* modicum
չոր chor *(adj.)* arid
չոր chor *(adj.)* dry
չոր chor *(adj.)* husky
չոր մաքրել chor maqrel *(v.)* dry-clean
չորանալ choranal *(v.)* stale
չորանոց choranoc *(n.)* dryer
չորացնել choracnel *(v.)* dry
չորացրած choracrats *(adj.)* dried
չորեքշաբթի choreqshabti *(n.)* Wednesday
չորս chors *(num.)* four
չորքոտանի chorqotani *(n.)* quadruped
չունենալ chunenal *(v.)* lack
չպլանավորված chplanavorvats *(adj.)* unplanned
չվաճառված chvacharrvats *(adj.)* unsold
չվստահել chvstahel *(v.)* mistrust
չքավոր chqavor *(adj.)* destitute

Պ պ

պահիդերմ, հաստ մաշկ pahiderm, hast mashk *(n.)* pachyderm
պաթոլոգիա patologia *(n.)* pathology

պաթոս patos *(n.)* pathos
պալատ palat *(n.)* chamber
պալատ palat *(n.)* palace
պալատական palatakan *(n.)* courtier
պալատական palatakan *(adj.)* palatial
պալար palar *(n.)* abscess
պալեոբիոլոգ paleobiolog *(n.)* paleobiologist
պալեոբիոլոգիա paleobiologia *(n.)* paleobiology
պալեոբիոլոգիական paleobiologiakan *(adj.)* paleobiological
պալեոէկոլոգ paleoekolog *(n.)* paleoecologist
պալեոէկոլոգիա paleoekologia *(n.)* paleoecology
պալեոլիթ paleolit *(n.)* paleolithic
պալեոլիթիկ paleolitik *(adj.)* paleolithic
պալեոնտոլոգ paleontolog *(n.)* paleontologist
պալեոնտոլոգիա paleontologia *(n.)* paleontology
պակաս pakas *(prep.)* less
պակասել pakassel *(v.)* subside
պակասել pakassel *(v.)* wane
պակասեցնել pakasecnel *(v.)* diminish
պակասեցում pakassecum *(n.)* abatement
պակասեցում pakasecum *(n.)* diminution
պակասող pakassogh *(adj.)* missing
պակասություն pakasutyun *(n.)* dearth
պակասություն pakasutyun *(n.)* default
պակասություն pakasutyun *(n.)* deficiency
պակասություն pakasutyun *(n.)* lack
պակասություն pakassutyun *(n.)* shortfall
պակասում pakasum *(n.)* wane
պահ pah *(n.)* moment
պահածո pahatso *(n.)* can
պահակ pahak *(n.)* guard
պահակ pahak *(n.)* sentry
պահակ pahak *(n.)* wardship

պահակախումբ pahakakhumb *(n.)* convoy
պահակաջոկատ pahakajokat *(n.)* picket
պահակատնակ pahakatnak *(n.)* gatehouse
պահանջ pahanj *(n.)* requirement
պահանջարկ pahanjark *(n.)* demand
պահանջել pahanjel *(v.)* claim
պահանջել pahanjel *(v.)* require
պահանջկոտ pahanjkot *(adj.)* demanding
պահանջկոտ մարդ pahanjkot mard *(n.)* martinet
պահապան pahapan *(n.)* conservator
պահապան pahapan *(n.)* custodian
պահապան pahapan *(n.)* keeper
պահապան pahapan *(n.)* sentinel
պահատեղ pahategh *(n.)* safehouse
պահատնակ pahatnak *(n.)* lodge
պահատուփ pahatup *(n.)* safebox
պահատուփ pahatup *(n.)* safe-deposit
պահարան paharan *(n.)* almirah
պահարան paharan *(n.)* closet
պահարան paharan *(n.)* cupboard
պահել pahel *(v.)* escrow
պահել pahel *(v.)* hold
պահել pahel *(v.)* keep
պահեստ pahest *(n.)* backup
պահեստ pahest *(n.)* cache
պահեստ pahest *(n.)* depot
պահեստ pahest *(n.)* repository
պահեստ pahest *(n.)* storage
պահեստ pahest *(n.)* warehouse
պահեստաման pahestaman *(n.)* container
պահեստային pahestayin *(adj.)* spare
պահեստուղի pahestughi *(n.)* sidetrack
պահիդերմատոզ pahidermatoz *(adj.)* pachidermatous
պահող pahogh *(adj.)* retentive
պահոց pahoc *(n.)* cachet
պահուստ pahust *(n.)* escrow
պահպանագիր pahpanagir *(n.)* safe-conduct
պահպանակ pahpanak *(n.)* preservative

պահպանակ pahpanak *(n.)* scumbag
պահպանական pahpanakan *(adj.)* preservative
պահպանել pahpanel *(v.)* conserve
պահպանել pahpanel *(v.)* enshrine
պահպանել pahpanel *(v.)* guard
պահպանել pahpanel *(v.)* maintain
պահպանել pahpanel *(v.)* preserve
պահպանել pahpanel *(v.)* retain
պահպանել pahpanel *(v.)* safeguard
պահպանել pahpanel *(v.)* sustain
պահպանողական pahpanoghakan *(adj.)* conservative
պահպանություն pahpanutyun *(n.)* custody
պահպանություն pahpanutyun *(n.)* safeguard
պահպանում pahpanum *(n.)* conservation
պահպանում pahpanum *(n.)* maintenance
պահպանում pahpanum *(n.)* observance
պահպանում pahpanum *(n.)* preservation
պահպանում pahpanum *(n.)* safekeeping
պահպանում pahpanum *(n.)* upkeep
պաղպաղակ paghpaghak *(n.)* ice cream
պամֆլետիստ pamfletist *(n.)* pamphleteer
պայթական paytakan *(adj.)* explosive
պայթել paytel *(v.)* burst
պայթել paytel *(v.)* explode
պայթեցնել paytecnel *(v.)* detonate
պայթյուն paytyun *(n.)* explosion
պայթյուն paytyun *(n.)* outbreak
պայթում paytum *(n.)* blowout
պայթուցիկ paytucik *(n.)* explosive
պայծառ paytsarr *(adj.)* bright
պայման payman *(n.)* condition
պայման payman *(n.)* proviso
պայման payman *(n.)* stipulation
պայմանաբառ paymanabarr *(n.)* parole
պայմանագիր paymanagir *(n.)* contract

պայմանագիր paymanagir *(n.)* covenant
պայմանագիր paymanagir *(n.)* treaty
պայմանագրել paymanagrel *(v.)* stipulate
պայմանական paymanakan *(adj.)* conditional
պայմանական paymanakan *(adj.)* conventional
պայմանական ազատել paymanakan azatel *(v.)* parole
պայմանավորված paymanavorvats *(adj.)* due
պայուսակ payusak *(n.)* bag
պայուսակ payusak *(n.)* kit
պայուսակ payussak *(n.)* sachet
պայուսակ payussak *(n.)* satchel
պայուսակի մեջ դնել payusaki mej dnel *(v.)* bag
պայտ payt *(n.)* horseshoe
պայտել paytel *(v.)* shoe
պայքար payqar *(n.)* struggle
պայքարել payqarel *(v.)* contend
պայքարել payqarel *(v.)* grapple
պայքարել payqarel *(v.)* struggle
պանդոկ pandok *(n.)* hostel
պանդոկ pandok *(n.)* inn
պանդոկ pandok *(n.)* tavern
պանդոկապան pandokapan *(n.)* tavernkeeper
պանդոկատեր pandokater *(n.)* taverner
պանել panel *(n.)* panel
պանթեիզմ panteizm *(n.)* pantheism
պանթեիստ panteist *(n.)* pantheist
պանիր panir *(n.)* cheese
պանիր panir *(n.)* gouda
պանրագործարան panragortsaran *(n.)* dairy
պանրի panri *(adj.)* cheesy
պաշար pashar *(n.)* store
պաշարել pasharel *(v.)* besiege
պաշարել pasharel *(v.)* siege
պաշարում pasharum *(n.)* siege
պաշարված pasharvats *(adj.)* beleaguered
պաշտամունք pashtamunq *(n.)* cult
պաշտել pashtel *(v.)* adore

պաշտելի pashteli *(adj.)* adorable
պաշտոնաթողություն pashtonatoghutyun *(n.)* retirement
պաշտոնական pashtonakan *(adj.)* formal
պաշտոնական pashtonakan *(adj.)* official
պաշտոնական հաղորդագրություն pashtonakan haghordagrutyun *(n.)* communique
պաշտոնապես pashtonapes *(adv.)* officially
պաշտոնավարել pashtonavarel *(v.)* officiate
պաշտոնավարել pashtonavarel *(v.)* tenure
պաշտոնավարում pashtonavarum *(n.)* tenure
պաշտոնյա pashtonya *(n.)* functionary
պաշտոնյա pashtonya *(n.)* official
պաշտում pashtum *(n.)* adoration
պաշտպան pashtpan *(n.)* protector
պաշտպանական pashtpanakan *(adj.)* protective
պաշտպանել pashtpanel *(v.)* defend
պաշտպանել pashtpanel *(v.)* espouse
պաշտպանել pashtpanel *(v.)* protect
պաշտպանել pashtpanel *(v.)* shield
պաշտպանիչ դիմակ pashtpanich dimak *(n.)* face mask
պաշտպանողական pashtpanoghakan *(adj.)* defensive
պաշտպանություն pashtpanutyun *(n.)* advocacy
պաշտպանություն pashtpanutyun *(n.)* defence
պաշտպանություն pashtpanutyun *(n.)* protection
պապ pap *(n.)* pope
պապական papakan *(adj.)* papal
պապականություն papakanutyun *(n.)* papacy
պառակտել parraktel *(v.)* split
պառակտում parraktum *(n.)* split
պառաված աղջիկ parravats aghjik *(n.)* spinster
պառլամենտի անպաշտոն դեպուտատ parrlamenti anpashton deputat *(n.)* backbencher
պաս pas *(n.)* fast
պաս պահել pas pahel *(v.)* fast
պատ pat *(n.)* stalemate
պատ pat *(n.)* wall
պատահաբար patahabar *(adv.)* accidentally
պատահաբար patahabar *(adv.)* occasionally
պատահական patahakan *(adj.)* accidental
պատահական patahakan *(adj.)* casual
պատահական patahakan *(adj.)* haphazard
պատահական patahakan *(adj.)* incidental
պատահական patahakan *(adj.)* occasional
պատահական patahakan *(adj.)* random
պատահականացնել patahakanacnel *(v.)* randomise
պատահականություն patahakanutyun *(n.)* contingency
պատահար patahar *(n.)* occurrence
պատահել patahel *(v.)* befall
պատահել patahel *(v.)* happen
պատահել patahel *(v.)* occur
պատանդ patand *(n.)* hostage
պատանել patanel *(v.)* shroud
պատանեկան patanekan *(adj.)* adolescent
պատանեկան patanekan *(adj.)* boyish
պատանեկան patanekan *(adj.)* juvenile
պատանեկություն patanekutyun *(n.)* adolescence
պատանեկություն patanekutyun *(n.)* boyhood
պատանի patani *(n.)* juvenile
պատանի patani *(n.)* teenager
պատանի patani *(n.)* youngster
պատանք patanq *(n.)* shroud
պատառ patarr *(n.)* morsel
պատառ patarr *(n.)* mouthful
պատառաքաղ patarraqagh *(n.)* podge
պատառոտել patarrotel *(v.)* lacerate
պատասխան pataskhan *(n.)* answer

պատասխան pataskhan *(n.)* reply
պատասխանատու pataskhanatu *(adj.)* accountable
պատասխանատու pataskhanatu *(adj.)* amenable
պատասխանատու pataskhanatu *(adj.)* answerable
պատասխանատու pataskhanatu *(n.)* incharge
պատասխանատու pataskhanatu *(adj.)* incharge
պատասխանատու pataskhanatu *(adj.)* responsible
պատասխանատվություն pataskhanatvutyun *(n.)* liability
պատասխանատվություն pataskhanatvutyun *(n.)* onus
պատասխանատվություն pataskhanatvutyun *(n.)* responsibility
պատասխանել pataskhanel *(v.)* reply
պատասխանորդ pataskhanord *(n.)* respondent
պատարագային pataragayin *(adj.)* liturgical
պատգամախոս patgamakhos *(n.)* oracle
պատգամավոր patgamavor *(n.)* deputy
պատգամավոր patgamavor *(n.)* spokesman
պատգամավոր ուղարկել patgamavor ugharkel *(v.)* depute
պատգամավորություն patgamavorutyun *(n.)* deputation
պատգարակ patgarak *(n.)* sedan
պատգարակ patgarak *(n.)* stretcher
պատել patel *(v.)* sheath
պատեհ pateh *(adj.)* opportune
պատեհաժամ patehadjam *(adj.)* timely
պատեհապաշտություն patehapashtutyun *(n.)* opportunism
պատերազմ paterazm *(n.)* war
պատերազմ paterazm *(n.)* warfare
պատերազմական paterazmakan *(adj.)* martial
պատերազմել paterazmel *(v.)* militate
պատերազմել paterazmel *(v.)* war

պատերազմող paterazmogh *(adj.)* belligerent
պատժել patdjel *(v.)* castigate
պատժել patdjel *(v.)* chastise
պատժել patdjel *(v.)* penalize
պատժել patdjel *(v.)* punish
պատժել patdjel *(v.)* scourge
պատժելի patdjeli *(adj.)* penal
պատժիչ patdjich *(adj.)* punitive
պատիժ patidj *(n.)* punishment
պատիժ patidj *(n.)* scourge
պատիճ patich *(n.)* capsule
պատիճ patich *(n.)* pod
պատին նկարել patin nkarel *(v.)* graffiti
պատիվ pativ *(n.)* honour
պատիվ pativ *(n.)* obeisance
պատկանել patkanel *(v.)* belong
պատկանելիք patkaneliq *(n.)* belongings
պատկառանք patkarranq *(n.)* veneration
պատկառելի patkarreli *(adj.)* venerable
պատկեր patker *(n.)* effigy
պատկեր patker *(n.)* icon
պատկեր patker *(n.)* image
պատկերազարդում patkerazardum *(n.)* imagery
պատկերակապական patkerakapakan *(adj.)* iconoclastic
պատկերասրահ patkerasrah *(n.)* gallery
պատկերավոր patkeravor *(adj.)* figurative
պատկերավոր patkeravor *(adj.)* pictorial
պատկերավորություն patkeravorutyun *(n.)* verve
պատկերացնել patkeracnel *(v.)* envision
պատկերացնել patkeracnel *(v.)* imagine
պատկերացնել patkeracnel *(v.)* visualize
պատկերել patkerel *(v.)* depict
պատկերել patkerel *(v.)* figure
պատկերել patkerel *(v.)* portray

պատկերում patkerum *(n.)* depiction
պատկերում patkerum *(n.)* portrayal
պատճառ patcharr *(n.)* cause
պատճառ patcharr *(n.)* occasion
պատճառ patcharr *(n.)* reason
պատճառականություն patcharrakanutyun *(n.)* causality
պատճառականություն patcharrakanutyun *(n.)* causation
պատճառային patcharrayin *(adj.)* causal
պատճառել patcharrel *(v.)* cause
պատճառել patcharrel *(v.)* inflict
պատճառել patcharrel *(v.)* occasion
պատճեն patchen *(n.)* copy
պատճենահանել patchenahanel *(v.)* duplicate
պատճենահանող սարք patchenahanogh sarq *(n.)* copier
պատճենել patchenel *(v.)* copy
պատմաբան patmaban *(n.)* historian
պատմական patmakan *(adj.)* historic
պատմական patmakan *(adj.)* historical
պատմել patmel *(v.)* narrate
պատմել patmel *(v.)* recount
պատմել patmel *(v.)* tell
պատմող patmogh *(n.)* narrator
պատմող patmogh *(n.)* teller
պատմողական patmoghakan *(adj.)* narrative
պատմություն patmutyun *(n.)* history
պատմություն patmutyun *(n.)* narrative
պատմություն patmutyun *(n.)* story
պատմություն patmutyun *(n.)* telling
պատմվածք patmvatsq *(n.)* narration
պատյան patyan *(n.)* casing
պատյան patyan *(n.)* scabbard
պատյան patyan *(n.)* sheath
պատնեշ patnesh *(n.)* dam
պատշաճորեն patshachoren *(adv.)* duly
պատշաճորեն patshachoren *(adv.)* properly
պատշաճություն patshachutyun *(n.)* propriety
պատշգամբ patshgamb *(n.)* balcony
պատշգամբ patshgamb *(n.)* veranda
պատուհան patuhan *(n.)* window
պատռել patrrel *(v.)* rip
պատռել patrrel *(v.)* rupture
պատռված patrrvats *(adj.)* gashing
պատռվածք patrrvatsq *(n.)* gash
պատռվածք patrrvatsq *(n.)* tear
պատսպարել patsparel *(v.)* shelter
պատվանդան patvandan *(n.)* chasis
պատվանդան patvandan *(n.)* pedestal
պատվաստանյութ patvastanyut *(n.)* vaccine
պատվաստել patvastel *(v.)* immunize
պատվաստել patvastel *(v.)* inoculate
պատվաստել patvastel *(v.)* vaccinate
պատվաստող patvastogh *(n.)* vaccinator
պատվաստում patvastum *(n.)* inoculation
պատվաստում patvastum *(n.)* vaccination
պատվավոր patvavor *(adj.)* honorary
պատվավոր patvavor *(adj.)* honourable
պատվար patvar *(n.)* bulwark
պատվար patvar *(n.)* rampart
պատվարել patvarel *(v.)* stem
պատվել patvel *(v.)* honour
պատվեր patver *(n.)* order
պատվիրակ patvirak *(n.)* delegate
պատվիրակ patvirak *(n.)* delegator
պատվիրակ patvirak *(n.)* envoy
պատվիրակել patvirakel *(v.)* delegalize
պատվիրակություն patvirakutyun *(n.)* delegacy
պատվիրակություն patvirakutyun *(n.)* delegation
պատվիրան patviran *(n.)* behest
պատվիրան patviran *(n.)* commandment
պատվիրան patviran *(n.)* precept
պատվիրել patvirel *(v.)* bespeak
պատվիրել patvirel *(v.)* order
պատվիրված patvirvats *(adj.)* bespoke
պատրանք patranq *(n.)* illusion
պատրաստ patrast *(adj.)* ready

պատրաստ patrast *(adj.)* stock
պատրաստ patrast *(adj.)* willing
պատրաստակամ patrastakam *(adj.)* complaisant
պատրաստակամորեն patrastakamoren *(adv.)* readily
պատրաստակամություն patrastakamutyun *(n.)* complaisance
պատրաստակամություն patrastakamutyun *(n.)* readiness
պատրաստակամություն patrastakamutyun *(n.)* willingness
պատրաստել patrastel *(v.)* make
պատրաստել patrastel *(v.)* prepare
պատրաստի patrasti *(adj.)* ready-made
պատրաստող patrastogh *(n.)* maker
պատրաստում patrastum *(n.)* preparation
պատրվակ patrvak *(n.)* pretext
պար par *(n.)* dance
պար ուսուցանել par usucanel *(v.)* choreograph
պարագա paraga *(n.)* tackle
պարագաներ paraganer *(n. pl)* paraphernalia
պարադոքս paradoqs *(n.)* paradox
պարադոքսային paradoqsayin *(adj.)* paradoxical
պարային parayin *(adj.)* dancing
պարան paran *(n.)* cable
պարան paran *(n.)* rope
պարաններ paranner *(n.)* moorings
պարաշյուտ parashyut *(n.)* parachute
պարաշյուտիստ parashyutist *(n.)* parachutist
պարապ parap *(adj.)* idle
պարապություն paraputyun *(n.)* idleness
պարապուրդ parapurd *(n.)* outage
պարասրահ parasrah *(n.)* ballroom
պարարտախառնուրդ parartakharrnurd *(n.)* compost
պարարտանյութ parartanyut *(n.)* fertilizer
պարարտացնել parartacnel *(v.)* fertilize
պարարտացնել parartacnel *(v.)* manure
պարաֆին parafin *(n.)* paraffin
պարբերական parberakan *(adj.)* periodical
պարբերական մամուլ parberakan mamul *(n.)* periodical
պարբերություն parberutyun *(n.)* paragraph
պարգև pargev *(n.)* reward
պարգևադրամ pargevadram *(n.)* gratuity
պարգևատրել pargevatrel *(v.)* reward
պարեգոտ paregot *(n.)* toga
պարեկ parek *(n.)* patrol
պարեկել parekel *(v.)* patrol
պարետ paret *(n.)* commandant
պարետային ժամ paretayin djam *(n.)* curfew
պարզ parz *(adj.)* articulate
պարզ parz *(adj.)* clear
պարզ parz *(adj.)* distinct
պարզ parz *(adj.)* explicit
պարզ parz *(adj.)* plain
պարզ parz *(adj.)* simple
պարզաբանել parzabanel *(v.)* illustrate
պարզաբանում parzabanum *(n.)* clarification
պարզամիտ մարդ parzamit mard *(n.)* simpleton
պարզապես parzapes *(adv.)* barely
պարզապես parzapes *(adj.)* just
պարզասրտություն parzasrtutyun *(n.)* candour
պարզեցնել parzecnel *(v.)* simplify
պարզեցում parzecum *(n.)* simplification
պարզորեն parzoren *(adv.)* clearly
պարզորոշ parzorosh *(adj.)* audible
պարզություն parzutyun *(n.)* brightness
պարզություն parzutyun *(n.)* lucidity
պարզություն parzutyun *(n.)* rusticity
պարզություն parzutyun *(n.)* simplicity
պարզություն parzutyun *(n.)* clarity
պարզունակ parzunak *(adj.)* primitive
պարիկ parik *(n.)* wig

պարիսպ parisp *(n.)* enclosure
պարծենալ partsenal *(v.)* boast
պարծենալ partsenal *(v.)* brag
պարծենալ partsenal *(v.)* tout
պարծենկոտ partsenkot *(n.)* bouncer
պարծենկոտ մարդ partsenkot mard *(n.)* braggart
պարկ park *(n.)* sack
պարկապզուկ նվագող parkapzuk nvagogh *(n.)* bagpiper
պարկավոր կենդանի parkavor kendani *(n.)* marsupial
պարկելահարուք parkelaharuq *(n.)* bedsore
պարկեշտ parkesht *(adj.)* decent
պարկեշտություն parkeshtutyun *(n.)* decency
պարկուճային parkuchayin *(adj.)* capsular
պարոդիա parodia *(n.)* parody
պարոն paron *(n.)* gentleman
պարոն paron *(n.)* mister
պարոն paron *(n.)* sahib
պարոն paron *(n.)* sir
պարոնայք paronayq *(n. pl.)* Messrs
պարուհի paruhi *(n.)* dancer
պարունակել parunakel *(v.)* comprise
պարունակել parunakel *(v.)* contain
պարունակել parunakel *(v.)* imply
պարուրաձև paruradzev *(adj.)* spiral
պարսավագիր parsavagir *(n.)* lampoon
պարսավագիր գրել parsavagir grel *(v.)* lampoon
պարսավել parsavel *(v.)* decry
պարսատիկ parsatik *(n.)* catapult
պարսպապատել parspapatel *(v.)* wall
պարտադիր partadir *(adj.)* indispensable
պարտադիր partadir *(adj.)* mandatory
պարտադիր partadir *(adj.)* obligatory
պարտադիր բան partadir ban *(n.)* requisite
պարտադիր ցուցակ partadir cucak *(n.)* bucket list
պարտադրական partadrakan *(adj.)* incumbent
պարտական partakan *(adj.)* indebted
պարտական լինել partakan linel *(v.)* owe
պարտականություն partakanutyun *(n.)* duty
պարտաճանաչ partachanach *(adj.)* dutiful
պարտային partayin *(adj.)* promissory
պարտապան partapan *(n.)* debtor
պարտավոր partavor *(adj.)* liable
պարտավորեցնել partavorecnel *(v.)* oblige
պարտավորություն partavorutyun *(n.)* obligation
պարտատեր partater *(n.)* creditor
պարտատոմս partatoms *(n.)* debenture
պարտատոմսեր partatomser *(n.pl.)* bonds
պարտեզ partez *(n.)* garden
պարտիզան partizan *(n.)* guerilla
պարտիզանական partizanakan *(adj.)* partisan
պարտիզպան partizpan *(n.)* gardener
պարտվել partvel *(v.)* succumb
պարտք partq *(n. pl.)* arrears
պարտք partq *(n.)* debit
պարտք partq *(n.)* debt
պարտք partq *(n.)* due
պարտք վերցնել partq vercnel *(v.)* borrow
պարտք տալ partq tal *(v.)* lend
պարփակել parpakel *(v.)* encapsulate
պարփակել parpakel *(v.)* encompass
պացիֆիզմ pacifizm *(n.)* pacifism
պացիֆիստ pacifist *(n.)* pacifist
պեդանտ pedant *(n.)* pedant
պեղել peghel *(v.)* excavate
պեղումներ peghumner *(n.)* excavation
պենտատոնիկ, հնգատոն pentatonik, hngaton *(adj.)* pentatonic
պետ pet *(n.)* principal
պետ pet *(n.)* warden
պետական petakan *(adj.)* statewide
պետական գործիչ petakan gortsich *(n.)* statesman
պետություն petutyun *(n.)* polity
պետություն petutyun *(n.)* state

պետք է petq e *(v.)* must
պետք է petq e *(v.)* ought
պետք է petq e *(v.)* should
պերճախոս perchakhos *(adj.)* eloquent
պերճախոսություն perchakhosutyun *(n.)* eloquence
պերճախոսություն perchakhosutyun *(n.)* oratory
պզուկ pzuk *(n.)* acne
պիգմենտ pigment *(n.)* pigment
պիթոն piton *(n.)* python
պիժոն pidjon *(n.)* dude
պիկնիկի մասնակցել pikniki masnakcel *(v.)* picnic
պինդ pind *(adj.)* solid
պինդ pind *(adj.)* tight
պինդ մարմին pind marmin *(n.)* solid
պինցետ, աքցան pincet, aqcan *(n.)* forceps
պիոներ pioner *(n.)* pioneer
պիստակ pistak *(n.)* cashew
պիտակ pitak *(n.)* label
պիտակ pitak *(n.)* tag
պիտակ pitak *(n.)* tally
պիտակավոր pitakavor *(adj.)* tally
պիտակավորել pitakavorel *(v.)* label
պիտակավորել pitakavorel *(v.)* tally
պիտանի pitani *(adj.)* applicable
պիտանի pitani *(adj.)* fit
պիտանի pitani *(adj.)* serviceable
պիտանի լինել pitani linel *(v.)* avail
պիտանիության թեստ pitaniutyan test *(n.)* fitness test
պիրոմանտիկ piromantik *(adj.)* pyromantic
պիրոմանտիկ piromantik *(n.)* pyromantic
պիրսինգ pirsing *(n.)* piercing
պիցցա picca *(n.)* pizza
պիցցերիա picceria *(n.)* pizzeria
պիքսել, կետ piqsel, ket *(n.)* pixel
պիքսելացնել, կետավորել piqselacnel, ketavorel *(v.)* pixelate
պլակատ plakat *(n.)* placard
պլակատ plakat *(n.)* poster
պլան plan *(n.)* plan
պլան plan *(n.)* prospectus
պլանավորել planavorel *(v.)* plan
պլաստիկ plastik *(adj.)* plastic
պլաստմասսա plastmassa *(n.)* plastic
պլատին platin *(n.)* platinum
պլատինե platine *(adj.)* platinum
պլատոնական platonakan *(adj.)* platonic
պլացեբիկ placebik *(adj.)* placebic
պլացեբո placebo *(n.)* placebo
պլացենտա, պտղապարկ placenta, ptghapark *(n.)* placenta
պլիս plis *(n.)* plush
պլիսե plisse *(adj.)* plush
պլյուս plyus *(n.)* plus
պլուտոկրատ plutokrat *(adj.)* plutocrat
պլուտոնիկ plutonik *(adj.)* plutonic
պլուտոնիում plutonium *(n.)* plutonium
պլպլալ plplal *(v.)* glimmer
պլպլում plplum *(n.)* glimmer
պղինձ pghindz *(n.)* copper
պղծել pghtsel *(v.)* deflesh
պղպեղ pghpegh *(n.)* pepper
պղպեղել pghpeghel *(v.)* pepper
պղպջակ pghpjak *(n.)* bubble
պճնամոլ pchnamol *(n.)* dandy
պճնամոլ pchnamol *(n.)* flamboyant
պճնամոլ pchnamol *(adj.)* snobbish
պնակալեզ pnakalez *(n.)* sycophant
պնդակազմ pndakazm *(adj.)* stalwart
պնդաճակատ pndachakat *(n.)* diehard
պնդացնել pndacnel *(v.)* harden
պնդել pndel *(v.)* insist
պնդել pndel *(v.)* persevere
պնդում pndum *(n.)* insistence
պնևդրավլիկա pnyevdravlika *(n.)* pneudraulics
պնևմա pnyevma *(n.)* pneuma
պնևմատոլոգիա pnyevmatologia *(n.)* pneumatology
պնևմոգաստրիկ pnyevmogastrik *(adj.)* pneumogastric
պնևմոլոգիա pnyevmologia *(n.)* pneumology
պնևոթերապիա pnyevoterapia *(n.)* pneumotherapy

պոդիում podium *(n.)* catwalk
պոեզիա poezia *(n.)* poesy
պոեզիա poezia *(n.)* poetry
պոեմ poem *(n.)* poem
պոետ poet *(n.)* poet
պոետիկա poetika *(n.)* poetics
պոզ poz *(n.)* horn
պոլիանդր poliandr *(n.)* polyander
պոլիանդրիա poliandria *(n.)* polyandry
պոլիանդրիզմ poliandrizm *(n.)* polyandrianism
պոլիացետիլեն poliacetilen *(n.)* polyacetylene
պոլիբուտեն polibuten *(n.)* polybutene
պոլիբուտիլեն polibutilen *(n.)* polybutylene
պոլիեն polien *(n.)* polyene
պոլիկարբոնատ polikarbonat *(n.)* polycarbonate
պոլիկրատիա polikratia *(n.)* polycracy
պոլիմաթ polimat *(n.)* polymath
պոլիմեթիլեն polimetilen *(n.)* polymethylene
պոլիմեթին polimetin *(n.)* polymethine
պոլիմերային polimerayin *(n.)* polymer
պոլիմերացնել polimeracnel *(v.)* polymerize
պոլիմիոտիկ polimiotik *(adj.)* polymiotic
պոլիմորֆ polimorf *(n.)* polymorph
պոլիմորֆային polimorfayin *(adj.)* polymorphic
պոլիմորֆիզմ polimorfizm *(n.)* polymorphism
պոլիմորֆոզ polimorfoz *(n.)* polymorphosis
պոլինուկլեատ polinukleat *(adj.)* polynucleate
պոլիպրոպիլեն polipropilen *(n.)* polypropylene
պոլիպրոտեին poliprotein *(n.)* polyprotein
պոլիսեմիա polissemia *(n.)* polysemia
պոլիտեխնիկական politekhnikakan *(adj.)* polytechnic
պոլիտեխնիկում politekhnikum *(n.)* polytechnic
պոլո polo *(n.)* polo
պոկեր poker *(n.)* poker
պողպատ poghpat *(n.)* steel
պոմպ pomp *(n.)* pump
պոմպով քաշել pompov qashel *(v.)* pump
պոնի poni *(n.)* pony
պոչ poch *(n.)* tail
պոչային pochayin *(adj.)* caudal
պոպլին poplin *(n.)* poplin
պոռթկում porrtkum *(n.)* boist
պոռթկում porrtkum *(n.)* gust
պոռթկում porrtkum *(n.)* outburst
պոռնիկ porrnik *(n.)* prostitute
պոռնիկ porrnik *(n.)* slut
պոռնիկ porrnik *(n.)* strumpet
պոռնիկ porrnik *(n.)* whore
պոռնկություն porrnkutyun *(n.)* prostitution
պոտաշ potash *(n.)* potash
պուանտիլիզմ puantilizm *(n.)* pointillism
պուանտիլիստ puantilist *(n.)* pointillist
պուդինգ puding *(n.)* pudding
պուլսացիա pulsacia *(n.)* pulsation
պուրակ purak *(n.)* coppice
պուրիստ purist *(n.)* purist
պուրիտանական puritanakan *(adj.)* puritanical
պպզել ppzel *(v.)* squat
պսակ psak *(n.)* acer
պսակ psak *(n.)* coronet
պսակաթերթ psakatert *(n.)* petal
պսիխիկա psikhika *(n.)* psyche
պտեր pter *(n.)* fern
պտղաբեր ptghaber *(adj.)* fecund
պտղաբեր ptghaber *(adj.)* fruitful
պտղաբերություն ptghaberutyun *(n.)* bearing
պտղաբերություն ptghaberutyun *(n.)* fecundation
պտղաբերություն ptghaberutyun *(n.)* fertility
պտղի ptghi *(adj.)* fetal

պտուղ ptugh (n.) foetus
պտույտ ptuyt (n.) rotation
պտույտ ptuyt (n.) whirl
պտուտակ ptutak (n.) screw
պտուտակաբանալի ptutakabanali (n.) spanner
պտտ(վ)ել ptt(v)el (v.) rotate
պտտելը pttela (n.) spin
պտտվել pttvel (v.) pivot
պտտվել pttvel (v.) revolve
պտտվել pttvel (v.) screw
պտտվել pttvel (v.) swirl
պտտվել pttvel (v.) wheel
պտտվել pttvel (v.) whirl
պտտվող pttvogh (adj.) rotary
պրագմատիզմ pragmatizm (n.) pragmatism
պրագմատիկական pragmatikakan (adj.) pragmatic
պրակտիկա praktika (n.) practice
պրակտիկանտ praktikant (n.) practitioner
պրակտիկանտ praktikant (n.) trainee
պրաս pras (n.) leek
պրեմիեր մինիստր premier ministr (n.) premier
պրեմիերա premiera (n.) premiere
պրոեկտոր proektor (n.) projector
պրոեկցիա proekcia (n.) projection
պրոթեզավորված protezavorvats (adj.) prosthetic
պրոցեսոր processor (n.) processor
պրոֆեսիոնալ professional (adj.) professional
պրոֆեսոր professor (n.) professor
պրոֆիլ profil (n.) profile
պրոֆիլով նկարել profilov nkarel (v.) profile

Ջ ջ

ջադու jadu (n.) crone
ջախջախել jakhjakhel (v.) crush
ջահ jah (n.) chandelier
ջայլամ jaylam (n.) ostrich
ջանալ janal (v.) endeavour
ջանալ janal (v.) strive
ջանասեր janaser (adj.) painstaking
ջանք janq (n.) effort
ջանք janq (n.) endeavour
ջատագովական jatagovakan (adj.) aplogetic
ջարդ jard (n.) massacre
ջարդել jardel (v.) hack
ջարդել jardel (v.) massacre
ջարդել jardel (v.) smash
ջարդում jardum (n.) smash
ջարդվել jardvel (v.) shatter
ջեմ jem (n.) jam
ջեմ պահածոյացված jem pahatsoyacvats (adj.) jam-packed
ջերմակայուն jermakayun (adj.) heat-resistant
ջերմային jermayin (adj.) calorific
ջերմային jermayin (adj.) thermal
ջերմային հարված jermayin harvats (n.) heatstroke
ջերմաչափ jermachap (n.) thermometer
ջերմաստիճան jermastichan (n.) temperature
ջերմեռանդ jermerrand (adj.) fervent
ջերմորեն jermoren (adv.) live
ջերմոց jermoc (n.) glasshouse
ջերմոց jermoc (n.) greenhouse
ջերմություն jermutyun (n.) heat
ջիլ jil (n.) tendon
ջին jin (n.) genie
ջինս jins (n.) jean
ջլաբորբոքում jlaborboqum (n.) tendinitis
ջղախոտ jghakhot (n.) plantain
ջղաձգական jghadzgakan (adj.) fitful
ջղաձգական jghadzgakan (adj.) spasmodic
ջղաձգություն jghadzgutyun (n.) convulsion
ջղաձգություն jghadzgutyun (n.) spasm
ջղաձգվել jghadzgvel (v.) convulse
ջնարակ jnarak (n.) glaze
ջնարակել jnarakel (v.) glaze
ջնջել jnjel (v.) ablate
ջնջել jnjel (v.) delete

ջնջել jnjel *(v.)* efface
ջնջել jnjel *(v.)* erase
ջնջել jnjel *(v.)* nullify
ջնջելի jnjeli *(adj.)* deletable
ջոկատ jokat *(n.)* detachment
ջոկատ jokat *(n.)* squad
ջոկել jokel *(v.)* select
ջոկել jokel *(v.)* single
ջոկում jokum *(n.)* selection
ջորի jori *(n.)* mule
ջութակ jutak *(n.)* fiddle
ջութակ jutak *(n.)* violin
ջութակ նվագել jutak nvagel *(v.)* fiddle
ջութակահար jutakahar *(n.)* violinist
ջուլհակ julhak *(n.)* weaver
ջուլհակահաստոց julhakahastoc *(n.)* loom
ջունգլի jungli *(n.)* jungle
ջուտ jut *(n.)* jute
ջուր jur *(n.)* water
ջուր խմելը jur khmela *(n.)* drinking water
ջրազրկել jrazrkel *(v.)* dehydrate
ջրազրկել jrazrkel *(v.)* deodrize
ջրազրկում jrazrkum *(n.)* dehydration
ջրալի jrali *(adj.)* watery
ջրախոտ jrakhot *(n.)* shoreweed
ջրածին jratsin *(n.)* hydrogen
ջրակայուն jrakayun *(adj.)* showerproof
ջրահարս jrahars *(n.)* mermaid
ջրահեռացման խողովակ jraherracman khoghovak *(n.)* drainpipe
ջրաղաց jraghac *(n.)* mill
ջրաղացպան jraghacpan *(n.)* miller
ջրամբար jrambar *(n.)* cistern
ջրային jrayin *(adj.)* aquatic
ջրաներկ jranerk *(n.)* aquatint
ջրանցք jrancq *(n.)* canal
ջրանցք jrancq *(n.)* channel
ջրապատել jrapatel *(v.)* puddle
ջրասամույր jrasamuyr *(n.)* otter
ջրարգելակ jrargelak *(n.)* sluice
ջրափնյա գիծ jrapnya gits *(n.)* coastline
ջրափնյա գիծ jrapnya gits *(n.)* shoreline
ջրափոս jrapos *(n.)* puddle
ջրաքիս jraqis *(n.)* mink
ջրել jrel *(v.)* water
ջրիմուռ jrimurr *(n.)* seaweed
ջրիմուռ jrimurr *(n.)* wrack
ջրիմուռներ jrimurrner *(n.)* algae
ջրծաղիկ jrtsaghik *(n.)* smallpox
ջրկացեխ jrkacekh *(n.)* slush
ջրհեղեղ jrheghegh *(n.)* deluge
ջրհեղեղ jrheghegh *(n.)* flood
ջրհոս jrhos *(n.)* aquarius
ջրհոր jrhor *(n.)* well
ջրմուղագործ jrmughagorts *(n.)* plumber
ջրոգի jrogi *(n.)* merman
ջրվեժ jrvedj *(n.pl.)* falls
ջրվեժ jrvedj *(n.)* waterfall
ջրցանել jrcanel *(v.)* douse

Ռ ռ

ռաբբի rrabbi *(n.)* rabbi
ռադիո rradio *(n.)* radio
ռադիոակտիվ rradioaktiv *(adj.)* radioactive
ռադիոգիր rradiogir *(n.)* radiogram
ռադիոգիր rradiogir *(n.)* wireless
ռադիոգրաֆիա rradiografia *(n.)* radiography
ռադիոլոգիա rradiologia *(n.)* radiology
ռադիոհեռագրություն rradioherragrutyun *(n.)* radiotelegraphy
ռադիոմունոլոգիա rradiomunologia *(n.)* radiommunology
ռադիոյով հաղորդել rradioyov haghordel *(v.)* radio
ռադիոն rradion *(n.)* radion
ռադիոսկան rradioskan *(n.)* radioscan
ռադիոսնդիկ rradiosndik *(n.)* radiomercury
ռադիոտեղորոշում rradioteghoroshum *(n.)* radiolocation
ռադիում rradium *(n.)* radium

ռադիոֆոն rradiofon *(n.)* radiophone
ռազմագետ rrazmaget *(n.)* strategist
ռազմական rrazmakan *(adj.)* warlike
ռազմամթերք rrazmamterq *(n.)* ammunition
ռազմավար rrazmavar *(n.)* salvage
ռազմավարական rrazmavarakan *(adj.)* strategic
ռազմատենչ rrazmatench *(adj.)* bellicose
ռազմատենչ rrazmatench *(adj.)* militant
ռախիտ rrakhit *(n.)* rickets
ռախիտավոր rrakhitavor *(adj.)* rickety
ռակետկա rraketka *(n.)* barnacle
ռակետկա rraketka *(n.)* racket
ռասսայական rrassayakan *(adj.)* racial
ռասիզմ rrassizm *(n.)* racialism
ռասիզմ rrassizm *(n.)* racism
ռասիստ rrassist *(adj.)* racist
ռաստա rrasta *(n.)* rasta
ռացիոնալացնել rracionalacnel *(v.)* rationalize
ռեալիզմ rrealizm *(n.)* realism
ռեալիստ rrealist *(n.)* realist
ռեակտիվ շարժիչ rreaktiv shardjich *(n.)* jet engine
ռեակտոր rreaktor *(n.)* reactor
ռեակցիա rreakcia *(n.)* reaction
ռեակցիոն rreakcion *(adj.)* reactionary
ռեակցիոնիստ rreakcionist *(n.)* reactionist
ռեզինե բադիկ rrezine badik *(n.)* rubber duck
ռեզոնանս rrezonans *(n.)* resonance
ռելսերից ելնել rrelseric yelnel *(v.)* derail
ռելսերից ելնելը rrelseric yelnela *(n.)* derailment
ռեկլամ rreklam *(n.)* advertisement
ռեկլամել rreklamel *(v.)* advertise
ռեհան rrehan *(n.)* basil
ռենտգեն rrentgen *(n.)* x-ray
ռենտգեն անել rrentgen anel *(v.)* x-ray
ռեպերտուար rrepertuar *(n.)* repertoire
ռեսուրսներ rressursner *(n. pl.)* resource
ռեստորան rrestoran *(n.)* restaurant
ռետին rretin *(n.)* eraser
ռետին rretin *(n.)* rubber
ռետինե ճտքակոշիկ rretine chtqakoshik *(n.pl.)* gumboot
ռետինե փամփուշտ rretine pampusht *(n.)* rubber bullet
ռետուշել rretushel *(v.)* retouch
ռեցիդիվ recidiv *(n.)* relapse
ռևմատիզմ rrevmatizm *(n.)* rheumatism
ռևմատիկ rrevmatik *(adj.)* rheumatic
ռեֆլեքս rrefleqs *(n.)* reflex
ռիթմ rritm *(n.)* rhythm
ռիթմիկ rritmik *(adj.)* rhythmic
ռիկշա, սայլակ rriksha, saylak *(n.)* rickshaw
ռմբակոծել rrmbakotsel *(v.)* bombard
ռմբակոծիչ rrmbakotsich *(n.)* bombardier
ռմբակոծիչ rrmbakotsich *(n.)* bomber
ռմբակոծություն rrmbakotsutyun *(n.)* blitz
ռմբակոծություն rrmbakotsutyun *(n.)* bombardment
ռնգային rrngayin *(adj.)* nasal
ռնգային հնչյուն rrngayin hnchyun *(n.)* nasal
ռնգեղջյուր rrngeghjyur *(n.)* rhinoceros
ռոբոտ rrobot *(n.)* robot
ռոմ rrom *(n.)* rum
ռոմանտիկ rromantik *(adj.)* romantic
ռուբիկան rrubican *(adj.)* rubican
ռուբիկոն rrubikon *(n.)* rubicon
ռուբին rrubin *(n.)* rubian
ռուբլի rrubli *(n.)* rouble
ռումբ rrumb *(n.)* bomb
ռունագրեր rrunagrer *(n.pl.)* rune
ռուփի rrupi *(n.)* rupee

Ս ս

սա, դա, նա sa, da, na *(pron.)* it
սագ sag *(n.)* goose

սագա saga *(n.)* saga
սադիզմ sadizm *(n.)* sadism
սադիստ sadist *(n.)* sadist
սադրանք sadranq *(n.)* instigation
սադրանք sadranq *(n.)* provocation
սադրել sadrel *(v.)* instigate
սադրիչ sadrich *(n.)* instigator
սադրիչ sadrich *(adj.)* provocative
սազել sazel *(v.)* befit
սազել sazel *(v.)* suit
սաթ sat *(n.)* amber
սալաթ salat *(n.)* salad
սալահատակ salahatak *(n.)* causeway
սալամանդր salamandr *(n.)* salamander
սալարկել salarkel *(v.)* pave
սալարկել salarkel *(v.)* stone
սալաքար salaqar *(n.)* cobble
սալաքար salaqar *(n.)* cobblestone
սալաքար salaqar *(n.)* slab
սալոն salon *(n.)* Salon
սալոր salor *(n.)* plum
սալտո salto *(n.)* somersault
սախարին sakharin *(n.)* saccharin
սակագին sakagin *(n.)* tariff
սակայն sakayn *(conj.)* however
սակայն sakayn *(conj.)* only
սակայն sakayn *(adv.)* though
սակայն sakayn *(conj.)* yet
սակավ sakav *(adj.)* scant
սակավ sakav *(adj.)* scarce
սակավախոս sakavakhos *(adj.)* taciturn
սակավանալ sakavanal *(v.)* scant
սակավություն sakavutyun *(n.)* paucity
սակավություն sakavutyun *(n.)* scant
սակավություն sakavutyun *(n.)* scarcity
սակարկել sakarkel *(v.)* haggle
սակարկելի sakarkeli *(adj.)* negotiable
սակե, բրինձօղի sake, brindzoghi *(n.)* sake
սահասավառնակ sahassavarrnak *(n.)* glider
սահասավառնել sahassavarrnel *(v.)* plane
սահատախտակ sahatakhtak *(n.)* sandboard
սահել sahel *(v.)* glide
սահել sahel *(v.)* skid
սահել sahel *(v.)* slide
սահել sahel *(v.)* surf
սահել sahel *(v.)* waft
սահիկաշար sahikashar *(n.)* slide
սահման sahman *(n.)* ambit
սահման sahman *(n.)* border
սահման sahman *(n.)* boundary
սահման sahman *(n.)* frontier
սահման sahman *(n.)* limit
սահման sahman *(n.)* mete
սահմանադուռ sahmanadurr *(n.)* flood gate
սահմանադրություն sahmanadrutyun *(n.)* constitution
սահմանազատել sahmanazatel *(v.)* delimit
սահմանազատել sahmanazatel *(v.)* delimitate
սահմանազատել sahmanazatel *(v.)* demarcate
սահմանազատում sahmanazatum *(n.)* delimitation
սահմանազատում sahmanazatum *(n.)* demarcation
սահմանակից sahmanakic *(adj.)* contiguous
սահմանային sahmanayin *(adj.)* marginal
սահմանափակ sahmanapak *(adj.)* finite
սահմանափակ sahmanapak *(adj.)* limited
սահմանափակ sahmanapak *(adj.)* scanty
սահմանափակ(վ)ել sahmanapak(v)el *(v.)* confine
սահմանափակել sahmanapakel *(v.)* abridge
սահմանափակել sahmanapakel *(v.)* bound
սահմանափակել sahmanapakel *(v.)* limit
սահմանափակել sahmanapakel *(v.)* restrict
սահմանափակելի sahmanapakeli

(adj.) terminable
սահմանափակող sahmanapakogh *(adj.)* restrictive
սահմանափակում sahmanapakum *(n.)* abridgement
սահմանափակում sahmanapakum *(n.)* confinement
սահմանափակում sahmanapakum *(n.)* limitation
սահմանափակում sahmanapakum *(n.)* restriction
սահմանել sahmanel *(v.)* define
սահմանել sahmanel *(v.)* rate
սահմանն անցնել sahmann ancnel *(v.)* transcendentalize
սահմանում sahmanum *(n.)* definition
սահում sahum *(n.)* glide
սահում sahum *(n.)* waft
սահուն sahun *(adj.)* fluent
սահուն խոսող sahun khossogh *(n.)* smoothie
սաղավարտ saghavart *(n.)* helmet
սաղարթ saghart *(n.)* foliage
սաղարթավոր saghartavor *(adj.)* foliate
սաղմ saghm *(n.)* embryo
սաղմ saghm *(n.)* germin
սաղմնային saghmnayin *(adj.)* embryonic
սաղմնային saghmnayin *(adj.)* rudimentary
սաղմնավորվել saghmnavorvel *(v.)* germinate
սաղմոս saghmos *(n.)* psalm
սամարացի samaraci *(n.)* samaritan
սամբա samba *(n.)* samba
սամբա պարել samba parel *(v.)* samba
սամբուկա sambuka *(n.)* sambuca
սամիթ samit *(n.)* fennel
սամիթ samit *(n.)* samite
սամուրայ samuray *(n.)* samurai
սամսոնիտ samsonit *(n.)* samsonite
սայթաքել saytaqel *(v.)* slip
սայթաքել saytaqel *(v.)* stumble
սայթաքում saytaqum *(n.)* stumble
սայթաքուն saytaqun *(adj.)* slippery
սայթաքուն ճանապարհ saytaqun chanaparh *(n.)* slip road
սայլ sayl *(n.)* cart
սայլ sayl *(n.)* palanquin
սայր sayr *(n.)* blade
սանգվինիկ sangvinik *(adj.)* sanguine
սանդալ sandal *(n.)* sandal
սանդղակ sandghak *(n.)* scale
սանդուղք sandughq *(n.)* ladder
սանդուղք sandughq *(n.)* staircase
սանիտարական sanitarakan *(adj.)* ambulant
սանիտարական sanitarakan *(adj.)* sanitary
սանձ sandz *(n.)* bridle
սանձ sandz *(n.)* rein
սանձահարել sandzaharel *(v.)* tame
սանձել sandzel *(v.)* curb
սանտիմետր santimetr *(n.)* centimetre
սանր sanr *(n.)* comb
սանր sanr *(n.)* hairbrush
սանրվածք sanrvatsq *(n.)* coiffure
սաունա sauna *(n.)* sauna
սաունդթրեք saundtreq *(n.)* soundtrack
սապատ sapat *(n.)* hunch
սապիենս sapiens *(n.)* sapiens
սառած sarrats *(adj.)* frozen
սառել sarrel *(v.)* congeal
սառեցնել sarrecnel *(v.)* deactivate
սառեցնել sarrecnel *(v.)* freeze
սառեցնել sarrecnel *(v.)* ice
սառեցնել sarrecnel *(v.)* refrigerate
սառեցում sarrecum *(n.)* deactivation
սառեցում sarrecum *(n.)* refrigeration
սառը sarra *(adj.)* chilly
սառնամանիք sarrnamaniq *(n.)* frost
սառնաշաքար sarrnashaqar *(n. pl.)* lollipop
սառնաշաքար sarrnashaqar *(n.)* sundae
սառնարան sarrnaran *(n.)* cooler
սառնարան sarrnaran *(n.)* fridge
սառնարան sarrnaran *(n.)* refrigerator
սառնոտ sarrnot *(adj.)* ice-cold
սառույց sarruyc *(n.)* ice
սառցաբլոկ sarrcablok *(n.)* iceblock
սառցադաշտ sarrcadasht *(n.)* glacier
սառցադույլ sarrcaduyl *(n.)* ice bucket
սառցալեզվակ sarrcalezvak *(n.)* icicle

սառցահատ sarrcahat *(n.)* icebreaker
սառցե sarrce *(adj.)* iced
սառցե sarrce *(adj.)* icy
սառցե գլխարկ sarrce glkhark *(n.)* icecap
սաստիկ sastik *(adv.)* highly
սաստիկ sastik *(adv.)* utterly
սավան savan *(n.)* bed sheet
սավան savan *(n.)* sheet
սավառնել savarrnel *(v.)* soar
սատանա satana *(n.)* demon
սատանա satana *(n.)* devil
սատանա satana *(n.)* fiend
սատանա satana *(n.)* satan
սատանայաբար satanayabar *(adv.)* satanically
սատանայական satanayakan *(adj.)* satanic
սատանայություն satanayutyun *(n.)* devilry
սատարում satarum *(n.)* backing
սար sar *(n.)* mount
սարահարթ sarahart *(n.)* plateau
սարդ sard *(n.)* spider
սարդոնիկ sardonik *(adj.)* sardonic
սարդոստայն sardostayn *(n.)* cobweb
սարժ sardj *(n.)* serge
սարկազմ sarkazm *(n.)* sarcasm
սարկավագ sarkavag *(n.)* deacon
սարսափ sarsap *(n.)* consternation
սարսափ sarsap *(n.)* dismay
սարսափ sarsap *(n.)* dread
սարսափ sarsap *(n.)* horror
սարսափել sarsapel *(v.)* dread
սարսափելի sarsapeli *(adj.)* dire
սարսափելի sarsapeli *(adj.)* dreadful
սարսափելի sarsapeli *(adj.)* grim
սարսափելի sarsapeli *(adj.)* hideous
սարսափելի sarsapeli *(adj.)* terrible
սարսափելի sarsapeli *(adj.)* terrific
սարսափելի sarsapeli *(adj.)* tremendous
սարսափելի մարդ sarsapeli mard *(n.)* dreadful
սարսափեցնել sarsapecnel *(v.)* terrify
սարք sarq *(n.)* apparatus
սարք sarq *(n.)* device
սարք sarq *(n.)* fixer-upper
սարք sarq *(n.)* gizmo
սարքավորել sarqavorel *(v.)* accoutre
սարքավորել sarqavorel *(v.)* adjust
սարքավորել sarqavorel *(v.)* outfit
սարքավորում sarqavorum *(n.)* adjustment
սարքավորում sarqavorum *(n.)* equipment
սարքավորում sarqavorum *(n.)* instalment
սարքավորում sarqavorum *(n.)* outfit
սարքավորումներ sarqavorumner *(n.pl.)* accoutrements
սարքովի sarqovi *(adj.)* mock
սափոր sapor *(n.)* jug
սափոր sapor *(n.)* pitcher
սափոր sapor *(n.)* urn
սափրիչ saprich *(n.)* barber
սափրում saprum *(n.)* shave
սափրված saprvats *(adj.)* shaven
սափրվել saprvel *(v.)* shave
սափրվելը saprvela *(n.)* shaving
սաքսոֆոն saqsofon *(n.)* saxophone
սաքսոֆոնահար saqsofonahar *(n.)* saxophonist
սգալ sgal *(v.)* bewail
սգալ sgal *(v.)* mourn
սգալի sgali *(adj.)* mournful
սգացող sgacogh *(n.)* mourner
սգերգ sgerg *(n.)* requiem
սեզոն sezon *(n.)* season
սեզոնային sezonayin *(adj.)* seasonal
սեթևեթանք setyevetanq *(n.)* affectation
սեթևեթող կին setyevetogh kin *(n.)* prude
սելֆի selfi *(n.)* selfie
սեխ sekh *(n.)* melon
սեղան seghan *(n.)* table
սեղանատամ seghanatam *(n.)* molar
սեղանի խաղ seghani khagh *(n.)* board game
սեղմել seghmel *(v.)* clench
սեղմել seghmel *(v.)* clinch
սեղմել seghmel *(v.)* compress
սեղմել seghmel *(v.)* constrict
սեղմել seghmel *(v.)* decompress
սեղմել seghmel *(v.)* press

սեղմել seghmel *(v.)* squeeze
սեղմել seghmel *(v.)* strangle
սեղմել seghmel *(v.)* wring
սեղմիչ seghmich *(n.)* clamp
սեղմում seghmum *(n.)* decompression
սեղմում seghmum *(n.)* grip
սեղմում seghmum *(n.)* strangulation
սեմինար seminar *(n.)* seminar
սեյսմիկություն seysmikutyun *(n.)* seismicity
սեյսմոգրամ seysmogram *(n.)* seismogram
սեյսմոգրաֆ seysmograf *(n.)* seismograph
սեյսմոգրաֆիա seysmografia *(n.)* seismography
սեյսմոլոգ seysmolog *(n.)* seismologist
սեյսմոլոգիա seysmologia *(n.)* seismology
սեյսմոսկոպ seysmokop *(n.)* seismoscope
սեյֆ seyf *(n.)* safe
սեյֆի գող seyfi gogh *(n.)* safebreaker
սենատ senat *(n.)* senate
սենատոր senator *(n.)* senator
սենատորական senatorakan *(adj.)* senatorial
սենեկապետ senekapet *(n.)* chamberlain
սենեկասպասավոր senekaspassavor *(n.)* valet
սենյակ senyak *(n.)* locus
սենյակ senyak *(n.)* room
սենյակակից senyakakic *(n.)* room-mate
սենյակային senyakayin *(adj.)* indoor
սենսացիա sensacia *(n.)* sensation
սենսացիոն sensacion *(adj.)* sensational
սեպ sep *(n.)* peg
սեպ sep *(n.)* wedge
սեպել sepel *(v.)* peg
սեպել sepel *(v.)* wedge
սեպսիս sepsis *(n.)* sepsis
սեպտեմբեր september *(n.)* September
սեպտիկ, նեխային septik, nekhayin *(adj.)* septic
սեռ serr *(n.)* gender
սեռ serr *(n.)* sex
սեռական serrakan *(adj.)* genital
սեռական serrakan *(adj.)* sexual
սեռական գեղձեր serrakan geghdzer *(n.pl.)* gonads
սեռական հասունություն serrakan hassunutyun *(n.)* puberty
սեռական հարաբերություն serrakan haraberutyun *(n.)* sodomy
սեռական օրգաններ serrakan organner *(n.)* genitalia
սեռապես serrapes *(adv.)* sexily
սեռավարակ serravarak *(n.)* scabies
սեր ser *(n.)* affection
սեր ser *(n.)* amour
սեր ser *(n.)* endearment
սեր ser *(n.)* liking
սեր ser *(n.)* love
սերել serel *(v.)* father
սերժանտ serdjant *(n.)* sergeant
սերիալ serial *(n.)* serial
սերիական seriakan *(adj.)* serial
սերմ serm *(n.)* seed
սերմանել sermanel *(v.)* insinuate
սերմանել sermanel *(v.)* seed
սերմնահեղուկ sermnaheghuk *(n.)* semen
սերմնահեղուկ sermnaheghuk *(n.)* sperm
սերմնային sermnayin *(adj.)* seminal
սերունդ serund *(n.)* descent
սերունդ serund *(n.)* generation
սերունդ serund *(n.)* offspring
սերունդ serund *(n.)* posterity
սերունդ serund *(n.)* progeny
սերունդ serund *(n.)* spawn
սերտորեն sertoren *(adv.)* thick
սև sev *(adj.)* black
սև աշխատանք կատարել sev ashkhatanq katarel *(v.)* moil
սև կեռնեխ sev kerrnekh *(n.)* blackbird
սև ցուցակ sev cucak *(n.)* blacklist
սևամորթ մարդ sevamort mard *(n.)* kaffir
սևացնել sevacnel *(v.)* blacken
սևեռուն severrun *(adj.)* agaze

սեփական sepakan *(adj.)* own
սեփական անձը sepakan andza *(n.)* self
սեփականատեր sepakanater *(n.)* owner
սեփականատեր sepakanater *(n.)* proprietor
սեփականատիրական sepakanatirakan *(adj.)* proprietary
սեփականություն sepakanutyun *(n.)* ownership
սեփականություն sepakanutyun *(n.)* property
սեքսով զբաղվել seqsov zbaghvel *(v.)* sex
սեքսուալ seqsual *(adj.)* sexy
սեքսուալացնել seqsualacnel *(v.)* eroticize
սեքսուալություն seqsualutyun *(n.)* sexuality
սիամական siamakan *(adj.)* siamese
սիգար sigar *(n.)* cheroot
սիգար sigar *(n.)* cigar
սիգարետ sigaret *(n.)* cigarette
սիզամարգ sizamarg *(n.)* lawn
սիլիկատ silikat *(n.)* silica
սիլիցեն silicen *(n.)* silicene
սիլիցիում silicium *(n.)* silicon
սիմբիոզ simbioz *(n.)* symbiosis
սիմբիոտ simbiot *(n.)* symbiote
սիմպոզիում simpozium *(n.)* symposium
սիմպտոմատիկ simptomatik *(adj.)* symptomatic
սիմվոլ simvol *(n.)* symbol
սիմվոլացնել simvolacnel *(v.)* symbolize
սիմվոլիզմ simvolizm *(n.)* symbolism
սիմվոլիկ simvolik *(adj.)* symbolic
սիմֆոնիա simfonia *(n.)* symphony
սինեպլեքս sinepleqs *(n.)* cineplex
սիներգիա sinergia *(n.)* synergy
սինթեզ sintez *(n.)* synthesis
սինթետիկ sintetik *(n.)* synthetic
սինթետիկ sintetik *(adj.)* synthetic
սիսեռ siserr *(n.)* chickpea
սիսեռ sisserr *(n.)* pea
սիրաբանել sirabanel *(v.)* philander

սիրալիր siralir *(adj.)* affable
սիրալիր siralir *(adj.)* amiable
սիրալիր լինել siralir linel *(v.)* favour
սիրալիրություն siralirutyun *(n.)* amenity
սիրալիրություն siralirutyun *(n.)* amiability
սիրախաղ sirakhagh *(n.)* flirt
սիրախաղ անել sirakhagh anel *(v.)* flirt
սիրած կենդանի sirats kendani *(n.)* pet
սիրահարված siraharvats *(adj.)* amorous
սիրահարված siraharvats *(adj.)* enamoured
սիրահարվածություն siraharvatsutyun *(n.)* enamourment
սիրահարվածություն siraharvatsutyun *(n.)* infatuation
սիրահարվել siraharvel *(v.)* enamour
սիրամարգ siramarg *(n.)* peacock
սիրային sirayin *(adj.)* amatory
սիրավառ հայացք siravarr hayacq *(n.)* ogle
սիրավեպ siravep *(n.)* romance
սիրատածել siratatsel *(v.)* woo
սիրատածում siratatsum *(n.)* courtship
սիրել sirel *(v.)* love
սիրել տալ sirel tal *(v.)* endear
սիրելի sireli *(adj.)* beloved
սիրելի sireli *(adj.)* darling
սիրելի sireli *(adj.)* dear
սիրելի sireli *(adj.)* favourite
սիրելի sireli *(adj.)* lovable
սիրելի sireli *(adj.)* lovely
սիրելիս sirelis *(n.)* darling
սիրեկան sirekan *(n.)* lover
սիրեկան sirekan *(n.)* mash
սիրեկան sirekan *(n.)* paramour
սիրեցյալ sirecyal *(n.)* favourite
սիրող sirox *(adj.)* affectionate
սիրող sirogh *(adj.)* fond
սիրող sirogh *(n.)* fondler
սիրող sirogh *(adj.)* loving
սիրունատես sirunates *(adj.)* pretty
սիրունատեսություն sirunatesutyun

(n.) prettiness
սիրտ sirt *(n.)* heart
սլանալ slanal *(v.)* lunge
սլանալ slanal *(v.)* rush
սխալ skhal *(n.)* error
սխալ skhal *(n.)* gaffe
սխալ skhal *(n.)* impropriety
սխալ skhal *(adj.)* incorrect
սխալ skhal *(n.)* mistake
սխալ skhal *(adv.)* wrong
սխալ skhal *(adj.)* wrong
սխալ ախտորոշել skhal akhtoroshel *(v.)* misdiagnose
սխալ անվանել skhal anvanel *(v.)* miscall
սխալ անվանում skhal anvanum *(n.)* misnomer
սխալ ընկալում akhal ankalum *(n.)* misperception
սխալ կիրառում skhal kirarrum *(n.)* misapplication
սխալ հաշվել skhal hashvel *(v.)* miscalculate
սխալ հաշվում skhal hashvum *(n.)* miscalculation
սխալ հասկանալ skhal haskanal *(v.)* misapprehend
սխալ հասկանալ skhal haskanal *(v.)* misconceive
սխալ հասկանալ skhal haskanal *(v.)* misunderstand
սխալ հասկացում skhal haskacum *(n.)* misapprehension
սխալ մեկնաբանել skhal meknabanel *(v.)* misconstrue
սխալ ուղղորդել skhal ughghordel *(v.)* misdirect
սխալ պատկերացում skhal patkeracum *(n.)* misconception
սխալ վարք skhal varq *(n.)* misconduct
սխալ տեղադրել skhal teghadrel *(v.)* misplace
սխալ տպագրել skhal tpagrel *(v.)* misprint
սխալ ցուցմունք skhal cucmunq *(n.)* misdirection
սխալական skhalakan *(adj.)* erroneous
սխալական skhalakan *(adj.)* faulty
սխալվել skhalvel *(v.)* err
սխալվել skhalvel *(v.)* mistake
սխեմա skhema *(n.)* schematic
սխեմա skhema *(n.)* scheme
սխեմատիկ skhematik *(adj.)* schematic
սխեմատիկ skhematik *(n.)* schematist
սխեմատիկորեն skhematikoren *(adv.)* schematically
սխտոր skhtor *(n.)* garlic
սխտորոտ skhtorot *(adj.)* garlicky
սխրագործություն skhragortsutyun *(n.)* exploit
սխրագործություն skhragortsutyun *(n.)* feat
սկահակ skahak *(n.)* vase
սկանավորել skanavorel *(v.)* scan
սկանավորում skanavorum *(n.)* scan
սկանդալ skandal *(n.)* scandal
սկանդինավյան skandinavyan *(adj.)* Nordic
սկաներ skaner *(n.)* scanner
սկավառակ skavarrak *(n.)* disc
սկզբից skzbic *(adv.)* first
սկզբնական skzbnakan *(adj.)* elementary
սկզբնական skzbnakan *(adj.)* initial
սկզբնատառեր skzbnatarrer *(n. pl.)* initial
սկզբնատառեր դնել skzbnatarrer dnel *(v.)* initial
սկզբունք skzbunq *(n.)* maxim
սկզբունք skzbunq *(n.)* principle
սկիզբ skizb *(n.)* beginning
սկիզբ skizb *(n.)* commencement
սկիզբ skizb *(n.)* inception
սկիզբ skizb *(n.)* onset
սկիպիդար skipidar *(n.)* pitch
սկիպիդար skipidar *(n.)* turpentine
սկյուռ skyurr *(n.)* squirrel
սկոտչ skotch *(n.)* duct tape
սկուտեղ skutegh *(n.)* coaster
սկուտեղ skutegh *(n.)* tray
սկուտեղին դնել skuteghin dnel *(v.)* tray
սկս(վ)ել sks(v)el *(v.)* commence
սկսած sksats *(prep.)* since

uksel sksel *(v.)* begin
uksel sksel *(v.)* launch
uksnak sksnak *(n.)* beginner
uksnak sksnak *(n.)* novice
uksnak sksnak *(n.)* tenderfoot
ukvayr skvayr *(n.)* squire
sghagrogh sghagrogh *(n.)* stenographer
sghagrutyun sghagrutyun *(n.)* shorthand
sghagrutyun sghagrutyun *(n.)* stenography
sghoc sghoc *(n.)* saw
sghoc sghoc *(n.)* sawbench
sghocatorr sghocatorr *(n.)* sawbuck
sghocatrchun sghocatrchun *(n.)* sawbill
sghocadzuk sghocadzuk *(n.)* sawfish
sghocaran sghocaran *(n.)* sawmill
sghocel sghocel *(v.)* saw
sghocogh sghocogh *(n.)* sawyer
smbak smbak *(n.)* hoof
smbuk smbuk *(n.)* aubergine
syun syun *(n.)* pillar
syunak syunak *(n.)* bollard
syunak syunak *(n.)* column
syunasrah syunasrah *(n.)* porch
syunasrah syunasrah *(n.)* portico
snahavat snahavat *(adj.)* superstitious
snahavatutyun snahavatutyun *(n.)* superstition
snank snank *(adj.)* bankrupt
snankacum snankacum *(n.)* bankruptcy
snaparr snaparr *(adj.)* vainglorious
snaparrutyun snaparrutyun *(n.)* vainglory
sndik sndik *(n.)* mercury
sndik sndik *(n.)* quicksilver
sndikayin sndikayin *(adj.)* mercurial
sndkazodel sndkazodel *(v.)* amalgamate
sndkazodum sndkazodum *(n.)* amalgamation
snduk snduk *(n.)* bin
snduk snduk *(n.)* coffer
snel snel *(v.)* nourish
snndarar snndarar *(adj.)* nutritious
snndarar snndarar *(adj.)* nutritive
snndi matakarar snndi matakarar *(n.)* caterer
snob snob *(n.)* snob
snobizm snobizm *(n.)* snobbery
snund snund *(n.)* feed
snund snund *(n.)* food
snund snund *(n. pl)* victuals
snucich snucich *(n.)* nutrient
snucum snucum *(n.)* nourishment
snucum snucum *(n.)* nutrition
sodomabnik sodomabnik *(n.)* sodomite
solo solo *(adj.)* solo
solo solo *(adv.)* solo
sokh sokh *(n.)* onion
sokhak sokhak *(n.)* nightingale
sokhadzev sokhadzev *(adj.)* bulbous
soghal soghal *(v.)* crawl
soghal soghal *(v.)* creep
soghacogh soghacogh *(adj.)* creepy
soghnak soghnak *(n.)* latch
soghun soghun *(n.)* creeper
soghun soghun *(n.)* reptile
sochi sochi *(n.)* pine
sonet sonet *(n.)* sonnet
sonografia sonografia *(n.)* sonography
sous sous *(n.)* sauce
sosapel sosapel *(v.)* rustle
sossi sossi *(n.)* sycamore
sosindz sosindz *(n.)* glue
sosindz sosindz *(n.)* sticker
soskali soskali *(adj.)* atrocious
soskali soskali *(adj.)* awful
soskali soskali *(adj.)* ghastly
soskalioren soskalioren *(adv.)* dreadfully
sosndzanyut sosndzanyut *(n.)* epoxy
sosndzapayt sosndzapayt *(n.)* glue stick
sosndzel sosndzel *(v.)* paste
sosndzel sosndzel *(v.)* stick
sosndzvel sosndzvel *(v.)* glue
sov sov *(n.)* famine
sov sov *(n.)* hunger
sov sov *(n.)* starvation
sovats sovats *(adj.)* hungry

սովամահ լինել sovamah linel *(v.)* starve
սովոր sovor *(adj.)* wont
սովորաբար sovorabar *(adv.)* usually
սովորական sovorakan *(adj.)* common
սովորական sovorakan *(adj.)* customary
սովորական sovorakan *(adj.)* ordinary
սովորական sovorakan *(adj.)* prosaic
սովորական sovorakan *(adj.)* routine
սովորական sovorakan *(adj.)* trivial
սովորական sovorakan *(adj.)* usual
սովորական sovorakan *(adj.)* wonted
սովորել sovorel *(v.)* learn
սովորեցնել sovorecnel *(v.)* habituate
սովորեցնել sovorecnel *(v.)* teach
սովորող sovorogh *(n.)* learner
սովորություն sovorutyun *(n.)* custom
սովորություն sovorutyun *(n.)* habit
սովորություն sovorutyun *(n.)* wont
սոցիալական socialakan *(n.)* social
սոցիալիզմ socializm *(n.)* socialism
սոցիալիստ socialist *(n.)* socialist
սոցիալիստ socialist *(n.)* socialite
սոցիոլոգիա sociologia *(n.)* sociology
սուբյեկտիվ subyektiv *(adj.)* subjective
սուբսիդավորել subsidavorel *(v.)* subsidize
սուգ sug *(n.)* mourning
սուզանավ suzanav *(n.)* submarine
սուզել suzel *(v.)* immerse
սուզել suzel *(v.)* submerge
սուզում suzum *(n.)* dive
սուզում suzum *(n.)* immersion
սուզում suzum *(n.)* plunge
սուզվել suzvel *(v.)* dip
սուզվել suzvel *(v.)* dive
սուզվել suzvel *(v.)* duck
սուզվել suzvel *(v.)* plunge
սուզվել suzvel *(v.)* sink
սուլական sulakan *(adj.)* sibilant
սուլել sulel *(v.)* hiss
սուլել sulel *(v.)* sibilate
սուլել sulel *(v.)* whistle
սուլել sulel *(v.)* whiz
սուլելը sulela *(n.)* sibilating
սուլոց suloc *(n.)* beep
սուլոց suloc *(n.)* hiss

սուլոց suloc *(n.)* whistle
սուկի, ֆիլե suki, file *(n.)* fillet
սունկ sunk *(n.)* mushroom
սուսեր susser *(n.)* rapier
սուսերամարտ suseramart *(n.)* fencing
սուսերամարտիկ suseramartik *(n.)* fencer
սուտ sut *(n.)* deceit
սուտ sut *(n.)* deception
սուտ sut *(adj.)* false
սուտ sut *(n.)* lie
սուտ լուր sut lur *(n.)* canard
սուտակ sutak *(n.)* ruby
սուտասան sutasan *(n.)* liar
սուր sur *(adj.)* acute
սուր sur *(adj.)* keen
սուր sur *(adj.)* piercing
սուր sur *(adj.)* poignant
սուր sur *(adj.)* sharp
սուր sur *(adj.)* strident
սուր ընթանալ sur antanal *(v.)* gallop
սուր կերպով sur kerpov *(adv.)* sharp
սուր ցավ sur cav *(n.)* pang
սուր ցավ sur cav *(n.)* smart
սուրբ surb *(adj.)* holy
սուրբ surb *(adj.)* sacred
սուրբ surb *(n.)* saint
սուրբ surb *(adj.)* saintly
Սուրբ Ծնունդ Surb Tsnund *(n.)* Christmas
Սուրբ ծնունդ Surb tsnund *(n.)* Xmas
սուրհանդակ surhandak *(n.)* courier
սուրհանդակ surhandak *(n.)* herald
սուրհանդակ surhandak *(n.)* messenger
սուրճ surch *(n.)* coffee
սուրճի ընդմիջում surchi andmijum *(n.)* coffee break
սոփեստ sopest *(n.)* sophist
սոփիզմ sopizm *(n.)* sophism
սպա spa *(n.)* groom
սպա spa *(n.)* officer
սպանախ spanakh *(n.)* spinach
սպանդանոց spandanoc *(n. pl.)* shambles
սպանել spanel *(v.)* assassinate
սպանել spanel *(v.)* burke

սպանել spanel *(v.)* kill
սպանել spanel *(v.)* murder
սպանել spanel *(v.)* slay
սպանել spanel *(v.)* stab
սպանյել spanyel *(n.)* spaniel
սպանություն spanutyun *(n.)* assassination
սպանություն spanutyun *(n.)* homicide
սպանություն spanutyun *(n.)* kill
սպանություն spanutyun *(n.)* murder
սպառազինել sparrazinel *(v.)* equip
սպառազինություն sparrazinutyun *(n.)* armament
սպառազինություն sparrazinutyun *(n.)* armature
սպառել sparrel *(v.)* consume
սպառել sparrel *(v.)* deplete
սպառել sparrel *(v.)* exhaust
սպառնալ sparrnal *(v.)* menace
սպառնալ sparrnal *(v.)* threaten
սպառնալիք sparrnaliq *(n.)* menace
սպառնալիք sparrnaliq *(n.)* threat
սպառող sparrogh *(n.)* consumer
սպառում sparrum *(n.)* consumption
սպառում sparrum *(n.)* depletion
սպառված sparrvats *(adj.)* depleted
սպասազգեստ spassazgest *(n.)* livery
սպասավոր spassavor *(n.)* attendant
սպասավոր spassavor *(n.)* bellboy
սպասավոր spassavor *(n.)* butler
սպասավոր spassavor *(n.)* domestic
սպասարկել spassarkel *(v.)* cater
սպասարկել spassarkel *(v.)* minister
սպասարկել spasarkel *(v.)* service
սպասարկում spasarkum *(n.)* service
սպասել spasel *(v.)* await
սպասել spassel *(v.)* bide
սպասել spassel *(v.)* wait
սպասուհի spasuhi *(n.)* maid
սպասուհի spasuhi *(n.)* wench
սպասում spasum *(n.)* anticipation
սպասում spasum *(n.)* wait
սպասք spasq *(n.)* utensil
սպասքապահարան spasqapaharan *(n.)* sideboard
սպի spi *(n.)* scar
սպիանալ spianal *(v.)* scar

սպիտակ spitak *(adj.)* white
սպիտականերկ spitakanerk *(n.)* white
սպիտակավուն spitakavun *(adj.)* whitish
սպիտակեղեն spitakeghen *(n.)* linen
սպիտակեցնել spitakecnel *(v.)* blanch
սպիտակեցնել spitakecnel *(v.)* bleach
սպիտակեցնել spitakecnel *(v.)* blench
սպիտակեցնել spitakecnel *(v.)* whiten
սպիտակեցնել spitakecnel *(v.)* whitewash
սպիտակեցում spitakecum *(n.)* whitewash
սպիտակուց spitakuc *(n.)* albumen
սպիտակուց spitakuc *(n.)* protein
սպիրտագործարան spirtagortsaran *(n.)* distillery
սպորտ sport *(n.)* sport
սպորտային sportayin *(adj.)* sportive
սպորտով զբաղվել sportov zbaghvel *(v.)* sport
սպունգ spung *(n.)* sponge
սպունգով լվանալ spungov lvanal *(v.)* sponge
սպրինտ sprint *(n.)* sprint
սվաղ svagh *(n.)* plaster
սվաղել svaghel *(v.)* plaster
սվին svin *(n.)* bayonet
սվինահարել svinaharel *(v.)* jab
սվիտեր sviter *(n.)* jersey
սվիտեր sviter *(n.)* pullover
սվիտեր sviter *(n.)* sweater
սվսվախոսություն svsvakhosutyun *(n.)* lisp
ստախոս stakhos *(adj.)* deceitful
ստախոսություն stakhosutyun *(n.)* falsehood
ստամոքս stamoqs *(n.)* stomach
ստամոքսային stamoqsayin *(adj.)* gastric
ստանալ stanal *(v.)* acquire
ստանալ stanal *(v.)* get
ստանալ stanal *(v.)* obtain
ստանալ stanal *(v.)* receive
ստանդարտ standart *(adj.)* standard
ստանդարտացնել standartacnel *(v.)* standardize

ստանդարտացում standartacum *(n.)* standardization
ստանձնել standznel *(v.)* assume
ստանձնում standznum *(n.)* assumption
ստանձնում standznum *(n.)* takeover
ստատիկ statik *(n.)* static
ստատիկ statik *(adj.)* static
ստատիկա statika *(n.)* statics
ստացական stacakan *(n.)* receipt
ստացող stacogh *(n.)* receiver
ստացող stacogh *(n.)* recipient
ստել stel *(v.)* lie
ստեղծագործական steghtsagortsakan *(adj.)* creative
ստեղծել steghtsel *(v.)* create
ստեղծող steghtsogh *(n.)* creator
ստեղծում steghtsum *(n.)* creation
ստեղնաշար steghnashar *(n.)* keyboard
ստեղնաշար steghnashar *(n.)* keypad
ստետոսկոպ stetoskop *(n.)* stethoscope
ստերեոտիպ stereotip *(adj.)* stereotyped
ստերեոտիպ անել stereotip anel *(v.)* stereotype
ստերիլ steril *(adj.)* aseptic
ստերիլացնել sterilacnel *(v.)* sterilize
ստերիլություն sterilutyun *(n.)* sterility
ստերոիդ steroid *(n.)* steroid
ստիպել stipel *(v.)* compel
ստոիկ stoik *(n.)* stoic
ստոծանի stotsani *(n.)* midriff
ստոր stor *(adj.)* abject
ստոր stor *(adj.)* nefarious
ստոր stor *(adj.)* vile
ստորաբաժանել storabadjanel *(v.)* subdivide
ստորագրել storagrel *(v.)* endorse
ստորագրել storagrel *(v.)* sign
ստորագրող կողմ storagrogh koghm *(n.)* signatory
ստորագրություն storagrutyun *(n.)* signature
ստորագրում storagrum *(n.)* signing
ստորադաս storadas *(adj.)* inferior

ստորադաս storadas *(adj.)* subordinate
ստորադաս storadas *(adj.)* tributary
ստորադասել storadassel *(v.)* subordinate
ստորադասություն storadasutyun *(n.)* inferiority
ստորադասում storadassum *(n.)* subordination
ստորադրյալ storadryal *(n.)* subordinate
ստորակարգություն storakargutyun *(n.)* hierarchy
ստորակետ storaket *(n.)* comma
ստորացնել storacnel *(v.)* abase
ստորացնել storacnel *(v.)* debase
ստորացնել storacnel *(v.)* degrade
ստորացնել storacnel *(v.)* demean
ստորացնել storacnel *(v.)* humiliate
ստորացնել storacnel *(v.)* lower
ստորացում storacum *(n.)* humiliation
ստորացուցիչ storacucich *(adj.)* degrading
ստորաքարշ storaqarsh *(adj.)* subservient
ստորաքարշություն storaqarshutyun *(n.)* subservience
ստորաքարշություն storaqarshutyun *(n.)* sycophancy
ստորգետնյա storgetnya *(adj.)* subterranean
ստորգետնյա հոսանք storgetnya hossanq *(n.)* undercurrent
ստորերկրյա շենք storyerkrya shenq *(n.)* catacomb
ստորին storin *(adj.)* nether
ստորին storin *(adj.)* under
ստորոգյալ storogyal *(n.)* predicate
ստորություն storutyun *(n.)* meanness
ստորջրյա storjrya *(adj.)* submarine
ստորջրյա լաբորատորիա storjrya laboratoria *(n.)* sealab
ստուգաբանություն stugabanutyun *(n.)* etymology
ստուգել stugel *(v.)* check
ստուգել stugel *(v.)* inspect
ստուգել stugel *(v.)* quiz
ստուգել stugel *(v.)* revise

ստուգել stugel *(v.)* verify
ստուգում stugum *(n.)* check
ստուգում stugum *(n.)* checkout
ստուգում stugum *(n.)* quiz
ստուգում stugum *(n.)* verification
ստուդիա studia *(n.)* studio
ստույգ stuyg *(adj.)* exact
ստվարաթղթե տուփ stvaratghte tup *(n.)* carton
ստվարաթուղթ stvaratught *(n.)* cardboard
ստվեր stver *(n.)* shade
ստվեր stver *(n.)* shadow
ստվերագծել stveragtsel *(v.)* shade
ստվերանկար stverankar *(n.)* silhouette
ստվերել stverel *(v.)* overshadow
ստվերել stverel *(v.)* shadow
ստվերոտ stverot *(adj.)* shadowy
ստրատեգիա strategia *(n.)* strategy
ստրկական strkakan *(adj.)* servile
ստրկական strkakan *(adj.)* slavish
ստրկամիտ strkamit *(adj.)* menial
ստրկամտություն strkamtutyun *(n.)* servility
ստրկացնել strkacnel *(v.)* enslave
ստրկացում strkacum *(n.)* servitude
ստրկացում strkacum *(n.)* thralldom
ստրկորեն աշխատել strkoren ashkhatel *(v.)* slave
ստրկություն strkutyun *(n.)* slavery
ստրուկ struk *(n.)* slave
ստրուկ struk *(n.)* thrall
սրածայր զենք sratsayr zenq *(n.)* polearm
սրակետ sraket *(n.)* occipital
սրակետային sraketayin *(adj.)* occipital
սրահ srah *(n.)* hall
սրահ srah *(n.)* parlour
սրամիտ sramit *(adj.)* astute
սրամիտ sramit *(adj.)* cute
սրամիտ sramit *(adj.)* witty
սրամտություն sramtutyun *(n.)* repartee
սրամտություն sramtutyun *(n.)* witticism
սրբազան srbazan *(adj.)* sacrosanct

սրբան srban *(n.)* anus
սրբապիղծ srbapights *(adj.)* sacrilegious
սրբապղծություն srbapghtsutyun *(n.)* sacrilege
սրբավայր srbavayr *(n.)* sanctuary
սրբավայր srbavayr *(n.)* shrine
սրբացնել srbacnel *(v.)* canonize
սրբացնել srbacnel *(v.)* sanctify
սրբացում srbacum *(n.)* sanctification
սրբել srbel *(v.)* obliterate
սրբել srbel *(v.)* towel
սրբիչ srbich *(n.)* towel
սրբություն srbutyun *(n.)* sanctity
սրել srel *(v.)* sharpen
սրել srel *(v.)* whet
սրընթաց srantac *(adj.)* dashing
սրիկա srika *(n.)* crook
սրիկա srika *(n.)* impostor
սրիկա srika *(n.)* knave
սրիկա srika *(n.)* miscreant
սրիկա srika *(n.)* rascal
սրիկա srika *(n.)* rogue
սրիկա srika *(n.)* scoundrel
սրիկա srika *(n.)* sharper
սրիկայական srikayakan *(adj.)* roguish
սրիկայություն srikayutyun *(n.)* knavery
սրիկայություն srikayutyun *(n.)* roguery
սրիչ srich *(n.)* sharpener
սրճահատիկ srchahatik *(n.)* coffee bean
սրճարան srcharan *(n.)* cafe
սրճեփ srchep *(n.)* coffee maker
սրություն srutyun *(n.)* keenness
սրունքոսկր srunqoskr *(n.)* shin
սրսկել srskel *(v.)* inject
սրսկում srskum *(n.)* injection
սրվակ srvak *(n.)* vial
սրտաբանություն srtabanutyun *(n.)* cardiology
սրտաճմլիկություն srtachmlikutyun *(n.)* heartbreak
սրտային srtayin *(adj.)* cardiac
սրտային srtayin *(adj.)* cordial
սրտանց srtanc *(adv.)* heartily

սրտաշարժ srtashardj *(adj.)* pathetic
սրտի զարկ srti zark *(n.)* heartbeat
սրտի կանգ srti kang *(n.)* cardiac arrest
սրտի ռիթմավար srti rritmavar *(n.)* pacemaker
սրտխառնոց srtkharrnoc *(n.)* nausea
սրտխփոց srtkhpoc *(n.)* palpitation
սրտնեղություն srtneghutyun *(n.)* nuisance
սցենար scenar *(n.)* scenario
սցենար scenar *(n.)* script
սցենարիստ scenarist *(n.)* scenarist
սփյուռք spyurrq *(n.)* diaspora
սփոփանք spopanq *(n.)* comfort
սփոփանք spopanq *(n.)* solace
սփոփել spopel *(v.)* solace
սփռել sprrel *(v.)* podcast
սփռել sprrel *(v.)* spread
սփռել sprrel *(v.)* strew
սփռում sprrum *(n.)* spread
սքրինշոթ sqrinshot *(n.)* screenshot

Վ վ

վագոն vagon *(n.)* carriage
վագոն vagon *(n.)* wagon
վագոնիկ vagonik *(n.)* buggy
վագր vagr *(n.)* tiger
վազանցնել vazancnel *(v.)* outrun
վազաչափ vazachap *(n.)* odometer
վազել vazel *(v.)* run
վազել vazel *(v.)* sprint
վազելին vazelin *(n.)* vaseline
վազորդ vazord *(n.)* runner
վազվզել vazvzel *(v.)* scurry
վազք vazq *(n.)* gallop
վազք vazq *(n.)* run
վազքուղի vazqughi *(n.)* treadmill
վաթսուն vatsun *(num.)* sixty
վաթսուներորդ vatsunerord *(num.)* sixtieth
վախ vakh *(n.)* fear
վախ vakh *(n.)* fright
վախենալ vakhenal *(v.)* fear
վախեցած vakhecats *(adj.)* afraid
վախեցնել vakhecnel *(v.)* appal
վախեցնել vakhecnel *(v.)* daunt
վախեցնել vakhecnel *(v.)* frighten
վախեցնել vakhecnel *(v.)* scare
վախեցնող vakhecnogh *(adj.)* daunting
վախկոտ vakhkot *(adj.)* craven
վախկոտ vakhkot *(adj.)* fearful
վախկոտ մարդ vakhkot mard *(n.)* coward
վախկոտություն vakhkotutyun *(n.)* cowardice
վակուում vakuum *(n.)* vacuum
վակուում անել vakuum anel *(v.)* vacuum
վահան vahan *(n.)* shield
վահանակ vahanak *(n.)* dashboard
վաղ vagh *(adv.)* early
վաղ vagh *(adj.)* early
վաղաժամ vaghadjam *(adv.)* abortive
վաղաժամ vaghadjam *(adj.)* premature
վաղանցիկ vaghancik *(adj.)* ephemeral
վաղանցիկ vaghancik *(adj.)* ephemeric
վաղը vagha *(adv.)* tomorrow
վաղը vagha *(n.)* tomorrow
վաղուց vaghuc *(adv.)* long
վաճառական vacharrakan *(n.)* merchant
վաճառական vacharrakan *(n.)* monger
վաճառական vacharrakan *(n.)* tradesman
վաճառաշրջան vacharrashrjan *(n.)* salesforce
վաճառասեղան vacharraseghan *(n.)* counter
վաճառել vacharrel *(v.)* market
վաճառել vacharrel *(v.)* sell
վաճառող vacharrogh *(n.)* salesman
վաճառող vacharrogh *(n.)* seller
վաճառք vacharrq *(n.)* sale
վաճառք vacharrq *(n.)* salebrosity
վաճառք vacharrq *(n.)* sell-out
վայելել vayelel *(v.)* enjoy
վայելուչ vayeluch *(adj.)* seemly
վայելք vayelq *(n.)* enjoyment
վայր vayr *(n.)* venue

վայրագ vayrag *(adj.)* ferocious
վայրագորեն vayragoren *(adv.)* amuck
վայրենաբար vayrenabar *(adv.)* savagely
վայրենանալ vayrenanal *(v.)* savage
վայրենի vayreni *(adj.)* savage
վայրենություն vayrenutyun *(n.)* savagery
վայրէջք vayrejq *(n.)* landing
վայրի vayri *(adj.)* wild
վայրի բադիկ vayri badik *(n.)* flapper
վայրի բույս vayri buys *(n.)* bracken
վայրկենական vayrkenakan *(adj.)* momentary
վայրկենական լուսանկար vayrkenakan lussankar *(n.)* snapshot
վայրկյան vayrkyan *(n.)* second
վանական vanakan *(n.)* monk
վանականություն vanakanutyun *(n.)* monasticism
վանդալիզացնել vandalizacnel *(v.)* vandalize
վանդակ vandak *(n.)* acene
վանդակ vandak *(n.)* cage
վանդակ vandak *(n.)* grate
վանդակ vandak *(n.)* lattice
վանդակ vandak *(n.)* mew
վանդակել vandakel *(v.)* encage
վանել vanel *(v.)* repel
վանել vanel *(v.)* repulse
վանկ vank *(n.)* syllable
վանկախաղ vankakhagh *(n.)* charade
վանկային vankayin *(adj.)* syllabic
վանկաչափություն vankachaputyun *(n.)* prosody
վանող vanogh *(adj.)* repellent
վանող vanogh *(adj.)* repulsive
վանող մարդ vanogh mard *(n.)* repellent
վանք vanq *(n.)* abbey
վանք vanq *(n.)* cloister
վանք vanq *(n.)* monastery
վաշխառու vashkharru *(n.)* usurer
վաշխառություն vashkharrutyun *(n.)* usury
վառ varr *(adj.)* vivid
վառ սպորտհագուստ varr sporthagust *(n.)* blazer

վառարան varraran *(n.)* kiln
վառարան varraran *(n.)* oven
վառարան varraran *(n.)* stove
վառել varrel *(v.)* fire
վառել varrel *(v.)* kindle
վառելիք varreliq *(n.)* fuel
վառելիք ավելացնել varreliq avelacnel *(v.)* stoke
վառիչ varrich *(n.)* lighter
վաստակել vastakel *(v.)* earn
վավաշոտ vavashot *(adj.)* lascivious
վավերագրական vaveragrakan *(adj.)* documentary
վավերական vaverakan *(adj.)* valid
վավերականություն vaverakanutyun *(n.)* validity
վավերացնել vaveracnel *(v.)* approve
վավերացնել vaveracnel *(v.)* authenticate
վավերացնել vaveracnel *(v.)* certify
վավերացնել vaveracnel *(v.)* countersign
վավերացնել vaveracnel *(v.)* ratify
վավերացնել vaveracnel *(v.)* validate
վավերացում vaveracum *(n.)* authentication
վավերացված vaveracvats *(adj.)* cerated
վատ vat *(adj.)* amiss
վատ vat *(adj.)* bad
վատ vat *(adv.)* ill
վատ բանաստեղծ vat banasteghts *(n.)* poetaster
վատ կառավարում vat karravarum *(n.)* maladministration
վատ կառավարում vat karravarum *(n.)* mismanagement
վատ կառավարում vat karravarum *(n.)* misrule
վատ կերպով vat kerpov *(adv.)* badly
վատ համբավ vat hambav *(n.)* disrepute
վատ վարվել vat varvel *(v.)* ill-treat
վատ վարվել vat varvel *(v.)* misbehave
վատ վարքագիծ vat varqagits *(n.)* misbehaviour
վատ վերաբերմունք vat verabermunq *(n.)* mal-treatment

վատ վերաբերվել vat verabervel *(v.)* mistreat
վատահամբավ vatahambav *(adj.)* notorious
վատանալ vatanal *(v.)* decline
վատանալ vatanal *(v.)* deteriorate
վատառողջ vatarroghj *(adj.)* unwell
վատառողջություն vatarroghjutyun *(n.)* malaise
վատթարանալ vattaranal *(v.)* deteriorate
վատթարանալ vattaranal *(v.)* worsen
վատնել vatnel *(v.)* dissipate
վատնել vatnel *(v.)* expend
վատնել vatnel *(v.)* squander
վատնել vatnel *(v.)* waste
վատնող vatnogh *(adj.)* prodigal
վատնող vatnogh *(adj.)* wasteful
վատնող մարդ vatnogh mard *(n.)* spendthrift
վատնում vatnum *(n.)* expenditure
վատնում vatnum *(n.)* prodigality
վատտ vatt *(n.)* watt
վարագույր varaguyr *(n.)* canopy
վարագույր varaguyr *(n.)* curtain
վարազ varaz *(n.)* boar
վարակ varak *(n.)* contagion
վարակ varak *(n.)* infection
վարակ(վ)ել varak(v)el *(v.)* taint
վարակել varakel *(v.)* contaminate
վարակել varakel *(v.)* infect
վարակել varakel *(v.)* plague
վարակիչ varakich *(adj.)* catching
վարակիչ varakich *(adj.)* contagious
վարակիչ varakich *(adj.)* infectious
վարանել varanel *(v.)* hesitate
վարանում varanum *(n.)* hesitation
վարգ varg *(n.)* trot
վարդ vard *(n.)* rose
վարդագույն vardaguyn *(adj.)* pink
վարդագույն vardaguyn *(adj.)* rosy
վարդակ vardak *(n.)* nozzle
վարդակ vardak *(n.)* socket
վարդանման vadanman *(adj.)* roseate
վարդարան vardaran *(n.)* rosary
վարել varel *(v.)* steer
վարել varel *(v.)* wage
վարելահող varelahogh *(n.)* croft

վարելի vareli *(adj.)* arable
վարժեցնել vardjecnel *(v.)* accustom
վարիչ varich *(n.)* curator
վարկ vark *(n.)* credit
վարկաբեկել varkabekel *(v.)* deface
վարկաբեկել varkabekel *(v.)* discredit
վարկած varkats *(n.)* hypothesis
վարձ vardz *(n.)* emolument
վարձակալ vardzakal *(n.)* lessee
վարձակալ vardzakal *(n.)* tenant
վարձակալ vardzakal *(n.)* tenent
վարձակալել vardzakalel *(v.)* lease
վարձակալություն vardzakalutyun *(n.)* lease
վարձակալություն vardzakalutyun *(n.)* tenancy
վարձակալված vardzakalvats *(adj.)* chartered
վարձավճար vardzavchar *(n.)* rent
վարձատրել vardzatrel *(v.)* remunerate
վարձատրություն vardzatrutyun *(n.)* remuneration
վարձել vardzel *(v.)* employ
վարձել vardzel *(v.)* hire
վարձել vardzel *(v.)* mercerise
վարձել vardzel *(v.)* rent
վարձկան vardzkan *(n.)* hireling
վարձկան vardzkan *(adj.)* mercenary
վարձու գրող, համահեղինակ vardzu grogh, hamaheghinak *(n.)* ghostwriter
վարձում vardzum *(n.)* hire
վարմունք varmunq *(n.)* action
վարորդ varord *(n.)* driver
վարունգ varung *(n.)* cucumber
վարչական varchakan *(adj.)* administrative
վարչակարգ varchakarg *(n.)* regime
վարպետ varpet *(n.)* foreman
վարպետ varpet *(n.)* master
վարպետորեն varpetoren *(adv.)* ably
վարպետորեն varpetoren *(adv.)* masterly
վարպետության դաս varpetutyan das *(n.)* master class
վարպետություն varpetutyun *(n.)* mastery

վարսակ varsak *(n. pl.)* oat
վարսակաշիլա varsakashila *(n.)* oatmeal
վարսակի ալյուրե varsaki alyure *(adj.)* oatmeal
վարսահարդարիչ varsahardarich *(n.)* hairdryer
վարսանդ varsand *(n.)* carpel
վարվել varvel *(v.)* act
վարվել varvel *(v.)* behave
վարվելակարգ varvelakarg *(n.)* decorum
վարվելակերպ varvelakerp *(n.)* mannerism
վարվելաձև varveladzev *(n.)* tenue
վարտիք vartiq *(n. pl.)* breech
վարք varq *(n.)* behaviour
վարք varq *(n.)* conduct
վեբ - տեսախցիկ veb-tessakhcik *(n.)* webcam
վեբ խանութ veb khanut *(n.)* web store
վեբ հեռարձակում veb-herrardzakum *(n.)* webcasting
վեբ վարպետ veb varpet *(n.)* webmaster
վեբինար vebinar *(n.)* webinar
վեգետացիա vegetacia *(n.)* vegetation
վեկտոր vektor *(n.)* vector
վեկտորային vektorayin *(adj.)* vectorial
վեհ veh *(adj.)* lofty
վեհ veh *(adj.)* stately
վեհ veh *(adj.)* sublime
վեհացնել vehacnel *(v.)* solemnize
վեհություն vehutyun *(n.)* grandeur
վեհություն vehutyun *(n.)* stateliness
վեհություն vehutyun *(n.)* sublime
վեհություն vehutyun *(n.)* sublimity
վեղար veghar *(n.)* hood
վեղար veghar *(n.)* mitre
վեճ vech *(n.)* affray
վեճ vech *(n.)* altercation
վեճ vech *(n.)* quarrel
վեճ vech *(n.)* strife
վեճ vech *(n.)* variance
վեճ vech *(n.)* wrangle
վեպ vep *(n.)* novel
վետերան veteran *(n.)* veteran
վետո veto *(n.)* veto
վետո դնել veto dnel *(v.)* veto
վեր ver *(adv.)* up
վեր ver *(adv.)* upwards
վեր խոյանալ ver khoyanal *(v.)* tower
վեր, ուշ ver, ush *(prep.& adj.)* beyond
վերաակտիվացնել veraaktivacnel *(v.)* reactivate
վերաակտիվացում veraaktivacum *(n.)* reactivation
վերաայցելել veraaycelel *(v.)* revisit
վերաբաշխել verabashkhel *(v.)* reallocate
վերաբաշխում verabashkhum *(n.)* reallocation
վերաբերել veraberel *(v.)* concern
վերաբերել veraberel *(v.)* pertain
վերաբերել veraberel *(v.)* relate
վերաբերմունք verabermunq *(n.)* attitude
վերաբերյալ veraberyal *(prep.)* concerning
վերաբնակեցում verabnakecum *(n.)* transmigration
վերագնահատել veragnahatel *(v.)* reappraise
վերագնահատում veragnahatum *(n.)* reappraisal
վերագնահատում veragnahatum *(n.)* revaluation
վերագրել veragrel *(v.)* ascribe
վերագրել veragrel *(v.)* attribute
վերագրել veragrel *(v.)* impute
վերադառնալ veradarrnal *(v.)* revert
վերադաս veradas *(adj.)* superior
վերադասավորել veradassavorel *(v.)* rearrange
վերադասավորել veradassavorel *(v.)* reschedule
վերադարձ veradardz *(n.)* return
վերադարձնել veradardznel *(v.)* return
վերաթողարկել veratogharkel *(v.)* retread
վերաթողարկում veratogharkum *(n.)* retread
վերախտացնել verakhtacnel *(v.)*

recondense
վերախտացում verakhtacum (n.)
recondensation
վերածն(վ)ել veratsn(v)el (v.)
regenerate
վերածնունդ veratsnund (n.) rebirth
վերածնունդ veratsnund (n.)
regeneration
վերածնունդ veratsnund (n.)
renaissance
վերածնունդ veratsnund (n.)
resurgence
վերածնունդ veratsnund (n.) revival
վերածնվող veratsnvogh (adj.)
resurgent
վերակազմավորել verakazmavorel (v.) reconfigurate
վերակազմավորում verakazmavorum (n.) reconfiguration
վերականգնել verakangnel (v.)
reclaim
վերականգնել verakangnel (v.)
recoup
վերականգնել verakangnel (v.)
rehabilitate
վերականգնել verakangnel (v.)
reinstate
վերականգնել verakangnel (v.)
restore
վերականգնում verakangnum (n.)
rehabilitation
վերականգնում verakangnum (n.)
reinstatement
վերականգնում verakangnum (n.)
renovation
վերականգնում verakangnum (n.)
restoration
վերակառուցել verakarrucel (v.)
rebuild
վերակացու verakacu (n.) beadle
վերակացու verakacu (n.) overseer
վերակացու verakacu (n.)
superintendent
վերակենդանանալ verakendananal (v.) revive
վերակենդանացած verakendanacats (adj.) reanimate
վերակենդանացնել verakendanacnel

(v.) reanimate
վերակենդանացում verakendanacum (n.) reanimation
վերակիրառում verakirarrum (n.)
reapplication
վերահաղորդիչ verahaghordich (n.)
reconductor
վերահամապատասխանել verahamapataskhanel (v.)
reappropriate
վերահաստատում verahastatum (n.)
reapproval
վերահսկել verahskel (v.) oversee
վերահսկել verahskel (v.) superintend
վերահսկել verahskel (v.) supervise
վերահսկիչ verahskich (n.) controller
վերահսկիչ verahskich (n.) supervisor
վերահսկողություն verahskoghutyun (n.) oversight
վերահսկողություն verahskoghutyun (n.) supervision
վերահսկում verahskum (n.) control
վերահսկում verahskum (n.)
superintendence
վերահրատարակություն verahratarakutyun (n.) reprint
վերամիավորել veramiavorel (v.)
reconsolidate
վերամիացնել veramiacnel (v.)
reannex
վերամիացում veramiacum (n.)
reannexation
վերամշակել veramshakel (v.) recycle
վերանայել veranayel (v.) reconsider
վերանայել veranayel (v.) review
վերանայում veranayum (n.) review
վերաներծծում veranertstsum (n.)
reabsorption
վերաներծծվել veranertstsvel (v.)
reabsorb
վերանշանակել veranshanakel (v.)
reappoint
վերանշանակել veranshanakel (v.)
reassign
վերանորոգել veranorogel (v.)
cannibalise
վերանորոգել veranorogel (v.)
recondition

վերանորոգել veranorogel (v.) refurbish
վերանորոգել veranorogel (v.) renovate
վերանորոգել veranorogel (v.) repair
վերանորոգում veranorogum (n.) renewal
վերանորոգում veranorogum (n.) repair
վերանվաճել veranvachel (v.) reconquer
վերապատմել verapatmel (v.) paraphrase
վերապատմում verapatmum (n.) paraphrase
վերապատրաստում verapatrastum (n.) training
վերատպել veratpel (v.) reprint
վերարկու verarku (n.) coat
վերարկու verarku (n.) overcoat
վերարտադրել verartadrel (v.) rearticulate
վերարտադրել verartadrel (v.) reproduce
վերարտադրողական verartadroghakan (adj.) reproductive
վերարտադրություն verartadrutyun (n.) reproduction
վերացնել veracnel (v.) abolish
վերացնել veracnel (v.) abrogate
վերացնել veracnel (v.) eliminate
վերացնել veracnel (v.) liquidate
վերացնել veracnel (v.) repeal
վերացնող veracnogh (n.) eliminator
վերացնող veracnogh (adj.) eliminatory
վերացող veracogh (adj.) revocable
վերացություն veracutyun (n.) abstraction
վերացում veracum (n.) abolition
վերացում veracum (n.) abrogation
վերացում veracum (n.) eradication
վերացում veracum (n.) nullification
վերացում veracum (n.) repeal
վերացում veracum (n.) revocation
վերափոխում verapokhum (n.) makeover
վերափոխում verapokhum (n.)

reamputation
վերաօգտագործել veraogtagortsel (v.) reuse
վերբեռնել verberrnel (v.) upload
վերելակ verelak (n.) elevator
վերելակ verelak (n.) lift
վերելակ verelak (n.) teagle
վերելք verelq (n.) ascent
վերելք verelq (n.) uplift
վերերիկամային vererikamayin (adj.) adrenal
վերև verev (prep.) over
վերև verev (prep.) up
վերևից նայել verevic nayel (v.) overlook
վերևում verevum (prep. & adv.) above
վերևում verevum (adv.) aloft
վերին verin (adj.) upper
վերլուծական verlutsakan (adj.) analytical
վերլուծել verlutsel (v.) analyse
վերլուծող verlutsogh (n.) analyst
վերլուծում verlutsum (n.) analysis
վերծանել vertsanel (v.) decipher
վերծանել vertsanel (v.) decode
վերծանել vartsanel (v.) decrypt
վերծանում vertsanum (n.) decrypt
վերծանում vertsanum (n.) decryption
վերհիշել verhishel (v.) recall
վերհիշել verhishel (v.) recollect
վերհուշ verhush (n.) recollection
վերմակ vermak (n.) blanket
վերմակ vermak (n.) quilt
վերնագիր vernagir (n.) heading
վերնագիր vernagir (n.) headline
վերնագիր vernagir (n.) rubric
վերնագրել vernagrel (v.) entitle
վերնագրել vernagrel (v.) title
վերնահարկ vernahark (n.) attic
վերնաշապիկ vernashapik (n.) shirt
վերոհիշյալը verohishyala (n.) ditto
վերոնշյալ veronshyal (adj.) aforementioned
վերջ verj (n.) end
վերջաբան verjaban (n.) epilogue
վերջածանց verjatsanc (n.) suffix
վերջածանց լինել verjatsanc linel (v.) suffix

վերջակետ verjaket *(n.)* full stop
վերջանալ verjanal *(v.)* end
վերջապես verjapes *(adv.)* lastly
վերջավորություն verjavorutyun *(n.)* extremity
վերջերս verjers *(adv.)* lately
վերջերս verjers *(adv.)* recently
վերջին verjin *(adj.)* last
վերջին verjin *(adj.)* latter
վերջին verjin *(adj.)* terminal
վերջիվերջո verjiverjo *(adv.)* eventually
վերջնագիր verjnagir *(n.)* ultimatum
վերջնաժամկետ verjnadjamket *(n.)* deadline
վերջնախոսք verjnakhosq *(n.)* cue
վերջնական verjnakan *(adj.)* definitive
վերջնական verjnakan *(adj.)* final
վերջնական verjnakan *(adj.)* ultimate
վերջնակետ verjnaket *(n.)* terminal
վերջնակետ verjnaket *(n.)* terminus
վերջում verjum *(adv.)* last
վերջույթ verjuyt *(n.)* limb
վերսկսել versksel *(v.)* reassume
վերսկսում versksum *(n.)* resumption
վերստանալ verstanal *(v.)* recover
վերստուգիչ verstugich *(n.)* auditor
վերստուգում verstugum *(n.)* revision
վերցնել vercnel *(v.)* take
վերցնող vercnogh *(n.)* taker
վերցված vercvats *(adj.)* taken
վերք verq *(n.)* slash
վերք verq *(n.)* sore
վերք verq *(n.)* wound
վեց vec *(num.)* six
վեցերորդ vecerord *(num.)* sixth
վզզալ vzzal *(v.)* zip
վզզոց vzzoc *(n.)* zip
վզի vzi *(adj.)* cervical
վզնոց vznoc *(n.)* necklace
վթար vtar *(n.)* accident
վթար vtar *(n.)* emergency
վթարային մեքենա vtarayin meqena *(n.)* wrecker
վթարայնություն vtaraynutyun *(n.)* accidence
վթարանք vtaranq *(n.)* wreck
վթարի ենթարկվել vtari yentarkvel

(v.) crash
վիբրացիա vibracia *(n.)* vibration
վիգվամ vigvam *(n.)* wigwam
վիդեոբլոգեր videobloger *(n.)* videoblogger
վիզ viz *(n.)* neck
վիզը պոկել viza pokel *(v.)* scruff
վիթ vit *(n.)* gazelle
վիժել vidjel *(v.)* abort
վիժում vidjum *(n.)* miscarriage
վիլլա villa *(n.)* villa
վիհ vih *(n.)* abyss
վիճաբանություն vichabanutyun *(n.)* contention
վիճաբանություն vichabanutyun *(n.)* controversy
վիճակ vichak *(n.)* lot
վիճակ vichak *(n.)* plight
վիճակագիր vichakagir *(n.)* statistician
վիճակագրական vichakagrakan *(adj.)* statistical
վիճակագրություն vichakagrutyun *(n.)* statistics
վիճակախաղ vichakakhagh *(n.)* lottery
վիճարկել vicharkel *(v.)* litigate
վիճել vichel *(v.)* argue
վիճել vichel *(v.)* dispute
վիճել vichel *(v.)* quarrel
վիճել vichel *(v.)* wrangle
վիճելի vicheli *(adj.)* arguable
վիճելի vicheli *(adj.)* controversial
վին vin *(n.)* lute
վիշապ vishap *(n.)* dragon
վիշապօձ vishapodz *(n.)* boa
վիշտ visht *(n.)* affliction
վիշտ visht *(n.)* grief
վիշտ visht *(n.)* sorrow
վիշտ visht *(n.)* woe
վիպակ vipak *(n.)* novelette
վիպասան vipasan *(n.)* novelist
վիսկի viski *(n.)* whisky
վիտամին vitamin *(n.)* vitamin
վիրաբուժություն virabudjutyun *(n.)* surgery
վիրաբույժ virabuydj *(n.)* sawbones
վիրաբույժ virabuydj *(n.)* surgeon

վիրակապ virakap *(n.)* binding
վիրակապ virakap *(n.)* sling
վիրակապ, բինտ virakap, bint *(n.)* bandage
վիրահատություն virahatutyun *(n.)* operation
վիրավորական viravorakan *(adj.)* injurious
վիրավորական viravorakan *(adj.)* offensive
վիրավորանք viravoranq *(n.)* affront
վիրավորանք viravoranq *(n.)* grievance
վիրավորանք viravoranq *(n.)* insult
վիրավորանք viravoranq *(n.)* offence
վիրավորանք viravoranq *(n.)* outrage
վիրավորել viravorel *(v.)* aggrieve
վիրավորել viravorel *(v.)* injure
վիրավորել viravorel *(v.)* insult
վիրավորել viravorel *(v.)* offend
վիրավորել viravorel *(v.)* outrage
վիրավորել viravorel *(v.)* wound
վիրավորող viravorogh *(n.)* offender
վիրուս virus *(n.)* virus
վիրուսային virusayin *(adj.)* viral
վկա vka *(n.)* witness
վկայական vkayakan *(n.)* testimonial
վկայել vkayel *(v.)* testify
վկայել vkayel *(v.)* witness
վկայություն vkayutyun *(n.)* testimony
վհատեցնել vhatecnel *(v.)* deject
վհատություն vhatutyun *(n.)* dejection
վհուկ vhuk *(n.)* hag
վճար vchar *(n.)* fee
վճար vchar *(n.)* payout
վճարել vcharel *(v.)* disburse
վճարել vcharel *(v.)* pay
վճարել vcharel *(v.)* redeem
վճարելի vchareli *(adj.)* payable
վճարովի vcharovi *(adj.)* billable
վճարում vcharum *(n.)* payment
վճարում vcharum *(n.)* redemption
վճարում vcharum *(n.)* repayment
վճարունակ vcharunak *(adj.)* solvent
վճարունակություն vcharunakutyun *(n.)* solvency
վճարվող vcharvogh *(n.)* payee
վճռական vchrrakan *(adj.)* crucial
վճռական vchrrakan *(adj.)* decisive
վճռական vchrrakan *(adj.)* resolute
վճռականորեն vchrrakanoren *(adv.)* decidedly
վճռել vchrrel *(v.)* arbitrate
վնաս vnas *(n.)* damage
վնաս vnas *(n.)* detriment
վնաս vnas *(n.)* harm
վնաս vnas *(n.)* mischief
վնասաբեր vnassaber *(adj.)* damaging
վնասակար vnassakar *(adj.)* adverse
վնասակար vnasakar *(adj.)* harmful
վնասակար vnassakar *(adj.)* mischievous
վնասակար vnasakar *(adj.)* noxious
վնասակար vnasakar *(adj.)* pernicious
վնասատու vnasatu *(n.)* pest
վնասել vnasel *(v.)* harm
վնասել vnassel *(v.)* hurt
վնասի վերահսկում vnassi verahskum *(n.)* damage control
վնասվածք vnasvatsq *(n.)* hurt
վնասվածք vnasvatsq *(n.)* injury
վնասվածքաբանություն vnasvatsqabanutyun *(n.)* traumatology
վշտալի vshtali *(adj.)* grievous
վշտալի vshtali *(n.)* woeful
վշտահար vshtahar *(adj.)* woebegone
վշտանալ vshtanal *(v.)* grieve
վշտանալ vshtanal *(v.)* sorrow
վշտացնել vshtacnel *(v.)* afflict
վոլտ volt *(n.)* volt
վոլտաժ voltadj *(n.)* voltage
վոկալիստ vokalist *(n.)* vocalist
վոյեր voyer *(n.)* voyeur
վոյերիզմ voyerizm *(n.)* voyeurism
վսեմ vsem *(adj.)* august
վսեմ vsem *(adj.)* majestic
վսեմություն vsemutyun *(n.)* majesty
վստահ vstah *(adj.)* confident
վստահ vstah *(adj.)* sure
վստահել vstahel *(v.)* confide
վստահել vstahel *(v.)* entrust
վստահել vstahel *(v.)* rely
վստահել vstahel *(v.)* trust
վստահելի vstaheli *(adj.)* credible
վստահելի vstaheli *(adj.)* creditable

վստահելի vstaheli *(adj.)* trustworthy
վստահելի vstaheli *(adj.)* trusty
վստահող vstahogh *(adj.)* trustful
վստահորեն vstahoren *(adv.)* surely
վստահություն vstahutyun *(n.)* certitude
վստահություն vstahutyun *(n.)* confidence
վստահություն vstahutyun *(n.)* trust
վտակ vtak *(n.)* affluential
վտակ vtak *(n.)* brook
վտակ vtak *(n.)* streamlet
վտանգ vtang *(n.)* danger
վտանգ vtang *(n.)* hazard
վտանգ vtangi *(n.)* jeopardy
վտանգ vtang *(n.)* peril
վտանգ vtang *(n.)* risk
վտանգ vtang *(n.)* venture
վտանգավոր vtangavor *(adj.)* dangerous
վտանգավոր vtangavor *(adj.)* perilous
վտանգավոր vtangavor *(adj.)* risky
վտանգավոր vtangavor *(adj.)* venturesome
վտանգավոր vtangavor *(adj.)* venturous
վտանգել vtangel *(v.)* endanger
վտանգել vtangel *(v.)* hazard
վտանգել vtangel *(v.)* imperil
վտանգել vtangel *(v.)* peril
վտանգել vtangel *(v.)* risk
վտանգել vtangel *(v.)* venture
վտանգի ենթարկել vtangi yentarkel *(v.)* jeopardize
վտանգված vtangvats *(adj.)* endangered
վտարանդի vtarandi *(n.)* outcast
վտարել vtarel *(v.)* banish
վտարել vtarel *(v.)* eject
վտարել vtarel *(v.)* evict
վտարել vtarel *(v.)* expel
վտարել vtarel *(v.)* oust
վտարող vtarogh *(n.)* evictor
վտարում vtarum *(n.)* banishment
վտարում vtarum *(n.)* eviction
վտարում vtarum *(n.)* expulsion
վրա vra *(prep.)* on
վրա vra *(adj.)* on
վրա vra *(adv.)* on
վրա vra *(prep.)* upon
վրայով vrayov *(prep.)* athwart
վրան vran *(n.)* tent
վրանագործ vranagorts *(n.)* tentmaker
վրանաձող vranadzogh *(n.)* tentpole
վրդովել vrdovel *(v.)* perturb
վրդովել vrdovel *(v.)* scandalize
վրդովել vrdovel *(v.)* vex
վրդովմունք vrdovmunq *(n.)* indignation
վրդովմունք vrdovmunq *(n.)* vexation
վրդովված vrdovvats *(adj.)* indignant
վրեժ vredj *(n.)* retaliation
վրեժ vredj *(n.)* revenge
վրեժ vredj *(n.)* vengeance
վրեժ լուծել vredj lutsel *(v.)* retaliate
վրեժ լուծել vredj lutsel *(v.)* revenge
վրեժխնդիր լինել vredjkhndir linel *(v.)* avenge
վրիժառու vridjarru *(adj.)* revengeful
վրիպազերծել vripazertsel *(v.)* debug
վրիպակ vripak *(n.)* misprint
վրիպել vripel *(v.)* miss
վրիպում vripum *(n.)* miss
վրիպում vripum *(n.)* slip
վրձին vrdzin *(n.)* paintbrush
վրնջալ vrnjal *(v.)* neigh
վրնջյուն vrnjyun *(n.)* neigh

Տ տ

տաբատ tabat *(n. pl.)* slacks
տաբատ tabat *(n. pl.)* trousers
տաբու tabu *(n.)* taboo
տագնապ tagnap *(n.)* alarm
տագնապալի tagnapali *(adj.)* alarming
տագնապալիորեն tagnapalioren *(adv.)* anxiously
տալ tal *(v.)* afford
տալ tal *(v.)* give
տալ tal *(v.)* hand
տալ tal *(v.)* impart
տալկ talk *(n.)* talc

տախտակ takhtak *(n.)* batten
տախտակ takhtak *(n.)* board
տախտակ takhtak *(n.)* plank
տախտակադրվագել takhtakadrvagel *(v.)* panel
տախտակամած takhtakamats *(n.)* dais
տախտակամած takhtakamats *(n.)* deck
տախտակամած takhtakamats *(n.)* shipboard
տախտակամածի takhtakamatsi *(adj.)* shipboard
տախտակել takhtakel *(v.)* plank
տակ tak *(prep.)* under
տակ tak *(prep.)* underneath
տակառ takarr *(n.)* barrel
տակառ takarr *(n.)* cask
տակնուվրա taknuvra *(adv.)* topsy turvy
տակտ takt *(n.)* cadence
տակտ takt *(n.)* tact
տակտով taktov *(adj.)* tactful
տաղանդ taghand *(n.)* talent
տաղանդավոր taghandavor *(n.)* flabbergast
տաղաչափություն taghachaputyun *(n.)* versification
տաղավար taghavar *(n.)* alcove
տաղավար taghavar *(n.)* belvedere
տաղավար taghavar *(n.)* bower
տաղավար taghavar *(n.)* pagoda
տաղավար taghavar *(n.)* pavilion
տաղտկալի taghtkali *(adj.)* irksome
տաճար tachar *(n.)* temple
տամարինդ tamarind *(n.)* tamarind
տամպոն tampon *(n.)* tampon
տամպոն tampon *(n.)* wick
տամպոնել tamponel *(v.)* tampon
տանգենս tangens *(n.)* tangent
տանգո tango *(n.)* tango
տանգո պարել tango parel *(v.)* tango
տանելի taneli *(adj.)* takeable
տանելի taneli *(adj.)* tolerable
տանիք taniq *(n.)* roof
տանիք taniq *(n.)* rooftop
տանիքածածկել taniqatsatskel *(v.)* roof
տանկ tank *(n.)* tank
տանկիստ tankist *(n.)* tanker
տանձ tandz *(n.)* pear
տանջահար tanjahar *(adj.)* haggard
տանջանք tanjanq *(n.)* agony
տանջանք tanjanq *(n.)* torment
տանջանք tanjanq *(n.)* torture
տանջել tanjel *(v.)* agonize
տանջել tanjel *(v.)* tantalize
տանջել tanjel *(v.)* torment
տանջել tanjel *(v.)* torture
տանջվել tanjvel *(v.)* writhe
տանտիկին tantikin *(n.)* mistress
տանտրա tantra *(n.)* tantra
տանտրիկ tantrik *(adj.)* tantric
տաշել tashel *(v.)* hew
տաշել tashel *(v.)* surface
տաշել tashel *(v.)* whittle
տաշեղ tashegh *(n.)* chipping
տաշեղ tashegh *(n. pl.)* shavings
տաշեղ tashegh *(n.)* shide
տաշտ tasht *(n.)* tub
տաշտակ tashtak *(n.)* sink
տապալել tapalel *(v.)* overthrow
տապալել tapalel *(v.)* prostrate
տապալել tapalel *(v.)* rout
տապալել tapalel *(v.)* subvert
տապալում tapalum *(n.)* overthrow
տապալում tapalum *(n.)* rout
տապալում tapalum *(n.)* subversion
տապալված tapalvats *(adj.)* prostrate
տապալվածություն tapalvatsutyun *(n.)* prostration
տապակա tapaka *(n.)* roast
տապակած tapakats *(adj.)* roast
տապակել tapakel *(v.)* fry
տապակել tapakel *(v.)* roast
տապակել tapakel *(v.)* salamander
տապակել tapakel *(v.)* saute
տապան tapan *(n.)* ark
տապանագիր tapanagir *(n.)* epitaph
տառադարձում tarradardzum *(n.)* transcription
տառապանք tarrapanq *(n.)* anguish
տառապել tarrapel *(v.)* suffer
տառատեսակ tarratesak *(n.)* font
տառկապել tarrkapel *(v.)* rubricate
տասանորդ tassanord *(n.)* tithe

տասը tassa *(num.)* ten
տասնամյակ tasnamyak *(n.)* decade
տասնամյակ tasnamyak *(n.)* decennary
տասնապատիկ tasnapatik *(adj.)* tenfold
տասնապատիկ tasnapatik *(adv.)* tenfold
տասներեք tasnereq *(num.)* thirteen
տասներեքերորդ tasnereqerord *(num.)* thirteenth
տասներեքերորդական tasnereqerordakan *(adj.)* thirteenth
տասներկու tasnerku *(num.)* twelve
տասներկուերորդ tasnerkuerord *(num.)* twelfth
տասներկուերորդական tasnerkuerordakan *(adj.)* twelfth
տասներորդ tasnerord *(num.)* tenth
տասնինը tasnina *(num.)* nineteen
տասնիններորդ tasninnerord *(num.)* nineteenth
տասնհինգ tasnhing *(num.)* fifteen
տասնմեկ tasnmek *(num.)* eleven
տասնյոթ tasnyot *(num.)* seventeen
տասնյոթերորդ tasnyoterord *(num.)* seventeenth
տասնորդական tasnordakan *(adj.)* decimal
տասնորդական կետ tasnordakan ket *(n.)* decimal point
տասնութ tasnut *(num.)* eighteen
տասնչորս tasnchors *(num.)* fourteen
տասնվեց tasnvec *(num.)* sixteen
տասնվեցերորդ tasnvecerord *(num.)* sixteenth
տավարի միս tavari mis *(n.)* beef
տավիղ tavigh *(n.)* harp
տատանում tatanum *(n.)* demur
տատանում tatanum *(n.)* oscillation
տատանում tatanum *(n.)* scruple
տատանում tatanum *(n.)* shilly-shally
տատանվել tatanvel *(v.)* fluctuate
տատանվել tatanvel *(v.)* oscillate
տատանվել tatanvel *(v.)* scruple
տատանվել tatanvel *(v.)* shilly-shally
տատանվել tatanvel *(v.)* vacillate
տատանվել tatanvel *(v.)* waver
տատանվել tatanvel *(v.)* wobble
տատանվող tatanvogh *(adj.)* flapping
տատանվող tatanvogh *(adj.)* hesitant
տատասկափուշ tataskapush *(n.)* thistle
տարագիր taragir *(adj.)* outcast
տարազ taraz *(n.)* vogue
տարածական taratsakan *(adj.)* spatial
տարածաշրջանային taratsashrjanayin *(adj.)* regional
տարածել taratsel *(v.)* diffuse
տարածել taratsel *(v.)* propagate
տարածել taratsel *(v.)* slather
տարածություն taratsutyun *(n.)* area
տարածություն taratsutyun *(n.)* espace
տարածություն taratsutyun *(n.)* space
տարածություն թողնել taratsutyun toghnel *(v.)* space
տարածում taratsum *(n.)* proliferation
տարածում taratsum *(n.)* propagation
տարածք taratsq *(n.)* territory
տարածքային taratsqayin *(adj.)* territorial
տարակուսանք tarakusanq *(n.)* perplexity
տարաձայնություն taradzaynutyun *(n.)* discord
տարամիտ taramit *(n.)* taramite
տարանտիզմ, պարելու ցանկություն tarantizm, parelu cankutyun *(n.)* tarantism
տարափ tarap *(n.)* cloudburst
տարափ tarap *(n.)* fallen
տարափ tarap *(n.)* spate
տարափ tarap *(n.)* shower
տարբեր tarber *(adj.)* different
տարբեր tarber *(adj.)* dissimilar
տարբեր tarber *(adj.)* sundry
տարբեր tarber *(adj.)* unlike
տարբեր(վ)ել tarber(v)el *(v.)* distinguish
տարբերակ tarberak *(n.)* version
տարբերակում tarberakum *(n.)* distinction
տարբերիչ tarberich *(adj.)* distinctive
տարբերություն tarberutyun *(n.)* difference

տարբերություն tarberutyun *(n.)* odds
տարբերվել tarbervel *(v.)* differ
տարբերվել tarbervel *(v.)* vary
տարեգիր taregir *(n.)* annalist
տարեգիրք taregirq *(n.)* almanac
տարեգրություններ taregrutyunner *(n.pl.)* annals
տարեդարձ taredardz *(n.)* anniversary
տարեդարձ նշել taredardz nshel *(v.)* commemorate
տարեկան tarekan *(adj.)* annual
տարեկան tarekan *(adv.)* per annum
տարեկան tarekan *(adj.)* yearly
տարեկան ռենտա tarekan rrenta *(n.)* annuity
տարերային tarerayin *(adj.)* elemental
տարեց tarec *(adj.)* elderly
տարի tari *(n.)* year
տարին երկու անգամ tarin yerku angam *(adv.)* biannually
տարկետում terketum *(n.)* postponement
տարհամոզել tarhamozel *(v.)* dissuade
տարհանում tarhanum *(n.)* evacuation
տարողունակ taroghunak *(adj.)* capacious
տարվել tarvel *(v.)* indulge
տարվող tarvogh *(adj.)* takeaway
տարտարոս tartaros *(n.)* underworld
տարր tar *(n.)* element
տարրալուծել taralutsel *(v.)* decompose
տարրալուծում taralutsum *(n.)* decomposition
տարօրինակ tarorinak *(adj.)* bizarre
տարօրինակ tarorinak *(adj.)* eccentric
տարօրինակ tarorinak *(adj.)* odd
տարօրինակ tarorinak *(adj.)* peculiar
տարօրինակ tarorinak *(adj.)* quaint
տարօրինակ tarorinak *(adj.)* queer
տարօրինակ tarorinak *(adj.)* quirky
տարօրինակ tarorinak *(adj.)* rum
տարօրինակ tarorinak *(adj.)* rummy
տարօրինակ tarorinak *(adj.)* strange
տարօրինակ tarorinak *(adj.)* wacko
տարօրինակ tarorinak *(adj.)* weird
տարօրինակ մարդ tarorinak mard *(n.)* wacko
տարօրինակություն tarorinakutyun *(n.)* oddity
տարօրինակություն tarorinakutyun *(n.)* peculiarity
տարօրինակություն tarorinakutyun *(n.)* queer
տափակ tapak *(adj.)* flatbed
տափակաբերան աքցան tapakaberan aqcan *(n.)* plyer
տափաշիշ tapashish *(n.)* flask
տափաստան tapastan *(n.)* steppe
տաք taq *(adj.)* hot
տաք taq *(adj.)* muggy
տաք taq *(adj.)* warm
տաք գլխարկ taq glkhark *(n.)* balaclava
տաքանալ taqanal *(v.)* bask
տաքանալ taqanal *(v.)* warm
տաքավուն taqavun *(adv.)* tepidly
տաքացնել taqacnel *(v.)* foment
տաքացնել taqacnel *(v.)* heat
տաքություն taqutyun *(n.)* tepidity
տաքություն taqutyun *(n.)* warmth
տաքսի taqsi *(n.)* cab
տաքսի taqsi *(n.)* taxi
տաքսի taqsi *(n.)* taxicab
տաքսի ավտոբուս taqsi avtobus *(n.)* taxibus
տաքսիդերմային taqsidermayin *(adj.)* taxidermic
տաքսիով գնալ taqsiov gnal *(v.)* taxi
տգեղ tgegh *(adj.)* ugly
տգեղություն tgeghutyun *(n.)* ugliness
տեգ teg *(n.)* javelin
տեգ teg *(n.)* spearhead
տեգատախտակ tegatakhtak *(n.)* dartboard
տելեկինեզ, մտաշարժողականություն telekinez, mtashardjoghakanutyun *(n.)* telekinesis
տելեկինետիկ, մտաշարժողական telekinetik, mtashardjoghakan *(adj.)* telekinetic
տելեոլոգիա teleologia *(n.)* teleology
տելեոլոգիական teleologiakan *(adj.)*

teleologic
տելեպորտ, հեռակայանել teleport, herrakayanel *(v.)* teleport
տելեպորտացիա, հեռափոխադրում teleportacia, herrapokhdrum *(n.)* teleportation
տեխնիկ tekhnik *(n.)* technician
տեխնիկա tekhnika *(n.)* engineering
տեխնիկա tekhnika *(n.)* technique
տեխնիկական tekhnikakan *(adj.)* technical
տեխնիկականություն tekhnikakanutyun *(n.)* technicality
տեխնոգետ tekhnoget *(n.)* technophile
տեխնոերաժշտություն tekhnoyeradjshtutyun *(n.)* technomusic
տեխնոլոգ tekhnolog *(n.)* technologist
տեխնոլոգիա tekhnologia *(n.)* technology
տեխնոլոգիական tekhnologiakan *(adj.)* technological
տեխնոմադ tekhnomad *(n.)* technomad
տեխնոմանիա tekhnomania *(n.)* technomania
տեխնոֆոբ tekhnofob *(n.)* technophobe
տեկիլա tekila *(n.)* tequila
տեղ tegh *(n.)* locale
տեղ tegh *(n.)* place
տեղ tegh *(n.)* position
տեղ tegh *(n.)* site
տեղաբաշխում teghabashkhum *(n.)* placement
տեղաբնիկ teghabnik *(n.)* aborigine
տեղագրագետ teghagraget *(n.)* topographer
տեղագրական teghagrakan *(adj.)* topographical
տեղագրություն teghagrutyun *(n.)* topography
տեղադրել teghadrel *(v.)* insert
տեղադրել teghadrel *(v.)* install
տեղալ teghal *(v.)* shower
տեղակայել teghakayel *(v.)* deploy
տեղակայել teghakayel *(v.)* mount
տեղակայում teghakayum *(n.)* installation
տեղական teghakan *(adj.)* local
տեղական teghakan *(adj.)* topical
տեղահանել teghahanel *(v.)* dislodge
տեղահանել teghahanel *(adj.)* uninstall
տեղային teghayin *(adj.)* endemic
տեղանք teghanq *(n.)* locality
տեղանք teghanq *(n.)* terrain
տեղաշարժ teghashardj *(n.)* dilaceration
տեղաշարժ teghashardj *(n.)* move
տեղաշարժ teghashardj *(n.)* upheaval
տեղավորել teghavorel *(v.)* fit
տեղավորել teghavorel *(v.)* locate
տեղավորել teghavorel *(v.)* place
տեղավորել teghavorel *(v.)* position
տեղավորել teghavorel *(v.)* rack
տեղավորել teghavorel *(v.)* sandwich
տեղավորել teghavorel *(v.)* station
տեղավորվել teghavorvel *(v.)* nestle
տեղատարափ teghatarap *(n.)* downpour
տեղատարափ teghatarap *(adj.)* showery
տեղափակել teghapakel *(v.)* localize
տեղափոխել teghapokhel *(v.)* displace
տեղափոխել teghapokhel *(v.)* transport
տեղափոխում teghapokhum *(n.)* reversal
տեղափոխում teghapokhum *(n.)* transportation
տեղեկագիր teghekagir *(n.)* bulletin
տեղեկագիրք teghekagirq *(n.)* directory
տեղեկագիրք teghekagirq *(n.)* handbook
տեղեկատու teghekatu *(n.)* informer
տեղեկատվական teghekatvakan *(adj.)* informative
տեղեկատվություն teghekatvutyun *(n.)* information
տեղեկացնել teghekacnel *(v.)* inform
տեղեկացնել teghekacnel *(v.)* notify
տեղին teghin *(adj.)* relevant
տեմպ temp *(n.)* pace
տենդ tend *(n.)* fever

տենդային tendayin *(adj.)* febrile
տենդային tendayin *(adj.)* feverish
տենդենց tendenc *(n.)* trend
տենոր tenor *(n.)* tenor
տենորային tenorayin *(adj.)* tenor
տենչ tench *(n.)* ambition
տենչ tench *(n.)* craving
տենչալ tenchal *(v.)* aspire
տենչալ tenchal *(v.)* crave
տենչալի tenchali *(adj)* zesty
տեսաբան tessaban *(n.)* theorist
տեսագիրք tessagirq *(n.)* videobook
տեսաերիզ tessayeriz *(n.)* videocassette
տեսաերիզ tessayeriz *(n.)* videotape
տեսալսողական tessalsoghakan *(adj.)* audiovisual
տեսախաղ tessakhagh *(n.)* videogaming
տեսախցիկ tesakhcik *(n.)* camera
տեսակ tessak *(n.)* kind
տեսակ tessak *(n.)* sort
տեսակ tessak *(n. pl.)* species
տեսական tessakan *(adj.)* theoretical
տեսականացնել tessakanacnel *(v.)* theorize
տեսականորեն tessakanoren *(adv.)* academically
տեսակավորել tessakavorel *(v.)* assort
տեսակավորել tessakavorel *(v.)* size
տեսակավորել tessakavorel *(v.)* sort
տեսակավորում tessakavorum *(n.)* assortment
տեսակավորված tessakavorvats *(adj.)* assorted
տեսակետ tesaket *(n.)* aspect
տեսակետ tessaket *(n.)* notion
տեսակետ tessaket *(n.)* standpoint
տեսահեռախոս tessaherrakhos *(n.)* videotelephone
տեսահոլովակ tesaholovak *(n.)* clip
տեսանելի yessaneli *(adj.)* visible
տեսանելիություն tessaneliutyun *(n.)* visibility
տեսանկարահանել tessankarahanel *(v.)* video
տեսանկարահանել tessankarahanel *(v.)* videotape
տեսանյութ tessanyut *(n.)* video
տեսապակի tesapaki *(n.)* lens
տեսարան tessaran *(n.)* scene
տեսարան tessaran *(n.)* spectacle
տեսարան tessaran *(n.)* view
տեսնել tesnel *(v.)* behold
տեսնել tesnel *(v.)* see
տեսնել tesnel *(v.)* sight
տեսնող tesnogh *(n.)* seer
տեսողական tesoghakan *(adj.)* optic
տեսողական tessoghakan *(adj.)* visual
տեսողություն tessoghutyun *(n.)* sight
տեսողություն tessoghutyun *(n.)* vision
տեսություն tesutyun *(n.)* theory
տեսուչ tesuch *(n.)* inspector
տեստոստերոն testosteron *(n.)* testosterone
տեսք tesq *(n.)* semblance
տեսք tesq *(n.)* visage
տեսքով tesqov *(adj.)* sightly
տետ-ա-տետ, դեմ առ դեմ tet-a-tet, dem arr dem *(n.)* tete-a-tete
տետրա tetra *(n.)* tetra
տեր ter *(n.)* boss
տեր, աստված ter, astvats *(n.)* lord
տերաբազա terabaza *(n.)* terabase
տերաբայթ terabayt *(n.)* terabyte
տերաբիթ terabit *(n.)* terabit
տերաջոուլ terajoul *(n.)* terajoule
տերև terev *(n.)* leaf
տերևաթափել terevatapel *(v.)* defoliate
տերևաթափող terevatapogh *(n.)* defoliant
տերևավոր terevavor *(adj.)* leafy
տերիեր terier *(n.)* terrier
տերմինաբանական terminabanakan *(adj.)* terminological
տերմինաբանություն terminabanutyun *(n.)* terminology
տերմիտ termit *(n.)* termite
տերմիտիցիդ termiticid *(n.)* termiticide
տևական tevakan *(adj.)* lasting
տևել tevel *(v.)* last
տևողություն tevoghutyun *(n.)*

duration
տեքստ teqst *(n.)* text
տեքստային teqstayin *(adj.)* textual
տեքստիլ teqstil *(n.)* textile
տզրուկ tzruk *(n.)* leech
տիեզերական tiezerakan *(adj.)* cosmic
տիեզերանավ tiezeranav *(n.)* spacecraft
տիեզերք tiezerq *(n.)* cosmos
տիեզերք tiezerq *(n.)* universe
տիկին tikin *(n.)* dame
տիկին tikin *(n.)* lady
տիկին tikin *(n.)* madam
տիկնիկ tiknik *(n.)* doll
տիղմ tighm *(n.)* silt
տիպ tip *(n.)* type
տիպար tipar *(n.)* nonpareil
տիտանական titanakan *(adj.)* titanic
տիրադ, երկարաշունչ ճառ tirad, yerkarashunch charr *(n.)* tirade
տիրական tirakan *(adj.)* lordly
տիրապետել tirapetel *(v.)* dominate
տիրապետել tirapetel *(v.)* possess
տիրապետել tirapetel *(v.)* wield
տիրապետություն tirapetutyun *(n.)* domain
տիրապետություն tirapetutyun *(n.)* domination
տիրապետություն tirapetutyun *(n.)* lordship
տիրապետում tirapetum *(n.)* possession
տիրել tirel *(v.)* occupy
տիրել tirel *(v.)* overrule
տիրել tirel *(v.)* prevail
տիֆ tif *(n.)* typhus
տխուր tkhur *(adj.)* dolorous
տխուր tkhur *(adj.)* rueful
տխուր tkhur *(adj.)* sad
տխրել tkhrel *(v.)* rue
տխրել tkhrel *(v.)* sadden
տխրություն tkhrutyun *(n.)* rue
տխրություն tkhrutyun *(n.)* sadness
տկար tkar *(adj.)* faint
տկար tkar *(adj.)* indisposed
տկար tkar *(adj.)* weak
տկարանալ tkaranal *(v.)* weaken
տկարացնել tkaracnel *(v.)* enfeeble
տկարություն tkarutyun *(n.)* ailment
տկարություն tkarutyun *(n.)* weakness
տկտկալ tktkal *(v.)* tick
տկտկոց tktkoc *(n.)* tick
տհաճ thach *(adj.)* unappealing
տղա tgha *(n.)* boy
տղա tgha *(n.)* lad
տղա tgha *(n.)* urchin
տղամարդ tghamard *(n.)* jack
տղամարդանման tghamardanman *(adj.)* manlike
տղամարդիկ tghamardik *(n.)* manhood
տղամարդկային tghamardkayin *(adj.)* manly
տղամարդկություն tghamardkutyun *(n.)* manliness
տղայանման աղջիկ tghayanman aghjik *(n.)* tomboy
տղմոտել tghmotel *(v.)* silt
տնակ tnak *(n.)* cabin
տնակ tnak *(n.)* cottage
տնակ tnak *(n.)* hut
տնական tnakan *(adj.)* home-made
տնային tnayin *(adj.)* domestic
տնային դաստիարակչուհի tnayin dastiarakchuhi *(n.)* governess
տնային տնտեսություն tnayin tntesutyun *(n.)* household
տնասեր tnasser *(adj.)* domestical
տնկադաշտ tnkadasht *(n.)* plantation
տնկել tnkel *(v.)* plant
տնկի tnki *(n.)* sapling
տնվոր tnvor *(n.)* occupier
տնտեսագիտություն tntesagitutyun *(n.)* economics
տնտեսական tntesakan *(adj.)* economic
տնտեսել tntessel *(v.)* reserve
տնտեսող tntesogh *(adj.)* economical
տնտեսող tntesogh *(adj.)* frugal
տնտեսող tntesogh *(adj.)* thrifty
տնտեսողություն tntesoghutyun *(n.)* thrift
տնտեսություն tntesutyun *(n.)* economy

տնտեսվար tntesvar *(n.)* steward
տնտեսվարուհի tntesvaruhi *(n.)* matron
տնօրինել tnorinel *(v.)* dispose
տնօրինություն tnorinutyun *(n.)* disposal
տոկալ tokal *(v.)* endure
տոկոս tokos *(adv.)* per cent
տոկոս tokos *(n.)* percentage
տոկունություն tokunutyun *(n.)* endurance
տոկունություն tokunutyun *(n.)* fortitude
տոկունություն tokunutyun *(n.)* stamina
տոհմ tohm *(n.)* lineage
տոհմածառ tohmatsarr *(n.)* pedigree
տոհմական tohmakan *(adj.)* ancestral
տող togh *(n.)* line
տողագործություն toghagortsutyun *(n.)* commissure
տոմս toms *(n.)* ticket
տոն ton *(n.)* holiday
տոն ton *(n.)* jubilee
տոն ton *(n.)* tone
տոնական tonakan *(adj.)* festive
տոնական tonakan *(adj.)* gala
տոնակատարում tonakatarum *(n.)* celebration
տոնակատարում tonakatarum *(n.)* festivity
տոնավաճառ tonavacharr *(n.)* fair
տոնավաճառ tonavacharr *(n.)* fairground
տոնավաճառ tonavacharr *(n.)* mart
տոնել tonel *(v.)* celebrate
տոնզիլիտ tonzilit *(n.)* tonsilitis
տոնզուրա tonzura *(n.)* tonsure
տոննա tonna *(n.)* ton
տոննա tonna *(n.)* tonne
Տ-ոսկոր T-voskor *(n.)* T-bone
տոտալիտար totalitar *(adj.)* totalitarian
տորթ tort *(n.)* cake
տորպեդ torped *(n.)* torpedo
տորպեդահարել torpedaharel *(v.)* torpedo
տորֆ torf *(n.)* turf
տուբերկուլյոզ, պալարախտ tuberkulyoz, palarakht *(n.)* tuberculosis
տուգանել tuganel *(v.)* assess
տուգանել tuganel *(v.)* fine
տուգանք tuganq *(n.)* fine
տուգանք tuganq *(n.)* forfeit
տուգանք tuganq *(n.)* penalty
տուգանք tuganq *(n.)* surcharge
տուն tun *(n.)* home
տուն tun *(n.)* house
տուն tun *(n.)* stanza
տունիկա tunika *(n.)* jerkin
տուրբին turbin *(n.)* turbine
տուրք turq *(n.)* scot
տուփ tup *(n.)* box
տուփ tup *(n.)* canister
տոքսեմիա toqsemia *(n.)* toxaemia
տպագրանյութ tpagranyut *(n.)* printout
տպագրիչ tpagrich *(n.)* printer
տպագրում tpagrum *(n.)* print
տպազիոն tpazion *(n.)* topaz
տպավորիչ tpavorich *(adj.)* impressive
տպավորիչ tpavorich *(adj.)* spectacular
տպավորություն tpavorutyun *(n.)* impression
տպավորվել tpavorvel *(v.)* impress
տպել tpel *(v.)* print
տվյալներ tvyalner *(n.pl.)* data
տվյալների բազա tvyalneri baza *(n.)* database
տվյալների բանկ tvyalneri bank *(n.)* databank
տտիպ ttip *(adj.)* astringent
տրախեոսկոպիա trakheoskopia *(n.)* tracheoscopy
տրակտատ traktat *(n.)* tract
տրակտատ traktat *(n.)* treatise
տրակտոր traktor *(n.)* tractor
տրամաբան tramaban *(n.)* logician
տրամաբանական tramabanakan *(adj.)* logical
տրամաբանություն tramabanutyun *(n.)* logic
տրամագիծ tramagits *(n.)* diameter
տրամադրություն tramadrutyun *(n.)*

mood
տրամալար tramalar *(n.)* perpendicular
տրամաչափ tramachap *(n.)* calibre
տրամաչափել tramachapel *(v.)* calibrate
տրամաչափում tramachapum *(n.)* calibration
տրամվայ tramvay *(n.)* tram
տրանսպորտ transport *(n.)* transport
տրանսցենդենտալ transcendental *(adj.)* transcendental
տրապեզիստ trapezist *(n.)* trapezist
տրապեցիա trapecia *(n.)* trapezoid
տրապլին traplin *(n.)* trapline
տրավմա travma *(n.)* trauma
տրավմատիզմ travmatizm *(n.)* traumatism
տրավմատիկ travmatik *(adj.)* traumatic
տրաֆարետ trafaret *(n.)* stencil
տրաֆարետով ներկել trafaretov nerkel *(v.)* stencil
տրոլանավ trolanav *(n.)* trawlboat
տրորած trorats *(adj.)* poached
տրորել trorel *(v.)* jam
տրորել trorel *(v.)* mash
տրորել trorel *(v.)* squash
տրորել trorel *(v.)* trample
տրոփել tropel *(v.)* palpitate
տրտմություն trtmutyun *(n.)* nadger
տքնել tqnel *(v.)* plod

Ր ր

րոպե rope *(n.)* minute

Ց ց

ցախսարեկ cakhsarek *(n.)* wren
ցածր catsr *(adv.)* low
ցածր catsr *(adj.)* low
ցածր յուղայնությամբ catsr yughaynutyamb *(adj.)* low-fat
ցամաք camaq *(n.)* land
ցամաք camaq *(n.)* terrestrial
ցամաք հասնել camaq hasnel *(v.)* land
ցամաքալեզվակ camaqalezvak *(n.)* sandbank
ցամաքային camaqayin *(adj.)* continental
ցամաքային camaqayin *(adj.)* terrestrial
ցամաքային հարձակում camaqayin hardzakum *(n.)* ground attack
ցամաքեցնել camaqecnel *(v.)* drain
ցամաքեցնել camaqecnel *(v.)* parch
ցամաքեցում camaqecum *(n.)* drainage
ցայտ cayt *(n.)* spurt
ցայտել caytel *(v.)* spurt
ցայտուկ caytuk *(n.)* splash
ցայտուն caytun *(adj.)* salient
ցան can *(n.)* rash
ցանել canel *(v.)* sow
ցանկալի cankali *(adj.)* desirable
ցանկալի cankali *(adj.)* welcome
ցանկամոլ cankamol *(n.)* voluptuary
ցանկանալ cankanal *(v.)* desire
ցանկանալ cankanal *(v.)* want
ցանկանալ cankanal *(v.)* wish
ցանկապատ cankapat *(n.)* fence
ցանկապատ cankapat *(n.)* hedge
ցանկապատ cankapat *(n.)* pale
ցանկապատել cankapatel *(v.)* fence
ցանկապատել cankapatel *(v.)* hedge
ցանկասեր cankaser *(adj.)* lustful
ցանկասեր cankasser *(adj.)* voluptuous
ցանկասեր մարդ cankasser mard *(n.)* sensualist
ցանկասիրություն cankasirutyun *(n.)* lust
ցանկասիրություն cankassirutyun *(n.)* sensuality
ցանկացած ժամանակ cankacats djamanak *(adv.)* anytime
ցանկացող cankacogh *(adj.)* desirous
ցանկացող cankacogh *(adj.)* wishful
ցանկություն cankutyun *(n.)* aspiration
ցանկություն cankutyun *(n.)* desire

ցանկություն cankutyun *(n.)* wish
ցանց canc *(n.)* net
ցանց canc *(n.)* network
ցանցաթաղանթ cancataghant *(n.)* retina
ցանցապատել cancapatel *(v.)* net
ցասում casum *(n.)* wrath
ցավ cav *(n.)* ache
ցավ cavel *(n.)* pain
ցավազրկում cavazrkum *(n.)* pain relief
ցավալի cavali *(adj.)* sorry
ցավակցել cavakcel *(v.)* commiserate
ցավակցել cavakcel *(v.)* condole
ցավակցություն cavakcutyun *(n.)* condolence
ցավամոքիչ դեղ cavamoqich degh *(n.)* sedative
ցավել cavel *(v.)* ache
ցավել cavel *(v.)* ail
ցավել cavel *(v.)* pain
ցավել cavel *(v.)* smart
ցավոտ cavot *(adj.)* painful
ցավոտ cavot *(adj.)* sore
ցատկ catk *(n.)* cavorting
ցատկ catk *(n.)* jump
ցատկ catk *(n.)* leap
ցատկ catk *(n.)* skip
ցատկել catkel *(v.)* bounce
ցատկել catkel *(v.)* jump
ցատկել catkel *(v.)* leap
ցատկել catkel *(v.)* pounce
ցատկել catkel *(v.)* spring
ցատկոտել catkotel *(v.)* hop
ցատկոտել catkotel *(v.)* skip
ցատկում catkum *(n.)* hop
ցատկում catkum *(n.)* pounce
ցելյուլիտ celyulit *(n.)* cellulite
ցելյուլոիդ celyuloid *(n.)* celluloid
ցելոֆան celofan *(n.)* cellophane
Ցելսիուս Celsius *(adj.)* Celsius
ցեխ cekh *(n.)* mud
ցեխոտ cekhot *(adj.)* slushy
ցեղ cegh *(n.)* tribe
ցեղային ceghayin *(adj.)* tribal
ցեղապետ ceghapet *(n.)* chieftain
ցեղասպանություն ceghaspanutyun *(n.)* genocide
ցեմենտ cement *(n.)* cement
ցենտ cent *(n.)* cent
ցետիլ cetil *(adj.)* cetylic
ցետին cetin *(n.)* cetin
ցերեկ cerek *(n.)* daylight
ցերեկույթ cerekuyt *(n.)* matinee
ցեց cec *(n.)* moth
ցեֆալոիդ cefaloid *(adj.)* cephaloid
ցիան cian *(n.)* cyan
ցիանիդ cianid *(n.)* cyanide
ցիլինդր cilindr *(n.)* topper
ցիկադա (կնճիթավոր միջատ) cikada (knchitavor mijat) *(n.)* cicada
ցիկլային ciklayin *(adj.)* cyclic
ցիկլոն ciklon *(n.)* cyclone
ցիկլոոճ ciklovoch *(n.)* cyclostyle
ցինիկ cinik *(n.)* cynic
ցինկ cink *(n.)* zinc
ցիռոզ cirroz *(n.)* cirrhosis
ցիտրին citrin *(n.)* citrine
ցիտրուս citrus *(n.)* citrus
ցից cic *(n.)* stake
ցլաթռչուն clatrrchun *(n.)* oxbird
ցլամարտ clamart *(n.)* tauromachy
ցլասայլ classayl *(n.)* oxcart
ցմահ cmah *(adj.)* lifelong
ցնծագին cntsagin *(adj.)* jubilant
ցնծալ cntsal *(v.)* exult
ցնծալ cntsal *(v.)* gloat
ցնծալից cntsalic *(adj.)* exultant
ցնծությամբ cntsutyamb *(adv.)* gloatingly
ցնծություն cntsutyun *(n.)* elation
ցնծություն cntsutyun *(n.)* gloat
ցնծություն cntsutyun *(n.)* jubilation
ցնորք cnorq *(n.)* chimera
ցնցել cncel *(v.)* jolt
ցնցել cncel *(v.)* rock
ցնցել cncel *(v.)* shock
ցնցել cncel *(v.)* startle
ցնցող cncogh *(adj.)* awesome
ցնցող cncogh *(adj.)* breathtaking
ցնցոտիավոր cncotiavor *(n.)* geek
ցնցոտիավոր cncotiavor *(adj.)* geeky
ցնցուղ cncugh *(n.)* showerhead
ցնցում cncum *(n.)* concussion
ցնցում cncum *(n.)* hitch
ցնցում cncum *(n.)* jolt

ցնցում cncum *(n.)* shock
ցնցվել cncvel *(v.)* wince
ցող cogh *(n.)* dew
ցողել coghel *(v.)* sprinkle
ցողում coghum *(n.)* aspersion
ցողուն coghun *(n.)* stalk
ցողուն coghun *(n.)* stem
ցողունակալել coghunakalel *(v.)* stalk
ցորեն coren *(n.)* wheat
ցուլ cul *(n.)* bull
ցուպիկ cupik *(n.)* stye
ցուրտ curt *(n.)* chill
ցուրտ curt *(adj.)* cold
ցուրտ curt *(adj.)* frigid
ցուցադրել cucadrel *(v.)* demonstrate
ցուցադրել cucadrel *(v.)* exhibit
ցուցադրել cucadrel *(v.)* show
ցուցադրություն cucadrutyun *(n.)* demonstration
ցուցադրություն cucadrutyun *(n.)* showdown
ցուցադրում cucadrum *(n.)* display
ցուցադրում cucadrum *(n.)* exhibit
ցուցադրում cucadrum *(n.)* show
ցուցակ cucak *(n.)* list
ցուցակ cucak *(n.)* schedule
ցուցակ կազմել cucak kazmel *(v.)* table
ցուցակագրել cucakagrel *(v.)* list
ցուցակագրել cucakagrel *(v.)* poll
ցուցակագրել cucakagrel *(v.)* schedule
ցուցական cucakan *(adj.)* ostensible
ցուցականություն cucakanutyun *(n.)* ostensibility
ցուցահանդես cucahandes *(n.)* exhibition
ցուցամատ cucamat *(n.)* forefinger
ցուցամոլ cucamol *(n.)* flaunter
ցուցամոլական cucamolakan *(adj.)* ostentatious
ցուցամոլություն cucamolutyun *(n.)* ostentation
ցուցամոլություն անել cucamolutyun anel *(v.)* flaunt
ցուցանիշ cucanish *(n.)* index
ցուցանմուշ cucanmush *(n.)* sideshow
ցուցասրահ cucasrah *(n.)* showroom
ցուցատախտակ cucatakhtak *(n.)* scoreboard
ցուցարժանիք cucardjaniq *(n.)* showpiece
ցուցափեղկ cucapeghk *(n.)* shopfront
ցուցափեղկ cucapeghk *(n.)* showcase
ցուցափեղկ cucapeghk *(n.)* showstopper
ցտեսություն ctesutyun *(interj.)* bye
ցտեսություն ctesutyun *(interj.)* good-bye
ցրել crel *(v.)* disband
ցրել crel *(v.)* disembody
ցրել crel *(v.)* disperse
ցրել crel *(v.)* scatter
ցրված crvats *(adj.)* scattered
ցրված crvats *(adj.)* scattery
ցրված լինել crvats linel *(v.)* straggle
ցրվածորեն crvatsoren *(adv.)* scatteringly
ցրվածություն crvatsutyun *(n.)* distraction
ցրտահարություն crtaharutyun *(n.)* frosting
ցցերով ամրացնել ccerov amracnel *(v.)* stake

Ու ու

ուզո, հունական լիկյոռ uzo, hunakan likyorr *(n.)* ouzo
ութ ut *(num.)* eight
ութամյակ utamyak *(adj.)* octogenarian
ութանկյուն utankyun *(n.)* octagon
ութանկյունանի utankyunani *(adj.)* octangular
ութապատիկ utapatik *(n.)* octuplicate
ութապատկել utapatkel *(v.)* octuple
ութնյակ utnyak *(adj.)* octuple
ութնյակ utnyak *(n.)* octuple
ութոտանոտ utotanot *(n.)* octopede
ութոտն utotn *(n.)* octyne
ութոտնիկ utotnik *(n.)* octopus
ութոտնուկ utotnuk *(n.)* octopussy
ութսուն utsun *(num.)* eighty
ութսունամյա ծերունի utsunamya

tseruni *(n.)* octogenarian
ուժ udj *(n.)* force
ուժ udj *(n.)* power
ուժ udj *(n.)* strength
ուժասպառ udjasparr *(adj.)* enervated
ուժասպառություն udjasparrutyun *(n.)* attenuance
ուժասպառություն udjasparrutyun *(n.)* rundown
ուժեղ udjegh *(adj.)* forceful
ուժեղ udjegh *(adj.)* lusty
ուժեղ udjegh *(adj.)* strong
ուժեղ հարված udjegh harvats *(n.)* biff
ուժեղացնել udjeghacnel *(v.)* intensify
ուժեղացնել udjeghacnel *(v.)* strengthen
ուժեղացուցիչ udjeghacucich *(n.)* amplifier
ուժերը հավասարեցնել udjera havasarecnel *(v.)* handicap
ուժերի հավասարեցում udjeri havasarecum *(n.)* handicap
ուլունքահատիկ ulunqahatik *(n.)* bead
ուլտրաձայնային ultradzaynayin *(adj.)* ultrasonic
ուլտրաձայնային ultradzaynayin *(n.)* ultrasonics
ուլտրաձայնային ultradzaynayin *(n.)* ultrasound
ուլտրամանուշակագույն ultramanushakaguyn *(n.)* ultraviolet
ուլտրամանուշակագույն ultramanushakaguyn *(adj.)* ultraviolet
ուխտագնացություն ukhtagnacutyun *(n.)* pilgrimage
ուխտավոր ukhtavor *(n.)* pilgrim
ուղարկել ugharkel *(v.)* forward
ուղարկել ugharkel *(v.)* send
ուղեբեռ ugheberr *(n.)* baggage
ուղեբեռ ugheberr *(n.)* luggage
ուղեգորգ ughegorg *(n.)* doormat
ուղեդրամ ughedram *(n.)* mileage
ուղեծիր ughetsir *(n.)* orbital
ուղեծրային ughetsrayin *(adj.)* orbital
ուղեծրային ughetsrayin *(n.)* orbituary
ուղեկից ughekic *(n.)* companion
ուղեկցել ughekcel *(v.)* escort
ուղեկցել ughekcel *(v.)* guide
ուղեկցել ughekcel *(v.)* usher
ուղեկցող ughekcogh *(n.)* guide
ուղեկցորդ ughekcord *(n.)* escort
ուղեկցորդուհի ughekcorduhi *(n.)* chaperone
ուղեկցվող ughekcvogh *(adj.)* escorted
ուղեղ ughegh *(n.)* brain
ուղեղային ugheghayin *(adj.)* cerebral
ուղեղիկ ugheghik *(n.)* cerebellum
ուղենիշ ughenish *(n.)* guideline
ուղենիշ ughenish *(n.)* landmark
ուղենիշ ughenish *(n.)* milestone
ուղեվարձ ughevardz *(n.)* fare
ուղերձ ugherdz *(n.)* missive
ուղևոր ughevor *(n.)* passenger
ուղևոր ughevor *(n.)* wayfarer
ուղևորություն ughevorutyun *(n.)* drive
ուղևորություն ughevorutyun *(n.)* safari
ուղևորություն ughevorutyun *(n.)* voyage
ուղի ughi *(n.)* way
ուղիղ ughigh *(adj.)* direct
ուղիղ ughigh *(adj.)* straight
ուղիղ աղիք ughigh aghiq *(n.)* rectum
ուղղագիր ughghagir *(n.)* orthographer
ուղղագրական ughghagrakan *(adj.)* orthographic
ուղղագրություն ughghagrutyun *(n.)* orthograph
ուղղագրություն ughghagrutyun *(n.)* spelling
ուղղակի ughghaki *(adj.)* downright
ուղղակի ughghaki *(adv.)* due
ուղղահայաց ughghahayac *(adj.)* perpendicular
ուղղահայաց ughghahayac *(adj.)* vertical
ուղղաձիգ ughghadzig *(adj.)* upright
ուղղանկյուն ughghankyun *(adj.)* rectangular
ուղղանկյունի ughghankyuni *(n.)* rectangle
ուղղափառ ughghaparr *(adj.)* orthodox

ուղղափառություն ughghaparrutyun (n.) orthodoxy
ուղղել ughghel (v.) emend
ուղղել ughghel (v.) straighten
ուղղել ughghel (v.) vector
ուղղորդում ughghordum (n.) guidance
ուղղություն ughghutyun (n.) direction
ուղղում ughghum (n.) correction
ուղտ ught (n.) camel
ում um (pron.) whom
ում um (pron.) whose
ունակ unak (adj.) abled
ունակություն unakutyun (n.) competence
ունենալ unenal (v.) have
ունենալ unenal (v.) own
ունևոր unevor (adj.) well off
ունևոր unevor (adj.) well-to-do
ունիվերսալ universal (adj.) universal
ունիվերսալություն universalutyun (n.) universality
ունցիա uncia (n.) ounce
ուշ ush (adv.) late
ուշագնացություն ushagnacutyun (n.) swoon
ուշագրավ ushagrav (adj.) noteworthy
ուշադիր ushadir (adj.) attentive
ուշադիր ushadir (adj.) mindful
ուշադիր ushadir (adj.) observant
ուշադրության կենտրոն ushadrutyan kentron (n.) spotlight
ուշադրության կենտրոնում ushadrutyan kentronum (n.) limelight
ուշադրություն ushadrutyun (n.) attention
ուշադրություն ushadrutyun (n.) heed
ուշադրություն դարձնել ushadrutyun dardznel (v.) heed
ուշաթափվել ushatapvel (v.) faint
ուշաթափվել ushatapvel (v.) swoon
ուշանալ ushanal (v.) lag
ուշացած ushacats (adj.) belated
ուշացած ushacats (adj.) late
ուշացած ushacats (adj.) tardy
ուշացնել ushacnel (v.) delay
ուշացում ushacum (n.) backlog
ուշացում ushacum (n.) delay

ուշացում ushacum (n.) tardiness
ուշիմություն ushimutyun (n.) sagacity
ուռա՛ urra! (interj.) hurrah
ուռենի urreni (n.) willow
ուռկանապարկ urrkanapark (n.) trawl
ուռկանով բռնել urrkanov brrnel (v.) mesh
ուռուցիկ urrucik (adj.) bossy
ուռուցիկություն urrucikutyun (n.) bulge
ուռուցք urrucq (n.) swell
ուռուցք urrucq (n.) tumour
ուռուցքաբան urrucqaban (n.) oncologist
ուռուցքաբանություն urrucqabanutyun (n.) oncology
ուռուցքածին urrucqatsin (adj.) oncogenic
ուռչել urrchel (v.) swell
ուս us (n.) shoulder
ուսանելի usaneli (adj.) teacheable
ուսանող ussanogh (n.) student
ուսապարկ ussapark (n.) rucksack
ուսմունք usmunq (n.) doctrine
ուսոսկր ussoskr (n.) scapula
ուսում usum (n.) learning
ուսումնական պլան usumnakan plan (n.) curriculum
ուսումնակից ussumnakic (n.) schoolmate
ուսումնասիրել usumnasirel (v.) explore
ուսումնասիրել usumnassirel (v.) study
ուսումնասիրություն usumnassirutyun (n.) study
ուսուցանել ussucanel (v.) school
ուսուցիչ ussucich (n.) schoolmaster
ուսուցիչ usucich (n.) teacher
ուսուցողական usucoghakan (adj.) tutorial
ուսուցում usucum (n.) tuition
ուսուցչակենտրոն usucchakentron (adj.) teacher centric
ուտել utel (v.) eat
ուտել utel (v.) spoon
ուտել utel (v.) stomach

ուտելի uteli *(adj.)* eatable
ուտելի uteli *(adj.)* edible
ուտելիք uteliq *(n.pl.)* eatables
ուտելու փայտիկ utelu paytik *(n.)* chopstick
ուտիճ utich *(n.)* cockroach
ուտոպիա utopia *(n.)* utopia
ուտոպիական utopiakan *(adj.)* utopian
ուր ur *(adv.)* where
ուր ur *(adv.)* whither
ուրախ urakh *(adj.)* cheerful
ուրախ urakh *(adj.)* convivial
ուրախ urakh *(adj.)* elate
ուրախ urakh *(adj.)* glad
ուրախ urakh *(adj.)* gleeful
ուրախ urakh *(adj.)* jolly
ուրախ urakh *(adj.)* jovial
ուրախ urakh *(adj.)* joyful
ուրախ urakh *(adj.)* merry
ուրախ urakh *(adj.)* mirthful
ուրախ urakh *(adj.)* sprightly
ուրախ urakh *(adj.)* vivacious
ուրախալի urakhali *(adj.)* joyous
ուրախանալ urakhanal *(v.)* frolic
ուրախանալ urakhanal *(v.)* rejoice
ուրախացնել urakhacnel *(v.)* cheer
ուրախացնել urakhacnel *(v.)* elate
ուրախացնել urakhacnel *(v.)* gladden
ուրախությամբ urakhutyamb *(adv.)* gleefully
ուրախություն urakhutyun *(n.)* frolic
ուրախություն urakhutyun *(n.)* gaiety
ուրախություն urakhutyun *(n.)* glee
ուրախություն urakhutyun *(n.)* jollity
ուրախություն urakhutyun *(n.)* joviality
ուրախություն urakhutyun *(n.)* joy
ուրախություն urakhutyun *(n.)* merriment
ուրախություն urakhutyun *(n.)* mirth
ուրանալ uranal *(v.)* abjure
ուրանալ uranal *(v.)* backslide
ուրանալ uranal *(v.)* disown
ուրանալ uranal *(v.)* forswear
ուրանալ uranal *(v.)* renounce
ուրանալ uranal *(v.)* repudiate
ուրացող uracogh *(n.)* abjurer
ուրացում uracum *(n.)* repudiation
ուրբաթ urbat *(n.)* Friday
ուրիշ urish *(adj.)* another
ուրիշ urish *(adj.)* else
ուրվագիծ urvagits *(n.)* configuration
ուրվագիծ urvagits *(n.)* outline
ուրվագծել urvagtsel *(v.)* outline
ուրվագծված urvagtsvats *(adj.)* drafty
ուրվական urvakan *(n.)* ghost
ուրվական urvakan *(n.)* phantom
ուրվական urvakan *(n.)* spectre
ուրվականների քաղաք urvakanneri qaghaq *(n.)* ghost town
ուրվանկարել urvankarel *(v.)* delineate
ուրվանկարել urvankarel *(v.)* sketch
ուֆոլոգ ufolog *(n.)* ufologist
ուֆոլոգիա ufologia *(n.)* ufology

Փ փ

փաթաթան patatan *(n.)* wrapper
փաթաթել patatel *(v.)* furl
փաթաթել patatel *(v.)* reel
փաթաթել patatel *(v.)* wrap
փաթեթ patet *(n.)* bundle
փաթեթ patet *(n.)* pack
փաթեթ patet *(n.)* package
փաթեթ patet *(n.)* packet
փաթեթավորել patetavorel *(v.)* pack
փաթեթավորում patetavorum *(n.)* packing
փաթիլ patil *(n.)* flake
փաթիլներով թափվել patilnerov tapvel *(v.)* flake
փախած pakhats *(adj.)* fugitive
փախուստ pakhust *(n.)* elusion
փախուստ pakhust *(n.)* escape
փախուստ pakhust *(n.)* scuttle
փախուստ իրականությունից pakhust irakanutyunic *(n.)* escapism
փախուստի հնարավորություն pakhusti hnaravorutyun *(n.)* escapability
փախչել pakhchel *(v.)* elope
փախչել pakhchel *(v.)* elude

փախչել pakhchel *(v.)* escape
փախչել pakhchel *(v.)* flee
փախչել pakhchel *(v.)* scamper
փախչել pakhchel *(v.)* scuttle
փախչելի pakhcheli *(adj.)* escapable
փախչող pakhchogh *(n.)* escapee
փախչող pakhchogh *(n.)* escapist
փախստական pakhstakan *(n.)* fugitive
փախստական pakhstakan *(n.)* refugee
փակ(վ)ել pak(v)el *(v.)* interlock
փակագիծ pakagits *(n.)* bracket
փակագծեր pakagtser *(n.)* parenthesis
փական pakan *(n.)* tap
փական pakan *(n.)* valve
փականածակ pakanatsak *(n.)* keyhole
փականներ pakanner *(n.)* bollocks
փակել pakel *(v.)* obstruct
փակել pakel *(v.)* occlude
փակել pakel *(v.)* shut
փակուղի pakughi *(n.)* deadbolt
փակուղի pakughi *(n.)* deadlock
փակուղի pakughi *(n.)* impasse
փակում pakum *(n.)* closure
փակում pakum *(n.)* obstruction
փամփուշտ pampusht *(n.)* bullet
փամփուշտ pampusht *(n.)* cartridge
փամփուշտի գնացք pampushti gnacq *(n.)* bullet train
փայլ payl *(n.)* bling
փայլ payl *(n.)* brilliance
փայլ payl *(n.)* flash
փայլ payl *(n.)* glam
փայլ payl *(n.)* glare
փայլ payl *(n.)* glitter
փայլ payl *(n.)* gloss
փայլ payl *(n.)* lustre
փայլ payl *(n.)* radiance
փայլ payl *(n.)* shine
փայլազարդ paylazard *(n.)* tinsel
փայլատակել paylatakel *(v.)* flash
փայլատակում paylatakum *(n.)* peep
փայլել paylel *(v.)* glare
փայլել paylel *(v.)* glitter
փայլել paylel *(v.)* shine
փայլեցնել paylecnel *(v.)* polish
փայլուն paylun *(adj.)* brilliant
փայլուն paylun *(adj.)* glam
փայլուն paylun *(adj.)* glossy
փայլուն paylun *(adj.)* lucent
փայլուն paylun *(adj.)* lustrous
փայլուն paylun *(adj.)* radiant
փայծաղ paytsagh *(n.)* spleen
փայտ payt *(n.)* wood
փայտածուխ paytatsukh *(n.)* charcoal
փայտամած paytamats *(n.)* scaffold
փայտանյութ paytanyut *(n.)* timber
փայտե payte *(adj.)* wooden
փայտե թակ payte tak *(n.)* maulstick
փայտե ձի payte dzi *(n.)* hobbyhorse
փայտիկ paytik *(n.)* stick
փայտոջիլ paytojil *(n.)* bug
փայփայել paypayel *(v.)* cherish
փայփայել paypayel *(v.)* cocker
փայփայել paypayel *(v.)* pamper
փառաբանել parrabanel *(v.)* blazon
փառաբանել parrabanel *(v.)* glorify
փառաբանում parrabanum *(n.)* glorification
փառասեր parrasser *(adj.)* ambitious
փառավոր parravor *(adj.)* glorious
փառատոն parraton *(n.)* festival
փառք parrq *(n.)* glory
փառք parrq *(n.)* stardom
փաստ past *(n.)* fact
փաստ past *(n.)* highlight
փաստաբան pastaban *(n.)* barrister
փաստաբան pastaban *(n.)* pleader
փաստաբան pastaban *(n.)* solicitor
փաստագրական ֆիլմ pastagrakan film *(n.)* documentary
փաստաթուղթ pastatught *(n.)* document
փաստարկ pastark *(n.)* argument
փաստարկ pastark *(n.)* plea
փաստացի pastaci *(adj.)* factious
փարթամ partam *(adj.)* lush
փարթամ partam *(adj.)* rank
փարոս paros *(n.)* beacon
փափագել papagel *(v.)* yen
փափկամարմին papkamarmin *(adj.)* molluscous
փափկանալ papkanal *(v.)* pulp
փափկասիրտ papkasirt *(adj.)* tender-hearted

փափկացնել papkacnel *(v.)* tenderize
փափկացուցիչ papkacucich *(n.)* tenderizer
փափկել papkel *(v.)* relent
փափկել papkel *(v.)* soften
փափկեցնող միջոց papkecnogh mijoc *(n.)* softener
փափուկ papuk *(adj.)* pulpy
փափուկ papuk *(adj.)* soft
փեթակ petak *(n.)* beehive
փեթակ petak *(n.)* hive
փեսա pessa *(n.)* bridegroom
փեսացու pessacu *(n.)* fiancé
փետուր petur *(n.)* feather
փետրագնդակ petragndak *(n.)* shuttlecock
փետրաձև ամպ petradzev amp *(n.)* cirrus
փետրվար petrvar *(n.)* February
փերի peri *(n.)* fairy
փիլիսոփա pilisopa *(n.)* philosopher
փիլիսոփայական pilisopayakan *(adj.)* philosophical
փիլիսոփայություն pilisopayutyun *(n.)* philosophy
փիղ pigh *(n.)* elephant
փլուզվել pluzvel *(v.)* collapse
փխրուն pkhrun *(adj.)* brash
փխրուն pkhrun *(adj.)* brittle
փխրուն pkhrun *(adj.)* crisp
փխրուն pkhrun *(adj.)* fragile
փխրուն pkhrun *(adj.)* occlusive
փխրուն դառնալ pkhrun darrnal *(v.)* crispen
փղային pghayin *(adj.)* elephantine
փղապահ pghapah *(n.)* mahout
փղոսկր pghoskr *(n.)* ivory
փնթի pnti *(adj.)* slatternly
փնթի pnti *(adj.)* slipshod
փնթի pnti *(adj.)* slovenly
փնթի կին pnti kin *(n.)* slattern
փնթփնթալ pntpntal *(v.)* gabble
փնթփնթալ pntpntal *(v.)* gibber
փնթփնթալ pntpntal *(v.)* grumble
փնթփնթալ pntpntal *(v.)* maunder
փնթփնթալ pntpntal *(v.)* mumble
փնթփնթալ pntpntal *(v.)* mutter
փնթփնթան pntpntan *(adj.)* nagging
փնթփնթացող pntpntacogh *(n.)* nagging
փնթփնթոց pntpntoc *(n.)* gibber
փնչացնել pnchacnel *(v.)* sniff
փնչացնել pnchacnel *(v.)* snort
փնչոց pnchoc *(n.)* sniff
փնչոց pnchoc *(n.)* snort
փնտրել pntrel *(v.)* forage
փնտրել pntrel *(v.)* rummage
փնտրել pntrel *(v.)* seek
փնտրտուք pntrtuq *(n.)* rummage
փշալար pshalar *(n.)* barbed wire
փշահաղարջ pshahagharj *(n.)* gooseberry
փշոտ pshot *(adj.)* barbed
փշոտ pshot *(adj.)* thorny
փշուր pshur *(n.)* crumb
փշրել pshrel *(v.)* scrap
փոթորիկ potorik *(n.)* gale
փոթորիկ potorik *(n.)* hurricane
փոթորիկ potorik *(n.)* storm
փոթորիկ potorik *(n.)* tempest
փոթորիկ potorik *(n.)* tornado
փոթորիկ potorik *(n.)* whirlwind
փոթորկել potorkel *(v.)* storm
փոթորկոտ potorkot *(adj.)* stormy
փոթորկոտ potorkot *(adj.)* tempestuous
փոխաբերություն pokhaberutyun *(n.)* metaphor
փոխադարձ pokhadardz *(adj.)* mutual
փոխադարձ pokhdardz *(adj.)* reciprocal
փոխադարձել pokhdardzel *(v.)* reciprocate
փոխադրական pokhadrakan *(adj.)* vehicular
փոխադրամիջոց pokhadramijoc *(n.)* vehicle
փոխադրել pokhadrel *(v.)* ferry
փոխադրել pokhadrel *(v.)* sidetrack
փոխադրում pokhadrum *(n.)* conveyance
փոխադրում pokhadrum *(n.)* portage
փոխազդեցություն pokhazdecutyun *(n.)* interplay
փոխակերպել pokhakerpel *(v.)* convert

փոխակերպել pokhakerpel *(v.)* transform
փոխակերպելի pokhakerpeli *(adj.)* convertible
փոխակերպում pokhakerpum *(n.)* permutation
փոխակերպում pokhakerpum *(n.)* transformation
փոխակրիչ pokharkich *(n.)* conveyor
փոխանակել pokhanakel *(v.)* barter
փոխանակել pokhanakel *(v.)* commute
փոխանակել pokhanakel *(v.)* exchange
փոխանակել pokhanakel *(v.)* interchange
փոխանակում pokhanakum *(n.)* exchange
փոխանակում pokhanakum *(n.)* interchange
փոխանցագիր pokhancagir *(n.)* endorsement
փոխանցել pokhancel *(v.)* convey
փոխանցել pokhancel *(v.)* transfer
փոխանցելի pokhanceli *(adj.)* transferable
փոխանցում pokhancum *(n.)* transfer
փոխանցումատուփ pokhancumatup *(n.)* gearset
փոխառնել pokharrnel *(v.)* loan
փոխառություն pokharrutyun *(n.)* loan
փոխարեն pokharen *(n.)* lieu
փոխարժեք pokhardjeq *(n.)* exchange rate
փոխարինել pokharinel *(v.)* replace
փոխարինել pokharinel *(v.)* substitute
փոխարինել pokharinel *(v.)* supersede
փոխարինող pokharinogh *(n.)* substitute
փոխարինող pokharinogh *(adj.)* vicarious
փոխարինում pokharinum *(n.)* replacement
փոխարինում pokharinum *(n.)* substitution
փոխարկել pokharkel *(v.)* switch
փոխարկիչ pokharkich *(n.)* switch

փոխարկում pokharkum *(n.)* conversion
փոխարքա pokharqa *(n.)* viceroy
փոխել pokhel *(v.)* shift
փոխզիջում pokhzijum *(n.)* compromise
փոխկապակցել pokhkapakcel *(v.)* correlate
փոխկապակցված pokhkapakcvats *(adj.)* interdependent
փոխկապվածություն pokhkapvatsutyun *(n.)* interdependence
փոխհատուցել pokhhatucel *(v.)* compensate
փոխհատուցել pokhhatucel *(v.)* offset
փոխհատուցում pokhhatucum *(n.)* compensation
փոխհատուցում pokhhatucum *(n.)* indemnity
փոխհատուցում pokhhatucum *(n.)* offset
փոխհատուցում pokhhatucum *(n.)* recompense
փոխնորդ pokhnord *(n.)* spare
փոխպատվաստել pokhpatvastel *(v.)* graft
փոխպատվաստել pokhpatvastel *(v.)* transplant
փոխպատվաստում pokhpatvastum *(n.)* transplant
փոխպատվաստում pokhpatvastum *(n.)* transplantation
փոխպատվաստվող pokhpatvastvogh *(n.)* transplantee
փոխվել pokhvel *(v.)* morph
փոկի կաշի poki kashi *(n.)* sealskin
փող pogh *(n.)* pelf
փողերի լվացում pogheri lvacum *(n.)* money laundering
փողկապ poghkap *(n.)* tie
փողոց poghoc *(n.)* street
փոշեկուլ poshekul *(n.)* duster
փոշեհատիկ poshehatik *(n.)* mote
փոշի poshi *(n.)* dust
փոշիացնել poshiacnel *(v.)* powder
փոշին մաքրել poshin maqrel *(v.)* dust
փոս pos *(n.)* ditch

փոս pos *(n.)* hole
փոս pos *(n.)* moat
փոս pos *(n.)* pit
փոստ post *(n.)* mail
փոստ post *(n.)* post
փոստ post *(n.)* post-office
փոստային postayin *(adj.)* postal
փոստային ծախքեր postayin tsakhqer *(n.)* postage
փոստապետ postapet *(n.)* postmaster
փոստատար postatar *(n.)* postman
փոստարկղ postarkgh *(n.)* inbox
փոստով ուղարկել postov ugharkel *(v.)* post
փոր por *(n.)* belly
փորագրանկար poragrankar *(adj.)* etching
փորագրատախտակ poragratakhtak *(n.)* scratchboard
փորագրել poragrel *(v.)* engrave
փորագրել poragrel *(v.)* etch
փորագրված poragrvats *(adj.)* etched
փորել porel *(v.)* dig
փորել porel *(v.)* hollow
փորել porel *(v.)* peck
փորել porel *(v.)* pit
փորել porel *(v.)* trench
փորլուծություն porlutsutyun *(n.)* diarrhoea
փորլուծություն porlutsutyun *(n.)* runs
փորկապություն porkaputyun *(n.)* constipation
փորձ pordz *(n.)* experience
փորձ pordz *(n.)* rehearsal
փորձ pordz *(n.)* tentative
փորձ pordz *(n.)* try
փորձագետ pordzaget *(n.)* expert
փորձադրոշմ pordzadroshm *(n.)* hallmark
փորձային pordzayin *(adj.)* empirical
փորձանք pordzanq *(n.)* mischance
փորձանք pordzanq *(n.)* tribulation
փորձաշրջան pordzashrjan *(n.)* probation
փորձապաշտ pordzapasht *(n.)* empiricist
փորձառու pordzarru *(adj.)* sophisticated
փորձառու pordzarru *(adj.)* veteran
փորձարկել pordzarkel *(v.)* test
փորձարկում pordzarkum *(n.)* tentativeness
փորձարկում pordzarkum *(n.)* test
փորձել pordzel *(v.)* attempt
փորձել pordzel *(v.)* essay
փորձել pordzel *(v.)* rehearse
փորձել pordzel *(v.)* try
փորձնակ pordznak *(n.)* probationer
փորձնական pordznakan *(adj.)* tentative
փորձություն pordzutyun *(n.)* ordeal
փորձված pordzvats *(adj.)* expert
փորող porogh *(n.)* reamer
փորոտիք porotiq *(n.)* pluck
փորոտիքը հանել porotiqa hanel *(v.)* eviscerate
փուլ pul *(n.)* phase
փունջ punj *(n.)* bunch
փունջ punj *(n.)* strand
փունջ punj *(n.)* wisp
փուշ push *(n.)* barb
փուշ push *(n.)* thorn
փուչիկ փաթաթան puchik patatan *(n.)* bubble wrap
փուքս puqs *(n. pl.)* bellows
փոփոխ(վ)ել popokh(v)el *(v.)* change
փոփոխական popokhakan *(adj.)* mutative
փոփոխական popokhakan *(adj.)* variable
փոփոխել popokhel *(v.)* modify
փոփոխություն popokhutyun *(n.)* change
փոփոխություն popokhutyun *(n.)* modification
փոփոխություն popokhutyun *(n.)* morph
փոփոխություն popokhutyun *(n.)* variation
փոփոխում popokhum *(n.)* alteration
փոքր poqr *(adj.)* minor
փոքր poqr *(adj.)* small
փոքր կացին poqr kacin *(n.)* hatchet
փոքր ուռուցք poqr urrucq *(n.)* glandule

փոքրամասնություն poqramasnutyun *(n.)* minority
փոքրանալ poqranal *(v.)* dwindle
փոքրատառ poqratarr *(n.)* minuscule
փոքրացնել poqracnel *(v.)* minimize
փոքրիկ poqrik *(adj.)* diminutive
փոքրիկ կարկանդակ poqrik karkandak *(n.)* doughnut
փոքրիկ մոլորակ poqrik molorak *(n.)* asteroid
փոքրիկ ջրվեժ pokrik jrvedj *(n.)* cascade
փոքրություն poqrutyun *(n.)* smallness
փչացնել pchacnel *(v.)* mar
փչացնել pchacnel *(v.)* spoil
փչացնել pchacnel *(v.)* vitiate
փչացնող pchacnogh *(adj.)* blundering
փչել pchel *(v.)* blow
փչել pchel *(v.)* deflate
փչել pchel *(v.)* puff
փչելը pchela *(n.)* puff
փչող pchogh *(adj.)* blowsy
փռշտալ prrshtal *(v.)* sneeze
փռշտոց prrshtoc *(n.)* sneeze
փսիխոզ psikhoz *(n.)* psychosis
փսխել pskhel *(v.)* vomit
փսխելու տոպրակ pskhelu toprak *(n.)* sickbag
փսխում pskhum *(n.)* vomit
փսփսալ pspsal *(v.)* whisper
փսփսոց pspsoc *(n.)* whisper
փտած ptats *(adj.)* carious
փտած ptats *(adj.)* rotten
փտել ptel *(v.)* decay
փտել ptel *(v.)* rot
փտում ptum *(n.)* decay
փտում ptum *(n.)* rot
փրկագին prkagin *(n.)* ransom
փրկագնել prkagnel *(v.)* ransom
փրկարարական բաճկոն prkararakan bachkon *(n.)* life jacket
փրկել prkel *(v.)* rescue
փրկել prkel *(v.)* save
փրկել գույքը prkel guyqa *(v.)* salvage
փրկելի prkeli *(adj.)* savable
փրկիչ prkich *(n.)* saviour
փրկություն prkutyun *(n.)* rescue
փրկություն prkutyun *(n.)* salvation
փրկվել prkvel *(v.)* survive
փրփուր prpur *(n.)* foam
փրփուր prpur *(n.)* lather
փրփուր prpur *(n.)* scum
փրփրացող prpracogh *(adj.)* foamy
փրփրել prprel *(v.)* foam
փրփրել prprel *(v.)* scum
փքվածություն pqvatsutyun *(n.)* flatulence
փքվել pqvel *(v.)* bloat

Ք ք

քահանա qahana *(n.)* chaplain
քահանա qahana *(n.)* parson
քահանա qahana *(n.)* priest
քահանա qahana *(n.)* vicar
քահանայություն qahanayutyun *(n.)* priesthood
քաղաք qaghaq *(n.)* city
քաղաք qaghaq *(n.)* town
քաղաքագետ qaghaqaget *(n.)* politician
քաղաքական qaghaqakan *(adj.)* political
քաղաքականություն qaghaqakanutyun *(n.)* policy
քաղաքականություն qaghaqakanutyun *(n.)* politics
քաղաքակրթել qaghaqakrtel *(v.)* civilize
քաղաքակրթություն qaghaqakrtutyun *(n.)* civilization
քաղաքային qaghaqayin *(adj.)* municipal
քաղաքային qaghaqayin *(adj.)* urban
քաղաքապետ qaghaqapet *(n.)* mayor
քաղաքապետարան qaghaqapetaran *(n.)* municipality
քաղաքավարի qaghaqavari *(adj.)* courteous
քաղաքավարի qaghaqavary *(adj.)* polite
քաղաքավարի qaghaqavary *(adj.)* politic

քաղաքավարի qaghaqavari *(adj.)* urbane
քաղաքավարություն qaghaqavarutyun *(n.)* courtesy
քաղաքավարություն qaghaqavarutyun *(n.)* politeness
քաղաքավարություն qaghaqavarutyun *(n.)* urbanity
քաղաքացի qaghaqaci *(n.)* citizen
քաղաքացի qaghaqaci *(n.)* civilian
քաղաքացիական qaghaqaciakan *(adj.)* civic
քաղաքացիական qaghaqaciakan *(adj.)* civil
քաղաքացիականություն qaghaqaciakanutyun *(n.)* civics
քաղաքացիություն qaghaqaciutyun *(n.)* citizenship
քաղել qaghel *(v.)* harvest
քաղհանել qaghhanel *(v.)* weed
քաղհանում qaghhanum *(n.)* runcation
քաղվածք qaghvatsq *(n)* takeout
քաղվոր qaghvor *(n.)* harvester
քաղցկեղ qaghckegh *(n.)* cancer
քաղցր qaghcr *(adj.)* sweet
քաղցր գինի qaghcr gini *(n.)* malmsey
քաղցրախմոր qaghcrakhmor *(n.)* fondant
քաղցրավենիք qaghcraveniq *(n.)* toffee
քաղցրացնել qaghcracnel *(v.)* sweeten
քաղցրություն qaghcrutyun *(n.)* sweetness
քամահարել qamaharel *(v.)* aerate
քամել qamel *(v.)* extract
քամի qami *(n.)* wind
քամհարել qamharel *(v.)* winnow
քամոտ qamot *(adj.)* windy
քայլ qayl *(n.)* step
քայլ qayl *(n.)* stride
քայլաձև qayladzev *(n.)* walk
քայլանիվ qaylaniv *(n.)* treadwheel
քայլել qaylel *(v.)* march
քայլել qaylel *(v.)* pace
քայլել qaylel *(v.)* step
քայլել qaylel *(v.)* stride
քայլել qaylel *(v.)* tread
քայլել qaylel *(v.)* trip
քայլել qaylel *(v.)* walk
քայլող qaylogh *(n.)* treader
քայլվածք qaylvatsq *(n.)* gait
քայլք qaylq *(n.)* tread
քայլքատախտակ qaylqatakhtak *(n.)* treadplate
քայքայել qayqayel *(v.)* disarrange
քայքայիչ qayqayich *(adj.)* corrosive
քայքայիչ qayqayich *(adj.)* erosive
քայքայում qayqayum *(v.)* atrophy
քայքայում qayqayum *(n.)* delipidation
քայքայում qayqayum *(n.)* dilapidation
քայքայված qayqayvats *(adj.)* delipidate
քայքայվել qayqayvel *(v.)* delipidate
քանակ qanak *(n.)* quantity
քանակակազմ qanakakazm *(n.)* contingent
քանակական qanakakan *(adj.)* quantitative
քանդակ qandak *(n.)* carving
քանդակ qandak *(n.)* sculpture
քանդակագործ qandakagorts *(n.)* sculptor
քանդակագործ qandakagorts *(n.)* sculpturist
քանդակագործական qandakagortsakan *(adj.)* sculptural
քանդակազարդել qandakazardel *(v.)* fret
քանդակել qandakel *(v.)* carve
քանդակել qandakel *(v.)* sculpt
քանդել qandel *(v.)* demolish
քանդել qandel *(v.)* disrupt
քանդել qandel *(v.)* raze
քանդում qandum *(n.)* demolition
քանդվել qandvel *(v.)* crumble
քանի որ qani vor *(conj.)* now
քանի որ qani vor *(conj.)* since
քանորդ qanord *(n.)* quotient
քաշ qash *(n.)* weight
քաշ qash *(n.)* weightage
քաշել qashel *(v.)* drag
քաշել qashel *(v.)* draw
քաշել qashel *(v.)* pull
քաշել qashel *(v.)* tug
քաշում qashum *(n.)* draw
քաշվել qashvel *(v.)* ebb

քաոս qaos *(n.)* chaos
քաոսային qaosayin *(adj.)* chaotic
քաչալ qachal *(adj.)* bald
քաջ qaj *(adj.)* courageous
քաջ qaj *(adj.)* intrepid
քաջալերանք qajaleranq *(n.)* encouragement
քաջալերել qajalerel *(v.)* embolden
քաջալերել qajalerel *(v.)* encourage
քաջալերել qajalerel *(v.)* forearm
քաջասիրտ qajasirt *(adj.)* manful
քաջարի qajari *(adj.)* valiant
քաջություն qajutyun *(n.)* bravery
քաջություն qajutyun *(n.)* courage
քաջություն qajutyun *(n.)* gallantry
քաջություն qajutyun *(n.)* hardihood
քաջություն qajutyun *(n.)* intrepidity
քաջություն qajutyun *(n.)* prowess
քաջություն qajutyun *(n.)* valour
քառակողմ qarrakoghm *(adj.)* quadrilateral
քառակողմ պատկեր qarrakoghm patker *(n.)* quadrilateral
քառակուսի qarrakussi *(adj.)* square
քառակուսի qarrakussi *(n.)* square
քառակուսի նավ qarrakusi nav *(n.)* carrack
քառակուսիացնել qarrakussiacnel *(v.)* square
քառանկյուն qarrankyun *(adj.)* quadrangular
քառանկյունի qarrankyuni *(n.)* quadrangle
քառապատիկ qarrapatik *(adj.)* quadruple
քառապատկել qarrapatkel *(v.)* quadruple
քառասուն qarrasun *(num.)* forty
քառատել qarratel *(v.)* quarter
քառորդ qarrord *(n.)* quarter
քաստելյան qastelyan *(n.)* castellan
քաստինգ qasting *(n.)* casting
քավարան qavaran *(n.)* purgatory
քավել մեղքը qavel meghqa *(v.)* atone
քավության նոխազ qavutyan nokhaz *(n.)* scapegoat
քավության նոխազ դառնալ qavutyan nokhaz darrnal *(v.)* scapegoat
քավություն qavutyun *(n.)* atonement
քար qar *(n.)* stone
քարաթափում qaratapum *(n.)* rockfall
քարածուխ, լիգնիտ qaratsukh, lignit *(n.)* lignite
քարաձուկ qaradzuk *(n.)* rockfish
քարանալ qaranal *(v.)* petrify
քարանձավ qarandzav *(n.)* cave
քարավան qaravan *(n.)* caravan
քարափ qarap *(n.)* cliff
քարգահակար qargahakar *(n.)* crochet
քարհանել qarhanel *(v.)* quarry
քարհանք qarhanq *(n.)* quarry
քարշակ qarshak *(n.)* limber
քարշակ qarshak *(n.)* tow
քարշուժ qarshudj *(n.)* traction
քարոզ qaroz *(n.)* sermon
քարոզել qarozel *(v.)* preach
քարոզել qarozel *(v.)* sermonize
քարոզիչ qarozich *(n.)* preacher
քարոզիչ qarozich *(n.)* propagandist
քարոզչություն qarozchutyun *(n.)* propaganda
քարտ qart *(n.)* card
քարտապան qartapan *(n.)* cardholder
քարտեզ qartez *(n.)* map
քարտեզագիր qartezagir *(n.)* cartographer
քարտեզագծել qartezagtsel *(v.)* map
քարտեզագրել qartezagrel *(v.)* chart
քարտի ընթերցող qarti entercogh *(n.)* card reader
քարտուղար qartughar *(n.)* secretary
քարտուղարություն qartugharutyun *(n.)* secretariat
քարքարոտ qarqarot *(adj.)* stony
քացախ qacakh *(n.)* vinegar
քացախաթթու qacakhattu *(n.)* acetic acid
քացախի qacakhi *(adj.)* acetic
քեն qen *(n.)* rancour
քեն qen *(n.)* spite
քեշբեք, զեղչ qeshbeq, zeghch *(n.)* cashback
քերականագետ qerakanaget *(n.)* grammarian

քերականություն qerakanutyun *(n.)* grammar
քերել qerel *(v.)* grate
քերել qerel *(v.)* rasp
քերել qerel *(v.)* scrape
քերթել qertel *(v.)* skin
քերիչ qerich *(n.)* grater
քերիչ qerich *(n.)* scraper
քերծել qertsel *(v.)* scratch
քերծված qertsvats *(adj.)* scratched
քերծվածք qertsvatsq *(n.)* abrasion
քերծվածք qetsvatsq *(n.)* scrape
քերծվածք qertsvatsq *(n.)* scratch
քերծվածք qertsvatsq *(n.)* scratchbush
քեֆ qef *(n.)* spree
քեֆ անել qef anel *(v.)* carouse
քեֆ անող qef anogh *(n.)* reveller
քթախոտ qtakhot *(n.)* snuff
քթածակ qtatsak *(n.)* nostril
քիթ qit *(n.)* nose
քիթ qit *(n.)* snoot
քիմիա qimia *(n.)* chemistry
քիմիաթերապիա qimiaterapia *(n.)* chemotherapy
քիմիական qimiakan *(adj.)* chemical
քիմիական նյութեր qimiakan nyuter *(n.pl.)* chemical
քիմիկոս qimikos *(n.)* chemist
քիմք qimq *(n.)* palate
քիմք qimq *(n.)* taste bud
քիմքային qimqayin *(adj.)* palatal
քինաքինա qinaqina *(n.)* quinine
քիչ qich *(adj.)* few
քիչ qich *(adj.)* little
քիչ qich *(adv.)* little
քիչ հավանական qich havanakan *(adj.)* unlikely
քիչ քանակություն qich qanakutyun *(n.)* little
քիվ qiv *(n.)* coping
քիվ qiv *(n.)* cornicle
քիվ qiv *(n.)* eave
քլոր qlor *(n.)* chlorine
քլորոֆորմ qloroform *(n.)* chloroform
քլունգ qlung *(n.)* mattock
քծնանք qtsnanq *(n.)* adulation
քծնել qtsnel *(v.)* adulate
քծնել qtsnel *(v.)* cringe

քմահաճ qmahach *(adj.)* capricious
քմահաճ qmahach *(adj.)* whimsical
քմահաճույք qmahachuyq *(n.)* caprice
քմահաճույք qmahachuyq *(n.)* crotchet
քմահաճույք qmahachuyq *(n.)* fad
քմահաճույք qmahachuyq *(n.)* vagary
քմահաճույք qmahachuyq *(n.)* whim
քնած qnats *(adv.)* asleep
քնած qnats *(adj.)* dormant
քնած qnats *(n.)* sleeper
քնար qnar *(n.)* lyre
քնարական qnarakan *(adj.)* lyric
քնարական qnarakan *(adj.)* lyrical
քնարերգու qnarergu *(n.)* lyricist
քնարերգություն qnarergutyun *(n.pl.)* lyric
քնել qnel *(v.)* sleep
քնկոտ qnkot *(adj.)* lethargic
քնկոտ qnkot *(adj.)* sleepy
քնկոտ qnkot *(adj.)* somnolent
քնկոտություն qnkotutyun *(n.)* somnolence
քննադատ qnnadat *(n.)* critic
քննադատական qnnadatakan *(adj.)* censorious
քննադատական qnnadatakan *(adj.)* critical
քննադատականորեն qnnadatakanoren *(adv.)* pointedly
քննադատել qnnadatel *(v.)* criticize
քննադատել qnnadatel *(v.)* lambaste
քննադատություն qnnadatutyun *(n.)* criticism
քննադատություն qnnadatutyun *(n.)* critique
քննարկել qnnarkel *(v.)* discuss
քննարկում qnnarkum *(n.)* consideration
քննել qnnel *(v.)* envisage
քննել qnnel *(v.)* examine
քննիչ qnnich *(n.)* examiner
քննություն qnnutyun *(n.)* examination
քննվող qnnvogh *(n.)* examinee
քնջութ qnjut *(n.)* sesame
քնջութահյութ qnjutahyut *(n.)* sesamin
քնքշորեն qnqshoren *(adv.)* tenderly

քնքշություն qnqshutyun *(n.)* tenderness
քշել qshel *(v.)* drive
քշել qshel *(v.)* rein
քշել qshel *(v.)* sandboard
քոթակել qotakel *(v.)* wallop
քոլեջ qolej *(n.)* college
քող qogh *(n.)* veil
քողարկ(վ)ել qoghark(v)el *(v.)* disguise
քողարկել qogharkel *(v.)* veil
քողարկում qogharkum *(n.)* camouflage
քողարկում qogharkum *(n.)* scrumble
քողարկում qogharkum *(n.)* tect
քողարկված qogharkvats *(adj.)* covert
քողարկված qogharkvats *(adj.)* tect
քոչվոր qochvor *(n.)* nomad
քոչվոր qochvor *(adj.)* nomadic
քոս qos *(n.)* scab
քոսոտվել qossotvel *(v.)* scab
քոր qor *(n.)* itch
քոր գալ qor gal *(v.)* itch
քորոց qoroc *(n.)* pin
քույր quyr *(n.)* sister
քույր ու եղբայր quyr u yeghbayr *(n.)* sibling
քույրություն quyrutyun *(n.)* sisterhood
քուն qun *(n.)* sleep
քուն qun *(n.)* slumber
քուջ quj *(n.)* craw
քուռակ qurrak *(n.)* foal
քսակ qsak *(n.)* pouch
քսան qsan *(num.)* twenty
քսաներորդ qsanerord *(num.)* twentieth
քսաներորդական qsanerordakan *(adj.)* twentieth
քսենոբիոլոգիա qsenobiologia *(n.)* xenobiology
քսենոգենեզ qsenogenez *(n.)* xenogenesis
քսենոմորֆ qsenomorf *(n.)* xenomorph
քսենոֆիլ qsenofil *(n.)* xenophile
քսենոֆոբ qsenofob *(n.)* xenophobe
քսենոֆոբիա qsenofobia *(n.)* xenophobia
քսերոքս qseroqs *(n.)* xerox
քսերոքսել qseroqsel *(v.)* xerox
քսիլոֆիլ qsilofil *(adj.)* xylophilous
քսիլոֆոն qsilofon *(n.)* xylophone
քսուք qsuq *(n.)* lubricant
քսուք qsuq *(n.)* ointment
քստքստացնել qstqstacnel *(v.)* shamble
քստքստացող qstqstacogh *(n.)* scambling
քվանտ qvant *(n.)* quantum
քվե qve *(n.)* suffrage
քվեաթերթ qveatert *(n.)* ballot paper
քվեարկել qvearkel *(v.)* vote
քվեարկման մակարդակ qvearkman makardak *(n.)* bacchanal
քվեարկություն qvearkutyun *(n.)* poll
քվեարկում qvearkum *(n.)* ballot
քվեարկում qvearkum *(n.)* vote
քվորում qvorum *(n.)* quorum
քրթմնջալ qrtmnjal *(v.)* grunt
քրթմնջոց qrtmnjoc *(n.)* grunt
քրիզալիս qrizalis *(n.)* chrysalis
քրիստոնեական qristoneakan *(adj.)* Christian
քրիստոնեական աշխարհ qristoneakan ashkharh *(n.)* Christendom
քրիստոնեություն qristoneutyun *(n.)* Christianity
Քրիստոս Qristos *(n.)* Christ
քրմուհի qrmuhi *(n.)* priestess
քրոմ qrom *(n.)* chrome
քրոմ qrom *(n.)* crome
քրոմոսոմ qromossom *(n.)* chromosome
քրոնիկ qronik *(adj.)* chronic
քրոջ qroj *(adj.)* sisterly
քրտինք qrtinq *(n.)* perspiration
քրտինք qrtinq *(n.)* sweat
քրտնել qrtnel *(v.)* perspire
քրտնել qrtnel *(v.)* sweat
քրքում qrqum *(n.)* curcumin
քրքում qrqum *(n.)* turmeric
քրքջալ qrqjal *(v.)* cackle
քրքջալ qrqjal *(v.)* chuckle

Եվ և

և yev *(conj.)* and
և այլն yev ayln *(adv.)* etcetera

O o

օազիս oazis *(n.)* oasis
օբյեկտ obyekt *(n.)* object
օբյեկտիվ obyektiv *(adj.)* objective
օգնական ognakan *(n.)* adjunct
օգնական ognakan *(n.)* aide
օգնական ognakan *(n.)* assistant
օգնական ognakan *(n.)* helpmate
օգնել ognel *(v.)* assist
օգնել ognel *(v.)* befriend
օգնել ognel *(v.)* help
օգնել ognel *(v.)* promote
օգնել ognel *(v.)* second
օգնել ognel *(v.)* succour
օգնություն ognutyun *(n.)* assistance
օգնություն ognutyun *(n.)* help
օգնություն ognutyun *(n.)* promotion
օգնություն ognutyun *(n.)* succour
օգնություն, օգնել ognutyun, ognel *(n.& v.)* aid
օգոստոս ogostos *(n.)* August
օգուտ ogut *(n.)* lucre
օգուտ ստանալ ogut stanal *(v.)* profit
օգուտ քաղել ogut qaghel *(v.)* benefit
օգտագործել ogtagortsel *(v.)* use
օգտագործել ogtagortsel *(v.)* utilize
օգտագործելի ogtagortseli *(adj.)* usable
օգտագործում ogtagortsum *(n.)* usage
օգտագործում ogtagortsum *(n.)* use
օգտագործում ogtagortsum *(n.)* utilization
օգտագործված ogtagortsvats *(adj.)* used
օգտակար ogtakar *(adj.)* helpful
օգտակար ogtakar *(adj.)* useful
օգտակարություն ogtakarutyun *(n.)* utility
օդ od *(n.)* air
օդ od *(n.)* atmosphere
օդադող odadogh *(n.)* pneumatic
օդահոսանք odahossanq *(n.)* whiff
օդաձիգ հրացան odadzig hracan *(n.)* airgun
օդաճնշական odachnshakan *(adj.)* pneumatic
օդաճնշական odachnshakan *(adj.)* pneumatological
օդաճնշական արգելակ odachnshakan argelak *(n.)* airbrake
օդային odayin *(adj.)* airy
օդային odayin *(adj.)* atmospheric
օդային անձնակազմ odayin andznakazm *(n.)* aircrew
օդային բարձրացում odayin bardzracum *(n.)* airlift
օդային բեռնափոխադրումներ odayin berrnapokhadrumner *(n.)* air freight
օդային դեսանտ odayin desant *(n.)* airdrop
օդային մահճակալ odayin mahchakal *(n.)* airbed
օդային պայուսակ odayin payusak *(n.)* airbag
օդային տեղափոխություն odayin teghapokhutyun *(n.)* airborne
օդանավ odanav *(n.)* aeroplane
օդանավակայան odanavakayan *(n.)* airfield
օդանավի թև odanavi tev *(n)* aerofoil
օդանցք odancq *(n.)* vent
օդաչու odachu *(n.)* pilot
օդաչուի խցիկ odachui khcik *(n.)* cockpit
օդապարիկ odaparik *(n.)* balloon
օդապարուկ odaparuk *(n.)* kite
օդատեսիլ odatessil *(n.)* mirage
օդափոխել odapokhel *(v.)* ventilate
օդափոխիչ odapokhich *(n.)* air conditioning
օդափոխիչ odapokhich *(n.)* ventilator
օդափոխում odapokhum *(n.)* ventilation
օդեկոլոն odekolon *(n.)* cologne

օդերևութաբան oderevutaban *(n.)* meteorologist
օդերևութաբանություն oderevutabanutyun *(n.)* meteorology
օդի թարմեցնող միջոց odi tarmecnogh mijoc *(n.)* air freshner
օդի հոսանք odi hossanq *(n.)* blast
օդոնտոլոգիա odontologia *(n.)* odontology
օզոն ozon *(n.)* ozone
օզոնատ ozonat *(n.)* ozonate
օզոնացնել ozonacnel *(v.)* ozonate
օզոնացում ozonacum *(n.)* ozonation
օզոնի շերտ ozoni shert *(n.)* ozone layer
օժանդակ odjandak *(adj.)* ancillary
օժիտ odjit *(n.)* dowery
օժտել odjtel *(v.)* endow
օժտում odjtum *(n.)* endowment
օժտված odjtvats *(adj.)* endowed
օժտված odjtvats *(adj.)* vested
օլեոքիմիկատ oleoqimikat *(n.)* oleochemical
օլիգարխ oligarkh *(n.)* oligarch
օլիգարխային oligarkhayin *(adj.)* oligarchal
օլիգարխիա, խմբիշխանություն oligarkhia, khmbishkhanutyun *(n.)* oligarchy
օլիմպիադա olimpiada *(n.)* olympiad
օծանելիք otsaneliq *(n.)* perfume
օծանելիք ցանել otsaneliq canel *(v.)* perfume
օծել otsel *(v.)* anoint
օկտան oktan *(n.)* octane
օկտավա oktava *(n.)* octave
օկտոնիոնիկա oktonionika *(n.)* octonionics
օձ odz *(n.)* serpent
օձ odz *(n.)* snake
օձաձուկ odzadzuk *(n.)* eel
օձային odzayin *(adj.)* serpentine
օձիք odziq *(n.)* collar
օղակ oghak *(n.)* anklet
օղակ oghak *(n.)* coil
օղակ oghak *(n.)* loop
օղակապ oghakap *(n.)* sideband
օղի oghi *(n.)* gin
օճառ ocharr *(n.)* seak
օճառ ocharr *(n.)* soap
օճառել ocharrel *(v.)* soap
օճառի ocharri *(adj.)* soapy
օմար omar *(n.)* lobster
օմեգա omega *(n.)* omega
օմոֆագիա omofagia *(n.)* omophagia
օնկոգեն, ուռուցք onkogen, urrucq *(n.)* oncogene
օնոլոգիա onologia *(n.)* onology
օնոմաստ, անձնանուններ ուսումնասիրող onomast, andznanunner usumnassirogh *(n)* onomast
օնոմաստիկ onomastik *(adj.)* onomastic
օնոմատոլոգ onomatolog *(n.)* onomatologist
օնոմատոլոգիա onomatologia *(n.)* onomatology
օնոմատոպ onomatop *(n.)* onomatope
օնոմատոպեա onomatopea *(n.)* onomatopoeia
օնտոգենեզ ontogenez *(n.)* ontogeny
օնտոգենիկ ontogenik *(adj.)* ontogenic
օշինդր oshindr *(n.)* wormwood
օպերա opera *(n.)* opera
օպերատիվ operativ *(adj.)* operative
օպերատոր operator *(n.)* operator
օպերետ operet *(n.)* operetta
օպտիկ optik *(n.)* optician
օպտիկական optikakan *(adj.)* olfaltive
օպտիկական optikakan *(adj.)* osculant
օպտիկամանրաթելային optikamanratelayin *(adj.)* fibre-optic
օպտիմում optimum *(n.)* optimum
օջախ ojakh *(n.)* hearth
օսլա osla *(n.)* starch
օսլայաուտեստ oslayautest *(n.)* polenta
օսլայել oslayel *(v.)* starch
օսմանցի osmanci *(n.)* ottoman
օսմոբիոզ osmobioz *(n.)* osmobiosis
օսմոբիոտիկ osmobiotik *(adj.)* osmobiotic
օսմոզ osmoz *(n.)* osmosis
օսցիլոգրաֆ oscilograf *(n.)*

oscillograph
oսցիլոմետրիկ oscilometrik *(adj.)* oscillometric
oսցիլոսկոպ osciloskop *(n.)* oscilloscope
օվացիա ovacia *(n.)* ovation
օվկիանոս ovkianos *(n.)* ocean
օվկիանոսաբանություն ovkianosabanutyun *(n.)* oceanology
օվկիանոսագետ ovkianosaget *(n.)* oceanographer
օվկիանոսագետ ovkianosaget *(n.)* oceanologist
օվկիանոսագիտական ovkianosagitakan *(adj.)* oceanographic
օվկիանոսային ovkianosayin *(adj.)* oceanfront
օվկիանոսատարածք ovkianosataratsq *(n.)* oceanfront
օվկիանոսյան ovkianosyan *(adj.)* oceanic
օտար otar *(adj.)* alien
օտարական otarakan *(n.)* stranger
օտարացած otaracats *(adj.)* estranged
օտարացնել otaracnel *(v.)* estrange
օտարել otarel *(v.)* alienate
օտարերկրացի otaryerkraci *(n.)* foreigner
օտարերկրյա otaryerkrya *(adj.)* foreign
օտարոտի otaroti *(adj.)* baroque
օտոսկոպ (ականջի ստուգման սարք) otoskop (akanji stugman sarq) *(n.)* otoscope
օտոսկոպիա otoskopia *(n.)* otoscopy
օտոսկոպիկ otoskopik *(adj.)* otoscopis
օր or *(n.)* day
օրագիր oragir *(n.)* diary
օրական, ամեն օր orakan, amen or *(adj. & adv.)* daily
օրակարգ orakarg *(n.)* agenda
օրացույց oracuyc *(n.)* calendar
օրգազմ orgazm *(n.)* orgasm
օրգազմիկ orgazmik *(adj.)* orgasmic
օրգան organ *(n.)* organ
օրգանական organakan *(adj.)* organic
օրգանզա organza *(n.)* organza
օրգանիզմ organizm *(n.)* organism
օրգանոգրաֆիա organografia *(n.)* organography
օրենսդիր orensdir *(n.)* legislator
օրենսդիր մարմին orensdir marmin *(n.)* legislature
օրենսդրական orensdrakan *(adj.)* legislative
օրենսդրել orensdrel *(v.)* legislate
օրենսդրություն orensdrutyun *(n.)* legislation
օրենք orenq *(n.)* law
օրթոպեդիա ortopedia *(n.)* orthopaedia
օրթոպեդիա ortopedia *(n.)* orthopaedics
օրթոպեդիկ ortopedik *(adj.)* orthopaedical
օրիգամի origami *(n.)* origami
օրինազանց orinazanc *(n.)* rulebraker
օրինազանցություն orinazancutyun *(n.)* rulebreaking
օրինակ orinak *(n.)* example
օրինակ orinak *(n.)* exemplar
օրինակ orinak *(n.)* instance
օրինակ orinak *(n.)* paragon
օրինակ orinak *(n.)* pattern
օրինական orinakan *(adj.)* lawful
օրինական orinakan *(adj.)* legal
օրինական orinakan *(adj.)* legitimate
օրինական orinakan *(adj.)* natant
օրինականացնել orinakanacnel *(v.)* legalize
օրինականացված orinakanacvats *(adj.)* statutory
օրինականություն orinakanutyun *(n.)* legality
օրինականություն orinakanutyun *(n.)* legitimacy
օրիորդ oriord *(n.)* maiden
օրիորդ oriord *(n.)* missis, missus
օրիորդական oriordakan *(adj.)* maiden
օրկա, մեծ ատամնավոր կետ orka, mets atamnavor ket *(n.)* orca
օրհնել orhnel *(v.)* bless
օրհնել orhnel *(v.)* hallow
օրհներգ orhnerg *(n.)* carol

օրհներգ orhnerg *(n.)* hymn
օրհներգություն orhnergutyun *(n.)* chant
օրհնություն orhnutyun *(n.)* benediction
օրհնություն orhnutyun *(n.)* blessing
օրհնված orhnvats *(adj.)* blessed
օրնիտոսկոպիա ornitoskopia *(n.)* ornithoscopy
օրոգեն orogen *(n.)* orogen
օրոգենիկ orogenik *(adj.)* orogenic
օրոր oror *(n.)* lullaby
օրորել ororel *(v.)* dandle
օրորել ororel *(v.)* jiggle
օրորոց ororoc *(n.)* cot
օրորոց ororoc *(n.)* cradle
օրորոց ororoc *(n.)* crib
օրորում ororum *(n.)* swing
օրորվել ororvel *(v.)* stagger
օրորվել ororvel *(v.)* swing
օրորվելը ororvela *(n.)* stagger
օրորվելով քայլել ororvelov qaylel *(v.)* waddle
օքսիդ oqsid *(n.)* oxide
օքսիդանալ oqsidanal *(v.)* oxidate
օքսիդանտ oqsidant *(n.)* oxidant
օքսիդատ oqsidat *(n.)* oxidate
օքսիդացում oqsidacum *(n.)* oxidation
օքսիդացում oqsidacum *(n.)* oxidization
օֆտալմոսկոպ oftalmoskop *(n.)* ophtalmoscope

Ֆ ֆ

ֆագիկ fagik *(adj.)* phagic
ֆագոտ fagot *(n.)* faggot
ֆալիկ falik *(adj.)* phallic
ֆալոսենտրիկ falossentrik *(adj.)* phallocentric
ֆալսետտո, տղամարդու բարձր ձայն falseto, tghamardu bardzr dzayn *(n.)* falsetto
ֆակուլտետ fakultet *(n.)* faculty
ֆանատիկոս fanatikos *(n.)* fanatic
ֆանատիկոս fanatikos *(n.)* zealot
ֆանտազիա fantazia *(n.)* fantasy
ֆանտաստիկ fantastik *(adj.)* phantasmal
ֆատալիզմ fatalizm *(n.)* fatalism
Ֆարենհեյթ Farenheyt *(adj.)* Fahrenheit
ֆաքս faqs *(n.)* fax
ֆաքսիմիլե faqsimile *(n.)* facsimile
ֆաքսով ուղարկել faqsov ugharkel *(v.)* fax
ֆեդերալ federal *(adj.)* federal
ֆեդերացիա fegeracia *(n.)* federation
ֆեմինիզմ feminizm *(n.)* feminism
ֆեմինիստ feminist *(n.)* feminist
ֆեմինիստական feministakan *(adj.)* feminist
ֆենշուի fenshui *(n.)* fengshui
ֆեոդալական feodalakan *(adj.)* feudal
ֆեոդալիզմ feodalizm *(n.)* feudalism
ֆետիշ fetish *(n.)* fellatio
ֆետիշ, կուռք fetish, kurrq *(n.)* fetish
ֆետիշիզմ fetishizm *(n.)* fetishism
ֆերմենտ ferment *(n.)* enzyme
ֆերմենտային fermentayin *(adj.)* enzymic
ֆերմեր fermer *(n.)* farmer
ֆերմերային fermerayin *(adj.)* farmaceutical
ֆիասկո, անհաջողություն fiasko, anhajoghutyun *(n.)* fiasco
ֆիբրիլացնել, ցնցվել fibrilacnel, cncvel *(v.)* fibrillate
ֆիբրոզ fibroz *(n.)* fibrosis
ֆիբրոզություն fibrozutyun *(n.)* fibrosity
ֆիբրոմկանային fibromkanayin *(adj.)* fibromuscular
ֆիզիկա fizika *(n.)* physics
ֆիզիկական fizikakan *(adj.)* physical
ֆիզիկոս fizikos *(n.)* physicist
ֆիզիոնոմիա fizionomia *(n.)* physiognomy
ֆիթնես մարզում fitnes marzum *(n.)* fitness training
ֆիլալետիստ filaletist *(n.)* philalethist
ֆինանսական finansakan *(adj.)* financial
ֆինանսավորել finansavorel *(v.)*

finance
ֆինանսիստ finansist *(n.)* financier
ֆինանսներ finansner *(n.pl.)* finance
ֆիսհարմոնիա fisharmonia *(n.)* harmonium
ֆիստուլ, խուղակ fistul, khughak *(n.)* fistula
ֆիրմա firma *(n.)* firm
ֆիքսված հեռախոս fiqsvats herrakhos *(n.)* landline
ֆլամենկո flamenko *(n.)* flamenco
ֆլանել (փափուկ գործվածք) flanel (papuk gortsvatsq) *(n.)* flannel
ֆլեյտա fleyta *(n.)* flute
ֆլեյտա նվագել fleyta nvagel *(v.)* flute
ֆլեշ քարտ flesh qart *(n.)* flashcard
ֆշշալ fshshal *(v.)* fizz
ֆշշոց fshshoc *(n.)* fizz
ֆոլիկ folik *(adj.)* folic
ֆոլիո, հատոր folio, hator *(n.)* folio
ֆոկալիզացիա fokalizacia *(n.)* focalization
ֆոնդ fond *(n.)* stock

ֆոսֆատ fosfat *(n.)* phosphate
ֆոսֆոր fosfor *(n.)* phosphorus
ֆոտոգենիկ fotogenik *(adj.)* photogenic
ֆորտե forte *(n.)* forte
ֆունկցիա, դեր funkcia, der *(n.)* function
ֆունտ funt *(n.)* pound
ֆուտբոլ futbol *(n.)* football
ֆուտուրիստական futuristakan *(adj.)* futuristic
ֆուտուրոլոգիա futurologia *(n.)* futurology
ֆուրգոն furgon *(n.)* van
ֆուրլոնգ (երկարության չափ) furlong (yerkarutyan chap) *(n.)* furlong
ֆրանսերեն franseren *(n.)* French
ֆրանսիական fransiakan *(adj.)* French
ֆրանսիական հաց fransiakan hac *(n.)* baguette